HEYNE BÜCHER

Tip des Monats

In der selben Reihe erschienen
außerdem als Heyne-Taschenbücher:

Alistair MacLean · Band 23/1
Johannes Mario Simmel · Band 23/2
Sandra Paretti · Band 23/3
Willi Heinrich · Band 23/4
Desmond Bagley · Band 23/5
Victoria Holt · Band 23/6
Michael Burk · Band 23/7
Marie Louise Fischer · Band 23/8
Will Berthold · Band 23/9
Mickey Spillane · Band 23/10
Robert Ludlum · Band 23/11
Susan Howatch · Band 23/12
Hans Hellmut Kirst · Band 23/13
Colin Forbes · Band 23/14
Barbara Cartland · Band 23/15
Louis L'Amour · Band 23/16
Alistair MacLean · Band 23/17
Victoria Holt · Band 23/18
Jack Higgins · Band 23/19
Utta Danella · Band 23/20
Desmond Bagley · Band 23/21
Caroline Courtney · Band 23/22
Robert Ludlum · Band 23/23
Gwen Bristow · Band 23/24
Heinz G. Konsalik · Band 23/25
Leon Uris · Band 23/26
Susan Howatch · Band 23/27
Colin Forbes · Band 23/28
Utta Danella · Band 23/29
Craig Thomas · Band 23/30
Daphne Du Maurier · Band 23/31
Robin Moore · Band 23/32
Marie Louise Fischer · Band 23/33
Johanna Lindsey · Band 23/34
Alistair MacLean · Band 23/35
Philippa Carr · Band 23/36
Joseph Wambaugh · Band 23/37
Mary Stewart · Band 23/38
John D. MacDonald · Band 23/39
Caroline Courtney · Band 23/40
Robert Ludlum · Band 23/41

3 Romane in einem Band

Colin Forbes

Nullzeit
Lawinenexpress
Target 5

WILHELM HEYNE VERLAG
MÜNCHEN

HEYNE TIP DES MONATS
Nr. 23/14

Titel der englischen Originalausgabe
AVALANCHE EXPRESS
Deutsche Übersetzung von Hans Joachim Maass

Titel der englischen Originalausgabe
THE STONE LEOPARD
Deutsche Übersetzung von Hans Joachim Maass

Titel der englischen Originalausgabe
TARGET FIVE
Deutsche Übersetzung von Susan und Manfred Meurer

4. Auflage

Printed in Germany 1989
Umschlagfoto: Photodesign Mall, Stuttgart
Rückenfoto: Jerry Bauer, Rom
Umschlaggestaltung: Atelier Ingrid Schütz, München
Gesamtherstellung: Ebner Ulm

ISBN 3-453-54255-X

Inhalt

Nullzeit

Inhalt

Für Jane

Der Leopard
8. Dezember bis 16. Dezember

»Die USA sind ein einziger Slum...

Diese barbarische amerikanische Zivilisation, dieses Land der Wolkenkratzer und Bruchbuden... In New York blickt unglaublicher Reichtum von Penthäusern auf unglaubliche Armut hinab, und nichts ist von Dauer, nicht einmal für fünf Minuten – nicht einmal die Ehe hat in diesem Land der Geschiedenen Bestand...

Was für eine wundervolle Zivilisation ist das – kontrolliert von der Bau-Lobby, der Automobil-Lobby und der Öl-Lobby. Es ist also kein Wunder, daß kaum zwanzig Jahre alte Wolkenkratzer abgerissen werden, um noch scheußlicheren Monolithen Platz zu machen. Autobahnen ziehen sich kreuz und quer durchs Land – damit diese unglücklichen und neurotischen Menschen Auto fahren können – von A nach A nach A! In den Vereinigten Staaten kommt man nie nach B – jeder neue Ort, an den man kommt, ist der gleiche, den man verlassen hat! Und dies ist das Amerika, das den Versuch unternimmt, Europa zu beherrschen!

Lassen Sie mich warnen, meine Freunde. Wenn Europa nicht auch zu einem riesigen Slum verkommen soll, müssen wir dafür kämpfen, unseren Kontinent von allem amerikanischen Einfluß zu säubern...«

Auszug aus einer Rede Guy Florians, des Präsidenten der Französischen Republik, am 7. Dezember in Dijon.

1

»Nach Giscard kam de Gaulle...«

Die trockene Bemerkung kam von einem Staatssekretär des britischen Foreign Office und war vertraulich gemeint. Ein Vertreter des amerikanischen State Department sagte es drastischer. »Nach Giscard kam ein brutalerer de Gaulle – ein de Gaulle mit zehnmal mehr Macht.« Sie sprachen natürlich von dem neuen Präsidenten der Französischen Republik, nur wenige Stunden vor dem ersten Anschlag auf sein Leben.

Es war sein antiamerikanischer Ausbruch in Dijon gewesen, der diese beiden Bemerkungen über den mächtigsten Staatsmann Westeuropas provoziert hatte. Verständlicherweise löste die Nachricht vom Mordversuch an Präsident Florian in bestimmten Kreisen Washingtons nur deshalb echte Trauer aus, weil er fehlgeschlagen war. Aber an jenem winterlichen Dezemberabend, als Florian den Elysee-Palast verließ, um die wenigen Dutzend Meter zum Innenministerium am Place Beauvau zu gehen, entging er dem Tod nur um Haaresbreite.

Guy Auguste Florian, der Nachfolger Giscard d'Estaings als Präsident der Französischen Republik, war auf spektakuläre Weise und völlig unerwartet an die Macht gekommen – so unerwartet, daß seine Amtsübernahme fast jede Regierung der Welt unvorbereitet traf. Florian war hochgewachsen, schlank und agil und sah mit seinen zweiundfünfzig Jahren zehn Jahre jünger aus; er war außergewöhnlich intelligent und zeigte sich ungeduldig mit Menschen, deren Köpfe langsamer arbeiteten als sein eigener. In seiner dominierenden Präsenz, in der Art, wie er jeden Menschen seiner Umgebung durch die schiere Kraft seiner Persönlichkeit beherrschte, war etwas von Charles de Gaulle zu spüren. Am Mittwoch, dem 8. Dezember, um acht Uhr abends, war er höchst ungeduldig, als Marc Grelle, der Polizeipräfekt von Paris, ihn davor warnte, zu Fuß durch die Straßen zu gehen. »Es steht ein Wagen bereit. Er kann Sie ins Ministerium fahren, Herr Präsident.«

»Meinen Sie, ich würde mich sonst erkälten?« fragte Florian. »Womöglich wollen Sie sogar, daß ein Arzt mich in diesen zwei Minuten begleitet, die ich für den Weg brauche?«

»Immerhin wäre er verfügbar und könnte den Blutstrom stillen, falls Sie von einer Kugel getroffen werden...«

Marc Grelle war einer der wenigen Männer in Frankreich, die es wagten, Florian mit gleichermaßen ironischen Wendungen zu widersprechen. Der Polizeipräfekt, zweiundvierzig Jahre alt, ein paar Zentimeter kleiner als der einen Meter sechsundachtzig große Präsident, war ebenfalls schlank und athletisch gebaut und ein Mann, dem Förmlichkeit zuwider war. Das zeigte sich auch in seiner Kleidung. So trug er während der Arbeitszeit meist sorgfältig gebügelte Hosen und einen Rollkragenpullover. Das war seine normale Arbeitskleidung, die er auch jetzt trug. Vielleicht waren es diese Ungezwungenheit und dieses selbstsichere und gelöste Auftreten, die den seit einem Jahr verwitweten Präfekten – seine Frau war bei einem Autounfall ums Leben gekommen – für Frauen attraktiv machten. Seine Erscheinung mag da auch ein wenig geholfen haben; er hatte sich einen gepflegten dunklen Schnurrbart stehen lassen, der gut zu seinem dichten schwarzen Haar kontrastierte, er war – wie der Präsident – kräftig gebaut, und obwohl er im allgemeinen ein Pokergesicht zur Schau trug, zeigte sich in seinen Mundwinkeln ein Anflug von Humor. Er zuckte die Achseln, als Florian einen Mantel überzog und sich bereit machte, sein Arbeitszimmer im ersten Stock des Elysee zu verlassen.

»Dann werde ich Sie begleiten«, sagte der Polizeipräfekt. »Aber Sie gehen ein unnötiges Risiko ein...«

Er folgte Florian aus dem Arbeitszimmer und die Treppe zu der großen Halle hinunter, die zum Vorderportal und dem geschlossenen Hinterhof führt. Im Gehen zog er seinen ledernen Regenmantel über. Er ließ den Mantel bewußt offen; so konnte er leichter an seinen 38er Smith & Wesson-Revolver herankommen, den er immer bei sich trug. Es ist nicht üblich, daß ein Präfekt bewaffnet ist, aber Marc Grelle war auch kein Präfekt vom gewöhnlichen Schlag; da eine seiner Hauptpflichten darin bestand, den Präsidenten innerhalb der Stadtgrenzen von Paris zu schützen, faßte er dieses Gebot als persönliche Verpflichtung auf. In der mit Teppichen ausgelegten Halle öffnete ein uniformierter und mit Medaillen dekorierter Pförtner die hohe Glastür. Florian, der dem Präfekten schon um einiges voraus war, lief die sieben Stufen zu dem mit Kopfsteinpflaster ausgelegten Innenhof hinunter. Grelle befand sich noch im Gebäude und beeilte sich, um den Präsidenten einzuholen.

Um zum Innenministerium zu gelangen, das man vom Elysee zu Fuß in nur drei Minuten erreicht, mußte der Präsident den Innenhof verlassen, die Rue du Faubourg St. Honoré überqueren und wenige Dutzend Meter zum Place Beauvau gehen, wo er das Ministerium durch den Haupteingang betreten würde. Er setzte zum Überqueren der Straße an, als Grelle die Wachtposten kurz grüßte und den Innenhof verließ. Der Präfekt warf rasch einen Blick nach links und rechts. Um acht Uhr abends, kaum vierzehn Tage vor Weihnachten, das in Paris ohne große Begeisterung gefeiert wird, war es draußen dunkel und ruhig. Es herrschte kaum Verkehr. Grelle spürte ein paar leichte Regentropfen auf seinem Gesicht. Gleich würde es wieder regnen, Gott im Himmel – es hatte seit Wochen ständig geregnet, und halb Frankreich stand unter Wasser.

Die Straße war fast leer, aber nicht völlig; ein Paar, das sich dem Eingang zum Elysee aus Richtung der Madeleine näherte, blieb unter einer Straßenlaterne stehen, während der Mann sich eine Zigarette anzündete. Britische Touristen, vermutete Grelle: Der Mann, ohne Hut, trug einen kurzen Offiziersmantel; die Frau hatte einen eleganten grauen Mantel an. Auf der anderen Straßenseite stand noch jemand, eine Frau, die allein in der Nähe eines Pelzgeschäfts stand. Jetzt wandte sie sich halb zur Straße und wühlte in ihrer Handtasche, vermutlich nach einem Taschentuch oder einem Kamm.

Eine ziemlich attraktive Frau – Anfang Dreißig, soweit Grelle sehen konnte. Sie trug einen roten Hut und einen figurbetonenden braunen Mantel. Während Florian dem Place Beauvau zustrebte und die Straße diagonal überquerte, ging er im Winkel an ihr vorüber. Der Präsident, der eine attraktive Frau immer bemerkte, warf ihr einen Blick zu und ging dann weiter. All das nahm Grelle in sich auf, als er die Bordsteinkante erreichte, noch immer ein paar Meter hinter seinem ungeduldigen Präsidenten. Wenn Florian den Elysee-Palast verließ, wurden keine Leibwächter zu seiner Begleitung abgestellt: Er hatte ausdrücklich untersagt, was er ›ein Eindringen in meine Privatsphäre ...‹ nannte. Normalerweise ließ er sich in einer der schwarzen Limousinen vom Typ Citroën DS 23 chauffieren, die ständig im Innenhof bereitstanden, aber wann immer er den Innenminister zu sehen wünschte, hatte er sich lästigerweise angewöhnt, den Weg zum Place Beauvau zu Fuß zurückzulegen. Und diese Angewohnheit war bekannt geworden. Sogar die Presse hatte darüber berichtet.

»Es ist gefährlich«, hatte Grelle protestiert. »Sie gehen sogar immer zur gleichen Zeit – um acht Uhr abends. Wenn Ihnen jemand auflauern wollte, hätte er es leicht ...«

»Glauben Sie, daß die Amerikaner einen Revolvermann herüberschicken werden?« hatte Florian spöttisch gefragt.

»Es gibt immer Verrückte ...«

Grelle war vom Bordstein auf die Straße getreten und noch

immer dabei, Florian einzuholen, wobei er ständig nach allen Seiten blickte, als irgend etwas den Präsidenten dazu brachte, zurückzublicken. Er war kaum einen Meter entfernt, als die Frau die Waffe aus der Handtasche nahm. Völlig kühl, ohne jedes Anzeichen von Panik und mit sicherer Hand zielte sie aus kürzester Entfernung. Florian fuhr herum, erstarrte vor purem Erstaunen, aber nur wenige Sekunden. Eine Sekunde später wäre er schon gerannt, hätte sich geduckt, irgend etwas getan. Das Echo zweier in rascher Folge abgefeuerter Schüsse dröhnte durch die Straße wie donnernde Fehlzündungen eines großen Wagens.

Der Körper lag im Rinnstein, sehr leblos, sehr tot. Das völlige Fehlen jeder Bewegung irritiert immer am meisten. Grelle beugte sich über sie. Die 38er Smith & Wesson hielt er noch immer in der Hand. Er war schockiert. Es war das erste Mal, daß er eine Frau getötet hatte. Als die Leute vom Gerichtsmedizinischen Institut später den Leichnam untersuchten, fanden sie eine von Grelles Kugeln im Herzen der toten Frau, die zweite einen Zentimeter weiter rechts. Einen Moment zuvor hatte der Präfekt den Präsidenten fest am Arm gepackt, in den Innenhof zurückgedrängt und in den Elysee-Palast zurückgebracht, ohne davon Notiz zu nehmen, was Florian sagte. Jetzt strömten Wachtposten mit automatischen Waffen auf die Straße. Viel zu spät.

Grelle selbst entfernte die Automatik aus der Hand der toten Frau. Er hob die Waffe vorsichtig am Lauf auf, um die Fingerabdrücke zu erhalten. Es war eine Bayard 9 Millimeter mit kurzem Lauf aus der kleinen belgischen Waffenfabrik in Hertal. Sie war zwar klein genug, um in eine Handtasche zu passen, aber alles andere als eine Damenwaffe. Aus kürzester Entfernung abgefeuert – und das wäre hier der Fall gewesen –, wäre das Ergebnis fatal gewesen. Daran zweifelte Grelle keinen Augenblick. Wenige Minuten später kam sein Stellvertreter, Generaldirektor André Boisseau von der Police Judiciaire, in einem Polizeiwagen mit heulenden Sirenen in der inzwischen abgeriegelten Straße an.

»Mein Gott, ist es wahr?«

»Ja, es ist wahr«, bellte Grelle. »Sein Beinahe-Mörder, eine Frau, wird gerade in den Krankenwagen dort drüben getragen. Florian ist unverletzt – zurück im Elysee. Von jetzt an wird alles anders sein. Wir werden ihn vierundzwanzig Stunden am Tag unter strengster Bewachung halten. Er muß bewacht werden, wohin er auch geht – ich werde ihn morgen früh aufsuchen, um seine Zustimmung zu bekommen...«

»Und wenn er nicht zustimmt?«

»Wird er meinen sofortigen Rücktritt erhalten...«

Unterdessen war die Presse angekommen. Die Reporter versuchten, sich mit Gewalt einen Weg durch das Gewimmel von Gendarmen zu bahnen, und einer der Zeitungsleute rief dem Präfekten etwas zu. »Die Hyänen sind da«, murmelte Grelle mit zusammengebissenen Zähnen, aber es war wichtig, sie sofort aufzuklären. Sie hatten gerade noch Zeit, ihre Berichte für die Titelseiten der morgigen Ausgaben einzureichen. Er gab Anweisung, sie durchzulassen. Sie umringten den schlanken, athletischen Mann, der von allen Anwesenden der ruhigste war. Es war natürlich der Reporter der *L'Humanité* – ›dieses kommunistische Dreckblatt‹ nannte der Präfekt diese Zeitung –, der die Frage stellte: »Sie sagen, der Attentäter sei eine Frau gewesen? Hat der Präsident sie gekannt?«

Die Anspielung war grob und mehr als deutlich angesichts der Gerüchte über Florians gespannte Beziehungen zu seiner Frau und über seine Affären mit anderen Frauen. *L'Humanité* witterte einen pikanten Skandal von internationalen Ausmaßen. Grelle, der Politiker verabscheute, verstand etwas von Politik. Er schwieg kurz, um die Aufmerksamkeit aller auf sich zu ziehen, um eine Spannung zu erzeugen, die er lösen konnte.

»Der Präsident hat diese Frau nicht gekannt. Er hatte sie noch nie gesehen. Er hat mir das gesagt, als ich ihn in den Elysee-Palast zurückdrängte...«

»Er hat sie also deutlich gesehen?« insistierte der Reporter.

»Der Zufall wollte es, daß er sie direkt ansah, als sie die Waffe auf ihn richtete...«

Kurz nach diesem Wortwechsel brachte er die Journalisten zum Schweigen und ließ sie die Straße hinunter hinter den Sicherheitskordon zurückschicken. Er wußte, daß sie bald ihre Redaktionen anrufen mußten. Der Krankenwagen war weggefahren. Polizeifotografen machten Aufnahmen von dem Abschnitt des Bürgersteigs, in dem es passiert war. Grelle ließ einen hohen Polizeioffizier zurück, um die Formalitäten zu Ende zu führen, und bestieg den Wagen seines Stellvertreters Boisseau, der sie zur Präfektur auf der Ile de la Cité zurückfuhr.

Auf dem Weg dorthin untersuchte der Präfekt die Handtasche der toten Frau, die er in die Tasche seines Regenmantels gesteckt hatte. Der übliche Inhalt: Lippensitft, Kompaktpuder, ein Schlüsselring, Kamm, einhundertsiebenundfünfzig Franc in Scheinen und Münzen sowie ein Personalausweis. Die Frau, die versucht hatte, den Präsidenten von Frankreich zu töten, nannte sich Lucie Devaud. Zu dieser Zeit maß Grelle diesem Namen keinerlei

Bedeutung bei. Er sah auch nichts Bezeichnendes darin, daß sie im Departement Lozère geboren war.

In bestimmten Augenblicken der Geschichte ist es ein einziger Vorfall, der eine ganze Reihe weiterer Ereignisse auslöst, was auf verschiedenen Kontinenten Räder zum Rollen bringt, die sich immer schneller und schneller drehen. Lucie Devauds Versuch, Guy Florian zu töten, war so ein Zwischenfall. Er ereignete sich in einem kritischen Moment der europäischen Geschichte.

Die Welt war gerade dabei, sich von der unheilvollen Weltwirtschaftskrise zu erholen, die 1974 eingesetzt hatte. Überall herrschten wieder Hoffnung und Optimismus. Die Luftverkehrsgesellschaften verfrachteten eine ständig wachsende Zahl von Touristen an weit entfernte und exotische Ferienorte; die Aktienbörsen der Welt zeigten eine stetig steigende Tendenz – der Dow-Jones-Index hatte gerade die 1500er-Marke passiert –, und die Schrecken der Inflation waren jetzt nur noch Erinnerung. Und, wie das amerikanische Hudson Institute vorhergesagt hatte, war Frankreich der Staat, der die übrige Welt durch seinen mächtigen wirtschaftlichen Aufschwung mitriß. Frankreich war aus verschiedenen Gründen zur mächtigsten Nation Westeuropas geworden und hatte selbst die Bundesrepublik Deutschland überholt; der Präsident der Französischen Republik, Guy Florian, war folglich der mächtigste Staatsmann zwischen Moskau und Washington. An der politischen Front sah die Szene weniger beruhigend aus.

Während der großen Wirtschaftsrezession hatte die Sowjetunion ihren Einflußbereich beträchtlich erweitert. Portugal war jetzt ein kommunistischer Staat. Die dortige Kommunistische Partei hatte sich durch Wahlschiebungen an die Macht gebracht. In Griechenland hatte ein kommunistischer Staatsstreich die Regierung gestürzt. Und Spanien befand sich nach einer langen Zeit des Chaos fest in der Hand einer von Kommunisten beherrschten Koalitionsregierung. Sowjetische Kriegsschiffe lagen im Athener Hafen Piräus vor Anker, ebenso vor Barcelona. Der Hafen von Lissabon diente den Sowjets als Marinebasis. Das Mittelmeer war beinahe ein sowjetischer Binnensee geworden. Überdies hatten die letzten amerikanischen Truppeneinheiten Europa verlassen, da der amerikanische Kongreß eine Politik des ständig fortschreitenden Isolationismus verfolgte.

Dies alles – im Verein mit der wachsenden wirtschaftlichen Macht – bedeutete, daß Frankreich in Westeuropa eine Schlüsselposition innehatte. Es war mit der Bundesrepublik Deutschland verbündet und stellte den entscheidenden Faktor dar, der ein weiteres Vordringen der Sowjets verhinderte. Dies war die Situation, in der die Nachricht um die Welt ging, Lucie Devaud habe versucht, Präsident Guy Florian zu töten. Die Französin hatte es nicht geschafft, auf den Abzug ihrer 9-mm-Automatik zu drücken, aber sie hatte unabsichtlich eine andere Art von Auslöser betätigt.

In kürzester Zeit beeinflußte ihr Tod das Leben folgender Männer: der erste war Alan Lennox, ein Engländer mit Wohnsitz in London; ferner waren es David Nash, ein in New York lebender Amerikaner; Peter Lanz, ein Deutscher mit Wohnsitz in Bayern; Oberst René Lasalle, ehemaliger stellvertretender Leiter der Gegenspionage der französischen Armee, der jetzt in der Bundesrepublik Deutschland im Exil lebte, sowie bestimmte andere Leute, die sich gegenwärtig in der Tschechoslowakei aufhielten. Die erste Reaktion kam von Oberst Lasalle, der sofort eine weitere seiner Hetzsendungen in den Äther gehen ließ, und zwar über den Sender Europa, der im Saarland sendet.

»Wer war diese mysteriöse Frau, diese Lucie Devaud?« fragte Lasalle in seiner Nachtsendung am 8. Dezember. »Was war ihr Geheimnis? Und welches Geheimnis verbirgt sich in der Vergangenheit eines führenden Pariser Politikers, das um keinen Preis gelüftet werden darf? Und warum läßt Marc Grelle über Nacht ein Netz von Sicherheitsmaßnahmen über mein Land legen, das Frankreich in einen Polizeistaat verwandelt? Gibt es eine Verschwörung...?«

Auszüge dieser Sendung wurden in den Nachrichtensendungen von Fernsehstationen in der ganzen Welt wiedergegeben. Lasalles Rundfunksendung – die bislang giftigste von allen – enthielt alle Elemente, mit denen sich Spekulationen anheizen lassen. »Das Geheimnis in der Vergangenheit eines führenden Pariser Politikers...« Dieser Satz wurde von den ausländischen Korrespondenten aufgegriffen. Gab es etwa, so spekulierten sie, irgendwo in Paris eine hochgestellte Persönlichkeit – vielleicht sogar einen Minister –, die insgeheim gegen Präsident Florian arbeitete? Wenn das der Fall war – wer war diese Figur im dunkeln? Die wildesten Gerüchte wurden in die Welt gesetzt – es wurde sogar behauptet, eine rechtsstehende Verschwörergruppe unter Führung des unbekannten Ministers sei für den Attentatsversuch verantwortlich; diese Männer hätten versucht, Florian umzubringen, bevor er am 23. Dezember seinen historischen Staatsbesuch in der Sowjetunion antrat.

In einem Apartment im achten Stock eines Hauses in der East 84th Street in New York tat David Nash das Gerücht von einer Verschwörung als dummes Zeug ab. Nash, fünfundvierzig Jahre alt, ein kleiner und gutgebauter Mann mit klugen grauen Augen und sich lichtendem Haar, arbeitete für eine Sonderabteilung des State Department, die noch von keinem Kongreßausschuß durchleuchtet und damit unbrauchbar gemacht worden war. Offiziell hieß es, er sei mit politischen Fragen beschäftigt – ›dem unbestimmtesten Begriff des Wörterbuchs‹, wie er einmal bemerkte; in Wahrheit befaßte er sich mit Gegenspionage auf höchster Ebene. Und da er sich bemühte, in der Hauptstadt möglichst wenig in Erscheinung zu treten, war sich die Presse seiner Existenz kaum bewußt. Am Nachmittag des Tages nach dem Ausbruch Lasalles über den Sender Europa Nummer Eins saß er in seinem Apartment und las eine Übersetzung der Sendung. Mit ihm am Tisch saßen zwei Männer, die soeben aus Washington nach New York geflogen waren.

»So wie die Dinge liegen«, bemerkte Nash, »jagt es mir kalte Schauer über den Rücken, daß Florian um ein Haar ermordet worden wäre. Wenn Frankreich gerade in diesem Augenblick in ein Chaos gestürzt würde, dann weiß nur Gott allein, wie die Sowjetunion versuchen könnte, sich die Situation zunutze zu machen. Wir müssen herausfinden, wer hinter diesem Attentatsversuch stand ...«

Andrew MacLeish, Nashs offizieller Vorgesetzter, ein dünner, streng aussehender Fünfziger, unterbrach ihn gereizt. Er haßte New York und buchte jede dort verbrachte Minute als für sein Leben verloren ab. »Sie glauben, daß dieser Strohkopf Lasalle weiß, wovon er redet? Für mich steht fest, daß er Florian bis aufs Messer reizen will und daß es ihm einfach nur Spaß macht, nach Belieben zu stänkern. Nach meiner Zählung ist dies die zehnte Anti-Florian-Sendung in sechs Monaten ...«

»Die zehnte«, bestätigte Nash. »Übrigens habe ich seine Einladung angenommen, mich mit ihm zu treffen.«

»Welche Einladung?« wollte MacLeish wissen. »Ich höre jetzt zum erstenmal, daß Sie mit diesem Psychopathen Kontakte gehabt haben ...«

»Selbst Psychopathen wissen gelegentlich das eine oder andere«, bemerkte Nash. »Oberst Lasalle hat sich heute vormittag – unserer Zeit – über die Brüsseler Botschaft an mich gewandt. Er sagte, er habe einige höchst wichtige Informationen über das, was wirklich in Paris vorgeht, daß er aber nur mit einem Regierungsvertreter aus Washington sprechen werde – unter vier Augen. Und wir müßten über diese Angelegenheit strikt schweigen ...«

»Ich glaube nicht, daß wir uns mit exilierten Psychopathen

einlassen sollten«, wiederholte MacLeish. Er sah aus dem Fenster; durch das Stahlskelett eines neuen Wolkenkratzers konnte er noch einen Teil der Triborough Bridge erkennen. Sie diskutierten noch über eine Stunde über das geplante Treffen, aber am Ende setzt Nash sich durch. In seinen Augen war es Washington, das anfing, psychopathische Züge zu zeigen; da das Militär und der überwiegende Teil der Administration gegen den Rückzug der amerikanischen Truppen aus Europa waren, den der Kongreß ihnen aufgezwungen hatte, wurde es nur noch wichtiger zu wissen, was wirklich in Europa vorging, und die Ex-Alliierten der USA vor möglichen gefährlichen Entwicklungen zu warnen, die sie aufdekken könnten. Am folgenden Tag flog Nash nach Europa, um den Mann zu treffen, den Guy Florian ruiniert hatte.

Oberst René Baptiste Lasalle, ehemaliger stellvertretender Leiter der militärischen Gegenspionage Frankreichs, war von Guy Florian vor kurzem als ›erloschener Vulkan‹ bezeichnet worden, aber für einen Mann, dessen Karriere abrupt beendet worden war, als es fast gewiß zu sein schien, daß man ihn zum General befördern würde, blieb der Vulkan noch bemerkenswert aktiv. Das Grollen des Obersten Lasalle war in Paris ganz gewiß deutlich zu vernehmen.

Sechs Monate bevor Lucie Devaud versuchte, Guy Florian in der Rue du Faubourg St. Honoré zu ermorden, hatte Lasalle einen heftigen Streit mit dem Präsidenten gehabt und über Nacht aus Frankreich fliehen müssen; es ging das Gerücht um, man habe ihn wegen Beteiligung an einer gegen den Präsidenten gerichteten Verschwörung verhaften wollen. Lasalle flüchtete mit seinem eigenen Wagen. Um vier Uhr morgens durchbrach er einen Grenzkontrollposten östlich von Metz und bat in der Bundesrepublik um politisches Asyl. Vom ersten Augenblick seiner Ankunft in der Bundesrepublik an begann er mit dem Organisieren einer Gerüchtekampagne, um den Mann zu diskreditieren, der ihn ruiniert hatte. Als Instrument wählte er Europa Nummer Eins, die unabhängige Rundfunkstation, die vom Saarland aus sendet.

Zu dem Zeitpunkt, als David Nash aus New York abflog, um sich heimlich mit ihm zu treffen, war Oberst Lasalle fünfundfünfzig Jahre alt. Klein, kompakt und mit einem hageren Gesicht, schlug er sich jetzt mit nur noch einem Arm durchs Leben; sein linker Arm war ihm 1962 in Algerien durch eine Landmine direkt an der Schulter abgerissen worden. Der damalige Hauptmann der militärischen Gegenspionage hatte sich bei der Vernichtung arabischer Untergruppenführer als fähigster Offizier der französischen Armee erwiesen. Keine vierundzwanzig Stunden nach dem Verlust seines Arms verlor er auch seine Familie: Ein Terrorist warf eine Bombe ins Wohnzimmer seiner Villa und tötete seine Frau und seinen siebenjährigen Sohn. Lasalle lag im Lazarett, als ihm die Nachricht überbracht wurde. Seine Reaktion war bezeichnend für ihn.

»Da mein Privatleben jetzt beendet ist, werde ich den Rest meines Lebens Frankreich widmen – damit mein Land seine Eigenart bewahren kann. Das ist alles, was mir noch geblieben ist...«

Sofort nach seiner Genesung kehrte er von Marseille nach Nordafrika zurück. Als er entdeckte, daß sein Gleichgewichtssinn gestört war, begann Lasalle, mit einem Spazierstock in den Estoril-Bergen zu wandern. Er sprang oft über tiefe Felseinschnitte, um ein neues Gleichgewichtsgefühl zu finden. »Wenn es ums Überleben geht«, sagte er später, »paßt der Körper sich wundervoll an...« Er kam gerade rechtzeitig nach Algerien zurück, um den bislang entschlossensten Attentatsversuch gegen General de Gaulle zu ermitteln und zu vereiteln. Dann, Jahre später, kam der Zusammenstoß mit Florian.

Jetzt, in seinem Exil im Saarland, lebte er in einem Bauernhaus in der Nähe von Saarbrücken – und nahe der französischen Grenze. Über Europa Nummer Eins, den Rundfunksender auf deutschem Boden, den Millionen Franzosen hörten, hielt er regelmäßig seine Sendungen ab. Der Verlust seines Arms schien die ungeheure Energie dieses kleinen Mannes nur noch vergrößert zu haben, der sich rühmte, während seines bisherigen Lebens noch keinen Tag müßig gewesen zu sein. Zielscheibe seiner aggressiven Rundfunkkampagne war Guy Florian.

»Warum besucht er am 23. Dezember die Sowjetunion? Welches Motiv steht wirklich hinter diesem Besuch? Warum reist er ausgerechnet dorthin, zu einer Zeit, in der Europa durch den drohenden Schatten der Roten Armee stärker gefährdet wird als je zuvor. Wer ist der Minister, über den sich in Paris die Gerüchte verdichten...?«

Lasalle nannte Florian nicht einmal beim Namen. Der Ex-Oberst sprach immer nur von ›ihm‹, ›diesem Mann‹, bis in Paris allmählich die Erkenntnis dämmerte, daß Lasalle nicht nur ein exzellenter Abwehroffizier war; er hatte sich jetzt auch zu einem Meister der heimtückischen politischen Propaganda entwickelt, der die Grundlagen des Florianschen Regimes zu erschüttern drohte. Dies war der Mann, der den Amerikanern in aller Stille zu erkennen gegeben hatte, daß er einen vertrauenswürdigen Abwehrbeamten zu sprechen wünsche.

Am späten Abend des 9. Dezember, einem Donnerstag, am selben Tag, an dem in New York David Nash MacLeish über seinen bevorstehenden Flug nach Europa und das Gespräch mit Oberst Lasalle informierte, erschien in der Rue du Faubourg St. Honoré ein kleiner, schäbig angezogener grauhaariger Mann und postierte sich gegenüber dem Elysee-Palast. Er stand genau an der Stelle des Bordsteins, an der vor vierundzwanzig Stunden Lucie Devaud im Rinnstein zusammengebrochen war, nachdem Marc Grelles Kugeln sie in die Brust getroffen hatten. Niemand nahm Notiz von dem Mann, und wenn der uniformierte Wachtposten der Garde Républicaine überhaupt einen Gedanken an ihn verschwendete, dürfte er ihn allenfalls für einen dieser Voyeure gehalten haben, die ein makabres Vergnügen daran finden, am Schauplatz eines versuchten Verbrechens zu gaffen. Der schäbig gekleidete Mann kam um 19.30 Uhr an, als es bereits dunkel war. Er war etwa Mitte Sechzig. Sein Gesicht war von tiefen Falten zerfurcht und verbraucht. Er trug einen struppigen grauen Schnurrbart. Um 20.30 Uhr stand er noch immer dort, als er wie benommen, ohne zur Seite zu blicken, auf die Straße trat. Der Wagen, der nur wenige Meter entfernt war und ziemlich schnell fuhr, konnte nicht mehr bremsen. Der alte Mann mußte urplötzlich vor der Windschutzscheibe des heranfahrenden Wagens aufgetaucht sein. Das Fahrzeug versetzte dem Fußgänger einen schrecklichen Schlag, überfuhr ihn, beschleunigte und verschwand in Richtung Madeleine. Fünfzehn Minuten später raste ein Krankenwagen mit heulenden Sirenen zum Hôtel-Dieu auf der Ile de la Cité, um den Verletzten einzuliefern. Nach der Ankunft untersuchte ein Arzt den Patienten und sagte, er müßte unwahrscheinliches Glück haben, wenn er die Nacht noch überstehen würde.

Am Donnerstag, dem 9. Dezember, nachdem er seine Besucher aus Washington losgeworden war, vertiefte sich David Nash in eine Straßenkarte von Westeuropa. Er prüfte die Entfernungen und entschloß sich sofort, noch in derselben Nacht über den Atlantik zu fliegen. Wenn er den PanAm-Flug Nr. 92 erwischte, der 17.45 Uhr in New York abging, würde er am nächsten Morgen in Brüssel sein und somit genug Zeit haben, zu dem verabredeten Treffen nach Luxemburg zu fahren, wie es mit Lasalle vereinbart worden war, und nach Brüssel zurückzufliegen. Nash erreichte die Maschine mit knapper Not. Als die Boeing 707 über der Küste von Long Island allmählich die Flughöhe von dreißigtausend Fuß erreichte, lehnte er sich behaglich in seinem Erster-Klasse-Sitz zurück.

Nash hatte einen gedrängten Zeitplan vor sich. Ihm stand nicht nur das Treffen mit Lasalle auf dem neutralen Boden Luxemburgs bevor, sondern auch eine Begegnung mit seinem deutschen Kollegen Peter Lanz, mit dem ihn eine enge und herzliche Freundschaft verband. Immerhin residierte der geflüchtete französische Ex-Oberst in Deutschland. Es hatte zu den delikateren Aufgaben von Peter Lanz gehört, diesen energiegeladenen Gast im Auge zu behalten, der das Territorium des engsten Verbündeten der Bundesrepublik verlassen hatte, um nach Deutschland zu flüchten.

Die Ankunft von Oberst Lasalle war von den deutschen Behörden mit sehr gemischten Gefühlen aufgenommen worden. Sie gaben ihm Asyl – Paris hatte keinerlei Anklage gegen ihn erhoben –, und der Polizeichef von Saarbrücken war angewiesen worden, den Flüchtling nicht zu genau zu überwachen. Lasalle, der einen Entführungsversuch befürchtete, hatte um Polizeischutz nachgesucht, der ihm unter der Voraussetzung gewährt worden war, daß die Öffentlichkeit nichts davon erfahre. Im Lauf der Zeit – Lasalle hielt sich jetzt schon sechs Monate in der Bundesrepublik auf – wurde die Überwachung gelockert.

Peter Lanz hatte Lasalle mehrere Male besucht und ihn gebeten, einen gemäßigteren Ton in seinen Rundfunksendungen anzuschlagen. Lasalle hatte erwidert, daß er es sich überlegen werde. Danach setzte er sich meist in den Wagen, fuhr zum Funkhaus und überschüttete Florian mit einem neuen Sortiment von Verbalinjurien. Da Lasalle gegen kein Gesetz verstieß, konnte Lanz sich nur mit einem Achselzucken hinsetzen und die Übersetzung des jüngsten Ausbruchs lesen.

Lanz war mit seinen zweiunddreißig Jahren außergewöhnlich jung für den Posten des stellvertretenden Leiters des Bundesnachrichtendienstes. Seine rasche Beförderung verdankte er seiner Qualifikation und der Tatsache, daß zahlreiche ältere Kollegen den Dienst hatten quittieren müssen, nachdem Franz Hauser, der neue Bundeskanzler, drei Monate nach dem Amtsantritt Guy Florians gewählt worden war. »Ich wünsche dort keine Intriganten«, hatte Hauser bündig erklärt, »ich will dort junge und energische Männer sehen, die mit diesem verdammten Job fertig werden ...«

Dieser sehr junge Vize des BND war ein mittelgroßer, schlanker Mann mit sich lichtendem braunem Haar. »Wenn ich in diesem Job bleibe, bin ich mit vierzig kahl«, pflegte er oft zu sagen. »Stimmt es eigentlich, daß Frauen nach kahlköpfigen Männern verrückt sind?« Gewöhnlich blickte er ernst drein, aber er hatte eines mit Guy Florian gemeinsam: Wenn er lächelte, konnte er mit seinem Charme fast jeden dazu bringen, ihm zuzustimmen. Ihm oblag die Aufgabe, potentiell gefährliche Situationen für die Bundesrepublik Deutschland vorherzusehen und zu verhindern – er mußte politisch brisante Entwicklungen im voraus erkennen und abwehren. Die Ankunft Oberst Lasalles auf deutschem Boden war ein klassischer Fall. »Nicht gerade einer meiner größten Erfolge«, bekannte Lanz einmal, »aber dafür wissen wir auch nicht, wohin diese Geschichte noch führen wird, nicht wahr? Lasalle weiß etwas – vielleicht erzählt er mir eines Tages, was er weiß ...«

Nash traf Lanz in Lüttich in Belgien. Früher an diesem Morgen, nachdem er um 8.30 Uhr in Brüssel gelandet war, hatte der Amerikaner sich am Flughafen unter dem falschen Namen Charles Wade einen Wagen gemietet. Dies war sein Pseudonym auf dieser Dienstreise. Nach der Ankunft in Lüttich verbrachte Nash eine halbe Stunde mit Lanz in der anonymen Atmosphäre des Bahnhofsrestaurants und fuhr dann in südlicher Richtung nach Clervaux in den Ardennen weiter. Das geheime Treffen mit Oberst Lasalle war sorgfältig geplant worden – Clervaux liegt weder in Deutschland noch in Belgien. Diese kaum bekannte Stadt liegt hoch oben im Mittelgebirge des nördlichen Luxemburg.

Die Geheimhaltung des Nashschen Trips nach Europa war für das Überleben Lasalles als glaubwürdige politische Figur unerläßlich; wenn es Paris gelingen sollte, seine Verbindungen mit Washington nachzuweisen, würde man ihn leicht als Werkzeug Washingtons diskreditieren können. In dem ruhigen Hotel Claravallis in Clervaux, in einem Zimmer, das auf den Namen Charles Wade bestellt worden war, sprachen Nash und Lasalle zwei Stunden lang völlig ungestört miteinander. Danach verließ Lasalle sofort das Hotel und fuhr nach Deutschland zurück. Nash nahm einen schnellen Lunch ein und fuhr dann direkt nach Belgien zurück, wo er Peter Lanz, der in Lüttich auf ihn gewartet hatte, Bericht erstattete. Eine halbe Stunde später befand sich Nash auf dem Rückweg nach Brüssel, wo er die Nachtmaschine nach New York bestieg. Während seiner Blitzreise nach Europa unter dem Pseudonym Charles Wade hatte Nash sich keinen Augenblick in die Nähe der amerikanischen Botschaft in Brüssel gewagt. Sein Abendessen nahm er im Flugzeug ein, wobei er Tierbilder auf ein Blatt Papier kritzelte und sie dann ausradierte. Bilder vom Kopf eines Leoparden.

2

David Nash befand sich auf dem Weg zu seinem ersten Treffen mit Peter Lanz irgendwo auf der Straße zwischen Brüssel und Lüttich, als Marc Grelle in Paris einen Anruf erhielt, der zunächst eine Routineangelegenheit zu sein schien. Das weitläufige Büro des Polizeipräfekten liegt im ersten Stock der Präfektur; von den Fenstern des holzgetäfelten Raums blickt man auf den Boulevard du Palais; zum Schutz vor Einblick sind die Fenster mit Netzgardinen verhängt. Wie gewöhnlich trug Marc Grelle Hosen und einen Rollkragenpullover, als er hinter seinem Schreibtisch saß und die allmorgendliche Papierarbeit erledigte, die er nicht ausstehen konnte.

Der in Metz geborene Grelle war Lothringer. Die Lothringer gelten in Frankreich als die am wenigsten französischen Franzosen. Meist stämmig gebaut und durch nichts aus der Ruhe zu bringen, stehen sie in dem Ruf, vernünftig und in Notlagen zuverlässig zu sein. Grelle hatte einen langen Weg zurückgelegt, um von Metz nach Paris zu gelangen. Vor achtzehn Monaten, als Florian zum Präsidenten gewählt worden war, war Marc Grelle Polizeipräfekt von Marseille gewesen und hätte durchaus nichts dagegen gehabt, seine Karriere in dieser verlotterten Hafenstadt zu Ende zu führen. »Sehen Sie doch mal, wohin der Ehrgeiz die Leute bringt«, pflegte er zu sagen. »Nehmen Sie jeden beliebigen Minister. Sie nehmen Pillen, um schlafen zu können, sie nehmen Aufputschmittel, um sich bei den Kabinettssitzungen mittwochs wach halten zu können. Sie heiraten reiche Frauen, um ihre Karriere zu fördern, dann geben sie das Geld ihrer Frauen für Freundinnen aus, die sie sich zulegen, um nicht durchzudrehen. Was soll das alles?«

Grelle gab nur nach langem Zögern Florians dringender Aufforderung nach, nach Paris zu kommen. »Ich brauche wenigstens einen ehrlichen Mann um mich«, hatte Florian gedrängt. Sein Gesicht hatte sich zu dem berühmten Lächeln in Fältchen gelegt. »Wenn Sie nicht annehmen, werde ich den Posten vakant lassen müssen!« Also war Grelle nach Paris gegangen.

Er setzte seufzend seinen Namenszug unter ein Dokument und wandte sich einem anderen Papier zu, als das Telefon läutete. Am Apparat war André Boisseau, sein Stellvertreter.

»Ich bin im Hôtel-Dieu, Chef, gleich um die Ecke. Ich finde, Sie sollten sofort herkommen. Hier liegt ein Mann im Sterben, und da ist irgend etwas komisch an der Sache.«

»Sie sagten, er stirbt?«

»Er wurde gestern abend in der Rue du Faubourg St. Honoré von einem Wagen überfahren; der Fahrer hat Fahrerflucht begangen. Das war an genau derselben Stelle, an der Lucie Devaud gestorben ist...«

Boisseau wollte am Telefon nicht mehr sagen. Grelle zog also seinen Ledermantel an, verließ das Gebäude und ging die kurze Strecke zu dem großen Krankenhaus am rechten Seineufer zu Fuß. Es goß in Strömen, aber er haßte es, kurze Entfernungen mit dem Wagen zurückzulegen – ›Bald werden die Kinder mit Rädern statt mit Beinen auf die Welt kommen‹ war einer seiner Lieblingsaussprüche. Boisseau erwartete ihn im Erdgeschoß des düsteren Gebäudes. »Tut mir leid, daß Sie klatschnaß geworden sind, Chef, aber er will mit niemand anderem sprechen als mit dem Polizeipräfekten. Der Mann heißt Gaston Martin. Er ist gerade aus Guyana zurückgekehrt – zum erstenmal seit dreißig Jahren, stellen Sie sich das mal vor...«

Später fügte Grelle die bizarre Geschichte zu einem Ganzen zusammen. Guyana ist das einzige überseeische Departement in Lateinamerika, das noch immer zu Frankreich gehört. Früher war Guyana der Öffentlichkeit vor allem wegen des berüchtigten Straflagers auf der Teufelsinsel bekannt; später war es aus den Schlagzeilen verschwunden und gehörte seitdem zu den verschlafeneren Teilen des riesigen amerikanischen Subkontinents. Gaston Martin, ein Mann Ende Sechzig, hatte seit dem Zweiten Weltkrieg sein gesamtes Leben an diesem abgelegenen Ort verbracht. Dann, zum erstenmal seit mehr als dreißig Jahren, war er an Bord eines Frachters heimgekehrt, der am 9. Dezember in Le Havre festgemacht hatte – weniger als vierundzwanzig Stunden nach dem versuchten Attentat auf Guy Florian. Nach Paris war er mit der Bahn gekommen und hatte seinen kleinen Handkoffer im Cécile gelassen, einem schmierigen kleinen Hotel der Rive Gauche. Danach war er zu einem Spaziergang aufgebrochen. Dabei war er schließlich zum Elysee-Palast gelangt, wo er Punkt 20.30 Uhr beim Betreten der Fahrbahn von einem Wagen überfahren worden war.

Als Grelle Boisseau in einen Raum folgte, der nur mit einem Patienten belegt war, wußte er noch nichts von all dem. Der Präfekt rümpfte die Nase, als er Antiseptika roch. Als kerngesunder Mann verabscheute er Krankenhausgerüche.

Gaston Martin lag in dem einzigen Bett des Zimmers. Daneben standen eine Schwester und ein Arzt, der den Kopf schüttelte, als Grelle nach dem Befinden des Patienten fragte. »Ich gebe ihm noch eine Stunde«, flüsterte der Arzt. »Vielleicht weniger. Der Wagen ist direkt über ihn hinweggerollt... Die Lungen sind verletzt. Nein, es ändert nichts, wenn Sie ihm Fragen stellen, aber es kann sein, daß er nicht antwortet. Ich werde Sie jetzt ein paar Minuten mit ihm allein lassen...« Er runzelte die Stirn, als Boisseau auch einen Wunsch äußerte. »Die Schwester auch? Wie Sie wünschen...«

Warum sehen so viele Krankenzimmer wie Todeszellen aus, fragte sich Grelle, als er ans Bett trat. Martins Kopf war mit strähnigem grauem Haar bedeckt; unter seiner hervorspringenden Hakennase hing ein Schnauzbart herab. Mehr Charakter als Grips, stellte Grelle fest, während er einen Stuhl ans Bett zog. Boisseau eröffnete die Unterhaltung. »Dies ist der Polizeipräfekt von Paris, Marc Grelle. Sie wollten ihn sprechen...«

»Ich habe ihn... in den Elysee gehen sehen«, sagte Martin mit bebender Stimme.

»Wen gesehen?« fragte Grelle leise. Der Mann aus Guyana streckte den Arm aus und ergriff die Hand des Präfekten, was bei Grelle ein komisches Gefühl hervorrief, ein Gefühl der Hilflosigkeit. »Wen gesehen?« wiederholte er.

»Den Leoparden...«

In Grelle drehte sich etwas, dann fiel ihm etwas anderes wieder ein, und er fühlte sich besser. In den wenigen Sekunden, bevor er antwortete, ging ihm der Inhalt wer weiß wie vieler Akten durch den Kopf, die er irgendwann einmal gelesen hatte. Er versuchte, sich an exakte Details zu erinnern. Er wußte sofort, wen dieser Mann meinte, und als Grelle die zweite Einzelheit einfiel, wurde ihm klar, daß Martin fantasieren mußte.

»Ich weiß nicht, wen Sie meinen«, sagte Grelle vorsichtig.

»Kommunistischer Résistance-Führer... im Departement Lozère.« Martin packte Grelles Hand und kämpfte, um sich auf dem Kissen abzustützen. Sein Gesicht war mit Schweißperlen bedeckt. Boisseau versuchte, ihn davon abzuhalten, aber Grelle sagte, er solle den Mann lassen. Grelle verstand die verzweifelte Reaktion: Martin versuchte nur, noch ein wenig länger am Leben zu bleiben; er fühlte, daß er dies nur schaffen würde, wenn er sich aus seiner liegenden Stellung befreite.

»Kommunistenführer der Kriegszeit...«, wiederholte Martin. »Der... jüngste... der Résistance...«

»Sie können ihn nicht in den Elysee gehen gesehen haben«, sagte Grelle ihm sanft. »Da sind Wachen postiert, Wachtposten am Eingangstor...«

»Sie haben salutiert...«

Grelle spürte den Schock, als hätte er einen Schlag in den Magen bekommen. Trotz aller Anstrengungen machte sich in seiner Hand ein leichtes Zittern bemerkbar, und Martin fühlte es. Seine fiebrigen Augen öffneten sich zu einem Starren. »Glauben Sie mir«, keuchte er. »Sie müssen mir glauben...«

Grelle wandte sich an Boisseau und flüsterte seinen Befehl. »Niemand darf hier herein – nicht einmal der Arzt. Auf dem Weg herein habe ich in der Nähe des Eingangs einen Gendarmen gesehen – holen Sie ihn, postieren Sie ihn vor dieser Tür und kommen Sie dann wieder...«

Grelle blieb zwanzig Minuten bei dem sterbenden Martin. Der Präfekt wußte, daß sein Verhör den Tod des armen Teufels beschleunigte, er wußte aber auch, daß es Martin nichts ausmachte. Dieser wollte nur reden und seine Botschaft weitergeben, bevor er starb. Boisseau kehrte wenige Minuten später ins Krankenzimmer zurück, nachdem er den Gendarmen angewiesen hatte, vor der Tür Posten zu beziehen. Einmal wollte ein Priester sich mit Gewalt Zutritt verschaffen, aber Martin gab zu verstehen, daß er Agnostiker sei, und wurde so aufgeregt, daß der Geistliche sich zurückzog.

Für Grelle war das Ganze eine Qual; zu versuchen, den Mann dazu zu bringen, zusammenhängend zu sprechen, zu beobachten, wie Martins Haut unter dem Schweißfilm immer grauer wurde, zu spüren, wie Martins Hand seine eigene ergriff, um die Verbindung zu den Lebenden und zum Leben aufrechtzuerhalten. Am Ende der zwanzig Minuten war das, was Grelle aus Martin herausgebracht hatte, meist nur unzusammenhängendes Gestammel, eine Folge von Sätzen ohne jede Beziehung zueinander, aber dennoch zog sich so etwas wie ein Faden durch die wie im Delirium gemurmelten Sätze. Dann starb Martin. Die Hand in Grelles Hand wurde schlaff wie die eines schlafenden Kindes. Der Mann, der Paris seit mehr als dreißig Jahren nicht gesehen hatte, war zurückgekehrt, um dort innerhalb von achtundvierzig Stunden nach seiner Ankunft in Frankreich zu sterben.

Nach der Rückkehr in die Präfektur mit Boisseau verschloß Grelle die Tür und sagte seiner Sekretärin am Telefon, er könne im Augenblick keine Gespräche mehr annehmen. Dann trat er ans Fenster und starrte auf die regennasse Straße hinunter. »Falls mir etwas zustoßen sollte«, erklärte er, »muß irgendein anderer über diese Sache Bescheid wissen – jemand, der die Ermittlungen weiterführen kann. Obwohl ich noch immer bete, daß Martin sich geirrt hat, daß er nicht wußte, wovon er sprach...«

»Wovon hat Martin denn gesprochen?« fragte Boisseau diplomatisch.

»Das wissen Sie genausogut wie ich«, entgegnete Grelle brutal. »Er hat gesagt, daß jemand, der gestern abend den Elysee-Palast besucht hat, jemand, der wichtig genug ist, um von den Wachen gegrüßt zu werden – es muß sich also um ein Kabinettsmitglied handeln –, ein kommunistischer Spitzenagent ist...«

Auf Grelles Anweisung schickte Boisseau ein Blitztelegramm an den Polizeichef von Cayenne, Guyana, mit der dringenden Bitte um Übermittlung sämtlicher Informationen über Gaston Martin. Danach versuchten sie, Klarheit in die verworrene und über weite Strecken unzusammenhängende Geschichte zu bringen, die Martin ihnen erzählt hatte.

Martin hatte etwa eine Stunde lang in der Nähe des Elysee-Palastes gestanden – wahrscheinlich zwischen 19.30 Uhr und 20.30 Uhr, manchmal an der Stelle des Bordsteins, an der Lucie Devaud erschossen worden war, manchmal war er zum Place Beauvau hinaufgegangen und dann wieder zurück. Zumindest waren sie sich der Zeit 20.30 Uhr sicher, als ein Wagen ihn überfahren hatte, denn dieser Vorfall war von einem der Wachtposten des Elysee-Palastes beobachtet worden. »Zum Teil beobachtet«, erklärte Boisseau. »Ich habe den Inspektor angerufen, der für diesen Fall zuständig ist, während Sie auf dem Weg zum Krankenhaus waren. Dieser Dummkopf von Wachtposten ist sich nicht einmal sicher, von welcher Marke der Wagen ist, der Martin überfahren hat...«

Martin hatte geschworen, er habe zu einem bestimmten Zeitpunkt in dieser Stunde gesehen, wie der ihm früher als der Leopard bekannte Mann in den Elysee-Palast hineinging und von den Wachen salutiert wurde. Es war diese kurze Aussage, die Grelle so viel Kopfzerbrechen machte. »Sie haben salutiert...«

Martin hatte nur eine vage Beschreibung des Mannes abgegeben; zu der Zeit, als Grelle dazu gekommen war, nach dem Aussehen des Mannes zu fragen, war der sterbende Mann immer schwächer geworden. Zudem war er oft – wohl weil er Grelles Frage vergessen hatte – abgeschweift.

»Martin zufolge aber war dieser Mann sehr hochgewachsen – über einsachtzig«, betonte der Präfekt. »Das hat er dreimal gesagt – das mit der beachtlichen Körpergröße.«

»Das führt uns mehr als dreißig Jahre in die Résistancezeit während des Krieges zurück«, protestierte Boisseau. »Das heißt, wenn wir Martin überhaupt glauben können. Wie zum Teufel soll er einen Mann wiedererkannt haben, den er in all den Jahren nicht mehr gesehen hat? Die Menschen verändern sich unglaublich...«

»Er hat darauf bestanden, den Leoparden gesehen zu haben. Er hat gesagt, der Leopard habe sich nicht sehr verändert, daß ihm – Martin – zuallererst der Gang des Mannes aufgefallen sei – und dann konnte ich ihn nicht dazu bringen, den Gang des Leoparden zu beschreiben.«

»Das klingt höchst unwahrscheinlich ...« Boisseau hatte jetzt die Krawatte abgelegt und saß in Hemdsärmeln da. Man hatte ihnen Kaffee gebracht, und der Raum war voller Qualm, da Grelle eine Zigarette nach der anderen rauchte. Der Regen peitschte immer noch gegen die Fenster.

»Das tut es«, stimmte Grelle zu, »aber ich war derjenige, der jedes Wort anhörte, und ich muß sagen, er hat mich erschreckt. Ich glaube, ich kann beurteilen, wann ein Mann die Wahrheit sagt und wann nicht ...«

»Und dieser Hinweis auf den Leoparden – glauben Sie, er hat da wirklich die Wahrheit gesagt?« Der kleine, kompakte Boisseau gab sich keinerlei Mühe, die Skepsis in seiner Stimme zu verbergen. Unter dichten Augenbrauen sahen seine mandelförmigen Augen Grelle fragend an. »Ich persönlich habe noch nie von ihm gehört ...«

»Sie sind auch jünger als ich.« Der Präfekt zündete sich eine neue Zigarette an. »Über den Leoparden gibt es eine Akte, eine jetzt schon sehr alte und verstaubte Akte. Und, ja, ich glaube tatsächlich, daß Gaston Martin die Wahrheit gesagt hat – jedenfalls das, was er für die Wahrheit hielt.«

»Was etwas völlig anderes sein könnte ...«

»Durchaus. Sehen Sie, es gibt da etwas, was Sie nicht wissen. Der kommunistische Résistance-Führer, der während des Krieges als der Leopard bekannt war, ist tot.«

Am Samstagmorgen, dem 11. Dezember, flog David Nash, der soeben mit der Nachtmaschine aus Brüssel zurückgekehrt war, von New York nach Washington, um mit Andrew MacLeish im State Department eine rasch anberaumte Krisenbesprechung abzuhalten. Die beiden Männer schlossen sich in einem kleinen Raum im zweiten Stock ein. MacLeish hörte fünfzehn Minuten zu, ohne ein Wort zu sagen; es war eine seiner Stärken, konzentriert zuzuhören und einen mündlichen Bericht ohne Unterbrechung des Vortragenden in sich aufzunehmen; er sog die Informationen auf wie ein Schwamm.

»Und Lasalle hat wirklich nicht den kleinsten Hinweis auf die Identität dieses mysteriösen Kabinettmitglieds gegeben, das ein kommunistischer Geheimagent sein könnte?« fragte er schließlich. »Dieses Mannes, den er den zweiten Leoparden nennt – weil er den Decknamen des verstorbenen kommunistischen Résistance-Führers der Kriegszeit angenommen hat?«

»Nicht den geringsten«, erwiderte Nash sofort. »Er war mit Informationen sehr zurückhaltend. Er hat mir aber gesagt, daß er glaubt, zum Zeitpunkt seines Riesenkrachs mit Florian kurz davor gewesen zu sein, die Identität des Agenten aufzudecken – nach der Auseinandersetzung mit Florian aber mußte er aus Frankreich fliehen. Seitdem hat er seine Ermittlungen nicht weiterführen können, und er hat eine höllische Angst, daß für den Zeitpunkt des Florianschen Staatsbesuchs in Moskau ein Staatsstreich geplant sein könnte. Er hat den Verdacht, daß die Russen den Präsidenten in die Sowjetunion eingeladen haben, damit er im entscheidenden Moment nicht in Paris ist. Der Attentatsversuch hat Lasalle bewogen, mit mir Kontakt aufzunehmen. Er ist ziemlich sicher, daß der Staatsstreich sofort erfolgt wäre, wenn der Anschlag gelungen wäre – unter Führung des zweiten Leoparden.«

»Er will also, daß wir die Ermittlungen weiterführen, mit denen er begonnen hat...«

»Er hat eine Liste mit den Namen der drei Augenzeugen, die während des Krieges mit dem echten Leoparden zusammengearbeitet haben...«

»Eine Liste, die er Ihnen nicht geben wollte«, fauchte MacLeish.

»Daraus kann ich ihm kaum einen Vorwurf machen«, entgegnete Nash. »Ihm geht Sicherheit über alles, und das mag ich. Er wird die Liste nur dem Agenten aushändigen, den wir stellen, um nach Frankreich zu gehen und diese Leute dort zu befragen...«

»Was zum Teufel können diese drei sogenannten Augenzeugen uns denn schon erzählen?« wollte MacLeish gereizt wissen. »Wenn der echte Leopard tot ist, dann sehe ich nicht, wo da die Verbindung sein soll...«

»Lasalle glaubt, daß jemand, der in der Kriegszeit zur Widerstandsgruppe des Leoparden gehörte, sich nach dem Krieg schlauerweise den Decknamen angeeignet hat, unter dem die Russen ihn gekannt haben und wiedererkennen würden. Um diesen kommunistischen Spitzenagenten zu finden, müssen wir also in der Vergangenheit graben; dann können wir herausfinden, wer in Frage kommt. Wenn wir herausbekommen, wer er im Jahre 1944 war, wissen wir, wer er heute ist.«

MacLeish, dessen zweite Stärke darin bestand, schnelle Entscheidungen treffen zu können, trommelte mit seinen dicken Fingern wie ein Klavierspieler auf den Tisch. »Der Stichtag ist also der 23. Dezember, wenn Florian nach Moskau aufbricht. Das läßt uns genau elf Tage. Sie werden verdammt schnell arbeiten müssen...«

»Ich kann also jemanden losschicken?« warf Nash ein.

»Sie können jemanden auf die Reise schicken«, entschied MacLeish, »aber keinen Amerikaner. Wenn Florians Sicherheitsapparat ihn erwischt, wird das für die Franzosen ein Festessen sein. Ich kann schon jetzt Florians nächste antiamerikanische Rede hören – Yankee-Agent bei dem Versuch geschnappt, einen Pariser Minister zu verleumden ... Dieses Risiko können wir uns nicht leisten. Ein Agent ja, aber es darf kein Amerikaner sein«, wiederholte er.

»Aber keinen Amerikaner ...«

Es war noch immer Samstagmorgen, als Nash seinem Assistenten Ward Fischer die Anweisung erteilte. Sie befanden sich im dritten Stock, in der Flucht von Büroräumen, die Nashs Stab beherbergte. Unter normalen Umständen wären an einem Samstag alle außer Fischer zu Hause gewesen, aber Nash hatte vor dem Antritt seines Flugs von New York nach Washington telefonisch Anweisung gegeben, daß alle Mitarbeiter bei seiner Ankunft im Büro zu sein hätten. Als Nash sich noch in der Luft befand, füllte sich das Büro mit den eilig zusammengerufenen Männern.

»Das engt das Feld ziemlich ein«, bemerkte Fischer.

»Engen Sie's auf Null ein. Finden Sie den Mann«, bemerkte Nash gereizt. »Innerhalb von zwei Stunden«, fügte er hinzu. Fischer ging in das angrenzende Büro. Innerhalb von fünf Minuten war sein Stab dabei, die Akten nach einem geeigneten Namen durchzusehen. Die besonderen Merkmale des Mannes, der nach Frankreich gehen würde, um Lasalles Augenzeugen zu befragen, waren zwingend vorgeschrieben. Er mußte absolut zuverlässig sein und durfte kein Sicherheitsrisiko darstellen; er mußte Französisch fließend genug sprechen, um als Franzose durchzugehen; mußte sich in Abwehrdingen bestens auskennen; und er mußte ein kühl kalkulierendes, vorsichtiges Temperament besitzen, ein Mann sein, auf den man sich in einer Notsituation verlassen konnte und der in der Lage war, allein auf sich gestellt zu operieren. Was die Nationalität anging, durfte er weder Amerikaner noch Franzose sein.

Dieses letzte Erfordernis hatte Nash persönlich hinzugefügt, was Fischer dazu brachte, blumig zu fluchen, als er das Büro seines Chefs verließ. »Diese gottverdammte Personenbeschreibung schreit nach einem Franzosen«, beklagte er sich bei einem Mitarbeiter, »also müssen Sie jetzt einen Franzosen finden, der kein Franzose ist. Machen Sie sich an die Arbeit ...« Nash hatte sehr gute Gründe für diese letzte Bedingung. Weil Frankreich ein ganz besonderes Land ist und viele seiner Bewohner ein waches politisches Bewußtsein haben, hatte Nash das Gefühl, daß es gefährlich wäre, einen Franzosen als Spion auf seine Landsleute anzusetzen. Außerdem war er sich ziemlich sicher, daß Oberst Lasalle seine Bedenken teilen würde.

Während Fischer und sein Stab die Akten durchforsteten, ging Nash in Gedanken die Reihe der Männer durch, die er gekannt – oder von denen er gehört hatte. Ein Name fiel ihm sehr schnell ein, aber er verwarf ihn: Diesen Mann würde er nie überreden können, den Job zu übernehmen. Nash saß am Schreibtisch, die stämmigen Hände im Nacken gefaltet, und befragte sein Gedächtnis. Er verwarf einen Kandidaten nach dem anderen. Am Ende kam er auf den Mann zurück, an den er zuerst gedacht hatte.

Um halb zwei nachmittags betrat Fischer sein Büro mit zwei Akten. »Dies sind die beiden einzigen Männer, die auf die Beschreibung passen«, sagte er müde. »Wir haben am Schreibtisch gesessen und gearbeitet, seit ich Ihr Zimmer verlassen habe. Daß es kein Franzose sein darf, hat die Sache nur noch schwieriger gemacht...« Nash warf einen Blick auf die beiden Akten. Einer der Namen war Jules Beaurain, ein Belgier. »Belgien ist nicht Frankreich«, sagte Fischer hoffnungsvoll. Der zweite Name war der, an den Nash selbst gedacht hatte.

»Wir werden Druck ausüben müssen, um diesen Mann zu bekommen«, sagte Nash nachdenklich. »Es kann sein, daß mir gerade eingefallen ist, wie das am besten zu bewerkstelligen ist. Bringen Sie mir Einzelheiten über alle Bewerbungen von Ausländern um Sicherheitskontrakte in den USA. Bringen Sie sie gleich...«

»Es ist Samstag...«

»Das sehe ich auf dem Kalender. Rufen Sie die Leute zu Hause an und bringen Sie sie auf Trab. Sagen Sie, es sei ein Notfall – und grüßen Sie schön von mir...«

»Das werden sie zu schätzen wissen«, sagte Fischer und verließ das Büro, um seine Frau anzurufen. Auch sie würde es zu schätzen wissen, da war er völlig sicher.

Nachdem er in seinem Büro wieder allein war, zog Nash einen Kugelschreiber aus der Tasche und gab sich seiner Vorliebe für das Kritzeln von Porträts hin. Aus dem Gedächtnis zeichnete er eine Brustbild-Skizze von einem Mann, den er einmal gut gekannt und trotz einiger Meinungsverschiedenheiten respektiert hatte. Als die Skizze fertig war, fügte er eine Bildunterschrift hinzu. Alan Lennox. Abwehrexperte. Brite.

Viertausendachthundert Kilometer entfernt, auf der anderen Seite des Atlantik, in London, war es Samstagabend, als Alan Lennox den Schlüssel in dem Chubb-Sicherheitsschloß umdrehte, prüfend an die Türklinke zu seinem Büro griff und einen Augenblick sinnend das Schild an der Wand anstarrte. *Lennox Security Company Limited.* An der Börse waren die Aktien auf dreieinhalb Pfund pro Stück geklettert, und es sah so aus, als würden sie noch weiter steigen; Gesellschaften, die Sicherheit verkauften, erlebten gerade einen kleinen Boom. Der Himmel mochte wissen, weshalb, aber die City machte seit kurzem einen Kult aus ihnen. Vielleicht weil sie ›exportorientiert‹ waren, wie die weisen, kleinen Männer das nannten, die Börsenempfehlungen veröffentlichten. In der ganzen Welt waren große Industriekonzerne dazu übergegangen, Briten mit der Bekämpfung von Industriespionage und der Entwicklung von Sicherheitskonzepten zu betrauen. Briten, so meinte man, seien unbestechlich. Auch eine Glaubensvorstellung. Lennox überlegte, ob es nicht ein guter Moment zum Verkaufen war – wenn er erst einmal den großen Vertrag mit dem amerikanischen Ölkonzern unter Dach und Fach hatte, um den er sich bemühte. Mit dem Vertrag in der Tasche würden die Aktienkurse in den Himmel gehen.

Er war der einzige Mann, der sich im Gebäude aufhielt – samstags pflegten nur Geschäftsführer zu arbeiten. Er fuhr mit dem Fahrstuhl zur Leadenhall Street hinunter und ging in das Unwetter hinaus, das über London losgebrochen war. Er holte seinen Citroën DS 23 aus der Tiefgarage und fuhr durch dichte Regenschleier zu seiner Wohnung am St. James' Place. Dabei sagte er sich, daß dieser Abend nicht dazu angetan sei, einen alleinstehenden Mann zum Ausgehen zu ermuntern. Nach der Ankunft in seiner mit antiken Möbeln eingerichteten Wohnung zog Lennox seinen Zweihundert-Guineen-Mantel aus und goß sich einen großen Scotch ein. Sein nächstes Problem: Er mußte entscheiden, ob er essen gehen oder sich ein Steak aus dem Kühlschrank grillen sollte.

Lennox war fünfunddreißig Jahre alt und Geschäftsführer des erfolgreichsten internationalen Sicherheitsunternehmens in London. Er war ein mittelgroßer, gut gebauter Mann, der sich mit täuschender Langsamkeit bewegte; wenn es sein mußte, reagierte er schnell wie ein Fuchs. Er war dunkelhaarig und trug sein Haar kürzer, als es Mode war; seine kräftigen Augenbrauen waren ebenfalls dunkel. Seine Augen waren sein auffallendstes Merkmal: dunkel und träge, blickten sie dennoch wachsam in die Welt und nahmen nichts als selbstverständlich hin. »Es liegt in der Natur meines Jobs, mißtrauisch zu sein«, sagte er einmal. »Ein Mann namens Marc Grelle hat mir in Marseille einmal gesagt, ich hätte den Kopf eines Polizisten; ich nehme an, er hatte recht...«

Lennox war in Paris geboren. Seine Mutter war Französin gewesen, sein Vater ein kleiner Beamter in der britischen Botschaft in der Rue Faubourg St. Honoré. Die ersten zehn Jahre seines Lebens hatte Alan Lennox in Frankreich verbracht. Bevor er in der Schule sein Englisch vervollkommnete, hatte er fließend Französisch gesprochen. Von dem Vorschlag seines Vaters, er solle in den diplomatischen Dienst gehen, hielt er nichts – ›nachdem ich achtzehn geworden war, entdeckte ich, daß wir uns nichts mehr zu sagen hatten‹ – und begann statt dessen bei einer großen internationalen Ölgesellschaft. Weil er fließend Englisch, Französisch, Deutsch und Spanisch sprach, wurde er der Sicherheitsabteilung zugeordnet. Fünf Jahre später war er deren Leiter.

»Ich hatte Glück«, erinnerte sich Lennox später. »Es war der richtige Zeitpunkt. Sicherheit war der Schlüssel zum Überleben geworden. Man kann Tanker kaufen und neue Ölfelder anbohren – aber wo bleibt der Gewinn, wenn Terroristen nicht aufhören, alles in die Luft zu jagen?«

Lennox' Karriere nahm einen kometenhaften Aufstieg, als arabische Terroristen dazu übergingen, die Bohrtürme auf nicht-arabischen Ölfeldern in die Luft zu sprengen – um die wirtschaftliche Macht des Nahost-Öls zu stärken. Wenn Not am Mann ist, wenden sich Direktoren an den Mann, der sie retten kann; sie wandten sich an Lennox. Von da an unternahm er weite Reisen und organisierte neue Sicherungssysteme für Ölfelder, Tanker und Raffinerien auf vier Kontinenten. Er kam schon bald zu dem Schluß, daß defensive Maßnahmen nicht genügten; wer gewinnen will, muß den Krieg auf feindliches Territorium tragen.

Lennox tauchte in der zwielichtigen Welt der Gegenspionage unter und blieb oft monatelang fort. Er drang in die Terroristenbanden ein, ortete ihre Lager im Libanon und noch weiter zurück in Syrien. Zu dieser Zeit beschäftigte er ein reiches Sortiment dubioser Leute, denen er große Summen an steuerfreien Geldern zahlte – was die pedantischen Buchhalter in der Zentrale auf die Palme brachte. Einer seiner erfolgreichsten Anti-Terroristen-Trupps rekrutierte sich aus Mitgliedern der Union Corse – der französischen Mafia –, die beunruhigt war, weil arabisches Geld einige Pariser ›Schutz‹-Organisationen aufgekauft hatte, die bis dahin alle von der Union kontrolliert worden waren.

Kurze Zeit darauf machte ›die Blutnacht des 14. Juli‹ in aller Welt Schlagzeilen.

Lennox wartete, bis er bereit war, wartete monatelang geduldig, bis er über eine intime Kenntnis der Terroristenbanden verfügte. Am 14. Juli schlug er zu. Das Team der Union Corse – natürlich perfekt in Französisch, der zweiten Sprache im Libanon – wurde teils von Hubschraubern abgesetzt, teils von Booten an abgelegene Strände gebracht. Innerhalb von acht Stunden vernichteten die Korsen drei größere Terroristenbanden, wobei mehr als zweihundert Männer getötet wurden. Nur Korsen hatten so schnell und unerbittlich töten können. Von jener Nacht an fiel die Sabotage von Einrichtungen der Ölgesellschaften auf fünf Prozent des früheren Volumens.

Während dieser Jahre war Lennox mit führenden Abwehrleuten und Polizeichefs von Tokio bis Washington in Verbindung gekommen, unter anderem auch mit Männern wie David Nash und Peter Lanz und Organisationen wie dem FBI und der Sûreté Nationale; einem Mann, der zu den äußersten Mitteln greifen konnte, was ihnen selbst verwehrt war, boten sie alle diskrete und inoffizielle Hilfe. Später verbrachte Lennox vier Jahre bei einem amerikanischen Unternehmen, einschließlich einiger gefahrvoller Monate an der mexikanischen Grenze, über die Terroristen zusammen mit mexikanischen Bauern, die in den USA Arbeit finden wollten, in die Staaten einsickerten. Danach kündigte Lennox ohne Vorwarnung und machte sich selbständig. Sein Privatleben war weniger erfolgreich. Er war zweimal verheiratet gewesen. Beide Frauen hatte er an andere Männer verloren, die jeden Abend nach Hause kamen. »Zu mir nach Hause«, wie er zynisch bemerkte. In beiden Fällen hatte er sich scheiden lassen, obwohl eine seiner Frauen ihn gedrängt hatte, die Alleinschuld am Scheitern der Ehe auf sich zu nehmen. »Du hast gewußt, wie mein Leben aussieht, bevor wir geheiratet haben«, hatte er ihr grob gesagt. »Ich habe dich immer und immer wieder gewarnt – und wenn es etwas gibt, was ich nicht ausstehen kann, dann sind es Leute, die Verträge nicht einhalten...« Im Augenblick tröstete Lennox sich ohne große Begeisterung mit seiner dritten Freundin. Er wußte, wo sein Problem lag: Drei Jahre nach der Gründung seines eigenen Unternehmens hatte er wieder einmal das Gefühl, das erreicht zu haben, was er sich vorgenommen hatte. Also verlor er allmählich das Interesse. »Ich langweile mich zu Tode«, sagte er sich beim Scotch. »Ich brauche irgend etwas Neues...« Er hob sein Glas in Richtung Telefon. »Los, klingeln«, befahl er, »her mit einem Anruf von sehr weit weg...«

Er hatte seinen Whisky ausgetrunken und holte gerade das Steak aus dem Kühlschrank, als das Telefon klingelte. In dem Wissen, daß da jemand falsch verbunden war, nahm er den Hörer ab. Die

Telefonistin der Auslandsvermittlungsstelle hatte eine verführerische Stimme. »Mr. Alan Lennox?« fragte sie. »Anruf für Sie aus Übersee. Voranmeldung für Sie persönlich. Aus Washington ...«

Zwei Männer standen in dem von Mauern umgebenen Pariser Garten und unterhielten sich. Zum Schutz gegen den naßkalten Dezemberwind hatten sie die Mantelkragen hochgeschlagen. Einer der Männer war schlank und hochgewachsen, der andere kurz und gedrungen gebaut. Die Sprache, in der sie sich unterhielten, war Französisch.

Der hochgewachsene und schlanke Leopard schüttelte zweifelnd den Kopf, als sein Begleiter mit Nachdruck das gleiche Argument vorbrachte.

»Wir halten es für unerläßlich, Oberst Lasalle zu liquidieren. Wir haben Leute, die es wie einen Unfall aussehen lassen können, Leute, die in diesem Augenblick auf das Startzeichen warten ...«

»Es könnte ein Fehler sein ...«

»Es könnte ein Fehler sein, nichts zu tun, untätig zu bleiben. Diese Leute, die sich der Sache widmen würden, sind kompetent, das versichere ich Ihnen ...«

Sie fuhren fort, das Problem zu erörtern, während die Dunkelheit hereinbrach und jenseits der Mauern der Pariser Verkehr der Rush-hour einen Höhepunkt erreichte. Keine zwanzig Meter von dem Platz entfernt, an dem die beiden Männer standen, ging das normale großstädtische Leben der Hauptstadt weiter. Einige Menschen machten sogar Weihnachtseinkäufe.

3

Karel Vanek fuhr den Citroën DS 21 mit hoher Geschwindigkeit auf die massige Gestalt zu, die mitten auf der Betonfahrbahn stand. Das Licht war schlecht; es war spät am Nachmittag des 11. Dezember kurz vor Einbruch der Dunkelheit. Durch die Windschutzscheibe sah Vanek die Gestalt schnell näher kommen; als der Wagen bei neunzig Stundenkilometern mit ihr zusammenprallte, verschwamm sie und wurde durch die Wucht des Aufpralls in die Luft geschleudert. Als Vanek weiterfuhr und der Wagen die Gestalt überrollte, bebte der ganze Wagen. Wenige Meter danach hielt der Wagen mit kreischenden Reifen an. Vanek blickte über die Schulter, legte den Rückwärtsgang ein und fuhr dann mit großer Geschwindigkeit rückwärts.

Der Körper lag in der Dämmerung noch auf der Fahrbahn, ein

unförmiger Klumpen, auf den Vanek immer schneller zufuhr. Vanek fühlte sich nie wohler als hinter dem Lenkrad eines Wagens; er empfand sich als Erweiterung des Fahrzeugs, hatte das Gefühl, daß der Schalthebel ein zusätzlicher Arm sei, die Bremse ein dritter Fuß. Es war aufregend. Er jagte im Rückwärtsgang weiter. Er hatte perfekt gezielt. Zum zweitenmal spürte er das Schwanken und Beben, als die Räder des Citroën über den auf der Straße liegenden Klumpen hinwegrollten. Dann fuhr Vanek weiter, setzte in einer scharfen Kurve zurück, bremste, fuhr wieder vorwärts, riß das Lenkrad herum, bis er mit hoher Geschwindigkeit in der Gegenrichtung davonfuhr.

»Fünfunddreißig Sekunden«, sagte der stille Mann auf dem Rücksitz, nachdem er auf die Stoppuhr gedrückt hatte.

Vanek trat mit einem Ruck auf die Bremse, der den Mitfahrer auf dem Beifahrersitz beinahe durch die Windschutzscheibe geschleudert hätte. Vanek lachte, als Walther Brunner fluchte. »Müssen Sie das wirklich so dramatisch machen?« wollte Brunner wissen, als er sich in seinen Sitz zurückfallen ließ.

»Reaktion – Reaktion ...« Vanek schnipste mit den Fingern. »Nur darum geht's bei dieser Sache. An dem Tag, an dem wir Lasalle besuchen, werde ich vielleicht gerade das tun müssen – man muß vorbereitet sein ...«

Sie stiegen aus dem Wagen und gingen zu Fuß auf der verlassenen Rennstrecke zurück, die vor den Toren der tschechischen Stadt Tábor liegt, sechzig Kilometer südlich von Prag. Michail Borisov, der Russe, der dieses Trainingszentrum leitete, war in der Dämmerung und bei der Entfernung nur als massiger Schatten zu erkennen. Er beugte sich über die auf der Straße liegende Gestalt, eine Gestalt mit Gliedern, Rumpf und Kopf aus Sackleinen und Stroh. Eine starke Feder hatte das Phantom aufrecht gehalten, bis Vanek es überfahren hatte. »Gut so?« fragte Vanek, als er Borisov erreicht hatte. »Keine Verzögerung bei der zweiten Anfahrt – ich habe sofort den Rückwärtsgang eingelegt und bin sofort über ihn weggefahren ...«

Borisov, ein dicker Mann, der sich zum Schutz gegen die durchdringende Kälte in einen Pelzmantel gehüllt hatte und einen Hut trug – der Prager Rundfunk hatte Schneefall vorhergesagt –, betrachtete den Tschechen mit saurer Miene. Vanek war zu selbstsicher, zu arrogant, als daß er ihn je würde leiden können, und ärgerlich war, daß Vanek recht hatte: Es war eine perfekte Fahrt gewesen. Der verdammte Tscheche übte alles, was er tat, bis zur Perfektion. »Wir laufen ins Trainingszentrum zurück«, sagte Borisov abrupt. »Ich werde jemanden herschicken, um den Wagen zu holen...« Borisov hatte französisch gesprochen; seit Beginn ihres Übungsprogramms hatten sie sich ausschließlich in dieser Sprache unterhalten.

Sie rannten durch die kühle Dämmerung, die jetzt schon fast Dunkelheit geworden war, über die Fahrbahn zurück. Vanek hielt sich mit voller Absicht einige Schritte vor den anderen drei Männern, um zu demonstrieren, daß er topfit war. Als sie eine unter einem Tannendickicht versteckte Betonhütte betraten, schlug ihnen die Wärme eines bullernden Ofens entgegen. Borisov, der älteste der Männer, der die Hütte als letzter betrat, knallte die Tür zu, um die Wärme drinnen zu halten. Sie zogen die Mäntel aus, zündeten sich Zigaretten an – Gauloises – und ließen sich auf Stühle fallen, die um einen Tisch standen. Eine Karte von Frankreich und Deutschland in großem Maßstab bedeckte eine Wand; an einer anderen hing ein Stadtplan von Paris. Verschiedene Reiseführer, darunter Kursbücher, der *Michelin* und der *Guide Bleu*, lagen auf einem Regal aus Holz. Am meisten sprang ein großes Foto von Oberst René Lasalle ins Auge.

»Das genügt für heute«, verkündete Borisov, als er sich aus einer Flasche französischen Cognac eingoß. »Sie machen sich«, fügte er widerwillig hinzu.

Mit einer für ihn typischen, prahlerischen Geste hob Vanek sein Glas in Richtung auf das Foto an der Wand. »Auf unsere Begegnung, mein lieber Oberst...«

Karel Vanek war einunddreißig Jahre alt, ein hochgewachsener, hagerer Mann mit einem knochigen Gesicht, sehr dunklem Haar und einem gepflegten dunklen Schnurrbart. Er war ein geborener Athlet, und seine flinken dunklen Augen starrten den Russen frech an, als dieser ihn musterte. Vanek wußte, daß er seinen Job beherrschte, daß der Russe ihn nicht mochte, aber seine Fähigkeiten auch anerkannte, was alles nur noch besser machte; die richtige Methode, Borisov auf Abstand zu halten, bestand darin, das Training noch mehr zu forcieren, als der Russe es wünschte. »Wir werden die Nachtübung wiederholen«, sagte Vanek plötzlich. »Einen Mann im Dunkeln zu überfahren, ist noch schwieriger.«

Die Russen haben ein Wort für die Tschechen, das soviel bedeutet wie ›die cleveren Leute, die ein bißchen zu schlau sind...‹ Dieser Begriff faßte sehr gut zusammen, was der russische Schulungsleiter über seinen Schützling dachte. Andererseits, überlegte Borisov, war Vanek genau der richtige Mann, dieses sowjetische Kommando zu führen; er besaß sämtliche Qualifikationen. Fünf Jahre zuvor war Vanek der Geheimdienstabteilung bei der Pariser tschechischen Botschaft in der Avenue Charles

Floquet in der Nähe des Eiffelturms zugeteilt worden. Wie so viele Tschechen war Vanek sehr sprachbegabt, er beherrschte Französisch, Deutsch und Englisch. Und wenn dieses Dreier-Team das Signal zur Abfahrt in den Westen erhalten würde, würden die Männer als Franzosen reisen, französisch sprechen und mit französischen Papieren ausgestattet sein.

Daneben verfügte Vanek noch über andere brauchbare Fähigkeiten – außer denen des perfekt gedrillten Mörders, die er sich in dem Trainingszentrum angeeignet hatte. Er war ein gutaussehender Mann, der kühn und selbstbewußt auftrat. Das machte den Tschechen für Frauen attraktiv, was sich gelegentlich als sehr brauchbar erwies. Und schließlich, dachte Borisov, während er seine Gauloise rauchte, war Vanek von einer Gefühlskälte, die es ihm ermöglichte, einen Mann kaltblütig zu töten und danach ruhig zu schlafen. Das hatte sich gezeigt, als man ihn nach Istanbul geschickt hatte, um einen sowjetischen Dechiffrierbeamten zu töten, der einen unziemlichen Appetit auf amerikanische Dollars entwickelt hatte. Vanek hatte den Mann erdrosselt und ihn dann in dunkler Nacht von einem Balkon in den Bosporus geworfen.

Obwohl es ihm sehr gegen den Strich ging, mußte der Russe Borisov zugeben, daß die drei von Vanek geführten Tschechen ein ideales Mörderkommando bildeten. Und obwohl Borisov das nicht wissen konnte, waren die Anforderungen, die an den Leiter des Kommandos gestellt wurden, denen nicht unähnlich, die David Nash für den Mann festgelegt hatte, der nach Frankreich gehen sollte. Fließende Beherrschung des Französischen, Kenntnis Frankreichs, die Fähigkeit, als Franzose durchzugehen – und während Nash darauf bestanden hatte, daß es kein Amerikaner sein dürfe, hatten die drei Mitglieder des sowjetischen Politbüros, welche die Mission sanktioniert hatten, ihre eigene Bedingung gestellt: Die Männer des Kommandos dürfen keine Russen sein. Wenn etwas schiefging, durfte die Macht, die hinter dem Unternehmen stand, auf keinen Fall bloßgestellt werden.

»Wann zum Teufel fahren wir endlich los, um diesen Oberst Lasalle zu besuchen?« verlangte Vanek zu wissen.

»Bald«, erwiderte Borisov, »das Startzeichen dazu wird bald kommen...«

An demselben Abend, an dem Alan Lennox in London den Anruf von David Nash erhielt, saß Marc Grelle gut dreihundert Kilometer entfernt in seiner Pariser Junggesellenwohnung auf der Ile St.-Louis und las in einer alten und verstaubten Akte. Es war die Akte über den Leoparden.

André Boisseau, der in der Rue Monge wohnte, verbrachte den ersten Teil des Abends bei dem Präfekten. Da er die Akte bereits kannte, verglichen sie ihre Notizen. Während des Zweiten Weltkriegs hatte jeder Angehörige der Résistance unter einem falschen Namen gearbeitet – um Familie und Freunde zu schützen. Normalerweise wurde ein beliebiger anderer französischer Nachname gewählt; mitunter war ein Mann unter einem falschen Vornamen bekannt; einige hohe Armeeoffiziere operierten unter geometrischen Begriffen, etwa ›Hypotenuse‹. Der Leopard war aber etwas anderes: Er hatte den Namen eines Raubtiers angenommen, um seine Sonderstellung zu betonen.

»Meiner Meinung nach deutet die Wahl dieses Namens auf ein unwahrscheinliches Selbstbewußtsein hin«, bemerkte Boisseau. »Einer von diesen Leuten, die sich einreden, sie seien vom Schicksal auserwählt...«

Der Leopard hatte zweifellos eine bemerkenswerte – wenn auch kurze – Karriere hinter sich gebracht. Mit Anfang Zwanzig – das war eine der wenigen Tatsachen über diese schattenhafte Gestalt, die gesichert war – hatte er im Massif Central eine der mächtigsten Résistance-Gruppen befehligt, die in den Departements Lozère und Haute-Loire operiert hatten. Von den übrigen Résistance-Führern unterschied er sich durch seine Brillanz und seine Unerbittlichkeit; an seiner Art, aus dem Nichts über den Feind herzufallen, ihn zu vernichten, und dann wieder zu verschwinden, war etwas fast Napoleonisches gewesen.

Der außerordentliche Erfolg des Leoparden hatte auf einem weitverzweigten Geheimdienstsystem beruht. Er hatte überall Agenten sitzen gehabt – bei der Polizei der Vichy-Regierung, in den Fernsprechämtern, wo Telefonistinnen sich in die Gespräche des Feindes einschalteten, bei der Bahn, wo Beamte über die Bewegungen von Munitions- und Truppentransporten berichteten, sowie in der *Milice*, einer Vichy-Organisation von Schlägern und Kollaborateuren. Er hatte sogar einige Leute in die deutsche Abwehr einschleusen können.

»Vielleicht sollten wir nach einem Experten für Abwehr- und Sicherheitsorganisationen Ausschau halten«, schlug Boisseau vor.

Der Präfekt grunzte und las weiter. Die dicke Akte schien endlos; es ging weiter mit Beschreibungen der Leistungen des Leoparden. Vertrackt war nur, daß sich kaum ein Hinweis auf sein Aussehen fand. Dafür hatte es gute Gründe gegeben. Der kommunistische Widerständler hatte zu außergewöhnlichen Maßnahmen gegriffen, um sicherzustellen, daß niemand – nicht einmal seine engen Mitarbeiter – eine Vorstellung von seiner Erscheinung gewinnen konnte. Es gab eine Ausnahme: einen Stellvertreter, mit dem Codenamen Petit-Louis. Dieser hatte den Leoparden überallhin begleitet und dessen Anweisungen weitergegeben, während der Chef selbst sich außer Sichtweite gehalten hatte.

»Er war über einsachtzig groß und damals kaum älter als zwanzig. Er dürfte heute also Anfang Fünfzig sein, wenn er noch am Leben ist«, betonte Grelle. »Und das ist alles, was wir über dieses Gespenst wissen...«

»Petit-Louis dürfte gewußt haben, wie er aussah«, bemerkte Boisseau.

Im Herbst 1944 nahmen die Dinge eine ernstere Wendung. Um die Zeit der zweiten Landung der Alliierten – im August im Süden Frankreichs – stand der Süden für kurze Zeit fast völlig unter der Kontrolle der Résistance. Dies war eine Periode, über die in späteren Jahren niemand viel sprach: Die Aussichten waren zu erschreckend gewesen. Dies war die Zeit gewesen, in der die Kommunisten im Süden Frankreichs um ein Haar eine Sowjetrepublik errichtet hätten.

Die Pläne lagen bereits in den Schubladen. Das Signal für die Errichtung der République Soviétique du Sud sollte die Einnahme der wichtigen Städte Limoges und Montpellier durch die Kommunisten sein. Man hatte sich ausgerechnet, daß die Alliierten, die noch gegen den gemeinsamen Feind kämpften, die Sowjetrepublik akzeptieren würden, falls man sie vor eine vollendete Tatsache stellte. Der führende Kopf hinter diesem Plan war der Leopard persönlich. Nur das rasche und unerwartete Auftauchen de Gaulles im Süden vereitelte den Plan. Kurz darauf starb der Leopard.

Sein Tod war in der Akte sorgfältig dokumentiert. Er war am 14. September in einer Lyoner Straße von einem feindlichen Heckenschützen erschossen worden. Voller Trauer über den Tod ihres Anführers und in der Sorge, eine Bande von Vichy-Schlägern könnte das Grab schänden, hatte ein kleiner Trupp von Kommunisten den Leichnam beiseite geschafft und mitten in einem Wald in aller Stille beigesetzt. Petit-Louis, der Stellvertreter des Leoparden, hatte der Beerdigung nicht beigewohnt. Kurz vor dem Ende der Akte waren in einem Anhang einige kleine Details festgehalten, die Grelle interessant fand. So war der Leopard auf Schritt und Tritt von einem riesigen und angriffslustigen Wolfshund namens César bewacht worden, der selbst zuverlässige Freunde auf Distanz hielt.

»Um sicherzustellen, daß ihnen sein Aussehen unbekannt blieb«, kommentierte Grelle. »Was mag wohl aus dem Hund geworden sein?«

Die deutsche Abwehr hatte offensichtlich auch eine detaillierte

Akte über ihren mysteriösen Feind angelegt. Der Offizier, der sich dieser Aufgabe unterzogen hatte, war ein gewisser Dieter Wohl gewesen, der damals dreißig gewesen war. »Also müßte er jetzt in den Sechzigern sein«, meinte Grelle. »Ob er den Krieg überlebt hat?«

Der Schock traf Grelle erst, nachdem Boisseau zu seiner Frau und seinen zwei Kindern nach Hause gegangen war. Am Ende der Akte fand Grelle einen mitgenommenen und abgegriffenen Umschlag, der ein Foto von Petit-Louis enthielt, dem Stellvertreter des Leoparden. Zunächst war Grelle seiner Sache nicht sicher. Er nahm den sepiafarbenen Abzug also zu seinem Schreibtisch hinüber und prüfte ihn unter der Lampe. Der Abzug war besser erhalten, als er befürchtet hatte. Ihn starrte ein Gesicht an, ein Gesicht, das vor mehr als dreißig Jahren auf den Film gebannt worden war. Das Alter verändert einen Mann, besonders, wenn sein Leben hart gewesen ist, aber wenn der Knochenbau kräftig ist, läßt die Zeit Merkmale, die immer dagewesen sind, mitunter nur noch deutlicher hervortreten. Das Gesicht von Petit-Louis war das Gesicht von Gaston Martin, des Mannes aus Guyana.

4

Zum zweitenmal innerhalb von zweiundsiebzig Stunden hatte David Nash den Atlantik überquert. Am Sonntagabend um 21.40 Uhr verließ er die Maschine des PanAm-Flugs 100 auf dem Flughafen Heathrow, nur zehn Tage vor Guy Florians Staatsbesuch in Moskau. Nash nahm ein Taxi zum Ritz, ließ seine Reisetasche im Hotelzimmer und ging zu Fuß zu Lennox' Wohnung am St. James' Place. Beim Eintreten überreichte er dem Engländer eine Flasche Moët & Chandon.

»Wenn die Griechen kommen und Geschenke tragen...«, begrüßte Lennox ihn zynisch und legte die Flasche in den Kühlschrank. »Die heben wir uns für später auf – ich nehme an, daß wir die halbe Nacht aufbleiben werden?«

»Das ist das mindeste«, versicherte ihm der Amerikaner. »Wir haben einen Stichtag im Nacken; von heute an sind es noch zehn Tage...«

»*Sie* haben einen Stichtag im Nacken«, korrigierte ihn Lennox. »Ich habe Sie schon am Telefon gewarnt – auf Ihre Art Job kann ich sehr gut verzichten...«

Sie sprachen bis drei Uhr morgens, wobei Nash zwei Schachteln Zigaretten aufrauchte. Er erzählte dem Engländer von seinem kürzlichen Zusammentreffen mit Peter Lanz und Oberst Lasalle, von der ungeheuren Sorge in Washington, irgendein großer Coup der Kommunisten könne unmittelbar bevorstehen, daß René Lasalle möglicherweise – aber nur möglicherweise – in der Lage sein könne, den Schlüssel zur Identifizierung des unbekannten sowjetischen Agenten in Paris zu liefern. »Er ist überzeugt, daß der Schlag erfolgen wird, wenn Florian nach Moskau abfliegt«, sagte Nash und nippte an seinem Champagner. »Uns bleibt also gar keine Zeit mehr, diese drei Leute in Frankreich auszuhorchen, von denen Lasalle glaubt, sie könnten die Antwort geben ...«

»Ich habe bisher die vielleicht kuriose Vorstellung gehabt, daß Washington Präsident Guy Florian auf den Tod nicht ausstehen kann«, bemerkte Lennox.

Nashs Lippen preßten sich zusammen. »Mag durchaus sein. Die verdammte Wahrheit ist aber, daß wir diese Kröte schlucken müssen – so wie wir de Gaulle schlucken mußten. In der Politik kommt es vor, daß man sich seine Bettgenossen nicht aussuchen kann, aber schlafen muß man trotzdem mit ihnen. Präsident Florian von Frankreich und Bundeskanzler Hauser von Deutschland sind alles, was zwischen der Sowjetunion und der Kanalküste steht – jetzt, wo der Kongreß sich entschlossen hat, Europa den Rücken zu kehren – es ist übrigens auch Ihre Kanalküste«, fügte er hinzu.

»Und wo kommt da der Leopard ins Bild? Nichts von dem, was Sie sagen, hat Hand und Fuß«, bemerkte Lennox grob. »Der Leopard ist tot – er wurde 1944 in Lyon erschossen. Ich glaube, Lasalle will nur ein bißchen Dreck aufrühren, weil er hofft, daß er an seinem alten Feind Guy Florian klebenbleibt. Ihr französischer Oberst ist ein Fanatiker.«

»Auch Fanatiker erfahren manchmal etwas«, beharrte Nash. »Wir kaufen ihm diese Geschichte vom Leoparden nicht voll und ganz ab, aber wir glauben doch, daß er damals vor sechs Monaten, kurz bevor Florian ihn aus Frankreich hinauswarf, über irgend etwas gestolpert ist. Er hat von irgendeiner geheimen Verbindung mit den Sowjets auf hoher Ebene erfahren – und vergessen Sie nicht, daß Lasalle der beste Abwehrmann war, den die Franzosen je in der Armee hatten ...«

»Aber diese Liste sogenannter Augenzeugen wollte er Ihnen nicht geben – falls es sie überhaupt gibt ...«

»Ich bin sicher, daß es sie gibt«, fauchte Nash. »Er ist sehr auf Sicherheit bedacht und wird die Liste also nur dem Mann aushändigen, der nach Frankreich geht, um die Leute zu befragen ...«

»Warum kommen Sie dann zu mir?«

Nash schluckte den Rest seines Champagners hinunter und ließ sich mit der Antwort Zeit. »Weil Sie der richtige Mann sind«, sagte er ruhig. »Es kann nämlich durchaus sein, daß diese Zeugen sich nur einem Franzosen offenbaren werden. Lanz hat zugesagt, Papiere für einen Decknamen zu liefern. Um dem französischen Sicherheitsapparat zu entgehen, muß der Mann sich wie ein Fisch im Wasser bewegen können. Sie könnten das, Alan. Sie sind in Paris geboren und aufgewachsen. Als Sie in den Staaten waren, haben wir Ihnen vertraut und Sie zum Geheimnisträger gemacht. Und, weiß Gott, in Untergrundarbeit sind Sie erfahren. Das hat die Blutnacht im Libanon bewiesen. Sie sind für den Job wie geschaffen«, fuhr der Amerikaner fort. »Wir brauchen Sie. Sie brauchen uns...«

»Und weshalb brauche ich Sie, wenn ich fragen darf?« fragte Lennox ruhig.

»Weil Sie die Zustimmung der amerikanischen Regierung brauchen, um den Zuschlag für einen größeren Sicherheitskontrakt zu bekommen, um den Sie sich bei einem amerikanischen Unternehmen beworben haben, einem Unternehmen übrigens, das auch bestimmte Projekte für das Verteidigungsministerium abwickelt. Im Vertrauen: Ihr Angebot war das niedrigste und ist annehmbar – vorausgesetzt, Washington setzt seinen Stempel darunter...«

In diesem Augenblick kam die Explosion. Lennox begann, ohne Punkt und Komma zu reden, erlaubte Nash keine Unterbrechung, während er ihm sagte, was er von der Politik und von Politikern hielt. »Ihre eigenen Leute machen genau das gleiche...«, warf Nash ein und verstummte dann unter dem Wortschwall, der aus Lennox herausbrach. »Sie üben Druck auf mich aus«, sagte Lennox aufgebracht. »Sie setzen mir die Pistole auf die Brust, und Sie wissen genau, wie ich darauf reagiere...« Das Wortgefecht ging bis kurz vor drei Uhr morgens weiter. Die Luft wurde vom Zigarettenrauch zum Schneiden dick, sie tranken Scotch, und jetzt ging der inzwischen ohne Krawatte und in Hemdsärmeln dasitzende Nash zum Gegenangriff über. Dann, ohne Vorwarnung, änderte der Engländer seine Meinung.

»Also gut«, sagte er beim Auffüllen der Gläser, »ich werde fahren und diesen Lasalle treffen und mit ihm sprechen – aber nur unter der Voraussetzung, daß ich mich erst nach diesem Gespräch entscheide, ob es sich lohnt, nach Frankreich zu gehen...«

»Das ist großartig...«

»Einen Moment, da sind noch ein paar Bedingungen. Wenn ich den Auftrag übernehme, müssen Sie persönlich dafür einstehen, daß mein Vertrag mit Amerika genehmigt wird. Sie müssen auch dafür garantieren, daß nur MacLeish von meiner Zusage erfährt – diese Sache muß unter allen Umständen völlig geheim bleiben. Schließlich werden Sie mir ein Honorar von zwanzigtausend Dollar zahlen ...«

»Um Himmels willen«, protestierte Nash, »Sie kriegen doch den Vertrag ...«

»Was das mindeste ist, was mir zusteht, da mein Angebot das niedrigste ist. Die zwanzigtausend Dollar sind eine Gefahrenzulage. Glauben Sie etwa, es wäre ein Picknick, heute mit falschen Papieren nach Frankreich zu gehen?« wollte Lennox wissen. »Himmel noch mal, bevor Sie kamen, hörte ich mir gerade die Nachrichten an – seit dem versuchten Anschlag auf Florian geht es bei der französischen Abwehr zu wie in einem Bienenhaus. Ich riskiere, Grelles Leuten über den Weg zu laufen, der Bande von der Abwehr, vielleicht sogar den Schlägern der CRS. MacLeish bekommt für zwanzigtausend einen sehr preiswerten nichtamerikanischen Laufburschen.«

»Wer hat etwas von einem Nicht-Amerikaner gesagt?« fragte Nash sanft.

»Sie haben das getan, als Sie von Washington aus anriefen und dann höchstpersönlich herübergeflogen sind ...«

Kurz nach drei Uhr morgens wurden sie handelseinig. Nash goß einen letzten Schluck von dem guten Scotch hinunter, besprach noch bestimmte Einzelheiten mit Lennox und ging dann durch den Regen zum Ritz zurück. Er war durchaus zufrieden und dachte mit grimmigem Vergnügen an Lennox' Unnachgiebigkeit wegen des Honorars. Sollte MacLeish ruhig die zwanzigtausend aushusten und woanders an seinem Budget sparen.

In seiner Wohnung wusch Lennox erst die Gläser ab und machte sich dann ans Packen. Er war wie Nash eine Nachteule, und wie Nash war auch er zufrieden. Der Vorschlag hatte ihn vom ersten Augenblick an interessiert, denn er sagte ihm zu. Diese Aufgabe gab ihm etwas Neues, wo er seine Nase hineinstecken konnte; sie sicherte ihm den Vertrag mit Amerika, und außerdem hatte er noch mit seiner Härte ein Geschäft durchgesetzt. Das Herauskitzeln der zwanzigtausend aus MacLeish war ein Bonus, der seinem Hauptgrundsatz entsprach: Tu nie etwas umsonst.

Paris, Montagmorgen, 13. Dezember. Grelle und Boisseau waren der Lösung des Rätsels um die seltsam zufällige Ankunft Gaston Martins wenige Stunden nach dem versuchten Attentat auf Florian noch kein Stück nähergekommen. Detektive hatten das Hotel Cécile besucht, in dem Martin nach der Ankunft mit der Bahn aus

Le Havre seine Reisetasche gelassen hatte. Seine wenigen ärmlichen Habseligkeiten waren in die Präfektur gebracht worden. Eine kleine Reisetasche mit Kleidung – das war alles. »Und das ist alles, was er nach einem sechzigjährigen Leben aufzuweisen hatte«, bemerkte der Präfekt. »Es ist schon traurig, wie manche Menschen leben – und sterben...«

»Diese Zeitung, die wir in seinem Zimmer gefunden haben, ist interessant«, erwiderte Boisseau. »Sie erklärt das Rätsel, weshalb er an der Stelle stand, an der Lucie Devaud starb...«

Die Ausgabe von *Le Monde* vom 9. Dezember hatte eine jener ›Tatortskizzen‹ enthalten, mit denen Zeitungsredakteure ihre Berichte so gern schmücken; diese zeigte eine Sektion des achten Arrondissements. Ein Kreuz markierte die Stelle, an der Lucie Devaud erschossen worden war. Martins Zeitungsexemplar, das er sich in Le Havre nach dem Verlassen des Frachters gekauft hatte, war so zusammengefaltet, daß die Skizze deutlich zu sehen war, als hätte er sich mit ihrer Hilfe orientiert. »Sie haben in der Skizze sogar angegeben, wo das Pelzgeschäft liegt«, erklärte Boisseau. »Es war also leicht für ihn, die Stelle zu finden...«

»Das sagt uns noch lange nichts darüber, ob er mit dieser Devaud in irgendeiner Verbindung gestanden hat«, versetzte Grelle. »Wir haben ihre Spur zu einer teuren Wohnung am Place des Vosges verfolgt, aber dort scheint niemand etwas über sie zu wissen...«

Um neun Uhr morgens kam das Telex aus Cayenne, Guyana – die Antwort auf Grelles Bitte um Informationen. Es war ein sehr langes Fernschreiben. Grelle ergänzte es später durch einen Anruf beim Polizeichef von Cayenne. Die in dem Telex erzählte Geschichte war recht übel. Während des Krieges hatte Gaston Martin mit der vom Leoparden befehligten Résistance-Gruppe im Lozère gekämpft. Er hatte seinen eigenen Angaben zufolge – die er erst vor wenigen Wochen dem Polizeichef von Cayenne gemacht hatte – eng mit dem Leoparden zusammengearbeitet und war dessen Stellvertreter gewesen. Er hatte sogar den bissigen Wolfshund César erwähnt, der den kommunistischen Widerstandschef überallhin begleitet hatte.

Bei Kriegsende – noch immer überzeugter Kommunist – hatte Martin sich beim Parteihauptquartier in Paris gemeldet, wo er einer besonderen politischen Abteilung unterstellt wurde. Dann, im Juli 1945, nur zwei Monate nach dem Ende der Kämpfe in Frankreich, betraute man Martin mit einer Mission: Er sollte nach Guyana in Südamerika gehen, um dort in der Hafenarbeitergewerkschaft eine geheime Parteizelle zu gründen. »Wenn wir die

Häfen im Westen kontrollieren«, sagte man ihm, »dann werden wir den Westen kontrollieren ...«

Martin hatte sich mit großer Begeisterung auf die Reise begeben; er nahm ein Schiff von Le Havre nach Cayenne. Er war stolz, daß man für diese wichtige Arbeit gerade ihn ausgewählt hatte. Nach der Ankunft in dem tropischen Slum, der Cayenne nun einmal war, hatte sich seine Begeisterung ein wenig abgekühlt, aber er stürzte sich schon bald in die Welt der Intrigen und der Untergrundaktivitäten. Seine Befehle erhielt er von einem Mann namens Lumel; Lumel, halb Franzose, halb Indio, war in Guyana geboren. Dann kam der Schlag. Über Nacht lag Martins Welt in Trümmern. Eines Abends in einer Hafenbar wurde er Augenzeuge eines Streits unter Betrunkenen. Ein amerikanischer Seemann wurde erstochen. Die Polizei, die durch einen anonymen Anruf informiert worden war, kam am nächsten Tag, um Martin festzunehmen. Die Mordwaffe fanden die Beamten hinter einem Schrank in der Hütte versteckt, in der Martin wohnte.

Lumel stellte Martin einen Anwalt, der sich vor Gericht als ein Stümper erwies. Martin wurde zu zwanzig Jahren Zwangsarbeit auf der Teufelsinsel verurteilt. In den ersten paar Monaten seines Aufenthalts in dem gefürchteten Straflager hielt Martin die Hoffnung aufrecht, daß Lumel bald einen Weg finden werde, ihn freizubekommen; im Verlauf der Jahre jedoch erstarb diese Hoffnung. Lumel, der ihn vergessen zu haben schien, ließ nichts von sich hören. Als das Lager auf der Teufelsinsel 1949 geschlossen wurde, verlegte man Martin in eine andere Strafanstalt, die aber nicht weniger düster war.

Bei guter Führung – und Martin war ein Musterhäftling – hätte er 1963 entlassen werden sollen. Ende 1962 aber kam es in der Anstalt, in die Martin verlegt worden war, zu einem Zwischenfall. Ein Wärter wurde hinterrücks erstochen. Die Mordwaffe wurde in dem Verschlag gefunden, in dem Martin sein hölzernes Eßgeschirr aufbewahrte. Es war eine Wiederholung des Mordes in Cayenne vor sechzehn Jahren. Was sofort als verdächtig hätte auffallen müssen, dachte Grelle grimmig beim Lesen.

Offensichtlich war der Leiter der Strafanstalt ein nicht ganz einwandfreier Typ, der die Sache schnell geklärt wissen wollte. Martin wurde angeklagt, vor Gericht gestellt und zu weiteren zwanzig Jahren verurteilt. Um diese Zeit etwa dämmerte Martin die Erkenntnis, daß irgend jemand versuchte, ihn für ewig hinter Gittern zu halten. Er saß den größten Teil der neuen Strafe ab. Dann geschah etwas Seltsames. Lumel wurde auf der Straße zufällig überfahren. Der Fahrer beging Fahrerflucht. Als Lumel im

Sterben lag, ließ er den Cayenner Polizeichef holen. »Der Fahrer dieses Wagens hat mich mit voller Absicht überfahren«, versicherte er. »Sie haben versucht, mich umzubringen ...« Bevor er starb, diktierte er ein Geständnis, das er noch unterschrieb.

Der Befehl, Gaston Martin aus dem Verkehr zu ziehen, hatte Lumel 1945 schon vor dem Eintreffen Martins in Cayenne erreicht. »Er kam von der Kommunistischen Parteizentrale in Paris«, erklärte Lumel in seinem Geständnis. »Ich hätte ihn natürlich auch töten lassen können, aber so wollten sie die Sache nicht geregelt haben ...«

»Ich weiß, warum«, sagte Grelle zu Boisseau, der seine Pfeife rauchte, während Grelle den Bericht las. »Es waren schon zu viele Menschen getötet worden, die den Leoparden hätten identifizieren können ...«

»Das ist eine Vermutung, Chef.«

»Darauf verwette ich meine Pension ...«

Lumel gab zu, den Mord in der Hafenbar organisiert und den Verdacht auf Martin gelenkt zu haben. Er gestand auch, viele Jahre später den Mord an dem Wachbeamten in der Strafanstalt in Szene gesetzt zu haben, in die Martin verlegt worden war. Nach Lumels Tod wurde Martin vom Cayenner Polizeichef persönlich vernommen, einem anständigen Mann, wie Grelle dem Tenor des Berichts entnahm. Durch Lumels Geständnis und die langen Jahre der Haft total desillusioniert, hatte Martin dem Polizeichef seine ganze Geschichte erzählt. »Ich glaube, ihm war klargeworden, daß er sein ganzes Leben für eine Illusion weggeworfen hatte – für die Illusion der kommunistischen Ideale«, bemerkte der Polizeichef in seinem Bericht. »Ich habe seine sofortige Entlassung veranlaßt. Es wird vermutlich für immer ein Geheimnis bleiben, warum Gaston Martin dazu verdammt war, den größten Teil seines Lebens wie ein Tier dahinzuvegetieren ...«

Grelle ließ den Bericht auf den Schreibtisch fallen. »Der Bastard«, sagte er leise. »Um seine Identität auch weiterhin geheimzuhalten, ließ er Leute umbringen und einen Mann lebenslang in dieser schwarzen Dschungelhölle einsperren. Der Himmel weiß, wie viele andere arme Teufel noch um seiner Sache willen sterben mußten – in dem Bericht über den Leoparden habe ich gelesen, daß einige seiner engeren Mitarbeiter noch vor Kriegsende umgekommen sind. Dieser Mann hat wirklich eine blutige Spur hinter sich gelassen ...«

Der Präfekt ging mit den Händen in den Hosentaschen in seinem Büro auf und ab. Boisseau hatte seinen Chef selten so aufgebracht gesehen. »Denken Sie immer daran, Boisseau«, fuhr

Grelle fort. »Tun Sie Ihren Job, aber widmen Sie Ihr Leben nie einer sogenannten Sache. Sie würden sich in die Hände von Abschaum begeben ...«

»Das alles, um den Leoparden zu schützen? Einen toten Mann?«

»Wir werden sehen.« Grelle zog seinen Ledermantel an. »Ich gehe in den Elysee. Wenn jemand nach mir fragt, wissen Sie nicht, wo ich bin.«

»Ich begreife es noch immer nicht«, beharrte Boisseau. »Die Akten beweisen, daß der Leopard 1944 gestorben ist. Gaston Martin, von dem wir heute wissen, daß er Petit-Louis war, die rechte Hand des Leoparden, sagt, er habe ihn in den Elysee-Palast gehen sehen ...«

»Wenn zwei Hinweise sich gegenseitig ausschließen, muß man sie prüfen. Genau das werde ich tun«, sagte Grelle brüsk.

Der direkte Weg zum Elysee-Palast hätte über die Rue St. Honoré und die anschließende Rue du Faubourg St. Honoré geführt, aber wegen des Einbahnstraßensystems fuhr Grelle über den Place de la Concorde, die Avenue Gabriel entlang an der amerikanischen Botschaft vorbei und dann die Avenue Marigny hinauf, in der rechts der große ummauerte Garten des Elysee-Palasts liegt. Am Palast angekommen, wartete er, während ein Wachtposten die weißgestrichene Kette zur Erde ließ, und fuhr dann in den Innenhof. Er stieg aus dem Wagen und ging sofort zum Wachhaus.

»Kann ich einmal die Besucherliste sehen?« fragte der Präfekt beiläufig.

Der diensttuende Offizier zeigte ihm das Buch, in dem Datum des Besuchs, Ankunftszeit und Identität jedes Besuchers im Elysee festgehalten werden. Grelle interessierte die Seite, auf der die Namen der Besucher vom Donnerstag, dem 9. Dezember, notiert worden waren – dem Tag, an dem Gaston Martin vor dem Palast gestanden hatte. Er prüfte die Liste der Besucher, die zwischen 19.30 Uhr und 20.30 Uhr angekommen waren; dann, um den Wachoffizier von der Fährte abzulenken, sah er sich noch ein paar weitere Seiten an. »Ich danke Ihnen«, sagte er, ging auf den Hof und ging die sieben Stufen hinauf, die zu den Glastüren des Haupteingangs führen.

Nicht einmal ein Minister hätte so formlos den Palast betreten können, aber Marc Grelle genoß die ganz besondere Achtung Guy Florians. »Er hat keinen politischen Ehrgeiz«, bemerkte der Präsident einmal zu einem Minister, um dessen übermäßigen Ehrgeiz er wußte. »Ich mußte ihn aus Marseille förmlich nach Paris schleppen. Manchmal habe ich das Gefühl, er ist der einzige ehrliche Mann in Frankreich. Ich würde ihm mein Leben anvertrauen...«

Guy Florian hatte Grelle tatsächlich sein Leben anvertraut. Solange der Präsident sich innerhalb der Stadtgrenzen von Paris aufhält, liegt die Verantwortung für seine Sicherheit – und die der Kabinettsmitglieder – in den Händen des Polizeipräfekten. Am Morgen nach dem Attentatsversuch hatte Florian angeordnet, daß seine persönliche Sicherheit von nun an in ganz Frankreich in den Händen von Marc Grelle liege. Mit einem Federstrich hatte Florian den Präfekten zum zweitmächtigsten Mann der Französischen Republik gemacht – es lag bei Grelle, ob er sich dieser Macht bedienen wollte oder nicht.

»Der Präsident wird Sie empfangen«, informierte ein uniformierter Palastdiener Grelle, als dieser in der Halle mit dem Marmorfußboden wartete. Nur in der Mitte der Halle lag ein Teppich. Das Gespräch würde im Arbeitszimmer des Präsidenten im ersten Stock an der Rückfront des Elysee stattfinden, einem Raum mit hohen Fenstern, von dem aus man den ummauerten Garten mit seinen Rasenflächen und Kieswegen überblicken kann. Wenn der Präsident an seinem Louis-Quinze-Schreibtisch sitzt, sieht er auf einen Gobelin mit einer Darstellung ›Don Quijotes, der durch Weisheit vom Wahnsinn geheilt ist‹. Auf dem Schreibtisch stehen zwei Telefone, ein schwarzes und ein weißes. Ein drittes befindet sich auf einem Nebentisch in der Nähe der rechten Hand des Präsidenten. Als die Tür sich hinter ihm schloß, hörte Grelle das Schlagen einer der einhundertsiebenunddreißig Uhren, mit denen der Elysee-Palast ausgestattet ist. Elf Uhr. Ein großer Schäferhund sprang durch den Raum, stellte sich auf die Hinterbeine und ließ die Vorderpfoten auf die Schultern des Präfekten fallen.

»Kassim, runter mit dir, du Biest«, knurrte Grelle freundlich. Der Präfekt, der Hunde mochte, hatte den Hund auf Bitten Florians kurz nach dessen Wahl zum Präsidenten persönlich ausgesucht. Im Elysee hieß es, daß nur zwei Menschen es wagten, das Tier zu berühren: Grelle und der Präsident. Der Präfekt schob die Vorderpfoten des Hundes beiseite, verneigte sich leicht und setzte sich dann dem mächtigsten Staatsmann Westeuropas gegenüber. Typischerweise wartete Florian, bis er das Wort ergriff.

»Es hat mich sehr beunruhigt zu sehen, daß Sie am Abend des 9. Dezember schon wieder zu Fuß vom Place Beauvau zurückgegangen sind«, begann Grelle. »Und das nur vierundzwanzig Stunden nach dem schrecklichen Zwischenfall...«

Florian senkte den schmalen, intelligenten Kopf wie ein kleiner Junge, der in Nachbars Apfelgarten erwischt worden ist. Diese

Gebärde eines Präsidenten hätte die meisten Männer entwaffnet, aber Grelles Gesichtsausdruck blieb ernst. »Es wird nicht wieder vorkommen«, versicherte Florian. »Sie haben natürlich die Bilder in den Freitagszeitungen gesehen?«

»Ich war wie vom Donner gerührt.«

»Aber Sie sind kein Politiker, mein Freund. Auf der Straße wimmelte es von Bewachern – in diskreter Entfernung, damit die Fotografen sie nicht mit aufs Bild bekamen! Das ist aber gute Politik, verstehen Sie – schon einen Tag nach dem Zwischenfall geht der Präsident wieder auf der Straße spazieren!« Florian grinste schelmisch. »Es ist natürlich alles lächerlich. Sagen Sie, haben Sie mir vergeben?«

Grelle kehrte mit der Gewißheit in die Präfektur zurück, daß der Präsident jetzt hinter dem Schutzwall bleiben würde, der zu seiner Sicherheit errichtet worden war. Es blieb nur eine Frage: War dieser Schutzwall auch wirklich sicher?

»Kommen Sie herein, machen Sie die Tür zu und schließen Sie ab«, sagte Grelle zu Boisseau, während er sich auf die Schreibtischkante setzte. Wenn der Präfekt aufgeregt war, hatte er es sich angewöhnt, sich auf eine Tischkante zu setzen, damit er jederzeit aufspringen und im Raum auf und ab wandern konnte. Boisseau setzte sich auf einen Stuhl, holte seine Pfeife hervor, machte es sich bequem, wartete. Er verfügte über weniger nervöse Energie als sein Chef und sah aus wie ein geduldiges Eichhörnchen. Genauso nannten ihn auch seine Mitarbeiter – hinter seinem Rücken. André, das Eichhörnchen.

»Ich habe mir die Besucherliste des Elysee vom Abend des 9. Dezember für die Zeit zwischen 19.30 Uhr und 20.30 Uhr angesehen«, sagte Grelle urplötzlich. »Bevor ich fortfahre: Vergessen Sie nicht, daß die einzige Beschreibung vom Äußeren des Leoparden seine Länge betrifft – über einsachtzig...«

»Sie haben etwas gefunden?« fragte Boisseau.

»Jemanden – mehr als einen, übrigens. Florian selbst kam um acht zu Fuß vom Place Beauvau – das wird übrigens nicht wieder vorkommen. Interessant ist aber, daß noch drei Minister zu Fuß kamen – sie kamen von der Sitzung im Innenministerium...«

Die beiden Männer lächelten zynisch. Normalerweise wären alle in ihren jeweiligen Dienstwagen vom Place Beauvau zurückgekommen, aber weil der Präsident zu Fuß gegangen war, hatten sie sich verpflichtet gefühlt, gleichfalls ihre Beine zu gebrauchen. »Und natürlich haben sie auch gehofft, sich in den Zeitungen wiederzusehen«, bemerkte Grelle. »Sie wußten, daß sich am Place Beauvau Fotografen aufhielten.«

»Wer kam noch zurück?« fragte Boisseau ruhig.

»Erstens Pierre Rouget – den können wir natürlich streichen.« Sie lächelten wieder. Rouget war dem Namen nach Ministerpräsident, der Mann, den Journalisten ›Florians Pudel‹ nannten. Er war ein liebenswürdiger Mann – ›mit einem Rückgrat aus Gummi‹, wie Grelle mitunter bemerkte –, von dem niemand sehr viel Notiz nahm. Es ging das Gerücht, daß er bald durch einen neuen Mann ersetzt werden sollte. Jedenfalls war er keine einsachtzig groß. »Zwischen 20.15 Uhr und 20.30 Uhr«, fuhr Grelle fort, »kamen zwei weitere Männer an und betraten den Elysee-Palast – und verließen ihn getrennt mit wenigen Minuten Abstand. Einer von ihnen war mein Boß, der Innenminister, Roger Danchin. Der andere war Verteidigungsminister Alain Blanc. Wie Sie wissen, sind das die beiden längsten Männer des Kabinetts, beide rund einsfünfundachtzig...«

Boisseau nahm die erkaltete Pfeife aus dem Mund und starrte den Präfekten an. »Das glauben Sie doch nicht im Ernst? Danchin, Blanc – die beiden starken Männer der Regierung? Martin muß Halluzinationen gehabt haben.«

»Ich glaube gar nichts«, erwiderte Grelle kühl. »Ich tue nichts weiter, als die Fakten zu prüfen und zu sehen, wohin sie führen – wie wir es bei jeder Ermittlung tun. Aber wie vereinbart, erzähle ich Ihnen alles, wie absurd es auch scheinen mag.«

»Absurd? Es ist nicht zu glauben.«

»Natürlich.« Grelle nahm einen Bericht vom Schreibtisch und sprach beim Lesen der ersten Seite weiter. »Es ist noch etwas geschehen, David Nash, der Amerikaner, ist heute morgen bei der Ankunft am Flughafen Roissy von einem Mann der Sûreté gesehen worden. Außerdem habe ich für heute abend eine dringende Einladung zu einem Empfang in der amerikanischen Botschaft erhalten. Glauben Sie an Zufälle, Boisseau?«

André, das Eichhörnchen, antwortete nicht. Er blickte ins Leere, als bemühte er sich, eine Tatsache zu begreifen, die jenseits seiner Vorstellungskraft lag. »Danchin oder Blanc?« murmelte er.

Roger Danchin hatte es sich schon als junger Mann zum Ziel gesetzt, Innenminister zu werden. An der École Normale d'Administration hatte er endlose Stunden über seinen Büchern verbracht. Diese besondere Hochschule war von de Gaulle gegründet worden; an ihr sollten die führenden Persönlichkeiten der Französischen Republik ausgebildet werden. Und während Guy Florian und Alain Blanc – an der École Polytechnique – die beiden Hasen waren, die sich durch ihre Brillanz rasch emporarbeiteten, war Danchin die Schnecke, die mit ihrer Beharrlichkeit am Ende auch das Ziel erreicht. Manchmal überlebt die Schnecke die Hasen.

Um die Zeit, zu der man ihm den Posten des Innenministers anbot, wußte der Geheimdienstexperte Roger Danchin wahrscheinlich mehr über das französische Geheimdienstsystem als jeder andere. Er war wie Alain Blanc über einsfünfundachtzig groß und hatte sich wie so viele hochgewachsene Männer eine leicht gebeugte Haltung angewöhnt. Er war zweiundfünfzig Jahre alt, mager und hatte ein hageres Gesicht. Er war ein Mann mit einer Leidenschaft für Geheimhaltung und ein Mann, der die Macht liebte. Blanc, der ihn nicht mochte, faßte Danchins Charakter in einer beißenden Bemerkung zusammen: »Danchin würde seine eigene Großmutter verhören, wenn er den Verdacht hätte, sie könnte ihr Testament geändert haben – und nach drei Stunden unter den Bogenlampen würde sie ihm ihr gesamtes Geld vermachen...« Danchin befand sich auf der Höhe seiner Macht, als er Grelle – der gerade die Besucherliste des Elysee geprüft hatte – zu sich bitten ließ.

Als der Präfekt das Büro des Ministers im ersten Stock betrat, stand Danchin am Fenster, von dem aus man auf einen schönen, von Mauern umschlossenen Garten an der Rückfront des Gebäudes hinuntersieht, auf einen Garten, den die Allgemeinheit nie zu sehen bekommt. »Setzen Sie sich, Grelle«, sagte Danchin, der noch immer in den Garten hinunterstarrte. »Aus Roissy höre ich, daß David Nash, der Amerikaner, soeben in Paris angekommen ist. Was hat das zu bedeuten? Was meinen Sie?«

»Sollte es etwas bedeuten?« fragte Grelle zurück. Er hatte allmählich begriffen, wie das Hirn dieses verschlagenen Mannes arbeitete; Danchin stellte selten eine direkte Frage, sondern versuchte, seine Gesprächspartner aus der Reserve zu locken, während er zuhörte.

»Es ist etwas im Gange, Grelle, ich spüre es. Es ist auch merkwürdig, daß er so kurz nach dem versuchten Attentat auf den Präsidenten hier aufkreuzt...«

»Ich sehe keine Verbindung«, mauerte Grelle. »Aber ich habe für heute abend eine Einladung in die amerikanische Botschaft...«

»Sie wollen hingehen?« unterbrach Danchin scharf.

»Warum nicht, Herr Minister? Ich könnte etwas Interessantes aufschnappen. Zumindest sollte ich in die Lage kommen, Ihnen zu sagen, warum er nach Paris gekommen ist...«

»Und diese Frau, Lucie Devaud – hat Boisseau etwas mehr über sie herausgefunden? Mit der Ankunft von Nash kann man sie nicht irgendwie in Verbindung bringen, nehme ich an?«

»Sie können doch nicht annehmen, daß die Amerikaner hinter dem Attentatsversuch gestanden haben?« protestierte Grelle. »Die Amerikaner tun manchmal seltsame Dinge, aber...«

»Ich sondiere nur, Grelle, weiter nichts...« Danchin kehrte plötzlich hinter seinen Schreibtisch zurück. Er bewegte sich so geräuschlos, daß Grelle nicht merkte, daß der Minister seinen Platz am Fenster verlassen hatte. Das war eine weitere unangenehme Angewohnheit Danchins, über die sich sein Referent, Merlin, einmal bei Grelle beklagt hatte. »Er taucht ohne Vorwarnung wie ein Gespenst auf und steht plötzlich hinter einem. Wußten Sie schon, daß Danchin in der Mittagszeit durch die Büros schleicht, um sich die Papiere auf den Schreibtischen der Leute anzusehen? Um sich zu vergewissern, daß sie nichts tun, wovon er nichts weiß? Die Atmosphäre in diesem Haus ist schrecklich, kann ich Ihnen sagen. Schrecklich!«

Grelle verließ Danchins Büro so rasch wie möglich. Im Hinuntergehen wischte er sich die Stirn. Endlich wieder frische Luft. In diesem Haus möchte ich nicht für eine Million im Jahr arbeiten, dachte er, als er sich hinters Lenkrad seines Wagens setzte. Tief aufatmend fuhr er los, als wollte er seiner Erleichterung Ausdruck geben. Nicht für zehn Millionen Francs!

Alain Blanc war in eine Welt der Schlösser und des Geldes, der erlesenen Weine und des guten Essens hineingeboren worden. Außerdem verfügte er über ein Gehirn, das in späteren Jahren die Details eines Abkommens über das Verbot von Kernwaffenversuchen in einem Drittel der Zeit aufnehmen konnte, die Roger Danchin dazu gebraucht hätte. Mit den Ländereien und Weingärten der Familie im Rücken hätte Blanc, der aus der Auvergne kam, in seinem Leben nicht einen Tag zu arbeiten brauchen. Er verwarf aber den Gedanken an ein Leben im Müßiggang und stürzte sich statt dessen in fieberhafte Arbeit.

Er war ein Mann von ungeheurer Vitalität und gewaltiger Arbeitslust. Mit der Zeit wurde er eine der Schlüsselfiguren im Kabinett Florian, der Mann, den Botschafter fremder Länder in aller Stille konsultierten, wenn sie an Florian nicht herankamen. Er war einer der Männer mit dem ›X‹, dem Zeichen, das das Wappen der École Polytechnique (zwei gekreuzte Kanonen) symbolisiert; an dieser Hochschule, an der Geld kein Ersatz für Gehirn ist, hatte er seine Studien als einer der fünf Besten seines Jahrgangs abgeschlossen. Sein enger Freund Guy Florian hatte seine Examina als Bester einer Reihe brillanter Männer absolviert. Jahre später, nachdem er sich in der französischen Politik fest etabliert hatte, war es Alain Blanc, der geschickte Manipulator, der Florians Aufstieg ins Präsidentenamt vorbereitete und steuerte.

Der über einsfünfundachtzig große, vierundfünfzig Jahre alte ehemalige Fallschirmspringer Blanc war schwer gebaut; er hatte ein breites Gesicht und gelichtetes Haar; er hatte den Kopf eines Kapuzinermönchs. Als Mann mit einer starken Persönlichkeit stand er in dem Ruf, mit seiner Herzlichkeit und seiner jovialen Aggressivität jeden auf seine Seite bringen zu können. Vor allem Frauen fanden ihn attraktiv – er war so lebhaft. »Er nimmt sich selbst nicht ernst«, bemerkte seine Geliebte, Gisèle Manton, einmal, »aber dafür nimmt er Frauen ernst – oder gibt es jedenfalls vor...«

Seine Beziehungen zu Marc Grelle waren vorzüglich: Der Präfekt verstand den Verteidigungsminister und ließ sich von Blanc nie überrumpeln. Wenn sie argumentierten, was oft vorkam, geschah dies mit einer wilden Lust am Wortwechsel, und Blanc wußte, wann er geschlagen war. »Das Schlimme an Ihnen ist, Grelle«, sagte er einmal dem Präfekten, »daß Sie nichts von Politikern halten...«

»Tut das überhaupt jemand?« erwiderte Grelle.

Blanc suchte den Präfekten am Nachmittag auf, kurz nachdem Grelle von seiner Unterhaltung mit Danchin zurückgekehrt war. Es war typisch für Blanc, daß er mit seinem Lamborghini zur Präfektur fuhr, statt Grelle zu sich ins Ministerium kommen zu lassen, und noch typischer war, daß er auf der Treppe mit Grelles Sekretärin flirtete. »Ich werde Sie entführen müssen, Viviane«, sagte er dem Mädchen. »Für Polizisten sind Sie viel zu appetitlich!« Er stürmte ins Büro des Präfekten und lächelte breit, als sie sich die Hand gaben. »Welche politischen Implikationen hat dieser Attentatsversuch?« fragte er und machte es sich in einem Sessel bequem. Die Beine legte er auf die Armlehne.

»Wir hätten beinahe einen Präsidenten verloren«, erwiderte Grelle.

»Ich spreche von dieser Lucie Devaud«, sagte Blanc barsch. »Wenn bewiesen werden kann, daß sie den Präsidenten gekannt hat – wenn auch nur flüchtig –, dann wird die Presse uns zerfetzen. Kann sie das?«

»Da fragen Sie besser den Präsidenten...«

»Das habe ich. Er sagt, er habe sie noch nie gesehen. Er könnte sich aber irren. Der Himmel weiß, wie viele Menschen er im Lauf der Jahre kennengelernt hat – oder denen er kurz begegnet ist. Was ich sagen möchte: Wenn Ihre Ermittlungen eine Verbindung ergeben, würden Sie mich dann bitte informieren?«

»Selbstverständlich...«

Kurz darauf verließ Blanc das Büro. Grelle lächelte grimmig, als er vom Fenster aus sah, wie der Wagen mit überhöhter Geschwindigkeit auf das rechte Seine-Ufer zufuhr. Eigentlich durfte alles, was ans Licht kam, nur seinem Chef, Roger Danchin, berichtet werden, aber jedermann wußte, daß Blanc Auge und Ohr von Florian war, der Mann, der ein Problem löste, wenn eins auftauchte. Boisseau, der das Büro betreten hatte, als Blanc es verließ, sah dem Wagen nach. »Es ist unmöglich, einen solchen Mann zu verdächtigen...«

»Wenn der Leopard existiert«, erwiderte Grelle, »dann nur deshalb, weil er eine Position erreicht hat, welche die Leute dazu bringt zu sagen: ›Es ist eigentlich unmöglich, einen solchen Mann zu verdächtigen...‹«

Eine 9-mm-Luger-Pistole, ein Fernglas, drei gefälschte Führerscheine und drei Sätze gefälschter französischer Ausweispapiere – für jeden Angehörigen des sowjetischen Kommandos eine komplette Ausstattung mit Papieren. Walther Brunner, das zweite Mitglied des Teams, saß allein in der Hütte am Rande der Rennstrecke. Er hatte eine französische Brille auf, als er die Ausweise prüfte. Die Ausrüstung, die sie mitnehmen würden, war weiß Gott dürftig, aber dafür waren auch die Zeiten längst vorbei, in denen sowjetische Kommandos mit exotischen Waffen wie etwa Pistolen mit Zyanidkugeln, die wie Zigarettenschachteln aussahen, in den Westen reisten. Das Handwerk des diskreten Mordens war inzwischen erheblich verfeinert worden.

Brunner, in Karlsbad, dem heutigen Karlovy Vary, geboren, war vierzig Jahre alt; er war der älteste der drei Männer und hatte gehofft, die Führung übernehmen zu können, bis Borisov sich für Karel Vanek entschieden hatte. Er war kleiner als Vanek und schwerer gebaut und besaß ein weniger sprunghaftes Temperament; er war rundköpfig und würde bald kahl sein. Er glaubte zu wissen, daß es seine äußere Erscheinung gewesen war, die Borisov veranlaßt hatte, dem jüngeren Mann den Vorzug zu geben. Immerhin rangierte er als Nummer zwei des Kommandos, als Stellvertreter Vaneks. Wenn diesem etwas zustoßen sollte, solange sie im Westen waren, würde Brunner die Führung übernehmen. Seltsamerweise spielt die Rangordnung in kommunistischen Kreisen eine wichtige Rolle.

Brunner war der Planer des Kommandos, der Mann, der Reisewege und Zeitpläne – und Fluchtwege – ausarbeitete, bevor die eigentliche Mission begann, der Mann, der die gefälschten Papiere besorgt hatte und der später am Bestimmungsort entscheiden sollte, welche Art ›Unfall‹ inszeniert werden sollte. »Man muß immer drei verschiedene Pläne parat haben«, sagte Brunner gern. »Wenn man an Ort und Stelle ist, sucht man sich den geeignetsten aus ...« Sein Lieblingsgetränk war Bier, und anders als Vanek hielt er Frauen für eine gefährliche Ablenkung. Sein auffallendstes Merkmal waren seine großen Hände, ›Würgerhände‹, wie Vanek sie grob nannte. Diese Kennzeichnung war nicht ganz ungerechtfertigt; wenn Oberst Lasalle im Bad würde sterben müssen, würde Brunner das erledigen.

Dies war der Schwerpunkt der Ausbildung an der verlassenen Rennstrecke außerhalb der mittelalterlichen Stadt Tábor; hier vervollkommneten die drei Tschechen des Kommandos ihre Fähigkeit, ›Unfalltod‹ zu arrangieren. Das Überfahren eines Menschen mit dem Wagen war Borisovs bevorzugte Methode. Die in einem separaten Bau untergebrachte Forschungsabteilung, die eng mit dem Kommando zusammenarbeitete, hatte die Statistiken untersucht: In Westeuropa war der Tod durch Verkehrsunfall die häufigste ›unnatürliche‹ Todesursache. An zweiter Stelle standen tödliche Unfälle im Haushalt. Daher Brunners besonderes Interesse für Ertrinken im Bad, das in einem dritten Bau an lebenden ›Modellen‹ geübt worden war. Es ist eine im Westen weithin unbekannte Tatsache, daß kein Mordkommando das von den Sowjets kontrollierte Territorium ohne ausdrückliche Billigung durch drei Mitglieder des Politbüros in Moskau verläßt. Diese drei Männer entscheiden allein. Selbst 1956 – als das Kommissariat für Staatssicherheit auf dem Gipfel seiner Macht stand – mußte das nach West-Berlin entsandte Kommando, das Dr. Linske entführen (notfalls töten) sollte, von drei Politbüromitgliedern genehmigt werden (eines davon war Molotov).

Der Grund für diese Politik ist einleuchtend. Wenn die Aktionen irgendeines Kommandos bekannt werden, wird das internationale Ansehen der Sowjetunion befleckt – denn im Westen weiß die Öffentlichkeit, daß in der Sowjetunion nichts gegen den Willen der Regierung geschieht. Das Politbüro ist sich dieser Tatsache bewußt, so daß ein Mordkommando nur dann auf die Reise geschickt wird, wenn es keine andere Möglichkeit gibt, ein Problem zu lösen. Vaneks Kommando war vom Generalsekretär der KPdSU sowie zwei weiteren Mitgliedern des Politbüros gebilligt worden; jetzt wartete es nur noch auf grünes Licht. Die Männer würden mit französischen Papieren reisen, die in der Bundesrepublik jeder Prüfung standhalten konnten. Brunner hatte gerade seine Inspektion der Ausweise und Pässe beendet, als Borisov mit der Nachricht die Hütte betrat.

»Die Hinrichtung Lasalles ist verschoben worden ...«

»Verdammt!« Brunner war wütend. »Und das, wo wir gerade in bester Form sind...«

»Haben Sie Geduld, Sie hitziger Tscheche«, sagte Borisov. »Sie müssen jederzeit auf ein neues Signal gefaßt sein. Es kann sein, daß Sie jeden Augenblick losfahren müssen.«

5

Am Montagmorgen, dem 13. Dezember, an dem Marc Grelle das Fernschreiben aus Guyana mit Informationen über Gaston Martin erhielt, flog Alan Lennox nach Brüssel. Die Maschine der Sabena mit der Flugnummer 602 landete um 10.30 Uhr in der belgischen Hauptstadt. Von Heathrow aus hatte Lennox seine Assistentin in London angerufen und gesagt, es habe ihn eine dringende Anfrage vom Kontinent erreicht und er fliege jetzt los, um die Einzelheiten des Vertrags zu besprechen. Während des kurzen Gesprächs erwähnte er beiläufig, er fliege nach Dänemark. »Wann werden Sie zurück sein, wenn überhaupt?« hatte Miß Thompson munter gefragt.

»Wenn Sie mich sehen, bin ich wieder da...«

Jetzt ist es Zeit, den Laden zu verkaufen, dachte Lennox, als er an Bord der Maschine ging. Er hatte das Unternehmen so gut organisiert, daß er ihm jetzt über längere Zeit fernbleiben konnte. Der Apparat lief von allein. Damit habe ich mich wieder einmal um einen Job gebracht, sagte er sich, während die Boeing 707 die Wolkendecke durchbrach und in einen strahlend blauen Himmel hineinflog, der immer da war, selbst über England – wenn seine Bewohner ihn nur sehen könnten. Der Hinweis auf Dänemark war eine Vorsichtsmaßnahme gewesen; wenn jemand im Büro nach ihm fragte, würde Miß Thompson den Mund halten; wenn aber ein besonders cleverer Besucher sie einwickeln würde, sollte man ihn ruhig in Kopenhagen suchen. Am Brüsseler Flughafen mietete er sich einen Mercedes 230 SL. Man bot ihm einen cremefarbenen Wagen an, aber er entschied sich für einen schwarzen; Schwarz ist unauffälliger, weniger leicht zu verfolgen. Lennox fuhr zunächst nach Lüttich und sah oft in den Rückspiegel. Er wollte sichergehen, daß ihm kein Wagen oder Laster folgte. Das war zwar wenig wahrscheinlich, aber nicht ausgeschlossen. Es konnte sein, daß David Nash seit seinem Spaziergang vom Ritz zu Lennox' Wohnung verfolgt wurde, und daß der Verfolger sich nunmehr dem Mann zugewandt hatte, um dessentwillen Nash einen Flug über den Atlantik auf sich genommen hatte.

In Lüttich, wo Nash nur drei Tage vorher zweimal mit Peter Lanz vom BND zusammengetroffen war, ergriff Lennox eine weitere Vorsichtsmaßnahme. Er fuhr zur Niederlassung von Hertz und erfand eine Beschwerde über den Mercedes, den er gegen einen blauen Citroën DS 21 eintauschte, seine Lieblingsmarke. Danach fuhr er in südöstlicher Richtung weiter, auf die Ardennen zu. Das war nicht der direkte Weg nach Deutschland. Mitunter ist es möglich, einen Mann auch aus der Ferne zu verfolgen – man beobachtet die Strecke, die er fährt, und telefoniert dann voraus zum nächsten Posten. Dazu braucht man eine ganze Reihe von Männern, aber bei der letzten Zählung hatte Lennox erfahren, daß die Sûreté in Belgien mehr als einhundert Agenten unterhielt. Wenn die von Lüttich wegführenden Hauptstraßen jetzt auf einen schwarzen Mercedes hin überwacht wurden, würden die Beobachter wohl kaum von einem blauen Citroën Notiz nehmen.

Lennox aß während der Fahrt ein Sandwich, um keine Zeit zu verlieren. Bei der Ankunft in Saarbrücken setzte ein Wolkenbruch ein. Die Scheibenwischer kämpften vergeblich gegen den strömenden Regen an, während Lennox sich durch den Verkehr quälte. Der Regen schlug gegen die Scheiben und trommelte aufs Wagendach, während er seine Suche nach dem Hauptpostamt fortsetzte. Wenn man auf dem Kontinent telefonieren und nicht abgehört werden will, ruft man am besten von einem Postamt an.

Lennox betrat eine Zelle im Postamt und wählte die Nummer von Oberst Lasalle, die Nash ihm gegeben hatte. Als Lennox nach dem Oberst fragte, sagte der Mann am anderen Ende der Leitung auf französisch, er werde die Nachricht überbringen.

»Das werden Sie lassen«, bellte Lennox. »Verbinden Sie mich mit dem Oberst. Hier ist Edmond ...«

»Welcher Edmond?«

»Nur Edmond. Und beeilen Sie sich. Er erwartet den Anruf.« Der Mann am anderen Ende – wahrscheinlich Hauptmann Paul Moreau, den Nash als Lasalles Assistenten erwähnt hatte, wußte offensichtlich nicht alles über die Arbeit des Obersten, was durchaus beruhigend war. Das ließ den Schluß zu, daß der Ex-Chef der militärischen Abwehr seine Fähigkeiten nicht verloren hatte. Der Codename Edmond, den Nash bestimmt hatte, brachte die Verbindung mit Lasalle. Der Franzose sagte, Lennox könne sofort kommen. »Ich werde auf Sie warten«, sagte er kühl und legte auf. Kein überflüssiges Wort, keine Fragen. Die Stimme hatte scharf und entschlossen geklungen.

Lennox brauchte eine Stunde, um in dem strömenden Regen den Weg zu dem abgelegenen Bauernhaus zu finden. Es war bereits dunkel, als die Scheinwerfer des Wagens ein altes Gartenhaus neben einem geschlossenen Tor erfaßten. Im Gartenhaus hatte Licht gebrannt, als Lennox es zuerst gesehen hatte, aber jetzt war das Haus dunkel. Er ließ den Motor laufen und wartete, und als niemand erschien, stieg er vorsichtig aus. Er ging gerade an den Scheinwerfern vorbei, als ein Fensterladen mit einem Knall aufging. Aus der Öffnung ragte die Mündung einer Le Mat-Maschinenpistole.

»Bleiben Sie, wo Sie sind – im Scheinwerferlicht«, rief eine Stimme auf deutsch.

»Sie erwarten mich«, rief Lennox auf französisch zurück. »Ich habe Sie von Saarbrücken aus angerufen. Um Himmels willen, machen Sie doch das verdammte Tor auf, ich werde noch klatschnaß...«

»Kommen Sie herein, zu Fuß...« Die Stimme sprach jetzt französisch. »Kommen Sie durchs Tor...«

Lennox öffnete das Gartentor, ging zum Gartenhaus hinauf, faßte an die Tür, öffnete sie, trat ein und blieb stehen. Er sah sich einem Mann in Zivilkleidung gegenüber, der noch immer die Maschinenpistole in der Hand hielt, die er aus kürzester Entfernung auf den Bauch des Engländers richtete. Dieser Mensch mit dem wilden Schnurrbart und dem glatten Gesicht, ein Mann Ende der Vierzig, mußte Hauptmann Paul Moreau sein. »Ich bin Edmond«, sagte Lennox nach einem Augenblick. »Müssen Sie mit dem Ding unbedingt auf mich zielen?«

»Irgendeinen Ausweis – auf den Tisch...«

»Ob das dem Obersten gefallen wird?«

»Auf den Tisch damit...»

Lennox zog seinen Reisepaß vorsichtig aus der Innentasche seines tropfenden Regenmantels und warf ihn wie beiläufig auf den Tisch. Um mit der rechten Hand nach dem Dokument greifen zu können, mußte der Mann mit der Waffe sich den Schaft unter den linken Arm klemmen; als er dies tat, stieß Lennox schnell die Mündung zur Seite, packte den Lauf und entwand dem Mann die Maschinenpistole. »Ich weiß nicht, wer Sie sind«, versetzte er, als der Franzose das Gleichgewicht wiedergewann und ihn anstarrte, »aber Sie könnten jemand sein, der den echten Pförtner gerade außer Gefecht gesetzt hat...«

»Pförtner? Ich bin Hauptmann Moreau, der Assistent des Obersten.« Der Mann war außer sich vor Zorn und untersuchte den Paß weit gründlicher, als eigentlich notwendig gewesen wäre. »Sie könnten sich als toter Mann wiederfinden – so blödsinnige Risiken einzugehen«, brummte er.

»Weniger riskant, als sich an diesem gottverlassenen Ort einem Unbekannten mit einer Waffe in der Hand gegenüberzusehen.« Lennox bestand darauf, Moreaus Ausweis einzusehen, bevor er die Waffe zurückgab. Zuvor aber legte er das vorstehende Magazin parallel zum Lauf um und machte die Maschinenpistole so für den Augenblick unbrauchbar. Nachdem die Dokumente ausgetauscht worden waren, sagte der Franzose dem Engländer knapp, er solle den Wagen stehenlassen und zum Haus hinaufgehen. »Sie können mich mal«, erwiderte Lennox nur. Er ging hinaus, stieg in den Wagen und fuhr durchs Tor auf das Haus zu. Als Lennox das Gartenhaus verlassen hatte, griff Moreau zu einem Telefon an der Wand, wohl um den Obersten anzurufen. Als Lennox langsam eine lange, geschwungene Auffahrt hinauffuhr, sah er, wie vernachlässigt das Anwesen war. Nasses Buschwerk, das im Scheinwerferlicht glänzte, war auf den Weg hinausgewuchert und an einigen Stellen fast zusammengewachsen, so daß der Wagen auf der Fahrt zu Lasalles Zufluchtsort das Gestrüpp streifte. Das Bauernhaus, ein langes, zweigeschossiges Gebäude, das hinter einer Biegung auftauchte, befand sich in einem ähnlich schlechten Zustand. Es war lange nicht gestrichen worden, Dachziegel fehlten. Es sah kaum bewohnbar aus. Geldmangel, vermutete Lennox: Geflüchtete Obersten sitzen selten auf fetten Banknoten.

Oberst René Lasalle begrüßte ihn an der Eingangstür. Der Franzose verschloß und verriegelte die schwere Tür, bevor er seinem Gast in ein großes, mit altmodischen Möbeln überladenes Wohnzimmer voranging. In der Halle hatte Lennox an der Tür neue, moderne Sicherheitsschlösser bemerkt. Der Oberst war in Deutschland zwar theoretisch sicher, hatte sich aber in einer kleinen Festung verbarrikadiert.

»Sie werden eines Tages kommen, um mich zu holen«, bemerkte Lasalle kurz. »Schäbige, kleine, korsische Banditen mit Messern im Gürtel. Vielleicht werden sie versuchen, mich zu entführen – vielleicht werden sie kommen, um mich zu töten. Aber sie werden kommen.«

Der einarmige Oberst, dessen linker Ärmel wie der gebrochene Flügel eines Vogels flatterte, war klein und zierlich. Als er von einem Buffet Drinks holte, bewegte er sich mit elastischen Schritten. Lennox gewann augenblicklich den Eindruck von gewaltiger Energie, einer willensstarken Persönlichkeit, die wohl jede beliebige Gruppe von Menschen, der sie angehörte, beherrschen würde. Der fünfundfünfzigjährige Lasalle hatte scharfe, hagere Gesichtszüge und große, ruhelose Augen. Sein dünner Schnurrbart war kaum mehr als ein Strich. Er hatte noch immer volles, dunkles

Haar. Sein auffälligstes Merkmal war seine Hakennase. In gewisser Weise erinnerte er Lennox an eine Miniaturausgabe von Charles de Gaulle. Der Oberst reichte ihm eine gutgefüllte Cognactulpe und hob sein Glas. »Auf die Vernichtung von Frankreichs Feinden!«

»Darauf trinke ich mit...« Lennox behielt den Obersten sorgfältig im Auge. »Wer immer sie sein mögen.«

»Die sowjetische Clique in Paris – angeführt vom Leoparden. Aber zuerst muß ich etwas über Sie erfahren, über Ihre Vergangenheit, Ihren Hintergrund...»

Fünfzehn Minuten lang verhörte er den Engländer nach allen Regeln der Kunst. Es war die ausgeklügeltste und durchdringendste Vernehmung, die Lennox je erlebt hatte. Der Franzose stellte Fangfragen, bohrte nach, sprang mit den Fragen vor und zurück, wobei er die Daten aus Lennox' Leben in sich aufnahm und immer weiter vordrang. »Sie haben Marc Grelle kennengelernt?« fragte er zu einem Zeitpunkt. »Dann sind Sie also ein persönlicher Freund des Polizeipräfekten?« Lennox versicherte ihm, daß dem nicht so sei, daß sie sich nur einmal begegnet seien, in Marseille, und sich nur eine Stunde unterhalten hätten, nämlich bei der Planung einer Abwehraktion gegen Terroristen. Am Ende der fünfzehn Minuten erklärte Lasalle, das genüge. »Sie können für mich nach Frankreich gehen«, sagte er im Ton eines Mannes, der eine hohe Auszeichnung verleiht.

»Ich freue mich, daß ich den Test bestanden habe«, erwiderte Lennox ironisch, »aber Ihnen ist vielleicht nicht klar, daß ich noch nicht weiß, was ich von Ihnen halten soll...«

»Ist das notwendig?«

»Das ist unerläßlich. Verstehen Sie – ich bin derjenige, der den Kopf auf den Richtblock legen soll...«

Léon Jouvel. Robert Philip. Dieter Wohl.

Dies waren die Namen der drei Zeugen, wie Lasalle sie beharrlich nannte. Diese drei Männer sollte Lennox besuchen und diskret befragen. »Ich bin überzeugt, daß einer dieser drei Männer – die während des Krieges alle mit dem Leoparden zu tun gehabt haben – Ihnen etwas sagen kann, was uns zu dem heutigen kommunistischen Agenten in Paris führen wird«, sagte der Franzose mit Nachdruck. »Jedenfalls sind sie, soweit mir bekannt, die einzigen Überlebenden, abgesehen von Annette Devaud – und die ist blind...«

»Devaud?« hakte Lennox nach. »Das war der Name der Frau, die Florian erschießen wollte...«

»Der Name ist nicht selten.« Lasalle zuckte die Achseln und machte eine ungeduldige Bewegung mit der rechten Hand. »Ich sehe keinen Grund, da eine Verbindung zu vermuten. Und Annette Devaud, die jetzt über siebzig sein muß, ist seit Ende des Krieges blind. Eine blinde Person kann niemanden mit Sicherheit identifizieren. Also ...«

Es hatte vor achtzehn Monaten begonnen – ein Jahr vor der stürmischen Auseinandersetzung mit Präsident Florian, die mit der Flucht des Obersten aus Frankreich geendet hatte. Lasalle beschäftigte sich gerade damit, einen kommunistischen Agenten zu verhören, der in einer französischen Armeekaserne in der Nähe von Marseille Zuflucht gesucht hatte. »In der Gegend wimmelte es von diesem Ungeziefer«, bemerkte der Oberst. Lennox erfuhr, daß der Vernehmung eine ›physische Sitzung‹ vorausgegangen war, bei der man den Mann namens Favel zu einem stöhnenden Wrack zugerichtet hatte. »Beim Versuch, aus der Kaserne zu fliehen«, erklärte Lasalle, »hätte er versehentlich einen Sergeanten erschossen. Die Männer, die ihn vor mir vernahmen, waren die Freunde des Sergeanten. Folglich ...«

Eine Stunde nach Beginn der Vernehmung Favels durch Lasalle, kurz vor Mitternacht, hatte Favel begonnen, sich über die Résistance der Kriegszeit zu verbreiten. Zunächst hatte Lasalle das für einen Trick gehalten, mit dem Favel das Verhör in andere Bahnen lenken wollte; später wurde sein Interesse geweckt, als Favel wiederholt den Namen des Leoparden nannte. Mit Unterbrechungen – das Verhör dauerte schon über zwölf Stunden – hatte der gebrochene Mann dann eine seltsame Geschichte von einem Mann erzählt, der eines Tages von den Toten auferstehen werde, um Frankreich von dem kapitalistischen Joch zu befreien. Dieser Mann sei tatsächlich schon auferstanden und bewege sich auf den Straßen von Paris.

»Lange Zeit erschien mir das als völliger Unsinn«, erklärte Lasalle. »Ich glaubte, es mit einem religiösen Eiferer zu tun zu haben – merkwürdig bei einem überzeugten Kommunisten –, und dann sagte er mir, er habe sich in der Kaserne versteckt ...«

»Versteckt?« fragte Lennox.

»Er hatte sich vor seinen eigenen Leuten versteckt«, sagte Lasalle ungeduldig. »Ich hatte die Sache falsch verstanden – er spionierte nicht für die kommunistische Zelle in Marseille, sondern floh vor seinen eigenen Leuten. Und welches Versteck ist besser geeignet als eine Kaserne – so muß er wohl gedacht haben. Sie waren hinter ihm her und wollten ihn töten – ich glaube, weil er zuviel wußte.«

»Aber wußte er wirklich etwas?«

»Er sagte, er spreche nicht von einem gewöhnlichen Spion – nicht von einem dieser Beamten, die im Dunkel der Nacht geheime Dokumente fotografieren oder Mikrofilme in Zigarren übergeben und solche absurden Dinge treiben. Nein, Favel sprach von einem hochgestellten Mandarin nahe dem Zentrum der Macht. Von einem Mann, der jahrelang gewartet und beharrlich an seinem Aufstieg gearbeitet hat – ohne auch nur einen einzigen Kontakt zu irgendeiner kommunistischen Organisation. Das ist das Geniale an dem Plan – wenn er keine Kontakte zu Kommunisten hat, kann man ihn nicht aufspüren.«

»Hat Favel den Namen des Mannes genannt?«

Lasalle machte eine resignierende Handbewegung. »Er wußte nicht, wer es ist – nur, daß es ihn gibt. Was mich schließlich überzeugte, war eine Tragödie. Am Tag nach meinem Verhör brach Favel aus der Kaserne aus – vierundzwanzig Stunden später fand man ihn mit gebrochenem Genick am Fuß eines Felsens.«

»Seine sogenannten Freunde haben ihn erwischt?«

»Ich bin davon überzeugt«, erwiderte Lasalle. »Ich begann auf eigene Faust mit Nachforschungen, und schließlich hatte ich diese drei Namen auf der Liste beisammen. Ich habe einen der Männer besucht – Léon Jouvel in Straßburg –, aber ich habe das Gefühl, daß meine Position ihn erschreckte. Ich ging mit dem Gefühl weg, daß er etwas weiß. Kurz darauf hatte ich meinen großen Zusammenstoß mit Florian und mußte aus meinem eigenen Land fliehen ...«

Lennox stellte weitere Fragen. Sowohl Jouvel wie Philip, die beiden Franzosen auf der Liste der Zeugen, lebten im Elsaß. Ein Zufall? »Keineswegs«, erklärte Lasalle. »Der Leopard arbeitete in seiner Résistance-Gruppe am liebsten mit Elsässern zusammen. Er hielt sie für zuverlässiger als die mehr zum Aufbrausen neigenden Leute aus dem Süden.« Der Oberst lächelte sarkastisch. »Er ist wohl in allem Realist, glaube ich.«

»Aber der Leopard ist tot«, betonte Lennox. »Er ist 1944 in Lyon gestorben ...«

»Das ist gerade das Schlaue an der ganzen Sache. Begreifen Sie nicht?«

»Offen gestanden nein«, erwiderte Lennox.

»Der Mann braucht für die wenigen Gelegenheiten, bei denen in sowjetischen Kreisen von ihm die Rede ist, einen Codenamen. Also haben sie ihm den Namen eines Menschen gegeben, den alle Welt für tot hält. Wie reagiert man unwillkürlich, wenn der Name fällt? Es muß Nonsens sein. Er ist ja tot! Mein Gott, wie haben Sie denn selbst reagiert?«

»Ich verstehe, was Sie meinen«, sagte Lennox langsam. »Sie wollen also sagen, es gibt ...«

»Einen zweiten Leoparden – der irgendwie mit der Résistance-Gruppe des Leoparden zu tun gehabt hat. Diesem unbekannten Mann muß es leicht eingefallen sein, diesen Namen zu benutzen – wenn es so ist, daß er früher mit dem Mann zusammengearbeitet hat, dessen Namen er gestohlen hat. Einer dieser drei Zeugen auf dieser Liste sollte in der Lage sein, das Rätsel zu lösen...«

»Wer ist Dieter Wohl?« wollte Lennox wissen. »Wie ich sehe, lebt er heute in Freiburg. Er ist natürlich Deutscher?«

»Dieter Wohl war der Abwehroffizier, der den Leoparden während des Krieges aufzuspüren versuchte. Er wußte eine Menge über die Résistance im Lozère...«

Lasalle hatte mehr als einmal daran gedacht, selbst mit Dieter Wohl Kontakt aufzunehmen; es war dem Obersten zwar nicht möglich, nach Frankreich zu fahren, um die beiden Elsässer zu befragen, aber nach Freiburg hätte er ohne weiteres reisen können. Er hatte den Gedanken aber verworfen, denn der BND hätte von dem Besuch erfahren können. »Sie hätten mir Einmischung in die inneren Angelegenheiten der Bundesrepublik vorwerfen können«, bemerkte er. »Ich kann es mir zum gegenwärtigen Zeitpunkt nicht leisten, aus Deutschland hinausgeworfen zu werden. So, bitte, beantworten Sie mir jetzt eine Frage. Da Sie jetzt diese Namen und Adressen haben – werden Sie nach Frankreich fahren?«

»Ja.«

Während Lennox in der Nähe von Saarbrücken mit Oberst Lasalle sprach, kam Marc Grelle rund dreihundert Kilometer weiter westlich, in Paris, gerade vor der amerikanischen Botschaft in der Avenue Gabriel an. Punkt 18 Uhr ging er durch das Einfahrtstor. Er war sich wohl bewußt, daß er in diesem Augenblick von Agenten der Direction de la Surveillance du Territoire – der politischen Abwehr – fotografiert wurde. Er wußte sogar, wo die Kamera mit dem Weitwinkelobjektiv versteckt war: im Innern des blauen Berliet-Lastwagens, der gegenüber der Botschaft am Bordstein geparkt war. In der Nähe des Lastwagens gingen uniformierte Polizeibeamte auf und ab. Sie erweckten den Eindruck einer Polizeireserve, die sich für den Bedarfsfall bereit hielt. Am folgenden Morgen würde das Foto auf dem Schreibtisch des Innenministers liegen. Dem Abzug würde ein Formular mit den notwendigen Angaben beigeheftet sein. *18.00 Uhr. Besucher: Marc Grelle, Polizeipräfekt von Paris.* Man würde auch genau vermerken, wann er die Botschaft verließ.

Grelle betrat das Botschaftsgebäude und trug sich ins Gästebuch ein. Anschließend ging er die Treppe hinauf, wo ihm ein Mädchen mit texanischem Akzent den Regenmantel abnahm. »Ich bin einmal in Dallas gewesen«, sagte er zu dem Mädchen, »an dem Tag, an dem Präsident Kennedy ermordet wurde.« Er betrat den großen Saal mit den Fenstern zum Place de la Concorde, in dem der Empfang gegeben wurde. Stimmengewirr und blendendes Licht erfüllten den Raum. Man hatte die Vorhänge zugezogen, wohl um den Raum gegen die aufdringliche Kameralinse in dem Berliet-Laster abzuschirmen. Grelle hielt sich am Rand der Menschenmenge, orientierte sich und achtete darauf, wer anwesend war.

»Inzwischen muß Ihr Computergehirn wohl alle Gäste registriert haben«, meinte eine Stimme hinter ihm, »warum gehen wir also nicht in die Bibliothek, wo die wirklich guten Sachen stehen?« David Nash grinste und gab dem Präfekten die Hand, als dieser sich umdrehte. »Ich mußte ohnehin nach Paris, also...«

»Dachten Sie, wir könnten ein bißchen plaudern? Oder sind Sie nur nach Paris gekommen, um mich zu sprechen?« fragte Grelle auf englisch.

»Sie mit Ihrem Polizistengehirn!« Nash ging vor, verließ den Empfangssaal, überquerte den Korridor und betrat einen Raum mit Bücherwänden. Er schloß die Tür und drehte den Schlüssel herum, der bereits auf der Innenseite steckte. »Jetzt bleiben wir ungestört...« Nash goß einen großen Scotch ein und reichte dem Präfekten das Glas. Er führte ihn zu einem Lehnsessel und setzte sich auf die Lehne eines anderen Sessels. Er hob sein Glas. »Auf Frankreich. Möge es ewig leben, einschließlich der nächsten zwei Monate...«

»Warum sollte es nicht?« Grelle betrachtete den Amerikaner über den Rand seines Glases hinweg. »Oder ist das ein Staatsgeheimnis? Ich nehme an, daß Sie noch immer denselben Posten haben wie bei unserer letzten Begegnung?«

»Denselben Posten.« Nash beugte sich vor und sprach mit leiser Stimme weiter. »Ich komme als Freund und nicht als Beauftragter meiner Regierung. Auch als Freund Frankreichs. Marc, haben Sie jemals vom Leoparden gehört?«

Grelle war sich bewußt, daß Nash ihn fixierte; er nippte ruhig an seinem Scotch und verzog keine Miene. Er wischte sich die Lippen mit einem seidenen Taschentuch ab, bevor er antwortete. »Vom Leoparden? Das ist ein Tier mit geflecktem Fell, das gefährlich sein kann...«

»Dieser Leopard ist gefährlich«, stimmte der Amerikaner zu. »Er sitzt an einem Schreibtisch der Regierung, keine zwei Kilometer von hier entfernt. Ich muß Ihnen eine Geschichte erzählen...«

Nash erzählte die Geschichte gut – von einem russischen Überläufer, der erst vor einer Woche in New York angekommen sei, den man vom Kennedy Airport sofort zu einem geheimen Lager in den Adirondacks gefahren habe, wo er – Nash – den Mann persönlich vernommen habe. Am folgenden Morgen – noch bevor die Vernehmung habe zu Ende geführt werden können – sei der Russe von einem Heckenschützen erschossen worden, der ein Gewehr mit Zielfernrohr gehabt habe. »Es passierte, als ich neben ihm ging«, fuhr der Amerikaner fort. »Erst ging er neben mir, und im nächsten Moment lag er mit einer Kugel im Schädel auf der Straße ...«

Grelle nippte weiter an seinem Scotch und hörte mit demselben ausdruckslosen Gesicht zu, als der Amerikaner berichtete, wie der hochgestellte Russe ihm von einem französischen Agenten der Kommunisten erzählt habe – der unter dem Namen des Résistance-Führers Leopard operiere. Dieser Mann habe sich mehr als dreißig Jahre lang emporgearbeitet und sei jetzt einer der drei führenden Männer Frankreichs. »Jeder ihrer wichtigsten Minister könnte der Leopard sein«, schloß Nash. »Roger Danchin, Alain Blanc ...«

Grelle trank den Rest seines Whiskys mit zwei Schlucken aus, stellte das leere Glas auf den Tisch und erhob sich. Seine Stimme war klar und kühl. »Die amerikanische Regierung ist in jüngster Zeit schon absurd weit gegangen, um unseren Präsidenten zu diffamieren, aber was Sie jetzt unterstellen, ist unglaublich ...«

Nash erhob sich aus seinem Stuhl. »Marc, Sie brauchen nicht aus der Haut zu fahren ...«

»Ihre sogenannte Geschichte ist von Anfang bis Ende ein einziges Lügengewebe«, fuhr Grelle eisig fort. »Sie versuchen offensichtlich, ein erlogenes Gerücht zu verbreiten, in der Hoffnung, es möge unserem Präsidenten schaden, nur weil Ihnen seine Reden nicht gefallen ...«

»Marc«, warf Nash ruhig ein. »Ich sage Ihnen jetzt, daß Sie der einzige Mensch in dieser Botschaft sind, der zu hören bekommt, was ich soeben erzählt habe ...«

»Warum?« fuhr Grelle fort.

»Weil Sie der einzige Franzose sind, dem ich dieses Geheimnis wirklich anvertrauen kann – Sie sind der einzige Verbindungsmann, den ich habe warnen wollen. Nur deshalb bin ich hier. Ich möchte Sie bitten, auf der Hut zu sein – außerdem haben Sie Mittel und Wege, meine Angaben zu prüfen, Mittel, die wir nicht einmal versuchsweise einsetzen könnten ...«

»Sie würden sich eine blutige Nase holen, wenn Sie's versuchten!« Grelle bewegte sich mit hochrotem Gesicht auf die Tür zu. Dann schien er sich zu beruhigen und sprach mit dem Amerikaner einige Minuten über andere Dinge. Nachdem der Präfekt gegangen war, rekapitulierte Nash die Begegnung. Es war eine sehr geschliffene Vorstellung, sagte sich Nash: Zorn über die Unterstellung und dann ein kurzes Lösen der Spannung, um dem Amerikaner anzudeuten, daß sie auch künftig Freunde bleiben würden. Nash zündete sich eine Zigarette an und flanierte über den Flur zurück in den Empfangssaal. Er war mit dem Ergebnis seiner Reise nach Paris zufrieden. Trotz seines Aufbrausens würde Grelle der Sache nachgehen. Grelle war durch und durch Polizist. Grelle ging allem auf den Grund.

Um sich Zeit zum Nachdenken zu geben, fuhr Grelle in einem großen Bogen zur Präfektur zurück. Auf dem Weg dorthin kam er am Elysee-Palast vorbei. Vor der Einfahrt mußte er anhalten, während eine schwarze Zil-Limousine mit einem Fahrgast im Fond aus dem Hof des Palasts auf die Straße hinausfuhr. Leonid Vorin, der sowjetische Botschafter in Frankreich, fuhr nach einem seiner fast täglichen Besuche bei Guy Florian in seine Residenz zurück. Seitdem der Flug nach Moskau am 23. Dezember angekündigt worden war, hatte der sowjetische Botschafter sich oft mit dem Präsidenten beraten. Der schwarze Zil war auf dem Weg von der Botschaft in der Rue Grenelle zum Elysee und zurück oft gesehen worden. Leonid Vorin, klein und untersetzt, mit herabhängenden Mundwinkeln und einer randlosen Brille, saß im Fond und starrte nach vorn. Als der Wagen auf die Straße fuhr und in Richtung Madeleine davonfuhr, sah der Botschafter weder nach links noch nach recht.

Der uniformierte Polizist, der Grelle angehalten hatte, salutierte und bedeutete ihm, weiterzufahren. Grelle fuhr fast automatisch. Ihm ging im Kopf herum, was Nash ihm erzählt hatte. Bis vor einer halben Stunde hatte sein Verdacht sich nur auf die eigenartige Geschichte Gaston Martins und auf den Bericht des Cayenner Polizeichefs stützen können. Das alles war zwar beunruhigend, aber keineswegs schlüssig bewiesen. Jetzt kam die gleiche Geschichte aus Washington. Bald würden die Gerüchte womöglich durch die Hauptstädte Europas schwirren. Wie Grelle später zu Boisseau sagte: »Ich glaube kein Wort von Nashs Märchen über einen russischen Überläufer – er hat seinen wirklichen Informanten geschützt –, aber dies ist eine Angelegenheit, der wir unter größter Geheimhaltung nachgehen müssen ...«

Auf dem Pont Neuf herrschte dichter Verkehr. Auf seiner

Weiterfahrt zur Ile de la Cité zitterte Grelle plötzlich; es war ein nervöses Zittern, das nichts mit der kalten Nachtluft zu tun hatte, die sich jetzt über Paris legte. Die Welt des Polizeipräfekten war plötzlich ins Schwanken gekommen wie tückischer Treibsand; darunter konnte alles mögliche verborgen liegen. »Roger Danchin... Alain Blanc...«, murmelte er vor sich hin. »Es ist undenkbar.«

Lennox verließ das abgelegene Bauernhaus etwa um die Zeit, zu der Grelle zur Präfektur zurückkehrte. Lennox fuhr jetzt durch dichte Regenschleier nach Saarbrücken zurück. In der Ferne grollte Donner durch die Nacht. Das Unwetter entsprach seiner Stimmung; auch er war durcheinander. An einem bestimmten Punkt der Unterhaltung hatte er den Obersten gefragt, wer die Liste mit Namen und Adressen getippt habe, die er jetzt in der Brieftasche trug. »Hauptmann Moreau, mein Assistent, natürlich«, hatte Lasalle erwidert. »Er ist der einzige Offizier gewesen, der Frankreich mit mir verlassen hat, und ich vertraue ihm vollkommen.«

»Sie haben ihm meinen wirklichen Namen aber erst kurz vor meiner Ankunft anvertraut«, hatte Lennox betont. »Als ich von Saarbrücken aus anrief, hatte er keine Ahnung, wer ich war...«

»Damit wollte ich Sie bis zu Ihrer Ankunft hier schützen. Ich habe Nash zu einer bestimmten Zeit in London angerufen, und er hat mir Ihren Namen gegeben, aber ich habe ihn Moreau vorenthalten. Wenn man meinen Assistenten während Ihrer Fahrt hierher gekidnappt hätte, hätte er Sie selbst unter Druck nicht identifizieren können. Aus dem gleichen Grund weiß Moreau auch nicht, daß ich mit den Amerikanern in Verbindung stehe...«

Unter Druck... Lennox schnitt eine Grimasse, als er durch die regennasse Windschutzscheibe starrte. Was für ein Leben der Oberst seit seiner Flucht aus Frankreich führte! In einem deutschen Bauernhaus eingesperrt, am Tor bewacht von einem Mann mit Maschinenpistole, jederzeit darauf gefaßt, nachts von Eindringlingen überfallen zu werden, die mit Chloroform – oder einem etwas tödlicheren Stoff kommen könnten. Und morgen würde er, Lennox, selbst die Grenze zu Frankreich überschreiten – nach dem Treffen mit Peter Lanz vom BND.

Während Alan Lennox durch die Nacht zu einem Saarbrückener Hotel fuhr, war Marc Grelle von dem Empfang in der amerikanischen Botschaft in die Präfektur zurückgekehrt. Er widmete sich sofort den Papierstößen, die sich in seiner Abwesenheit angesammelt hatten. »Es gibt zu viele Schreibmaschinen in Paris«, brummte er, während er Schriftstücke Roger Danchins mit seiner Unterschrift versah und ein Sandwich aß, das ihm aus der nahe gelegenen Brasserie gebracht worden war. Er wollte sein Büro gerade verlassen, als das Telefon läutete. »Scheiße!« murmelte er und nahm den Hörer ab. Es war Cassin, einer der Telefonisten im Sonderraum des Sûreté-Hauptquartiers.

»Von Hugon ist noch eine Meldung gekommen, Herr Präfekt.«

»Routine?«

»Nein. Da hat sich etwas entwickelt...«

Wieder fluchte Grelle in sich hinein. Am liebsten hätte er den Telefonisten gebeten, die Meldung am Telefon durchzugeben, aber das war unmöglich – er hatte selbst strikten Befehl gegeben, daß dies nie geschehen dürfe. Telefone lassen sich anzapfen: Man braucht nichts weiter als einen Fernmeldetechniker, der weiß, wie man einen privaten Anschluß abhört. Elektronische Wanzen sind dabei durchaus nicht nötig; das Anzapfen der richtigen Leitungen genügt. »Ich komme rüber«, sagte Grelle und legte auf.

Die Rush-hour war bereits vorüber, als er über regennasse Straßen fuhr, die im Schein der Straßenlaternen glänzten. Er bog in die Rue des Saussaies ein, in der die Zentrale der Sûreté einen Teil des riesigen Häuserblocks um das Innenministerium herum einnimmt. Er hielt kurz in der engen Straße, bis ein uniformierter Polizist die weiße Kette heruntergelassen hatte, und fuhr dann durch den Torbogen auf den Innenhof. Der Raum befand sich im vierten Stock. In dem düsteren Treppenhaus begegnete er zu dieser späten Stunde keiner Menschenseele. Er ging einen schwach beleuchteten Korridor hinunter und schloß die Tür mit seinem eigenen Schlüssel auf. Er machte die Tür zu und starrte Cassin an, der diese Nacht Dienst hatte. Der Raum roch nach Knoblauch. Der Telefonist hatte also gerade gegessen. Auf dem Tisch stand ein halbvolles Glas Rotwein, daneben das Tonbandgerät, das mit dem Telefon gekoppelt war. »Nun?« fragte der Präfekt.

»Hugon hat um 18.45 Uhr angerufen...« Cassin, ein magerer Mann von dreißig Jahren mit einem teigigen Gesicht, las in gelangweiltem Tonfall aus einem Notizbuch ab. »Ich habe die Meldung wie üblich aufgenommen. Sie ist auf Band.«

»Wie hat er geklungen?« Grelle quetschte sein Hinterteil auf die Tischecke. Er würde gleich hören, was Hugon gesagt hatte, aber eine Bandaufnahme entkleidet die Stimme eines Mannes jeglicher Emotion, glättet sie. Cassin hatte während der Aufnahme zugehört.

»Ein wenig nervös, aufgeregt – als hätte er nicht viel Zeit und Angst gehabt, gestört zu werden.«

»Das ist eine präzise Analyse.«

»Er wird etwas mit der Post schicken – eine Liste mit Namen und Adressen. Er wollte sie nicht telefonisch durchgeben. Sagte, das würde zu lange dauern ...«

»Oder er war einfach nur vorsichtig«, meinte Grelle. »Hat er gesagt, wann er diese Liste abschickt?«

»Das hat er schon getan. Er rief vom Postamt aus an.«

»Sie sehen aus, als könnten Sie ein bißchen frische Luft vertragen, Cassin. Kommen Sie in fünfzehn Minuten wieder – ich bleibe hier und höre mir das Band an ...«

Grelle hörte, wie der Telefonist von außen abschloß, dann setzte er sich auf einen Stuhl und zündete sich eine Zigarette an. Der Raum war schalldicht und wurde täglich auf Abhörgeräte untersucht. Man hatte jede Vorsichtsmaßnahme ergriffen, um Hugon zu schützen. Grelle drückte auf die Abspieltaste.

Das Band, das Cassins Gespräch mit Hugon aufgenommen hatte, lag abspielbereit in der Spule. Der Mann, dessen Stimme er gleich lauschen würde, hatte eine der Geheimnummern der Sûreté Nationale angerufen, die in keinem Telefonbuch stehen. Wenn jemand irrtümlich eine dieser Nummern wählte, ohne das korrekte Codewort zu nennen, meldete sich der Telefonist und sagte, hier sei die Vermittlung, der Anschluß bestehe nicht mehr. Das Tonbandgerät knackte.

»Welche Nummer haben Sie gewählt?« fragte Cassin.

»Hier Hugon. Ist dort das Polyphon-Institut? Gut, ich habe nicht viel Zeit ...«

»Von wo rufen Sie an?«

»Vom Postamt Saarbrücken. Hören Sie, ich habe Ihnen doch gesagt ...«

»Immer mit der Ruhe. Ich höre zu. Fangen Sie bloß nicht an zu stottern«, schnauzte Cassin.

Grelle war jetzt aufgestanden. Er lehnte sich gegen die Tischkante und sah zu, wie die Spulen sich langsam drehten. Er merkte sich jedes Wort, das das Tonbandgerät wiedergab. Cassin hatte recht gehabt: Hugons Aufregung war selbst aus dem Band herauszuhören.

»Der Oberst hat sich heute abend mit einem Engländer getroffen. Name Alan Lennox ...« Hugon buchstabierte den Namen. »Fünfunddreißig, dunkelhaarig, glattrasiert, er trug ...« Es folgte eine Beschreibung der Kleidung. »Sie haben im Bauernhaus miteinander gesprochen.«

»Wie ist dieser Lennox hingekommen? Mit einem Taxi? Im Wagen?«

»In seinem eigenen Wagen ... Ich kann nicht lange hierbleiben.

Es ist gefährlich, wie Sie wissen. Der Wagen war ein blauer Citroën DS 21. Kennzeichen BL 49120. Lennox war mit dem Obersten verabredet. Ich konnte zum Bauernhaus zurückgehen und ein paar Worte aufschnappen, aber es war gefährlich ...«

»Das haben Sie schon gesagt. Wer ist dieser Lennox?«

»Ich habe keine Ahnung. Hören Sie auf, mich zu unterbrechen. Um Gottes willen, *hören Sie zu!* Als ich sie sprechen hörte, fragte Lennox gerade nach einem Mann, der der Leopard genannt wurde ...«

Grelle erstarrte und schaltete das Tonbandgerät aus. Hugon hatte beim Drauflosplappern undeutlich gesprochen. Grelle ließ die Spule zurücklaufen und schaltete nochmals ein. Er hörte sorgfältig zu. Ja, tatsächlich, Hugon hatte ›der Leopard‹ gesagt. Das Band lief weiter.

»... und da war noch etwas mit einer Liste von Zeugen. Ja, Zeugen. Wenn Sie mich nicht weitersprechen lassen, lege ich auf. Gestern morgen hat der Oberst mir eine Liste mit den Namen und Adressen von drei Männern diktiert. Ich glaube, sie haben über diese Liste gesprochen. Ich glaube, der Oberst hat Lennox diese Liste gegeben ...«

»Wir brauchen diese Namen und Adressen«, warf Cassin ein.

»Scheiße!« Hugon sprach das Wort in einem giftigen Tonfall aus. »Ich wollte Ihnen doch gerade sagen – ich habe beim Tippen eine Kopie der Liste gemacht. Ich habe sie in einen Umschlag gesteckt und gestern an die Adresse geschickt, die Sie mir gegeben haben. Und, ja, Lennox ist wieder abgefahren. Nein! Ich habe keine Ahnung, wohin er gefahren ist. Ich kann mir vorstellen, daß er diese Männer auf der Liste besuchen wird ...«

»In welchem Land leben diese Männer?«

»Zwei im Elsaß, einer in Deutschland. Auf Wiederhören!«

Der Präfekt schaltete das Gerät aus. Er saß noch immer mit einer vergessenen Gauloise im Mundwinkel auf der Tischkante. Guy Florian persönlich hatte Grelle ermächtigt, die Überwachung des Bauernhauses zu leiten, in dem Oberst Lasalle Unterschlupf gefunden hatte. Normalerweise wäre das eine Aufgabe für die Sûreté gewesen, aber der Präsident hatte Danchin gesagt, er wünsche, daß Grelle sich dieser Sache annehme. »Ich vertraue Grelle«, hatte er beiläufig bemerkt. Der Minister war zusammengezuckt.

Es war nicht allzu schwierig gewesen, das Unternehmen in die Wege zu leiten. Hauptmann Moreau, dem man den Codenamen Hugon gegeben hatte, war aus einem Impuls heraus mit Oberst Lasalle aus Frankreich geflüchtet; später, als die Monate verstrichen, als er sich als eine Art Kammerdiener des Obersten wiederfand, der sogar die Mahlzeiten kochen und das Haus sauberhalten mußte, war Moreaus Begeisterung fürs Exil rasch verflogen. Da er nichts als eine ungewisse Zukunft vor sich sah, hatte er Grelles diskretes Angebot, ihm monatlich viertausend Franc auf ein Pariser Bankkonto überweisen zu lassen, angenommen.

»Mit unziemlicher Hast«, wie der Präfekt damals säuerlich bemerkt hatte.

Als Cassin von seinem kurzen Spaziergang zurückkehrte, verließ Grelle die Sûreté und fuhr zu seiner Wohnung auf der Ile Saint-Louis zurück. Als nächstes würde er die Personenbeschreibung von Alan Lennox an alle französischen Grenzposten durchgeben.

6

Léon Jouvel. Robert Philip. Dieter Wohl.

Die Liste der Namen und Adressen sagte weder Grelle noch Boisseau etwas. Der Umschlag mit dem maschinengeschriebenen Bogen war am Dienstagmorgen, dem 14. Dezember, in der Präfektur angekommen. Der Briefumschlag war auf etwas verschlungenen Wegen in die Hand des Präfekten gelangt. Hugon-Moreau, der für den Fall, daß er etwas mit der Post schicken wollte, genaue Instruktionen erhalten hatte, hatte den Briefumschlag an eine Adresse in der Rue St. Antoine in der Nähe des Place de la Bastille geschickt. Die Rue St. Antoine liegt in einem der vielen ›dörflichen‹ Bezirke von Paris, welche die Stadt zu einer der komplexesten und vielgestaltigsten Großstädte der Welt machen. Der Brief war an den Inhaber einer kleinen Bar adressiert, der über seinem Lokal wohnte; dieser ehemalige Polizeisergeant besserte sein Einkommen ein wenig auf, indem er für die Sûreté als Briefkasten fungierte. Unter den gegebenen Umständen wäre es von Moreau wenig umsichtig gewesen, eine Nachricht direkt in die Rue des Saussaies zu schicken. Der Barbesitzer, dem der Brief vorher angekündigt worden war, hatte die Sûreté nach dessen Eintreffen sofort verständigt. Diese wiederum hatte den Präfekten telefonisch benachrichtigt. Um zehn Uhr morgens war ein Bote mit einem Brief zu Grelle gekommen.

»Diese Namen sagen mir gar nichts«, sagte Boisseau zu Grelle, als sie gemeinsam die Liste überflogen. »Glauben Sie, daß Hugon Informationen erfindet, um seine viertausend Franc im Monat zu rechtfertigen?«

»Nein, das tue ich nicht. Sehen Sie doch mal den deutschen Namen – Dieter Wohl. Ich habe in der Akte über den Leoparden von ihm gelesen. Er war der Abwehroffizier, der während des Krieges im Lozère gearbeitet hat. Wenn ich mich recht erinnere, hat er über die Tätigkeit des Leoparden eine Akte angelegt...«

»Wie dem auch sei«, sagte Boisseau, der an seiner erkalteten Pfeife sog. »Wie ich Ihnen immer wieder sage: Der Leopard ist tot...«

»Hören Sie, Boisseau. Wir haben zwei Angaben, die einander ausschließen. Erstens: Petit-Louis, der Stellvertreter des Leoparden, von dem wir heute wissen, daß er in Wahrheit Gaston Martin hieß, hat mit aller Bestimmtheit ausgesagt, er habe den Leoparden vor fünf Tagen durch das Eingangstor zum Elysee gehen sehen. Das ist eine Tatsache – er hat diese Aussage gemacht. Tatsache Nummer zwei: Der Leopard ist tot – das steht in der Akte. Wie bringen wir diese beiden widersprüchlichen Angaben miteinander in Einklang?«

»Wir prüfen sie...«

»Genau. Ich möchte alles sehen, was über die Beisetzung des Leoparden im Jahre 1944 in den Akten festgehalten ist. Ich will wissen, wo sich das Grab befindet, ob ein Priester der Beerdigung beigewohnt hat, wer der Bestattungsunternehmer war, ob dieser noch am Leben ist – jedes kleine Detail, das Sie ausgraben können. Rufen Sie meinen Freund Georges Hardy an, den Polizeipräfekten von Lyon. Aber sagen Sie ihm, daß diese Nachforschungen unter uns bleiben müssen...« Sein Stellvertreter wollte gerade den Raum verlassen, als Grelle ihn zurückrief. »Noch eines, Boisseau, ich möchte die Information von gestern...«

Danach bat der Präfekt seine Sekretärin zu sich, der er eine vertrauliche Notiz an Roger Danchin mit dem jüngsten Bericht von Hugon-Moreau diktierte. Als sie geschrieben war, setzte er seine Initialen darunter und schickte sie sofort durch Boten zum Place Beauvau. Und wie das gelegentlich bei Untergebenen ist, die einem Vorgesetzten einen Bericht liefern müssen, so zensierte auch Grelle die Notiz – er ließ jeden Hinweis auf den Leoparden aus. Danchin las die Notiz noch vor Mittag.

Schon vorher, gleich nach der Ankunft im Büro, hatte der Präfekt die Maschinerie in Gang gesetzt, die innerhalb weniger Stunden dafür sorgen würde, daß sämtliche französischen Grenzkontrollstationen im Besitz des Namens und der Beschreibung von Alan Lennox waren. »Es ist merkwürdig«, sagte Grelle zu Boisseau, »ich habe einmal einen Mann mit diesem Namen kennengelernt. Ich war damals in Marseille. Lassen Sie jemanden mit dem richtigen Mann an unserer Botschaft in London telefonieren. Der soll versuchen, möglichst viel über Lennox in Erfahrung zu bringen – vor allem seinen gegenwärtigen Aufenthaltsort. Alan Lennox – das war ein international bekannter Sicherheitsexperte...«

Die Zentrale des Bundesnachrichtendienstes liegt in Pullach, rund zehn Kilometer südlich von München. An dem Morgen, an dem Grelle die von Hugon gelieferte Liste der Zeugen übergeben wurde, betrat Peter Lanz sein Büro in dem zweistöckigen BND-Gebäude, in dem man selbst zu so unchristlichen Zeiten wie fünf Uhr morgens schon leitende Mitarbeiter antreffen kann. Das frühe Aufstehen machte Lanz nichts aus. Er konnte leicht mit vier Stunden Schlaf auskommen. Er legte gerade einige Papiere von seinem Schreibtisch in eine Aktenmappe, als seine Sekretärin, Frau Schenker, eine hübsche junge Frau von siebenundzwanzig Jahren, Ehefrau eines Bundeswehroffiziers, den Raum betrat.

»Der Wagen ist da, Herr Lanz. Sie sagen, über dem Flugplatz liege dichter Nebel...«

»Die haben doch einen Leuchtpfad, verdammt noch mal!« Lanz grinste, um seinem Ausbruch die Spitze zu nehmen. »Ich habe noch keinen Kaffee gehabt, Sie müssen mich also entschuldigen. Sie können mich in Bonn bis neun Uhr anrufen – wenn es unbedingt sein muß!«

»Ich werde vergessen, daß Sie in Bonn sind«, erwiderte Frau Schenker. Sie war ein bißchen in ihren Chef verliebt, aber vernünftig genug zu wissen, woran das lag: Sie verbrachte den ganzen Tag mit ihm, und er war sehr aufmerksam. Immerhin half dieses leichte Verliebtsein über das Gefühl der Isolation hinweg, das die Arbeit in Pullach erzeugte; keiner der Mitarbeiter des BND durfte seine Freunde wissen lassen, welchem Job er wirklich nachging. Als Lanz zum Wagen hinunterging, blickte sie auf die Uhr. In dreißig Minuten würde er in der Luft sein.

Wie Lanz vorhergesehen hatte, mußten sie den Leuchtpfad einschalten, bevor seine Dienstmaschine starten konnte. Sie stieg steil durch den undurchdringlichen Nebel, was immer beunruhigend war. Man konnte das Gefühl nicht loswerden, daß irgendeine große Linienmaschine direkt auf einen zuflog. Um seine Angst zu unterdrücken, klappte Lanz die Tischplatte auf und las die Übersetzung von Lasalles jüngster Sendung in Europa Nummer Eins. Der Franzose hatte sich wieder selbst übertroffen.

»Der Falke in Paris macht sich zum Abflug bereit... Bald wird er in der Stadt des neuen Zaren aufsetzen, dessen Schatten schon heute auf die alten und berühmten Städte Athen, Rom und Lissabon fällt... Wird Paris die nächste Stadt sein, die im Dunkel dieses barbarischen Schattens verschwindet?«

Was im Klartext bedeutete, daß Paris bald einem kommunistischen Staatsstreich zum Opfer fallen könnte. *Lächerlich.* Lanz kritzelte das Wort auf den Rand. Bundeskanzler Franz Hauser, den er jetzt im Kanzleramt aufsuchen wollte, würde über diesen jüngsten Ausbruch wütend sein. Lanz flog an jedem Dienstagmorgen nach Bonn, um Hauser über die neuesten Entwicklungen der internationalen Szene zu unterrichten und ihm die Interpretation des BND vorzutragen. Eigentlich wäre das die Aufgabe des BND-Präsidenten gewesen, aber dieser war heute kaum noch mehr als eine Galionsfigur. »Dieses leere alte Bierfaß«, wie Hauser ihn abschätzig nannte, aber nur, um sich noch abschätziger zu korrigieren. »Das ist natürlich falsch. Er ist ständig bis zum Rand voll Bier. Das ist ja das Ärgerliche...« Nachdem er die Übersetzung des Lasalle-Textes zu Ende gelesen hatte, prüfte Lanz seinen Terminkalender. Nach dem Vortrag beim Bundeskanzler würde er sofort nach Frankfurt fliegen, dort am Flughafen einen Wagen nehmen und über die Rheinbrücke nach Mainz ans Westufer des Flusses fahren. Allan Lennox hatte ihn am vorhergehenden Abend von Saarbrücken aus unter der Nummer angerufen, die David Nash angegeben hatte.Um zehn Uhr morgens war Lanz mit Lennox im Hotel Central in Mainz verabredet.

Die Unterredung fand nicht im Hotel statt. Als Lanz beim Empfang des Hotels Central eintraf und nach Alan Lennox fragte, überreichte man ihm einen versiegelten Umschlag. Der Umschlag enthielt einen Zettel. *Hauptbahnhofsrestaurant zweiter Klasse* stand darauf. Lanz eilte quer über den Vorplatz und fand den Engländer in die *Frankfurter Allgemeine Zeitung* vertieft.

»Ich ziehe die Anonymität von Bahnhöfen vor«, erklärte Lennox auf deutsch. »Wie geht es Ihnen?«

In den nächsten fünfzehn Minuten berichtete der Engländer dem BND-Vize von seinem Besuch bei Lasalle. Als er die Liste erwähnte und Lanz darum bat, sie einzusehen, schüttelte er den Kopf. »Wenn ich diese Männer besuchen soll, ist es besser, wenn möglichst wenige Leute Bescheid wissen. Wie Sie wissen, arbeite ich immer alleine – so kann ich mir nur selbst ein Bein stellen.«

»Das erleichtert mich«, sagte Lanz. »Das zeigt, daß Sie seit den Tagen im Libanon nichts von Ihrem alten Biß verloren haben. Ach, ja, wir werden Ihnen falsche Papiere geben – Reisepaß, Führerschein und so weiter. Auf den Namen eines Franzosen, sagten Sie?«

»Jean Bouvier«, erwiderte Lennox. »Ein vernünftiger Allerweltsname. Ihre Dokumentenabteilung kann mich als Journalisten ausgeben – ein nützlicher Beruf für einen, der herumreisen und Fragen stellen will...«

Sie verließen den Mainzer Hauptbahnhof. Lanz fuhr den Engländer in seinem Wagen zurück über den Rhein. Nachdem sie die Rheinbrücke hinter sich hatten und auf der Bundesstraße in Richtung Frankfurt fuhren, beschleunigte Lanz. »In der Nähe der Rheinbrücken gibt es Radarfallen«, erklärte er, als die Tachonadel höher kletterte. »Es wäre für mich nicht gut, wegen zu schnellen Fahrens gestoppt zu werden!« Auf dem Weg nach Frankfurt sprach er englisch. Er freute sich über jede Gelegenheit, sich in einer fremden Sprache zu unterhalten. Als sie Frankfurt erreichten, nahm Lanz den Fuß vom Gaspedal. Sie fuhren langsam um den Hauptbahnhof herum, überquerten eine Mainbrücke und fuhren in den alten Stadtteil Sachsenhausen. Die Kästen aus Glas und Beton, die das moderne Frankfurt ausmachen, wichen hier alten Häusern und Weinstuben aus den Tagen des ersten Rothschild. »Wir sind da«, verkündete Lanz. Das schäbige Fotostudio befand sich im ersten Stock eines alten Hauses; unter dem Studio lag eine Konditorei. Im übrigen beherbergte das Gebäude nur eine Reihe kleiner Firmen mit Einzimmerbüros. »Wenn uns jemand gefolgt ist«, erklärte Lanz auf der engen Treppe, »werden sie keinen Hinweis darauf finden, in welchem Büro wir verschwunden sind. Aber ich glaube nicht, daß uns jemand verfolgt hat...«

Die Aufnahme des Paßfotos nahm keine fünf Minuten in Anspruch. »Ein zu gutes Foto in einem Reisepaß würde sofort Verdacht erregen«, bemerkte der alte Fotograf mit einem trockenen Lächeln. Er trug eine dicke Hornbrille. Er versprach Lanz, die gefälschten Papiere seien in zwei Tagen abholbereit. Lennox, der den alten Mann skeptisch beobachtet hatte, forderte ihn in scharfem Ton auf, die Daten für die Personalbeschreibung aufzunehmen. »Sie werden sie für die Papiere brauchen«, betonte er. Der alte Mann grinste und tippte sich an die Stirn. »Ich hab' sie mir hier notiert. Braune Augen, schwarzes Haar, und Ihre Körpergröße habe ich festgestellt, als Sie vorhin an diesem Meßstab dort standen...«

Sie fuhren aus Sachsenhausen hinaus, als Lennox die Frage stellte: »Ich habe angenommen, Sie hätten eigene Abteilungen für die Herstellung gefälschter Papiere – oder hat Hauser Ihren Etat gekürzt?«

»Er hat unseren Etat kräftig erhöht. Und wir haben tatsächlich eigene Dokumentenabteilungen, wie Sie sehr richtig vermuten. Sie haben aber ein sehr delikates Unternehmen vor, und ich habe Befehl erhalten, Sie von jedem BND-Büro fernzuhalten. Joachim, bei dem wir gerade gewesen sind, und sein jüngerer Bruder sind die wohl besten Dokumentenfälscher Deutschlands. Selbst wenn die Sûreté Ihre Papiere unter die Lupe nehmen sollte, dürfte sie voll mit ihnen zufrieden sein. Übrigens, ich kenne hier ein vorzügliches Lokal...«

Lennox lehnte die Einladung zum Lunch ab. Er sagte, er habe noch einiges zu erledigen. Lanz fuhr ihn nach Mainz zurück und gab ihm beim Abschied eine Frankfurter Telefonnummer. Sobald er allein war, machte sich Lennox sofort auf den Weg zu der Garage, in der er seinen Citroën mit dem Kennzeichen BL 49120 untergebracht hatte, und fuhr anschließend aus der Stadt. Er fuhr auf derselben Route zur französischen Grenze, auf der er von Saarbrücken gekommen war. Unterwegs kaufte er sich einige belegte Brote und eine Flasche Bier. Er aß beim Fahren. Um Punkt drei Uhr erreichte er die französische Grenze. Der Grenzübertritt bereitete keinerlei Schwierigkeiten. Die Grenzbeamten nahmen kaum Notiz von ihm und winkten ihm nach einem flüchtigen Blick auf seinen britischen Paß zu, er solle weiterfahren. Von da an fuhr er schnell und hielt sich knapp unter den zugelassenen Höchstgeschwindigkeiten, bis er in Metz ankam, der ersten größeren Stadt seit der Grenze. Als er seinen Citroën parkte, fiel Lennox ein, daß Metz Marc Grelles Geburtsort war.

Lennox verbrachte eine Stunde in Metz mit Einkäufen. Er ging rasch von Geschäft zu Geschäft und kaufte in jedem Laden nur wenige Dinge ein. Als er um fünf die Stadt verließ, hatte er einen Koffer voll französischer Kleidungsstücke – neun Oberhemden, zwei Anzüge, Unterwäsche, Krawatten, Taschentücher, einen Regenmantel, einen schweren Mantel, einen Hut und verschiedene Kleinigkeiten, darunter zwei Kugelschreiber, eine Brieftasche und ein Notizbuch. Zahnbürste, Zahnpasta sowie französisches Rasierzeug hatte er ebenfalls erstanden.

Als er lange nach Einbruch der Dunkelheit zum Grenzkontrollpunkt zurückkehrte, bemerkte er sofort Anzeichen fieberhafter Aktivität. Jetzt waren weit mehr Grenzbeamte als vorhin zu sehen, die Papiere der Autofahrer wurden eingehender geprüft, und es hatte sich eine lange Schlange wartender Wagen gebildet. Als Lennox an der Reihe war, nahm der Grenzbeamte seinen Paß interessiert in Augenschein und sah sich jede Seite an, was sehr ungewöhnlich ist. »Sie verlassen Frankreich, Monsieur? Ist das richtig?« Er sprach französisch.

»Verzeihung, wie bitte?« erwiderte Lennox auf englisch.

»Un moment...« Der Beamte verschwand in einem Wachhäuschen und nahm Lennox' Paß mit. Nach zehn Minuten kehrte er in

Begleitung eines Beamten zurück, der englisch sprach. Der zweite Mann, der jetzt den Paß in der Hand hielt, steckte den Kopf durchs Wagenfenster und starrte Lennox an. »Was war der Zweck Ihres Besuches in Frankreich, und wie lange sind Sie im Land gewesen?«

Lennox stellte den Motor ab, legte einen Ellbogen aufs Seitenfenster und setzte eine sehr geduldige Miene auf. Grenzbeamte sollte man nie provozieren; sie können einem die Hölle heiß machen. »Ich bin drei Stunden in Frankreich gewesen«, erklärte er. »Ich war vorhin nämlich in der Nähe der Grenze und entschloß mich kurzerhand, mal herüberzufahren, um mal wieder die gute französische Küche zu kosten. Die deutsche Küche finde ich nämlich nicht sehr aufregend«, log er sanft. »Können Sie das verstehen?«

»Bitte fahren Sie weiter!«

Was zum Teufel sollte das alles eigentlich? fragte sich Lennox, nachdem er sich auf deutschem Boden befand und beschleunigte. Warum interessieren die sich für einen Mann mit britischem Paß? Er fühlte sich erleichtert, die Grenzkontrollen hinter sich zu wissen; es hätte ihm nicht sehr gefallen, wenn sie seinen Koffer geöffnet und lauter nagelneue französische Kleidungsstücke darin gefunden hätten. Muß eine Stichkontrolle gewesen sein, dachte er, während er durch die Nacht in Richtung Mainz fuhr. Dort hatte er im Hotel Central ein Zimmer bestellt. Innerhalb der nächsten zwei Tage würde er zum zweitenmal mit Peter Lanz zusammentreffen, um seine französischen Papiere in Empfang zu nehmen. Dann würde er wieder die französische Grenze überschreiten, dieses Mal als Jean Bouvier, Zeitungsreporter.

Um sechs Uhr nachmittags, etwa zu der Zeit, als Lennox die Grenzkontrollstation erreichte, wurde Grelle ins Innenministerium gerufen. »Es wird schlimmer mit ihm«, sagte er zu Boisseau. »Bald werde ich ihn einmal die Stunde sehen. Bis nachher...«

Auf dem Weg zu Roger Danchin hatte er das Pech, mitten in die Rush-hour zu kommen. Da es außerdem in Strömen goß, hatten die Autofahrer noch schlechtere Laune als sonst. Als Grelle in einer Verkehrsstockung festsaß, verfluchte er den Minister in höchst unfeinen Wendungen. Es war sieben Uhr geworden, bis er auf den Hof hinterm Place Beauvau einbog, seufzte und das Gebäude betrat. Als Grelle in das Arbeitszimmer des Ministers kam, stand Danchin in seiner Lieblingsposition am Fenster, starrte auf den der Öffentlichkeit verborgenen Garten hinunter und kehrte seinem Besucher den Rücken zu. »Grelle«, sagte er, »der Bericht über Ihren gestrigen Besuch in der amerikanischen Botschaft liegt auf meinem Schreibtisch. Sie sind um sechs angekommen und um zwanzig nach sechs gegangen. Das scheint ja wirklich ein sehr kurzer Besuch gewesen zu sein.« Dann wartete er. Er drehte sich noch immer nicht um.

Grelle machte mit zwei Fingern hinterm Hosenboden eine obszöne Gebärde und blieb wortlos stehen. Ihm war noch keine Frage gestellt worden, und er würde sich hüten, auf Danchins Spiel einzugehen und loszuplappern, um sich zu rechtfertigen. Das Schweigen dauerte eine Minute. »Nun?« sagte Danchin scharf. »Was ist passiert?«

»Ich habe David Nash getroffen...« Grelle war auf die Frage gut vorbereitet und sprach in einem monotonen, fast gelangweilten Tonfall. »Er ist herübergekommen, um herauszufinden, weshalb Florians Reden immer amerikafeindlicher werden. Das State Department scheint sich deshalb offensichtlich große Sorgen zu machen. Ich habe seine Fragen abgeblockt und erklärt, ich sei Polizist, ich verstünde nichts von Politik. Er schien mit meiner Antwort nicht besonders zufrieden zu sein, also hielt ich es für das beste zu gehen, und dann bin ich auch gegangen.«

»Mm-m...« Die leicht gebeugte Gestalt wandte sich vom Fenster ab und stand plötzlich kerzengerade. Der Anblick versetzte Grelle einen leichten Schock; er konnte sich nicht erinnern, Danchin jemals in aufrechter Haltung gesehen zu haben. »Ich finde, Sie haben Ihre Sache gut gemacht. Was hat Lasalle jetzt wohl vor? Was meinen Sie? Ich habe heute morgen Ihre Notiz bekommen.«

Wieder dieses unvermittelte Überwechseln zu einem anderen Thema, eine typische Taktik Danchins, um einen Gesprächspartner zu überrumpeln. Grelle zuckte die Achseln. Er war sich bewußt, daß seine legere Kleidung – Hosen und Rollkragenpullover – mißbilligend gemustert wurde. »Was Lasalle angeht, tappe ich genauso im dunkeln wie Sie, Herr Minister«, erwiderte er. »Ich habe die Grenzbeamten auf den Engländer aufmerksam gemacht, aber es kann sein, daß wir den nächsten Bericht Hugons abwarten müssen, bevor wir mehr erfahren.«

»Vermutlich, vermutlich...« Danchin ging in dem Raum auf und ab und blieb dann hinter Grelle stehen. »Halten Sie es für denkbar, daß Lasalle mit den Amerikanern in Verbindung steht?« fragte er plötzlich.

Grelle fuhr herum und starrte den Minister an. »Bis jetzt habe ich keinerlei Hinweise bekommen, der diesen Schluß zuließe. Wollen Sie sagen, Sie wüßten etwas? Wenn das so ist, sollte mir das auch bekannt sein...«

»Ich habe nur laut gedacht, Grelle. Nicht einmal gedacht – nur eine Frage gestellt. So, ich glaube, ich brauche Sie jetzt nicht länger aufzuhalten...«

Auf dem Rückweg zur Präfektur kehrte Grelle in einer Bar in einer Seitenstraße der Rue St. Honoré ein, um sich zu beruhigen. Ob es wohl Leute gibt, die ihren Chef nicht hassen? fragte er sich, als er sich wieder in seinen Wagen setzte und zur Ile de la Cité fuhr. Die Nachricht, die Boisseau für ihn bereithielt, ließ ihn den Ärger über den Ausflug zum Place Beauvau vergessen.

»Sie haben Lennox entdeckt...«

Boisseau kam mit einem Blatt Papier in das Büro des Präfekten. »Sie haben seinen Paß am Grenzübergang nach Saarbrücken kontrolliert. Er war allein und fuhr einen blauen DS 21 – Kennzeichen BL 49120. Es paßt alles zu den Angaben, die Hugon uns gemacht hat. Im Paß ist er als Geschäftsmann eingetragen.«

»Schnelle Arbeit. Hat sich jemand an seine Fersen geheftet?« fragte der Präfekt.

»Nein. Wie sollten sie? Er ist doch nach Deutschland gefahren. Das war um achtzehn Uhr heute abend...«

»Nach Deutschland gefahren? Sie meinen, er hatte Frankreich gerade verlassen? Was zum Teufel hat er eigentlich vor? Hugon zufolge wollte er gerade nach Frankreich!« Grelle durchquerte sein Büro, um eine große Wandkarte zu studieren. »Er überquert die Grenze nach Frankreich und fährt dann sofort nach Deutschland zurück? Das ergibt keinen Sinn, Boisseau.«

»Vielleicht ist Hugon gar nicht so zuverlässig...«

»Daß der Engländer Lasalle einen Besuch abgestattet hat, entspricht jedenfalls den Tatsachen. Ich verstehe das einfach nicht.« Grelle ging vor der Karte auf und ab und betrachtete sie gelegentlich flüchtig von der Seite. »Es ist bestimmt kein Zufall, daß er so nahe bei Saarbrücken die Grenze überschritten hat«, bemerkte er. »Er muß zurückgefahren sein, um Lasalle zu treffen. Wir werden Hugons nächsten Bericht abwarten müssen. Ich möchte wetten, daß er uns einen neuen Besuch des Engländers beim Obersten melden wird.«

»Sollen wir die Bereitschaft an der Grenze aufrechterhalten?«

»Ja. Für den Fall, daß er doch wieder nach Frankreich fährt.«

Der dritte Angehörige des sowjetischen Kommandos war Antonin Lansky, der Mann mit dem Spitznamen ›der Strick‹. Der achtundzwanzigjährige Lansky hatte bereits einen Auslandsauftrag hinter sich: Er hatte zwei Tschechen gejagt, die sich vom Geheimdienst in Bratislava abgesetzt hatten. Die beiden Tschechen, ein Mann und ein Mädchen, waren über die Grenze nach Österreich geflüchtet und hatten in Wien Zuflucht gesucht. Ihr Verschwinden – sie hatten sich an einem Freitagabend aufgemacht, in der Hoffnung, der

Vorsprung des Wochenendes werde genügen – wurde durch Zufall schon nach wenigen Stunden entdeckt. Lansky hatte den Befehl erhalten, sie zu finden. Die österreichische Abwehr reagierte zu langsam. Nach dem Grenzübertritt suchte das tschechische Paar um politisches Asyl nach. Man brachte die beiden vorläufig in einer Wohnung in der Kärntnerstraße unter. Das war ein Fehler, denn diese Wohnung war schon früher für einen ähnlichen Zweck benutzt worden. Ein Geheimdienstbeamter der sowjetischen Botschaft, der die Wohnung im Auge behielt, sah die beiden ankommen. Er informierte Lansky in dem Augenblick, in dem dieser in Wien eintraf.

Wie Lansky sich Zutritt zu der Wohnung verschaffte, blieb ein Rätsel, aber es war bekannt, daß er fließend Deutsch sprach. Am frühen Sonntagabend begab sich ein Beamter der österreichischen Staatsschutzbehörde zu der Wohnung, um das tschechische Paar zu vernehmen. Da auf sein wiederholtes Klopfen keine Reaktion erfolgte, rief er den Hausmeister, der die verschlossene Tür aufbrach. Sie fanden den Mann und das Mädchen in verschiedenen Zimmern – beide hingen an einem Strick. Eine – in tschechischer Sprache – gekritzelte Notiz erklärte: ›Wir haben für uns keine Zukunft mehr gesehen ...‹ Von da an wurde Lansky in tschechischen Geheimdienstkreisen als der ›Strick‹ bekannt.

Antonin Lansky war ein magerer, drahtiger, mittelgroßer Mann mit einem schmalen, knochigen Gesicht und wohlgeformten Händen. An dem blonden Lansky fielen vor allem seine Augen auf; sie hatten große Pupillen und bewegten sich mit verwirrender Langsamkeit. Er war von Natur aus zurückhaltend und hatte während der Trainingszeit auf der ehemaligen Rennstrecke außerhalb von Tábor am wenigsten gesprochen. Lansky hörte meist zu, während der stets redselige Karel Vanek abends vor dem Schlafengehen wie ein Wasserfall redete und zu allen möglichen Themen seine Kommentare abgab. Selbst Vanek wurde aus dem stillen und zurückhaltenden Lansky nicht recht schlau; wenn ein Mann sich an keiner Unterhaltung beteiligt, bekommt man ihn nicht in den Griff, kann ihn nicht unter seinen Einfluß bringen. »Wenn wir nach Deutschland kommen, werden Sie ein bißchen gesprächiger werden müssen«, sagte ihm Vanek eines Abends, »sonst fallen Sie zu sehr auf. Franzosen plappern immer drauflos ...«

»Den Eindruck habe ich ganz und gar nicht gehabt, als ich in Paris war«, erwiderte Lansky ruhig. »Ich habe oft in irgendwelchen Bistros gesessen, in denen die Leute Piquet spielten und oft stundenlang kaum ein Wort sagten.«

Als ich in Paris war ... Wieder hatte Lansky Vanek einen feinen

Nadelstich verpaßt. Dem älteren Tschechen mißfiel es sehr, daran erinnert zu werden, daß Lansky sein Nachfolger in der Geheimdienstabteilung der tschechischen Botschaft in Paris gewesen war und daß auch Lansky etwas über Frankreich wußte. Antonin Lansky war nämlich äußerst ehrgeizig und brannte auf den Tag, an dem er einen Mann wie Vanek ersetzen würde, den er wegen seiner Sprunghaftigkeit für ungeeignet hielt, Führungsaufgaben zu übernehmen.

An diesem Dienstag, dem 14. Dezember, tauchte der russische Ausbildungsleiter Borisov kurz vor Mitternacht in dem Betonhäuschen auf, in dem sich die drei Angehörigen des Kommandos gerade schlafen legen wollten. Lansky hatte es sich schon in der oberen Wandkoje bequem gemacht, während Vanek und Brunner, die noch geraucht und sich unterhalten hatten, sich gerade auszogen. Borisovs Mantel war voller Schnee. Östlich der Linie Berlin–München hatte es seit Tagen heftig geschneit; jetzt war der Schnee auch nach Tábor gekommen.

»Sie werden innerhalb von achtundvierzig Stunden in den Westen aufbrechen«, verkündete Borisov. »Ich habe soeben Nachricht erhalten – es ist alles geändert worden. Vergessen Sie Lasalle – Sie haben jetzt drei andere Namen auf der Liste. Zwei der Leute leben in Frankreich, einer in Deutschland.« Er ließ ein Blatt Papier auf den Tisch fallen. Vanek nahm es in die Hand, während Brunner ihm über die Schulter sah. »Und Sie werden Ihre Aufgabe am Abend des 22. Dezember erledigt haben müssen«, fügte Borisov hinzu.

»Das ist unmöglich«, war Brunners spontane Reaktion. »Die Zeit reicht nicht für eine sorgfältige Planung...«

»Schwierig, ja, aber nicht unmöglich«, bemerkte Vanek und ging mit der Liste zu der Wandkarte hinüber. »Straßburg, Colmar und Freiburg liegen in einer Region – an beiden Ufern des Rheins. Unsere französischen Papiere haben wir schon, wir sprechen alle französisch...« Im Hintergrund beobachtete Borisov die drei Männer. Er war jetzt sicher, den richtigen Mann an die Spitze des Kommandounternehmens gestellt zu haben: Vanek konnte sich rasch auf eine völlig neue Lage einstellen. »Da wir nach Frankreich gehen«, fuhr Vanek fort, »meine ich, daß jeder von uns eine Erkennungskarte der Sûreté Nationale bei sich haben sollte – die Burschen in Kiew haben welche, und wenn sie ihre fetten Hintern ein bißchen lüften, sollten sie bis morgen abend herfliegen können. Und dazu einen Satz französischer Nachschlüssel. Dann könnten wir am Donnerstagmorgen losfahren...«

Brunner explodierte. »Das läßt uns doch keine Zeit für einen vernünftigen Plan«, wiederholte er, »und dann nur sieben Tage für den gesamten Job...«

»Was bedeutet, daß wir uns beeilen müssen und nicht lange irgendwo herumhängen dürfen, und das ist gar nicht schlecht«, erwiderte Vanek leise. »Das gibt uns morgen den ganzen Tag Zeit, Zeitpläne und Reiserouten festzulegen – wobei ich Ihnen helfen werde...« Die normale Arroganz und Dreistigkeit des Tschechen war jetzt verschwunden. Er sprach in überzeugendem Tonfall weiter und baute eine Atmosphäre des Vertrauens auf. Er brachte die beiden andern Männer dazu, zu erkennen, daß die Aufgabe sich tatsächlich in so kurzer Zeit lösen lassen würde. Borisov, der diese Seite von Vaneks Charakter noch nicht entdeckt hatte, gratulierte sich im stillen nochmals zu seiner Wahl. Nach ein paar weiteren Jahren Erfahrung stand Vanek eine steile Karriere im Geheimdienst offen.

»Und eine französische Skiausrüstung könnte uns ebenfalls gute Dienste leisten«, fügte Vanek hinzu. »Da es in den bayrischen und österreichischen Alpen geschneit hat, können wir als Wintersportler reisen, die gerade einen Kurzurlaub hinter sich haben.«

»Ich werde mit Kiew telefonieren«, versprach Borisov. »Da ist noch etwas. Wenn Sie im Westen sind, müssen Sie eine bestimmte Nummer in Paris anrufen, die man mir für den Fall gegeben hat, daß sich weitere Dinge entwickeln.«

»Wir haben auch so schon ein volles Programm«, brummte Brunner und holte ein westliches Kursbuch vom Regal.

»Sie rufen einmal am Tag an«, fuhr Borisov fort, »und melden sich unter dem Namen Salicetti.«

Lansky, der inzwischen seine Koje verlassen hatte, blickte auf die Namen und Adressen auf der Liste.

Léon Jouvel. Robert Philip. Dieter Wohl.

7

»Diese korrupte amerikanische Republik, die den Dollar zum Gott erhoben hat, in der Polizisten ihre Gehälter mit Bestechungsgeldern aufbessern, und deren größte Stadt, New York, einem Dutzend Gangs verschiedener Rassen auf Gnade und Ungnade ausgeliefert ist... in der der Terrorismus haust wie im Mittelalter die Pest...

Was will Europa mit so einem Kontinent anfangen? Oder sollten wir uns lieber von diesem korrupten und korrumpierenden Staat abriegeln und ihn in eine moralische und physische Quarantäne stecken? Leb wohl, Amerika, und mögest du nie mehr wiederkommen, um unsere Küsten zu verpesten...«

Guy Florian hielt diese neue Rede in Lille, nur acht Tage nach seinem aggressiven Ausfall gegen die Amerikaner in Dijon. Seine Zuhörer hatten das Gefühl, daß seine Ausfälle an Heftigkeit zunahmen, »daß er jetzt mit dem Bulldozer Dreck schleudert«, wie Alain Blanc in Paris am selben Abend zu Marc Grelle bemerkte.

Mittwoch, 15. Dezember. Der Polizeipräfekt kam frühmorgens in sein Büro. Er rief wieder seinen Stellvertreter zu sich und bat ihn, die Tür zu verschließen. Auf dem Schreibtisch lagen zwei verschlossene Handkoffer. »Boisseau, es kann sein, daß diese Sache mit dem Leoparden sehr ernst wird, daß sie sehr wohl unser beider Karriere gefährden kann, wenn wir ihr weiter nachgehen. Sie sollten sich jetzt sehr genau überlegen, wo Sie stehen – und vergessen Sie nicht, Sie haben Familie...«

»Wie lauten Ihre Befehle?« fragte Boisseau nur.

»Erstens, zwei der ranghöchsten Minister unter strengster Geheimhaltung sorgfältig zu überwachen – Roger Danchin und Alain Blanc. Wollen Sie noch immer mitmachen?«

Boisseau holte seine Pfeife aus der Tasche und steckte sie sich zwischen die Zähne, ohne sie anzuzünden. »Ich werde ein besonderes Team zusammenstellen müssen und den Leuten eine Geschichte erzählen, damit sie nicht nervös werden. Gibt es sonst noch etwas? Diese Beobachtung soll doch wohl dazu dienen, festzustellen, ob einer von beiden – Danchin oder Blanc – irgendwelche Verbindungen zu den Sowjets hat?«

»Genau. Und, ja, da ist noch etwas, etwas, was einer Strafe gleichkommt.« Grelle zeigte auf die beiden Handkoffer. »Ich habe mir gestern abend ganze Stapel alter Sûreté-Akten aus der Kriegszeit besorgt. Sie nehmen den einen Koffer, ich den anderen. Ich glaube, irgendwo in diesen Aktenstößen werden wir einen Hinweis darauf finden, wo sowohl Danchin wie Blanc sich während des Krieges aufgehalten haben – denn die Lösung dieser Leoparden-Affäre liegt irgendwo in der Vergangenheit. Wenn einer dieser Männer sich 1944 in einer Region aufgehalten hat, die weit vom Lozère entfernt ist – wo der Leopard operierte –, können wir ihn ausschließen.«

Boisseau nahm einen der Handkoffer in sein eigenes Büro mit und berief sofort eine geheime Konferenz ein. Einige besonders zuverlässige Detektive der Police Judiciare wurden abgestellt, um schichtweise zu arbeiten. Sie sollten Roger Danchin und Alain Blanc auf Schritt und Tritt folgen, sobald sie ihr jeweiliges Ministerium verließen. Boisseau wies die ausgewählten Männer persönlich in ihre Aufgaben ein. »Sie arbeiten unter absoluter Geheimhaltung und erstatten nur mir persönlich Bericht. Wir haben Grund zu der Annahme, daß ein Anschlag auf das Leben eines der beiden Minister geplant sein könnte. Ein Zusammenhang dieser Verschwörung mit einem Ereignis der jüngsten Zeit ist durchaus vorstellbar«, vertraute er den Männern geheimnisvoll an.

»Es kann also sein, daß wir einen neuen Mordanschlag verhindern müssen?« fragte einer der Detektive.

»Die Sache geht noch tiefer«, erklärte Boisseau. »Die Verschwörung könnte auch noch jemanden gelten, der eng mit Januar oder August zusammenarbeitet...« Boisseau hatte darauf hingewiesen, daß von jetzt an wirkliche Namen nicht mehr benutzt werden dürften. Es wurden folglich Codenamen festgelegt: Januar für Danchin und August für Blanc. »Wir brauchen also«, fuhr Boisseau fort, »ein lückenloses Verzeichnis all derer, mit denen diese beiden Männer außerhalb der Ministerien verkehren. Einer ihrer sogenannten Freunde könnte der Mann sein, den wir suchen – vielleicht ist es aber auch eine Frau...« Am späten Nachmittag war die Aktion bereits angelaufen.

Grelle stimmte später den von Boisseau getroffenen Maßnahmen zu. »Wir laufen Gefahr«, bemerkte er und verzog das Gesicht, »selbst zu Verschwörern zu werden, aber es gibt keinen anderen Weg.«

»Könnten Sie denn nicht den Präsidenten darüber informieren, was wir tun – und warum?« schlug Boisseau vor.

»Und das Risiko eingehen, wie Lasalle gefeuert zu werden? Sie haben doch wohl noch nicht vergessen, daß Lasalle wegen Überschreitung seiner Kompetenzen entlassen worden ist? Das Dumme ist ja, daß Florian seinem eigenen Urteil so sehr traut, daß er niemals glauben wird, jemand aus seiner engsten Umgebung könnte ein Verräter sein...«

Kurz nachdem Grelle diese Bemerkung gemacht hatte, explodierte die Bombe, die in Regierungskreisen später als ›Lasalle-Affäre‹ bekannt wurde. Die erste Warnung, daß ein mögliches Desaster unmittelbar bevorstand, erhielt Grelle, als Roger Danchin ihn zu einer Geheimbesprechung ins Innenministerium rief.

Es war am späten Vormittag des 15. Dezember – einen Tag nachdem Danchin Grelle gefragt hatte, ob er glaube, daß Oberst Lasalle mit den Amerikanern in Verbindung stehe –, als der Präfekt dringend zum Place Beauvau gebeten wurde. Grelle kam als letzter an. Zu beiden Seiten eines langen Tisches saßen sämtliche führenden

Männer von Geheimdienst und Abwehr, darunter, wie Grelle beim Eintreten bemerkte, Kommissar Suchet von der Abwehr, ein Mann, gegen dessen Methoden und dessen Persönlichkeit der Präfekt eine tiefe Abneigung hegte. Daniel Suchet war groß und dick; in seinem fleischigen Gesicht verschwanden die Augen fast hinter Fettwülsten. Er war ein Lebemann, der aus seiner Genußsucht kein Hehl machte. »Ich esse gut, trinke gut und verführe gut«, hatte er Grelle einmal anvertraut.

Der am Kopfende des Tisches präsidierende Danchin winkte Grelle, er solle auf einem leerstehenden Stuhl Platz nehmen. »Alles, was während dieser Besprechung geäußert wird, ist streng vertraulich«, belehrte er die Anwesenden in bester Ministermanier. »Die hier zur Sprache kommenden Dinge dürfen nur dann mit Untergebenen erörtert werden, wenn dies für die Durchführung des Unternehmens unerläßlich ist.«

»Welches Unternehmen?« fragte Grelle.

»Sie haben nichts damit zu tun«, klärte Danchin ihn auf. »Suchet wird federführend sein. Aber wir brauchen von Ihnen Informationen über die Gewohnheiten und die Tagesroutine von Oberst Lasalle – da Sie mit Hugon in Verbindung stehen.«

»Herr Minister, wozu brauchen Sie diese Informationen?« wollte Grelle wissen.

»Bitte geben Sie uns einfach die Information, Herr Präfekt...«

Es war Suchet, der sich eingeschaltet hatte. Er hatte seine fleischigen Hände auf dem Tisch gefaltet und beugte sich angriffslustig vor. »Ich möchte nicht unhöflich sein, aber da gibt es die Frage der Geheimhaltung. Je weniger Leute Bescheid wissen – Sie wissen, was ich meine...«

»Ich habe nicht die leiseste Ahnung, was Sie meinen. Bevor ich nicht weiß, was Sie vorhaben, kann ich Ihnen wohl kaum behilflich sein – ich würde wohl irgendeine wichtige Information auslassen...«

»Darüber werde ich befinden«, entgegnete Suchet schroff.

»Bitte, meine Herren«, warf Danchin ein. »Wir sind hier alle zusammengekommen, um uns gegenseitig zu helfen...«

»Dann lassen Sie ihn mir sagen, was er vorhat«, wiederholte Grelle.

»Wir haben beschlossen, Oberst Lasalle festzunehmen.«

Es folgte ein Schweigen. Der Ruf des Präfekten war allgemein bekannt, und alle Köpfe wandten sich zu ihm. Die Männer starrten ihn an. Grelle bat um die Erlaubnis zu rauchen, und Danchin, der bereits selbst rauchte, nickte ungeduldig. Der Präfekt ließ sich mit dem Anzünden seiner Zigarette Zeit und starrte Suchet dabei unverwandt an. Suchets Augen flackerten, und er sah zur Seite. »Ist das die verrückte Idee von Kommissar Suchet?« fragte Grelle.

»Nein, es ist mein Vorschlag gewesen«, sagte Danchin ruhig.

»Sie wollen Lasalle entführen...«

»›Festnehmen‹ war der Ausdruck«, bellte Danchin.

»Sie können keinen Mann festnehmen, der sich auf fremdem Territorium befindet«, erwiderte Grelle in monotonem Tonfall. »Sie können ihn nur entführen und mit nackter Gewalt über die Grenze schleppen. Wie können wir von der Öffentlichkeit erwarten, daß sie die Polizei respektiert und die Gesetze befolgt, wenn die Hüter des Gesetzes sich wie die Mafia aufführen...«

»Vorsicht«, warnte ihn Danchin. »Vielleicht ziehen Sie es vor, sich von der Konferenz zurückzuziehen...«

»Wie die Mafia«, wiederholte Grelle. »Finstere kleine Schlägertypen, die mitten in der Nacht in Zivil in das Haus eines Mannes eindringen und ihn schnappen...«

»Lasalle ist ein Verräter.«

»Lasalle lebt in der Bundesrepublik Deutschland. Es würde im Ausland einen Aufschrei der Entrüstung geben.«

»Daran haben wir gedacht...« Danchin schlug einen konzilianteren Ton an. »Wir würden bekanntgeben, daß Lasalle sich insgeheim aus freien Stücken auf französischen Boden begeben habe, daß man ihn gesehen und anschließend auf französischem Boden festgenommen habe...«

»Bei Oberst Argoud ist de Gaulle damit durchgekommen«, sagte Suchet.

»Die Erklärung ist nicht gut genug!« Der Präfekt schlug mit der Faust auf den Tisch. »Wenn Sie darauf bestehen, mit dieser bizarren Unternehmung fortzufahren, werde ich den Präsidenten von meinen Einwänden in Kenntnis setzen...«

»Der Präsident weiß, daß diese Besprechung stattfindet«, informierte ihn Danchin.

»Wann soll die Sache anlaufen, Herr Minister?« fragte Grelle.

»Es kann sein, daß wir schon morgen abend handeln.«

»Dann muß ich jetzt handeln.« Grelle stand auf. »Sie haben mir angeboten, ich könne mich zurückziehen. Darf ich jetzt von diesem Angebot Gebrauch machen?«

Das Gespräch mit Florian war spannungsgeladen, so spannungsgeladen, daß der Schäferhund Kassim die Spannung zwischen den beiden Männern spürte, die er als seine Freunde betrachtete. Er verkroch sich unter einer Couch. Jenseits der hohen Fenster im Arbeitszimmer des Präsidenten fielen Schneeflocken in den Garten des Elysee-Palasts. Der Schnee schmolz, kaum daß er auf der Erde lag. Auf dem Schreibtisch zwischen den beiden Männern, neben den Telefonen und der Lampe, lag ein Blatt Papier. Grelles in aller Eile niedergeschriebenes Rücktrittsgesuch. Florian schob das Blatt über die Schreibtischplatte, so daß es auf Grelles Schoß fiel.

»Ich werde in diese Sache nicht verwickelt sein, falls es das ist, was Sie beunruhigt«, stellte Florian eisig fest. »Soviel ich weiß, hat Danchin vor, die bei der Entführung Argouds angewandte Methode zu wiederholen. Man wird Lasalle aus Deutschland herschaffen und ihn irgendwo in Paris festsetzen. Sie werden einen Anruf erhalten – dann werden Sie Lasalle in irgendeinem Lastwagen fest verschnürt vorfinden, irgendwo in einer Seitenstraße. Es wird Ihre Pflicht sein, ihn festzunehmen.«

»Das wäre ein illegaler Akt, Herr Präsident.«

»Keiner von uns wäre direkt beteiligt...«

»Aber wir werden beide Bescheid wissen. Präsident Nixon hat einmal versucht, ein dubioses Spiel zu praktizieren – und Sie sehen ja, was passiert ist...«

»Sie haben Angst, es könnte nicht funktionieren?« verlangte Florian zu wissen.

»Ich habe Angst, es könnte funktionieren...«

Florians Gesichtsausdruck änderte sich plötzlich. Er lehnte sich in die Petit-point-Stickerei seines Stuhls zurück, legte die Hände aneinander, starrte Grelle fest an und runzelte die Stirn. Die Schreibtischlampe brannte. An der Wand sah man den verzerrten und übergroßen Schatten Florians. »Ich glaube, Sie haben recht«, sagte er leise. »Ich bin von zu vielen Politikern umgeben. Soll ich dieses Papier zerreißen, oder werden Sie das tun?«

Drei Minuten, nachdem Grelle den Raum verlassen hatte, griff Florian zum Telefon und blies das Unternehmen ab.

Grelle verließ den Elysee-Palast in einem Zustand der Verblüffung. Als er zum erstenmal von dem Plan zur Entführung Lasalles erfahren hatte, war er der Meinung gewesen, diese Idee sei dem Hirn des verschlagenen Suchets entsprungen. Die Erkenntnis, daß Guy Florian selbst den Plan gebilligt hatte, hatte den Präfekten aus der Fassung gebracht. Das schien nicht zum Charakter des Präsidenten zu passen – oder hatte er dessen Charakter falsch eingeschätzt? Als Grelle wieder in seinem Wagen saß, hatte er eine Eingebung. Er fuhr die Einbahnstraßen um den Elysee-Palast herum entlang und sah die hohe Mauer des Elysee-Gartens an sich vorübergleiten. So gelangte der Präfekt in die Rue des Saussaies. Er betrat das Gebäude der Sûreté und holte sich zwei weitere verstaubte Akten aus der Registratur.

In Mainz wartete Alan Lennox ungeduldig im Hotel Central auf das Erscheinen von Peter Lanz, der ihm die gefälschten französischen Ausweise bringen sollte. Um elf Uhr vormittags rief er die Frankfurter Telefonnummer an, die der BND-Vize ihm gegeben hatte. Der Deutsche nahm sofort den Hörer ab. Er entschuldigte sich für die Verzögerung. »Ich bezweifle, daß die Dokumente, von denen wir sprechen, vor morgen fertig sein werden«, erklärte er. »Wenn Sie mich heute nachmittag um vier wieder anrufen wollen, weiß ich vielleicht schon mehr...«

»Was hält den alten Knaben denn auf?«

»Er ist ein Meister seines Fachs. Er will ein perfektes Produkt haben – und das wollen Sie doch auch.«

»Er soll ja nicht die Mona Lisa fälschen.«

»Aber ein Porträt, das hoffentlich ebenso überzeugend wirkt. Alan, vertrauen Sie mir...«

Lanz legte auf und verzog den Mund. Es mißfiel ihm, den Engländer belügen zu müssen; überdies bezweifelte er, daß ihm das gelungen war. Er war überzeugt, daß Lennox von den Möglichkeiten des BND wußte, französische Blankoausweise zu beschaffen – die der BND auch besaß; der Engländer würde wohl auch vermuten, daß der BND einen Vorrat solcher Papiere besaß – was gleichfalls zutraf. Die auf den Namen Jean Bouvier, Reporter, ausgestellten Papiere lagen in diesem Augenblick sogar fix und fertig in Lanz' Schreibtisch. Lanz wartete nur noch auf die Zustimmung aus dem Kanzleramt, die dem Engländer die Einreise nach Frankreich ermöglichen sollte.

Bundeskanzler Franz Hauser, den Lanz einmal vor der gestrigen Begegnung mit Lennox gesprochen hatte und einmal danach, hatte sich noch immer keine Meinung darüber gebildet, ob es klug sein würde, sich auf diese Weise in die inneren Angelegenheiten des wichtigsten Bündnispartners der Bundesrepublik einzumischen. »Wenn dieser Engländer geschnappt wird – und redet –, wird Paris uns in der Luft zerreißen«, hatte Hauser zu Lanz gesagt. »Geben Sie mir ein paar Stunden, um die Sache zu überdenken. Morgen abend werde ich mich entschieden haben. Vielleicht geschieht etwas, was mir die Entscheidung abnimmt...«

An dem Abend, an dem Franz Hauser seine Entscheidung traf, hielt Guy Florian in Lille seine heftige antiamerikanische Rede. Wie am vorhergehenden Sonnabend verbrachten Grelle und Boisseau den

Abend in der Wohnung des Präfekten. Diesmal gingen sie nicht die Akte des Leoparden durch, sondern studierten die Akten von Roger Danchin und Alain Blanc aus der Kriegszeit. Es war kurz vor Mitternacht, als sie die Lektüre beendet hatten.

»Immerhin wissen wir jetzt etwas mehr«, meinte Boisseau.

»Wirklich?« fragte Grelle zweifelnd.

»Offiziell ist Alain Blanc in einem abgelegenen Bauernhaus in der Provence seinen Studien nachgegangen«, sagte Boisseau, während Grelle schwarzen Kaffee nachschenkte. Die beiden Männer waren übereingekommen, daß Boisseau sich auf Blanc konzentrieren sollte. »Sein Vater hatte ihn dorthin geschickt, um zu verhindern, daß er sich noch länger mit der Résistance einließ.«

»Und? Hat der junge Blanc diese Kontakte abgebrochen?«

»Nein! Er blieb in dem Bauernhaus und setzte seine Studien fort, erlaubte aber der örtlichen Résistance-Gruppe – die 1944 in einen Hinterhalt geriet und bis auf einen Mann vernichtet wurde –, das Haus als Waffen- und Munitionslager zu benutzen.«

»Sie schließen ihn also aus?«

»Keineswegs«, erwiderte Boisseau. »Die einzige Person, die seine Anwesenheit in diesem Haus in der kritischen Zeit hätte bezeugen können, war seine Haushälterin, eine Madame Jalade. Sie starb jedoch im Juli 1946 – also schon ein Jahr nach Kriegsende. Sie hatte einen Unfall. Sie fuhr mit ihrem alten autogengasgetriebenen Wagen in die Stadt und landete in einer zwanzig Meter tiefen Schlucht.«

»Unfallzeugen gab es nicht?« fragte Grelle leise.

»Nicht einen. Sie war allein. Als Unfallursache wurden mangelhafte Bremsen ermittelt. Sie starb also kurz nachdem Gaston Martin in Guyana festgesetzt worden war. Das könnte natürlich ein Zufall sein . . .«

»Möglich«, stimmte Grelle zu.

Anschließend berichtete der Präfekt über das, was er in den Berichten über die Aktivitäten Roger Danchins während der Kriegszeit entdeckt hatte.

Danchin hatte sich einer der im Massif Central operierenden Résistance-Gruppen angeschlossen und unter dem Decknamen Grand-Pierre gearbeitet. Er hatte sich als sehr wendig erwiesen und war schon bald Verbindungsoffizier zwischen verschiedenen Gruppen geworden, zu denen auch die vom Leoparden befehligte Gruppe gehört hatte. »Danchin war ein Irrlicht«, erklärte Grelle, »überall und nirgends zu finden. Er hielt sich meist im Hintergrund und ließ eine Reihe von Kurieren für sich arbeiten, mit denen die einzelnen Gruppen in Verbindung blieben. Schon damals muß er einen ausgeprägten Sinn für Details gehabt haben. Er galt als bestinformierter Mann im Midi.«

»Können wir ihn streichen?« fragte Boisseau.

»Ich fürchte, nein. Die Dokumentation über seine Tätigkeit im Jahr 1944 ist sehr vage. Außerdem hielt er sich in der richtigen Gegend auf – in der Nähe des Departement Lozère.«

»Es könnte also noch immer jeder von ihnen der Leopard gewesen sein?« Boisseau zuckte die Achseln. »Das ist wirklich wie die Knochenarbeit der Polizei – viel Schweiß, und dann kommt nichts dabei heraus. Wenigstens haben wir diese schimmeligen Akten hinter uns gebracht.«

»Nicht ganz.« Grelle balancierte zwei Aktenordner auf der Handfläche. »Ich habe mich entschlossen, noch einen Mann zu durchleuchten – als rein theoretische Übung. Gaston Martin hat gesagt, er habe zwischen 19.30 Uhr und 20.30 Uhr einen hochgewachsenen Mann in den Elysee-Palast gehen sehen – und die Wachen hätten salutiert. Vergessen Sie nicht, daß wir Polizisten sind – wir halten uns ausschließlich an Tatsachen. Um acht Uhr abends kehrte Guy Florian in seinen Amtssitz zurück. Ich habe mir auch angesehen, was er in der Kriegszeit getrieben hat.«

Nachdem Boisseau sich von dem Schock erholt und begriffen hatte, daß Grelle eine reine Hypothese durchspielte, hörte er aufmerksam zu, während der Präfekt kurz über die Laufbahn des Präsidenten im Krieg berichtete.

Florian hatte in einer Abteilung der sogenannten Comet Line gedient, einer Fluchtroute für alliierte Flieger von Frankreich nach Spanien. Florian war in einem alten Haus oben in den Pyrenäen hinter St.-Jean-de-Luz stationiert gewesen und hatte die alliierten Militärs nach Spanien geschleust, wo sie von einem Beamten des britischen Konsulats in Bilbao in Empfang genommen worden waren.

»Gut vierhundert Kilometer vom Lozère entfernt«, bemerkte Boisseau, der sich dem Spiel anschloß, »er kann also kaum der Leopard sein.«

»Unmöglich«, stimmte Grelle zu. »Allerdings hat sein Bruder Charles, der älter war, ihm aber sehr ähnlich sah, ebenfalls in der Comet Line gedient. Wenn Charles sich nun einverstanden erklärt hat, den Doppelgänger von Guy Florian zu spielen – vergessen Sie nicht, diese Fluchtrouten waren geheimnisumwittert, und die Fluchthelfer traten nur selten in Erscheinung ...«

»Ich habe nicht gewußt, daß er einen Bruder hatte.«

»Der ist auch schon längst tot. Im Juli 1945 schwamm Charles wie so oft in den Atlantik hinaus, kam aber nicht zurück. Seine Leiche wurde zwei Wochen später an den Strand gespült.«

»Ich verstehe...« Boisseau sog an seiner Pfeife. »Damals sind viele jung gestorben; viele von ihnen hatten mit dem Leoparden Verbindung gehabt. Heute nachmittag habe ich den Bericht über die Männer bekommen, die ihn beerdigten, und über den Bestattungsunternehmer. Lyon hat schnell reagiert.«

»Das erinnert mich an etwas«, warf Grelle ein. »Wir fliegen morgen nach Lyon. Es gibt nur einen Weg, um den Widerspruch zwischen der Äußerung Gaston Martins, er habe den Leoparden gesehen, und dessen aktenkundigen Tod zu klären – wir müssen das Grab öffnen lassen. Ich habe selbst mit Hardy telefoniert, und er setzt alle Hebel in Bewegung, um die Exhumierung der Leiche genehmigt zu bekommen. Nun, wie steht es mit den Männern, die den Leoparden beerdigt haben?«

»Alle tot. Sie wurden vier Tage nach der Beisetzung bei einem feindlichen Feuerüberfall erschossen. Ihre Leichen waren mit Mauser-Patronen gespickt.«

»Verdammt viele Mausers in allerlei Händen, das muß ich sagen«, bemerkte Grelle. »Und der Priester?«

»Es war kein Priester anwesend – der Leopard war Atheist...«

»Natürlich. Und der Bestattungsunternehmer?«

»Bekam am Morgen nach der Beerdigung eine Kugel in den Kopf. Irgendein Unbekannter brach in sein Haus ein. Und da war noch etwas Seltsames«, fuhr Boisseau fort. »Ein junger kommunistischer Bildhauer, der für diese Résistance-Gruppe gearbeitet hatte, wollte etwas tun, um seinen geliebten Anführer zu verewigen. Er fertigte also eine Statue an, die sechs Monate später an der Grabstätte aufgestellt wurde. Soviel ich weiß, steht sie noch immer da, mitten im Wald. Es ist die Statue eines Leoparden, eines Leoparden aus Stein.«

8

Am 16. Dezember überschritt das sowjetische Kommando die tschechisch-österreichische Grenze. Sie kamen über die verschlafene Grenzstation von Gmünd nach Niederösterreich, dort, wo tschechische Kontrolltürme sich wie Galgen in der Landschaft erheben. Sie kamen kurz vor neun Uhr morgens an und zeigten ihre französischen Pässe vor.

Der übermüdete österreichische Grenzbeamte – er hatte Nachtdienst gehabt und sollte gleich abgelöst werden – war bereits auf ihrer Seite. Er hatte wenige Minuten zuvor gesehen, wie seine Kollegen auf der tschechischen Seite die drei Touristen einer gründlichen Untersuchung unterzogen hatten. Der klapprige alte Peugeot war nach allen Regeln der Kunst durchsucht worden, während die drei Männer auf der Straße standen. Ihre Reisepässe waren gründlich unter die Lupe genommen worden. Jeder, der kein Freund der Tschechen war, mußte in Österreich willkommen sein. Der österreichische Grenzbeamte konnte nicht wissen, daß Vanek zuvor selbst die tschechische Grenzstation angerufen hatte, um diese Scharade zu arrangieren; er konnte ebenfalls nicht wissen, daß die Ankunft der drei Männer so geplant worden war, daß sie mit den letzten Minuten seines Nachtdienstes zusammenfiel. Von einem erschöpften Grenzbeamten ist kaum anzunehmen, daß er sich Neuankömmlinge mit großem Interesse vornimmt.

»Unsere Papiere sind narrensicher«, hatte Vanek seinen beiden Begleitern erklärt, »aber wer in diesem Leben Erfolg haben will, sollte sämtliche Karten zu seinen Gunsten zinken...«

Der österreichische Beamte drückte seinen Stempel in die französischen Pässe, der Schlagbaum ging hoch, und der Peugeot mit Vanek hinter dem Lenkrad fuhr über die Grenze in die engen Straßen der österreichischen Kleinstadt. Wenn der verschlafene Grenzbeamte überhaupt einen Gedanken an die drei Männer verschwendete, mußte er sie für französische Touristen gehalten haben, die gerade von einem Skiurlaub zurückkehrten. Diese Schlußfolgerung lag nahe: Vanek und Brunner, die vorn saßen, und der im Fond sitzende Lansky trugen alle französische Skikleidung. Der Österreicher stapfte sich den Schnee von den Stiefeln und ging in sein Häuschen zurück.

»Erste Hürde übersprungen«, sagte Vanek fröhlich.

Brunner grunzte. »Wir haben noch etliche vor uns...«

Die nächsten zwei Stunden lang fuhr Vanek mit hoher Geschwindigkeit auf der leeren Landstraße in Richtung Wien. Links und rechts erstreckten sich endlose Äcker und Felder; nur gelegentlich sahen sie einen Ochsenkarren. Der Himmel war grau und verhangen. Die Felder waren schneebedeckt. Vor ihnen lag die schneeweiße Straße. Vaneks Wagen war der erste, der im Schnee Reifenspuren zurückließ. Hinter der kleinen Stadt Horn hielt Vanek an einer einsamen Stelle an. Er stieg aus und verbrannte die französischen Pässe, die der österreichische Grenzbeamte gestempelt hatte. Dann vergrub er die Überreste mit einem Spaten, den Brunner ihm gegeben hatte, und deckte das Loch sorgfältig mit Erde und Schnee zu. Als Vanek wieder im Wagen saß, gab er seinen Begleitern Duplikate der Papiere, die er soeben verbrannt hatte; diese Pässe enthielten allerdings keine Stempel und damit nicht den geringsten Hinweis darauf, daß sie gerade die Tschechoslowakei verlassen hatten.

Um die Mittagszeit waren sie in Wien; Vanek parkte den Peugeot auf dem Opernplatz. Der Wagen würde später von einem Beamten der tschechischen Botschaft abgeholt werden. Beim Grenzübertritt in Gmünd war das Kennzeichen automatisch registriert worden; jetzt hatten sie den zweiten Hinweis auf das Land beseitigt, aus dem sie gekommen waren. Vanek schulterte jetzt seine Skier und ging voran. Nach kurzer Zeit betraten sie das Hotel Sacher und gingen in der Halle rechts durch den Türbogen ins Café. Sie verbrachten eine halbe Stunde in entspannter Ruhe, tranken Kaffee und aßen Kuchen. Vanek, der munter auf französisch losparlierte, behielt jeden im Auge, der nach ihnen ins Café kam.

Punkt zwölf Uhr dreißig verließen die drei Männer das Café durch eine Tür, die auf eine Seitenstraße führte. Sie hatten noch immer ihre Skier bei sich. Der Mercedes, der jetzt auf sie wartete, war vor dem Hotel Astoria abgestellt. Das Kennzeichen bestätigte Vanek, daß dies der richtige Wagen war. Der Schlüssel steckte im Zündschloß. Ein tschechischer Botschaftsangehöriger, der den Wagen beobachtet hatte, faltete jetzt seine Zeitung zusammen und ging; jetzt brauchte er nur noch den Peugeot vom Opernplatz abzuholen, und damit war seine Arbeit erledigt.

Vanek saß auch diesmal hinter dem Lenkrad; er fuhr zum Westbahnhof, von dem die Züge nach Westeuropa abgehen. Brunner hatte – mit Vaneks Hilfe – die Fahrzeiten genau errechnet. Sie kamen kurz vor eins am Westbahnhof an, was ihnen noch eine Stunde Zeit gab, um in aller Ruhe zu essen. Ihr Zug sollte Punkt zwei abfahren.

Als der Zug aus dem Bahnhof hinausrollte, setzte sich ein Slowake in den vor dem Bahnhof geparkten Mercedes und fuhr weg. Das Kommando hatte jetzt alle in die Tschechoslowakei führenden Spuren verwischt und befand sich auf dem Weg nach Deutschland.

In Mainz war es kurz vor zwölf Uhr mittags – sechshundertfünfzig Kilometer südöstlich war das sowjetische Kommando gerade in Wien eingetroffen –, als Alan Lennox sich von neuem mit Peter Lanz vom BND traf, diesmal im Bahnhofsrestaurant erster Klasse. Der Engländer, der schon einige Minuten am Tisch gesessen hatte, nickte kurz, als Lanz sich auf einen Stuhl am selben Tisch setzte und ein Exemplar des *Spiegel* auf den Stuhl zwischen ihnen legte. Lanz betrachtete die Speisekarte. »Die Papiere liegen innen«, murmelte er. »Tut mir leid, daß es so lange gedauert hat. Sie sind aber gut.« Er bestellte sich eine Tasse Kaffee.

Den wirklichen Grund für die Verzögerung konnte Lanz dem Engländer unmöglich nennen, nämlich daß er jetzt erst aus dem Kanzleramt in Bonn zurückgekehrt war, wo Bundeskanzler Hauser ihm soeben grünes Licht gegeben hatte. »Diese Rede Florians in Lille gestern abend hat mich tief beunruhigt«, hatte der Kanzler Lanz erklärt. »Wenn er so weitermacht und die Atmosphäre noch weiter auflädt, läßt er womöglich in Paris eine Situation zurück, die zu einem Staatsstreich geradezu einlädt, während er sich in Moskau aufhält. Wir müssen herausfinden, ob in Paris irgendein hochgestellter Kommunist an der Arbeit ist – und zwar schnell...«

»Unter der Serviette neben Ihrer Hand«, sagte Lennox ruhig, »finden Sie meinen britischen Paß. Bewahren Sie ihn für mich auf, bis ich zurück bin. Es wäre sehr unangenehm, wenn man ihn bei mir fände, wenn ich in Frankreich bin.«

Lanz legte sich die zusammengefaltete Serviette auf den Schoß, verharrte, als der Kellner den Kaffee brachte, und steckte dann das Dokument in die Jackentasche. »Ich nehme an, Sie werden mit dem Wagen nach Frankreich fahren?« fragte er. »Dann sind Sie völlig unabhängig von allen Fahrplänen.«

»Höchstwahrscheinlich. Ich möchte in zwanzig Minuten losfahren. Gibt es sonst noch etwas, was ich wissen sollte?«

»Ich fürchte, ja.« Lanz beugte sich über den Tisch und lächelte, als äußerte er eine Belanglosigkeit. »Wir haben soeben erfahren, daß Paris irgendeine Art Alarmbereitschaft angeordnet hat. Wir haben keine Ahnung, warum. An allen französischen Grenzübergängen wird aber verstärkt kontrolliert.«

»Danke, ich werde die Augen offenhalten.« Lennox erwähnte mit keinem Wort, daß er dies bereits wußte. Er mißtraute dem BND-Vize zwar nicht, aber wenn er allein arbeitete, achtete er darauf, daß niemand über seinen nächsten Schritt Bescheid wußte. Er legte die Hand behutsam auf das Exemplar des *Spiegel.* »Die Papiere scheinen mir aber ein bißchen dick zu sein«, bemerkte er und trank seinen Kaffee aus.

»Wir haben fünftausend D-Mark in großen Scheinen dazugelegt – für Spesen. Wir wollen Sie bei dieser Sache nicht ohne Bargeld dastehen lassen...«

»Vielen Dank. Wenn ich mit Ihnen Kontakt aufnehmen will: Soll ich dann die Frankfurter Nummer anrufen?«

»Nein, eine andere. Eine Bonner Telefonnummer...« Lanz sagte nicht, daß er sich von nun an in der Bundeshauptstadt aufhalten würde, um im Notfall in der Nähe des Kanzlers zu sein. »Sie werden die Nummer auf der Innenseite des Umschlags finden«, fuhr er fort. »Sie können mich unter dieser Nummer zu jeder Tages- und Nachtzeit erreichen. Ich werde in dem Büro mit dieser Telefonnummer bleiben, werde dort essen und schlafen. Wenn Sie dort anrufen, können Sie sich darauf verlassen, daß ich selbst den Hörer abnehme.«

Lennox starrte den Deutschen an. So viel Fürsorge hatte er nicht erwartet. »Ich danke Ihnen nochmals«, sagte er. »Aber dieser Trip kann bis zu vierzehn Tage dauern, falls ich in Schwierigkeiten komme – und Sie würden ziemlich steif werden, wenn Sie sich so lange in einem Raum einschließen.«

»Um Himmels willen, das ist das wenigste, was ich tun kann.« Lanz hob die Hände. »Ich selbst würde diesen Job höchst ungern übernehmen, um die Wahrheit zu sagen. Im französischen Geheimdienst tut sich was, und das könnte sehr ungesund sein. Falls Sie in der Tinte sitzen, rufen Sie mich an. Ich kann Ihnen gar nichts versprechen – in Frankreich bin ich machtlos –, aber ich könnte jedenfalls etwas versuchen. Wenn Ihnen der Boden zu heiß wird, sollten Sie Frankreich sofort verlassen...«

Grelle befand sich in einem Alouette-Hubschrauber auf dem Flug nach Lyon, um der Exhumierung der Leiche des Leoparden beizuwohnen, als er eine weitere Entscheidung traf. Er hatte eine Zeitlang schweigend dagesessen und nicht mit dem neben ihm sitzenden Boisseau gesprochen. Er starrte auf die unter ihm liegende überschwemmte Landschaft. Über weite Strecken hatte er eher das Gefühl, über asiatische Reisfelder hinwegzufliegen als über die Felder Frankreichs.

»Boisseau«, sagte Grelle nach einiger Zeit, »auf dieser Liste von Hugon stehen die Namen zweier Männer, die in Frankreich leben – nur einer lebt in Deutschland.«

»Zwei«, wiederholte Boisseau.

»Ich möchte, daß Sie diese beiden auf Schritt und Tritt überwachen lassen. Das muß sehr diskret vor sich gehen – die beiden dürfen nichts davon merken.«

»Sollen meine Leute auch diesen Engländer, Lennox, abfangen, falls er aufkreuzt?«

»Auf keinen Fall! Wenn Lennox erscheint, möchte ich davon unterrichtet werden, außerdem soll man ihn diskret beschatten. Er darf aber nicht festgenommen werden.«

»Ich werde mich auf Sie persönlich berufen müssen. Natürlich liegt dieser Befehl außerhalb Ihrer Kompetenz.«

Grelle war in der Tat nicht zu solchen Maßnahmen ermächtigt.

Normalerweise endet die Befehlsgewalt des Polizeipräfekten von Paris an den Stadtgrenzen. Florian hatte Grelle aber ausdrücklich die Verantwortung für seine persönliche Sicherheit übertragen. Seit dem Attentatsversuch erstreckte sich diese Funktion des Präfekten auf ganz Frankreich.

»Natürlich«, bestätigte Grelle. »Sie werden Ihren Leuten also sagen, daß es um die Sicherheit des Präsidenten der Französischen Republik geht.«

Um Fahrgäste zu kontrollieren, die mit der Bahn von Wien nach Deutschland reisen, besteigen Grenzbeamte manchmal den Zug in Salzburg; dies geschieht jedoch nicht oft. Diese Grenze ist eine der offeneren in Europa. Das sowjetische Kommando überquerte die österreichisch-deutsche Grenze ohne jede Paßkontrolle. Ihre Skiausrüstung befand sich im Gepäckwagen, sie reisten mit französischen Papieren, sie hatten französische Francs und Deutsche Mark in den Brieftaschen. Allem Anschein nach handelte es sich bei dem Trio um französische Touristen, die über Deutschland aus Österreich heimkehrten.

Dennoch war Vanek noch immer auf der Hut. Er entschied, daß zwei Reisende weniger auffallend seien als drei, und saß mit Brunner in einem Erster-Klasse-Abteil, während Lansky allein in einem anderen Wagen reiste. Bei der Fahrt durch das schneebedeckte bayrische Voralpenland erhaschten sie im Mondschein gelegentlich einen Blick auf die im Süden liegenden schneebedeckten Alpengipfel. Später, kurz vor München, fuhr der Zug durch Pullach, dem Standort der BND-Zentrale. Um acht Uhr abends kamen die drei Männer in München an. Vanek und Brunner fuhren mit dem Taxi ins Vier Jahreszeiten, eine der teuersten Nobelherbergen der Stadt.

»Niemand«, hatte Vanek zuvor erklärt, »hält in den besten Hotels nach Attentätern Ausschau ...«

Privat hatte Brunner eine einfachere Erklärung für die Wahl Vaneks. Dieser war offensichtlich der Ansicht, daß für einen Mann mit seinen Talenten nur das Beste gut genug sei. Während sie schweigend zum Hotel fuhren, verließ Lansky den Bahnhof allein und mietete sich ein Zimmer im Continental. Um sich an die Atmosphäre im Westen zu gewöhnen, gingen sie abends aus. Zuvor hatte Vanek von einer Telefonzelle aus Lansky angerufen, um sich zu vergewissern, daß dieser angekommen war.

»Bleiben Sie nicht im Hotelzimmer sitzen«, befahl Vanek seinem Untergebenen. »Gehen Sie aus und schnuppern Sie die Atmosphäre der Stadt. Machen Sie sich einen lustigen Abend...« Er lud aber Lansky nicht ein, sich ihm und Brunner anzuschließen.

In einem Bierlokal tat Vanek zwei Mädchen auf. Sein fließendes Deutsch stellte den ersten Kontakt her, und später nahmen sie zu viert ein sündhaft teures Essen ein. Als Brunner, der seinem Chef eilig auf die Herrentoilette gefolgt war, die Klugheit dieser Taktik bezweifelte, fuhr Vanek ihn brüsk an. »Sehen Sie denn nicht ein, daß zwei Männer mit ein paar Mädchen weit weniger auffallen als zwei einsame Ausländer? Außerdem«, sagte er und zog den Reißverschluß seiner Hose zu, »sind es sehr nette Mädchen...«

Am Ende des Abends, nachdem sie in einem Nachtlokal absurd überteuerten Champagner getrunken hatten, überredete Vanek seine frischgebackene Freundin, ihn mit zu sich in ihre Wohnung zu nehmen. Brunner war außer sich vor Wut und stellte Vanek in der Halle des Lokals zur Rede; er sagte, er werde ins Hotel zurückkehren und gründlich ausschlafen. »Gründlich ausschlafen?« fragte Vanek. »Verehrter Genosse, ich kann ein paar schöne Stunden mit einem Mädchen verbringen, vier Stunden schlafen, und dann bin ich morgens trotzdem frisch und munter wie ein junger Gott...«

»Wir müssen den Frühzug nach Frankreich bekommen«, erinnerte ihn Brunner.

»Dann passen Sie auf, daß Sie nicht verschlafen«, erwiderte Vanek.

Lennox, in jeder Lage der einsame Wolf, wartete, bis Lanz das Mainzer Bahnhofsrestaurant verlassen hatte, dann nahm er das auf dem Stuhl liegende Exemplar des *Spiegel* an sich und ging auf die Toilette. Er verriegelte die Tür seiner Zelle. Er setzte sich auf die Klobrille, zog die französischen Ausweise aus der Zeitschrift und steckte die fünftausend Mark in die Brieftasche. Anschließend memorierte er die Bonner Telefonnummer und zerriß den Umschlag, den er wegspülte. Nach dem Verlassen der Toilette machte er keine Anstalten, den Bahnhof zu verlassen, um seinen Wagen zu holen. Den Wagen hatte er schon vorher bei der örtlichen Niederlassung des Autovermieters zurückgegeben.

Um 12.38 Uhr bestieg er den Trans-Europ-Express *Rheingold*, der soeben aus Amsterdam eingetroffen war. Er suchte sich ein leerstehendes Abteil – Mitte Dezember ist in den TEEs reichlich Platz –, machte es sich auf einem Fenstersitz gemütlich und zündete sich eine Benson & Hedges an. Er hatte bis zur letzten Sekunde gewartet und war erst dann in den Zug gestiegen. Niemand war ihm gefolgt. Die Leute, die ihm Kopfzerbrechen machten, waren die Geheimdienstbeamten der französischen Botschaft in Bonn. Sie konnten bislang kaum etwas von ihm wissen, aber der Vize des BND war ihnen dafür ein um so bekannteres Beobachtungsziel. Als der Expreßzug allmählich schneller wurde, nahm Lennox seinen Koffer und ging zu dem geräumigen Waschraum.

Der Mann, der ihn betrat, war der Engländer Alan Lennox. Der Mann, der zehn Minuten später heraustrat, war der Franzose Jean Bouvier. Lennox setzte sich wieder in sein leeres Abteil. Er trug jetzt französische Kleidung und rauchte eine Gitane. Er trug jetzt auch den Hut, den er in Metz gekauft hatte, sowie eine Hornbrille. Normalerweise trug Lennox keinen Hut, aber er wußte, wie eine Kopfbedeckung die Erscheinung eines Mannes verändern kann. Als der Zugschaffner wenige Minuten später kam und Lennox einen TEE-Zuschlag bezahlen mußte, unterhielt er sich mit dem Schaffner auf französisch und mit einigen Brocken Deutsch.

Als der Expreß Freiburg erreichte, den letzten Aufenthalt vor der Schweizer Grenze, zögerte Lennox einen kurzen Moment. Einer der drei Männer auf der Zeugenliste Lasalles – Dieter Wohl – lebte in Freiburg. Lennox zuckte die Achseln wie ein Franzose und blieb in seinem Abteil sitzen. Im Augenblick war nur wichtig, aus Deutschland herauszukommen und die Spuren zu verwischen; Freiburg lag in unmittelbarer Nähe des Elsaß jenseits des Rheins. Wohl konnte er später aufsuchen, nachdem er die beiden Franzosen gesprochen hatte. Pünktlich um 15.36 Uhr hielt der TEE *Rheingold* im Basler Bundesbahnhof, wo Lennox ausstieg. Jetzt war er in der Schweiz.

Er verließ den Bahnhof, überquerte die Straße und betrat das Hotel Victoria, in dem er sich für eine Nacht ein Zimmer nahm. Danach hatte er noch genügend Zeit, das richtige Geschäft zu finden, um sich einen zweiten Koffer zu kaufen. Er nahm diesen neuen Koffer mit ins Hotel, packte um und legte seine britischen Kleidungsstücke in den alten Koffer; die in Metz gekauften französischen Kleider – alle bis auf die, die er trug – stopfte er in den Schweizer Koffer, den er gerade erstanden hatte. Er verließ das Hotel mit dem britischen Koffer und ging zum Bahnhof, wo er ihn in einem Schließfach deponierte. Als er abschloß, war ihm eines bewußt: Es war keineswegs sicher, daß er diesen Koffer je wiedersehen würde.

Grelle erschien zu spät zu der festgesetzten Exhumierung der Leiche des Leoparden. Er steckte mitten in drei zeitraubenden Aufgaben – er untersuchte den Attentatsversuch auf den Präsidenten, widmete sich dem Rätsel der Identität des Leoparden und bemühte sich, die Sicherheitsvorkehrungen zu Guy Florians Schutz zu vervollkommnen – und brauchte jede Minute, die der Arbeitstag ihm ließ. Schon jetzt mußte er mit vier Stunden Schlaf pro Nacht auskommen – das Schlafdefizit versuchte er mit kurzen Schläfchen auszugleichen, wo immer sich die Gelegenheit bot, im Wagen, im Flugzeug, sogar im Büro, wenn sich zwischen zwei Gesprächen eine Möglichkeit ergab.

Boisseau saß hinter dem Lenkrad des Wagens. Grelle döste, als sie von der Hauptstraße abbogen und auf einem verschlammten Weg in den Wald hineinfuhren. An der kaum erkennbaren Abzweigung hatte ihnen ein Gendarm mit einer Taschenlampe einen Wink gegeben. Sie hätten die Abzweigung sonst unweigerlich verfehlt. Es war schon längst dunkel geworden – die Exhumierung war für den späten Abend angesetzt worden, um die Geheimhaltung zu sichern. Es goß in Strömen, und im Scheinwerferlicht tauchten plötzlich zwei große Wasserlachen auf dem ausgefahrenen Waldweg auf. Der Präfekt öffnete die Augen. »Wenn das noch lange weitergeht«, brummte er, »steht bald ganz Frankreich unter Wasser...«

Sie fuhren durch einen Fichtenwald. Die Scheinwerfer erfaßten einen Palisadenzaun nasser Baumstämme, als der Wagen über die kurvenreiche Strecke dahinfuhr. Die Reifen rutschten auf dem Schlamm, und der Regen prasselte auf das Wagendach.

Etwa zwei Kilometer nach der Abzweigung auf dem Waldweg nahm Boisseau eine scharfe Kurve, und plötzlich erleuchteten die Scheinwerfer in dem strömenden Regen eine seltsame Szene. Bogenlampen erhellten den Schauplatz der Grabung. Die Grabstätte wurde durch ein Zeltdach vor dem Regen geschützt. Daneben lagen frisch aufgeworfene Erdhaufen. Männer mit Schaufeln standen bis zu den Schultern im Grab und hoben noch immer Klumpen lehmiger Erde aus. Durch das Wischerfeld der Windschutzscheibe sah Grelle, daß sie sich auf einer großen Lichtung befanden. Auf einem dichten Teppich abgestorbener Farne standen einige Polizeifahrzeuge. Das Licht der Bogenlampen gab den Blick auf einen aufgeweichten Pfad frei, der vom Grab wegführte. Grelle folgte dem Pfad mit den Augen und sah wenige Meter entfernt die schemenhafte Silhouette des steinernen Leoparden, den man von der Grabstätte entfernt hatte. Das Tier sah in dem trommelnden Regen merkwürdig lebendig aus, als duckte es sich gerade zum Sprung.

»Ich werde mal nachsehen, wie weit die Burschen sind«, sagte Boisseau, der inzwischen angehalten hatte. »Es hat keinen Sinn, daß wir beide naß werden.«

Ein *agent de la paix*, an dessen Mantel der Regen in Bächen hinablief, steckte den Kopf durch die Seitenscheibe. Der Schirm seiner Mütze entlud eine Ladung Wasser ins Wageninnere. Verwirrt nahm er sein *képi* ab. »Setzen Sie das Ding wieder auf, um Gottes willen«, brummte Grelle. »Kommen Sie voran?«

»Sie haben den Sarg gefunden ...« Der Mann hatte ein jungenhaftes Gesicht, und man sah ihm die Aufregung an, mit dem Polizeipräfekten von Paris zu sprechen. »Sie werden ihn in ein paar Minuten oben haben.«

»Wenigstens ist ein Sarg da«, brummelte Grelle. Er war alles andere als aufgeregt. Selbst wenn der Sarg einen Leichnam enthielt, würde das noch lange nichts beweisen. Seit 1944 war immerhin eine lange Zeit verstrichen. Als Pessimist, der er nun einmal war, hatte er das Gerichtsmedizinische Institut in Lyon veranlaßt, sich bereit zu halten, um die sterblichen Überreste des ›Leoparden‹ zu untersuchen, sobald sie in Lyon angeliefert würden. Ein Pathologe, ein Röntgenologe sowie einige andere Experten standen bereit, um das Alter der Knochen zu bestimmen.

Grelle folgte Boisseau hinaus in den Regen. Er steckte die Hände tief in die Manteltaschen und zog sich den Hut in die Stirn. Früher oder später würde er ohnehin klatschnaß werden, und es würde einen sehr schlechten Eindruck machen, wenn der Präfekt warm und trocken saß, während alle anderen im Schlamm herumwühlten. Grelle war immerhin vorsichtig genug gewesen, sich Gummistiefel anzuziehen. Seine Füße versanken bis zu den Knöcheln in dem glitschigen Schlamm. Er stand unter einer grell leuchtenden Bogenlampe. Als er den sich im Regen duckenden Leoparden betrachtete, fiel ihm ein Regentropfen von der Nasenspitze.

Inmitten des geräuschvoll strömenden Regens und des in der Ferne grollenden Donners vernahm Grelle ein neues Geräusch. Die Männer unten im Grab befestigten Ketten an irgendeinem Gegenstand. Die Zeltplane wurde entfernt, so daß ein Abschleppwagen an die offene Grube heranfahren konnte. Der Fahrer betätigte einen Schalter, und der Kran schob sich über die Öffnung. Für den Fall eines technischen Fehlers waren die Männer aus dem offenen Grab herausgeklettert. Sie waren über und über mit Schlamm bedeckt. Dreckiger Job. Wahrscheinlich völlig umsonst.

Es war eine gespenstische Szenerie: der heulende Wind, der die Baumwipfel krümmte, der endlose Regen, das grelle Licht der Bogenlampen. Und jetzt verstummten die Männer in ihren glänzenden Regenmänteln, als sie sich am offenen Grab zusammendrängten und warteten. Der von Ketten festgehaltene Sarg hing jetzt am Haken; der einzige Mann, der jetzt etwas tat, war der Fahrer des Abschleppwagens, der sich auf dem Fahrersitz umgedreht hatte und zugleich seine Schalter betätigte. Unter dem Surren des Maschinenantriebs wurde der Sarg langsam hochgezogen. Allmählich trat er aus dem Schatten und drehte sich im Lichtschein, während der Regen von den Brettern tropfte. Alle Anwesenden waren sehr still. Grelle schob sich eine Zigarette in den Mundwinkel und zündete sie dann doch nicht an, als er den strafenden Blick eines Gendarmen bemerkte. ›Gottverdammter Mist‹, dachte er, ›erwartet der Bursche etwa, daß ich noch meinen Hut abnehme?‹

Er blickte wieder nach rechts und sah den steinernen Leoparden, der mit offenem Fang dalag, als erzürnte ihn die Entweihung der Grabstätte. Der Beamte, der die Exhumierung leitete, rief einen Befehl. Der jetzt über der Erde schwankende Sarg drehte sich und wurde von dem stählernen Arm behutsam unter das Zeltdach gelenkt, langsam herabgelassen und dann vor dem Regen geschützt auf die Erde gesetzt. Noch ein lauter Befehl. Ein Mann mit einer Motorsäge tauchte auf, untersuchte den Sarg und begann dann mit seiner Arbeit. Er schnitt den Deckel dort auf, wo er ursprünglich angeschraubt worden war. Boisseau ging weg, stellte ein paar Fragen und kehrte dann zum Präfekten zurück.

»Die Schrauben sind eingerostet. Man hat sie angewiesen, keine Meißel und Brechstangen zu benutzen – die Erschütterungen könnten die Überreste zu Staub zusammenfallen lassen...«

Grelle sagte nichts. Er stand nur still da, während die Zigarette in seinem Mundwinkel immer mehr aufweichte. Auf Anweisung Boisseaus wurde eine Lampe näher herangebracht, die durch die Zeltöffnung direkt den Sarg anstrahlte.

»Ob wir gleich mehr wissen werden?« murmelte Boisseau. Man merkte ihm einen Anflug von Aufregung an.

»Ich würde keine Wette darauf abschließen...«

»Sie sagen, soweit man sehen könne, sei das Grab viele Jahre lang nicht angerührt worden. Die Erde sei fest wie Beton.«

»Was ist mit dieser verdammten Statue?«

»Gut verankert gewesen. Auch die hat seit Jahren kein Mensch angerührt...«

Der Mann mit der Motorsäge hielt inne. Es war soweit. Zwei Männer standen auf je einer Seite des Sargs und begannen, vorsichtig den Sargdeckel aus dem Zelt herauszuziehen; bevor sie damit fertig waren, konnte man nichts erkennen. Die beiden Männer schienen eine Ewigkeit zu brauchen, als sie so unter dem Zeltdach gebückt dastanden. Sie mußten vorsichtig auftreten; die Erde unter ihren Füßen war zum Morast geworden. Dann traten sie zur Seite, und jeder konnte sehen, was in dem grellen Lichtschein der Bogenlampe zum Vorschein kam. Man hörte ein entsetztes Keuchen. Grelle stand so reglos da wie der steinerne Leopard.

»Mein Gott!« stieß Boisseau aus.

Im Sarg lag das vollständig erhaltene Skelett eines riesigen Hundes, die Hinterläufe waren angezogen. Der riesige Schädel ruhte zwischen den Knochen der Vorderpfoten. Die Augenhöhlen lagen im Schatten, so daß das Skelett die Umstehenden aus übergroßen schwarzen Pupillen böse anzustarren schien.

»César...«, grunzte der Präfekt. »Makaber – und brillant. Seinen Hund konnte er nicht mitnehmen, denn das hätte ihn verraten. Außerdem brauchte er etwas, um dem Sarg Gewicht zu geben. Also tötete er den Hund und lieferte damit sozusagen seine eigene Leiche.«

Boisseau beugte sich über das Skelett und untersuchte es kurz. »Ich glaube, da ist ein Einschußloch im Schädel.«

»Ob der Bastard seinen eigenen Hund erschossen hat?« Grelle hatte einmal einen Drahthaarterrier besessen, der dem Pariser Straßenverkehr zum Opfer gefallen war. Danach hatte er sich keinen Hund mehr angeschafft. Er sprach monoton, gab sich dann aber einen Ruck. »Sagen Sie den Leuten, sie sollen den Deckel wieder festmachen und das Ganze dann nach Lyon bringen. Also los!«

Sie verließen die Männer, die den Sarg auf den Abschleppwagen hoben und fuhren auf dem verschlammten Waldweg zurück. Die Statue sollte im Wald bleiben, in der Nähe des Grabs, das sie so lange bewacht hatte und das sich jetzt allmählich mit Wasser füllte. Boisseau, der den konzentrierten Gesichtsausdruck seines Chefs bemerkte, sagte nichts, bis sie wieder auf der Hauptstraße waren. »Überrascht?« fragte er, als der Wagen beschleunigte.

»Nein, eigentlich nicht – allerdings habe ich nicht erwartet, den Hund zu finden. Diese ganze Sache hat mich beunruhigt, seit ich die Akte zum erstenmal gelesen hatte – sie paßt nicht zu allem anderen. Erst hat er alle diese Vorsichtsmaßnahmen ergriffen, um nicht identifiziert zu werden, und dann, wenn alles beinahe vorbei ist, geht er in Lyon spazieren und läßt sich erschießen. Wenn er bis dahin überlebt hatte, hätte es ihm leichtfallen müssen, auch weiterhin am Leben zu bleiben – und so ist es auch. Er lebt noch.«

»Er läuft also irgendwo herum?«

»Ich weiß genau, wo er sich aufhält. In Paris. Das Dumme ist nur, ich weiß nicht, wer er ist.«

»Danchin oder Blanc – Gaston Martin zufolge. Es ist ein Alptraum.«

»Es wird noch schlimmer kommen«, versicherte Grelle ihm düster.

Grelle blieb nur so lange in Lyon, daß er noch ein paar weitere Nachforschungen anstellen und erfahren konnte, was der Röntgentest ergeben hatte.

»Ich schätze das Alter der Knochen auf etwa dreißig bis vierzig Jahre«, sagte der Röntgenologe dem Präfekten. »Das heißt, sie haben so lange in diesem Wald gelegen.« Das Tier konnte also sehr wohl im Juli 1944 erschossen und begraben worden sein.

Auf dem Rückflug nach Paris erzählte Grelle Boisseau von seinen weiteren Nachforschungen. »Sie haben mir noch einiges über den Bildhauer erzählt, der die Statue angefertigt hat. Kurz nachdem er den Leoparden fertiggestellt hatte, fand man ihn erschossen in seinem Haus auf. Das Haus war von oben bis unten durchwühlt worden, und man nahm an, er hätte einen Einbrecher überrascht. Sie können sich also eine Vorstellung von der Rücksichtslosigkeit des Mannes machen, den wir suchen. Er hat sämtliche Spuren verwischt – das glaubt er jedenfalls. Bis Lasalle ihn auferstehen ließ.«

»Was zum Teufel sollen wir machen?« fragte Boisseau.

»Ihn zur Strecke bringen.«

9

Die beiden Männer gingen allein in dem Pariser Garten spazieren; der eine von ihnen war hochgewachsen und ging leicht gebeugt, um zu verstehen, was sein viel kleinerer Begleiter sagte. Der kleinere Mann war stämmig gebaut und hatte kurze, kräftige Beine. Er sprach respektvoll, aber doch bestimmt, als erwartete er, Widerstand überwinden zu müssen. Er flüsterte fast, obwohl im Umkreis von zwanzig Metern kein Mensch zu sehen war.

»Wir müssen auch Lasalle auf die Liste setzen. Er ist ein sehr gefährlicher Mann, und bei diesem Stand der Dinge dürfen wir es nicht riskieren, ihn am Leben zu lassen. Er wird sonst weiterstöbern, bis er irgend etwas zutage fördert.«

»Ich halte das für unklug«, wiederholte der hochgewachsene Mann. »Ich habe Ihnen drei Namen gegeben, und das genügt. Jeder neue Name auf der Liste erhöht das Risiko. Es wird etwas schiefgehen...«

»Nichts wird schiefgehen. Für diese Arbeit setzen sie nur die allerbesten Leute ein. Wie ich höre, ist das Kommando schon fast in Frankreich – und es sollte ihnen gelingen, ihre Aufgabe innerhalb von sechs Tagen zu erfüllen...« Der kleine Mann holte ein Taschentuch heraus und schneuzte sich. Er hatte sich eine Erkältung geholt; Paris war eine unerträglich feuchte Stadt. »Sie haben auch wirklich nicht das kleinste Flüstern gehört, daß jemand über diese Sache Bescheid weiß?« fragte er.

»Nichts. Sehen Sie zu, daß die Männer die Sache schnell hinter sich bringen«, sagte der hochgewachsene Mann scharf. »Und geben Sie mir sofort Nachricht, wenn es soweit ist, daß ich mir keine Sorgen mehr zu machen brauche. Ich habe im Augenblick genug anderes um die Ohren.«

Der kleine Mann warf seinem Begleiter einen schnellen Seitenblick zu; er spürte die Spannung, die diesem Mann zu schaffen machte. Dafür hatte er Verständnis; er selbst fühlte sich auch angespannt. »Und Lasalle? Seitdem die Entführung abgeblasen worden ist, müssen wir auch dieses Problem wirklich im Auge behalten.«

»Sie können sich also mit dem Kommando in Verbindung setzen? Nur für den Fall, daß irgendein anderes Problem auftaucht?«

Der kleine Mann zögerte und traf dann eine Entscheidung. »Sie werden in regelmäßigen Abständen mit uns Kontakt aufnehmen. Die Antwort lautet also ja. Ich hoffe, Sie haben auf dieser Liste niemanden vergessen?«

»Niemanden! So, ich glaube, wir haben jetzt genug geredet ...«

»Und Lasalle?« Der kleine Mann blieb hartnäckig. »Sie können mir glauben, es wird wie ein Unfall aussehen. Die Männer, die sich dieser Dinge annehmen, sind Experten ...«

»Experten?« Der hochgewachsene Mann richtete sich zu seiner vollen Größe auf. Sein Gesicht verriet Abscheu. »Im Krieg hält man diese Dinge für selbstverständlich, aber im Frieden ... Dennoch, diese Arbeit muß erledigt werden. In gewisser Weise ist es eine Fortsetzung des Krieges. Was Lasalle angeht, so darf er noch nicht auf die Liste gesetzt werden. Ich bin sicher, daß er nicht weiß, was geschehen wird, wenn der Präsident von Frankreich nach Moskau aufbricht ...«

TEIL ZWEI

Das Killerkommando
17. Dezember bis 21. Dezember

10

Seit den frühesten Tagen des kalten Krieges kannte jeder Geheimdienst der größeren Staaten des Westens diesen geheimen Alptraum: daß irgendwo ein hoher kommunistischer Perspektivagent – ein ›Schläfer‹ – sitzen könnte, der sich langsam und stetig auf der Leiter der Macht emporarbeitete, bis er schließlich den Gipfel erreichte. Diese Furcht hatte auch in der Zeit der sogenannten ›Entspannung‹ fortbestanden.

Dies ist der Mann, den Geheimdienstchefs von London bis Washington am meisten fürchten – den Kommunisten, der zu sowjetischen Agenten keinerlei Kontakt unterhält, der keine toten Briefkästen frequentiert, um Informationen weiterzugeben, den kein Abwehragent verfolgen oder stellen kann. Weil er jahrelang keine Verbindung mit Moskau hat, gibt es keine Möglichkeit, ihm auf die Spur zu kommen, während er sich kraft seiner Fähigkeiten immer weiter emporarbeitet. Er ist nicht daran interessiert, die Details eines neuen Raketensystems an Moskau weiterzugeben – er hofft vielmehr, sein Land zu übergeben.

Oberst René Lasalle war der erste, der von einer Verschwörung Wind bekam, als er noch zweiter Mann der französischen militärischen Gegenspionage war. Als er sich daranmachte, die Vergangenheit des rätselhaften Leoparden zu durchleuchten, geriet er in Konflikt mit Guy Florian, der ihn entließ, weil er die feine Grenzlinie zwischen militärischer und politischer Gegenspionage überschritten hatte. Ein seltsamer Zufall der Geschichte bewirkte, daß Marc Grelle die Aufgabe zufiel, dort die Fährte aufzunehmen, wo Lasalle hatte aufgeben müssen.

Am Freitag, dem 17. Dezember – dem Tag, an dem das sowjetische Kommando die französische Grenze überschritt –, wurde Marc Grelle von seinen zahlreichen Pflichten durch einen Vorfall abgehalten, der im Augenblick nichts weiter als eine kleine Ablenkung zu sein schien, ein Zwischenfall, der bald in den Akten ruhen und vergessen sein würde. Um zehn Uhr morgens erfuhr der Präfekt von dem Alarm auf dem Flughafen Orly, wo algerische Terroristen gerade versucht hatten, eine El-Al-Maschine kurz vor dem Start zu zerstören. »Wir sollten lieber hinfahren und uns das mal ansehen«, sagte er zu Boisseau. »Und ich habe gedacht, die Sicherheitsvorkehrungen in Orly seien perfekt...« Grelle hatte allen Grund, sich Sorgen zu machen; in nur wenigen Tagen sollte Guy Florian nach Marseille fliegen, um dort am Vorabend seiner Abreise in die Sowjetunion eine große Rede zu halten.

Als sie am Flughafen ankamen, wo es in Strömen goß, entdeckten sie, daß Camille Point, der diensthabende Offizier der Flughafen-Gendarmerie, die Lage unter Kontrolle hatte. In der Ferne konnten sie durch dichte Regenschleier hindurch die israelische Maschine auf einer Reservestartbahn stehen sehen. Sie war völlig unbeschädigt. Boisseau ließ Grelle einen Augenblick mit Camille Point allein, um von einem Funkwagen der Polizei aus zu erfahren, was aus dem Attentäter geworden war. Unterdessen wimmelte es auf dem gesamten Flughafengelände von bewaffneten Polizisten.

»Einer meiner Männer hat den Terroristen gerade noch rechtzeitig entdeckt«, erklärte Point. »Er zielte auf die El-Al-Maschine, die mit zweihundert Passagieren an Bord gerade starten sollte. Mouton – der Beamte – schoß auf ihn, verfehlte ihn aber; immerhin hat er den Terroristen aufgeschreckt, so daß dieser weglief und seine Waffe zurückließ. Kommen Sie mit aufs Dach, ich zeige sie Ihnen...«

»Dieser Terrorist – er ist entkommen?«

In Grelles Stimme schwang Angst mit. Seit einiger Zeit war bekannt, daß eine algerische Terroristengruppe in Paris operierte, und der Präfekt brannte darauf, die gesamte Gruppe auszuheben. Er hatte Befehl gegeben – und Roger Danchin hatte den Befehl gebilligt –, im Falle einer Konfrontation mit der Bande von der Möglichkeit des gezielten Todesschusses Gebrauch zu machen. Ein Mann war allerdings nicht genug. Boisseau, der vom Funkwagen zurückgelaufen war, hörte die Frage.

»Er ist davongekommen, ja«, begann Boisseau.

»Gottverdammte Scheiße!« fluchte Grelle giftig.

»Wir haben ihn aber unter Beobachtung«, fuhr Boisseau fort. »Wir benutzen das neue Überwachungssystem, das Sie für die Autokolonne des Präsidenten am 23. Dezember auf dem Weg nach Roissy ausgearbeitet haben; im Augenblick wird er von einem Funkwagen zum nächsten weitergereicht. Er scheint nicht zu bemerken, daß man ihn beschattet. Ich habe gerade erfahren, daß er die Périphérique entlangfährt, auf den Norden von Paris zu...«

Boisseau verstummte, als der Fahrer des in der Nähe stehenden Funkwagens ihm zuwinkte. Als er nach dem Abhören des jüngsten Funkberichts zurückkam, nickte er dem Präfekten zu. »Er wird noch immer beobachtet und fährt noch nach Norden. Sollen wir riskieren, ihn aus den Augen zu verlieren, oder näher zu ihm aufschließen?«

»Gehen Sie nicht zu nah an ihn heran – und verlieren Sie ihn nicht aus den Augen«, erwiderte Grelle.

»Genau das habe ich ihnen gerade gesagt...«

Das Risiko sollten wir eingehen können, sagte sich Grelle, als er Point auf das Dach des Gebäudes folgte. Wenn sie den Algerier bis zu seinem Versteck verfolgen und ihn vielleicht sogar dort noch weiter überwachen können, bestand die Möglichkeit, die ganze Bande mit einem Schlag auszuheben. Als sie das Dach erreichten, blieb Grelle stehen und starrte nach vorn. Fünf uniformierte Beamte umstanden ein klobiges Gerät, das auf einer Segeltuchplane lag. Der Mann vom Erkennungsdienst, der die Waffe soeben auf Fingerabdrücke untersucht hatte, stand auf und begrüßte Grelle. »Ich habe bekommen, was ich haben wollte. Nettes kleines Spielzeug, nicht wahr?«

»Grail?« fragte der Präfekt.

»Ja.« Es war ein junger, ehrgeizig aussehender Beamter, der geantwortet hatte.

›Grail‹ ist die NATO-Codebezeichnung für das sowjetische SAM-Boden-Luft-Raketensystem in der leichten Version, deren Raketen von einem Mann allein bedient werden können. Auch die von einem Mann zu tragende Abschußvorrichtung war von Moskau – wenn auch in geringen Stückzahlen – an bestimmte arabische Terroristenorganisationen geliefert worden. Die mit einer Rakete oder einer *Strela* (dem russischen Wort für ›Pfeil‹) geladene Abschußvorrichtung wiegt nicht mehr als achtzehn Kilogramm; die Raketen haben eine Reichweite von anderthalb bis gut drei Kilometern.

Erst vor wenigen Jahren hatte der Londoner Heathrow-Flughafen von Eliteeinheiten der britischen Armee abgeriegelt werden müssen, als Gerüchte über einen bevorstehenden Anschlag arabischer Terroristen laut geworden waren. Damals war vermutet worden, mit ›Grail‹-Raketen bewaffnete Terroristen hätten vor, eine in London erwartete Maschine mit Henry Kissinger an Bord abzuschießen. Die Waffe ähnelte einer Bazooka, hatte einen schweren Lafettenbalken und trug auf dem dicken Lauf ein kompliziertes Zielfernrohr. Auf der Segeltuchplane daneben lagen zwei Raketen. Point legte sich neben die leere Abschußvorrichtung und richtete sie über die Brüstung hinweg auf die stehende El-Al-Maschine. »Sie sollten sich das einmal ansehen«, sagte er zu dem Präfekten. »Mich überläuft es kalt, wenn ich daran denke, daß dieser Bastard um ein Haar zweihundert Menschenleben ausgelöscht hätte. Buvon hier kennt das Ding in- und auswendig. Er arbeitet bei der Abteilung Terroristenbekämpfung...«

Grelle war erschüttert, als er sich anstelle von Point neben die Abschußvorrichtung legte und durch das Zielfernrohr blickte. Obwohl die israelische Maschine in dem dichten Regen nicht klar zu sehen war, wurde sie durch das Zielfernrohr doch so dicht herangeholt, daß Grelle meinte, sie mit der Hand berühren zu können. Buvon ließ sich neben ihn fallen und erklärte ihm, wie das Gerät funktionierte, zeigte ihm sogar, wie man eine Rakete einlegte.

»Sie arbeitet mit einem hitzeempfindlichen Sensorsystem. In die Spitze der Rakete ist eine Vorrichtung eingebaut, die, wenn das Ding erst mal in der Luft ist, die Rakete sofort auf die heißeste Wärmequelle in Reichweite zusteuert – in diesem Fall, beim Start der israelischen Maschine, hätte die Rakete sofort auf die Düsenaggregate zugesteuert...«

Grelle lag flach auf dem Boden ausgestreckt und hörte noch eine Weile zu. »Könnte der Pilot der Maschine irgendein Ausweichmanöver vollführen?« fragte er und befühlte die Waffe. »Gäbe es irgendeine Hoffnung?«

»Absolut keine«, erwiderte Buvon lebhaft. »Selbst wenn der Pilot das Ding kommen sehen würde – was unwahrscheinlich ist – und den Kurs änderte – was noch unwahrscheinlicher ist –, würden die Hitzesensoren ebenfalls eine Kurskorrektur bewirken und die Rakete auf das Ziel zusteuern lassen, bis die Kollision erfolgt. Und dann – wumm! – ist alles vorbei...«

Grelle fiel ein, daß Florian in wenigen Tagen von diesem Flughafen aus nach Marseille abfliegen sollte. Er traf eine schnelle Entscheidung. »Ich werde dieses teuflische Ding selbst nach Paris bringen«, verkündete er. »Lassen Sie es in den Kofferraum meines Wagens legen.« Boisseau setzte sich ans Steuer, und dann fuhren sie beide zum Hauptquartier der Sûreté in der Rue des Saussaies. Dort überwachte der Präfekt persönlich den Transport vom Wagen in einen gepanzerten Raum im vierten Stock, der sich in einem größeren Raum befand und so abgeschirmt war. Grelle verlangte sämtliche Schlüssel zu beiden Räumen. Man händigte ihm drei aus, und auf seine Frage, ob das alle seien, erhielt er eine unklare Antwort. »Ursprünglich hat es vier gegeben, aber einer von ihnen paßte schlecht. Soviel ich weiß, ist er vernichtet worden.«

»Niemand, absolut niemand darf diesen Raum ohne meine Erlaubnis betreten«, befahl Grelle. »Wenn die Leute von der Armee sich das Ding ansehen wollen, müssen sie zu mir kommen, um die Schlüssel zu holen ...«

Sie waren kaum in die Präfektur zurückgekehrt, als Boisseau einen Anruf erhielt. Er ging sofort zum Büro des Präfekten, um Bericht zu erstatten. »Der Algerier hat sich verkrochen, und wir wissen auch, wo. Er sitzt in einem verlassenen Mietshauskomplex in einer Seitenstraße des Boulevard de la Chapelle im achtzehnten Arrondissement. Die Adresse ist Rue Réaumur 17 ...«

»Dieses stinkende lausige Viertel«, bemerkte Grelle. Dort, im Bezirk Goutte d'Or, lag das Araberviertel, eine Gegend, in der seit mehr als dreißig Jahren fast nur Araber wohnten. »Haben sich noch mehr Leute von der Bande blicken lassen?« fragte er.

»Außer ihm ist kein Mensch zu sehen. Wir glauben, daß er allein ist. Einer der Beamten in einem Streifenwagen, der ihn überholte, meint, daß es Abou Benefeika ist, aber das ist nicht sicher.«

»Ich hoffe, er kann uns nicht durch die Lappen gehen?« fragte Grelle.

»Wir haben ihn sicher in der Falle. Sowohl der Vorder- wie der Hinterausgang werden bewacht. Außerdem gibt es ein paar gute Beobachtungsposten, von denen aus man ihn Tag und Nacht im Auge behalten kann. Sollen wir ihn schnappen oder ihn schmoren lassen?«

»Lassen Sie ihn schmoren«, befahl Grelle.

In Basel, in seinem Zimmer im Hotel Victoria, hörte Alan Lennox aus dem Nachttischradio von dem Alarm in Orly. Er saß auf der Bettkante, rauchte eine Zigarette und sah gelegentlich auf seine Uhr; der Nachricht aus Orly schenkte er keine Aufmerksamkeit. Dort war die Polizei schon mehrmals wegen vermuteter Terroristenüberfälle in Alarmbereitschaft versetzt worden. Der Engländer schlug sich die Zeit tot; das war etwas, was ihm sehr gegen den Strich ging, aber es gab einen richtigen Augenblick für den Grenzübertritt nach Frankreich; etwa um elf Uhr vormittags, schätzte er. Vorher würden die Grenzbeamten noch frisch und ausgeruht sein. Sie wären wachsam, leicht zu reizen und würden sich die wenigen Reisenden mit entsprechender Aufmerksamkeit vornehmen.

Punkt elf Uhr verließ Lennox das Victoria, überquerte die Straße und betrat die Bahnhofshalle. Im Basler Bundesbahnhof gibt es einen in Europa einzigartigen französischen Grenzposten. Er liegt zwar auf schweizerischem Boden, aber alle französischen Staatsangehörigen, die aus Basel nach Frankreich zurückfahren wollen, müssen hier durch eine von der Schweizer Grenzkontrolle getrennte französische Kontrolle. Hier arbeiten französische Beamte, die ausschließlich ihre Landsleue kontrollieren. Das war eine ausgezeichnete Gelegenheit, die von Peter Lanz gelieferten falschen Papiere zu testen.

Wenn es Schwierigkeiten geben sollte – wenn etwa entdeckt werden würde, daß er gefälschte Papiere hatte –, würde man ihn der Schweizer Polizei übergeben. Den Schweizer Beamten könnte er dann den Namen von Peter Lanz nennen und ihnen die Telefonnummer in Bonn geben. Angesichts der diskreten Zusammenarbeit zwischen den deutschen und den Schweizer Behörden würde es Lanz, dessen war er sicher, bestimmt gelingen, die Schweizer zu einer Übergabe des Engländers an die Deutschen zu überreden. Lennox hatte nicht umsonst so lange überlebt; er ging kein unnötiges Risiko ein. Mit seinem Schweizer Koffer in der Hand reihte er sich in die Schlange ein, die sich rasch weiterbewegte. »Ihre Papiere, bitte.«

Er hatte Pech: Die Abfertigung wurde von einem der jüngeren Beamten vorgenommen, einem scharfäugigen jungen Mann, dessen Begeisterung noch nicht durch jahrelanges Starren auf eselsohrige Pässe gedämpft worden war. Der Beamte verglich das Paßbild sorgfältig mit dem Mann, der vor ihm stand, und verschwand anschließend in einem Nebenraum. Innerlich gespannt, lehnte Lennox sich gegen den Tresen. In einem seiner Mundwinkel hing eine Gitane. Er sah die neben ihm stehende Frau an und zuckte die Achseln. Diese elenden Bürokraten, schien er sagen zu wollen. Der Beamte kam zurück. Den Paß hielt er noch immer in der Hand.

»Welche Länder haben Sie besucht?«

»Die Schweiz und Deutschland ...« Es ist immer besser, die Wahrheit zu sagen, wenn es nicht schadet. Lennox machte ein gelangweiltes Gesicht, als der junge Beamte fortfuhr, den Paß durchzublättern, als wäre es der erste, den er je zu Gesicht bekommen hätte, als wäre er überzeugt, hier sei etwas faul.

»Wie lange sind Sie nicht mehr in Frankreich gewesen?«

»Drei Wochen ...«

Man soll immer nur die Frage beantworten, die einem gestellt wird. Niemals drauflosplappern und die Angaben mit lauter Details ausschmücken. Dies ist der älteste Trick aus dem Lehrbuch, den Grenzbeamte in aller Welt anwenden; einen Verdächtigen zum Reden bringen, dann stellt er sich über kurz oder lang selbst ein Bein. Der Beamte gab Lennox den Paß zurück. Lennox hob seinen Koffer auf, wurde von den Zöllnern mit einem Winken abgefertigt und ging weiter zum Bahnsteig, an dem der Zug nach Frankreich schon bereitstand. In zwei Stunden würde er in Straßburg sein.

Der München-Expreß sollte planmäßig in zwei Stunden in Straßburg eintreffen. Am Fenster eines Erster-Klasse-Abteils saß Karel Vanek. Er hatte sich in einen französischen Detektivroman vertieft. Der Tscheche rauchte genußvoll. Das Aroma einer teuren Zigarre füllte das Abteil. Ihm gegenüber saß der enthaltsame Brunner, dem die Zigarre nicht behagte; er hatte sogar den Fehler gemacht, eine Bemerkung über die Zigarre fallen zu lassen. »Wenn wir zurückkommen, werden wir über unsere Ausgaben Rechenschaft ablegen müssen ...«

»In einer kapitalistischen Gesellschaft öffnet eine Aura von Wohlstand sämtliche Türen«, hatte Vanek erwidert und ungerührt umgeblättert.

Die Wahrheit war, daß Vanek die angenehmen Dinge des Lebens liebte, und Brunner für so etwas wie einen Bauernlümmel hielt. Jetzt, als sie sich Straßburg näherten, las er seinen Roman nur noch mit halber Aufmerksamkeit. Er dachte an Dieter Wohl, den in Freiburg lebenden Deutschen. Von den drei Männern, denen das Kommando ›einen Besuch abstatten‹ sollte – Vaneks Euphemismus für das Umbringen eines Menschen –, war der Deutsche ihnen im Augenblick am nächsten. Es schien logisch, daß der Deutsche als erster besucht werden sollte.

Beim ersten Durchgehen der Liste hatte diese Vorstellung dem Tschechen aber nicht so recht zugesagt, und jetzt, als sie sich dem Rhein näherten, kamen ihm die gleichen Zweifel. Vanek wollte nämlich nicht einen zweiten Geheimdienst alarmieren – den deutschen –, solange sie noch nicht weitergekommen waren. Immerhin war nicht auszuschließen, daß bei Wohls ›Unfalltod‹ etwas schiefging. Und später müßten sie ohnehin über Deutschland aus Frankreich zurückkehren. Nein, Wohl hatte noch etwas Zeit. So war Vanek, wenn auch aus anderen Gründen, zu der gleichen Entscheidung gekommen wie Alan Lennox, nämlich erst nach Frankreich zu fahren.

Er klappte das Buch zu und blies noch mehr Zigarrenrauch in Brunners Richtung. Auch diesmal reiste Lansky in einem anderen Waggon; das war eine kluge taktische Vorsichtsmaßnahme und paßte Vanek überdies persönlich. Er mochte den jüngeren Tschechen nicht. Bald würden sie in Kehl sein, dem letzten Aufenthalt auf deutscher Seite, bevor der Zug die Rheinbrücke nach Frankreich überquerte. Vanek entschied, daß sie in Kehl aussteigen sollten, obwohl es einfacher sein würde, im Zug zu bleiben, bis dieser Straßburg erreichte. Vanek hatte die – nicht unbegründete – Vorstellung, daß Grenzbeamte auf die Reisenden in internationalen Expreßzügen ein besonders wachsames Auge halten. Nach dem Aussteigen in Kehl könnten sie einen Eilzug nach Straßburg nehmen und während des Aufenthaltes in der deutschen Stadt vielleicht noch einige Kleidungsstücke kaufen. Vanek holte seine Papiere heraus und betrachtete sie. Bei der Ankunft in Straßburg würden sie drei harmlose Touristen sein, die von einem kurzen Skiurlaub in Bayern zurückkehrten. Jetzt gab es nichts mehr, was sie mit der Tschechoslowakei in Verbindung brachte.

Léon Jouvel, Rue de l'Épine, Straßburg, war der erste Name auf der Liste, die Oberst Lasalle Alan Lennox ausgehändigt hatte. Der dreiundfünfzigjährige Jouvel war ein kleiner und dicklicher Mann mit einem buschigen grauen Schnurrbart, struppigem grauem Haar und einer schlaffen rechten Hand, die es liebte, die Knie junger Mädchen zu streicheln, wenn ihr Besitzer glaubte, damit durchkommen zu können. Louise Vallon, die in Jouvels Phonogeschäft arbeitete, konnte ihn leicht auf Abstand halten. »Er ist nicht gefährlich«, vertraute sie einmal ihrer Freundin an, »macht sich nur Hoffnungen, aber in jüngster Zeit scheint er ziemlich deprimiert zu sein, beinahe ängstlich...«

Was Léon Jouvel ängstigte, war etwas, was mehr als dreißig Jahre zurücklag. Es schien zurückgekehrt zu sein, um ihn zu quälen. 1944 hatte er für die im Département Lozère operierende Résistance gearbeitet und war der Funker des Leoparden gewesen. Trotz dieser Schlüsselposition hatte er wie die übrigen keine Ahnung gehabt, wie der kommunistische Résistance-Chef aussah. Die Nähe seines Chefs hatte er immer an dem warnenden Knurren des Wolfshunds César erkannt.

Jouvel haßte das Biest, aber er gehorchte immer den Instruktionen, die man ihm gegeben hatte, und kehrte dem Tier den Rücken zu, wann immer es auftauchte. So blieb er mit seinem Notizbuch stehen, bis der Leopard erschien und ihm sagte, welche Meldung er durchgeben sollte. Nachdem er den Text notiert hatte, eilte Jouvel zu dem versteckten Sendegerät und gab den Funkspruch durch. Danach verbrannte er sofort den Zettel mit dem Text. Über den Leoparden wußte Jouvel nur, daß er ein sehr hochgewachsener Mann war; einmal, an einem sonnigen Tag, hatte er dessen Schatten gesehen.

Wegen der Art seiner Tätigkeit aber – und der Häufigkeit dieser kurzen Zusammentreffen – war Jouvel mehr als jeder andere in dieser Résistance-Gruppe mit der *Stimme* des Leoparden vertraut, und Jouvel hatte ein sehr feines Gehör. In den letzten achtzehn Monaten nun – seit Guy Florians Amtsantritt als Präsident – hatte Jouvel sich bemerkenswert verändert. Alle seine Freunde hatten sich über diese Veränderung geäußert. Der normalerweise joviale und redselige Jouvel war zu einem leicht reizbaren und schweigsamen Mann geworden, der oft kaum zu hören schien, was man ihm sagte. Das häufige Auftreten des Präsidenten im Fernsehen hatte den dicklichen kleinen Mann entnervt.

Der Witwer Jouvel hatte es sich angewöhnt, seine Abende in Bars und Cafés zu verbringen, in denen er mit Freunden zusammensaß und schwatzte. Jetzt saß er abends allein in seiner Wohnung im zweiten Stock eines Mietshauses und verpaßte keine Nachrichtensendung und kein politisches Magazin, weil er auf Guy Florians Erscheinen wartete, um ihn *sprechen* zu hören. Wenn Florian eine Rede hielt, saß Jouvel mit geschlossenen Augen vorm Fernseher und hörte intensiv zu. Es war makaber – diese Ähnlichkeit der Stimmen, aber es war unmöglich, völlig sicher zu sein.

Wenn er mit so geschlossenen Augen dasaß, hätte Jouvel schwören können, daß er gerade dem hinter ihm stehenden Leoparden zuhörte, der ihm irgendeinen neuen Funkspruch auftrug, den er in jenen heute so fernen Tagen oben in den Bergen durchgeben sollte. Jouvel studierte die Manierismen der Sprache des Präsidenten, achtete auf das kurze Zögern vor einem neuen Schwall von Anwürfen, wenn Florian die Amerikaner attackierte. Zuerst sagte er sich, das sei unmöglich: Der Leopard war 1944 in Lyon ums Leben gekommen. Aber dann fing Jouvel an, sich in die Vergangenheit zurückzuversetzen, er erinnerte sich an die Beisetzung des Leoparden tief im Wald, der er beigewohnt hatte. Die vier Männer, die den Sarg getragen hatten – alle vier Männer waren wenige Tage später bei einem Feuerüberfall ums Leben gekommen –, hatten es sehr eilig gehabt, die Sache hinter sich zu bringen. Jouvel war damals der totale Mangel an *Achtung* vor dem Toten aufgefallen.

Wenige Monate nach dem Amtsantritt Florians hatte ein unerwarteter Besuch von Oberst Lasalle, der in Zivil erschien, Léon Jouvel zutiefst erschreckt.

»Dieser Mann, der Leopard«, hatte der Oberst gesagt, »hat Ihnen doch zahllose Funksprüche durchgegeben, also müßten Sie doch seine Stimme wiedererkennen, wenn Sie sie hören?«

»Das ist alles so lange her...«

Jouvel hatte nach bestem Vermögen gemauert und es fertiggebracht, seinen verrückten Verdacht vor einem der geschicktesten

Vernehmungsexperten in Frankreich zu verbergen. Wie so viele Franzosen mißtraute Jouvel sowohl der Polizei wie der Armee; er wollte in Ruhe gelassen werden und mit Behörden so wenig wie möglich zu tun haben. Aber hatte er den scharfäugigen kleinen Obersten wirklich überzeugen können, daß er nichts wußte? Noch Wochen nach dem Besuch Lasalles geriet Jouvel ins Schwitzen, wenn er an diese Begegnung dachte. Und jetzt, nur acht Tage vor Weihnachten, hatte es heute abend diesen Zwischenfall gegeben.

Um sechs Uhr abends schloß er wie immer seinen Laden ab und ging vom Quai des Bateliers über die Brücke in die menschenleere Altstadt zurück. Nach Einbruch der Dunkelheit ist die Rue de l'Épine eine düstere Straße, in der alte fünfstöckige Häuser mit den Schatten verschmelzen und in der das Echo von Schritten von den Hauswänden widerhallt. Die Beleuchtung ist spärlich, und man sieht nur selten einen Menschen. An diesem Abend war Jouvel sicher, hinter sich Schritte zu hören. Er drehte sich abrupt um und sah einen flüchtigen Schatten, der mit einer Hauswand verschmolz.

Jouvel zwang sich umzukehren und zurückzugehen. Das erinnerte ihn daran, wie oft er dem gefährlichen Wolfshund des Leoparden den Rücken hatte zukehren müssen. Jouvel zitterte, als er sich zwang, weiter die dunkle Straße hinunterzugehen. Er schwitzte so, daß seine Brillengläser beschlugen. Als er den Hauseingang erreichte, an dem er den Schatten sich hatte bewegen sehen, konnte er nicht genau erkennen, ob da jemand stand. Er tat so, als rückte er die Brille zurecht, und wischte sie schnell mit den Fingern sauber. Das verschwommene Bild wurde klar, und aus dem dunklen Hauseingang starrte ihn ein schwer gebauter Mann mit einem feisten Gesicht an. Um ein Haar wäre Jouvel in Ohnmacht gefallen.

Der Mann mit dem feisten Gesicht trug einen dunklen Mantel und einen Schlapphut. Jetzt zog er einen Flachmann aus der Tasche und trank geräuschvoll. Anschließend rülpste er. Jouvels heftig pochendes Herz beruhigte sich. Ein Betrunkener! Ohne ein Wort zu sagen, machte Jouvel kehrt und ging zu dem Haus, in dem er wohnte. Dem Kriminalbeamten Armand Bonheur, der im Hauseingang stehengeblieben war, brach jetzt ebenfalls der Schweiß aus. Großer Gott, beinahe hätte er alles verdorben! Dabei hatte der Inspektor unmißverständliche Anweisungen gegeben.

»Was auch geschieht, Jouvel darf nicht merken, daß er beschattet wird. Der Befehl kommt direkt aus Paris...«

Jouvel bog in den steinernen Torbogen des Hauses Nr. 49 ein, ging über das Kopfsteinpflaster des Innenhofs und betrat das Hinterhaus. Er ging die Treppe zum zweiten Stock hinauf und schloß gerade seine Wohnungstür auf, als ein rothaariges Mädchen den Kopf durch die Tür nebenan steckte. Jouvel lächelte freundlich.

»Guten Abend, M'selle...«

Das Mädchen schien enttäuscht und machte hinter seinem Rücken eine obszöne Geste. »Dämlicher alter Schlappschwanz.« Für Denise Viron war alles über vierzig reif für den Friedhof; alles unter vierzig jagdbares Wild.

In seiner Wohnung eilte Jouvel zum Fernsehgerät und schaltete es ein. Nachdem er sich in der Küche eine Tasse Tee gemacht hatte, ging er wieder ins Wohnzimmer, setzte sich in einen alten Lehnsessel und wartete. Wenige Minuten später erschienen Kopf und Schultern Guy Florians auf dem Bildschirm. Jouvel schloß die Augen. »Die Amerikaner wollen Europa in einen einzigen riesigen Supermarkt verwandeln, in dem amerikanische Waren abgesetzt werden, versteht sich...« Und trotzdem konnte Jouvel nicht sicher sein. Ich werde noch wahnsinnig, dachte er.

»Monsieur Jouvel? Er ist heute nicht da, wird aber morgen wieder in Straßburg sein. Das Geschäft öffnet um neun...«

Louise Vallon, Jouvels Verkäuferin, legte auf und dachte nicht weiter über den Anruf nach. Sie mußte einen Kunden bedienen. In einer Bar in der Nähe des Phonogeschäfts legte Karel Vanek ebenfalls auf und ging hinaus auf die Straße. Dort, am Quai des Bateliers, saß Walther Brunner in dem Citroën DS 23, den sie bei Hertz am Boulevard de Nancy gemietet hatten. »Er ist heute nicht in der Stadt«, sagte Vanek und setzte sich hinters Lenkrad, »wird morgen aber zurück sein. Wir haben also reichlich Zeit, ein bißchen Atmosphäre zu schnuppern.«

Nach der Ankunft mit einem Eilzug aus Kehl hatten die drei Männer des sowjetischen Kommandos sich wie zuvor in München getrennt. Lansky war einfach über den mit Kopfsteinpflaster belegten Bahnhofsvorplatz gegangen und hatte sich unter dem Namen Lambert im Hotel Terminus eingemietet. Vanek und Brunner deponierten die drei Skiausrüstungen – die sie nie abholen würden – in der Gepäckaufbewahrung und fuhren mit wenigen Minuten Abstand in Taxis zum Hotel Sofitel. Dort trugen sie sich getrennt als Duval und Bonnard ein. Später trafen sie sich vor dem Hotel, gingen zum Boulevard de Nancy und mieteten den Citroën.

Vor dem Verlassen seines Zimmers im Sofitel hatte Vanek im Telefonbuch nachgeschlagen, dem Bottin, um Léon Jouvels Adresse zu prüfen. Ja, die Anschrift stimmte mit der auf der Liste überein, Rue d l'Épine 49, aber außerdem war noch die Adresse eines Phono- und Fernsehgeschäfts am Quai des Bateliers angegeben. Mit Hilfe eines Stadtplans, den sie an einem Zeitungskiosk gekauft hatten, waren Vanek und Brunner durch die Altstadt gefahren, um sich beide Adressen einmal anzusehen. Erst danach machte Vanek von der Bar aus seinen ersten Anruf. Anschließend fuhr er einige Straßen weiter und übergab den Wagen erst dann seinem Begleiter. Für den Rest des Nachmittags und den größten Teil des Abends sollte jeder der drei für sich mit Straßburg vertraut werden und sich an das Gefühl gewöhnen, in Frankreich zu sein.

»Kaufen Sie sich Zeitungen, gehen Sie in Parks, sprechen Sie mit so vielen Leuten wie möglich«, hatte Vanek den anderen eingeschärft. »Mischen Sie sich unter die Leute, dann fallen Sie nicht auf. Nehmen Sie mal einen Bus und achten Sie auf das, worüber die Leute sprechen. Heute abend schon sollen Sie französischer sein als die Franzosen selbst...«

Vanek hielt sich an die eigene Empfehlung und machte sich an die Arbeit. Anders als Brunner ging er von jetzt an kreuz und quer durch die Stadt. Er wußte, daß man sich mit einer fremden Stadt am besten vertraut macht, wenn man zu Fuß durch die Straßen geht. Auf dem Stadtplan hatte Vanek schon gesehen, daß die Altstadt auf allen Seiten von Wasser umgeben ist. Die Ill bildet den ›Graben‹, der das Herzstück Straßburgs umschließt. Zahlreiche Brücken führen in den Stadtkern, der zum größten Teil aus dem vierzehnten Jahrhundert stammt. Es war vier Uhr nachmittags und noch immer hell, aber in der engen und stillen Rue de l'Épine kündigte sich schon die Dämmerung an, als Vanek den Torbogen des Hauses Nr. 49 betrat.

Auf einem der Namensschilder unten im Hausflur entdeckte Vanek, daß Jouvel im zweiten Stock wohnte. Er klopfte gerade an die Tür zu Jouvels Wohnung, als die Tür zur Nachbarwohnung aufging und ein rothaariges Mädchen ihn auffordernd ansah. »Er ist heute weggefahren, um seine Schwester zu besuchen – er kommt morgen wieder«, informierte sie den Tschechen. »Aber vielleicht kann ich Ihnen irgendwie behilflich sein?«

Vanek, der sorgfältig darauf achtete, ihre Hüften und die übrigen Vorzüge ihrer Anatomie angemessen zu würdigen, hatte keinerlei Mühe, Denise Viron die Informationen zu entlocken, die er brauchte. Er sei, erklärte er, für ein Marktforschungsunternehmen tätig. »Monsieur Léon Jouvel ist eine der Personen, die wir ausgewählt haben, um unseren Fragebogen auszufüllen... Wir machen eine Erhebung darüber, wieviel Geld ein Rentner zum Leben braucht.« Innerhalb weniger Minuten erfuhr Vanek, daß Jouvel Witwer war, daß er die Wohnung allein bewohnte, daß er kein Haustier besaß – Vanek hatte an einen Wachhund gedacht –, daß er den ganzen Tag in seinem Geschäft war und erst um halb sieben abends nach Hause kam, daß er nicht mehr sehr gesellig war und nur selten Besuch bekam.

»Wenn Sie hereinkommen möchten«, sagte das Mädchen und strich ihren Rock über den langen und geschmeidigen Beinen glatt, »vielleicht könnte ich Ihnen auf andere Weise behilflich sein ...«

Vanek, der einen gesunden Appetit auf Frauen hatte, hatte es sich zum Prinzip gemacht, Arbeit und Vergnügen nie durcheinanderzubringen. Außerdem hatte das Mädchen in dem düsteren Treppenhaus noch nicht erkennen können, wie er aussah. Vanek erklärte, er müsse an diesem Tag noch fünf weitere Leute befragen, und verließ sie mit der vagen Zusicherung, er werde sie irgendwann in den nächsten Tagen besuchen.

Wie vorher verabredet, traf er sich um acht mit Brunner und Lansky an einer Ecke des Place Kléber. Inzwischen hatte es in Straßburg zu schneien begonnen. Die Flocken fielen sanft auf die geduckten Dächer der Altstadt. Vanek ging mit den beiden anderen in eine ziemlich volle Bar, fand aber an der Rückwand noch einen freien Tisch.

»... also«, fuhr er wenige Minuten später fort, »alles ist wie bestellt für eine schnelle Lösung. Sie besuchen ihn morgen abend kurz nach achtzehn Uhr dreißig, wenn er nach Hause gekommen ist ...« Er hatte Lansky für den Besuch bei Léon Jouvel bestimmt. »Er ist Witwer und lebt allein. Seine Wohnung liegt im zweiten Stock, und das Haus ist ruhig. Niemand in der Nähe, abgesehen von einem rothaarigen Mädchen, das nebenan wohnt. Sie könnte lästig werden – sie hält nach jemandem Ausschau, der ihr das Bett warmhält.«

»Es gefällt mir nicht«, sagte Brunner. »Sie gehen zu schnell vor. Wir brauchen mehr Zeit, um diesen Mann kennenzulernen ...«

»Zeit ist genau das, was wir nicht haben«, entgegnete Vanek kalt. »In fünf Tagen – am 22. Dezember – müssen wir den ganzen Auftrag erledigt haben. Das schließt Besuche bei drei Männern ein, von denen einer in Deutschland lebt. Die Strategie ist also einfach – wir widmen uns zunächst den beiden ersten auf der Liste, und zwar schnell ...«

»Wenn die Wohnung jetzt leer steht, werde ich sie mir heute abend ansehen«, sagte Lansky. Er stand auf. »Wir treffen uns morgen zu der vereinbarten Zeit an der Bushaltestelle am Place de la Gare?«

»Es ist gefährlich, die Sache so zu forcieren«, murmelte Brunner.

Vanek beugte sich vor, bis sein Gesicht beinahe das von Brunner berührte. Vanek sprach noch immer sehr ruhig. »Denken Sie nach, Mann! Es wird am Samstagabend passieren – man wird die Leiche frühestens am Montagmorgen entdecken . . .«

›Der Strick‹ benutzte den Satz französischer Nachschlüssel – der zusammen mit den gefälschten Sûreté-Ausweisen im letzten Moment von Kiew nach Tábor geflogen worden war –, um die Tür zu Jouvels Wohnung zu öffnen. Es war eine Dreizimmerwohnung mit Küche und Bad. Im Wohn-Eßzimmer stand ein Farbfernseher. Als Lansky sich in der Wohnung befand, zog er zunächst die Vorhänge zu, dann machte er sich mit Hilfe einer Taschenlampe mit der Wohnung vertraut. Alles war sauber aufgeräumt; Lansky nahm sich vor, das nicht zu vergessen, wenn er sich daranmachte, den Schauplatz für den ›Selbstmord‹ herzurichten.

Lansky hatte keinen Strick mitgebracht; es kann sehr gefährlich werden, ein Seil oder einen Strick zu kaufen, wenn es der Polizei einfällt, gründlich nachzuforschen, wenn ein Verbrechen verübt worden ist. Statt dessen hielt er in der Wohnung nach etwas Geeignetem Ausschau – einer Gewichtsschnur, einem Gürtel, nach irgend etwas, womit man einen Mann aufhängen kann. In einem alten Ungetüm von Kleiderschrank fand er, was er suchte – einen alten wollenen Morgenmantel mit einem Stoffgürtel.

Er prüfte die Belastbarkeit des Gürtels sorgfältig. Er befestigte das eine Ende an einem Bein des alten Gasherdes in der Küche und zog dann mit aller Kraft daran. Um den Gürtel noch fester zu machen, würde er ihn später noch in Wasser tauchen können. Er selbst war sehr gegen den Vorschlag Brunners gewesen, Jouvel in dessen Badewanne ›ertrinken‹ zu lassen; das bedeutete, daß man den Mann ausziehen mußte, und das kostete Zeit. Und ein Selbstmord lag auch für die Polizei nahe, wenn es sich bei dem Toten um einen allein lebenden Witwer handelte. Als nächstes prüfte Lansky den Türgriff an der Außenseite der Badezimmertür. Er saß fest. Brunner hatte ihm gesagt, es sei nicht ungewöhnlich, daß Leute sich an der Innenseite einer Badezimmertür erhängten; vielleicht hatten sie dann das Gefühl, den Selbstmord absolut ungestört verüben zu können.

Zwanzig Minuten sind das Äußerste, was sich ein Einbrecher für den Aufenthalt in einem fremden Haus gibt; jede weitere Minute, das zeigt die Statistik, arbeitet gegen ihn. Lansky hatte seinen Aufenthalt vorsichtig auf zwölf Minuten begrenzt. Er hatte die Vorhänge wieder aufgezogen und wollte gerade gehen, als er draußen im Treppenhaus Stimmen hörte. Er preßte das Ohr an die

Türfüllung und lauschte angestrengt. Es waren zwei Stimmen, die eines Mannes und eines Mädchens, wahrscheinlich die des Mädchens von nebenan, das Vanek erwähnt hatte. Sie unterhielten sich auf französisch, aber Lansky konnte nicht verstehen, was sie sagten. Er wartete, bis die Stimmen verstummten, eine Tür geschlossen wurde und Schritte sich im Treppenhaus entfernten. Als er aus der Wohnung trat und Jouvels Wohnungstür verschloß, herrschte im Haus tiefe Stille. In weniger als vierundzwanzig Stunden, um sieben Uhr abends am folgenden Tag, würde er wiederkommen, um Léon Jouvel zum ersten- und letztenmal zu besuchen.

Er trat mit der gleichen Vorsicht wie vorhin beim Betreten des Hauses aus dem Torbogen auf die Rue de l'Épine heraus. Der Kriminalbeamte Armand Bonheur befand sich heute aber nicht in Straßburg, sondern saß fünfzig Kilometer entfernt in Saarburg in seinem Wagen. Ihm war kalt, und er fühlte sich deprimiert, während er das Haus im Auge behielt, in dem Léon Jouvel seine ältere Schwester besuchte. Lansky wartete noch ein wenig, bis der einzige Mensch, der zu sehen war, in Richtung Place Kléber verschwand. Es war Alan Lennox.

Freitag, 17. Dezember. Abends um acht, etwa zu der Zeit, da die drei Angehörigen des Killerkommandos eine Bar in der Nähe des Place Kléber betraten, machte ›André, das Eichhörnchen‹ seinem Chef Marc Grelle in dessen Pariser Büro einen Vorschlag. Ob es sich nicht lohnen würde, wenn er, Boisseau, nach Straßburg flöge, um diesen Léon Jouvel zu sprechen, und anschließend zu dem zweiten Zeugen nach Colmar weiterzufahren? »Wenn Lasalle recht hat und diese Leute tatsächlich den Leoparden gekannt haben, müßten sie mir etwas sagen können.«

Grelle überdachte den Vorschlag und entschloß sich dann, ihn zu verwerfen. Jedenfalls im Augenblick. Im Augenblick brauchte er seinen Stellvertreter dringend in Paris. Er sollte ihm helfen, den Schutzwall um den Staatspräsidenten in möglichst kurzer Zeit zu vervollständigen. »Das hat noch Zeit«, meinte Grelle.

Alan Lennox war mit der Bahn aus der Schweiz nach Straßburg gekommen. Um diese Zeit befand sich das sowjetische Kommando noch jenseits des Rheins in Kehl. Da es in Straßburg nur zwei oder drei erstklassige Hotels gibt, war es nicht verwunderlich, daß er das Hotel Sofitel auswählte, das wie ein auf dem Kopfende stehender Schuhkarton aussieht und mehr den Hotels ähnelt, die man in den USA antrifft. Er füllte das Meldeformular unter dem Namen Jean Bouvier aus und begab sich dann in sein Zimmer im vierten Stock, von dem aus er auf einen gepflasterten Innenhof hinabsehen konnte.

Seine erste Tat bestand darin, daß er den ›Bottin‹ konsultierte, das französische Telefonbuch. Er stellte fest – wie Vanek nur zwei Stunden später –, daß Léon Jouvel zwei Adressen hatte; eine stimmte mit der Anschrift auf der Liste überein, die andere war die Geschäftsadresse. Anders als Vanek rief Lennox vom Hotelzimmer aus im Geschäft an. Es läutete, aber niemand nahm den Hörer ab. Im Laden hatte Louise Vallon alle Hände voll zu tun, und sie dachte nicht im Traum daran, auch noch das Telefon zu bedienen. Im Sofitel legte Lennox wieder auf. Der nächste Schritt lag nahe. Er mußte versuchen, Jouvel zu Hause zu erwischen.

Er konsultierte den Stadtplan, den er am Bahnhof gekauft hatte, und stellte fest, daß die Rue d l'Épine vom Hotel aus leicht zu Fuß zu erreichen war. Er zog seinen Mantel an, setzte den Hut auf und ging hinaus. Draußen wirbelten Schneeflocken. Das machte die Stimmung in Straßburg noch weihnachtlicher. Anders als in Paris erinnerte in dieser Stadt vieles an das bevorstehende Weihnachtsfest; die Place Kléber war mit großen Tannenbäumen geschmückt, die abends im Lichterglanz erstrahlten. In weniger als zehn Minuten stand Lennox vor dem Torbogen des Hauses Rue de l'Épine 49.

Léon Jouvel. Das Namensschild war neben der Wohnungstür im zweiten Stock angebracht. Lennox klopfte zum drittenmal, aber niemand öffnete. Und dieses Mal ging nebenan die Tür nicht auf; die rothaarige und lebenslustige Denise Viron lag um diese Zeit – kurz vor ein Uhr mittags – noch im Bett und schlief. Lennox verließ das Haus und beschloß, irgendwo zu essen.

Am Nachmittag besuchte er das Phonogeschäft am Quai des Bateliers. Es war voller Kunden. Das blonde Mädchen hinter der Theke hatte vollauf zu tun, um den Andrang zu bewältigen. Von einem Mann war nichts zu sehen. Als die Verkäuferin gerade beschäftigt war, blickte Lennox in das in einem Nebenraum gelegene Büro. Es war leer. Er beschloß, am frühen Abend wieder in die Rue de l'Épine zu gehen. Wenn man einen Mann unbedingt sprechen will, fängt man ihn am besten zu Hause ab, wenn er seinen Arbeitstag hinter sich gebracht und gegessen hatte – wenn er entspannt. Um 20.30 Uhr kehrte Lennox in die Rue de l'Épine zurück.

Denise verließ gerade die Wohnung. Sie wollte ausgehen. Sie trug einen giftgrünen Mantel, von dem sie meinte, daß er ausgezeichnet zu ihrer aufregenden Persönlichkeit passe. In diesem Augenblick entdeckte sie Lennox, der vor Léon Jouvels Tür stand.

Sie beäugte ihn und fragte sich, ob sie an diesem Abend überhaupt ausgehen sollte. Sie stand vor ihrer Wohnungstür. Ihr Flurlicht brannte immer noch und betonte ihre volle Brust. »Er ist heute abend ausgegangen«, sagte sie. »Kann ich Ihnen irgendwie behilflich sein?«

Lennox, der gerade die Hand gehoben hatte, um an die Tür zu klopfen, die Lansky vor nur wenigen Minuten mit einem Dietrich geöffnet hatte, lüftete statt dessen den Hut. Er bewegte sich ein paar Schritte auf das Mädchen zu, das auffordernd in die eigene Wohnung zurücktrat. Sie nestelte an ihren langen roten Haaren und beobachtete ihn mit leicht geöffneten Lippen. Mein Gott, ein Flittchen, dachte Lennox. »Sie meinen Monsieur Léon Jouvel?« fragte er auf französisch. »Es ist ziemlich dringend – sind Sie sicher, daß er heute abend nicht mehr wiederkommt?«

Das Mädchen schürzte die übergeschminkten Lippen. »Ganz schön gefragt heute, was? Jouvel, meine ich. Heute nachmittag hat gerade einer von diesen blöden Marktforschern nach ihm gefragt. Von Geschmack keine Spur.«

»Marktforscher?«

»Allerdings. Sie kennen den Typ – immer die Nase im Wind. Ich persönlich halte es für unverschämt, daß sie einem immer diese intimen Fragen stellen...«

»Und Monsieur Jouvel«, warf Lennox lächelnd ein, »wann wird er wohl zurück sein?«

»Morgen – am Samstag. Dieser komische Marktforscher...«

»Ist jemand da, dem ich eine Nachricht übergeben könnte? Seine Frau vielleicht?«

»Er ist Witwer. Interessiert sich nicht mehr für Frauen.« Sie sah über Lennox' Schulter hinweg. »Ich bin der Meinung, wenn man schon so weit gekommen ist, ist das Leben nicht mehr...«

»Sonst lebt niemand in der Wohnung?«

»Nein. Er lebt allein.« Das Mädchen zog die Stirn kraus, als machte es gerade eine gewaltige intellektuelle Anstrengung, um ein Problem zu lösen. »Es ist komisch, ich führe mit Ihnen fast genau das gleiche Gespräch wie mit diesem anderen Burschen. Warum ist dieser Jouvel plötzlich so beliebt? Es vergehen Wochen, und er tut nichts, sitzt nur vor der Glotze, und jetzt...«

»Er wird den ganzen Samstag zu Hause sein?« fragte Lennox.

»Da haben Sie's – schon wieder die gleiche Frage.« Denise Viron wurde die Unterhaltung allmählich langweilig. »Am Samstag hockt er den ganzen Tag in seinem Laden«, fauchte sie. »Und das ist nicht die richtige Zeit, sich mit ihm zu unterhalten – der Samstag ist immer sein großer Tag. Und abends kommt er nicht vor halb sieben zurück. Sind Sie etwa auch Marktforscher?« fragte sie sarkastisch.

»Ich habe vor langer Zeit einmal mit ihm zu tun gehabt«, erwiderte Lennox ausweichend und verabschiedete sich. Unten auf der Treppe hörte er, wie eine Tür krachend zugeschlagen wurde. Hinter ihm knöpfte Denise Viron wieder den Mantel zu, den sie bei ihrer Unterhaltung aufgeknöpft hatte. Sie mußte also doch noch ausgehen, und das bei diesem Hundewetter.

Am Samstag um 17.30 Uhr sah der Kriminalbeamte Armand Bonheur auf seine Armbanduhr und gähnte. Er saß in seinem Dienstzimmer. Bald würde diese elende Nachtwache wieder anfangen. Er mußte seinen Kollegen ablösen, der in diesem Augenblick die Schaufenster des Jouvelschen Geschäfts am Quai des Bateliers diskret im Auge behielt. Bonheur würde am Quai übernehmen und beobachten, wie Jouvel sein Geschäft abschloß und sich auf den Heimweg machte. Anschließend sollte er darauf achten, wer das Haus in der Rue de l'Épine betrat und verließ. Allmählich fing Bonheur an, diese Aufgabe zu hassen. Was zum Teufel wollte Paris bloß von einem Mann wie Jouvel?

Selbst Borisov, der Ausbilder von Tábor, hätte Mühe gehabt, Lansky wiederzuerkennen, als dieser mit einer Gruppe anderer Hotelgäste das Terminus verließ und auf die Straße trat. Lansky trug einen deutschen Anzug und einen Tirolerhut; diese Kleidungsstücke hatte er während des kurzen Aufenthalts in Kehl gekauft. Außerdem trug er eine Hornbrille mit dicken Gläsern, wie man sie normalerweise nur bei älteren Männern sieht. Selbst seinen Gang hatte er verändert. Mit den Händen in den Manteltaschen – den Mantel hatte er ebenfalls in Kehl gekauft – schlurfte er über den Place de la Gare, über den der Dezemberwind pfiff. Um die Tarnung zu vervollständigen, hatte er außerdem einen Regenschirm aufgespannt, den er zuvor zerknittert und schmutzig gemacht hatte. Um den Hals hatte er einen Wollschal gewickelt. So vermummt und mit seinem schlurfenden Gang wirkte Antonin Lansky jetzt wie ein Mann Ende der Sechzig.

Er erreichte das Bahnhofsgebäude, schlich sich ins Bahnhofsrestaurant, durch dessen Glasfronten man auf den Bahnhofsvorplatz sehen konnte, setzte sich an einen Tisch und bestellte auf deutsch einen Kaffee. Um ihn herum saßen Leute, die auf ihre Züge warteten. Ab und zu sah er auf seine Uhr. Irgendwann zwischen halb sieben und sieben würde er Léon Jouvel besuchen; der Besuch würde den Franzosen völlig unvorbereitet treffen.

Um sechs Uhr abends saß Alan Lennox an einem Fenstertisch des Cafés neben Jouvels Phonogeschäft. Es war längst dunkel geworden, und im Lichtschein der Straßenlaternen glänzten die Pflastersteine; der Schnee schmolz sofort beim Auftreffen auf die Erde. Lennox hatte sich entschlossen, Denise Virons Rat zu befolgen. Sollte der Franzose ruhig seinen großen geschäftlichen Tag in Ruhe hinter sich bringen, bevor er sich mit ihm befaßte. Außerdem war es Samstag. An welchem anderen Tag würde ein Mann wie Jouvel irgendwo einkehren, bevor er nach Hause ging – und wo kommt man mit einem Mann besser ins Gespräch als in einem Lokal?

Als geübter Beobachter mit langer Erfahrung hatte Lennox bereits den Mann bemerkt, der auf der anderen Seite des Quai des Bateliers unter einer Straßenlaterne stand und eine Zeitung las. Der Mann trug einen Regenmantel. Wartet wahrscheinlich auf seine Freundin, dachte Lennox: Der wartende Mann sah von Zeit zu Zeit auf die Uhr und sah sich auf der Straße um, als erwartete er jemand. Lennox trank seine dritte Tasse Kaffee aus. Um nicht dauernd bestellen zu müssen, hatte er sich eine Kanne kommen lassen. Das Geld für die Rechnung lag in Francs auf dem Tisch bereit, so daß er jederzeit aufstehen und gehen konnte. Um halb sieben verließ eine kurze, untersetzte Gestalt mit einem Schnurrbart den Laden nebenan und schloß die Tür ab. Als Jouvel sich von seiner Verkäuferin, Louise Vallon, verabschiedete und den Quai überquerte, verließ Lennox das Café und zündete sich am Bordstein eine Zigarette an. In diesem Teil Straßburgs war es nicht nötig, dem Franzosen zu nahe auf den Fersen zu bleiben. Er trug überdies einen auffallenden gelben Regenmantel. Lennox steckte sein französisches Feuerzeug in die Tasche und wollte gerade auf die Straße treten, als er reglos stehenblieb. Der Mann unter der Straßenlaterne hatte seine Zeitung unter den Arm geklemmt und schlenderte hinter Jouvel her. Ein Zufall: Er hatte es satt, auf sein Mädchen zu warten.

Als die wenigen Autos vor der nächsten Ampel hielten, eilte Lennox auf die andere Straßenseite und verlangsamte dann wieder seine Schritte. Auf der Brücke über die Ill in die Altstadt sah er den Mann mit der Zeitung und vor diesem Jouvel. Der Ladenbesitzer, der die Brücke überquert hatte, blieb jetzt vor den erleuchteten Fenstern eines Restaurants stehen und sah hinein, als überlegte er, ob er hineingehen solle. Der Mann mit der Zeitung war gleichfalls stehengeblieben und bückte sich, als wolle er seine Schnürsenkel festziehen. Jetzt war Alan Lennox klar, daß Léon Jouvel nicht nur von ihm beschattet wurde.

Als Jouvel am Restaurant vorbeiging und die Straße überquerte, um direkt auf die Rue de l'Épine zuzugehen – was bedeutete, daß er auf dem direkten Weg nach Hause ging –, schlug Lennox einen anderen Weg zum Haus Nr. 49 ein. Der Mann mit der Zeitung hatte die Brücke verlassen und folgte Jouvel. In der stillen und verlassenen Rue de l'Épine wäre ein zweiter Schatten ein wenig zu auffällig gewesen. Lennox, der sich mit der unmittelbaren Umgebung des Jouvelschen Hauses vertraut gemacht hatte, ging schnell die Rue des Grandes Arcades hinunter und bog dann in eine Seitenstraße ein, die auf die Rue de l'Épine zuführte. Er kam rechtzeitig an, um Jouvel im Torbogen verschwinden zu sehen. Weiter unten auf der Straße verschwand der Mann mit der Zeitung in einem Hauseingang, als Denise Viron – sie trug ihren leuchtendgrünen Mantel – aus dem Torbogen der Nr. 49 trat. Sie blieb stehen, als sie Lennox sah.

»Sie sind zurückgekommen, um mich zu besuchen?« fragte sie hoffnungsvoll.

»An einem anderen Abend vielleicht? Es bleiben noch viele Abende«, sagte Lennox.

Ihre Stimmen drangen durch die enge Straßenschlucht bis zu dem Hauseingang, in dem Armand Bonheur sich gegen die Hauswand drückte und wartete. Man hatte ihm komplizierte Anweisungen gegeben; für seinen Geschmack waren sie zu komplex. Er mußte Jouvel im Auge behalten. Er durfte den Ladenbesitzer nicht merken lassen, daß er beschattet wurde. Er sollte außerdem nach einem Engländer namens Lennox Ausschau halten, und dessen Personenbeschreibung war reichlich vage gewesen. Als er hörte, wie die Antwort auf die Frage des Mädchens in perfektem Französisch gegeben wurde, dachte Bonheur keinen Augenblick daran, daß dies der Engländer sein könnte, von dem man ihm erzählt hatte. Er machte sich auf eine lange Wartezeit gefaßt.

Soweit es Bonheur betraf, war diese Form der Beobachtung höchst unbefriedigend – er konnte sich unmöglich im Haus selbst postieren und Jouvel aus der Nähe beobachten. Nur ein Umstand erleichterte dem Kriminalbeamten die Arbeit. Das Haus Nr. 49 hatte keinen Hinterausgang. Jeder, der das Haus betrat, mußte durch den Torbogen zur Straße. Es war kurz nach sieben – unterdessen hatte es wieder zu regnen begonnen –, als Bonheur einen alten Mann mit Regenschirm sah, der sich dem Haus Nr. 49 mit schlurfenden Schritten näherte.

Kaum eine Minute nachdem der Franzose angekommen war, klopfte Lennox an die Wohnungstür. In geschäftsmäßigem Ton erklärte er, er sei Reporter der Pariser Zeitung *Le Monde*, die eine

Artikelserie über die Résistance plane. Soviel er wisse, sei Jouvel Angehöriger der im Lozère operierenden Gruppe gewesen. Er würde von ihm gern etwas über seine damaligen Erfahrungen und Erlebnisse hören. Nichts, so versicherte er Jouvel, werde ohne seine Einwilligung veröffentlicht. Außerdem, fügte Lennox beiläufig hinzu, werde Jouvel ein Honorar erhalten...

»Was für ein Honorar?« wollte Jouvel wissen.

Er stand in der Tür und trug noch immer seinen gelben Regenmantel. In seinem Kopf arbeitete es fieberhaft. Er hatte die Frage gestellt, um etwas Zeit zum Nachdenken zu gewinnen. Über ein Jahr lang hatte er mit dem Gedanken gespielt, sich mit seinem Verdacht an die Behörden zu wenden, und hier bot sich nun eine Gelegenheit, die ihm auf einem goldenen Tablett serviert wurde. Soll ich mit diesem Mann reden? fragte er sich.

»Zweitausend Francs«, bemerkte Lennox kurz. »Das heißt, wenn die Information soviel Geld wert ist – wenn sie Auflage macht. Für fünfzehn Minuten Ihrer Zeit zahle ich auf jeden Fall zehn Prozent dieses Betrags.«

»Bitte, treten Sie ein«, sagte Jouvel.

Lennox hatte auf einem zweisitzigen Sofa im Wohnzimmer Platz genommen. In den ersten Minuten bestritt er die Unterhaltung allein, um Jouvel zu beruhigen. Die Reaktion des Franzosen verwirrte ihn. Jouvel saß in einem Lehnsessel und starrte ihn mit einem geistesabwesenden Blick an, als versuchte er, sich zu einem Entschluß durchzuringen. Als Lennox den Leoparden erwähnte, schloß Jouvel die Augen und öffnete sie dann wieder.

»Was ist mit dem Leoparden?« fragte der Franzose mit rauher Stimme. »Ich habe eng mit ihm zusammengearbeitet. Ich war sein Funker. Aber er ist doch tot, nicht wahr?«

»Wirklich?«

Diese kurze Frage, von Lennox instinktiv gestellt, als er spürte, daß auch Jouvel dessen nicht ganz sicher zu sein schien, hatte einen seltsamen Effekt auf den Franzosen. Er schluckte, starrte Lennox an, blickte dann zur Seite, holte ein Taschentuch hervor, mit dem er sich die feuchten Handflächen seiner rundlichen Hände wischte.

»Natürlich«, fuhr Lennox fort, »würden wir Ihre Geschichte als die eines ›anonymen, aber zuverlässigen Zeugen‹ bringen, wenn Ihnen das lieber ist. Dann könnte niemand Sie mit der Sache in Verbindung bringen. Das Geld würden Sie aber trotzdem erhalten...«

In Jouvels Kopf rastete etwas ein. Der Druck, unter dem er seit

Monaten gelebt hatte, wurde jetzt unerträglich, wo ihm jemand gegenübersaß, mit dem er sprechen konnte. Er erzählte Lennox die ganze Geschichte. Der Engländer, der sein Notizbuch hervorgeholt hatte, um den Schein zu wahren, achtete peinlich darauf, den Franzosen nicht anzusehen, während dieser aufgeregt loslegte. »Es muß Ihnen lächerlich vorkommen ... jedesmal, wenn ich ihn im Fernsehen höre ... der Leopard ist, das weiß ich, 1944 erschossen worden – und dennoch ...«

Der Wortschwall brach aus Jouvel heraus, als wäre er ein Beichtender, der sich einem Priester offenbart, um sich Erleichterung zu verschaffen. Zunächst blieb Lennox skeptisch; er hatte das Gefühl, einen Verrückten zu interviewen. Aber als Jouvel fortfuhr zu sprechen und die Worte hervorzusprudeln, wurde er nachdenklich. »Die Art, wie sie bei der Beerdigung mit dem Sarg umgingen ... keine Achtung vor dem Toten ... beinahe brutal ... als wäre der Sarg leer gewesen ...«

Am Ende der fünfzehn Minuten stand Lennox auf und machte sich bereit zu gehen. Der Franzose wiederholte sich nur noch. Statt der zweihundert Franc gab Lennox ihm fünfhundert von der Summe, die Lanz ihm zur Verfügung gestellt hatte. »Kommen Sie doch morgen wieder«, drängte Jouvel, »vielleicht kann ich Ihnen noch mehr sagen ...« Das entsprach zwar nicht der Wahrheit, aber der aufgeregte, kleine Ladenbesitzer war sich nicht sicher, was er jetzt angerichtet hatte. Er wollte sich die Chance geben, seine Aussage zu widerrufen, falls er morgen früh das Gefühl haben sollte, einen schrecklichen Fehler gemacht zu haben.

»Ich werde morgen wiederkommen«, versprach Lennox.

Er verließ die Wohnung rasch, bevor der Franzose nach einer Telefonnummer oder einer Adresse fragen konnte, unter der Lennox zu erreichen sei. Tief in Gedanken versunken, ging Lennox die Treppen hinunter. Das Treppenhaus war kaum erleuchtet. Bevor er über den Hof ging, rief er sich zur Ordnung: Er reiste mit gefälschten Papieren, also mußte er während seines Aufenthalts in Frankreich in jedem Augenblick wachsam bleiben. Lennox ging mit natürlicher Leichtigkeit und trat gerade aus dem Torbogen heraus, als er plötzlich heftig mit einem alten Mann zusammenstieß, der unter einem Regenschirm gebeugt daherkam. Der Mann rutschte auf den nassen Pflastersteinen aus, verlor seine dicke Brille, und sein Tirolerhut rutschte ihm halb vom Kopf. Im Licht der Straßenlaterne sah Lennox für einen Augenblick das Gesicht des Mannes. Der Mann fluchte etwas auf deutsch. »Bitte tausendmal um Entschuldigung ...«

Als Lennox sich bückte, um die Brille aufzuheben, die glücklicherweise heil geblieben war, hatte er sich auf französisch entschuldigt. Unter dem Regenschirm kam eine behandschuhte Hand zum Vorschein. Der Mann nahm die Brille entgegen, ohne ein Wort zu sagen. Lennox zuckte die Achseln, als der Mann ins Haus schlurfte, dann ging er hinaus und durch die Rue de l'Épine auf den Place Kléber zu. Was Léon Jouvel gesagt hatte, ging ihm noch immer im Kopf herum.

In seinem Hauseingang war Armand Bonheur vor Kälte schon fast steif geworden. Er blieb aber auf seinem Posten und notierte im Licht seines Feuerzeugs alles, was ihm auffiel. Nach den vorhergehenden Eintragungen stand jetzt in seinem Notizbuch noch zu lesen: 18.30 Uhr. Jouvel kommt nach Hause. 18.31 Uhr. Denise Viron verläßt das Haus. 18.31 Uhr. Denise Virons Freund kommt. 19.02 Uhr. Virons Freund geht. (Bonheur hatte auf Grund der kurzen Unterhaltung auf der Straße angenommen, daß Denise Viron Lennox gut kannte.) 19.02 Uhr. Mann mit Regenschirm kommt. 19.32 Uhr. Mann mit Regenschirm geht.

11

Die Polizei fand Léon Jouvel am nächsten Morgen. Er hing tot an der Innenseite seiner Badezimmertür.

»Es wird am Samstagabend passieren – sie werden den Leichnam nicht vor Montagmorgen entdecken...« Karel Vanek hatte sich das schlau und durchaus vernünftig ausgerechnet, aber selbst die schlauesten Pläne können von kleinen Unwägbarkeiten wie dem menschlichen Faktor vereitelt werden. Am Sonntag, dem 19. Dezember, würden es nur noch wenige Tage bis Weihnachten sein, und daher hatte Léon Jouvel am Samstag seine Verkäuferin, Louise Vallon, überredet, am Sonntag für ein paar Stunden ins Geschäft zu kommen, um ihm bei der Vorbereitung für den erwarteten Käuferansturm am Montag zu helfen. »Ich zahle Ihnen das Doppelte«, hatte er ihr versprochen, »und zwar in bar, also vergessen Sie das Finanzamt. Und ich werde um halb neun hier sein, also seien Sie pünktlich...«

Um neun Uhr am Sonntagmorgen war Jouvel noch nicht aufgetaucht. Das war so ungewöhnlich, daß Louise Vallon bei ihm zu Hause anrief. Niemand nahm ab. Eine Viertelstunde später rief sie wieder an, und dann, mit zunehmender Besorgnis, alle zehn Minuten. Um zehn Uhr rief sie die Polizei an.

Der Inspektor, der die Überwachung Jouvels leitete, ein Mann namens Rochat, ging persönlich in die Rue de l'Épine. Er machte sich Sorgen wegen der Reaktion aus Paris. Nachdem er mit dem Polizeiarzt gesprochen und den Schauplatz des Todes untersucht hatte, war Rochat – der anfänglich mißtrauisch gewesen war – davon überzeugt, daß Jouvel Selbstmord begangen hatte. Als er bei der Ermittlungsarbeit den Fragen nachging, welche diese Annahme stützten, fand er sehr rasch seine Meinung bestätigt. Eine Reihe von Jouvels ehemaligen Freunden sagte ihm, wie der Franzose seit Monaten besorgt geschienen habe, daß er sich über Schlaflosigkeit beklagt und aufgehört habe, seine Abende in Lokalen zu verbringen, wie er das früher zu tun pflegte. Niemand konnte sagen, warum Jouvel sich Sorgen gemacht hatte, aber Rochat glaubte es zu wissen, als er den Fall mit seinem Untergebenen Bonheur besprach.

»Ein allein lebender Witwer – zuerst verliert er das Interesse an seinen Freunden, später sogar am Leben selbst. Das ergibt ein Muster...«

Rochats selbstzufriedene Theorie hielt genau drei Stunden. Sie brach zusammen, als er aus der Pariser Polizeipräfektur einen Anruf erhielt, bei dem ihm mitgeteilt wurde, daß André Boisseau bereits nach Straßburg unterwegs sei. Rochat vergaß die vor kurzem vom Elysée-Palast erlassene Anordnung und sagte protestierend, daß die Pariser Präfektur außerhalb der Hauptstadt keinerlei Kompetenzen habe. »Dies ist mein Fall«, sagte er steif. Er erhielt einen weiteren Schock, als der Anrufer enthüllte, daß er der Pariser Polizeipräfekt persönlich sei.

»Und dieser Fall«, informierte Grelle ihn sanft, »gehört durchaus in meinen Zuständigkeitsbereich, da nicht auszuschließen ist, daß er die Sicherheit des Präsidenten der Französischen Republik betrifft...«

Trotz seines Ärgers über das, was er für eine Einmischung der Pariser Stellen in eine lokale Angelegenheit hielt, hatte Rochat immerhin Verstand genug, Boisseau anzurufen und ihn von dem vermutlichen Selbstmord zu unterrichten, bevor er sich auf den Weg zu Jouvels Wohnung machte. Der Mann in Paris feuerte eine Reihe Fragen auf ihn ab, legte auf und begab sich sofort ins Büro des Präfekten, der an diesem Sonntag arbeitete – wie ein Jongleur, der ein halbes Dutzend Bälle gleichzeitig in der Luft zu halten versucht.

»Léon Jouvel«, verkündete Boisseau, »ist soeben in Straßburg gestorben. Man nimmt an, daß er Selbstmord begangen hat. Ich glaube nicht, daß Rochat – der Mann, der da unten für den Fall zuständig ist – den Verstand mit Löffeln gefressen hat. Ich habe nur mal seine Akte angesehen – er ist sechsundfünfzig und noch immer Inspektor.«

»Muß der Tod verdächtig sein?« fragte Grelle.

»Nicht unbedingt, aber im Laufe der Jahre sind zu viele Leute gestorben, die mit dem Leoparden in Verbindung gestanden haben. Und jetzt hören wir, daß Jouvel...«

»Und«, Grelle lächelte grimmig, »da wir hier nicht vom Fleck kommen, brennen Sie darauf, es woanders zu versuchen.«

Es traf zu, daß ihre Ermittlungen in Paris bisher ergebnislos verlaufen waren. Die diskrete Überwachung von Danchin und Blanc hatte nichts ergeben, was vielversprechend hätte sein können. Danchin, der sich wie immer mit aller Kraft in seine Arbeit stürzte, hatte in der Zwischenzeit kaum das Ministerium verlassen. Er hatte dort am Place Beauvau im Gebäude des Ministeriums eine kleine Wohnung. Anders als andere Minister, ging er oft nicht einmal zum Essen aus.

Alain Blanc hatte ebenfalls viele Stunden in seinem Ministerium zugebracht, hatte aber zweimal eine Wohnung in Passy besucht, in der er sich mit seiner Geliebten, Gisèle Manton, traf. Auch sie war beobachtet worden. Grelle hatte eine Liste, in der vermerkt war, wohin sie gegangen war und wen sie getroffen hatte. Bei beiden Ministern schien keinerlei Verbindung zu irgendwelchen sowjetischen Stellen nachweisbar zu sein. Grelle begann sich Sorgen zu machen, ohne Boisseau gegenüber etwas davon zu erwähnen. War es möglich, daß er in der ganzen Sache irgendeinen schrecklichen Fehler gemacht hatte?

»Es ist wohl besser, Sie sehen sich in Straßburg einmal um«, sagte er. »Fliegen Sie hin, aber kommen Sie möglichst schnell wieder zurück. Ich brauche Sie hier in Paris...« Es war typisch für den Präfekten, daß er persönlich Straßburg anrief und die Leute dort über Boisseaus Kommen unterrichtete, nachdem dieser sein Büro verlassen hatte. Als er den Hörer auflegte, war er geneigt, dem Urteil seines Stellvertreters zuzustimmen: Inspektor Rochat war nicht der Mann, der das Schießpulver erfunden hatte.

Der Eigentümer, M. Jouvel, ist plötzlich und unerwartet verstorben. Das Geschäft bleibt daher bis auf weiteres geschlossen. Lennox starrte auf den maschinengeschriebenen Hinweis, der an der Glastür klebte, und betrachtete dann das Mädchen dahinter im Laden. Als er am Türgriff rüttelte, winkte das Mädchen ihm, er solle verschwinden. Als er hartnäckig blieb, starrte sie zurück, kam an die Tür und machte auf. Er nahm den Hut ab und fing an zu sprechen, bevor sie ihn beschimpfen konnte. »Ich bin ein Freund von Léon – dies ist ein großer Schock für mich, müssen Sie wissen. Können Sie mir sagen, was geschehen ist?« Louise Vallon ließ sich erweichen, weil er so höflich war – und weil ihr gefiel, was sie jetzt aus der Nähe sah. Sie war gerade von einer Unterredung bei Inspektor Rochat zurückgekommen. Sie ließ Lennox ein und erzählte ihm alle schrecklichen Einzelheiten. Lennox gewann den Eindruck, daß sie das ganze Drama irgendwie genoß, obwohl sie es fertigbrachte, in Tränen auszubrechen. Nach zehn Minuten hatte er das meiste gehört; er wußte, daß Léon Jouvel hinter seiner Badezimmertür erhängt aufgefunden worden war, daß sein Tod irgendwann zwischen halb sieben und halb neun Uhr abends eingetreten sein mußte.

»Sie wollten wissen, ob er normalerweise zu dieser Zeit irgendwelchen Besuch erhielt«, erklärte das Mädchen unter Tränen. »Die letzten Worte, die er zu mir sagte, waren ...«

Lennox entschuldigte sich mit der Erklärung, er sei einige Zeit aus Straßburg fortgewesen und sei nur vorbeigekommen, um sich kurz zu erkundigen. »Es war keine sehr enge Freundschaft«, fuhr er fort – er war sich bewußt, daß diese Unterhaltung der Polizei gemeldet werden könnte –, »aber wir hatten gelegentlich geschäftlich miteinander zu tun.« Er sagte ihr, sein Name sei Zuger, daß er seinen Zug nach Stuttgart erreichen müsse, und damit verließ er das Geschäft. Die kurze Strecke zum Bahnhof ging er zu Fuß. Danach kehrte er über eine der Brücken in die Altstadt zurück.

Der Streifenwagen, den er vorhin gesehen hatte, stand noch immer vor dem Haus Nr. 49. Folglich verließ er die Gegend um die Rue de l'Épine. Es war ein Uhr mittags. Die Straßen Straßburgs waren sonntäglich leer, als er herumspazierte, um nachzudenken. Daran, daß Jouvel Selbstmord begangen haben sollte, konnte er nicht glauben. Der unbekannte Mann mit der Zeitung war dem Franzosen nur eine Stunde vor seinem Tod bis nach Hause gefolgt. Jouvel hatte sich einverstanden erklärt, Lennox am folgenden Morgen zu sehen – in der Erwartung, für noch mehr Geld noch mehr Informationen zu liefern. Ein Mann, der sich mit dem Gedanken an einen Selbstmord trägt, wird sich kaum für die Aussicht auf mehr Geld interessieren. Die Sache ist faul, sagte sich Lennox; mehr als das, sie stinkt. Beim Lunch überlegte er, ob er sich gleich auf den Weg zu dem zweiten Zeugen machen sollte, Robert Philip in Colmar. Dann beschloß er, damit bis Montag zu warten. Die Montagszeitungen in Straßburg würden über Jouvels Tod berichten. Vielleicht fand sich in der Presse einiges Wissenswerte.

Robert Philip, Avenue Poincaré 8, Colmar. Das war der zweite Name auf der Liste, die Oberst Lasalle Lennox übergeben hatte. Es war auch der zweite Name auf der Liste, die Karel Vanek im Kopf hatte. Am Samstagabend bezahlten die drei Mäner des Killerkommandos ihre jeweiligen Hotelrechnungen und verließen Straßburg. Die vierzig Kilometer nach Colmar fuhren sie durch einen Schneesturm. Um halb zehn abends kamen sie in der Stadt an, die mit ihren steilen Dächern und engen Gassen an eine Stadt aus einem Märchen von Hans Christian Andersen gemahnte. Auch hier ergriff Vanek wieder Vorsichtsmaßnahmen. Er setzte Lansky in der Nähe des Bahnhofs ab, so daß nur zwei Männer beim Hotel ankommen würden.

Lansky ging in die Bahnhofshalle, fragte nach der Abfahrtszeit eines Zuges nach Lyon am folgenden Tag und rauchte dann eine Gauloise, während er auf die Ankunft eines Zuges wartete – irgendeines Zuges. Aus einem gerade einlaufenden Personenzug stiegen drei Fahrgäste aus. Lansky schloß sich ihnen an, überquerte den Place de la Gare und betrat das Hotel Bristol, in dem Vanek und Brunner sich schon eingemietet hatten. Lansky trug sich als Froissart ein. Der Empfangschef bemerkte, daß er keinen Wagen hatte, und nahm an, er sei soeben mit dem Zug aus Straßburg angekommen.

Oben in seinem Zimmer hatte Vanek schon im Telefonbuch nachgeschlagen, ob die Adresse auf der Liste mit der im Telefonbuch übereinstimmte, und anschließend auf dem Stadtplan von Colmar nachgesehen, wo die Straße lag. Er blickte auf, als Brunner ins Zimmer trat. »Dieses Hotel liegt großartig«, sagte er zu dem Tschechen. »Philip wohnt gleich um die Ecke...«

»Wenn er zu Hause ist«, erwiderte der pessimistische Brunner. »Das sollten wir gleich feststellen...«

Vanek rief Philips Telefonnummer nicht vom Hotelzimmer aus an; dann wäre das Gespräch über die Telefonzentrale des Hotels gelaufen. Er ging mit Brunner zum Wagen. Sie fuhren etwa einen Kilometer ins Geschäftsviertel und betraten dort eine Bar, in der Vanek die Nummer wählte, die er im Telefonbuch gefunden hatte. Die Stimme am anderen Ende der Leitung war arrogant und brüsk: »Robert Philip...«

»Tut mir leid, habe mich verwählt«, murmelte Vanek und legte auf. »Er ist zu Hause«, sagte er zu Brunner. »Kommen Sie, wir sehen uns das Haus einmal an.«

Die Avenue Raymond Poincaré, eine baumbestandene Straße mit düsteren, kleinen Villen und parkähnlichen Gärten hinter schmiedeeisernen Zäunen, lag an diesem Dezemberabend um halb elf verlassen da. Das Haus Nr. 8 war eine würfelförmige Villa aus Stein. An der Frontseite führten ein paar Treppenstufen auf eine Veranda. Der Garten hinter dem Zaun war ungepflegt und düster. Hinter den großen Erkerfenstern im Erdgeschoß brannte überall Licht. Im oberen Stockwerk war alles dunkel.

»Ich glaube, Sie können hintenherum ins Haus«, sagte Brunner, während der Citroën langsam an der Villa vorüberfuhr und er sich so viele Details wie möglich einzuprägen versuchte.

»Als nächstes müssen wir herausfinden, ob er allein lebt«, bemerkte Vanek. »Morgen ist Sonntag. Wenn wir das Haus am Tag untersuchen können, glaube ich, daß wir Monsieur Robert Philip morgen abend einen Besuch abstatten sollten...«

»Ein Tag, das ist zu schnell...«

»Morgen ist der 19. Dezember«, erwiderte Vanek ruhig. »Wir haben nur noch vier Tage, um zwei Männer zu besuchen – und einer davon lebt jenseits des Rheins in Deutschland. Geschwindigkeit kann auch Sicherheit bedeuten. Und dies wird keine Arbeit für den ›Strick‹ sein. Einen Selbstmord haben wir schon gehabt, also wird Robert Philip durch einen Unfall sterben müssen...«

Am Nachmittag desselben Tages war Boisseau mit einem Hubschrauber in Straßburg angekommen. Er unterzog Inspektor Rochat einem gründlichen Verhör, ohne daß dieser überhaupt merkte, was gespielt wurde. Boisseau wußte sehr genau, daß er sich behutsam vortasten mußte: Anders als in Lyon war Grelle mit dem Polizeipräfekten von Straßburg nicht sonderlich befreundet, und die hiesige Polizei sah die Ankunft Boisseaus nicht gerade mit Begeisterung. Nach einer halben Stunde schlug Boisseau vor, Rochat solle sich später mit ihm zu einem Drink zusammensetzen, aber zunächst wolle er die Wohnung des Toten sehen.

Es war Boisseau, der Armand Bonheur die Information entlockte, daß zwischen halb sieben und Viertel nach sieben zwei Männer das Haus Nr. 49 betreten hätten, daß der zweite Mann einen schlurfenden Gang und einen Regenschirm getragen habe, daß der erste Mann das Haus um 19.02 Uhr verlassen habe, der zweite eine halbe Stunde später. »Das ist etwa die Zeit, in der Jouvel gestorben sein kann«, bemerkte er zu Rochat.

Es war Boisseau, der die übrigen Mieter des Hauses befragte und entdeckte, daß niemand den Mann mit dem schlurfenden Gang identifizieren konnte – was bedeutete, daß er nicht im Haus wohnte. »Das beweist noch gar nichts«, sagte er zu Rochat, »aber was hat er hier gewollt, wenn wir niemanden finden können, den er besucht haben könnte? Und eine halbe Stunde später ist eine lange Zeit, wenn ein Mann in einem bestimmten Haus nichts zu suchen hat.«

Es war Boisseau, der Denise Viron befragte, das rothaarige Mädchen. Sie beschrieb ihm zwei durchaus verschiedene Männer, die sich am Vortag beide nach Léon Jouvel erkundigt hatten. Boisseau notierte sich die beiden Personenbeschreibungen sorgfältig. Ihm fiel auf, daß keiner von beiden der Mann mit dem schlurfenden Gang gewesen sein konnte. »Ist es denkbar, daß einer dieser beiden Männer ein Engländer ist?« fragte er einmal während des Gesprächs. Denise schüttelte energisch den Kopf und legte die Beine provozierend übereinander, was Inspektor Rochat zu einem Stirnrunzeln veranlaßte. Boisseau, der das Mädchen in seiner Wohnung ausfragte, würdigte die Beine mit einem anerkennenden Blick und bot Denise Viron noch eine Zigarette an.

»Ist es oft vorgekommen, daß irgendwelche Leute nach Jouvel fragten?« wollte er wissen. »Hatte er oft Besuch?«

»Nur sehr selten. Diese beiden Besucher waren eine Ausnahme...«

Boisseau machte Rochat keinen Vorwurf daraus, daß dieser diese Informationen nicht herausbekommen hatte. Es war offenkundig, daß Rochats Vorgesetzte sich über die Einmischung des Pariser Polizeipräfekten ärgerten und dem Inspektor befohlen hatten, die Sache so schnell wie möglich aufzuklären. Nachdem offenkundig zu sein schien, daß hier ein Selbstmord vorlag, hatte Rochat sich also nicht weiter in den Fall vertieft.

»Sind Sie zufrieden?« fragte Rochat, als er den Mann aus Paris zum Flughafen zurückfuhr.

»Sind Sie's?« fragte Boisseau zurück.

»Rein äußerlich war alles haargenau so, wie es sein sollte – wenn man die Körpergröße Jouvels berücksichtigt, die Länge des Stricks, die Position des Badezimmerhockers, den er unter sich weggestoßen hatte. Nur ein Experte hätte das alles als vermeintlichen Selbstmord arrangieren können.«

»Ich finde Ihre letzte Feststellung sehr beunruhigend«, sagte Boisseau.

Robert Philip war wie Guy Florian zweiundfünfzig Jahre alt – aber damit endete auch schon jede Ähnlichkeit. Er stand am Sonntag spät auf. Es ärgerte ihn, daß seine Bettgenossin, Noelle Berger, immer noch schlief. Er rüttelte sie grob an ihrer nackten weißen Schulter und brachte seine Forderung mit gewohntem Feingefühl vor. »Los, steh auf, du Schlampe, ich möchte frühstücken...«

Er lebte von seiner Frau getrennt und tröstete sich neuerdings mit einer Reihe kurzlebiger Affären. Er achtete peinlich darauf, daß keine zu lange dauerte. Wie er seinen Saufkumpanen immer sagte: »Wenn man sie erst mal eine Woche im Haus hat, dann bilden sie sich auch schon ein, der ganze Laden gehört ihnen ...« Philip war mittelgroß und von schwerem Körperbau. Sein Haar im Bürstenschnitt und sein üppiger Schnurrbart hatten den gleichen rötlichen Farbton. Vor sich hin schimpfend ging er nach unten und zog den Wohnzimmervorhang auf. Auf der anderen Straßenseite stand auf der normalerweise leeren Avenue ein Citroën mit geöffneter Motorhaube. Zwei Männer beugten sich über den Motor. Auf dem Bürgersteig lag eine Werkzeugtasche; einige Werkzeuge lagen herum. »Geschieht euch recht; das kommt davon, wenn man Benzin verschwendet«, murmelte Philip. Er hielt sich seinen seidenen Morgenmantel zu und ging in die Küche. Wenige Minuten später kam Noelle Berger in ähnlicher Aufmachung ins Wohnzimmer. Sie suchte eine Zigarette. Sie war klein, blond und hatte eine üppige Figur.

»Sehen Sie mal, das Mädchen«, flüsterte Vanek, dessen Kopf halb unter der Motorhaube verschwunden war. »Das gibt Komplikationen.«

»Am besten wäre es«, erwiderte Brunner, »wenn wir uns außerhalb des Hauses mit ihr beschäftigen könnten.«

»Wenn sie die verdammte Villa verläßt. Heute ist Sonntag.«

Robert Philip war während des Krieges der Waffenmeister des Leoparden gewesen. Er hatte dafür zu sorgen, daß Waffen und Munition immer in ausreichenden Mengen vorhanden waren. Diese Aufgabe schloß Überfälle auf feindliche Munitions- und Waffendepots ein. In dieser Eigenschaft war Philip einer der wichtigsten Mitarbeiter des Leoparden gewesen. Seit dem Kriegsende hatte Philip eine erfolgreiche Karriere hinter sich gebracht – wenn man Erfolg an der Höhe eines Bankkontos und am Besitz einer großen Villa mißt, die mit zweifelhaften Methoden erworben worden sind. Philip war ein Waffenschieber.

1944, als verschiedene Résistance-Gruppen in Südfrankreich riesige Waffenverstecke anlegten, um die erhoffte *République Soviétique du Sud* zu unterstützen, deren Gründung der Leopard fast zuwege gebracht hätte, war Robert Philip emsig damit beschäftigt, einige dieser Waffen verschwinden zu lassen und zu verstecken. Es mußte für Philip eine große Erleichterung gewesen sein, daß der kommunistische Staatsstreich mißlang. Als er sah, daß de Gaulle siegen würde, erklärte Philip sich zum Uralt-Gaullisten und übergab dem General die Hälfte seiner Waffenvorräte. Die andere Hälfte hob er sich für künftige Geschäfte auf.

In den folgenden Jahren lieferte Philip Waffen an den jungen Fidel Castro – wobei er die kommunistischen Verbindungen benutzte, die er im Departement Lozère aufgebaut hatte –, an die Eoka-Terroristen, die auf Zypern gegen die Briten kämpften, an kurdische Aufständische im Irak, und überhaupt an jeden, der hart genug bedrängt war, um minderwertige Waffen zu überhöhten Preisen zu kaufen. »Ich bin«, brüstete er sich einmal in einer Bar, »ein bißchen schlauer als meine Zeitgenossen.« Seine Frau Yvonne lebte jetzt in einer Pariser Wohnung. »Ich habe sie ausbezahlt«, liebte er zu sagen. »Ich halte nämlich nicht viel davon, eine Frau schlecht zu behandeln...«

Um zwei Uhr nachmittags verließ Noelle Berger die Villa allein. Sie war in einen Pelzmantel gehüllt und legte den kurzen Weg zum Bahnhof zu Fuß zurück. Robert Philip blieb allein im Haus. Der Citroën, der morgens vor dem Haus gestanden hatte, war längst verschwunden. Der einzige Mensch, der zu sehen war, war ein hagerer Mann mit knochigem Gesicht, der vor einem Laden stand und sich das Schaufenster ansah. Noelle betrat den Bahnhof und kaufte sich eine Rückfahrkarte nach Straßburg. Von dem Mann, der hinter ihr aufschloß und sich eine einfache Fahrkarte kaufte, nahm sie keine Notiz. Vanek hatte Lansky sehr einfache Anweisungen gegeben. »Ich glaube nicht, daß sie seine Frau ist – dazu sah sie viel zu jung und gleichgültig aus. Wenn sie das Haus verläßt, folgen Sie ihr – es sei denn, sie trägt einen Koffer. Dann reist sie ab, und dann können Sie sie vergessen...«

Noelle Berger hatte sich entschlossen, in Straßburg ein paar Weihnachtseinkäufe zu machen, um Philip Zeit zu geben, sich zu beruhigen. Soll er doch in seinem eigenen Saft schmoren, dachte sie, dann wird er sich heute abend freuen, mich wiederzusehen. In Straßburg hatten die Geschäfte um zwei Uhr geöffnet – so kurz vor Weihnachten wollten die Ladenbesitzer jede Minute nutzen –, und Noelle gab in der Rue des Grandes Arcades eine ganze Menge von Philips Geld aus. Geschieht ihm verdammt recht, sagte sie sich. Später war sie schon wieder etwas versöhnt und kaufte für ihn eine hellgelbe Wolljacke. Einmal, als sie auf einen Bus wartete, hätte jemand sie beinahe unter die Räder des heranfahrenden Busses gestoßen, aber als sie sich umdrehte, stand hinter ihr nur eine dicke Frau. Am Ende des Nachmittags, beladen mit Paketen, machte Noelle sich auf den Weg zu dem stillen Viertel unten am Fluß mit dem Namen Petite France, Klein-Frankreich. Sie hatte sich entschlossen, eine Freundin zum Tee zu besuchen.

Am Rand des verlassenen Place Benjamin Zhia teilt sich die Ill in drei Arme, die weiter unten wieder zusammenfließen. Hier führt eine Reihe von Fußwegen über den Fluß. Hier befindet sich auch eine kleine Schleuse, durch deren schmale Öffnung sich das Wasser rauschend ergießt. Unter einem dahinterliegenden Gebäude schießt das Wasser wieder hervor. Die schäumenden Wassermassen machen an dieser Stelle einen ohrenbetäubenden Lärm. Noelle wollte den Weg abkürzen und betrat eine der Fußgängerbrücken. Soweit sie sehen konnte, war sie allein. Sie war schon halb auf der anderen Seite und hatte in dem Lärm des dahinströmenden Wassers keinen anderen Laut gehört, als etwas sie veranlaßte, sich umzudrehen. Einen Schritt hinter ihr stand Lansky mit erhobenen Händen. Sie starrte ihn ungläubig an, als seine Hände sie erfaßten und ins Wasser stießen. Sie befand sich schon halb unter Wasser, als sie endlich schreien konnte, aber ihre Schreie gingen in dem Tosen der sprudelnden Wassermassen unter. Sie wurde mitgerissen, unter Wasser gezogen und in Richtung Quai des Bateliers fortgespült. Ihre Weihnachtspakete tanzten auf dem dahinrasenden Wasser; ihr Hüpfen sah seltsam bizarr und feierlich aus. Die gelbe Wolljacke hatte sich aus dem Einwickelpapier gelöst.

Zwanzig Minuten später bestieg Lansky den Triebwagen, mit dem er um sieben Uhr abends wieder in Colmar sein würde. Mit zwei Menschen im Haus läßt sich ein ›Unfall‹ nicht überzeugend arrangieren.

12

Am Abend des 19. Dezember, einem Sonntag, wartete Marc Grelle in seinem Büro auf Boisseaus Rückkehr aus Straßburg. Die Stunden verstrichen, aber der Präfekt war alles andere als untätig. An diesem Tag hatte er sich vorwiegend damit befaßt, die Sicherheitsvorkehrungen zum Schutz der Fahrzeugkolonne des Präsidenten zu verstärken, die am 23. Dezember zum Flughafen Charles de Gaulle – oder Roissy, wie er von den Parisern oft genannt wird – fahren würde. Am 23. sollte Florian nach Moskau fliegen.

Marc Grelle besaß auf dem Gebiet des politischen Mordes eine umfassende Sachkenntnis. Er wußte etwas über die Menschen, die solche Attentate verüben, und über die Methoden, die sie anwandten. Grelle hatte eine besondere Studie über die einunddreißig Attentatsversuche auf General de Gaulle angefertigt; diese Arbeit enthielt die Gründe, die für einen möglichen Erfolg sprachen, ebenso wie die Gründe, die den Mißerfolg der Anschläge erklärten. Die Liste der verwendeten Techniken war beachtlich.

Mord durch Fernzündung einer Explosivladung unter einem fahrenden Fahrzeug; Mord durch einen Heckenschützen mit Gewehr und Zielfernrohr; Mord aus nächster Nähe – durch Erdolchen oder Erschießen; Mord durch Amtsanmaßung mit Hilfe eines gestohlenen Polizeifahrzeugs oder einer gestohlenen Uniform; Mord durch einen Motorradfahrer in einer Polizeieskorte, der sich dem Präsidentenfahrzeug näherte; Mord durch einen selbstmörderischen Zusammenstoß in der Luft – wobei ein Flugzeug mit dem Mörder am Steuerknüppel die Maschine mit dem Präsidenten an Bord rammte; Morde mit Hilfe absurd anmutender Methoden – etwa mit Hilfe einer in einen Fotoapparat eingebauten Feuerwaffe oder eines Hundes, dem man Dynamitstäbe am Hals festgebunden hatte und der sich dem Präsidenten nähern sollte, etwa bei einer öffentlich gehaltenen Rede. Und Mord durch einen *Feuerüberfall von Kraftfahrzeugen aus.*

Diese letzte Methode war die beliebteste, und Grelle wußte auch, warum. Diese Methode bietet den Vorteil, daß besonders ausgebildete Killer aus kürzester Entfernung schießen können. Sie setzt allerdings Männer mit blitzschnellem Reaktionsvermögen voraus, die sich augenblicklich auf eine neue Lage einstellen können. Tatsächlich war de Gaulle immer dann in höchste Gefahr geraten, wenn seine Fahrzeugkolonne sich in einen Strom anderer Fahrzeuge hatte einordnen müssen. Mit diesem Katalog versuchter Anschläge im Kopf machte sich Grelle mit Hilfe des unermüdlichen Boisseau daran, jede nur denkbare Gegenmaßnahme zu ergreifen. Als sein Stellvertreter aus Straßburg zurückkehrte, schlug Grelle sich noch immer mit diesen Problemen herum.

Es war inzwischen neun Uhr abends geworden, und Boisseau, der seit dem Lunch nichts zu essen bekommen hatte, ging schnell in die nächste Eckkneipe, um sich einen kleinen Imbiß zu holen. Er nahm sein karges Mahl am Schreibtisch des Präfekten ein, während er zwischendurch seinen Bericht über den Ausflug nach Straßburg fortsetzte. »Verstehen Sie«, fuhr er fort, »Jouvels Selbstmord ist allem äußeren Anschein nach durchaus einleuchtend, da gibt es keinen Zweifel, und es gibt nur wenige Leute, die einen solchen Tod fingieren können. Wie Sie wissen, würden sie bestimmte Details vergessen...«

»Es sei denn, wir haben es mit einem professionellen Killer zu tun! Das hätte eine lange Reihe höchst unerfreulicher Implikationen zur Folge...«

»Was mir nicht gefällt«, bemerkte Boisseau und wischte mit

einem Stück Brot Fleischsaft auf, »sind die beiden Männer, die mit diesem Flittchen gesprochen haben. Sie haben ihr – unabhängig voneinander – etwa die gleichen Fragen nach Jouvel gestellt. Und das zu einer Zeit, in der sich normalerweise kein Mensch für Jouvel interessierte oder ihn besuchte. Also: Wer waren diese beiden Fremden – ganz zu schweigen von dem Mann mit dem Regenschirm, den keiner der übrigen Mieter des Hauses kennt?«

»Freunden Sie sich mit dem Gedanken an«, sagte Grelle. »Jouvel kann sehr wohl Selbstmord begangen haben. Diese anderen Männer haben vermutlich nichts damit zu tun. Hier in Paris sind wir keinen Schritt weitergekommen – weder Roger Danchin noch Alain Blanc haben mit irgendeiner der uns bekannten sowjetischen Kontaktpersonen Verbindung aufgenommen. Wir haben ein Stadium erreicht wie schon so oft in früheren Fällen: Wir sind in einer Sackgasse. Wir müssen die weitere Entwicklung der Dinge abwarten, vielleicht ergibt sich irgendein Hinweis...« Er holte die von Oberst Lasalle zusammengestellte Zeugenliste aus einer abgeschlossenen Schublade und überflog sie von neuem. »Nach allem, was wir wissen, kann der Schlüssel zu allem sehr wohl der Mann sein, den wir nicht einmal beschatten lassen können – Dieter Wohl in Freiburg.«

»Sie könnten Peter Lanz vom BND anrufen«, schlug Boisseau vor. »Er ist immer sehr hilfsbereit...«

»Wo wir selbst hier, auf heimischem Boden, mit einer Geheimniskrämerei vorgehen müssen, die Verschwörer auszeichnet? Ich habe nicht den Mut, diese Sache ins Ausland zu tragen.« Grelle reckte sich und gähnte. »Mein Gott, bin ich müde. Nein, wir müssen warten – und hoffen, daß sich irgendein Fingerzeig ergibt...«

In einem zweistöckigen Haus außerhalb Freiburgs, der Universitätsstadt am Rand des Schwarzwalds, stand der ehemalige Abwehroffizier Dieter Wohl am Fenster seines dunklen Schlafzimmerfensters und sah über die Felder nach Westen. Jenseits des Rheins, nur wenige Kilometer entfernt, lag Frankreich. Wohl erinnerte sich.

Wohl war ein gut gebauter Mann mit einem energischen Gesicht. Er war jetzt einundsechzig. Als seine klugen blauen Augen zum Elsaß hinüberblickten, umspielte ein feines Lächeln seinen Mund. Es war alles so lange her und war so vergeblich gewesen. Jetzt herrschte Gott sei Dank beiderseits des Rheins Frieden. Wenigstens hatte er lange genug gelebt, um das noch zu erleben. Als pensionierter Polizeibeamter und Witwer hatte Dieter Wohl genügend Zeit, über die Vergangenheit nachzudenken.

Die Schlagzeile der *Frankfurter Allgemeinen Zeitung* vor elf Tagen hatte seine Erinnerung geweckt, die Geschichte über das versuchte Attentat auf den französischen Staatspräsidenten. Eine schockierende Sache. Was Wohls Interesse geweckt hatte, war der Name der Attentäterin gewesen. Lucie Devaud. Merkwürdig. Dies war der Name einer Frau, die in dem versunkenen Wagen ertrunken war, als der Leopard mit ihr von der Brücke in den Fluß gerast war. Gibt es da irgendeine Verbindung? fragte sich Wohl.

Nachdem er den Zeitungsartikel gelesen hatte, hatte Wohl eines seiner alten Kriegstagebücher aus seinem Schreibtisch gekramt. Die damaligen Bestimmungen hatten das Führen von Tagebüchern streng untersagt, aber gleichwohl hatten viele Soldaten sich über dieses Verbot hinweggesetzt; sogar Generäle und Feldmarschälle, die später mit ihren Memoiren klotziges Geld verdienten. Wohl hatte Zeit im Überfluß. Also las er sein Tagebuch aus dem Jahr 1944 von vorn bis hinten durch. Beim Lesen kehrten die Erinnerungen zurück.

Dieter Wohl war als ehrgeiziger Abwehroffizier im französischen Departement Lozère stationiert und hatte es sich in den Kopf gesetzt, den Leoparden zur Strecke zu bringen. Er sammelte jede Information über den rätselhaften Résistance-Führer, auch die kleinste, notierte jedes Gerücht, das über ihn in Umlauf war. Die Gestalt des Leoparden faszinierte Wohl; seine Leidenschaft für Geheimhaltung, sein beachtliches Agentennetz, sein gefürchteter Hund César – der einzige Freund des Leoparden, soweit Wohl feststellen konnte.

Einmal – aber nur einmal – war Wohl drauf und dran gewesen, den Leoparden gefangenzunehmen. Wohl hatte einen Tip erhalten, der Leopard werde zu einer bestimmten Zeit auf einer bestimmten Straße fahren. Jenseits einer Brücke, die der Leopard überqueren mußte, hatte man ihm einen Hinterhalt gelegt. An dieser Stelle stand dichter Hochwald, der bis zum Wasser hinunterreichte. Wohl postierte sich hoch oben am Steilufer und beobachtete die Brücke durch einen Feldstecher. Es war ein windiger Tag. Gegen zwölf Uhr mittags sah Wohl den Wagen durch die Baumstämme hindurch mit hoher Geschwindigkeit näher kommen. Durch sein Fernglas sah Wohl ein durch das Laubwerk verschwommen wirkendes Bild – und die Geschwindigkeit des heranrasenden Wagens.

»Gott im Himmel!«

Hinter dem Lenkrad des Wagens saß ein Mann, auf dem Beifahrersitz ein Mädchen, dessen Haare im Wind flatterten. Darauf war Wohl nicht gefaßt gewesen – daß eine Frau dabeisein könnte. Als der Wagen näher kam, überlegte er fieberhaft. Sie muß ein Résistance-Kurier sein, sagte er sich. Er strengte sich an, um im Fernglas Details zu erkennen, und wurde immer aufgeregter. Dies war das erstemal, daß jemand den Leoparden zu Gesicht bekommen hatte. Dummerweise konnte er das Gesicht des Mannes nicht erkennen – im Blättergewirr und bei der hohen Geschwindigkeit des Wagens verschwamm alles. Der Leopard würde an der Brücke aber die Geschwindigkeit drosseln müssen: Kurz vor der Brücke machte die Straße eine scharfe Biegung. Diesseits der Brücke war eine Straßensperre errichtet.

Der Leopard machte keinerlei Anstalten, mit der Geschwindigkeit herunterzugehen. Er war bekannt dafür, immer so schnell wie möglich zu fahren, damit kein Scharfschütze die Chance erhielt, ihn abzuknallen. Jetzt kam der Wagen in einer Staubwolke und mit quietschenden Reifen um die Kurve. Wohls Augen klebten am Feldstecher. Eine bemerkenswerte Leistung des Fahrers, das mußte er zugeben. Als der Wagen mitten auf der Brücke aus der Staubwolke herauskam, mußte der Leopard die Straßensperre bemerkt haben. Er reagierte sofort; immer noch schnell fahrend, durchbrach er das Brückengeländer; der Wagen stürzte in den Fluß, der an dieser Stelle fast sechs Meter tief war. Wohl traute seinen Augen kaum, als er das Fahrzeug verschwinden sah. Eine verspätete Maschinengewehrsalve durchbrach die Stille.

Im Fallen wirbelte der Wagen herum und schlug mit dem Dach aufs Wasser auf. Beim Auftreffen auf dem Flußgrund mußten sowohl der Mann wie das Mädchen kopfüber auf dem Wagendach gelandet sein. Jetzt strömte das Wasser in den Wagen. Wohl war überzeugt, daß der Leopard tot sein mußte, wollte aber nichts dem Zufall überlassen. Er bellte einige Befehle durchs Megaphon, worauf die Soldaten begannen, sich durch das dichte Ufergestrüpp den Weg zu den Flußufern zu bahnen. Es dauerte drei Stunden, bis ein eilig herbeigerufener Abschleppwagen den Wagen des Leoparden am Kran langsam aus dem Wasser hieven konnte.

Wohl stand auf der Brücke, als das vor Wasser triefende Fahrzeug übers Brückengeländer gezogen und vorsichtig abgesetzt wurde. Jetzt erlebte Wohl den zweiten Schock. Vom Leoparden keine Spur. Das Mädchen war aber noch da. Sie saß auf dem Beifahrersitz, ihre Haare klebten am Kopf. Es war eine attraktive junge Frau von etwa zwanzig Jahren. Nach einigen Tagen konnte Wohl sie anhand der Fingerabdruck-Karteien der Vichy-Polizei als Lucie Devaud identifizieren. Der Stabsarzt, der die Leiche untersucht hatte, sagte zu dem Abwehroffizier, daß sie vor kurzem von einem Kind entbunden worden sei.

Dieser Zwischenfall löste bei der Résistance einen kleinen

Skandal aus. Es gab zwei entgegengesetzte Ansichten über die Angelegenheit. Einige sagten, der Leopard habe korrekt gehandelt; er habe alles geopfert, um rechtzeitig zu seiner wichtigen Verabredung zu erscheinen. Andere dachten nicht so großzügig – Lucie Devaud hatte als Kurier beachtliche Dienste geleistet – und meinten, er hätte das Mädchen auch mitnehmen können, wenn ihm nicht so sehr daran gelegen hätte, seine eigene kostbare Haut zu retten. Die Kriegswirren und der spätere Versuch, im Süden Frankreichs eine kommunistische Republik zu gründen, ließen den Zwischenfall bald in Vergessenheit geraten, zumal als bekannt wurde, daß der Leopard in Lyon auf offener Straße erschossen wurde...

An all das erinnerte sich Dieter Wohl, als er in der Zeitung den Namen der Frau las, die versucht hatte, Guy Florian zu töten. Unterdessen hatte Wohl begonnen, seine Memoiren niederzuschreiben. Dies war eine zu gute Gelegenheit, die nicht ungenutzt bleiben durfte – er mußte andere dazu bringen, ihm zu schreiben. Wer etwas über die damaligen Ereignisse wußte, konnte ihm nützliches Material für sein Buch liefern. Am Freitag, dem 10. Dezember, schrieb er einen Leserbrief an die *Frankfurter Allgemeine Zeitung*. Er bezog sich auf die Attentatsmeldung und wies darauf hin, daß er im Krieg Tagebuch geführt habe und jetzt seine Memoiren schreibe. Um seinem Schreiben Autorität zu geben, erwähnte er den Namen einer gewissen Annette Devaud, die ebenfalls Mitglied der Résistance-Gruppe des Leoparden gewesen sei. Wohl nannte sogar ihre letzte Adresse von vor mehr als dreißig Jahren. Um seinen Brief noch spannender zu machen, zitierte er einen Satz aus einer der letzten provozierenden Rundfunksendungen Oberst Lasalles. »Wer ist diese Lucie Devaud, die gestern nacht versucht hat, einen bestimmten europäischen Staatsmann zu töten?« Am Ende seines Briefes fügte Wohl eine eigene Frage hinzu. *Ich frage mich, ob Annette Devaud noch immer in Saverne lebt?*

Wohl hatte schneller Erfolg, als er hätte hoffen können. Die *Frankfurter Allgemeine Zeitung* druckte den Brief am Dienstag, dem 14. Dezember, ab und wurde noch am selben Tag pflichtgemäß von Paul-Henrui Le Theule gelesen, dem der französischen Botschaft in Bonn beigeordneten Geheimdienstoffizier. Le Theule war achtunddreißig Jahre alt und bei Kriegsende noch ein Kind gewesen. Er wußte nichts über den Leoparden, aber der kurze Hinweis auf Oberst René Lasalle sprang ihm sofort ins Auge. Da er dringend Material brauchte, um seinen nächsten Bericht nach Paris ein wenig aufzufüllen, schnitt er den Leserbrief aus und legte ihn in die schmale Akte, die mit der nächsten Diplomatenpost nach Paris gehen sollte.

Die versiegelte Kuriertasche mit der Diplomatenpost wurde am Samstag, dem 18. Dezember, in Paris angeliefert. Roger Danchin, der sich durch Berge von Papier hindurcharbeitete, bekam den Zeitungsausschnitt jedoch erst am Sonntagmorgen zu Gesicht. Er zeigte ihn Alain Blanc, der zufällig bei ihm war. Danchin diktierte eine Aktennotiz an den Staatspräsidenten, die er zusammen mit dem Zeitungsausschnitt über die Straße in den Elysee-Palast bringen ließ. Zur Lunchzeit hatte Guy Florian beide Dokumente gelesen. Um drei Uhr nachmittags kam der sowjetische Botschafter Leonid Vorin, der mit Alain Blanc geluncht hatte, in den Elysee-Palast. Er sprach kurz mit dem Präsidenten und eilte dann zurück in seine Botschaft in der Rue de Grenelle.

Nachdem er am Samstag um neunzehn Uhr mit dem Triebwagen aus Straßburg nach Colmar zurückgekehrt war, eilte Lansky über den Bahnhofsvorplatz zum Hotel Bristol, wo seine beiden Kollegen ihn bereits in Vaneks Zimmer voller Ungeduld erwarteten. Er erzählte ihnen, auf welche Weise er sich Noelle Bergers entledigt hatte. Vanek zeigte sich erleichtert. »Das bedeutet, daß Philip jetzt allein im Haus ist. Wir können das Verschwinden seines Mädchens zu unserem Vorteil nutzen, aber wir müssen den Zeitpunkt unseres Besuchs vorverlegen...«

»Warum?« fragte Lansky. »An einem späten Sonntagabend wäre es viel sicherer.«

»Weil«, erklärte Vanek mit sarkastischer Geduld, »Philip sich schon bald Sorgen machen wird, daß ihr etwas zugestoßen sein könnte. Wenn wir ihm Zeit lassen, sich zu sehr zu sorgen, könnte er die Polizei anrufen...«

Während Lanskys Abwesenheit hatten die beiden anderen Männer ihre Nachforschungen über die Gewohnheiten Robert Philips fortgesetzt. Sie hatten das Haus Nr. 8 von einem kleinen Park weiter unten in der Avenue Raymond Poincaré aus abwechselnd im Auge behalten. Sie hatten so getan, als fütterten sie die Vögel oder als warteten sie auf jemand. Weil es unmöglich gewesen war, die Villa von einem noch näheren Punkt aus zu beobachten – und weil sich beide äußerst geschickt verhalten hatten –, entgingen beide der Aufmerksamkeit der Streifenwagenbesatzung, die mit ihrem Wagen gelegentlich durch die Straße fuhr, um die gleiche Villa zu beobachten.

Um drei Uhr nachmittags, als er einigen Spatzen gerade Brotkrümel hinwarf, sah Vanek, wie Philip das Haus verließ, die Treppenstufen herunterkam und zum Gartenzaun ging. Er lehnte sich gegen das Gartentor und rauchte eine Zigarette. Vanek verschwand hinter einem Baumstamm und beobachtete Philip durch ein Fernglas, das er immer bei sich trug. Unter dem auffälligen Kamelhaarmantel trug der Franzose noch immer seine Pyjamahose, wie Vanek durch die Gitterstäbe hindurch sehen konnte. Sonntags zog Philip sich nur selten an; den Sonntag im Schlafanzug zu vertrödeln war seine Art, sich zu entspannen. Und außerdem dachte er daran, daß es nach der Rückkehr Noelles so viel leichter sein würde, sie gleich wieder aufs Bett zu werfen. Er brauchte sich nur seines Schlafanzugs zu entledigen. Jetzt, als er in der Villa mit sich allein war, hatte Philip großes Verlangen nach seiner jüngsten Eroberung.

»Auch das könnte ein Glücksfall sein«, sagte Vanek später zu Brunner, »wenn wir bedenken, welche Methode wir anwenden wollen...«

Es war kurz vor neun, als Brunner die zur Veranda führenden Treppenstufen des Hauses Nr. 8 hinaufging und klingelte. Um diese Zeit war die schneebedeckte Avenue Raymond Poincaré menschenleer und sehr still. Hinter den Vorhängen des Erkerfensters brannte Licht. Brunners Läuten löste eine schnelle – aber vorsichtige – Reaktion aus. Hinter einem Seitenfenster zur Veranda wurde ein Vorhang zurückgezogen. Am Fenster stand Philip. Er hielt ein Glas in der Hand und starrte Brunner mißtrauisch an. Dann zog er den Vorhang zu. Wenige Augenblicke später ging die Tür wenige Zentimeter auf. Eine starke Kette verhinderte ein weiteres Öffnen.

»Monsieur Robert Philip?« fragte Brunner.

»Ja. Was gibt's?«

Philip hatte erwartet, Noelle Berger mit Paketen beladen zu sehen. Die Ankunft dieses Fremden überrumpelte ihn. Brunner zeigte den Ausweis der Sûreté Nationale, den er bei sich trug, seitdem das Kommando Tábor verlassen hatte.

»Sûreté, Monsieur. Ich fürchte, daß ich eine schlechte Nachricht für Sie habe. Es geht um eine Bekannte von Ihnen, eine junge Dame. Darf ich einen Augenblick hereinkommen?«

Obwohl er sich um seine Geliebte Sorgen machte, war Philip ein mißtrauischer Mann, der in der Halbwelt des illegalen Waffenhandels nicht umsonst alle diese Jahre überlebt hatte; er nahm durchaus nicht alles für bare Münze, was ihm entgegentrat, weder Menschen noch Ausweise; mit gefälschten Papieren stand er selbst auf du und du.

»Ich kenne Sie nicht«, sagte er nach einem Moment. »Und zufällig kenne ich die meisten Polizeibeamten in Colmar.«

»Das überrascht mich nicht...« Brunner machte eine ungeduldige Handbewegung. »Ich bin erst vor einer Woche aus Straßburg versetzt worden.«

»Warten Sie draußen. Ich ziehe mir etwas an...« Die Tür wurde vor Brunners Nase zugeknallt. In der Halle verzog Philip das Gesicht; er spürte, daß mit seinem Besucher etwas nicht stimmte. Er griff nach dem Telefon, das auf einem Beistelltisch stand. Im selben Augenblick wurde etwas Hartes, was sich wie die Mündung einer Waffe anfühlte, gegen seinen Rücken gepreßt und bohrte sich durch den Morgenmantel. Eine ruhige Stimme sagte: »Einen Laut, und ich werde Sie erschießen. Nehmen Sie die Hand vom Telefon. So, jetzt Gesicht zur Wand...« Während Brunner den Franzosen abgelenkt und ihn an der Vorderseite des Hauses festgehalten hatte, war Vanek um das Haus herumgegangen. Er kannte diesen Weg bereits – er hatte ihn im Dunkeln ausprobiert, nachdem Philip die Vorhänge zugezogen hatte –, und hatte die französischen Fenster entdeckt, die zwar verschlossen waren, in denen aber keine Schlüssel steckten. Jetzt hatte er sich mit einem Dietrich Einlaß verschafft und war in die Halle gekommen, als Philip gerade mit seinem ungebetenen Besucher sprach.

»Keine Bewegung...« Vanek preßte die Mündung der Luger wieder in Philips Rücken, um ihn zu erinnern, daß die Waffe noch da war. Dann drehte er den Schlüssel im Türschloß herum, zog den Riegel zurück und entfernte die Kette. Brunner machte auf, trat ein und machte rasch die Tür zu. »Ziehen Sie die Kette wieder vor«, befahl Vanek rasch. »Niemand hat Sie gesehen? Gut...«

Vanek schubste Philip vor sich die Treppe hinauf. Am oberen Ende der Treppe reichte er Brunner die Luger und durchsuchte das Obergeschoß. In den dunklen Schlafzimmern waren sämtliche Vorhänge zugezogen. Hinter einem großen Schlafzimmer an der Rückfront des Hauses fand er, was er suchte – ein Badezimmer. Er knipste das Licht an und gab Brunner ein Zeichen. Dieser schob Philip in sein eigenes Badezimmer. »Was zum Teufel soll das?« explodierte der Franzose. »Die Polizeiwache ist um die Ecke, und...«

»Die Hauptwache der Police Nationale liegt in der Rue de la Montagne Verre, mehr als einen Kilometer von hier entfernt«, korrigierte Vanek ihn ruhig. »Ziehen Sie sich aus.«

»Mein Bruder und seine Frau kommen mich gleich besuchen...«

»Runter mit den Kleidern...«

Brunner stieß Philip den Lauf der Luger in den Rücken. Philip zog sich aus, erst den Morgenmantel, dann den Schlafanzug, bis er dick und nackt dastand. Vaneks Kälte jagte ihm Angst ein, aber etwas Mut war ihm noch geblieben, als er von neuem fragte, was zum Teufel das Ganze solle.

»Haben Sie noch nie von Einbrechern gehört?« fragte Vanek. »Es ist eine wohlbekannte Tatsache, daß ein Mann ohne Kleider nicht in der Lage ist, auf der Straße herumzulaufen und um Hilfe zu schreien – schon gar nicht an einem Abend wie heute. Und bevor wir gehen, werden wir das Telefonkabel herausreißen. Das wird immer so gemacht. Lesen Sie keine Zeitungen?«

Sie sagten Philip, sie würden seine Füße an den Wasserhähnen festbinden, und befahlen ihm, sich in die Wanne zu legen. Dann drehte Brunner beide Hähne auf und ließ das Wasser einlaufen. Die Temperatur war mäßig warm. Der Franzose, der mit jeder Sekunde mehr Angst bekam, fragte zum drittenmal, was zum Teufel das Ganze solle. Vanek sagte es ihm. »Wir wollen wissen, wo der Safe ist«, sagte er. »Wir haben gehört, daß Sie einen Safe im Haus haben, und Sie werden uns sagen wo er sich befindet...«

»Es gibt keinen Safe...«

»Wenn Sie es uns nicht sagen, wird mein Kollege Sie an den Beinen packen und unter Wasser ziehen...«

»Hier gibt's keinen Safe!« schrie Philip.

»Sind Sie sicher?« Vanek machte ein zweifelndes Gesicht und richtete die Luger noch immer auf Philips Brust. Das Wasser strömte rasch in die voller werdende Wanne. »Wir fänden es gar nicht schön, wenn Sie uns anlügen«, fuhr Vanek fort, »und wir werden sehr böse werden, wenn wir das Haus durchsuchen und doch einen finden...«

»Hier gibt es keinen Safe! Ich habe Geld, im Schlafzimmer, in meiner Brieftasche, mehr als tausend Franc...«

Brunner drehte beide Wasserhähne zu und starrte Philip an, der jetzt heftig schwitzte. Der Tscheche beugte sich über ihn und packte ihn fest am Kinn. Er ging mit dem Gesicht ganz nah an das Gesicht des Franzosen heran. Vanek ging ans Fußende der Wanne und packte Philips Fesseln. Der Franzose, halb sitzend und halb liegend, machte sich darauf gefaßt, untergetaucht zu werden. Er protestierte immer noch, es gebe im ganzen Haus keinen Safe. Plötzlich spürte er, wie Vanek seine Fesseln losließ und mit resignierter Stimme sagte: »Ich glaube, er sagt die Wahrheit...« Philip entkrampfte sich. Im selben Augenblick schleuderte Brunner Philips Kopf mit einer blitzschnellen tückischen Bewegung rückwärts, so daß dessen Schädel mit einem schrecklich dumpfen Krachen auf den Badewannenrand aufschlug. »Er ist tot«, stellte Brunner fest, als er den Puls fühlte. Philip glitt unter Wasser. Die

Konturen seines Gesichts lösten sich in dem gurgelnden Wasser auf.

»Die korrekte Reihenfolge«, bemerkte Vanek. »Der Gerichtsmediziner wird bestätigen, daß er durch den Aufprall starb und erst dann unterging. Kommen Sie, bringen wir's hinter uns ...« Vanek durchsuchte das Schlafzimmer, sah unters Bett, auf den Toilettentisch, in die Garderobe. Die wenigen weiblichen Kleidungsstücke bestätigten seine Vermutung, daß das Mädchen, dem Lansky bis Straßburg gefolgt war, nur eine flüchtige Bekanntschaft Philips gewesen war. Also machte Vanek sich daran, alle Spuren zu beseitigen, die an ihre Gegenwart erinnerten. Er nahm einen Koffer mit den Initialen N. B. und stopfte ihre Kleidungsstücke hinein, ihre Nachthemden, ihre Kosmetika, sechs Paar Schuhe. Im Badezimmer fand er eine Zahnbürste mit Lippenstiftspuren, unterm Kopfkissen zwei spitzenbesetzte Taschentücher. Die Polizei würde zwar noch immer Spuren einer Frau finden, aber keine Kleider, und damit wäre die Sache für die Beamten abgetan. Eine Großfahndung nach einer vermißten Frau in den nächsten Tagen war das letzte, was Vanek sich wünschte. Er schloß gerade den Koffer, als er Brunner hörte, der in der Küche einen Topf geholt hatte und Badewasser auf den Fußboden des Badezimmers schüttete. Bevor er nach unten ging, sah er sich das Badezimmer prüfend an.

»In Ordnung so?« fragte Brunner.

Ein Stück Seife, das Brunner in die Wanne geworfen hatte, löste sich auf und trübte das Wasser. Robert Philip hatte soeben einen tödlichen Unfall gehabt. Die meisten Unfälle ereigneten sich in der Wohnung. Philip hatte in der Wanne gestanden, war auf die Seife getreten, ausgerutscht und mit dem Kopf auf den Badewannenrand aufgeschlagen. Wasser war über den Wannenrand gespritzt und hatte seinen Schlafanzug und seinen Morgenmantel naß gemacht. »Diesen Aschenbecher habe ich aus dem Wohnzimmer raufgebracht«, bemerkte Brunner. Auf einem Hocker stand der Aschenbecher, den der Tscheche in einer behandschuhten Hand nach oben getragen hatte. Die Aschenreste befanden sich darin und die Kippe der Zigarette, die Philip am Aschenbecherrand festgeklemmt hatte, als er an die Tür gehen wollte, um Brunner zu öffnen.

»Perfekt«, erwiderte Vanek. Er ließ das Licht im Badezimmer brennen und folgte Brunner nach unten. Er trug Noelle Bergers Koffer. Unten machte er das Licht im Wohnzimmer aus. Hätte er es brennen lassen, hätte es Aufmerksamkeit erregen können. Das Licht im Badezimmer würde nicht auffallen, da das Bad an der Rückseite des Hauses lag.

Sie verließen das Haus auf dem Weg, auf dem Vanek gekommen

war – durch das französische Fenster an der Rückfront des Hauses. Draußen schlossen sie mit dem Dietrich ab. Vanek wartete mit dem Koffer in der Hand in dem kleinen Park, bis Brunner mit dem Citroën vorfuhr. Sie brauchten nur zwanzig Minuten, um an den Rhein zu kommen. Unterwegs hielten sie einmal kurz an einem verlassenen Bauplatz, an dem Vanek ein paar Ziegelsteine holte, um den Koffer schwerer zu machen. Wenige Minuten später beobachtete er, wie der Koffer in dem rasch dahinfließenden Strom verschwand. Jetzt übernahm Vanek das Fahren. Um halb elf waren sie wieder im Bristol, um sich gründlich auszuschlafen. Am frühen Morgen wollten sie abfahren – um Dieter Wohl in Freiburg zu besuchen.

In Straßburg wurde Alan Lennox am Montagmorgen früh wach. Er sprang aus seinem Bett im Hotel Sofitel, öffnete die Tür und hob die Zeitung auf, die er beim Portier bestellt hatte. Er las das Blatt im Morgenmantel, während er den Kaffee trank, den der Zimmerkellner gebracht hatte. Die Schlagzeilen beachtete er nicht, sondern suchte im Innern des Blattes nach einem Bericht über Léon Jouvels Selbstmord. Dieser Fall nahm viel mehr Raum ein, als Lennox erwartet hatte; nach dem Wochenende litt das Blatt offenbar unter Mangel an Lokalnachrichten. Die Einzelheiten des Berichts sagten kaum mehr als das, was er von Louise Vallon, Jouvels Verkäuferin, erfahren hatte. Immerhin wurde erwähnt, daß ein Inspektor Rochat den Fall bearbeitete. Die Adresse des Kriminalkommissariats war ebenfalls angegeben.

Lennox aß seine Croissants, trank den Kaffee aus, duschte und rasierte sich, zog sich an und beglich seine Rechnung. Als er mit dem Taxi zum Bahnhof fuhr, schneite es von einem bleiernen Himmel. In der Bahnhofshalle gab er seinen Koffer in der Gepäckaufbewahrung ab; Colmar war nur dreißig Bahnminuten entfernt, und er hoffte zuversichtlich, Robert Philip an einem Tag zu finden und zu sprechen. Er ging davon aus, daß der Franzose nicht verreist war. Den Triebwagen 9.15 Uhr schaffte Lennox gerade noch, kurz bevor er anfuhr. Als der Zug Straßburg verließ und über die Ebene nach Süden rollte – im Westen konnte Lennox die Vogesen erkennen –, las der Engländer die Schlagzeile, die er sich im Hotel geschenkt hatte. Eine neue internationale Krise braute sich zusammen.

Das türkische Flottenkommando am Bosporus hatte vor kurzem aus dem sowjetischen Schwarzmeerhafen Odessa eine Nachricht erhalten. Die Türken wurden informiert, daß ein sehr großer Konvoi mit der Codebezeichnung K 12 die Dardanellen auf dem

Weg ins Mittelmeer passieren werde. Diese Benachrichtigung erfolgte aufgrund der seit langem getroffenen Vereinbarungen, daß die Sowjets größere Flottenbewegungen ins Mittelmeer vorher ankündigten und formell um Erlaubnis zum Passieren der Dardanellen ersuchten.

Wie immer spezifizierten die Sowjets auch diesmal die Zusammensetzung des Konvois; die Meldung versetzte den zuständigen türkischen Seeoffizier in solche Aufregung, daß er sofort Ankara anrief. Der türkische Verteidigungsminister wurde mitten in der Nacht aus dem Bett geklingelt und gab die Meldung sofort ans NATO-Hauptquartier in der Nähe von Brüssel weiter. Aus politischen Gründen ließen die NATO-Behörden die Nachricht an die Presse durchsickern. Was die allgemeine Aufregung verursachte, war die Größe des Konvois. Die Sowjets hatten sechs schwere Kreuzer avisiert (vier davon Raketenträger), einen Flugzeugträger, zwölf Zerstörer und fünfzehn große Truppentransporter. Ein derart schlagkräftiger Konvoi hatte die Dardanellen noch nie passiert. Was mochten die fünfzehn großen Transportschiffe geladen haben? Auf welchen Zielhafen nahm dieser gewaltige Konvoi Kurs?

Als der Triebwagen in Colmar einlief, faltete Lennox die Zeitung zusammen und vergaß die Schauergeschichte sehr rasch. Sie hatte immerhin nichts mit dem Job zu tun, mit dem er sich gerade befaßte. Jetzt richtete er seine ungeteilte Aufmerksamkeit auf das bevorstehende Gespräch mit Robert Philip.

Am Samstag, dem 18. Dezember, um 20 Uhr hatten sämtliche Verteidigungsminister Westeuropas und Nordamerikas den Text der sowjetischen Meldung in Händen. Alain Blanc schenkte ihr erheblich mehr Aufmerksamkeit als Alan Lennox. In nur fünf Tagen sollte der Präsident in die Sowjetunion fliegen. Blanc war gar nicht glücklich über die Nachricht. Am Sonntagmorgen führte er ein kurzes Gespräch mit Guy Florian, der völlig anderer Meinung war.

»Sie werden ganz gewiß keine große internationale Krise ausgerechnet am Vorabend meines Abflugs vom Zaun brechen«, sagte er zu Blanc. »Sie sind viel zu sehr darauf bedacht, ihre guten Beziehungen zu uns zu festigen. Immerhin sind wir die stärkste westeuropäische Macht...«

Alain Blanc verließ den Elysee-Palast mit großer Skepsis. Florian hatte ihn nicht überzeugt. Blanc war jetzt weit beunruhigter als vor dem Gespräch mit dem Präsidenten. Warum war Florian mit einemmal so gelassen, was die Intentionen der Sowjetunion betraf?

Nach der Ankunft in Colmar kaufte sich Lennox am Bahnhofskiosk einen Stadtplan und entdeckte, daß die Avenue Raymond Poincaré nur wenige Meter von der Stelle entfernt war, an der er stand. Als er in die Avenue einbog und auf das Haus Nr. 8 zuging, erlebt er eine unangenehme Überraschung. Vor einer zweistöckigen, würfelförmigen Villa standen zwei Streifenwagen. Auf dem Bürgersteig waren Polizisten postiert. Lennox war sicher, daß dies Nr. 8 sein mußte, noch bevor er auf dem gegenüberliegenden Bürgersteig das Haus passierte und weiterging. Ja, es war die Nr. 8. Dies war eine Wiederholung der Szene, die er erst am Vortag vor dem Haus Rue de l'Épine in Straßburg gesehen hatte. Fünfzehn Minuten später, nach einem Rundgang um ein paar Straßenblocks – um nicht an den vor der Villa stehenden Beamten vorbeigehen zu müssen –, betrat er die Bar des Hotels Bristol gegenüber dem Bahnhof.

»Was machen denn all diese Streifenwagen in der Avenue Raymond Poincaré?« fragte er beiläufig und nippte an seinem Cognac.

Der Barmann war nur zu begierig weiterzugeben, was er wußte; in einer Kleinstadt wie Colmar machen Gerüchte blitzschnell die Runde. Einer der Großkopfeten der Stadt, Robert Philip, sei am Abend zuvor in seinem Bad umgekommen, vertraute der Barmann Lennox an. Die Tragödie sei entdeckt worden, als seine Putzfrau am Morgen die Haustür verriegelt vorgefunden habe. »Sie hat nämlich einen Schlüssel«, erklärte der Barmann, »und Philip hatte frühmorgens immer die Kette entfernt und den Riegel zurückgezogen, so daß sie selbst aufschließen und hineingehen konnte. Die Polizei fand ihn in der Badewanne – unter Wasser. Der Bursche wird jetzt keiner Schürze mehr nachrennen ...«

Lennox bestellte einen zweiten Drink, aber der Barmann hatte nur noch wenig an Informationen zu bieten. Nur noch eins: Die Polizei sei im Hotel gewesen und habe eine Menge Fragen nach zwei Männern gestellt, die hier zwei Nächte gewohnt hätten.

»Sie hatten einen Citroën«, fuhr der Barmann fort, »das hat jedenfalls der Nachtportier gesagt. Ich selbst habe sie nicht gesehen – ich glaube nicht, daß sie überhaupt hier in der Bar gewesen sind. Ich persönlich glaube nicht, daß da eine Verbindung besteht ...«

Als Lennox die Bar verließ, kamen zwei uniformierte Polizeibeamte herein. Das ließ es ihm geraten erscheinen, Colmar auf dem schnellsten Weg zu verlassen; die Aussichten standen fünfzig zu fünfzig, daß der redselige Barmann den beiden Polizisten von seinem Gespräch mit dem Fremden berichtete, der soeben die Bar verlassen hatte. Lennox überquerte den Bahnhofsvorplatz, kaufte sich eine einfache Fahrkarte nach Lyon und bestieg dann einen Zug nach Straßburg, der gerade eingelaufen war. Als der Zugschaffner in sein Abteil kam, zeigte er die Rückfahrkarte nach Straßburg, die er bereits besaß. Von den drei Männern, die in der Kriegszeit eng mit dem Leoparden zusammengearbeitet und bis jetzt überlebt hatten, war nur noch einer übrig. Dieter Wohl in Freiburg.

Anders als Inspektor Rochat in Straßburg war Inspektor Dorré in Colmar erst vierzig und nahm nichts als gegeben und selbstverständlich hin. Er war ein ungeduldiger Mann mit einem verdrossenen Gesichtsausdruck und einer schnellen Zunge. Zwei Stunden nachdem Robert Philips Tod entdeckt worden war, rief er Boisseau an und erklärte, Philip sei nach der Rückkehr in sein Haus nicht mehr beobachtet worden. Nur ein Streifenwagen sei gelegentlich am Haus vorübergefahren. »Wir haben viel zuwenig Leute«, fuhr er fort, »und deshalb habe ich ihn nicht sorgfältig überwachen lassen können. Das ist natürlich sehr bedauerlich...«

Am anderen Ende der Leitung vermutete Boisseau, daß irgendeiner der Vorgesetzten Dorrés Sand ins Getriebe gestreut hatte – aus Abneigung gegen die Einmischung aus Paris. Diesmal war es nicht notwendig, bohrende Fragen zu stellen – und außerdem ließ Dorré Boisseau gar keine Gelegenheit dazu: Er redete wie ein Wasserfall.

»Nach Aussage des Gerichtsmediziners und auf Grund meiner eigenen Beobachtung besteht überhaupt kein Zweifel, daß Robert Philip durch einen Unfall gestorben ist. Er ist auf einem Stück Seife ausgerutscht und mit dem Kopf auf den Badewannenrand aufgeschlagen. Er war zu der Zeit allein im Haus. Nichts deutet auf einen Einbruch oder auf sonst etwas hin, was Verdacht erregen könnte – es muß zwar kurz vorher eine Frau im Haus gewesen sein, aber wahrscheinlich nur für ein paar Stunden. Philip war kein Kostverächter...«

Nach einer kurzen Pause legte die Stimme wieder los. »Entschuldigen Sie, ich habe eine Erkältung und mußte mir die Nase putzen. Also, in technischer Hinsicht haben wir es mit einem Unfalltod zu tun. Ich persönlich glaube aber keinen Augenblick daran. Ich habe gehört, daß ein anderer Mann, den Sie ebenfalls haben beobachten lassen – ein gewisser Léon Jouvel –, sich vor weniger als achtundvierzig Stunden in Straßburg erhängt hat. Ich habe auch gehört – ich bin gestern in Straßburg gewesen –, daß meine Kollegen dort Jouvels Tod als Selbstmord akzeptieren. Für mich ist das ein bißchen viel, Monsieur Boisseau – zwei Männer, die Sie beobachten lassen, sterben beide durch Selbstmord beziehungsweise Unfall in weniger als zwei Tagen, und beide zu Hause. Ich sage Ihnen, da stimmt etwas nicht...«

»Gibt es irgend etwas Besonderes, was...«, begann Boisseau, aber weiter kam er nicht.

»Verzeihung, Herr Generaldirektor, aber ich bin noch nicht fertig. Eine Frau, die Robert Philip gut kennt, – kannte –, ist gestern mit dem Wagen an seiner Villa vorbeigefahren, und dabei sah sie einen blauen Citroën, der gegenüber der Villa parkte. Zwei Männer versuchten, den Wagen zu reparieren, aber sie glaubt, die beiden wollten nur die Villa im Auge behalten. Sie hat mir das heute morgen erzählt, als sie die Streifenwagen sah, denn sie nahm an, es handle sich wieder mal um einen Einbruch...«

»Haben Sie das Kennzeichen?« konnte Boisseau einwerfen.

»Bedauerlicherweise nicht, aber ich bin noch immer nicht fertig«, fuhr Dorré fort. »Mir fiel ein, daß ich die Hotels der Stadt mal befragen sollte, und wir haben herausgefunden, daß zwei Männer sich am Samstag gegen halb zehn abends in dem Hotel eingemietet hatten, das dem Bahnhof am nächsten liegt. Dieses Hotel liegt zufällig nur wenige Schritte von der Villa des verstorbenen Robert Philip entfernt. Die beiden Männer kamen in einem blauen Citroën an, und wir haben das Kennzeichen. Es wird im Augenblick an alle Streifen und Wachen durchgegeben. Die Beschreibungen der beiden Männer ebenfalls. Es ist zwar denkbar, daß da keinerlei Verbindung besteht, aber dieser Tod gefällt mir überhaupt nicht, trotz seiner technischen Perfektion...«

»Und wenn es kein Unfall gewesen ist?« fragte Boisseau auf gut Glück. »Dann müssen doch hochqualifizierte Profis am Werk gewesen sein?«

»Bestens ausgebildete Mörder, wenn Sie mich fragen«, sagte Dorré ohne Umschweife. »Denn wenn ich recht habe – und ich behaupte nicht, daß das so ist –, ist Léon Jouvels Tod gleichfalls arrangiert worden, und da haben wir wieder die technische Perfektion. Sie dürfen mich nicht für einen hoffnungslosen Romantiker halten«, fuhr er fort, »der hinter jedem Ereignis ein Verbrechen wittert, aber ich wiederhole: Zwei Männer, die beide beobachtet werden und dann innerhalb so kurzer Zeit sterben – das kommt mir oberfaul vor. Und außerdem«, fuhr er fort, so daß Boisseau wieder nichts erwidern konnte, »die Geographie ist auch interessant, nicht wahr?«

»Die Geographie?«

»Von Straßburg nach Colmar ist es nicht sehr weit. Ich gebe

Ihnen Nachricht, sobald wir wissen, auf wessen Namen dieser Citroën zugelassen ist...«

Vanek fuhr zwar schnell, hielt sich aber innerhalb der Geschwindigkeitsbegrenzungen. Er erreichte den Boulevard de Nancy in Straßburg um neun Uhr morgens – eine Stunde bevor Inspektor Dorré das Kennzeichen des Wagens an alle Wachen und Streifenwagen durchgab. Vanek lieferte den Wagen bei der Hertz-Niederlassung ab und ging in das Restaurant, vor dem er Brunner und Lansky abgesetzt hatte.

»Wir haben diesen Wagen lange genug benutzt«, sagte er den beiden Männern, »und zwei Besuche mit demselben Transportmittel sind fast schon zuviel.«

Er erlaubte ihnen nicht einmal, ihre Drinks zu Ende zu trinken, sondern ging sogleich mit ihnen nach draußen. Dort trennten sie sich. Vanek nahm mit Brunner ein Taxi zum Bahnhof. Lansky blieb zurück, um in einem zweiten Taxi zu folgen. Am Bahnhof trafen sie sich wieder, aber jeder kaufte sich seine eigene Fahrkarte. Lansky bestieg den Zug allein, während die beiden anderen sich in einen anderen Wagen setzten. Lansky legte seinen Koffer ins Gepäcknetz und zündete sich eine Zigarette an. Innerhalb von fünfzehn Minuten hatte der Zug die Rheinbrücke überquert und lief jetzt in den Bahnhof von Kehl ein. Das sowjetische Killerkommando war in der Bundesrepublik Deutschland angekommen.

13

Der Montag war ein schlechter Tag für Lennox, der keinen Augenblick vergaß, daß er mit gefälschten Papieren reiste. Als er wieder im Bahnhof von Straßburg ankam und seinen Koffer in der Gepäckaufbewahrung abholen wollte, um anschließend mit einem anderen Zug nach Deutschland zu fahren, bemerkte er sofort mehrere Anzeichen für intensive polizeiliche Tätigkeit. Als er aus dem Zug ausstieg, sah er einen uniformierten Beamten auf dem Bahnsteig. Es war ein junger und wachsamer Mann, der alle Reisenden von oben bis unten musterte, als sie an ihm vorübergingen und der Treppe zum Ausgang zustrebten.

In der Haupthalle standen weitere Beamte – einige von ihnen, davon war Lennox überzeugt, in Zivil –, und als er sich der Gepäckaufbewahrung näherte, standen zwei Gendarmen am Tresen und ließen sich die Papiere der Leute zeigen, die ihr Gepäck abholten. Lennox schlenderte weiter und betrat das Café mit der

Glasfront zum Place de la Gare. Er setzte sich an einen Tisch und bestellte Kaffee. Er konnte nicht wissen, daß Lansky am vorhergehenden Sonntag in genau demselben Café gesessen hatte, bevor er zu seinem letzten Besuch bei Léon Jouvel aufgebrochen war. Während er seinen Kaffee trank, beobachtete Lennox das Treiben im Bahnhof. Was er sah, war nicht ermutigend.

Ein weiteres Polizeifahrzeug kam an. Etwa zwölf weitere Beamte sprangen von der Ladefläche und rannten in die Bahnhofshalle. Der energische Inspektor Dorré aus Colmar hatte mit seinen Straßburger Kollegen Verbindung gehalten – man hatte Vaneks Citroën zur Hertz-Autovermietung am Boulevard de Nancy zurückverfolgen können –, und die Vorgesetzten Inspektor Rochats, die jetzt Angst hatten, sie könnten einen monumentalen Schnitzer begangen haben, kooperierten jetzt vorbildlich. Die Rückgabe des Wagens führte sie zu dem logischen Schluß, daß die Männer, die den Wagen gemietet hatten, jetzt per Flugzeug oder Bahn reisten. Auf dem nahegelegenen Flughafen und dem Bahnhof wurden massive Fahndungsmaßnahmen eingeleitet. Ironischerweise brachte die Großfahndung, die dem sowjetischen Killerkommando galt, ausgerechnet Lennox in Gefahr.

Mit gefälschten Papieren über eine Grenze zu gehen, ist eine Sache; die Gefahr, im Verlauf einer Großfahndung genau unter die Lupe genommen zu werden, ist dagegen viel größer. Lennox bezahlte seinen Kaffee, ging über den Place de la Gare zur Bushaltestelle und sprang auf den ersten überfüllten Bus, der gerade abfuhr. Dieser Bus fuhr zufällig nach Hagenau, einem Ort, von dem Lennox noch nie gehört hatte. Er kaufte sich also eine Fahrkarte bis zur Endstation. Den Grenzübertritt nach Deutschland konnte er frühestens morgen wagen; Großfahndungen sind in den ersten vierundzwanzig Stunden besonders intensiv. Das größte Problem für ihn war, wo er die Nacht verbringen sollte: Wenn die Polizei ernsthaft hinter jemandem her ist, durchleuchtet sie jedes Hotel; die Hotels und Pensionen, die nicht leicht erreichbar sind, werden angerufen.

Am späten Abend fuhr Lennox mit dem Bus von Hagenau nach Straßburg zurück. Das erste, was er beim Aussteigen auf dem Place de la Gare bemerkte, waren die in einer Reihe vor dem Bahnhof abgestellten Mannschaftswagen der Polizei. Am frühen Morgen hatte Lennox in der Zeitung mit dem Bericht über Léon Jouvels Tod gelesen, daß das Europaparlament an diesem Tag eine Nachtsitzung abhalten werde. Nach einem späten Imbiß in einem abseits gelegenen Restaurant nahm Lennox ein Taxi zum Gebäude des Europaparlaments. Seine Papiere, die ihn als Reporter auswiesen, verschafften ihm mühelos Eintritt. Als er erst einmal im Haus war, richtete er sich auf der Pressegalerie auf eine eigene Nachtsitzung ein.

Bevor er mit dem Taxi zum Europaparlament gefahren war, war er in den Waschraum eines Hotels geschlüpft und hatte sich mit Utensilien rasiert, die er in Hagenau gekauft hatte; es wäre vielleicht nicht klug gewesen, sich auf dem erlauchten Boden des europäischen Parlaments völlig unrasiert zu präsentieren. Die Vorsichtsmaßnahme erwies sich jedoch als unnötig – auf der Pressegalerie saßen nur wenige Journalisten, und gelegentlich, wenn die Debatte sich ohne Höhepunkte hinzog, konnte Lennox sogar ein kleines Nickerchen machen. Er sah häufig auf die Uhr und wartete und wartete, während die Nacht sich langsam dahinschleppte. Am Morgen würde er erneut versuchen, den Rhein zu überqueren und in die Bundesrepublik Deutschland einzureisen.

Es war Inspektor Jacques Dorré (der es in späteren Jahren bis zum Kommissar brachte), der schließlich Marc Grelle auf den Plan rief. Als der Präfekt den Bericht Boisseaus über sein Gespräch mit Colmar gelesen hatte, rief er persönlich Dorré an, der jetzt noch mehr Informationen hatte. Er konnte Grelle sagen, daß der Citroën, mit dem zwei Männer zu dem Hotel in Colmar gefahren waren, inzwischen an die Hertz-Autovermietung am Boulevard de Nancy in Straßburg zurückgegeben worden war.

»Ja«, bestätigte er weiter, »die Beschreibung des Mannes, der den Wagen zurückgab, stimmt mit der Beschreibung eines der beiden Männer überein, die am 18. und 19. Dezember im Hotel Bristol übernachteten – und am 19. ist Robert Philip in seinem Bad gestorben ...«

»Wenn diese beiden Männer – Jouvel und Philip – ermordet worden sind«, tastete Grelle sich vor, »muß es doch wohl das Werk eines professionellen Killers gewesen sein? Kein Amateur hätte die beiden Todesfälle so überzeugend arrangieren können. Habe ich recht?«

»Sie haben recht«, erwiderte Dorré kurz. »Es hat aber den Anschein, als handle es sich um ein Team von mindestens zwei Mördern, die hier an der Arbeit sind – vielleicht sogar von drei ...«

Grelle packte den Hörer fester. »Wie kommen Sie zu dem Schluß?« fragte er.

»Ich habe die Gästeliste des Bristol persönlich geprüft. Zehn Minuten nachdem die ersten beiden Männer – Duval und Bonnard – sich eingetragen hatten, nahm ein dritter Mann, Lambert, sich ebenfalls ein Zimmer. Es gibt nichts, was diese drei Männer miteinander verbindet – von der Tatsache abgesehen, daß sie alle am Abend des 18. ankamen und am Morgen des 20. abreisten, also heute früh am Morgen. Es ist nur so, daß das Hotel sonst fast leer ist zu dieser Zeit ...«

Grelle dankte ihm für seine Mitarbeit und legte auf. »Es ist möglich, daß im Elsaß irgendein Mörderteam am Werk ist«, sagte er zu Boisseau. »Das ist alles reine Theorie, aber wenn sie zutrifft, wer zum Teufel könnten die drei sein?«

»Wahrscheinlich haben nur Lasalle und dieser Engländer, Lennox, die Liste in Besitz«, betonte Boisseau. »Und Lasalle wird doch nicht seine eigenen Zeugen ausradieren? Das ergäbe keinen Sinn. Es gibt nur eins, was einen Sinn ergibt: wenn nämlich irgendein vom Leoparden Beauftragter sich der Zeugen angenommen hat ...«

»Aber der Leopard kann die Liste nicht haben ...«

Grelle verstummte, und die beiden Männer starrten sich schweigend an. Eine Stunde später war der unermüdliche Dorré wieder am Apparat. Er arbeite eng mit seinen Kollegen in Straßburg zusammen, erklärte er, und auf seinen Vorschlag hin habe Rochat begonnen, sämtliche Hotels der Stadt zu checken. Man sei schon bald auf die Namen Duval, Bonnard und Lambert gestoßen. Die beiden ersteren hätten die Nacht des 17. Dezember im Hotel Sofitel verbracht, während Lambert im Terminus übernachtet habe. Und Léon Jouvel habe sich am Abend des 18. Dezember erhängt.

»Also«, hob Dorré hervor, »diese selben drei Männer – und die Beschreibungen passen wieder, wenn auch vage – sind spät am Abend des 18. nach Colmar gefahren und waren in der Stadt, als Robert Philip starb. Wie lange darf man an Zufälle glauben, ohne sich lächerlich zu machen?«

»Das ist es!« brach Grelle aus. »Wenn Ihre Beschreibungen der drei Männer erst einmal hier sind, werde ich sie an alle Polizeistellen in Frankreich weitergeben – und wir haben ihre Namen. Ich wünsche, daß dieses Trio festgenommen und vernommen wird, sobald es wieder auftaucht ...«

Am Abend des 20. Dezember war es in Freiburg schon dunkel. Dieter Wohl stand in seinem dunklen Schlafzimmer und sah durch die Vorhänge nach draußen. Wohl fühlte sich in der Dunkelheit zu Hause. Das war vielleicht ein Relikt seiner Zeit im Krieg, als er so oft die Aufgabe gehabt hatte, ein verdächtiges Haus von einem dunklen Zimmer aus zu beobachten. Wohl war kein nervöser Mann, obwohl er allein in diesem zweistöckigen Haus drei Kilometer außerhalb Freiburgs an einer wenig befahrenen Straße lebte. Im Augenblick aber war er verwirrt. Warum hatte ein

Wagen kurz vor seinem Haus angehalten? Warum blieb er um diese Zeit so lange dort stehen?

Über Nacht hatte es einen Wetterumschwung gegeben; der Schnee war geschmolzen, die Temperatur gestiegen, und jetzt zeigten sich am Himmel Wolkenfetzen, durch die der Mond hindurchschien und die einsame Straße und die Bäume auf den Feldern dahinter erleuchtete. Die meisten Menschen hätten den Wagen gar nicht gehört, aber der Expolizist Wohl – er war nach dem Krieg zur Polizei gegangen – hatte das Gehör einer Katze. Ein schwarzer Mercedes 230 SL, wie er im Mondschein erkannte. Eine schattenhafte Gestalt saß hinter dem Lenkrad, während die beiden Mitfahrer ausgestiegen waren und vorgaben, den Motor zu untersuchen. Warum kam ihm das Wort ›vorgaben‹ in den Sinn? Obwohl sie die Motorhaube geöffnet hatten, behielten sie das Haus im Auge und sahen sich um, als sondierten sie die Gegend. Ihre Blicke waren gleichgültig – so gleichgültig, daß vermutlich nur ein aufmerksamer Beobachter wie Wohl sie bemerkte.

»Meine Fantasie geht mit mir durch«, murmelte er.

Unter ihm auf der Straße ging einer der Männer vom Wagen weg und ging auf ein Feld vor dem Haus. Seine Hand fummelte am Reißverschluß der Hose. Der muß nur mal pinkeln, entschied Wohl. Er verließ das Schlafzimmer an der Vorderseite des Hauses. Er bewegte sich noch immer im Dunkeln. Jetzt betrat er das Schlafzimmer an der Seite des Hauses, in dem die Vorhänge nicht zugezogen waren; er hielt sich im Hintergrund des Zimmers und beobachtete den Mann, der jetzt an einer Hecke stand und sich erleichterte. Es schien alles völlig harmlos zu sein, abgesehen davon, daß der Mann ständig auf den Garten hinterm Haus blickte und die Seite des Hauses in Augenschein nahm. Wohl hielt sich im Schatten versteckt, bis der Mann fertig war und wieder zum Wagen ging. Einen Augenblick später schlossen die beiden neben dem Wagen stehenden Männer die Haube und stiegen in den Mercedes ein, der vom Fahrer angelassen wurde. Zunächst stotterte der Motor ein bißchen, aber beim zweitenmal sprang er an. Der Wagen fuhr in Richtung Freiburg ab. Ich werde wohl alt, dachte Wohl. Ich sehe Gepenster, wo es keine gibt. Er ging nach unten, um die Arbeit an seinen Memoiren fortzusetzen. Eine halbe Stunde später läutete das Telefon.

»Herr Wohl? Herr Dieter Wohl? Guten Abend. Hier ist das Morgenthau-Institut, eine Marktforschungsgesellschaft. Wir führen eine Untersuchung durch, die eine Erhöhung der staatlichen Renten zum Ziel hat. Wir haben Sie als Interviewpartner ausgewählt...

Der Marktforscher, ein Mann namens Brückner, fragte nach Wohls Familienstand, notierte, daß dieser Witwer sei, daß ihm sein Haus gehöre, daß er nie Urlaub mache. Außerdem stellte er ihm noch eine Reihe anderer entsprechender Fragen. Der Anrufer dankte Wohl wortreich und sagte, es sei möglich, daß er Wohl persönlich zu sprechen wünsche, aber er werde auf jeden Fall vorher anrufen. Ob es an einem der nächsten drei Abende passe? Ja? Fabelhaft...

Wohl legte auf und ging wieder in sein Arbeitszimmer an der Vorderseite des Hauses. Er machte sich wieder an die anstrengende Aufgabe, die Einführung zu seinem Buch voranzutreiben. Es fiel ihm aber schwer, sich zu konzentrieren; sein mißtrauischer Geist kehrte immer wieder zu dem Anruf zurück.

Nur acht Stunden vorher hatte Vanek von Kehl aus die spezielle Telefonnummer in Paris angerufen. Seit der Ankunft in München hatte er jeden Tag – mit Ausnahme des Sonntags in Colmar – die Nummer angerufen, die sein Ausbilder, Borisov, ihm gegeben hatte. Er hatte jedesmal von einem Postamt aus angerufen. Bislang hatte man ihm nie neue Anweisungen gegeben. Als er von Kehl aus anrief, hatte er angenommen, auch diesmal werde nichts erfolgen. Vanek hörte, wie am anderen Ende der Leitung abgenommen wurde und wie der Mann mit derselben Stimme wie immer – Jørgensen – die Nummer wiederholte. Vanek meldete sich.

»Hier Salicetti...«

»Es hat sich etwas geändert«, sagte die Stimme rasch. »In der Freiburger Niederlassung müssen Sie ein Kriegstagebuch abholen und die Memoiren des Kunden mitnehmen. Verstanden?«

»Verstanden...«

»Dann müssen Sie noch einen Kunden besuchen – notieren Sie sich die Adresse. Eine Madame Annette Devaud in Saverne...« Jørgensen buchstabierte den Namen der Stadt. »Sie liegt im Elsaß...«

»Das ist eine ungenaue Adresse...«

»Das ist alles, was wir haben. Wiederhören!«

Vanek sah auf seine Uhr. Der Anruf hatte nur dreißig Sekunden gedauert. Während des Telefonats war der Tscheche recht ruhig gewesen, aber jetzt, als er aus der Telefonzelle blickte, fluchte er vor sich hin. Draußen standen Leute Schlange, um Briefmarken zu kaufen. Die neue Entwicklung der Dinge behagte ihm überhaupt nicht; sie bedeutete, daß sie nach dem Besuch in Freiburg wieder nach Frankreich würden einreisen müssen. Und heute war schon der 20. Dezember. Ihnen blieben nur zweiundsiebzig Stunden, um den Auftrag zu erfüllen.

Alan Lennox überschritt die Grenze bei Kehl am Morgen des 21. Dezember, an einem Dienstag. Am Straßburger Bahnhof waren die meisten Polizeibeamten abgezogen worden, obwohl einige noch immer patrouillierten. Nach der anfänglichen fieberhaften Aktivität – die keinerlei Ergebnis brachte – gewann der alte Groll der lokalen Polizeibehörde über die Einmischung von Paris in ihre Angelegenheiten wieder die Oberhand, nicht zuletzt, weil am Straßburger Flughafen Terroristenalarm gegeben worden war, der sich allerdings als unbegründet erwies. In aller Eile wurden zahlreiche Beamte zum Flughafen gebracht, und am Bahnhof wurde das Netz gelockert.

Lennox holte seinen Koffer bei der Gepäckaufbewahrung ab und bestieg einen Personenzug nach Kehl. An der Grenze passierte er die Paßkontrolle ohne Zwischenfall – niemand hielt nach einem Mann namens Bouvier Ausschau. Nach der Ankunft in Deutschland rief Lennox sofort Peter Lanz unter der Bonner Nummer an, die er erhalten hatte. Er erzählte dem BND-Mann in groben Zügen, was sich ereignet hatte. »Die beiden französischen Zeugen sind urplötzlich gestorben, man könnte sagen, durch Gewalteinwirkung – innerhalb von vierundzwanzig Stunden... Einer von ihnen hat unseren Tierdarsteller zum Teil identifiziert... allein an der Stimme, möchte ich betonen... Guy Florian.«

Lanz' Stimme klang beiläufig, als sprächen sie über eine Belanglosigkeit. »Würden Sie sagen, daß Ihr Zeuge zuverlässig war? Wir haben immerhin noch andere Feststellungen...«

»Es ist keinesfalls bewiesen«, erwiderte Lennox.

»Und Ihr nächster Schritt?«

»Peter, der dritte Zeuge lebt in Freiburg – ich habe es noch nicht erwähnt, aber ich werde ihn jetzt besuchen. Ja, einen Landsmann von Ihnen. Nein, Namen habe ich vorher nicht nennen können...«

»Wenn das so ist«, fiel Lanz ein, »werde ich heute abend selber in Freiburg sein. Sie können mich im Hotel Colombi erreichen. Passen Sie auf sich auf. Und wenn das alles ist, muß ich mich jetzt entschuldigen. Ich habe eine dringende Besprechung...«

Franz Hauser, der erst vor kurzem gewählte Bundeskanzler der Bundesrepublik Deutschland, erklärte sich einverstanden, Peter Lanz um elf Uhr vormittags im Kanzleramt zu empfangen – eine Stunde nach Lennox' Anruf aus Kehl. Da Hauser in Arbeit erstickte – er kam selten vor Mitternacht ins Bett –, hatte er Lanz gebeten, sein

Hauptquartier vorübergehend von Pullach nach Bonn zu verlegen. »So wie die Dinge sich in Europa entwickeln, möchte ich Sie in der Nähe haben«, bedeutete er dem BND-Vize.

Der kleine, schlanke und drahtige Hauser war auf Grund seiner Zusage gewählt worden, er werde am härtesten gegen Terroristen vorgehen, jene Stadtguerillas, die Deutschland noch immer heimsuchten. Er hatte auch immer wieder gepredigt, daß der Kontinent sich nach dem Abzug der Amerikaner selbst verteidigen müsse. »Zusammen mit unseren Freunden, Frankreich, Großbritannien und unsere anderen Alliierten, müssen wir eine solche Stärke aufbauen, daß die Befehlshaber der Roten Armee wissen, daß Europa zu ihrem Friedhof wird, wenn sie je den Fehler machen, in den Westen einzudringen...«

Punkt elf Uhr wurde Lanz in Hausers Arbeitszimmer geleitet. Hauser, ein Mann, dem Förmlichkeiten zuwider waren, kam um den Schreibtisch herum und setzte sich neben den BND-Mann. »Gibt es Informationen von diesem Engländer, Lennox?« fragte er. Er hörte zehn Minuten lang zu, während Lanz erklärte, was sich ereignet hatte. Hausers schmales, energisches Gesicht zeigte höchste Konzentration. »Wenn diese Geschichte irgendwie mit der Entsendung des sowjetischen Konvois K 12 ins Mittelmeer zusammenhängt«, bemerkte er, »könnten wir am Vorabend einer Katastrophe stehen. Die Russen könnten zuschlagen, bevor wir unsere Kräfte gesammelt haben.«

»Das glauben Sie doch nicht wirklich, Herr Bundeskanzler!« protestierte Lanz. »Ich meine, daß Florian dieser kommunistische Résistance-Führer gewesen sein kann, der Leopard?«

»Nein, das ist unmöglich«, stimmte Hauser zu. »Aber es liegt jetzt durchaus im Bereich der Möglichkeiten, daß einer seiner wichtigsten Minister der Leopard ist. Und dann ist da noch die Tatsache, daß man bei der Öffnung seines Grabes in der Nähe von Lyon seinen Leichnam nicht gefunden hat. Wie haben Sie übrigens davon erfahren?«

»Durch einen Verbindungsmann jenseits des Rheins...«

»Na schön, behalten Sie Ihre Geheimnisse für sich. Was mir Sorgen macht, sind die lauter werdenden Gerüchte von einem möglichen Staatsstreich in Paris. Nehmen wir mal an, Alain Blanc, der Verteidigungsminister, sei der Leopard – könnte er nicht planen, die Macht an sich zu reißen, wenn Florian in Moskau ist?«

»Darauf bin ich noch nicht gekommen«, gab Lanz zu.

»Ist etwa eine große Verschwörung im Gang?« murmelte Hauser. »Wenn Moskau nun mit dem Leoparden zusammenarbeitet – könnte es dann nicht sein, daß die Russen Florian nach Moskau eingeladen haben, um ihn aus dem Weg zu haben, während in Frankreich der Leopard die Macht übernimmt? Warum ist der sowjetische Konvoi jetzt auf dem Weg ins Mittelmeer? Alles scheint sich auf eine Art Höhepunkt zuzubewegen. Wir brauchen mehr Informationen, Lanz. Sofort...«

Nach der Ankunft mit der Bahn in Freiburg gab Lennox seinen Koffer in der Gepäckaufbewahrung ab und sah anschließend im Telefonbuch nach, ob Dieter Wohl noch unter der Adresse zu erreichen war, die auf der Liste stand. Dann rief er den Deutschen an. Er stellte sich als Jean Bouvier, Reporter der französischen Zeitung *Le Monde*, vor. Sein Blatt plane eine Artikelserie über die französische Résistance, wobei der Widerstand im Departement Lozère besonders breiten Raum einnehmen werde. Wenn er nicht irre, habe Herr Wohl während des Krieges in jener Gegend gearbeitet, also...

Wohl zögerte zunächst. Er versuchte herauszufinden, ob ein Gespräch mit Bouvier ihm für seine Memoiren hilfreich sein könnte. Dann fiel ihm ein, daß ein bißchen Vorauspublicity gar nicht schaden könnte, und er stimmte zu. Lennox nahm ein Taxi zu dem abgelegenen Haus des ehemaligen Abwehroffiziers. Wohl erwartete ihn an der Tür. Er war ein vorsichtiger Mann und bat seinen Besucher, im Wohnzimmer Platz zu nehmen und seine Papiere zu zeigen. Lennox holte seine Ausweise hervor. »Einen Presseausweis kann sich jeder drucken lassen«, sagte er leichthin.

Es kostete Lennox eine halbe Stunde, Wohl von seiner Vertrauenswürdigkeit zu überzeugen, aber als er den Namen des Leoparden erwähnte, flackerte es in den Augen des Deutschen auf. »Das ist etwas,worauf ich mich besonders konzentriere«, erklärte Lennox. »Ich finde diese Geschichte als Anreißer hervorragend – das Geheimnis um die Identität des Leoparden. Es ist doch nie gelüftet worden, nicht wahr?«

Wohl ging zu seinem Schreibtisch, auf dem Teile eines handgeschriebenen Manuskripts neben einem abgegriffenen, in Leder gebundenen Tagebuch lagen. Fünfzehn Minuten lang erzählte Wohl alles über seine Bemühungen, den Leoparden 1944 zur Strecke zu bringen. Lennox hatte schon ein Dutzend Seiten seines Notizbuches mit Steno-Anmerkungen vollgeschrieben und den Schluß gezogen, daß der Deutsche keine Information von besonderem Wert liefern konnte, als Wohl den Zwischenfall erwähnte, bei dem der Leopard fast in die ihm gestellte Falle gegangen wäre. Am Ende seines Berichts nannte er den Namen des Mädchens, das im Fluß ertrunken war. Lucie Devaud.

»Es war ein schockierendes Erlebnis«, bemerkte Wohl, »zu sehen, daß er das Mädchen einfach im Stich gelassen hatte. Der Wagen lag in sechs Meter Tiefe, und meine Männer waren doch weit von der Stelle entfernt, an der der Wagen von der Brücke gestürzt war. Ich bin überzeugt, daß er das Mädchen hätte retten können, wenn er es versucht hätte. Das hat er aber nicht...«

»Lucie Devaud«, wiederholte Lennox. »Das war der Name der Frau, die versucht hatte, Guy Florian zu töten. Gibt es da möglicherweise einen Zusammenhang?«

»Das habe ich mich auch schon gefragt«, gab Wohl zu. »Annette Devaud stand dem Leoparden sehr nahe – sie leitete sein brillantes Kurierteam. Soviel ich weiß, ist sie nach dem Krieg erblindet...«

Lennox saß sehr still da und sagte nichts. Oberst René Lasalle hatte nebenbei Annette Devaud erwähnt, die er als unwichtig abgetan hatte – wegen ihr Blindheit. Hatte der französische Oberst hier etwa einen Fehler gemacht – wenn Annette tatsächlich so eng mit dem Leoparden zusammengearbeitet hatte?

»Ich habe letzte Woche an die *Frankfurter Allgemeine Zeitung* geschrieben«, fuhr Wohl fort, »und dabei den Zwischenfall mit dem ertrunkenen Mädchen erwähnt. Ich habe auch erwähnt, daß eine andere Devaud – Annette – mit dem Leoparden zu tun hatte und daß sie unter Umständen noch am Leben sei. Ich habe sogar ihre letzte damalige Adresse angegeben, was ich vielleicht lieber hätte lassen sollen. Hier ist sie. Annette Devaud, Holzfällerhof, Saverne, Elsaß. Das ist alles sehr lange her, aber manche Leute wohnen das ganze Leben an einem Ort...«

Wohl zeigte Lennox die Adresse, die auf der Rückseite des Kriegstagebuchs notiert und mehrmals unterstrichen war. »Da ich allein lebe«, sagte er entschuldigend, »kommen mir manchmal komische Einfälle. Erst gestern abend hatte ich das Gefühl, daß ein paar Männer mein Haus beobachten. Und dann war da dieser seltsame Anruf von den Marktforschungsleuten...« Er erzählte weiter, und Lennox hörte zu.

»...Wohl hat das nur nebenbei erwähnt, wenn ich daran denke, was in Straßburg und Colmar passiert ist, so kommt mir doch ein leiser Verdacht...« Um vier Uhr nachmittags hatte Lennox Peter Lanz in seinem Zimmer des Hotels Colombi getroffen. Der BND-Vize war von Bonn aus hingeflogen. Jetzt erzählte Lennox dem Deutschen von seiner Begegnung mit Dieter Wohl. Vorher hatte Lanz dem Engländer von der Graböffnung in einem Wald in der Nähe von Lyon berichtet und gesagt, die französische Polizei habe im Sarg nur das Skelett eines Hundes gefunden.

»Dieser Umstand hat die vage Besorgnis in ernsthafte Sorge umschlagen lassen«, erklärte der BND-Mann. »Jetzt erscheint es möglich, daß Lasalle immer recht gehabt hat – daß irgendwo in Paris ein hoher Kommunist in der Nähe Florians sitzt und vielleicht nur darauf wartet, daß der Präsident die Hauptstadt verläßt, um nach Moskau zu fliegen...«

»Ich nehme an, es ist vertraulich – wie haben Sie von der Öffnung des Grabes erfahren?« fühlte Lennox vor.

»Es ist vertraulich«, bestätigte der Deutsche.

Er sah keinen Vorteil darin, Lennox zu enthüllen, daß Oberst Lasalle ihm die Information gegeben hatte. Lanz selbst hatte keine Ahnung von der Quelle des Obersten, die diesem die Nachricht gegeben hatte. Georges Hary, der Polizeipräfekt von Lyon und enge Freund Marc Grelles, war seit einiger Zeit ein entschiedener Gegner der Politik Guy Florians und versorgte Lasalle seitdem insgeheim mit Informationen über die Entwicklung in Frankreich.

Anschließend hatte Lennox Lanz von seinem Gespräch mit Dieter Wohl berichtet. Er schloß mit dem Hinweis auf die merkwürdigen Vorfälle des gestrigen Abends, die der ehemalige Abwehrmann erwähnt hatte. »Er stand gestern abend am Fenster seines dunklen Schlafzimmers, als er diesen Wagen draußen halten sah«, fuhr er fort. »Das erinnert mich an den Mann, den ich in Straßburg sah, als er Léon Jouvel folgte. Ich nehme an, daß niemand Dieter Wohl beobachten läßt? Und dann war da noch dieser seltsame Anruf. Von den drei Männern auf Lasalles Liste sind immerhin schon zwei gestorben. Und es ist verdammt einsam da draußen, wo Wohl wohnt...«

»Wenn sie zufällig recht haben sollten«, meinte Lanz, »könnte dies ein Durchbruch sein. Wenn wir jemanden schnappen können, der den Versuch unternimmt, auch Wohl aus dem Weg zu räumen, könnten wir erfahren, wer hinter dieser Geschichte steckt...«

»Das ist eine sehr magere Hoffnung«, warnte Lennox.

»Was haben wir denn sonst in der Hand?« wollte Lanz wissen. Ihm war wohl bewußt, daß er nach einem Strohhalm griff, aber Bundeskanzler Hauser hatte ihm gesagt, er wünsche umgehend weitere Informationen. Vom Hotelzimmer aus rief Lanz den Polizeichef in Freiburg an.

Der in Kehl gemietete Mercedes 230 SL hielt in der Nähe des Freiburger Bahnhofs an der Bordsteinkante an. Vanek zündete sich eine Zigarette an und beobachtete die Leute, die von den Bahnsteigen kamen. So kurz vor dem Ende der Mission des Kommandos traute er den Hotels nicht mehr. Die letzte Nacht hatten die drei

Männer im Wagen verbracht; sie hatten sich in Reisedecken gehüllt, die sie in Freiburg gekauft hatten. Nach dieser unangenehmen Nacht irgendwo am Rand des Schwarzwaldes hatten Lansky und Brunner Ringe unter den Augen und waren äußerst reizbar, während Vanek, der mit einem Minimum an Schlaf auskommen konnte, so frisch wirkte wie an dem Morgen, an dem sie nach Österreich eingereist waren.

»Weitere Recherchen sind jetzt nicht mehr nötig. Wir haben auch keine Zeit mehr«, sagte Vanek. »Wohl lebt allein. Wir wissen, daß er jeden Abend zu Hause ist. Wir kennen die Umgebung seines Hauses. Wir werden ihn heute abend besuchen.«

Inspektor Gruber von der Freiburger Polizei ergriff jede erdenkliche Vorsichtsmaßnahme: Ohne zu wissen, was passieren könnte, und halb davon überzeugt, daß gar nichts passieren würde, hatte er dennoch eine Großaktion auf die Beine gestellt. Auf Vorschlag von Lanz hatten zwanzig mit automatischen Waffen ausgerüstete Männer um Wohls Haus einen lockeren Kordon gebildet – sie hatten das Netz nicht zu dicht gespannt, weil jeder Besucher des Hauses durchgelassen werden sollte. Erst dann sollte der Ring geschlossen werden. Das Haus mußte also aus der Ferne beobachtet werden. Der dem Haus am nächsten postierte Polizist befand sich immerhin hundert Meter von dem Gebäude entfernt.

Sechs Männer bildeten die Einsatzreserve; sie hockten auf einem Mannschaftswagen, der auf einem Feld hinter einer Baumgruppe versteckt war. Die Kommunikation war hervorragend; jeder Mann hatte ein Walkie-talkie bei sich und war so mit einem Einsatzwagen verbunden, der einen halben Kilometer weiter oben auf einem Feld an der Straße nach Freiburg stand. Im Einsatzwagen saßen der BND-Vize, Lennox, Inspektor Gruber und ein Fernmeldetechniker; ein auf einem Klapptisch angebrachtes Sende- und Empfangsgerät verband sie mit den Walkie-talkies.

Um das Problem der großen Entfernung zu verringern – die Polizeibeamten durften nicht zu nah an Wohls Haus herankommen –, hatte Gruber einige Männer mit Nachtgläsern ausgerüstet, die das Haus ständig beobachten sollten. Gruber hatte klare Befehle erteilt: Jeder, der sich dem Haus näherte, mußte durchgelassen werden; der Ring um das Haus durfte erst auf ausdrücklichen Befehl von Gruber persönlich geschlossen werden. Alles hing davon ab, wie genau die Männer mit den Nachtgläsern alles beobachteten, was um das Haus herum vorging. Der Verkehr auf der an Wohls Haus vorüberführenden Straße durfte nicht behelligt werden. Jeder Versuch, Straßenkontrollen durchzuführen, würde den Zweck des Unternehmens vereiteln. Sie wußten nicht, auf wen sie warteten, ob es überhaupt jemanden gab, auf den sie warten konnten.

»Glauben Sie wirklich, daß jemand kommen könnte, um Wohl umzubringen?« fragte Gruber einmal in die Stille.

»Ich habe keine Ahnung«, gab Lanz zu. »Wie ich Ihnen schon erklärt habe, könnte diese Sache politische Implikationen haben.«

»Eine Terroristenbande?« drängte Gruber.

»Etwas in der Art...«

Sie warteten. Die Nacht brach herein, und die entlaubten Bäume verschmolzen mit der Dunkelheit. Mit dem Einbruch der Nacht fiel die Temperatur rasch. Dann kam der erste Wink, daß es Schwierigkeiten geben könnte: Vom Rhein her trieben riesige Nebelschwaden über die Felder. Sie rollten in Wogen über die Äcker. Es war ein weißer Nebel, der immer dichter zu werden schien, als er auf Wohls Haus zutrieb. Schon bald sah sich der dem Haus am nächsten postierte Mann in Not. Er hätte nicht sagen können, daß er gar nichts mehr sah; was ihm zu schaffen machte, war die Tatsache, daß er nicht identifizieren konnte, was er sah. Seine Augen spielten ihm Streiche. Lennox, der immer unruhiger wurde, sprang auf und sagte, er wolle hinausgehen, um sich die Lage einmal anzusehen. In diesem Moment reichte Lanz ihm eine Neun-Millimeter-Luger. »Wenn Sie darauf bestehen, sich da draußen herumzutreiben, sollten Sie lieber dieses Ding mitnehmen.«

Verschiedene Personenwagen und ein Benzinlaster waren an dieser Stelle schon vorbeigefahren. Jedes Fahrzeug wurde von diesem Ende des kontrollierten Streckenabschnitts an den Beobachtungsposten am anderen Ende gemeldet. Die im Einsatzwagen sitzenden Lanz und Gruber widmeten diesen Fahrzeugen ihr besonderes Augenmerk – vor allem, nachdem der Nebel gekommen war. »Wenn einer dieser Wagen am anderen Ende nicht zum Vorschein kommt, werden wir uns verdammt beeilen müssen«, bemerkte Gruber. »Auf diesen Nebel könnte ich gut verzichten...«

Besorgt sah Lanz auf die Armbanduhr. »Ich hoffe schon fast, es kommt niemand«, sagte er. »Es kann sein, daß wir Wohl in der Falle sitzenlassen.«

Gruber schüttelte den Kopf. »Wohl hat die Entscheidung selbst getroffen, als wir mit ihm berieten«, sagte er. »Und vergessen Sie nicht, er ist ein alter Hase. Er war Polizist...«

Hinter dem Lenkrad des in Kehl gemieteten Mercedes saß Vanek. Er fuhr langsam, als sie sich jetzt von Süden her Freiburg näherten.

Vor ihm fuhren zwei andere Wagen dicht hintereinander. Er hätte sie schon ein paarmal überholen können. Brunner hatte ihn gereizt aufgefordert, endlich vorbeizuziehen. »Ich bleibe hinter ihnen«, sagte Vanek. »Wenn irgendwelche Streifenwagen in der Nähe sind, ist wenig wahrscheinlich, daß sie drei hintereinander fahrende Wagen anhalten. Die Brüder sind immer hinter allein fahrenden Wagen her. Das hat mir einmal ein Polizist in Paris erzählt.«

»Wir kriegen Nebel«, bemerkte Brunner.

»Ich mag Nebel. Er verwirrt die Leute.«

»Ich glaube, wir sind jetzt nahe dran«, sagte Brunner. »Ich erinnere mich an diese alte Scheune, an der wir gerade vorbeigefahren sind.«

»Wir sind gleich da«, stimmte Vanek zu.

»Drei Wagen fahren in den Kontrollabschnitt hinein«, sagte der Polizist mit dem Nachtglas am südlichen Ende des Abschnitts. »Ich glaube jedenfalls, daß es drei waren. Die Suppe ist so dick, daß man nicht mal erkennen kann, was für Automarken es sind...«

»Waren es drei oder nicht?« verlangte Gruber über Funk zu wissen. »Ich habe es Ihnen vorher schon gesagt, Sie müssen genaue Angaben machen– sonst wird die ganze Aktion sinnlos.«

»Wahrscheinlich zwei...«

»Wahrscheinlich?« rief Gruber über das Sendegerät. »Ich frage Sie nochmals. Wie viele Fahrzeuge sind soeben in den Kontrollabschnitt hineingefahren? Denken Sie nach!«

»Zwei Fahrzeuge«, erwiderte der Polizeibeamte.

»Irgend was ist gerade vorbeigefahren«, meldete der Mann am nördlichen Ende des Kontrollabschnitts. »Es ist höllisch schwierig, jetzt noch etwas zu erkennen. Mehr als ein Fahrzeug...«

Gruber warf Lanz einen Blick zu und machte einen Augenaufschlag zum Wagendach. »Manchmal frage ich mich, warum ich Polizist geworden bin. Meine Frau wollte, daß ich mir einen Gemüseladen kaufe.«

»Es muß sehr schwierig für sie sein – in diesem Nebel«, sagte Lanz sanft. »Ich finde, Sie machen Ihre Sache sehr gut.«

Gruber schaltete sich selbst auf Sendung und beugte sich vor, um zu sprechen. »Nummer vier. Sie haben sehr deutlich gesagt, daß es mehr als ein Fahrzeug war. Sind Sie da ganz sicher?«

»Absolut sicher«, erwiderte Nummer vier. »Es waren zwei, die dicht auffuhren. Zwei Wagen.«

»Er ist ein guter Junge«, sagte Gruber und stellte das Gerät wieder auf Empfang. Er rieb sich die Nase. »Der Mann am anderen

Ende aber auch. Ich will nicht ungerecht sein. Es ist meine eigene Schuld – jetzt, wo der Nebel da ist, wünschte ich, ich hätte Straßenkontrollen eingerichtet. Aber jetzt müssen wir die Dinge laufenlassen.«

»Das dürfte am besten sein«, stimmte Lanz zu.

Nachdem er den Einsatzwagen verlassen hatte, ging Lennox die Straße entlang auf Dieter Wohls Haus zu. Er machte sich Sorgen wegen des Nebels, wagte aber nicht, zu nah ans Haus heranzugehen, weil er befürchtete, die Polizeibeamten zu verwirren. Als zwei dicht hintereinander fahrende Wagen auf ihn zukamen, sah er nur das gebrochene Licht der Scheinwerfer und drückte sich eng an die Straßenhecke. Nachdem die Wagen vorbei waren, ging er noch eine kurze Strecke weiter und blieb dann am Feldrand stehen. Er befand sich jetzt auf halbem Weg zwischen dem nördlichen Ende des Kontrollabschnitts und dem Haus.

Unter dem Fahrersitz steckte die Neun-Millimeter-Luger, die er Borisov Vanek übergeben hatte. Vanek erwartete nicht, daß er die Waffe brauchen würde, aber er hielt es für sicherer, eine bei sich zu haben. Er war ein Meister im Verstecken von Waffen. Im Augenblick wurde die Pistole durch ein Klebeband an der Unterseite des Fahrersitzes festgehalten. Vanek fuhr jetzt noch langsamer. Die beiden vor ihm fahrenden Wagen verschwanden im Nebel. Er ließ den Mercedes aber weiterrollen, bis sie Wohls Haus hinter sich gelassen hatten, das jetzt nur als grauer Schatten zu erkennen war. Dann hielt er an. Man durfte den Deutschen nicht warnen und ihm keine Gelegenheit geben, sich zu fragen, warum ein Wagen ausgerechnet an diesem Abend vor seinem Haus hielt.

»Sie warten im Wagen«, befahl er Lansky, »und lassen den Motor laufen. Ich glaube nicht, daß es Ärger gibt, aber man kann nie wissen.«

»Warum sind Sie so nervös?« fragte Brunner, der mit ihm ging. Es sah Vanek überhaupt nicht ähnlich, Komplikationen vorauszusehen – und das offen zuzugeben.

»Ich bin nervös, weil ich Angst habe, Lansky könnte vergessen, den Wagen im Leerlauf laufen zu lassen«, fauchte Vanek.

»Warum bin ich eigentlich nervös?« hatte Vanek sich schon beim Aussteigen gefragt. Sein sechster Sinn sagte ihm, daß irgend etwas nicht stimmte. Er stand am Straßenrand und betrachtete die verschwommenen Umrisse des Hauses. Er blickte nach links und rechts, beide Straßenseiten hinunter, und auf die Felder, die er nicht erkennen konnte. Dann ging er auf das Haus zu, zum

Vordereingang. Brunner folgte dichtauf. Vanek überlegte es sich anders, ging zur Seitenfront, öffnete leise das Gartentor und ging um das Haus herum zur Rückseite. Licht brannte nur in zwei Fenstern an der Vorderseite des Hauses; alle anderen Fenster waren dunkel. Mit aufgeschlagenem Mantelkragen zum Schutz vor der Kälte ging Vanek zur Vordertür zurück. Brunner ging auf leisen Sohlen zur Seitentür und verschwand aus Vaneks Blickfeld. Vanek drückte auf den Klingelknopf neben der Tür. Seine rechte Hand in der Manteltasche umfaßte den Griff der Luger, die er aus dem Wagen mitgenommen hatte. Die Stille im Nebel war unheimlich.

Vanek mußte einige Augenblicke warten, bis er auf der Innenseite der Tür ein leises Klirren hörte. Die Kette wurde zurückgezogen. Dann öffnete sich die Tür langsam, und die riesige Gestalt Wohls zeigte sich im Eingang. In der Hand hielt er einen Spazierstock, einen schweren Eichenstock ohne Griff, wie Bauern ihn tragen.

»Guten Abend«, sagte Vanek in seinem makellosen Deutsch. »Ich bin Inspektor Braun von der hiesigen Kriminalpolizei.« Er zeigte Wohl den gefälschten Sûreté-Ausweis, den Borisov in letzter Minute geliefert hatte, steckte das Papier aber rasch wieder in die Tasche. »Man hat zweihundert Meter weiter auf der Straße nach Freiburg einen toten Mann gefunden. Darf ich einen Augenblick hereinkommen und mit Ihnen sprechen?«

»Diesen Ausweis möchte ich gern mal näher ansehen«, sagte der ehemalige Abwehrmann. »Die Polizei sagt immer, man muß sehr vorsichtig sein, bevor man Leute ins Haus läßt...«

»Aber gern...« Vanek zog die rechte Hand aus der Manteltasche und richtete die Luger auf den Bauch des Deutschen. »Dies ist ein Notfall. Ich weiß nicht einmal, ob Sie überhaupt hier wohnen. Ich komme jetzt hinein, also gehen Sie bitte langsam rückwärts in den Flur und...«

Der Deutsche wich zurück, als Vanek einen Schritt nach vorn ging. »Wenn es eine so ernste Sache ist, treten Sie bitte ein, aber ich wäre dankbar, wenn Sie dieses Ding da wegstecken würden...« Wohl sprach immer noch weiter, als er den schweren Spazierstock mit außergewöhnlicher Kraft und Schnelligkeit auf Vaneks Handgelenk niedersausen ließ. Der Schmerz und der plötzliche Schock brachten Vanek dazu, die Waffe sofort fallen zu lassen. Trotz des brennenden Schmerzes behielt Vanek die Nerven; er ließ die linke Hand mit gespreizten Fingern und steifer Handfläche hochschnellen und traf Wohl unterm Kinn. Hätte der Deutsche den Körper angespannt, hätte der Schlag sein Genick gebrochen, aber er ließ sich rückwärts fallen und landete auf dem gebohnerten Fußboden.

Er hatte sich im Fallen zur Seite gerollt, um den Aufprall mit der Schulter abzufangen. Vanek wurde blitzschnell klar, daß er es hier mit einem gefährlicheren Gegner zu tun hatte als bei Jouvel und Philip. Und Brunner konnte ihm nicht zu Hilfe kommen, weil Vanek ihn in dem engen Windfang den Weg versperrte.

Die Luger rutschte über den glatten Fußboden und verschwand. Es würde ein Handgemenge ohne Waffen geben. Vanek hatte seine Jugend auf seiner Seite; Wohl war dagegen außergewöhnlich kräftig. Der Deutsche, der den Spazierstock noch immer fest in der Hand hielt, rappelte sich gerade auf, als Vanek sich von neuem auf ihn stürzte, um ihn zu Fall zu bringen. Die Attacke traf Wohl unvorbereitet. Er taumelte, schien das Gleichgewicht wiederzugewinnen, fiel dann aber doch zu Boden; er krallte sich an einem Tisch fest, auf dem einige Porzellanvasen standen, die herunterfielen und krachend zerbarsten. Wohl fiel ein zweites Mal rücklings zu Boden. Diesmal fing er den Aufprall mit der anderen Schulter ab. Über sich sah er Vaneks Bein, das zu einem Tritt ausholte. Wohl holte aus und versetzte dem Tschechen einen schweren Hieb gegen das Schienbein. Vanek jaulte auf, wuchtete die Faust gegen Wohls Gesicht, aber das Gesicht bewegte sich, und der Hieb traf nicht voll, sondern rutschte am Kinn des Deutschen ab. Hinter ihnen trat Brunner von einem Fuß auf den anderen. Er konnte nicht eingreifen. Der Windfang war zu eng. Die zwei Männer kämpften verbissen, rollten auf dem Fußboden herum, landeten krachend auf Möbelstücken. Jeder versuchte, den anderen zu töten.

»Mir gefällt das nicht«, sagte Lanz.

»Diese beiden Wagen – die vielleicht drei Wagen hätten sein können?« fragte Gruber. »Ich muß jetzt eingreifen«, entschied er. Beinahe hätte er Befehl gegeben, die sechs Männer der Reserve eingreifen zu lassen, die hinter der Baumgruppe auf ihrem Mannschaftswagen saßen, als eine neue Meldung kam: Ein Bus und ein Tankwagen seien von Süden her in den Kontrollabschnitt hereingefahren und führen dicht hintereinander. Gruber fluchte und verschob den Befehl. »Das hat uns gerade noch gefehlt«, keuchte er. »Ein gottverdammter Unfall in diesem Nebel wäre das letzte, was ich mir wünsche...«

»Im Nebel passiert es oft«, bemerkte Lanz. »Ein Fahrzeug fährt dicht auf ein anderes auf und hängt sich an. Das gibt ein Gefühl der Sicherheit, und dann vergessen sie die Gefahr...«

»Ich mache mir allmählich Sorgen«, sagte Gruber.

Sie warteten, bis der Polizeibeamte am nördlichen Ende des Kontrollabschnitts meldete, Fahrzeuge führen vorbei – er könne sie nicht identifizieren. In diesem Augenblick ordnete Gruber an, der Mannschaftswagen mit der Reserve solle sofort zu Wohls Haus fahren. Zwanzig Sekunden später – der Befehl konnte jetzt nicht mehr widerrufen werden – kam eine weitere Meldung vom Südende des Kontrollabschnitts. Ein zweiter Tankwagen sei aufgetaucht und fahre jetzt in den Kontrollabschnitt hinein.

Wohls Hausflur, der sich normalerweise in tadelloser Ordnung präsentierte – der ehemalige Abwehrmann war eine pedantische Seele –, lag jetzt völlig in Trümmern. Das Mobiliar war zerstört, Bilder waren von den Wänden gefallen, der Fußboden war übersät mit Porzellansplittern, und die blutigen Spuren des Kampfes waren ebenfalls zu sehen. Wohls Spazierstock lag neben seinem toten Besitzer; der Schädel des Deutschen war von seiner eigenen Waffe zerschmettert worden.

Vanek, der noch immer keuchte, ließ Brunner an der Haustür stehen und ging ins Wohnzimmer, in dem eine Lampe brannte. Der Tscheche hatte erwartet, einige Zeit mit der Suche nach dem Kriegstagebuch und dem Manuskript zubringen zu müssen, aber beide lagen auf dem Schreibtisch des Deutschen für ihn bereit; Wohl hatte an seinen Erinnerungen gearbeitet, als es klingelte. Vanek überflog ein paar Sätze des in säuberlicher Handschrift abgefaßten Tagebuchs. *1944 wurde der Leopard auf Schritt und Tritt von einem bösartigen Wolfshund namens César begleitet...*

Vanek steckte das Tagebuch und die wenigen Manuskriptseiten in die Tasche und kehrte in den Flur zurück, um seine Luger zu suchen; auf dem Weg hinaus warf er einen Bücherschrank um, dessen Inhalt zu Boden flog. Es war undenkbar, Wohls Tod als Folge eines Unfalls aussehen zu lassen, aber die Szene konnte wenigstens als Schausplatz eines mißglückten Einbruchs gedeutet werden. Vanek fand die Luger unter einer Kommode und ging zur Haustür, an der Brunner auf ihn wartete. »Da kommt jemand«, warnte ihn Brunner. Als Vanek hinaustrat, fuhr gerade ein Mannschaftswagen vor, der kurz hinter dem Haus anhielt. Eine Sekunde später tauchte im Nebel ein Schatten auf. Es war ein langsam fahrender Tankwagen. Er fuhr sehr langsam an dem Mannschaftswagen vorbei, von dem einige Männer heruntersprangen. Vanek hob die Luger, zielte mit Bedacht und feuerte dreimal.

Die schweren Neun-Millimeter-Patronen durchschlugen die Seite des Tankwagens mit dumpfem Knall. Vanek rannte los, auf den Mercedes zu. Brunner folgte. Hinter ihnen rief jemand mit unterdrückter Stimme. Danach ertönte eine dumpfe Explosion. Der Tankwagen ging in Flammen auf. Die Feuerwand fraß sich durch den Nebel. Hinter den beiden laufenden Tschechen fing jemand an, anhaltend zu schreien. Beißender schwarzer Rauch stieg auf, und in die kühle Nachtluft mischte sich ein Brechreiz erregender Gestank. Vanek erreichte jetzt den Wagen, in dem Lansky mit bleichem Gesicht hinter dem Lenkrad saß. Der Motor lief im Leerlauf.

»Was zum Teufel war das...«

»Fahren Sie los!« fauchte Vanek. »Vollgas – wenn wir einen Unfall haben, haben wir eben Pech gehabt...«

Der Mercedes beschleunigte auf eine in Anbetracht des Nebels beachtliche Geschwindigkeit. Brunner, der neben dem Wagen herrannte und sich durch die offene Tür hineinzuhechten versuchte, befand sich noch immer halb draußen, als der Mercedes schneller wurde. Wenige Meter weiter hörte Lennox die Schüsse, und dann etwas, was wie eine Explosion klang. Er stand am Straßenrand, als der Mercedes mit gebrochenem Scheinwerferlicht auf ihn zufuhr. Die rechte Tür stand offen, und Lennox sah jemanden, der nur halb im Wagen war. Dahinter heulte jetzt eine Polizeisirene auf. Lennox drückte zweimal ab, als der Wagen an ihm vorbeisauste. Beide Kugeln trafen Brunners gekrümmten Rücken. Der Körper des Tschechen flog aus der offenen Seitentür und prallte auf der Straße auf, während der Mercedes mit heulendem Motor im Nebel verschwand.

14

»Der Stern der korruptesten und machtgierigsten Republik, welche die Welt je gekannt hatte, ist im Sinken begriffen ... Amerika, diese Promenadenmischung aus dem Abschaum einer Vielzahl von Ländern, ist jetzt ein Ferment des inneren Verfalls ... Es hat seine Truppen aus Europa zurückgezogen, als es nicht länger die Kraft hatte, die Welt zu regieren, und heute löst es sich auf und gleitet ins Chaos ab ... Eines vor allem müssen wir sicherstellen! Daß Amerika seine gierigen Hände niemals wieder nach den Ländern anderer Völker ausstreckt – und Europa unterjocht!«

Es war die bislang bösartigste Attacke Präsident Florians. Er hielt die Rede in Marseille, einer Stadt, in der die KP Frankreichs eine außerordentlich starke Position hat. Kaum übersehbare Menschenmengen applaudierten der Rede. Der Beifall zeigte, welche gewaltige Unterstützung Florian im Süden genoß, dem Teil Frankreichs, in dem gegen Ende des Zweiten Weltkrieges beinahe eine République Soviétique du Sud gegründet worden wäre.

Nach der Rede wurde eine glanzvolle Parade an der Cannebière abgehalten, der großen Verkehrsader der vitalen französischen Hafenstadt. Tausende von Menschen durchbrachen die Absperrungen und versuchten, den Citroën des Präsidenten zu umringen. Auf direkten Befehl von Marc Grelle, der mit nach Marseille geflogen war, drängten Truppen der CRS die wimmelnden Massen zurück. Das führte hinterher fast zu einer Auseinandersetzung zwischen dem Präsidenten und dem Pariser Polizeipräfekten. »Sie haben die ganze spontane Manifestation ruiniert«, tobte Florian. »Das war überhaupt nicht nötig...«

»Die spontane Manifestation ist von der Kommunistischen Partei organisiert worden«, entgegnete Grelle scharf. »Und ich kann nur feststellen, daß Sie noch am Leben sind. Wünschen Sie, daß ich Ihr Leben schütze, oder wünschen Sie das nicht?«

Die Heftigkeit des Präfekten brachte den Präsidenten zur Besinnung. Er ging auf Grelle zu und legte ihm den Arm um die Schultern. »Sie haben natürlich recht. Mir darf vor meinem Abflug in die Sowjetunion nichts zustoßen. Der Frieden ist jetzt zum Greifen nah, Grelle, der Frieden...«

Der sowjetische Konvoi K 12 hatte jetzt die Dardanellen passiert und fuhr durch die südliche Ägäis. Er fuhr in gemächlichem Tempo, eine Tatsache, welche die Marineanalytiker im NATO-Hauptquartier in Brüssel verwirrte. Das Expertenteam unterstand einem britischen Offizier, Commander Arthur Leigh-Browne von der Royal Navy. Am Dienstag, dem 21. Dezember – dem Tag, an dem Florian in Marseille seine bislang heftigste antiamerikanische Rede hielt –, ließ Browne sämtlichen westlichen Verteidigungsministern einen Routinebericht zustellen.

»Der Konvoi K 12 nimmt mit hoher Wahrscheinlichkeit Kurs auf den Indischen Ozean und wird demnächst wohl den Suezkanal passieren – dagegen spricht nur, daß der Flugzeugträger *Kirov* zu groß ist, um den Kanal zu passieren...

Ein anderer möglicher Zielort ist die vor kurzem eingerichtete Marinebasis in Barcelona, die die spanische Regierung den Sowjets zugestanden hat...

Der Faktor, der mit den beiden genannten Vermutungen am wenigsten in Einklang zu bringen ist, ist der Umstand, daß dem Konvoi fünfzehn große Transporter angehören (Ladung bis jetzt unbekannt)...«

Nachdem er die Kopien des Berichts abgeschickt hatte, sagte Browne zu seinem deutschen Stellvertreter: »Im Augenblick ist alles nur heiße Luft. Ich habe nicht den geringsten Hinweis darauf, was sie vorhaben. Wir werden das alte Spiel spielen müssen: Abwarten ...«

Guy Florian hielt seine Rede in Marseille um zwölf Uhr mittags. Zur entsprechenden Ortszeit in Moskau hörte das erweiterte Politbüro, das in aller Eile zusammengerufen worden war, einer kurzen Rede des Generalsekretärs der KPdSU zu. Unter den Anwesenden waren der Außenminister der Sowjetunion sowie Verteidigungsminister Gregorij Pratschko. Diese zwei Männer hatten zusammen mit dem Generalsekretär die Entsendung des sowjetischen Kommandos in den Westen genehmigt.

Der Generalsekretär enthüllte dieser erweiterten Runde die Identität des Franzosen, den er ›unseren Freund‹ nannte. Er fuhr fort und nannte Einzelheiten des französisch-sowjetischen Pakts, der während der Anwesenheit Präsident Florians in Moskau verkündet werden solle. »Der Präsident der Französischen Republik hat auf Grund der französischen Verfassung natürlich das Recht, Verträge mit anderen Mächten auszuhandeln und zu schließen«, fuhr er fort.

Paragraph 14 des Vertrags sei das Kernstück der Vereinbarung. Dieser Passus besage, daß zur Förderung des Weltfriedens gemeinsame militärische Manöver von Zeit zu Zeit auf den jeweiligen Territorien der Union der Sozialistischen Sowjetrepubliken und der Französischen Republik abgehalten werden sollten. Das hieße im Klartext, daß die Vorausabteilungen zweier sowjetischer Panzerdivisionen, die sich jetzt an Bord der Transporter des Konvois K 12 befänden, in wenigen Tagen in französischen Mittelmeerhäfen an Land gehen würden.

»Wohin werden sie gehen?« frage Nikolaj Suslov, der Intellektuelle unter den Mitgliedern des Politbüros.

»Das werde ich Ihnen sagen!« Es war der immens breitschultrige Sowjetmarschall Gregorij Pratschko, in voller Uniform und mit Orden geschmückt, der antwortete. Pratschko hatte eine herzliche Abneigung gegen unpraktisch veranlagte Intellektuelle, und seine Abneigung gegen Suslov war besonders groß. »Sie werden in Toulon und Marseille an Land gehen, sobald Florian in Moskau den Abschluß des Pakts verkündet hat. Der Zeitpunkt seines Staatsbesuchs – der 23. Dezember – ist mit Sorgfalt gewählt worden. Die Regierungen des Westens werden über Weihnachten Urlaub machen. Die Minister werden also nicht an ihren Schreibtischen sitzen und können folglich nicht schnell reagieren ...«

»Aber wohin werden die Truppen marschieren?« beharrte Suslov.

»An den Rhein, zur Grenze nach Deutschland, natürlich! Wenn Bundeskanzler Franz Hauser am 24. aufsteht und sich auf den Heiligen Abend freut, wird er entdecken, daß sowjetische Truppen an der Ostgrenze – und an der Westgrenze der Bundesrepublik stehen! Ganz Westeuropa wird uns zufallen – einschließlich des Industriezentrums an der Ruhr –, und damit werden wir in der Lage sein, jede Konfrontation mit China zu gewinnen...«

Der Polizeipräfekt von Paris
22. und 23. Dezember

15

Jeder erfahrene Polizeibeamte weiß, wie das ist: Man riegelt ein bestimmtes Gebiet ab, errichtet Straßensperren, und in drei von vier Fällen kommt man zu spät. Gruber ließ einen Sicherheitskordon ziehen, fing aber nichts als aufgebrachte Pkw- und Lastwagenfahrer. Den Mercedes, der in Kehl gemietet worden war, fand man eine Woche später in einem Gebüsch am Rand des Schwarzwalds. Vier der sechs Polizisten, die bei der Explosion des Tankwagens von ihrem Mannschaftswagen abgesprungen waren, hatten Glück gehabt; die Wucht der Explosion war hauptsächlich auf die andere Seite gegangen, auf das offene Feld zu. Die beiden anderen Männer waren schwer verletzt worden; einer hatte Verbrennungen dritten Grades erlitten, die später eine Nachbehandlung mit plastischer Chirurgie notwendig machten. Der Fahrer des Tankwagens war in den Dämpfen erstickt, die seine Fahrerkabine erreicht hatten, bevor er sich in Sicherheit bringen konnte.

Lanz und Gruber durchsuchten Wohls Haus. Sie suchten nach dem Kriegstagebuch, das Lennox gesehen hatte. Sie fanden aber weder eine Spur des Tagebuchs noch des Manuskripts. Brunners Leiche wurde ins Leichenschauhaus gebracht. Die Untersuchung seiner Kleidung und der Inhalt seiner Taschen gab keinerlei Anhaltspunkte. Brunner hatte eine große Summe Geldes bei sich gehabt – zweitausend D-Mark – und einen französischen Reisepaß, der auf den Namen Emile Bonnard ausgestellt war. »Der sich zweifellos als gefälscht erweisen wird«, bemerkte Gruber. Sein Hut war ein deutsches Fabrikat, und unter seinem deutschen Mantel trug Brunner einen französischen Anzug sowie französische Unterwäsche. Davon abgesehen gab es kaum etwas, womit hätte bewiesen werden können, wer er war – bis die ersten Ergebnisse der Obduktion vorlagen.

»Mein Kollege hat etwas Interessantes entdeckt«, sagte der Gerichtsmediziner zu Gruber, der mit dem BND-Vize und Lennox in einem Hotelzimmer zu Abend aß. »Er ist Zahntechniker und ist der Ansicht, daß die Zahnfüllungen und Kronen des Toten mit Sicherheit aus Osteuropa stammen – wahrscheinlich aus der Sowjetunion...«

Lanz rief Marc Grelle direkt vom Polizeipräsidium in Freiburg aus an. Ein Gespräch dieser Art hätte eigentlich an die Sûreté gerichtet werden müssen, aber Lanz kannte Grelle gut und vertraute auf seine Diskretion. Den Generaldirektor der Sûreté, den Vorgesetzten Kommissar Suchets, mochte er nicht; er traute ihm auch nicht. Wie Lanz Grelle erklärte, habe er zwei Gründe, ihn von dieser Entwicklung der Dinge zu informieren. Der Attentäter, den Lennox erschossen hatte – Lanz erwähnte den Engländer aber mit keinem Wort –, habe französische Papiere auf den Namen Emile Bonnard bei sich gehabt. Außerdem – und auch hier wählte Lanz eine vorsichtige Formulierung – habe er Grund zu der Annahme, daß das Kommando vor kurzem aus Frankreich gekommen und inzwischen sehr wohl wieder nach Frankreich zurückgereist sei...

»Sie haben handfeste Gründe für die Annahme, daß hier ein Killerkommando auf Befehl der Sowjets am Werk ist?« fragte Grelle.

»Ja«, erwiderte Lanz fest. »Ohne ins Detail zu gehen: Ich bin davon überzeugt. Vielleicht wäre es nützlich, wenn wir beide in Verbindung bleiben...«

Grelle hatte gerade aufgelegt, als Boisseau mit einer Routinemeldung zu ihm ins Büro kam. »Lesage hat gerade angerufen. Dieser algerische Terrorist, Abou Benefeika, hockt noch immer in diesem verlassenen Gebäude im Goutte d'Or. Noch keinerlei Anzeichen dafür, daß seine Kumpels ihn besuchen kommen. Sollen wir ihn weiter schmoren lassen?«

»Lassen Sie ihn weiter beobachten...« Grelle biß in das Sandwich, das ihm heute als Abendbrot genügen sollte. Normalerweise aß er im Chez Bénoit zu Abend, einem exklusiven kleinen Restaurant in der ehemaligen Hallengegend, in dem man sich nur durch telefonische Vorbestellung einen Tisch reservieren lassen konnte; er begann, das Lokal zu vermissen. »Ich habe soeben einen Anruf von Peter Lanz vom BND erhalten«, informierte er Boisseau. »Er hat sich sehr vorsichtig ausgedrückt, hat aber herausgefunden, daß ein sowjetisches Killerkommando am Werk ist. Heute abend haben die Burschen in Freiburg einen ehemaligen Abwehroffizier getötet.« Er machte eine Pause. »Der Name des Abwehrmannes war Dieter Wohl...«

»Einer der drei Namen auf Lasalles Liste...«

»Genau. Jetzt sieht es also aus, als wäre dieses Kommando nur zu dem Zweck entsandt worden, jeden der Männer umzubringen, die auf dieser Liste standen – und die Burschen haben's geschafft, verdammt noch mal. Alle Kanäle, die uns einen kleinen Einblick in die Zusammenhänge hätten geben können, sind jetzt zu...«

»Die Überwachung von Roger Danchin und Alain Blanc hat nichts ergeben?«

»Nichts...« Der Präfekt runzelte die Stirn. Das Telefon klingelte. Er sah auf seine Uhr. Zehn Uhr abends. Er war erst vor kurzem von dem Flug nach Marseille zurückgekommen, wo der Präsident seine bislang bitterste antiamerikanische Tirade losgelassen hatte. Grelle fühlte sich sehr erschöpft. Wer zum Teufel konnte das sein, zu dieser Zeit? Er nahm ab und schluckte den letzten Bissen seines Sandwichs hinunter. Es war Alain Blanc. »Nein, Herr Minister«, versicherte Grelle ihm, »bislang habe ich keinerlei Verbindung zwischen dem Präsidenten und Lucie Devaud entdecken können... Wir wissen jetzt, daß ihr Vater Albert Camors hieß. Er war ein wohlhabender Börsenmakler, der vor ein paar Monaten gestorben ist und ihr seine Wohnung am Place des Vosges vermacht hat... Nein, mehr wissen wir nicht... Ja, sie muß ein uneheliches Kind gewesen sein... Nein, überhaupt keine Verbindung mit dem Elysee...«

Grelle zuckte die Achseln und legte auf. »Der Kerl macht sich Sorgen wegen eines möglichen Skandals. Wie ich schon sagte, alle Kanäle scheinen verschlossen. Wir können also nur auf den unerwarteten Lichtblick hoffen. Und dennoch, Boisseau, ich habe das Gefühl, daß ich irgendwo etwas übersehe – etwas, was direkt vor meiner Nase liegt...«

»Etwas im Zusammenhang mit dem Kommando? Übrigens, die Fahndung nach dem Mann, den die deutsche Polizei in Freiburg erschossen hat, können wir jetzt aufheben. Hat Lanz Ihnen einen Namen genannt?«

Grelle blickte auf seinen Notizblock. »Emile Bonnard«, erwiderte er. »Und ich erwarte auch nicht, daß die beiden anderen Männer – Duval und Lambert – je wieder bei uns aufkreuzen. Die werden nie wieder nach Frankreich kommen.«

Karel Vanek und Antonin Lansky näherten sich der Paßkontrolle an der französischen Grenze am nächsten Morgen. Es war Mittwoch, der 22. Dezember – der Stichtag, den Borisov ihnen in Tábor gegeben hatte, um ihre Mission zu beenden. Sie waren auf dem Weg zu Annette Devaud. Sie gingen getrennt zum Schalter der Paßkontrolle. Zwischen ihnen befanden sich ein halbes Dutzend andere Reisende. Vanek legte seinen Paß als erster hin.

»Ihren Paß, bitte...«

Der Paßbeamte nahm das Dokument, das Vanek hingelegt hatte,

und öffnete es nach einem Blick in das Gesicht des Tschechen. Er verglich das Paßfoto mit dem Gesicht vor ihm. Den Namen hatte er sich schon gemerkt. Vanek wartete mit einem gelangweilten Gesichtsausdruck und kaute an einem Stück Schokolade herum, während er das äußerst attraktive Mädchen hinter sich musterte. Er grinste es anerkennend an, und nach kurzem Zögern lächelte das Mädchen zurück.

»Sind Sie geschäftlich in Deutschland gewesen?« fragte der Paßbeamte.

»Ja.«

Der Beamte gab den Paß zurück, und Vanek ging weiter. Lansky kam wenige Minuten später nach. Vanek hatte vorhin den dritten der Pässe vorgelegt, die er aus Tábor mitgebracht hatte. Diesmal reiste er als Lucien Segard. Das Foto zeigte einen Mann ohne Schnurrbart. Den Schnurrbart hatte Vanek sich am gestrigen Abend im Waschraum des Kehler Bahnhofs abrasiert, bevor er mit Lansky zu einem kleinen Hotel gegangen war, in dem sie übernachtet hatten. Lansky benutzte jetzt gleichfalls seinen dritten Paß. Er war auf den Namen Yves Gandouin ausgestellt. Die Grenzbeamten waren angewiesen worden, nach zwei Männern namens Duval und Lambert Ausschau zu halten. Es war also nur verständlich, daß sie sich auf Reisende mit diesen Namen konzentrierten und bei anderen keinerlei Verdacht schöpften.

Vanek hatte die Entscheidung am Abend vorher getroffen, nachdem sie den Mercedes hatten stehen lassen. Vanek hatte keine Ahnung, daß die Namen Duval und Lambert der französischen Polizei inzwischen bekannt waren. »Wir haben die französische Grenze mit unseren jetzigen Papieren schon zweimal überschritten«, sagte er zu Lansky, »und zweimal ist genug.« Anschließend hatte er die Papiere verbrannt. Danach gingen sie zu Fuß ins nächste Dorf und bestiegen getrennt einen Bus nach Kehl. Der Bus war voll. Die Leute wollten zu Weihnachtseinkäufen in die Stadt. In der Bundesrepublik waren die beiden Killer kaum in Gefahr; die einzigen Menschen, die ihre Namen kannten, lebten in Frankreich, und Marc Grelle hatte es sich wegen der delikaten Art seiner Nachforschungen versagt, Peter Lanz diese Information am Telefon weiterzugeben.

Nach der Ankunft in Straßburg machte Vanek ständig einen großen Bogen um die Hertz-Autovermietung am Boulevard de Nancy. ›Niemals an den gleichen Ort zurück‹, lautete eine seiner Lieblingsmaximen. Die beiden Männer nahmen statt dessen ein Taxi zum Flughafen, wo Vanek unter dem Namen Lucien Segard bei Avis einen Renault 17 mietete. Um vierzehn Uhr waren sie schon unterwegs nach Saverne, das nur rund 45 Kilometer von Straßburg entfernt ist.

Alan Lennox hatte im Hotel Colombi in Freiburg die halbe Nacht mit Peter Lanz gesprochen.

Dem Deutschen war ein Exemplar der *Frankfurter Allgemeinen* mit dem Leserbrief Dieter Wohls erst kurz vor dem Abflug aus Bonn vorgelegt worden. »Man hätte mir das schon vor Tagen zeigen sollen, aber kein Mensch hat daran gedacht, die Leserbriefe zu lesen.« Lanz war nicht sicher, ob Annette Devaud noch am Leben war.

»Aus dem, was Wohl Ihnen gesagt hat«, bemerkte er, »muß man den Schluß ziehen, daß sie heute eine sehr alte Dame ist – und wie soll sie jemanden wiedererkennen, wenn sie blind ist? Selbst wenn wir davon ausgehen, daß sie wußte, wie der Leopard damals aussah ...«

»Es bleibt aber nichts anderes übrig«, beharrte Lennox. »Oder niemand sonst ist mehr übrig, sollte ich vielleicht lieber sagen. Was Léon Jouvel mir sagte, ist nicht sehr zwingend – obwohl es damals glaubwürdig klang. Jedenfalls ist der arme Teufel tot. Ich fahre morgen wieder über den Rhein und werde versuchen, Annette Devaud zu finden.«

»Zum drittenmal mit gefälschten Papieren über die Grenze? Ich kann nicht von Ihnen verlangen, daß Sie das tun ...«

»Nennen Sie es britischen Blutdurst, wenn Sie wollen – wir sind bekannt dafür. Ich möchte dieser Sache nur auf den Grund gehen und herausfinden, wer der Leopard wirklich ist. Sie können mir Glück wünschen.«

»Ich habe das Gefühl, daß Sie mehr brauchen werden als nur Glück«, erwiderte Lanz ernst.

Lennox erinnerte sich noch sehr gut an das Gewimmel von Polizisten im Straßburger Bahnhof vor sechsunddreißig Stunden. Es kostete ihn einige Überwindung, dem französischen Paßbeamten den Paß hinzulegen und dann zu warten, während er geprüft wurde. Der Beamte aber warf nur einen flüchtigen Blick darauf und reichte ihn dann zurück; für den Mann namens Jean Bouvier interessierte sich niemand. Eine Kontrolle bringt man wohl immer dann am leichtesten hinter sich, wenn ein anderer gesucht wird.

Die Adresse der Hertz-Autovermietung fand Lennox im Telefonbuch. Er verließ den Bahnhof und ging sofort zum Boulevard de Nancy. Er suchte sich einen Mercedes 350 SE aus. Das war zwar kostspielig, aber er wollte einen Wagen mit Kraft unter der Haube.

Um zwölf Uhr mittags verließ er Straßburg und fuhr nach Westen in Richtung Saverne und Vogesen. Er konnte natürlich nicht ahnen, daß er jetzt zum erstenmal seit Beginn seiner Mission, um die David Nash aus New York ihn gebeten hatte, einen Vorsprung von zwei Stunden vor dem Killerkommando hatte.

Es war Boisseau, der von dem Zeitungsausschnitt mit dem Leserbrief Dieter Wohls hörte, der von dem Bonner Agenten des Geheimdiensts nach Paris geschickt worden war. Seltsamerweise war es Kommissar Suchet von der Gegenspionage, der ihm eine Fotokopie des Leserbriefs zeigte. Boisseau hatte Suchet gebeten, sich um Angelegenheiten dieser Art zu kümmern. Das ließ in Suchet das Gefühl aufkommen, das verschaffe ihm einen direkten Draht zur Präfektur und bessere Informationsmöglichkeiten, aber in Wahrheit war es genau umgekehrt; die einzige Information, die Boisseau ihm hatte zukommen lassen, war zuvor von Marc Grelle geprüft und genehmigt worden. Am Mittwochvormittag, dem 22. Dezember, zeigte Boisseau seinem Chef die Fotokopie.

»Es kann also sein, daß es noch einen Zeugen gibt, der nicht auf Lasalles Liste stand«, sagte Grelle nachdenklich. »Das heißt, wenn sie nach all diesen Jahren noch am Leben ist...«

»Das ist sie. Ich habe mit dem Polizeiposten von Saverne telefoniert. Sie lebt in einem abgelegenen Bauernhaus weitab von Saverne – hoch oben in den Vogesen. Dieser Brief hat mich dazu gebracht, die Akten noch einmal durchzusehen. Wir hatten eine übersehen. Annette Devaud unterstanden die Kuriere des Leoparden. Wirklich interessant könnte aber ihr Name sein...«

»Annette Devaud – Lucie Devaud...« Der Präfekt verschränkte die Hände im Nacken und sah seinen Stellvertreter vielsagend an. »Alle Kanäle verschlossen, habe ich gesagt. Kommt drauf an. Also gut, Boisseau, fliegen Sie nach Saverne. Ja, heute nachmittag, ich bin einverstanden. Angesichts dessen, was den anderen Zeugen zugestoßen ist, sollten Sie vielleicht lieber in Saverne anrufen und um Polizeischutz für die alte Dame bitten.«

»Sie muß alt sein – sie könnten sie erschrecken. Und außerdem: Sie stand nicht auf Lasalles Liste. Warum sollte sie also beim Kommando auf der Abschußliste stehen? Sowohl Lasalle wie das Kommando müssen mit der gleichen Liste gearbeitet haben – die Tatsachen sprechen dafür. Wo sehen Sie die Gefahr?«

Bei der Fahrt durch die elsässische Ebene zwischen Straßburg und den Vogesen geriet Lennox schon bald in schlechtes Wetter. Dichte Regenschleier senkten sich auf die leere Straße und die ohnehin schon überfluteten Felder; im Hintergrund war wegen dichten Nebels nichts mehr von den Vogesen zu sehen. Das Wasser strömte gegen die Windschutzscheibe, aber Lennox fuhr weiter. Plötzlich begann der Motor zu klopfen. Lennox fluchte, denn er wußte, daß die vor ihm liegenden Bergstraßen schwierig werden konnten. Es war seine eigene Schuld: Die Leute bei Hertz hatten ihm von diesem Wagen abgeraten, aber es war der einzig verfügbare Mercedes gewesen. »Die Inspektion ist noch nicht gemacht worden, Monsieur«, hatte das Mädchen protestiert. »Ich bin nicht befugt...« Lennox hatte sich ungeduldig über ihre Einwände hinweggesetzt. Jetzt mußte er für seinen Starrsinn bezahlen.

Beim Weiterfahren auf der einsamen Strecke wurde das Klopfen schlimmer, und Lennox wußte, daß er dumm gehandelt hatte. Er blinzelte durch die Windschutzscheibe und sah ein Schild: *Auberge des Vosges und Tankstelle – 500 Meter.* Er wollte ohnehin nach der genauen Adresse von Annette Devaud fragen – und herausfinden, ob sie überhaupt noch am Leben war. Durch den Regen hindurch erkannte er die Umrisse eines kleinen Hotels mit angeschlossener Tankstelle und Werkstatt. Er hielt vor den Zapfsäulen an, kurbelte das Seitenfenster herunter und bat den Tankwart, den Wagen mal anzusehen. Wenige Minuten später kam der Tankwart mit einer schlechten Nachricht an die Hotelbar. Er habe den Fehler gefunden: Es werde ein paar Stunden dauern, bis er den Schaden behoben habe.

»Können Sie's ein bißchen schneller schaffen?« fragte Lennox.

»Ich fange gleich an«, informierte ihn der Tankwart. »Ich kann mich beeilen. Sagen wir, zwei Stunden.«

Lennox bestellte sich einen zweiten Cognac und zwei Schinken-Sandwiches. Es kamen zwei appetitliche Stücke aufgeschnittenen französischen Weißbrots mit gekochtem Schinken. Hätte der Tankwart drei Stunden gesagt, hätte Lennox sich versucht gefühlt, einen anderen Wagen zu mieten. Hungrig biß er in das Sandwich; die zwei Stunden würden die Welt nicht aus den Angeln heben.

Annette Devaud, die ihren Lebensabend auf dem Holzfällerhof verbrachte, hatte 1944 in der Résistance-Gruppe des Leoparden eine Schlüsselposition innegehabt: Ihr waren sämtliche Kuriere unterstellt gewesen, meist Mädchen um die zwanzig, die den Kurierdienst direkt vor der Nase des Feindes aufrechterhalten hatten. Annette Devaud war damals eine fast vierzigjährige, schlanke und gutaussehende Frau mit einer stolzen Römernase und einer Aura von Autorität gewesen, die fast der des Leoparden gleichkam. Von all den Männern und Frauen, die unter ihm gearbeitet hatten, hatte der Leopard Annette Devaud am meisten respektiert, vielleicht weil sie eine erklärte Antikommunistin war. »Bei ihr weiß ich wenigstens, woran ich bin«, hatte er einmal gesagt. Und Annette Devaud unterschied sich noch in einer anderen Hinsicht von den übrigen Mitgliedern der Gruppe – sie wußte, wie der Leopard aussah.

Weil er es für nützlich hielt, sich den Ruf der Unverwundbarkeit aufzubauen, hatte der Leopard es verheimlicht, daß er bei einem Scharmützel in einem Wald einmal ins Bein geschossen worden war. Die Wunde verheilte zwar schnell, aber eine Zeitlang mußte er das Bett hüten. Es war Annette Devaud, die ihm in der Genesungszeit Gesellschaft leistete und ihn rasch gesundpflegte. In dieser Zeit wurde sie natürlich mit dem Aussehen des Leoparden vertraut.

Die Feiern des Tages der Befreiung konnte Annette Devaud zwar hören, aber nicht sehen; sie war über Nacht erblindet. Niemand konnte die Ursache der plötzlichen Erblindung diagnostizieren. Einige meinten, sie sei auf die Nachricht vom Tod ihres Mannes zurückzuführen, der in der Division General Leclercs gekämpft hatte. Es hätte auch der Tod ihrer neunzehnjährigen Tochter Lucie sein können, die im Wagen des Leoparden ertrunken war. Dies geschah, nachdem Annette Devaud den Leoparden gesundgepflegt hatte.

Nach Kriegsende kehrte Annette Devaud auf den Holzfällerhof zurück und wohnte jetzt seit mehr als dreißig Jahren dort. Ihre Erblindung war für sie ein härterer Schlag, als sie für viele andere gewesen wäre; Annette war eine begabte Amateurmalerin gewesen und hatte auch viele Kohlezeichnungen gemacht. In ihrem neuen Leben mußte sie also auch auf Malen und Zeichnen verzichten. In einer Mappe bewahrte sie aber einige der Porträtskizzen auf, die sie während des Krieges aus dem Gedächtnis gezeichnet hatte. Darunter befanden sich zwei genaue Porträts des Leoparden.

Annette Devaud hatte noch eine Tragödie hinnehmen müssen. Ihre Tochter Lucie hatte gegen den Willen der Mutter darauf bestanden, für sie Kurierdienste zu leisten. Während Lucies Arbeit für die Résistance war ein ehemaliger Buchhalter ihr Liebhaber geworden, ein Mann namens Albert Camors. Nur sechs Monate vor Lucies Tod im Wagen des Leoparden war aus der Verbindung ein Kind hervorgegangen. Das Kind hatte den Namen der Mutter erhalten, Lucie. Camors überlebte den Krieg und stritt sich mit der willensstarken Annette Devaud heftig um das Kind. Camors wollte ihr keinerlei Rechte an der Kleinen einräumen. Camors ließ sich in Paris als Börsenmakler nieder, hatte Erfolg und zog sein Kind selbst groß. Eine Ehe ging er nicht ein.

Lucie wuchs als Einzelkind in dem frauenlosen Haushalt ihres Vaters auf. Sie war ein willensstarkes Kind – ein Gegenstück zu ihrer Großmutter Annette, die sie nie kennenlernte. Die Mutter, an die sie sich nicht erinnern konnte, wurde zu einer Obsession für sie. Von ihrem Vater erfuhr sie vom Leoparden und davon, wie ihre Mutter ums Leben gekommen war. Als Lucie fast dreißig war, tat Camors in den Armen seiner neuesten Geliebten seinen letzten Seufzer. Lucie erbte sein Vermögen und seine Wohnung am Place des Vosges. Zum erstenmal überhaupt besuchte sie ihre Großmutter.

Die beiden Frauen fanden sofort Gefallen aneinander. Eines Tages, als sie sich über den Krieg unterhielten, zeigte Annette ihrer Enkelin die Mappe mit den Skizzen – einschließlich der beiden Porträts des Leoparden. Lucie erkannte den Mann sofort, sagte aber nichts davon zu der alten blinden Frau. Lucie benutzte einige der Namen ehemaliger Résistance-Leute – ihre Großmutter hatte ein paar genannt –, um so mehr über die Vergangenheit zu erfahren. Mit dem Geld ihres Vaters konnte sie auch einen cleveren Anwalt einsetzen, Max Rosenthal, der die Vergangenheit des Leoparden durchleuchten sollte. Ohne Annette etwas zu sagen, nahm Lucie die beiden Skizzen aus der Mappe und brachte sie in ihre Pariser Wohnung.

Es war Max Rosenthal, der Gaston Martin aufspürte, den ehemaligen Stellvertreter des Leoparden. Martin stand in Guyana kurz vor der Entlassung aus dem Zuchthaus. Lucie Devaud schrieb Martin, den ihre Großmutter mehrfach erwähnt hatte, einen vorsichtig formulierten Brief; sie deutete an, der Leopard sei in Frankreich eine wichtige politische Persönlichkeit geworden, und wartete auf eine Antwort. Der Brief erreichte Martin kurz nach seiner Entlassung. Er ließ sich mit der Antwort Zeit. Bei der Eröffnung einer Pariser Modenschau bediente sich Lucie des makabren Tricks, der sie endgültig davon überzeugte, daß es ihr gelungen war, die wahre Identität des Leoparden zu entlarven. Sie hatte ein solches Tier in einem auf exotische Geschenke spezialisierten Geschäft in der Rue de Rivoli entdeckt. Sie kaufte es – zu einem horrenden Preis – und nahm es mit nach Hause. Dann kaufte sie eine Karte für die Modenschau in der Rue Cambon. Sie hatte in der Zeitung gelesen, daß auch Präsident Florian die Vorführung in Begleitung seiner Frau Lise besuchen werde.

Als Guy Florian in Lises Begleitung erschien – er hatte sein

Erscheinen zugesagt, um Gerüchte zu zerstreuen, daß er sich mit seiner Frau überworfen habe –, hatte die Schau bereits begonnen. Mannequins paradierten auf dem Laufsteg. Lucie saß auf einem Stuhl in der ersten Reihe und verdeckte mit dem Mantel, was sich unter dem Stuhl befand. Florian und seine Frau setzten sich fast gegenüber hin. Ein Mannequin war gerade vorübergeschwebt, als das Leopardenjunge unter dem Stuhl hervorkroch, sich breitbeinig auf den Teppich stellte und die Zähne fletschte.

Es war in einem Moment vorüber. Ein bewaffneter Sicherheitsbeamter in Zivil – einer von mehreren, die Marc Grelle herbeordert hatte – sah den Ausdruck auf dem Gesicht des Präsidenten, riß Lucie die Kette aus der Hand und zog das Tier aus dem Salon. Lucie folgte mit dem Mantel überm Arm. Florian erholte sich schnell, machte eine wegwerfende Handbewegung und einen Witz: »Ich habe noch keinen Tropfen Alkohol getrunken, und trotzdem tanzen mir schwarze Flecken vor den Augen!«

Draußen im Foyer nahm Lucie wortlos das Tier in Empfang und verließ den Salon. Der Eigentümer des Modehauses hatte sich amüsiert gezeigt, als sie mit dem Leopardenbaby erschienen war. »Wie *chic*«, hatte er zu seiner Direktrice bemerkt. »Wir sollten eines der Modelle mit dem Tigerchen paradieren lassen ...« Lucie setzte sich in den Wagen, hob das Leopardenjunge auf den Beifahrersitz und fuhr zurück zur Place des Vosges. Am folgenden Tag brachte sie das Tier in das Geschäft an der Rue de Rivoli zurück; der Besitzer nahm es zu einem erheblich reduzierten Preis zurück.

Sehr oft trifft eine Frau nur aufgrund ihrer weiblichen Intuition eine Entscheidung; sehr oft behält sie damit recht. Lucie Devaud war jetzt überzeugt, daß Guy Florian der Leopard war. Sie hatte in seinen Augen einen seltsamen Ausdruck gesehen, bevor er sich erholte, eine plötzliche Vorsicht und Besorgnis, als er sie anstarrte – als hätte er verstanden, nachdem er ihr in die Augen geblickt hatte. »Wer zum Teufel bist du? Du hast mich aufgespürt ...« Lucie wußte, daß man ihre Spur nicht verfolgen konnte: Sie hatte den kleinen Leoparden in bar bezahlt und hatte die Karte für die Modenschau unter einem falschen Namen bestellt. Bei der Fahrt zu ihrer Wohnung beschloß sie, Guy Florian zu töten. Am folgenden Morgen kam Gaston Martins Brief an.

Martin beantwortete ihren Brief in ähnlich behutsamen Wendungen. Er sagte, er finde ihre Theorie interessant und informierte sie, daß er bald per Schiff aus Guyana zurückkehren werde. Ob sie sich nach seiner Ankunft in Paris treffen könnten? Lucie Devaud schrieb postwendend zurück und schlug vor, sie sollten sich in einem kleinen Hotel auf der Rive Gauche treffen, dem Cécile in der Rue de Bac. Sie war wohl nicht sonderlich darauf erpicht, einen Exsträfling in ihre luxuriöse Wohnung am Place des Vosges einzuladen – oder vielleicht wollte sie auch nichts weiter, als die Geheimniskrämerei fortsetzen, die so sehr zu einem Bestandteil ihres Lebens geworden war.

Am Abend vor dem Mittwoch, dem 8. Dezember, schrieb sie einen vollständigen Bericht über alles nieder, was sie in Erfahrung gebracht hatte, und steckte ihn zusammen mit den beiden Porträtskizzen vom Leoparden in einen Umschlag, den sie anschließend versiegelte. Auf die Vorderseite des Päckchens schrieb sie mit der Hand: *Im Falle meines Todes dem Polizeipräfekten von Paris auszuhändigen.* Am nächsten Morgen überreichte sie das Päckchen ihrem Anwalt, Max Rosenthal, mit der strikten Anweisung, es ungeöffnet zu lassen. Als Lucie in der Zeitung von Florians Spaziergang vom Elysee zum Place Beauvau las, entschloß sie sich, nicht auf Gaston Martin zu warten – obwohl die Ankunft des Franzosen unmittelbar bevorstand. Am Mittwochabend wartete sie vor dem Pelzgeschäft in der Rue du Faubourg St. Honoré. Als Florian erschien, zog sie ihre Pistole. Es war aber Marc Grelle, der zwei Schüsse abfeuerte.

Der Bericht, den Lucie Devaud geschrieben und den sie bei Max Rosenthal, ihrem Anwalt, hinterlegt hatte, wurde dem Polizeipräfekten von Paris nicht ausgehändigt. Rosenthal war ein Mann mit extravaganten Gewohnheiten. Er verspielte zwar große Summen, war aber nicht bereit, seine Karriere aufs Spiel zu setzen. Als er davon erfuhr, daß seine Klientin versucht hatte, den Präsidenten zu töten, bekam er Angst, die Übergabe des Päckchens könnte ihn in irgend etwas hineinziehen. Lucie war immer persönlich in seiner Kanzlei erschienen und hatte ihm nur mündlich Anweisungen erteilt; es gab keinen Schriftwechsel zwischen ihnen; und seine Honorare hatte sie immer in bar beglichen – und er hatte die Beträge dem Finanzamt verschwiegen. Rosenthal baute darauf, daß man seine Verbindung zu Lucie Devaud nicht würde entdekken können, und verschloß das Päckchen in einer Kassette; dort blieb es, bis er ein Jahr später unvermutet starb.

Bevor Lucie Devaud als verhinderte Attentäterin starb, hatte sie ihrer blinden Großmutter einen großen Dienst erwiesen: Sie hatte ihr geraten, einen Augenspezialisten aufzusuchen. Vielleicht sei die medizinische Forschung inzwischen viel weiter fortgeschritten, oder vielleicht sei das Trauma, das die Erblindung ausgelöst habe, nicht mehr wirksam, hatte Lucie gesagt. Annette Devaud unterzog sich im September – drei Monate vor Guy Florians Abflug in die Sowjetunion – mehreren Operationen und erlangte ihre Sehkraft völlig zurück. Nach dem Klinikaufenthalt kehrte sie sofort auf den Holzfällerhof zurück und begann begierig zu lesen und zu zeichnen. Sie nahm ihr altes zurückgezogenes Leben wieder auf, war aber jetzt wieder mit gesunden Augen gesegnet. Als der Mann, der ihr immer die Lebensmittel brachte, ihr die Nachricht vom Tod ihrer Enkelin überbrachte, weigerte sie sich, die näheren Umstände von Lucies Tod als Tatsachen anzuerkennen. »Das ist alles ein schrecklicher Irrtum gewesen«, behauptete sie fest. »Sie müssen sie mit jemandem verwechselt haben.« Dies war die alte Frau, zu der das sowjetische Kommando unterwegs war, um sie zu töten.

16

Vanek ignorierte den Wolkenbruch und fuhr mit hoher Geschwindigkeit über die leere Straße von Straßburg Richtung Saverne. Neben ihm saß Lansky, der schweigend die Sandwiches aß, die sie am Straßburger Flughafen gekauft hatten, und trank aus einer Flasche Rotwein. Einmal wies er Vanek darauf hin, daß er schneller als erlaubt fahre. »Essen Sie nur weiter«, sagte der Tscheche zu ihm. »Wir haben nur noch einen Besuch zu machen, bevor wir nach Hause fahren. Und die Zeit bleibt nicht ewig auf unserer Seite. Wenn wir ein bißchen Glück haben, stellt sich vielleich sogar heraus, daß diese Devaud schon vor Jahren gestorben ist«, fügte er hinzu.

Vanek reduzierte unmerklich die Geschwindigkeit – weil er wußte, daß Lansky recht hatte. Lansky beobachtete das, sah auf den Tacho und lächelte fein, während er den letzten Bissen aß. Brunner hatte zwischen beide eine Art Pufferfunktion gehabt. Vanek und Lansky waren beiden Egozentriker. Lansky war intelligent genug, keine weiteren provokanten Kommentare zu machen. Sie hatten einen schwierigen Job vor sich.

»Wir werden sobald wie möglich prüfen müssen, ob die Adresse von Devaud noch stimmt«, bemerkte Vanek und überholte einen Gemüselaster, dessen Reifen einen Wasservorhang aufsprühten. »Halten Sie Ausschau nach einem Hotel oder einem Lokal. Wenn sie noch am Leben ist und im selben Haus wohnt, müssen die Leute aus der Gegend das wissen. In der Provinz in Frankreich kann man nicht mal hinter einer Mauer stehen und pinkeln, ohne daß das ganze Dorf zusieht...«

»Diesmal«, schlug Lansky vor, »sollten wir uns nicht damit abquälen, das Ganze wie einen Unfall aussehen zu lassen, sondern die Sache hinter uns bringen und verschwinden. Wir haben jetzt ja nicht mehr dieses alte Waschweib Brunner am Hals...«

»Das werde ich entscheiden, wenn der Augenblick da ist«, bellte Vanek.

Am anderen Ende der Ebene sahen sie kilometerlang keine Spur irgendwelcher Häuser. Sie waren schon recht nah an Saverne herangekommen, als Vanek durch die Windschutzscheibe blinzelte und das Schild sah: *Auberge des Vosges und Tankstelle – 500 Meter.* Er bremste. »Hier sollte es ein Telefonbuch geben«, sagte er, »und wir sind jetzt schon in der richtigen Gegend.« Er verließ die Landstraße und hielt vor den Zapfsäulen. »Volltanken, bitte«, sagte er dem Tankwart. »Wir gehen rein und trinken etwas...« Vanek war der Meinung, daß man nie wissen könne, was einen erwartet, und sagte sich, daß es sich bezahlt mache, immer einen vollen Tank zu haben. Als sie aus dem Renault ausstiegen, sahen sie in der Werkstatt einen Mechaniker, der die Windschutzscheibe eines Mercedes 350, an dem er soeben gearbeitet hatte, sauberwischte.

Lennox sah auf seine Uhr und ging aus der Bar der Auberge des Vosges hinaus zum Waschraum. Genau zwei Stunden. Der Mann von der Werkstatt hatte ihm soeben gesagt, daß der Wagen fertig sei, und Lennox hatte die Rechnung bezahlt. Zuvor hatte er im Telefonbuch nachgesehen, ob Annette Devaud verzeichnet war, hatte aber keinen Eintrag gefunden. Der Barmann hatte weitergeholfen.

»Komisches altes Mädchen. Muß jetzt schon über siebzig sein. Sie lebt noch immer auf dem Holzfällerhof, ganz allein. Die Leute im Ort bekommen sie kaum einmal im Jahr zu sehen – nur der Bursche, der ihr die Lebensmittel bringt. Bemerkenswerte Frau, diese Annette Devaud. Sie wissen, daß sie dreißig Jahre lang blind gewesen ist?«

»Ich habe sie noch nicht kennengelernt«, sagte Lennox vorsichtig.

»Bemerkenswerte Frau«, wiederholte der Barmann. »Passierte kurz vor Kriegsende – sie wurde plötzlich blind, einfach so. Irgendeine Krankheit, ich weiß nicht, was es war. Dann nimmt sie vor ein paar Monaten so ein Spezialist unter die Lupe und sagt, er könne was machen.« Der Barmann wischte ein Glas besonders sorgfältig ab. »Ein Wunder geschieht. Er operiert sie, und sie kann wieder sehen. Stellen Sie sich das mal vor – mehr als dreißig Jahre blind, und dann sieht man die Welt wieder, als wäre man neu geboren. Tragödie übrigens – das mit ihrer Enkelin, Lucie. Wissen Sie, wer sie war?«

»Nein.«

»'n Mädchen, das vor einer Woche versucht hat, Florian umzulegen. Muß verrückt gewesen sein – so wie dieser Bursche, der Präsident Kennedy in Dallas erschossen hat.« Der Barmann beugte sich vertraulich vor. »Ich wohne nur zwei Kilometer von dem alten Mädchen entfernt, und die wenigen von uns hier, die wußten, wer Lucie war, haben den Mund gehalten. Nicht mal die Polizei hat kapiert – Lucie ist nur ein paarmal hergekommen. Ich sage Ihnen das nur, weil Sie jetzt zu ihr wollen – könnte ihr einen Schock versetzen, wenn Sie was Falsches sagen...«

Lennox dachte darüber nach, als er zum Waschraum ging. Dort ließ er sich Zeit. In der letzten Nacht in Freiburg hatte er nur zwei Stunden Schlaf bekommen. So etwas konnte nur in einem französischen Dorf passieren – eine Verschwörung des Schweigens, um eine ortsansässige und von allen geachtete Dame zu schützen. Über dem Waschbecken war ein Spiegel angebracht, durch den man die Tür sehen konnte. Lennox trocknete sich gerade die Hände, als die Tür aufging. Lennox ließ das Handtuch sinken und starrte in den Spiegel. Der Mann an der Tür starrte zurück. Eine Sekunde lang trafen sich die Blicke, dann sah sich der Mann an der Tür im Raum um, als suchte er jemanden, und ging wieder hinaus.

Lennox trocknete sich rasch ab, zog sich Jacke und Mantel an und öffnete dann langsam die Tür. In der Rue de l'Épine in Straßburg, vor dem Hauseingang zu der Wohnung Léon Jouvels, hatte er wenige Sekunden lang das Gesicht des Mannes mit dem Regenschirm sehen können, mit dem er zusammengeprallt war. Dem Mann war dabei die Brille aufs Pflaster gefallen. Lennox war sich seiner Sache noch nicht absolut sicher – der Mann in Straßburg schien älter gewesen zu sein –, er hatte das Licht der Straßenlaterne nicht voll aufs Gesicht bekommen, erinnerte sich Lennox. Der Flur vor dem Waschraum war leer. Er ging hinunter und warf einen Blick in die Bar.

Der Mann, der in den Waschraum gekommen war, drehte Lennox den Rücken zu, aber sein Gesicht war im Spiegel hinter der Bar zu sehen. Er sprach mit einem anderen Mann, einem hochgewachsenen, dunkelhaarigen und glattrasierten Mann von etwa dreißig Jahren. Der hochgewachsene Mann, der gelangweilt ein leeres Glas in der Hand drehte, sah seinem Begleiter kurz über die

Schulter, starrte Lennox offen an und wandte sich dann ab. Jetzt war Lennox seiner Sache noch sicherer. Im Wagen des sowjetischen Kommandos in Freiburg hatten drei Männer gesessen. Der Mann namens Bonnard war tot, also blieben noch zwei. Und auf der Rückseite des Kriegstagebuchs, das sie in Wohls Haus mitgenommen hatten, hatte Annette Devauds Adresse gestanden.

Lennox verfluchte sich in diesem Augenblick dafür, daß er Peter Lanz' Theorie akzeptiert hatte, nämlich, daß die Überlebenden des Killerkommandos schnellstens in die Sowjetunion flüchten würden. Das war eine annehmbare Theorie gewesen – vor ein paar Tagen jedenfalls noch –, weil jetzt der dritte Zeuge auf Lasalles Liste soeben umgebracht worden war. Aus welchem Grund hätte das Kommando sich noch länger hier herumtreiben sollen? Lennox ging ins Hotel zurück, so daß man ihn von der Bar aus nicht sehen konnte, und tat, als verließe er das Hotel durch den Vordereingang; anschließend lief er eine Treppe hinauf, die sich zweimal wand, bevor er das nächste Stockwerk erreichte. Dort oben wartete er und blickte durch ein Fenster auf die Straße.

Als Lansky wieder in der Bar erschien, war der Barmann hinter einem Vorhang verschwunden. Vanek lehnte an der Theke. Lansky nahm seinen Drink und leerte das Glas in einem Zug, während Vanek mit dem Glas in der Hand spielte. »Dieser Franzose, den ich aus dem Haus Nr. 49 habe kommen sehen – Jouvels Haus –, der Bursche, mit dem ich zusammengestoßen bin, befindet sich hier im Waschraum«, sagte er mit leiser Stimme. »Das ist kein Zufall...«

»Sind Sie sicher? Beschreiben Sie ihn«, sagte Vanek wie beiläufig.

Lansky gab mit wenigen Worten eine Personenbeschreibung von Lennox. »Ich bin ziemlich sicher«, fuhr er fort. »Ich bin darauf trainiert, mir solche Dinge zu merken – falls Sie es vergessen haben sollten. Wir haben uns kurz im Spiegel angesehen, und wir wußten beide Bescheid. Ich hätte ihn erledigen können – der Raum war sonst leer –, aber das hätte die Polizei auf den Plan gerufen, und das können wir im Augenblick nicht gebrauchen, nicht wahr?«

»Nein, wirklich nicht. Übrigens, er sieht jetzt gerade in die Bar, also drehen Sie sich nicht um...« Die Situaton überraschte Vanek überhaupt nicht; früher oder später mußte einfach etwas schiefgehen – auch in Freiburg war es so gekommen –, jedenfalls bis zu einem gewissen Grad. Die Frage war nur, wie man mit der Lage zurechtkam, wozu man sich entschloß. »Er ist gegangen«, sagte Vanek. »Ich denke, wir sollten auch von hier verschwinden.«

Als sie durch die Vordertür hinaustraten, fuhr gerade ein Peugeot 504, in dem nur ein Mann saß, in Richtung Saverne davon. Der Wagen war soeben aufgetankt worden. Im Regen war nicht zu erkennen, wie der Mann am Lenkrad aussah. »Das wird er sein«, sagte Vanek. Aus dem Fenster im ersten Stock sah Lennox die beiden davonfahren, in Richtung Saverne. Er ging die Treppe hinunter und betrat die Bar, in der der Barmann Gläser polierte. Lennox bestellte sich noch einen Cognac und ließ die Frage so beiläufig wie nur möglich klingen. »Diese beiden Männer, die nach mir hereingekommen sind – ich glaube, ich habe einen von ihnen wiedererkannt. Oder sind es Leute aus der Gegend?«

»Hab' die noch nie gesehen – und möchte sie auch nicht wiedersehen. Der Lange hat irgend so was gesagt, sie hätten mit Marktforschung zu tun. Sie suchen sich die Namen bestimmter Leute raus, und dann marschieren sie los und stellen ihnen dämliche Fragen. Ich glaube, die sind unterwegs zu Annette Devaud . . .«

»Tatsächlich?«

»Hat irgendwas mit einer Kampagne für eine Rentenerhöhung zu tun«, erklärte der Barmann. »Sie wollten wissen, ob ihr Mann noch lebt. Wie sie zum Holzfällerhof kämen. Ich hab's ihnen nur gesagt – und nicht so aufgezeichnet wie für Sie.« Der Barmann lächelte säuerlich. »Und ich hab' ihnen auch nicht gesagt, daß Annette sie mit einem Schießprügel vom Hof jagen wird, der es in sich hat . . .«

Lennox trank schnell seinen Drink aus und ging nach draußen, wo der Mercedes für ihn bereitstand. Es regnete jetzt – falls das überhaupt möglich war – noch heftiger, und als er losfuhr, sah er, daß dicker Nebel und Regenwolken die Vogesen einhüllten. Als das Kommando in Freiburg Dieter Wohl getötet hatte, war es neblig gewesen, und jetzt lag Nebel über den Vogesen. Die Gedankenassoziation machte Lennox zu schaffen, während er aufs Gaspedal trat und die Geschwindigkeitsbeschränkungen mißachtete, um den Renault einzuholen.

Karel Vanek war ein schneller Fahrer, aber Alan Lennox fuhr waghalsiger. Ohne Rücksicht auf Streifenwagen – und das miserable Wetter – fuhr der Engländer mit mehr als hundertzehn Stundenkilometern. Er holte den Tschechen kurz hinter Saverne ein, dort, wo die Straße beginnt, sich in die Berge hinaufzuwinden. Einen kurzen Moment lang durchbrach die Sonne die Wolkendekke und beleuchtete die Gipfel der Vogesen und die regennasse Straße. Weniger als dreihundert Meter weiter vorn sah Lennox den Renault in eine Kurve gehen; die Räder des Wagens schleuderten bei der hohen Geschwindigkeit Wasserkaskaden in die Luft. Dann fing es wieder an zu regnen. Es goß wie aus Eimern, so daß Lennox nicht mehr viel sehen konnte.

In dem kurzen Augenblick, in dem die Sonne durchgebrochen war, hatte Lennox sehen können, daß die Böschung rechts von der Straße steil abfiel. Er nahm den Fuß vom Gaspedal und ließ den Motor ein wenig bremsen, so daß er in etwa den Abstand zu dem vor ihm fahrenden Wagen beibehielt. Seine Gelegenheit kam weniger als eine halbe Minute später, als sie sich noch immer beide den Berg hinaufschlängelten und rechts der Abhang abfiel. In der Ferne – wo die Straße wieder hinunterführte – sah Lennox die nebelhaften Umrisse eines Lastwagens auf den Renault zufahren. Lennox trat das Gaspedal durch und schloß zu dem vor ihm fahrenden Wagen auf, bis er fast die Stoßstange des Renault berührte. Die Straße führte noch immer nach oben. Jetzt folgte aber eine kurze Gerade. Lennox sah, daß das entgegenkommende Fahrzeug ein riesiger Holzlastzug war. Dieser kam rasch näher. Lennox berechnete sorgfältig Geschwindigkeit und Entfernung, schätzte die Breite der Straße und die Gesamtbreite der drei Fahrzeuge. Dann scherte er aus und setzte ohne Vorwarnung zum Überholen an.

»Dieser gottverdammte Irre . . .«

Hinter dem Lenkrad des Renault schrak Vanek zusammen, als der Mercedes dicht an ihn heranfuhr. Vanek hielt noch immer Ausschau nach dem Peugeot 504. Instinktiv lenkte er den Wagen an den rechten Straßenrand heran, wo Regen und Dunst die Sicht versperrten. In wenigen Sekunden würde der Lastwagen gleichauf sein. Vanek versuchte, dem wahnsinnigen Idioten hinter ihm, der in dieser gefährlichen Situation überholen wollte, möglichst viel Spielraum zu geben. Hinter der Windschutzscheibe des Holzlastzuges tippte der Fahrer aufgeregt auf die Lichthupe, als er sah, was da vorging, aber er konnte unmöglich noch weiter nach rechts ausweichen.

»Achtung«, sagte Lansky, der plötzlich hellwach war. »Vorhin, beim Hotel, da stand ein Mercedes . . .«

Lennox fuhr jetzt neben dem Renault. Jetzt durfte der Engländer sich nicht den kleinsten Fehler leisten. Der Holzlastzug donnerte vorüber. Lennox war zwischen beide Fahrzeuge gequetscht. Dann war der Lastzug weg. Lennox drehte das Lenkrad eine Spur nach rechts. Die Seite des Mercedes prallte gegen die Seite des Renaults. Die nasse Straße besorgte den Rest. Der Renault schleuderte und kippte über die Böschung.

An dieser Stelle des Berges war der Abhang weniger steil. Vanek kämpfte verzweifelt mit der Lenkung, als er spürte, daß der Wagen über den Straßenrand schlitterte und den Abhang hinuntersauste. Er nahm den Fuß vom Gaspedal. Der Wagen wurde ein wenig abgebremst und rollte dann von allein weiter. Die Räder rollten über glitschigen Matsch und schleuderten Lehmklumpen in die Luft, die auch gegen die Windschutzscheibe flogen, so daß Vanek nichts mehr sehen konnte. Er hielt das Lenkrad umklammert und fuhr blind weiter. Der Wagen fuhr langsamer und langsamer, rollte aber unbeirrt weiter, schleuderte und rutschte, drehte sich. Es ging abwärts, immer weiter abwärts. Der Tscheche kämpfte, um den Wagen irgendwie auf halbwegs geradem Kurs zu halten. Dann, ohne zu wissen, was vor ihm lag, trat er auf die Bremse. Der Wagen prallte gegen irgend etwas. Dann blieb er stehen.

»Wir leben noch«, keuchte der Tscheche.

»Das ist schon was«, stimmte Lansky zu.

Als sie ausstiegen, entdeckten sie im strömenden Regen, daß sie sich auf halber Höhe des langgestreckten Abhangs befanden. Die Straße dort oben war im Regendunst verschwunden. Ein grasbewachsener, kleiner Wall hatte sie davor bewahrt, noch weiter in die Tiefe zu schlittern. Wenige Meter vom Standort des Renault entfernt schlängelte sich ein verschlammter Feldweg nach oben in Richtung auf die Straße. »Das war dieser Franzose, den ich im Waschraum gesehen habe«, sagte Lansky. »Ich habe ihn ganz kurz gesehen, als er uns überholte, bevor es krachte. Der kann nicht von der Polizei sein, sonst hätte er uns nicht die Böschung runtergehen lassen.«

»Wenn wir den wiedersehen, machen wir ihn kalt«, erwiderte Vanek. »Jetzt müssen wir erst einmal diesen Wagen umdrehen. Dann werde ich versuchen, auf dem Feldweg da wieder nach oben zu kommen. Das wird aber Zeit kosten«, fügte er hinzu.

Hoch oben auf dem Berg hielt Lennox den Mercedes an. Er stieg aus, stellte sich an den Rand der Böschung und blickte hinunter. Er mußte eine Minute warten, bis der Nebel sich so weit gelichtet hatte, daß er den Renault und zwei kleine Gestalten viel weiter unten erkennen konnte. Die beiden gingen um den Wagen herum. Einer von ihnen stieg wieder in den Wagen. Das leise Geräusch des startenden Motors drang zu Lennox herauf. Nach einer Minute hörte das Motorengeräusch auf. Die beiden Männer versuchten es jetzt mit eigener Kraft. Enttäuscht setzte Lennox sich wieder in den Wagen und fuhr davon. Er hatte gehofft, sie getötet zu haben, und jetzt hatte er nur einen kleinen Aufschub gewonnen.

Weiter oben in den Bergen war das Wetter noch immer schlecht, und er sah sich gezwungen, die Geschwindigkeit zu drosseln. Die Gipfel waren hinter Wolken verschwunden. An den Abhängen waberte grauer Dunst. Die Welt außerhalb des Wagens bestand nur aus kaum erkennbarem Fichtenwald, der im Nebel vorüberrauschte. Die Adresse, die Dieter Wohl Lennox gegeben hatte, war irreführend – Holzfällerhof, Saverne. Das kann einem in einsamen Gegenden Frankreichs oft passieren. Annette Devaud wohnte in einiger Entfernung von Saverne. Lennox warf einen Blick auf die Skizze, die der Barmann der Auberge des Vosges ihm auf eine Speisekarte gekritzelt hatte, und fuhr weiter durch den Nebel. An einer Stelle kam er an einem Kanal vorüber, der unten tief in einem Einschnitt lag. An Bord eines großen Lastkahns bewegten sich Gestalten in Ölzeug. Lennox fuhr in eine Kurve. Als er herauskam, sah er ein grob gezimmertes Schild aus Holz über einer Hecke. *Holzfällerhof.*

Der Feldweg, der hier abzweigte, der sich den Berg hinaufschlängelte und auf beiden Seiten von steilen Abhängen umgeben war, bestand nur aus dickem Schlamm und tiefen Spurrillen, in denen das Wasser stand. Lennox blieb mehrmals stecken. Die Räder drehten durch. Die Sicht war so schlecht, daß er die Scheinwerfer einschalten mußte. Als er einen Hügelkamm erreichte, erfaßten die Scheinwerfer die Frontseite eines langen Bauernhauses mit steilem Dach. Das Gebäude, das sich unter einer mächtigen Felswand voller Kletterpflanzen duckte, war das Ende des Feldwegs. Lennox ließ den Motor laufen und ging in den Regen hinaus. Er schätzte, daß ihm kaum mehr als fünfzehn Minuten blieben, um Annette Devaud von hier wegzubringen, bevor das Kommando hier ankam.

Die Frau, die die Tür aufgemacht hatte, hielt eine doppelläufige Flinte im Arm, mit der sie auf Lennox' Bauch zielte. Sie sagte, sie habe ihn von einem Fenster im Obergeschoß kommen sehen und lasse keinen Fremden herein. Lennox sprudelte los; seine Stimme hatte einen Anflug von Hysterie. »Darf ich Ihr Telefon benutzen? Unten auf der Landstraße hat es einen Unfall gegeben, und eine Frau ist schwer verletzt...«

»Ich habe kein Telefon...«

»Dann geben Sie mir Verbandszeug, um Himmels willen...«

Lennox fuchtelte mit den Armen und gestikulierte. Er stieß den Lauf zur Seite und entwand der alten Dame das Gewehr. »Tut mir leid, aber Gewehre machen mir Angst – manchmal gehen sie von selbst los. Und unten auf der Straße hat es auch keinen Unfall gegeben, obwohl es sehr wahrscheinlich ist, daß es in zehn

Minuten hier oben einen geben wird – und Sie werden darin verwickelt sein.« Er holte tief Luft. »Zwei Männer sind hierher unterwegs, um Sie zu töten . . .«

In gewisser Hinsicht fühlte sich Lennox erleichtert. Er hatte eine gebrechliche alte Dame erwartet, aber die Frau, die ihm mit der Flinte entgegengetreten war, konnte man kaum gebrechlich nennen. Sie war mittelgroß, hielt sich gerade. Als er ihr die Waffe weggenommen hatte, hatte sie sich mühelos bewegt. Jetzt stand sie da und sah ihn wütend an, noch immer eine gutaussehende Frau mit einer Römernase und einem festen Kinn. »Sie sehen gar nicht verrückt aus«, sagte sie. »Weshalb sollte jemand mich umbringen?«

»Weil Sie vielleicht in der Lage sind, den Leoparden zu identifizieren . . .«

Es kostete ihn ungefähr eine Viertelstunde – viel zuviel Zeit, wie ihm nach einem Blick auf die Uhr klar wurde –, Annette Devaud davon zu überzeugen, daß er vielleicht doch über das Bescheid wußte, wovon er sprach. Und während dieser Zeit, in der er in ihrem altmodisch eingerichteten Wohnzimmer stand, erhielt er die Erklärung für etwas, was ihm seit dem Gespräch mit dem Barmann vorhin Kopfzerbrechen bereitet hatte: Wenn sie in der Lage war, den Leoparden zu identifizieren – was Lennox bezweifelte – und wenn Léon Jouvel aus irgendeinem abenteuerlichen Grund recht gehabt haben sollte, warum hatte sie dann in den vergangenen Monaten, in denen sie wieder hatte sehen können, Guy Florians Bild noch nicht gesehen? In der Zeitung, einer Illustrierten, im Fernsehen? Sie gab Lennox die Antwort, nachdem sie erzählt hatte, wie sie einmal den Leoparden, der ins Bein geschossen worden sei, gesundgepflegt habe.

»Seitdem ich mein Augenlicht wiederhabe, Monsieur Bouvier, lese ich Bücher . . .« Sie zeigte mit der Hand auf die Bücherregale an den Wänden, die vom Boden bis zur Decke reichten. »In all diesen Jahren mußte ich mich mit Brailleschrift begnügen – jetzt kann ich wieder richtige Bücher lesen! Ich habe schon als Mädchen sehr viel gelesen. Jetzt habe ich den Ehrgeiz, noch alle diese Bücher zu lesen, bevor ich sterbe . . .«

»Aber die Zeitungen . . .«

»Ich halte nichts von Zeitungen. Hab's noch nie getan. Sie sind langweilig. Illustrierte? Warum sollte man die lesen, wenn man Bücher hat?«

»Und Fernsehen?«

»Davon halte ich auch nichts. Und ein Radio habe ich auch nicht.« Madame Devaud stand kerzengerade da. »Ich lebe hier ganz allein, und das liebe ich. Mir gehören fünfundzwanzig

Hektar Wald, auf denen ich stundenlang spazierengehe. Auf die Welt, die ich im Krieg gesehen habe, kann ich für immer verzichten. Alle Vorräte, die ich brauche, werden von einem Mann aus dem Dorf geliefert. Ich bin also fast autark. Ich lebe gern so, Monsieur Bouvier...«

»Aber wenn der Leopard noch am Leben wäre, würden Sie ihn wiedererkennen?«

»Der Leopard ist tot...«

»Aber wenn er's nicht ist?« beharrte Lennox.

»Ich glaube, ich würde ihn wiedererkennen. Er hatte einen guten Knochenbau. Und Knochen ändern sich nicht...«

Lennox gelang es, sie auf den Beifahrersitz des Mercedes zu komplimentieren, aber das nur aus einem Grund. »Wenn Sie diesen Renault mit den beiden Männern wirklich von der Straße abgedrängt haben, dann müßte Ihr Wagen Spuren des Zusammenpralls tragen.« Sie zog sich einen schweren Pelzmantel an und ging mit ihm nach draußen, wo sie kurz den seitlich eingebeulten Mercedes inspizierte. Dann stieg sie schnell ein.

»Wir sollten uns lieber beeilen«, sagte sie kurz, »sonst werden wir ihnen noch auf dem Feldweg begegnen. Ich habe Ihnen geglaubt, bevor ich den Schaden sah – ich bin eine gute Menschenkennerin, aber Sie müssen zugeben, daß ich Grund hatte, mißtrauisch zu sein.«

»Ich werde Sie in der Nähe der nächstliegenden Polizeiwache absetzen«, sagte Lennox beim Hinunterfahren.

»Ich kenne eine Stelle, an der wir uns verstecken und trotzdem die Einfahrt zum Hof gut sehen können...«

Sie hatte ihr Gewehr mitnehmen wollen, aber er hatte es in einen Schrank gesteckt, bevor sie das Haus verließen. Jetzt näherten sie sich der Landstraße. Die Luger, die Peter Lanz ihm geliehen hatte, steckte in seiner Manteltasche. Er hatte jetzt die Scheinwerfer ausgeschaltet, weil er befürchtete, das Licht könnte verraten, wo sich die Einfahrt befand. Er selbst hätte die Einfahrt verfehlt, wenn er die Skizze nicht gehabt hätte. Kurz vor dem unteren Ende des Feldwegs wurde die Sicht plötzlich durch eine dichte Nebelwand versperrt. Plötzlich wurde der Nebel erleuchtet und glitzerte, als Scheinwerferlicht von der Landstraße aus ihn erfaßte. Der Renault war angekommen – nur Sekunden zu früh. Beinahe wären sie davongekommen.

Lennox trat auf die Bremse, bevor er das Unmögliche versuchte, nämlich rückwärts wieder hinaufzufahren. In dem Lichtschein des Renault blitzten feuchte Nebeltropfen auf. Das Licht wurde schwächer. Auf Lennox' Stirn glänzten Schweißperlen, als er den Fuß von der Bremse nahm; auf der Landstraße waren die Scheinwerfer eines Wagens um eine Kurve gekommen und hatten die Einfahrt kurz gestreift. Dann fuhr der Wagen auf der Landstraße weiter. Trotz des glitschigen Schlammes beschleunigte Lennox. »Halten Sie unten an«, befahl Annette Devaud. »Wenn diese Männer den Hof finden, nachdem wir weg sind, könnten sie ihn irgendwie beschädigen. Entfernen Sie also bitte das Hinweisschild...«

Um ihr den Gefallen zu tun, hielt Lennox kurz an, sprang aus dem Wagen und stieß kräftig gegen den Pfahl. Verrottetes Holz knirschte, und dann kippte das Schild um. Es war nichts mehr zu sehen. Lennox war ihrer Bitte nicht nur gefolgt, um der alten Dame einen Gefallen zu tun: Wenn das Kommando den Hof nicht finden sollte, fuhren die beiden Männer vielleicht ziellos herum, und in dieser Zeit hatte Annette Devaud die Möglichkeit, den nächsten Polizeiposten zu verständigen. Mit einem Satz saß Lennox wieder hinter dem Lenkrad und gab Gas. Er folgte ihren Anweisungen und bog an der Ausfahrt nach links in die Landstraße ein – sie fuhren jetzt also von Saverne weg. Nach einer kurzen Strecke bog er wieder links ab, in der Annahme, daß die Landstraße sich hier gabelte. Statt dessen fuhr er jetzt wieder auf einem verschlammten Feldweg, der sich immer höher schlängelte und schließlich um eine hohe Felswand herumführte.

»Wohin führt dieser Weg?« fragte er.

»Zurück auf mein Land – zu einem hohen Felsen, von dem aus wir die Einfahrt zum Hof beobachten können...«

Es war alles so schnell gegangen. Da Lennox die Gegend nicht kannte, hatte er es für klüger gehalten, ihre Anweisungen zu befolgen, und jetzt hatte sie ihn auf irgendeinen Gipfel geführt, der für seinen Geschmack noch längst nicht weit genug entfernt war. »Hier oben werden sie uns nie finden«, sagte Madame Devaud zuversichtlich. »Und wir werden sehen können, was passiert – ich mag mein Zuhause nicht unbeobachtet lassen...« Auf dem höchsten Punkt des sich windenden Feldwegs, der auf beiden Seiten von dichtem Fichtenwald begrenzt war, kamen sie auf eine Lichtung, auf der sich eine alte Scheune zwischen zerklüfteten Felsen befand. Das Gebäude war verfallen, die Balken verrottet; die beiden Scheunentore lagen auf einem Teppich toter Farne. Dichtes, wild wucherndes Unterholz umgab den Rand des Felsens. Lennox stellte den Motor ab und schaltete die Scheinwerfer aus. Die klamme, feuchte Kälte des Hochwalds umgab sie. Sie hatte ihn ans Ende einer Sackgasse geführt.

Es war drei Uhr nachmittags, als André, das Eichhörnchen, dem Alouette-Hubschrauber entstieg, der ihn nach Saverne gebracht hatte. Von dort fuhr ihn ein bereitstehender Wagen zur Polizeistation. Dort stiegen drei Polizeibeamte zu, worauf der Wagen in die Vogesen hinauffuhr. Während des Flugs von Paris hatte Boisseau sich eingestanden, daß es vielleicht besser gewesen wäre, Grelles Rat zu befolgen und Annette Devaud unter Polizeischutz zu stellen. Aus diesem Grund nahm er jetzt auch ein paar Beamte mit, die er auf dem Holzfällerhof zurücklassen wollte, um das Leben der einzig bekannten Überlebenden aus der früheren Umgebung des Leoparden zu schützen. Er war auf das Gespräch gespannt. In der Polizeistation hatte er vorgeschlagen, den Holzfällerhof telefonisch von seinem Kommen zu verständigen, aber man hatte ihm nur sagen können, daß Madame Devaud noch nie ein Telefon besessen habe. Während der Fahrt in die nebelverhangenen Berge wurde Boisseau immer unruhiger.

»Geben Sie Gas«, sagte er dem Fahrer, »ich möchte so schnell wie möglich da sein...«

»Gas geben? Bei diesem Nebel, Herr Generaldirektor?«

»Dann schalten Sie die verdammte Sirene ein. Beeilen Sie sich...«

Von der Spitze des zerklüfteten Felsens hinter der verfallenen Scheune hatte man tatsächlich, wie Madame Devaud gesagt hatte, eine hervorragende Sicht auf die darunter liegende Landstraße und die Einfahrt zum Hof. An dieser Stelle fiel die Felswand mehr als dreißig Meter tief ab. Rechts von der Stelle, an der Lennox stand, schlängelte sich ein schmaler Pfad hinunter zu einem winzigen Sommerhaus, das etwa zwanzig Meter über der Straße lag. Dort war der Abhang nicht so steil. Das Sommerhaus stand auf einem Felsvorsprung. Direkt unter Lennox fiel die Felswand schwindelerregend steil ab. Jenseits der verfallenen Scheune stand der Mercedes mit der Schnauze zu dem Feldweg, auf dem sie hergekommen waren; Lennox war beunruhigt, weil kein anderer Weg von dieser einsamen Stelle wegführte, und war drauf und dran, Madame Devaud zu sagen, daß sie jetzt abfahren müßten. Aber zuerst wollte er noch einen Blick auf die Landstraße werfen. Durch den Nebel sah er einen Wagen von Saverne her näher kommen. Die Umrisse des Wagens waren verschwommen, so daß er nicht sehen konnte, was für ein Fabrikat es war. Lennox sah auf seine Uhr. 15.15 Uhr.

Hinter ihm lehnte sich Annette Devaud in der Scheune gegen einen Fenstersims. Sie versuchte zu erkennen, was geschah. Der

Wagen dort unten kroch immer näher heran, fuhr sehr langsam, als hätte der Fahrer sich verfahren. Dann, im nächsten Moment, war Lennox sicher, daß es sich um einen Renault handelte. Der Wagen rollte langsam an der versteckten Einfahrt zum Holzfällerhof vorüber – jetzt, wo das Schild entfernt war, deutete nichts mehr auf Annette Devaud hin – und fuhr auf der Landstraße weiter, bis er sich genau unter Lennox befand, der aufs Wagendach hinuntersah. Der Wagen hielt einige Sekunden, bog dann von der Landstraße ab und verschwand außer Sicht. Der Renault fuhr jetzt den Feldweg hinauf, der zu dem Felsen führte. »Sie kommen hierher«, rief Lennox Madame Devaud zu. »Kommen Sie her, so schnell Sie können ...«

Sie eilte aus der Scheune, lief hintenherum zu Lennox, der sie den schmalen Pfad zum Sommerhaus hinunterschickte. Er wartete eine Sekunde und sah ihr zu, wie sie sich mit der Gewandtheit einer Bergziege davonmachte. Dann rannte er zur Vorderseite der Scheune und versteckte sich in einem dichten Gestrüpp in der Nähe der Steilwand und wartete. In der rechten Hand hielt er die Luger.

Vanek fuhr langsam den Feldweg hinauf. Neben ihm zog Lansky sich dünne und teure Glacéhandschuhe an. Wahrscheinlich würde er die alte Dame, von der der Barmann in der Auberge des Vosges ihm gesagt hatte, daß sie allein lebte, erdrosseln müssen. Einen Kilometer weiter unten auf der Landstraße hatten sie in einem Sägewerk nochmals nach dem Weg gefragt. »Einen Kilometer weiter«, hatte man ihnen gesagt. »Da führt ein alter Feldweg rauf ...« Sie waren an der versteckten Einfahrt vorbeigefahren, die zum Holzfällerhof führte, und waren an der nächsten Abzweigung eingebogen. Sie kamen um eine Kurve und befanden sich oben auf dem Felsen.

»Da stimmt was nicht – sehen Sie ...« Vanek nickte in Richtung des geparkten Mercedes. »Ich gebe Ihnen Deckung ...« Als Lansky die Tür öffnete, wurde zwischen ihnen nichts mehr gesagt. Lansky machte kein Geräusch und schlüpfte hinaus. Die beiden Männer waren darauf trainiert, im Team zu arbeiten; sie hatten beide die Lage erfaßt, und da waren weitere Worte überflüssig. Irgendwo hier auf diesem Felsen befand sich der Mann, mit dem Lansky in der Rue de l'Épine zusammengestoßen war, der Mann, der vor weniger als einer Stunde versucht hatte, sie von der Straße abzudrängen und zu töten. Vanek blieb im Wagen. Er hielt wie Lennox eine Luger in der Hand und wartete auf irgendeine kleine Bewegung, während Lansky sich mit dem Gelände vertraut machte und entdeckte, daß die offenstehende Scheune leer war. Lennox hockte zusammengekrümmt im Unterholz. Er konnte den Mann hinter dem Lenkrad nicht sehen, weil der Renault auf einer Bodenwelle stehengeblieben war. Die Karosserie verbarg den zweiten Mann. Lanskys plötzliches Manöver traf Lennox unvorbereitet.

Der Tscheche sprintete die kurze Strecke im Freien und verschwand in der Scheune. Dann, etwa eine oder zwei Minuten lang – so kam es Lennox jedenfalls vor –, geschah gar nichts. In der Scheune versuchte Lansky, irgendwie nach oben zu kommen, unters Dach, um von dort einen Überblick über den ganzen Felsen zu gewinnen. Sehr leise begann er, an der Innenwand der Scheune hochzuklettern. Dabei benutzte er die Querbalken als Fußstützen, bis er ein Loch erreichte, durch das er in den Mercedes hineinsehen konnte. Der Wagen war leer. Lansky suchte den Felsen sorgfältig ab, bis er die Silhouette eines Mannes entdeckte, der in einem Gestrüpp hockte. Danach kletterte Lansky behutsam hinunter.

Mit der Karosserie des geparkten Mercedes zwischen sich und Lennox kroch er vorwärts. Er hielt nur einmal inne, um Vanek ein Zeichen zu geben. Der Tscheche nickte. Lansky hatte die Zielscheibe geortet. Lansky erreichte die eine Seite des Mercedes und öffnete den Türgriff mit äußerster Behutsamkeit. Zentimeter um Zentimeter. Dann öffnete er die Tür. Er glitt hinter das Lenkrad und griff nach dem Zündschlüssel, den er von der Scheune aus im Zündschloß hatte stecken sehen. Um auf ihn zu schießen, mußte der Franzose aufstehen – und wenn er sein Versteck verließ, würde Vanek als erster schießen.

Lennox hockte rund zwölf Meter hinter dem Kofferraum des Mercedes und kämpfte gegen den fast unwiderstehlichen Impuls, den Kopf zu heben, um zu sehen, was zum Teufel da eigentlich vorging. Seitdem der zweite Mann in der Scheune verschwunden war, hatte er keinen Laut mehr gehört. Lansky, der genau im Kopf hatte, wo sich der Franzose befand, hielt inne, als er den Zündschlüssel berührte. Er mußte jetzt tatsächlich verdammt schnell handeln. Außerdem mußte er den Wagen auf den Punkt genau anhalten, sonst würde der Mercedes zusammen mit dem Franzosen den Steilhang hinuntersausen. Was auch immer geschehen würde: Der unbekannte Mann war schon jetzt so gut wie tot. Wenn er dort blieb, wo er sich jetzt befand, würde der Wagen ihn mit in die Tiefe reißen; wenn er sich erhob, würde Vanek ihn mit einem einzigen Schuß erledigen. Dann, plötzlich, hörten es alle vier Menschen dort oben auf dem Felsen – Madame Devaud, die unten im Sommerhaus mit laut pochendendem Herzen wartete, und die drei Männer dort oben. Aus der Ferne drang das klagende Geheul einer Sirene herauf. Lansky zögerte nicht. Er drehte den Zündschlüssel herum, riß den Rückwärtsgang herein und fuhr blitzschnell los.

Lennox erfaßte im Bruchteil einer Sekunde, was der Mann vorhatte. Jemand hatte sich in seinen Wagen gesetzt. Sie wollten ihn den Abhang hinunterstürzen lassen. Er überlegte blitzschnell, schätzte die Zeit haargenau ab, stand auf und bot seine Silhouette in dem Augenblick dar, in dem sie durch den heranrasenden Mercedes vor dem Fahrer des Renault verborgen war. Lennox sah den rückwärts gewandten Kopf und den herumgedrehten Oberkörper des Mannes im Mercedes wie im Sucherbild einer Kamera. Lennox feuerte zweimal, ließ den Lauf der Waffe sinken und tauchte dann zur Seite. Alle viere von sich gestreckt, blieb er liegen. Beide Kugeln trafen Lansky in den Rücken, aber keine von beiden hatte den sofortigen Tod zur Folge. Die unwillkürliche Reaktion ließ Lansky hart aufs Gaspedal treten. Der Mercedes fuhr über das Gestrüpp hinweg, raste weiter, verschwand im Nichts und stürzte dann in die Tiefe, bis er rund dreißig Meter weiter unten auf die Landstraße aufprallte. Der Streifenwagen, in dem Boisseau mit den Beamten saß und den ein Mann lenkte, der sich in dieser Gegend gut auskannte, bog gerade in die Einfahrt zum Holzfällerhof ein, als der Mercedes aufschlug. Der Streifenwagen bremste und fuhr weiter. In diesem Augenblick ging der Mercedes in Flammen auf.

Vanek hatte ebenfalls die Polizeisirene gehört und reagierte sofort, als er den Mercedes mit Lansky am Steuer verschwinden sah; er wendete den Renault, so daß die Motorhaube zum Feldweg zeigte. Er sah, wie Lennox sich in wenigen Metern Entfernung aufrappelte und wieder auf die Beine kam. Vanek trat auf die Bremse, ergriff die Luger, die auf seinem Schoß lag, zielte und drückte ab. Der Engländer zielte gerade, als Vaneks Kugel traf. Wieder ging Lennox zu Boden.

Vanek fuhr mit halsbrecherischer Geschwindigkeit den Feldweg hinunter, behielt den Wagen aber dennoch unter Kontrolle. Als er unten an der Ausfahrt ankam, blockierte der brennende Mercedes die rechte Seite, behinderte aber auch den Streifenwagen. Vanek riß das Lenkrad herum, bog nach links ein und fuhr auf der leeren Landstraße weiter, während er fieberhaft überlegte, was jetzt zu tun sei. Die Antwort fiel ihm mit einem einzigen Satz ein: In Luft auflösen. Es war der Tod seines Partners, den er soeben mitangesehen hatte, der ihm diesen Gedanken eingab. Vanek lenkte den Wagen einen steilen Straßenabschnitt hinauf, bis er an einen Punkt kam, an dem die Straße eine scharfe Biegung machte. Rechts war eine Leitplanke errichtet worden, und ein Verkehrszeichen wies auf die Gefahr hin: *Gefährliche Kurve*. Vanek hielt den Wagen hinter der Biegung an und ging zu Fuß zu der Stelle zurück, an der man erst vor kurzem eine Leitplanke gezogen hatte. Dahinter fiel der Abhang gut sechzig Meter ab; unten endete der Steilhang in einem Felsgeröll. Die dahinterliegende Ebene wurde von einem Kanal durchzogen. Vanek rannte zum Renault zurück, drehte den Zündschlüssel von außen herum, löste die Handbremse und knallte die Tür zu, als der Wagen langsam rückwärts zu rollen begann. Durch die geöffnete Seitenscheibe lenkte er den Wagen mit einer Hand.

Er hatte den Wagen auf einem einigermaßen ebenen Abschnitt angehalten, bevor die Straße wieder steiler wurde. Der Renault rollte jetzt also einige Sekunden lang bedächtig an, während Vanek sich draußen gleichauf hielt; dann wurde die Straße abschüssig, und der Wagen rollte schneller. Jetzt hatte Vanek die Hand vom Lenkrad genommen. Der Renault bewegte sich aus eigener Kraft immer schneller und prallte dann gegen die weißgestrichene Leitplanke – die nur errichtet worden war, um die seitliche Fahrbahnbegrenzung zu markieren –, durchbrach die schwache Konstruktion und war plötzlich nicht mehr zu sehen. Vanek hörte, wie der Renault mit dem Krachen berstenden Metalls auf den Geröllhaufen aufprallte. Anders als der Mercedes ging der Renault aber nicht in Flammen auf. Zufrieden über seinen Erfolg – er hatte sich eine Atempause verschafft –, verließ der Tscheche die Landstraße und ging in den Wald hinauf. Dann machte er sich zu Fuß auf den Weg zu dem zerklüfteten Felsen, auf dem Lansky gestorben war.

17

Vanek behielt auf seinem Weg durch den Wald immer die Straße im Auge, um nicht die Orientierung zu verlieren. Als er eine Hügelkuppe erreichte, von der aus der Felsen zu sehen war, konnte er gerade noch einen Blick auf Madame Devaud werfen, die von einigen Polizeibeamten zu einem Streifenwagen geleitet wurde. Es hatte eine Verzögerung gegeben, weil über Funk angeforderte Verstärkung erst einige Zeit später eingetroffen war. Bis dahin hatte man die alte Dame in der Scheune bewacht. Die Neuankömmlinge durchkämmten den Wald in der nächsten Umgebung des Felsens, aber ohne Ergebnis. Lennox, der noch bei Bewußtsein war und in einem Krankenwagen lag, hatte Boisseau eindringlich gewarnt: Diese Männer seien professionelle Killer, und man dürfe das Leben von Madame Devaud keiner Gefahr mehr aussetzen.

In dem Moment, als Vanek die Hügelkuppe erreichte, von der aus er den Felsen übersehen konnte, machte sich der Konvoi von Polizeifahrzeugen zur Abfahrt bereit. Der Tscheche stand hinter einer Fichtengruppe und beobachtete die Szene durch ein starkes Fernglas, das er immer bei sich trug. Annette Devaud wurde zu einem der Wagen geleitet. Das Fernglas brachte sie so nah heran, daß er ihren Kopf und ihre Schultern deutlich sehen konnte. Er hätte sie ohne weiteres töten können, wenn er ein Gewehr mit Zielfernrohr bei sich gehabt hätte. Plötzlich, als wäre den Polizeibeamten der gleiche Gedanke gekommen, war Annette Devaud von Beamten umringt. Sie verschwand hinter einer Mauer aus Uniformen. Aus dieser Entfernung konnte Vanek unmöglich versuchen, seine Luger einzusetzen.

Vanek hockte reglos da und beobachtete, wie die Streifenwagen mit dem Krankenwagen an der Spitze den Feldweg hinunterfuhren und dann auf der Landstraße auftauchten, auf der der Nebel sich inzwischen gelichtet hatte. In dem späten Nachmittagslicht waren die Fahrzeuge jedoch nur schemenhaft zu erkennen. Es war aber die Richtung, welche die Fahrzeuge einschlugen, die für Vanek von Interesse war. Der Konvoi fuhr nach Saverne.

»Der zweite Killer ist von der Straße abgekommen und einen Abhang hinuntergerast«, berichtete Boisseau Marc Grelle am Telefon der Saverner Polizeistation. »Er ist neben einem Kanal aufgeschlagen. In diesem Augenblick müßten die Beamten schon am Unfallort sein. Und dieser Engländer, Lennox, ist hier. Er hat den ersten Killer erschossen, hat aber selbst auch eine Kugel abbekommen...«

»Ist er tot?« fragte der Präfekt.

»Nein, er wird durchkommen, muß aber einige Tage im Krankenhaus bleiben. Er hat eine Nachricht für Sie. Er ist ein sehr vorsichtiger Mann – ich mußte ihm erst meinen Dienstausweis zeigen, bevor er mir die Nachricht anvertraute. Er sagt, er glaube, Madame Devaud könne den Leoparden identifizieren...«

»Madame Devaud ist bei Ihnen?«

»Ich kann sie von hier aus sehen...«

Boisseau verstummte, als der Inspektor aus Saverne, der auf einer anderen Leitung gerade ein Gespräch entgegennahm, ihm ein Zeichen gab. Boisseau hörte einen Augenblick zu, dann setzte er das Gespräch mit Paris fort. »Ich glaube, ich habe eine schlechte Nachricht. Der Renault – der Wagen der Mörder –, der den Abhang hinuntergestürzt ist, ist jetzt untersucht worden. Von dem zweiten Mann ist keine Spur zu finden. Er wird ihn absichtlich über den Rand gekippt haben, um uns auf eine falsche Fährte zu locken. Einer der Mörder läuft also noch frei herum...«

Der Lastkahn tuckerte gemächlich aus dem Nebel auf Vanek zu, der am Ufer des einsamen Kanals stand. Sein Atem ging noch schnell. Er hatte sich beim Hinuntersteigen von der Hügelkuppe beeilt, bevor er die Landstraße überquerte und den sanften Abhang hinunterrannte, der zum Kanal führte. Er war den menschenleeren Treidelpfad entlanggegangen, als er plötzlich hinter sich das tuckernde Motorengeräusch hörte.

Er gestikulierte, um den Mann im gelben Ölzeug und Schirmmütze, der am Heck des Kahns am Ruder stand, auf sich aufmerksam zu machen. Vanek rief mehrmals »Polizei«, dann wartete er, bis der Kahn nah genug am Ufer war, so daß er an Bord springen konnte. Er zeigte dem Binnenschiffer mit der gegerbten Haut seinen gefälschten Sûreté-Ausweis. »Sind Sie allein an Bord?« Der Mann bejahte und erklärte, er sei schon ein Stück weiter oben von Polizisten angehalten worden, die einen abgestürzten Wagen untersucht hätten. »Wie weit ist es bis zur nächsten Schleuse?« fragte Vanek. Sechs Kilometer. »Ich fahre mit Ihnen«, sagte Vanek zu dem Mann. »Ich suche den Mörder, der diesen Wagen aufgegeben hat...«

Mehrere Minuten lang stand Vanek hinter dem Schiffer und tat, als betrachtete er die Felder, an denen sie vorüberglitten. In Wahrheit beobachtete er, wie der Schiffer die Instrumente bediente. Beiläufig, als wollte er nur die Zeit totschlagen, fragte er nach einigen technischen Details, während der Kahn durch leichte Nebelschwaden weitertuckerte. Während der Nebel in den Bergen sich lichtete, senkten sich jetzt graue Schwaden auf die enge Schlucht, durch die der Kanal in die Ebene vor Straßburg hinausführt. »Ihre Mütze sieht aus wie eine Chauffeurmütze«, bemerkte Vanek. »Na ja, statt eines Wagens fahren Sie eben einen Kahn...« Vanek sprach noch, als er die Luger aus der Tasche zog und dem Mann in den Rücken schoß.

Bevor er den Schiffer über Bord warf, nahm Vanek ihm das Ölzeug und die Schirmmütze ab. Vanek zog das Ölzeug an und setzte die Mütze auf. Er benutzte eine an Deck liegende schwere Kette, um die Leiche des Schiffers zu beschweren; er legte sie dem Toten um die Schultern und zwischen die Beine. Der Lastkahn, den er gestoppt hatte, trieb jetzt sacht weiter, während Vanek die Leiche über Bord kippte. Er sah nur einen Augenblick zu, wie der

Tote in dem grauen, schmutzigen Wasser versank. Dann ließ Vanek die Maschine an und stellte sich ans Ruder. Wenige Minuten später tauchte im Nebel eine Brücke auf. Ein Streifenwagen hielt mitten auf der Brücke, und ein Polizist beugte sich übers Geländer. Der Beamte wartete, bis der Kahn nahe genug herangekommen war.

»Haben Sie unterwegs einen Mann gesehen?« rief er hinunter.

»Nur ein paar von Ihren Kollegen, die einen abgestürzten Wagen untersuchten«, rief Vanek zurück.

Der Polizist wartete und starrte auf Vanek hinunter, der jetzt starr geradeaus blickte und den Kahn unter den Brückenbogen hindurchsteuerte und kanalabwärts weiterfuhr. Wenige Minuten später war die Brücke hinter ihm im Nebel verschwunden. Dann tauchten Umrisse einer weiteren Brücke vor ihm auf. Vanek nahm an, daß er jetzt aus der unmittelbaren Gefahrenzone heraus sein mußte. Hier würden sie nicht mehr nach ihm suchen. Er mußte den Kahn aber auf jeden Fall verlassen, bevor er die Schleuse erreichte. Nachdem er die Brücke passiert hatte, stoppte er den Kahn, versteckte das Ölzeug unter aufgerolltem Tauwerk, sprang über Bord und ging einen verschlammten Fußpfad hinauf, der ihn auf eine Straße führte. Die Schirmmütze hatte er in den Mantel gesteckt.

Vanek ging ein kurzes Stück zu Fuß, bis er ein passendes Versteck gefunden hatte, eine Baumgruppe. Dort stellte er sich hin und wartete. Im Lauf von fünfzehn Minuten ließ er zwei Lastwagen passieren. Dann sah er eine BMW-Limousine näher kommen, die von der Landstraße nach Saverne abgebogen sein mußte. Es saß nur ein Mann im Wagen. Das Fahrzeug stank nach Geld. Vanek trat auf die Fahrbahn hinaus und winkte dem Fahrer zu, er solle anhalten. »Polizei, Polizei«, rief er.

Wieder zeigte er seinen gefälschten Sûreté-Ausweis. Der mißtrauische Fahrer protestierte. Er sei schon einmal angehalten und kontrolliert worden. »Ich glaube Ihnen nicht«, sagte Vanek und steckte seinen Ausweis ein. »Wie weit weg war das?« Etwa einen Kilometer weiter, erwiderte der Fahrer des BMW, ein Mann Ende der Fünfzig mit einem teuren Maßanzug. Er machte einen arroganten Eindruck, was Vanek amüsierte. Er zog seine Luger und befahl dem Fahrer, sich auf den Beifahrersitz zu setzen, während er sich selbst hinter das Lenkrad klemmte. Er setzte die Schirmmütze auf, die er dem toten Schiffer abgenommen hatte. »Ich bin Ihr Chauffeur«, verkündete er. »Wenn wir von einer Polizeistreife angehalten werden sollten, werden Sie das bestätigen. Wenn Sie den kleinsten Fehler machen, werde ich Ihnen drei Schüsse in den Bauch verpassen, und Sie werden sehr langsam sterben.«

Die Drohung erschreckte den Mann nicht so sehr wie die

beiläufige Art, in der Vanek sie ausgesprochen hatte. Der Tscheche fuhr in der gleichen Richtung weiter, die der BMW-Fahrer eingeschlagen hatte – weg von der Landstraße nach Saverne. Fünf Minuten später hielt Vanek in einem Waldstück an. Er war überzeugt, jetzt aus dem Gebiet heraus zu sein, in dem die Polizei nach ihm suchte. Er konsultierte die Straßenkarte, die er am Straßburger Flughafen gekauft hatte und die ihn und Lansky nach Saverne geführt hatte. Vanek sah jetzt, daß er Saverne auch auf einem anderen Weg erreichen konnte, wenn er sich nördlich des Kanals und der Landstraße hielt, bis er kurz vor Saverne auf eine andere Straße einbog. »Sie sollten mir lieber die Wagenpapiere geben«, sagte er zu dem Eigentümer des BMW. »Die aufzubewahren, ist Sache des Chauffeurs.« Der Mann, der Vanek gesagt hatte, er fahre nach Metz zurück, hatte verschwiegen, daß er Bankier war. Er gab Vanek die verlangten Papiere.

»Ich werde Sie hier schön verschnürt zurücklassen.« Vanek klopfte sich auf die Tasche, in der er das Seil mitführte. »In einer Stunde werde ich die Polizei von Saverne anrufen und sagen, wo man Sie finden kann. Ich bin nur ein kleiner Dieb und habe nicht die Absicht, Sie hier erfrieren zu lassen.« Er stieg mit seinem Gefangenen aus dem Wagen aus, erschoß ihn am Straßenrand und versteckte die Leiche hinter einem Gebüsch. Dann setzte er sich wieder in den BMW und fuhr auf dem Umweg über die Nebenstraßen nach Saverne.

Boisseau hatte all seinen Charme und beträchtliche Überredungskünste aufgeboten, aber das machte auf Annette Devaud keinerlei Eindruck. Sie blieb bei ihrer Entscheidung. Ja, sie würde nach Paris mitfahren und den Polizeipräfekten treffen, wenn das wirklich so wichtig sei – und hier meinte Boisseau, einen Anflug von Aufregung angesichts dieser Aussicht heraushören zu können. Vielleicht hatte die Tatsache, daß sie so knapp dem Tod entronnen war, in ihr den Wunsch geweckt, noch einmal die Hauptstadt zu sehen. Aber fliegen? Nein, sie werde sich nicht in ein Flugzeug setzen, und wenn er ihr eine Million Franc böte. Nein, eine Fahrt mit dem Auto komme auch nicht in Frage; Autofahren mache sie krank. Sie werde nur mit der Bahn nach Paris fahren.

Von der Polizeistation in Saverne aus, wohin man sie eilig gefahren hatte – »Und diese Autofahrt reicht mir«, hatte sie entschlossen verkündet – rief Boisseau mehrmals Marc Grelle an. Er berichtete über die jeweils jüngste Entwicklung der Dinge – oder über das Fehlen neuer Erkenntnisse. Es war Grelle, der entschied, man solle die alte Dame per Bahn nach Paris bringen. »Sie müssen aber alle nur erdenklichen Vorsichtsmaßnahmen ergreifen«, schärfte er Boisseau ein. »Vergessen Sie nicht, daß drei Zeugen schon umgebracht worden sind, und um ein Haar hätten die Burschen auch Annette Devaud erwischt. Es müssen sehr sorgfältige Arrangements getroffen werden – denn mindestens einer der Mörder ist noch auf freiem Fuß.« Nach dem Gespräch mit Boisseau rief der Präfekt persönlich in Straßburg an, um seinen Wünschen mit dem ganzen Gewicht seines Einflusses Nachdruck zu geben. Wenn jeder wie geplant kooperierte, würde Annette Devaud um neun Uhr abends wohlbehalten in Paris sein – wenig mehr als zwölf Stunden vor Guy Florians Abflug in die Sowjetunion.

Auf der Karte, die Vanek bei sich hatte, war die Polizeistation von Saverne eingezeichnet. Nachdem er die Stadt erreicht hatte, hatte er also keine Mühe hinzufinden. Er trug noch immer die Schirmmütze und fuhr langsam die Straße hinunter, als hielte er nach einem geeigneten Parkplatz Ausschau. Vor der Wache parkten vier Streifenwagen, Stoßstange an Stoßstange, und uniformierte Polizisten gingen auf und ab und bewachten das Gebäude. Einer von ihnen warf einen Blick auf den BMW und wandte sich dann ab; Vanek hatte einmal zu Brunner bemerkt, daß die Polizei im kapitalistischen Westen wohlhabende Leute unbehelligt lasse – und was konnte wohlhabender wirken als eine schwere Limousine mit Chauffeur?

Vanek hatte noch einen Grund, sich sicher zu fühlen: Während seines Gesprächs mit dem Bankier, den er später getötet hatte, hatte er herausbekommen, daß dieser nach Metz unterwegs gewesen war. Das bedeutete, daß noch mindestens zwei Stunden vergehen würden, bevor irgend jemand den Bankmann vermißte. Vanek fuhr weiter. Er war jetzt überzeugt, daß man Annette Devaud in der Polizeistation unter Verschluß hielt – die Polizisten würden sie also bald wegbringen müssen – vielleicht sogar zurück zu ihrem Haus auf dem Holzfällerhof. Vanek bog in eine Seitenstraße ein, wendete den Wagen, um jederzeit losfahren zu können, und steckte eine Münze in die Parkuhr. Dann betrat er eine nahegelegene Bar, von der aus er die Polizeistation im Auge behalten konnte.

Die Vorsichtsmaßnahmen zum Schutz von Annette Devauds Leben wurden von Boisseau organisiert, der von der Polizeistation aus die notwendigen Telefonate führte. Er wußte die volle Autorität von Marc Grelle hinter sich – »Hier geht es um die Sicherheit des Präsidenten der Französischen Republik« – und erließ eine Flut präziser Anweisungen. Bevor der Trans-Europ-Expreß *Stanislas* um 17.14 Uhr den Bahnhof von Straßburg verließ, wurde ein Sonderwagen direkt an die Lok gekoppelt. An die Fenster wurden Schilder geklebt, die darauf hinwiesen, daß sämtliche Abteile in diesem Waggon reserviert seien. Eine Minute vor Abfahrt des Zuges wurde der Bahnsteig abgeriegelt, und Gendarmen, die sich bis dahin in der Gepäckaufbewahrung verborgen gehalten hatten, bestiegen den ›reservierten‹ Waggon mit automatischen Waffen.

Der Expreß befand sich noch fünf Minuten von Saverne entfernt – einem Bahnhof, den der Zug normalerweise mit hoher Geschwindigkeit passierte –, als die Gendarmen den Waggon verließen und sich auf den gesamten Zug verteilten. Sie schlossen sämtliche Fenstervorhänge. »Eine Sicherheitsmaßnahme«, sagte der verantwortliche Inspektor zu einem Fahrgast im Speisewagen, der die Stirn gehabt hatte zu fragen, was dieser Unfug bedeuten solle. »Wir haben einen Hinweis erhalten, daß Terroristen einen Anschlag planen ...«

Der TEE *Stanislas* bremste ab, als er sich dem Bahnhof von Saverne näherte, der zuvor von starken Polizeieinheiten, die man aus Straßburg herbeigerufen hatte, abgeriegelt worden war. Als der Expreß einlief, herrschte eine unheimliche Atmosphäre im Bahnhof. Um jeden abzuschrecken, der versuchen sollte, die elektrisch betätigten Vorhänge zu öffnen, hatte man auf dem Bahnhof starke Scheinwerfer auf Elektrokarren installiert, die den gesamten Zug in gleißendes Licht tauchten, als dieser am Bahnsteig hielt. Jeder, der hinaussehen wollte, würde geblendet werden. Im Warteraum saß Boisseau mit Annette Devaud an einem Tisch. Sie hatte sich in ihren altmodischen Pelzmantel gehüllt. Trotz aller Aufregung um ihre Person blieb sie ruhig und beherrscht. »Stimmt es, daß ich einen ganzen Waggon für mich allein bekomme?« fragte sie. Boisseau versicherte ihr, dies sei der Fall. Er bat sie, eine dunkle Brille aufzusetzen – teils zur Tarnung, teils zum Schutz vor dem grellen Lichtschein. Dann geleitete er sie persönlich auf den Bahnsteig und brachte sie zu ihrem Waggon. Als sie den schmalen Gang zu ihrem Abteil entlangging, rollte der Zug wieder an.

Ganz in der Nähe des Bahnhofs – außer Sichtweite der Beamten, die vor ihren geparkten Streifenwagen patrouillierten – stand ein BMW, dessen Fahrer Ärger mit dem Motor zu haben schien. Der Mann hatte die Motorhaube geöffnet und prüfte die elektrischen Leitungen. Der Expreß hatte sich gerade in Bewegung gesetzt, als der Mann den Fehler gefunden zu haben schien. Er schloß die Motorhaube und setzte sich ans Steuer. Er fuhr sofort los, und nachdem er Saverne hinter sich gelassen hatte, lenkte er den Wagen mit hoher Geschwindigkeit durch die Dunkelheit. Sein Ziel war der Straßburger Flughafen, von dem aus die Fluggesellschaft Air Inter mehrmals täglich Paris anfliegt.

18

In Paris glaubte Marc Grelle herausgefunden zu haben, wie die Liste mit Lasalles drei Zeugen nach Moskau gelangt war. Im Verlauf der jüngsten Ereignisse, als immer mehr Informationen einliefen, daß ein sowjetisches Killerkommando gerade die Leute beseitigte, deren Namen auf Lasalles Liste gestanden hatten, wurde dem Präfekten klar, daß dies kein Zufall sein konnte. In Paris hatte außer ihm noch jemand die Liste gesehen und dann veranlaßt, daß sie nach Moskau übermittelt wurde. Danach war das sowjetische Kommando in den Westen geschickt worden. Grelle begann mit seinen diskreten Nachforschungen im Innenministerium; er verfolgte den Weg, den seine Notiz mit der beigefügten Liste zurückgelegt hatte. Am Dienstagmorgen, dem 14. Dezember, hatte Grelle die Notiz Roger Danchin durch Boten zustellen lassen. François Merlin, der Referent des Ministers, zeigte sich hilfsbereit. Er mochte den Präfekten. »Wir haben lange nichts mehr von Hugon gehört, unserem Mann bei Oberst Lasalle«, erklärte Grelle. »Ich bin jetzt dabei, die Zuverlässigkeit unserer Sicherheitsvorkehrungen zu prüfen...« Es überraschte Merlin nicht, daß der Präfekt sich dieser Aufgabe persönlich annahm: Ganz Paris wußte von seiner wunderlichen Angewohnheit, sich persönlich um kleinste Details zu kümmern.

Kopien von Hugons Meldungen waren nur einem sehr kleinen Personenkreis zugänglich: Grelle selbst, Boisseau, dem Innenminister und dessen Referenten, Merlin. Auf Grelles Drängen, er möge sich noch einmal die Akten ansehen, erzählte Merlin Grelle, daß die vertrauliche Aktennotiz mit den Namen und Anschriften der drei Zeugen kurz vor zwölf Uhr mittags im Place Beauvau eingetroffen sei. »Ich war im Büro, als er sie las«, bemerkte Merlin. »Wenige Minuten später erschien Botschafter Vorin zu einem kurzen Privatgespräch mit dem Minister; Vorin wollte anschließend in den Elysee-Palast. Zu der Zeit hatte mein Chef die Notiz schon erledigt...«

»Erledigt?«

»Er ließ eine Kopie der Notiz sofort dem Präsidialbüro zuleiten. Ich habe sie selbst sofort nach unten gebracht und einem Boten übergeben, der gerade zum Elysee hinüber wollte. Auf dem Weg nach unten begegnete ich Botschafter Vorin, der gerade angekommen war und darauf wartete, bei Danchin vorgelassen zu werden. Der Elysee-Palast bekommt natürlich alles zu sehen, was Oberst Lasalle betrifft«, erklärte Merlin.

Der Präfekt grunzte und trank den Rest seines Kaffees, den Merlin ihm hatte bringen lassen. »Glauben Sie, ich könnte mich mal mit jemandem aus der Abhörabteilung unterhalten?« fragte er.

In dem Gewirr von Rundfunkmasten, die sich über dem Dach des Innenministeriums am Place Beauvau erheben, befindet sich auch die Antenne, mit der Funksprüche ausländischer Botschafter aufgefangen werden. Am 14. Dezember um 16 Uhr hatte der diensttuende Techniker im Abhörraum einen langen Funkspruch aus der sowjetischen Botschaft in der Rue de Grenelle 79 registriert. Die Bandaufzeichnung des Funkspruchs wurde der russischen Dechiffrierabteilung zugeleitet, die den Spruch routinemäßig zu knacken versuchte – routinemäßig, denn niemand erwartete ernsthaft, daß es gelingen würde, den Spruch zu dechiffrieren.

Die Sowjets benutzten immer einen Einmal-Code, der nicht zu knacken ist. Man kann einen Code knacken, wenn man ein bestimmtes Schema erkennt; besitzt man einmal ein kleines Bruchstück, kann man den Schlüssel zum Ganzen finden. Wenn aber jeder Bestandteil eines Codes an ein bestimmtes Buch gekoppelt ist – oft an einen Roman (in der Vergangenheit haben die Sowjets Charles Dickens' Romane bevorzugt) –, besteht nicht die geringste Aussicht, den Code zu knacken, es sei denn, man weiß, welches der Zehntausende von Büchern, die in den letzten hundert Jahren veröffentlicht worden sind, benutzt worden ist. Und da ein bestimmtes Buch nie zweimal benutzt wird, hat man es mit einem Einmal-Code zu tun.

Der Kryptograph Pierre Jadot hatte sich des Funkspruchs angenommen. Er erinnerte sich sofort, als Grelle ihn nach Funksprüchen der sowjetischen Botschaft am 14. Dezember fragte. »Ich schrieb wie üblich eine Routinemeldung an den Minister«, sagte er, »und ich weiß noch, daß ich bemerkte, ein Teil des Funkspruchs könne eine Liste mit Namen und Adressen gewesen sein...«

»Sind Sie da sicher?« fragte Grelle beiläufig.

»Keineswegs – das war nur eine vorsichtige Vermutung. Es gibt keine Möglichkeit, den sowjetischen Code zu knacken.«

»Können Sie mir in etwa sagen, wie lange der sowjetische Kryptograph brauchen würde, um diesen Funkspruch sendefertig zu machen? Selbst eine Schätzung würde mir weiterhelfen.«

Jadot nahm eine Akte aus dem Regal, entnahm ihr seine Kopie

des Funkspruchs und vertiefte sich einige Minuten darin. »Ich würde schätzen – aber mehr als eine Schätzung ist das nicht –, daß er zwischen einer und zwei Stunden brauchen würde. Wahrscheinlich eher zwei Stunden...«

Der Präfekt bedankte sich bei Jadot, verließ das Ministerium und ging kurz in den Elysee-Palast, bevor er zur Präfektur zurückfuhr. Er bat um Einsicht in die Besucherliste, und wie beim letztenmal verbarg er auch diesmal seine Absichten, indem er sich mehrere Seiten ansah. Danach fuhr er sofort in sein Büro zurück und rief Boisseau herein. Er brauchte nur wenige Minuten, um seinem Stellvertreter die Zusammenhänge zu erklären.

»Worauf es ankommt, ist folgendes: Leonid Vorin, der sowjetische Botschafter, kehrte um dreizehn Uhr fünfundvierzig aus dem Elysee in seine Botschaft zurück. Wenn wir den Verkehr berücksichtigen, muß er etwa eine halbe Stunde später in der Rue de Grenelle gewesen sein – um vierzehn Uhr fünfzehn. Damit hatte der sowjetische Kryptograph knapp zwei Stunden Zeit, den Spruch zu chiffrieren. Um sechzehn Uhr begann der Funkspruch – das entspricht der Zeit, die Jadot genannt hat. Dieser Funkspruch kann durchaus die Namen und Adressen auf der Liste Oberst Lasalles enthalten haben...«

»Was uns wieder auf die Männer bringt, die von der Liste wußten und die Botschafter Vorin getroffen haben«, erwiderte Boisseau ernst. »Auf Danchin und...«

»Den Präsidenten«, fügte Grelle hinzu. »Ich habe das Gefühl, daß jetzt allmählich Licht in diese Angelegenheit kommt.«

»Oder schwärzeste Nacht«, bemerkte Boisseau düster.

Es war sechs Uhr abends, als Alain Blanc grimmig und mutlos zugleich zu Marc Grelle in dessen Büro in der Präfektur kam. Der TEE *Stanislas* mit Annette Devaud in einem Abteil des Sonderwagens raste jetzt durch die Nacht nach Paris. Am Flughafen Charles de Gaulle waren Mechaniker mit der Wartung der Concorde beschäftigt, die Präsident Florian in wenigen Stunden nach Moskau fliegen sollte. Als Blanc Grelles Büro betrat und die Tür schloß, schien er äußerst erregt zu sein. Er ließ sich auf einen Stuhl fallen.

»Von dem sowjetischen Konvoi im Mittelmeer haben Sie natürlich gehört?« fragte der Verteidigungsminister. »Er befindet sich jetzt in der Straße von Messina. Bestimmungshafen kann sowohl Barcelona wie auch Lissabon sein.«

»Was bedrückt Sie, Herr Minister?« fragte Grelle leise.

»Alles!« Blanc riß die Arme hoch. »Der sowjetische Konvoi. Die anhaltenden Gerüchte über einen bevorstehenden Staatsstreich in

Paris. Wer um Himmels willen soll denn dahinterstehen? Und vor einer halben Stunde höre ich zum erstenmal davon, daß der Präsident am Montag insgeheim nach Deutschland geflogen ist – zum französischen Armeehauptquartier in Baden-Baden!«

Grelle starrte den Minister erstaunt an. »Sie haben nicht gewußt, daß er nach Baden-Baden geflogen ist? Er hat Sie nicht informiert? Den Verteidigungsminister? Ich dachte, Sie wüßten Bescheid – ich habe den Flug selbst mit der GLAM organisiert...« Die GLAM – Groupe Liaison Aérien Ministériel – ist der Name der kleinen Luftflotte, deren Maschinen für den Dienstgebrauch der Minister und des Staatspräsidenten reserviert sind. »Was geht eigentlich vor?« fragte der Präfekt.

»Das würde ich auch gern wissen«, sagte Blanc grimmig. »Ich habe soeben übrigens auch erfahren, daß unsere beiden Panzerdivisionen in Deutschland, die zweite und die fünfte, gegenwärtig durch die Ardennen nach Frankreich zurückrollen. Das bedeutet, daß morgen keine französischen Truppen mehr auf deutschem Boden stehen werden. Als ich im Elysee anrief und um ein dringendes Gespräch mit dem Präsidenten bat, wurde mir mitgeteilt, er spreche gerade mit der sowjetischen Botschaft und könne mich nicht empfangen...«

»Und morgen fliegt er nach Moskau.«

»Genau«, explodierte Blanc. »In den letzten Tagen hat er sich verhalten, als gäbe es mich nicht mehr – ein totaler Umschwung im Verhalten, auf den ich mir keinen Vers machen kann. Ich habe fast das Gefühl, daß er mich zum Rücktritt provozieren will. Er könnte damit Erfolg haben – vielleicht werde ich mich zum Rücktritt gezwungen sehen...«

»Tun Sie das bitte nicht«, sagte Grelle rasch. »Es kann sein, daß wir Sie noch brauchen werden. Sie haben diese Angelegenheit mit anderen Ministern besprochen?«

»Die können sich doch zu nichts aufraffen!« erwiderte Blanc zornig. »Sie glauben, er sei Gott, und sie seien seine Apostel! Ich bin der einzige, der angefangen hat, Fragen zu stellen, der wissen will, was zum Teufel eigentlich gespielt wird. Ich sage Ihnen, ich werde zurücktreten müssen, wenn das so weitergeht...«

»Tun Sie das nicht. Es kann sein, daß wir Sie noch mehr als dringend brauchen werden«, wiederholte Grelle.

Wenige Minuten nachdem Blanc ihn verlassen hatte, wurde Grelle ein weiterer Besucher gemeldet. Er bat seine Sekretärin, den Namen zu wiederholen. Er glaubte, sich verhört zu haben. Aber nein, es war Kommissar Suchet, sein alter Intimfeind von der Gegenspionage. Suchet entschuldigte sich für sein unangemeldetes Kommen, quetschte seine Leibesfülle auf einen Stuhl und kam sofort zur Sache. »Diese Gerüchte über einen bevorstehenden Staatsstreich kommen aus den Vororten des ›Roten Gürtels‹ – vor allem aus Billancourt. Dort sind bestimmte Agitatoren heute sehr beschäftigt gewesen. Sie sagen, bald könne das Volk gezwungen sein, die Republik zu verteidigen. Wenn diese Typen so etwas behaupten, ist das natürlich ein großer Witz, aber ich kann nicht darüber lachen – ich mache mir größte Sorgen. Vor einer Stunde haben einige meiner Leute bei Renault ein Waffenlager entdeckt. Ich dachte, Sie sollten das wissen. Irgend jemand muß jetzt handeln...«

Grelle handelte sofort. Zuerst rief er Roger Danchin an, um dessen Zustimmung einzuholen, dann erließ er eine Flut von Anweisungen. Vor allen öffentlichen Gebäuden wurden die Wachen verdreifacht. Zu besonders wichtigen Punkten wie etwa den Fernmeldezentralen und den Fernsehsendern wurden Spezialeinheiten entsandt. Die Eliteeinheiten der CRS wurden aus den vor Paris liegenden Kasernen in die Stadt beordert, um die Seine-Brücken zu bewachen. Fast lautlos wurde Paris in den Ausnahmezustand versetzt. Dann, um 19.30 Uhr, ging Grelle zu einem, wie es schien, Routinebesuch in den Elysee-Palast, um die Sicherheitsvorkehrungen für die für den folgenden Tag angesetzte Fahrt zum Flughafen nochmals zu prüfen.

Bei der Ankunft im Palast überraschte es Grelle nicht, daß der sowjetische Botschafter nicht nur nicht anwesend war, sondern daß er sich den ganzen Tag nicht in der Nähe des Palasts hatte blicken lassen. Irgend jemand war angewiesen worden, den Verteidigungsminister und ehemaligen Fallschirmspringer Blanc auf keinen Fall vor dem Abflug des Präsidenten am folgenden Tag vorzulassen. Ein uniformierter Palastdiener öffnete Grelle die hohe Glastür und ließ ihn ein. Grelle ging zur Rückseite des Gebäudes und öffnete und schloß Türen, als suchte er etwas. Er hielt nach Kassim Ausschau, Florians Hund.

Er fand ihn draußen in dem ummauerten Garten, in dem das Tier soviel Zeit zubrachte – und in dem der Präsident mit Leonid Vorin spazierenging, wenn der Sowjetrusse den Elysee-Palast besuchte. Als Grelle auftauchte, bellte der Schäferhund und stellte sich auf die Hinterbeine. Er legte die Vorderpfoten auf die Schultern des Präfekten und hechelte ihn freudig an. Grelle langte nach oben und kraulte das Tier eine Weile neben dem Würgehalsband, das den mächtigen Hals des Tiers umgab. Dann versetzte Grelle dem Hund einen kräftigen Klaps, um ihn loszuwerden, und ging wieder in den Palast.

Von dort ging er rasch zu der nahegelegenen Rue des Saussaies hinüber und in den vierten Stock des Sûreté-Hauptquartiers hinauf. Der Elektronik-Experte, den er vorhin von der Präfektur hinübergeschickt hatte, wartete bereits auf ihn. Grelle gab ihm bestimmte Anweisungen, bevor er zum Elysee-Palast zurückkehrte, seinen Wagen abholte und zu seinem Büro zurückfuhr. Es war leichter gegangen, als er erwartet hatte. Dies war eine Entscheidung, über die er Boisseau nicht informiert hatte. Eine aufs Spiel gesetzte Karriere reichte vollauf.

Der Präfekt hatte auf der Innenseite von Kassims Würgehalsband soeben einen Minisender angebracht. Jedes Wort, das in der Nähe des Hundes gesprochen werden würde, würde von einem Empfänger in dem verschlossenen Raum in der Rue des Saussaies aufgenommen und auf Band aufgezeichnet werden. Der Abhörraum war nur wenige Dutzend Meter vom Elysee-Palast entfernt.

19

Bislang hatte Vanek es vermieden, zu fliegen. Auf Flughäfen ist es leicht, Einzelreisende unter die Lupe zu nehmen, sie zu durchsuchen, aber da er Paris unbedingt vor Annette Devaud erreichen mußte, blieb ihm keine Wahl. Als er sich bei der Air Inter sein Ticket kaufte und anschließend zur Abflughalle ging, hatte der Tscheche nichts bei sich, was Verdacht hätte erregen können. Die Luger hatte er auf der Fahrt zum Flughafen in einen Kanal geworfen. Der BMW stand auf dem Flughafenparkplatz. Die Schirmmütze des Binnenschiffers hatte er ebenso in den Kanal geworfen wie die Luger.

Am Schalter hatte er gleich ein Rückflugticket gekauft: Er hatte nicht die Absicht, nach Straßburg zurückzufliegen, aber für das Flughafenpersonal hat ein Rückflugticket etwas Normales und Beruhigendes. Die Sicherheitskontrollen passierte Vanek ohne Zwischenfall, was zum Teil darauf zurückzuführen war, daß er jetzt nicht mehr allein war. In der Flughafenhalle, während er auf das Aufrufen des Air-Inter-Flugs wartete, hatte er ein attraktives Mädchen von etwa zweiundzwanzig Jahren bemerkt, das offensichtlich allein reiste; als sie sich die Handschuhe ausgezogen hatte, um sich eine Zigarette anzuzünden, war ihm auch aufgefallen, daß sie weder einen Ehe- noch einen Verlobungsring trug.

Er gab ihr Feuer und setzte sich mit einem besorgten Gesichtsausdruck neben sie. »Ich hoffe, daß die Maschine nicht zu spät startet. Meine Schwester hat heute Geburtstag, und sie erwartet, daß ich mit einem Geschenk ankomme...« Er plauderte weiter. Er hatte sich instinktiv für die richtige Masche entschieden. Die meisten Frauen ließen sich von Vanek gern in ein Gespräch verwickeln, wenn er sich nicht zu auffällig an sie heranmachte; die Erwähnung einer Schwester wirkte beruhigend und ließ deutlich erkennen, daß er ein Mann war, der Frauen mit Achtung behandelte. Sie passierten die Sicherheitskontrolle gemeinsam. Vanek hielt ihren kleinen Handkoffer und scherzte mit ihr. Jedermann glaubte, sie seien ein Paar.

In der Maschine saß er neben ihr. Er fand heraus, daß sie Michelle Robert hieß und Assistentin des Direktors einer Reifenfirma mit Hauptsitz in La Défense war. Schon bevor sie die Hälfte des Fluges nach Paris zurückgelegt hatten, hatte er ihre Telefonnummer. Und irgendwo über der Champagne überholte ihre Fokker 27 den TEE *Stanislas*, der Madame Devaud in die Hauptstadt brachte.

Der Trans-Europ-Expreß sollte um 21 Uhr am Gare de l'Est ankommen. Vanek, der den Bahnhof vom Straßburger Flughafen aus angerufen hatte, um die Ankunftszeit des Zuges zu erfragen, erwischte den Air-Inter-Flug um 18.30 Uhr. Um 19.30 Uhr landete die Maschine in Orly. Michelle Robert wurde glücklicherweise von einem Freund abgeholt, so daß er sie ohne jede Mühe loswurde. Vanek mißtraute dem Pariser Straßenverkehr und nahm die Schnellbahn von Orly in die Stadt; danach stieg er in die Metro um. Er rechnete sich aus, daß er mit ein wenig Glück den Gare de l'Est vor dem Einlaufen des Zuges erreichen würde.

Der Expreß aus Straßburg lief um 21.06 Uhr im Gare de l'Est ein. Normalerweise sind die Bahnsteigsperren nicht besetzt – die Fahrkarten werden in den Zügen kontrolliert –, und die Reisenden steigen einfach aus und gehen in die Halle, aber am Abend des 22. Dezember waren die Bahnsteigsperren geschlossen. Niemand durfte den Bahnsteig betreten.

»Das ist unerhört«, tobte ein Reisender im TEE. »Meine Frau erwartet mich...«

»Es hat Terroristenalarm gegeben. Sie müssen leider warten«, beschied ihn der Inspektor. Und wenn du es so eilig hast, fügte er in Gedanken zynisch hinzu, ist es nicht deine Frau, sondern deine Freundin, die auf dich wartet.

Der Polizeidirektor, den Grelle persönlich zum Bahnhof beordert hatte, hatte zahlreichen bewaffneten Beamten in Zivil den Befehl gegeben, sich unter die Menge auf der anderen Seite der Sperre zu mischen. Ein Mann, der mit Gewehr und Zielfernrohr ausgerüstet war, hielt sich an einem Fenster bereit, von dem aus man den Bahnsteig übersehen konnte. Und einige der Kriminalbeamten, die in der Bahnhofshalle herumgingen, hatten sogar Koffer bei sich, die sie mit Akten aus den Büros beschwert hatten, um wie echte Reisende zu wirken. Die Tür des plombierten Waggons wurde geöffnet, und eine Reihe von Beamten in Zivil bildeten einen Halbkreis auf dem Bahnsteig. Gendarmen in Uniform waren nicht zu sehen. »Nicht zu auffällig«, hatte Grelle gewarnt. »Es sollte möglichst normal aussehen.«

Boisseau stand auf dem Bahnsteig. Madame Devaud stieg aus, und die Beamten in Zivil nahmen sie in die Mitte. Boisseau verließ die Gruppe und ging in die Bahnhofshalle. Dort stellte er sich scheinbar lässig hin, zündete sich eine Zigarette an und öffnete den Mantel, um notfalls in Sekundenschnelle an seinen Revolver heranzukommen. Dies war der Augenblick, den er am meisten fürchtete – sie vom Zug zum draußen wartenden Wagen zu bringen. Die Gruppe bewegte sich durch die Bahnhofshalle.

Die Männer paßten sich Madame Devauds Tempo an. Die Prozession strebte dem Ausgang zu; dann nahm die Gruppe Kurs auf den Vorplatz, wo bereits ein Wagen mit geöffnetem Schlag wartete. Jetzt blieben schon verschiedene Reisende stehen. Sie hatten etwas gemerkt. Es war unmöglich, ein derartiges Unternehmen völlig unbemerkt ablaufen zu lassen.

Boisseau hörte, wie eine Autotür zugeschlagen wurde, und seufzte erleichtert auf. Er verließ den Bahnhof rasch und setzte sich in einen anderen Polizeiwagen. Er knallte die Tür zu. »Ich wünsche, daß unterwegs ständig die Sirenen heulen«, sagte er zu dem Mann auf dem Beifahrersitz, der mit den anderen Fahrzeugen über Funk Verbindung hielt. »Wo wir können, fahren wir bei Rot über die Kreuzungen...« Der Mann auf dem Vordersitz leitete den Befehl weiter, und die Autokolonne setzte sich in Bewegung. Es waren vier Fahrzeuge. Ein Wagen vornweg, dann der Wagen mit Madame Devaud. Dann ein dritter Wagen – der jedes Fahrzeug rammen sollte, das versuchen würde, den Wagen mit Madame Devaud abzufangen. Der Wagen mit Boisseau am Schluß. Es war 21.09 Uhr.

Vanek rannte die Treppe von der Metro-Station hinauf und in die Halle des Gare de l'Est. Er verlangsamte seine Schritte und ging in ruhigem Tempo weiter, als er hinten am Bahnsteig den *Stanislas*-Expreß sah. Als er näher kam, konnte er gerade noch die letzten Reisenden des Zuges durch die offene Sperre gehen sehen. Es war 21.15 Uhr. Er hatte sich in der Metro ziemlich verspätet, war aber machtlos gewesen. Wäre er ausgestiegen, um ein Taxi zu nehmen, hätte er noch mehr Zeit gebraucht. Er wartete ein paar Minuten an einem Zeitungsstand – in der vagen Hoffnung, sie würden die Devaud erst dann hinausbegleiten, wenn die übrigen Reisenden ausgestiegen wären – und ging dann zur nächsten Telefonzelle, um die Pariser Kontaktnummer anzurufen.

»Hier Salicetti...«

»Ich habe nichts für Sie...«

»Aber ich habe was für Sie«, bellte Vanek, »also bleiben Sie dran. Ihr vorhergehender Befehl kann jetzt nur in Paris ausgeführt werden – ich rufe vom Gare de l'Est aus an. Ich brauche die Adresse der Firma.«

Zum erstenmal seit Beginn dieser Telefonate wirkte die kalte und anonyme Stimme am anderen Ende der Leitung unsicher. Es gab eine kurze Pause. »Es ist besser, wenn Sie alle halbe Stunde anrufen – zehn Uhr, zehn Uhr dreißig, und so weiter«, erwiderte sie dann. »Ich habe im Augenblick keine Informationen...«

»Ich brauche weitere Warenproben«, sagte Vanek in hartem Ton.

Die Stimme gewann ihre Sicherheit zurück; auf diesen Fall war ihr Inhaber vorbereitet. Er, Salicetti, müsse zur Bar Lepic am Place Madeleine gehen und dem Inhaber den Namen der Firma, Lobineau, nennen. Der Barbesitzer werde ihm dann den Schlüssel zu einem Gepäckschließfach geben. Die Warenproben befänden sich im Gare du Nord. Zur Sicherheit solle er alle halbe Stunde anrufen. Um zehn, halb elf... Vanek knallte den Hörer auf die Gabel. Nicht zu fassen, so ein primitives Arrangement. Als er noch in Paris war, wurden solche Dinge mit mehr Raffinesse gehandhabt. Er nahm ein Taxi zur Bar Lepic, nahm einen Umschlag in Empfang und gab ein Trinkgeld von fünf Franc, um die Übergabe des Umschlags für jeden normal aussehen zu lassen, der zufällig zusah. Anschließend nahm er ein anderes Taxi zum Gare du Nord.

Mit dem numerierten Schlüssel, den er im Umschlag gefunden hatte, öffnete er das Schließfach im Gare du Nord und entnahm ihm eine Reisetasche mit einem Schottenmuster. Auch das war hirnverbrannt: Die Tasche fiel zu sehr auf. Es war eine längliche Tasche von der Art, in der man auch Tennisschläger unterbringen kann. Der Inhalt der Tasche zeigte dann aber doch, daß irgend jemand gründlich nachgedacht hatte: Vanek entdeckte eine französische MAT-Maschinenpistole mit Metallschaft und gesichertem, nach vorn geklapptem Magazin sowie ein Ersatzmagazin; einen 38er Smith & Wesson-Revolver mit genügend Munition sowie ein Messer mit breiter Schneide, das in einer Klappscheide steckte. Vanek durchquerte die leere Halle und ging zu der anderen Wand mit Schließfächern. Er steckte die Tasche in ein leeres Fach, schloß die Tür, steckte eine Münze in den Münzschlitz und drehte den Schlüssel um. Er hatte nicht die Absicht, Waffen bei sich zu tragen, wenn es nicht unbedingt nötig war – vor allem deshalb nicht, weil ihm bei seinen beiden Taxifahrten aufgefallen war, daß ungewöhnlich viele Polizisten auf den Straßen unterwegs waren. Vanek hatte auch Mannschaftswagen mit den harten Burschen der CRS an verschiedenen strategischen Punkten der Stadt entdeckt. Er hatte aber auch notiert, daß die Taxis wie immer durch die Stadt fuhren. Den Pariser Taxifahrern schenkte kein Mensch Beachtung; sie gehören zum Stadtbild wie der Louvre.

Vanek, der seit dem Imbiß im Renault auf der Fahrt von Straßburg nach Saverne nichts mehr gegessen hatte, hätte nur zu gern eine Kleinigkeit gegessen und eine Tasse Kaffee getrunken. Er sah auf seine Armbanduhr und fluchte. Es war fast zehn; Zeit für den nächsten Anruf. Er betrat eine der Telefonzellen im Bahnhof und wählte die Nummer. Er hatte kaum seinen Namen, Salicetti, genannt, als die Stimme am anderen Ende der Leitung so abrupt wie immer einfiel.

»Rue des Saussaies. Jetzt! Sie wissen, welche Adresse ich meine?«

»Ja...«

Diesmal unterbrach Vanek als erster die Verbindung. Sie hatten Madame Devaud also ins Hauptquartier der Sûreté Nationale gebracht, in die schwerbewachte Hochburg der kapitalistischen Polizeiorganisation. Vanek holte die Reisetasche mit dem Schottenmuster aus dem Schließfach und betrat die Straße hinter dem Gare du Nord. Den Taxenstand beachtete er nicht. Er wollte sich seinen nächsten Fahrer genau aussuchen. Er suchte einen bestimmten Typus. Das war für den nächsten Schritt seines Unternehmens unerläßlich.

Der Polizeipräfekt von Straßburg, der – anders als der Präfekt von Lyon – Marc Grelle nicht sonderlich zugetan war, machte sich Sorgen wegen der ausgeklügelten Vorsichtsmaßnahmen beim Transport von Madame Devaud nach Paris. Beim Versuch, Grelle am Telefon einige tiefergehende Details zu entlocken, hatte der Pariser Polizeipräfekt ihn brüsk abfahren lassen.

»Dieses Unternehmen betrifft die Sicherheit des Staatspräsidenten, und ich sehe mich nicht in der Lage, nähere Einzelheiten mitzuteilen...« Der Polizeipräfekt von Straßburg – aufgebracht, aber auch darauf bedacht, sich abzusichern – hatte daraufhin im

Innenministerium in Paris angerufen, wo er den Referenten des Ministers, François Merlin, an den Apparat bekam.

»Grelle hat am Telefon ziemlich gemauert«, beklagte sich der Straßburger Präfekt. »Ich hatte den Eindruck, daß diese Madame Devaud eine wichtige Zeugin in irgendeinem Fall ist, an dem er gerade arbeitet...« Als er weitersprach, überschritt er seine Kompetenzen. »Ich bestehe darauf, daß der Herr Innenminister von dieser Sache in Kenntnis gesetzt wird.«

Der stets tüchtige Merlin diktierte daraufhin sofort eine Aktennotiz, die dem Minister anschließend auf den Schreibtisch gelegt wurde. Dort blieb sie unberührt – und ungelesen – mehr als eine Stunde liegen. Roger Danchin, der soeben eine lange Sitzung hinter sich gebracht hatte, in der die Sicherheitsvorkehrungen für die morgige Fahrt des Präsidenten zum Flughafen erörtert worden waren, kehrte erst um 20.45 Uhr in sein Büro zurück.

»Ein wichtiger Fall, an dem Grelle gerade arbeitet?« wollte er von Merlin wissen, nachdem er die Aktennotiz gelesen hatte. »Devaud ist zwar ein ziemlich gewöhnlicher Familienname, aber es könnte doch sein, daß diese Geschichte etwas mit dem versuchten Attentat zu tun hat. Ich muß dem Präsidenten die Sache vorlegen...« Danchin griff zum Telefon, das ihn direkt mit dem Elysee verband.

Um 21.15 Uhr fuhr Botschafter Vorin, der durch einen dringenden Anruf gebeten worden war, vor dem Elysee vor. Seine Ankunft wurde von dem diensttuenden Beamten der Präsidentenwache getreulich in der Besucherliste notiert. Florian hatte schon seinen Mantel angezogen, und gewohnheitsgemäß führte er den sowjetischen Botschafter in den von hohen Mauern umgebenen Garten, in dem sie ungestört sprechen konnten. Der Schäferhund Kassim, der sich wie sein Herrchen auf ein bißchen frische Luft freute, begleitete die beiden Männer und schnupperte in einem Gebüsch herum, während sie sich leise unterhielten. Dieser Besuch Vorins geriet sehr kurz. Er dauerte nur wenige Minuten. Anschließend ließ er sich mit hoher Geschwindigkeit in die sowjetische Botschaft in der Rue de Grenelle zurückfahren.

Die Kommunikation zwischen Botschafter Vorin und Karel Vanek war so sorgfältig arrangiert worden, daß eine Verbindung zwischen diesen beiden Männern sich niemals nachweisen lassen würde. Nach der Ankunft in der Botschaft rief Vorin sofort den stellvertretenden Botschafter zu sich und trug ihm auf, unverzüglich eine Nachricht weiterzugeben. Der Stellvertreter, der unter normalen Umständen vom nächstliegenden Metro-Bahnhof aus angerufen hätte, ging jetzt sofort in sein Büro zurück, schloß die Tür hinter sich ab und wählte eine Nummer auf dem linken Seine-

Ufer in der Nähe des Musée de Cluny. »Die Urkunden über das Devaudsche Vermögen befinden sich in der Rue des Saussaies. Haben Sie verstanden?« Der Mann am anderen Ende der Leitung hatte nur Zeit, die Frage zu bejahen, als die Verbindung schon unterbrochen wurde.

Die Wohnung in der Nähe des Musée de Cluny wurde von einem Mann bewohnt, der der Polizei noch nie aufgefallen war. Er besaß dänische Papiere auf den Namen Jørgensen, war aber in Wahrheit ein Pole namens Jaworski, der nicht einmal wußte, daß die Anrufe, die ihn in unregelmäßigen Abständen erreichten, von der sowjetischen Botschaft kamen. Es war 21.50 Uhr, als ihn der letzte Anruf erreichte. Um 22 Uhr leitete er die Information weiter, als Vanek ihn erneut vom Gare du Nord aus anrief.

Sie brachten Annette Devaud in ein Zimmer im vierten Stock des Gebäudes in der Rue des Saussaies, in dem Grelle sie schon erwartete. Er hätte Madame Devaud auch in der Präfektur auf der Ile de la Cité vernehmen können, aber er hielt es noch immer für klüger, die Fiktion aufrechtzuerhalten, daß es in dieser Sache noch um den *Fall Lasalle* gehe. Offiziell war die Sûreté federführend. Um Danchin nicht unnötig aufzuregen, hatte Grelle um zwanzig Uhr sogar dessen Referenten Merlin angerufen, um diesem mitzuteilen, daß eine Zeugin aus dem Elsaß nach Paris unterwegs sei, die er in der Rue des Saussaies vernehmen werde. Merlin hatte diesen Anruf dem Minister gegenüber erwähnt, bevor dieser mit dem Elysee telefonierte. Als Grelle endlich mit dem einzig überlebenden Zeugen aus der Résistancezeit des Leoparden, den er hatte greifen können, sprechen konnte, redete er einige Minuten auf Madame Devaud ein, um sie zu beruhigen. Dann erklärte er ihr, warum sie nach Paris gebracht worden war.

»Und Sie glauben wirklich, den Leoparden nach all diesen Jahren identifizieren zu können?« fragte er sanft.

»Wenn er – wie Sie sagen – noch am Leben ist: ja! Ich habe vor dreißig Jahren mein Augenlicht verloren und es erst wiederbekommen, als dieser Doktor es mir mit seiner wunderbaren Operation wiedergab. Was habe ich in all diesen Jahren wohl gesehen, als die Welt für mich nur aus Lauten und Gerüchen bestand? Was meinen Sie? Ich sah jeden Menschen vor mir, der mir je begegnet ist. Und, wie ich Ihnen schon gesagt habe, habe ich in dieser Zeit den Leoparden gesundgepflegt.« Ihre Stimme wurde kaum hörbar. »Und später zeigte sich, daß er für den Tod meiner einzigen Tochter verantwortlich war, für Lucies Tod ...«

Wie Grelle vorausgesehen hatte, war ihm schrecklich unwohl

zumute. Obwohl Madame Devaud nichts davon ahnte – und Boisseau hatte bei seinem Anruf aus Saverne ausdrücklich auf diesen Umstand aufmerksam gemacht –, so ließ sich doch nicht wegleugnen, daß der Präfekt der Mann war, der sich gezwungen gesehen hatte, Lucie Devaud zu erschießen. »Es ist schon viele Jahre her«, erinnerte er Madame Devaud, »seit Sie den Leoparden zum letztenmal gesehen haben. Selbst wenn er noch am Leben sein sollte, könnte er sich so verändert haben, daß kein Mensch ihn wiedererkennt.«

»Der Leopard nicht.« Ihr charaktervolles Kinn reckte sich in die Höhe. »Er hatte einen guten Knochenbau – wie ich. Knochen verändern sich nicht. Und Knochen kann man nicht verstecken ...«

Grelle war so fest entschlossen, die alte Dame zu testen, daß er eine nur selten angewandte Identifizierungsmethode gewählt hatte. Er hatte nicht vergessen, daß Boisseau am Telefon erwähnt hatte, sie sei Amateurmalerin, und die ›Identikit‹-Ausrüstung in sein Büro bringen lassen. Er erklärte ihr, wie das System funktioniere, fragte sie, ob sie etwas zu trinken wünsche. Sie bat um einen Cognac. Das amüsierte ihn so, daß er sich auch einen einschenkte. Bei den ersten Handgriffen mit dem Identikit half er ihr, dann ließ er sie allein weitermachen. Das neue Spiel machte ihr offensichtlich Spaß.

Sie fing mit den Umrissen des Kopfes an und baute dann nach und nach das Gesicht eines Mannes auf. Erst kam das Haarstück. Grelle öffnete einige Kartons mit gedruckten Haarteilen und half ihr, mehrere auszusuchen. Schon bald kam es zu Meinungsverschiedenheiten. »Das haben Sie falsch gemacht«, sagte sie ärgerlich. »Ich habe Ihnen doch gesagt, daß er sein Haar über der Stirn hochgebürstet trug ...« Das Gesicht nahm allmählich Gestalt an.

Die Augenbrauen fand sie schnell, aber die Augen machten ihr Mühe. »Die Augen waren ungewöhnlich – sie schlugen einen in ihren Bann«, erklärte sie. Sie fand die Augen am hinteren Ende des Stapels und machte sich dann an die Arbeit mit der Nase. »Nasen sind schwierig ...« Sie wählte eine Nase aus und fügte sie dem Porträt hinzu. »Das ist die Nase. Ich glaube, sie ist das auffallendste Merkmal seines Gesichts.« Den Mund an die richtige Stelle zu setzen, kostete sie fünf Minuten. Sie wühlte in einem Stapel von Mündern, versuchte einen nach dem anderen, bis sie endlich zufrieden war. Sie schürzte die Lippen und kniff die Augen zusammen, als sie letzte Hand anlegte. Grelle sah mit ausdruckslosem Gesicht zu. »Das ist der Leopard«, sagte sie wenige Minuten später. »So sah er damals aus.«

Der Präfekt stand auf. Er zeigte keine Reaktion. »Madame Devaud, ich weiß, daß Sie das Fernsehen nicht mögen, aber ich möchte Sie trotzdem bitten, sich ein paar Ausschnitte anzusehen, die ich vorhin habe machen lassen. Sie sind auf etwas aufgezeichnet, was wir Kassetten nennen. Sie werden ganz kurz drei Männer sehen – alle älter als der Mann, dessen Gesicht Sie mit dem Identikit zusammengestellt haben. Ich möchte Sie bitten, mir zu sagen, welcher der drei Männer – falls es überhaupt einer von ihnen ist – der Leopard ist.«

»Dann hat er sich also sehr verändert?«

Grelle antwortete nicht, sondern ging zum Fernsehgerät und schaltete es ein. Der erste Ausschnitt zeigte Roger Danchin bei der Fernsehansprache vor einem Jahr zur Zeit der schweren Unruhen. Er appellierte an die Bürger, Ruhe und Besonnenheit zu wahren; bei weiteren Demonstrationen werde es Massenverhaftungen geben. Es folgte ein Schnitt, und dann erschien Alain Blanc, selbstbewußt und emphatisch; er erklärte der Nation, weshalb der Verteidigungshaushalt aufgestockt werden müsse. Madame Devaud sagte nichts und griff nach ihrem Cognacglas, als Blanc ausgeblendet wurde und Guy Florian erschien. Er hielt eine seiner antiamerikanischen Reden. Er sprach wie immer großspurig und mit sardonischem Witz, gestikulierte mitunter heftig; sein Gesichtsausdruck war ernst. Erst zum Schluß erschien sein berühmtes Lächeln. Der Bildschirm wurde leer. Grelle stand auf und schaltete das Gerät aus.

»Der letzte Mann«, sagte Annette Devaud, »der die Amerikaner angriff. Er hat sich doch kaum verändert, nicht wahr?«

Karel Vanek suchte sich sein Taxi mit großer Sorgfalt aus. Er stand auf dem Bürgersteig. Die Tasche lag zu seinen Füßen. Taxis mit einem jungen Mann am Steuer ließ er vorbeifahren; einen älteren Fahrer wollte er aber auch nicht. Ältere Menschen geraten leicht in Panik und handeln impulsiv. Er hielt nach einem Taxifahrer mittleren Alters Ausschau, nach einem Mann, der eine Familie zu versorgen hatte und genügend Erfahrung besaß, um vorsichtig zu sein. Er rief einem näherkommenden Taxifahrer etwas zu und winkte den Wagen heran.

»Es ist ein Haus in der Nähe des Boulevard des Capucines«, sagte er dem Fahrer. »Ich weiß die Adresse nicht mehr, aber ich werde die Straße wiedererkennen, wenn ich sie sehe. Es ist eine Seitenstraße auf der linken Seite...«

Vanek lehnte sich auf dem Rücksitz zurück. Die Tasche hielt er auf dem Schoß. Es stimmte, was er dem Fahrer gesagt hatte: Er erinnerte sich zwar nicht mehr an den Namen der Straße, er war aber vor drei Jahren mehrmals in ihr auf und ab spaziert; es war eine enge und dunkle Straße, in der kaum Straßenlaternen brannten. Um diese Zeit gab es kaum noch Verkehr, und der Boulevard des Capucines, eine Straße mit teuren Geschäften, war an diesem kühlen Dezemberabend wie leergefegt, obwohl Weihnachten vor der Tür stand. Der Taxifahrer fuhr langsamer, um seinem Fahrgast Gelegenheit zu geben, die Straße zu finden.

»Hier müssen Sie einbiegen!«

Vanek hatte die Trennscheibe zum Fahrer geöffnet, um ihm Anweisungen zu geben. Als der Wagen in eine enge, kurvenreiche Straße einbog, blieb Vanek vornübergebeugt sitzen. Links und rechts ragten hohe Häuser auf; die Straße war so leer, wie Vanek sie in Erinnerung hatte. An den Boulevard des Capucines erinnerte in dieser tiefen Straßenschlucht nichts mehr. Der Fahrer fuhr weiter und wartete auf neue Anweisungen. Vanek sah angestrengt durch die Windschutzscheibe; eine Hand steckte in der Reisetasche. Bald würden sie am anderen Ende der Straße sein und in eine belebtere Gegend kommen.

»Wir sind da. Halten Sie!«

Der Fahrer hielt, zog die Handbremse an und ließ den Motor laufen. Vanek preßte ihm die Mündung der Smith & Wesson in den Nacken. »Keine Bewegung. Das ist eine Pistole.« Der Fahrer erstarrte und saß sehr still. Vanek schoß einmal.

Um 22.45 Uhr fuhr ein Streifenwagen vor dem Eingang des Sûreté-Hauptquartiers in der Rue des Saussaies vor. Als erster trat Boisseau auf die Straße und blickte nach links und nach rechts. Die Straße war leer. Außer einem einsamen Taxi, das aus der Richtung des Place Beauvau kam, war nichts zu sehen. Boisseau hob die Hand, um anzudeuten, daß man Madame Devaud noch nicht auf die Straße bringen solle. Er wartete. Neben ihm auf dem Bürgersteig standen zwei Gendarmen. Im Streifenwagen saß ein Beamter am Steuer und ließ den Motor laufen. Grelle hatte sich im letzten Moment entschlossen, Madame Devaud nur mit einem Wagen in ein Hotel bringen zu lassen, in dem die Sûreté öfter wichtige Zeugen einquartierte; ein einzelner Wagen fällt weniger auf als eine Autokolonne. Außerdem würde er zu dieser späten Stunde, wenn die Pariser Straßen leer waren, sehr schnell fahren können. Grelle stand mit Madame Devaud und drei Beamten im Hauseingang, um die alte Dame persönlich zu verabschieden. Das Taxi fuhr jetzt langsam auf den Eingang zu. Boisseau bemerkte, daß das ›Frei‹-Schild zurückgeklappt war. Soweit er sehen konnte, saß niemand im Fond; der Fahrer hatte wahrscheinlich seine Schicht beendet und fuhr nach Hause. Das Taxi fuhr vorüber, und der Fahrer nahm eine Hand vom Lenkrad, um ein Gähnen zu unterdrücken.

Boisseau sah die Rücklichter des Taxis verschwinden und machte eine auffordernde Handbewegung. Die kleine Prozession trat aus dem Hauseingang heraus. Die drei Beamten hatten Madame Devaud in die Mitte genommen und paßten sich ihren Schritten an. Sie erreichten den Bürgersteig. Im Hauseingang stand Grelle und zündete sich eine Zigarette an; er hatte sich ein Walkie-talkie unter den Arm geklemmt. Er würde mit dem mit Funk ausgerüsteten Streifenwagen in Verbindung bleiben, bis er seinen Bestimmungsort im VII. Arrondissement erreicht hatte. Madame Devaud hatte den Bürgersteig überquert und war jetzt im Begriff einzusteigen.

»Keine Sorge – wir haben nur wenige Minuten zu fahren«, versicherte ihr Boisseau.

»Sagen Sie ihm, er soll nicht zu schnell fahren. Die Fahrt vom Gare de l'Est hierher hat mir gar nicht gefallen.«

»Ich werd's ihm sagen. Es sind wirklich nur ein paar Minuten«, wiederholte Boisseau.

Vanek, der sich die Mütze des Taxifahrers aufgesetzt hatte – er hielt sehr viel davon, sein Aussehen durch Kopfbedeckungen zu verändern –, erreichte den Place des Saussaies. Der Platz ist nur einen Steinwurf vom Eingang zur Sûreté entfernt und beginnt an der nächsten Straßenecke. Er war in unregelmäßigen Abständen am Eingang vorbeigefahren – diese Abkürzung wird nachts von vielen Taxifahrern benutzt – und hatte das Gebäude mehrmals umrundet. Jetzt wendete er rasch und fuhr die Einbahnstraße in der verkehrten Richtung hinunter. Boisseau half Madame Devaud gerade in den Wagen, als er das Taxi mit hoher Geschwindigkeit heranbrausen sah. Er rief eine Warnung, aber das Taxi kam im denkbar unglücklichsten Moment an – die Gruppe, die eng zusammenstand, bot eine hervorragende Zielscheibe.

Vanek hielt das Lenkrad mit einer Hand, während er die Maschinenpistole fest unter den rechten Arm klemmte. Sein Zeigefinger lag am Abzug. Er hatte die Waffe auf automatisches Feuern eingestellt und jagte jetzt eine Salve los. Den Lauf hielt er starr, so daß die Bewegung des Taxis den Feuerstoß verteilte. Als Vanek vorbeifuhr, hatte er das gesamte Magazin geleert. Er fuhr noch immer in die verkehrte Richtung und verschwand in Richtung Place Beauvau.

Grelle, der im Hauseingang gestanden hatte, war der einzige, der überhaupt zurückgeschossen hatte; ein Revolverschuß zertrümmerte die Heckscheibe des Taxis. Dann schaltete er sein Walkie-talkie ein, das ihn sofort mit der Funkleitstelle verband. Dort war bereits alles für die Autokolonne des Präsidenten am folgenden Tag vorbereitet. Die Beschreibung des Taxis, die Grelle durchgab, einschließlich der zertrümmerten Heckscheibe, wurde innerhalb einer Minute an sämtliche Streifenwagen im Umkreis von acht Kilometern weitergegeben. Grelle hatte auch die Richtung genannt, in die das Taxi verschwunden war. Erst danach wandte er sich der tragischen Szene auf dem Bürgersteig zu.

Die beiden Gendarmen waren ein Stück hinter dem Taxi hergerannt. Boisseau, der durch die offene Wagentür geschützt worden war, war unverletzt davongekommen, aber die drei Beamten lagen reglos auf dem Pflaster. Zwei von ihnen stöhnten und keuchten, der dritte gab keinen Laut von sich. Sie mußten die beiden Männer vorsichtig hochheben, um an Madame Devaud heranzukommen, die mit dem Gesicht nach unten lag. Als sie sie umdrehten, sahen sie, wo die Kugeln des Mörders getroffen hatten: Die Einschüsse liefen quer über die Brust, wie von einer groben Nähnadel gezogen.

»Der Mann ist bewaffnet und gefährlich...«

In der gesamten Innenstadt von Paris jagten Streifenwagen los, die von dem diensthabenden Kommissar in der Funkleitstelle dirigiert wurden. Sie bildeten ein Netz, das sich allmählich zusammenzog. Dieser Alarm war dem Kommissar in gewisser Weise sogar willkommen: Er gab ihm die Chance, das Sicherheitssystem zu testen, bevor es am folgenden Tag ernst wurde. Der Kordon wurde immer enger und näherte sich dem vermutlichen Mittelpunkt Place Beauvau. Mit heulenden Sirenen rasten die Streifenwagen über die großen Boulevards. Der Kommissar in der Funkleitstelle hatte sämtliche zur Verfügung stehenden Kräfte eingesetzt und gab immer wieder seine Warnung durch. »Der Mann ist bewaffnet und äußerst gefährlich...«

Sie entdeckten Vanek nicht weit vom Gebäude der Sûreté. Sie sahen sein Taxi, das auf der Seite der Tuilerien gerade den Place de la Concorde überquerte. Immer mehr Streifenwagen fuhren jetzt von allen Seiten auf den riesigen Platz; sie kamen von der Seine-Brücke, von den Champs-Elysées, von der Rue de Rivoli und der Avenue Gabriel. Der vor wenigen Sekunden noch völlig leere Platz war jetzt in gleißendes Scheinwerferlicht getaucht. Motorenlärm, heulende Sirenen und kreischende Reifen durchbrachen jetzt die Stille. Vanek trat auf die Bremse und hielt an der

Bordsteinkante. Mit der Maschinenpistole im Arm rannte er auf den einzigen Fluchtweg zu, der ihm blieb. Die Gärten der Tuilerien.

An dieser Stelle des Place de la Concorde verläuft jenseits des Bürgersteigs eine niedrige Steinmauer. Dahinter kommt wieder eine gepflasterte Fläche. Dahinter erhebt sich eine hohe steinerne Mauer zu einer Balustrade, hinter der der Park der Tuilerien wie eine riesige Plattform mit Aussicht auf den gesamten Platz liegt. Vanek lief auf den Eingang der Tuilerien zu und sah einen Streifenwagen anhalten, der ihm den Weg abschnitt. Vanek riß die Waffe hoch und schoß das zweite Magazin leer. Überall warfen sich Polizisten flach auf den Boden. Vanek warf die Maschinenpistole weg, sprang über die niedrige Steinmauer, rannte über die gepflasterte Fläche und begann, sich an der hohen Mauer hochzuhangeln, wobei er sich an vorspringenden Steinen abstützte. Links und unter ihm führten Treppenstufen nach unten und unter die Erde. Er hatte fast die Balustrade erreicht; wenn er erst einmal oben war, hatte er den ganzen Park, um sich zu verstecken. Hinter sich hörte er Rufe und das Sirenengeheul eines halben Dutzends weiterer Streifenwagen, die mit quietschenden Reifen auf den Platz fuhren. Vanek schwang ein Bein über die Balustrade. Der Park dahinter war eine dunkle, baumbestandene Leere, ein Ort, der ihm eine Chance gab.

Sie erwischten ihn im Kreuzfeuer: zwei Gendarmen rechts unten auf dem Bürgersteig und eine Gruppe von drei anderen Beamten links unten. Vanek war gerade im Begriff gewesen, sich über die Balustrade zu schwingen, als die Gendarmen ihre Magazine auf ihn leerschossen. Der Lärm war ohrenbetäubend, weil jetzt alle Streifenwagen angehalten hatten. Vanek hing leblos da, ein Bein ruhte auf der Balustrade, als seine Hand schlaff wurde und losließ. Er rutschte ab und fiel, während die Polizisten weiterschossen. Vanek landete in dem tiefen Treppenschacht, in dem ein großes Schild verkündete: ›Descente interdite‹. Zugang verboten.

20

»Eine Frau, die mich mit Sicherheit als den Leoparden identifizieren kann, ist in Paris angekommen. Ihr Name ist Annette Devaud. Man hat sie offenbar unter schwerer Bewachung mit dem *Stanislas*-Expreß hergebracht...«

Ein Hund bellte, ein ohrenbetäubendes Geräusch aus dem

Tonbandgerät. Die vertraute Stimme, die so leicht wiederzuerkennen war, sprach in scharfem Tonfall.

»Ruhig, Kassim! Mir ist nicht klar, wo wir die Zeit hernehmen sollen, sie zu erwischen. Ich persönlich kann nichts unternehmen, ohne mich dem schwersten Verdacht auszusetzen...«

»Warum haben Sie sie nicht schon früher auf die Liste gesetzt?« Die zweite Stimme, gedämpft, aber deutlich sprechend, war ebenfalls leicht wiederzuerkennen.

»Sie wurde bei Kriegsende blind – ich nahm also an, daß sie keine Gefahr mehr darstellte. Mein Referent hat den Polizeichef von Saverne angerufen, kurz bevor Sie kamen – sie muß sich vor kurzem einer Operation unterzogen haben, die ihr das Augenlicht wiedergab. Wir sitzen furchtbar in der Klemme, Vorin, und das ausgerechnet jetzt, im letzten Augenblick...«

»Herr Präsident, wir können vielleicht etwas unternehmen...«

»Ich habe ihren Namen später auf die Liste gesetzt – als Danchin mir einen Bericht mit dem Leserbrief an die *Frankfurter Allgemeine Zeitung* schickte, in dem sie erwähnt wurde. Ich bin davon ausgegangen, daß Ihre Leute das Problem aus der Welt geschafft hätten...«

»Es ist etwas schiefgegangen...«

»Dann können Sie mir nicht die Schuld geben!« Der Wortwechsel wurde heftiger; die vertraute Stimme klang scharf und schneidend. »Es ist unerläßlich, daß Sie Ihren Fehler korrigieren...«

»Dann muß ich sofort in die Botschaft zurück, Herr Präsident. Wir haben ein Stadium erreicht, in dem jede Minute zählt. Wissen Sie, wohin man diese Devaud bringen wird?«

»In die Rue des Saussaies...«

Marc Grelle saß allein in dem Zimmer im vierten Stock des Sûreté-Hauptquartiers. Er schaltete das Tonbandgerät ab, das mit dem Minisender in Kassims Halsband verbunden war. Grelle hatte das Band zweimal abgehört. Stehend und mit einem zur Maske gefrorenen Gesichtsausdruck hatte er sich auf die Stimmlagen der beiden Männer konzentriert. Das wiederholte Abspielen des Bandes war im Grunde überflüssig gewesen – das Timbre der Stimme Guy Florians war schon beim erstenmal klar und deutlich zu erkennen gewesen. Außerdem war das, was gesprochen worden war, auf eine teuflische Weise eindeutig.

Der Präfekt starrte die gegenüberliegende Wand an und zündete sich eine Zigarette an. Die Handgriffe wurden ihm kaum bewußt. Schon seit Tagen war ihm die schreckliche Wahrheit im Kopf herumgegangen, aber er hatte sich geweigert, die Indizien ernst zu nehmen. Gaston Martin hatte drei Männer in den Elysee-Palast gehen sehen – und einer davon war der Präsident gewesen. Die diskrete Beobachtung Danchins und Blancs hatte keinerlei Verbindung zu irgendwelchen sowjetischen Kontaktleuten ergeben – aber Florian traf fast täglich mit dem sowjetischen Botschafter Vorin zusammen. Und so weiter ... Grelle starrte die Wand an und paffte seine Zigarette. Er empfand eine Übelkeit wie ein Ehemann, der seine Frau soeben mit einem groben und brutalen Liebhaber im Bett ertappt hat.

Grelle nahm das Band aus dem Gerät und steckte es in die Tasche. Er nahm den Telefonhörer und verlangte eine Amtsleitung. Dann wählte er eine Nummer. Er stand noch immer unter einem Schock und mußte sich größte Mühe geben, seine Stimme kalt und unpersönlich klingen zu lassen.

»Alain Blanc? Hier Grelle. Ich muß Sie sofort sprechen. Nein, kommen Sie nicht in die Präfektur. Ich werde sofort zu meiner Wohnung fahren. Ja, es ist etwas geschehen. Sie werden einen Cognac brauchen, bevor ich Ihnen sage, was ...«

Die beiden französischen Panzerdivisionen, die zweite und die fünfte, die in der Bundesrepublik Deutschland stationiert waren und General Jacques Chassous Befehl unterstanden, hatten sich bereits in Marsch gesetzt. Die deutschen Behörden waren informiert worden, und die Regierung des Herzogtums Luxemburg hatte die Truppenbewegung über luxemburgisches Territorium genehmigt – alles sehr kurzfristig. Schon wenige Stunden später hatten die Vorausabteilungen der beiden Divisionen die luxemburgische Grenze überschritten und bewegten sich auf dem Rückweg nach Frankreich durch die Ardennen. Um 22 Uhr, kurz vor dem Abflug nach Sedan, öffnete General Chassou den Umschlag mit den geheimen Instruktionen, den ihm Präsident Florian bei seinem Blitzbesuch in Baden-Baden am vergangenen Montag persönlich übergeben hatte.

»Am Ende der Übung werden Sie bis auf weiteres nicht nach Deutschland zurückkehren. Wenn Sie die Brücken bei Sedan überschritten haben, werden Sie die Truppen weiter nach Frankreich hineinführen ... Sie haben im Militärbezirk von Metz anzuhalten ... die Sammelstellen sind vorbereitet worden ...«

Chassou übergab den Geheimbefehl seinem Stellvertreter, Oberst Georges Doissy, befahl ihm, die notwendigen Arrangements zu treffen und flog dann nach Sedan ab. Doissy, der früher unter Oberst Lasalle gedient hatte, wurde sofort klar, daß die Ausführung dieses Befehls Deutschland isolieren würde. Danach würde den sowjetischen Truppen im Osten neben den deutschen

Einheiten nur noch ein symbolisches Kontingent britischer Truppen gegenüberstehen. Doissy überdachte die Lage einige Minuten; dann fiel ihm ein, was Präsident de Gaulle einmal dem amerikanischen Präsidenten Kennedy kurz nach dessen Wahl geraten hatte. »Hören Sie nur auf sich selbst...« Doissy griff zum Telefon und bat die Telefonzentrale, ihn dringend zu Verteidigungsminister Blanc durchzustellen.

Commander Arthur Leigh-Browne von der Royal Navy, dem die Aufgabe oblag, den weiteren Kurs des sowjetischen Konvois K 12 zu verfolgen und daraus Schlüsse zu ziehen, schickte am 22. Dezember um 22 Uhr einen neuen Bericht ab. »Wenn der Konvoi K 12 den gegenwärtigen Kurs und die gedrosselte Geschwindigkeit beibehält, kann er nach etwa zwölf bis achtzehn Stunden nach einer neuerlichen Kursänderung bei Barcelona vor Anker gehen...« Da er ein Mann war, dem es um Genauigkeit ging, fügte er einen Nachsatz hinzu. »Theoretisch könnte der Konvoi auch an der Südküste Frankreichs vor Anker gehen, bei Marseille und Toulon...« Der gängigen Praxis folgend, ließ er verschlüsselte Kopien des Berichts allen Verteidigungsministern der NATO-Staaten zuleiten.

Abou Benefeika, der arabische Terrorist, dem es beinahe gelungen wäre, die El-Al-Maschine in Orly kurz vor dem Start zu zerstören, versuchte, es sich auf seinem ›Lager‹ aus Mauersteinen gemütlich zu machen. Er hielt sich noch immer im Keller des abbruchreifen Hauses in der Rue Réaumur 17 verborgen. Der Umstand, daß er seine Jacke zusammengefaltet und als Kopfkissen auf die Ziegelsteine gelegt hatte, verhalf ihm auch nicht zum Einschlafen; ebensowenig das kaum hörbare Trappeln winziger Füße. Die Ratten hatten in dem verlassenen Gebäude gleichfalls Quartier bezogen.

Am Tage hatte Benefeika sein Versteck verlassen, um in den Geschäften dieser Gegend Lebensmittel zu kaufen. Da dieser Bezirk von Paris ein von Algeriern bewohntes Getto war, befürchtete er nicht, entdeckt zu werden. Da er in Gedanken versunken war und nur nach uniformierten Polizisten Ausschau hielt, bemerkte er die beiden schäbig gekleideten Männer nicht, die ihm mit den Händen in den Taschen auf Schritt und Tritt folgten. Nach der Rückkehr in sein schmutziges Versteck verzehrte Benefeika die mitgebrachten Lebensmittel, während draußen einer der schäbig gekleideten Männer im gegenüberliegenden Gebäude in den ersten Stock hinaufging. Von dort gab Sergeant Pierre Gallon über sein Funksprechgerät eine neue Routinemeldung durch. »Kaninchen sitzt wieder im Bau. Beobachtung wird fortgesetzt...«

»Dann muß ich sofort zurück in die Botschaft, Herr Präsident. Wir haben ein Stadium erreicht, in dem jede Minute zählt. Wissen Sie, wohin man diese Devaud bringen wird?«

»In die Rue des Saussaies...«

Grelle stellte in seiner Wohnung auf der Ile Saint-Louis das Tonbandgerät ab und sah Alain Blanc an, der mit übereinandergeschlagenen Beinen und einem Glas Cognac in der Hand in einem eleganten Sessel saß. Der Minister hatte mit zusammengekniffenem Mund zugehört. Grelle hatte ihm das Band jetzt schon zum drittenmal vorgespielt. Inzwischen kannte er die Unterhaltung Wort für Wort. Er trank seinen Cognac mit einem Zug aus. Auf seiner hohen Stirn zeigten sich Schweißperlen. Er blickte auf, als Grelle anfing zu sprechen.

»Zwei Stunden nach dieser Unterredung – ich habe den Wachoffizier im Elysee angerufen und erfahren, daß Vorin dort um einundzwanzig Uhr fünfzehn ankam – wurde Annette Devaud von dem Mörder brutal umgebracht, den wir später am Place de la Concorde erwischt haben«, sagte der Präfekt. »Es kann nicht mehr bezweifelt werden, daß der Mann, der...«

»Ich erkenne Florians Stimme«, unterbrach Blanc ungeduldig. »Vorins auch. Da ist überhaupt kein Zweifel mehr möglich.« Er seufzte. »Es ist ein furchtbarer Schock, aber überraschen tut es mich nicht mehr. Ich habe mich schon seit Tagen gefragt, was eigentlich vorgeht – obwohl ich diese entsetzliche Wahrheit nicht vermutet habe. Diese Gerüchte von einem Putsch der Rechten aus Kreisen der Kommunisten. Florians plötzliche und ziemlich unerklärliche Reise nach Baden-Baden...«

Blanc stand auf und schlug sich mit der Faust auf die Handfläche der anderen Hand. »Oh, mein Gott, wie weit ist es mit uns gekommen, Grelle? Ich kenne ihn seit den gemeinsamen Tagen an der École Polytechnique nach dem Krieg. Er war ein junger Mann. Ich habe seinen Aufstieg zur Macht organisiert. Wie konnte ich nur so blind sein?«

»Caesar ist immer über jeden Verdacht erhaben...«

»Wie ich Ihnen schon sagte, erhielt ich kurz bevor ich herkam einen Anruf von Oberst Doissy aus Baden-Baden. Er sagte, die Panzerdivisionen zwei und fünf würden sich nach Metz zurückziehen und dort bleiben – damit steht Deutschland schutzlos da. Da der amerikanische Kongreß seine isolationistische Haltung kaum aufgeben wird, werden die Amerikaner nicht einmal damit drohen, auf den atomaren Knopf zu drücken – Moskau hat schließlich auch einen. Die Vereinigten Staaten werden nur reagieren, wenn das amerikanische Festland in Gefahr gerät. Und das alles wegen des Fiaskos in Vietnam und Kambodscha. Wissen Sie, was in wenigen Stunden meiner Ansicht nach geschehen wird?«

»Was?«

»Ich glaube, daß Florian morgen in Moskau den Abschluß eines Militärpakts mit den Sowjets verkünden wird – vergessen Sie nicht, daß der Präsident einen solchen Pakt selbst abschließen kann. Sie haben den Bericht gesehen, der eben aus Brüssel gekommen ist – ich habe das Gefühl, daß Florian auch gemeinsame Militärmanöver mit den Russen ankündigen wird. Die Häfen Toulon und Marseille werden für die Landung sowjetischer Truppen des Konvois K 12 geöffnet werden ...«

»Dann muß etwas geschehen.«

»Deutschland wird morgen aufwachen und sich eingekreist sehen – dann stehen sowjetische Truppen im Osten und westlich des Rheins. Auf französischem Boden! Ich habe das Gefühl, daß Florian schon morgen von Moskau zurückfliegen wird, und wenn es hier irgendwelche Reaktionen geben sollte, wird er sagen, es sei zu einem Putschversuch rechter Kreise unter Führung Oberst Lasalles gekommen, und die meisten von uns werden hinter Gittern landen ...«

»Bitte beruhigen Sie sich«, bat Grelle.

»Beruhigen Sie sich, sagt der ...« Blanc war im Zustand höchster Aufregung. Sein Gesicht war schweißnaß, als er ruhelos auf und ab wanderte. »In wenigen Tagen wird neben der Trikolore vielleicht noch die sowjetische Fahne aufgezogen!« Er nahm von Grelle das frisch gefüllte Cognacglas entgegen und wollte gerade dazu ansetzen, es mit einem Zug zu leeren, als er sich besann und nur daran nippte.

»Wir müssen entscheiden, was zu tun ist«, sagte Grelle leise.

»Genau!« Nach seinem Ausbruch beruhigte Blanc sich wieder. »Andere Minister zu konsultieren, hat keinen Sinn«, sagte er fest. »Selbst wenn ich eine Geheimkonferenz einberiefe, würden sie sich nie zu einer Entscheidung durchringen. Irgend jemand würde nicht dichthalten, die Nachricht würde in den Elysee gelangen, Florian würde handeln, uns alle reaktionäre Verschwörer nennen und den Ausnahmezustand ausrufen ...«

Es war Grelle, der das Beispiel Präsident Nixons zur Sprache brachte. Er betonte, die französische Öffentlichkeit und die Welt dürften nie etwas erfahren, egal, welcher Art die Lösung sei. »Was Nixon getan hat, ist aber nur eine Bagatelle, ein kleines Vergehen im Vergleich zu dem, worüber wir sprechen. Und trotzdem: Denken Sie daran, wie sehr Nixons Skandale, als sie ans Licht kamen, Amerika erschüttert haben. Stellen Sie sich die Auswirkungen auf Frankreich vor – auf Europa –, wenn je bekannt werden sollte, daß der französische Staatspräsident ein kommunistischer Agent ist! Niemand würde uns mehr vertrauen. Frankreich wäre demoralisiert...«

»Sie haben natürlich völlig recht«, erwiderte Blanc ernst. »Diese Dinge dürfen nie an die Öffentlichkeit. Ist Ihnen klar, Grelle, daß dann nur eine Lösung bleibt?«

»Florian muß sterben...«

An der deutsch-tschechoslowakischen Grenze zwischen Selb und Grafenau wurde in den frühen Morgenstunden des 23. Dezember plötzlich hektische Aktivität sowjetischer Flugzeuge registriert. Zunächst wurde angenommen, daß dies in Zusammenhang mit den großen Wintermanövern der Streitkräfte des Warschauer Pakts stehe. Später wurde gemeldet, sowjetische ›Foxbat‹-Maschinen hätten mehrfach den deutschen Luftraum verletzt. Um zwei Uhr morgens holte man Bundeskanzler Hauser aus dem Bett, um mit ihm die Lage zu beraten. Um drei Uhr ordnete er eine begrenzte Alarmbereitschaft an. Sie galt für die Einheiten in dem betroffenen Gebiet und einige Truppenteile im Hinterland.

Um zwei Uhr morgens, als Grelle wie ein Tiger im Käfig in seinem Wohnzimmer auf und ab ging, war er in dem dichten Zigarettenqualm kaum mehr als ein Umriß, der sich bewegte. »Ich habe mich schon selbst in die Rolle eines Attentäters hineinversetzt«, sagte er. »Als ich die Sicherheitsvorkehrungen plante, habe ich verschiedene undichte Stellen gefunden und beseitigt. Ich überlegte mir nämlich, was *ich* tun würde, wenn ich dem Präsidenten nach dem Leben trachtete. Ich glaube nicht, daß irgend jemand den Sicherheitskordon aufbrechen kann.«

»Vielleicht könnte ich es«, sagte Blanc leise. »Diese Sache muß unter uns bleiben – nur so können wir sicherstellen, daß sie für immer ein Geheimnis bleibt. Wenn ich mir eine Pistole einsteckte – beim Abschied auf dem Rollfeld mit den anderen Ministern, bevor er an Bord der Concorde geht...«

»Unmöglich!« Grelle verwarf den Gedanken mit einer abschätzigen Handbewegung. »Jeder würde sich fragen, warum ausgerechnet Sie dazu kämen. Und ich habe den Leibwächtern eingeschärft, daß jeder, der einen Revolver zieht – auch ein Minister –, auf der Stelle zu erschießen ist.« Er blieb vor Blancs Sessel stehen. »Um meinen Worten Nachdruck zu verleihen, habe ich ihnen sogar gesagt, daß sie selbst mich erschießen müßten, falls ich eine Waffe ziehen sollte.«

»Dann ist es nicht zu schaffen...«

»Nur ein Mann kann es schaffen.«

»Wer ist das?«

»Der Mann, der die Sicherheitsvorkehrungen geplant hat. Ich selbst.«

Bevor er in sein Ministerium in der Rue Saint-Dominique zurückkehrte, unternahm Blanc noch zwei vergebliche Versuche, zu Florian vorzudringen, um ihn zu sprechen. Als er von Grelles Wohnung aus im Elysee-Palast anrief, sagte die Telefonistin, der Präsident dürfe auf keinen Fall gestört werden, ›es sei denn im Fall eines Weltkriegs‹.

Daraufhin fuhr Blanc durch die Nacht zum Elysee. Das schmiedeeiserne Gitter, das sonst immer geöffnet war, war geschlossen. Gewöhnlich war die Einfahrt nur durch eine einfache weiße Kette gesichert. Der Innenhof war abgeriegelt. Blanc lehnte sich aus dem Wagenfenster. »Machen Sie sofort auf«, befahl er. »Sie wissen doch, wer ich bin, um Gottes willen...«

Der diensthabende Offizier trat heraus, um sein Bedauern über die Maßnahme auszusprechen, blieb jedoch fest. »Der Präsident hat diese Anweisung selbst erteilt. Heute nacht darf niemand mehr eingelassen werden – es sei denn...«

»Es bricht plötzlich der dritte Weltkrieg aus. Ich weiß!« Blanc sprang aus dem Wagen, schob den Offizier zur Seite und betrat den Hof durch den Seiteneingang. Er lief über den gepflasterten Innenhof und nahm die sieben Treppenstufen zum Eingang mit wenigen Sätzen. Die hohen Glastüren waren verschlossen. In der Halle stand ein anderer Beamter, der Blanc ebenfalls gut kannte. Er schüttelte den Kopf und kreuzte die Arme mehrmals vor der Brust. Blanc, der eben noch aschfahl gewesen war, blieb jetzt still stehen und zündete sich eine Zigarette an. Die Geste des Mannes dort drinnen hatte ihm die Entscheidung eingegeben. Es war eine simple Handlung eines völlig unbedeutenden kleinen Beamten, machte Blanc aber blitzartig seine Lage klar. Der Präsident hatte sich in seiner Festung verschanzt, bis es am nächsten Morgen Zeit war, nach Rußland zu fliegen.

Nach der Rückkehr in sein Ministerium ging Blanc sofort in den Notbefehlsstand. »Holen Sie General Lamartine her«, befahl er. »Sagen Sie ihm, er soll sich nicht anziehen – in fünf Minuten will ich ihn hier sehen...« Die sieben uniformierten Offiziere hatten bei Blancs Ankunft eine kleine Meinungsverschiedenheit gehabt, aber in wenigen Minuten, in denen er auf die Ankunft des Oberbefehlshabers, General Lamartine, warten mußte, entschärfte sein eiskaltes Gebaren die Spannung. Lamartine erschien mit mürrischem Gesicht. Über seinen Morgenmantel hatte er nur einen Mantel geworfen.

»Sie sehen aus wie ein Mandarin mit diesen aufgestickten Drachen auf dem Morgenmantel«, bemerkte Blanc. »Ich bin dabei, bestimmte Anweisungen zu geben, und es kann sein, daß Sie sie mit der Autorität Ihres Amts bestätigen müssen. Ich werde Ihnen später alles erklären – wir haben einen kleinen Notfall, und der Präsident hat Befehl gegeben, auf keinen Fall gestört zu werden. Sehr vernünftig – er hat morgen eine lange Reise vor sich. Also...«

Dies war der alte Alain Blanc, der Mann, der Guy Florians Aufstieg zur Macht geplant und organisiert hatte, der in jeder Krise die Nerven behalten hatte. Gemeinsam mit Lamartine ging er Schritt für Schritt vor. Er informierte den unterirdischen Befehlsbunker in Taverny außerhalb von Paris – der darauf eingerichtet war, selbst im Fall eines Atomkrieges einsatzfähig zu bleiben –, daß das Oberkommando keinen Befehl, von wem er auch komme, ohne seine, Blancs, Bestätigung befolgen dürfe. »Von wem er auch kommt«, wiederholte er. »General Lamartine sitzt neben mir. Er wird bestätigen, was ich soeben gesagt habe...« Er legte die Hand auf die Sprechmuschel und sah, daß Lamartine zögerte. »Machen Sie schon«, sagte Blanc scharf, »ich habe nicht die ganze Nacht Zeit...«

Innerhalb von zehn Minuten hatte Blanc jede Bewegung aller Einheiten der französischen Armee gestoppt – ohne seine ausdrückliche Genehmigung durfte kein Panzer, kein Schiff und kein Flugzeug seinen Standort verändern. Blanc hatte auch mit den französischen Armeehauptquartieren in Baden-Baden und Sedan gesprochen – und Befehl gegeben, daß die beiden Panzerdivisionen nach der Durchquerung der Ardennen unverzüglich umzukehren und möglichst rasch nach Deutschland zurückzukehren hätten. Um die Ausführung des Befehls sicherzustellen, hatte er Chassou, den General Florians, vom Oberbefehl über die beiden Divisionen entbunden und ihn durch General Crozier ersetzt. Chassou wurde vom Militärgouverneur des Bezirks Metz unter strengen Arrest gestellt.

Lamartine saß neben Blanc und bestätigte jeden Befehl. Der General wußte zwar nicht, was hier vorging, aber es war selbst Lamartine unmöglich, den Vorschlag zu machen, man solle den Elysee-Palast befragen – der Präsidentenpalast war unerreichbar.

Blanc, der meisterhafte Manipulator, hatte Florians Waffe gegen diesen selbst gekehrt und den Präsidenten isoliert. Um drei Uhr nachts war alles erledigt. Die Krise würde am Morgen kommen, falls der Präsident erfuhr, was sich ereignet hatte.

Marc Grelle, der sich jetzt in seiner Wohnung auf der Ile Saint-Louis ziemlich allein fühlte, war übermüdet und unrasiert. Er trug noch immer seinen Rollkragenpullover und seine Hosen, rauchte und studierte eine Reihe von Berichten und Skizzen. Sie zeigten sämtliche Sicherheitsvorkehrungen, die er angeordnet hatte, um den Präsidenten auf dessen Fahrt zum Flughafen zu schützen. Wie schon so oft zuvor suchte Grelle auch diesmal nach einer undichten Stelle, einem Schlupfloch, irgendeiner Lücke im System, die er vergessen hatte und die es einem Attentäter ermöglichen würde, den Präsidenten zu töten. Er wünschte, er hätte jetzt Boisseau bei sich, aber dies war ein Unternehmen, an dem nur er allein arbeiten konnte. Gelegentlich blickte er auf das gerahmte Foto einer Frau, das auf dem Klavier stand. Es zeigte seine verstorbene Frau Pauline.

Einige ehrgeizige Beamte in Frankreich achten sorgfältig darauf, daß sie eine reiche Frau heiraten; Geld kann einer Karriere sehr förderlich sein. Grelle hatte ein Mädchen aus einer Familie geheiratet, die in sehr bescheidenen Verhältnissen gelebt hatte. Dann, aus heiterem Himmel, kurz vor ihrem Tod bei dem Autounfall, hatte Pauline von einem entfernten Verwandten ein kleines Vermögen geerbt; sie hatte bis dahin nicht einmal von der Existenz dieses Verwandten gewußt. »Ich würde liebend gern eine Wohnung am Quai de Béthune kaufen«, hatte sie eines Tages gesagt. »Das ist die einzige Extravaganz, nach der ich mich je gesehnt habe...« Kurz darauf war sie ums Leben gekommen.

Als Polizeipräfekt von Paris verfügte Grelle automatisch über eine Dienstwohnung in der Präfektur, aber nach Paulines Tod hatte er trotzdem diese Wohnung gekauft; nicht so sehr, weil er sie haben wollte, aber er dachte, daß es sie glücklicher gemacht hätte zu wissen, daß er jetzt hier lebte. Seine Augen wanderten immer öfter zu dem Bild hin, während er mit seinem Problem kämpfte; er fragte sich, was sie zu all dem gesagt hätte. Um vier Uhr morgens wurde ihm plötzlich bewußt, daß das Zimmer mit beißendem Qualm gefüllt war. Er stand auf und öffnete das Fenster. Er blickte auf die Seine hinunter und atmete tief durch, um wieder einen klaren Kopf zu bekommen. Er hatte noch immer keinen Ausweg gefunden.

21

Am Morgen des 23. Dezember war kein Flughafen der Welt schwerer bewacht als der Flughafen Charles de Gaulle. Die Präsidenten-Concorde – die in der Morgendämmerung wie ein riesiger böser Vogel aussah – wartete auf dem Vorfeld. Sie war für den langen Flug nach Moskau bereits vollgetankt. In wenigen Stunden, um genau 10.30 Uhr, würde die Maschine in dem kritischen Winkel von fünfundvierzig Grad abheben und die einem Geierkopf ähnliche Pilotenkanzel hochrecken, um die Flughöhe von fünfzigtausend Fuß zu erreichen.

Der Pilot des Präsidenten, Flugkapitän Pierre Jubal, der in seiner teuren Wohnung in Passy schon um halb sechs aufgestanden war, befand sich bereits am Flughafen, den die Franzosen oft ›Roissy‹ nennen, weil er in der Nähe des Dorfs Roissy-en-France liegt. Jubal hatte die fünfundzwanzig Kilometer von Paris zum Flughafen im eigenen Wagen zurückgelegt. Auf der Autobahn A 1, über die die Autokolonne des Präsidenten später fahren würde, hatte man Jubal dreimal angehalten und kontrolliert.

»Diese gottverdammten Sicherheitsmaßnahmen«, sagte er schimpfend zu seinem Kopiloten Lefort, als er aus seinem Alfa Romeo ausstieg. »Das ist doch alles heller Wahnsinn. Glauben die wirklich, jemand will ihn aus dem Hinterhalt abknallen?«

Lefort zuckte die Achseln. »Ich hörte gestern abend in einem Lokal, wie jemand sagte, Florian werde Roissy nicht lebend erreichen.«

Seit Mitternacht war der Flughafen für den gesamten zivilen Flugverkehr gesperrt worden. Das war eine Maßnahme ohne Beispiel; zum Schutz eines Staatsoberhaupts war man noch nirgends so weit gegangen. »Das ist dieser Polizeipräfekt, dieser Grelle«, sagte Jubal zornig, als er zu der wartenden Maschine ging. »Der ist machtlüstern. Sehen Sie sich das mal an...«

Er machte eine ausholende Bewegung und zeigte auf das riesige kreisrunde Gebäude, das Herzstück des modernsten Flughafens der Welt. In dem heller werdenden Morgenlicht zeigten sich patrouillierende uniformierte Männer der Flughafengendarmerie als Silhouetten auf dem Dach. Alle waren mit automatischen Waffen ausgerüstet. Die beiden Piloten passierten einen Panzerspähwagen mit schußbereitem Maschinengewehr. Um das kreisrunde Gebäude herum sind die sieben Satellitengebäude angeordnet, die selbständigen, hypermodernen Abflughallen, von denen aus die Fluggäste die Maschinen besteigen, nachdem sie auf langen unterirdischen Transportbändern zu den jeweiligen Abflughallen gelangt sind. Jubal zeigte auf eines der Satellitengebäude, auf dessen Dach ebenfalls uniformierte und bewaffnete Gestalten patrouillierten. »Der Mann ist wahnsinnig geworden«, grollte er.

»Es hat aber schon einen Anschlag auf Präsident Florian gegeben«, erinnerte Lefort seinen Vorgesetzten. »Und, wie ich Ihnen schon sagte, gestern abend in diesem Lokal, da wurde das Gerücht verbreitet...«

»Sie hätten sich gestern abend lieber nicht in Lokalen rumtreiben sollen«, fuhr Jubal ihn an. »Sie hätten wie ich im Bett liegen und pennen sollen...«

»Mit Jacqueline?«

Als das fahle Morgenlicht sich über die Ebene ausbreitete, in der der Flughafen Charles de Gaulle liegt, war die Concorde noch deutlicher zu sehen. Mehr als je zuvor sah sie wie ein raubgieriger Vogel aus, der zum Abheben ansetzt. In drei Stunden würde die Maschine unterwegs sein, in die Stratosphäre aufsteigen und den Staatspräsidenten der Französischen Republik zu seinem historischen Besuch in die Sowjetunion fliegen.

Kurz vor 9.30 Uhr am Morgen des 23. Dezember wirkte Paris wie von einem riesigen Theatervorhang zugedeckt, der sich bald heben würde, um den Blick auf große Dinge freizugeben. Jede Auffahrt und jede Kreuzung zu der Route, der die Autokolonne des Präsidenten folgen würde, war auf Grelles Anweisung gesperrt worden. An jeder Kreuzung standen Mannschaftswagen mit laufenden Motoren; viele Hundertschaften der CRS hielten sich bereit. Die Zufahrtsstraßen waren mit Straßensperren versehen worden; kein Fahrzeug konnte aus dem Hinterhalt auf den Präsidentenwagen zurasen.

Überall an der Strecke hatten sich Menschenmengen versammelt. Sie wurden durch Sperrgitter auf Abstand gehalten, welche die Polizei nachts im Licht von Scheinwerfern hingestellt hatte. Die Massen waren seltsam still, als erwarteten sie, daß etwas Dramatisches oder Tragisches geschehen würde. Einige der Menschen hatten Transistorradios bei sich, die sie auf Radio Europa Nummer Eins eingestellt hatten; Oberst Lasalle würde in Kürze wieder eine seiner Rundfunkansprachen halten. Als sie an diesem kühlen und klaren Dezembermorgen – zwei Tage vor Weihnachten – warteten, blickten sie gelegentlich nach hinten auf die Hausdächer, auf denen uniformierte Polizisten wie Wärter eines Straflagers patrouillierten.

Mitunter sahen die Menschen zum Himmel, der gleichfalls

bewacht wurde. Entlang der Route flogen zahlreiche Hubschrauber in einer Höhe von etwa dreißig Metern mit knatternden Motoren; wenn sie außer Hörweite waren, kehrten sie nach kurzer Zeit wieder zurück. Und alle Bestandteile dieses gewaltigen Sicherheitskordons – auf dem Boden, auf den Hausdächern und in der Luft – wurden über Funk von der Leitstelle der Präfektur auf der Ile de la Cité dirigiert. Boisseau war der Mann an der Spitze dieses Riesenunternehmens. Er wartete in dem Büro, das Grelle ihm zur Verfügung gestellt hatte, auf den ersten Funkbericht. »Er hat soeben den Elysee-Palast verlassen...«

Blanc saß in seinem Dienstwagen im Innenhof des Elysee; dieser Wagen war nur einer von vielen, die dem Wagen mit dem Präsidenten nach dessen Abfahrt folgen sollten. Neben Blanc saß seine Frau Angèle. Plötzlich sah er einen Wagen halb in den Innenhof hineinfahren, bevor er angehalten wurde. Blanc verkrampfte sich. General Lamartine stieg aus. Irgendein Esel von Sicherheitsbeamter hatte dem General erlaubt, den Kordon zu durchbrechen. Wahrscheinlich hatte Lamartine das hohe Tier herausgekehrt. Blanc blickte durch die Heckscheibe auf die Treppenstufen des Palasts. Florian war gerade herausgekommen und blieb stehen, als er den Sicherheitschef des Palasts mit Lamartine streiten sah. »Bin in einer Minute wieder da«, sagte Blanc zu seiner Frau und stieg aus. In dem Wagen vor ihnen hatte Danchin sich umgedreht. Er machte ein Gesicht, als ob er überlegte, ob der Vorfall etwas mit ihm zu tun habe.

Lamartine hatte den Sicherheitsbeamten stehen lassen und eilte jetzt quer über den Hof zu der Treppe des Palasts. Alle starrten ihn an. Florian trat auf den Hof hinunter und begrüßte Lamartine. Dann ging der Präsident langsam zu seinem Wagen. Der General sprach lebhaft auf Florian ein, der schweigend zuhörte und gemessenen Schritts weiterging. Lamartines Gesicht erstarrte, als er Blanc auf sich zukommen sah. Er hat es ihm erzählt, dachte der Minister, er hat ihm alles gesagt – um sich selbst den Rücken freizuhalten, dieser Scheißkerl.

»Was soll das alles bedeuten, Alain?«

Florian hatte sich schon halb in den Fond seines Wagens gesetzt und sprach über die Schulter; dann setzte er sich zurecht und ließ die Tür offen. Er sah zu Blanc auf, der sich hinunterbeugte, um mit Florian zu sprechen. »Wir hatten heute nacht ein kleines Problem«, sagte der Minister ungerührt. »In den Palast wollte man mich nicht hineinlassen, also habe ich mich allein darum gekümmert.«

»Sie planen einen Staatsstreich?«

Ein Ausdruck zynischer Belustigung erschien auf dem schmalen, hageren, intelligenten Gesicht, ein Ausdruck höchsten Selbstvertrauens. In diesem Augenblick wurde Blanc mehr denn je bewußt, welch eine magnetische Persönlichkeit dieser Mann besaß, den man zu Unrecht den zweiten de Gaulle genannt hatte. Florian beugte sich vor, als Blanc schwieg. Einen Augenblick sah es aus, als würde der Präsident aussteigen. Blancs Herz machte einen Satz.

»Sie planen einen Staatsstreich?«

»Herr Präsident.«

Das war alles, was Blanc sagte. Florian lehnte sich in die Polster, schloß selbst die Tür und wies den Fahrer an, loszufahren. Blanc ging zu seinem Wagen zurück und würdigte Lamartine dabei keines Blicks. Der General war zum Standbild erstarrt. Jetzt wußte er, daß er seine Karriere ruiniert hatte. »Und das alles für nichts«, sagte Blanc zu seiner Frau, als er sich wieder hingesetzt hatte. »Lamartine ist ein altes Schlachtroß – ich glaube, den werden wir bald auf Gnadenbrot setzen müssen...«

Er war nur mit halbem Herzen bei dem, was er sagte, als das erste Fahrzeug, ein Mannschaftswagen voller CRS-Männer, den Innenhof verließ und in die Rue du Faubourg St. Honoré einbog. Dann folgte der Präsidentenwagen. So viel Selbstvertrauen in einem einzigen Mann! Florian war zu dem Schluß gekommen, daß niemand mehr die Räder der Geschichte anhalten konnte, die er in Bewegung gesetzt hatte. Blanc, sein engster Vertrauter, hatte in der Nacht Anweisungen gegeben, die man als Hochverrat würde auslegen können. Wennschon, dem würde er sich nach der Rückkehr aus Moskau widmen. Hatte nicht vor einigen Jahren ein amerikanischer Präsident das gleiche Gefühl der Unverwundbarkeit besessen – obwohl seine Taten, verglichen mit denen Guy Florians, nur kleine Vergehen gewesen waren?

Die Route zum Flughafen Charles de Gaulle war von Marc Grelle persönlich mit großer Sorgfalt ausgearbeitet worden. Enge Straßen waren nach Möglichkeit zu meiden, um der Gefahr zu entgehen, daß sich ein Heckenschütze auf irgendeinem Dach auf die Lauer legte. Nach dem Einbiegen in die Rue du Faubourg St. Honoré würde die Autokolonne kurz auf dieser Straße fahren, dann wieder nach links in die Avenue Marigny einbiegen und dann auf die Champs-Élysées hinausfahren. Von da an lagen nur noch breite Boulevards vor ihr sowie die Autobahn A 1, die direkt zum Flughafen führte.

»Er hat soeben den Elysee-Palast verlassen...«

In der Leitstelle konnte André, das Eichhörnchen, auf dem Fernsehmonitor erkennen, wo sich die Autokolonne etwa befand.

An verschiedenen ausgewählten Punkten waren Fernsehkameras installiert worden, damit beobachet werden konnte, ob die Menge zu irgendwelchen Feindseligkeiten neigte. Über das Mikrofon, das Boisseau jetzt in der Hand hielt, konnte er jede Kontrollstation entlang der Strecke erreichen; er konnte die Streckenposten sogar warnen, falls ihm auf dem Fernsehschirm etwas auffallen sollte. Auf dem Monitor verfolgte er, wie die Kolonne die Avenue Marigny entlangfuhr; der Mannschaftswagen der CRS vornweg, dann der Wagen des Präsidenten, dann dreiundzwanzig schwarze Limousinen mit Kabinettsmitgliedern und deren Ehefrauen. Jetzt herrschte strahlender Sonnenschein – am Vortag hatte es einen Wetterumschwung gegeben –, aber während Boisseau die Reihe schwarzer Limousinen beobachtete, hatte er das makabre Gefühl, einem Trauerzug zuzusehen.

Boisseau verscheuchte den Gedanken. Er war Profi bis in die Fingerspitzen und hatte sich jetzt nur um eines zu kümmern – er mußte den Präsidenten sicher nach Roissy bringen. Die Ermittlungen in Sachen Leopard hatte er vorübergehend verdrängt; in den letzten wenigen Stunden hatte auch der Präfekt nicht einmal davon gesprochen. Mit gespanntem Gesichtsausdruck verfolgte Boisseau das Geschehen auf dem Monitor. Er wartete auf den Augenblick, in dem die Kolonne auf die Autobahn fahren würde, die bald über offenes Land führte, und dort konnte sich kein Attentäter verbergen.

»Komm erst mal zur Porte Maillot«, flüsterte Boisseau. »Dann bist du sicher...«

Plötzlich wurde ihm bewußt, daß er das Mikro so fest in der Hand hielt, daß seine Knöchel weiß wurden. In seinem Wagen bemerkte auch Alain Blanc, daß er die Hand zur Faust geballt hatte. Wie Boisseau war auch ihm klar, daß der Präsident in Sicherheit war, wenn er erst einmal die Autobahn erreicht hatte. Blanc ertappte sich dabei, daß er aus dem Fenster sah und zu den Fenstern hoher Wohnblocks hinaufblickte, daß er nach etwas Verdächtigem Ausschau hielt, nach etwas, was nicht so war, wie es sein sollte. Wie zum Teufel sollte Grelle es schaffen? Die Autokolonne schien die Champs-Élysées im Kriechtempo zu bewältigen.

Boisseau kam es ebenfalls so vor, als würden die Wagen kriechen, als sie das Ende des großen Boulevards erreichten und um den Triumphbogen herumfuhren, der die Siege Napoleons für alle Zeiten zu verewigen scheint, und dann in die Avenue de la Grande Armée einbogen, die ebenfalls auf beiden Seiten von hohen Wohnhäusern gesäumt ist. »Komm erst mal zur Porte Maillot«, flüsterte Boisseau wieder vor sich hin. Er war froh, allein im Büro zu sein. Alles, was in den letzten paar Wochen geschehen war, war wie ausgelöscht: Boisseau war für die Sicherheit des Präsidenten verantwortlich. Die Verantwortung lastete schwer auf ihm.

Alain Blanc gab allmählich die Hoffnung auf, daß etwas geschehen würde. Grelle hatte es offensichtlich nicht geschafft, aber das war nicht verwunderlich. Vielleicht hatten seine Nerven versagt, und darüber würde Blanc sich noch weniger wundern. Er blickte immer noch zu den Fenstern der Wohnhäuser hinauf, holte ein Taschentuch hervor und wischte sich die schweißbedeckte Stirn ab. Er stand – wenn auch aus anderen Gründen – unter einer ebenso starken Anspannung wie Boisseau. Blanc runzelte die Stirn, als er das Knattern eines herannahenden Hubschraubers hörte, der sehr niedrig flog, und preßte dann die Wange an die Seitenscheibe, um die Maschine zu entdecken. Die Menge, die noch immer seltsam still blieb, als hätten die Menschen ebenfalls das Gefühl, einer Trauerprozession beizuwohnen, reckte die Köpfe, um dem Hubschrauber nachzustarren, der sich der Autokolonne von hinten näherte und geradewegs über die Champs-Élysée hinwegflog. Er überflog den Triumphbogen und nahm dann Kurs auf die Avenue de la Grande Armée, wo er mit dem lauten Geknatter seines Motors die Tauben von den Dächern verscheuchte. Dann überflog er die Autokolonne und verschwand. Blanc sank in die Polster zurück. »Wirklich, wir hätten gar nichts machen können ...« Er hatte unwillkürlich laut gesprochen. Seine Frau sah ihn überrascht an. Dann ging der Mannschaftswagen an der Spitze in eine Kurve, anschließend der Präsidentenwagen. Sie hatten die Porte Maillot erreicht.

Um 10.25 Uhr, fünf Minuten vor dem Start, saß Flugkapitän Pierre Jubal mit seinem Kopiloten Lefort in der Kanzel. Draußen auf dem Rollfeld war das gesamte französische Kabinett angetreten. Die Minister warteten darauf, daß Florian die Maschine bestieg. In der Nähe standen Männer der Flughafengendarmerie mit automatischen Waffen im Arm. Von dort, wo Alain Blanc stand, hatte er einen freien Blick über die Concorde hinaus auf die Ebene; im Hintergrund erkannte er nur die winzig wirkenden Häuser des Dorfs le Mesnil Amelot am Rand des riesigen Flughafens. Die Sonnenstrahlen erfaßten einen winzigen Stift, einen Kirchturm, und ein kleines Rechteck, eine stillgelegte Fabrik. Dann ging der Präsident an seinen Ministern vorüber. Er hatte sein berühmtes Lächeln aufgesetzt.

»Er hat das Auftreten eines Königs«, murmelte Danchin dem

Ministerkollegen neben ihm zu. »Frankreich kann sich zu diesem Zeitpunkt seiner großen Macht wirklich glücklich schätzen...«

Kurz vor dem Betreten der Gangway schien sich Florian an etwas zu erinnern. Er wirbelte herum, noch immer lächelnd, kehrte um und schüttelte Alain Blanc die Hand. »Alain«, sagte er mit Wärme, »ich werde nie all das vergessen, was Sie in der Vergangenheit für mich getan haben...« Nur Blanc bemerkte, daß Florian die letzten Worte seines Satzes betonte, wie ein Vorstandsvorsitzender, der sich von einem Direktor verabschiedet, den er soeben entlassen hat. Die Hinrichtung ist aufgeschoben, dachte Blanc, als er Florian die Gangway hinaufgehen sah, aber sie wird in dem Augenblick erfolgen, in dem er zurückkehrt. Am oberen Ende der Gangway drehte Florian sich um, winkte und verschwand. Die Triebwerke begannen zu summen und zu pfeifen. Mechaniker an der Schnauze der Maschine rannten zurück. Der unglaubliche Vogel begann vor Kraft zu beben. Boisseau, der die Szene in Paris am Fernsehschirm beobachtete, wischte sich die Stirn ab.

Zuvor, bevor die Autokolonne den Innenhof des Elysee verlassen hatte, entdeckte der Hubschrauberpilot Jean Vigier das kleine schwarze Auto, das sich mit hoher Geschwindigkeit vom Pariser Stadtzentrum entfernte. Zuerst sah er es unter sich, als es den Boulevard des Capucines entlangfuhr. Neugierig – es war das einzige Fahrzeug, das sich auf dem leeren Boulevard bewegte – änderte Vigier seinen Kurs und entdeckte es hinter der Oper wieder. Den Piloten beeindruckten die Geschwindigkeit des Wagens und seine Zielstrebigkeit. Er verfolgte das Auto weiter.

Was als Routineflug begonnen hatte, verwandelte sich in etwas Alarmierenderes, als Vigier die Nonstopfahrt des Wagens weiterverfolgte; der Wagen fuhr Häuserblock um Häuserblock weiter, ohne anzuhalten und ohne kontrolliert zu werden. Vigier, jetzt plötzlich besorgt, setzte seine Luftüberwachung des verdächtigen Fahrzeugs fort, während er die Leitstelle über Funk verständigte. »Kleiner schwarzer Wagen passiert alle Kontrollstellen, ohne anzuhalten... befindet sich im Augenblick in...«

Nachdem Boisseau die Meldung erhalten hatte, handelte er sofort. Er wies einen Assistenten an, die Polizeiwache in der Rue Hittorf 1 anzurufen, die letzte Kontrollstelle, die der Wagen passiert hatte. Der Assistent kam ein paar Minuten später wieder. »In diesem Wagen sitzt der Polizeipräfekt – das ist der Grund, warum sie ihn überall durchlassen. Er meldet sich bei jeder Kontrollstelle über Funk, bevor er dort ankommt...«

Boisseau verschwendete keine Zeit mit Spekulationen; sein

Chef war offensichtlich dabei, einer Sache nachzugehen. Er ließ dem Hubschrauberpiloten Jean Vigier über Funk durchgeben: »Fahrer des schwarzen Wagens identifiziert – kein Grund zur Beunruhigung.« Danach vergaß Boisseau den Zwischenfall.

In seinem Wagen näherte Grelle sich jetzt dem Bezirk Goutte d'Or. Wieder meldete er sich über Funk bei der nächstliegenden Kontrollstelle, und dann tat er etwas sehr Merkwürdiges. Er hielt in der menschenleeren Straße an der Bordsteinkante an, wechselte das Frequenzband seines Funksprechgeräts, holte ein Kleinsttonbandgerät hervor, schaltete es ein und sprach dann über Funk, wobei er seiner Meldung das Codewort vorausschickte. »Franklin Roosevelt. Hier Boisseau. Ja, Boisseau. Sind Sie's, Lesage? Störung? Nein, bei mir ist alles in Ordnung. Hören Sie zu!« Jetzt spulte das Band sich ab und sendete weiter, was Grelle zuvor in seiner Wohnung mit verstellter Stimme aufs Band gesprochen hatte.

»Kaninchen ist gesehen worden... Ja, Kaninchen! Ist vor fünf Minuten die Rue de Clichy hinuntergegangen. Nehmen Sie Ihre Männer und durchkämmen Sie die Gegend um die Rue de Clichy. Keine Widerrede, Lesage, er ist Ihnen entwischt – los, ihm nach! Wenn Sie ihn finden, hängen Sie sich dran – keine Festnahme. Ich wiederhole, keine Festnahme. Er könnte Sie zum Rest der Bande führen...«

Da er zu Beginn des Funkspruchs das Codewort genannt hatte, war Grelle zuversichtlich, daß Lesage seinem Befehl sofort Folge leisten würde. Grelle fuhr wieder an, passierte die nächste Kontrollstelle und bog dann in die Rue Réaumur ein, in der Abou Benefeika, der algerische Terrorist, noch immer darauf wartete, daß seine Freunde kommen und ihn abholen würden. Grelle stieg aus und näherte sich dem verfallenen Eingang des Hauses Nr. 17 mit äußerster Vorsicht. Als er den türlosen Eingang auf seinen Gummisohlen betrat, machte er kein Geräusch. In der Hand hielt er seinen Revolver. Ein abgestandener, muffiger Gestank von Feuchtigkeit schlug ihm entgegen. Er rümpfte die Nase, als er in dem dunklen Hausflur stand und lauschte. Als er die Kellertreppe betrat, bewegte er sich noch vorsichtiger.

Unten wartete er, bis seine Augen sich an die Dunkelheit gewöhnt hatten. Allmählich erkannte er jenseits der Tür zum Keller die Umrisse eines schlafenden Mannes. Der Mann schlief auf der Seite und hatte das Gesicht der Wand zugewandt. Der Präfekt schaltete seine Taschenlampe ein und entdeckte einen feinen Draht, der am unteren Ende der Kellertür quer über die Öffnung gespannt worden war; Grelle folgte dem Draht mit der

Taschenlampe und sah, daß er an einer großen Blechdose befestigt war, die auf einem Haufen von Ziegelsteinen stand. Jeder, der einfach durch die Tür trat, würde die Dose herunterpurzeln lassen und den schlafenden Terroristen wecken. Grelle trat behutsam über den Draht. Mit Hilfe seiner Taschenlampe bahnte er sich den Weg durch überall herumliegende Ziegelsteine und näherte sich dem schlafenden Terroristen. Grelle bückte sich und hob die schwere Magnum-Pistole auf, die neben der reglosen Hand des Mannes lag. Dann weckte er ihn.

Grelle fuhr über die Porte de Pantin aus Paris heraus und setzte seine Fahrt auf der Straße N 3 fort; dann, kurz vor Claye-Souilly, bog er nach Norden ab und fuhr durch offene Landschaft. Der algerische Terrorist, Abou Benefeika, duckte sich auf dem Fußboden vor dem Beifahrersitz, den Grelle zuvor weit zurückgeschoben hatte. Der Algerier war mit einem Reiseplaid zugedeckt, das wie zufällig hinuntergerutscht zu sein schien, und kehrte Grelle, der gelegentlich den Revolver vom Schoß nahm und ihn dem Algerier in den Nacken preßte, den Rücken zu. Er sollte nicht vergessen, daß die Waffe noch da war.

Abou Benefeika war teils erleichtert, teils zutiefst verängstigt. Der Zivilist, der ihn geweckt und ihm eine Pistole vors Gesicht gehalten hatte, hatte ihm gesagt, er sei gekommen, um ihn außer Landes zu schaffen. »Ihre Freunde haben sich aus dem Staub gemacht«, sagte Grelle nur, »also hat man mich hiergelassen, damit ich aufpasse, daß man Sie nicht erwischt. Die Polizei ist dabei, sich diesen Bezirk vorzuknöpfen, das wissen Sie doch, nicht wahr?« Grelle hatte ihm gesagt, er solle den Kopf einziehen und unten lassen. »Dies ist ein gestohlener Polizeiwagen. Sie sollten also beten, daß wir an den Straßensperren durchkommen, die sie errichtet haben. Ich habe den Ausweis des Polizisten, den ich erschossen habe, deswegen darf ich diesen Wagen fahren. Wir müßten es eigentlich schaffen. Wenn ich Sie aber erschießen muß, um mich selbst zu retten, werde ich es tun...«

Benefeika, der es tagelang mit den Ratten im Keller hatte aushalten müssen, war einigermaßen demoralisiert. Er traute dem Mann nicht, der ihn geweckt hatte, wurde aber zuversichtlicher, als Grelle mehrere Polizeikontrollen passierte, ohne ihn auszuliefern. Welche andere Erklärung konnte es da geben als die, die der Mann ihm genannt hatte? Jenseits der Porte de Pantin gab es eine Zeitlang keine Kontrollen mehr, aber das gelegentliche Antippen des Revolvers im Nacken überzeugte Benefeika, daß es besser sei, den Worten seines Retters zu folgen und den Kopf unten zu halten.

Vor der hinteren Sitzbank des Wagens lag noch ein Reiseplaid, aber das, was sich darunter verbarg, war kein Mann.

Der Besuch in der Rue de Saussaies, dazu um fünf Uhr morgens, war riskant gewesen.

Der Wachtposten, der ihn ins Gebäude einließ, ging davon aus, daß Grelle in das Zimmer im vierten Stock wollte, in dem irgendein rätselhaftes Projekt verfolgt wurde – der Wachtposten dachte an den Raum, in dem ein Mann auf den nächsten Anruf Hugons wartete, des verräterischen Mitarbeiters von Oberst Lasalle, Hauptmann Moreau. Grelle ging tatsächlich in den vierten Stock, betrat zunächst das Büro, das ihm persönlich zur Verfügung gestellt worden war und in dem er Annette Devaud vernommen hatte. Dort blieb er nur einen Augenblick, um eine Schachtel Zigaretten auf den Tisch zu legen. Anschließend ging er zu dem doppelt gesicherten und gepanzerten Raum auf der anderen Seite des Gebäudes, schloß die äußere Tür auf, schlüpfte hinein und schloß sofort wieder hinter sich ab. Er befand sich jetzt in dem äußeren Raum und stand vor der gepanzerten Tür.

Grelle ging äußerst behutsam vor. Er streifte sich Handschuhe über, nahm den Schlüssel zur gepanzerten Tür und preßte beide Seiten des Schlüssels in ein Wachsplättchen, das er mitgebracht hatte. Er pfuschte absichtlich und wackelte etwas mit dem Schlüssel, so daß der Abdruck ungenau wurde. Später würde man davon ausgehen, daß jemand danach einen frischen und perfekten Abdruck gemacht und sich so die Mittel zur Herstellung eines Schlüsselduplikats verschafft hatte. Grelle, der die Handschuhe noch anhatte, ließ den unvollkommenen Wachsabdruck zu Boden fallen und schob ihn mit der Schuhspitze unter einen Aktenschrank. In wenigen Stunden würden zahlreiche Beamte die Spuren sichern und den ganzen Raum auf den Kopf stellen. Sie würden jede Staubflocke unter die Lupe nehmen. Danach öffnete Grelle die gepanzerte Tür.

Die Abschußvorrichtung der SAM-Rakete war in schützendes Segeltuch gehüllt und lag an der Wand auf dem Fußboden. Daneben fand Grelle eine kleinere Segeltuchrolle mit den beiden *Strela*-Raketen. Er rollte beide Pakete zu einem großen zusammen, das er mit der großen Segeltuchplane umwickelte und mit einer Schnur zusammenband. Er verließ den Raum, schloß ab, ging auf den Flur hinaus und verschloß die Außentür. Jetzt bestand die Schwierigkeit darin, das sperrige Paket aus dem Gebäude herauszubringen. Es war unvermeidlich, daß er einem Wachtposten begegnete, wenn nicht im Gebäude selbst, so doch am Ausgang.

Um den in der Sûreté-Zentrale patrouillierenden Beamten nicht über den Weg zu laufen, deren Postengänge Grelle kannte, machte er einen langen Umweg. Er wanderte durch endlose Korridore und ging Hintertreppen hinunter. Diese verdammte Sûreté war ein Kaninchenbau, den er früher oft verflucht hatte, aber diesmal konnte das Labyrinth seine Rettung sein. Er ging vorsichtig die letzte Treppe hinunter, schlich aber auf Zehenspitzen wieder nach oben, als er auf dem unteren Korridor die Schritte eines Wachtpostens hörte. Grelle wartete. Die Schritte verhallten, und in das altersschwache Gebäude kehrte wieder Stille ein. Jetzt ging Grelle rasch die Treppe hinunter, erreichte das Erdgeschoß und ließ sein Segeltuchpaket in einem Schrank verschwinden, der seit Jahren leerstand. Grelle durchquerte die Eingangshalle und öffnete leise die Außentür.

Der Wachtposten lehnte sich gegen eine Wand, und Grelle meinte, er sei im Stehen eingedöst. Es wäre aber zu riskant gewesen, den Versuch zu machen, an ihm vorbeizuschleichen.

»Thomas!« rief Grelle mit lauter Stimme. Der Mann richtete sich mit einem Ruck auf. Seine Stimme klang sehr unsicher. Grelle war nicht der Mann, der einem Unaufmerksamkeit so ohne weiteres durchgehen ließ. »Ja, Herr Präfekt?«

»Ich habe meine Zigaretten vergessen. Können Sie schnell mal auf Zimmer 407 gehen und sie mir holen?« Grelle gab dem Wachtposten einen Schlüssel. »Auf meinem Schreibtisch liegt eine frisch angebrochene Schachtel...«

Er lauschte dem verebbenden Geräusch der Schritte. Er stand unten vor der Treppe, holte das Paket aus dem Schrank, trug es auf den Hof hinaus und legte es vor der hinteren Sitzbank seines Autos auf den Wagenboden. Dann legte er ein Reiseplaid über das Paket. Als Thomas mit den Zigaretten und dem Schlüssel zurückkehrte, wartete Grelle in der Eingangshalle. »Vielen Dank, Thomas.« Er bot dem Mann eine Zigarette an. »Passen Sie auf, daß diese Wand Ihnen nicht auf den Kopf fällt...« Er ließ Thomas stehen, der ihm nervös nachstarrte. Grelle war jetzt recht zuversichtlich, daß Thomas es unterlassen würde, Grelles Besuch bei den Vorgesetzten zu melden. Der Präfekt fuhr zu seiner Wohnung auf der Ile Saint-Louis zurück. Er stellte den Wagen in der Garage ab und ging nach oben, um sich zu rasieren.

Durch die Windschutzscheibe sah Grelle das Dörfchen Le Mesnil Amelot näher kommen, die Silhouetten eines Gewirrs eng beisammenstehender Häuser, eines Kirchturms und einer stillgelegten Fabrik. Neben ihm, auf dem Wagenboden, schwitzte Abou Benefeika; sie hatten gerade eine weitere Kontrollstelle passiert. An der Porte de Pantin hatte Grelle die Kontrollstellen hinter sich gelassen, und jetzt, als sie dem Flughafen Charles de Gaulle näherkamen, fuhr er wieder direkt auf sie zu. Es waren Kontrollen, die er selbst angeordnet hatte. An der letzten Straßensperre, die noch recht weit vom Dorf entfernt lag, rief er einem Wachtposten aus dem Wagenfenster eine Warnung zu. »Halten Sie die Augen offen. Es könnten sich Fremde hier herumtreiben. Mir ist gemeldet worden, es könnte gerade hier Ärger geben...«

»Sie fahren ins Dorf, Monsieur?«

»Ich werde wahrscheinlich schon vorher anhalten – um das Abheben der Maschine zu beobachten...«

Er fuhr weiter, während der unter dem Plaid versteckte Benefeika die Kühnheit dieses unechten Polizisten bewunderte. Der Algerier hatte schon mehrmals gefragt, wohin die Reise eigentlich gehe, und Grelle war jedesmal recht kurz angebunden gewesen. »Zu einem Ort, an dem ein Transportmittel bereitsteht, um Sie wegzubringen – und das ist alles, was Sie wissen müssen...« Als er sich dem Dorf näherte, sah Grelle auf seine Armbanduhr. 10.20 Uhr. Gott im Himmel, das hatte mehr Zeit in Anspruch genommen, als er einkalkuliert hatte. In zehn Minuten würde die Concorde starten.

Zu seiner Linken erstreckte sich die Ebene jenseits des Drahtzauns, der den Flughafen Charles de Gaulle umgibt, und Grelle glaubte, die startbereite Concorde zu sehen. Wie er gehofft hatte, war die Dorfstraße völlig leer; alle Dorfbewohner hielten sich bei ihren Nachbarn in Häusern auf, von denen aus man das Rollfeld überblicken und den Start beobachten konnte. Grelle riß das Lenkrad herum und fuhr an einer stillgelegten Fabrik vorbei auf einen großen Hof.

»Innerhalb einer Stunde wird hier ein Hubschrauber landen und Sie wegbringen«, sagte Grelle zu dem Algerier und scheuchte ihn mit der Pistole aus dem Wagen. »Bis dahin werden Sie sich schön still verhalten...« Grelle nahm den Algerier mit ins Fabrikgebäude, schob ihn eine wacklige Treppe hinauf und befahl ihm, im Obergeschoß in einen Raum mit zugenagelten Fenstern zu gehen. Grelle verließ den Raum und verriegelte die Tür. Der Präfekt hatte erst vor kurzem bei der Prüfung der Sicherheitsvorkehrungen eine Autofahrt um das gesamte Flughafengelände herum gemacht und war dabei in le Mesnil Amelot ausgestiegen; das alte Fabrikgebäude hatte ihn neugierig gemacht. Er hatte in jede Ecke und jeden Winkel geblickt.

Nachdem er Benefeika eingeschlossen hatte, holte Grelle das

schwere, mit Segeltuch umwickelte Paket aus dem Wagen und schleppte es aufs Dach. Noch immer war auf der Straße niemand zu sehen. Dem Fabrikgebäude gegenüber lagen nur die Kirche und der Friedhof. Grelle sah auf die Uhr. 10.27 Uhr.

In Paris, in der Präfektur, reagierte Boisseau äußerst gereizt, als ein Assistent ihm mitteilte, daß der Beamte Lesage, der die Beobachtung des algerischen Terroristen Abou Benefeika leitete, eine wichtige Meldung für ihn habe. »Um Gottes willen, warum ausgerechnet jetzt?« schäumte Boisseau, aber dann fiel ihm die Gabe seines Chefs ein, ein halbes Dutzend Dinge zur selben Zeit im Auge zu behalten. »Also gut, stellen Sie ihn durch«, raunzte er. Er hörte weniger als eine Minute zu und ging dann in die Luft.

»Sie elender Dummkopf! Ich habe nicht befohlen, daß Sie sich zurückziehen sollen. Sie sagen, die Stimme sei schlecht zu hören gewesen, habe aber das richtige Codewort genannt? Ich war das nicht! Irgendeiner dieser Terroristen hat Sie hereingelegt. Begeben Sie sich sofort zu dem Haus und durchsuchen Sie's von oben bis unten. Ich kann Ihnen jetzt schon verraten, daß der Bursche ausgeflogen ist!« Boisseau wandte sich wieder dem Monitor zu, auf dem der Präsident gerade die Gangway hinaufging, sich umdrehte, winkte und dann in der Concorde verschwand. »So, jetzt ist er gleich in der Luft«, bemerkte er zu seinem Assistenten.

In der auch für ihn charakteristischen Manier eines Pierre Trudeau oder John F. Kennedy ging Guy Florian durch den Passagierraum der Concorde nach vorn in die Pilotenkanzel. Er äußerte den Wunsch, beim Start dort zu sitzen und zu beobachten, wie die Piloten die Instrumente bedienten. »Setzen Sie sich«, sagte er zu dem Flugpersonal, »ich bin jetzt nichts weiter als ein gewöhnlicher Passagier...« Er grinste jungenhaft. »Allerdings wichtig genug, bei Ihnen zu sitzen, während Sie die Maschine hochziehen. Wenn Sie nichts einzuwenden haben...«

Punkt 10.30 Uhr fing die riesige Maschine an, auf die Hauptstartbahn zuzurollen. Die Concorde bewegte sich eine Zeitlang geradeaus, bis Jubal das Flugzeug auf die Startbahn einschwenken ließ. Dort blieb die Concorde kurz stehen, während Jubal auf die Startfreigabe durch den Tower wartete. Dann ließ der Pilot die Maschine anrollen. Alain Blanc kam die Concorde noch immer wie ein böser Raubvogel vor, wie eine zwar schöne, aber zugleich gefährliche Maschine. Das Heulen und Pfeifen der enorm schubstarken Triebwerke tönte zu den Ministern herüber, die pflichtgemäß in Reih und Glied standen und warteten. Der Himmel war jetzt vollkommen klar, die Sonne strahlte. Kein anderes Flugzeug war zu sehen – der Luftraum war für Präsident Florians Abflug freigehalten worden. Weit hinten auf der Startbahn änderte das Flugzeug die Richtung, rollte los und hob dann plötzlich in scharfem Winkel ab. Die geierkopfähnliche Kanzel und der gesamte Rumpf bebten, während die Maschine Strahlen schmutziger Abgase ausspie.

10.31 Uhr. Auf dem Dach der stillgelegten Fabrik lag Grelle auf einem Öltuch, das er mitgenommen hatte, damit seine Kleidung nicht schmutzig wurde. Er preßte sich die Abschußvorrichtung fest an die Schulter – so, wie Buvon es ihm auf dem Flughafen Orly gezeigt hatte. Grelle sah angestrengt durch das Zielfernrohr. Für das bloße Auge nur als Umriß erkennbar, erschien die Concorde im Zielfernrohr klar und deutlich, mit allen Details. Grelle konnte die seitlich am Rumpf aufgemalten Wörter *Air France* deutlich lesen. Er schwitzte heftig. In Begleitung des Präsidenten an Bord der Maschine befanden sich Männer, die er gut kannte, Männer, die er mochte und respektierte. Grelles Mund war nur noch ein dünner Strich. Er biß die Zähne zusammen.

Die Maschine stieg wie ein triumphierender Vogel in den Himmel. Die gebogene Nase und der mit Fledermausflügeln bewehrte riesige Rumpf erzitterten; die Maschine stieg in dem exakt vorausberechneten Winkel in den Himmel, der soviel Bewunderung auslöst – und erschreckt –, wenn man ein Flugzeug vom Erdboden aus oder vom Dach einer stillgelegten Fabrik aus beobachtet. 300 Meter... 600 Meter... Die Concorde raste in den Steigflug. Dies ist immer der kritische Augenblick – wenn ein riesiges, mit hochexplosivem Treibstoff vollgetanktes Flugzeug immer weiter und weiter steigen muß, weil es auf dem Weg in die Stratosphäre keine Umkehr gibt, sondern als Alternative nur die Katastrophe.

»Für Frankreich...«

Grelle drückte ab.

Die Rakete schoß vom Fabrikdach empor. Grelle rannte einen Stock tiefer zu dem Raum, in dem der algerische Terrorist noch immer auf den Hubschrauber wartete, der ihn abholen und in Sicherheit bringen sollte. In dem weiten Luftraum über dem Flughafen Charles de Gaulle befanden sich jetzt nur zwei Flugkörper – die aufsteigende Rakete und die im Steigflug begriffene Concorde. Unter den Fluglotsen an den Radarschirmen entstand sofort eine Panik, als sie den Kurs der Concorde verfolgten. Auf ihren Schirmen war ein weiteres Flugobjekt aufgetaucht. Ein unglaublich kleiner Flugkörper, der sich mit Überschallgeschwindigkeit bewegte, so schnell, daß nur ein Fluglotse dazu kam zu schreien.

Guy Florian sprach über Funk von der Flugkanzel aus. Er hielt eine Ansprache, die überall dort zu hören war, wo ein Rundfunkgerät oder ein Fernseher eingeschaltet war – in Häusern, Wohnungen und Lokalen, in denen sich die Menschen vor den Fernsehern drängten, um der aufsteigenden Concorde zuzusehen. »Diese historische Mission, die mich nach Moskau führt, wird die Sache des Weltfriedens fördern, damit unsere Enkel...«

Die *Strela*-Rakete, *made in UdSSR*, prallte in Höhe der Pilotenkanzel gegen den Rumpf der Concorde. Das Vorderteil der Maschine – einschließlich der Pilotenkanzel, von der aus Florian sprach – brach vom übrigen Rumpf ab. Als der Treibstoff detonierte, gab es ein ungeheures *B-o-o-m*. Fünfundzwanzig Kilometer entfernt, in Paris, blieben Menschen wie vom Blitz getroffen stehen. Vom Erdboden aus sahen die versammelten Minister des französischen Kabinetts einen schrecklichen Feuerball aufflackern, als der Treibstoff Sekunden nach dem Abbrechen des Vorderteils der Maschine Feuer fing. Nase und Kanzel der Concorde trudelten zur Erde. Der Feuerball verschlang den halben Flugzeugrumpf, während das Heck der Maschine abbrach, ebenfalls Feuer fing und als brennender Pfeil dreißig Kilometer weiter auf die Felder stürzte. Nach dem Aufprall des Feuerpfeils stieg schwarzer Rauch kerzengerade in den klaren Morgenhimmel auf. Ein Fragment des Rumpfendes landete nur wenige Dutzend Meter von den versammelten Ministern entfernt. Sie stoben auseinander. Bis zu diesem Moment hatten sie schweigend und vor Entsetzen reglos dagestanden. Alain Blanc kam als erster zu sich. Er rannte zu seinem Wagen. »Zurück nach Paris. Fahren Sie wie der Teufel«, befahl er.

Das gesamte Dorf, von dem aus die Rakete abgeschossen worden war, wurde hermetisch abgeriegelt. Grelle leitete das Unternehmen persönlich. Von den Streifenwagen, die aus allen Richtungen auf Le Mesnil Amelot zufuhren, überholten einige den Wagen des Polizeipräfekten, als dieser *in Richtung* Le Mesnil Amelot fuhr. Die Wagen hielten an. Grelle sprang als erster heraus.

»Zurück in die Häuser... alle weg von der Straße... es kann jeden Augenblick zu Schießereien kommen...«

Innerhalb von drei Minuten war das Dorf abgeriegelt. Weitere Polizeifahrzeuge kamen an. Grelle ordnete an, sämtliche Häuser zu durchsuchen, und wies seine Männer an, ja nicht schießwütig zu werden. »Ich habe gesehen, wie von diesem Dorf aus irgend etwas in den Himmel schoß«, sagte er zu dem Inspektor, dem die hier versammelten Polizisten unterstanden. »Ich auch«, erwiderte der Inspektor aufgeregt. Über den Sprechfunk eines Streifenwagens nahm Grelle mit Boisseau Verbindung auf. »Sorgen Sie dafür, daß die Straßen von Paris leer bleiben. Es darf nicht zu Menschenansammlungen kommen. Setzen Sie notfalls die Männer der CRS ein. Es kann sein, daß jemand versucht, einen Aufstand anzuzetteln.«

Nachdem er für Paris klare Anweisungen gegeben hatte, wandte Grelle sich wieder der Durchsuchung des Dorfes zu. Es war Punkt 10.55 Uhr – Grelle hatte sofort auf die Uhr gesehen –, als er den Inspektor aus Leibeskräften schreiend die Straße entlangrennen sah. Sie hatten den Algerier gefunden.

Abou Benefeika lag auf dem Dach der stillgelegten Fabrik, alle viere von sich gestreckt. Seine geöffneten Augen starrten blicklos in den Himmel. Er hielt seine eigene Magnum-Pistole in der Hand, aus der nur ein Schuß abgefeuert worden war. Die Waffe trug nur seine Fingerabdrücke. Er hatte sich offenkundig selbst in die rechte Schläfe geschossen. Neben ihm lagen die SAM-Abschußvorrichtung und eine zweite Rakete. Später, als man auch diese Waffe untersuchte, entdeckte man auch auf ihr die Fingerabdrücke des Algeriers.

Am 7. Januar läuteten die mächtigen Glocken von Notre-Dame zum Staatsbegräbnis von Guy Florian. Teile seines Leichnams waren wie durch ein Wunder erhalten geblieben. Staatsoberhäupter aus allen Teilen der Welt waren anwesend, darunter auch der Staatspräsident der Union der Sozialistischen Sowjetrepubliken. Alain Blanc, der vor kurzem gewählte Ministerpräsident, führte den Trauerzug an.

Am Heiligen Abend des Vorjahrs hatte Marc Grelle Alain Blanc das Schreiben überreicht, in dem er seinen Rücktritt als Polizeipräfekt von Paris erklärte. Alain Blanc hatte bis auf weiteres das Amt des Innenministers mit übernommen.

Die beiden Männer zogen sich über eine Stunde lang in Klausur zurück. Anschließend trat Grelle vor eine eilig einberufene Pressekonferenz und verlas eine Erklärung. »Da ich meiner Pflicht, das Leben des Präsidenten der Französischen Republik zu schützen, nicht genügt habe, habe ich meinen sofortigen Rücktritt erklärt. Ich habe um Versetzung in den Ruhestand gebeten.« Georges Hardy, Grelles langjähriger Freund und Polizeipräfekt von Lyon, übernahm das Amt des Polizeipräfekten von Paris.

Am 8. Januar, einen Tag nach dem Staatsbegräbnis für den toten Präsidenten, das Grelle in seiner Wohnung auf der Ile Saint-Louis allein am Fernsehschirm verfolgt hatte, fuhr der ehemalige Präfekt Alan Lennox zum Flughafen. Der Engländer wollte nach London zurückfliegen. Lennox war noch immer Rekonvaleszent und schwer bandagiert. Er hatte André Boisseau ausführlich über seine Tätigkeit in Frankreich berichtet und anschließend darauf bestanden, sofort nach Hause zurückzukehren. In dem mündlich vorgetragenen Bericht fehlte jeder Hinweis auf den Leoparden, und Boisseau, der die Vernehmung persönlich durchführte, erwähnte den ehemaligen Résistance-Führer gleichfalls mit keinem Wort.

Nachdem er den Engländer zum Flughafen Charles de Gaulle gebracht hatte, setzte Grelle sich in seinen Wagen und fuhr allein in Richtung Paris zurück. In der Brusttasche seines Jacketts trug er das Foto seiner Frau Pauline bei sich, das er aus dem Rahmen in seiner Wohnung herausgenommen hatte. Seine letzten Worte vor dem Abschied von Alan Lennox waren sehnsüchtig gewesen. »Seit Jahren habe ich mich darauf gefreut, mich in ein bestimmtes Dorf in der Dordogne zurückziehen zu können – man kann dort sehr gut angeln ...« Grelle war aber ein Mann, der den größten Teil seines Lebens der Bewahrung und Aufrechterhaltung des Gesetzes gewidmet hatte; er machte sich keine Illusionen. Die Schritte, die er unternommen hatte, um seine Spuren als Attentäter zu verwischen, würden einer intensiv geführten Ermittlungsarbeit nicht standhalten. Er hatte nur versucht, sich eine kurze Atempause zu verschaffen. Wenn er für ein Verhör nicht mehr zur Verfügung stand, würde Boisseau nach einer angemessenen Frist seinen Bericht abschließen und erklären können, Abou Benefeika sei für den Tod des Präsidenten verantwortlich. Grelle prallte bei Tempo 140 gegen die Leitplanke. Mehr als fünfhundert Personen wohnten seiner Beisetzung bei. Wie beim Begräbnis von Guy Florian führte Alain Blanc, der später der nächste französische Staatspräsident wurde, den Trauerzug an. Über den Sarg hatte man Marc Grelles silberbestickte schwarze Uniform drapiert, die offiziellen Anlässen vorbehalten war. »Mir kam plötzlich der Gedanke«, sagte André Boisseau später, »daß er es vorgezogen hätte, wenn sie eine Hose und einen Rollkragenpullover auf den Sarg gelegt hätten ...«

Der Ministerpräsident war einer der Sargträger. Als er langsam, mit einer Ecke des Sargs auf der Schulter, dahinschritt, wurde er von Leuten beobachtet, die später sagten, sie hätten Alain Blanc weder zuvor noch später jemals so niedergeschlagen gesehen.

Lawinenexpress

Der Sparta-Ring

1. Basel und Zürich, Schweiz

Es war Mittwoch – gefährlicher Mittwoch – und wie immer der erste Mittwoch des Monats. Es war Mittwoch, der 3. Dezember, ein bitterkalter Tag mit tiefem Schnee auf den Straßen der altehrwürdigen schweizerischen Stadt, die im Lauf der Geschichte der Schauplatz so vieler geheimnisvoller Machenschaften gewesen ist.

VAGONE LETTI.

MOSKWA – MINSK – BREST – WARSZAWA – BERLIN – FRANKFURT/MAIN – HEIDELBERG – BASEL.

Das Schild mit den Zielortangaben außen an dem einzelnen Schlafwagen auf Gleis 1 ließ Vorstellungen von einer romantischen und gefährlichen Reise wach werden. Der Waggon stand für sich allein im Basler Bundesbahnhof; die Reisenden waren soeben ausgestiegen. Er machte einen verlassenen, fremdartigen und mit den Städtenamen auf dem Schild fast düsteren Eindruck. Für den Schlafwagen war dies die Endstation. Dieser Schlafwagen, der ständig von irgendwelchen Zügen abgekoppelt und an neue angehängt wurde, machte jede Woche die Reise vom Herzen des kommunistischen Weltreichs bis ins Zentrum Westeuropas.

Er hatte Moskau am Montag, dem 1. Dezember, um vier Uhr nachmittags verlassen – an dem Tag, an dem das sowjetische Politbüro zusammengetreten war, um die von Marschall Grigorij Pratschko persönlich geleiteten militärischen Großmanöver zu erörtern und zu bewerten. Der Schlafwagen war um 9 Uhr 20 am Basler Bundesbahnhof angekommen. Jetzt war es 9 Uhr 45. Das Bahnpersonal war schon gegangen; der Waggon stand verlassen an dem menschenleeren Bahnsteig. Vor dem nahen Bahnhofsrestaurant standen zwei Männer in dunklem Mantel und Hut. Für den Schlafwagen legten sie kein erkennbares Interesse an den Tag. Der kleinere, schwerer gebaute Mann rauchte eine französische Zigarette, wobei er versuchte, seine Abneigung gegen den ungewohnten Tabak zu verbergen.

»Da rührt sich noch nichts«, murmelte er auf deutsch.

»Geduld, Gustav«, erwiderte sein schlankerer und größerer Begleiter. »Warten ist unser Beruf.«

Drinnen im Restaurant, an einem Tisch in unmittelbarer Nähe der Tür, blickte eine junge Engländerin auf ihre Uhr, während sie an einem Kaffee nippte, den sie nicht gemocht hatte. Sie hatte schon gezahlt und war bereit, jeden Augenblick das Lokal zu verlassen. An Elsa Lang wirkte alles unattraktiv. Sie trug einen schäbigen Regenmantel von militärischem Schnitt, und ein großer Hut mit herabhängender Krempe verbarg das meiste von ihrem dunklen, strähnigen Haar. Eine häßliche Hornbrille ließ fast das ganze Gesicht verschwinden. Ihre Schuhe wirkten abgetragen und waren an den Spitzen schäbig und rissig, ihr Koffer war zerkratzt und von einem trostlosen Grau. Sie nippte weiter an dem Kaffee, bis ihre Uhr 10 zeigte. Als der Sekundenzeiger senkrecht stand, erhob sie sich.

Sie nahm den Koffer, schlurfte aus dem Restaurant und ging an den beiden Männern mit ihren dunklen Mänteln und Hüten vorbei. Der jüngere, schwer gebaute Mann warf ihr einen Blick zu und sah dann weg. Sie ging langsam und mit vorgezogenen Schultern, als wäre ihr der Koffer zu schwer, und sah sich kurzsichtig um. Gustav, der sich eine zweite Gauloise angezündet hatte – wenn er unter Spannung stand, rauchte er zwanghaft, selbst ungewohnten Tabak –, machte hinter ihrem Rücken eine Handbewegung.

»Das ist vielleicht 'ne graue Maus, diese Kuh«, sagte er höhnisch.

»Laß deine Augen da, wo sie hingehören«, fauchte Walther Fischer im Flüsterton.

Dies war jedenfalls der Name in dem Paß, den er in der Tasche trug, in dem Paß, den die Fälschungsabteilung im Souterrain des KGB-Hauptquartiers am Moskauer Dscherschinskij-Platz mit großer Sorgfalt hergestellt hatte. Fischer begann, sich Sorgen zu machen. Der Bahnhof füllte sich immer mehr mit Reisenden, die den Transalpin-Expreß Basel–Wien und andere Züge erreichen wollten. Die beiden Männer bewegten sich vorwärts, um den Schlafwagen im Auge zu behalten, während Elsa Lang in der wimmelnden Menschenmenge stehenblieb, als wüßte sie nicht, wohin.

Im selben Augenblick erschien ein kleiner, stämmiger Mann in weißer Kellnerjacke aus der Richtung der Bahnhofshalle. Im Schutz der Menge ging er mit raschen Schritten zum hinteren Einstieg des Schlafwagens aus der Sowjetunion. Er ging zielstrebig auf den Waggon zu, als hätte er das selbstverständliche Recht, ihn zu betreten, und verschwand im Gang. Fischer, der größere der beiden Männer, hatte den Kopf über die Menge gehoben und gesehen, was geschehen war.

»Jemand ist eingestiegen«, flüsterte er. »Angezogen wie ein Steward.« Er packte seinen Begleiter, der sich schon in Bewegung gesetzt hatte, am Arm. »Noch nicht. Warte, bis er wieder ausgestiegen ist. Wegen dieser weißen Jacke werden wir uns was einfallen lassen müssen...« Er zog seinen dunklen Mantel aus, legte ihn zusammengefaltet über den Arm und wartete.

Im Innern des Schlafwagens machte sich der Kellner in der weißen Jacke zielbewußt ans Werk und ging sofort zum dritten Abteil. Nachdem er es betreten hatte, zog er die Tür zu, klappte das Waschbecken in der Ecke auf und langte mit dem Arm tief in das breite Abflußrohr des Beckens. Die Kassette wurde mit wasserfestem Klebeband an der Rohrwand gehalten, und er fluchte lautlos vor sich hin, während er sich abmühte, sie freizubekommen. Jeden Moment konnte irgendein Schweizer Bahnpolizist hereinkommen. Die verdammte Kassette ließ sich gewöhnlich leichter lösen. Er packte fest zu, drehte ein paarmal mit hartem Griff und hatte das Ding in der Hand. Er riß die Überreste des Klebebands von der Kassette ab und steckte sie in die Tasche.

Draußen in der Bahnhofshalle strömten immer mehr Menschen zusammen, als der Kellner ausstieg und schnell auf den Ausgang zuging. Fischer und Gustav setzten sich im selben Augenblick in Bewegung und drängten sich rücksichtslos durch die Reisenden. Der Kellner streifte Elsa Lang, die inmitten eiliger Reisender festgehalten wurde, und setzte seinen Weg zum Ausgang fort, als die beiden Männer zu ihm aufschlossen. In diesem Moment lichtete sich die Menschenmenge plötzlich; nur ein Mann war noch da – ein Mann mittlerer Größe mit einem Schnauzbart, der, in eine Zeitung vertieft, an einer Wand lehnte. Unter dem Schutz seines zusammengelegten Mantels preßte Fischer dem Kellner eine 9-Millimeter-Luger-Pistole in den Rücken.

»Ein falscher Schritt, und Sie sind ein toter Mann. So, jetzt hier entlang...«

Sie schoben den Steward mit sanfter Gewalt in einen leeren Teil der Halle rechts vom Ausgang. »Ziehen Sie diesen Mantel hier an«, befahl Fischer, während er die Luger in die Jackentasche zurückgleiten ließ. Während der bleichnasige Kellner gehorchte, behielt Fischer den Mann mit Brille und Schnauzbart im Auge, der nach wie vor in seine Zeitung vertieft schien. »So, und jetzt rein in den Mercedes da am Bordstein«, befahl Fischer. »Auf den Rücksitz...« Sie gingen hinaus in den Schnee; nach dem Ansturm der Reisenden war die Straße jetzt fast völlig leer, abgesehen von einem Wäschereiwagen ohne Firmenaufschrift, der wenige Meter vor dem Mercedes geparkt war.

Auf dem Rücksitz des Wagens durchsuchte Gustav den Kellner mit geübten Händen, während Fischer sich hinter das Lenkrad des gemieteten Fahrzeugs setzte und sich auf dem Fahrersitz umdrehte. »Ich kann absolut nichts finden, nur dieses Zeug hier«, meldete Gustav. Er zeigte eine Handvoll zerrissener und verfilzter Klebestreifen.

»Durchsuch ihn noch einmal – und zwar schnell. Wir werden noch den Expreß verpassen...« Im Schutz der Rückenlehne umwickelte Fischer den Lauf der Luger mit einem Wollschal. Das würde den Schall dämpfen, wenn er den Kellner erschoß. Anschließend würde ein Reiseplaid über der Leiche auf dem Rücksitz die Entdeckung hinauszögern. Zudem war der Wagen in Mannheim angemietet worden. Dort würde die Schweizer Polizei zuerst Auskünfte einholen, und während sie damit beschäftigt sein würde, wären Fischer und sein Begleiter mit dem Transalpin-Expreß schon längst in Wien.

In der Bahnhofshalle schlenderte Matt Leroy, der englisch gekleidete Amerikaner mit dem Schnauzbart, langsam am Ausgang vorüber, wobei er seine zusammengefaltete Zeitung gelangweilt gegen das Hosenbein schlug. Der Fahrer hinterm Lenkrad des Wäschereiwagens sah das Signal im Rückspiegel, sprach kurz zu seinem Begleiter auf dem Beifahrersitz, stieg aus und ging mit einer Rolle sauberer Handtücher in der Hand nach hinten. Er steckte den Kopf durch das vordere Seitenfenster des Mercedes und sagte leise etwas auf deutsch, was Fischer herumfahren ließ.

»Steigen Sie aus, und dann rein in den Laderaum des Wagens dort.«

Fischer starrte auf das Ende der Handtuchrolle, die der Wäschereimann in der Hand hielt, starrte auf den Pistolenlauf, der in der Rolle steckte. »Und das Ding da nehme ich erst mal an mich, wenn's recht ist...« Der Mann im Overall fischte die Luger von Fischers Schoß und ließ sie in die Tasche gleiten. Auf dem Rücksitz blickte Gustav in eine andere Pistolenmündung, die durch ein zusammengerolltes Handtuch verdeckt wurde. Diese Waffe hielt der zweite Mann im Overall, der die Ladetür aufgerissen hatte. Der Kellner hatte Gustav schon seine Automatik abgenommen.

Von der Bahnhofshalle aus beobachtete Matt Leroy, wie die vier Männer in den Laderaum des Wäschereiwagens einstiegen, sah, wie die Türen sich schlossen, als der Kellner sich hinters Lenkrad setzte und den Motor anließ. Erst als der Wäschereiwagen abgefahren war, lief Leroy in den Bahnhof zurück und verlangsamte dann seine Schritte zu einem schnellen Gehen. Er blickte auf die große Bahnhofsuhr. Sie zeigte 10 Uhr 08. Zwei Minuten vor

Abfahrt des Transalpin nach Zürich. Vor Zürich würde es keinen Aufenthalt geben.

Als er spürte, wie das Fahrzeug anrollte, stellte Fischer im Laderaum des Wäschereiwagens seine Frage, mit der er die Männer ablenken wollte, die ihn gefangen hatten. »Was hat er im Schlafwagen geholt? Und wie hat er's verloren...« Er sprach noch, als er versuchte, dem Mann, der ihm am nächsten stand, das Knie in den Unterleib zu stoßen. Der Wäschereimann wich dem Stoß aus und ließ den Pistolenlauf auf Fischers Schädel niedersausen. »Sehr dumm.« Er nickte kurz und lächelte Gustav an. Der zweite Wäschereimann ließ seine Pistole krachend auf Gustavs Hinterkopf landen. Beide Schläge waren tödlich gewesen; beide Männer lagen tot auf dem Boden des schwankenden Lastautos.

Kurz nach Tagesanbruch entdeckte am nächsten Morgen ein Schweizer Polizeibeamter bei einem Streifengang am Fluß in der Nähe des tosenden Rheinfalls von Schaffhausen einen großen Überseekoffer, der sich zwischen zwei massiven Felsblöcken verklemmt hatte. Der Fluß führte Hochwasser, und die Wassermassen überspülten den Koffer mit Gischt und Schaum. Vier Stunden waren nötig, um ein mit Hebekran und Greifer ausgerüstetes Polizeiboot unterhalb des Wasserfalls in Position zu bringen. Eine weitere Stunde verging, bis es gelungen war, den Koffer aus dem Hexenkessel gischtenden Wassers herauszuzerren. Am Ufer, beim Öffnen des Koffers, entdeckten die Beamten die nackten Leichen zweier Männer, die in den Koffer gezwängt worden waren. Eine Identifizierung war nicht möglich. Beide Männer waren an einem schweren Schlag auf den Schädel gestorben.

Als Matt Leroy langsam am Ausgang vorüberschlenderte und eben mit seiner zusammengefalteten Zeitung dem Fahrer des Wäschereiwagens das verabredete Zeichen gab, bestieg Elsa Lang den Erster-Klasse-Waggon Nr. 43 des Transalpin-Expreß Basel–Wien, der um 10 Uhr 10 abfahren sollte. Der Gang war menschenleer, als sie einen Waschraum betrat und die Tür verschloß. Dann handelte sie sehr schnell. Sie zog ihren schäbigen Regenmantel und ihre abgetragenen Schuhe aus und nahm den formlosen Hut und die Hornbrille ab. Einen Augenblick später hatte sie auch ihre schwarze Perücke abgenommen. Darunter kam blondes Haar zum Vorschein, das sie rasch durchkämmte.

Sie legte ihren unscheinbaren grauen Koffer auf den Toilettensitz, öffnete den Reißverschluß der Kofferhülle und ließ ein teures Gepäckstück aus Schweinsleder zum Vorschein kommen. Sie machte den Luxuskoffer auf und entnahm ihm ein Paar Gucci-

Schuhe, schlüpfte hinein, holte eine passende Gucci-Handtasche und einen Zobelmantel heraus, den sie sofort anzog. Die abnehmbare Kofferumhüllung stopfte sie zusammen mit der Perücke, dem Hut und den ausrangierten Schuhen unter teure Wäschestücke. Sie verschloß den Koffer, legte Make-up auf und blickte kurz prüfend in den Spiegel. Die Hornbrille verschwand in der Gucci-Handtasche. Die Elsa Lang, die den Waschraum verließ, hatte keinerlei Ähnlichkeit mehr mit dem schlampig wirkenden Mädchen, das ihn vor nur wenigen Minuten betreten hatte.

Das Umziehen hatte nicht nur ihre gesamte Erscheinung verändert; als sie jetzt zu ihrem reservierten Platz ging, wirkte sie auch schlanker und hochgewachsener, da sie nicht mehr gebückt schlurfte. Ihre Art zu gehen – am Gang erkennt man jede Frau und jeden Mann – hatte sich gleichfalls verändert. Sie ging mit einem forschen, elastischen Schritt, erreichte das leere Abteil und trat hinein. Um es für sich zu behalten, zog sie den Zobelmantel aus, breitete ihn auf einem anderen Sitz aus und legte die Gucci-Tasche auf einen dritten. Sie setzte sich, legte ihre schlanken, eleganten Beine übereinander und sah auf die Uhr. 10 Uhr 08. In zwei Minuten würde der Zug auf seiner langen Fahrt nach Wien zunächst nach Zürich abfahren. Sie öffnete ihre Handtasche – die Kassette, die der Kellner ihr zugesteckt hatte, befand sich in einem Seitenfach mit Reißverschluß –, nahm eine elfenbeinerne Zigarettenspitze heraus, steckte eine Zigarette hinein, zündete sie an und nahm einen tiefen und langen Zug.

»Mein Gott«, sagte sie zu sich selbst, »schon wieder dieses Rumoren im Magen. Werde ich in solchen Augenblicken nie die Spannung loswerden?«

Dann fiel ihr ein, was Harry Wargrave ihr einmal gesagt hatte. »Wenn du keine Anspannung mehr spürst, bist du raus aus diesem Geschäft – du brauchst sie, damit die Reflexe rasiermesserscharf bleiben ...« Die Erinnerung an diese Bemerkung tröstete sie ein wenig, während sie sich zwang, zu entspannen, sich zurückzulehnen und zu fühlen, wie ihr Puls sich normalisierte.

Sie fühlte sich noch mehr getröstet, als sie Matt Leroy vor ihrem Abteilfenster vorübergehen und in den nächsten Waggon einsteigen sah. Mein Gott, dachte sie, diesmal ist er spät dran; möchte gern wissen, warum? Der Expreß setzte sich in Bewegung, glitt nach Osten aus der riesigen Halle des Bundesbahnhofs in den Schneefall hinaus und beschleunigte rasch auf seiner schnellen einstündigen Fahrt nach Zürich.

Der Schweizer Bahnschaffner kam wenige Minuten später herein, als der Zug schon durch die Landschaft raste. Er ließ sich Zeit mit dem Prüfen ihrer Fahrkarte: Er war ein Mann, der weibliche Schönheit zu schätzen wußte. Und die hier ist eine Schönheit, dachte er, als er die Fahrkarte knipste und Elsa Lang dann wieder betrachtete. Gleichmütige graue Augen, in denen die Andeutung eines schelmischen Lächelns aufblitzte, erwiderten seinen Blick. Sie hatte eine auffallende Gesichtsform, eine wohlgeformte Nase, volle, aber feste Lippen und ein Kinn, das auf Charakter und Entschlossenheit schließen ließ.

»Angenehme Reise, Madame«, sagte er in gepflegtem Englisch. Er sah aus dem Fenster und zuckte die Achseln. »Trotz des Wetters ...« Er verließ das Abteil. Ein aufmerksamer Schweizer, dachte Elsa Lang, als sie die Rückfahrkarte wieder in die Geldbörse steckte. ›... Madame.‹ Er hatte ihren Ehering bemerkt, obwohl sie in Wahrheit mit ihren achtundzwanzig Jahren noch sehr ledig war. Ein weiteres Detail, auf dem Harry Wargrave bestanden hatte. ›Verheiratete Frauen ziehen eine Spur weniger Aufmerksamkeit auf sich als ein alleinstehendes Mädchen, das allein reist.‹

Draußen auf dem Gang prüfte der Schaffner die Rückfahrkarte des Amerikaners Matt Leroy, der sich gegen die Leiste des Türrahmens lehnte und eine Zigarette rauchte. »Ich habe um einen Platz in einem Raucherabteil gebeten«, bemerkte er beiläufig, »und dann hat man mir diesen gegeben«, log er. Er zeigte auf das leere Nichtraucherabteil hinter ihm, in dem seine Reisetasche auf einem Sitz lag. Der Schaffner schloß aus dem Akzent Leroys, daß er es mit einem Engländer zu tun hatte. Diesen Akzent hatte Leroy während seiner zwei Jahre als Sicherheitsbeamter an der amerikanischen Botschaft am Grosvenor Square zur Perfektion gebracht. Außerdem trug der Amerikaner einen in der Savile Row gekauften Kamelhaarmantel.

»In den Raucherabteilen ist noch viel Platz«, meinte der Schaffner, als er die Fahrkarte knipste.

»Macht nichts«, versicherte Leroy. »Bis Zürich ist es ja nicht weit.«

In Wahrheit hatte er sich den Platz im Nichtraucherabteil reservieren lassen, um in der Nähe Elsa Langs zu sein. Während der Schaffner seine Runde fortsetzte, sah Leroy auf die Uhr und strich sich über den Schnauzbart. Der Zeitplan war wie immer sehr knapp, und er hoffte wieder einmal inständig, daß der Expreß rechtzeitig in Zürich ankam. Die Tatsache, daß er genau wie Elsa mit einer Rückfahrkarte reiste, war nur ein weiteres Detail, auf dem der Engländer, Harry Wargrave, bestanden hatte. »Das läßt darauf schließen, daß Sie nach Basel zurückfahren werden«, hatte er hervorgehoben. »Nur für den Fall, daß die falsche Person in Ihrer Nähe steht...«

Punkt 11 Uhr 12 lief der Expreß im Züricher Hauptbahnhof ein. Elsa Lang stand bereits mit ihrem Koffer am Ende des Waggons, um sofort aussteigen zu können. Sie eilte zum Ausgang und trug ihren Koffer selbst zum Taxistand gegenüber vom Hotel Schweizerhof auf der anderen Straßenseite. Sie stieg in das erste wartende Taxi ein. Erst als sie im Wagen saß, sagte sie dem Fahrer mit leiser, sanfter Stimme, wohin sie wollte.

»Zum Flughafen, bitte. Ich bin ziemlich verspätet...«

Matt Leroy, der nach ihr aus dem Zug ausgestiegen war, hatte einen anderen Weg gewählt. Er sprintete durch die breite Seitenhalle an der Gepäckaufbewahrung vorbei und hatte die Wagenschlüssel schon in der Hand, als er den an der Stirnseite des Bahnhofs geparkten Citroën erreichte. Der Motor sprang augenblicklich an – der Wagen war ihm erst vor wenigen Minuten hingestellt worden –, und er fuhr noch so rechtzeitig zur Vorderseite des Bahnhofs, daß er Elsas Taxi wegfahren sehen konnte. Sie sah aus dem Fenster, so daß er sie erkennen konnte. Er folgte ihr in unauffälligem Abstand zum Flughafen, rund sechzehn Kilometer außerhalb der Stadt.

Der vierunddreißig Jahre alte Leroy hatte eine täuschend beflissen wirkende Erscheinung, aber es lag etwas wie stählerne Wachsamkeit in seiner Haltung, als er durch seine silbergeränderte Brille nach vorn spähte, um Elsas Taxi im Blickfeld zu behalten. Er sah immer wieder in den Rückspiegel, um sich zu vergewissern, daß kein Fahrzeug sie verfolgte. Seine Aufgabe bestand darin, dafür zu sorgen, daß Elsa Lang sicher den Züricher Flughafen erreichte. Unterstützt wurde er dabei von dem Team in Basel; das hatte die beiden Männer verschwinden lassen, die den Kellner abgefangen hatten. Und wie bei den vorhergehenden allmonatlichen Fahrten sah er auch diesmal mit einem Gefühl der Erleichterung, wie Elsa Langs Taxi vor dem Flughafengebäude vorfuhr, wie sie mit ihrer Gucci-Reisetasche ausstieg und ins Innere des Gebäudes eilte. Er ließ den Citroën stehen und folgte ihr.

Seine Erleichterung wurde noch größer, als er in der Halle einen hochgewachsenen, dunkelhaarigen Engländer an einem Zeitungsstand stehen sah, der sich für die ausliegenden Taschenbücher zu interessieren schien. Leroy seufzte; seine Aufgabe war wieder einmal erledigt. Jetzt übernahm Harry Wargrave.

Mit seinen siebenunddreißig Jahren hatte Harry Charles Frederick Wargrave dreimal soviel erlebt wie andere Männer seines Alters.

Er war über einen Meter achtzig groß, schlank und bewegte sich leicht und mühelos. Seine Augenbrauen hatten die gleiche dunkle Farbe wie sein dichtes Haar. Wenn er Menschen mit seinem spöttischen Blick ansah, hoben sich oft unmerklich die Augenbrauen. Er hatte eine lange Nase, vorstehende Backenknochen und einen breiten Mund, dessen Mundwinkel Humor ahnen ließen. Als er in seinem militärisch geschnittenen Regenmantel am Zeitungsstand wartete, vermittelte seine ganze Erscheinung den Eindruck von einem Mann, dem im Leben alles glatt und leicht von der Hand ging und der unbekümmert dahinlebte. Sein Verhalten strahlte eine sorglose Nachlässigkeit aus. Manch einer hatte seine Fehleinschätzung von Wargraves Person bedauern müssen. Einige waren schon vorher gestorben.

Mit neunzehn hatte Wargrave seine Pilotenausbildung durchgestanden – damals war er der jüngste Pilot der britischen Marine gewesen. Daneben besaß er einen Pilotenschein für Hubschrauber. Er hatte Torpedoboote gesteuert und beschrieb sich manchmal selbst als einen »›Technik-Verrückten‹. Wenn ich an einem Fahrzeug oder einem Flugzeug etwas Neues sehe, muß ich das Ding fahren oder fliegen...«.

Später, nach der Überstellung zum Nachrichtendienst der Marine im Rang eines Commanders, war er der britischen Botschaft in Washington mit der Aufgabe zugeteilt worden, in den USA tätige Spione aufzuspüren. Diese Spione hatten der Sowjetunion technische Geheimnisse verraten, die Großbritannien seinerseits mit den USA geteilt hatte. Dies alles war aber nur ein Anfang gewesen. Mit seinen fließenden französischen, deutschen, italienischen und serbokroatischen Sprachkenntnissen war er danach zum Secret Service abkommandiert worden – dem noch immer besten Geheimdienst der Welt, mögen einige Romanschreiber auch versuchen, ihn als einen Klub von lauter Trotteln hinzustellen.

Nachdem er in verschiedenen Teilen Westeuropas gearbeitet hatte – in dieser Zeit hatte er sämtliche Spitzenleute der Abschirmdienste und der Abwehrorganisationen gut kennengelernt –, wurde Wargrave zum Balkan in Marsch gesetzt. Von seinem Hauptsitz in Athen aus hatte er sich Aktivitäten gewidmet, die noch immer in Dunkel gehüllt waren. ›Die größte Mördergrube der Welt‹, hatte er den Balkan einmal genannt. ›Wenn jemand dort unten überleben kann, kann er überall überleben...‹ Mit sechsunddreißig war Wargrave aus dem Dienst ausgeschieden und nach Kanada ausgewandert, wo er auf die Anlageratschläge des Industriellen und Millionärs William Riverton gehört und sein kleines Kapital verzehnfacht hatte. Bei seinem Ausscheiden hatte er seine Philosophie in der für ihn typischen markigen Manier erklärt.

»Es ist wie bei einem Rennfahrer: In dem Beruf muß man aussteigen, bevor man vierzig ist, oder man ist ein toter Mann...«

Jetzt stand er im Züricher Flughafengebäude am Zeitungsstand. Er wußte genau, daß Elsa Lang gerade am Check-in-Schalter stand und sich für ihren Flug eintragen ließ, daß die Angestellte Elsas Reisetasche schon auf das Förderband gestellt hatte, das sie zu der wartenden Maschine befördern würde – obwohl er nicht einmal in Richtung der Agentin geblickt hatte. Er sah auf die Armbanduhr. 11 Uhr 37. Wieder einmal verdammt knapp, aber die gute Elsa hatte es geschafft. Wargrave hatte immer auf einem sehr knappen Zeitplan bestanden. Bei einer Meinungsverschiedenheit mit Matt Leroy hatte er die anscheinend durchaus vernünftigen Einwände des Amerikaners verworfen.

»Für Irrtümer oder Fehler gibt es nicht den kleinsten gottverdammten Spielraum«, hatte Leroy protestiert. »Wir haben die denkbar wenigste Zeit, um die Kassette aus dem Schlafwagen herauszuholen. Elsa stehen nur Minuten zur Verfügung, um den Transalpin-Expreß zu erreichen. Der Expreß muß fahrplanmäßig in Zürich ankommen, damit sie überhaupt eine Chance hat, rechtzeitig auf dem Flughafen anzukommen und ihre Maschine zu erwischen...«

»So ist es«, hatte Wargrave lakonisch bestätigt.

»Um Himmels willen; das ist alles, was Sie dazu zu sagen haben?«

»Je schneller der Fuchs sich bewegt, um so geringer wird die Chance der Hunde, die Fährte aufzunehmen, Matt«, hatte Wargrave mit einem sadonischen Grinsen bemerkt. »Ein knapper Zeitplan macht die Sache für uns verdammt schwierig – aber für den Feind noch schwieriger. Schon mal gesehen, wie sich ein Falke auf seine Beute stürzt? Er stößt herab wie der Blitz, und dann ist er auf und davon. Wir sind dieser Falke...«

Wargrave wollte sich gerade vom Zeitungsstand entfernen, um an Bord von Elsas Maschine zu gehen – die Zeit wurde jetzt schon verdammt knapp –, als er sich bewußt wurde, daß Matt Leroy neben ihm stand. Der Amerikaner nahm einen Roman von Harold Robbins in die Hand. In Wargraves entspannter Haltung deutete nichts darauf hin, daß er aufs höchste konzentriert war. Leroy hatte strikte Anweisung, sich ihm nur im Notfall zu nähern. Über Lautsprecher erfolgte gerade der letzte Aufruf zum Flug 160 der Swissair.

Leroy kaufte das Taschenbuch und legte es dann auf einen Zeitschriftenstapel, während er bedächtig die Brieftasche einsteckte. Wargrave rief die Verkäuferin zurück und kaufte ein Exemplar desselben Romans. Er nahm es aber nicht an sich, nachdem das Mädchen es neben das von Leroy gelegt hatte. Er zahlte und wartete, bis das Mädchen einen anderen Kunden bediente. Erst dann nahm er Leroys Exemplar und lief auf das Gate zu, das Elsa Lang bereits passiert hatte.

In der Ersten Klasse der Schweizer DC-10 wählte Wargrave einen Platz auf der anderen Seite des Ganges, eine Reihe hinter Elsa Lang. Sie saß da mit übereinandergeschlagenen Beinen und starrte aus dem Fenster. Eine Symphonie in Nylon, dachte Wargrave anerkennend, während er sich anschnallte. Und dies war ein weiteres kleines Detail, das er ihr eingeschärft hatte, als sie vor einem Jahr mit diesen allmonatlichen Routineflügen begonnen hatte.

»In der Maschine müssen Sie immer mit übereinandergeschlagenen Beinen dasitzen...«

»Tatsächlich?« hatte sie ironisch wissen wollen. »Hältst du es für wahrscheinlich, daß ich neuntausend Meter über dem Atlantik meine offizielle Unschuld verliere?«

»Ich muß gestehen, daß meine Möglichkeiten begrenzt sind, sie dir zu rauben«, hatte er ihr versichert. »Wenn mich aber jemand dabei ertappt, daß ich dich beobachte, wird der Anblick deiner Beine eine höchst unschuldige und ausreichende Erklärung sein.«

»Oder ist es vielleicht so, daß du einfach deine Pflichten zugunsten unverhüllter sexueller Absichten mißbrauchst?«

Nicht zum erstenmal im Umgang mit Elsa Lang war Wargrave damals um eine Antwort verlegen gewesen. Darüber dachte er jetzt nach, während er ihre Beine musterte und dann die anderen Fluggäste betrachtete. Unterdessen ließ der Pilot die Triebwerke aufheulen, um Schubkraft aufzubauen. Dann rollte die Maschine zur Hauptstartbahn. Das ist die falsche Reihenfolge, erinnerte Wargrave sich selbst: Erst die anderen Fluggäste, dann Elsas Beine. Nach dem Start mußte er den Waschraum aufsuchen, um die Notiz zu lesen, die Matt Leroy in sein Taschenbuch gesteckt hatte.

Vor dem Flughafengebäude hatte Matt Leroy es sich in seinem Citroën, in dem das Heizungsgebläse auf vollen Touren lief, gemütlich gemacht. Er rauchte eine Zigarette und wartete auf das Abheben der Maschine. Es hatte aufgehört zu schneien, aber die Wolkendecke hing niedrig; die prallen Wolken verhießen weiteren Schnee, und dabei war es erst Dezember. Die Wetterfrösche sprachen bei ihren langfristigen Vorhersagen schon jetzt davon, auf Europa komme der härteste Winter seit vielen Jahren zu. Und das nach dem heißesten und längsten Sommer seit Menschengedenken, in dem Westeuropa von Dürre heimgesucht worden war und die Temperaturen selbst im Süden Englands auf weit über dreißig Grad geklettert waren. »Das nennt man wohl Kompensation, glaube ich«, sagte Matt zu sich selbst. Er blickte hoch und sah die Maschine.

Die DC-10 stieg steil empor und zog einen Schweif schmutziger Abgase hinter sich her. Dann war sie verschwunden, verschluckt von der dichten Wolkendecke. Der Flug 160 der Swissair ging aber nicht in die USA oder nach Großbritannien, was normal gewesen wäre, hätte das Unternehmen drei Jahre früher stattgefunden. Der Zielort war Montreal in Kanada.

2. *Montreal und Washington, D.C.*

Im zehnten Stock des Baton Rouge Building in Montreal öffneten sich die Türen des Fahrstuhls um 15 Uhr 30 Ortszeit, und Elsa Lang stieg aus, gefolgt von Wargrave, der ihre Reisetasche trug. Es war noch immer Mittwoch, der 3. Dezember. Elsa warf einen Blick in beide Richtungen und ging dann durch den Korridor zu der Tür mit dem Schild, das die Aufschrift *Riverton Corp. Inc.* trug. Sie machte die Tür auf und sah sich einem Mädchen hinter einem riesigen Empfangstisch gegenüber. Wargrave sprach als erster.

»Wir werden erwartet...« Er sprach mit amerikanischem Akzent, nahm beim Sprechen nicht die Zigarre aus dem Mund und trug zudem eine Sonnenbrille. »Mrs. Perkins und Clyde Wilson. Mr. Riverton erwartet uns...«

Elsa Lang trug ihre dunkle Perücke und die Hornbrille, die sie aufgesetzt hatte, als Wargrave sie in dem gemieteten Wagen vom Flughafen herfuhr. Die Empfangsdame würdigte sie keines zweiten Blicks, sagte etwas in die Gegensprechanlage und bat sie dann, einzutreten. Elsa ging durch die vertraute Tür voran, und Wargrave schloß sie sorgfältig hinter sich, als ein gedrungener, pokergesichtiger Mann sich hinter einem Schreibtisch erhob, der viel kleiner war als der der Empfangsdame.

»Freue mich, daß Sie wieder da sind.«

Das war alles, was William Riverton, der legendäre kanadische Millionär und Industrielle, sagte, als er langsam und zielstrebig auf eine Tür an der Seitenwand seines Büros zuging und sie aufschloß. Der jetzt dreiundsiebzigjährige Riverton hatte während des Zweiten Weltkriegs eine der geheimsten Abwehrorganisationen der westlichen Hemisphäre geleitet. Selbst jetzt noch besaß dieser außergewöhnliche Mann eine starke Ausstrahlung. Sein unbewegliches Gesicht und seine sich nur langsam bewegenden Augen ließen etwas von enormer Willenskraft ahnen. Wargrave beobachtete den alten Krieger fast mit Zuneigung, während der Kanadier die schwere Tür aufschloß und beiseite trat, um die beiden einzulassen.

Der weitläufige Raum hinter der Tür war fensterlos und wurde durch Neonröhren an der Decke erleuchtet. An einer Wand zeigten einige Uhren die Uhrzeit in verschiedenen Teilen der Welt – Züricher Zeit, Bukarester Zeit, Moskauer Zeit...

»Setzen Sie sich, Sie müssen müde sein. Wie ist es gelaufen? Kaffee?«

Die Stimme war die eines Amerikaners. Der Mann, der gesprochen hatte, war fünfundfünfzigjährig, gut gebaut, mit sich lichtendem grauweißem Haar, einer fein gemeißelten Stirn und einem aufmunternden Lächeln, das Zuversicht und Gutmütigkeit ausstrahlte. Nur die Augen blickten prüfend, als suchten sie nach Anzeichen der Anspannung, nach einer Andeutung, es könnte Schwierigkeiten gegeben haben. Julian Haller umarmte Elsa und drückte sie an sich, half ihr aus dem Regenmantel und grinste, als sie Perücke und Brille abnahm.

»Das gefällt mir schon besser«, bemerkte er.

»Danke, Julian.« Elsa schenkte ihm ihr herzlichstes Lächeln. »Und Kaffee wäre fabelhaft – diese Zeitverschiebung macht mich noch wahnsinnig.«

»Hab' ich genau richtig hingekriegt, was?« grinste Julian Haller, als er Kaffee eingoß und dann genausoviel Sahne zugab, wie sie mochte. »Auf dem Seitentisch steht ein großer Scotch für dich, Harry«, fuhr er fort. »Ed hat vom Flughafen aus angerufen und euch angekündigt.« Als er ihr die Tasse reichte, blickte er auf die andere Seite des Raums, wo Wargrave die Kassette, die er aus Elsas Handtasche herausgenommen hatte, in einen Recorder steckte.

»Wozu diese Eile?« fragte er leise.

»In Basel hat es ein bißchen Ärger gegeben«, erwiderte Wargrave. »Es sieht so aus, als sei jemand Angelo auf den Fersen – zwei bewaffnete Männer haben Necker geschnappt, nachdem er Elsa die Kassette zugesteckt hatte.«

Elsa fuhr in ihrem Stuhl herum. »Mir sagst du nie etwas«, beschuldigte sie ihn. »Auf dem Weg hierher im Wagen hättest du Zeit genug gehabt, es mir zu erzählen...«

»Du warst müde. Ich dachte, das hätte noch Zeit.« Wargrave setzte seinen Bericht an Haller fort, der sich eine Zigarette anzündete. Das Lächeln des Amerikaners verflüchtigte sich, als er dem Engländer mit gespannter Aufmerksamkeit zuhörte. »Leroy hat gute Arbeit geleistet – sehr gute«, bemerkte Wargrave. »Er hat entdeckt, was sich da abspielte, und seine Mannschaft hat Necker gerettet.«

»Und die beiden Männer, die ihn geschnappt hatten?«

»Auf dem Grund des Rheins, würde ich vermuten«, sagte Wargrave leichthin. Er sprach schnell weiter, als er Elsa zusammenzucken sah. »Ich werde jetzt die Kassette unseres unbekannten russischen Freundes Angelo abspielen. Alles bereit?«

Im Raum war plötzliche Spannung zu spüren, als die Spulen sich zu drehen begannen, als die vertraute Stimme deutlich in englischer Sprache zu reden anfing. Es war ein heiseres Flüstern, eine offensichtlich verstellte Stimme, die aus dem fast siebentausend Kilometer entfernten Moskau zu ihnen sprach – eine Stimme, von der sie jetzt wußten, daß sie nur einem wichtigen Mitglied des sowjetischen Politbüros gehören konnte.

Die Stimme des Mannes, den sie nur unter dem Codenamen Angelo kannten, hatte aufgehört zu sprechen. Ein entsetztes Raunen ging durch den Raum. Dies war die erschreckendste Nachricht, die Angelo je geschickt hatte. Die nach außen hin normalerweise so ruhige und entspannte Elsa saß verkrampft und angespannt da; die brennende Zigarette zwischen ihren Fingern hatte sie im Augenblick vergessen. Haller saß reglos hinter seinem Schreibtisch. Er hatte den Kopf leicht zur Seite geneigt. Wargrave, der beherrschteste der drei, nahm die Kassette heraus und sah Haller an.

»Also, der nächste Schritt wäre?«

»Du setzt dich am besten in die nächste Maschine nach Washington. Ich werde Bruno vorwarnen, daß du unterwegs bist...«

Der Amerikaner zog eine Schublade seines Schreibtischs heraus, verglich Abflugzeiten und sah auf die Uhr an der Wand, die Montrealer Zeit zeigte. »Wenn du dich sehr beeilst, Harry...«

»Bin schon unterwegs.«

Haller schloß die Tür, die zu Rivertons Büro führte, mit seinem eigenen Schlüssel auf, und Wargrave setzte seine dunkle Brille auf, während er hinauseilte. Er winkte dem kanadischen Industriellen mit zwei Fingern einen kurzen Gruß zu, den Riverton, ohne zu sprechen, mit einem Kopfnicken erwiderte. Sechzig Sekunden später saß Wargrave hinter dem Lenkrad seines Mietwagens.

Er hielt sich knapp unter der erlaubten Geschwindigkeit und kam gerade rechtzeitig am Flughafen an, um den nächsten Flug nach Washington zu erreichen. Als die Maschine abhob und wieder einmal in einer Wolkendecke verschwand, ließ Wargrave sich entspannt zurückfallen, achtete aber peinlich darauf, daß er nicht die Augen schloß, denn er durfte nicht einschlafen. Die Kassette hatte er in der Brusttasche. Die Zeitverschiebung des Fluges von Zürich nach Montreal traf ihn jetzt mit voller Wucht. In den nächsten Stunden mußte er jeden Gedanken an Schlaf vergessen. Harry Wargrave war unterwegs zu Bruno – das war der Codename für Joseph Moynihan, den Präsidenten der Vereinigten Staaten.

Am Dulles Airport in Washington hatte James Ryder, ein hochgewachsener dickbäuchiger Amerikaner, seine übliche Aufgabe. Er trug eine dunkle Brille und einen Vicuña-Mantel, was auf einen Mann von einiger Bedeutung schließen ließ, und stand mit einer Reisetasche in der Hand vor der Ankunfts-Anzeigetafel, aus der er ersah, daß die Maschine aus Montreal soeben gelandet war. Er mischte sich unter die Passagiere dieses Fluges, schlenderte zum Ausgang des Flughafengebäudes und wartete, während einige Fluggäste den Flughafenbus bestiegen. Er wartete weiter, während andere in Taxis einsteigen, und sah ungeduldig auf die Uhr, als wäre er über die verspätete Ankunft seines eigenen Wagens verärgert.

Zehn Minuten später fuhr ein blauer Cadillac am Bordstein vor. Ryder blieb still stehen, während ein hochgewachsener Mann in Chauffeursuniform ausstieg, um den Wagen herumging und den hinteren Schlag öffnete. Ryder stieg ohne ein Wort des Dankes ein und machte es sich auf dem Rücksitz bequem, während der Fahrer sich wieder hinters Lenkrad setzte.

»Also, los jetzt. Treten Sie drauf«, befahl Ryder und begann, in einer Zeitschrift zu lesen, die er aus der Tasche gezogen hatte.

Sie fuhren durch das Verkehrsgewühl des frühen Abends zum Weißen Haus, und während der Fahrt wurde zwischen den beiden Männern kein Wort gewechselt. Bei der Ankunft am Weißen Haus zeigten beide Männer dem diensttuenden Geheimdienstbeamten die von Joseph Moynihan persönlich unterzeichneten Sonderausweise. Weitere Formalitäten gab es nicht; sie wurden sofort in ein Vorzimmer geleitet, das direkt ins Ovale Büro führte. Wie befohlen ließ der Geheimdienstbeamte sie im Raum allein und schloß die Tür von außen ab.

Ryder setzte sich auf einen Stuhl und zog wieder seine Zeitschrift aus der Tasche, während Harry Wargrave seine Chauffeursmütze abnahm, die Uniformjacke zurechtrückte und an die Tür klopfte, die ins Ovale Büro führte. Nicht einmal der Chef der

Geheimdienstbeamten, die den Präsidenten bewachten, war sich bewußt, daß der Chauffeur der wichtige Besucher war.

Nach dem Verlassen des Flugzeugs am Dulles Airport war Wargrave direkt zu einem für ihn persönlich freigehaltenen Raum gegangen, einem Raum, zu dem nur er einen Schlüssel besaß. Dort hatte er sofort die bereitliegende Chauffeursuniform angezogen. Dann war er zu der Stelle geeilt, wo der Cadillac geparkt war, und war zu dem wartenden Ryder um das Flughafengebäude herumgefahren. Ryder war ›blind‹ – er hatte keine Ahnung, wer Wargrave war, und nahm an, der Engländer sei ein Kanadier. Ryder gehörte zur Geheimdienstmannschaft des Präsidenten und befolgte dessen persönliche Befehle, ohne Fragen zu stellen – und ohne seinen Chef über das zu informieren, was er tat. Auf Wargraves Klopfen hin öffnete Präsident Moynihan selbst und bat ihn herein.

»Irgendeine Art Notfall, Harry?« fragte Moynihan kurz.

»In unseren Augen ja, Herr Präsident...«

Wargrave ging zum Schreibtisch, auf dem der Recorder bereitstand, und legte die Kassette ein. Joseph Moynihan, einen Meter fünfundachtzig groß und in Hemdsärmeln, setzte sich hinter seinen Schreibtisch und goß einen großen Scotch ein. Er schob Wargrave das Glas hin. Moynihan war eine eindrucksvolle Gestalt, und das nicht nur wegen seiner Größe und seines Körperbaus.

In seinem runden Gesicht bewegten sich die Augen schnell hin und her, und er blieb selten mehr als ein paar Minuten still und unbeweglich. Er strahlte Vitalität aus; beim Sprechen veränderte sich sein Gesichtsausdruck ständig, und er hatte eine unverblümte und direkte Art. Mit seinen einundvierzig Jahren war er in diesem Jahrhundert der jüngste Hausherr in der Präsidentenvilla; zudem war er der am stärksten antikommunistisch eingestellte Präsident seit der Oktoberrevolution. Er hockte sich auf eine Ecke des Schreibtischs, verschränkte die Arme und lauschte, als der Mann, dem sie den Codenamen Angelo gegeben hatten, zu sprechen begann.

»Hier spricht Angelo... Westeuropa ist von einer großen Gefahr bedroht... Marschall Pratschko hat soeben die bislang massivste militärische Vorübung für die Invasion Westdeutschlands, Frankreichs, Belgiens und der Niederlande beendet... Der Plan geht davon aus, daß sowjetische Panzer dreißig Minuten nach der Stunde Null in Hamburg einrollen... innerhalb von achtundvierzig Stunden werden jenseits des Rheins drei größere Brückenköpfe errichtet. Es werden einhundertsechzig sowjetische Divisionen eingesetzt... davon einhundert vollmotorisierte, fünfzig Panzerdivisionen und zehn Luftlandedivisionen ... Panzerspitzen werden die Kanalhäfen sieben Tage nach der Stunde Null erreichen ... Das Unternehmen Donnerschlag ist im Gebiet zwischen Kasachstan und der ukrainischen Grenze geprobt worden; die Entfernungen entsprachen exakt denen, die unsere Rote Armee in Westeuropa vorfinden würde ...«

Angelo fuhr fort, das Unternehmen Donnerschlag mit all seinen zutiefst erschreckenden Einzelheiten zu beschreiben. Das sowjetische Oberkommando habe eine transparente Karte von Westeuropa auf eine Karte über den Westen Rußlands im gleichen Maßstab gelegt. Die Wolga sei zum Rhein geworden. Wegweiser – unsichtbar für die in fast fünfhundert Kilometer Höhe vorüberziehenden amerikanischen Spionagesatelliten – mit Aufschriften wie *Paris 30 km, Hamburg 45 km, Calais 80 km* hätten auf die in der jeweiligen Entfernung befindliche sowjetische Stadt gezeigt. Eine sowjetische Armeegruppe habe die gegnerische NATO-Streitmacht dargestellt. Die angreifende sowjetische Hauptstreitmacht, Armeegruppen, die den NATO-Streitkräften im Verhältnis drei zu eins überlegen gewesen seien – was den tatsächlichen Verhältnissen entspreche –, sei von Marschall Pratschko persönlich befehligt worden. Der Angriff sei mit so überwältigender Macht vorgetragen worden und so schnell gewesen, daß man davon ausgegangen sei, der amerikanische Präsident werde es für zwecklos halten, einen atomaren Vergeltungsschlag anzuordnen.

Kurz vor dem Ende der Nachricht sprach Angelo die letzten Worte mit tiefer und kraftvoller Stimme. »Es ist unerläßlich, sofort eine gewaltige Demonstration amerikanischer Macht zu geben, um Marschall Pratschko und seine Anhänger abzuschrecken, die dabei sind, im Politbüro die Mehrheit zu bekommen ...«

Für einen Augenblick hing die gleiche erschrockene Stille über dem Ovalen Büro, die nach dem Abspielen des Bandes über dem Raum im Baton Rouge Building in Montreal gelegen hatte. Aber schon als Wargrave den Recorder abstellte, stand Moynihan vom Schreibtisch auf, von dem er sich während der Wiedergabe des Bandes nicht weggerührt hatte.

»Ich glaube, wir können dies als einen größeren Notstand bezeichnen«, bemerkte Moynihan. »Eingegangene Satellitenmeldungen bestätigen, daß in dem von Angelo genannten Gebiet umfangreiche militärische Manöver stattgefunden haben. Aber diese Meldungen können uns natürlich nicht das sagen, was Angelo uns berichtet hat. Und dann ist da noch das Problem mit den Laserwaffen – hier und in Moskau sind Wissenschaftler der Ansicht, daß sie kurz vor einem Durchbruch stehen.«

»Einem Durchbruch wozu?«

»Eines Tages, vielleicht schon sehr bald, werden Laserstrahlen über große Entfernungen in der Lage sein, Raketenleitsysteme zu stören – und das bedeutet, daß jede abgefeuerte Rakete unter Umständen auf die eigene Abschußbasis stürzt. Ergebnis Nummer eins? Ende der nuklearen Abschreckung. Ergebnis Nummer zwei? Die Sowjets werden sich in der Lage fühlen, ihre Landstreitkräfte in Europa einzusetzen, ohne einen nuklearen Vergeltungsschlag befürchten zu müssen...«

»Wie lautet also die Antwort darauf?« wollte Wargrave wissen.

»So.« Moynihan drückte einen Knopf auf seiner Gegensprechanlage. »Ed, berufen Sie bitte sofort eine Sitzung des Nationalen Sicherheitsrates ein. In einer Stunde. Es ist mir schnuppe, wo die Leute gerade sind. Sorgen Sie dafür, daß sie herkommen...«

Innerlich seufzte Wargrave erleichtert auf. Er war erleichtert, daß Joseph Moynihan im Weißen Haus saß. Wie viele der vorhergehenden Präsidenten wären so schnell zu einer Entscheidung gekommen, wie viele hätten so entschlossen gehandelt? Als wollte der Präsident Wargraves unausgesprochene Gedanken bestätigen, zog er seinen Hosenbund hoch und sagte knapp:

»Diese Sitzung ist eine rein formelle Sache. Ich habe schon entschieden, was zu tun ist. Die Sparta-Leute haben großartige Arbeit geleistet. Das sage ich Ihnen persönlich, Harry.« Er streckte die Hand aus und schüttelte Wargrave die Hand. Der Präsident hatte einen festen Griff. »Und Julian Haller können Sie das gleiche sagen...«

Vierundzwanzig Stunden später, nach der Rückkehr nach Montreal, wurde Wargrave die enorme Stärke von Moynihans Reaktion bewußt. Schon in der Nacht waren drei amerikanische Luftlandedivisionen in Fort Worth, Texas, mit ihrer gesamten Ausrüstung an Bord einer riesigen Flotte von Lockheed-C-5-A-Transportmaschinen gegangen. Im Weißen Haus blieb Moynihan die ganze Nacht in Hemdsärmeln auf und telefonierte mit dem Bundeskanzler der Bundesrepublik Deutschland, dem Premierminister Großbritanniens, dem Präsidenten der Französischen Republik und dem Oberkommandierenden der NATO in Brüssel. Und in dieser Zeit starteten laufend die riesigen Transportmaschinen und machten sich auf den Weg nach Osten über den Atlantik, zum europäischen Festland. Die Flugpläne waren darauf abgestimmt, die größtmögliche psychologische Wirkung zu erzielen – die geballte Streitmacht sollte die Moral der Europäer heben.

Um neun Uhr morgens, auf dem Höhepunkt der Rush-hour,

hörten erschreckte Londoner auf dem Weg zur Arbeit plötzlich ein donnerndes Röhren am Himmel. Sie blickten hoch und sahen den endlosen Strom amerikanischer Flugzeuge, die knapp unterhalb der Wolkendecke flogen, einen unablässigen Strom von Maschinen, denen immer neue folgten. Weniger als sechzig Minuten später überflog die gigantische Kavalkade Brüssel, und innerhalb einer weiteren Stunde war die Luftstreitmacht in der Bundesrepublik gelandet. Um seinen Standpunkt mit letzter Klarheit zu verdeutlichen, hielt Moynihan eine kurze Fernsehansprache, die über Satellit in die ganze Welt ausgestrahlt wurde, eine Rede in der für ihn typischen direkten Sprache.

»Damit bei niemandem ein Mißverständnis aufkommt – die amerikanische Verteidigungslinie verläuft entlang der westdeutschen Grenze zu den sowjetischen Satellitenstaaten. Und was die Maschinen betrifft, die soeben in der Bundesrepublik gelandet sind – wo die hergekommen sind, gibt es noch weit mehr...«

»Die Sparta-Leute haben großartige Arbeit geleistet...«

Als Präsident Moynihan im Weißen Haus Harry Wargrave beglückwünschte, hatte er sich beim Sparta-Ring bedanken wollen, der Sondereinheit des Geheimdienstes, die ihren Sitz außerhalb der USA in Montreal in Kanada hatte. Um zu erklären, wie diese einzigartige Einheit ins Leben gerufen wurde, ist ein Rückblick auf das vorhergehende Jahr notwendig – in die Zeit, zu der Vizepräsident Moynihan das Amt des Präsidenten von seinem Vorgänger übernommen hatte, der bei einem Skiunfall in Colorado plötzlich ums Leben gekommen war.

3. Prag, Tschechoslowakei

In diesem Moment der Zeitgeschichte hatte Matt Leroy – der später Elsa Lang bei ihren allmonatlichen Reisen von Basel zum Züricher Flughafen bewachte – kurz vor dem Ende seiner Dienstzeit als Sicherheitsoffizier an der amerikanischen Botschaft in Prag gestanden.

Es war der 8. Dezember. Es herrschte mildes Wetter, obwohl in der Hohen Tatra Schnee gefallen war. Der amerikanische Botschafter hatte zu einem Abendempfang für einige sowjetische Politbüromitglieder geladen, die der Tschechoslowakei einen Besuch abstatteten. Für Leroy sah es so aus, als würde sein letzter Abend vor der Rückkehr in die Staaten am folgenden Tag zu einem Ereignis werden.

»Meine erste Chance, Spitzenmänner des Feindes aus der Nähe zu betrachten«, vertraute er einem Untergebenen an.

Der Botschafter war nicht so begeistert. Er hatte soeben eine persönliche Weisung des erst vor kurzem zum Präsidenten ernannten Joseph Moynihan erhalten, in der dieser in der später so vertrauten markigen Art seinen Standpunkt darlegte. »Halten Sie ja nicht Händchen mit diesen Burschen aus dem Kreml. Feste Höflichkeit ist jetzt das Gebot der Stunde. Und bringen Sie auf keinen Fall irgendwelche Toasts auf die gottverdammte falsche russische ›Entspannung‹ aus ...«

Während er sich unter die Gäste mischte, die unter glitzernden Kronleuchtern umherwanderten, blickte Matt Leroy scheinbar gleichgültig in die Runde. Gelegentlich nippte er an seinem Bourbon, den er in der Hand hielt. In Wahrheit nahm er jeden Anwesenden genauestens unter die Lupe. Dabei entging ihm nicht das kleinste Detail. Unter den wichtigeren Gästen aus dem Politbüro war auch Anatolij Sarubin, der Minister für Handel und Außenwirtschaft. Es war Sarubin, der auf Leroy zuging und mit dem Amerikaner anstieß.

»Auf ein Andauern der Entspannung, mein Freund«, meinte Sarubin in perfektem Englisch.

»Auf die Entspannung«, stimmte Leroy ohne Begeisterung ein.

Sarubin war ein kleiner, dunkelhaariger Russe mit einem gepflegten Schnurrbart, von fröhlichem Gehabe, und er stand im Ruf, ein ziemlicher Schürzenjäger zu sein. Trotz seiner Zweifel hatte Leroy entdeckt, daß er diesen gesprächigen, zu Scherzen aufgelegten Minister mochte, der eine fanatische Bewunderung für den Jazz David Brubecks gestand. »Ich habe alle seine Platten, spiele sie immer und immer wieder«, plauderte er weiter. »*Take-Five* – diese Nummer ist mein Lieblingsstück ...« Andere sowjetische Gäste waren Leroy weit weniger liebenswürdig erschienen.

Gegen neun kam etwas mehr Leben in die Party, und in der Umgebung Marschall Grigorij Pratschkos, des sowjetischen Verteidigungsministers, floß der Wodka bereits in Strömen. Pratschko, ein bulliger achtundfünfzigjähriger Mann mit einem mächtigen Brustkorb, war in voller Uniform erschienen. Seine Brust schmückten viele Reihen von Orden. ›Genug, um eine Pfandleihe in der First Avenue auszustatten‹, dachte Leroy säuerlich. Pratschko war ganz offensichtlich dabei, jeden anderen betrunken zu machen. Er bestand auf einem Trinkspruch nach dem anderen.

»Entspannung! Entspannung! Ist jemand da, der sich weigert, darauf mit mir anzustoßen? Dann soll er sich zeigen und als Feind des Friedens zu erkennen geben!«

Leroy beobachtete ihn unauffällig, bemerkte die brutale Nase, das aggressive Kinn, die aus Ohren und Nasenlöchern herausragenden Haarbüschel. ›Haargenau der Dreckskerl, als der er beschrieben wird‹, dachte Leroy. ›Und Gott sei denen gnädig, die unter ihm dienen...‹ Leroy blieb immer in Bewegung. Er hielt nach einem bestimmten Mann Ausschau, einem Mann, von dessen Aussehen er seltsamerweise keine Beschreibung hatte. War es möglich, daß sich in dieser großen Menschenmenge auch Oberst Igor Scharpinsky befand?

Für westliche Geheimdienstchefs war der stellvertretende Leiter des KGB, Scharpinsky, nur ein Schatten. Sogar so sehr, daß man ihm den Spitznamen Oberst Schatten gegeben hatte. Über ihn war buchstäblich nichts weiter bekannt, als daß es ihn gab, und das Washingtoner Dossier über ihn bestand nur aus einer einzigen Seite mit wenigen Zeilen. Selbst diese wenigen Zeilen enthielten nur vage Informationen und nichts wirklich Greifbares. ›Man munkelt, daß er der Verbindungsoffizier zum GRU ist, dem militärischen Abschirmdienst der Sowjets.‹ Und das war schon fast alles.

Einen Augenblick später entdeckte Leroy ein weiteres wichtiges Politbüromitglied. Auch dieser Mann pflegte nicht gerade romantische Gefühle zu wecken. Überrascht – der Mann war auf der Gästeliste nicht verzeichnet gewesen – tat Leroy so, als nähme er noch einen Schluck Bourbon, während er einen der gefürchtetsten Männer der Welt in Augenschein nahm. General Sergej Marenkow, den Chef des KGB. Der Chef der sowjetischen Geheimpolizei hielt sich am Rand der Menge, als wollte er jeden der Anwesenden unter die Lupe nehmen.

Marenkow, der einen dunkelblauen Anzug trug, war ein kleinwüchsiger, untersetzter Mann von fünfundfünfzig mit breiten Schultern. Er stand ruhig da; sein Gesicht mit dem kräftigen Kinn zeigte keinerlei Ausdruck. Als er unter buschigen Augenbrauen hervorblickte, schien er jeden der beim Empfang anwesenden Gäste einzuordnen – und genau das dürfte der KGB-Chef auch getan haben, dachte Leroy. Anders als bei seinem mysteriösen Stellvertreter, Oberst Scharpinsky, besaß Washington über Marenkow ein acht Zentimeter starkes Dossier. Der General war dafür bekannt, ein enzyklopädisches Gedächtnis zu haben. ›Ich könnte wetten, daß er jeden einzelnen Mann in unserer Botschaft kennt – weiß, welchen Job er hat und wann er pinkeln geht‹, sagte sich Leroy.

Marenkow begann plötzlich, sich um die Menge herumzubewegen. Inzwischen war der Raum von Lärm, lautem Stimmengewirr und endlosem Gläsergeklirr erfüllt. Anatolij Sarubin wurde nicht müde, zu plaudern und zu scherzen. Leroy nutzte seine Gelegenheit, als Marenkow an ihm vorüberging. Er hob sein Glas. »Frieden und guter Wille, um alles in der Welt, General ...« Marenkow sagte etwas auf russisch und stieß mit Leroy an. Seine braunen Augen starrten den Amerikaner hart an, dann ging er weiter. Es war keine sonderlich freundliche Begegnung gewesen, aber Leroy hatte der Chance nicht widerstehen können, den KGB-Chef aus nächster Nähe zu studieren – wenn auch nur für wenige Sekunden.

Am Ende des Abends hatte Leroy das Gefühl, nichts ausgerichtet zu haben. Er hatte ganz gewiß niemanden entdeckt, der Igor Scharpinsky hätte sein können, niemanden, der sich in der Nähe Marenkows gehalten hätte. Es war ein interessanter Abend gewesen, etwas, was in seinem Abschlußbericht brauchbar sein würde, aber mehr nicht. Der Schock kam, als die Party vorüber war.

Als er nach Mitternacht in sein Zimmer zurückgekehrt war, um seine Koffer fertig zu packen – er wollte am nächsten Morgen die Frühmaschine nach Frankfurt nehmen –, langte er in die Jackentasche nach seinen Zigaretten und erstarrte. Soeben noch erschöpft von dem Gefühl der Enttäuschung, das so manchem Fest ein Ende macht, war er jetzt hellwach. In der Tasche hatten seine Finger etwas Ungewohntes berührt, etwas, was nicht dorthin gehörte. Langsam zog er einen versiegelten Umschlag heraus. Darauf stand in englischen Großbuchstaben NUR FÜR DEN PRÄSIDENTEN DER USA BESTIMMT.

Leroy ging in dieser Nacht später zu Bett, als er erwartet hatte. Nachdem er seinen technischen Assistenten aus dem Bett geholt hatte, ließ er den Umschlag einer Reihe von Tests unterziehen. Er enthielt weder Sprengstoff noch irgendein Gift. Den noch immer versiegelten Umschlag ließ er durchleuchten. Auf dem Filmbild zeigte sich der klare Umriß einer Kassette. Auf die Kassettenhülle hatte jemand die Buchstaben AN eingeritzt.

»Woher haben Sie das?« hatte West, der Techniker, plötzlich gefragt.

»Ist mir übergeben worden«, erwiderte Leroy und ließ es dabei bewenden. »Übrigens, die Sache ist streng geheim – wenn ich weg bin, dürfen Sie also niemandem davon erzählen ...«

Um fünf Uhr war Leroy in seinem Schlafzimmer. Er hatte fertig gepackt und saß voll angezogen gegen das Kopfkissen gelehnt und dachte nach. Er wußte, daß der Umschlag nur von einem der Gäste beim Empfang in seine Tasche hatte praktiziert werden können. Der Betreffende hatte es sehr geschickt gemacht. Leroy hatte erst Minuten vor dem Empfang einen anderen Anzug angezogen. Die einzig mögliche Schlußfolgerung – so fantastisch sie auch sein mochte –, daß einer der beim Empfang anwesenden Russen ihm den Umschlag zugesteckt hatte. Und das direkt unter den Augen von General Sergej Marenkow, dem Chef des KGB. Leroy schauderte bei dem Gedanken. Wer immer es gewesen war – der Mann mußte verdammt gute Nerven haben. Vielleicht war er aber auch verzweifelt.

Je mehr Leroy darüber nachdachte, um so plausibler erschien ihm diese Annahme. Es war nicht gerade ein Staatsgeheimnis, daß seine Dienstzeit an der Botschaft abgelaufen war und daß er in die Vereinigten Staaten zurückkehren würde – diese Tatsache würde sowjetischen Stellen bekannt sein. Jemand hatte sich diesen Umstand also zunutze gemacht – die Tatsache, daß die Kassette nur wenige Stunden in Prag verbleiben würde, nachdem sie ihm zugesteckt worden war.

›Und wie zum Teufel soll ich sie dem Präsidenten übergeben?‹ fragte er sich.

Es war bezeichnend für Matt Leroy, daß er die Notwendigkeit absoluter Geheimhaltung erkannte; das bedeutete nämlich, daß er seinen Vorgesetzten in Washington würde übergehen müssen. Als er am folgenden Tag in Washington landete, hatte er das Problem noch immer nicht gelöst. Statt dessen löste sich das Problem von selbst.

Vierundzwanzig Stunden nach Leroys Ankunft in Washington traf der deutsche Bundeskanzler als Gast Präsident Moynihans ein. Matt Leroy wurde zu einem Empfang ins Weiße Haus geladen, bei dem er dem Bundeskanzler persönlich über seine Einschätzung der politischen Lage in der Tschechoslowakei Bericht erstatten sollte. Leroys Chef, Chuck Grant, behagte diese Idee gar nicht.

»Warum er sich nicht direkt von mir informieren läßt, weiß der Himmel«, bemerkte er wütend zu Leroy.

»Vielleicht mag er sich lieber von Leuten berichten lassen, die vor Ort gewesen sind«, meinte Leroy mit einem listigen Zwinkern.

In Wahrheit war es Präsident Joseph Moynihan, der die direkte Berichterstattung vorzog. Wie er in der für ihn typischen unorthodoxen Art einmal zu einem Berater bemerkte: »Es ist der Mann vor Ort, der Bescheid weiß. Die Schreibtischhengste hier bei uns lieben es, die Meldungen von draußen zu interpretieren, sprich zu versauen. Damit versuchen sie, ihre Existenzberechtigung nachzuweisen, und das in einem Job, der vermutlich völlig überflüssig ist...«

Auf dem Washingtoner Empfang wurde Leroy Moynihan vorgestellt, der ihm beim Arm nahm und zu dem Bundeskanzler führte.

»Einen Augenblick, Herr Präsident«, sagte Leroy schnell. Mit wenigen Worten hatte er erklärt, was es mit der Kassette auf sich hatte. »Ich habe sie bei mir«, fuhr er mit leiser Stimme fort. »Das könnte reines Dynamit sein...«

»Tatsächlich?« Moynihan grinste ihn breit und strahlend an. »Dynamit, sagten Sie? Na, dann freue ich mich schon jetzt aufs Öffnen.«

»Auf Explosivstoffe habe ich das Ding schon untersuchen lassen«, sagte Leroy schnell, »sowohl hier als auch in Prag...«

»Davon bin ich ausgegangen – das war nur ein kleiner Scherz. Also, glauben Sie, Sie könnten das Ding ebenso geschickt in meine Tasche praktizieren, wie das bei Ihnen in Prag gemacht worden ist? Vergessen Sie nicht, hier wimmelt es von Geheimdienstleuten...«

»Schon passiert, Herr Präsident.«

»Sie haben vielleicht Nerven, mein Lieber, damit direkt zu mir zu kommen – und Ihre Vorgesetzten zu übergehen.«

»Ich kann mich Ihrer Bewertung meiner Handlungsweise nur anschließen«, erwiderte Leroy.

»Und Ihr Name ist Matt Leroy? Es könnte nämlich sein, daß ich einen derart unverschämten Burschen wie Sie in Zukunft mal brauche. Manche«, fuhr der Präsident mit einem Anflug eines Lächelns fort, »nennen so etwas Initiative. So, und jetzt gehen wir und unterhalten uns mit unserem hohen Gast.«

Spät in jener Nacht hörte sich Moynihan die Kassette allein im Ovalen Büro an. Der unbekannte Mann, der das Band besprochen hatte, begann mit der Eröffnung, sein künftiger Codename sei Angelo; er werde nur mit Kassetten in Erscheinung treten, und die Authenzität jeder Kassette werde an den Buchstaben AN zu erkennen sein, die er auf jeder Kassette einritzen werde. Anschließend informierte er über die sowjetische Politik, über die Ansichten der einflußreichsten Minister des Politbüros sowie über die gegenwärtige Gliederung und Stationierung der Roten Armee in Osteuropa.

Was folgte, war noch außergewöhnlicher. Er instruierte den Präsidenten dahingehend, daß eine vollständig neue Geheimdiensteinheit außerhalb der Grenzen der Vereinigten Staaten ins Leben gerufen werden müsse, um Kassetten von Europa nach Nordamerika zu transportieren. »Ihre bestehenden Geheimdienste sind von Ihrer eigenen Presse und dem Kongreß gründlicher enttarnt und zerstört worden, als der sowjetische KGB das je hätte schaffen können«, fuhr die Stimme auf englisch fort. »Um mich zu schützen, müssen Sie die Sondereinheit ins Leben rufen. Ich schlage vor, daß sie von einem Amerikaner befehligt, im übrigen personell aber mit Europäern ausgestattet wird – die Leute werden immerhin in Europa operieren müssen. Britische Staatsangehörige könnten sich als besonders verläßlich erweisen – sie sind Inselbewohner...«

Es folgten weitere Informationen. Die Kassetten würden mit dem Moskau-Expreß transportiert werden, und zwar in dem Schlafwagen versteckt, der an jedem ersten Mittwoch eines Monats in Basel ankomme. Dann kamen weitere Details – die Abteilnummer des Schlafwagens, das genaue Versteck. An jedem Freitag nach der Ankunft einer Kassette an einem Mittwoch solle der Empfang über das nach Osteuropa ausgestrahlte Programm der Voice of America bestätigt werden – durch das Abspielen einer Schallplatte, die er nennen werde und die um siebzehn Uhr Moskauer Zeit gespielt werden solle. Der Empfang dieser ersten Kassette sei durch das Spielen von Count Basies Aufnahme des *One o'clock jump* zu bestätigen. Das Band endete mit einer Warnung.

»Von keinem Angehörigen Ihrer Sondereinheit darf der Versuch unternommen werden, meine Identität herauszufinden. Das ist eine Bedingung. Was meine Motive betrifft, so sind sie meine persönliche Angelegenheit. Die nächste Kassette wird mit dem Schlafwagen des Moskau-Expreß geschickt werden, der am... in Basel ankommt...«

Der Vorgänger Moynihans, ein Mann, der den Konsensus liebte, hätte jetzt ohne Zweifel den Verteidigungsminister, den neuen CIA-Chef – den Moynihan eingesetzt hatte, um diese Organisation nach Möglichkeit zu reorganisieren – und weiß der Himmel wen noch konsultiert. Aber Angelo hatte seinen Mann richtig eingeschätzt. Am folgenden Morgen stellte Moynihan ein paar diskrete Nachforschungen an, ohne seine Motive zu verraten. Am Ende des Tages war er von der Echtheit der streng geheimen Informationen auf dem Tonband überzeugt und auch davon, daß Angelo nur ein Mitglied des sowjetischen Politbüros sein konnte. Moynihan ließ Julian Haller von der National Security Agency kommen.

Moynihan, ein ehemaliger Mann der Navy, kannte Julian Haller vom Vietnamkrieg her. Sie waren seitdem Freunde geblieben. Haller war ebenfalls ein Veteran der Navy – im Zweiten Weltkrieg hatte er an Bord des USS *Savannah* gedient und war später zum Geheimdienst der Navy abkommandiert worden. In dieser Funktion war er zum erstenmal dem Mann begegnet, der dann eines

Tages durch Zufall zum Präsidenten wurde. »Haller«, sagte Moynihan gern, »ist einer der wenigen Männer, die mir wirklich sagen, was los ist. Er ist nicht normal – er hat keinen politischen Ehrgeiz ...«

Julian Haller hörte schweigend zu, als Moynihan ihm erzählte, was sich ereignet hatte und daß er vorhabe, es mit Angelo zu versuchen. »Die Information auf dieser Kassette, die Sie gehört haben, kann nur von einem wichtigen Politbüromitglied stammen«, betonte der Präsident. »Ich habe das prüfen lassen.«

»Es könnte aber auch eine geschickte Falle sein«, warnte Haller. »Um Sie durch Fehlinformationen zu beeinflussen – während man Ihnen genügend echte Daten gibt, um Sie hinters Licht zu führen.«

»Ich habe das in Erwägung gezogen. Aber Angelo hat zuviel verraten.«

»Es hat den Anschein«, erwiderte der vorsichtige Haller. »Und er hat dabei bestimmte Dinge vorhergesagt, die – falls sie eintreten – unser Vertrauen stärken würden. Was ist jetzt zu tun?«

»Sie verschwinden. Offiziell werden Sie bei der NSA Ihren Abschied nehmen. Dann verschwinden Sie aus den Staaten und gründen die Sondereinheit. Angelo hat recht – die bestehenden Geheimdienstorganisationen sind für diese Art Arbeit ungeeignet; sie sind leck wie ein Sieb. Bestimmte Kongreßabgeordnete und bestimmte Zeitungsleute sind zu weit gegangen – sie haben den Schutzschild unserer Geheimdienste zerstört.« Moynihans Gesicht verdunkelte sich, und er schlug mit der Faust auf den Tisch. »Unterdessen macht der KGB ungerührt und mit voller Kraft weiter, spioniert, sabotiert, betreibt Subversion, und das alles mit dem vollen Rückhalt des Politbüros. Als ich diesen Job übernahm, habe ich einen Eid geschworen, die Vereinigten Staaten zu verteidigen – und das werde ich bei Gott auch tun!«

»Die CIA wird reorganisiert ...«

»CIA. Club Internationaler Amateure! Dafür stehen diese Initialen bei mir.«

»Wenn das jemals rauskommt, könnte man es als recht hübsch verfassungswidrig bezeichen«, warnte Haller von neuem.

»Auch daran habe ich gedacht. Ein Präsident, der – um der Sicherheit seines Landes willen – nicht bereit ist, das Risiko eines Impeachements auf sich zu nehmen, ist es nicht wert, auf diesem Stuhl zu sitzen.«

»Das ist ganz gewiß eine neuartige Auffassung«, gab Haller zu. »Kanada ist das richtige Land«, fuhr er energisch fort. »Darf ich mich auf Sie berufen, um die Zusammenarbeit von William Riverton zu bekommen, dem kanadischen Industriellen? Er hat während des letzten Krieges für die alliierten Geheimdienste gearbeitet und könnte den Deckmantel liefern, den wir brauchen – vielleicht sogar die Operationsbasis?«

»Tun Sie das. Ich kenne ihn. Grüßen Sie das alte Schlachtroß von mir.« Moynihan machte eine Pause. »Sagen Sie, wird dies alles nicht Ihr Privatleben durcheinanderwirbeln? In der Zeit, die das Unternehmen dauert, werden Sie die Staaten nicht ein einziges Mal betreten können. Wie steht's mit Linda?«

Haller führte eine stabile Ehe; er war seit dreißig Jahren mit Linda verheiratet, einer Modedesignerin in New York. Mit Hilfe der Metroliner-Züge verbrachten sie so viel Zeit gemeinsam wie nur eben möglich, obwohl sie in verschiedenen Städten arbeiteten. Moynihan beantwortete seine Frage selbst. »Wir werden Mittel und Wege finden, ihr häufige Reisen nach Montreal zu finanzieren. So, und wie steht's mit den richtigen Leuten?«

Haller grinste. »Das dürfte nicht so schwierig sein. Es gibt da einen Freund von mir, einen Engländer namens Harry Wargrave. Ehemaliger Geheimdienstmann der Navy, und dazu ist er auch von uns durchleuchtet worden – auch für unsere Geheimdienste absolut vertrauenswürdig. Ich sehe ihn als den Verbindungsmann zwischen Montreal und hier – vielleicht sogar als etwas mehr. Er ist jetzt gerade in Kanada und angelt irgendwo in der Gegend des Lake of the Woods.« Sein Grinsen wurde breiter. »Er ist sechsunddreißig. Und er glaubt, er hat sich ins Privatleben zurückgezogen.«

4. Montreal, Zürich, Moskau

Unter dem energischen Drängen Julian Hallers wurde die Sondereinheit, die Angelos Kassetten von Europa nach Nordamerika bringen sollte, innerhalb von sieben Tagen auf die Beine gestellt. Aber trotz Hallers Energie war dies nur durch die Zusammenarbeit des kanadischen Millionärs William Riverton möglich. Hallers Gespräch mit dem Kanadier war überraschend kurz. Als er hinter dessen Schreibtisch im zehnten Stockwerk des Baton Rouge Building saß, las Riverton Moynihans Einführungsschreiben nur einmal durch.

»Ich muß diesen Brief verbrennen«, informierte er Haller, der ihm gegenübersaß und eine Zigarette rauchte. »Bin in einer Minute wieder da.« Als er zurückkam und sich wieder hinsetzte, fühlte Haller sich zu einem Wort der Entschuldigung genötigt.

»Wir verlangen reichlich viel von Ihnen...«

»Wenn ich Sie recht verstehe«, unterbrach ihn Riverton, »sollen

Sie eine streng geheime Einheit aufstellen, die gegen den KGB arbeitet. Das ist alles, was ich wissen werde – oder wissen will. Richtig?«

»Richtig...«

Riverton sprach schnell weiter, wobei er starr vor sich hinblickte, als wäre Haller gar nicht anwesend. Der Amerikaner hörte fasziniert zu. Er konnte beinahe die Wellen intensiver Konzentration in Rivertons Gehirn spüren, als der Kanadier ein Problem nach dem anderen löste, ohne daß Haller es auch nur aufgeworfen hätte.

»Sie brauchen eine absolut sichere Operationsbasis. Hinter dieser Seitentür links von mir befindet sich die Zimmerflucht, die ich im Zweiten Weltkrieg benutzt habe. Die Räume werden Ihnen zur Verfügung stehen, solange Sie sie brauchen. Ich lasse sofort elektronische Anlagen installieren, die selbst die kompliziertesten Abhörsysteme des KGB außer Gefecht setzen. Auf dem Dach dieses Gebäudes befindet sich eine Antennenanlage, mit der ich meine über die ganze Welt verstreuten Unternehmen erreichen kann. Ich kann Ihnen den leistungsfähigsten Sender zur Verfügung stellen, den es zur Zeit gibt. Sie werden auf mein gesamtes Kommunikationssystem zurückgreifen können...«

»Wir könnten unsere eigene Ausrüstung importieren...«, begann Haller.

»Unklug. Es sollte nichts über die Grenze kommen. Der Mann, dessen Brief ich eben verbrannt habe, schlägt vor, Geldmittel über eine Reihe von Bankkonten fließen zu lassen, bei denen sich die Herkunft der Gelder nicht feststellen läßt.« Riverton lächelte eine Sekunde und setzte dann wieder sein Pokergesicht auf. »Man kann die Herkunft aller Guthaben ermitteln, wenn man nur tief genug gräbt. Ich werde Ihnen daher eine Million Dollar auf ein Konto anweisen lassen, über das Sie nach Belieben verfügen können...«

»Dieses Geld wird eines Tages zurückgezahlt werden müssen«, warf Haller ein.

»Niemals. Eine Frage: Werden Angehörige Ihrer Einheit in regelmäßigen Abständen herkommen?«

»Ich gehe davon aus, daß bestimmte Leute – zwei oder drei – nur in monatlichen Abständen herkommen werden. Es werden vermutlich immer dieselben sein.«

»Geben Sie mir einen Tag vorher Nachricht, wenn Sie können. Ich werde dann meine Empfangsdamen da draußen auswechseln. Ich habe auch in anderen Teilen der Stadt Büros. Damit ist sichergestellt, daß keines der Mädchen die Leute zweimal zu sehen bekommt...«

Von Rivertons Büroflucht aus führte Haller eine Reihe von Telefongesprächen. Harry Wargrave war der erste Mann, den der Amerikaner nach Montreal kommen ließ. Der Engländer war angewiesen worden, Diskretion zu wahren, und erschien in kanadischer Kleidung. Die Empfangsdame sprach er mit kanadischem Akzent an. Wargrave besaß die Gabe, in jedem Teil der Welt innerhalb von wenigen Tagen den besonderen Akzent der Gegend anzunehmen.

»Ich brauche Elsa Lang«, sagte der hochgewachsene, dunkelhaarige Engländer entschieden, nachdem Haller die Situation erläutert hatte. »Sie wird der Kurier sein, der die Kassetten herausbringt – eine junge Dame zieht weniger Aufmerksamkeit auf sich. Ihr Vater war britischer Admiral, sie spricht fließend Französisch, Italienisch und Deutsch, sie hat sehr gute Nerven und Mut, und seitdem sie einmal mit mir im Geheimdienst der Navy an der Washingtoner Botschaft gearbeitet hat, hat sie die Unbedenklichkeitsbescheinigung für streng geheime Aufgaben ...«

»Du wirst dich also reaktivieren lassen, um uns zu helfen?« fragte Haller, wobei er den Engländer scharf beobachtete. Wargrave setzte ein schiefes Grinsen auf, an das sich der Amerikaner erinnerte; es zeigte normalerweise an, daß Wargrave sich in einem Streßzustand befand. »Irgend etwas schiefgegangen?« fragte Haller leise.

»Als du anriefst, stand ich kurz vor der Heirat mit einem irisch-kanadischen Mädchen. Ich sagte ihr, ich hätte einen Job in Aussicht, den ich mir ernsthaft überlegte; ich würde dann aber ziemlich regelmäßig auf Reisen sein – ich meinte damit diesen Job hier. Sie bekam einen Wutanfall und sagte, du bleibst entweder zu Hause, oder du kannst die Hochzeit vergessen. Na ja, dann habe ich ihr gesagt, schön, vergiß das Ganze ...«

»Mir gefällt das gar nicht, Harry.«

»Du hast mich nicht verstanden. Sie ist noch mal davongekommen. Früher oder später hätte mich doch die Ungeduld gepackt; ich hätte mich nach etwas Aufregenderem gesehnt als nach einem Achtstundenjob hinter irgendeinem Schreibtisch. Du kennst mich ...«

Ein einziges Telegramm Wargraves nach London brachte Elsa Lang mit dem nächsten Transatlantikflug nach Montreal. Sie hatte gerade ein Jahr als Maskenbildnerin bei einer Filmgesellschaft hinter sich gebracht und hatte schon wieder ›Wanderlust‹ bekommen, wie sie Haller bei ihrer ersten Begegnung erklärte. »Dieser Job – jedenfalls nach dem wenigen, was Sie mir bisher erzählt haben – scheint eher mein Fall zu sein.«

»Maskenbildnerin – das ist weit weg von der Geheimdienstarbeit für die Navy«, hatte der Amerikaner mit einem breiten Lächeln gemeint. Ihr Washingtoner Dossier lag in einer Schublade seines Schreibtischs, und er hatte Elsa schon fünf Minuten nach dem Kennenlernen akzeptiert. Ihre Haltung und ihr herausfordernder Blick hatten ihn beeindruckt, als er sie vor den großen Risiken dieser Arbeit gewarnt hatte. »Heutzutage kann man auch ums Leben kommen, wenn man die Regent Street überquert«, hatte sie mit einem schalkhaften Lächeln geantwortet. »Ich habe den Eindruck, daß Sie mir einen wichtigen Job anbieten, etwas, was sich zu tun lohnt.«

Haller zündete sich eine frische Zigarette an und stellte seine Schockfrage, wobei er sorgfältig auf ihre Reaktion achtete. »Können Sie mit einer Waffe umgehen?« fragte er beiläufig.

»Ja. Am meisten vertraut bin ich mit der 38er Smith & Wesson und ähnlichen Handfeuerwaffen. In Washington hat Harry mich oft zum Schießstand des FBI mitgenommen, und da habe ich ziemlich viel geübt. Damals hatte der KGB gerade einen Dechiffrierer der französischen Botschaft entführt, und da hat Harry gemeint, ich täte gut daran, mich in Selbstverteidigung zu üben...«

Den nächsten Rekruten hatte Haller ausgewählt – Matt Leroy war zwar Amerikaner, besaß aber große Erfahrung im Untergrundkampf gegen die Sowjets. Und während einer kurzen Tätigkeit an der amerikanischen Botschaft in London hatte er seinen englischen Akzent so zur Perfektion gebracht, daß er als Brite durchgehen konnte. Zudem hatte er das gesamte Unternehmen in Bewegung gesetzt: Er war der Mann gewesen, der die Kassette aus Prag herausgebracht hatte. Und was Prag betraf, gab es noch ein weiteres Detail, das Haller nicht entgangen war. West, der Techniker, der den Leroy während des Prager Empfangs heimlich zugesteckten Umschlag auf Explosivstoffe und auf Gift untersucht hatte, war bereits aus der Tschechoslowakei ausgeflogen worden. Er befand sich gegenwärtig in Washington und sollte sehr bald ein Flugzeug besteigen, das ihn zu seinem nächsten Posten bringen sollte – in den abgelegensten Teil der Vereinigten Staaten, der Moynihan eingefallen war. Fairbanks, Alaska.

Der seit seiner Zeit in Athen mit den Ränkespielen des Balkans vertraute Wargrave hatte, kurz bevor er über den Atlantik flog, um gemeinsam mit Elsa Lang und Matt Leroy den europäischen Teil des Unternehmens zu organisieren, den Namen für die Einheit gefunden.

»Wir brauchen einen Codenamen für diesen Laden«, hatte

Haller betont. »Der Präsident wird Bruno heißen. Und wie sollen wir uns nennen?«

»Warum nicht der Sparta-Ring?« hatte der Engländer erwidert. »Das hat einen harten Klang und erinnert an die Stoiker – und diese allmonatlichen Trips nach Basel werden so etwas wie stoische Eigenschaften notwendig machen. Am meisten spricht aber für diesen Namen, daß er griechisch klingt. Wenn auch nur die kleinste Andeutung davon dem KGB zu Ohren kommt, wird er sie von der Schweiz ablenken.«

»Also gut. Sparta ist der Name...«

In den folgenden zwölf Monaten funktionierte das Unternehmen reibungslos. In Basel hatte Wargrave für Matt Leroy eine Hilfstruppe zusammengestellt. Einer dieser Männer war Peter Necker, ein ehemaliger deutscher Kriminalbeamter, den der Engländer kannte und dem er vertraute. Necker spielte die Rolle des ›Kellners‹ mit der weißen Jacke, der den Schlafwagen bestieg, um die Kassetten zu holen. Die Männer, die Necker schützen sollten, wählte er unter anderen aus, die er seit vielen Jahren kannte; einer war ein französischer Geheimdienstmann, der früh in den Ruhestand getreten war, der andere ein Holländer, den ihm General Max Scholten, der Chef der niederländischen Abwehr, empfohlen hatte. Alle drei waren überzeugte Antikommunisten, und keiner von ihnen wußte, worum es bei dem Unternehmen eigentlich ging. Wargrave hielt sämtliche Fäden in der Hand und führte den Sparta-Ring so, daß keine Querverbindungen entstehen konnten.

Obwohl er regelmäßig in der Schweiz operierte, verheimlichte er die Aktivitäten der Sparta-Leute sogar seinem alten Freund Oberst Leon Springer, dem stellvertretenden Leiter der schweizerischen Abwehr. Damit ging Wargrave ein wohlüberlegtes Risiko ein, wie er Haller in Montreal einmal erklärt hatte.

»Früher oder später wird Springer von unseren regelmäßigen Reisen nach Zürich und Basel erfahren. Er kennt mich gut. Er wird sofort Lunte riechen und vermuten, daß eine Spionageoperation im Gang ist...«

»Das Risiko müssen wir eingehen«, hatte Haller erwidert. »Wir wissen jetzt – und da gibt es auch nicht mehr den Schatten eines Zweifels –, daß die von Angelo einlaufenden Informationen unschätzbar sind. Es ist unheimlich – es ist fast so, als säße Bruno in jeder wichtigen Sitzung des Politbüros.«

»Und Angelo muß Anatolij Sarubin sein...«

»Auf Bildern sieht er aus wie ein Charmeur«, warf Elsa ein, während sie sich in dem fensterlosen Raum umsah, der ihr immer ein Gefühl der Platzangst eingab. »Ich wette, daß ich bei ihm schwach werden würde«, fügte sie boshaft mit einem Blick in Wargraves Richtung hinzu.

»Daß Mädchen immer übertreiben müssen...«

Trotz der von Angelo auf der ersten Kassette ausgesprochenen Warnung war es hinter den verschlossenen Türen des an Rivertons Büro angrenzenden Raums unvermeidlich zu Spekulationen über Angelos Identität gekommen. »Er ist das kultivierteste und kosmopolitischste Mitglied des Politbüros«, hatte Wargrave hervorgehoben. »Jeder, der ihm begegnet ist, hält ihn für einen vernünftigen Mann...«

»Er ist das polierte Aushängeschild, das der Kreml immer dann auskramt, wenn er befürchtet, der Westen könne nicht mehr auf diesen Entspannungsschwindel hereinfallen«, grunzte Haller. »Das ist seine Hauptaufgabe – uns Salz in die Augen zu streuen.«

»Kommen wir wieder auf Oberst Springer zurück«, beharrte Wargrave. »Es kann sein, daß ich eines Tages das Gefühl haben werde, daß ich mich mit ihm in Verbindung setzen muß. Ich darf ihm auch nicht in Andeutungen verraten, was vorgeht...«

»Verlassen Sie sich auf Ihr eigenes Urteil... Was in Europa zu tun ist, ist Ihre Sache...«

Die letzte Bemerkung des Amerikaners war ein Hinweis auf die Tatsache, daß er Montreal nie verlassen würde – sämtliche Operationen in Europa lagen in den Händen Wargraves, Elsas und Matt Leroys. Wargrave war aufgestanden, um sich zu verabschieden, als Haller darauf hinwies, er habe noch etwas zu sagen. Sein Gesichtsausdruck war finster, als er ihnen von einem Zwischenfall in Moskau berichtete, der ihm von einem sowjetischen Informanten geringer Bedeutung hinterbracht worden war.

»Anatolij Sarubin – von dem wir jetzt verdammt genau zu wissen meinen, daß er Angelo ist – inspiziert die Moskauer Bahnhöfe sehr häufig in seiner Eigenschaft als Minister für Handel und Außenwirtschaft. Angeblich zu dem Zweck, den Warentransport in den Westen zu beschleunigen. Sie brauchen natürlich die harten Devisen – diese Besuche können also durchaus normal sein.«

»Und bei diesen Gelegenheiten schmuggelt er die Kassetten in den Schlafwagen des Moskau-Expreß«, betonte Elsa...

Der Zwischenfall, von dem Haller ihnen erzählt hatte, hatte sich am Montag, dem 1. November, um drei Uhr nachmittags ereignet. Die Temperatur lag bei zehn Grad unter dem Gefrierpunkt, es war dunkel wie in der Nacht, und die Gleise waren mit einer Eisschicht überzogen, als Anatolij Sarubin, eingehüllt in einen schweren Mantel und mit Hut, allein auf dem Verschiebebahnhof neben dem Moskau-Expreß umherging. Der Zug sollte in wenigen Minuten in den Bahnhof einlaufen, bevor er in den Westen fuhr.

Sarubin bestieg den Schlafwagen, der zwei Tage später in Basel ankommen sollte, und begann, die einzelnen Abteile in Augenschein zu nehmen. Im Politbüro war bekannt, daß er peinlich auf absolute Sauberkeit in sowjetischen Zügen achtete. »Dieser Expreß ist eine rollende Propagandawaffe«, erklärte er oft. »Der Westen wird uns nach den Zügen und Zivilflugzeugen beurteilen, die sie dort zu sehen bekommen...« Sarubin ging weiter zum Ende des Schlafwagens und blieb dann stehen. Eine Gestalt, kaum mehr als ein Schatten, war aus einem der vorderen Abteile geschlüpft und hatte dann den Wagen verlassen. Sarubin beschleunigte seine Schritte und erreichte die vordere Waggontür, die sich in der Dunkelheit hin und her bewegte. Er blickte hinaus und erstarrte. Ein in der Stille und der Dunkelheit betäubend lauter Schuß krachte, dann ein zweiter. Die Schüsse waren aus so großer Nähe abgefeuert worden, daß Sarubin einen Augenblick lang glaubte, getroffen zu sein. Er sprang auf die Gleise hinunter und duckte sich. Rechts von ihm ging ein Mann mit einer Laterne, der jetzt das Licht löschte und hinter einer Reihe von Güterwagen verschwand. Sarubin, der sich noch immer duckte, wurde plötzlich vom Lichtstrahl einer starken Taschenlampe geblendet, der direkt auf sein Gesicht gerichtet war. Er wartete auf den dritten Schuß, der ihn töten würde.

»Oh... Sie sind's, Sarubin...«

Die Stimme war die General Sergej Marenkows, des KGB-Chefs. »Kommen Sie mal her, sehen Sie sich das an«, fuhr Marenkow mit harter Stimme fort. Der noch immer benommene Sarubin ging langsam an den Waggons des Expreß entlang, bis er neben Marenkow stand, der sich über einen zusammengekrümmten Körper beugte. Marenkow hatte noch die Pistole in der Hand. Der KGB-Chef richtete den Lichtstrahl der Taschenlampe auf das Gesicht des Mannes, den er erschossen hatte. »Es ist Starow vom GRU«, erklärte er mit harter Stimme. »Ein Saboteur – sehen Sie die Handgranate, die er in der Hand hält? Er wollte sie am Waggon anbringen.« Marenkow runzelte plötzlich die Stirn und sah Sarubin an. »Was hatten Sie denn hier zu suchen?«

»Ich war dabei, mir den Schlafwagen anzusehen...«

Der Mann mit der Laterne, den keiner von ihnen gesehen hatte, war jetzt mehr als dreihundert Meter entfernt. Er formulierte im

Geist bereits den Bericht, der später zunächst Washington erreichte, bevor er an Julian Haller weitergeleitet wurde

In dem fensterlosen Raum im zehnten Stock des Baton Rouge Building in Montreal hatte Wargrave schweigend zugehört, bis Haller seinen Bericht über den Zwischenfall auf dem Moskauer Verschiebebahnhof beendet hatte. »Es kann Zufall gewesen sein – daß Marenkow zur selben Zeit da war wie Sarubin...«

»Wenn mir nicht zwei weitere Berichte darüber vorlägen, daß unser Freund, General Marenkow, auch bei anderen Gelegenheiten auf diesem Bahnhof herumgeschnüffelt hat«, entgegnete der Amerikaner. »Es gibt eine zeitliche Grenze für das Überleben Angelos, und es könnte sein, daß seine Zeit bald abgelaufen ist.«

Das nächste Datum zum Abholen einer neuen Kassette war Mittwoch, der 3. Dezember. Es würde die zwölfte Kassette sein, die der Sparta-Ring übernahm. Am Dienstag, dem 2. Dezember, stieg Harry Wargrave im Hotel Schweizerhof in Zürich ab. Zu diesem Zeitpunkt konnte er noch nicht ahnen, daß die Kassette die Nachricht von dem Großmanöver ›Unternehmen Donnerschlag‹ enthalten würde, das von Marschall Pratschko geleitet wurde; die Nachricht, die Präsident Moynihan dazu veranlassen sollte, über Nacht die riesige militärische Luftbrücke nach der Bundesrepublik Deutschland in Gang zu setzen.

Elsa Lang und Matt Leroy befanden sich bereits in Basel. Sie hatten sich wiederum in verschiedenen Hotels der Stadt einquartiert und hielten sich für das Abholen der Kassette am Morgen bereit. Auf Anweisung Wargraves übernachteten sie niemals zweimal im selben Hotel. Zudem hatte der Engländer soeben eine ernste Entscheidung getroffen: Er hatte sich entschlossen, Oberst Leon Springer von der schweizerischen Abwehr aufzusuchen. War es sein Instinkt gewesen, der ihn zu diesem Entschluß bewogen hatte? Oder hatte der Hinweis Hallers eine Rolle gespielt, mit dem Sparta-Ring könne es ohnehin bald zu Ende sein? Er war sich nicht sicher. Er wußte nur eins: Immer dann, wenn er in der Vergangenheit seinem Instinkt gefolgt war, hatte sich diese Entscheidung als richtig erwiesen.

Es war zwölf Uhr mittags, als er das kleine, überladene Büro Springers im zweiten Stock des Gebäudes am Ufer der Limmat betrat. Er hatte vom Hotel aus angerufen, und der Schweizer hatte ihn gebeten, sofort zu kommen. Springer erhob sich hinter dem Schreibtisch und ging auf den Engländer zu, um ihm die Hand zu reichen.

»Willkommen in der Schweiz, Harry. Seit unserer letzten Begegnung hat sich die internationale Spannung ein wenig gelegt«, bemerkte er in vorzüglichem Englisch.

Der dreiunddreißigjährige Oberst Leon Springer war das genaue Gegenteil des in Zeitungsartikeln so oft karikierten kalten Schweizers, dem Präzision über alles geht. Er war von schlankem Wuchs und hatte die Nase eines Habichts, lächelte ständig und liebte es, in kritischen Momenten Witze zu reißen. Der Schweizer, der einen eleganten, dunkelblauen Anzug trug, war liebenswürdig und gesprächig, ein Kettenraucher, der ständig in Bewegung war. Mit einer Hand strich er sich über den gepflegten Schnurrbart, mit der anderen goß er Kaffee ein.

Sein Hinweis auf ihre letzte Begegnung hatte Wargrave ein wichtiges Ereignis in seiner Laufbahn in Erinnerung gerufen. Er setzte sich in einen bequemen lederbezogenen Lehnstuhl und nahm die Tasse mit starkem Kaffee entgegen. Damals hatte er Springer geholfen, einen kommunistischen Spionagering zur Strecke zu bringen, der von Genf aus operiert hatte. Drei der sowjetischen Agenten waren ums Leben gekommen; zwei von ihnen hatte Wargrave selbst erschossen.

»Ich bin gelegentlich geschäftlich in der Schweiz, Leon«, bemerkte er. »Ich hätte dich schon früher einmal besuchen sollen.«

Springer lehnte sich in seinen drehbaren Bürostuhl zurück und strich sich von neuem über den Schnurrbart, während er aus dem Fenster blickte. Draußen fiel leichter Schnee auf die alten Gebäude und Türme einer der schönsten Städte Europas. Wargrave beobachtete die Handbewegung mit plötzlich erhöhter Aufmerksamkeit; sie deutete darauf hin, daß der Schweizer sich in einer Streßsituation befand. »Du hast also deine alte Liebe um der friedlicheren Welt der Geschäfte willen aufgegeben?« wollte der Schweizer wissen. Habe ich da nicht eben einen Anflug von Skepsis entdeckt? fragte sich Wargrave.

»So friedlich ist sie gar nicht«, erwiderte er leichthin. »Das Geschäftsleben kann ein ebenso wilder Dschungel sein, und in ihm gilt das gleiche Gesetz – nur der Tüchtigste überlebt.« Er nippte an seinem brühheißen Kaffee. »Der einzige Unterschied besteht darin, daß sie nicht auf dich schießen – jedenfalls nicht oft.«

»Nur der Tüchtigste überlebt?« wiederholte der Schweizer. »Im Angesicht der Sowjets ist das eine Lektion, die viele unserer weichen westlichen Politiker noch lernen müssen – bevor es zu spät ist, und dafür bete ich inständig. Immerhin danke ich Gott, daß Joseph Moynihan im Weißen Haus sitzt – sein Vorgänger war ein Waschlappen.«

»Du sprichst mir aus dem Herzen ...« Wargrave wechselte das Thema; er wollte das Gespräch um jeden Preis von Moynihan ablenken. »Wie geht es dir jetzt überhaupt? Brigadier Traber ist gesund und munter, hoffe ich?«

Springers scharfe Augen zogen sich zusammen: Der Engländer hatte ihm genau das Stichwort gegeben, auf das er gewartet hatte. »Ich werde ihm deine Grüße ausrichten.« Er machte eine Pause. »Es würde uns beiden noch weit besser gehen, wenn wir ein sehr besorgniserregendes Problem lösen könnten. Ich nehme an, du würdest darauf bestehen, daß du außer Diensten bist, wenn ich dich bitten würde, uns bei der Lösung dieses Problems zu helfen – außer Diensten und nur noch als Geschäftsmann tätig?« fügte er bedeutungsvoll hinzu.

»Sag mir ruhig, was für ein Problem das ist, Leon.«

»Du hast so viele Verbindungen, Harry, kennst so viele Leute, die dir von früher her noch verpflichtet sind. Bist du in der Lage, dich an einen dieser Leute zu wenden und ihn zu bitten, herzukommen und in einer kniffligen Sache Nachforschungen anzustellen?« Er machte wiederum eine Pause. »Ich muß der Fairneß halber sagen, daß das Risiko total sein könnte – und außerdem würde ich nicht erfahren wollen, wen du für diese Aufgabe auswählst ...«

»Ich sagte, nur heraus damit.«

Springers Haltung änderte sich plötzlich. Er beugte sich über den Schreibtisch, und die Augen blickten gespannt und intensiv die Habichtsnase entlang. »Wir haben Grund zu der Annahme, daß in dem strategisch wichtigen Gebiet um Andermatt eine größere kommunistische Zelle operiert. Einer meiner Männer, den ich zu Nachforschungen dorthin geschickt hatte, wurde kürzlich am Rhône-Gletscher tot aufgefunden – in einem der Eistunnel. Er schien eines natürlichen Todes gestorben zu sein – bis meine Gerichtsmediziner die winzige Einstichstelle an der Schädelbasis fanden. Wir wissen noch immer nicht, welches Gift injiziert wurde.«

»Der Vorfall beweist aber, daß da oben in den Bergen irgend etwas vorgeht?«

»Genau. Das Problem ist nur, daß ich einen unbefangenen Mann brauche, der sich das Gebiet um Andermatt mal ansieht – einen Nichtschweizer, der, weil er ein Fremder ist, vielleicht etwas entdeckt, was wir übersehen würden. Ich will dir diese Sache nicht um jeden Preis aufdrängen – vor allem deshalb nicht, weil du einen deiner Freunde bitten müßtest, den Auftrag zu übernehmen ...«

»Die Sache ist so gut wie erledigt.«

Wargrave trank seinen heißen Kaffee mit drei Schlucken aus. Er verspürte nicht den Wunsch, noch länger bei dem Obersten herumzusitzen, sosehr er ihn auch mochte. Zuviel Konversation konnte gefährlich werden. Beim Verlassen von Springers Hauptquartier fühlte er sich hochzufrieden: Er hatte seine häufigen Besuche in der Schweiz hinreichend erklärt und seine Verbindung zur schweizerischen Abwehrorganisation durch seine Bereitschaft gefestigt, ihr zu helfen.

In dem Augenblick, in dem der Engländer das Gebäude verlassen hatte, rief Springer seinen Chef, General Arthur Traber, über das Scrambler-Telefon an. An diesem Tag stattete Traber seinem Hauptquartier in Bern, der Schweizer Hauptstadt, einen Besuch ab. »Irgendeine neue Entwicklung an der Andermatt-Front?« fragte er, als er Springers Stimme hörte.

»Wargrave hat mich endlich besucht. Ich wußte, daß er kommen würde – früher oder später. Er hat mir weismachen wollen, daß er nur in seiner Eigenschaft als Geschäftsmann öfter in die Schweiz kommt. Entscheidend ist aber, daß er sich bereit erklärt hat, jemanden nach Andermatt zu schicken.«

»Haben Sie eine Ahnung, wen?« fragte Traber.

Springer gluckste, bevor er antwortete. »Sie erwarten doch wirklich nicht im Ernst, daß er mir das gesagt hat, oder, Herr General? Er ist ein einsamer Wolf, und gerade das macht ihn so effektiv. Der Mann jongliert mit drei Bällen, ohne daß es jemand merkt. Es kann aber sehr gut sein, daß er Erfolg hat, wo wir uns haben geschlagen geben müssen – das ist schon früher so gewesen.« Springer lachte wieder vor sich hin. »Er sagte mir, er sei jetzt in Geschäften hier unterwegs.«

»In Abwehrgeschäften?«

»Davon bin ich überzeugt. Was ich aber nicht begreife, sind diese allmonatlichen Besuche in Zürich. Er kommt an jedem ersten Dienstag eines Monats aus Montreal, nimmt sich ein Zimmer – immer in einem anderen Hotel –, verbringt dort die Nacht und fliegt am Mittwoch nach Montreal zurück. Warum Montreal?«

»Das würde ich gern von Ihnen hören.«

»Ich kann's Ihnen nicht sagen. Unsere Leute am Flughafen durchleuchten ihn nach allen Regeln der Kunst, aber dabei bleibt es. Ich kann mir aber sehr gut vorstellen, daß hier eine sehr wichtige, eine wirklich hochwichtige Sache abläuft ...«

Wargrave ging auf Umwegen zum Hotel Schweizerhof zurück – für den Fall, daß er verfolgt wurde. Das war zwar unwahrscheinlich, aber diese Vorsichtsmaßnahme war ihm schon seit langem in Fleisch und Blut übergegangen. Er nahm ein Taxi zur Quaibrücke –

der letzten Brücke vor dem See –, bezahlte den Fahrer, wartete, bis eine Straßenbahn abfuhr, auf die er im letzten Moment aufsprang. Wenige Minuten später sprang er wieder ab, als sich gerade die automatischen Türen schlossen, und ging mit raschen Schritten durch die Bahnhofstraße zum Hotel Schweizerhof.

Sofort nach der Ankunft in seinem Zimmer meldete er ein Ferngespräch an. Er mußte lange warten und rauchte mehrere Zigaretten, während die Verbindung über verschiedene europäische Telefonzentralen hergestellt wurde. Um drei Uhr nachmittags – er hatte sich inzwischen einen Lunch aufs Zimmer kommen lassen – läutete das Telefon. Er sprach weniger als drei Minuten und sagte das, was er zu sagen hatte, durch die Blume; sein Gesprächspartner am anderen Ende der Leitung verstand aber sehr wohl, was gemeint war. »Andermatt, ja«, waren seine letzten Worte, bevor er auflegte. Und selbst Wargrave merkte nicht, daß er soeben eines der entscheidendsten Telefongespräche seiner Laufbahn geführt hatte.

Es war Dienstag, der 2. Dezember, als Wargrave sein Telefongespräch führte. Am folgenden Morgen, am Mittwoch, dem 3. Dezember, übernahm Elsa Lang die zwölfte Kassette von Peter Necker, dem ›Kellner‹ mit der weißen Jacke. Dies geschah im Menschengewimmel des Basler Bundesbahnhofs, nur Sekunden, bevor Necker von zwei Männern des KGB abgefangen wurde – den beiden, die am Ende in einem Überseekoffer gefunden wurden, der sich in den Felsblöcken des Schaffhausener Rheinfalls verfangen hatte.

Und es war diese zwölfte Kassette, welche die dringende Warnung Angelos übermittelte, man möge etwas gegen Marschall Pratschkos ›Unternehmen Donnerschlag‹ tun. Es war diese Kassette, die Präsident Joseph Moynihan veranlaßte, die gigantische Luftstreitmacht in den riesigen C-5A-Transportmaschinen in die Bundesrepublik zu schicken, um das sowjetische Politbüro zu warnen. Die Reaktionen auf die Kassette waren enorm und machten sich weltweit bemerkbar.

Die eilig einberufene Sondersitzung des sowjetischen Politbüros war auf zwanzig Uhr Moskauer Zeit angesetzt worden. Es war Freitag, der 5. Dezember. Eine große schwarze ZIL-Limousine nach der anderen fuhr durch das Hauptportal des Kreml auf den Innenhof. Jeder Fahrer – alle waren KGB-Männer – trug einen flachen weichen Filzhut mit schmaler Krempe und einen schweren blauen Mantel. Leonid Sedow, der Erste Sekretär der KPdSU, traf als erster ein. Er kam von seiner Wohnung in dem neungeschossigen Wohnhaus Kutusow-Prospekt 26. General Sergej Marenkow, der die Wohnung über Sedow bewohnte, traf als nächster ein, wenige Minuten später gefolgt von Anatolij Sarubin, dem Minister für Handel und Außenwirtschaft.

Der letzte, der um drei Minuten vor acht ankam, war Marschall Grigorij Pratschko, wie immer in voller Uniform und mit glitzernden Rangabzeichen auf den Schulterklappen; auf der Brust glänzten die Reihen seiner Orden. Warum kommt er immer als letzter? fragte sich der Zyniker Leonid Sedow. Um sich einen dramatischen Auftritt zu verschaffen, natürlich. Sedow eröffnete die Sitzung in dem Augenblick, in dem Pratschko seinen schweren Körper in einen Stuhl gezwängt hatte.

Es war eine von Bitterkeit und beißenden Bemerkungen bestimmte Sitzung. Die Gemäßigten standen den Verfechtern eines harten Kurses unversöhnlich gegenüber. Endlich einmal verfügten die Gemäßigten über genügend Munition, um einen Frontalangriff auf Marschall Pratschko und dessen Anhänger zu eröffnen. Pratschko hörte eine Stunde lang in ungewohntem Schweigen zu.

»Sie haben die Amerikaner dazu provoziert, zu handeln ... die Moral der kapitalistischen Länder des Westens ist auf nie gekannte Höhen gehoben worden ... Sie haben die Chancen unserer Genossen in Frankreich und Italien geschmälert, die Regierungsgewalt auf legalem Weg zu übernehmen ... Ihr Säbelrasseln ist ein Rohrkrepierer gewesen, es hat uns ein volles Jahrzehnt zurückgeworfen ...«

Pratschko, der kein hinterhältiger politischer Taktiker war, wartete bewußt, bis die Offensive verebbt war, und trat dann – erfahrener General, der er war – zum Gegenangriff an. Er machte eine theatralische Szene, als er einen Aktenordner öffnete und einen maschinengeschriebenen Bericht hervorholte, den er vor sich auf den hochglanzpolierten Tisch legte. Als er zu sprechen begann, reflektierten seine Orden das Licht der Kronleuchter.

»Ich habe hier einen von Oberst Igor Scharpinsky erstellten streng geheimen Bericht; Genosse Marenkow, der Vorgesetzte Scharpinskys, hat ebenfalls ein Exemplar. Wie Sie wissen, arbeitet Oberst Scharpinsky als Verbindungsoffizier zwischen GRU und KGB. Er hat die Angelegenheit für so gefährlich für die Sicherheit unseres Staates angesehen, daß er mir diesen Bericht vorgelegt hat ...«

»Einen Augenblick!« Es war Leonid Sedow, der an der Stirnseite des langen Konferenztischs sitzende Erste Sekretär, der interveniert hatte. Der sechzig Jahre alte Sedow war ein gutgebauter Mann von mittlerer Größe mit dichtem ergrauendem Haar und einem merkwürdig geformten Kinn – es ging das Gerücht, er habe sich vor kurzem wegen irgendeiner Krankheit operieren lassen, über die niemand etwas wußte. Er wandte sich an General Marenkow, den Chef des KGB, der Pratschko unter buschigen Augenbrauen mit leidenschaftslosem Starren musterte. »General Marenkow, würden Sie es vorziehen, über diesen Bericht selbst zu referieren?«

»Ich habe nichts dagegen, daß der Marschall seinen Inhalt bekanntgibt. Wie er soeben gesagt hat, kann der Ernst des Berichts kaum übertrieben werden.«

»Dann werde ich fortfahren«, grunzte Pratschko. »Das ›Unternehmen Donnerschlag‹ wurde Hunderte von Kilometern von den Grenzen der Länder des Warschauer Paktes mit denen der NATO-Staaten entfernt durchgeführt – es ist also selbst unter den Bedingungen der sogenannten Entspannung nicht nötig gewesen, die NATO von den Manövern zu unterrichten. Und außerdem hatten die amerikanischen Himmelsspione keinerlei Möglichkeit, den wahren Zweck der Manöver zu erkennen«, fuhr der Marschall fort. »Sie sind noch nicht so weit, daß sie aus der Luft Wegweiser lesen können«, setzte er sarkastisch hinzu. »Und trotzdem reagiert der amerikanische Präsident nur wenige Tage nach dem Ende der Manöver damit, daß er riesige Truppenverstärkungen nach Europa schickt...«

»Entschuldigen Sie«, unterbrach Sedow, »aber mir ist nicht klar, worauf Sie hinauswollen. Könnten Sie vielleicht zur Sache kommen?«

»Nur jemand, der regelmäßig an diesem Tisch sitzt, hat Moynihan informieren können.«

Nachdem Pratschko seine Bombe hatte detonieren lassen, setzte er sich wieder hin. Dann brach ein Tumult los.

»Das ist beleidigend, verrückt«, protestierte Anatolij Sarubin.

»Sie gehen tatsächlich zu weit«, bemerkte Pawel Suslow, der schmalgesichtige Parteitheoretiker. Er hatte ebenso wie Sarubin und Marenkow an dem Empfang in der amerikanischen Botschaft in Prag vor mehr als einem Jahr teilgenommen, als die erste Kassette Matt Leroy in die Tasche geschmuggelt worden war. Die Anwesenheit dieses stillen Mannes war bisher fast unbemerkt geblieben. Sedow, der sein halbes Leben damit zugebracht hatte, zwischen ›Tauben‹ und ›Falken‹ das Gleichgewicht zu wahren, ging wieder dazwischen.

»Sie werden weit mehr Beweise brauchen, um zu erhärten, was Sie soeben behauptet haben«, sagte er finster.

»Hier sind sie.« Pratschko zog einen dicken Packen Papiere aus seinem Ordner. »Scharpinsky hat eine akribisch genaue Untersuchung unserer Aktionen und der amerikanischen Reaktionen des vergangenen Jahres vorgenommen. Immer wieder hat Moynihan unsere Schachzüge konterkariert. Es steht alles hier und läßt nur den einzigen Schluß zu – daß es einen Informanten auf höchster Ebene gibt...«

General Marenkow beugte sich vor. »Ich habe den Bericht gelesen«, sagte er abrupt. »Ich finde ihn nicht nur beunruhigend – ich finde ihn überzeugend. Ich schlage vor, daß wir sofort eine Untersuchungskommission einsetzen, um Licht in diese Angelegenheit zu bringen – sie sollte vom Ersten Sekretär, mir selbst und Marschall Pratschko geleitet werden...«

»Wir sollten alle Gelegenheit haben, diesen Bericht zu lesen«, schnauzte Sarubin.

Sedow mischte sich zum drittenmal ein. »Ich schlage vor, wir stimmen über den Antrag General Marenkows ab...«

Marenkows Vorschlag wurde mit knapper Mehrheit angenommen. Die Sitzung wurde in einiger Konfusion beendet, und die Politbüromitglieder diskutierten noch heftig, als sie den Raum verließen. Nur drei Männer blieben zurück – Leonid Sedow, Marschall Pratschko und General Marenkow. Die Treibjagd auf Angelo hatte begonnen.

5. *Montreal*

»Diesmal wünsche ich, daß ihr mit größter Umsicht vorgeht – der Sparta-Ring wird uns bald um die Ohren fliegen. Ich rieche förmlich, daß Ärger auf uns zukommt«, fuhr Julian Haller fort, als er Wargrave und Elsa in dem an William Rivertons Büro angrenzenden Raum im Baton Rouge Building vor den Gefahren warnte.

Es war Montag, der 3. Januar. Am Mittwoch, dem 5. Januar, würden sie wieder einmal in der Schweiz sein, um die dreizehnte Kassette von Angelo abzuholen. Elsa Lang war überzeugt, daß es das Wetter war, das Haller deprimierte. Europa stöhnte jetzt unter dem schlimmsten Winter seit vierzig Jahren. Überall tobten Schneestürme, und ein Flughafen nach dem anderen wurde geschlossen. Sie versuchte, mit ein paar Scherzen die düstere Laune des Amerikaners zu heben.

»Unglückszahl Dreizehn? Ich wußte gar nicht, daß du abergläubisch bist, Julian. Und dabei bist du Agnostiker – du solltest dich schämen...«

»Wenn du mit deiner jetzigen Stimmung rüberfliegst, fällst du platt auf den Bauch«, fauchte Haller. Der Ausbruch tat ihm leid, als er Elsas Gesichtsausdruck sah. »Sieh mal, ich bin seit sehr, sehr langer Zeit in diesem Spiel. Ich spüre, wann ein Unternehmen, das monatelang gut gelaufen ist, gefährdet sein kann.«

»Damit hat er nicht unrecht, Elsa«, sagte Wargrave warnend. »Diese beiden KGB-Typen, die in Basel aufgekreuzt sind, waren kein gutes Omen ...«

»Matt hat sie erledigt«, brauste Elsa auf. »Wir haben von Anfang an gewußt, daß es nicht leicht werden würde ...«

»Ich bewundere deinen Kampfgeist«, sagte Haller leise. »Ich habe aber noch mehr Berichte darüber erhalten, daß Marenkow die Moskauer Bahnhöfe auch weiterhin im Auge behält – und der Bursche ist ein hartgesottener, sehr cleverer Profi. Der hat irgendeine Fährte aufgenommen.« Er beugte sich über den Schreibtisch und sprach mit großem Nachdruck. »Er hat das Ende eines Fadens in der Hand und spult das Knäuel auf, bis er etwas findet. Wir sitzen zwar mehr als sechstausendfünfhundert Kilometer von General Sergej Marenkow entfernt, aber ich spüre förmlich, wie er vorfühlt, wie er sich vortastet.«

»Wir behalten das im Auge«, sagte Wargrave. »Mittwochnachmittag sind wir mit einer weiteren Kassette zurück. Sitz hier bloß nicht rum und mach dir Sorgen. In Ordnung?«

Die nächsten achtundvierzig Stunden waren für Julian Haller ein Alptraum. Seine Frau Linda war von New York nach Montreal gekommen, und er freute sich darüber – aber zugleich tat es ihm leid. Linda Haller, eine beherrschte, sanfte Frau, machte in regelmäßigen Abständen Besuche in der kanadischen Stadt, und Riverton hatte einen Vertrag mit einer Modefirma arrangiert, um ihre Besuche plausibel erscheinen zu lassen. Sie hatte keine Ahnung von der Existenz des Sparta-Rings und hatte sich schon längst damit abgefunden, daß es viele Dinge gab, die ihr Mann nicht mit ihr besprechen konnte.

»Es zieht eine Krise auf, nicht wahr?« fragte sie ihn mitten in der Nacht, als sie aufstand und ihn in der Küche fand.

»Sagen wir, ich habe im Augenblick nicht gerade die beste Zeit meines Lebens.«

»Du wirst es schaffen. Das hast du früher auch getan.«

»Es sind noch andere Menschen beteiligt. Gute Leute.«

»Dann werde ich dir auch nicht damit in den Ohren liegen, daß du schlafen sollst. Ich weiß, daß du das nicht kannst. Bleiben wir also auf und spielen Scrabble.«

»Da schlägst du mich doch immer«, brummte er.

Sie schlang ihm einen Arm um den Nacken. »Heute nacht werde ich dich gewinnen lassen...«

Am Mittwochnachmittag hatte der Flug von Zürich wegen des schlechten Wetters Verspätung. Äußerlich beherrscht, machte Haller sich schwere Sorgen. Er tat etwas, was er noch nie gemacht hatte; er ging zu Riverton ins Büro und fragte ihn, ob er sich mit ihm unterhalten könnte, um die Zeit zu vertreiben. Der Millionär winkte ihm zu, er solle sich setzen, und begann von seinen Erlebnissen im Zweiten Weltkrieg zu sprechen. Er erzählte dem Amerikaner, wie er einmal sechsunddreißig Stunden aufgeblieben sei und auf Nachricht von einem Mädchen gewartet habe, das mit dem Fallschirm über Frankreich abgesprungen war und noch nicht das verabredete Zeichen für die sichere Ankunft gegeben hatte.

»Das Warten hat mich fast verrückt gemacht«, fuhr der Kanadier leise fort. Er vermied es, Haller anzusehen. »Aber das Warten ist in dieser Branche immer das Schlimmste. Ich mochte gerade dieses Mädchen sehr gern – sie hatte viel Mut und einen großartigen Humor. Sie war ein wenig wie die junge Dame, die jeden Monat hierherkommt...«

Haller war erstaunt. Ohne daß ein Wort gefallen wäre, schien der Kanadier seine Gedanken erraten zu haben. Elsa Lang war auch Haller ans Herz gewachsen. »Was war mit dem Mädchen, von dem Sie eben gesprochen haben?« fragte er.

»Nach sechsunddreißig Stunden kam das verabredete Signal – sie war in Sicherheit. Dieses Mädchen von Ihnen hat neulich übrigens einmal bei mir hereingesehen, und wir haben uns lange miteinander unterhalten. Um ihre Arbeit ist es dabei natürlich nicht gegangen«, fügte er schnell hinzu. »Haben Sie gewußt, daß sie um ein Haar geheiratet hätte, kurz bevor sie zu Ihnen gekommen ist?«

»Nein.« Haller hatte nicht einmal mitbekommen, daß Elsa sich überhaupt mit Riverton unterhalten hatte. Als er es sich überlegte, überraschte es ihn nicht sonderlich: Riverton war einer der sehr wenigen Männer, denen Menschen sich anvertrauen; das lag an etwas Undefinierbarem in seiner Persönlichkeit.

»Sie hat Schlimmes durchgemacht«, fuhr Riverton fort. »Ich vermute, daß sie in diesen Filmproduzenten sehr verliebt gewesen ist. Ich nehme an, daß er älter war als sie – aber sie ist eins von den Mädchen, die sich zu älteren Männern hingezogen fühlen. Es stand schon alles fest – Tag der Hochzeit, auch wo sie ihre Flitterwochen verbringen wollten. Dann kam sie eines Abends sehr früh in seine Wohnung. Der verdammte Dummkopf hatte die

Tür nicht abgeschlossen, und die Klingel war nicht in Ordnung. Sie spazierte herein und fand ihn mit ihrer besten Freundin im Bett. Das ist der Grund, weshalb sie jeden Job angenommen hätte, den Sie ihr geboten hätten – um diese Erfahrung schnell zu vergessen.«

»Und ich hatte keine Ahnung ...«

»Hätten Sie sie genommen, wenn Sie es gewußt hätten? Sie ist clever – sie hat es für sich behalten.« Riverton sah den Amerikaner jetzt fest an. »Und wenn Sie ihr jemals zu verstehen geben sollten, daß ich Ihnen alles erzählt habe, werde ich Sie mit bloßen Händen umbringen. Aber denken Sie daran, wenn Ihr Unternehmen in Gefahr gerät ...« Er sah auf, als Elsa Lang, gefolgt von Wargrave, den Raum betrat.

»Tut mir leid, so bei Ihnen hereinzuplatzen«, sagte Elsa rasch, »aber das Mädchen draußen sagte, Sie seien allein, und wir wußten, daß Julian sich Sorgen macht ...« Sie hielt inne, als Riverton eine Anfrage aus der Gegensprechanlage beantwortete. »Ist in Ordnung, Miß Russel, ich habe die Herrschaften erwartet ...«

Haller ging bereits durch die Seitentür in die dahinterliegende Bürosuite. Nachdem Elsa und Wargrave eingetreten waren, schloß er die Tür und fuhr herum. »Ed hat eure Ankunft gar nicht durchgegeben ...«

»Mit den Fernsprechleitungen ist irgend etwas nicht in Ordnung«, erklärte Wargrave, als er Elsa die dreizehnte Kassette abnahm und sie in den Recorder steckte. »Und außerdem hatte unsere Maschine ziemlich Verspätung – in Europa sind jetzt nur noch die Flughäfen Mailand, Zürich, London und Amsterdam offen. Das Wetter ist unglaublich. Fast der gesamte Kontinent wird von einem Schneesturm heimgesucht. Ich kann nur hoffen, daß sich das Wetter beruhigt, wenn wir im Februar den nächsten Trip machen ...«

Haller machte sich an der Kaffeemaschine zu schaffen, um für Elsa Kaffee zu machen, die inzwischen ihre Pelzkappe und die dunkle Perücke abgenommen hatte. Auf ihrem Zobelmantel lagen Schneeflocken, obwohl sie vom Wagen sehr schnell ins Baton Rouge Building gelaufen war. Der Amerikaner goß Wargrave einen großen Scotch ein und stellte das Glas neben den Recorder.

»Hat's in Basel diesmal irgendwelche Störungen gegeben?« fragte er ruhig.

»Nicht die Spur«, erwiderte Elsa und ließ sich in einen Lehnstuhl fallen. »Das gesamte Unternehmen ist völlig glatt verlaufen.« Sie zündete sich eine Zigarette an, während Haller Kaffee einschenkte. »Danke, Julian. Ich könnte ihn literweise trinken – es ist so unheimlich kalt draußen. Beim Anflug haben wir gesehen, daß der St.-Lorenz-Strom völlig zugefroren ist.« Sie trank einen Schluck Kaffee. »So, jetzt geht's mir schon viel besser. Ich möchte wissen, was Angelo uns diesmal zu erzählen hat...« Sie verstummte, als die vertraute heisere Stimme zu sprechen begann. Angelo hatte noch keine Minute gesprochen, da fror sie trotz der Wärme des Zimmers.

»Ich bin hier sehr plötzlich unbrauchbar geworden... Ich muß Sie bitten, sofort Maßnahmen zu treffen, damit Sie mich am kommenden Samstag, dem 8. Januar, aus Rumänien ausfliegen können. Es darf nichts schiefgehen... der Ernstfall ist eingetreten...«

Wargrave schaltete das Gerät ab und starrte zu Haller hinüber, der sich eine neue Zigarette anzündete; das war eine instinktive Reaktion, mit der er der Situation die Spannung nahm. Aus Elsas Gesicht war alle Farbe gewichen; Wargrave stand neben dem Recorder und stemmte die Hände in die Hüften. Seine Wangenknochen traten hervor, und er hatte die Augen halb geschlossen, während er intensiv nachdachte. »Bruno ist erreichbar, nehme ich an«, sagte er ruhig.

»Bruno ist nicht erreichbar«, sagte ihm Haller. Auch er nannte Präsident Moynihan beim Codenamen. »Er ist gestern plötzlich nach Tokio geflogen – wegen Taiwan ist eine neue Krise ausgebrochen. Er wird erst in einer Woche zurück sein – wir sind also auf uns selbst gestellt...«

»Dann muß also die Schildkröte entscheiden«, sagte Elsa mit einem gequälten Lächeln. Schildkröte war der Spitzname, den sie für Julian Haller erfunden hatte, weil er keine Angst hatte, den Kopf hinzuhalten und größere Entscheidungen zu treffen, ohne im Weißen Haus nachzufragen.

»Sieht so aus«, stimmte die Schildkröte zu. »Wie einer unserer verehrten ehemaligen Präsidenten einmal sagte: Hier darf nicht gekniffen werden.« Er blickte zu Wargrave hoch. »Lassen Sie das Ding wieder laufen – hören wir uns das Schlimmste an...«

Angelo setzte seinen Bericht fort: Im Verlauf der vergangenen Monate habe sich der Verdacht erhärtet, daß es auf hoher Ebene einen Informanten gebe; schließlich sei die undichte Stelle so weit eingegrenzt worden, daß nur jemand im Politbüro in Betracht kommen konnte. Eine Troika von Männern – Leonid Sedow selbst, Marschall Pratschko und General Marenkow – sei mit dem Aufspüren des Verräters betraut worden. Und ebenso wie bei der vor einem Jahr empfangenen Kassette gab Angelo auch jetzt präzise

Anweisungen, wie er gerettet werden sollte. »... eine Startbahn knapp westlich von Bukarest... müssen Sie auf der Karte finden... Landezeit für Rettungsflugzeug 11 Uhr 30 rumänischer Zeit, ich wiederhole, rumänischer Zeit... Zusammenarbeit bestimmter rumänischer Personen gewährleistet... hervorragender Pilot erforderlich... bestätigen Sie dieses Arrangement durch das Abspielen von Dave Brubecks *Take Five* im Programm der Voice of America am Donnerstag, dem 6. Januar, ich wiederhole, am Donnerstag, dem 6. Januar, um 17.00 Uhr Moskauer Zeit... Jede Verzögerung würde tödlich sein...«

Das Band endete mit der Warnung, jede Verzögerung werde tödlich sein. Elsa griff über den Tisch und nahm einen großen Schluck von Wargraves Scotch, den dieser noch nicht angerührt hatte. Als sie sprach, kehrte allmählich die Farbe in ihr Gesicht zurück. Sie gab sich Mühe, mit fester Stimme zu sprechen.

»Heute ist Mittwoch. Er will am Samstag ausgeflogen werden. Das ist doch absolut unmöglich.«

»Es stellt uns vor Probleme«, gab Haller zu.

»Probleme?« Elsa raubte es fast den Atem.

Wargrave hatte nichts gesagt, während er das Zimmer durchquerte und zu der Wand hinter Hallers Schreibtisch ging, wo eine Europakarte in großem Maßstab hing. Wargrave benutzte das Lineal, das er von Hallers Schreibtisch genommen hatte, und begann Entfernungen zu messen und zu rechnen. Eine Entfernung, die er sehr sorgfältig prüfte, war die Flugroute von Mailand nach Bukarest; dann nahm er ein biegsames Lineal und prüfte die gleiche Strecke auf einem großen Globus, der in der Ecke stand. Er klopfte mit dem Plastiklineal gegen seine Zähne, während er eine Melodie vor sich hinsummte; dann stellte er auf einem Notizblock Berechnungen an und sah schließlich zu Haller hinüber. »Ich brauche ein europäisches Kursbuch, das auf dem neuesten Stand ist – und sämtliche Flugpläne der großen Fluggesellschaften...«

»Wird erledigt.«

Haller verschwand in einen Nebenraum, den Elsa und Wargrave noch nie betreten hatten. Dort saß ein Funker, den Riverton für Haller ausfindig gemacht hatte, ein Mann, der früher zur See gefahren war, der dem Millionär als absolut vertrauenswürdig bekannt war und der einst für den kanadischen Geheimdienst gearbeitet hatte. Auf einem Tisch stand ein Sendegerät; auf einem anderen die Chiffriermaschine, die Haller persönlich bediente. Als weitere Vorsichtsmaßnahme war angeordnet worden, daß der Kanadier Wargrave oder Elsa nie zu Gesicht bekommen durfte. In dem Raum, den Haller verlassen hatte, stritt Elsa mit Wargrave.

»Heute ist Mittwoch, und er erwartet, am Samstag herausgeholt zu werden – das sind noch drei Tage, und wir sitzen hier in Nordamerika. Das wirst du nie schaffen.«

»Die Israelis haben das Entebbe-Unternehmen in sieben Tagen geplant und ausgeführt. In Bukarest wird mit uns zusammengearbeitet – es sollte also in drei Tagen zu schaffen sein.« Er setzte sein schiefes Grinsen auf. »Es muß ganz einfach zu schaffen sein ...«

Die nächsten Minuten verbrachte er mit dem Studium der Fahr- und Flugpläne, die Haller hereingebracht hatte, und machte sich dann weitere Notizen auf seinem Block. Haller beobachtete ihn schweigend, rauchte eine frische Zigarette und trank ein Glas Milch. Der Engländer streckte seine schmerzenden Schultern und sah den Amerikaner an. »Es wird verdammt knapp, wie einer unserer berühmten Generäle mal gesagt hat, aber ich kann es schaffen. Ich wünsche, die Gesamtleitung des Unternehmens zu übernehmen. Vorausgesetzt, wir machen uns überhaupt an die Sache heran ...«

»Das werden wir tun«, sagte die Schildkröte. »Was Angelo uns über die sowjetischen Aufmarschpläne hat sagen können, ist von unschätzbarem Wert. Was die Gesamtleitung angeht, so bin ich bereit, mit der Möglichkeit des jederzeitigen Widerrufs zuzugestehen ...«

»Ich sagte *Gesamt*leitung«, wiederholte Wargrave. Die beiden Männer starrten sich an. »Das europäische Festland ist mein Hinterhof«, erinnerte der Engländer Haller.

»Klingt vernünftig«, stimmte der Amerikaner zu. Er tippte auf eine Akte, die auf dem Schreibtisch lag. »Und ich weiß auch schon, warum es Bukarest sein soll. Am Samstag wird eine sowjetische Delegation Rumänien besuchen. Sie wollen versuchen, die Meinungsverschiedenheiten zwischen den beiden Staaten beizulegen. Die Zusammensetzung der Delegation ist interessant ...« Er trank langsam noch etwas Milch.

»Los, raus damit«, protestierte Elsa, »spann uns nicht auf die Folter. Wer sind die Mitglieder dieser Delegation?«

»Der Bericht hat mich heute morgen erreicht. Sie wird angeführt von Anatolij Sarubin. Ein weiteres Mitglied ist Pawel Suslow, der Parteitheoretiker mit dem einwandfreien Privatleben. Sankt Marx persönlich.«

»Das nenne ich eine Überraschung«, kommentierte Elsa. Sie wandte sich an Wargrave. »Hättest du etwas dagegen, uns zu erzählen, wie wir dieses kleine Wunder vollbringen sollen?«

»Durchaus nicht, es ist alles nur eine Frage guter Organisation«, erwiderte Wargrave ironisch. »Das Unternehmen beginnt in Mailand. Zunächst leihen wir uns einen Jet, eine Hawker-Siddeley 125, die einem wohlhabenden italienischen Playboy gehört, den ich zufällig kenne. Merkwürdigerweise ist er glühender Antikommunist. Von Mailand nach Bukarest sind es rund zwölfhundertsechzig Kilometer und umgekehrt genauso viele. Die HS 125 hat eine Reichweite von mehr als fünftausend Kilometern, das ergibt also eine beruhigende Treibstoffreserve...«

Haller hatte sich in seinem Stuhl umgedreht und betrachtete die Karte an der Wand. »Warum können wir Angelo nicht direkt nach Zürich fliegen?«

»Weil mich das zu sehr in die Nähe der ungarischen Grenze bringen würde – die Russen könnten Abfangjäger aufsteigen lassen, um uns abzuschießen. Außerdem kann ich bei der gegenwärtigen Wetterlage nicht riskieren, die Alpen zu überfliegen. Wenn wir Angelo nach Mailand geflogen haben, bringen wir ihn mit der Bahn nach Zürich. Ich vermute, daß es ein Nachtzug sein wird, wahrscheinlich der Atlantik-Expreß.«

»Und wenn der Züricher Flughafen zu diesem Zeitpunkt geschlossen sein sollte? Die letzten Wetterberichte lassen durchaus den Schluß zu, daß das passieren kann.«

Wargrave machte ein grimmiges Gesicht und sah Elsa an. »In dem Fall werden wir die lange Tour nehmen müssen – durch ganz Europa zum Flughafen Schiphol bei Amsterdam. Durch irgendeine Laune des Wetters ist Holland bisher vom Schneesturm verschont geblieben. Und das könnte uns sehr hart auf die Probe stellen – es ist euch beiden doch klar, daß General Marenkow den gesamten Untergrundapparat von KGB und GRU in Bewegung setzen wird, wenn Angelo erst einmal draußen ist? Es wird verdammt hart, bevor wir ihn in die Staaten fliegen können.«

Haller war der Seitenblick Wargraves auf Elsa nicht entgangen. »Es ist nicht unbedingt notwendig, daß Elsa diese Reise mitmacht«, sagte er fest.

»Selbstverständlich ist es das nicht«, entgegnete Elsa ruhig. »Aber ich bin am Anfang dabeigewesen – und werde auch am Ende dabeisein...«

»Die Entscheidung sollte bei ihr liegen«, meinte Wargrave sanft. »Sie könnte aber sehr nützlich sein...«

»Ich verbiete es«, sagte Haller knapp.

»Ich dachte, ich hätte die Gesamtleitung«, bemerkte Wargrave. »Und dies ist nicht die Zeit, das Team aufzulösen. Übrigens müssen wir heute abend nach Europa zurückfliegen...« Diesmal warf er Elsa keinen Blick mehr zu. Sie saß mit ausdruckslosem

Gesicht da; sie spürte noch immer die Auswirkungen der Zeitverschiebung des wenige Stunden zuvor beendeten Fluges über den Atlantik. »Es gibt heute abend einen Flug der Air Canada, mit dem wir morgen nachmittag in Schiphol sein können«, fuhr Wargrave fort. »Von dort fliegen wir nach Zürich und dann weiter nach Mailand, wo wir morgen abend, Donnerstag also, landen.«

»Ist das alles nicht ein bißchen überstürzt?« wollte Haller wissen.

»Das läßt mir den ganzen Freitag in Mailand, so daß ich Zeit habe, letzte Arrangements zu treffen. Und das kann ich in Europa besser erledigen als von hier aus. Am Samstagmorgen fliege ich den Jet nach Bukarest, um Angelo von dem kleinen Flugplatz abzuholen.«

»Du willst selber fliegen?«

»Ich habe diese Maschine schon ein paarmal bei Flügen mit meinem Bekannten, dem Playboy, geflogen ...«

»Und ich habe gehört, daß die italienischen Mädchen ganz schön rassig sein sollen«, murmelte Elsa.

»Und er hat die besten von allen«, versicherte ihr Wargrave. Er riß die beschriebenen Blätter von seinem Notizblock ab und sah Haller an.»So, jetzt müssen wir jede Minute ausnutzen, bevor wir uns in diese Abendmaschine nach Schiphol setzen. Ich habe eine ganze Reihe von Telegrammen, die chiffriert und an verschiedene europäische Abwehroffiziere geschickt werden müssen, um sie vorzuwarnen – Scholten in Den Haag, Franz Wander vom BND, Oberst Springer in Zürich und Oberst Molinari vom SIFAR in Mailand.«

»Du willst sie ins Bild setzen?« fragte Haller.

»Nur darüber informieren, daß ich eventuell ihre Hilfe brauche – das ist alles. Über Angelo werde ich natürlich nichts verlauten lassen. Jedenfalls jetzt noch nicht. Unter Umständen werde ich ihnen aber reinen Wein einschenken müssen, wenn ich ihn erst einmal aus Rumänien herausgeholt habe ...«

Er schrieb beim Sprechen etwas auf den Notizblock. »Diese Geschichte könnte zu einer verdammt mörderischen Angelegenheit werden, falls wir gezwungen sein sollten, Angelo mit der Bahn nach Schiphol zu bringen. Und vergiß nicht, die Leute von der Voice of America dazu zu bringen, die Platte *Take Five* zu spielen, um Angelo anzukündigen, daß wir kommen, um ihn zu holen.«

»Als ob ich das vergessen könnte.« Haller lehnte sich in seinem Stuhl zurück, blickte an die Decke und sagte etwas, was Wargrave sofort mit dem Schreiben aufhören ließ. »Da ist noch ein kleines

Detail, das ich vorhin leider nicht erwähnt habe. Es wird noch ein drittes sowjetisches Politbüromitglied diese Delegation nach Bukarest begleiten ...«

»So ist es richtig, heb dir den Knüller für zuletzt auf«, scherzte Elsa.

»General Sergej Marenkow, der Chef des KGB.«

Fluchtweg

6. Schiphol, Zürich, Mailand

Nachdem sie Montreal mit dem Air-Canada-Flug 866 verlassen hatten – die Maschine war am Mittwoch, dem 5. Januar, um 21 Uhr 35 gestartet –, überflogen Wargrave, Haller und Elsa den Atlantik während der Nacht. Auf dem Londoner Flughafen Heathrow hatten sie Anschluß an den KLM-Flug 128, der sie nach Schiphol vor den Toren Amsterdams brachte. Für Elsa wie für Wargrave war dies die zweite Atlantiküberquerung innerhalb von vierundzwanzig Stunden, und Elsa war der Kopf völlig verwirrt vor Erschöpfung.

»Ich glaube nicht, daß meine innere Uhr mir jemals wieder die richtige Zeit sagen wird«, bemerkte sie zu Julian Haller, der neben ihr saß, als sie sich der holländischen Küste näherten.

»Du hättest etwas schlafen sollen ...«

»Sehr lustig, Schildkröte«, entgegnete sie bissig. »Ich hätte dich beinahe geweckt, damit es dir genauso elend geht wie mir. Du hast geschlafen wie ein Stein.«

»Tu ich immer«, versetzte Haller gleichmütig.

Elsa blickte aus dem Fenster auf Holland hinunter, als die Maschine an Höhe verlor. In der flachen Landschaft waren nur einzelne Schneeflecken zu sehen, als hätte eine riesige Hand Kreidestriche über die Felder gezogen. Von der Nordsee her wehte aber ein harter Wind, der hohe Wellen gegen die Deiche anbranden ließ. Als sie hinuntersah, entdeckte sie so etwas wie weiße Rauchfahnen – in Wahrheit war es Gischt, der vom Wind durch die Luft geweht wurde. Zwei Reihen hinter ihnen saß Harry Wargrave auf einem Platz am Gang, von dem aus er seine Begleiter im Auge behalten konnte. Dann leuchtete das Warnlicht auf, sie mußten die Gurte anlegen, und die Maschine setzte zur Landung an.

General Max Scholten, der Chef der niederländischen Abwehr, wartete im Büro des Geheimdienstes im Flughafengebäude bereits auf Wargrave. Die beiden Männer trafen sich allein. »Große Probleme?« wollte der Holländer wissen, als er Wargrave mit Wärme die Hand schüttelte.

»Mit einem Wort: Ja. Und wie sieht's hier aus?«

»Die Lage könnte explosiv werden – buchstäblich«, erwiderte der Abwehrchef und zündete sich eine Zigarre an.

General Scholten, einer von Wargraves engsten Freunden, war ein kleiner, sechzigjähriger Mann, der aber zehn Jahre jünger aussah. Er war untersetzt und hatte einen kleinen Wohlstandsbauch. Er hatte das rosige Gesicht eines Cherubs, blaue Augen, die oft und gern zwinkerten, und das fröhliche Lächeln eines zufriedenen Mannes. Seine cherubhafte Erscheinung hatte schon so manchen Spion getäuscht und zu Fall gebracht. Scholten hatte eine liebenswürdige Verhörtechnik, die meist damit endete, daß sich der Delinquent in Widersprüche verstrickte. Scholtens Erscheinung täuschte auch darüber hinweg, daß er unter den europäischen Abwehrchefs der gnadenloseste Kommunistenjäger war. »Mit einer Viper macht man keine Konversation«, hatte er einmal in seinem makellosen Englisch zu Wargrave bemerkt. »Man tritt vorsichtig von hinten an sie heran und schlägt ihr mit einer Axt den Kopf ab.«

Wargrave sah sich in dem kahlen Raum um; ein Tisch und zwei Stühle mit harten Rückenlehnen machten das einzige Mobiliar aus. Der Verhörraum, dachte er. »Um was für eine explosive Lage geht es?« fragte er.

»Ich habe läuten hören – aus sehr zuverlässiger Quelle –, daß die Geiger-Gruppe sehr bald nach Holland einsickern wird. Ich habe schon das Venlo-Team in Alarmbereitschaft versetzt.« Er zog an seiner Zigarre. »Ärgerlich ist nur, daß man die holländische Grenze so leicht überschreiten kann...«

»Das ist wirklich eine schlechte Nachricht«, bemerkte Wargrave.

Die Geiger-Gruppe, eine Bande von Terroristen, hatte während des vergangenen Jahres in der Bundesrepublik Deutschland verheerend gewütet. Die Terroristen hatten Banken überfallen, Geiseln genommen und einen führenden deutschen Politiker entführt; sie hatten sogar versucht, ein großes Kraftwerk in die Luft zu sprengen. Und das alles im Namen der Freiheit und der Weltrevolution, was sie auch immer darunter verstehen mochten. Wargrave bezweifelte, daß die Terroristen es selbst wußten.

»Ich glaube, daß sie vom KGB finanziert werden«, bemerkte Scholten ruhig. »Durch Fernsteuerung natürlich. Das Problem besteht darin, dafür Beweise zu finden. Das würde den Genossen Sedow in eine schwere Bredouille bringen.«

»Warum kommen die Burschen her?«

»Die Deutschen haben ihnen zu sehr eingeheizt – also ziehen sie weiter in ein Land, von dem sie hoffen, es werde ihnen die Arbeit leichter machen. Ich würde sie liebend gern vor die Visiere des

Venlo-Teams bekommen.« Scholten sprach von der Scharfschützeneinheit, die er gerade für solche Eventualitäten persönlich gegründet hatte. »Du bist aber nicht hergekommen, um dir meine Probleme anzuhören. Welche Sorgen hast denn du?«

»Wir sind hier, um einen äußerst wichtigen antikommunistischen Agenten herauszubringen«, sagte Wargrave vorsichtig. »Es kann sein, daß wir ihn mit dem Atlantik-Expreß herbringen. Ich kann dir später vielleicht mehr sagen – mit einer verschlüsselten Meldung. Wir werden das Scarab-System benutzen.«

»Ein dicker Fisch?« fragte Scholten beiläufig. »Oder rede ich beim jetzigen Stand der Dinge zuviel?«

»Ein dicker Fisch – einer, der das konzentrierte Feuer des KGB auf sich ziehen könnte, weil er zuviel weiß.«

Scholtens blaue Augen glänzten. »Wenn es dir gelingt, die Untergrundorganisation des KGB aus der Reserve zu locken, weil sie versuchen muß, diesen Mann zu ermorden, wäre das für uns eine einzigartige Gelegenheit, der Viper den Kopf abzuschlagen.«

»Solange nicht meiner dabei dran glauben muß, du blutrünstiges Ekel«, sagte Wargrave liebenswürdig. »Und das Flugzeug?«

»Die Boeing 707 deiner amerikanischen Freunde ist vor zehn Minuten gelandet – kurz bevor ihr selbst gelandet seid. Sie steht jetzt schwer bewacht in einem entlegenen Teil des Flughafengeländes. Und da eure Swissair-Maschine erst um sechzehn Uhr vierzig startet, könnten wir mit deinen Freunden jetzt vielleicht einen Drink nehmen – falls das nicht deine Sicherheitsvorkehrungen durcheinanderbringt. Ich würde gern dieses attraktive Mädchen kennenlernen...«

Wargrave war amüsiert. Er hatte die Maschine allein verlassen. Haller und Elsa warteten jetzt in der Lounge für Anschlußflüge. Scholten zwinkerte mit den Augen. »Ich habe beobachtet, daß sie dich mit einem ganz bestimmten Blick ansah, als du aus der Maschine kamst. Sie mag dich sehr.«

»Los, gehen wir also und nehmen einen Drink – mit meinen Freunden«, erwiderte Wargrave.

Der große Schneesturm tobte noch immer über Europa. Im Fernsehen sahen die Zuschauer dramatische Bilder der völlig zugefrorenen Elbe, erlebten mit, wie Schneepflüge in Österreich auf verlorenem Posten kämpften und wie die Schweizer zum drittenmal in diesem Jahrhundert auf dem Zürichsee Schlittschuh laufen konnten. Der Swissair-Flug 793 von Schiphol nach Zürich war ein Alptraum. Seitdem die Maschine die Grenze zur Bundesrepublik überflogen hatte, war die DC-9 in dichtes Schneetreiben und in eine Turbulenz nach der anderen geraten. Elsa sah nicht mehr aus dem Fenster, und Haller hatte seinen Roman weggelegt. Hinter ihnen saß Wargrave, die Hände auf dem Schoß zur Faust geballt, und blickte dauernd auf die Uhr. Nach der Landung in Zürich mußte er sofort einen wichtigen Anruf erledigen.

Beim Verlassen der Maschine auf dem Flughafen wurde er von einem Polizeibeamten in Empfang genommen, der ihm anbot, ihn zu Oberst Springer zu bringen, der über seine Ankunft Bescheid wisse. »Warten Sie eine Minute«, sagte Wargrave, »ich muß nur schnell meine Verlobte anrufen...«

Er wählte die Nummer in Andermatt und brauchte nur wenige Sekunden zu warten, bis am anderen Ende der Hörer abgenommen wurde; er hatte noch in Montreal ein Telegramm nach Andermatt aufgegeben. Er sprach sehr schnell, stellte ein paar Fragen und gab dann knappe Anweisungen. Ein Blick zur Uhr sagte ihm, daß das Telefonat weniger als drei Minuten gedauert hatte. Anschließend ließ er sich von dem Polizeibeamten zu Springer fahren.

Er gab dem Schweizer Oberst haargenau die gleiche Information wie General Scholten in Schiphol, fügte aber noch etwas hinzu: »Ich habe Leute in Andermatt, und es kann sein, daß sie etwas herausbekommen. Es ist aber noch zu früh, zu sagen, was es sein könnte.«

»Ich bin dir sehr dankbar...«

»Da ist noch etwas. Für den Notfall habe ich ihnen deine Telefonnummer gegeben – ohne ihnen zu sagen, wen sie an den Apparat bekommen. Sie werden nach einem Herrn Gehring fragen und sich unter dem Namen Leros melden. Wenn das geschieht – kannst du das Gespräch dann sofort zu dir durchstellen lassen – oder zu General Traber, falls du nicht dasein solltest? Ich möchte gern jede Meldung von Leros – und sei sie noch so unverständlich – sofort an mich weitergeleitet wissen. Bis dahin wirst du wissen, wie du mit mir in Verbindung treten kannst.«

»Leros wird Herrn Gehring verlangen«, wiederholte Springer. »Unsere Telefonistin wird Anweisung erhalten, den Anruf sofort durchzustellen, falls er erfolgt. Und jetzt?«

»Ich fliege mit der Swissair-Maschine um 19 Uhr 25 nach Mailand. Wenn überhaupt etwas passieren wird, wird es in den nächsten achtundvierzig Stunden passieren.« Wargrave sah aus dem Fenster. Es hatte schweres Schneetreiben eingesetzt. »Ist die Boeing aus den Staaten schon angekommen?«

»Sie soll in zwei Stunden landen – kurz nach deinem Abflug nach Mailand. Wir werden gut auf die Maschine aufpassen«, versprach er. Er machte eine Pause und zündete sich eine Zigarette an. »Dieser Agent, den du aus Europa herausbegleitest – der ist doch sicher von sehr großer Bedeutung, wenn ich das fragen darf?«

»Vermutlich der wichtigste seit Kriegsende.« Wargrave hatte sich entschlossen, Springer gegenüber ein wenig offener zu sein als gegenüber General Scholten; der Schweizer würde zudem eher ins Gefecht hineingezogen werden als der Holländer – und falls der Züricher Flughafen geöffnet blieb, würden sie überhaupt nicht nach Holland fahren. »Ich plane, ihn in der Nacht zum Sonntag hier in den Atlantik-Expreß zu setzen – übermorgen also –, denn die Meteorologen sagen voraus, daß der Mailänder Flughafen dann schon geschlossen sein wird.«

»So bald schon? Es ist vielleicht angezeigt, daß ich eine diskrete Alarmbereitschaft auslöse?«

»Das wäre durchaus angezeigt«, stimmte der Engländer zu. »Wir werden im Expreß eine eigene Funkanlage installieren, um ständig mit euch in Verbindung zu sein – Oberst Molinari in Mailand hat mir seine volle Zusammenarbeit zugesichert. Und ich frage mich auch, ob es nicht eine gute Idee wäre, wenn du in Chiasso für mich etwas Besonderes arrangieren könntest...« Er entwickelte seinen Plan in groben Zügen, und Springer stimmte sofort zu.

»Sei vorsichtig, und viel Glück«, sagte der Schweizer, als er sich von dem Engländer verabschiedete.

Sobald er wieder allein war, griff Springer zum Scrambler-Telefon, um seinen Chef anzurufen, General Traber in Zürich. Er erzählte kurz, was er erfahren hatte, und fügte dann einen Kommentar hinzu. »Es kann sein, daß dies die Gelegenheit ist, auf die wir gewartet haben – die wichtigsten sowjetischen Sabotageteams auszuräuchern, die die Russen für einen Ernstfall in Reserve halten. Oder sollten Sie vielleicht lieber Bern konsultieren?«

Ohne es zu wissen, hatte Springer fast die gleiche Idee wie General Scholten in Holland. Es trat eine kurze Pause ein, bevor Traber antwortete; als er sprach, jagte er seinem Stellvertreter einen Schrecken ein. »Ich glaube nicht, daß ich Bern schon jetzt behelligen muß. Samstag, sagten Sie? Das bedeutet also am Wochenende, wenn die meisten Minister ihre Schreibtische verlassen haben und nur schwer erreichbar sind. Wir könnten diese Sache auch auf eigene Faust regeln, Leon...«

Der Aufstand der europäischen Abwehrchefs gegen ihre eher zur Vorsicht neigenden Minister hatte begonnen.

»Vielleicht hätten wir den Zug nehmen sollen«, sagte Elsa munter.

Ihr doppelter Scotch machte sich selbständig und fiel vom

Klapptisch herunter, als die Maschine über den Schweizer Alpen taumelte und dann an Höhe verlor. Der Whisky ergoß sich über den Ärmel der Schildkröte: Haller saß neben ihr. Sie zog ein Taschentuch heraus und fing an, den durchnäßten Ärmel abzuwischen.

»Aber, aber, Mr. Haller, Sie riechen wie eine Brennerei. Und ich habe immer geglaubt, Sie seien Abstinenzler.«

»Willst du mir den nächsten nicht lieber gleich über den Kopf gießen, statt ihn durch die Kehle zu jagen?« grunzte Haller.

Hinter ihnen saß Harry Wargrave wie gewohnt zwei Reihen zurück am Mittelgang, von wo er seine Begleiter im Auge behalten und notfalls schnell aufspringen konnte. Als die Turbulenzen immer häufiger wurden, gratulierte er sich zu seiner Entscheidung, nicht direkt von Bukarest nach Zürich zu fliegen und die Alpen zu überqueren. Die HS 125, die in Mailand auf ihn wartete, war eine hervorragende zweistrahlige Maschine – aber nicht geeignet, in einem tobenden Schneesturm die Alpen zu überfliegen.

Ebenso wie Elsa hatte auch Wargrave innerhalb von vierundzwanzig Stunden zwei Atlantikflüge hinter sich gebracht, und die doppelte Zeitverschiebung traf ihn jetzt wie ein Hammerschlag. Sein Gesicht wirkte abgezehrt und übernächtigt, die Wangenknochen traten scharf unter der Haut hervor, und er dankte Gott dafür, daß er in Mailand zwei Nächte würde schlafen können – Donnerstag und Freitag –, bevor er am Samstag zu seinem riskanten Flug nach Bukarest aufbrach. Und wie Elsa hatte auch er auf dem Flug von Montreal nach Schiphol kein Auge zugetan.

Er hatte sich wegen der bevorstehenden Probleme das Hirn zermartert: Es gab zu viele Einzelheiten, die bedacht werden mußten. Beim jetzigen Stand der Dinge war das nicht ganz einfach. Leute wie Springer und Molinari durften gerade so viel erfahren, daß sie ihre Vorbereitungen treffen konnten, ohne damit das große Geheimnis preiszugeben – daß es ein wichtiges Mitglied des sowjetischen Politbüros war, das sie ausfliegen wollten. Als die Maschine beim Landeanflug auf Mailand an Höhe verlor, beobachtete er, wie sie sich mit zusammengesteckten Köpfen unterhielten.

»Wenn der Mailänder Flughafen geöffnet bleibt, könnten wir nach Zürich zurückfliegen«, murmelte Haller.

»Das würde eine Menge Probleme lösen«, stimmte Elsa gelassen zu. »Auf Holz klopfen, hoffen und beten ...«

Als sie sprach, tauchte die Maschine unvermutet in ein Luftloch, und wieder krampfte sich ihr der Magen zusammen. Draußen war vor lauter Schneetreiben nichts zu sehen, und Elsa fragte sich, ob sie ›blind‹ landen würden, ob der Pilot mit Hilfe des Towers und des Radars eine Instrumentenlandung würde machen müssen. Das wäre eine riskante Angelegenheit bei diesem Wetter. Mein Gott, hoffentlich nicht, dachte sie, als die Warnlampen aufleuchteten. Sie beugte sich zu Haller hinüber, um mit ihren geschickten Fingern seinen Gurt zu befestigen.

»Ich kenne jemanden, der ruhig ein bißchen abnehmen dürfte«, neckte sie ihn, als sie den Gurt über seinen leichten Wohlstandsbauch zog. Dann befestigte sie ihren eigenen Sicherheitsgurt und drückte mit fester Hand ihre Zigarette aus. Die Wahrheit war nämlich die, daß Elsa Lang eine schreckliche Angst vorm Fliegen hatte, eine Angst, die sie vor jedermann verbarg – sogar vor Harry Wargrave, der von sich glaubte, er kenne Elsa besser als jeder andere.

Die Schweizer Maschine landete um 20 Uhr 05 auf dem Mailänder Flughafen. Es war noch immer Donnerstag, der 6. Januar. In weniger als sechsunddreißig Stunden würde Wargrave mit der Hawker-Siddeley 125 zu seinem Flug nach Bukarest aufbrechen, um Angelo abzuholen. Am Flughafen zeigte sich Haller von der Organisation Oberst Molinaris beeindruckt; sie wurden diskret an sämtlichen Zoll- und Paßbeamten vorbeigeleitet und schnell in einen großen fensterlosen Lieferwagen verfrachtet. Das Innere des Fahrzeugs strafte sein schlichtes Äußeres Lügen.

Es war mit bequemen Sitzen mit ledernen Armlehnen ausgestattet und gegen die bittere Kälte draußen gut beheizt. Sie lehnten sich entspannt zurück, als der Wagen den Flughafen durch die Frachteinfahrt verließ. Auf dem Vordersitz saß Molinari hinter einem kleinen Tisch und sprach auf italienisch sprudelnd in ein Funktelefon. Haller hatte keine Ahnung, was er sagte, aber Wargrave und Elsa, die beide fließend italienisch konnten, entnahmen dem Wortschwall, daß Molinari ihre unmittelbar bevorstehende Ankunft am Bestimmungsort ankündigte.

»Dieses Fahrzeug ist ziemlich eindrucksvoll«, bemerkte Haller, als der Italiener sein Gespräch beendet hatte und sich zu ihnen umdrehte.

»Ein fahrbarer Befehlsstand«, erwiderte Molinari in vorzüglichem Englisch, »den wir vor allem bei der Terroristenbekämpfung einsetzen. Ich bringe Sie zu einer besonderen Operationsbasis, die wir nur selten benutzen und die voll und ganz zu Ihrer Verfügung steht...«

»Wie weit vom Bahnhof – Milano Centrale?« fragte Wargrave.

»Zwei Kilometer – Ihrer Nachricht entsprechend haben wir irgend etwas in der Nähe gesucht.«

Oberst Luigi Molinari, der SIFAR-Chef, war von der Erscheinung her ein typischer Norditaliener; vor dreiundvierzig Jahren in Piacenza geboren, war er kurz und gedrungen mit einem harten runden Schädel und hatte ruhige, bedächtige Manieren. Haller war von ihm beeindruckt; der Italiener strahlte eine Aura von Sachverstand und Härte aus. Seine nächste Bemerkung und seine nächste Handlung bestätigten diesen Eindruck. »Sie haben auch bestimmte Waffen verlangt«, sagte er zu Wargrave. Molinari öffnete einen großen Kasten auf dem Wagenboden, nahm eine 38er Smith & Wesson Special heraus und sah dann in die Runde. Haller und Elsa streckten gleichzeitig die Hand vor.

»Damen zuerst...«

Molinari händigte Elsa die Waffe und eine Schachtel Munition aus. Er bückte sich dann wieder und holte einen Colt .45 mit einer weiteren Packung Munition heraus und gab alles Julian Haller. Wargrave reichte er zwei Sten-Schnellfeuergewehre mit Reservemagazinen. Haller runzelte die Stirn. »Ziemlich auffällig, schwer zu verstecken und kaum der letzte Schrei der Waffentechnik«, bemerkte er.

»Drei kritische Äußerungen in weniger als dreißig Sekunden«, erwiderte Wargrave. »Ziemlich gute Leistung.« Er entnahm seiner Reisetasche einen leeren Beutel und verstaute die Waffen darin. »Diese Dinger sind aber für meine Reise ins Nichts gedacht...« Er formulierte den Satz sorgfältig – Molinari hatte nicht den leisesten Hinweis erhalten, wohin die Hawker-Siddeley fliegen sollte. »Was das Alter dieser Waffe angeht, so habe ich noch nie gehört, daß sie Ladehemmung kriegt.«

»Ich habe auch anderes anzubieten«, versetzte Molinari. »Treffen Sie Ihre Wahl...« Haller stand von seinem Sitz auf und bemühte sich, das Gleichgewicht zu halten, als der Wagen in eine Kurve ging. Er stemmte eine Hand gegen die Wand. »Gepanzert, dieser Lastwagen – nicht wahr?« wollte er wissen, und Molinari nickte. In der Kiste befand sich ein kleines Arsenal: Deutsche 08- und Walther-Pistolen, belgische Browning-Automatik-Pistolen, verschiedene 45er Colts, zwei Webley-Fosberys und sogar zwei Maschinenpistolen.

»Genug, um einen kleinen Krieg anzuzetteln«, kommentierte Haller, »aber ich denke, wir haben jetzt, was wir brauchen.«

»Ich habe den Eindruck, daß Sie einen kleinen Krieg anzetteln könnten«, erwiderte Molinari.

Er öffnete ein kleines Fenster an der Stirnwand des Laderaums, durch das man in die Fahrerkabine sehen konnte, nahm den Telefonhörer ab und sprach in die Sprechmuschel. »Sie werden sich dies vielleicht ansehen wollen«, sagte er zu Wargrave. Er zog einen Stadtplan hervor und reichte ihn dem Engländer. »Dieser Plan zeigt den Standort. Studieren Sie ihn und verbrennen Sie ihn, wenn wir angekommen sind...«

Hinter Wargrave lugten Haller und Elsa durch das kleine Fenster, das einen klaren Blick durch die Windschutzscheibe des Fahrzeugs freigab. Sie fuhren gerade durch eine enge Straße mit Kopfsteinpflaster in einem Armenviertel der Stadt. Zu beiden Seiten erhoben sich unbeleuchtete Gebäude wie Mauern. Der Lastwagen war langsamer geworden, als er über das Kopfsteinpflaster rumpelte. Im Augenblick hatte es aufgehört zu schneien. Im Scheinwerferlicht sahen sie, daß sie eine Sackgasse durchfuhren; am Ende der Straße versperrte ihnen ein gewaltiges hölzernes Doppeltor den Weg. Die Einfahrt war gerade groß genug, einen großen Heuwagen durchzulassen, und vor hundert Jahren dürfte genauso etwas hier durchgefahren sein. Der Lastwagen rumpelte weiter. Elsa verkrampfte sich. Sie würden genau in dieses massive Tor hineinfahren. Im letzten Augenblick – auf Molinaris telefonische Vorwarnung hin – schwangen die Torhälften nach innen, und der Lastwagen fuhr auf einen riesigen, steinernen Innenhof und hielt an. Sie hatten ihr Quartier erreicht.

Der Hof, den sie nach dem Öffnen der Tür zum Laderaum betraten, war auf allen Seiten von alten sechsstöckigen Gebäuden umschlossen, aber Wargrave bemerkte, daß es gegenüber der Einfahrt, durch die sie hereingekommen waren, einen weiteren Ausgang gab. Molinari ging vor ihnen eine enge Steintreppe hinauf. Er trug Elsas Tasche, während sie den Zobelmantel fest unters Kinn hielt; die Nachtluft war bitterkalt. Sie sah sich neugierig in dem Raum im zweiten Stock um, in den Molinari sie geführt hatte.

Der Raum ging durch zwei Stockwerke und hatte im unteren ein seltsames halbrundes Fenster; Molinari zog sofort den Vorhang zu. In der Mitte des weitläufigen Raums stand ein riesiger, altmodischer, grüner Ofen, der spürbare Hitzewellen ausstrahlte. Das Mobiliar war schwer und dunkel. »Ich werde Ihnen Ihr Schlafzimmer zeigen«, sagte der Italiener zu Elsa. »Sie werden müde sein, und daneben befindet sich ein Badezimmer. In etwa einer halben Stunde wird Ihnen etwas zu essen gebracht«, fuhr er auf italienisch fort – Elsa hatte vorhin vorgeschlagen, sie sollten sich in seiner Sprache unterhalten. »Und dies wird Ihnen helfen, die Anspannung nach dem Flug loszuwerden.« Er holte eine Flasche Chianti aus einem Regal. »Es ist einen Stock höher. Hier entlang...«

Nach der Rückkehr in den unteren Raum, in dem Wargrave und Haller warteten, wurde Molinari energisch und geschäftsmäßig. Er bat sie, an einem Tisch Platz zu nehmen, auf dem Notizblocks und Kugelschreiber in regelmäßigen Abständen ausgelegt waren. »Ich entnehme Ihrer Nachricht«, sagte er Wargrave zuliebe auf englisch, »daß Sie einen wichtigen kommunistischen Agenten herausholen wollen?«

»Die HS 125...«, begann der Engländer.

»Steht schon auf dem Mailänder Flughafen bereit.« Molinari lächelte dünn. »Ihr Freund und Ladykiller, Aldo Martino, war nur zu gern bereit, Ihnen zu helfen. Meine eigenen Männer bewachen die Maschine. Wann fliegen Sie ab?«

»Am Samstagmorgen um sieben Uhr dreißig. Ich erwarte, daß ich etwa um dreizehn Uhr dreißig zurück bin. Ich werde ein Transportmittel brauchen, um meinen Fluggast hierherzubringen. Er muß sich umziehen. Ich kann Ihnen keine genauen Maße geben – könnten Sie eine Auswahl von Kleidungsstücken in verschiedenen Größen beschaffen? Ein Vicuña-Mantel wäre sehr schön – ich möchte, daß er wohlhabend aussieht...«

»Wir bezahlen natürlich für alle diese Dinge«, warf Haller ein.

»Auch für das Flugzeug?« wollte Molinari mit unbewegtem Gesicht wissen. »Martino berechnet fünfzigtausend Dollar pro Flugstunde...«

»Fünfzigtausend Dollar!«

»Er macht nur Spaß«, versicherte Wargrave eilig dem Amerikaner. »Sowie Herr X sich umgezogen hat, werde ich ihn zum Mailänder Hauptbahnhof fahren. Der Zeitplan ist knapp, aber wir wollen ihn mit dem Atlantik-Expreß nach Zürich bringen – es sei denn, der Mailänder Flughafen ist noch geöffnet, so daß wir ihn hinfliegen könnten...«

»Das ist sehr unwahrscheinlich«, erwiderte Molinari. »Meine Wetterfrösche haben mir gesagt, daß der Flughafen wahrscheinlich in vierundzwanzig Stunden dichtmachen muß. Es könnte schon schwierig werden, mit der Hawker zu starten...«

»Ich muß starten, komme, was da wolle, aber nach dem, was Sie eben gesagt haben, werden wir also den Atlantik-Expreß nehmen müssen. So, jetzt habe ich noch eine Menge Fragen.«

»Alles, was Sie wollen, Harry. Sie wissen, ich bin Ihnen noch etwas schuldig...«

In diesem Augenblick kam Elsa Lang die Treppe herunter, und einer der Männer, die das Gebäude bewachten, brachte Matt Leroy herein. Leroy begrüßte Elsa mit einer Handbewegung und wandte sich dann an Haller. »Tut mir leid, daß ich mich verspätet habe – ich bin mit dem Zug aus Basel gekommen und habe mich anschließend ein wenig im Milano Centrale umgesehen. Schien eine gute

Idee zu sein, mich etwas mit der Umgebung vertraut zu machen...«

»Ist in Ordnung!« erwiderte Haller. Sein Blick wanderte zu Elsa hinüber. »Ihr solltet jetzt beide gut zuhören – ich erzähle euch später, was ihr nicht mitbekommen habt.«

»Das ist ein riesiger Bahnhof«, sagte der schnauzbärtige Amerikaner warnend. »Da kann alles passieren.«

»Meine Männer werden überall sein«, versicherte ihm Molinari. »In Uniform, um die Präsenz der Polizei zu demonstrieren – aber auch in Zivil.«

Wargrave fing an, schnell zu sprechen. Es gab noch so viel zu tun, und sie hatten so wenig Zeit. »Ich möchte zwei zusätzliche Schlafwagen an den Atlantik-Expreß angehängt haben – ausschließlich für uns reserviert. Haben Sie die Funkanlage beschaffen können, um die ich gebeten habe, Luigi?«

»Sie wartet im Milano Centrale«, erwiderte Molinar.

»Ich möchte die komplette Anlage im Schlafwagen installiert haben – und zwar im vorletzten. Wir haben einen eigenen Funker, der die Anlage bedienen wird, einen Mann namens Peter Necker. Ich habe ihm Ihre Nummer gegeben, und er...«

»Er befindet sich im Augenblick in einem Zimmer im dritten Stock dieses Hauses – neben dem Raum, in dem wir unsere eigene Sendeanlage haben.«

»Das wird Zeit sparen«, bemerkte Wargrave. »Ich muß innerhalb der nächsten Stunde ein paar dringende Funksprüche durchgeben. Um auf den Expreß zurückzukommen – ich brauche eine direkte Telefonleitung zwischen dem Abteil mit der Funkanlage im Schlafwagen und dem Lokführer.«

»Wir werden es erledigen.« Molinari fuhr fort, stenographische Notizen auf einen Block zu kritzeln. »Vierundzwanzig Stunden sind Zeit genug, und wir haben sogar noch mehr. Weiter?«

»Jetzt kommen wir zu dem Augenblick, in dem ich mit meinem Fluggast auf dem Mailänder Flughafen lande. Ich wäre Ihnen sehr dankbar, wenn Sie eine Nebelwand legen könnten, damit man uns nicht verfolgen kann...« Er ging in die Details, und Molinari sah keine Probleme. Der Italiener schlug sogar ein zweites Ablenkungsmanöver vor, dem die anderen sofort zustimmten.

Alle rauchten, und schon jetzt hing eine blaue Qualmwolke unter der Lampe überm Tisch. Elsa, die ein blaues, am Hals anliegendes Wollkleid angezogen hatte, spürte die im Raum herrschende Spannung. »Wenn ich dich recht verstehe, kehren wir mit dem Fluggast hierher zurück?« fragte sie. »Er muß sein Äußeres verändern, bevor wir Milano Centrale erreichen – ich habe meine Maskenbildnerausrüstung vom Film mitgebracht...«

»Kehren wir zurück?« wiederholte Haller mit einem seltsamen Unterton. »Und wohin wirst du dich begeben?«

»Ich werde mit Harry in dem Jet mitfliegen«, klärte sie ihn auf. »Das haben wir schon vereinbart...«

»Das wirst du nicht!« Haller schlug mit der Faust auf den schweren Tisch. »Ich verbiete es unter allen Umständen. Dieser Flug wird einer der gefährlichsten...«

»Du hältst mich doch nicht etwa für eine Mimose?« brauste Elsa auf.

Wargrave schaltete sich ruhig ein. »Sie könnte mir sehr nützlich sein...«

»Das wird sie nicht!« schnauzte Haller. »Weil sie nämlich nicht in dieser Maschine mitfliegen wird. Wenn Matt will, kann er ja mitfliegen...«

»Matt hat soeben zugestimmt«, meinte Matt listig.

Wargrave schüttelte den Kopf. Er sprach noch immer in seinem ruhigen, lakonischen Tonfall. »Matt brauche ich woanders: Er muß sich im Mailänder Hauptbahnhof umsehen. Er hat eine Gabe, Dinge zu entdecken, die anders sind als normal. Was Elsa betrifft, so spricht sie fließend Französisch – die zweite Landessprache in Rumänien. Außerdem kann ein Mädchen im entscheidenden Augenblick genau die richtige Ablenkung bedeuten.«

»Ich bin über all das gar nicht glücklich«, ereiferte sich Haller von neuem.

»Aber dieses Unternehmen wird von mir geleitet. Schon vergessen?«

»Ein weiblicher Agent«, warf Molinari begütigend ein, »kann einen Mann hervorragend ergänzen – vor allem, wenn beide schon einige Zeit zusammengearbeitet haben, wie ich es an diesen beiden Herrschaften sehen kann.«

Haller warf Matt Leroy einen Blick zu; der starrte in die Luft. »Sieh mich jetzt nicht an«, sagte Matt, »jetzt ist Elsa die Größte.«

»So, bevor wir jetzt essen«, sagte Wargrave entschlossen, »würde ich gern nach oben gehen und mit Peter Necker sprechen, und zwar allein, wenn es sich machen läßt...«

»Ich werde Ihnen das Zimmer zeigen«, erwiderte Molinari. Keiner der beiden Männer blickte in das verräucherte Zimmer zurück, als sie die Treppe hinaufgingen; dort herrschte eine

Atmosphäre, die sie lieber mit Stillschweigen übergingen. Elsa saß mit vor Ärger gerötetem Gesicht da, Haller brütete dumpf vor sich hin, und Matt starrte wieder in die Luft.

Als Wargrave in dem Zimmer im dritten Stock mit Peter Necker allein war, gab er ihm Anweisungen, während er einen langen Funkspruch niederschrieb. Necker war der ehemalige Kriminalbeamte, der zwölf Monate lang die gefährliche Rolle des Kellners in der weißen Jacke gespielt und in Basel die Kassetten aus dem Schlafwagenabteil des Moskau-Expreß herausgeholt hatte. Er war ein kleiner, gutgepolsterter Mann von zweiundfünfzig Jahren und hatte ein gnomenhaftes Gesicht, dichtes braunes Haar und einen permanent sanften Gesichtsausdruck.

Neckers Äußeres täuschte allerdings über seinen wirklichen Charakter hinweg. Kurz vor seiner Pensionierung hatte er einmal dienstfrei gehabt und war mit seinem Wagen die Düsseldorfer Königsallee entlanggefahren, als er plötzlich auf die Geiger-Gruppe gestoßen war. Die Männer waren aus einer Bank, die sie soeben überfallen hatten, auf die Straße gerannt. Necker war auf den Bürgersteig und direkt auf einen der Terroristen losgefahren, der stehengeblieben war und mit seiner Maschinenpistole aus kürzester Entfernung auf Necker gezielt hatte. Necker hatte das Gaspedal durchgetreten, die Windschutzscheibe war zersplittert, und er hatte – selbst unverletzt – den Terroristen überfahren. Außerdem war er mehrere Jahre lang als Funker beim Bundeskriminalamt in Wiesbaden tätig gewesen.

»Seien Sie sehr vorsichtig mit diesem Funkspruch«, mahnte ihn Wargrave. »Verschlüsseln Sie ihn mit einem Einmalcode und benutzen Sie dabei die Seiten eins bis hundert in diesem Buch ...« Er reichte Necker ein Exemplar von Somerset Maughams ›Silbermond und Kupfermünze‹. »... und hier sind die technischen Daten, die Sie brauchen.«

Es war Oberst Springer gewesen, der vor nur einem Monat zu seinem Chef, General Traber, gesagt hatte, Wargrave sei ein einsamer Wolf. Und diesen Funkspruch behielt der Engländer bewußt für sich. Nur Peter Necker wußte noch davon. Der Funkspruch war an ein ranghohes Mitglied des jugoslawischen Politbüros gerichtet.

Julian Haller hielt seine Ankündigung absichtlich bis nach dem Essen zurück, bis Oberst Molinari gegangen war, um noch die vielen Dinge zu klären, die er organisieren mußte. Als Haller mit Elsa, Matt und Wargrave allein war, nippte er an einem der seltenen Gläser Wein, die er sich ab und zu erlaubte. Er stellte das Glas auf den Tisch und sah lächelnd in die Runde.

»Ich sollte vielleicht noch ein letztes Detail erwähnen. Bei diesem Unternehmen werden wir jede Hilfestellung benötigen, die wir überhaupt bekommen können. Ich habe es also so eingerichtet, daß noch ein weiterer Mann herkommt, ein gewisser Phillip John. Er kommt von einer anderen Organisation – und ist ein Killer...« Er sah Elsas Gesichtsausdruck und verbesserte sich. »Ein Scharfschütze, wollte ich sagen. Er kommt morgen aus Genua hierher.«

Wargrave spürte plötzlich ein Gefühl der Anspannung und beugte sich über den Tisch. »Dürfte ich fragen, von welcher anderen Organisation?« fragte er sanft.

»Von der CIA.« Haller setzte eine schuldbewußte Miene auf. »Jetzt mach dir bitte keine Sorgen, um Himmels willen. Er ist Brite – und man hat ihn immer nur für bestimmte Aufgaben im Hintergrund eingesetzt. Man kennt ihn also nicht. Und außerdem war er der einzige, der nahe genug war, um in so kurzer Zeit herkommen zu können.« Haller nahm einen tiefen Zug an seiner Zigarette und musterte den Engländer. Zeigte sich da ein Anflug von Mißtrauen oder von Zweifel? »Wie es scheint, kann der Bursche einer Biene auf eine Entfernung von fünfzig Metern einen Flügel abschießen. Es könnte sogar sein, daß er besser ist als du«, fügte er mit einem Grinsen hinzu.

»Die CIA hat keine Ahnung, wozu wir ihn brauchen, nehme ich an?« fragte Wargrave.

»Um Gottes willen, nein!« Haller explodierte fast. »Ich habe denen nur gesagt, daß ich ihn für eine Arbeit hier in der Gegend brauche. Sie wissen ebensowenig, daß es den Sparta-Ring überhaupt gibt. Ich habe in meiner ehemaligen Eigenschaft als Mann der National Security Agency angefragt.«

»Ich möchte ein Gespräch unter vier Augen mit dem Mann, bevor ich mich entscheide«, sagte der Engländer warnend. »Und wenn er eintrifft, soll man ihn sofort zu mir schicken – bevor er Zeit hat, irgendwelche Zusammenhänge zu erkennen.«

Elsa lächelte in sich hinein. Mr. Phillip John würde sich noch wundern, an wen er geraten war; sie hatte in der Vergangenheit einmal miterlebt, wie Wargrave einen neuen Mann einem intensiven Verhör unterzogen hatte. Haller versuchte nochmals, Wargrave zu beruhigen.

»Wir werden zwei Schlafwagen bewachen müssen – und falls sich zeigt, daß wir die weite Reise nach Schiphol mit der Bahn machen müssen, werden wir einen Dienstplan aufstellen, damit jeder mal ein bißchen Schlaf bekommt. Ein zusätzlicher Mann könnte genau das ermöglichen...«

Wargrave dachte darüber nach. Ein Helfer im Hintergrund war kein normaler Agent. Man hielt solche Leute nur für bestimmte Unternehmen in Reserve, und außerdem war es untersagt, einen solchen Mann mehr als dreimal in einem Jahr einzusetzen. So war die Wahrscheinlichkeit äußerst gering, daß es dem KGB auffiel und bekannt wurde. »Ich habe von Phillip John gehört«, bemerkte er.

»Tatsächlich?« Haller zuckte zusammen. »Doch nicht von Molinari?«

»Nein, nicht von Molinari.« Wargrave drückte seine Zigarette aus. »Sagen wir einfach, ich habe meine Quellen – und die gefährden Phillip John keineswegs. Und, wie du schon gesagt hast, wir können jede nur erdenkliche Hilfe brauchen.« Er sah auf die Armbanduhr, nahm den Stadtplan Molinaris, auf dem eingezeichnet war, wo sie sich befanden, ging damit zum Ofen hinüber, öffnete die Klappe und verbrannte den Plan. »Ich glaube, jetzt ist es Zeit, schlafen zu gehen«, versetzte er.

»Hört sich gut an«, stimmte Elsa zu. Sie hatte Wargraves Ausdruck bemerkt. »Für dich haben sie ein Extrazimmer«, sagte sie frech und gähnte.

»Morgen werden wir einen randvollen Tag haben – müssen viele Details prüfen«, mahnte Wargrave. »Am Samstag wird es wieder anders sein – nach Bukarest und zurück, das ist ein langer Weg.«

7. Bukarest

Punkt 7 Uhr 30 am Samstag, dem 8. Januar, startete Wargraves Hawker-Siddeley 125 vom Mailänder Flughafen und verschwand in der dichten Wolkendecke. Neben dem Engländer saß Elsa Lang. Sie hatte sich auf dem Sitz des Kopiloten angeschnallt und eine Balkankarte in großem Maßstab auf dem Schoß ausgebreitet. Sie war schon früher mit Wargrave geflogen – in Cessnas – und hatte dabei eine Neigung zur Navigation gezeigt; sie hatte oft bestimmte Orientierungshilfen am Boden geortet, die Flugroute überwacht und geholfen, die Maschine auf Kurs zu halten.

»Was geschieht, wenn wir bei Ankunft nicht das richtige Landesignal erhalten?« fragte sie.

»Dann kehren wir um und fliegen mit Höchstgeschwindigkeit wieder nach Hause...«

Angelos Anweisungen auf der letzten Kassette waren wie immer sehr präzise gewesen. Beim Landeanflug auf die Landebahn außerhalb Bukarests würden die Begrenzungslichter der Landebahn eingeschaltet werden, und eine Signallampe werde wiederholt Lichtzeichen geben – dreimal lang ... einmal kurz ... dreimal lang ... Und er selbst, Angelo, werde an zwei silberfarbenen Buchstaben am Mantelrevers erkennbar sein : AN.

Die Maschine gewann rasch an Höhe und nahm zunächst Kurs auf Belgrad, das auf der direkten Route nach Bukarest lag.

»Hat Phillip John die Musterung bestanden?« fragte Elsa.

»Winchester und Cambridge. Dann eine kurze Zeit in einer Londoner Geschäftsbank. Das hat ihn alles entsetzlich gelangweilt, so daß er etwas Aufregendes suchte. Er hat es gefunden«, war Wargraves trockener Kommentar. »Er ist ein ruhiger Mann, und das hat mir gefallen. Reflexe wie bei einem Formel-I-Rennfahrer. Ich habe ihn mit dem alten Trick getestet – eine Waffe zwischen uns auf den Tisch gelegt, und wenn ich in der Unterhaltung ein bestimmtes Wort äußere, langt er nach der Waffe.«

»Wer hat gewonnen?«

»Seine Hand hat den Knauf zuerst erreicht ...«

»Er hat dich geschlagen?«

»Meine Hand lag auf seiner und hielt sie fest.«

»Was ist er für ein Typ? Sieht er gut aus?«

»Einen Meter achtzig groß, wiegt einhundertvierzig Pfund, weißes Gesicht, gewelltes braunes Haar, sehr kontrollierte Bewegungen. Ein Profi ...«

Als sie in einem Schneesturm die jugoslawische Küste erreichten, hatte Wargrave zum erstenmal Kontakt mit dem Radar der Belgrader Flugsicherung und Luftüberwachung. Durch das Mikrophon sprach er kurz mit dem Tower auf serbokroatisch. Während seiner Jahre auf dem Balkan hatte Wargrave einige gute Freunde gewonnen, und einer davon war Stane Sefer, der Chef der jugoslawischen Sicherheitspolizei. Es war Sefer gewesen, an den er mit Peter Neckers Hilfe am Donnerstagabend den geheimen Funkspruch geschickt hatte. Am Freitagabend hatte er mit einem Anruf in Belgrad die Erlaubnis Sefers erwirkt, Jugoslawien ›in einer dringenden Mission‹ zu überfliegen.

»Unser Radar wird dich ins Land und wieder hinausgeleiten«, hatte Sefer versprochen. »Und bei diesem Wetter wirst du uns auch brauchen, um auf Kurs zu bleiben.«

Der hagergesichtige Stane Sefers hatte keine Fragen gestellt, war aber davon ausgegangen, daß Wargrave unterwegs war, um einen Agenten auszufliegen, der gegen die Russen arbeitete. Und ebenso wie die gesamte jugoslawische Regierung war auch Sefer nur zu gern bereit, jeden zu unterstützen, der den Jugoslawen dabei half, die übergroße sowjetische Macht auf Abstand zu halten. In Belgrad machte sich niemand Illusionen darüber, daß Jugoslawien durchaus das nächste Angriffsziel der Roten Armee werden könnte – nach einer Besetzung Rumäniens, dessen unabhängige politische Führung die Absichten des russischen Bären mit dem gleichen Argwohn verfolgte.

Es herrschte sehr schlechtes Flugwetter – Blindflug durch ganz Jugoslawien –, und ohne die Hilfe von Sefers Radarstationen, die Wargrave sicher zur rumänischen Grenze geleiteten, hätte er es wohl nicht geschafft. Neben ihm saß Elsa Lang und studierte ihre Karte. Sie versuchte ständig, den Erdboden auszumachen. Dabei gab sie sich den Anschein, als wäre das alles selbstverständlich. Während der ersten Flugstunde hatte der ansehnliche Scotch, den sie kurz vor dem An-Bord-Gehen getrunken hatte, geholfen, aber die Flugzeit nach Bukarest betrug drei Stunden, und der leicht anästhetisierende Effekt des Getränks war inzwischen längst verflogen.

»Zumindest sieht es so aus, als hätten wir unseren Flug geheimhalten können«, sagte sie einmal.

Elsa wäre sicher weniger gleichmütig gewesen, hätte sie Zeuge einer Szene werden können, die sich kurz nach ihrem Start vom Mailänder Flughafen abgespielt hatte: Im Tower beklagte sich plötzlich einer der Fluglotsen, Toni Morosi, ein Mann mit einem bleichen Gesicht, über Magenkrämpfe. Man erlaubte ihm, seinen Platz am Tower zu verlassen. Statt zum Waschraum zu gehen, begab sich der angeblich kranke Morosi zu einer Telefonzelle und wählte eine Nummer in Mailand an. Am anderen Ende der Leitung wurde sofort der Hörer angenommen.

»Hier Russo«, sagte Toni Morosi schnell. »Eine private Hawker-Siddeley, eine Düsenmaschine, ist um sieben Uhr dreißig mit östlichem Kurs gestartet...«

»Was ist daran auffällig?« verlangte die düstere Stimme zu wissen.

»Die Maschine ist den ganzen Freitag in einem besonderen Hangar bereitgehalten und von Sicherheitspolizei schwer bewacht worden...«

»Wer war an Bord?«

»Keine Ahnung...«

»Halten Sie mich auf dem laufenden.«

Am anderen Ende wurde aufgelegt. Morosi wischte sich die Stirn und eilte zum Waschraum; er setzte sich einige Minuten auf einen Toilettensitz und begab sich dann zurück in den Tower. Der Mann in einer Mailänder Garage, der Morosis Meldung angenommen hatte, chiffrierte sie später und gab die Information in einem

Funkspruch weiter, den er mit einem starken Sendegerät nach Moskau übermittelte. Weil er der Nachricht keine besondere Bedeutung beimaß, ließ er sich mit der Übermittlung des Funkspruchs Zeit.

»Da fließt der Argesch ...«

Elsa blickte aus dem Fenster auf die rumänische Ebene, durch die sich der Fluß schlängelte, und suchte die Orientierungshilfen der Landschaft auf ihrer Karte. Die Maschine flog jetzt in fünfzehnhundert Meter Höhe, und in der vergangenen halben Stunde hatte sie eine Orientierungshilfe nach der anderen geortet. Sie hatten Glück gehabt; nach dem Überfliegen der jugoslawischen Grenze, als sie außer Reichweite der Radarstationen Stane Sefers waren, hatte sich der Himmel aufgeklart. Die Ebene unter ihnen war eine weiße Landschaft, aber es schneite wenigstens nicht mehr in diesem Teil des Balkans.

»Wir müssen bald dasein«, erwiderte Wargrave. »Halte bitte Ausschau nach dem Landestrahl.«

Es war kurz vor 11 Uhr 30 Bukarester Zeit – eine Stunde später als in Mailand –, und als sie sich der rumänischen Hauptstadt näherten, spürte Elsa, wie ihre Nerven immer mehr durcheinandergerieten. Sie warf Wargrave einen Blick zu. Er zeigte gespannte Aufmerksamkeit, wirkte aber ruhig. Er spürte ihren Blick und lächelte beruhigend. »Nicht jedes Mädchen bekommt einen Flug zum Balkan geboten – und das noch bei vollen Spesen ...«

»Paß lieber auf jetzt«, erwiderte Elsa.

Hinter ihnen befand sich eine geräumige Kabine, in der bis zu sechs Fluggäste bequem untergebracht werden konnten, und Wargrave kam der Verdacht, daß durchaus mehr als nur ein Passagier an Bord kommen könnte – Anatolij Sarubin war verheiratet und hatte eine Tochter, und es schien unwahrscheinlich, daß er seine Familie zurücklassen würde. Die Dinge, die Elsa jetzt von dem hinteren Sitz nach vorn holte, waren weniger beruhigend als Wargraves Bemerkung. Sie legte sich das Sten-Gewehr und die Ersatzmagazine auf den Schoß, so daß der Engländer sie jederzeit erreichen konnte, und legte dann ihre eigene 38er Smith & Wesson ebenfalls bereit. Dann – direkt vor ihnen im Halbdunkel des Wintertags – leuchteten die Begrenzungslichter der Landebahn auf.

»Achte auf das Blinkfeuer«, mahnte Wargrave.

Aufs äußerste angespannt, blickte Elsa angestrengt nach unten, während Wargrave die Maschine steil herunterzog. Was erwartete sie dort unten? Sie landeten mitten in einem kommunistischen

Staat – einem Staat, der sein Mißtrauen gegenüber Moskau zwar oft genug an den Tag gelegt hatte, letztlich aber doch ein kommunistischer Staat war und blieb. »Vergiß nicht die Buchstaben AN, die Angelo sich anstecken wollte«, erinnerte sie ihn. Das war eine verdammt überflüssige Bemerkung, dachte sie; als ob er die vergessen könnte. Dann begann die Signallampe zu blinken. Dreimal lang... einmal kurz... dreimal lang...

Wargrave drosselte die Triebwerke, als ihnen die parallelen Lichterreihen entgegenflogen; ein kurzes Rumpeln, als die Maschine den Boden berührte, dann rollte der Jet aus. Wargrave bremste so stark wie möglich ab. Er wußte nicht, wie lang die Landebahn war. Die Maschine kam zum Stillstand, und Elsa blickte aus dem rechten Seitenfenster. Sie sah nichts. Mein Gott, dachte sie, jetzt möchte ich gern aufs Klo. Wargrave ließ die Triebwerke weiterlaufen und sah ebenfalls aus dem Fenster.

»Komisch, scheint niemand da zu sein...«

»Aber jemand hat die Lichter eingeschaltet...«

»Also muß jemand dasein«, stimmte Wargrave zu.

Er nahm das Sten-Gewehr, und sie griff nach dem Knauf ihrer Smith & Wesson. Allein das Halten der Waffe tröstete sie ein wenig. Was zum Teufel ging da draußen im Halbdunkel eigentlich vor? Plötzlich schaltete Wargrave den an der Nase der Maschine befindlichen Suchscheinwerfer ein. Der Lichtstrahl durchschnitt die Dunkelheit und gab den Blick auf einen Mann frei, einen kleinwüchsigen, untersetzten Mann mit breiten Schultern, der einen schweren Pelzmantel trug und barhäuptig ging.

Der Mann kam näher, ging festen Schritts auf sie zu. Er trug eine Aktentasche. Beim ersten Aufblitzen des Lichtstrahls hatte er die Hand vor die Augen gelegt, aber jetzt hatte er sie heruntergenommen und kam mit gesenktem Kopf näher. Als er schon fast bei der Maschine angekommen war, wurde sein Gesicht deutlicher, ein Gesicht mit energischem Kinn und buschigen Augenbrauen, das Elsa sofort nach den vielen Fotos erkannte, die sie von diesem Mann gesehen hatte. Sie keuchte.

»Mein Gott, Harry! Das ist eine Falle, eine gottverdammte Falle...«

Der Mann, der auf sie zukam – der jetzt fast das Flugzeug erreicht hatte –, war General Sergej Marenkow, der Chef des KGB.

Wargrave erkannte sofort, daß es hoffnungslos war. Er würde zwar versuchen können, sofort zu starten, aber der vor ihm liegende Rest der Startbahn würde nicht ausreichen; er hatte keine Zeit, die Maschine zu wenden, und außerdem hatten die Rumänen sicher Maschinengewehre auf das Flugzeug gerichtet, vielleicht sogar kleinere Feldgeschütze in Stellung gebracht. Das würde ihn aber nicht davon abhalten, einen Versuch zu wagen. Unter Umständen wäre eine Geisel genau das Richtige, sie aus der Falle entkommen zu lassen, eine Geisel vom Rang General Marenkows. Wargrave stieß die Tür auf und wartete, bis General Marenkow unten stand und heraufblickte.

»Keine Bewegung, General«, rief Wargrave durch das Heulen der Triebwerke. Er sprach Deutsch und erwartete nicht, daß der General ihn verstand, aber die Sprache des aus kürzester Entfernung auf seinen Brustkorb gerichteten Sten-Gewehrs würde der Russe auf jeden Fall verstehen.

Marenkow machte eine winkende Handbewegung, mit der er andeuten wollte, daß die automatische Treppenleiter heruntergelassen werden sollte. Wargrave zögerte, dann gab er Elsa Anweisung, auf den Knopf zu drücken. Die elektrisch betriebene Leiter wurde ausgefahren und senkte sich auf den Boden. Marenkow bestieg sie und wollte die Kanzel erklimmen. Er hielt erst inne, als Wargrave mit dem Gewehr gestikulierte und rief: »Bleiben Sie da stehen...«

»Haben Sie keine Augen im Kopf?« schnauzte der Russe auf englisch zurück.

»Mein Gott!« flüsterte Elsa Wargrave ins Ohr. »Sein Mantelaufschlag. Um Himmels willen, sieh dir seinen Mantelaufschlag an!«

Marenkow zeigte jetzt selbst auf den rechten Mantelaufschlag, an dem zwei silberne Buchstaben befestigt waren: AN. Wargrave starrte sie bleich an. Er beugte sich aus der Kanzel. Marenkow ging einen Schritt weiter und beugte sich vor, bis die Gesichter der beiden Männer sich beinahe berührten.

»Was bedeuten diese Buchstaben?« verlangte Wargrave zu wissen.

»Angelo. Ich bin Angelo. Wir müssen sofort losfliegen. Meine Freunde gehen ein schreckliches Risiko ein – nehmen Sie mich an Bord und fliegen Sie mich hier raus. Nichts wie weg hier...«

Inzwischen waren Gestalten in Pelzmänteln aus der fast vollständigen Dunkelheit aufgetaucht, und Wargrave war sicher, daß einer dieser Männer Ion Manescu war, der Chef der rumänischen

Geheimpolizei. Seit Elsa Marenkow erkannt hatte, war kaum eine Minute vergangen, aber in dieser kurzen Zeit hatte Wargraves Gehirn fieberhaft gearbeitet und die ganze Geschichte Angelo rekapituliert. Er hätte sich selbst ohrfeigen können, weil ihm die Wahrheit nicht schon früher aufgegangen war. Er senkte die Waffe, streckte eine Hand aus und hievte den Russen an Bord. Er brauchte Elsa den Befehl gar nicht zu geben: Sie hatte schon auf den Knopf gedrückt, und die Leiter wurde surrend eingefahren. Wargrave schlug die Tür zur Kanzel zu, während Marenkow sich auf einen der vorderen Sitze fallen ließ, sich vorbeugte und etwas rief.

»Sie befinden sich auf einem Wendeplatz, einem großen Kreis. Ziehen Sie die Maschine um hundertachtzig Grad herum und starten Sie in die Richtung, aus der Sie gekommen sind. Es sollte schnell gehen.«

»Glauben Sie etwa, ich wollte noch zum Tee hierbleiben?«

Es war, wie Marenkow es beschrieben hatte: Wargrave konnte den Jet langsam im Halbkreis wenden, der dann mit der Nase in die Richtung zeigte, aus der er gekommen war. Die parallel laufenden Lichterreihen lagen jetzt wieder vor ihnen. Wargrave ließ die Maschine anrollen, beschleunigte, die Begrenzungslichter verschmolzen, rasten vorüber, und dann hob die Maschine ab und gewann rasch an Höhe. Jetzt ging es nach Westen, auf die Radarstationen Stane Sefers zu, von denen er nichts zu befürchten hatte.

Hinterher ist man immer klüger. Nur bringt einem das nichts ein. Von Anfang bis Ende hatte das Unternehmen Angelo aber die deutliche Handschrift eines Profis getragen, eines Mannes, der das Spionagegeschäft auf höchster Ebene beherrschte. Und Anatolij Sarubin, der sowjetische Minister für Handel und Außenwirtschaft, war für diese Art Arbeit nicht qualifiziert gewesen. Es ist immer genau das, was einem vor der Nasenspitze liegt, was man nicht sieht, dachte Wargrave ironisch. Er drehte sich einmal kurz um und warf Marenkow einen Blick zu; dieser starrte ihn unter seinen buschigen Augenbrauen ebenfalls an. Er hatte die Arme verschränkt, und sein Gesicht war völlig ausdruckslos. Als er wieder nach vorn blickte, fragte sich Wargrave, warum ein Mann wie Marenkow so gehandelt hatte. Er konnte keine Erklärung finden. Warum?

Sergej Michail Loris Marenkow war zwanzig, als er 1941 in der Ukraine als Partisanenführer hinter den feindlichen Linien kämpfte. Er hatte angeborene Führungsqualitäten, und 1943 bereits war er stellvertretender Kommissar bei einer Panzereinheit in Kursk.

Nikita Chruschtschow, ein Ukrainer wie er, hatte ihn unter seine Fittiche genommen und für seine außergewöhnlich schnelle Beförderung gesorgt. Nach Kriegsende hatte ein Talentsucher des KGB, der Marenkows Organisationsgabe, sein enzyklopädisches Gedächtnis und seine Tatkraft erkannt hatte, ihn für die Geheimpolizei angeworben.

Marenkow brauchte eine bestimmte Seite eines Berichts nur einmal zu lesen, dann war sie für immer in sein Gedächtnis eingebrannt. Er konnte Hunderte von Namen, Adressen und Telefonnummern behalten, jede beliebige Zahl von statistischen Daten und vergaß niemals ein Gesicht oder einen Namen. Sein schneller Aufstieg auf der Leiter zur Macht wurde noch durch einen weiteren Umstand begünstigt – er schloß sich niemals irgendeiner Fraktion an, so daß ihm alle Seiten vertrauten. Dann, im Alter von fünfundvierzig Jahren, heiratete Sergej Marenkow.

Irina Marenkow, eine schlanke, zerbrechlich wirkende Schönheit, war das genaue Gegenteil ihres Mannes. Sie hatte ein waches politisches Gespür und schon vor der Heirat begonnen, am System der Sowjetunion zu zweifeln. Die Werke Alexander Solschenizyns gaben den letzten Anstoß zu ihrer Abkehr vom Kommunismus. Sie kam zu dem Schluß, daß der Sowjetstaat ein einziger Schwindel sei, fast so etwas wie eine Militärdiktatur, die zunehmend unter dem Einfluß von Marschall Grigorij Pratschkos und seiner Anhänger im Politbüro geraten sei. Sie säte die ersten Zweifel bei ihrem Mann.

Marenkow hatte aber auch schon selbst begonnen, sich um die Entwicklung in seinem Land zu sorgen. Er verabscheute die großspurige, herablassende Art seines Kollegen Marschall Pratschko, hielt seine Gefühle aber sorgfältig verborgen. Er wußte, daß die sowjetische Aufrüstung bei weitem das Maß überstieg, das zur Verteidigung gegen den Westen notwendig war. Dann wurde Oberst Igor Scharpinsky zu seinem Stellvertreter ernannt.

Es dauerte einige Zeit, bis Marenkow aufging, daß Scharpinsky ein Schützling Pratschkos war, den man in die Position des stellvertretenden Chefs des KGB manövriert hatte, um die Macht des GRU zu stärken – des militärischen Abschirmdienstes der Sowjetunion. Die offizielle Aufgabe Scharpinskys bestand darin, die Zusammenarbeit mit dem GRU zu intensivieren, aber insgeheim unterstützte er jedes Vorhaben Pratschkos. Dann kehrte Marenkow eines Abends spät in seine Wohnung am Kutusow-Prospekt 26 zurück und fand Irina tot auf. Sie hatte eine Überdosis Schlaftabletten genommen und einen kurzen Abschiedsbrief hinterlassen. *Als mutmaßliche Dissidentin bin ich zu einer Belastung für*

Dich geworden. Ich liebe Dich zu sehr, um Dich zu vernichten. Statt dessen töte ich mich selbst.

Marenkow, der noch nie in seinem Leben eine Träne vergossen hatte, weinte eine Stunde lang. Drei Tage lang blieb er allein in der Wohnung und ließ niemanden zu sich. Dann setzte er eine Untersuchung in Gang. Er brauchte nur drei Tage, um herauszufinden, daß man – während er sich in der DDR aufhielt – eine Gerüchtekampagne gegen seine Frau begonnen hatte, die man subversiver Aktivitäten verdächtigte. Die Quelle dieser politischen Brunnenvergiftung war Oberst Igor Scharpinsky.

Marenkows verschwiegene Natur, die ihn – neben anderen Qualitäten – in die Dienste des KGB gebracht hatte, kam ihm jetzt gut zustatten. Er blieb eine Nacht bis zum Morgengrauen auf und dachte nach. Dann hatte er seine Entscheidung getroffen. Von nun an würde er gegen das pervertierte System arbeiten, das seine Frau in den Tod getrieben hatte und dabei war, sein Land zu zerstören. Er wurde zu Angelo.

Der hochintelligente Marenkow wußte nur zu gut, daß seine Zeit früher oder später um sein würde. Da war zum Beispiel im November dieser besorgniserregende Vorfall auf dem Moskauer Bahnhof gewesen, als er – nur eine Minute, nachdem er die neueste Kassette im Schlafwagen versteckt hatte – aus dem Waggon gesprungen war und sich urplötzlich Hauptmann Starow vom GRU gegenübergesehen hatte, der den Schlafwagen gerade hatte besteigen wollen, um ihn zu untersuchen. Mit charakteristischer Entschlossenheit hatte Marenkow Starow sofort mit zwei Schüssen getötet und ihm dann die Handgranate in die Hand praktiziert, die er immer in der Tasche trug, die Handgranate, die er selbst sofort entsichert und mit der er sich selbst in die Luft gejagt hätte, hätte man ihn je entdeckt und festnehmen wollen.

Als die Troika Leonid Sedow, Marschall Pratschko und er selbst eingesetzt worden war, um den Verräter auf höchster Ebene aufzuspüren, hatte er sich in der makabren Rolle eines Mannes wiedergefunden, der sich selbst zur Strecke bringen soll. Um ein wenig Zeit zu gewinnen, ließ er den Eindruck aufkommen, als verdächtige er Anatolij Sarubin, den er von Anfang an als nützlichen Schutzschild betrachtet hatte. Er hatte sich sogar Sarubins Vorliebe für amerikanischen Jazz zunutze gemacht, als er in den Kassetten darum bat, man möge über das Programm der Voice of America bestimmte Jazzplatten senden, um die sichere Ankunft der Kassetten in Washington zu bestätigen. Und dieser angebliche Verdacht gegenüber Sarubin war auch der Vorwand gewesen, mit dem er sich der sowjetischen Delegation, die Bukarest besuchte, als Begleiter angeschlossen hatte.

Und jetzt befand er sich in achttausend Fuß Höhe über Jugoslawien in einer Düsenmaschine, die von einem Engländer gesteuert wurde. Dabei war Marenkow sich bewußt, daß jeder Kilometer seiner langen Reise in die Vereinigten Staaten voller Gefahren sein würde – daß KGB und GRU sämtliche Kräfte mobilisieren würden, um ihn und seine Beschützer zu töten. Eine sichere und gefahrlose Reise stand ihm nicht bevor.

Nur wenige Minuten, nachdem Wargrave sich wieder in der Luft befand, verließ ein kleiner Konvoi von Automobilen das rumänische Flugfeld und fuhr mit hoher Geschwindigkeit nach Bukarest zurück. Als Marenkows Flucht ruchbar wurde, nahm Ion Manescu, der Chef der Geheimpolizei, sich vor, eine offizielle Untersuchung einzuleiten. Sein Bericht würde zeigen, daß unbekannte kapitalistische Agenten den Russen aus Rumänien ausgeflogen hätten. Manescu, der es eilig hatte, in die Hauptstadt zurückzukehren, saß hinterm Lenkrad des führenden Wagens. Er war für seine halsbrecherische Fahrweise bekannt und hatte die anderen Fahrzeuge bald abgeschüttelt.

Im letzten Wagen saß einer seiner Untergebenen, Leo Ionita. Der hielt vor einer Villa, die von einer mit Stahldraht bewehrten Mauer umgeben war, rannte hinein, machte ein kurzes Telefonat, lief dann zu seinem Wagen zurück. Er beschleunigte das Tempo, erreichte Bukarest nur wenig später als Manescu, hielt wiederum an und rannte in die Eingangshalle eines großen Mietshauses. Dort wechselte er wenige Worte mit einem Angehörigen der sowjetischen Botschaft, der sich nach Ionitas Anruf hier eingefunden hatte. Minuten später fuhr der Russe auf direktem Weg zu seiner Botschaft.

Wie in Jugoslawien gibt es auch in Rumänien in der KP einen Bodensatz von Stalinisten, die insgeheim die Sowjetunion unterstützen. Leo Ionita war einer dieser heimlichen Stalinisten. Nur Minuten nachdem der russische Kontaktmann Ionitas seine Botschaft erreicht hatte, wurde ein dringender Funkspruch nach Moskau übermittelt, der die Flucht General Marenkows meldete. Wiederum nur Minuten nach dem Eingang dieses Funkspruchs in Moskau ging vom KGB-Hauptquartier am Dscherschinskij-Platz 2 ein neuer Funkspruch nach Wien ab, wo Oberst Igor Scharpinsky sich zu einem seiner häufigen Besuche der österreichischen Hauptstadt aufhielt. Er erfuhr von Marenkows Flucht aus Rumänien, als Wargrave sich noch weit entfernt von Mailand in der Luft befand.

Es war 11 Uhr Wiener Zeit – eine Stunde früher als in Bukarest –, als der Moskauer Funkspruch die sowjetische Botschaft in der österreichischen Hauptstadt erreichte. Wie gewöhnlich war Scharpinsky mit einem Diplomatenpaß, der auf einen falschen Namen lautete, in Wien eingetroffen. Der Funkspruch lag auf dem Schreibtisch vor ihm, als er in seinem Büro im zweiten Stock saß und durch die Spitzenvorhänge auf die Straße starrte. Es herrschte schweres Schneetreiben, und in dicke Mäntel und Schals gehüllte Passanten stapften mit gesenkten Köpfen durch den Schnee.

Oberst Igor Scharpinsky war ein kleiner, gutgebauter Mann von fünfzig Jahren, über dessen gewölbter Stirn sich das Haar zu lichten begann. Der hohlwangige Scharpinsky hatte ein unentschlossen wirkendes Kinn, das nichts von seiner ungeheuren Willenskraft ahnen ließ. Im Augenblick trug er eine randlose Brille, und die blassen Augen hinter den Brillengläsern waren reglos und zeigten keinerlei Ausdruck, was wiederum nichts davon erkennen ließ, mit welchem Hochdruck er überlegte. Nach dem Empfang des brutalen Funkspruchs – ›ausfindig machen und vernichten‹ – hätte ein unfähiger Mann sofort etwas unternommen und eine Flut von Befehlen erlassen. Scharpinsky blieb zehn Minuten ruhig am Schreibtisch sitzen und dachte nach, bis er seinen Plan ausgearbeitet hatte.

Dann drückte er auf einen Knopf auf seinem Schreibtisch, mit dem er seinen Stellvertreter herbeirief, Rudi Bühler, einen DDR-Bürger, der im Auftrag des GRU die in Westeuropa tätigen Sabotageeinheiten leitete. Scharpinsky gab Bühler leise einige Anweisungen, die dieser sofort per Telefon weiterleitete. Nach einer Reihe von Anrufen legte Bühler auf und sah Scharpinsky an, der noch immer aus dem Fenster starrte.

»Er befindet sich immer noch in der Annagasse 821. Ein Team ist dorthin unterwegs. Für den Flug nach Zürich sind Plätze gebucht. Aber warum Zürich?«

Rudi Bühler, vierzig Jahre alt – zehn Jahre jünger als sein Chef –, war ein schwer gebauter Mann von mittlerer Größe, aber anders als Scharpinsky hatte der Ostdeutsche ein Neigung zur Fülle. Und anders als der glatthäutige Russe hatte der stupsnasige Bühler einen lederartigen Teint. Bevor er die Frage beantwortete, stand Scharpinsky von seinem Schreibtisch auf und ging mit wenigen elastischen Schritten zu einer Wandkarte, auf der eine Reihe von Stecknadeln eine Linie quer durch Jugoslawien markierten.

»Erstens: Unter einigen Routineberichten, die heute morgen aus Mailand eintrafen, befand sich auch einer, der den Start eines britischen Düsenflugzeugs in östlicher Richtung meldete. Zweitens: In dem Bericht eines Belgrader Agenten war von dem Überfliegen der Stadt durch eine Düsenmaschine die Rede – wiederum in östlicher Richtung. Andere Berichte von anderen jugoslawischen Agenten in den Radarstationen meldeten, die Maschine habe die rumänische Grenze in Richtung Bukarest überquert ...«

Die von Scharpinsky erwähnten ›jugoslawischen Agenten‹ waren bestimmte Stalinisten, die über geheime Sender regelmäßig Berichte nach Moskau übermittelten. In diesem Augenblick, in dem Wargrave seine Maschine durch den jugoslawischen Luftraum westwärts steuerte, verfolgten sowjetische Himmelsspione, die in vierhundertsiebzig Kilometer Höhe ihre Bahn zogen, seinen Kurs, dessen Verlauf sie sofort nach Moskau übermittelten.

»Ich verstehe immer noch nicht, warum wir nach Zürich fliegen«, beharrte Bühler.

»Weil sie versuchen werden, ihn von Mailand aus mit der Bahn dorthin zu bringen. Agenten, die sich im Mailänder Hauptbahnhof umgesehen haben, haben gestern über lebhafte Sicherheitsvorkehrungen berichtet. An den Atlantik-Expreß, der Mailand heute am späten Nachmittag verlassen wird, werden zwei zusätzliche Schlafwagen angehängt werden. Als ich die Meldung erhielt, maß ich ihr noch keine besondere Bedeutung bei ...«

»Warum sollten sie ihn nicht per Flugzeug von Mailand nach Zürich bringen?« wandte Bühler ein.

Dies war ein Spiel, das beide Männer gut kannten und das sie schon oft praktiziert hatten. Bühler übernahm die Rolle des *advocatus diaboli* und versuchte, in der Argumentation seines Chefs Schwächen aufzudecken. Das gelang ihm nur selten.

»Weil ich soeben erfahren habe, daß der Mailänder Flughafen für den gesamten Flugverkehr gesperrt worden ist«, erwiderte der Russe. »Wir können zwar hoffen, daß die Maschine abstürzt, müssen aber davon ausgehen, daß sie einen erfahrenen Piloten ausgesucht haben, der den Jet im Blindflug landen wird. Wenn er damit Erfolg hat, werden sie mit Sicherheit keinen neuen Start wagen. Und der Züricher Flughafen ist noch immer offen – von dort aus könnten sie ihn direkt in die Vereinigten Staaten fliegen. Marenkow darf also niemals in Zürich ankommen ...«

Während der folgenden Stunde brachte Scharpinsky eine lange Reihe von Funksprüchen in der ihm eigenen klaren Handschrift zu Papier. Beim Schreiben lauschte er Beethovens ›Kaiserkonzert‹, das er auf den Plattenteller gelegt hatte. Diese Musik erschien ihm dem Umfang des Unternehmens angemessen, das er jetzt in die Wege leitete und das den Einsatz größerer Sabotageeinheiten des

GRU einschloß. Nachdem er seine Arbeit erledigt hatte, sprach er in seine Gegensprechanlage.

»Schicken Sie mir den diensthabenden Offizier aus der Chiffrierabteilung ...«

Während er wartete, nahm Scharpinsky eine Reisetasche von einem Regal, die seit Monaten dort gepackt und vorbereitet gelegen hatte für den Fall, daß er plötzlich würde abreisen müssen. Alle drei Tage erschien ein weiblicher KGB-Offizier, packte die Tasche aus, breitete dic Kleidungsstücke aus und packte die Tasche von neuem. Der Inhalt der Reisetasche war unschuldig genug – Winterkleidung (eine ähnliche Tasche enthielt Sommerkleidung), ein in Seide eingewickeltes wertvolles Buch und die jüngste Ausgabe des Katalogs von Sotheby's, dem Londoner Auktionshaus.

»Herein«, rief Scharpinsky aus, als jemand an die Tür klopfte. Leo Skoblin, ein Chiffrierbeamter aus dem Chiffrierraum im Untergeschoß, trat ein. Der fünfunddreißigjährige Skoblin hatte ein hageres Gesicht und ging mit einem leichten Humpeln. Scharpinsky reichte ihm die Funksprüche in einem versiegelten Umschlag; erst nachdem Skoblin den Raum verlassen hatte, bemerkte der Russe, daß die beiden Flugtickets nach Zürich, die Bühler vorhin hereingebracht hatte, offen auf seinem Schreibtisch lagen. Er legte einen Notizblock darüber; Scharpinsky war ein Perfektionist, den selbst der kleinste Lapsus irritierte, wenn es um Geheimhaltung ging.

Im Untergeschoß begann der leitende Chiffrierbeamte sofort mit dem Verschlüsseln der Funksprüche, die anschließend an geheime Empfänger in verschiedenen Teilen Europas übermittelt werden sollten, nach Zürich, Basel, Mailand, Mülhausen und Düsseldorf. Der längste Funkspruch aber ging nach Andermatt in der Schweiz.

Heinz Golchack, der österreichische Antiquar, der in der Wiener Annagasse 821 wohnte, erreichte den Flug 433 der Swissair von Schwechat gerade noch rechtzeitig. Die Maschine startete um 13 Uhr 25 – dies war der letzte Flug, und kurz nach dem Abflug des Jets wurde der Flughafen geschlossen. Golchack lehnte sich in seinen Sessel in der Touristenklasse zurück und studierte den Katalog von Sotheby's durch seine dicken Brillengläser, während die DC-10 schnell an Höhe gewann. Als die Stewardeß ihn fragte, was er zu trinken wünsche, antwortete er höflich, aber ein wenig unentschlossen.

»Haben Sie vielleicht irgendeinen... Schnaps?« fragte er freundlich. »Das beruhigt den Magen ein bißchen.« Er lächelte entschuldigend. »Ich bin kein sehr guter Fluggast, wissen Sie...«

»Verstehe, mein Herr. Seien Sie unbesorgt – Sie bekommen ihn sofort.«

Hinten in der Kombüse bemerkte die Stewardeß zu ihrer Freundin, ausnahmsweise habe sie bei diesem Wetter mal einen höflichen Fluggast. »Er ist wirklich ein Schatz«, fuhr sie fort, als sie den Drink einschenkte, »der typische zerstreute Professor.«

Seltsam, wenn man bedenkt, daß Heinz Golchack weniger als zwei Stunden zuvor in der Annagasse 821 von zwei in Mäntel mit Pelzkragen und Schals eingehüllten Männern Besuch bekommen hatte. Die beiden hatten mit tief in die Stirn gezogenen Hüten vor der Tür gestanden. Er hatte nur einen erwartet, nicht zwei. Dreißig Minuten vorher war er von einem Mann angerufen worden, der erklärt hatte, er sei ein Sammler seltener Bücher aus München; ob er Herrn Golchack besuchen dürfe?

»Ich habe einen Freund mitgebracht«, sagte der kleinere der beiden Männer, als Golchack in der Tür seiner Wohnung im fünften Stock stand, der einzigen Wohnung auf der Etage.

»Bitte, treten Sie ein. Ich habe noch etwas Kaffee warm gestellt...«

Heinz Golchack, ein nicht sehr großer, gutgebauter Mann, war zweiundfünfzig, Junggeselle, lebte allein und war fast ein Einsiedler – in Wien leben viele solche Menschen. Er schätzte seine Einsamkeit so hoch, daß er die Wohnung sogar selbst saubermachte. Er wollte gerade in die Küche gehen, als der kleinere Mann, der angerufen hatte, ihm von hinten mit einem Gummiknüppel einen brutalen Schlag auf den Kopf versetzte. Golchack war tot, bevor er zu Boden gefallen war.

Danach entwickelten seine beiden Besucher eine emsige Geschäftigkeit. Sein Mörder holte eine Gazekappe hervor, die er dem toten Antiquar über den Kopf zog, damit kein Blut auf den Teppich floß. Sein Begleiter sah immer wieder in eine Liste und hakte einen Punkt nach dem anderen ab, sobald er erledigt war. Eine Reisetasche aus dem Schlafzimmer wurde mit den Kleidungsstücken gepackt, die Golchack für eine Reise benötigt hätte. Seine Toilettensachen wurden aus dem Badezimmer geholt, sein Paß befand sich in einer Schublade.

Während einer der Männer die Reisetasche packte, leerte sein Begleiter die Kaffeekanne, die er auf dem Ofen gefunden hatte, wusch sie aus, trocknete sie ab und stellte sie zusammen mit den beiden Tassen, die Golchack schon bereitgestellt hatte, in den Küchenschrank. Kurz bevor sie die Wohnung verließen, zog der Mann, der Golchack getötet hatte, einen maschinengeschriebenen Zettel aus der Tasche und legte ihn auf einen Schreibtisch. Der

Zettel stammte von einem Notizblock mit Swissair-Aufdruck und zeigte Abflug- und Ankunftszeit des Swissair-Fluges 433 nach Zürich.

Die beiden Männer verschlossen die Wohnung Golchacks mit den Schlüsseln, die sie in seiner Tasche gefunden hatten, und trugen seine Leiche und die Reisetasche über eine Wendeltreppe an der Rückfront des Hauses nach unten. Dort legten sie Leiche und Tasche auf den Rücksitz des alten Mercedes, den sie bei der Ankunft auf dem gepflasterten Innenhof geparkt hatten. Dann fuhren sie über den Hof durch die Ausfahrt mit dem massiven Doppeltor auf die Annagasse hinaus. Ein Motorradfahrer, der am Bordstein hielt, sah sie abfahren, betätigte den Kickstarter und fuhr mit hoher Geschwindigkeit zur sowjetischen Botschaft zurück, um Vollzug zu melden.

In einem abgelegenen Teil des Wienerwalds fuhren die beiden Männer den Mercedes rückwärts in einen alten Waldweg, bis sie an den Rand einer tiefen Grube kamen. Sie brauchten weniger als fünf Minuten, um die Reisetasche und den Leichnam hineinzuwerfen, mehrere Benzinkanister darüberzugießen und das Ganze mit benzingetränkten Lappen in Brand zu setzen. Als die Flammen ausgegangen waren und nur noch öliger Gestank und Rauch übrig waren, schaufelten sie Schnee über die Überreste. Anschließend fuhren sie zurück zur sowjetischen Botschaft.

Dies alles war schon vor Monaten geplant worden, als Agenten Heinz Golchack als möglichen Kandidaten für einen Identitätswechsel im Notfall ausfindig gemacht hatten. Während eines der seltenen Besuche Golchacks in Salzburg waren sie mit Nachschlüsseln in seine Wohnung eingestiegen und hatten seinen Reisepaß fotografiert, einen Paß, der anschließend im Labor im obersten Stockwerk der sowjetischen Botschaft kopiert worden war. Nur das Paßfoto war ausgetauscht worden. Heinz Golchack war jetzt ein verkohlter Leichnam im Wienerwald. Heinz Golchack war aber auch ein Passagier des Fluges 433 der Swissair nach Zürich.

9. Mailand und Zürich

Caspar ist an Bord.

»Mein Gott!« flüsterte Julian Haller vor sich hin, als er den Funkspruch las, den Oberst Molinari ihm eben im Tower des Mailänder Flughafens gereicht hatte, den Funkspruch, den Wargrave soeben aus seinem anfliegenden Jet gefunkt hatte. Vor dem Abflug des Engländers hatten sie auf einen Vorschlag Wargraves hin eine Liste sämtlicher Mitglieder des sowjetischen Politbüros angefertigt und ihnen Codenamen gegeben. »Wir gehen davon aus«, hatte Wargrave betont, »daß Sarubin Angelo ist – aber wenn es nun jemand anders sein sollte? Ich möchte dir so früh wie möglich Bescheid geben...«. Und Caspar war General Sergej Marenkow.

»Ich habe eine schlechte Nachricht für Sie«, fuhr Molinari fort. »Der Fluglotse sagt, es sei unmöglich, Ihre Maschine bei diesem Wetter herunterzubringen.«

Sie standen etwas abseits, außer Hörweite des Towerpersonals. Haller traf eine rasche Entscheidung. Sämtliche Abwehrchefs der Länder, deren Territorium Angelo passieren würde, mußten unvermeidlich über seine Identität aufgeklärt werden. Er sah Molinari fest an. »Ich kann Ihnen jetzt sagen, daß Wargrave ein wichtiges Mitglied des sowjetischen Politbüros herbringt. Wir müssen den Mann in die Vereinigten Staaten bringen. Der Fluggast, von dem ich spreche, ist General Sergej Marenkow, der Chef des KGB.«

Der hartgesottene italienische SIFAR-Offizier starrte Haller an, nickte und ging direkt zum Chefcontroller hinüber, einem Mann Anfang der Vierzig mit klaren Augen. »Sie werden diesen Jet heruntersprechen...«

»Unmöglich!«

Molinari war nicht der Mann, der unter normalen Umständen zum Dramatisieren neigte, aber die jetzige Situation konnte kaum als normal bezeichnet werden. Er holte seinen Revolver hervor und legte ihn auf den Tisch des Fluglotsen. »Dieses Ding sagt, daß Sie die Maschine heruntersprechen werden. Dies ist ein nationaler Notstand. Oder haben Sie nicht den Mumm?« fragte er sanft.

»Das ist eine Beleidigung«, brauste der Controller auf.

»Für die ich mich in aller Form entschuldigen werde – wenn Sie diese Maschine sicher heruntergebracht haben.«

»Ich kann es nur versuchen...«

»Tun Sie mehr als das – schaffen Sie's...«

Wargrave verringerte den Anflugwinkel ein wenig, mehr, als er hätte tun mögen, aber es bestand die große Gefahr, daß die Maschine überzog. Der Mailänder Fluglotse war noch immer dabei, ihn herunterzusprechen, und sah ihn dabei nur als absinkendes Pünktchen auf dem Radarschirm. Die Knöchel der linken Hand, die der Fluglotse unter dem Tisch hielt, waren weiß. Hinter ihm stand der völlig reglose Molinari und fixierte das Pünktchen auf dem Radarschirm, das drei Menschenleben in höchster Gefahr darstellte. Neben ihm stand Julian Haller mit vorgezogenen Schultern und einer nicht angezündeten Zigarette im Mund. Haller hatte sich gezwungen, im Tower zu bleiben – viel lieber hätte er in dem für die Abwehr reservierten Raum gewartet, in dem er nicht hätte sehen können, was sich ereignete. Zum zwanzigsten Mal verfluchte er sich selbst, weil er Elsa Lang erlaubt hatte, Wargrave zu begleiten.

Auf dem Kopilotensitz erstarrte Elsa zu Eis. Normalerweise hätte der große Schluck Wodka, den ihr Marenkow aus seiner Flasche angeboten hatte, sie zur Besinnung gebracht. Der Wodka zeigte aber keinerlei Wirkung; sie hätte ebensogut Wasser trinken können. Der Russe hatte ihre Angst vorm Fliegen intuitiv erfaßt und beugte sich jetzt vor, um ihr beruhigend die Schulter zu drücken. Er beobachtete ebenfalls den Höhenmesser. Sie spürten ein heftiges Rumpeln. Die Maschine hatte aufgesetzt. Wieder diese vorübersausenden verschwommenen Lichter, die weit nebelhafter wirkten als auf der Landebahn bei Bukarest und erst vorrüberrasten, dann vorüberglitten. Der Jet wurde langsamer, stand. Sie lösten ihre Sicherheitsgurte. Wargrave fuhr herum und langte nach dem Sten-Gewehr.

»Legen Sie sich flach auf den Boden«, befahl er dem Russen.

»Was ist denn los?« rief Elsa aus.

»Zu viele Fahrzeuge kommen auf uns zu ...«

»Und außerdem werden die sowjetischen Satelliten unseren Kurs seit Bukarest verfolgt haben«, sagte Marenkow.

Die Uhr der Instrumententafel zeigte 13 Uhr 57. Draußen war es fast dunkel. Durch das Dunkel näherten sich die Scheinwerfer zahlreicher Fahrzeuge, die auf die stehende Maschine zurasten. Feuerwehrwagen, drei Krankenwagen und der gepanzerte Lastwagen, der sie am vergangenen Donnerstag zu Molinaris geheimer Operationsbasis gebracht hatte, nachdem sie in Mailand gelandet waren. Der gepanzerte Wagen erreichte sie als erster. Das Licht seiner Scheinwerfer strich über das Flugzeug, dann rollte der Wagen längsseits aus und ließ nur so viel Abstand, daß die automatische Treppenleiter ausgefahren werden konnte. Wargrave drückte auf den Knopf und stieß die Tür auf, als der Fahrer des gepanzerten Fahrzeugs ausstieg und die Treppenleiter mit einer Taschenlampe anstrahlte.

»Machen Sie die verdammte Lampe aus«, brüllte Wargrave.

Der Fahrer ließ die Lampe vor lauter Erstaunen und Furcht fallen. Wargrave befahl ihm heraufzukommen und verlangte seinen Ausweis. »Wir sind gekommen, um Sie abzuholen«, protestierte der Mann. »Der Flughafen ist von Militär umstellt ...«

Wargrave ignorierte den Protest, prüfte den Ausweis und gab ihn zurück.

»Wir werden mit Ihnen in der Fahrerkabine sitzen«, informierte Wargrave den Fahrer. »Wir drei. Und ich werde fahren. Sie zeigen mir den Weg.«

»Es ist kaum Platz genug – wir haben bewaffnete Wachen hinten, die Sie beschützen sollen...«

Elsa kletterte als erste im Eiltempo die Leiter herunter und wartete dann auf Marenkow, der behende herunterstieg und dabei seine Aktentasche an sich preßte. Dicht dahinter kam Wargrave. Sie kletterten in die Fahrerkabine des gepanzerten Lastwagens. Wargrave scheuchte den Fahrer zur Seite, setzte sich hinters Lenkrad und knallte die Tür zu.

»Das ist mein Lastwagen«, protestierte der Fahrer von neuem.

»Genau deshalb will ich selbst hinterm Lenkrad sitzen für den Fall, daß eines der Fahrzeuge dort hinten das falsche sein sollte«, schnauzte Wargrave. »So – jetzt sagen Sie mir, wie ich fahren muß. Wie kommen wir zu Molinari?«

»Fahren Sie auf den Tower zu – die Lichter, die Sie da hinten sehen können...«

Wargrave hatte das gepanzerte Fahrzeug bereits in Bewegung gesetzt und fuhr zunehmend schneller, während Feuerwehren und Krankenwagen auswichen, um eine Kollision zu vermeiden. »Sie sind ja wahnsinnig«, protestierte der Fahrer. »Sie und Ihr Passagier...« – er warf dem Mann zwischen Wargrave und Elsa, der sich in seinen Pelzmantel gehüllt und den Kragen hochgeschlagen hatte, um das Gesicht zu verbergen, einen neugierigen Blick zu – »wären hinten sicherer untergebracht. So ist das gedacht gewesen...«

»Wahnsinnig?« Wargrave zeigte ein bitteres Grinsen ohne den leisesten Anflug von Humor. »Wahnsinnig genug, auf einer vereisten Piste zu landen, wenn Ihr Controller sagt, es sei unmöglich. Wahnsinnig genug, zu wissen, daß, wenn irgendwo auf dem Flugfeld ein Empfangskomitee wartet, sie uns hinten im Laderaum vermuten werden und nicht hier vorn. Und wohin jetzt? Ich hab' Ihnen doch gesagt, Sie sollen mir den Weg zeigen, Herrgott noch mal...«

»Zwischen den beiden Blinklichtern da hindurch...«

Der Fahrer, ein Carabiniere, zuckte die Achseln über diesen Irren, als er auf zwei Lichter zeigte, die gerade noch sichtbar waren und in regelmäßigen Abständen an- und ausgingen. Es herrschte dichtes Schneetreiben, die Sicht war fast gleich Null, und Elsa schnippte sich Schneeflocken vom Mantel. Auf ihrem Schoß lagen das Sten-Gewehr und ihre 38er Smith & Wesson. Hinter dem gepanzerten Wagen folgte dichtauf einer der Krankenwagen, den Wargrave bei der Erbsensuppe und wegen der Fahrgeräusche des Lastwagens nicht wahrnahm.

Erst als sie näher kamen, erkannte Wargrave, daß die Sicht so schlecht war, daß die kleinen Blinkleuchten in Wahrheit große Suchscheinwerfer waren. Sie waren auf zwei Armeefahrzeugen angebracht, die nur so viel Abstand voneinander hielten, daß der gepanzerte Lastwagen zwischen ihnen hindurchfahren konnte. Als er näher heranfuhr, bemerkte Wargrave dahinter die schattenhaften Umrisse weiterer Fahrzeuge, die wie eine Wagenburg angeordnet waren – in diesem Halbkreis sah er Polizeiautos, Motorräder und einen zweiten gepanzerten Lastwagen, das genaue Gegenstück zu dem Fahrzeug, das er selbst fuhr. Er drosselte die Geschwindigkeit, als sein Scheinwerferlicht eine Gruppe wartender Gestalten erfaßte; einer davon ist Molinari, dachte er, der andere Julian Haller. Unmittelbar zu seiner Rechten ragte der Tower empor, und allmählich wurde die Sicht klarer. Er hielt an. Hinter ihm hielt auch der Krankenwagen an; seine Scheinwerfer bestrichen die hinteren Türen des gepanzerten Lastwagens.

Die hinteren Türen von Wargraves Fahrzeug wurden aufgerissen, als die vier bewaffneten Carabinieri, die sich im Laderaum aufgehalten hatten, sich bereit machten, hinauszuspringen und um das Fahrzeug herum nach vorn zu laufen. Da kam plötzlich das scheußliche Rattern von Maschinengewehrfeuer aus dem stehenden Krankenwagen, und ein Kugelhagel peitschte in den Laderaum des Lastwagens. Die vier Carabinieri hatten keine Chance; sie waren innerhalb von Sekunden tot. Der Krankenwagen setzte aufjaulend zurück und entfernte sich von dem Knäuel zerfetzter Leiber.

Oberst Molinari, der neben einem der mit Suchscheinwerfern ausgerüsteten Fahrzeuge stand, reagierte augenblicklich und sprach schnell in das Walkie-talkie, das er in der Hand hielt. Einer der Suchscheinwerfer fuhr herum und tauchte den Krankenwagen in gleißendes Licht. Aus dem Nichts erschien plötzlich ein leichter Panzerwagen, der auf seinen Ketten vorwärts rasselte, bis er den Krankenwagen erfaßte und umstürzte. Nur ein Mann erschien auf der anderen Seite des umgestürzten Fahrzeugs und fing an zu rennen. Das Maschinengewehr des Panzerspähwagens ratterte kurz. Der rennende Mann sprang wie von einer Schnur gezogen in die Höhe, fiel zu Boden und blieb reglos auf dem Rücken liegen.

»Keine Bewegung!«

Wargrave hatte den Warnruf ausgestoßen. Er packte seine Sten und stieß die Mündung aus dem Wagenfenster. Aus der anderen Seite der Fahrerkabine zielte Elsa mit der Smith & Wesson und entdeckte, daß sie die Waffe aus kürzester Entfernung auf Oberst Luigi Molinari gerichtet hielt.

»Steigen Sie auf dieser Seite aus – schnell!« befahl der SIFAR-Chef.

Sie sprangen gerade in dem Augenblick ins Freie, als die Suchscheinwerfer auf eine per Walkie-talkie durchgegebene Anweisung Molinaris hin ausgeschaltet wurden; Hände ergriffen sie an den Armen und schoben sie eilig in den Laderaum des zweiten gepanzerten Lastwagens. Die Türen fielen zu, und Molinari drückte auf einen Lichtschalter. Er führte Elsa zu einem der ledergepolsterten Stühle. »Kaffee?« schlug er vor. »Stark?«

»Schwarz wie die Nacht, bitte...«

Molinari warf General Marenkow nur einen schnellen neugierigen Blick zu und goß dann Kaffee aus einer Thermosflasche ein.

»Wir warten hier natürlich ein wenig«, sagte er zu Wargrave.

»Gott sei Dank waren Sie nicht hinten im Laderaum – und ein Requiem für meine armen Carabinieri. Wie sind Sie darauf gekommen?«

»Das bin ich gar nicht, aber ich hatte einen Verdacht. Ich sah drei Krankenwagen. Drei Menschen kommen mit einer Maschine an. Ein Krankenwagen, ja. Zwei, immer noch einleuchtend. Aber drei, das schien mir einer zuviel zu sein. Wenn wir in der Fahrerkabine eine Funkmöglichkeit gehabt hätten, hätte ich Sie gewarnt. Und zum Glück haben Sie auch die Zwischenwand zwischen Fahrerkabine und dem Laderaum panzern lassen – ich hörte, wie im Rücken die Kugeln einschlugen...«

»Wir tun, was wir können«, erwiderte Molinari.

Es trat ein kurzes Schweigen ein, während sie alle mit schnellen, langen Schlucken Kaffee tranken. Jetzt trat die Reaktion ein. General Marenkow, der es sich auf seinem Stuhl bequem gemacht hatte, schien von allen Anwesenden am ruhigsten zu sein. »Es tut mir außerordentlich leid wegen Ihrer Männer«, sagte er zu Molinari. »Ich fürchte aber, dies ist nur der Anfang...«

»Ich bin Julian Haller«, warf der Amerikaner grimmig ein. »Ich bin der Mann, der für Ihre Befragung zuständig sein wird, wenn wir die Staaten erreicht haben. Ein paar Namen und Adressen für Oberst Molinari wären aber vielleicht schon jetzt angebracht – angesichts dessen, was soeben geschehen ist.«

»Absolut keine Befragung, bevor Sie mich nicht sicher nach Amerika gebracht haben«, entgegnete der Russe mit den buschigen Augenbrauen brüsk. »Das ist die normale Prozedur.« Er machte eine Pause und wandte sich an Molinari. »Für Sie mache ich eine Ausnahme. Die Namen von KGB-Leuten in Mailand kann ich Ihnen geben – aber nicht die der GRU-Leute, und die haben, soviel ich weiß, hier einen schlagkräftigen Apparat aufgebaut. Sind Sie bereit?«

Molinari zog einen Kugelschreiber aus der Tasche und setzte sich an den kleinen Klapptisch an der Vorderseite des Fahrzeugs, auf dem das Telefon und die Thermosflasche standen und ein Notizblock lag. Er erwartete, daß der Russe eine Liste aus seiner Aktentasche hervorholen würde – die aber, was er nicht wußte, nur die jüngsten Aufmarschpläne der Roten Armee enthielt –, und erschrak fast, als Marenkow sich zurücklehnte, halb die Augen schloß und begann, eine Reihe von Namen und Adressen herzusagen.

Im Tower hatte Toni Morosi, der Fluglotse, die Ankunft des gepanzerten Wagens beobachtet und mit angesehen, was dann gefolgt war. Er ging zum Chefcontroller hinüber, der sich noch immer von dem Streß erholte, den das Heruntersprechen des Jets und das anschließende Maschinengewehrfeuer draußen vor dem Tower bedeutet hatte. »Ich fühle mich scheußlich«, klagte Morosi. »Mein Magen wird immer schlimmer. Kann ich nach Hause gehen?«

»Dann schieben Sie bloß ab, Mann«, sagte ihm der Controller.

Die häufigen Besuche Morosis auf der Toilette an diesem Morgen gingen ihm auf die Nerven, und außerdem war der Flughafen bis auf weiteres ohnehin für den gesamten Flugverkehr gesperrt. Nachdem er den Tower verlassen hatte, schien sich Morosis Gesundheit zusehends zu bessern, als er zu einer Telefonzelle eilte und die Mailänder Nummer anrief. Wieder meldete sich die düstere Stimme sofort.

»Hier Russo«, verkündete Morosi. »Die Maschine ist um dreizehn Uhr siebenundfünfzig sicher gelandet. Ein gepanzerter Wagen brachte die Passagiere zum Tower...«

»Und dann?«

»Es kam zu einer Schießerei. Die Passagiere wurden nicht verletzt...«

»Sind Sie dessen sicher?«

»Ich habe es alles vom Tower aus mit angesehen«, sagte Morosi aufgebracht. »Ich mache keine Fehler, wie Sie wissen. Sie haben die Passagiere in einen anderen Lastwagen verfrachtet. Der müßte jetzt bald abfahren...«

»Sie wissen, was Sie zu tun haben«, schnitt die Stimme ihm das Wort ab.

»Natürlich ...«

»Dann tun Sie's.«

Der gepanzerte Lastwagen verließ das Haupttor des Flughafens. Vorweg fuhren zwei Polizeiwagen. Ein drittes Polizeifahrzeug folgte dichtauf. Und wenige Minuten, bevor der erste der beiden Polizeiwagen das Tor durchfahren hatte, waren drei Motorradfahrer vorausgeeilt. Bei dem Wetter hatten sie die Straße fast für sich. Fast.

In dem Renault, den er in kurzer Entfernung vom Flughafenausgang geparkt hatte, saß Toni Morosi hinterm Steuer und trommelte nervös aufs Lenkrad. Er hatte das Heizungsgebläse eingeschaltet, und zehn Minuten später war er schon fast eingeschlafen. Das Brummen der drei schweren Motorräder, die den Flughafen verließen, rissen ihn urplötzlich in die Wirklichkeit zurück. Er war wieder hellwach. Morosi sah sie in südlicher Richtung verschwinden und drehte den Zündschlüssel. Er mußte es siebenmal versuchen, bis der Motor ansprang, dann ließ er ihn im Leerlauf brummen und wartete. Zwei Polizeiautos kurvten durch das Tor und fuhren ebenfalls nach Süden, gefolgt von einem gepanzerten Lastwagen. Der vorsichtige Morosi wartete noch ein paar Sekunden und war dann verdammt froh, daß er es getan hatte, als der dritte Polizeiwagen erschien und hinter dem Lastwagen herjagte.

»Sieht aus, als wollten sie nach Genua«, murmelte er vor sich hin und fuhr hinter dem Konvoi her. Er hielt so viel Abstand, daß er gerade noch die Rücklichter des dritten Polizeiwagens erkennen konnte. Ihm stand eine lange Fahrt bevor.

Es war genau 14 Uhr 35, als der Konvoi Oberst Molinaris den Mailänder Flughafen verließ und an diesem winterlichen Januarnachmittag in südlicher Richtung auf Genua zufuhr. In dem der Abwehr vorbehaltenen Raum im Flughafengebäude wurde er über Funk unterrichtet, ein Renault – genau könne man das allerdings nicht sagen, obwohl der Polizeibeamte im letzten Wagen ein Nachtglas benutze – scheine den Konvoi zu verfolgen. »*Bene*«, war Molinaris einziger Kommentar, als er sein Funksprechgerät auf eine andere Wellenlänge umschaltete und schnell zu sprechen begann.

Es war Punkt 14 Uhr 50, als ein zweiter gepanzerter Wagen das Haupttor des Mailänder Flughafens verließ, aber diese Abfahrt unterschied sich in mehr als nur einer Hinsicht von der ersten.

Erstens fuhr dieses Fahrzeug in die entgegengesetzte Richtung direkt auf die Mailänder Innenstadt zu. Zweitens fuhr es ohne jede Eskorte, als es mit hoher, fast gefährlich hoher Geschwindigkeit über die schneebedeckte Landstraße dahinraste. Wargrave, der am Steuer saß, warf einen Blick in den Rückspiegel und sah nichts als die leere Straße. »Es könnte klappen«, bemerkte er zu Elsa, die neben ihm auf dem Beifahrersitz saß.

»Das klingt nicht sehr hoffnungsvoll«, meinte Elsa.

»In diesem Geschäft nehme ich immer nur das Schlimmste an«, erwiderte Wargrave liebenswürdig.

Auf der anderen Seite der gepanzerten Zwischenwand hinter ihnen saß Julian Haller zusammen mit General Marenkow und vier SIFAR-Männern in Zivil, die automatische Waffen schußbereit auf dem Schoß hielten. Auch diesmal schien der Russe der ruhigste Fahrgast zu sein. Er las weiter in einem Roman von Agatha Christie, den Elsa ihm geliehen hatte. Haller fragte sich, ob das Fatalismus war. Oder verhielt es sich einfach so, daß das jahrelange Leben mit dem beständigen Druck und Streß seines Jobs Marenkow gelehrt hatte, niemals seine Gefühle zu zeigen? Der Lastwagen rumpelte mit hoher Geschwindigkeit weiter auf die Innenstadt Mailands zu.

Hinter ihnen hielt Ugo Sala sorgfältig Abstand zwischen dem Lastwagen und dem Funktaxi, das er selbst fuhr. Zuvor hatte er in einer Seitenstraße in der Nähe der Flughafenausfahrt gewartet und die Abfahrt von Oberst Molinaris Konvoi nach Süden und das Aufschließen von Toni Morosi beobachtet. Der achtundvierzigjährige Ugo Sala, von kleiner Statur und eine Menge Gewicht mit sich herumschleppend, hatte einen großen Kopf und einen breiten, aggressiven Mund. Da er ein erfahrenerer Agent war als Morosi, hatte man ihm die Aufgabe zugewiesen, für den Alternativfall bereitzustehen. »Und jetzt habe ich vier Asse im Ärmel«, sagte er sich, als er näher an den Lastwagen heranfuhr. Es war jetzt nicht mehr gefährlich, aufzuschließen; der Verkehr war stärker geworden.

Hinterm Lenkrad des Lastwagens warf Wargrave wieder einen Blick in den Rückspiegel. Er näherte sich der geheimen Operationsbasis Molinaris, in die man sie nach der Landung in Mailand gebracht hatte. Er fuhr jetzt wegen des Verkehrs und der Straßenbahnen langsamer. Kaum eine Minute später blickte er wieder in den Rückspiegel. »Ärger?« fragte Elsa.

»Ich glaube, wir werden von einem Taxi verfolgt.«

»Hier fahren viele Taxis herum ...«

»Dieses ist aber schon kurz hinterm Flughafen aufgetaucht.«

»Ein Taxi sieht wie jedes andere aus. Woher willst du das wissen?«

»Er hat nur halb unter einem Schutzdach geparkt – eine Seite der Motorhaube ist dick mit Schnee bedeckt, die andere kaum.«

»Was müssen wir tun?«

»Ihn loswerden ...«

Elsa sah auf die Uhr. »Es ist halb vier. Der Atlantik-Expreß fährt um fünf nach fünf ab – und ich muß noch an Marenkow arbeiten, um seine Erscheinung zu verändern. Wir können nicht kreuz und quer durch die Stadt hetzen.«

»Vielleicht müssen wir das auch gar nicht ...«

In Mailand haben die Straßenbahnen absolute Vorfahrt. Wargrave näherte sich einer Kreuzung; die Straße vor ihm war frei. Er trat den Gashebel durch. Elsa warf einen Blick nach rechts und erstarrte. »Paß auf ... Straßenbahnen!« Die erste einer ganzen Reihe von Straßenbahnen fuhr auf die Kreuzung, als Wargrave das Gaspedal durchtrat. Entsetzt sah Elsa, wie die vorderste Straßenbahn sich schrill klingelnd vor ihrem Seitenfenster auftürmte. Der Lastwagen donnerte weiter. Fußgänger drehten sich um und erstarrten vor Entsetzen. Der Straßenbahnfahrer, der noch immer ununterbrochen klingelte, machte sich auf den Zusammenstoß gefaßt. Wargrave sah starr geradeaus und trat weiterhin das Gaspedal durch. Hinten im Laderaum hörten die SIFAR-Männer das Schrillen der Klingel und hielten sich an den Armlehnen ihrer Sitze fest. Der Straßenbahnfahrer starrte ungläubig, als das Heck des Lastwagens im Nebel verschwand und die Straßenbahn weiterfuhr.

In seinem Funktaxi stieß Ugo Sala gemeine Flüche aus, als er so heftig auf die Bremse trat, daß er durch die Windschutzscheibe geflogen wäre, wenn er den Sicherheitsgurt nicht angelegt hätte. So brachte ihn das heftige Bremsen nur zum Keuchen. Immer noch fluchend wartete er, bis die Prozession der Straßenbahnen vorüber war. Sie hatte ihm total die Sicht versperrt.

Als er die Sackgasse erreichte, riß Wargrave das Lenkrad herum. Er hatte die Fahrt zwar schon verlangsamt, fuhr aber immer noch mit überhöhter Geschwindigkeit über das holprige Pflaster der engen Straße. Er griff nach dem Mikrophon, das Molinari bei ihrer ersten Fahrt hierher benutzt hatte. »Achtung, hier kommt Ronco, hier kommt Ronco ...«, wiederholte er auf italienisch und benutzte das Codewort Molinaris. Elsa verkrampfte sich, als sie sah, daß das massive Doppeltor vor ihnen verschlossen blieb, während Wargrave mit hoher Geschwindigkeit darauf zufuhr.

»Um Himmels willen, wir können doch warten«, entfuhr es ihr.

»Aber nicht so lange, bis das Taxi das Ende dieser Straße erreicht und der Kerl uns sieht...«

Das riesige Tor, das noch immer geschlossen war, raste auf sie zu, als Wargrave über Funk seine Warnung wiederholte. Jetzt kracht's gleich, dachte Elsa. Der Lastwagen war noch etwa zwanzig Meter vom Tor entfernt, als die beiden Torflügel aufgingen und nach innen schwangen. Wargrave fuhr auf den Innenhof und trat auf die Bremse. Im Rückspiegel sah er, wie das Tor sich schloß. Sie waren da.

Als die letzte Straßenbahn die Kreuzung verließ, fuhr Ugo Sala weiter. Er sah, daß der Lastwagen verschwunden war, und fuhr langsam weiter, während er links und rechts in die Seitenstraßen blickte. Er brauchte nur wenige Minuten, um zu erkennen, daß er das Fahrzeug verloren hatte. Er fuhr an den Bordstein und sprach in ein Mikrophon, das nicht auf die normale Funktaxifrequenz eingestellt war.

»Hier Rom drei. Hier Rom drei. Passagier aus den Augen verloren. Ich wiederhole: Passagier aus den Augen verloren...«

»Wo befinden Sie sich?« antwortete die Stimme, eine Stimme, die sich aus einer Garage meldete, dem Sitz eines kleinen Funktaxiunternehmens.

»Via Pisani...«

»Dann wollen sie zum Mailänder Hauptbahnhof. Fahren Sie sofort hin und erwarten Sie dort die Ankunft des Passagiers...«

10. Zürich

Um genau 14 Uhr 35 – als der Konvoi Oberst Molinaris, der eventuelle Verfolger ablenken sollte, den Mailänder Flughafen verließ – landete Oberst Igor Scharpinsky in der angenommenen Identität Heinz Golchacks an Bord des Swissair-Fluges 433 in Zürich. Draußen tobte ein Schneesturm. Unter den Fluggästen, die hinter Golchack die Maschine verließen, befand sich auch Rudi Bühler, der auf einem andern Platz gesessen hatte. Bei der Paßkontrolle prüften die Schweizer Grenzbeamten die Papiere mit gewohnter Sorgfalt. Der Beamte, der Golchack gegenüberstand, betrachtete den kleinen, gutgebauten Mann, der vor ihm stand, sah sich dann das Paßfoto an.

»Würden Sie bitte einen Moment die Brille abnehmen?« bat der Beamte höflich.

»Selbstverständlich. Entschuldigen Sie...«, erwiderte Golchack vage.

Er nahm die Brille mit den dicken Gläsern ab, die er auf dem Paßfoto nicht trug. Der Grenzbeamte erstarrte. Das Gesicht entsprach dem Foto – soweit ein Paßfoto überhaupt mit dem Inhaber eines Passes Ähnlichkeit haben kann –, aber jetzt, da Golchack die Brille abgenommen hatte, sah der Schweizer in zwei der durchdringendsten Augen, die er je zu Gesicht bekommen hatte: Es waren ausdruckslose, reglose Augen. Golchack bemerkte, daß der Grenzbeamte sich – wie bei den anderen Fluggästen – schnell den Namen und die Paßnummer notierte sowie nach der Heimatadresse fragte. Golchack konnte nicht wissen, daß dies die erste Alarmstufe war, die Oberst Leon Springer bei allen Grenzkontrollstellen angeordnet hatte.

»Ich danke Ihnen, Herr Golchack. Werden Sie lange in der Schweiz bleiben?«

»Einen oder zwei Tage, dann reise ich weiter nach Deutschland...«

Draußen vor der Flughafenhalle ignorierte Golchack den Flughafenbus, den andere Fluggäste bestiegen, und winkte ein wartendes Taxi herbei. »Zum Hotel Baur-au-Lac, bitte.« Er machte es sich mit seiner Reisetasche auf dem Rücksitz bequem und wartete, bis sie ein Stück vom Flughafen entfernt waren, blickte dann auf die Uhr und bat den Fahrer, einen Moment anzuhalten. Golchack schien auf sich aufmerksam machen zu wollen. Draußen herrschte schweres Schneetreiben. Die Windschutzscheibe des Taxis vereiste, und nur der von den Scheibenwischern abgedeckte Ausschnitt ermöglichte dem Fahrer, zu sehen, wohin er fuhr.

»Ich habe mir etwas überlegt«, erklärte Golchack in vorzüglichem Deutsch. »Gibt es einen Zug, der nach Bonn fährt und den ich noch erreichen kann? Wenn ja, werde ich wohl erst später nach Zürich zurückkehren...«

»Um halb vier geht ein Zug nach Deutschland. Den sollten wir noch rechtzeitig erreichen können...«

»Dann fahren Sie mich bitte zum Hauptbahnhof. Bitte beeilen Sie sich – soweit das überhaupt möglich ist...« Golchack lächelte unbestimmt und zeigte mit einer Handbewegung auf das Wetter draußen.

Nach der Ankunft vor dem Züricher Hauptbahnhof bezahlte Golchack den Fahrer, beobachtete, daß sein Taxi schon einen neuen Fahrgast bekommen hatte, und betrat die riesige Halle des Hauptbahnhofs, in der eine Reihe von Gleisen endete. Dann tat er etwas Seltsames: Nachdem er einen Augenblick gewartet hatte, blickte er zu einem Mann hinüber, der an einem Zeitungsstand lehnte und anscheinend in die Ferne starrte, und fuhr mit der Rolltreppe zu der unterirdischen Ladenzeile hinunter.

Mit der Reisetasche in der Hand ging er an den Geschäften vorbei und fuhr auf der anderen Seite wieder mit der Rolltreppe nach oben, die ihn auf die Straße auf der anderen Seite des Hauptbahnhofs führte. Als er die Gummimatte am Eingang des Hotels Schweizerhof betrat, öffneten sich die automatischen Glastüren, und ein Hitzeschwall schlug ihm entgegen. Beim Empfang zeigte er seinen Paß und bat um das Meldeformular.

»Ich habe ein Doppelzimmer mit Bad reservieren lassen...«

Der Empfangschef konsultierte seine Kartei. »Ja, Herr Golchack. Die Bestellung kam telefonisch aus Wien. Zimmer 201, bitte...«

Der professoral wirkende Gast ließ sich Zeit beim Ausfüllen des Meldeformulars und schrieb alles sorgfältig in Großbuchstaben nieder. Als er die Formalitäten erledigt hatte, war auch Rudi Bühler, der mit einem anderen Taxi gekommen war, in der Empfangshalle angekommen. Der Mann, der im Hauptbahnhof am Zeitungsstand gelehnt hatte, hatte sich gleichfalls eingefunden und besah sich jetzt Juwelen in einer Glasvitrine.

»Zimmer 201, sagten Sie?« wiederholte Golchack, damit Rudi Bühler es hören konnte.

»Ja, mein Herr. Der Hoteldiener wird Ihnen Ihr Zimmer zeigen...«

»Hätten Sie vielleicht... ein Kursbuch für mich? Ich möchte es mir gleich ansehen.«

Geduldig händigte ihm der Empfangschef ein Kursbuch aus, und Golchack rückte ein wenig zur Seite, um es zu studieren, während Rudi Bühler rasch sein Meldeformular ausfüllte. Hinter ihnen in der Halle widmete sich der Mann vom Zeitungsstand im Hauptbahnhof noch immer dem Schmuck in der Glasvitrine. Dann, wie zufällig, gingen alle drei Männer gleichzeitig zum Fahrstuhl, begleitet vom Hoteldiener, der Golchacks und Bühlers Reisetaschen trug.

Der Fahrstuhl war klein, und die vier Männer konnten sich nur mit Mühe und Not hineinquetschen. Als der Fahrstuhl in den zweiten Stock fuhr, hielt der Mann vom Zeitungsstand seinen Schlüssel so in der Hand, daß die Nummer zu erkennen war. Zimmer 207. Der Hoteldiener nahm an, die drei Männer seien einander fremd, als der Lift im zweiten Stock hielt. »Ihr Zimmer ist im dritten Stock«, erklärte er Bühler. »Ich bin gleich wieder da...«

Der Gast von Zimmer 207 betrat sein Zimmer, während Golchack zusammen mit dem Hoteldiener weiter den Korridor entlangging. Als er in Zimmer 201 allein war, ließ Golchack ein wenig

Zeit verstreichen, damit Bühler sein eigenes Zimmer erreichen und zum Zimmer 207 kommen konnte. Golchack besah sich das Badezimmer, ging zurück in das große Schlafzimmer mit dem Doppelbett und blickte dann durch die Spitzenvorhänge auf die Bahnhofstraße hinunter. Er starrte auf die reichste Straße der Welt, die Straße, in der sämtliche Schweizer Großbanken ihren Hauptsitz haben. Es schneite noch immer. Unten rollte eine Straßenbahn vorüber. Funken flogen, als der Bügel die vereiste Leitung entlangfuhr. Golchack sah auf die Uhr, öffnete die Zimmertür, sah, daß der Korridor verlassen lag, und ging zum Zimmer 207 hinüber. Er klopfte mit einem bestimmten Klopfzeichen an die Tür. Bühler machte sie einen Spaltbreit auf und ließ ihn dann ein. Golchack verschwendete keine Zeit für eine Begrüßung.

»Alles arrangiert?« fragte er auf deutsch. Er sah sich im Zimmer um. »Ich möchte sofort ein paar Funksprüche losschicken.«

»Wenn Sie bereit sind, bin ich's auch, Chef.«

Heinrich Baum, der Mann, der am Zeitungsstand im Hauptbahnhof gewartet hatte, war ein Schweizer Zahnarzt aus Basel. Baum war ein kompakt gebauter Mann von dreißig Jahren, dessen hageres Gesicht ein bleistiftdünner Schnurrbart zierte. Sein Auftreten war energisch. Er öffnete eine schwarze Tasche, die auf einem Tisch lag. Auf den ersten Blick schien sie zahnärztliche Instrumente zu enthalten. Baum drückte auf zwei verborgene Schnäpper und zog eine Teleskopantenne heraus, steckte drei Stecker fest, und damit war das getarnte Funkgerät sendebereit.

»Es sind zwei Funksprüche für Sie eingegangen«, informierte er Golchack, »einer aus Mailand und einer aus Moskau.«

Mit einem Gefühl der Erleichterung nahm Golchack seine Brille mit den dicken Augengläsern ab und setzte statt dessen seine gewohnte randlose Brille auf, so daß er deutlich sehen konnte. Der Funkspruch aus Mailand war kurz. *Peter sicher gelandet. Abfangversuch gescheitert. Alles deutet darauf hin, daß er mit dem Atlantik-Expreß reist, der um 17.05 aus Mailand abfährt.* Er reichte Bühler den Funkspruch.

»Dann sind wir ja gerade noch rechtzeitig hergekommen«, meinte er.

Der Funkspruch aus Moskau war noch kürzer. *Wenn notwendig, setzen Sie den gesamten Apparat ein, um Peter zu vernichten.* Obwohl der Funkspruch nicht unterschrieben war, wußte Golchack, daß er von Leonid Sedow persönlich und von Marschall Pratschko abgeschickt worden war. Er frohlockte einen kurzen Moment, war aber peinlich darauf bedacht, sich nichts anmerken zu lassen. Peter war der Codename für General Marenkow, und für Golchack war dies die Gelegenheit seines Lebens. Wenn er mit seiner Mission Erfolg hatte, war es durchaus nicht ausgeschlossen, daß er – mit Unterstützung Marschall Pratschkos – Marenkows Position als Chef des KGB würde übernehmen können. Den zweiten Funkspruch reichte er ebenfalls Bühler, wobei er sich bemühte, seine Stimme flach und tonlos klingen zu lassen.

»Jetzt stehen uns sämtliche Sabotageeinheiten des GRU zur Verfügung.«

»Hoffen wir, daß wir nicht so weit gehen müssen...«

Golchack warf ihm mit seinen blassen, ausdruckslosen Augen einen Blick zu, und Bühler wünschte, er hätte den Mund gehalten. Er eilte ins Badezimmer und verbrannte beide Funksprüche. Die Glut spülte er ins Klo. Im Schlafzimmer entnahm Golchack dem Auktionskatalog von Sotheby's drei Blatt Papier, die er Baum reichte. Er hatte die drei Funksprüche niedergeschrieben, als er in seinem Schlafzimmer darauf gewartet hatte, daß Bühler das Zimmer 207 erreichte.

»Senden Sie sie in der von mir angegebenen Reihenfolge«, wies er den Schweizer an. »Verschlüsseln Sie den ersten, dann senden Sie ihn, dann den zweiten, und so weiter.« Er wandte sich an Bühler, als der Chef der Sabotagetrupps ins Zimmer zurückkam. »Lassen Sie mich einen Blick auf die Karte werfen...«

Bühler breitete eine Karte der Schweiz in großem Maßstab aus, die er aus seinem Zimmer mitgebracht und aufs Doppelbett gelegt hatte. Golchack beugte sich über die Karte, nahm einen Kugelschreiber aus der Tasche und kreiste in der Luft zwei Gebiete ein, wobei er darauf achtete, nicht die Karte zu markieren. »An einem dieser beiden Punkte zwischen Mailand und Zürich werden wir Peter liquidieren.« Er sprach ruhig, als ginge es um eine geschäftliche Transaktion. Bühler starrte auf das zweite Gebiet, das Golchack bezeichnet hatte.

»Wir würden selbst das versuchen?«

»Wenn nötig, ja. Ich habe Andermatt schon alarmiert. Die Zerstörung wird gewaltig sein – aber kommt es darauf an, wenn wir nur Peter vernichten?«

Während sie sich unterhielten, war Heinrich Baum schon dabei, den ersten, sehr kurzen, verschlüsselten Funkspruch durchzugeben. Und bevor er mit dem Senden begann, hatte er eine kleine Uhr mit Summer auf zweieinhalb Minuten eingestellt. Es war zwar unwahrscheinlich, daß sich Schweizer Peilfahrzeuge in der Nähe befanden, aber Golchack ging niemals ein überflüssiges Risiko ein. Zwei Peilfahrzeuge, die zusammenarbeiten, brauchen mindestens fünf Minuten, um einen Geheimsender zu orten – um von zwei verschiedenen Standorten aus mit Hilfe der Funkpeilung den Schnittpunkt festzustellen, der den Standort des Senders bezeichnet.

Zudem mußten Baums Funksprüche nur wenige Kilometer zu dem Ort übermittelt werden, an dem sich der Hauptsender der Sowjets befand. Jenseits des Ostufers der Limmat, die die alte Stadt Zürich teilt, erhebt sich steil der Zürichberg, ein bewaldeter Hügel, der im Sommer das bevorzugte Ausflugsziel der Züricher ist. Im Winter ist er menschenleer, und nur wenige Menschen gehen auf den gewundenen Pfaden spazieren. In der Nähe des Heubeeri-Wegs parkte ein großer Caravan.

Offiziell beobachtete Professor Georg Mohner, der wohlbekannte Schweizer Meteorologe, der allein in diesem Caravan saß, die Veränderungen des Wetters, und das Innere des Caravans entsprach diesem Bild: Er war mit meteorologischen Ausrüstungsgegenständen vollgestopft. Was Professor Mohner den seltenen Besuchern seines gutgeheizten Caravans nicht auf die Nase band, war die verborgene, motorbetriebene Antenne, die per Knopfdruck ausgefahren und blitzschnell wieder eingefahren werden konnte. Ebensowenig zeigte der hochgewachsene, magere und asketisch wirkende Mann den außergewöhnlich leistungsfähigen Sender, der von den Höhen des Zürichbergs aus Funksprüche nach ganz Europa übermitteln konnte.

Keine zwei Minuten nach dem Empfang des ersten Funkspruchs von Baum aus dem Hotel Schweizerhof hatte Mohner seine eigene Antenne ausgefahren und sendete über eine lange Distanz. Und ebenso wie bei Baum stand seine Kontrolluhr auf zweieinhalb Minuten. Der erste Funkspruch ging nach Mailand, der zweite nach Moskau. Der dritte – und längste – ging nach Andermatt.

Im Zimmer 207 des Hotels Schweizerhof sah Golchack auf seine Armbanduhr. Es war genau 16 Uhr. In rund einer Stunde würde der Atlantik-Expreß von Mailand zu seiner langen Fahrt aufbrechen, die ihn am Ende nach Amsterdam führen würde. Und schon jetzt war die geheime sowjetische Operationsbasis, die Golchack in der Schweiz eingerichtet hatte, aktionsbereit.

In Wien war es genau 16 Uhr, als Leo Skoblin, der Chiffrierbeamte aus dem Chiffrierraum der sowjetischen Botschaft, seinen Dienst beendet hatte und das Gebäude verließ. Er eilte davon, so schnell sein Humpeln das zuließ, und kletterte hinters Lenkrad seines Volkswagens. Der Motor war kalt und sprang erst beim achten Versuch an. Er seufzte erleichtert auf und fuhr schnell davon. Er schlängelte sich, mit den Händen fest am Lenkrad, durch den dichten Verkehr.

Vielleicht lag es am dichten Verkehrsgewühl, vielleicht auch daran, daß er es so ungewöhnlich eilig hatte, daß er nur gelegentlich in den Rückspiegel blickte. Sicher ist, daß er den alten Mercedes nicht sah, der ihm folgte, ein Fahrzeug, in dem dieselben beiden Männer saßen, die zuvor an diesem Nachmittag im Wienerwald die Leiche eines Antiquars namens Heinz Golchack mit Benzin übergossen und verbrannt hatten.

Es war Leo Skoblin gewesen, dem Oberst Igor Scharpinsky den versiegelten Umschlag mit den Funksprüchen ausgehändigt hatte, bevor er Wien verließ, um unter dem Namen Heinz Golchack seine Maschine nach Zürich zu erreichen. Es war Leo Skoblin gewesen, der auf Scharpinskys Schreibtisch die beiden Flugtickets für den Flug in die Schweizer Stadt entdeckt hatte. Und es war der peinlich genau arbeitende Scharpinsky gewesen, der Befehl gegeben hatte, Skoblin im Auge zu behalten, aber nur als reine Vorsichtsmaßnahme.

Als er die Hauptpost erreicht hatte, humpelte Skoblin hinein und flüsterte am Schalter für Ferngespräche die Nummer über die Theke, mit der er verbunden werden wollte. Das Mädchen verstand ihn beim erstenmal nicht richtig, und er wiederholte etwas lauter die Züricher Telefonnummer, aber immer noch leise genug, um niemanden mithören zu lassen.

»Sie werden warten müssen«, sagte das Mädchen. »Ich werde die Zellennummer ausrufen...«

»Sagen Sie nur ›Ihre Züricher Nummer‹«, bat er.

In fieberhafter Ungeduld, die er sorgfältig verbarg, setzte er sich mit dem Rücken zur Wand auf eine der Bänke. Von Skoblins Standpunkt aus war das System nicht sehr vorteilhaft. Bei einem Auslandsgespräch gab man dem Mädchen die Nummer und wartete dann, bis die Verbindung hergestellt war und das Mädchen die Nummer der Zelle ausrief, in der man das Gespräch annehmen konnte. Leo Skoblin war kein Amateur – er hatte einen Sitzplatz gewählt, von dem aus er eine gute Sicht hatte –, bemerkte aber dennoch nicht das leise Eintreten der beiden Männer aus dem Mercedes, die in einem dunklen Teil der Halle Posten bezogen.

Er mußte zehn Minuten warten, und dann rief das Mädchen die Nachricht aus, »Ihr Gespräch mit Zürich ist da. Nehmen Sie es in Zelle drei an...«

Skoblin humpelte schnell zu Zelle drei, die in der Nähe des Ausgangs lag. Er schloß die Tür sorgfältig hinter sich, nahm den Hörer ab und sprach schnell auf deutsch. »Dieser Anruf ist sehr dringend. Herr Kramer. Paul Kramer. Stellen Sie mich zu Arthur Petersen durch. Bitte beeilen Sie sich...«

»Einen Augenblick, bitte...«

Die Telefonistin im Abwehrhauptquartier General Trabers reagierte schnell. Die Namen, die man ihr genannt hatte, hatten absoluten Vorrang, und sie stellte sofort zum privaten Anschluß Trabers durch. »Herr Paul Kramer für Sie – aus Wien...«

»Stellen Sie ihn durch...«

»Hier Paul Kramer...«

»Petersen am Apparat...« Traber, ein kleinwüchsiger, dicklicher Mann von fünfundfünzig mit rollenden Augen, ertappte sich dabei, daß er den Hörer fest umklammert hielt. Die Verbindung war gut, und er spürte die ungeheure Spannung in der Stimme, die aus dem fern im Osten liegenden Wien zu ihm sprach, der Stimme, die er nur sehr selten zu hören bekam. Die Stimme fing an, schnell zu sprechen.

»Ich habe die Nachricht schon vor zwei Stunden gehört, bin aber erst jetzt dazu gekommen, wegzugehen. Das Krokodil kommt. Er ist auf dem Weg nach Zürich...«

Drinnen in der Telefonzelle hörte Leo Skoblin das Quietschen der schlecht geölten Scharniere, als die Zellentür hinter ihm geöffnet wurde. Er hatte nicht einmal mehr die Zeit, den Kopf zu wenden, als ihm das Messer mit der kurzen Schneide unterhalb des linken Schulterblatts bis ans Heft in den Rücken gestoßen wurde. Am anderen Ende der Leitung hörte Traber ein kurzes Aufkeuchen. »Hallo«, sagte er. Als keine Antwort kam, legte er auf. Ihm war leicht übel. Leo Skoblin, der israelische Agent, war ein netter Bursche gewesen. Und Krokodil war der Codename Oberst Igor Scharpinskys.

Es kam noch mehr hinzu – kurz vor diesem Anruf war von Harry Wargrave ein Funkspruch aus Mailand eingegangen, in dem Traber darüber informiert wurde, daß der ›wichtige antikommunistische Agent‹, den der Engländer bei seinem Besuch in Zürich erwähnt hatte, General Sergej Marenkow sei, der Chef des sowjetischen KGB. »Jetzt ist bald die Hölle los«, sagte sich der Schweizer. Er nahm den Hörer ab und bat, sofort mit Oberst Springer verbunden zu werden.

Oberst Springer befand sich in diesem Augenblick im Abwehrhauptquartier in Lugano in der Südschweiz. Man hatte entschieden, daß Springer den Atlantik-Expreß bei seiner Fahrt durch den Abschnitt südlich des Gotthards überwachen sollte; nördlich des Gotthard würde General Traber die Überwachung übernehmen. Traber bekam über das Scrambler-Telefon rasch eine Verbindung.

»Leon«, eröffnete er das Gespräch ohne jede Vorrede, »ich habe soeben von Wargrave erfahren, daß der Passagier, den sie herausbringen, General Marenkow vom KGB ist...«

»Gott im Himmel...«

»Es kann sein, daß auch wir seine Hilfe brauchen. Wappnen Sie sich – es kommt noch mehr. Ich habe außerdem soeben aus einer einwandfreien Quelle erfahren, daß das Krokodil etwa vor zwei Stunden nach Zürich aufgebrochen ist.«

»Noch weitere Details?« fragte Springer schnell.

»Keine. Ich fürchte, die Quelle ist während der Unterhaltung erstochen worden.«

»Dies«, betonte Springer, »könnte eine einzigartige Gelegenheit für uns sein, die wir nie wieder haben werden – unter Umständen taucht der gesamte Sabotageapparat der Kommunisten auf, um einen so eminent wichtigen Mann wie Marenkow zu erledigen. Ich schlage roten Alarm für das ganze Land vor und totale Urlaubssperre...«

»Meine nächste Maßnahme«, versicherte ihm Traber. »So, jetzt muß ich aus der Leitung. Viel Glück dort unten bei Ihnen...«

Traber unterbrach die Verbindung und begann, eine Reihe von Telefongesprächen zu führen. Nach dem, was Skoblin ihm erzählt hatte, mußte Scharpinsky mit dem Flugzeug gekommen sein. Trabers erster Anruf galt den Sicherheitsbeamten des Züricher Flughafens.

»Ich wünsche, daß sofort eine Liste aller Fluggäste zusammengestellt wird, die mit dem Swissair-Flug 433 aus Wien gekommen sind. Ich will wissen, wo sie sich im Augenblick befinden. Überprüfen Sie den Flughafenbus. Spüren Sie sämtliche Taxifahrer auf, die Fluggäste dieses Fluges gefahren haben. Wann ich diese Liste haben will? In einer halben Stunde liegt sie auf meinem Schreibtisch!«

11. Mailand, Moskau, Den Haag

Es war 16 Uhr am Samstag, dem 8. Januar, als Heinz Golchack im Hotel Schweizerhof seine Operationsbasis eingerichtet hatte. In Mailand war es gleichfalls 16 Uhr, als Wargrave nach der Rückkehr in das geheime Quartier Oberst Molinaris hinter dem massiven, verschlossenen Doppeltor am Ende der Sackgasse eine Reihe verschlüsselter Funksprüche an verschiedene europäische Abwehrchefs abgehen ließ. Der zuvor instruierte Funker Peter Necker brauchte den Namen ›Sarubin‹ nur durch ›Marenkow‹ zu ersetzen.

Diese Funksprüche gingen an General Traber in Zürich, an Hauptmann Franz Wander vom BND, an General Max Scholten, den Chef der niederländischen Abwehr in Den Haag. Während Wargrave diese Warnungen über Funk durchgeben ließ, steigerte sich das Tempo des gesamten Unternehmens, und in dem Gebäude, das Molinari den Sparta-Leuten zur Verfügung gestellt hatte, herrschte eine Atmosphäre äußerster Anspannung. Um 17 Uhr 05 würde der Atlantik-Expreß vom Mailänder Hauptbahnhof abfahren.

In ihrem Schlafzimmer war Elsa Lang dabei, General Marenkows äußere Erscheinung mit Hilfe der Maskenbildnerausrüstung, die sie immer bei sich hatte, zu verändern. Dabei kam ihr die Erfahrung zugute, die sie während ihrer einjährigen Tätigkeit für die Londoner Filmgesellschaft als Maskenbildnerin erworben hatte. Marenkow, der sich einen weißen Pullover um die Schultern drapiert hatte, saß geduldig auf einem Stuhl, während sie seine buschigen Augenbrauen stutzte und seine Frisur änderte. Auch diesmal wieder schien der Russe der gelassenste Mensch im Haus zu sein.

»Es wird nicht ganz leicht sein, mich in einen Filmstar zu verwandeln«, scherzte er, als er seine neue Erscheinung im Wandspiegel betrachtete.

»Nun ja, ein Gregory Peck wird wohl nicht aus Ihnen werden«, erwiderte sie, wobei ihre Hände emsig weiterarbeiteten, »aber wenn Sie ein bißchen größer wären, könnten Sie als Lee Marvin durchgehen...«

»Das ist ein Bösewicht – genau wie ich...«

Elsa grinste, als der Russe sich vor Lachen schüttelte. »Halten Sie still, Sie Flegel, ich habe noch zu tun...« Seitdem der Russe Elsas Todesangst vorm Fliegen erahnt und ihr kurz vor der abenteuerlichen Landung auf dem Mailänder Flughafen seine Wodkaflasche gereicht hatte, hatte sich zwischen dem Russen und dem englischen Mädchen ein merkwürdiges Verhältnis herausgebildet. Eine Freundschaft hätte man es kaum nennen können, aber beide fühlten sich zueinander hingezogen. Zwischen beiden herrschte das Gemeinsamkeitsgefühl von Menschen, die eine tiefe Einsamkeit verbergen. Elsa hatte kurz vor dem Eintritt bei Sparta ihren künftigen Ehemann verloren; Marenkow hatte seine Frau verloren. Aber das wußte keiner vom anderen.

»So, und jetzt die Kleidung...«, sagte Elsa munter.

Molinari hatte sich in der kurzen Zeit, die ihm zur Verfügung gestanden hatte, selbst übertroffen und eine breite Auswahl von Wintersachen in verschiedenen Größen und Schnitten ins Gebäude bringen lassen, einschließlich dreier Vicuña-Mäntel. Marenkow probierte rasch mehrere Anzüge an, bis sich Elsa mit einem dunkelblauen Tagesanzug zufrieden zeigte. Und einer der Vicuña-Mäntel paßte ihm wie angegossen. Er stellte sich vor dem Spiegel in Pose. »Ich glaube, ich werde in Amerika viel Spaß haben«, bemerkte er gut gelaunt.

»Wir werden als Mann und Frau reisen«, fuhr sie lebhaft fort. »Sie sind George Wells, ein Ölmanager, der für die Shell International arbeitet – es gibt einen solchen Mann, aber der hält sich gegenwärtig in Venezuela auf. Die Tatsache, daß der Atlantik-Expreß nach Holland fährt, wo die Shell ihren Hauptsitz hat, macht Ihre Rolle noch glaubwürdiger. Wir reisen natürlich erster Klasse und werden ein Schlafwagenabteil haben...«

»Zehn Jahre früher, und ich hätte meine gute Kinderstube vergessen...«

Sie zeigte durch ein Lächeln, daß sie das Kompliment zu schätzen wußte, wurde dann aber wieder geschäftlich. »Ihre Krawatte sitzt nicht richtig...« Kundige Finger nestelten an der Krawatte. »Wir sind sehr gut bestückt...« Sie mußte erklären, daß sie damit ›wohlhabend‹ meinte. »... daher die teure Kleidung. Ihr Paß wird noch vor der Abreise fertig sein...«

Sofort nach der Ankunft war Marenkow fotografiert worden, und einer von Molinaris technischen Experten war jetzt im Untergeschoß dabei, letzte Hand an den Paß anzulegen, der vorab so weit wie möglich vorbereitet worden war; nur das Paßfoto sowie die Angaben über Körpergröße und Farbe der Augen hatten noch gefehlt. »Die Fahrkarten haben natürlich Sie bei sich«, sagte sie und reichte ihm zwei Falttaschen.

»Wir brauchen Fahrkarten?«

»Um im Milano Centrale durch die Sperre zu kommen – es muß alles normal aussehen, für den Fall, daß jemand uns beobachtet...«

Sie fuhr herum, als sie hörte, daß die Tür aufging, ließ die Hand in eine Schublade gleiten und ergriff ihre Smith & Wesson. Marenkow bewegte sich mit außergewöhnlicher Behendigkeit, packte eine volle Weinflasche am Hals und hob sie hoch, um sie jederzeit wurfbereit zu haben, und stellte sich Elsa gegenüber. In der Türöffnung musterte Harry Wargrave die beiden, die Hände auf die Hüften gestützt.

»Nicht übel«, bemerkte der Engländer und studierte Marenkows verändertes Erscheinungsbild. »Sehr bemerkenswert, um die

Wahrheit zu sagen. Sie haben noch etwa fünfzehn Minuten – wir wollen den Mailänder Hauptbahnhof kurz vor Abfahrt des Zuges erreichen.« Er verließ den Raum, und Elsa sprach ernst auf den Russen ein.

»Ich bin zu Ihrem Schutz da. Von jetzt an werden Sie genau das tun, was ich Ihnen sage.« Sie zeigte auf die beiden Falttaschen, die er in der linken Hand hielt. »Die Fahrkarten gelten bis Amsterdam, falls wir bis nach Schiphol fahren müssen, wenn der Züricher Flughafen geschlossen wird, was ich aber nicht hoffe. Die Bettkarten sind für Wagen vier reserviert, den hintersten Schlafwagen – das ist der erste, den wir hinter der Sperre erreichen. Wir steigen aber erst in den Schlafwagen davor ein und gehen dann zurück...«

»Wargrave hat dies alles sehr gut organisiert«, bemerkte Marenkow.

»Noch eins«, fuhr Elsa fort. »Einen verkleideten Mann – oder eine verkleidete Frau – erkennt man am leichtesten am Gang. Sie haben einen schweren, stampfenden Schritt. Das müssen Sie ändern. So, jetzt wollen wir mal üben – gehen Sie hier im Zimmer umher, und ich werde meine Kritik äußern. Und vergessen Sie nicht, der gefährlichste Ort könnte der Mailänder Bahnhof sein, bevor wir den Zug besteigen...«

Um 16 Uhr 15 wanderte eine schnauzbärtige Gestalt mit Brille und Regenmantel in der riesigen Halle des Milano Centrale umher, einem Kopfbahnhof, der es an Größe mit dem Frankfurter Hauptbahnhof aufnehmen kann. Aus Marmor erbaut, mit riesigen Säulen und dem hohen gewölbten Dach sieht er eher wie ein majestätisches Mausoleum als wie ein Bahnhof aus. Matt Leroy machte sich Sorgen, als er mit einer zusammengefalteten Zeitung in der Hand seinen Rundgang fortsetzte.

Er war inzwischen mit vielen europäischen Bahnhöfen vertraut, und Milano Centrale gefiel ihm überhaupt nicht. Dieser Bahnhof war zu groß, es gab zu viele Winkel, in denen sich Scharfschützen verstecken konnten. Allzu besorgniserregend ist die Lage aber nicht, denn für die Sicherheit zeichnete ja Molinari verantwortlich, sagte er sich. Unter die Reisenden, die bereits den Atlantik-Expreß bestiegen – viele von ihnen waren italienische Gastarbeiter, die von ihrem Weihnachtsurlaub in Italien zu ihren Arbeitsplätzen in der Schweiz und in der Bundesrepublik zurückkehrten – mischte sich jetzt ein kleines Heer von SIFAR-Leuten in Zivil.

Molinari hatte noch mehr getan: Leroy entdeckte eine große Zahl uniformierter Carabinieri, die die Anwesenheit der Staatsmacht offen zur Schau trugen. Und hoch oben hinter irgendwelchen

Bürofenstern, das wußte Leroy, waren drei von Molinaris gutausgebildeten Scharfschützen postiert; sie waren mit Gewehren mit Zielfernrohren ausgerüstet. Die zusammengefaltete Zeitung, die der Amerikaner in der Hand hielt, trug er nicht zufällig mit sich herum; jeder SIFAR-Mann im Bahnhof wußte, daß er mit ihr wie beiläufig in irgendeine Richtung würde zeigen können, um auf etwas hinzuweisen, was seinen Verdacht erregt hatte.

Ein Mann, den Matt Leroy nicht bemerkte, war ein kleinwüchsiger Italiener, der eine Menge Gewicht mit sich herumschleppte und einen breiten, aggressiven Mund hatte. Ugo Sala, der Mann, der Wargraves Lastwagen vom Flughafen gefolgt war und ihn dann verloren hatte, als die Straßenbahnen ihm den Weg versperrten, stand vor dem Restaurant und trank eine Tasse Kaffee; in der Nähe war die Barriere, hinter der die sechzehn Waggons des Atlantik-Expreß sich bis weit aus der Halle erstreckten.

Anders als Toni Morosi, der Fluglotse, der auf das Ablenkungsmanöver Oberst Molinaris hereingefallen und dem Fahrzeugkonvoi in Richtung Genua gefolgt war, hatte Ugo Sala, ein erfahrener KGB-Agent, sich zu einer Spezialausbildung in der Sowjetunion aufgehalten. Und während dieser Zeit in Moskau hatte er General Marenkow mehrmals aus der Nähe gesehen. Er warf einen Blick auf die Bahnhofsuhr. Es war 16 Uhr 35. Bis zur Abfahrt des Atlantik-Expreß blieb noch eine halbe Stunde.

Um 18 Uhr in Moskau – in Zürich und Mailand war es erst 16 Uhr – sah sich die dreiköpfige Untersuchungskommission, die zur Aufgabe hatte, den geheimen Informanten ausfindig zu machen, vor einer anderen und weit erschreckenderen Aufgabe. Auf Drängen Marschall Pratschkos war der Funkspruch an Oberst Scharpinsky hinausgegangen, er könne den gesamten sowjetischen Sabotageapparat in Westeuropa einsetzen, um Marenkow zur Strecke zu bringen. Anatolij Sarubin hatte Marenkow als drittes Kommissionsmitglied ersetzt. Seltsamerweise war es der gemäßigte Sarubin gewesen, der Pratschkos Vorschlag unterstützt hatte, aber er hatte dies in sehr vorsichtigen Formulierungen getan.

»Da Oberst Scharpinsky, ihr persönlicher Schützling«, erinnerte der kleine, dunkelhaarige Russe Pratschko, »es versäumt hat, seinen eigenen Chef rechtzeitig zu verdächtigen, schlage ich vor, daß wir ihm Gelegenheit geben, seinen gigantischen Fehler zu korrigieren...«

Pratschko wurde borstig wie die ihm aus Ohren und Nase herausragenden Härchen, grunzte etwas und schwieg. Es war der Erste Sekretär, Leonid Sedow, der schließlich die bange Frage stellte. Sedow, der seine Position dadurch sicherte, daß er die Gemäßigten und die Scharfmacher in einem Drahtseilakt im Gleichgewicht hielt, gefiel Sarubins Reaktion insgeheim sehr. Falls es zu einem großen Desaster kam, würden sie die Verantwortung auf der breiten Brust Pratschkos abladen können.

»Was sollen wir tun?« wollte Sedow wissen. »Was passiert mit allen wichtigen KGB-Agenten in Westeuropa – Agenten, deren Namen und Adressen Marenkow in seinem bemerkenswerten Gedächtnis gespeichert hat?« Er schwieg einen Moment. »Ich denke dabei vor allem an die Bundesrepublik Deutschland...«

Die drei Männer an dem langen, blankpolierten Konferenztisch unter den Kronleuchtern des Kremlsaals sprachen eine Minute lang kein Wort. Dies war eine lebenswichtige Frage. Vor zehn Jahren noch waren die meisten der viertausend kommunistischen Spione in der Bundesrepublik Westdeutsche gewesen; sie hatten sich später als unzuverlässig erwiesen und waren unter großen Mühen durch linientreue DDR-Bürger ersetzt worden, denen man eine falsche Identität hatte geben müssen – und das ist eine Arbeit, die sich nicht über Nacht erledigen läßt. Und jetzt wurden diese feindlichen Agenten von dem westdeutschen Analytiker Dr. Richard Meier mit Hilfe eines unter dem Namen NADIS bekannten Hochleistungscomputers aufgespürt.

NADIS war mit Daten über die Verhaltensmuster von Personen gefüttert worden, die man verdächtigte, sowjetische Agenten zu sein – mit Angaben über tote Briefkästen, Geldbewegungen auf verdächtigen Bankkonten, über heimliche Agententreffpunkte. Aus den Daten, die der Computer ausdruckte, konnte Meier scheinbar nicht miteinander in Verbindung stehende Personen und Ereignisse zusammenbringen und Querverbindungen nachweisen. Wenn man dazu noch in Betracht zog, daß Marenkow die Namen und Adressen der wichtigsten KGB-Leute kannte, war der deutsche BND in der Lage, ein riesiges Schleppnetz auszuwerfen und den gesamten Untergrundapparat der Sowjets mit einem Fischzug zu beseitigen. Es würde mindestens ein Jahrzehnt dauern, diesen Apparat wiederaufzubauen. Es war Leonid Sedow, der das Schweigen brach.

»Falls Marenkow entkommen sollte«, meinte er, »wäre es dann nicht besser, die Agenten zu evakuieren? Sie könnten später wieder in die Bundesrepublik einsickern. Es dauert mindestens fünf Jahre, einen Agenten auszubilden«, erinnerte er sie.

»Sie schlagen vor, wir sollten einen vorläufigen Alarm auslösen?« fragte Pratschko.

»Dies ist vielleicht eher Ihr Fachgebiet«, wich Sedow elegant aus.

Marschal Pratschko saß in der Klemme, und das wußte er genau. Wenn er nein sagte und es zu einer Katastrophe kam, würde man ihm die Schuld geben. Wenn er ja sagte – ja zur Evakuierung – und sich diese Maßnahme als unnötig erwies, würde man ihm ebenfalls die Schuld aufladen.

»Nur einen vorläufigen Alarm«, sagte er schließlich. Er wollte noch ein paar Pfeile im Köcher behalten.

»Und da Ihr Schützling, Oberst Scharpinsky, das Unternehmen zur Vernichtung Marenkows leitet«, bemerkte Sarubin listig, »wie könnte da etwas schiefgehen?«

Der Züricher Flughafen ist geschlossen worden.

Der düstere Funkspruch General Trabers erreichte Wargrave nur fünfzehn Minuten vor der Abfahrt mit Marenkow zum Mailänder Hauptbahnhof. Sie befanden sich noch in dem seltsamen, über zwei Stockwerke gehenden Raum mit dem halbmondförmigen Fenster, den sie bei der Ankunft im geheimen Quartier Oberst Molinaris zum erstenmal gesehen hatten. Wargrave zeigte Julian Haller den Funkspruch. Der Amerikaner las ihn und schürzte die Lippen – ein seltenes Zeichen, daß er unter Streß stand.

»Das bedeutet, daß wir die lange Reise machen müssen«, bemerkte der Engländer. »Den ganzen Weg quer durch Europa nach Holland, da Schiphol der einzige noch offene Flughafen ist. Was dem KGB mehr Zeit gibt, Marenkow zu erledigen...«

»Irgendwelche zusätzliche Vorsichtsmaßnahmen?« fragte Haller knapp.

»Eine Menge.« Wargrave sah auf seine Uhr. »Molinari hat im dritten Stock zum Glück ein Scrambler-Telefon installieren lassen. Ich werde es bis zum letzten Moment hier benutzen. Und noch etwas, Julian...« Er nannte dem Amerikaner noch ein paar besondere Details, wie der Russe im Zug zu bewachen sei. »So, und jetzt muß ich diese Anrufe erledigen...«

Auf dem Weg nach oben blieb Wargrave kurz im zweiten Stock, um Phillip John, dem Scharfschützen, den Julian Haller von der CIA ausgeliehen hatte, weitere Instruktionen zu geben. Das frischgebackene britische Sparta-Mitglied war gerade dabei, eine 9-mm-Luger-Pistole zu überprüfen, als Wargrave eintrat. Der ein Meter achtzig große dreiunddreißigjährige Phillip John hatte gewelltes braunes Haar und gleichmütige blaue Augen, die jeden fest ansahen, mit dem er sprach. Der weißgesichtige John blickte kaum auf, als sein Besucher den Raum betrat, und fingerte weiter an seiner Waffe herum, bis er sie in sein mit einer Feder zu öffnendes Schulterhalfter steckte.

»Läuten die Alarmglocken?« fragte er beiläufig.

»Wie kommen Sie darauf?« wollte Wargrave wissen.

»Ich habe gelernt, Atmosphäre zu erspüren.« John lächelte schwach. »Und ich habe gehört, daß Sie in einem verdammten Eiltempo die Treppe heraufgekommen sind.«

»Der Züricher Flughafen ist geschlossen worden. Also müssen wir den ganzen Weg nach Schiphol.«

»Könnte Spaß machen…«

»Ich hoffe, diese letzte Bemerkung entspricht nicht Ihrer allgemeinen Einstellung zu der Aufgabe, die vor uns liegt«, sagte Wargrave langsam und mit Nachdruck.

»Es hat keinen Sinn, daß wir uns in die Haare geraten.« John hatte eine sanfte Stimme und ein leichtes und selbstverständliches Auftreten. Seine Bewegungen waren aber alles andere als beiläufig und leicht gewesen, als sie das Spiel ›Wer hat die Waffe zuerst‹ gespielt hatten, um seine Reflexe zu testen, wie Wargrave sich erinnerte. Sogar Johns Kleidung war eher leger; er trug einen schwarz-weiß karierten Sportanzug, der sorgfältig so geschnitten war, daß man die Luger in seiner linken Achselhöhle nicht sehen konnte. Er lächelte über den angespannten Ausdruck in Wargraves Gesicht.

»Den Ausdruck Ihrer jungen Agentin mag ich lieber«, bemerkte er. »Da sie dabei ist, wird die Reise wie im Flug vergehen.«

»Und das ist ein weiterer Punkt«, fuhr Wargrave mit dem gleichen gelassenen Tonfall fort. »Wenn ich Sie dabei erwische, daß Sie mit dem Mädchen anbändeln, breche ich Ihnen den Arm.«

»Kein Problem«, versicherte ihm John leichthin. »Ich habe aber Augen im Kopf, und sie hat zwei fabelhafte Beine. Oder ist Ihnen das noch nicht aufgefallen?«

Wargrave ignorierte diese Bemerkung, gab ihm detaillierte Anweisungen und verließ den Raum. Auf dem Weg nach oben ärgerte er sich ein wenig über sich selbst. Er war doch nicht etwa eifersüchtig auf diesen gutaussehenden Burschen, den er mit Elsa hatte plaudern sehen?

In den nächsten Minuten, allein in seinem Zimmer im dritten Stock mit dem Scrambler-Telefon, war er fieberhaft tätig. Sein erster Anruf bei General Traber versetzte ihm einen Schock. Der Schweizer Abwehrchef aus Zürich unterbrach ihn.

»Ja, die Meteorologen erwarten, daß unser Flughafen tagelang geschlossen bleibt. Und ich habe noch mehr schlechte Nachrichten – ich habe allen Grund zu der Annahme, daß sich Oberst Igor

Scharpinsky in diesem Augenblick irgendwo in Zürich aufhält. Ich lasse gerade nach ihm fahnden – aber ohne eine Personenbeschreibung sind die Aussichten nicht sehr vielversprechend.«

»Er wird das Unternehmen leiten, mit dem sie Marenkow zur Strecke bringen wollen...«

»Das meine ich auch. Irgend etwas Neues aus Andermatt – von Ihrem Agenten? Das könnte sich als äußerst wichtig erweisen, da Andermatt über dem Gotthardtunnel sitzt, durch den der Atlantik-Expreß hindurch muß«, erinnerte Traber den Engländer.

»Nicht ein Wort. Diese Dinge brauchen Zeit. Aber vergessen Sie nicht, daß ich meinem Freund Ihre Nummer gegeben habe und daß der Codename Leros ist. Falls Sie eine Meldung von Leros erhalten, leiten Sie sie sofort an mich weiter – es könnte eine kryptographische Meldung sein, aber ich werde sie verstehen...«

Wargraves nächster Anruf galt Hauptmann Franz Wander vom deutschen BND, der in Wiesbaden auf das Gespräch wartete. Wander hatte bereits den verschlüsselten Funkspruch erhalten, in dem er informiert worden war, daß Marenkow der Passagier sei. Wander war in der für ihn bezeichnenden Art sofort tätig geworden. »In wenigen Minuten steige ich in einen Zug nach Basel«, sagte er dem Engländer mit fröhlicher Stimme. »Ich habe schon mit Traber Verbindung aufgenommen und werde von dort an Ihre Sicherheit übernehmen, während Sie durch Deutschland reisen. Was sagen Sie, Harry? Scharpinsky ist in Zürich? Das gefällt mir aber gar nicht...«

»Das gefällt niemandem«, gab Wargrave zu.

»Noch etwas«, fuhr der Deutsche fort. »Wenn den Sowjets klar wird, daß es Ihnen gelingt, Marenkow sicher herauszubringen, sehe ich einen Exodus all ihrer wichtigen Untergrundagenten voraus – ich habe an der Grenze zum Osten also volle Alarmbereitschaft angeordnet. Merkwürdigerweise macht dieser schreckliche Schneesturm es leichter für uns, sämtliche Grenzübergänge abzuriegeln. Wir könnten einen großen Fischzug landen...«

»*Wenn* wir Marenkow sicher herausbringen«, wiederholte Wargrave. »Ich mag Ihre Zuversicht – aber glauben Sie mir, das wird eine Schinderei...«

Der Anruf bei Oberst Springer in Lugano – der Schweizer hatte eine Nachricht hinterlassen, daß er dort zu erreichen sei – war kürzer. Wargrave versicherte sich nur, daß die besonderen Arrangements, um die er zuvor gebeten hatte, in Chiasso tatsächlich getroffen werden würden. »An den letzten Schlafwagen wird ein offener Güterwagen angehängt werden«, versicherte ihm der Schweizer Oberst.

In Den Haag sprach der untersetzte General Scholten, der Mann mit dem rosigen Gesicht, mit seinem Assistenten Jan Sailer, der vom Äußeren her das genaue Gegenteil seines Chefs war. Sailer war einen Meter fünfundachtzig groß, hatte ein mageres Gesicht und trug einen ewig besorgten Ausdruck zur Schau. Jetzt gab er Scholten die jüngsten Berichte über die Bewegungen der terroristischen Geiger-Gruppe. Der siebenunddreißigjährige Holländer, der seinen Chef um Haupteslänge überragte, schüttelte mißmutig den Kopf.

»Gerüchte, nichts als Gerüchte – nichts Greifbares, in das ich reinbeißen kann…«

»Aber alles deutet darauf hin, daß die Geiger-Gruppe nach Holland einsickert? Richtig?«

»Sieht fast so aus…«

Er wartete, während Scholten über sein Scrambler-Telefon den Anruf aus Mailand entgegennahm. Er hatte bereits Wargraves verschlüsselten Funkspruch erhalten, daß Marenkow sich im Atlantik-Expreß befinden werde. Und er wußte, daß der Züricher Flughafen geschlossen worden war. Das bedeutete, daß Marenkow bald mit der bereitstehenden Boeing 707 von Schiphol ausgeflogen werden würde – falls er überlebte. Und er wußte auch, daß die Deutschen die Grenze im Osten abgeriegelt hatten, um einer Flucht wichtiger Untergrundagenten vorzubeugen.

»Wir freuen uns darauf, Sie in Amsterdam zu sehen«, beschloß er das Gespräch mit Wargrave. »Falls notwendig, kann ich Sie ja auch im Atlantik-Expreß erreichen. Ein letztes Wort. Seien Sie vorsichtig!«

Scholten legte den Hörer auf, stand auf und trat ans Fenster. Die Dächer der Parlamentsgebäude in der Ferne waren mit dünnen Schneespuren überzogen, mehr war es nicht. Der große europäische Schneesturm ließ die Niederlande noch immer verschont. Und eine Tugend, die Scholten besaß, war die Gabe, zwei Züge vorauszudenken.

»Erinnern Sie sich daran, daß 1951 die sowjetischen Agenten Burgess und MacLean an Bord des sowjetischen Frachters *Maria Uljanowa* vor Dünkirchen abgeholt wurden?« fragte er plötzlich.

»Ich glaube, ich habe davon gehört, ja«, erwiderte Sailer. Er begriff die Bemerkung seines Chefs überhaupt nicht.

»Das Interessante ist, daß die Geschichte sich manchmal doch wiederholen kann«, fuhr Scholten fort. »Ich habe soeben gehört, daß die *Maxim Gorkij*, ein sowjetischer Frachter von siebzehntausend Tonnen, Helgoland passiert hat und in schwerer See nach Süden stampft. Sie wird bald vor der holländischen Küste sein.«

»Tatsächlich?« bemerkte Sailer, der noch immer nicht sah, in welche Richtung sein Chef dachte. »Sie wird eine harte Überfahrt haben – das Barometer fällt rasch.« Das entsprach den Tatsachen – ein Sturm von Windstärke acht kam gerade auf, und man hatte schon die Deichwachen alarmiert, die die Deiche schützen sollten, wenn die riesigen Wellen heranbrandeten. Vor weniger als achtundvierzig Stunden hatte Elsa Lang beim Hinuntersehen aus der KLM-Maschine, die sie von London nach Schiphol brachte, die weißen Schaumkronen gesehen, die gegen die holländische Küste schlugen. »Übrigens«, fragte Sailer, »haben Sie den Minister über die jüngste Entwicklung informiert?«

»Noch nicht.« Scholten wandte sich vom Fenster ab und lächelte. »Es ist immerhin Samstag, und wir wollen ihm doch nicht das Wochenende verderben. Jedenfalls nicht vor der Zeit...«

Die Wahrheit war, daß Scholten – ebenso wie General Traber in Zürich – nicht die leiseste Absicht hatte, mit seiner Regierung in Verbindung zu treten. Die Revolte der Abwehrchefs gegen ihre unentschlossenen Politiker kam allmählich auf Touren.

Im Zimmer 207 des Hotels Schweizerhof in Zürich war es 16 Uhr 30, als auch Heinz Golchack hörte, daß der Züricher Flughafen geschlossen worden war. Er hatte die simple Vorsichtsmaßnahme ergriffen, seinen Stellvertreter Rudi Bühler beim Flughafen anrufen zu lassen, wann eine bestimmte Maschine nach Deutschland starte. Er reagierte sofort auf die Nachricht.

»Das bedeutet, daß sie Peter bis nach Schiphol in Holland bringen müssen. Nur für den Fall, daß er hier überhaupt lebend ankommt, werden wir ein paar weitere Vorbereitungen treffen...«

Golchack schrieb zwei weitere Funksprüche zum Verschlüsseln nieder, die er seinem Funker Heinrich Baum zur Übermittlung an Professor Mohner in seinem Caravan auf dem Zürichberg gab. Mohner würde sie dann an den endgültigen Bestimmungsort funken. Der erste Funkspruch ging an den erfahrenen GRU-Agenten Jurij Gusew, der sich in diesem Augenblick in Mülhausen in Frankreich aufhielt – in der Nähe Basels also. Der zweite Funkspruch war für Rolf Geiger bestimmt, den führenden Kopf der terroristischen Geiger-Gruppe, die soeben in Amsterdam eingetroffen war.

In diesem Augenblick, in dem der große Schneesturm weiter über Europa tobte, schwirrte der Äther vor Funksprüchen, die von einem Sender zum andern gingen, mochten sie legal oder illegal sein. Und eine halbe Stunde bevor der Atlantik-Expreß zu seiner langen Fahrt abfuhr, bewegten sich zwei große feindliche Streitmächte – die westlichen Abwehrsysteme und der kombinierte Apparat von KGB und GRU – aufeinander zu. Sie waren auf Kollisionskurs.

Um 16 Uhr 35 waren die Sparta-Leute bereit, General Marenkow zum Mailänder Hauptbahnhof und zum Atlantik-Expreß zu bringen. Wargrave, der sich in einem Raum im dritten Stock allein mit Oberst Molinari befand, besprach mit dem SIFAR-Chef noch letzte Einzelheiten der notwendigen Sicherheitsvorkehrungen. Phillip John war schon mit Peter Necker in seinem eigenen Wagen zum Bahnhof abgefahren; Necker, der Funker, sollte die Sendeanlage bedienen, die Molinari im zweiten Schlafwagen hatte installieren lassen.

»Alles klar?« fragte Wargrave.

»Völlig. Und bestens ausgeklügelt«, bestätigte Molinari. »Ich wünsche Ihnen außergewöhnlich viel Glück...«

»Zeit, daß wir losfahren...«

In dem durch zwei Stockwerke gehenden Raum wartete Elsa zusammen mit Marenkow, der ihren Gucci-Reisekoffer trug. »Du siehst verdammt kostspielig aus. Ich könnte dich nie ernähren«, ließ Wargrave sich vernehmen. Elsa zog eine Schnute, wirbelte in ihren Gucci-Schuhen herum, ließ ihren Zobelmantel flattern und zeigte ihre zum Koffer passende Gucci-Handtasche. »Ich bin ziemlich sicher, daß du dir eine Frau wie mich nicht leisten kannst«, sagte sie ihm schnippisch. Sie hakte sich bei Marenkow ein. »Dieser Herr paßt weit besser zu mir, wie du siehst...«

Der Russe war das Urbild des erfolgreichen Industriekapitäns, als er in seinem Vicuña-Mantel, seinen handgearbeiteten Schuhen und seinem Homburg dastand. Um zu demonstrieren, daß er seine Lektion gelernt hatte, machte er ein paar energische, leichtfüßige Schritte durchs Zimmer – die völlig anders waren als sein normales schweres Stampfen. Elsa klatschte in die Hände und applaudierte. Wargrave nickte beifällig, als er auf die Tür zuging, die zum Hof hinunterführte, wo der Mercedes 450 SEL Automatic bereitstand. Er nahm nur noch die Hälfte von dem wahr, was im Raum vorging; sein Geist beschäftigte sich genauso mit der Frage, ob er auch nichts vergessen hatte. Er sah sich noch einmal prüfend um. Als er oben nach seinem Gespräch mit Molinari allein zurückgeblieben war, hatte er noch ein letztes Telefonat geführt, aber diesmal nicht mit dem Scrambler-Telefon. Es war ein vorbestelltes, handvermitteltes Gespräch gewesen, das er beim Mailänder Fernamt angemeldet hatte: ein Gespräch mit einem Anschluß in Andermatt.

Um 16 Uhr 40 legte Robert Frey in der Bar des Hotels Storchen in Andermatt den Telefonhörer auf und blickte hoch, als eine Frau die Treppe herunterkam und in die Halle nebenan ging. »Anna, ich habe hier eine große Bloody Mary für dich«, rief er aus.

»Trink sie selbst – vielleicht bleibt sie dir im Hals stecken...«

Andermatt ist ein Wintersportort, eine kleine Stadt mit weißgetünchten Häusern mit steilen Dächern und einer einzigen Hauptstraße. Der Ort liegt am Ausgang eines langgestreckten Tals, das nach Gletsch und zum Rhône-Gletscher führt. Seine Hotels und Pensionen waren voll von Gästen, einer buntgemischten Schar aus vielen Nationen. Unter denen, die vor kurzem von den Skihängen zurückgekehrt waren, befand sich auch Anna Markos, eine auffallende Frau von achtunddreißig mit einer vollbusigen Figur, die in diesem Augenblick die ungeteilte Aufmerksamkeit Robert Freys in Anspruch nahm. Die Griechin stand am Eingang zur Bar, stemmte die Hände auf die Hüften und sah Frey aufreizend an.

»Na, komm schon«, sagte er auf französich, »hör auf mit diesen Albernheiten.«

Er nahm seinen eigenen Drink und die Bloody Mary und ging zu einer Couch hinüber, die vor einem offenen Feuer stand, wo knisternd und krachend ein halber Baumstamm brannte. Frey setzte sich, machte es sich bequem und wollte Anna mit einem Finger herbeiwinken. Anna Markos zog ihre wohlgeformten Schultern hoch, ging in die Bar, ignorierte den leeren Platz neben Frey und setzte sich auf einen Stuhl gegenüber.

»Warum müssen wir immer kämpfen?« verlangte Frey zu wissen.

»Weil du glaubst, du brauchst nur den Finger krumm zu machen, damit jede Frau sich nackt auszieht und sich vor dir hinlegt.«

»Das Vergnügen haben schon viele gehabt...«

Jetzt füllte nach und nach die Menge der *Après-Ski*-Hungrigen das Hotel und die Bar; man sah den Gesichtern die Anstrengungen auf den Hängen und die Vorfreude auf einen wilden Abend an. Es waren Franzosen da, Deutsche, Skandinavier, einige wenige Briten (der Schweizer Franken ist für einen britischen Normalbürger zu teuer geworden).

Anna Markos zog ihre Skijacke aus, ignorierte Frey und drehte sich nach den Menschen um. Sie nahm ihr Skimütze ab, schüttelte ihr langes schwarzes Haar aus und präsentierte dem riesigen Schweizer einen Augenblick lang ihr Profil, als sie in einem

Wandspiegel kurz ihr Aussehen prüfte. Es war ein großartiges Profil mit einer hinreißend gebogenen Nase, hohen Wangenknochen, einem energischen, wohlgeformten Kinn. Und jetzt konnte Frey auch deutlicher sehen, wie sich ihre Brust gegen die enge azurblaue Bluse preßte; er sah die Umrisse ihrer langen, kräftigen Beine, die sie langsam und mit Vorbedacht übereinanderschlug. Sie langte nach ihrem Drink und wich dabei geschickt dem Zugriff seiner Hand aus. Mit einem langen Schluck trank sie das halbe Glas leer. Ihre großen schwarzen Augen warfen ihm über den Rand des Glases hinweg einen zornigen Blick zu.

»Und dieser Drink verschafft dir nicht einmal einen Einstieg bei mir.«

»Und doch kennen wir uns seit über...«

»Man hat uns nie vorgestellt – du bist in mein Privatleben eingedrungen«, gab sie ironisch zurück.

Was die Stärke der Persönlichkeit und der Erscheinung betraf, war Robert Frey, der berühmte Schweizer Bergsteiger, Anna Markos ebenbürtig. Frey war die dominierende Figur in Andermatt, nahm an allem Anteil, was in der kleinen Stadt geschah, und die Wintersportsaison war der Höhepunkt seines Arbeitsjahres. Er war fast einen Meter neunzig groß, ein großer, bärenstarker Mann von fünfundvierzig mit einer großen Hakennase und einer wilden Mähne dunklen Haars. Frey strahlte körperliche Vitalität und Lebensfreude aus. Er war so etwas wie ein Idol des Ortes.

Als Bergsteiger hatte Frey sämtliche wichtigen Gipfel der Schweiz erklommen einschließlich aller Wände des Mordbergs Eiger. Er war ein hervorragender Skiläufer, ein erfahrener Pilot, außerdem noch Geologe und Lawinenexperte; er war Mitglied der Schnee- und Lawinenforschungsanstalt, die ihren Sitz gut zweitausend Meter oberhalb von Davos hatte. Um diese Jahreszeit war er ständig unterwegs: entweder mit dem Hubschrauber, um sich über den Schneefall und die Schneehöhen zu informieren und nach möglichen Lawinenzonen zu suchen; er betrieb daneben eine Skischule für ausländische Gäste und hatte nach Einbruch der Dunkelheit auch noch Zeit für das muntere Treiben des *Après-Ski*.

Nach Einbruch der Dunkelheit war der stets zu Späßen aufgelegte und schulterklopfende Schweizer in seinem Element. Der von seiner Frau getrennt lebende Robert Frey hatte einen großen Appetit auf Frauen, und es verging kaum ein Abend, an dem sein Appetit nicht mit einer neuen Eroberung gestillt wurde. Anna Markos war – bis jetzt – einer seiner wenigen Mißerfolge. Der inzwischen verheilte Kratzer auf seiner rechten Wange zeugte davon, wie heftig sich Anna verteidigt hatte, als er sie in ihrem

Schlafzimmer überrascht und ihr den Weg versperrt hatte. Seitdem begehrte er sie nur noch mehr; er saß breitbeinig vor dem offenen Feuer da, starrte ihre wundervollen Schenkel an und malte sich den Augenblick aus, in dem sie unter seinem mächtigen Leib begraben sein würden.

»Na, schon wieder beim Träumen?« fragte Anna sarkastisch.

Robert Frey antwortete nicht. Er warf zwei französischen Mädchen, die soeben die Bar betreten hatten, einen Blick zu. Sie starrten ihn einen Moment frech an und bestellten sich dann zwei Drinks. Von der Diskothek im Nebenraum tönte Popmusik herüber; einige Paare begannen zu tanzen. Der Abend kam nur langsam in Fahrt. Er seufzte, leerte sein Glas und stand auf. Er beugte sich hinunter und nahm Anna Markos Kinn in seine mächtige Pranke. Sie starrte herausfordernd zu ihm hinauf.

»Ich sehe dich nachher noch, meine Schöne...«

Sie sagte nichts, als er losschlenderte, seinen Parka vom Kleiderhaken nahm und ihn um die Schultern legte. Er ging in die Nacht hinaus und kletterte hinters Lenkrad seines VW-Transporters. Als er weggefahren war, ließ Anna Markos ihr Getränk stehen, ging zum Hotelausgang, wobei sie ihre pelzgefütterte Skijacke anzog, und sah hinaus. Jetzt um fünf Uhr war es schon stockdunkel, und in dem leichten Schneefall verschwammen die Lichter der kleinen Stadt zu einem sanften Glühen. Sie eilte zu ihrem gemieteten Renault und schloß ihn auf. Als sie den Zündschlüssel drehte, verschwanden in der Ferne schon die Rücklichter von Freys Wagen.

Sie folgte ihm durch die enge Straße, in der Paare mit Skiern auf den Schultern dahinschlenderten. Die Skier sahen aus wie schreckliche Waffen. Dann bremste sie ab und fuhr an den Straßenrand, um zwei Armeefahrzeuge passieren zu lassen. Sie blickte zurück und sah, daß Soldaten mit automatischen Waffen hinter der zurückgezogenen Abdeckplane hervorlugten. Ist hier irgendeine militärische Übung in Gang? fragte sie sich. Anna Markos konnte nicht wissen, daß General Traber von seinem Züricher Hauptquartier aus eine Teilalarmbereitschaft für die gesamte Schweiz angeordnet hatte.

Sie fuhr weiter und erreichte den Stadtrand; Andermatt endet urplötzlich. Dahinter erstreckte sich das schnurgerade Tal, das nach Gletsch und zum Rhône-Gletscher führt; in einem der Eistunnel dieses Gletschers hatte man vor kurzem den Agenten Oberst Springers ermordet aufgefunden. Sie hielt am Rand der verlassenen Straße an, verließ den Wagen, zog einen kleinen einäugigen Feldstecher aus der Tasche und sah hindurch. Die Sicht durch die einzige Linse war nicht allzu gut, aber die Lichter einiger Bauernhäuser ließen sie deutlicher sehen, und zudem hörte es jetzt auf zu schneien. Sie war noch rechtzeitig gekommen, um Freys Transporter in der Toreinfahrt verschwinden zu sehen. Über den eng beieinanderstehenden Häusern erhob sich die Funkantenne, mit der Frey zur Lawinenforschungsanstalt oberhalb von Davos Verbindung hielt.

Als Anna Markos allein neben ihrem Wagen stand, konnte sie das starke Nachtglas nicht sehen, daß von einem der Fenster des Bauernhauses auf sie gerichtet wurde. Emil Platow, ein kleinwüchsiger, dünner Schweizer von vierzig Jahren, mit braunem Haar und Koteletten, ließ das Nachtglas sinken, als Robert Frey den abgedunkelten Raum betrat und seinen Parka abwarf. Seine Silhouette zeichnete sich vor dem Licht im Flur ab. »Was zum Teufel geht hier vor?«

»Diese Freundin von Ihnen ist hinter Ihnen hergefahren. Sie hat kurz hinter der Stadt angehalten. Dies ist schon das zweite Mal. Ich glaube, sie beobachtet uns durch ein Fernglas...«

Ohne ein Wort nahm Frey Platow das Nachtglas ab und beobachtete den in der Ferne geparkten Renault und die schattenhafte Gestalt, die daneben stand. Das Gesicht war zwar unmöglich zu erkennen, aber die Haltung, die Gestalt und der Wagen waren ihm vertraut. Platow sprach weiter.

»Ich habe sie vorgestern abend an genau derselben Stelle entdeckt, etwa um die gleiche Zeit.«

Frey ließ das Nachtglas sinken und zog die Vorhänge zu. »Machen Sie das verdammte Licht an!« schnauzte er. Als das Zimmer wieder erleuchtet war, ging er zu einem Wandschrank hinüber, nahm eine Flasche heraus und goß sich ein Glas Wein ein. Er stand da und trank es aus, bevor er sprach.

»Schön, ich gebe Ihnen recht – es sieht aus, als hätten wir unseren Spion gefunden.«

13. Mailand, Hauptbahnhof

Matt Leroy ging durch die Sperre und bestieg den zweiten Schlafwagen um genau 16 Uhr 55 – zehn Minuten vor Abfahrt des Zuges. Er machte sich auf den Weg ans Ende des Zuges und begann, jedes Abteil zu durchsuchen. Auf Gleis fünf im Milano Centrale erstreckte sich der sechzehn Waggons lange Atlantik-Expreß. Am Ende des Zuges befanden sich die beiden Schlafwagen, die für die Sparta-Leute angehängt worden waren.

Davor standen die beiden fahrplanmäßigen Schlafwagen und davor die drei regulären Erster-Klasse-Wagen. Der Rest des Zuges bestand aus Zweiter-Klasse-Wagen – die meisten waren schon besetzt – und dem Speisewagen. In dem zweiten der hintersten Schlafwagen nahm Leroy von einem als Bahninspektor gekleideten SIFAR-Mann drei Schlüssel entgegen. Sämtliche Schlüssel waren gleich und paßten für die Vordertür des Waggons, so daß die beiden letzten Wagen vom Rest des Zuges abgeriegelt werden konnten. Als Leroy das letzte Abteil erreichte, machte er ein bestimmtes Klopfzeichen. Peter Necker öffnete die Tür erst einen Spaltbreit, dann weiter.

»Haben Sie alles bekommen, was Sie brauchen?« wollte Leroy wissen.

»Die Funkanlage ist einfach hervorragend«, erwiderte der Deutsche in seinem gepflegten Englisch.

Leroy warf einen Blick ins Abteil. Dort befanden sich dermaßen viele Instrumente, daß er sich an das Cockpit einer Boeing 747 erinnert fühlte. Er nickte Necker einen kurzen Gruß zu und ging weiter, um den letzten Waggon zu untersuchen. Jetzt stand die Ankunft von Mr. und Mrs. Wells – von General Marenkow und Elsa Lang – unmittelbar bevor.

Jenseits der Haupthalle, in der tiefer gelegenen kleinen Halle am unteren Ende der Rolltreppen, stand Phillip John in der Nähe des Ausgangs. Er blickte einmal auf die Uhr und begann dann, auf und ab zu wandern, um sich warmzuhalten, während immer mehr Fahrgäste in den riesigen Bahnhof hinauffuhren. Er behielt die Via Pisani draußen weiter im Auge und hielt nach einem dunkelblauen Mercedes 450 SEL Automatic Ausschau.

Hinterm Lenkrad des Mercedes sah Wargrave die weitläufige Silhouette des Milano Centrale näherkommen, als er mit gleichbleibender, aber nicht zu hoher Geschwindigkeit darauf zufuhr. Zu seiner Linken ragte das rhombenförmige, gigantische Pirelli-Gebäude in die Höhe. Hinter ihm saßen Elsa und Marenkow. Seit der Abfahrt vom Innenhof des geheimen Quartiers von Oberst Molinari hatte niemand ein Wort gesprochen, und er entschied, daß es an der Zeit sei, ein wenig die Spannung zu lockern.

»Molinari befindet sich schon im Bahnhof, um die Sicherheitsvorkehrungen zu prüfen«, sagte er zu Marenkow. »Elsa wird Sie in die Haupthalle bringen und dann über die Rolltreppe zur oberen Halle. Widerstehen Sie der Versuchung, sich zu beeilen – im Bahnhof wimmelt es von Wachen, obwohl Sie das nicht sehen werden. Ich werde Ihnen folgen und am oberen Ende der

Rolltreppe auf Sie warten. Ich werde auch darauf achten, daß Sie nicht verfolgt werden.«

»Ein wohlorganisiertes Unternehmen, Mr. Wargrave«, bemerkte der Russe. »Bis jetzt jedenfalls ...«

»Vielen Dank für Ihren Vertrauensbeweis«, versetzte Wargrave trocken.

»Ich wollte Ihnen nur eine kleine Warnung zukommen lassen«, entgegnete Marenkow ruhig. »Irgendwo werden sie den ersten Versuch wagen – vielleicht schon in den nächsten Minuten ...«

»So ist's richtig«, sagte Elsa heiter. »Muntern Sie uns ruhig auf.«

»Was auch immer geschieht, wenn wir gleich anhalten – Sie gehen unbeirrt in den Bahnhof hinein«, wies Wargrave ihn an. »Was auch immer geschieht«, wiederholte er.

Er wendete den Mercedes, kurvte an den Bordstein heran und hielt an. Ein Gepäckträger riß den hinteren Schlag mit ungewöhnlicher Schnelligkeit auf; wenigstens trug der SIFAR-Mann die Uniform eines Gepäckträgers. Er nahm den Gucci-Reisekoffer an sich und verschwand auf der Treppe. Marenkow stieg gerade hinter Elsa Lang aus dem Wagen aus, als sich der Zwischenfall ereignete. Zwei Wagen, die sich dem Bahnhof näherten, stießen mit einem ohrenbetäubenden Krachen zusammen. Der Russe erstarrte. »Los, weiter – ein Ablenkungsmanöver«, flüsterte Elsa und nahm seinen Arm. »Alles nach Plan ...«

Dort, wo die beiden Wagen zusammengeprallt waren, war jetzt der Teufel los. Die beiden Fahrer waren ausgestiegen und standen wild gestikulierend und schreiend vor ihren Wagen, während uniformierte Carabinieri auf sie zuliefen. Die Aufmerksamkeit aller Passanten wurde auf den Unfall gelenkt; viele der Spätankömmlinge unter den Fahrgästen blieben stehen, um sich den Tumult anzusehen. Elsa und ihr Ehemann auf Zeit befanden sich schon am oberen Ende der Treppe, gingen in die untere Halle, gingen an Phillip John und drei Carabinieri mit Gewehren in der Hand vorüber und betraten die Rolltreppe, die sie in die obere Halle brachte.

»Gleis fünf«, sagte Elsa, als sie die Rolltreppe verließen. In diesem Moment, in dem sie auf die Sperre zuzugehen begannen, wäre ein schläfriger Gepäckträger, der einen Elektrokarren fuhr, um ein Haar in Elsa hineingefahren. Der Russe reagierte blitzschnell; er packte Elsa an der Taille und riß sie zur Seite. Dann, als sie seinen Arm nahm, ging er einige Schritte lang mit seinem gewohnten schweren und stampfenden Gang. Dieser Beinaheunfall hatte ihn seine Lektion vergessen lassen. Nachdem er sich wieder gefangen hatte, wurde sein Gang leichtfüßiger, und mit raschen Schritten gingen jetzt beide auf die Sperre zu. Marenkow hielt die Fahrkarten in der Hand.

Vor dem Restaurant stand Ugo Sala, der KGB-Agent, und trank seine zweite Tasse Kaffe, um sich warmzuhalten und die bittere Kälte zu vergessen. Das wohlhabend aussehende Paar hatte er bis zu dem Zwischenfall mit dem Elektrokarren ohne großes Interesse angesehen. Jetzt erstarrte er. Während seiner Ausbildung in Moskau hatte er ja General Marenkow mehrmals zu Gesicht bekommen, und Ugo Sala war ein scharfer Beobachter. Er hatte die Veränderung des Gangs bemerkt, und als er den Mann im Vicuña-Mantel jetzt genauer ansah, war er von dessen wahrer Identität überzeugt, obwohl die Veränderung der äußeren Erscheinung erstaunlich war.

Hätte Sala eine Waffe bei sich gehabt – was nicht der Fall war – und wäre er ein guter Schütze gewesen – was ebenfalls nicht zutraf –, hätte er jetzt vielleicht versucht, Marenkow zu erschießen. Das wäre ihm allerdings nicht gelungen, denn wenige Meter entfernt standen zwei SIFAR-Männer in Zivil, die die Hände in der Tasche hielten. Statt dessen verließ er den Bahnhof und eilte zu seinem geparkten Taxi. Als er am Steuer saß und die Tür zugeschlagen hatte, benutzte er sein Funktelefon.

»Hier Rom drei. Hier Rom drei. Der Fahrgast hat jetzt den Zug bestiegen ...«

Am unteren Ende der Rolltreppe stand Phillip John zusammen mit Harry Wargrave und wartete, als Mr. und Mrs. Wells, der Ölmanager der Shell International und seine ›Frau‹, außer Sicht verschwanden und in die obere Halle gingen. Hinter ihnen, draußen vor dem Bahnhof, setzte sich der durch den von Molinari inszenierten Unfall ausgelöste Tumult fort. »Sie sehen müde aus«, sagte John. Wargrave warf dem weißgesichtigen Scharfschützen einen Blick zu. Es war eine einfache Feststellung gewesen, dahingesprochen, als wäre es John total gleichgültig.

»Wenn wir Schiphol erreicht haben, können wir uns Müdigkeit leisten«, erwiderte Wargrave knapp.

Aber John hatte recht. Wargrave fühlte sich am ganzen Körper wie gerädert. In der Nacht zum Samstag hatte er kaum ein Auge zugetan; er hatte die halbe Nacht mit Molinari aufgesessen und war mit ihm noch einmal sämtliche Pläne durchgegangen. Und vor wenigen Stunden erst war er nach Bukarest und zurück geflogen. Die untere Halle war jetzt fast menschenleer; die Carabinieri waren verschwunden, und die letzten späten Reisenden waren die Rolltreppe hinaufgestürmt. Die beiden Engländer waren allein, als

Wargrave sich eine Zigarette anzündete, »bis später« sagte und die Rolltreppe betrat, die sich langsam aufwärts bewegte. Phillip John würde allein in den Schlafwagen einsteigen.

Als die Rolltreppe ihn nach oben beförderte, stand Wargrave entspannt mit einer Hand auf dem Geländer da; er wartete auf den ersten Blick in die obere Halle. Elsa und Marenkow gingen jetzt vermutlich gerade durch die Sperre. Als er oben angekommen war, stieg Wargrave von der Rolltreppe hinunter und hielt dann inne. Er ging ein paar Meter nach rechts, bis er vor der nach unten führenden Rolltreppe stehenblieb. Elsa und Marenkow hatten soeben die Sperre passiert und gingen auf die Tür des zweiten Schlafwagens zu.

Am unteren Ende der Rolltreppe riß Phillip John seine 9-Millimeter-Luger aus dem Schulterhalfter, zielte rasch, hielt die Pistole mit beiden Händen und feuerte einen einzigen Schuß ab. Wargrave fiel rückwärts und brach auf der Rolltreppe zusammen, die seinen zusammengesunkenen Körper langsam in die untere Halle zurücktrug.

Elsa und Marenkow hörten den Schuß; sie hielt noch immer den Arm des Russen und blickte sich noch rechtzeitig um, um Wargrave zusammenbrechen zu sehen, um zu sehen, wie sein lebloser Körper langsam außer Sicht verschwand, als die Rolltreppe ihn nach unten brachte. Ihr Griff um Marenkows Arm wurde fester. Sie hatte das Gefühl, als würde sich ihr die Kehle zuschnüren; sie fühlte sich krank vor Entsetzen, bis ihr Training sie dazu brachte, sich zusammenzunehmen.

»Wir steigen sofort ein...«

Matt Leroy wartete am Eingang des zweiten Schlafwagens und wollte gerade eine Frage stellen, aber Elsa unterbrach ihn. »Ich muß sofort zu Julian...« Leroy, der Order hatte, bei der einzigen geöffneten Tür der beiden letzten Schlafwagen zu bleiben, wies einen SIFAR-Mann auf dem Gang an, die beiden zu begleiten. Haller wartete in Abteil drei auf sie – er hatte das geheime Quartier wenige Minuten vor Wargrave zusammen mit Molinari verlassen, um sich durch eigenen Augenschein von den am Bahnhof getroffenen Sicherheitsvorkehrungen zu überzeugen. Das Lächeln in seinem Gesicht gefror, als er Elsas Gesichtsausdruck sah.

»Oh, Julian – sie haben Harry erschossen. Er war am oberen Ende der Rolltreppe, als...« Ihr versagte die Stimme. Es war Marenkow, der ihr einen Arm um die Taille legte und sie behutsam zu einem Sitzplatz führte. Der Amerikaner stand schnell auf. »Schließen Sie diese Tür ab«, befahl er, »und öffnen Sie sie nur auf das verabredete Klopfzeichen ...« Marenkow schloß die Tür ab, als Elsa sich einen Ruck gab und die Smith & Wesson aus der Handtasche nahm. Sie legte sie auf den Sitz neben sich.

»Es wird gleich wieder gehen«, sagte sie dem Russen, »und außerdem habe ich noch eine Aufgabe zu erfüllen ...«

Marenkow setzte sich neben sie und sprach mit ungewöhnlicher Sanftheit auf sie ein. »In Rußland gibt es ein Sprichwort – Tränen waschen alle Spannungen weg ...«

»Keine Tränen ...«

Draußen im Gang ging Julian Haller mit einem grimmigen Gesichtsausdruck auf und ab. In den letzten beiden Schlafwagen waren sämtliche Vorhänge heruntergelassen, um die Waggons vor Einblick zu schützen. Am Ende des zweiten Waggons wartete Matt Leroy noch immer an der geöffneten Tür. »Wargrave ist erschossen worden«, informierte ihn Haller. »Bleiben Sie, wo Sie sind«, befahl er, als Leroy sich der Tür zuwandte. »Niemand darf den Zug verlassen.« In diesem Augenblick stieg Phillip John ein und sah sich Haller gegenüber.

»Sie haben die Nachricht gehört?« fragte er leise.

»Daß Wargrave erschossen worden ist? Ja. Wie geht's ihm?«

»Sie haben ihn in die Rotkreuzstation hier im Bahnhof gebracht.«

John machte eine Pause. »Ich fürchte, ich habe eine schlechte Nachricht für Sie. Harry Wargrave ist tot.«

Haller starrte ihn an. Sein Gesicht verriet keinerlei Bewegung. »Wie ist das passiert?« wollte er wissen. »Haben sie den Mörder geschnappt?«

»Bis jetzt nicht. Ich stand unten am Ende der Rolltreppe, als jemand einen Schuß abfeuerte. Ich konnte nicht sehen, woher er kam. Muß ein hervorragender Scharfschütze gewesen sein. Der Bahnhof wimmelt jetzt von Carabinieri und SIFAR-Leuten. Sie haben sämtliche Ausgänge verriegelt, und Molinari leitet die Suchaktion persönlich.«

»Lösen Sie Leroy hier ab«, befahl Haller. »Machen Sie diese verdammte Tür zu und erlauben Sie niemandem, einzusteigen. Sie kommen mit mir«, sagte er zu Leroy. »Beziehen Sie vor unserem Abteil Posten.« Er holte tief Luft und ging zum Abteil drei zurück. Wenn du eine miese Aufgabe zu erledigen hast, erledige sie gleich, sagte er sich. Er hätte nur zu gern noch mit Oberst Molinari gesprochen, aber der Expreß würde gleich abfahren. Auf sein Klopfzeichen hin wurde die Tür von Elsa einen Spaltbreit geöffnet. Durch die enge Türöffnung hielt sie ihre Smith & Wesson auf ihn gerichtet. Alles haargenau so, wie Wargrave es ausdrücklich angeordnet hat, dachte er traurig. Ihre Augen sahen ihn forschend an, als er eintrat und die Tür verschloß.

»Ist er noch am Leben?« fragte sie leise.

Haller schüttelte den Kopf. Sie setzte sich kerzengerade hin, hielt die Waffe auf dem Schoß und starrte auf die Wand. Haller drückte ihre Schulter, zündete eine Zigarette an und steckte sie ihr zwischen die Lippen. »Ich hasse diese verdammte Organisation«, sagte sie tonlos. Marenkow verschränkte taktvoll die Arme und schwieg, als er sich neben sie setzte. Sie haßt mich jetzt, dachte er – wenn ich in Rußland geblieben wäre, wäre der Mann, den dieses Mädchen insgeheim geliebt hat, noch am Leben.

Nur zwei Minuten vor der Abfahrt des Atlantik-Expreß erschien ein verspäteter Reisender, der in einer Hand eine kleine Reisetasche trug und in der anderen den Stock hielt, auf den er sich beim Gehen stützte. Der einen Meter achtzig große Mann schien kleiner zu sein, als er mit geneigtem Kopf und gekrümmten Schultern vorwärtshumpelte. Er trug einen schweren Mantel aus Astrachanfell, der den Mann gewichtiger wirken ließ, als er tatsächlich war, und einen Tirolerhut mit einer kleinen roten Feder im Hutband. Sein graues Haar wirkte ungepflegt, und er blinzelte durch eine Zwei-Stärken-Brille. Trotz seines leichten Humpelns bewegte er sich mit seinem seltsam torkelnden Gang erstaunlich schnell. Phillip John, der hinter dem Fenster der geschlossenen Waggontür stand, schätzte sein Alter auf sechzig und verschwendete keinen weiteren Gedanken an ihn.

Der Fahrgast bestieg den zweiten Schlafwagen und zeigte dem Schaffner eine Fahrkarte auf den Namen Joseph Laurier. Der Reisende wurde in ein Singleabteil geführt, das für ihn reserviert war. Laurier sprach kein Wort mit dem Schlafwagenschaffner, der kurz darauf hörte, wie die Abteiltür von innen verschlossen wurde. »Alter Griesgram«, dachte der Schaffner, als er zu seinem Platz am Ende des Waggons zurückkehrte. So einen Typ erlebte er auf jeder Fahrt.

Eine Minute später fuhr der von einer Lok 111 mit der Achsanordnung Bo-Bo gezogene Expreß – ein Zug mit sechzehn Waggons und einem Gesamtgewicht von über siebenhundert Tonnen – unter dem riesigen Kuppeldach des Milano Centrale an, ratterte über das Gewirr der zahlreichen Weichen und beschleunigte rasch auf seiner Fahrt nach Norden. Die Bahnhofsuhr zeigte genau 17 Uhr 05.

Lawinenexpreß

14. Chiasso, Lugano

Die Waggons schwankten leicht von einer Seite zur anderen, als der Expreß bei seiner Fahrt durch die flache, schneebedeckte Poebene stetig weiter beschleunigte. In einer Stunde würde er Chiasso erreichen, den Schweizer Grenzbahnhof. In seinem Singleabteil hob Joseph Laurier, der Reisende, der den Zug als letzter bestiegen hatte, den Vorhang, um in die Nacht hinauszusehen. Die Lichter der Mailänder Vororte waren bereits verschwunden; im Schein des aufsteigenden Vollmondes sah Laurier, wie es auf die unendliche Ebene schneite. Anders als die meisten Menschen, die soeben einen Zug bestiegen haben, wirkte Laurier ruhelos.

Er zog den Vorhang herunter, verließ sein Abteil und begann, mit seinem schlurfenden Gang nach vorn zu gehen. Er ging langsam, stützte sich am Geländer ab, um das Gleichgewicht zu halten, ging durch die beiden Schlafwagen hindurch und blickte dann in jedes Abteil, während er von Waggon zu Waggon weiterging.

Manchmal blickten Reisende auf, als er vorüberging, aber seinem unbestimmten Blick konnte niemand entnehmen, daß er sich jeden Menschen in diesem Zug ansah. Er ging durch den Speisewagen, in dem gerade die Tische gedeckt wurden – das erste Abendessen begann um sechs –, und setzte langsam den Weg bis zum vorderen Ende des Zuges fort. Schon lange bevor der Expreß sich Chiasso näherte, hatte Laurier den ganzen Zug abgeschritten und war wieder in sein Abteil zurückgekehrt.

Im Funkabteil am Ende des letzten Schlafwagens nahm Peter Necker den Kopfhörer ab und blickte zu Matt Leroy auf. »Ich habe Oberst Springer wieder eine Meldung geschickt, daß bis jetzt alles in Ordnung ist...«

»In Ordnung?« Leroy starrte den gnomenhaften kleinen Deutschen an, der ein so gutes Englisch sprach. Dies war eine der Qualifikationen, die ihn befähigt hatten, seinen ehemaligen Job als mehrsprachiger Funker bei der Kriminalpolizei in Wiesbaden zu bekommen. »In Ordnung?« wiederholte Leroy. »Obwohl Harry Wargrave tot ist?«

»Haben Sie die Leiche gesehen?« fragte Necker.

»Um Himmels willen, nein – man hat mir nicht erlaubt, den Zug zu verlassen.«

Der schnauzbärtige Amerikaner war irritiert. Necker war ein Freund Wargraves gewesen und hatte bei der Nachricht vom Tod des Engländers keinerlei Gefühlsregung gezeigt. Diese gottverdammten Europäer, dachte Leroy. Kalt wie Hundeschnauzen und großmäulig.

»Hat Haller oder sonst jemand die Leiche gesehen?« beharrte Necker.

»Nein.«

»Verstehe...«

Leroy wußte nicht, ob er sich würde beherrschen können, und verließ das Funkabteil. Er ging zum Abteil drei zurück, in dem Haller und Elsa Marenkow bewachten. Phillip John trat zur Seite, um ihn in den letzten Waggon eintreten zu lassen. »Sie sehen aus, als hätten Sie eine Kröte verschluckt«, bemerkte der Engländer mit seiner sanften Stimme. »Sie vermissen wohl die Coca-Cola, was?«

Leroy gab ihm einen unsanften Schlag auf den Arm. »Genau das habe ich getan, mein Lieber, also lassen Sie diese neunmalklugen Sprüche. Außerdem sieht man Ihre dritte Brustwarze...« Er berührte Johns Schulterhalfter. Eine rasche Bewegung, und Leory sah sich der Mündung der Luger gegenüber. »Na schön«, gab er zu, »mit dem Kracher sind Sie wirklich schnell...« Als er in den letzten Schlafwagen verschwand, steckte John die Waffe ins Halfter und machte den obersten Mantelknopf auf. Der Mantel hatte so gespannt, daß die Umrisse der Pistole zu sehen gewesen waren. John war ein Mann, der sich durchaus etwas sagen ließ.

Leroy klopfte an die Abteiltür und ließ die verabredete Prozedur über sich ergehen – die Tür ging einen Spaltbreit auf, Haller starrte hinaus, einen 45er Colt in der Hand, und ließ ihn dann eintreten. Leroy war erleichtert, zu sehen, daß die Stimmung sich wenigstens äußerlich ein wenig gebessert hatte. Jeder gab sich Mühe, seine düsteren Gedanken zu verbergen. Marenkow war dabei, eine Patience zu legen; als Leroy eintrat, langte Elsa hinüber und legte eine Karte an die richtige Stelle. »Necker hat eben wieder eine Meldung an Springer geschickt«, sagte Leroy zu Haller.

»Wir werden bald in Chiasso sein«, bemerkte der Amerikaner. Er hob den Fenstervorhang ein wenig, als der Expreß durch den Bahnhof von Como fuhr, und zog ihn dann wieder herunter. Er konnte nicht ahnen, daß der Expreß bei seiner Fahrt durch die Nacht aus einem Fenster im vierten Stock eines Wohnhauses in der Nähe des Schienenstrangs beobachtet wurde. In dem abgedunkelten Zimmer saß der Wohnungsinhaber und beobachtete das Vorübergleiten des langen Glühwurms. Er schloß die Vorhänge, machte das Licht an, öffnete einen Schrank, drückte auf einen verborgenen Schalter, der eine Klappe öffnete. Dahinter verbarg sich ein leistungsstarkes Sendegerät. Der Mann begann zu funken.

Als der Expreß sich Chiasso näherte, lag Joseph Laurier entspannt auf dem Bett seines Singleabteils im zweiten Schlafwagen. Er sah auf seine Uhr und wurde wieder unruhig. Er ließ seine langen Beine auf den Fußboden gleiten, nahm das Messer mit Knochenhandgriff, das er unter dem Kopfkissen versteckt hatte, und steckte es in die dicke Wollsocke an seinem rechten Bein. Als er seinen schweren Astrachan-Mantel überzog und den Tirolerhut aufsetzte, wurde der Zug langsamer. Als der Expreß anhielt, nahm Laurier seinen Stock.

Es war 18 Uhr 05, als der Atlantik-Expreß am Schweizer Grenzbahnhof mit seinem riesigen Verschiebebahnhof hielt, an dem Schweizer Grenz- und Zollbeamte die Züge besteigen. Es hatte aufgehört zu schneien. Nach dem ständigen Rattern der Räder senkte sich eine unheimliche Stille über das Innere des Zuges. Der Bahnsteig draußen war menschenleer. In Abteil drei nahm Elsa ihre Pistole und legte sie sich auf den Schoß.

»Sie erwarten Ärger?« fragte Marenkow.

»Wir sind in Chiasso. Jeder Aufenthalt kann Gefahr bringen. Würden Sie mit Ihrer Patience aufhören, bis wir wieder fahren? Ich möchte nicht durch irgend etwas abgelenkt werden...«

»Dann werden Sie Ihre Beine verstecken müssen – wenn Sie wollen, daß ich nicht abgelenkt werde.«

Elsa zwang sich zu einem Lächeln: Der Russe versuchte, sie in diesem Moment höchster Anspannung aufzumuntern. Haller war auf den Gang hinausgegangen, um Wache zu halten, und sie spürte die Last der Verantwortung, Marenkow allein zu bewachen – und er hatte wieder einmal intuitiv erfaßt, wie es um sie stand.

Draußen auf dem Bahnsteig schlurfte Laurier vor dem dritten Schlafwagen auf und ab; er wirkte wie ein Mann, der nach der überheizten Luft im Zug ein wenig frische Luft braucht. Er bemerkte Anzeichen dafür, daß sich etwas tat. Aus dem Wartesaal erschienen drei neue Fahrgäste; alle drei waren Männer und trugen zum Schutz gegen die Kälte dicke Pelzmäntel. Sie reisten offensichtlich gemeinsam. Mit ihren Koffern und Reisetaschen stiegen sie in einen Zweiter-Klasse-Waggon ein und schlugen die Tür zu. Laurier beobachtete sie und drehte sich dann um, um das hintere Ende des Bahnsteigs zu beobachten.

Kurz hinter dem Ende des Zuges versperrte eine mehr als zwei Meter hohe Zeltplane die Sicht auf den dahinterliegenden Teil des Bahnhofs. Irgendwo in der Ferne hörte Laurier das Rumpeln näher kommender Räder. Er warf wieder einen Blick nach links, als ein vierter Reisender aus dem Wartesaal kam und auf den Expreß zuschlenderte. Dies war ein weit auffallenderer Mann als die drei Durchschnittstypen, die den Zweiter-Klasse-Wagen bestiegen hatten.

Der Neuankömmling, der selbst an diesem bitterkalten Abend ohne Hut ging, war einen Meter fünfundachtzig groß, trug einen langen blauen Mantel und rauchte eine Pfeife. Als er unmittelbar vor Laurier vorüberging, fielen diesem die hervorstehenden Wangenknochen, die kräftige Nase, der gepflegte Schnurrbart, der ebenso schwarz war wie das dichte Haupthaar, das harte Kinn und die dunklen wachen Augen auf. Der Mann ging mit gleichmäßigen, beherrschten Schritten. Alles an ihm ließ verborgene Kraftreserven ahnen. Er steckte sich das schlanke Aktenköfferchen unter den Arm, zerrte mit beiden Händen an dem zugefrorenen Türgriff und verschwand in einem Erster-Klasse-Waggon.

Etwa zehn Minuten lang geschah nichts weiter, und dann gab es eine dumpfe Erschütterung, und der Expreß erbebte leicht. Ans hintere Ende des Zuges war irgendein Waggon angehängt worden. Laurier stieg wieder ein, und als er wenige Minuten später aus seinem Abteilfenster blickte, sah er ein halbes Dutzend Schweizer Grenz- und Zollbeamte einsteigen. Was höchst ungewöhnlich ist, dachte Laurier; normalerweise bestiegen in Chiasso nur je zwei Grenz- und Zollbeamte die nach Norden fahrenden Züge.

In Abteil drei fuhr Elsa zusammen, als der Zug unter dem dumpfen Anstoß erbebte. »Was um Himmels willen war das?« fragte sie Haller, der soeben ins Abteil zurückgekommen war.

»Die rangieren wohl, nehme ich an. Hier gibt's einen großen Verschiebebahnhof...«

Wenige Minuten später setzte sich der Expreß wieder in Bewegung; er fuhr jetzt auf das Ostufer des Luganer Sees, auf den Damm zu, der die Züge zum westlichen Ufer bringt. In Abteil drei war sich niemand der Bedeutung des dumpfen Aufpralls bewußt, der den Zug erschüttert hatte. Ans Ende des Zuges war ein offener Güterwagen angehängt worden – und auf dem Güterwagen stand ein mit Ketten befestigter Alouette-Hubschrauber, dessen Rotorblätter parallel zu den Außenwänden des Güterwagens gelegt worden waren.

»Ich glaube, ich vertrete mir ein bißchen die Beine«, sagte Elsa.

»Hast du etwas dagegen?« fragte sie Haller. »Ich kriege noch Platzangst, wenn ich weiter in diesem Abteil eingesperrt bleibe.«

»Solange du in den beiden letzten Schlafwagen bleibst«, erwiderte der Amerikaner.

»Es geht nicht nur darum, daß ich mir ein bißchen Bewegung verschaffe...« Elsa hatte ihre Reisetasche geöffnet und setzte sich jetzt ihre dunkle Perücke auf. »Vielleicht ist es gut, daß ich mir die Reisenden einmal ansehe – es könnte sein, daß mir etwas auffällt.« Sie setzte ihre dunkle Hornbrille auf und zog den militärisch geschnittenen Regenmantel an, den sie in Basel bei der Übernahme der Kassetten von Peter Necker immer getragen hatte. »Wenn ich so aussehe, wird mich niemand erkennen. Das hoffe ich jedenfalls nicht«, fügte sie mit gespielter Entrüstung hinzu.

»Also gut, aber sei vorsichtig«, sagte Haller zögernd. »Vielleicht ist es eine gute Idee«, setzte er hinzu.

Haller hatte sich rasch anders entschieden. Nicht weil er der Meinung war, sie könne tatsächlich etwas Auffälliges entdecken – aber ein kleiner Rundgang konnte dazu beitragen, ihr etwas von der Anspannung zu nehmen, die durch die schockartige Nachricht von Wargraves Tod ausgelöst worden war.

Elsa dachte an Harry Wargrave, als sie durch den hin und her schwankenden Gang schritt und dann wartete, während Phillip John die Tür des zweiten Waggons aufschloß. In Mailand, als Wargrave noch die Bahnfahrt geplant hatte, hatte er ihr eine Anweisung gegeben. »Zieh dir hinter Chiasso die Sachen an, die du in Basel getragen hast, und mache einen Gang durch den Zug. Sieh dir die Fahrgäste gut an – du könntest jemanden entdecken. Der Vorschlag muß aber von dir selbst kommen – Julian würde mir ins Gesicht springen, wenn ich ihm damit käme...«

Mehrere Waggons weiter vorn betraten sechs Männer in den Uniformen Schweizer Grenz- und Zollbeamter gerade das Abteil, in dem die drei Männer saßen, die in Chiasso zugestiegen waren. Die drei Männer mit den dunklen Gesichtern sahen überrascht hoch angesichts dieser Invasion von Beamten und holten ihre Reisepässe hervor. Das Abteil war jetzt so überfüllt, daß sich kaum noch jemand bewegen konnte.

»Gepäck!« schnauzte einer der Beamten unfreundlich.

Er hievte eine Reisetasche aus dem Gepäcknetz herunter, öffnete das Schnappschloß, starrte hinein und stieß einen Pfiff aus. In der Tasche, auf einigen Kleidungsstücken, lagen drei Walther-Pistolen. Einer der Italiener griff nach einer der Pistolen und wurde von einem Schweizer daran gehindert, der ihn mit einem heftigen Schlag in den Sitz zurückstieß. Ein zweiter Italiener versuchte, einen anderen Schweizer durch einen Tiefschlag außer Gefecht zu setzen, erhielt aber einen Faustschlag aufs Kinn. Innerhalb einer Minute hatten alle drei Männer Handschellen an, und zwei weitere Reisetaschen waren geöffnet worden. Wieder ließ einer der Schweizer einen Pfiff hören und zeigte seinen Kollegen den Inhalt.

»Sprengstoff auch noch. Handgranaten, Gelatinedynamit...«

Elsa betrat den Gang dieses Wagens, als der erste Italiener herausgebracht und in Fahrtrichtung geschubst wurde. Sie verlangsamte ihren Schritt und sah, wie auch die beiden anderen Italiener in Handschellen in die gleiche Richtung geführt wurden. Als sie an dem Abteil vorüberging, ließ einer der Schweizer Beamten gerade das Rollo zum Gang herunter, aber sie hatte schon die auf einem Sitz liegende Reisetasche mit den Pistolen gesehen. Sie kehrte um und ging zum hinteren Ende des Zuges zurück, um Haller zu berichten, was sie gesehen hatte.

Als sie durch den Schlafwagen vor den abgeriegelten beiden letzten Wagen ging, sah sie einen grauhaarigen Mann mit einem Stock aus einem der Abteile heraustreten, der es sich aber anders überlegte und wieder hineinging. Sie ging schnell weiter. Als sie an seinem Abteil vorüberging, bemerkte sie, daß die Abteiltür nur halb geschlossen war. Sie hörte etwas und drehte sich um. Eine Hand packte sie an der Kehle, eine zweite ergriff ihre Handtasche, als sie nach ihrer Waffe langte. Sie wurde mit brutaler Gewalt ins Abteil gezerrt. »Wenn Sie zu schreien versuchen, erwürge ich Sie«, zischte ihr eine Stimme ins Ohr.

Im Abteil wehrte sich die halb erstickte Elsa heftig, trat wild um sich und versuchte, die Schienbeine des Angreifers zu treffen. Die Handtasche mit der Waffe wurde ihr entwunden. Laurier gab ihr einen harten Schubs auf den Rücken, was sie bäuchlings aufs Bett fallen ließ. Er schlug die Tür zu und schloß sie ab, als sie herumfuhr und sich mit einer zur Kralle gekrümmten Hand zum Angriff bereitmachte. Dann erstarrte sie vor Entsetzen, als Laurier die graue Perücke und die Brille abnahm.

»Du würdest mich doch nicht im Ernst umbringen wollen? Oder?« fragte Harry Wargrave mit einem spöttischen Unterton.

Sie starrte zu ihm hoch. Aus ihrem Gesicht war alle Farbe gewichen. Wargrave grinste auf sie herunter. »Tut mir leid, daß ich so unsanft mit dir umgehen mußte, aber ich mußte dich schnell hier hereinbringen – auf dem Gang hätte jemand kommen können...«

»Was...« Ihre Stimme erstarb, aber diesmal vor Bewegung: »Mein Gott, ich dachte, du wärst tot...«

»Das sollte auch jeder denken – ich habe es mit Phillip John und

Oberst Molinari so verabredet. Es war John, der den Schuß abfeuerte – er hat mit voller Absicht nur die Schulter gestreift. Er ist zum Glück ein fabelhafter Schütze. Dann haben sie mich in Windeseile zur Rotkreuzstation des Bahnhofs gebracht. In einem angrenzenden Raum habe ich mir schnell diese Sachen angezogen und hatte dann noch eine Minute Zeit, den Zug zu besteigen. Zigarette?«

Sie übersah die ihr hingestreckte Schachtel und sah Wargrave ausdruckslos an. »Es ist wohl zuviel verlangt, wissen zu wollen, was das ganze Theater soll?« fragte sie in seltsam eisigem Ton.

»In diesem Zug stimmt irgend etwas nicht – ich kann aber noch nicht sagen, was es ist. Ich mußte allein arbeiten, ohne ständig Haller im Genick zu haben. Und ich wollte mir alle Fahrgäste ansehen, ohne selbst erkannt zu werden. Ich bin schon lange in diesem Geschäft, und ich möchte annehmen, daß der KGB ein Bild von mir hat...«

»Du hast mir nicht Bescheid gesagt«, sagte sie sehr leise.

»Das konnte ich nicht...«

»Du Dreckskerl!« Sie stand plötzlich auf, holte mit der rechten Hand aus und versetzte ihm einen harten Schlag ins Gesicht. Dann kam sie zur Besinnung, umarmte ihn und vergrub das Gesicht an seiner Brust. »Harry, du Dreckskerl... Dreckskerl... Dreckskerl.« Ihr Körper, der sich an ihn preßte, zitterte und bebte. Er hob ihr Kinn, bis sich ihre Augen trafen. »Keine Tränen«, sagte er warnend. »Wenn du zu Haller zurückgehst, mußt du normal aussehen. Keine geschwollenen Augen...« Er hielt sie fest, bis das Zittern aufhörte, dann hielt er sie auf Armeslänge von sich. Ihre Augen glänzten feucht, aber sie hatte die Tränen zurückgehalten. »Gutes Mädchen...«

»Ich muß scheußlich aussehen.« Sie wandte sich ab und besah sich prüfend im Wandspiegel. Ihre schwarze Perücke war verrutscht; ihre Hornbrille war während des Kampfes zu Boden gefallen, aber unbeschädigt geblieben. Sie machte sich zurecht, während sie sich weiter unterhielten. »Du hast gesagt, keine Tränen – soll das heißen, ich soll zurückgehen, ohne ihnen etwas zu sagen?«

»Haargenau das – jedenfalls für den Augenblick.«

»Julian ist deinetwegen ziemlich niedergeschmettert. Er hat zwar nicht viel gesagt, aber ich merke es ihm an. *Ihn* kannst du doch unmöglich im Verdacht haben?«

»Julian Haller ist der beste Agent, den Washington je hervorgebracht hat. Du mußt mir nur vertrauen. Beim jetzigen Stand der Dinge kann ein Mann, der draußen ist – außerhalb der beiden letzten Waggons –, sehr nützliche Arbeit leisten.«

Er sagte ihr nicht alles, was er wußte. Das spürte Elsa sehr deutlich, aber inzwischen hatte sie die Situation akzeptiert. In der Vergangenheit hatte der immer unorthodoxe Harry Wargrave, der einsame Wolf, schon so oft recht behalten. »Aber Phillip John weiß doch Bescheid«, hob sie hervor.

»Er weiß nur, daß ich am Leben bin. Er glaubt, ich sei noch in Mailand und würde das Unternehmen von dort aus leiten. Und«, fuhr er sanft fort, »ich konnte dich wirklich nicht vorwarnen – bist du sicher, daß du überzeugend hättest reagieren können, wenn du die Wahrheit gewußt hättest?«

»Nein«, gab sie zu. »Kann ich gelegentlich mal vorbeikommen und dich heimlich treffen?«

»Aber selbstverständlich. Und in regelmäßigen Abständen. Ich muß alles wissen, was in den hinteren Schlafwagen vorgeht. Noch etwas – es kann jeden Augenblick passieren, daß General Traber mir einen dringenden Funkspruch aus Zürich schickt. Der Funkspruch wird von jemandem sein, der sich Leros nennt. Den bringst du mir sofort her...«

»Dein Funker, Peter Necker, hält dich für tot – jedenfalls nehme ich an, daß er dich für tot hält.« Sie runzelte die Stirn. »Du hast ihm nichts gesagt? Nein? Komisch – ich bin zu ihm gegangen, um es ihm zu sagen, und wenn ich es recht bedenke, hat er die Nachricht ziemlich ungerührt aufgenommen...« Sie lächelte schwach und sah Wargrave mit einem Anflug von Stolz an. »Als hätte er nicht glauben können, daß man dich so leicht erledigen kann.« Sie sah sich ein letztes Mal prüfend im Spiegel an und setzte ihre Hornbrille auf, dann sah sie Wargrave ins Gesicht. »Wenn ich wirklich so aussähe wie jetzt, würdest du mich dann überhaupt eines Blickes würdigen?«

Er faßte ihr an Kinn und küßte sie voll auf den Mund. »Und das ist etwas, was du Julian nicht berichtest«, sagte er mit gespieltem Ernst. »Er hält nichts von geschlechtlichem Umgang unter Agenten.«

»Ich gehe jetzt lieber«, sagte sie hastig. »Oh, beinahe hätte ich es vergessen. In Chiasso sind drei Mörder zugestiegen, aber die Schweizer Abwehr hat sie geschnappt.« Sie erzählte ihm rasch, was sich ereignet hatte. Wargraves Reaktion überraschte sie. Er hörte mit halbgeschlossenen Augen zu, dann nahm er sie in Verhör.

»Ein bißchen zu offenkundig, nicht wahr?« bemerkte er. »Die Leute vom KGB sind sonst weit besser. Das stinkt meilenweit nach Ablenkungsmanöver – diese Sache sollte unsere Wachsamkeit erlahmen lassen.« Sein Tonfall wurde drängend. »Versuche Haller klarzumachen, daß du das Gefühl hast, wir gerieten allmählich in eine Gefahrenzone. Es kann sein, daß die Festnahme dieser drei Schlägertypen ihn beruhigt hat.« Er klopfte ein unregelmäßiges Zeichen aufs Waschbecken. »Klopfe so, wenn du zurückkommst – dann weiß ich, daß du es bist. Und sieh um Gottes willen zu, daß Haller begreift – ich spüre, daß große Gefahr auf uns zukommt...«

Als der Atlantik-Expreß in dem hoch über der Stadt liegenden Bahnhof von Lugano hielt, patrouillierten auf den Straßen unterhalb des Bahnhofs drei verschiedene Gespanne von Funkpeilfahrzeugen. Die Wagen unterstanden dem direkten Befehl Oberst Springers, der sein hiesiges Hauptquartier an der winzigen Piazza Cioccaro aufgeschlagen hatte.

»Wenn irgendein Geheimsender der von Scharpinsky in Zürich eingerichteten Operationsbasis etwas über eventuelle Fortschritte funken sollte, muß der Sender irgendwo in der Nähe des Bahnhofs liegen«, sagte Springer zu seinem Stellvertreter, Hauptmann Theodor Horner.

Horner, ein kleiner, rundschultriger Mann von vierzig mit rötlichen Haaren und Augenbrauen, blickte vom Büro im ersten Stock auf den menschenleeren Platz hinunter. Der von alten Steingebäuden umrahmte Platz besaß auf der Westseite einen Eingang zu der Seilbahn, die zum Bahnhof hinauffuhr. »Und welche möglichen Fortschritte könnten sie melden?« wollte er wissen.

»Daß sich nichts getan hat«, erwiderte Springer geheimnisvoll. »So, und jetzt gehe ich zum Zug. Er läuft in zwei Minuten ein...«

Er lief die Treppe hinunter. Dort wartete der agile Oberst, bis der Wachmann ihm die Tür geöffnet hatte, und eilte dann über den schönen kleinen Platz zu der Seilbahn, die bereits auf ihn wartete. Kaum war er in der Kabine, schlossen sich die Türen hinter ihm, und die Bahn fuhr durch den Tunnel zum Bahnhof hinauf. »Daß sich nichts getan hat...« Springer war von Peter Necker bereits über Funk informiert worden, daß man drei Italiener mit Waffen und Sprengstoff festgenommen habe. Eins zu null für uns, dachte er, als er die Kabine verließ und zu dem Bahnsteig ging, an dem die nach Norden fahrenden Züge hielten. Der Atlantik-Expreß glitt an ihm vorüber, hielt.

Auf dem Bahnsteig standen keine Reisenden, um einzusteigen. Springer fragte sich, ob Wargrave kurz aussteigen würde, um sich mit ihm zu unterhalten; auf ausdrückliche Anordnung Hallers hatte man vom ›Tod‹ des Engländers nichts verlauten lassen. Der Amerikaner hielt es nicht für angebracht, zum jetzigen Zeitpunkt schlechte Nachrichten zu verbreiten. Der Schweizer sah zu, als eine Tür aufging und zwei uniformierte Männer auf den Bahnsteig traten, denen die drei Italiener in Handschellen folgten. Man mußte ihnen aus dem Waggon helfen. Dann verließ ein dritter Uniformierter den Zug, und die drei Italiener wurden zu drei bereitstehenden Polizeiwagen geschubst.

Auf der anderen Straßenseite, fast außer Sichtweite, parkte ein unbeleuchteter grüner Volkswagen. Springer wartete, bis der Expreß sich wieder in Bewegung gesetzt hatte, warf einen Blick zum Volkswagen hinüber, den er für den Wagen irgendeines Eisenbahners von der Nachtschicht hielt, und ging wieder zurück zur Seilbahn, die ihn zur Piazza Cioccaro zurückbringen sollte. Seine Leute würden sofort damit beginnen, die drei Italiener einem intensiven Verhör zu unterziehen.

Hinterm Lenkrad des grünen Volkswagens hockte Franco Visani, stellvertretender Filialleiter einer der kleineren Bankniederlassungen in Lugano; er war ein kleiner, beleibter Schweizer von siebenundvierzig. Er beobachtete, wie die drei Italiener in Handschellen abgeführt und in die Polizeiwagen verfrachtet wurden. Er behielt die Fahrzeuge auch weiterhin im Auge, als er einen schlanken Zivilisten zur Seilbahn gehen sah. Er fragte sich, wer dieser Mann sein mochte. Er wartete noch ein wenig länger, bis die Polizeifahrzeuge losgefahren waren, schaltete das Fahrlicht ein, ließ den Motor an und fuhr auf der kurvenreichen Straße schnell in die Stadt hinunter.

Er brauchte nur drei Minuten, um zu seiner Wohnung zu kommen. Kaum war er drinnen, machte er sofort den Wandschrank auf, in dem ein Sender verborgen war, und begann, seinen bereits vorbereiteten Funkspruch zu senden. Visani war ein äußerst zuversichtlicher Mann. Obgleich er auf seine Armbanduhr sah, vergaß er, seine Kontrolluhr auf zweieinhalb Minuten einzustellen. Er ignorierte, was er gelernt hatte. Ohnehin hatte dieser Funkspruch die höchste Dringlichkeitsstufe und mußte vollständig gesendet werden. Zudem war er ein langsamer und pedantischer Funker.

Oberst Springer war gerade in sein Büro im ersten Stock zurückgekehrt, nachdem er unten kurz mit dem Wachmann gesprochen hatte, als zwei Funkpeilfahrzeuge, die zusammenarbeiteten, plötzlich Visanis Funkspruch zu registrieren begannen. Die Funker in beiden Wagen richteten die Antennen behutsam aus, stellten den Verlauf der Funkwellen fest, bis sie den Schnittpunkt erwischt und damit den Standort des Senders festgestellt hatten. In Springers Funkraum läutete ein Telefon. Horner hörte einen Augenblick zu und legte dann auf.

»Ein Sender. An der Piazza Dante, um Gottes willen.«

Springer rannte jetzt zum zweitenmal innerhalb von zehn Minuten die Treppe hinunter. Er wurde von drei Männern begleitet, die wie er Zivilkleidung trugen, und rannte durch eine Seitenstraße weiter. Als er die Piazza Dante erreichte, waren bereits uniformierte Polizeibeamte zur Stelle. Einer hatte sich mit einem Nachschlüssel Zutritt zum Haus verschafft.

»Im vierten Stock, glaube ich«, sagte er zu Springer. »Einer meiner Männer ist schon oben...«

Im vierten Stock wurde wiederum ein Nachschlüssel benutzt. Zwei Polizisten drangen mit gezogenen Pistolen in die Wohnung ein. Springer folgte ihnen gelassen, die Hände in den Manteltaschen. Visani war gerade dabei, das Senden zu beenden, hatte soeben ›Ende‹ gefunkt und wollte den Wandschrank schließen. Er drehte sich um und blickte auf die Pistolen der Polizeibeamten. Springer, der sich außer Sicht hielt, entdeckte in einem Wandspiegel das Gesicht des kommunistischen Agenten. Er verließ unbemerkt die Wohnung und kehrte zur Piazza Cioccaro zurück, um Horner Bescheid zu sagen.

»Franco Visani! Ausgerechnet der! Ich habe schon von einem Polizeiwagen aus über Funk Anweisungen gegeben, sämtliche Bekannte von ihm, von denen wir wissen, festzunehmen. Ich glaube, wir haben soeben eine größere Zelle gesprengt. Würde gern wissen, was der Kerl gerade gefunkt hat?«

Springer wäre trotz seines Erfolgs weniger wohl gewesen, hätte er den Inhalt des Funkspruchs gekannt, den Franco Visani soeben an den Caravan – Professor Mohners auf den Höhen des Zürichbergs übermittelt hatte – eines Funkspruchs, den Mohner sofort ins Hotel Schweizerhof weitergefunkt hatte.

Ablenkungsmanöver soeben beendet. Drei Männer in Handschellen soeben von der Polizei in Lugano aus dem Atlantik-Expreß herausgeholt und abgeführt worden...

In Zimmer 207 des Hotels Schweizerhof las Heinz Golchack den Funkspruch und grunzte. Dieser Funkspruch war nicht gerade ein Muster an Knappheit, und er nahm sich vor, Visani durch dessen unmittelbaren Vorgesetzten eine Rüge erteilen zu lassen. Golchack reichte den Funkspruch seinem Stellvertreter Rudi Bühler, dem Sabotageexperten.

»Es funktioniert«, bemerkte Golchack gelassen. Er sah auf seine

Uhr, die 19 Uhr 10 zeigte, ging zu der Schweizkarte in großem Maßstab hinüber, die auf dem Bett ausgebreitet war, und zeigte auf einen bestimmten Punkt der Eisenbahnlinie zwischen Lugano und Bellinzona, dem nächsten Aufenthalt. »Dort wird es passieren.«

»Dann sollten wir in einer halben Stunde aus dem Hotel raus sein«, erwiderte Bühler.

»Wir werden sehen.« Auf jeden Fall, dachte Golchack, habe ich noch eine weitere Karte im Ärmel, etwas, wovon nicht einmal Bühler etwas weiß. Es war eine gute Rückversicherung, einen ausgebildeten Mörder im Zug zu wissen.

15. *Vira, Bellinzona*

Körpergröße: 1,90 Meter; Farbe der Augen: Schwarz; Name: Jorge Santos. Staatsangehörigkeit: spanisch.

In Lugano hatten die Schweizer Paß- und Zollbeamten das Erster-Klasse-Abteil betreten, in dem der vierte der Reisenden saß, die in Chiasso zugestiegen waren. Der bemerkenswert hochgewachsene Santos saß mit ausgestreckten Beinen auf seinem Fensterplatz, während einer der Schweizer seinen Reisepaß prüfte und ihn dann zurückgab. Der entspannt dasitzende Spanier, der gelassen seine Pfeife rauchte, gab den Blick des Grenzbeamten ungerührt zurück, während er sich mit einem Daumennagel durch den dunklen, gepflegten Schnurrbart fuhr.

»Wohin reisen Sie, mein Herr?« wollte der Schweizer wissen.

»Ich fahre bis nach Amsterdam«, erwiderte Santos in sorgfältigem Französisch.

Dieser Fahrgast hat etwas Magnetisierendes, dachte der Schweizer, etwas von aufgestauter Spannung, obwohl er äußerlich so gelassen wirkt. Der Schweizer war sich seiner Sache nicht sicher, konnte sich aber auch nicht über den Grund für seine Unsicherheit klarwerden. Der uniformierte Beamte war einer von Springers Männern. Eine Durchsuchung der Reisetasche des Spaniers durch seinen Kollegen in Zollbeamtenuniform erbrachte gleichfalls nichts Ungewöhnliches.

»Vielen Dank, mein Herr...«

Die beiden Beamten zogen sich zurück und setzten ihren Weg durch den Zug fort. Santos, der ruhig seine Pfeife paffte, sah aus dem Fenster. Dort draußen wurden drei Männer in Handschellen aus dem Bahnhof geführt. Auf der kurzen Fahrt von Chiasso waren Jorge Santos mehrere Dinge aufgefallen. Ein ziemlich langweilig aussehendes Mädchen mit dunklem Haar und Brille war an seinem Abteil vorübergegangen und hatte hineingesehen. Er hatte den Eindruck, daß sie jemanden suchte. Und dann war ein schon recht betagter Mann mit ungepflegtem grauem Haar und einem Stock vorbeigekommen, der ebenfalls hineingeblickt hatte.

Schon bald nachdem die Schweizer Beamten gegangen waren, stand Santos auf, öffnete die Tür, sah, daß der Gang leer war, und schlüpfte rasch in das nächste leere Erster-Klasse-Abteil. Seine Bewegungen waren alles andere als langsam und beiläufig, als er unter einen Sitz langte, die mit Klebeband befestigte 9-Millimeter-Luger hervorzog und sie in die Tasche gleiten ließ. Er kehrte in sein eigenes Abteil zurück und nahm wieder seinen Fensterplatz ein, streckte die Beine aus und sog genüßlich an seiner Pfeife.

In der kleinen militärischen Anlage in der Nähe der Straße, die von Lugano über die Hochebene nach Bellinzona führt, ging der uniformierte Schweizer Wachsoldat stampfend auf und ab, damit ihm die Füße nicht einfroren. Mein Gott, was für eine Nacht zum Wacheschieben! Hinter ihm befand sich ein geschlossenes Tor zwischen hohen Stacheldrahtzäunen, die einige dicht zusammengedrängte Betonbauten schützten. Dann erstarrte der Soldat und nahm das Gewehr von der Schulter.

Ein großer Mercedes, der auf der verschneiten einsamen Landstraße näher kam, bog plötzlich ab und fuhr jetzt auf das Tor zu. Von den Scheinwerfern geblendet, sprang der Soldat zur Seite. Der Wagen fuhr direkt neben ihn und hielt dann an. Der Fahrer, ein hochgewachsener, gelenkiger Mann mit einem schweren Wintermantel, stieg aus. Er hielt die rechte Hand in der Manteltasche, als er auf italienisch schnell zu sprechen begann. Der Soldat unterbrach ihn.

»Dies ist militärisches Gebiet. Sie dürfen hier nicht...«

»Um Gottes willen, es geht um meine Tochter. Und Sie haben ein Telefon.« Der Mann zeigte auf die Leitung über ihnen, unter der der Wagen angehalten hatte. »Schauen Sie auf den Rücksitz. Sie ist sehr krank – wir brauchen einen Arzt, ein Krankenhaus, und zwar schnell...«

Der Soldat warf dem Mann auf dem Beifahrersitz einen Blick zu und blickte dann auf den Rücksitz; dort saß ein Mann, der die Scheibe heruntergekurbelt hatte. Der Schweizer Soldat hatte selbst eine Tochter, aber was er neben dem hinten sitzenden Mann entdeckte, war kein Kind, sondern eine dunkelhaarige junge Dame Ende Zwanzig, ein Mädchen, das sich vor Schmerz krümmte, sich an den Bauch faßte und schrecklich stöhnte. Der Soldat blickte noch immer in den Wagen, als der hochgewachsene Fahrer ihm ein Messer tief in den Rücken stieß. Der Soldat brach tot zusammen.

Der nächste Schritt des Unternehmens lief mit einer Präzision ab, die ein Schweizer Militärbefehlshaber sicher bewundert hätte. Das urplötzlich quicklebendige Mädchen sprang mit einem Drahtschneider aus dem Wagen und machte sich daran, in den Zaun ein Loch zu schneiden. Der hochgewachsene Fahrer kletterte aufs Wagendach, ließ sich von einem anderen der Männer den Drahtschneider mit langen Handgriffen reichen und durchschnitt die Telefonleitung. Der Mann, der neben dem Mädchen auf dem Rücksitz gesessen hatte, beugte sich über den Leichnam des Soldaten und nahm ihm den Wintermantel und die Mütze ab.

Drei Minuten später wurde wütend an die Tür des Wachhäuschens hinter dem Einfahrtstor gehämmert. Der dienstfreie Schweizer Soldat, der drinnen schlief und die Beine auf einen Stuhl gelegt hatte, wachte erschreckt auf. Trotz seiner Schlaftrunkenheit hatte er noch Geistesgegenwart genug, sein Gewehr aufzunehmen, bevor er die Tür öffnete. Draußen stand ein uniformierter Soldat, den er für Giulio hielt, gebeugt da und hielt ein zusammengesunkenes Mädchen im Arm. »Was zum Teufel ...« Er sprach noch, als das Mädchen ihn mit einer Mauser-Pistole erschoß. Sie ließ sich aus den Armen des vermeintlichen Soldaten zu Boden gleiten, rannte in das Wachhäuschen, durchquerte ein leeres Zimmer und blieb in der Tür zu einem weiteren Zimmer stehen, in dem ein dritter Schweizer Soldat gerade zum Telefonhörer griff. Sie schoß zweimal auf ihn.

»War das notwendig, Luisa?« fragte der Mann in Uniform.

»So ging es am schnellsten. Los, an die Arbeit jetzt ...«

Die dunkelhaarige Luisa hatte ein ausgeprägtes Kinn, scharfe Augen und ein herrisches Auftreten. Sie drängte die drei Männer zur Eile und blickte dann auf die Uhr. Es war 18 Uhr 50. In vier Minuten würde der Atlantik-Expreß Lugano erreichen. Zufrieden, daß sie den Zeitplan einhielt, ging sie zurück zu dem Loch im Zaun.

Sechs Minuten später trugen alle drei Männer die Uniformen der toten Schweizer Soldaten. Zwei der Uniformen saßen schlecht, aber das war ein Detail, das man nur im Licht und aus der Nähe bemerken würde. Keiner der drei Männer in dem Armeefahrzeug, das sie jetzt durchs Tor fuhren – das sie mit einem im Wachraum hängenden Schlüssel geöffnet hatten –, hatte die Absicht, sich aus der Nähe betrachten zu lassen. Das Fahrzeug, das sie aus einem der Schuppen geholt hatten, war ein Jeep mit einem auf der Ladefläche montierten Maschinengewehr. Das MG war auf einer drehbaren

Lafette befestigt, so daß sie aus jedem Winkel würden schießen können.

Der Mercedes hatte den mit nur drei Soldaten bemannten Armeeposten – was die Angreifer schon lange vor ihrer Ankunft gewußt hatten – bereits verlassen. Luisa saß am Steuer und fuhr mit hoher Geschwindigkeit nach Norden; rechts von der Straße verlief der Schienenstrang, auf dem der Atlantik-Expreß nach Bellinzona rollen würde. In der Ferne erkannte sie die Umrisse des Bahnwärterhäuschens von Vira. Sie trat heftig auf die Bremse, und der Wagen hielt mit quietschenden Reifen an; dann schaltete sie die Scheinwerfer aus und ein, aus und ein, aus und ein...

Im Bahnwärterhäuschen sah Emilio Valenti, ein kleiner Mann mit einem Froschgesicht, der in den letzten zehn Minuten wiederholt in südlicher Richtung auf die Landstraße gestarrt hatte, das Aufblinken der Scheinwerfer. Er ging zu seinem Kollegen hinüber, der vor den Kontrollschaltern stand. Bahnwärter Carli widmete seine volle Aufmerksamkeit den Instrumenten; der Atlantik-Expreß würde gleich seinen Streckenabschnitt passieren. »Zigarette?« schlug Emilio vor. Sein Kollege schüttelte den Kopf; in dem Aschenbecher neben ihm brannte noch eine, was Emilio bereits bemerkt hatte. Emilio holte tief Luft, hob den schweren Schraubenschlüssel, den er in der Hand hielt, und ließ ihn mit voller Wucht auf Carlis Schädel niedersausen. Carli war auf der Stelle tot. Er rutschte langsam zu Boden, als Emilio einen Knopf auf der Instrumententafel drückte. An dem nach Norden führenden Gleis schaltete ein Signal von Grün auf Rot.

Emilio griff seinen Mantel und zog ihn über, während er das Bahnwärterhäuschen verließ und die Treppenstufen hinuntereilte. Er keuchte und rannte wie ein Kaninchen über die Gleise und dann die Böschung hinunter, als auch schon der Mercedes ankam. Luisa trat auf die Bremse, und der Wagen kam mit kreischenden Bremsen zum Stehen. »Nicht die Vordertür – steigen Sie hinten ein...« Sie fuhr schon wieder an, bevor er die Tür hatte zuschlagen können.

»Ich glaube, ich habe ihn umgebracht...«, begann Emilio nervös.

»Halten Sie den Mund, Sie Waschlappen. Ich habe eine Aufgabe zu erledigen...«

Sie konnte im Rückspiegel die Scheinwerfer des Jeeps sehen, der jetzt die Geschwindigkeit verlangsamte. Und einen halben Kilometer hinter ihr sahen die drei Männer im Jeep, der jetzt am Straßenrand hielt, die Lichter des heranrasenden Atlantik-Expreß.

»Vergiß nicht, Marco, der letzte Schlafwagen«, erinnerte der Mann am Steuer seinen Begleiter. »Wir wissen, daß er sich in dem Waggon aufhält.«

»Glaubst du etwa, ich verstünde meinen Job nicht?« schnauzte Marco. »Du besorgst das Fahren – ich erledige dies.« Er umfaßte das schwere Maschinengewehr mit einem festeren Griff, als der Fahrer den Motor anließ.

»Warum bist du so nervös?« fragte Haller. »Sie haben doch diese drei Ganoven in Lugano aus dem Zug geholt. Sie werden später natürlich noch etwas anderes versuchen ...«

»Ich habe einfach nur dieses merkwürdige Gefühl«, beharrte Elsa. »Nenne es eine Vorahnung oder was auch immer – ich habe das verdammte Gefühl, daß bald etwas Scheußliches passieren wird ...«

Der Expreß hatte Lugano verlassen und beschleunigte jetzt, als er sich der Hochebene hinter der Stadt näherte, die der Zug vor der langen Abfahrt nach Bellinzona passieren mußte, wo der Schienenstrang eng an den aufragenden Bergwänden entlangführt. Im Abteil saß Haller neben Elsa, während Marenkow mit dem Rücken zum Fenster stand und sich die steifgewordenen Beine vertrat. Der Vorhang war heruntergelassen, der massive Rumpf des Russen ergab eine perfekte Silhouette.

»Was war, als Sie durch den Zug gegangen sind?« fragte er.

»Ich habe gesehen, wie diese drei Revolvermänner festgenommen wurden ...«

»Ich glaube, Sie haben etwas anderes gesehen – oder erlebt. Oder irre ich mich?« Marenkow hielt warnend die Hand hoch. »Überlegen Sie, bevor Sie sprechen. Ich bin ein Mann, der vor der Intuition einer klugen Frau Achtung hat.« Als er dies sagte, dachte Marenkow an seine arme, tote Frau Irina und an die Zeiten, in denen sie die kommenden Machtverschiebungen in der Moskauer Führungsspitze vorausgeahnt und ihn gewarnt hatte.

»Vielen Dank«, erwiderte Elsa ein wenig unhöflich. Marenkow lernte sie allmählich etwas zu gut kennen. Sie riskierte einen Seitenblick zu Haller, der auf Marenkow als leicht brüskierend wirken mußte. »Ich meine einfach, daß wir es uns nicht eine Sekunde lang leisten können, in unserer Wachsamkeit nachzulassen.«

»Wie zum Teufel kommst du zu der Annahme, ich sei nicht wachsam«, brauste der Amerikaner auf. »Bis Schiphol steht uns ein tödliches Spießrutenlaufen bevor. Ich begreife nicht, was gerade in diesem Augenblick in dich gefahren ist.«

»Furcht«, sagte Marenkow leise. Er stand noch immer mit dem Rücken zum Fenster und sah Elsa neugierig an. »Furcht ist etwas, was ich immer riechen kann.« Der Russe zuckte die Achseln und gab es auf, das englische Mädchen weiter auszuforschen. »Der Expreß wird langsamer«, bemerkte er.

Haller sah auf seine Armbanduhr, obwohl er wußte, daß sie noch nicht kurz vor Bellinzona sein konnten. »Da muß irgendein Signal auf Rot stehen«, meinte er.

Im Stellwerk von Lugano starrte dessen Leiter, Alois Reiter, ein vierzigjähriger Mann mit ruhelosen Augen, auf seine Instrumententafel. Er starrte auf das Stoppsignal von Vira, ein Stoppsignal, für das es keinerlei Grund gab. Ein anderer Mann hätte vielleicht gezögert und über mögliche Ursachen nachgedacht, hätte unter Umständen das Bahnwärterhäuschen von Vira angerufen. Statt dessen befolgte Reiter auf der Stelle seine Anweisungen. Er wählte eine Nummer, die ihn sofort mit dem Hauptquartier Oberst Springers verband. Horner nahm den Anruf entgegen, hörte kurz zu, legte die Hand auf die Sprechmuschel und berichtete Springer von der Neuigkeit.

»Da steht irgendein Signal unerklärlicherweise auf Rot – in der Nähe von Vira. Der Expreß wird in weniger als zwei Minuten dort angehalten werden...«

Springer reagierte wie elektrisiert. »Warnen Sie Haller – Großalarm.« Er warf einen Blick auf eine Wandkarte und wandte sich dann einem anderen Beamten zu. »Großalarm für Sektor 431. Alle Fahrzeuge sind anzuhalten – zivile, Polizeifahrzeuge, militärische, einfach alle. Errichten Sie um den gesamten Sektor herum Straßensperren. Riegeln Sie ihn ab. Es darf nichts und niemand herein oder heraus.«

»Auch Militärfahrzeuge?« wollte der Beamte wissen.

»Ich sagte, alle Fahrzeuge«, brauste Springer auf. »Alles, was sich bewegt. Und vergessen Sie nicht den Flugplatz von Locarno...«

Der Beamte hatte bereits zum Telefon gegriffen und erteilte eine Flut von Anweisungen. Überall im Sektor 431 begannen Einheiten der Schweizer Armee und der Abwehr, in die Nacht hinauszufahren; Hubschrauber stiegen auf, leichte Armeeflugzeuge wurden aus den Hangars gerollt. Horner bediente jetzt das Sendegerät selbst und funkte die Anweisungen zum Großalarm hinaus. *Guisan... Guisan... Guisan...* Das war der Name des Schweizer Oberbefehlshabers im Zweiten Weltkrieg, der in einem kritischen Moment die Totalmobilmachung der Schweizer Streitkräfte angeordnet hatte, und zwar gegen den vehementen Widerstand seiner Regierung. In General Traber und Oberst Springer lebte der Geist Guisans fort.

Der Atlantik-Expreß rollte kaum noch, als heftig an die Tür von Marenkows Abteil geklopft wurde. Haller schloß die Tür auf und öffnete sie ein wenig. Draußen auf dem Gang sah sich Matt Leroy der Mündung von Hallers 45er Colt gegenüber. »Über Funk ist soeben ein Großalarm angeordnet worden«, sagte Leroy aufgeregt.

»Gehen Sie zurück ans Ende des Wagens...« Haller trat auf den Gang hinaus und rannte zum Funkabteil im nächsten Schlafwagen. Dort sah er seinen Funker Peter Necker – gegen alle Anweisungen – auf dem Gang stehen. »Guisan«, rief Necker. »Guisan – Guisan...«

Haller machte auf dem Absatz kehrt, ging zurück in sein Abteil, in dem Marenkow noch immer mit dem Rücken zum Fenster stand. »Runter auf den Fußboden«, rief Haller aus, packte den Russen und zwang ihn zu Boden. Elsa hatte sich schon hingeworfen, als Marenkow sich neben ihr ausstreckte. »Unter anderen Umständen würde ich diese Lage sehr zu schätzen wissen«, sagte er ihr. Als ihr aufging, daß er sie nur beruhigen wollte, nahm sie seine Hand und drückte sie. »Sie werden schon damit fertig werden.«

»Darauf können wir uns verlassen«, erwiderte Marenkow, der die extreme Spannung verbarg, die er empfand.

Haller hatte das Abteil verlassen, und Elsa langte hinauf, um die Tür abzuschließen. Der Expreß stand jetzt auf freier Strecke, und der Amerikaner stand an der Stelle, an der Phillip John Wache hielt. Er packte den Engländer am Arm. »Kommen Sie mit«, befahl er und betrat ein leeres Abteil. Er machte das Licht aus, zog den Vorhang ein wenig hoch, dann ganz. Er konnte nichts sehen, was seine Aufmerksamkeit erregte. Es schneite nicht, der Himmel war klar, und die dicht neben dem Schienenstrang verlaufende leere Landstraße wurde vom Vollmond beschienen. Haller zog das Fenster herunter, worauf eine Welle eisiger Luft in Abteil strömte. Er blickte nach Norden, sah das rote Signal, sah nach Süden und kniete nieder.

»Da kommen sie...« Er hatte kaum zu Ende gesprochen, als sie das trommelnde Rattern eines Maschinengewehrs hörten. In der Stille der Nacht war das Geräusch erschreckend laut. »Ein Armeejeep«, sagte Haller schnell. »Zielen Sie auf den Fahrer. Treffen Sie den Fahrer...«

John quetschte sich vor Haller, hockte sich in der Ecke ruhig in Position und legte mit seiner Luger an. Er zielte auf einen Punkt auf der Landstraße, den der Jeep noch nicht erreicht hatte. Das Feuer des Maschinengewehrs war jetzt ein donnerndes Krachen. Die Salven durchschlugen die Fenster des letzten Schlafwagens, als der Jeep auf der Landstraße vorüberraste. Der Mann am MG war ein Experte, der den Lauf beim Feuern ein wenig auf und ab bewegte, um eine möglichst große Fläche zu bestreichen. John wartete reglos, die Luger im Anschlag. Ein Kugelhagel peitschte durch das Abteil, und dann kam der Jeep in Sicht. John feuerte dreimal in schneller Folge. Das Rattern des Maschinengewehrfeuers hörte auf, als der Jeep mit dem zweiten Schlafwagen gleichauf war. Dann verschwand er in die Nacht und fuhr in nördlicher Richtung auf der Landstraße davon.

»Hab' sie verfehlt. Schweinerei«, sagte John bitter.

»Bewegliches Ziel«, bemerkte Haller voller Mitgefühl, als er vom Fußboden aufstand. Er rannte auf dem Gang zurück und benutzte das verabredete Klopfzeichen. Die Tür wurde von Elsa geöffnet. In der Türspalte zeigte sich ihr Revolver. Ihre Hand zitterte nicht, wie Haller bemerkte. Marenkow kam gerade wieder auf die Beine. Hinter ihm waren der Fenstervorhang zerfetzt und die Scheibe zertrümmert. Wäre er eine Minute länger stehengeblieben, hätten die Kugeln ausgereicht, ihn ein dutzendmal zu töten. Der Russe trat auf Glassplitter, als er zur Tür ging.

»Meinen Glückwunsch zu Ihrem Sicherheitssystem, Mr. Haller. Ist von Ihren Männern jemand getroffen worden? Nein? Gott sei Dank. Ja, Ihre Abwehr ist wirklich hervorragend. Die Burschen werden natürlich einen neuen Versuch unternehmen, aber dieser kleine Zwischenfall beruhigt mich erheblich.«

Haller gab sich Mühe, sich seine Überraschung nicht anmerken zu lassen. Der Russe schien die gelassenste Person im gesamten Schlafwagen zu sein. Am anderen Ende des Gangs sah Haller, wie Matt Leroy einen Daumen hochreckte, womit er andeutete, daß der zweite Schlafwagen ungeschoren geblieben war. »Wir ziehen in den nächsten Schlafwagen um«, sagte Haller zu Marenkow. »Elsa, begleite ihn hinüber...« Er starrte über ihre Schultern hinweg durch die zertrümmerte Fensterscheibe in die Nacht hinaus.

»Und das nenne ich eine verdammt schnelle Reaktion...«

Entlang der Landstraße war ein Konvoi Schweizer Militärfahrzeuge aufgetaucht und hielt jetzt an. Mit automatischen Waffen bewaffnete Soldaten sprangen von den Mannschaftswagen und schwärmten aus, um den haltenden Expreß zu umstellen.

Von seinem Hauptquartier in Lugano aus hatte Springer den Stellwerksleiter Alois Reiter und zwei andere Eisenbahner mit einem schnellen Wagen zum Bahnwärterhäuschen von Vira geschickt. Inzwischen bewegten sich überall im Sektor 431 Militär- und Abwehrfahrzeuge. Straßensperren waren errichtet worden. An strategisch wichtigen Punkten setzten große Hubschrauber Truppen ab. Das gesamte, für den Kriegsfall gedachte Sabotageabwehrsystem war mobilisiert worden. Eine Einheit hatte bereits den Militärposten erreicht, aus dem die Bande den Jeep entwendet hatte. Über Funk meldeten die Männer die Entdeckung der Leichen von drei Schweizer Soldaten. Der Oberst gab den Befehl, die Nachricht sofort an alle Einheiten weiterzugeben.

Die drei kommunistischen Agenten, die den Expreß mit einem Kugelhagel überfallen hatten, hatten den Jeep inzwischen aufgegeben und in einer Baumgruppe versteckt. Sie fuhren jetzt einen Mercedes. Mit ihnen fuhr auch Emilio Valenti, der Bahnwärter, der den Expreß gestoppt hatte. Am Steuer saß Luisa. Ihr Gesicht zeigte die Anspannung, als sie mit hoher Geschwindigkeit nach Norden in Richtung Bellinzona fuhr. Da sie eine leere Landstraße vor sich wußte, trat sie das Gaspedal durch. Die Tachonadel kletterte auf einhundertachtzig Stundenkilometer, eine gefährliche Geschwindigkeit auf der eisglatten Straße.

»Sie werden uns noch umbringen bei dem Tempo«, warnte Marco, der Mann, der das Maschinengewehr bedient hatte.

»Halten Sie die Klappe.« Luisa sprach, als äußerte sie einen Befehl. »Sie haben Ihren Job erledigt, jetzt werde ich meinen erledigen – nämlich uns hier rauszubringen.«

Der Wagen schlitterte, als sie eine Kurve nahm. Sie schien die Gewalt über die Limousine zu verlieren, machte heftige Lenkbewegungen, bekam den Mercedes wieder unter Kontrolle und beschleunigte auf der nächsten Geraden. Hinter sich hörte sie Marco keuchen. »Ängstlich?« fragte sie. »Dann machen Sie doch die Tür auf und steigen Sie aus ...«

»Ein Hubschrauber kommt auf uns zu«, bemerkte der schlaksige Mann neben ihr. »Wann werden wir die Wagen wechseln?«

»In drei Minuten, vielleicht vier. Dann haben wir die Hunde abgeschüttelt. In einer halben Stunde sind wir am Flugplatz ...«

»Die längste halbe Stunde unseres Lebens«, sagte Marco hinter ihr. »Heilige Mutter Gottes! Sehen Sie! Da vorn ...«

Der Mercedes raste mit Höchstgeschwindigkeit ein Gefälle hinunter; auf beiden Seiten war die Straße von baumbestandenen Böschungen gesäumt. Vor ihnen lag eine Straßensperre aus Polizeifahrzeugen, die quer über die Fahrbahn gestellt worden waren. Als Luisa die Geschwindigkeit drosselte, wurde ein Suchscheinwerfer eingeschaltet, der direkt auf ihr Gesicht gerichtet war und sie blendete. Sie duckte sich, bremste weiter ab, fuhr auf das Bankett, legte den Rückwärtsgang ein, setzte zurück, riß das Lenkrad herum und fuhr in die Richtung los, aus der sie gekommen war. Dann ließ sie lästerliche Flüche hören und trat auf die Bremse.

Ein Armeepanzer war plötzlich zwischen den Bäumen aufgetaucht und blockierte jetzt die Fahrbahn. Der Lauf seines langen Geschützes wurde gesenkt und direkt auf den Wagen gerichtet. Luisa langte nach ihrer Pistole im Handschuhfach. Im selben Augenblick zertrümmerte ein Soldat das Seitenfenster auf der Fahrerseite und legte mit seinem Gewehr auf sie an. Auch die hinteren Scheiben wurden eingeschlagen; Gewehrläufe ragten ins Innere des Wagens.

»Bleiben Sie, wo Sie sind. Keine Bewegung«, rief eine Stimme auf italienisch.

Die Türen wurden aufgerissen. Die vier Männer leisteten keinerlei Widerstand, aber Luisa fing an, den Offizier, der die Pistole aus dem Handschuhfach an sich gerissen hatte, zu kratzen und zu treten. Der ließ die Pistole fallen und versetzte ihr mit dem Handrücken einen brutalen Schlag. Luisa fiel gegen das Lenkrad; sie blutete, war taumelig und nur noch halb bei Bewußtsein, als der Offizier sie aus dem Wagen zerrte. »Das wird Sie lehren, Schweizer Soldaten zu ermorden«, sagte er ruhig. »Legen Sie dem Miststück Handschellen an«, befahl er einem Untergebenen.

Viele Kilometer entfernt, unten im Tal des Lago Maggiore, hatten Armeefahrzeuge bei der Routineüberprüfung eines kleineren Flugplatzes eine leichte Sportmaschine umstellt. Der Pilot leistete keinen Widerstand. Innerhalb von dreißig Minuten hatte Oberst Springer die wichtigste kommunistische Sabotagegruppe im Raum Lugano zerschlagen.

Der Atlantik-Expreß hatte sich wieder in Bewegung gesetzt. Er rollte jetzt auf die lange Abfahrt zu, auf der der Schienenstrang sich auf dem Weg nach Bellinzona eng an die Berghänge schmiegt. Elsa klopfte an die Tür von Wargraves Abteil. Er öffnete sie ein wenig, ließ Elsa eintreten und verschloß die Tür wieder. »Ein munteres Spielchen«, bemerkte er. »Marenkow haben sie natürlich nicht erwischt? Kognak?« Er bot ihr ein metallenes Fläschchen an. »Du siehst aus, als könntest du ihn gebrauchen.«

Sie beobachtete den Engländer, während sie aus dem Fläschchen trank. Er war noch immer als Joseph Laurier verkleidet und trug auch noch seine strähnige graue Perücke und die Zwei-Stärken-Brille. Selbst wenn man seine Verkleidung berücksichtigte, sah er verdammt erschöpft aus.

»Nein, Marenkow haben sie nicht erwischt«, bestätigte sie. »Auch sonst niemanden – obwohl mir nicht klar ist, woher du deine Zuversicht hast.«

»Denk an den Zeitfaktor. Der Expreß stand schon eine volle Minute, bevor das Maschinengewehr das Feuer eröffnete. Es war ein unplanmäßiger Halt, und Haller ist kein Dummkopf. Erzähl mir, wie sich alles abgespielt hat...«

Er hörte aufmerksam zu und stellte einmal mehr fest, wie sehr Elsa die Gabe besaß, einen komplexen Sachverhalt mit wenigen Worten wiederzugeben. Sie hatte ihr schwarze Perücke und die Brille abgenommen, als wollte sie sich ihm so präsentabel wie nur möglich zeigen. »Du hast also recht gehabt«, sagte sie zum Abschluß ihres Berichts. »Diese drei sogenannten Attentäter, die in Chiasso zugestiegen sind, waren nichts als ein Ablenkungsmanöver – um uns vor dem professionell durchgeführten wirklichen Angriff in Sicherheit zu wiegen.«

Wargrave schüttelte den Kopf. »Er war nicht so professionell durchgeführt, wie ich befürchtet habe. Sie haben die Sache verpatzt. Sie war bis zu einem bestimmten Punkt gut geplant – aber dann haben sie ihre Gelegenheit verpaßt.«

»Tatsächlich?« Manchmal hatte sie das Gefühl, als sei Wargrave zu selbstsicher. »Also schön, wie hättest du die Sache gemacht?«

»Ich hätte den ganzen Schlafwagen mit Salven bestrichen, als der Zug noch abbremste – von einem schnell fahrenden Jeep aus hätte man das schaffen können. Sie haben Haller genau die Zeit gelassen, die er brauchte, um angemessen zu reagieren. Du sagst, John hat versucht, den Fahrer zu erschießen? Etwa wie groß war die Entfernung zwischen Fenster und Jeep?«

»Wir waren rund fünfzig Meter von der Landstraße entfernt. Julian hat gesagt, der Jeep habe sich Zeit gelassen – er fuhr mit etwa fünfunddreißig Stundenkilometern.«

Wargrave machte die gleiche Bemerkung wie Haller. »Aber es war ein bewegliches Ziel – und dunkel war es auch. Wie wird übrigens Marenkow jetzt bewacht?«

»Haargenau so, wie du es angeordnet hast.« Sie stand auf, um sich Perücke und Brille aufzusetzen. »Ich gehe jetzt lieber zurück – Julian hat mich rausgelassen, damit ich sehen kann, was sich in den anderen Waggons getan hat. Die meisten Fahrgäste sind ziemlich verängstigt. Jetzt gehen Bahnbeamte durch die Wagen, um den Leuten zu erzählen, das Ganze sei eine Schweizer Armeeübung gewesen – was mit dem letzten Schlafwagen passiert ist, hat natürlich niemand gesehen. Ich glaube nicht, daß jeder diese Story schlucken wird.«

Wargrave zog eine kleine Pappspule für Nähgarn aus der Tasche. »Noch etwas. Wenn wir in Bellinzona halten, steigst du aus und gehst mit dieser Spule im Handschuh auf den Bahnsteig. Ein Mann in Schweizer Eisenbahneruniform wird auf dich zugehen und dir auf französisch sagen, du solltest wieder einsteigen, der Zug werde bald nach Airolo abfahren. Stecke ihm diese Spule zu. Es ist eine Nachricht für Springer.«

»Er weiß von Joseph Laurier?«

»Nein, aber du hast mir gesagt, daß Julian nicht über mein vermeintliches Ableben berichtet hat.« Er drückte ihr den Arm. »Und paß schön auf. Der Angriff von Vira war nur der Anfang.«

»Es kommt mehr auf uns zu?«

»Darauf kannst du dich verlassen. Den Hauptgang wird Oberst Igor Scharpinsky noch servieren müssen.«

Elsa betrachtete die winzige Spule, die Wargrave ihr für Springers Mann in Bellinzona gegeben hatte. »Warum kann nicht unser Funker, Peter Necker, einen Funkspruch durchgeben? Ich kann so tun, als sei er von mir.«

»Weil in der Nachricht gefordert wird, daß Necker selbst überprüft werden soll, und zwar schnellstens.«

In Lugano hatte Oberst Springer eine seiner blitzschnellen Entscheidungen getroffen, die seine Untergebenen so oft in Aufregung versetzten. Er hatte sich entschlossen, in Bellinzona zuzusteigen und mit dem Atlantik-Expreß mitzufahren. Er hatte Horner als Stallwache zurückgelassen und fuhr jetzt durch die Außenbezirke der Stadt zu einem Mitlitärflugplatz, der bereits benachrichtigt worden war. Und noch vor seinem plötzlichen Aufbruch hatte er neue Anweisungen erteilt.

»Ich wünsche, daß an jedem Ort, an dem der Expreß vor Zürich hält, Funkpeilwagen eingesetzt werden – in Bellinzona, Airolo, Göschenen ...«

»Sie meinen, wir könnten unseren Erfolg hier in Lugano woanders wiederholen?« fühlte Horner vor.

»Scharpinsky wird erfahren müssen, was vorgeht, damit er seinen nächsten Zug planen kann. Und das bedeutet, daß ein sowjetischer Agent, der sich im Expreß befindet, in irgendeiner Form eine Nachricht übermitteln – oder durch ein Zeichen zu erkennen geben – muß, daß Marenkow noch am Leben ist. Nach dem Angriff von Vira bin ich sicher, daß in Bellinzona irgendeine Nachricht übermittelt wird.«

»Ich werde alles veranlassen ...«

»Wir werden das Unternehmen ausweiten«, fuhr Springer hastig fort. »Zwischen hier und Zürich werden nur sehr wenige

Reisende aussteigen. Aber wer auch immer den Zug verläßt, muß durch neutrale Polizeiwagen beschattet werden...«

»Ich werde auch das veranlassen...«

»Und sollten irgendwelche Ortsbewohner in der Nähe eines Bahnhofs herumstehen, wenn der Expreß einläuft, müssen auch die beschattet werden...«

Springer dachte an diese Instruktionen, als er seinen Wagen beschleunigte. Er wußte, daß er nicht viel Zeit hatte. Immerhin würde der Zug in Bellinzona ein wenig aufgehalten werden, denn der zerschossene Schlafwagen mit dem angehängten offenen Güterwagen mußte abgehängt werden. Dann hieß es natürlich, den Güterwagen mit dem Alouette-Hubschrauber wieder an den Expreß anzukuppeln. Und warum hatte Wargrave ihn überhaupt gebeten, den Hubschrauber mitfahren zu lassen?

Als er sich dem Flugplatz näherte, hatte Springer das Gefühl, einigen Grund zur Zufriedenheit zu haben. Er hatte gehört, daß Franco Visani, der den kommunistischen Geheimsender an der Piazza Dante bedient hatte, erkennen ließ, daß er während des Verhörs weich werden würde. »Bevor der Expreß in Basel ankommt, kann ich vielleicht den gesamten Untergrundapparat der Kommunisten aufrollen«, sagte er zu sich selbst. »Je weiter der Zug fährt, desto mehr Ratten werden aus ihren Löchern auftauchen.«

Der Militärpilot der leichten Maschine, der die Scheinwerfer von Springers Wagen hatte näher kommen sehen, ließ den Motor warmlaufen, als der Oberst ausstieg, auf das Flugzeug zulief und auf den Passagiersitz kletterte. Das mit Kufen ausgestattete Flugzeug glitt über die Piste und hob ab. Wieder sah Springer auf seine Uhr. Mit etwas Glück würde er es schaffen können.

Die Frau mit dem harten Gesicht, die einen schäbigen Mantel und einen Hut trug, stand in einer dunklen Ecke der Bahnhofshalle von Bellinzona, als der Atlantik-Expreß einlief und hielt. Am Südende des Bahnsteigs war wie in Chiasso eine große Sichtblende aus Segeltuch errichtet worden, wo man im Schutz einer ähnlichen Sichtblende den Güterwagen mit dem Alouette-Hubschrauber angekoppelt hatte. Die Sichtblende ließ die Frau unbeeindruckt – sie hielt nach etwas völlig anderem Ausschau.

Anders als sonst wurden an diesem Abend trotz der bitterkalten Nacht ungewöhnlich viele Abteilfenster geöffnet; ruhelose Reisende, die die Geschichte mit der ›Schweizer Armeeübung‹ nicht überzeugt hatte, wollten mit eigenen Augen sehen, was vorging. Die Augen der Frau wurden hellwach, als sich eine Tür öffnete und ein Reisender auf den Bahnsteig trat. Joseph Laurier, der seinen

Pelzmantel anhatte und seinen Stock in der Hand hielt, begann, gemächlich auf und ab zu schlendern. Einen Augenblick später, als sich eine andere Waggontür öffnete, blickte die Frau in eine andere Richtung.

Elsa Lang, die ihren Zobelmantel und ihre Gucci-Schuhe anhatte und ihre Gucci-Handtasche eng an sich preßte, schlenderte bis zur Eingangshalle und blieb dort stehen, um sich eine Zigarette anzuzünden. Die Frau verzog den Mund, als sie die Kleidung der attraktiven blonden Dame bemerkte. Dann verließ ein anderer Fahrgast den Zug, und die Augen der Frau wandten sich nochmals ab.

Phillip John, der mit seinem eleganten Kamelhaarmantel wie ein Dressman aussah, schlenderte gleichfalls über den Bahnsteig und beobachtete dabei Elsa. Die linke Hand hatte er in die Manteltasche gesteckt. Seine rechte Hand – seine Schußhand – bewegte sich frei. Einen Augenblick später erschien Jorge Santos, der baumlange Spanier, der seine Pfeife rauchte, in der Nähe des Bahnhofsausgangs auf dem verschneiten Bahnsteig. Elsa beobachtete ihn, als er sich umsah, studierte sein selbstbewußtes Auftreten und sein auffallend männliches Gesicht, das einen fast tierhaften Magnetismus ausstrahlte. Mein Gott, dachte sie, was für ein gutaussehender Kerl. Sie hatte ihn schon früher in einem Erster-Klasse-Abteil sitzen sehen, aber nicht bemerkt, wie hochgewachsen er war. Eine Sekunde lang trafen sich ihre Blicke, dann sah Santos weg. Seine Pfeife war ausgegangen. Er bückte sich sehr bedächtig, hob einen Fuß und klopfte seine Pfeife aus.

»Madame Wells?« Elsa drehte sich um und sah sich einem Mann in Schweizer Eisenbahneruniform gegenüber. »Sie sollten lieber wieder einsteigen. Der Expreß fährt gleich weiter«, murmelte er. Sie standen sehr eng beieinander, als sie ihm die Spule zusteckte, die Wargrave ihr gegeben hatte, und er nahm sie ihr so geschickt ab, daß niemand die Übergabe bemerkte. Danach ließ der Schweizer sie stehen und ging in die dunkle Halle zurück. Elsa blieb noch auf dem Bahnsteig und ging ein wenig auf und ab – wäre sie sofort eingestiegen, hätte das zu auffällig wirken können.

Der Schweizer in der Eisenbahneruniform hatte gerade den Ausgang des Bahnhofs erreicht, als draußen ein Wagen anhielt und der in einen Schal gehüllte Oberst Springer ausstieg. »Ist der Atlantik-Expreß noch da?« fragte der Oberst den Eisenbahner. »Noch mindestens zehn Minuten«, erwiderte der Mann und übergab Springer dabei unauffällig die Spule. Der Oberst betrat ein Büro, das für ihn reserviert worden war, schloß die Tür und nickte einem seiner Mitarbeiter zu, Major Jürgen Thall, der ihn bereits erwartete. Springer zog die Nachricht aus der Spule, las sie rasch durch und reichte den Zettel dann seinem Untergebenen.

»Eine Blitzmeldung für Hauptmann Franz Wander vom deutschen BND. Er dürfte jetzt im Abwehrhauptquartier in Basel warten. Die Antwort muß – muß«, betonte Springer, »über Funktelefon an mich persönlich gerichtet werden. Sie darf nicht über Peter Necker geleitet werden, den Funker im Zug. Und ich wünsche die Antwort innerhalb von dreißig Minuten ...«

Er ging zurück in die Bahnhofshalle und dann auf den Bahnsteig. Dabei kam er an einer Frau in einem schäbigen Mantel und mit Hut vorüber, die von einem seiner Männer in Schweizer Bahninspektoruniform angesprochen wurde. »Kann ich Ihnen helfen, Madame?« hatte der Beamte einen Augenblick vorher gefragt.

»Ich habe auf meinen Mann gewartet«, erklärte die Frau. »Dies ist doch der Fünf-Uhr-Expreß aus Mailand?«

»Das ist der Atlantik-Expreß, ja, Madame.«

»Dann hätte er jetzt doch schon ausgestiegen sein müssen?«

»Ich denke ja«, versicherte der Agent Springers. »Sind Sie sicher, daß er mit diesem Zug gefahren ist?«

»Er wollte es – es sei denn, er ist durch eine geschäftliche Besprechung aufgehalten worden.«

»Dann muß er aufgehalten worden sein. Sie werden sehen, er kommt bestimmt morgen früh.«

»Sie haben sicher recht. Vielen Dank.«

Die schäbig gekleidete Frau ging durch die Halle und verließ dann den Bahnhof. Draußen wartete ein alter Fiat mit einem Mann am Steuer. Sie setzte sich neben ihn, schloß die Tür, und er fuhr los. »Er hat mir das Signal gegeben«, sagte sie. »Sie haben ihn nicht getötet. Marenkow lebt noch und sitzt irgendwo im Zug.«

Auf dem Bahnsteig des Bahnhofs von Bellinzona humpelte Joseph Laurier noch immer ruhelos herum, während Jorge Santos bereits wieder eingestiegen war. Santos lehnte sich jetzt aus dem Fenster, im rechten Mundwinkel seine erkaltete Pfeife. Elsa ging zum letzten Schlafwagen zurück, gefolgt von Phillip John, der sich einige Meter hinter ihr hielt. In dem Augenblick trat Oberst Springer aus der Halle. Hinter ihm erschien sein Assistent, Major Thall. Beide überquerten den Bahnsteig und bestiegen den Zug.

Nichts in Lauriers Haltung und Gesichtsausdruck verriet seine grenzenlose Überraschung. Er hatte den Oberst sofort erkannt und den Blick Springers nach Norden aufgefangen – in Richtung

Gotthard, dem der Expreß sich schon bald nähern würde. Hatte Springer – wie Laurier – erahnt, daß der Atlantik-Expreß in eine gigantische Falle rollen würde, wenn er die gewaltige Schlucht erklomm? Denn auf beiden Seiten wurde die Schlucht von mächtigen Bergwänden gesäumt, die den Schienenstrang wie in eine Zange nahmen.

Hinter der Sichtblende am Ende des Bahnsteigs hatten die mit gewohnter Schnelligkeit und Tüchtigkeit arbeitenden Schweizer Eisenbahner schon den von Kugeln durchsiebten Schlafwagen und den Güterwagen abgekoppelt. Anschließend hatten sie die beiden Wagen auf das Nebengleis nach Locarno rangiert, sie getrennt und den Güterwagen mit dem Alouette-Hubschrauber an den Schlafwagen angehängt, in dem jetzt die Sparta-Leute saßen. Laurier bestieg den Zug, warf einen letzten Blick auf den Gotthard, schloß die Tür. Eine Minute später verließ der Atlantik-Expreß Bellinzona.

Kurz zuvor, als die Frau in dem schäbigen Mantel und mit Hut die Bahnhofshalle verließ und in den Fiat einstieg, notierte sich einer von Springers Leuten das Kennzeichen des Wagens. Als der Wagen losfuhr, gab er dem Fahrer eines vor dem Bahnhof parkenden Polizeiwagens durch Kopfschütteln ein Zeichen. Da die schneebedeckten Straßen Bellinzonas zu dieser Zeit verlassen waren, würde es unmöglich sein, den Fiat zu verfolgen, ohne entdeckt zu werden.

Nachdem er das Bahnhofsgelände verlassen hatte, fuhr der Fiat weniger als einen Kilometer und bog dann in eine offenstehende Garage ein. Die Türen wurden sofort von einem Mann geschlossen, der den Wagen bereits erwartet hatte. Der Fahrer des Fiats eilte in seine Wohnung, gefolgt von der Frau, die sich schon wieder eine Zigarette anzündete – sie war Kettenraucherin. Dann öffnete der Mann das im Fernseher versteckte Sendegerät und begann, einen von zwei schon vorbereiteten Funksprüchen zu senden. Anders als sein Kollege in Lugano, der Bankangestellte Franco Visani, beendete der Fahrer des Fiat seinen Funkspruch in weniger als zwei Minuten – die patrouillierenden Funkpeilwagen konnten den Standort des Senders folglich nicht ermitteln.

Weniger als eine Stunde später – anhand des Kennzeichens war die Wohnung des Fahrers ermittelt worden – war das Paar festgenommen. Es wurde sofort einem intensiven Verhör unterzogen. Man verweigerte den beiden jegliche Nahrung; nur Wasser wurde ihnen erlaubt. Vor allem aber durften beide nicht rauchen – und da wurde die Frau als erste weich. Danach wurden achtzehn Männer und Frauen, die Sabotagegruppe der Kommunisten im Raum Bellinzona, festgenommen. Das geschah aber erst sechzehn Stunden später. Der entscheidende Faktor war der nach Zürich übermittelte Funkspruch.

16. Zürich, Andermatt

Um 19 Uhr 45 erhielt General Traber in Zürich einen Funkspruch, in dem ihm mitgeteilt wurde, der Atlantik-Expreß habe soeben Bellinzona verlassen. Er gab die Nachricht an seinen Assistenten Major Kurt Dobler weiter, der im selben Raum an einem zweiten Schreibtisch saß. Dobler, ein wachsamer Mann von vierzig mit einem hageren Gesicht und einem langen Unterkiefer, der ihm ein fuchsähnliches Aussehen verlieh, stand von seinem Schreibtisch auf und trug die Zeit auf einer Wandkarte neben Bellinzona ein.

»Irgendwelche neue Entwicklungen bezüglich der Fluggäste aus Wien, die mit Flug 433 gekommen sind?« fragte er.

Seit dem so tragisch unterbrochenen Anruf Leo Skoblins aus Wien hatte Traber persönlich die Leitung der Suche nach Oberst Igor Scharpinsky übernommen. Immerhin hatte Skoblin noch sagen können, das Krokodil – Scharpinsky – sei nach Zürich unterwegs. Der Abwehrchef hielt seinen Füllhalter über die Passagierliste, schüttelte dann aber den Kopf.

»Wir haben die meisten aufgespürt, und sie scheinen echt zu sein. Ich habe soeben gehört, daß dieser Heinz Golchack das Hotel verläßt und abreist.«

»War das nicht dieser österreichische Fluggast, der die Reiseroute geändert hat?«

»Genau der. Wir haben den Taxifahrer gefunden, der ihn vom Flughafen in die Stadt gefahren hat. Golchack hat ihn anscheinend gebeten, ihn ins Baur-au-Lac zu fahren, sich dann aber entschlossen, statt dessen mit der Bahn nach Bonn zu fahren. Das erschien mir seltsam, so daß ich Lorenz in Wien angerufen und ihn um einen Gefallen gebeten habe. Er ist mir weiß Gott einen Gefallen schuldig gewesen.«

»Was ist dabei rausgekommen?« fragte Dobler.

»Lorenz hat sich als kooperativer erwiesen, als ich erhoffen konnte. Er ging mit einigen seiner Abwehrleute in die Wohnung Golchacks, verschaffte sich Zutritt und durchsuchte sie. Golchack war zwar nicht da, aber sie fanden einen Zettel mit dem Aufdruck der Swissair, auf dem die Flugzeit des Fluges 433 notiert war. Das wär's also ...«

Mit einem resignierten Ausdruck nahm der füllige Schweizer seinen Füllhalter und strich einen der wenigen noch verbliebenen Namen auf der Liste aus, den Namen Heinz Golchack.

Peter noch am Leben. Noch immer im Atlantik-Expreß. Absolut sicher.

In Zimmer 207 des Hotels Schweizerhof in Zürich – weniger als zwei Kilometer von General Trabers Hauptquartier entfernt – las Heinz Golchack den Funkspruch, der ihm soeben aus Bellinzona übermittelt worden war. Er sah auf seine Armbanduhr. 19 Uhr 45. Er nahm seine randlose Brille ab und fing an, sie zu putzen, obwohl sie völlig sauber war. Bühler, sein schwergewichtiger Stellvertreter, der seinen Chef so sehr gut kannte, bemerkte die Geste. Golchack begann, den Druck zu fühlen, dem er ausgesetzt war.

»Das ist eine Enttäuschung«, fühlte Bühler vor.

Golchack sah in kurz mit seinen blassen Augen an, und der Ostdeutsche wünschte, er hätte den Mund gehalten. Golchack setzte die Brille wieder auf und studierte die auf dem Bett ausgebreitete Schweizkarte. Auf einem in der Nähe stehenden Tisch lief sein Transistorradio. Es war auf Zimmerlautstärke gestellt; sie mußten unbedingt die Nachrichten hören, um sicher zu sein, daß der Züricher Flughafen auch weiterhin geschlossen blieb. Golchack zog seinen Kugelschreiber heraus und kreiste ein Gebiet auf der Karte ein, die er auch diesmal nicht berührte.

»Bellinzona war nichts weiter als Phase eins«, sagte er ruhig. »Jetzt werden wir Phase zwei einleiten ...«

Ohne sich zu rühren, starrte Bühler das Gebiet an, das Golchack bezeichnet hatte. Er war immerhin Chef der in Westeuropa operierenden Sabotagegruppen des GRU. Diesmal ließ er sich durch Golchacks Blick nicht einschüchtern. »Das bedeutet, daß wir einen unserer großen Sabotagepläne für eine eventuelle spätere Invasion der Schweiz aufdecken müssen.«

»Tatsächlich?« fragte Golchack sanft.

»Ich dachte nur, ich sollte es erwähnen ...«

»Sie haben es also erwähnt – damit es später in Moskau auch ja in den Akten steht, da habe ich keinen Zweifel«, fuhr Golchack in dem gleichen sanften Tonfall fort. »Und ich werde mir überlegen, ob ich es in meinem eigenen Bericht erwähnen soll – daß Sie in einem entscheidenden Augenblick gezögert haben ...«

»Sie verstehen mich falsch«, beeilte sich Bühler zu sagen.

»Auch das werde ich später überdenken – ob ich Sie falsch verstanden habe, Rudi.« Golchack ließ seinen Untergebenen in Ungewißheit, um ihn zu disziplinieren, und ging zum Fenster hinüber, um auf die Straße zu starren.

Es herrschte dichtes Schneetreiben; er sah einen dicken weißen Vorhang aus Schnee, der den Ausblick trübte. Der Züricher Flughafen würde mit Sicherheit gesperrt bleiben. Plötzlich drehte er sich rasch um und erteilte einen knappen Befehl.

»Schicken Sie den Funkspruch nach Andermatt. Phase zwei. Sofort!«

General Traber saß in seinem Büro und qualmte an seinem Zigarillo. Er war nicht zufrieden mit dem Stand der Dinge. Seit der Zeit vor der russischen Revolution von 1917 war die Schweiz wegen ihrer Neutralität ein Refugium für kommunistische Agenten gewesen – seit den Tagen, in denen Lenin mit seinen Getreuen in Zürich darauf gewartet hatte, daß in irgendeinem westlichen Land die Revolution ausbrach – Rußland hatte auf seiner Prioritätenliste weit unten gestanden. Den Russen war die Schweiz folglich sehr vertraut, und das war eine Tatsache, die die Schweizer Abwehr nie außer Betracht ließ. Traber griff zum Telefon und bat, über das Scrambler-Telefon mit Oberst Springer im Atlantik-Expreß verbunden zu werden.

In militärischen Kreisen der Schweiz war es ein offenes Geheimnis, daß der brillante Springer zum Nachfolger Trabers herangezüchtet wurde, dessen Pensionierung bald erfolgen würde, und daß er Trabers volles Vertrauen genoß. Als das Gespräch da war, erklärte er dem Oberst die Situation.

»Ich schlage vor, daß wir in Zürich wieder vom Nullpunkt aus anfangen«, sagte Springer lebhaft. »Schicken Sie Leute mit der Passagierliste des Fluges 433 in alle Hotels – und lassen Sie die Anmeldeformulare überprüfen...«

»Eine höllische Arbeit«, bemerkte Traber. »Wir haben so wenig Zeit.«

»Beginnen Sie sofort damit«, drängte Springer. »Stellen Sie jeden verfügbaren Mann dazu ab. Wenn es auch nur die Chance eins zu tausend gibt, Scharpinsky aufzuspüren, so dürfen wir sie dennoch nicht versäumen.«

»Ich werde sofort loslegen«, versprach Traber.

»Noch eins – setzen Sie auch jeden verfügbaren Funkpeilwagen ein. Scharpinsky muß mit seinen Leuten Funkkontakt halten, um diese Operation persönlich zu leiten. Davon bin ich überzeugt...«

»Wird gemacht...«

»Und setzen Sie zwei dieser Wagen in der Nähe des Hauptbahnhofs ein«, fuhr Springer fort. »In Lugano hat es geklappt, und vielleicht klappt es auch in Zürich. Ist übrigens von Wargraves Agenten in Andermatt irgendeine Nachricht eingegangen?«

»Leider nein.«

Zehn Minuten später parkte einer von Trabers Funkpeilwagen in einer Nebenstraße direkt unter dem im ersten Stock gelegenen Restaurant des Hotels Schweizerhof.

Weniger als drei Stunden zuvor, als Anna Markos neben ihrem geparkten Renault stand und durch den Feldstecher das Bauernhaus beobachtete, sagte ihr das plötzliche Zuziehen des Vorhangs, daß man auf sie aufmerksam geworden war. Daß Robert Frey den Vorhang zugezogen hatte, konnte sie nicht wissen. Sie stieg wieder in ihren Wagen ein und fuhr die kurze Strecke nach Andermatt zurück; sie wendete in der schmalen Straße und ließ den Renault an einer Stelle stehen, die man vom Bauernhaus aus wahrscheinlich nicht einsehen konnte. Dann ging sie zu Fuß zum Stadtrand zurück und wartete.

Sie trug ihre Skijacke und enge Skihosen. Der eisige Ostwind schnitt wie ein Messer durch die pelzverbrämte Kapuze. Aber Anna hatte die schneidend kalten Athener Winter überstanden, und Griechenland ist den sibirischen Winden näher als Andermatt. Sie trat näher an das letzte Haus Andermatts heran und setzte die Beobachtung des in der Ferne liegenden Bauernhauses fort. Sie sah auf die Uhr. 17 Uhr 30. Der Atlantik-Expreß mußte jetzt irgendwo zwischen Mailand und Chiasso sein. Dann hörte sie das Geräusch, auf das sie gewartet hatte.

Das Schwirren des Hubschraubers war in der kalten Nacht zwar nur schwach, aber dennoch deutlich zu hören; wie schon bei früheren Gelegenheiten um diese Uhrzeit stellte sie auch diesmal fest, wie schnell Freys Männer den Hubschrauber aus der Scheune geholt hatten, in der die Maschine untergebracht war. Sie hob ihren einäugigen Feldstecher an die Augen und sah die sausenden Rotorblätter, als der Sikorsky-Hubschrauber aufstieg. Sie folgte mit dem Fernglas den Lichtern des Hubschraubers. Den Rumpf konnte sie in dem Schneetreiben nur noch verschwommen wahrnehmen.

Der Hubschrauber flog direkt durchs Tal auf sie zu, wobei er ständig an Höhe gewann. Andermatt überflog er in einer Höhe von eintausend Fuß, als er seinen Flug nach Osten in Richtung auf den Gotthard und den majestätischen Wasserhorngipfel fortsetzte. Robert Frey würde später zurückkehren, um sich in das allabendliche Getümmel des *Après-Ski* zu stürzen, aber im Augenblick ging er ernsteren Verpflichtungen nach. Er mußte die allgemeine Lawinenlage prüfen, bevor er seinen Routinebericht nach Davos schickte.

Anna Markos wischte sich den Schnee von ihrem Anzug ab und kletterte wieder hinters Lenkrad ihres Renaults. Sie hatte den Motor laufen lassen; bei Temperaturen wie diesen dauerte es sonst oft fünf Minuten, bis die verdammte Kiste ansprang. Sie fuhr mit hoher Geschwindigkeit über die leere Straße unten im Tal und bog hinter den dichtgedrängt stehenden Gebäuden des Bauernhofs ab, die dunkel dalagen. Nirgendwo war ein Licht zu sehen. Sie ging ein Risiko ein, aber wenn eine Wache zurückgelassen worden war, würde sie sagen, sie habe Frey besuchen wollen.

An der Rückseite des Bauernhauses fand sie eine Glastür. Sie stieß ihre behandschuhte Hand gegen eine der kleinen Scheiben und fühlte dann vorsichtig hinein. Sie war überrascht, den Schlüssel im Schloß zu finden; wäre es nicht so gewesen, hätte sie die Nachschlüssel in der Tasche benutzt. Es war kein amateurhaftes Vorgehen gewesen, daß Anna zunächst die Scheibe zerbrochen hatte; sie wollte, daß man später ihren Einbruch entdeckte.

Sie untersuchte das Innere des Hauses mit Hilfe einer Taschenlampe und ging von einem Zimmer ins nächste, bis sie Robert Freys Arbeitszimmer betrat, den Raum auf der Westseite, von dem aus Emil Platow, Freys Helfer, sie vorhin durch sein Nachtglas beobachtet hatte. Hier verweilte sie länger.

Der große, längliche Raum maß etwa fünf mal sieben Meter; der gebohnerte Parkettboden war mit kostbaren Perserteppichen belegt. In einer Ecke, auf einem Stahltisch, stand das Sendegerät, mit dem Frey seine Meldungen ans Lawineninstitut von Davos übermittelte. Sie las einige Worte, die auf einem Vordruck neben dem Sendegerät notiert waren. *Langsam wachsende Schneedecke auf dem Wasserhorn. Bis jetzt noch keinerlei Anzeichen dafür, daß sich eine gefährliche Situation entwickelt...*

Es war ein in eine Wand eingebauter Schreibschrank, der schließlich ihre Aufmerksamkeit erregte. Sie ließ die Platte herunter und studierte das Innere. In den Fächern standen zwei Bücher übers Bergsteigen, aber im übrigen fehlten die Papiere und sonstige Kleinigkeiten, die man gewöhnlich in einem solchen Möbelstück findet, und das fiel Anna auf. Ihre geübten Finger begannen, die Innenseite der Fächer zu betasten. Sie drückte und fühlte vor. Plötzlich drückte ihr rechter Zeigefinger etwas ein. Sie vernahm ein leichtes Surren von einem kleinen Elektromotor, und darauf glitt ihr das gesamte Schubfach entgegen, bis es über der Schreibplatte stehenblieb. Dahinter verbarg sich ein zweites Sendegerät.

Vielleicht ist das nur ein Ersatzsender für den Fall, daß der andere einmal ausfällt, überlegte sie. Die Unterbringung des Ersatzsenders ist ausgeklügelt, aber das wahrscheinlich nur, um ihn vor der Zerstörungswut von Einbrechern zu schützen. Wahrscheinlich... Sie drückte wieder auf dieselbe Stelle im Schubfach, worauf es wieder in seine ursprüngliche Position zurückglitt. Jetzt war wieder nichts von dem zu sehen, was sich dahinter verbarg.

Eine volle Minute lang blieb sie vor dem Schreibschrank stehen. Sie hatte die Schreibplatte wieder hochgeklappt. Dann tat sie etwas Merkwürdiges. Sie nahm einen der tropfenförmigen Ohrringe ab, die sie trug, hielt ihn in der Hand und suchte dann mit der Taschenlampe nach einem nicht von einem Teppich bedeckten Stück Parkett. Dort ließ sie den Ohrring fallen und verließ anschließend das Haus durch die Hintertür, bestieg ihren Renault und fuhr nach Andermatt zurück.

In ihrem Zimmer im Hotel Storchen ging sie zu der Schublade, in der ihr Schmuckkästchen lag, schloß es auf und entnahm ihm ein Armband und eine falsche Perlenkette. Sie legte ihren zweiten Ohrring dazu und steckte dann alles in ihren weiten Autohandschuh. Sie verließ ihr Zimmer und ging wieder hinaus. In einer verlassenen Straße fand sie einen mit Eis überzogenen Gully. Sie zerstampfte das Eis mit dem Stiefelabsatz und warf den gesamten Schmuck in den Gully. Als sie zum Storchen zurückging, konnte sie förmlich die vertraute Stimme hören. »Denk an die Details, Anna – du darfst niemals eine Kleinigkeit übersehen, die deinen Tod bedeuten kann...«

Um 18 Uhr 15 landete der Sikorsky-Hubschrauber Robert Freys wieder auf dem Bauernhof. Es war Emil Platow, der den Einbruch entdeckte. Robert Frey ging, gefolgt von den anderen vier Männern, die nach ihm der Maschine entstiegen waren, durch die Vordertür und betrat anschließend sofort sein Arbeitszimmer. Er warf seinen Parka auf einen Stuhl und setzte sich hin, um seine kurze Meldung fürs Lawineninstitut niederzuschreiben. *Keine nennenswerte Erhöhung der Schneedecke auf dem Wasserhorn. Habe die Zahlen mit denen des Vorjahrs verglichen, und wenn man die als Maßstab zugrunde legt...*

Frey bemerkte plötzlich, daß ihm jemand über die Schulter sah. Er drehte sich um und entdeckte, daß Erich Volcker, ein kleiner, dicker, kahlköpfiger Mann von fünfundvierzig, hinter ihm stand. »Ich kann diesen verdammten Bericht nicht zu Ende bringen, wenn Sie mir zusehen«, polterte er.

»Tut mir leid...«

»Es ist eingebrochen worden...« Emil Platow, der kleinwüchsige, magere Schweizer mit dem braunen Haar und den Koteletten, kam plötzlich ins Arbeitszimmer gelaufen. »In unserer Abwesenheit ist jemand hier gewesen. Eine Glasscheibe der Hintertür ist eingeschlagen worden...«

»Beruhigen Sie sich, Emil«, tadelte ihn der hünenhafte Bergsteiger.

Er stand auf, stemmte die Hände in die Hüften und sah sich im Zimmer um. Er bemerkte, daß der Schreibschrank in der Wand geschlossen war, und ließ seine Augen weiterwandern. Die andern fünf Männer, durch seine Anwesenheit eingeschüchtert, blieben völlig reglos und still stehen. Freys Augen setzten die Suche fort; er ließ den Blick über das Mobiliar gleiten und besah sich dann den Fußboden. Er machte zwei lange Schritte, bückte sich, stand auf und ließ den Ohrring zwischen den Fingern baumeln. Er lächelte Erich Volcker an.

»Ich kenne dieses Ding. Wie dumm von ihr, ihre Visitenkarte dazulassen, nicht wahr?«

17. Der Gotthard

Diese gigantische Schlucht, die von der wichtigsten Eisenbahnverbindung von Mitteleuropa zum Mittelmeerraum durchfahren wird, ist in ihrer ehrfruchtgebietenden Großartigkeit eines der Wunder dieser Welt – sie kann es sogar mit dem Grand Canyon in Arizona aufnehmen. Der Schienenstrang klettert schier endlos empor, passiert spiralförmige Tunnel und windet sich beim Aufstieg um dreihundertsechzig Grad, überquert abgrundtiefe Schluchten und Einschnitte, wobei die eindrucksvollen Alpengipfel auf beiden Seiten zum Greifen nah erscheinen.

Im Sommer ist dieser Paß eindrucksvoll genug, aber im Winter kann er einem fast Angst einflößen. Hoch oben an den fast senkrecht aufragenden Felswänden liegen Millionen Tonnen Schnee – oft braucht nur ein Skifahrer über einen Abhang zu fahren, und eine Lawine donnert zu Tal. In der Nähe von Airolo, der kleinen Stadt am Südende des strategisch wichtigen Tunnels, der das Alpenmassiv durchquert und am Nordende auch unter Andermatt hindurchführt, ragen riesige Felsbrocken über dem Schienenstrang in die Luft. An vielen Stellen ist die Bahnlinie von Lawinenschutzgittern gesäumt.

Dies ist Lawinenland.

Es war der Gotthard, der Wargrave Sorgen machte. Der Gotthard beschäftigte auch Oberst Springer so sehr, daß er von Lugano abgeflogen war, um in Bellinzona den Atlantik-Expreß zu besteigen. Und in der Gestalt Joseph Lauries ging Wargrave auch jetzt noch ruhelos durch den Zug. Vor sich in dem sonst leeren Gang sah er den hünenhaften Spanier Jorge Santos, der sich gegen die Wand lehnte und seine Pfeife paffte. Wargrave blieb neben Santos stehen und hängte seinen Stock an einen Haltegriff.

»Auch Sie, mein Freund, finden diese Reise ziemlich beunruhigend – und bald werden wir in einer Gegend sein, die für die griechischen Götter wie geschaffen erscheint, an einem veritablen Olymp«, bemerkte Laurier in fließendem Französisch.

Santos' schwarze Augen warfen dem Ankömmling einen aufmerksamen Blick zu. Dann zuckte er die Achseln. »Diese langen nächtlichen Bahnfahrten sind recht anstrengend.« Er machte eine Pause und sog an seiner Pfeife. »Und dann diese seltsame Geschichte hinter Lugano, als der Expreß hielt. Ein Schweizer Bahninspektor hat mir erzählt, es sei eine Armeeübung gewesen. Glauben Sie das?«

»Ich glaube, es handelte sich um eine weit düsterere Angelegenheit«, erwiderte Laurier. »Wenn ich echtes Maschinengewehrfeuer höre, dann weiß ich, daß es sich nicht um eine Übung handelt. Da wurde nicht mit Platzpatronen geschossen.«

»Und jetzt fahren wir auf den Gotthard zu«, bemerkte Santos. »Ein Ort, der einem angst machen kann.«

»Wer weiß, was in einem Nachtzug alles passieren kann?« sinnierte Laurier. »Hier sind so viele Menschen, die einander fremd sind, für viele Stunden eng zusammengepfercht.« Er betrachtete das Profil des neben ihm stehenden Mannes, ein auffallendes Profil mit seiner Adlernase und den hervorstehenden Wangenknochen. »Ich fahre mit diesem Zug bis Amsterdam«, bemerkte er. »Sie auch?«

»Bis zur Endstation. Es wird also eine sehr lange Nacht werden ...«

Im Expreß machte sich eine immer spürbarer werdende Spannung bemerkbar, als er sich über einen sanften Abhang auf die riesige Schlucht zubewegte. Im Schlafwagen wurde gerade das zweite Abendessen serviert, und die Kellner mußten mehr Getränke als Speisen auftragen. Reisende in ihren Abteilen, die sich eigentlich für die Nacht hätten hinlegen können, saßen aufrecht da und starrten aus den Fenstern auf die mondbeschienene Landschaft. Im letzten Schlafwagen des Zuges wurden den Reisenden Speisen aus einem Abteil gebracht, das Molinari in Mailand in eine provisorische Kombüse hatte verwandeln lassen.

»Warum hätte man uns nicht einfach aus dem Speisewagen

etwas zu essen bringen können?« wollte Marenkow wissen, der gerade in eine Pizza hineinbiß.

»Weil Gift eine der Waffen des KGB ist«, erwiderte Haller unverblümt.

»Mögen Sie Pizzas nicht?« fragte Elsa den Russen.

»Ich kriege alles runter«, erwiderte der Russe doppelsinnig.

Oberst Springer saß ihm gegenüber und aß ebenfalls eine Pizza von einem Pappteller; dazu trank er Kaffee aus einem Pappbecher. Er hatte den Russen bereits um eine Liste der in der Schweiz tätigen Agenten des KGB gebeten, und Marenkow hatte sich mit einem Blick auf Haller an die Stirn getippt. »In dem Augenblick, in dem ich mich in Schiphol an Bord der Boeing befinde, und sobald die Maschine sich dreißigtausend Fuß über dem Atlantik befindet, gebe ich Ihnen sämtliche Informationen, die Sie benötigen ...«

»Ich brauche sie jetzt«, sagte Springer ihm in scharfem Ton. »Immerhin dient das auch Ihrem Schutz ...«

»Das ist das normale Verfahren«, erwiderte Marenkow brüsk. »Es ist mein Paß in die Vereinigten Staaten – die Informationen, die ich im Gehirn mit mir herumtrage. Sämtliche ehemaligen KGB-Agenten, die nach Amerika geflogen sind, haben bis zum Betreten amerikanischen Bodens gewartet, bis sie redeten ...«

»Es hat keinen Zweck«, warf Haller ein. »Ich habe das alles schon früher mit dem General durchexerziert – und, wie er sagt, es ist tatsächlich das normale Verfahren.«

Springer zeigte ein verschlossenes und grimmiges Gesicht, als er Marenkow anstarrte, der seinen Blick ausdruckslos erwiderte. Elsa entschied, daß es an der Zeit sei, die zwischen den beiden Männern wachsende Spannung zu lockern. »Lassen Sie ihn doch in Ruhe weiteressen«, sagte sie dem Schweizer Oberst leichthin. »Wir haben auch so schon genug um die Ohren«, meinte sie, »da müssen wir uns nicht auch noch streiten ...«

Sie hatten ihre Mahlzeit beendet, als Matt Leroy an die Tür klopfte. »Ein dringendes Gespräch für Oberst Springer über Funktelefon«, verkündete er. Er betrachtete die Überreste der Mahlzeit. »Schön zu sehen, daß hier niemand mehr Hunger leiden muß«, bemerkte er trocken. Haller sah bestürzt aus. »Mein Gott, es ist höchste Zeit, daß John Sie ablöst – zerren Sie ihn aus seinem Abteil raus, und dann kommen Sie wieder, und essen Sie etwas ...«

Elsa beklagte sich, sie sei etwas steif in den Beinen, und begleitete Springer zum Funkabteil; sie hatte vermutet, dieser Anruf könne die Antwort auf Wargraves Bitte um Überprüfung Peter Neckers, ihres Funkers, sein. Und da Springer zuvor von Haller über Wargraves ›Tod‹ in Mailand informiert worden war, wollte sie nicht, daß die Meldung an Haller weitergeleitet wurde. In seinem Funkabteil hatte der gnomenhaft wirkende Necker soeben seine Mahlzeit beendet. Springer nahm den Anruf entgegen. Ohne Necker anzusehen, sagte er mehrmals »ja« und schließlich: »Sind Sie sicher?« Er legte dann auf und nahm Elsa mit auf den Gang.

»Ich verstehe nicht, was geschehen ist«, sagte er ernst. »Ich habe einen von Wargrave in Bellinzona abgezeichneten Funkspruch erhalten, und Haller sagt mir, er sei in Mailand gestorben. In der Nachricht hieß es, ich sollte Ihnen die Antwort geben. Dieser Anruf kam von meinem Chef, General Traber, in Zürich. Er hat eine Nachricht von Hauptmann Wander vom deutschen BND erhalten, der jetzt in Basel wartet, um von dort an für die Sicherheit des Zuges zu sorgen. Peter Necker ist durchleuchtet und für zuverlässig befunden worden. Wander sagt, er würde für Necker die Hand ins Feuer legen.«

»Erzählen Sie es Haller nicht – oder sonst jemanden. Ich komme später wieder zu Ihnen...«

»Wie Sie meinen...«

Springer zeigte einen neugierigen Gesichtsausdruck, als er Elsa einen Augenblick lang musterte. »Ich habe Hallers Bericht ohnehin für seltsam gehalten«, murmelte er. »Ich lege die ganze Geschichte in Ihre Hände...«

Phillip John hatte unterdessen Matt Leroy abgelöst und stand jetzt am vorderen Ende des Waggons, als Elsa sich ihm näherte. Der Engländer, wie immer elegant und gelassen wirkend in seinem karierten Anzug, lächelte schwach. Sie hatte den Eindruck, daß er sich während seiner kurzen Ruhepause rasiert hatte. »Sie können wohl nicht von mir lassen?« zog er sie auf.

»Es mag Ihnen seltsam vorkommen, aber wenn ich mir ungeheure Mühe gebe, schaffe ich es für eine oder zwei Stunden«, entgegnete sie. »Und jetzt haben Sie vielleicht die Güte, mich in den nächsten Wagen zu lassen.«

»Wozu?«

»Weil ich es will, verdammt noch mal«, fauchte sie zurück.

»Sie brauchen nur einen Wunsch zu äußern, Gnädigste – und schon ist er erfüllt«, erwiderte John, der völlig unbeeindruckt war. Er hob die Hände und machte sich an Elsas schwarzer Perücke zu schaffen, als wollte er sie zurechtrücken. Sie hatte sie aufgesetzt, bevor sie Hallers Abteil verlassen hatte. Dann zog er ihre Hornbrille hoch, bis sie auf der Nasenwurzel saß. Eine Sekunde lang berührte er ihre Wange. »Früher oder später, wenn dies alles einmal vorüber ist, sollten wir beide...«

Sie ging durch die Tür, die er aufgeschlossen hatte, ohne etwas zu erwidern. Sie hörte, wie er zuschloß, und eilte zu Joseph Lauriers Schlafwagen. In seinem Abteil prüfte Wargrave den Sitz des Messers mit dem Knochengriff, das er zuvor in seine rechte Socke gesteckt hatte, bevor er die Tür aufmachte und sie einließ. Sie erzählte ihm von dem Anruf, der Necker von jedem Verdacht freisprach, und er nickte. Er trug noch immer die strähnige graue Perücke Lauriers und die Zwei-Stärken-Brille, und wieder einmal dachte sie daran, wie schrecklich erschöpft er aussah.

»Wie wär's mit etwas zu essen?« fragte sie. »Ich hoffe, du hast im Speisewagen etwas bekommen?«

»Nein.« Er zeigte auf seine Reisetasche. »Ich habe aus Mailand eine Thermoskanne mit Kaffee und ein paar belegte Brote mitgebracht. Wie sieht's hinten im Abteil mit Marenkow aus?«

»Lausig. Springer hat versucht, Marenkow eine Liste mit Namen von Schweizer KGB-Agenten zu entlocken, aber der wollte nicht. Haller tritt als Friedensstifter auf. Aber da ist noch mehr.«

Er zündete eine Zigarette an und steckte sie ihr zwischen die Lippen, als sie auf dem Bett saß. »Was soll das heißen?«

»Spannung – und sie wird ständig größer. Nur Phillip John, der jetzt übrigens gerade Wache hält, scheint von allem unbeeindruckt zu sein. Dieser eingebildete Dreckskerl. So wie ich es sehe«, fuhr Elsa fort, wobei sie die Beine übereinanderschlug und ihre Hornbrille abnahm, »besteht die Gefahr gerade darin, daß nichts weiter passiert ist. Es geht ihnen allmählich auf die Nerven – das Warten, die Untätigkeit. Und dennoch sind sie sicher, daß irgend etwas passieren wird, etwas Großes. Sie machen sich Sorgen wegen des Gotthards.«

»Ich auch ...«

Wargrave schaltete das Licht aus und zog den Fenstervorhang hoch. Der Expreß nahm jetzt eine steile Steigung, fuhr durch endlose Kurven bei der Fahrt zu dem nicht mehr allzu weit entfernten Airolo. Und die großen Berge kamen immer näher an den Zug heran, die großen Gipfel, die Wargrave nur noch dann erkennen konnte, wenn er den Kopf beugte. Sie wurden vom Mond beschienen. Aus dem Schatten einer Schlucht ragte ein langer Eiszapfen wie ein Speer in die Nacht, ein Speer, der aus einem mitten in der Luft gefrorenen großen Wasserfall herausragte. Das Rattern der Räder hörte sich plötzlich anders an, als der Expreß auf eine Brücke fuhr, die eine tiefe Schlucht überspannte. Wargrave zog den Vorhang herunter und machte das Licht an. »Sind neue Wetterberichte gekommen?« fragte er. »Ich denke an das Wetter nördlich des Gotthards ...«

»Schrecklich, sagt Springer. Da tobt ein fürchterlicher Schneesturm. Nur auf diesem Abschnitt zwischen Airolo und Chiasso hat es vorübergehend aufgehört zu schneien – und zwar nicht für lange, wie die Meteorologen meinen. Oh, ehe ich's vergesse, und damit du etwas zum Freuen hast – es wird hier bald Föhn erwartet.«

»Ich glaube, der Föhn hat schon eingesetzt – man kann fast spüren, wie er den Zug von der Seite trifft...«

Wargrave nahm seine graue Perücke ab. Er nahm auch seine Zwei-Stärken-Brille ab und machte sich dann ein wenig zurecht. Er kämmte sich das Haar, und Elsa sah mit Sorge sein Erscheinungsbild, das jetzt nicht verkleidet war. »Mein Gott, du siehst müde aus – deine Augen sind blutunterlaufen. Wann hast du zuletzt geschlafen?«

»Weiß ich nicht mehr«, meinte Wargrave fröhlich. Es war Samstagnacht. Am vergangenen Freitagabend war er bis tief in die Nacht aufgeblieben, um mit Molinari bestimmte Details des vor ihm liegenden Unternehmens zu besprechen. Am Samstagmorgen hatte er den anstrengenden Flug nach Bukarest und zurück mit zwei ziemlich schwierigen Landungen hinter sich gebracht. Und seitdem er den Atlantik-Expreß bestiegen hatte, hatte er kein Auge zugetan. Er betrachtete sich im Wandspiegel. »So jetzt bin ich wieder der alte – so gefalle ich mir besser.«

»Warum gibst du die Verkleidung als Laurier auf?« fragte sie.

»Weil die Zeit da ist, wieder aufzutauchen – nach dem, was du mir erzählst, scheint die Moral dahinten in dem Schlafwagenabteil nicht besonders gut zu sein...«

»Ist das alles?« fragte sie leise. »Du erwartest, daß irgendwas passiert, nicht wahr? Und du wirst Julian einen unglaublichen Schock versetzen. Wie ich ihn kenne, wird er aus der Haut fahren«, sagte sie warnend.

Er umfaßte ihre Schultern. »Jetzt hör auf mit diesem ängstlichen Getue und geh zurück zu den anderen. Erzähl ihnen kein Wort von mir. Nicht ein Wort.«

»Wenn du meinst...«

Wargrave wartete ein paar Minuten, um ihr Zeit zu lassen, zu ihrem Abteil zurückzugehen, und öffnete dann die Tür. Er spähte in beide Richtungen, um sich zu vergewissern, daß der Gang leer war, und ging dann zum hinteren Ende des Waggons, der sich wieder einmal in einer endlos scheinenden Kurve zur Seite neigte. Einmal zog er einen Vorhang hoch, und die eisverkrusteten Wände des Passes ragten drohend über ihm auf; ihre dunklen Schatten wurden immer wieder unterbrochen durch das Eis weiterer Wasserfälle, das im Mondschein aufleuchtete. Wargrave hielt an der

Tür zum letzten Schlafwagen inne, zündete sich eine Zigarette an und klopfte dann in einer bestimmten Weise.

Phillip John machte auf. Er hielt seine Luger in der rechten Hand. Sein weißes Gesicht zeigte schockartige Überraschung, dann gewann er die Fassung zurück und ließ die Luger langsam in das Halfter mit dem Federmechanismus zurückgleiten. Wargrave legte ihm eine Hand auf die Brust und schob ihn sanft gegen die Tür des Waschraums zurück.

»Werde ich nicht eingelassen?« fragte er mild.

»Ich dachte, Sie seien noch in Mailand...«

»Ich bin überall und nirgends«, klärte Wargrave ihn liebenswürdig auf, als John wieder die Tür abschloß. »Die Leute wissen nie, wo ich wieder auftauche – und das hat mir in all den Jahren geholfen, am Leben zu bleiben. Unterhalten wir uns ein wenig, solange wir allein sind...«

Sie waren in dem engen Raum zwischen Waggonende und Waschraum eingezwängt. Von dem menschenleeren Gang aus hätte man sie ohnehin nicht sehen können. »Was um Himmels willen soll das alles?« verlangte John zu wissen. »Seitdem wir Mailand verlassen haben, hält man für Sie hier die Totenwache...«

»Weil es notwendig war, mein Guter«, erklärte Wargrave und ahmte Johns Public-School-Akzent nach. Er sah, wie eine leichte Röte in das weiße Gesicht schoß. »Und jetzt ist es an der Zeit, die Reserven ins Gefecht zu führen – mich also. Wir haben eine Arbeit zu erledigen. In diesem Waggon gibt es jemanden, den man früher einmal als Angehörigen der fünften Kolonne bezeichnet hätte. Im Klartext: jemanden vom KGB oder vom GRU.«

»In diesem Waggon?« sagte John gedehnt. »Das soll wohl ein Witz sein.« Er starrte Wargrave an. »Nein, Sie scherzen nicht. Wer ist der Mann?«

»Ich kann mich nicht erinnern, gesagt zu haben, daß es ein Mann ist.«

Wieder starrte John ihn hart an; auch diesmal wieder flackerte so etwas wie Überraschung in seinen Augen auf. »Sie können doch unmöglich Elsa Lang verdächtigen? Ich habe angenommen, sie ist bei Ihrer Truppe, seitdem...«

»Die besten Maulwürfe sind Insider und genießen das Vertrauen ihrer Vorgesetzten seit ewigen Zeiten, John. Das ist der Schlüssel ihres Erfolgs. Das müßten Sie inzwischen doch gelernt haben?«

»Elsa Lang? Ich bin erschlagen. Mein Gott, Haller wird Amok laufen, wenn er das erfährt.« Er runzelte die Stirn. »Haben Sie wirklich Beweise? Sie stehen in dem Ruf, niemals einem Menschen zu trauen …«

»Ich habe Beweise.« Wargrave trat seine halbgerauchte Zigarette unterm Fuß aus und zündete sich sofort eine frische an. Der Zug schaukelte gerade durch eine neue langgezogene Kurve. Wargrave blickte aus dem Fenster und sah das Leuchten der vorderen Waggons hinter der Lok und die Funken der Oberleitung.

»Was wollen Sie denn mit dieser jungen Dame Lang machen?« fragte John.

»Nichts.«

»Aber Sie haben gesagt, Sie hätten Beweise …«

»Das habe ich gesagt, ja«, stimmte Wargrave lakonisch zu. »Aber ich habe mit keinem Wort gesagt, daß Elsa die Agentin sei. Nur *Sie* haben ihren Namen ins Spiel gebracht. In Wirklichkeit ist ein Mann eingeschmuggelt worden; und zwar vom GRU …«

»Vom GRU?«

»Genau. Einen KGB-Mann hätte Marenkow erkannt. Aber es ist einer von Oberst Igor Scharpinskys Leuten. Necker war ein vorrangig Verdächtiger. Er hatte Zugang zum Kommunikationssystem …«

»War?« wollte John wissen.

»Ja. Er ist vor nur wenigen Minuten von der Liste der Verdächtigen gestrichen worden. Springer hat Elsa eine Nachricht für mich gegeben. Verstehen Sie, John«, fuhr Wargrave freundlich fort, »ich war meiner Sache sicher, als ich erfuhr, daß diese Maschinengewehrbande bei Vira den letzten Schlafwagen mit Kugeln durchsiebte. Nur den letzten Schlafwagen, wohlgemerkt – nicht den Schlafwagen davor, den Marenkow und Elsa in Mailand bestiegen haben. Die Burschen wußten also, daß er sich im letzten Waggon befand.«

John machte ein nachdenkliches Gesicht und lehnte sich gegen die Tür des Waschraums. »Das ist einleuchtend«, gab er zu. »Und wer ist jetzt der Kandidat als GRU-Mann?«

»Sie sind das.«

»Sie müssen völlig den Verstand verloren haben …«

»Weil Sie ein Scharfschütze sind«, erklärte Wargrave.

»Dann hätte ich Sie im Mailänder Hauptbahnhof ohne weiteres töten können …«

Wargrave schüttelte den Kopf. »Sie wußten, daß Sie das nicht tun konnten. Sie wußten, daß Oberst Molinari über den angeblichen Mord im Bilde war. Und Sie wollten mit dem Atlantik-Expreß mitfahren. Übrigens«, fuhr er fort, »wenn Sie mich erschossen und versucht hätten zu fliehen: Drei von Molinaris Scharfschützen haben Sie ständig im Visier gehabt, als Sie sich in der Halle aufhielten – das war eine reine Vorsichtsmaßnahme.«

»Sie sind übergeschnappt wie ein tollwütiger Fuchs...« Johns Mund verzog sich zu einem schiefen Schnauben. »Und warum habe ich Marenkow noch nicht längst erschossen?«

»Weil Sie nicht eine einzige Gelegenheit dazu hatten. Immer dann, wenn diese Abteiltür geöffnet wird, wird einem irgendein Revolver unter die Nase gehalten. Ob Hallers oder Elsas – das ist dabei belanglos. Und Sie sind ein Profi, John – Sie wissen, daß selbst wenn Sie schießen würden, Sie durch die Reflexbewegungen der Finger am Abzug auch selbst getötet würden. Ich habe nämlich sehr ausgeklügelte Vorsichtsmaßnahmen getroffen, bevor ich in diesen Zug eingestiegen bin.«

»Das ist doch nichts weiter als reine Spekulation«, protestierte John. »Sie haben gesagt, Sie hätten Beweise – jetzt zeigen Sie mir mal Ihre verdammten Beweise, Sie Vollidiot.«

»Vira«, erwiderte Wargrave einfach. »Elsa hat mir haargenau beschrieben, was dort geschehen ist. Sie haben von einem festen Standort aus mit Ihrer Luger auf drei Männer gezielt, die sich mit nicht mehr als fünfunddreißig Stundenkilometern an Ihnen vorbeibewegten. Sie haben drei Schüsse abgefeuert – und haben jedesmal danebengeschossen...«

»Es war ein bewegliches Ziel...«

»Auf eine Entfernung von knapp fünfzig Metern. Drei Männer, dicht beieinander. Sie haben genau gezielt, um ja keinen von Ihren eigenen Männern zu treffen.«

John seufzte. »Das ist mir alles zu hoch. Jetzt brauche ich auch eine Zigarette...« Er schlüpfte mit der rechten Hand in sein Jackett und wollte die Luger hervorziehen. Wargrave drückte das glühende Ende seiner Zigarette auf Johns Handrücken. John zuckte zusammen und ließ die Waffe fallen, die scheppernd zu Boden fiel; er versetzte Wargrave einen harten, klatschenden Schlag auf den Hals. Wargrave ging ein wenig zu spät auf, daß John beidhändig schlagen konnte und links und rechts gleichermaßen kräftig und beweglich war. Ihm wurde schwarz vor Augen, als John ihm mit dem Knie wild in den Unterleib stieß, aber er hatte den Angriff kommen sehen und die Wirkung durch eine schnelle Drehung mildern können. Er zielte einen Schlag auf Johns Unterbauch, aber John drehte sich gleichfalls weg und fing den Schlag mit der Hüfte ab.

Die beiden Männer kämpften in dem engen Raum zwischen Waschraum und Außentür miteinander, aber Wargrave war noch immer benommen von dem unerwarteten Schlag. Er sah seinen

Gegner nur als verschwommene Gestalt, und zudem war John kräftiger, als er erwartet hatte. Plötzlich senkte John den Kopf und stieß ihn Wargrave hart ins Gesicht, während er gleichzeitig den Türgriff herunterdrückte, so daß die Waggontür aufflog. Wargrave fiel in die Nacht hinaus, aber im Fallen langte seine linke Hand nach oben und packte die Oberseite der Tür, und dann hing er mit nur dieser einen Hand an der schwingenden Tür in der Luft.

Der Expreß war soeben auf eine weitere geschwungene Brücke gefahren, die eine tief unter Wargrave gähnende Schlucht überspannte. Nur das Schwanken des Waggons verhinderte, daß seine Hand beim Zurückschwingen der Tür zerschmettert wurde. Jetzt aber begann die Tür wieder auf den Waggon zuzuschwingen. John wartete mit der schnell vom Fußboden aufgehobenen Luger in der Hand. Er hatte keineswegs die Absicht, Wargrave zu erschießen – den Knall eines Schusses würde er nie erklären können. Wargrave sollte ganz einfach verschwinden. Er stand ja sowieso in dem Ruf, ein einsamer Wolf zu sein – wer würde sich also wundern, wenn er wieder einmal verschwand? Dies alles schoß John blitzschnell durch den Kopf, als er darauf wartete, mit dem Lauf der Luger auf Wargraves halberfrorene Knöchel einschlagen zu können, diese Knöchel zu zerschmettern.

Die Waggontür bewegte sich langsam auf John zu. Wargrave stöhnte vor Schmerz auf. Er streckte den Arm aus, ließ dann die Hand fallen und krümmte sich zusammen. John beobachtete ihn wie ein Arzt, der die Reaktion eines Patienten prüft. Sein kalkweißes Gesicht zeigte keinerlei Gemütsbewegung, keinerlei Ausdruck. Die Waggontür schwang näher heran, und John hob den Lauf seiner Luger. Er hielt den Blick auf die angespannten Knöchel gerichtet, die alles waren, was Wargrave vom Sturz ins Nichts trennte. Phillip John hob den Pistolenlauf und zielte mit vorsichtiger Sorgfalt. Die Tür schwang näher heran, Wargraves rechte Hand, die das Messer hielt, das er aus seiner Socke gezogen hatte, stach auf Johns Bauch ein. Der Expreß schwankte. John fiel aus der Tür ins Freie; sein Körper verfehlte das Brückengeländer und stürzte mehr als dreißig Meter tief in den fast zugefrorenen Fluß am Grund der Schlucht. Er schlug mit dem Rücken auf. Langsam fließendes Wasser, das aus den Höhen der Alpen zu Tal floß, gefror über ihm, und sofort bildete sich ein dünner Eisfilm auf seinem Leichnam. Wargrave, der sich unterdessen in den Zug zurückgehangelt und in Sicherheit gebracht hatte, blickte in die Schlucht hinab, bevor er die Tür schloß. Aus seiner Nase rann Blut. John war mit ihm zusammengeprallt, bevor er in die Tiefe gestürzt war. Zwölf Stunden später bot sich schweizerischen Soldaten, die sich in die Schlucht heruntergearbeitet hatten, ein makabrer Anblick – sie entdeckten John, der auf dem Rücken lag, blicklos nach oben starrte und in eine dicke Eisschicht gehüllt war. Die Männer mußten Elektrobohrer einsetzen, um an John heranzukommen.

18. Das Wasserhorn

In der Seitenstraße neben dem Hotel Schweizerhof in Zürich rauchte der Funker des Funkpeilwagens eine im Dienst eigentlich verbotene Zigarette, um sich wach zu halten. Seit der Ankunft des Peilwagens hatte es in diesem Bezirk keinerlei Anzeichen für eine illegale Funktätigkeit gegeben.

Etwa einen Kilometer entfernt waren ein paar Männer General Trabers dabei, die Meldeformulare eines Hotels zu überprüfen. Bevor sie den Schweizerhof erreichten, hatten sie noch vier andere Hotels zu besuchen.

In Zimmer 207 wischte sich Heinz Golchack dicke Schweißperlen von seiner Stirn. In dem gutbeheizten Hotelzimmer war es gewiß warm, aber es war nicht nur die Zimmertemperatur, die Golchack zum Schwitzen brachte. Nach sehr kurzer Zeit würde sich am Gotthard eine historische ›Naturkastrophe‹ ereignen, eine Katastrophe von ungeheuren Ausmaßen. Dies machte Golchack jedoch nicht zu schaffen. Ihn bewegte nur eine Frage: Würde diese Katastrophe General Sergej Marenkow töten?

Scharpinsky war sich der bei seinen beiden Begleitern ständig stärker werdenden inneren Spannung bewußt, aber er tat, als bemerkte er nichts davon. An Heinrich Baum, seinem Funker, zweifelte er am meisten. Baum war immerhin Schweizer. Laß ihn ruhig schwitzen, dachte Golchack. Und Golchack war ein Mann, der immer ein paar zusätzliche Pfeile im Köcher behielt. »Verlassen Sie sich nie auf einen Plan allein«, schärfte er seinen Untergebenen immer wieder ein. »Man muß unbedingt etwas in Reserve behalten...« Und Golchacks Eingreifreserve befand sich im Augenblick im Atlantik-Expreß: Zwei Männer waren es, auf die er seine Hoffnungen setzte.

Einer von ihnen, Phillip John, war vor drei Jahren in die moribunde amerikanische CIA eingeschleust worden. John hatte für seine amerikanischen Auftraggeber sogar einige Hinrichtungen vollstreckt, um seine Glaubwürdigkeit zu festigen. Unterdessen hatte er auf den Moment gewartet, in dem Golchack ihm befehlen würde, für seinen wahren Auftraggeber, den GRU, tätig zu werden. Es war keineswegs ausgeschlossen, daß John Gelegenheit haben würde, Marenkow irgendwann während dieser Reise zu liquidieren.

»Baum«, sagte Golchack plötzlich, »wenn ich Ihnen Bescheid gebe, müssen diese beiden Funksprüche sofort gesendet werden...« Er reichte dem Schweizer zwei Zettel. »Der kürzere, der nach Basel geht, muß als erster übermittelt werden. Dann schicken Sie den Amsterdamer Funkspruch ab. Verschlüsseln Sie beide...«

Golchack zwang sich dazu, beim Nachdenken still auf einem Stuhl sitzen zu bleiben. Der Junggeselle Golchack-Scharpinsky hatte sein Leben der Mühe geweiht, auf der Leiter zur Macht im Sowjetstaat nach oben zu kommen. Obwohl er nie geheiratet hatte, war er weiblichen Reizen durchaus zugänglich. Seine Triebe hatte er jedoch nur in kurzen Affären befriedigt, bei denen keine Gefahr bestand, daß sie ihn von seinem Lebensziel ablenkten. Selbst jetzt, nachdem er den Beginn des massiven Einsatzes in Andermatt befohlen hatte, hatte er noch immer ein paar Asse im Ärmel.

Der lange Funkspruch nach Amsterdam beunruhigte ihn ein wenig – er war für eine sichere Übermittlung vielleicht etwas zu lang. Er war aber unerläßlich. Er enthielt sehr detaillierte Anweisungen für Rolf Geiger, den Chef der Geiger-Bande, die sich jetzt in der Nähe der holländischen Grenze aufhielt. Und da war natürlich auch noch der zweite Mann im Atlantik-Expreß. Nicos Leonides war immer noch da...

Nicos Leonides. In bestimmten Kreisen auf dem Balkan brachte allein schon die Nennung des Namens so manchen Mann um den Schlaf; prominente Antikommunisten meinten nachts Schritte auf der Treppe zu hören. Sie fürchteten, sie könnten ›auf die Liste gesetzt‹ worden sein, wie die unschuldige Formulierung lautete. Die Bezeichnung ›Berufskiller‹ wäre eine unzutreffende Beschreibung dessen, was Leonides war. Bei diesem Wort stellt man sich einen gemieteten Mörder vor, der für viel Geld ›Kontrakte‹ erfüllt und bestimmte Menschen auf Befehl umbringt. Leonides, ein überzeugter Kommunist aus Saloniki, liquidierte nur wohlbekannte Antikommunisten. Sein Auftraggeber, Oberst Igor Scharpinsky, hatte ihn seltsamerweise noch nie zu Gesicht bekommen.

Leonides hatte Scharpinsky zum erstenmal seine Dienste angeboten, als dieser unter einem falschen Namen als angeblicher Militärattaché an der sowjetischen Botschaft in Athen diente. Leonides meldete sich ausschließlich von Telefonzellen aus. Scharpinsky war zunächst skeptisch gewesen; er hatte eine Falle vermutet und mißtraute zudem den Beteuerungen des Griechen, er handle nur aus idealistischen Motiven. So hatte Scharpinsky zunächst das Angebot Leonides' ignoriert, als Scharfrichter zu arbeiten. Mehrere Telefongespräche später hatte Scharpinsky dann aber dem Vorschlag Leonides' zugestimmt, daß es ›angezeigt‹ sei, den Herausgeber einer bestimmten Athener Tageszeitung, einen älteren Mann, zu liquidieren.

Drei Tage später las der skeptische Scharpinsky zu seinem großen Erstaunen, man habe den ausgebrannten Wagen des griechischen Zeitungsmannes am Fuß eines steilen Felsens im Meer gefunden; die Leiche sei von einem Sturm hinausgetrieben worden, hieß es. Zwei Jahre und drei Monate später war Scharpinsky überzeugt, für den Notfall eine ideale menschliche Waffe zu besitzen. Da die Opfer stets von Leonides ausgesucht worden waren, sagte sich Scharpinsky schlau, daß der Grieche seine kommunistische Überzeugung mit privater Rache zu vereinen wußte. Typisch für die Bauernmentalität dieser Leute vom Balkan. Der Russe hatte den Griechen auf Umwegen aber immer ansprechen können. Und zum Glück hatte Leonides sich gerade zur rechten Zeit in Mailand aufgehalten. Er befand sich jetzt als Reisender im Atlantik-Expreß.

Jorge Santos hatte es sich an seinem Fensterplatz bequem gemacht und streckte seine langen Beine aus, die er an den Knöcheln übereinandergeschlagen hatte. Er zündete wieder seine Pfeife an und blickte kurz auf, als draußen auf dem Gang Harry Wargrave vorübereilte, um zu Phillip John zu gehen. Wie Wargrave hatte auch der Spanier nicht im Speisewagen gegessen; er hatte sich eine Flasche Wein und einige Lebensmittel mitgebracht, die er soeben verzehrt hatte.

Er paffte seine Pfeife, sah auf die Uhr und wechselte dann seine Stellung, um die Steifheit aus seinen Gliedern herauszubekommen. Er fühlte, daß im Zug zunehmendes Unbehagen spürbar wurde, als der Expreß jetzt die langgezogene Steigung in Richtung Gotthardtunnel nahm. Rein äußerlich war Jorge Santos einer der gelassensten Reisenden im Atlantik-Expreß.

»Ich bin noch immer der Meinung, du hättest es mir sagen sollen, Harry ...«

Elsa benutzte einen Gazestreifen aus ihrem Erste-Hilfe-Verbandskasten, um das Blut von Wargraves Nase abzuwischen, als Julian Haller mit grimmigem Gesicht zum zweitenmal seinen Tadel aussprach. Sie saßen zusammen mit Marenkow und Oberst Springer im Schlafwagenabteil. Wargrave zeigte sich aber uneinsichtig, sogar in recht aggressiver Weise.

»Es hat funktioniert«, bellte der Engländer knapp. »Ich habe den GRU-Mann aus dem Zug gestoßen, den sie hier eingeschmuggelt hatten. Und denken Sie auch daran«, fuhr er mit Nachdruck fort, »daß Sie mir vor der Abreise aus Amerika zugesagt haben, in Europa hätte ich die Leitung des Unternehmens...«

»Sie hätten mir vertrauen können...«, fing Haller wieder an.

»Das hätte zuviel Schauspielerei erfordert«, beharrte Wargrave. »Sie hatten auch so schon genug um die Ohren. Wir sollten also aufhören, unsere Zeit zu verschwenden, und uns der nächsten Phase des Unternehmens zuwenden.«

»Und die wäre?« wollte Springer wissen.

»Ich werde mit dem Alouette-Hubschrauber losfliegen, den Sie auf dem Güterawgen abgestellt haben. Elsa fliegt mit mir. Dann brauche ich noch den Funker, den du mitgebracht hast, Leon – um mit dem Expreß Verbindung zu halten, wenn wir in der Luft sind...«

»Das kommt gar nicht in Frage«, polterte Haller los. »Elsa mitzunehmen...«

»Muß ich dich wirklich noch einmal daran erinnern, Julian«, versetzte Wargrave leise, »daß ich dieses Unternehmen leite, solange wir in Europa sind?«

»Warum willst du den Hubschrauber jetzt einsetzen?« fragte Springer neugierig. »Zwischen hier und Airolo habe ich in bestimmten Abständen an der Bahnlinie Soldaten postiert... Sie stehen an allen wichtigen strategischen Punkten...«

»Weil ich es vielleicht für richtig halte, die Strecken zwischen diesen Punkten zu überprüfen.« Wargrave grinste sardonisch, als Elsa den Gazestreifen wegnahm. »Wenn dir das nicht gefällt, nenn es ruhig meinen sechsten Sinn – jetzt ist schon seit einiger Zeit nichts mehr passiert, und ich rechne damit, daß Scharpinsky schon sehr bald wieder in Aktion tritt.«

Marenkow hatte sich nicht an der Diskussion beteiligt, aber die Erwähnung seines Stellvertreters, Oberst Igor Scharpinskys, rief ihn auf den Plan. Haller hatte sich erst vor kurzem entschlossen, Marenkow von der vermuteten Anwesenheit des GRU-Mannes in Zürich zu erzählen. »Ich stimme Mr. Wargrave zu«, sagte er ruhig. »Es ist schon zu lange ruhig geblieben. Ich spüre wie er, daß sich irgend etwas zusammenbraut...«

Fünfzehn Minuten später half Wargrave Elsa über den gähnenden Schlund zwischen dem schwankenden Schlafwagen und dem offenen Güterwagen, auf dem der von einigen Schweizer Soldaten bewachte Alouette-Hubschrauber angekettet stand. Elsa kletterte in die Kabine und streckte einen Arm hinunter, um die automatische Waffe entgegenzunehmen, die ihr von einem der Soldaten gereicht wurde. »Viel Glück«, rief der Schweizer aus.

Elsa trug Skihosen und eine Pelzjacke mit Kapuze, die sie sich über den Kopf gezogen hatte; dazu pelzgefütterte Stiefel – sämtliche Kleidungsstücke hatte sie von einem von Springers Gebirgsjägern erhalten, die sich im Zug befanden. Auf dem Sitz des Kopiloten saß bereits der Funker Springers, Max Bruder, ein kleiner, dünner Mann, der Englisch beherrschte. Wargrave kletterte als letzter an Bord und setzte sich auf dem Pilotensitz zurecht, als zwei Schweizer Soldaten sich auf dem schwankenden Güterwagen bückten, um auf ein bestimmtes Zeichen hin die Ketten zu lösen.

Von der offenen Tür des letzten Schlafwagens aus sah Oberst Springer besorgt zu. Sein Gesicht war von der Kälte gerötet. Er war allein – Haller war im Abteil zurückgeblieben, um Marenkow zu bewachen, während Matt Leroy auf dem Gang patrouillierte. Der Schweizer Oberst war alles andere als glücklich über das Manöver, das Wargrave vorhatte. Dieser mußte den Augenblick des Abhebens mit unglaublicher Präzision berechnen. Der offene Güterwagen schwankte beachtlich – wie immer beim letzten Wagen eines Zuges. In dem Augenblick, in dem die Ketten gelöst wurden, mußte Wargrave sofort die maximale Steigleistung zur Verfügung haben, um problemlos abheben zu können. Er durfte auf keinen Fall den Motor abwürgen, denn dann würde der Hubschrauber krachend auf den Güterwagen zurückfallen – oder auf den Gleisen zerschellen. Zudem blies ein kräftiger Seitenwind aus östlicher Richtung.

Hinter Wargrave in der beheizten Kabine saß Elsa, die sich dabei ertappte, daß sie die automatische Waffe fest umklammert hielt, als Harry den Motor anließ. Das Rotorblatt über ihnen begann sich zu drehen, erst ruckhaft, bis es ein schnelles gleichmäßiges Schwirren erreicht hatte. Elsa sah nach unten und entdeckte, daß ihre Knöchel in dem fahlen Lichtschein der Instrumententafel weiß aufleuchteten. Der Hubschrauber vibrierte vor Kraft und schien förmlich auf das Abheben zu drängen. Elsa holte tief Luft und zwang sich zu entspannen. In diesem Augenblick hob Wargrave eine Hand und ließ sie wieder sinken – das war das Zeichen für das Lösen der Ketten. Ausgerechnet in diesem Augenblick schwankte der Güterwagen besonders heftig, und zudem erfaßte ein starker Windstoß den Hubschrauber.

»Mein Gott ...«

Der Hubschrauber stieg senkrecht auf und befand sich schon über dem Zug, als der Seitenwind den Rumpf mit solcher Wucht traf, daß die Maschine zur Seite geschleudert wurde. Dann brachte Wargrave den Hubschrauber wieder unter Kontrolle, und Elsa blickte aus dem Fenster nach unten. Tief unter ihr sah sie die Lichter des Atlantik-Expreß, eine gebogene Lichterkette, als der Zug wieder einmal in eine der endlosen Kurven hineinfuhr. Elsa lehnte sich behaglich in ihrem Sitz zurück, rückte ihren Kopfhörer zurecht und sah auf ihre Armbanduhr. Es war 20 Uhr 15. Sie sprach in das Mikrophon unter ihrem Kinn.

»Was ist das für ein hoher Gipfel da hinten – drüben im Nordwesten?«

»Das«, erwiderte Wargrave, »ist das Wasserhorn.«

In Andermatt war es 20 Uhr, als ein schwerer Traktor Robert Freys Sikorsky-Hubschrauber aus der Scheune des Bauernhofs westlich des Skiparadieses zog; Anna Markos hatte sich geirrt, als sie annahm, Freys Männer würden den Hubschrauber ins Freie ziehen. Als der Hubschrauber auftauchte, stand Robert Frey neben seinem Stellvertreter Emil Platow, den er um Haupteslänge überragte.

»Beeilen Sie sich«, befahl Frey dem Traktorfahrer. »Wir haben nicht die ganze Nacht Zeit, um die Sache zu erledigen...«

Nachdem der Fahrer das Schleppseil gelöst hatte, bestieg Frey den mit Kufen ausgerüsteten Hubschrauber. Hinter ihnen sprangen Emil Platow und vier andere Männer in die Maschine. Innerhalb von drei Minuten befand sich Frey, der sich auf den Pilotensitz gesetzt hatte, in der Luft. Der Hubschrauber, der in südöstlicher Richtung auf den mächtigen Wasserhorngipfel zuflog, der sich über der Gotthardbahnlinie auftürmte, gewann rasch an Höhe.

Die Lichter Andermatts verschwanden unter ihnen, als Frey seinen Flug fortsetzte. Er hatte das Lawineninstitut in Davos bereits darüber informiert, daß er sich zu einem weiteren Flug entschlossen habe, weil die Temperatur um mehrere Grad gestiegen sei. *Eine routinemäßige Vorsichtsmaßnahme...* hatte es in seinem Funkspruch geheißen. Die Kabine hinter ihm war voll beladen – unter anderem mit einem aus fünf Mann bestehenden Team, das seinen Sprengstoffexperten Emil Platow einschloß. Mitunter wird tatsächlich eine geringe Menge Sprengstoff benutzt, um eine kleinere Lawine auszulösen, die eine spätere größere und gefährliche Lawine verhindern kann. Jetzt hatte der Hubschrauber aber zusätzlich fast eine Tonne Gelatinedynamit geladen und war damit so etwas wie ein fliegender Sprengkörper, der von Frey zu dem mächtigen Wasserhornmassiv geflogen wurde.

Kurze Zeit bevor Robert Frey von Andermatt zurückgefahren war, um den Sikorsky-Hubschrauber zu besteigen, hatte er Anna Markos in ihrem Hotelzimmer im Storchen einen Besuch abgestattet. Anna saß vor ihrem Toilettentisch und machte sich offensichtlich gerade für den Abend zurecht, als jemand an die Tür klopfte. Sie stand auf, ging an die Tür und sagte, ohne zu öffnen: »Wer ist da?«

Eine tiefe, vertraute Stimme antwortete.

»Ich bin's – Robert. Robert Frey.«

Sie schloß die Tür auf, ließ ihn eintreten und kehrte zu ihrem Toilettentisch zurück. Sie betrachtete den hünenhaften Schweizer mit der wilden Mähne, der hinter ihr stand und sie mit unverhohlener Bewunderung ansah, im Spiegel. Er beugte sich über sie, umfaßte ihre üppigen Brüste und drückte sie leicht. »Und wer hätte es außer mir sein können? Habe ich etwa einen Rivalen?«

»Dutzende...« Ihre Fingernägel krallten sich in seinen vorwitzigen Händen fest, und er zog sie mit einem Grunzen zurück. Einen Augenblick lang sah sie im Spiegel einen fast tierisch wilden Ausdruck in seinem Gesicht, als er sich etwas Blut von der Hand wischte, dann lächelte er und zuckte die Achseln. »Irgend jemand hat mir meinen Schmuck gestohlen«, informierte sie ihn. »Sieh mal...« Sie öffnete die Schublade und klappte ihr leeres Schmuckkästchen auf. »Ich habe die Sachen gestern abend hineingelegt und vorhin, als ich sie anlegen wollte...« Sie zog ihre wohlgeformten Schultern hoch. »Ich weiß, daß die Sachen nicht sehr wertvoll sind – aber dennoch...«

»Du solltest die Polizei benachrichtigen. Wenn ich du wäre, würde ich es sofort tun. Die Wache ist ganz in der Nähe – erste Straße links, wenn du das Hotel verlassen hast...«

»Meinst du wirklich?« fragte sie zweifelnd.

»In der Schweiz nimmt die Polizei Diebstähle sehr ernst. Komm, ich helfe dir in den Mantel...«

Sie zog sich einen dicken Pullover über und ließ sich von ihm den Mantel halten. »Es würde ihnen gar nicht gefallen, wenn du einen Einbruch nicht meldest«, sagte Frey leichthin, als er sie nach unten begleitete. Die Bar war überfüllt, rauchgeschwängert und dröhnte unter den Klängen aufreizender Popmusik. Er ging mit ihr zum Ausgang und erklärte ihr nochmals, wie sie zu gehen habe. »Ich würde gern mitkommen, aber ich erwarte einen Anruf aus Davos«, bemerkte er beiläufig.

Er blieb vor dem Hoteleingang stehen, als sie wegging, rieb sich das Gesicht, als machte ihm der schneidende Wind zu schaffen, stieg dann in seinen Lieferwagen und fuhr mit hoher Geschwindigkeit zum Bauernhof zurück. Wenige Meter weiter auf der Straße parkte ein unbeleuchteter Peugeot. Am Steuer saß Erich Volcker. Er hatte das Zeichen gesehen, das Frey ihm gegeben hatte, und wartete, bis Anna Markos in der Seitenstraße verschwunden war.

Dann schaltete er die Scheinwerfer ein und versuchte, den Motor anzulassen.

Anna Markos ging die leere Seitenstraße hinunter und zog ihre Ohrenschützer ab; jetzt konnte sie ihr feines Gehör wieder gebrauchen. Die Straße war kerzengerade und eng – so eng, daß sie nur ein Fahrzeug durchließ. Auf beiden Seiten waren die Fensterläden zugeklappt. Die Häuser lagen still da, und leichte Schneeflocken wirbelten träge zur Erde herab. In der abendlichen Stille hörte Anna nur das Knirschen ihrer Stiefel auf dem verharschten Schnee. Und dies, das wußte sie, war nicht der Weg zur Polizeiwache.

Dann hörte sie, wie hinter ihr der Wagen in die Straße einbog. Sie begann schneller zu gehen. Mit ihren langen, kräftigen Beinen schritt sie weit aus. Sie gab sich Mühe, nicht zu laufen: Ein Ausrutscher auf der vereisten Straße, und es wäre mit ihr zu Ende. Am Steuer des Peugeot saß eine groteske Gestalt: Erich Volcker war klein und sehr fett, aber es war hartes Fett, das er mit sich herumtrug. Er hatte stämmige Beine und kleine, zierliche Füße. Sein runder Schädel war völlig kahl, und seine aufgeworfenen Lippen zogen sich zusammen, als er die Griechin in den Scheinwerferkegel bekam. Er holte tief Luft und trat das Gaspedal durch.

Anna Markos hörte die Veränderung des Motorengeräuschs. Im Scheinwerferlicht sah sie wenige Meter vor sich einen großen runden Felsbrocken, der vor einer Haustür lag. Sie ging das Risiko ein, die wenigen Schritte zu laufen, bückte sich, hob den Felsbrocken auf und fuhr herum. Hinterm Lenkrad starrte Volcker sie fassungslos an, als er sie herumfahren und ihn anblicken sah. Er behielt den Fuß auf dem Gaspedal. Der Felsbrocken flog durch die Luft, traf Volckers Windschutzscheibe mit großer Wucht, und die Scheibe zersplitterte. Für einen Moment hatte er noch das volle Sehvermögen, in der Sekunde darauf konnte er nichts mehr sehen. Er hielt das Lenkrad starr auf Kurs, sah aus dem Seitenfenster und beobachtete, wie die Hauswände an ihm vorüberrasten. Er wahrte immer den gleichen Abstand von den Häusern und wartete nur noch auf den dumpfen Aufprall, wenn er die Griechin erfaßte und überfuhr.

Anna preßte sich in den Hauseingang und beobachtete, wie der Wagen an ihr vorüberglitt, weiter die Straße hinunterfuhr, an der Ecke fast zum Stehen kam und dann um die Kurve verschwand. Sie ging mit raschen Schritten die Straße zurück und bog dann nach rechts in die Hauptstraße ein, wo es Lichter und Menschen gab. Als sie wieder das Hotel Storchen betrat, zeigte ihr Gesicht das gleiche neugierige Lächeln wie in dem Augenblick, in dem sie ihren Schmuck zusammengepackt hatte, um ihn in den Gully zu werfen.

Anna Markos, die Agentin, die Harry Wargrave nach Andermatt entsandt hatte, war eine sehr tapfere Frau. Sie hatte zwar den Verdacht gehabt, daß Robert Frey das Oberhaupt der von Andermatt aus operierenden kommunistischen Zelle sei, war aber nicht sicher gewesen. Unter Einsatz ihres Lebens hatte sie Frey eine Falle gestellt und sich dabei selbst als Köder angeboten – und jetzt hatte sie Gewißheit. Der Versuch, sie zu ermorden, hatte ihren Verdacht erhärtet. Als sie die überfüllte Empfangshalle betrat, packte ein Franzose sie am Arm.

»Anna, komm, laß uns einen Drink nehmen. Für den Anfang...«

»René, ich suche Robert Frey...«

»Er ist gerade weggefahren...«

»In welche Richtung? Hast du eine Ahnung?«

»Ja, er ist dort hinuntergefahren...«

René zeigte nach Westen, in Richtung Bauernhof außerhalb Andermatts, wo der Hubschrauber in der Scheune stand. Anna rannte nach oben, schloß sich in ihrem Zimmer ein und rief zum zweitenmal in einer Stunde den Bahnhof von Göschenen an. »Können Sie mir sagen, wann der Atlantik-Expreß in Göschenen erwartet wird?«

»Es hat eine Verspätung gegeben, Madame, aber der Expreß holt die Zeit wieder auf. Wir erwarten ihn für 20 Uhr 49...«

»Wenn ich also mit der Schollenen-Bahn um 20 Uhr 31 von Andermatt losfahre, müßte ich ihn rechtzeitig erreichen?«

»Aber gewiß, Madame – das ist der Anschlußzug.«

Um die Züricher Nummer zu erreichen, die sie im Kopf hatte, mußte Anna Markos länger warten. Das Mädchen am anderen Ende der Leitung wiederholte nur die Nummer. »Hier spricht Leros«, sagte Anna schnell, »ein Gespräch von Leros für Herrn Gehring. Es ist sehr dringend...«

»Einen Augenblick, bitte...«

General Traber, der in seinem Züricher Hauptquartier am Schreibtisch saß, erstarrte, als er hörte, wer ihn da verlangte. Es war das allererste Mal, daß Wargraves Agent in Andermatt ihn zu sprechen wünschte. »Stellen Sie ihn sofort durch«, erwiderte er. Er war noch überraschter, als er die Stimme einer Frau hörte, die ihn in akzentfreiem Deutsch ansprach. »Ja, ich bin Gehring«, sagte er sofort.

»Bitte nennen Sie Mr. Roose sofort – es ist sehr dringend – einen Namen. Sie haben mich verstanden – Mr. Roose? Der Name ist Robert Frey, Robert Frey. Wiederholen Sie ihn bitte. Ja, das ist richtig...«

Anna hatte aufgelegt, bevor Traber etwas erwidern konnte. Mr. Roose war Harry Wargrave. Den Hinweis auf Robert Frey begriff der Schweizer Abwehrchef überhaupt nicht; Frey war einer der geachtetsten Bürger der Schweiz. Traber verschwendete aber keine Zeit mit Spekulationen. Er drückte einen Knopf auf seiner Gegensprechanlage und bat, mit dem diensthabenden Offizier der Funkabteilung verbunden zu werden. Innerhalb von drei Minuten war die Nachricht auf dem Weg zum Funkabteil im Schlafwagen am Ende des Atlantik-Expreß.

Robert Frei war ein Perfektionist. Er war nie mit etwas zufrieden, und mit der Art und Weise, in der sein Sabotageteam jetzt arbeitete, war er sogar höchst unzufrieden – obwohl die Männer seit der Landung des Sikorsky-Hubschraubers am Rand des felsigen Hochplateaus auf dem Gipfel des Wasserhorns durchaus schnell gearbeitet hatten. Das Wegschaufeln der obersten Schneeschicht – um an die darunterliegende Eisschicht heranzukommen – hatte nicht viel Zeit in Anspruch genommen; der Ostwind, der Wargraves Hubschrauber beim Abheben vom Güterwagen des Atlantik-Expreß fast zur Erde geworfen hätte, hatte fast den gesamten Schnee vom Gipfel des Wasserhorns hinweggefegt und nur eine dünne Schicht zurückgelassen.

»Beeilt euch«, befahl Frey. »Bewegt eure Muskeln, verdammt noch mal – wir halten den Zeitplan nicht ein...«

»Das tun wir sehr wohl«, murmelte Emil Platow zu dem neben ihm schuftenden Mann und sah auf die Uhr.

»Wie war das, Emil?« verlangte Frey zu wissen. Seine hünenhafte Gestalt ragte drohend über dem gebückten Platow auf.

»Wir halten den Zeitplan ein«, fauchte der Schweizer gereizt.

»Diesen Teil können wir schnell erledigen. Den zweiten – nein. Benutzen Sie eigentlich nie dieses Knochengehäuse, das man Gehirn nennt?«

Und Frey hatte recht. In langen Abständen waren fünf Löcher freigeschaufelt worden. Jetzt begannen sie, die Bohrer einzusetzen, die von dem tragbaren Generator im Hubschrauber gespeist wurden. Kabel verliefen wie Rettungsleinen von Sikorsky-Hubschrauber zu den Bohrern, die die Männer benutzten. Sie durchbohrten die Eisschicht auf dem Gipfel und trieben Löcher in den Fels. Es war ein kalkuliertes Risiko – die Bohrer einzusetzen –, aber die ausgewählten Stellen waren weit genug von den steil abfallenden Rändern des Plateaus entfernt.

Frey hatte die Bohrstellen schon vor langer Zeit ausgesucht – und Frey wußte etwas, was er in seinen Berichten nach Davos unterschlug, wenn er von seinen Inspektionsflügen zur Untersuchung der Stabilität der Berghänge hoch oben über dem Gotthard zurückkehrte. Quer über das Wasserhorn verlief im Zickzack ein riesiger

Felsriß, eine große Spalte, deren Tiefe Frey einmal mit seismologischen Geräten ausgelotet hatte. Der Chef der in Andermatt beheimateten kommunistischen Zelle wußte, daß die vermeintliche Unverwundbarkeit des Bergriesen über der Gotthardbahn eine Mär war.

Als er auf dem Gipfel stand und seine ungeheuerliche Sabotageaktion leitete, während der schneidende Wind ihm ins Gesicht blies, fühlte Robert Frey sich wie ein König. War es Hingabe für die kommunistische Sache, die ihn fünfzehn Jahre lang dazu getrieben hatte, diesen Untergrundapparat aufzubauen, mit dem er den gesamten Kanton Tessin durchsetzt hatte? Sein Bezirk reichte von Airolo am Südende des Gotthardtunnels bis Chiasso an der italienischen Grenze.

Es war Robert Frey gewesen, der zunächst auf Anweisung aus Wien und dann aus Zürich das Ablenkungsmanöver geplant und angeordnet hatte, mit dem in Chiasso die drei italienischen Revolvermänner in den Zug gebracht worden waren. Es war auch Robert Frey, der den Überfall mit dem Maschinengewehr bei Vira befohlen hatte. Es war seine unglaubliche Eitelkeit gewesen, die Gier nach geheimer Macht, das Gefühl, der Tessin sei seine ganz persönliche ›Provinz‹, die ihn dazu gebracht hatte, sein Land zu verraten.

Nachdem die Bohrlöcher fertig waren, begann der nervenzerreißende Höhepunkt des Unternehmens, das Absenken des Sprengstoffs in die vorbereiteten Löcher. Diesen Teil der Arbeit besorgte Frey persönlich; während Emil Platow ihm die kleinen, runden Kapseln reichte, senkte er sie behutsam hinab. Die vier anderen Männer trugen die Sprengstoffkapseln ängstlich vom Hubschrauber heran. Nachdem Frey die letzte Kapsel untergebracht hatte, blieb nur noch die Herstellung des elektrischen Zündsystems, mit dem die Detonation ausgelöst werden sollte – nicht mit einem Schlag, sondern in Abständen von einigen Sekunden. Frey hatte nicht weniger als eine Kettenreaktion im Sinn – wenn ein Teil des Berggipfels barst, sollte er auf den nächsten stürzen und dort die Wirkung verstärken, bis der tiefe Riß im Berg sich auftat und die halbe Bergspitze auf den Schienenstrang herunterfallen ließ – es sollte eine Steinlawine von nie gekanntem Ausmaß geben.

»Da kommt ein Hubschrauber«, sagte Platow plötzlich.

Frey sah nach oben; Platow übertraf seinen Chef nur in einem: Er besaß ein extrem gutes Gehör. Und Emil Platow hatte recht. Ein Hubschrauber flog auf das Wasserhorn zu.

Wargraves Alouette-Hubschrauber befand sich jetzt schon weit nördlich des Atlantik-Expreß, als er seinen Flug über dem Schienenstrang fortsetzte. Wargrave war sich seiner Sache noch immer nicht sicher; er wußte nicht, wonach er Ausschau halten sollte. Nach fahrenden Zivilfahrzeugen, sich bewegenden Männern, nach etwas, das nicht so war, wie es sein sollte? Die Sicht in der mondhellen Nacht war fantastisch – in der Ferne konnte er die Hauptkette der Alpengipfel sehen, die halb in Wolken und in den schrecklichen Schneestürmen nördlich des Gotthards verschwunden waren.

Hinter ihm blickte Elsa durch ihr Nachtglas in einem weiten Bogen nach Nordwesten und suchte die Berge ab. Sie hielt inne, als sie den Wasserhorngipfel ins Blickfeld bekam. Sie wartete einen Moment, bevor sie etwas sagte. Wargrave hatte es lieber, wenn man seiner Sache sicher war, bevor man den Mund aufmachte. Dann ließ sie das Glas sinken und sprach in das Kehlkopfmikrophon. »Auf dem Wasserhorn ist ein Hubschrauber gelandet...«

»Bist du sicher?« wollte Wargrave wissen.

»Wenn ich nicht sicher wäre, hätte ich es nicht gesagt. Und ich glaube, auf dem Gipfel bewegen sich mehrere Männer...«

»Das ist das Wasserhorn«, bestätigte Max Bruder, der Schweizer Funker.

»Melden Sie's an Springer«, befahl Wargrave knapp. »Ich wünsche eine sofortige Überprüfung – und das bedeutet eine Antwort innerhalb weniger Minuten. In wenigen Minuten...«

Wargrave änderte den Kurs und flog den Hubschrauber vom Schienenstrang weg direkt auf das riesige Bergmassiv zu, das im Mondschein leuchtete. Hinter ihm steckte Elsa ein frisches Magazin in ihre Automatik und entsicherte sie. Bruder funkte seine Meldung. Elsa griff nach einem Reservemagazin und legte es sich auf den Schoß. Wargrave kniff die Augen zusammen und bemühte sich zu erkennen, was auf dem Gipfel vorging. In weniger als einer Minute sah er, daß Elsa nur zu recht hatte. Da stand ein Hubschrauber – und in seiner Nähe bewegten sich mehrere Männer.

Nachdem Springer im Zug die Anfrage erhalten hatte, reagierte er sofort. Über Necker nahm er Verbindung mit der Armeebefehlsstelle in Andermatt auf. Die Antwort auf seine dringende Anfrage ließ nicht lange auf sich warten. Frey hatte wie gewöhnlich vor dem Abflug mit seinem Sikorsky den örtlichen Militärkommandeur von seinem Routineflug zur Prüfung der Schneesituation in Kenntnis gesetzt. Springer las die Antwort und diktierte einen Funkspruch, der sofort an Wargrave übermittelt werden sollte.

Hubschrauber auf dem Wasserhorn unter Befehl von Robert Frey, dem hochgeachteten und fähigen Bergsteiger. Sein Abflug zu einer routinemäßigen Lawinenüberprüfung vom Militärbefehlshaber in Andermatt genehmigt. Springer.

»Das wär's also«, bemerkte Elsa, als sie den Funkspruch las, den Bruder ihr gegeben hatte. »Blinder Alarm. Und ich habe uns vom Schienenstrang abgebracht. Tut mir leid, Harry...«

»Für Wachsamkeit mußt du dich nie entschuldigen, Elsa«, sagte Wargrave scharf. »Es hätte etwas dran sein können.«

»Robert Frey ist ein bemerkenswerter Mann«, meinte Max Bruder, als Wargrave von neuem den Kurs änderte, um zum Schienenstrang zurückzufliegen. »Ich bin ihm einmal begegnet – es war eine Ehre für mich, einem solchen Mann die Hand zu schütteln...«

»Ist er so etwas wie eine lokale Größe?« wollte Elsa wissen.

»Nur einer der besten Bergsteiger der Welt«, erwiderte Wargrave. »So, jetzt wollen wir uns mal wieder der Bahnlinie zuwenden...«

»Der Hubschrauber entfernt sich«, sagte Emil Platow, der seine Erleichterung nicht verhehlen konnte. »Komisch – es war kein Armeehubschrauber. Keine Erkennungszeichen...«

»Irgendein dämlicher Zivilpilot, der vom Kurs abgekommen ist und seinen Flugplatz sucht«, erwiderte Frey.

»Um diese Tageszeit?« Platow schlug sich mit seinen behandschuhten Händen auf den Körper, um den Kreislauf in Gang zu bringen. Es war bitter kalt, aber die Aussicht war großartig. Sie sahen ein weites Panorama von Bergketten mit schneebedeckten Gipfeln. Platow stand auf einem Felsblock und konnte sehen, wie tief unter ihm das Mondlicht in großen Eisspeeren glitzerte, wie große Wasserfälle mitten in der Luft gefroren waren und wie dunkle Schatten andeuteten, wo bodenlose Schluchten in die Gesteinsmassen einschnitten.

»Sie machen sich zuviel Sorgen«, bemerkte Frey und verband zwei Kabel miteinander. Wenn er diese Arbeit beendet hatte, brauchte es nur einen Knopfdruck auf der Schaltbox, um eine Reihe massiver Explosionen in Gang zu setzen. Nachdem er die Verbindung hergestellt hatte, sah Frey auf seine Uhr. Sie waren vor der Zeit fertig geworden. Zwar nur um wenige Minuten, aber sie hatten Zeit eingespart. Und das auch nur, weil er seine gutausgebildeten Männer angetrieben hatte. Jetzt konnte nichts mehr den Atlantik-Expreß retten.

Robert Frey machte sich allerdings keinerlei Gedanken über die Folgen der ungeheuren Katastrophe, die er auszulösen im Begriff stand. Mit hoher Wahrscheinlichkeit würde die Berner Regierung gerade ihn zum Leiter der Kommission ernennen, die die Katastrophe untersuchen sollte. Wenn die Steinlawine erst einmal in Gang gekommen war, würde sich kein Mensch mehr an die dumpfen

Detonationen erinnern, die den Gipfel erschüttert hatten – falls überhaupt jemand sie hören würde. Und für den Fall, daß etwas schiefging, hatte Frey den Fluchtweg schon geplant.

»Ich glaube, ich sehe ihn kommen!« rief Platow aus.

»Sind Sie sicher?« fragte Frey und stieg zu Platow auf den Felsen.

»Um Gottes willen, natürlich bin ich sicher!«

»Dann sagen Sie den anderen, sie sollen schnell zurück in den Hubschrauber. Los, Mann, bewegen Sie sich!«

Vor Nervosität und Aufregung fast außer sich, rannte Platow übers Plateau zu den vier anderen, um den Befehl an sie weiterzugeben. Sie standen dichtgedrängt zusammen, als wollten sie sich gegenseitig vor der durchdringenden Kälte schützen. Auf dem Felsen hob Frey das Fernglas, das er um den Hals trug, und richtete es auf den Gotthard unter ihm. Und Platow hatte recht gehabt. Tief unten waren die weit entfernten Lichter des Atlantik-Expreß aufgetaucht, der soeben aus einer Kurve gekommen war.

Die Alouette hatte beinahe wieder eine Position über dem Schienenstrang erreicht, als Bruder meldete, von Springer komme gerade eine dringende Nachricht aus dem Zug. Bruder nahm den Funkspruch auf und reichte ihn dann Wargrave, der einen Blick darauf warf und laut fluchte. Elsa verstand jedes Wort. Sie reckte gerade den Kopf, um auf die Bahnlinie hinunterzusehen.

»Gottverdammter Mist...«

Nachricht von Leros, lautete der Funkspruch, *Robert Frey. Wiederhole – Robert Frey.*

»Die Männer auf dem Wasserhorn«, brüllte Wargrave – seine Stimme überschlug sich fast, als er ins Mikrophon sprach –, »das ist ein kommunistischer Sabotagetrupp!«

Er hatte bereits mit einer heftigen Lenkbewegung den Kurs geändert. Die Alouette neigte sich so plötzlich zur Seite, daß Elsa sich an der Armlehne festhalten mußte, um das Gleichgewicht zu halten. Wargrave beschleunigte mitten in der Kursänderung, flog immer höher und schneller, bis der Rotor über ihnen sich bei einer Geschwindigkeit von einhundertdreißig Stundenkilometern schwirrend drehte. Jetzt ging es auf kürzestem Weg zum Wasserhorngipfel zurück. In der Kabine machte sich plötzlich Spannung breit, als der völlig verwirrte Bruder protestierte.

»Aber das ist Robert Frey...«

»Ein hochgeachteter und fähiger Bergsteiger«, wiederholte Wargrave gehässig die Beschreibung Springers von vorhin. »Elsa, mach dich bereit, diese Männer zu erschießen – jeden einzelnen Mann auf dem Gipfel. Du mußt schießen, um zu töten...«

Elsa reagierte augenblicklich, ließ ihr Nachtglas fallen und griff nach ihrem automatischen Gewehr. Sie näherten sich dem mächtigen Gipfel mit hoher Geschwindigkeit, als sie ein Fenster öffnete und eisig kalte Nachtluft in die beheizte Kabine strömte. Elsa kniete nieder und legte den Gewehrlauf auf die Fensterkante. Ihr Gesicht wurde urplötzlich eisig in dem schneidenden Wind. Der Hubschrauber schwankte und taumelte bei dem plötzlichen Vertikalflug, der sie in eine bestimmte Höhenposition über dem Gipfel bringen sollte. Unter diesen Umständen wird es verdammt schwierig, überhaupt auf etwas zu zielen, dachte sie. Wargrave schien ihre Gedanken zu erraten, als er seinen Steigflug fortsetzte. Seine Wangenknochen zeichneten sich deutlich vor den Lichtern der Instrumententafel ab.

»Gib ihnen einen Kugelhagel – bewege das Gewehr ein wenig von oben nach unten und dann auch noch seitlich. Wir kriegen sie nur, wenn wir sie mit Kugeln eindecken...«

Auf dem Wasserhorngipfel hatten die vier Männer fast den stehenden Sikorsky-Hubschrauber erreicht. In ihrer Angst, nicht schnell genug bei der Maschine zu sein, rannten sie über die leichte Schneedecke. Der fünfte Mann aber war plötzlich stehengeblieben, drehte sich um und richtete etwas nach oben. Ein Schuß ertönte, dann noch einer, aber beide verfehlten Wargraves Hubschrauber, der sich jetzt langsam auf den Gipfel hinabsenkte. Elsa gab einen Feuerstoß ab und bewegte dabei die Waffe in einem leichten Bogen.

Auf dem Gipfel peitschten die Kugeln den Schnee auf, erreichten Emil Platow, den Mann, der gefeuert hatte. Er sackte im Schnee zusammen. Zwanzig Meter weiter verfluchte Frey die verrückte und dumme Reaktion Emils, bückte sich über die Schaltbox und drückte auf den Auslöseknopf. Einen Augenblick lang geschah nichts. Einen Moment lang zweifelte sogar der höchst zuversichtliche Frey daran, daß die Schaltung funktionierte. Dann spürte er das erste Zittern, das erste schreckliche Grollen. Er rannte auf den Hubschrauber zu und blieb dann stehen. Sein Gehirn hatte momentan aufgehört zu arbeiten: Er konnte nicht verkraften, was er sah.

Der Sikorsky mit den vier Männern an Bord kippte um, als der darunterliegende Fels zerbrach. Frey hatte das Ausmaß der kombinierten Detonationen unterschätzt. Ein, zwei Sekunden lang blieb der Sikorsky auf dem Grat liegen, dann stürzte er in die Tiefe. Beim Aufprall auf einem Grat brach der Rotor ab, dann auch die Halterung. Der Rumpf mit den vier Männern stürzte weiter den Hang hinab, bis er – mehrere hundert Meter weiter unten – auf eine Felsnase stürzte. Der Hubschrauber explodierte, wurde zu einem glühenden Feuerball und verschwand in einer Wolke auseinanderberstender Einzelteile. Durch einen reinen Zufall war nur Robert Frey am Leben geblieben, der jetzt auf einem übriggebliebenen, kleinen Stück Fels stand und auf die Alouette starrte, die über ihm schwebte.

»Den Mann will ich lebend haben«, bellte Wargrave. »Laß den Rettungskorb hinunter, Elsa...«

Max Bruder brauchte er keine Anweisungen zu geben. Er funkte schon an Springer. *Lawine kommt... Riesige Lawine, die auf die Bahnlinie zustürzt. Von Frey ausgelöst... Wiederhole... Lawine kommt direkt auf den Expreß zu... Vom Wasserhorn... vom Wasserhorn...*

Vom in der Luft stillstehenden Hubschrauber aus hatten sie deutlich den dumpfen Knall der Detonationen vernommen, denen das schreckliche Grollen folgte, als das Wasserhorn an dem Bergriß auseinanderbrach und Millionen Tonnen Schnee und Gestein in einer langsam beginnenden, dann immer schneller werdenden Lawine von gigantischen Ausmaßen zu Tal schickte. Aus der Luft sah es aus, als beobachtete man einen Ozean, der sich im Winkel von fünfundvierzig Grad bewegte, als der halbe Berg auseinanderbrach und donnernd zu Tal stürzte – auf die tief unten liegenden Gleise der Gotthardbahn.

Elsa, die während ihrer Zeit an der Washingtoner Botschaft mit Wargrave gelegentlich im Hubschrauber geflogen war (damals hatte er ihr beigebracht, einen Rettungskorb zu bedienen), war schon dabei, den Korb aus der geöffneten Tür hinabzulassen, während Wargrave den Hubschrauber über dem verbliebenen Rest des Gipfels in der Schwebe hielt. Es war nicht leicht; überall in der Kabine lagen Ausrüstungsgegenstände, kurze Skier, Stöcke und Bergsteigerstiefel herum. Einmal wäre sie um ein Haar aus der Tür gefallen, als sie über ein Seil mit einem großen Greifhaken stolperte.

»Bleib lieber an Bord«, bemerkte Wargrave durch sein Mikrophon.

»Dann laß mich in Ruhe, damit ich mich konzentrieren kann«, fauchte Elsa zurück. »Für den Anfang wäre es ganz gut, wenn du die Maschine stillhalten könntest...«

Wargrave lächelte kurz; Elsa Lang war in Form. Sie hatte Mut und Biß, und das war gut so angesichts dessen, was sie vorhatte. Beinahe wäre ihm eine Mahnung entschlüpft, wie sie mit Frey umgehen solle, wenn der erst einmal in der Maschine sei, aber dann entschloß er sich, lieber den Mund zu halten. Der schwankende Rettungskorb war jetzt kaum mehr als einen Meter von dem hünenhaften Schweizer Bergsteiger entfernt. Das Gerät schwankte hin und her. Elsa, die sich auf ihre schwierige Arbeit konzentrierte, bemerkte nicht, wie Frey eine kleine 22er Pistole aus der Manteltasche zog und sie mit dem Lauf in den engen Ärmelaufschlag am linken Handgelenk steckte. Dann langte er nach oben, packte den schwankenden Rettungskorb und hielt ihn fest, während er die Gurte anlegte, justierte und festzog. Dann gab er mit einer Handbewegung ein Zeichen.

Elsa begann, ihn nach oben zu ziehen, während der Hubschrauber weiter auf der Stelle schwebte und Frey unten hin und her schwankte. Er kam Meter um Meter näher an den Hubschrauber heran. Max Bruder schickte jetzt ununterbrochen seine Warnung an Springer. Unter ihnen ging der gigantische Bergrutsch weiter, der sich immer weiter ausdehnte, je schneller die Gesteinsmassen hinunterstürzten; eine kilometerbreite Welle aus Fels und Schnee rollte jetzt auf die Baumgrenze und auf den Tannenwald zu, der auf ihrem Weg lag. Tief unten glänzten die Gleise der Gotthardbahn.

Der Atlantik-Expreß kam immer näher und näher.

»Noch eine Minute, dann ist er an Bord«, berichtete Elsa.

»Ich will ihn lebend – aber behalte den Burschen im Auge. Ich kann dir nicht helfen...«

Wargrave war alles andere als glücklich über das, was sie da versuchten. Einerseits hatte er vermutet, wie wichtig es für Springer sein könnte, Robert Frey verhören zu können – Anna Markos' Nachricht hatte erkennen lassen, daß sie in ihm den kommunistischen Spitzenagenten der Andermatter Gruppe sah. Andererseits machte sich Wargrave Sorgen, weil Elsa mit dem Bergsteiger allein zurechtkommen mußte – er selbst mußte sich aufs Fliegen konzentrieren.

Elsa war vollauf damit beschäftigt, die schwierige Schlußphase der Bergung Freys hinter sich zu bringen und ihn in die Kabine zu holen. Mit einer Hand nahm sie Kopfhörer und Mikrophon ab. Ihre Smith & Wesson war griffbereit – sie hatte sie in den Bund ihrer Skihosen gesteckt. Sie mußte jetzt ganz allein mit diesem hünenhaften Schweizer fertig werden. Deutlich konnte sie sein Gesicht sehen, als er zu ihr hochstarrte. Flackerte da so etwas wie Überraschung auf, als er bemerkte, daß es ein Mädchen war, das ihn in Sicherheit brachte? Sie hielt den Blick starr auf die große Adlernase gerichtet; da er eine riesige Schneebrille trug, konnte sie seine Augen kaum erkennen. Irgend etwas sagte ihr, daß dies ein besonderer Mann war, daß sie verdammt aufpassen mußte.

Dann zog sie den Rettungskorb durch die geöffnete Tür herein, und Frey war an Bord. Der Bergsteiger sah sich um, entdeckte, daß der Pilot damit beschäftigt war, den Hubschrauber unter Kontrolle zu halten, und daß der Funker neben ihm genug damit zu tun hatte, seinen dringenden Funkspruch zu senden. Als das Mädchen die Tür zuschlug, wollte Frey mit der rechten Hand die Pistole aus dem linken Ärmel ziehen. Die Waffe blieb aber, wo sie war – der Ärmel war zu eng. Elsa hielt ihn mit der Smith & Wesson in Schach. Dann kippte der Hubschrauber plötzlich weg. Elsa wurde gegen die Seitenwand geworfen, und sie verlor die Pistole. Frey stürzte sich mit seinem mächtigen Leib auf sie, warf sie im hinteren Teil der Kabine auf den Rücken und sich selbst hinterher, so daß sie hilflos unter ihm lag. Mit der rechten Hand packte er ihre Kehle und drückte zu.

Elsa, die sich unter Freys Rumpf kaum rühren konnte, tastete mit der rechten Hand über den Kabinenboden, spürte den Greifhaken, packte ihn und legte ihn um Freys kräftigen Hals. Als er die Spitze gegen die Kehle drücken fühlte, ließ er sie überrascht los. Halb erstickt und mit zornblitzenden Augen schrie ihn auf französisch an. »Runter, lassen Sie mich los, oder ich reiße Ihnen die Kehle auf...«

Frey bekam Angst – und das nicht nur, weil die Spitze des Hakens ihm an der Kehle saß. Der Ausdruck in den Augen des Mädchens war schrecklich. Sie würde es tun. Er wußte, daß sie es tun würde. »Stehen Sie langsam auf – sehr langsam, rate ich Ihnen«, zischte Elsa durch die Zähne. Frey rappelte sich auf. Elsa kam sofort nach ihm hoch, hielt den Haken aber weiter an seiner Kehle. Dann spürte Frey, wie ihm der Lauf einer Pistole hart in den Rücken gepreßt wurde, und er hörte die Stimme Max Bruders.

»Eine falsche Bewegung, und ich werde Ihr Rückgrat zertrümmern...«

Innerhalb von zwei Minuten hatten sie Frey die Hände auf dem Rücken festgebunden und ihn gefesselt. Elsa, die ihm seine 22er Pistole aus dem Ärmel gezerrt hatte, ging nicht sehr sanft vor, als sie die letzten Knoten zuband. Anschließend rollte sie ihn in den hinteren Teil der Kabine. Sie ließ ihn mit dem Gesicht nach oben liegen, damit er atmen konnte. Bevor sie ihn verließ, bückte sie sich und drohte ihm mit dem Greifhaken. »Ein Piepser von Ihnen, und ich benutze dieses Ding. Verstanden?«

Wargrave hatte den Hubschrauber bereits in einem Halbkreis herumgezogen und flog jetzt mit hoher Geschwindigkeit durchs Gotthardtal auf den Expreß zu. Zu diesem Zeitpunkt ahnte er noch nicht, daß er den wichtigsten Sabotageagenten der Sowjets in der

Schweiz gefangengenommen hatte; er wußte auch nicht, daß Oberst Springer, der die Meldung von Bruder erhalten hatte, schon zwei eilige Funksprüche nach Andermatt und General Traber in Zürich geschickt hatte. Schon nach wenigen Stunden waren Streifenwagen selbst in so weit voneinander entfernten Städten wie Genf und Lugano unterwegs; die Beamten hatten Listen mit allen Freunden und Bekannten Freys bei sich, von denen man wußte. Sie klopften mitten in der Nacht an viele Türen und holten die Leute zu intensiven Verhören aus den Betten. In weniger als fünf Tagen war der gesamte Sabotagering Freys zerschlagen. Im Augenblick jedoch hatte Wargrave nichts anderes im Kopf als die gewaltige Lawine, die immer weiter zu Tal schoß, als der Atlantik-Expreß die Steigung hinauffuhr.

19. Die Lawine

Robert Frey war ein brillanter Organisator, der es für richtig hielt, sich gegen die Möglichkeit zu sichern, daß sich selbst die allerbesten Pläne zerschlagen. Und das Unternehmen zur Zerstörung des Atlantik-Expreß – dem für den Ernstfall vorgesehenen Plan zur Blockierung des Gotthards entnommen – hing nicht zuletzt vom exakten Timing ab. Der Zug mußte zur genau rechten Zeit am rechten Ort sein, um von der vollen Wucht der Lawine getroffen zu werden, die Frey auf dem Wasserhorn ausgelöst hatte.

Folglich hatte er an der Bahnlinie in regelmäßigen Abständen einzelne Mitglieder seiner ausgedehnten Sabotageorganisation postiert – und zwar immer an Stellen, an denen der Zug wegen der starken Steigung langsamer fahren mußte. Frey hatte den wahrscheinlichen Verlauf der Lawine sorgfältig berechnet und herausgefunden, welcher Streckenabschnitt getroffen werden würde. Es war unerläßlich, daß der Expreß sich in diesem Streckenabschnitt befand, wenn die Lawine im Tal ankam. Und weil diese Männer Freys einzeln postiert waren und zudem weit voneinander entfernt standen, hatte Wargrave sie bei seinem Flug nicht ausmachen können.

Als Oberst Springer aus Wargraves Hubschrauber die erste Lawinenwarnung erhielt, reagierte er mit gewohnter Energie und Entschlußfreudigkeit. In dem Abteil neben dem, in dem Haller und Marenkow saßen, beugte er sich zusammen mit seinem Assistenten Jürgen Thall über eine Karte. »Da ist das Wasserhorn.« Er zog einen Kreis um einen Streckenabschnitt. »Wenn die Lawine den Schienstrang erreicht, dann vermutlich irgendwo in diesem Kreis...«

»Und im Augenblick befinden wir uns etwa in der Mitte«, betonte Thall.

»Ein wenig näher am Nordende der Gefahrenzone«, erwiderte Springer. »Los, rufen Sie den Lokführer an – sagen Sie ihm, daß ich Höchstgeschwindigkeit haben will...«

Thall verließ das Abteil, rannte den Gang entlang zum Funkabteil, in dem eine direkte Telefonverbindung zum Führerstand der Lok hergestellt worden war. Nachdem er in seinem Abteil allein war, machte Springer das Licht aus, zog den Vorhang hoch und öffnete das Fenster. Er achtete nicht auf den hereinströmenden Schwall eiskalter Luft und starrte das furchterregende Schauspiel an, das sich im Mondschein bot.

Da war kein dramatisches Grollen, keine rasend schnelle Bewegung, sondern nur das gleichmäßige Rutschen eines ganzen Bergs, der sich auf den Schienenstrang zubewegte. Es war, als käme eine große Flutwelle im Zeitlupentempo auf ihn zu, eine Flutwelle aus Gestein und Schneemassen, ein Erdrutsch mit Millionen Tonnen von Schnee. Als Springer nach oben blickte, erreichte die Lawine die Baumgrenze, die ersten Bäume eines großen Tannenwalds, der sich auf den unteren Hängen ausbreitete. Wie eine riesige Meeresflutwelle überspülte der Schnee die Tannen, und Springer wußte, daß unter dieser weißen Welle große, in Jahrzehnten herangewachsene Bäume wie Streichhölzer zermalmt wurden. Dann sah er etwas, was ihm das Blut in den Adern gefrieren ließ. Die Schneelawine erreichte einen riesigen Felsvorsprung. Statt sich über ihm in die Tiefe zu ergießen, riß sie den Felsvorsprung mit. Da ging Springer auf, daß dies keine gewöhnliche Lawine war, mochte sie auch gigantische Ausmaße haben: Das halbe Wasserhorn kam zu Tal, dies war eine Steinlawine, die Geschichte machen würde. Er drehte sich um, als Thall die Abteiltür aufriß.

»Wir kommen nicht zum Lokführer durch...«

»Warum denn nicht, zum Teufel?«

»Er nimmt nicht ab...«

In diesem Augenblick wurde der Expreß, der gerade eine Steigung nahm, noch langsamer, dann hielt er. Wenige Sekunden später begann er, rückwärts zu rollen, zurück in den am meisten gefährdeten Streckenabschnitt.

Im Führerstand der Lokomotive mit der Achsanordnung Bo-Bo, die den Atlantik-Expreß die Steigung hinaufzog, befanden sich zwei Männer. Sie hatten wenig zu tun und mußten nur die Meßgeräte im Auge behalten und auf die vor ihnen liegenden Signale achten. Das Motorengeräusch hatte jeden Laut der herunterstürzenden Lawine erstickt. Enrico, der erste Lokführer, machte gerade die Hände mit einem Putzlappen sauber, als Freys Mann auf die Lok sprang und in den Führerstand stürzte. Enrico starrte ungläubig, als der Mann seinem Kollegen mit dem Lauf seiner Pistole einen brutalen Schlag auf den Kopf versetzte und ihm den Schädel spaltete. Der Mann richtete die Waffe auf Enrico. »Drehen Sie sich um ...« Der Lokführer gehorchte, worauf der Saboteur ihm einen schweren Schlag versetzte, von dem er meinte, er habe den Lokführer getötet. Dieser sank zu Boden, war aber nur halb betäubt, da der Lauf abgeglitten war. Der Mann Freys, Anton Gayler, studierte kurz die Meßgeräte, bewegte dann einen Hebel und schließlich zwei weitere, nachdem der Expreß zum Stehen gekommen war.

Der Atlantik-Expreß rollte zurück.

Gayler, ein kleinwüchsiger, stämmiger Mann mit vorstehenden Zähnen, fürchtete nicht, von der Lawine erfaßt zu werden; östlich des Schienenstrangs, nur wenige Meter entfernt, wartete ein Fahrer am Steuer eines mit laufendem Motor wartenden Fiats darauf, Gayler aufzunehmen und ihn auf der Ostseite der Schlucht aus der Gefahrenzone und vor der Lawine in Sicherheit zu bringen. Als der Expreß seine langsame Rückwärtsfahrt fortsetzte, sah Gayler auf der Westseite des Führerstands aus dem Fenster. Auf dem Bahndamm liefen mehrere uniformierte Männer auf ihn zu. Einer von ihnen, ein Zivilist, rannte weit vor den anderen. Gayler nahm seine Waffe und zielte.

»Schicken Sie Soldaten zum Führerstand ...«, befahl Springer und schob sich an Thall vorbei auf den Gang. Es war aber der Oberst, der den Zug als erster verließ. Er öffnete eine Tür am Ende des Waggons, trat aufs Trittbrett und sprang dann vorsichtig aus dem langsam zurücksetzenden Expreß auf den Bahndamm. Er hatte noch vierzehn Waggons vor sich, bevor er die Lokomotive erreichte. Zielstrebig lief er an den Gleisen entlang. Seine neunschüssige 32er Browning Automatik hielt er schußbereit in der Hand. In seinem Wettlauf gegen die Zeit hatte er aber einen Vorteil auf seiner Seite – der Expreß rollte rückwärts und kam ihm entgegen, so daß die Lokomotive schnell immer näher kam.

Er war schon recht nah an die Lok herangekommen, als er die Silhouette eines Mannes sah, der sich aus dem Führerstand lehnte, eine Silhouette ohne Eisenbahnermütze oder Uniform, eine Silhouette, die mit irgend etwas auf ihn zielte. Springer duckte sich, lief aber weiter, hörte einen Schuß, dann noch einen, während neben ihm Schotter aufgewirbelt wurde. Springer hörte plötzlich auf zu laufen, riß seine Automatik hoch, nahm sie ruhig in beide

Hände und feuerte. Irgend etwas – die Pistole des Mörders – fiel aus dem Fenster und landete auf dem Bahndamm.

Gayler, der sich in den Führerstand zurückgezogen hatte, fluchte und taumelte zur anderen Seite des Führerstands hinüber. Die Knöchel seiner rechten Hand waren zerschmettert, und er blutete. Mit der linken Hand ließ er sich aus dem Führerstand auf den Bahndamm hinab und stolperte dann auf die nahe Straße. Zwölf Meter entfernt stand ein Fiat mit laufendem Motor, dessen Fahrer ihn bereits erwartete. Gayler keuchte vor Erleichterung über sein Glück, so nahe beim Fluchtfahrzeug ausgestiegen zu sein.

Auf der Ostseite des Zuges war ein Abteilfenster geöffnet worden. Das Abteil war dunkel. Der Schatten des Oberkörpers eines Mannes erschien im Fenster, das durch das Waggondach vorm Mondschein geschützt wurde. Eine Hand ragte heraus. Als Gayler auf den wartenden Fiat zustolperte, wurde ein Schuß abgefeuert, und Anton Gayler fiel tot auf die Straße. Ein zweiter Schuß wurde abgefeuert. Der Mann im Fiat sackte tot hinterm Lenkrad zusammen. Dies war Scharfschützenqualität von der Art, wie sie dem toten Phillip John zugeschrieben gewesen war. Die Gestalt im Dunkeln zog sich zurück, und das Fenster wurde geschlossen.

Der Expreß rollte noch immer rückwärts, als Springer in den Führerstand kletterte. Er erfaßte die Szene mit einem Blick. Ein Mann vermutlich tot; Enrico, der erste Lokführer, bewegte sich schwach auf dem Fußboden, als er sich allmählich von dem Schlag erholte, der ihn nur gestreift hatte. Springer kniete neben ihm nieder und schüttelte ihn unsanft.

»Reißen Sie sich zusammen – und zwar schnell. Ich muß den Zug schnell wieder in Fahrt bringen – vorwärts. Eine Lawine kommt auf uns zu. Kommen Sie auf die Beine, Mann, um Gottes willen. Was muß ich tun, um den Expreß vorwärts fahren zu lassen...«

Enrico richtete sich mit einer ungeheuren Kraftanstrengung auf und lehnte sich mit dem Rücken gegen den Führerstand. Er zeigte auf etwas. Springer ergriff einen Hebel. Ein Kopfschütteln. Eine Handbewegung. Springer griff nach einem anderen Hebel. Enrico nickte, versuchte zu rufen: »Vorsicht...« Springer legte den Hebel um, und der Expreß blieb mit kreischenden Bremsen ruckartig stehen. Weitere Handbewegungen. Springers Hand bewegte sich von Hebel zu Hebel, bis Enrico nickte. Der stehende Expreß begann langsam anzufahren, so langsam, daß Springer entsetzt war. Der Zug schien kaum von der Stelle zu kommen. Nach ihm waren zwei Schweizer Soldaten in den Führerstand gekommen, und einer versuchte, Enrico Erste Hilfe zu geben. Der Lokführer, ein stämmiger Mann aus Basel, winkte aber ab und rappelte sich auf, um Springer zu helfen.

»Wer sind Sie?« fragte er.

»Militärischer Geheimdienst...« Das war nicht die Antwort, die Springer unter normalen Umständen gegeben hätte, aber er wollte den Mann beeindrucken und ihm klarmachen, daß dies eine extreme Notsituation war. »Ich wünsche, daß Sie die Motoren mit voller Kraft laufen lassen«, sagte Springer heftig. »Eine Lawine kommt direkt auf uns zu...«

»Könnte gefährlich sein auf diesem Streckenabschnitt...« Der Lokführer bewegte dennoch die entsprechenden Hebel; vielleicht war ihm plötzlich aufgegangen, daß Lawinen noch gefährlicher sein können. Die Räder begannen, sich ein wenig schneller zu drehen; Springer spürte, wie die gewaltige Kraft der Motoren die Stahlplatten unter seinen Füßen erzittern ließ. Der Lokführer war seinen Anweisungen aufs Wort gefolgt, und der Atlantik-Expreß rollte jetzt eine steile Steigung hinauf, aber noch immer beängstigend langsam; er rumpelte über mehrere Brücken, die weite Schlünde überspannten, schwankte in den langgezogenen Kurven, während die Anzeigenadeln der Instrumente erzitterten. Verschiedene Nadeln waren, wie Springer bemerkte, über rote Markierungen hinausgegangen: Ein Anzeichen dafür, welch enorme Spannungen aufgebaut wurden. Er ging zur Westseite des Führerstands hinüber.

Der große Wald war verschwunden, ausgelöscht von der Sturmflut der heranrasenden Lawine, die jetzt seitlich des Zuges bis auf einen knappen Kilometer herangekommen war. Die riesige Welle aus Gestein und Schnee war so hoch, daß Springer kaum mehr daran zweifelte, daß sie den Expreß überrollen würde. Normalerweise wäre sie auf dem engen Talgrund zum Stillstand gekommen, aber diesmal kam zuviel den Abhang herunter...

Springer rasten viele Gedanken durch den Kopf, als er die Katastrophe näher kommen sah; er dachte an seine Frau Clara und an seinen achtzehnjährigen Sohn Charles, der an der Lausanner Universität studierte – beide waren jetzt sicher zu Hause in der Züricher Wohnung. Wahrscheinlich würde er sie beide nie wiedersehen. Und dann erkannte er mit einemmal das wirkliche Ausmaß dessen, was da herangestürmt kam – es war eine *dreifache* Lawine, die dieses Ungeheuer Frey da ausgelöst hatte, nur um einen einzelnen Mann zu töten – an die anderen dreihundertfünfzig Seelen, die sich in diesem Zug befanden, hatte er keinen Gedanken verschwendet...

Zuerst hatte Springer das identifiziert, was er als eine größere

Pulverschneelawine kannte, die im Sturz kaum mehr als ein zischendes Geräusch hören läßt, eine ungeheure Welle aus Schnee, der im Mondschein leuchtete – ein Schauspiel von einer gewissen majestätischen Größe. Aber durch das Brummen der mit voller Kraft arbeitenden Motoren vernahm er jetzt das zwischen den Bergwänden widerhallende Donnern, das ihm sagte, daß auch gewaltige Eismassen zu Tal stürzten. Und als wäre dies alles noch nicht schrecklich genug, sah er riesige Felsblöcke, die inmitten der weißen Pulverschneewolke herabflogen. Es war auch eine Gesteinslawine.

...11. September 1881. Das Dörfchen Elm im Schatten des Plattenbergkopfs. Millionen Tonnen Gestein und Fels waren heruntergefallen, ein mächtiger Wind war dem Ansturm vorausgegangen und hatte Menschen durch die Luft gewirbelt, ganze Häuser wegfliegen und andere unter dem Druck der Luftwelle bersten lassen. Auch das war eine Gesteinslawine gewesen. Und im Expreß befinden sich dreihundertfünfzig Reisende, dachte Springer wieder. O mein Gott...

Im gesamten Zug hatte sich jetzt nackte Panik der Reisenden bemächtigt, die sich trotz der Bemühungen der Schweizer Eisenbahner und der Abwehrleute auf den Gängen drängten. Nichts hielt sie mehr in ihren Abteilen. Das Donnern der fallenden Eismassen machte die Panik vollständig. Einige öffneten in ihrer Todesangst die Türen und sprangen auf den Bahnkörper, rannten auf das Ende des Zuges zu, als läge dort die Rettung – statt dessen liefen sie genau auf die Lawine zu.

Am Ende des Zuges bot sich ein noch schrecklicheres Bild. In ihrem abgedunkelten Abteil standen Haller und Marenkow am Fenster und blickten hinaus. Und Julian Haller, der rasch auf seine Uhr sah, dachte an seine Frau Linda. In New York war es jetzt 14 Uhr 35 Ortszeit. Sie arbeitete jetzt vermutlich in ihrer Modefirma in der Madison Avenue. Ob er sie jemals wiedersah? Er bezweifelte es. Zumindest würde sie in den Genuß seiner großzügigen Pensionsregelung kommen. Plötzlich lief ein langhaariges Mädchen unter dem Fenster vorüber – sie rannte auf die Lawine zu. Ihr Gesicht war vor Angst verzerrt. Marenkow lehnte sich hinaus, packte sie beim Haarschopf. Als sie aufschrie, benutzte er die zweite Hand, um sie unter der Achselhöhle zu packen, und zog sie ins Abteil. Er schlug ihr mit der flachen Hand ins Gesicht, um ihre Hysterie zu durchbrechen. Haller öffnete die Abteiltür und sah sich Matt Leroy gegenüber, der draußen Wache hielt.

»Was ist los?« wollte Leroy wissen.

»Nichts Besonderes«, erwiderte Haller mit bitterer Ironie. »Bringen Sie dieses Mädchen wieder weiter nach vorn zu ihrem Abteil – übergeben Sie sie einem der Abwehrbeamten, und sagen Sie ihm, er soll aufpassen, daß sie drinbleibt...«

Auf der Westseite des Bahndamms hatten Bahnbeamte und Männer aus Springers Einheit die meisten der flüchtenden Reisenden inzwischen eingefangen und schoben sie jetzt in den langsam fahrenden Zug zurück. Andere Reisende halfen, sie in die Waggons zu ziehen. Haller stellte sich wieder ans Fenster neben Marenkow und sah etwas Entsetzliches. Aus einigen Häusern in der Ferne, die in der Bahn der Lawine lagen, rannten Menschen. Beide Männer sahen, wie ein kleines Kind über ein Feld rannte, verfolgt von einer Frau, vermutlich der Mutter.

Als das Kind weiterrannte, tauchte wie aus dem Nichts ein großer Felsbrocken auf und fiel auf das Kind. Haller fühlte sich physisch krank, als er beobachtete, wie die völlig gebrochene Mutter bei dem Felsklotz ankam und vergeblich versuchte, ihn mit den Händen wegzudrücken – vergeblich. Der Stein mußte eine Vierteltonne gewogen haben. Der Amerikaner warf Marenkow einen Blick zu und fühlte Wut in sich aufsteigen, als er den leidenschaftslosen Ausdruck auf dem Gesicht des Russen sah. Er hätte ihn schlagen mögen. Dann sprach Marenkow mit einem gedehnten Grollen. »Diese Dreckskerle...«

»Ihre Leute«, fauchte Haller.

»Seien Sie so freundlich und informieren Sie Oberst Springer«, fuhr Marenkow in dem gleichen grollenden Ton fort, »daß ich ihm aus dem Kopf eine vollständige Liste der in der Schweiz tätigen KGB-Agenten geben werde, sobald es ihm recht ist. Die GRU-Leute kenne ich leider nicht...«

Im Gang eines Erster-Klasse-Waggons stand Jorge Santos inmitten einer Menge anderer Menschen, die wie er auf die heranrasende Lawine starrten. Ihm war etwas aufgefallen, und als er mit seiner erkalteten Pfeife zwischen den Zähnen dastand, versuchte er, eine Berechnung anzustellen. Die beiden östlichen Wände des Wasserhorns waren jetzt durch eine Schlucht getrennt und neigten sich einander zu. Es kamen nun also zwei getrennte Lawinenwellen aufeinander zu. Wenn sie sich rechtzeitig begegneten, würde diese massive Kollision vielleicht den gewaltigen Felsrutsch stoppen können.

Fünfhundert Fuß über der Lawine in der Alouette war Wargrave das gleiche Phänomen aufgefallen. Er hielt den Hubschrauber auf der Stelle schwebend und ging an eine höchst gefährliche Aufgabe heran. Unter den Ausrüstungsgegenständen, die Springer auf Vorschlag des Engländers in den Hubschrauber hatte bringen lassen, befanden sich auch zweihundert Kilogramm Gelatinedynamit; schon am vorhergehenden Donnerstag hatte Wargrave eine Situation vorhergesehen, in der es vielleicht notwendig sein würde, ein feindliches Gefährt, das sich dem Expreß näherte, zu bombardieren. Wargrave hatte einige der Sprengstoffzylinder jetzt zu einer Bombe zusammengebunden, die er auf dem Schoß hielt und mit einer Zündschnur versehen hatte. Wenn er das Vorwärtsstürmen der Lawine rechter Hand mit der Bombe verlangsamen konnte, würde das der zweiten Lawine möglicherweise Zeit lassen, mit ihr zu kollidieren.

»Ihr sollt aber wissen«, sagte er warnend zu Elsa und Max Bruder, »daß dies verdammt gefährlich ist. Es ist eine kurze Zündschnur – sie muß kurz sein –, und wenn die Ladung zu früh explodiert...«

»Im Zug befinden sich mehrere hundert Menschen«, sagte Elsa leise. »Hier oben sind wir nur vier...«

Ihre Kehle war wie ausgedörrt, und sie fühlte sich krank vor Furcht, als Wargrave das Fenster öffnete, die Zündschnur in Brand setzte und die selbstgemachte Bombe fallen ließ. In dem Moment, in dem er sie losgelassen hatte, ging er mit Vollgas in den Steigflug. Die Bombe detonierte in der Sekunde, in der sie den Erdboden berührte, und zwar nur wenige Meter vor der rechten Lawine. Die Bombe hielt die Welle nur für Sekunden auf, aber dann stieß die linke Welle in einer gewaltigen Kollision mit ihr zusammen. Das Geräusch des Zusammenpralls erreichte den Hubschrauber. Die Alouette erbebte unter der Druckwelle, als eine riesige Schneewolke hochwirbelte und den Hubschrauber einhüllte. Dann verzog sich der Schneestaub, und Wargrave ließ die Maschine in Richtung auf den Zug heruntergehen.

Die Lawine endete in dem normalen Kegel. Eine Schneezunge schob sich noch über den Bahndamm hinter dem Expreß und überflutete den Gleiskörper, aber die Wucht war jetzt gering geworden. Der Atlantik-Expreß setzte seine Fahrt in Richtung Airolo fort, der letzten Bahnstation vor dem Gotthardtunnel.

20. Die Falle im Schollenen-Tunnel

Unmittelbar nachdem sie von Andermatt aus General Traber in Zürich angerufen hatte, um ihre Warnung durchzugeben, die er weitergefunkt hatte – die Warnung, ohne die der Atlantik-Expreß nicht gerettet worden wäre –, hatte Anna Markos in ihrem Zimmer im Hotel Storchen ihre Reisetasche gepackt. Sie schätzte, daß ihr gerade noch genug Zeit blieb, den Zug um 20 Uhr 31 von Andermatt nach Göschenen zu erreichen, wo sie nach kurzem Aufenthalt in den Atlantik-Expreß zusteigen würde.

Bevor sie das Zimmer verließ – die Rechnung hatte sie schon vorher beglichen –, ergriff sie eine Vorsichtsmaßnahme. Sie faßte an ihre linke Achselhöhle, um sicher zu sein, daß das dort verborgene Messer richtig in der Scheide steckte und sich leicht herausziehen ließ. Anders als Elsa Lang, der Harry Wargrave auf dem Washingtoner Schießstand des FBI beigebracht hatte, mit Pistolen und Automatikwaffen umzugehen, war Anna ein Kind des Balkans. Dort benutzten die Frauen Messer.

Und wiederum anders als Elsa, die Tochter eines britischen Admirals, die an der Godolphin Public-School in Salisbury erzogen worden war, war Anna in den ärmlichen Gassen Athens aufgewachsen. Sie war nur sieben Jahre alt gewesen, als beide Eltern zur Zeit des griechischen Bürgerkriegs von den Kommunisten umgebracht wurden – zur Zeit jenes Kriegs, den die griechischen Antikommunisten zu einem Teil dank der Militärhilfe Präsident Trumans gewonnen hatten. Und auf dem Balkan sind Leidenschaften stärker und halten länger an als im Westen. Seitdem sie achtzehn geworden war, hatte Anna ihr Leben dem Kampf gegen den kommunistischen Untergrundapparat geweiht. In Athen war sie zum erstenmal Harry Wargrave begegnet und hatte sich dann mit ihm verbündet.

Sie ging durch den Hinterausgang zur Garage und zog die Decke weg, die sie über die Kühlerhaube ihres gemieteten Renaults gebreitet hatte, um das Einfrieren des Motors zu verhindern. Nach kaum zwei Minuten fuhr sie aus dem Torbogen auf die Hauptstraße. Sie brauchte nur eine kurze Strecke bis zu dem am östlichen Stadtrand von Andermatt gelegenen Bahnhof zurückzulegen, aber sie fuhr vorsichtig. Dies war nicht der richtige Moment, um gegen eine Hauswand zu schlittern. Außer ihrem waren noch ein oder zwei andere Wagen auf der Straße, und rund hundert Meter hinter ihr folgte ihr ein kleiner grauer Fiat in diskretem Abstand. Am Lenkrad saß der fette, kahlköpfige Erich Volcker, der Mann, der zuvor erfolglos versucht hatte, sie in der Seitenstraße zu überfahren.

Anna wollte zur Schollenen-Bahn, die auf der Hauptstrecke Mailand–Zürich von Andermatt nach Göschenen hinunterfährt. Dies ist eine der merkwürdigsten und düstersten Bahnstrecken ganz Europas. Mit einer Steigung von eins zu fünfeinhalb rattert und rumpelt die Zahnradbahn dahin. Unter den Waggons sind große Zahnräder angebracht, die in die Leitschiene zwischen den Gleisen eingreifen. Auf rund viereinhalb Kilometern Strecke überwindet die Bahn ein Gefälle von mehr als dreihundert Metern. Die Fahrt dauert fünfzehn Minuten. In dieser Zeit fährt sie kreischend durch eine Reihe von Tunnel und Lawinendächern, und an einer Stelle überquert sie die Reuß, die an dieser Stelle wild und reißend durch die schreckliche Schlucht zu Tal stürzt und sich in einen großen Wasserfall ergießt. Wenn man am Tage fährt, ist es ein merkwürdiges Erlebnis; bei Nacht wird die Fahrt eine erschrekkende Erfahrung, die dem Reisenden unter die Haut geht, denn das mahlende Geräusch der sich nur langsam drehenden Zahnräder hallt in den dunklen Tunnels wider.

Gelegentlich geben Öffnungen im Felsen und kurze freie Strekken den Blick auf ein großartiges Panorama frei – den Abstieg in die Schlucht, das rasende Schäumen des Flusses. Zur Zeit war die Reuß zugefroren. Als Anna vor dem Bahnhof anhielt, war sie nicht überrascht zu sehen, daß sie offenbar die einzige Reisende war. In einer Woche würde der Zug mit heimkehrenden Urlaubern überfüllt sein. Sie ließ den Renault draußen stehen – die Leute von der Autovermietung konnte sie auch später noch informieren – und betrat die Schalterhalle, um ihre Fahrkarte zu kaufen.

»Sie werden etwa drei Minuten Zeit haben, um in Göschenen den Anschlußzug zu bekommen«, informierte sie der Schalterbeamte. »Wenn Sie da sind, gehen Sie schnell hinüber zum Hauptgebäude...«

»Vielen Dank«, erwiderte Anna auf deutsch. »Ich kenne den Weg – ich bin erst vor vierzehn Tagen hergekommen...«

Sie suchte sich ein Abteil in der Mitte des kurzen Zuges aus, legte die Reisetasche auf den Sitz neben sich, um sie beim Aussteigen griffbereit zu haben, und seufzte erleichtert auf. Sie war heil und in einem Stück aus Andermatt herausgekommen. Und sie hatte ihre Aufgabe erfüllt: Sie wußte, wer die geheime kommunistische Zelle mit Hauptsitz in Andermatt kontrollierte und lenkte.

Dann ging die Abteiltür auf, und ein Mann stieg zu, als der Zug sich gerade in Bewegung setzte. Er setzte sich schräg gegenüber von Anna hin; es war Erich Volcker. Er zog eine Zigarre hervor und hielt kurz inne.

»Stört es Sie, wenn ich meine Zigarre rauche, mein Fräulein?«

Anna sah ihn kurz an, zuckte die Achseln und wandte, ohne zu antworten, den Blick ab. Das Mahlen der Zahnräder begann, und sie hatte das Gefühl, daß der Zug bei dieser steilen Abfahrt enormen Belastungen ausgesetzt war, daß die Zahnräder vielleicht aushaken und daß der Zug durch den Tunnel in die Tiefe rasen könnte. Es war eine irrationale Furcht; sie wußte, daß die schweizerischen Zahnradbahnen Wunderwerke der Ingenieurkunst sind, daß sie in ihrer gesamten Geschichte immer unfehlbar ihren Dienst versehen haben – ohne jeden Unfall.

»Einige Menschen haben etwas gegen Zigarren«, fuhr Volcker fort und paffte weiter, bis die Spitze der Zigarre rot glühte.

Anna fühlte sich angespannt, und ihre Nerven waren im Augenblick nicht die besten. Mit ihrem kurzen Blick hatte sie an Erich Volcker eine Menge bemerkt; ihr waren seine muskulöse Fettleibigkeit aufgefallen, sein obszön kahler Schädel und seine kleinen, wachsamen Augen. Manche kahlköpfige Männer üben auf Frauen eine magnetische Anziehungskraft aus; Erich Volcker gehörte nicht zu dieser Kategorie. Und sie war mißtrauisch. Warum hatte er gerade dieses Abteil gewählt – der ganze übrige Zug war doch leer?

Möglicherweise hatte sie von diesem scheußlichen Mann nichts Aufregenderes als eine amouröse Attacke zu erwarten. Diese Erfahrung war Anna Markos nur zu vertraut. Als Volcker versucht hatte, sie in der Andermatter Seitenstraße zu überfahren, hatte sie im gleißenden Scheinwerferlicht keine Chance gehabt, das Gesicht des Fahrers zu erkennen, bevor sie die Windschutzscheibe zerschmetterte. Sie sah wiederholt auf die Uhr. Noch dreiundzwanzig Minuten allein mit diesem Widerling. Außerdem hatte er kein Gepäck bei sich. War er ein Bahnbeamter auf der Heimfahrt? Wenn ja, warum trug er keine Uniform? Mit einem entmutigend arroganten Gesichtsausdruck durchdachte Anna weitere Möglichkeiten, während der Zug in einen neuen Tunnel hineinfuhr. Durch eine höhlenartige Öffnung im Fels erhaschte sie einen Blick auf die mondbeschienene und zugefrorene Reuß.

»Ich hoffe, Sie haben einen angenehmen Urlaub gehabt?« Volcker sprach mit seiner kehligen Stimme unbeirrt weiter und setzte sich auf den Sitz ihr gegenüber. »In Andermatt hat jeder einen wunderbaren Urlaub.«

Zum erstenmal sah Anna Markos ihm voll ins Gesicht. Ihre vollen Lippen schürzten sich zu einem verächtlichen Ausdruck, als sie ihren Pelzmantel aufmachte, als spürte sie jetzt die Wärme im Abteil. Sie bemerkte seine auffallend großen Hände. Auf der Rückseite seiner Finger sprossen schwarze Haare. Davon könnte er auf seiner Glatze ein paar gebrauchen, dachte sie. Sie hatte die Hände lässig im Schoß gefaltet, während er sie weiter anstarrte und an seiner Zigarre sog, bis die Spitze wiederum rotglühend war. Dann nahm er die Zigarre aus dem Mund, beugte sich blitzschnell vor und stieß ihr das glühende Ende gegen die Hand, um ihr einen Schock zu versetzen – er wollte sie für ein paar Sekunden aus dem Gleichgewicht bringen.

Wenigstens hatte er sich das vorgenommen. Annas Hände bewegten sich so schnell, daß er kaum folgen konnte. Sie schlug ihm die Zigarre aus der Hand, es regnete Funken, von denen ihm einige gegen die Wange flogen. »Sie Miststück ...« Seine riesigen Hände packten ihre Kehle und umklammerten ihren Hals in einem eisernen Würgegriff. Seine langen Finger hielten sie wie ein Würgehalsband, und seine Daumen drückten ihr die Luftröhre ein. Sie zerkratzte die rechte Seite seines Gesichts. Das Blut schoß heraus, als sie ihm eine tiefe Kratzwunde beibrachte, aber Volcker ignorierte den Schmerz. Er wußte, daß es nur dreißig Sekunden dauern würde. Sie drehte sich mühsam auf dem Sitz herum und ließ sich zurückfallen, aber er hielt eisern fest und stürzte sich mit seinem massiven Rumpf auf sie. Sie sah nur noch wie durch dichten Nebel und spürte, wie ihr das Bewußtsein schwand.

Mit einer plötzlichen heftigen Bewegung schwang sie ihren kraftvollen Körper seitlich vom Sitz herunter, wobei sie Volcker mitzog. Er landete unter ihr auf dem Fußboden. Aber noch immer hielt er sie in seinem Würgegriff fest. Sie spürte das Vibrieren der Zahnräder durch den Fußboden, als der Zug seinen mühsamen Weg durch den Schollenen-Tunnel fortsetzte. Mit letzter Willenskraft bewahrte sie sich davor, ohnmächtig zu werden.

Volckers fette, kahlköpfige Silhouette verschwand immer mehr im Nebel.

Annas rechte Hand steckte zwischen ihren beiden Leibern. Sie packte den Griff ihres Messers und zog es mit aller Kraft aus der Scheide und befreite es dann aus Volckers tödlicher Umklammerung. Sie knirschte mit den Zähnen, umfaßte das Messer mit ihrer ganzen Kraft und stieß es ihm nach oben in die Seite. Er stieß ein unterdrücktes, tierhaftes Keuchen aus, und dann ließen seine Hände ihre Kehle los. Sie hörte ein eigenartiges Klopfen. Anna rang nach Luft und zog sich wieder auf den Sitz. Das Geräusch, das sie gehört hatte, war das Klopfen von Volckers winzigen Füßen, die sich zuckend bewegten. Das Geräusch erstarb. Volcker lag sehr still da. Seine Augen waren geöffnet, starrten ins Leere.

Anna sah auf die Uhr. 20 Uhr 40. Nur noch sechs Minuten bis Göschenen. Sie beugte sich über den Toten und zog und zerrte, um das Messer herauszubekommen. Sie brauchte ihre ganze Kraft, um die Waffe freizubekommen. Mit einem großen Taschentuch, das sie in einer seiner Taschen gefunden hatte, wischte sie die Fingerabdrücke vom Griff ab, nachdem sie sich zuvor Handschuhe übergezogen hatte. Dann wischte sie auch die Schneide ab, tupfte ein paar Blutflecken auf dem Fußboden weg und steckte Volcker das Taschentuch wieder in die Tasche.

In seiner Brieftasche fand sie eine Karte mit seinem Namen. Unter seinem Namen war auf deutsch gedruckt: ›Flugzeugmechaniker.‹ Eine zweite Visitenkarte trug den Namen Robert Freys. Sie steckte die Brieftasche zurück und starrte aus dem Fenster. Der Zug, der sich noch immer im Schneckentempo bergab bewegte, hatte den Tunnel verlassen und fuhr jetzt unter einem Lawinendach hindurch. Unter dem Dach lag der Gleiskörper offen da – seitlich des Schienenstrangs fiel eine Bergwand steil ab. Bis weit in die Tiefe sah sie nichts als glitzerndes Eis. Sie öffnete die Tür und ließ sie im Takt mit dem sanften Vibrieren der Zahnräder gegen den Türrahmen schlagen.

Sie stellte sich hinter den toten Mann, bückte sich und hievte ihn an den Schultern hoch. Er schien eine halbe Tonne zu wiegen. Als sie ihn mit den Händen in seinen Achselhöhlen hochgewuchtet hatte, taumelte sie mit dem leblosen Körper vorwärts, bis er die geöffnete Tür berührte. Ihr Brustkorb wogte vor Anstrengung; sie holte nochmals tief Luft und schob Volcker mit aller Kraft nach vorn. Die Tür flog auf, Volcker fiel durch die Öffnung, fiel über den Gleiskörper hinaus und stürzte in die Tiefe, bis er nicht mehr zu sehen war. Die Nachtluft strömte herein, das Abteil wurde plötzlich eiskalt. Anna lehnte sich hinaus, blickte nach links und sah, daß sich ein weiterer Tunnel näherte. Sie zog die Tür heran und machte sie zu.

Sie suchte den Fußboden nach Blutspuren ab und besah sich dann im Spiegel. Ihr Hals war zerkratzt und geschwollen. Sie machte ihre Reisetasche auf, nahm einen Schal heraus und band ihn sich um, machte den Pelzmantel wieder zu und zog sich die Kapuze über den Kopf. Sie nahm einen Lippenstift aus ihrer Handtasche und schminkte sich die Lippen. Danach fühlte sie sich schon viel besser. Dann fiel ihr die Zigarre ein. Sie fand sie unter einem Sitz, wo sie noch immer glomm, und warf sie aus dem Fenster.

Als der kleine Zug aus dem Tunnel auftauchte und an seinem eigenen Bahnhof hielt, stand sie an der Tür. In Göschenen, nördlich des Hauptmassivs der Alpen, tobte ein Schneesturm. Sie sah auf ihre Uhr, 20 Uhr 46. Wieder einmal war ein Schweizer Zug pünktlich angekommen. Sie hob ihre Reisetasche auf, öffnete die Tür, ging in den Schneesturm hinaus und eilte zum Hauptgebäude hinüber. Sie drehte sich nicht einmal um, um der Öffnung des Schollenen-Tunnels noch einen letzten Blick zuzuwerfen.

Um die Zeit, als der Atlantik-Expreß Airolo erreichte, hatte Wargrave mit Hilfe des Schweizer Funkers Max Bruder die Alouette auf einem Flugplatz in der Nähe aufgesetzt. Der Flugplatz schien von einer halben Schweizer Armee umstellt zu sein. Springer legte die kurze Entfernung zum Flugplatz im Wagen zurück. Als Robert Frey aus dem Hubschrauber gebracht wurde, sah er sich feindseligen und bewaffneten Männern gegenüber – sie machten so feindselige Gesichter, daß Springer den bislang so hochgeachteten Bergsteiger selbst zu einer bereitstehenden grünen Minna begleitete. Bei den nördlich des Gotthards herrschenden scheußlichen Wetterverhältnissen würde der Hubschrauber von jetzt an ohnehin nutzlos sein; folglich ließ man ihn auf dem Flugplatz stehen. Anschließend fuhr Springer Wargrave, Elsa und Bruder zum Atlantik-Expreß, der wieder anfuhr, als sie kaum eingestiegen waren.

Der Zug hatte seine zehnminütige Fahrt durch den Gotthard-Tunnel kaum begonnen, als Wargrave in dem Schlafwagenabteil, in dem Marenkow noch immer unter Bewachung stand, einen ›Kriegsrat‹ einberief, wie er es ausdrückte. Außer Elsa und Julian Haller war auch Oberst Springer anwesend. Wargrave eröffnete das Gespräch mit einer für ihn typischen Bemerkung. »Ich habe den Verdacht, daß das, was geschehen ist, wahrscheinlich nur der Anfang war. Wie die britischen Eisenbahner sagen; das Schlimmste kommt immer erst nach der Suppe...«

»Was ich an dir so liebe«, warf Elsa ein, »ist dein ewiger Optimismus...«

»Mein ewiger Realismus«, korrigierte Wargrave mit einem Lächeln. »Wir wissen, daß General Traber die Ankunft Oberst Igor Scharpinskys in Zürich gemeldet hat, und wie ich diesen Herrn kenne, wird er nicht so leicht aufgeben...«

»Ich kann Ihnen eine Beschreibung von dem Burschen geben«, sagte Marenkow plötzlich.

Springer starrte den Russen an; seit der Lawine hatte sich Marenkows Haltung radikal verändert. Jetzt war keine Rede mehr davon, daß er erst nach dem Abflug in die Vereinigten Staaten Informationen liefern werde. »Die könnten wir gebrauchen«, meinte der Schweizer zustimmend. »Im Westen ist er als Oberst Schatten bekannt, weil es noch nie jemandem gelungen ist, ihn zu fotografieren...«

»Und ich könnte nach Ihrer Beschreibung eine Skizze anfertigen«, schlug Elsa vor. Sie zog bereits einen großen Notizblock aus der Reisetasche. »Während meiner Zeit als Maskenbildnerin bei einer Filmgesellschaft habe ich die Pausen genutzt, um Menschen zu zeichnen…«

»Klammern wir das Thema ein paar Minuten aus«, schlug Springer vor. »Wir haben noch fast zwei Stunden, bevor wir in Zürich sind. Es gibt da etwas Rätselhaftes, das ich nicht verstehe. Der Mann, der die beiden Lokführer im Führerstand überfiel, wurde erschossen – einmal wurde er von mir getroffen, aber ich habe ihn nur angeschossen. Er schaffte es noch, auf der anderen Seite des Zuges zu fliehen, und war zu einem wartenden Wagen unterwegs, als irgend jemand ihn erschoß. Dieser Jemand hat dann noch den Fahrer des Fluchtwagens erschossen.«

»Einer Ihrer Leute?« wollte Haller wissen.

»Nein. Das ist es ja gerade – ich habe es nachgeprüft. Aber einer meiner Männer, der östlich des Zuges auf einem Felsvorsprung stand und den Expreß beobachtete, hat mir gesagt, daß jemand im Zug aus einem geöffneten Fenster gefeuert und zwei Schüsse abgegeben habe.«

Wargrave rutschte auf seinem Sitz hin und her. »Haben Sie eine Ahnung, aus welcher Entfernung die Schüsse abgegeben wurden?«

»Der Mann, der mir berichtet hat, schätzt, daß der erste Schuß aus einer Entfernung von etwa hundert Metern abgegeben wurde – und der Saboteur, der mit einem einzigen Schuß erledigt wurde, bewegte sich auch noch. Und was den Mann am Steuer des Fluchtwagens betrifft, so war er noch weiter entfernt…«

»Das muß aber ein besonderer Scharfschütze gewesen sein«, rief Elsa aus.

»Genau«, warf Springer ein. »Und genau das ist es, was mir Kummer macht – irgendwo im Expreß haben wir unter den dreihundertfünfzig Reisenden einen exzellenten Scharfschützen. Wer ist das? Warum sitzt er im Zug?«

Das Donnern des Zuges im Tunnel war sehr laut, und Elsa mußte ihre Stimme heben, um gehört zu werden. »Aber wenn er zwei von Scharpinskys Männern erschossen hat, muß er doch auf unserer Seite sein…«

»Ich bewundere deinen schnellen Verstand, dein logisches Denken«, bemerkte Wargrave trocken. »Das wirkt so beruhigend.«

»Ich habe das seltsame Gefühl, daß mich jemand auf den Arm nimmt«, erwiderte Elsa ätzend. »Oder ist es etwa so, daß ich ein bißchen Naivität ins Spiel bringe?«

Wargrave grinste, als sie ihn wütend ansah. »Naiv bist du nicht.

Aber der unbekannte Scharfschütze könnte einen exzellenten Grund gehabt haben, diese beiden Männer zu erschießen – wenn er rücksichtslos genug ist. Indem er sie umbrachte, stellte er sicher, daß sie nicht mehr reden und in keinem Verhör mehr plaudern. Die Schüsse können etwas noch Schlimmeres bedeuten ...«

»Daß er ein wichtiger Mann ist«, sagte Springer ruhig. »Wichtig und mächtig genug, zwei seiner eigenen Leute zu erschießen, um seine eigene Identität zu schützen ...«

»Das macht die Liste möglicher Namen sehr klein«, meinte Marenkow.

»Machen Sie sie klein«, schlug Haller vor.

»Boris Wolkow. Simowitsch, der Bulgare. Leitermann, der Deutsche aus Leipzig. Sie sind die besten KGB-Scharfschützen.«

»Da stimme ich Ihnen zu«, sagte Haller. »Die Frage ist nur – wer ist es, der mit uns in diesem Zug sitzt?«

Marenkow schüttelte den Kopf. »Leitermann befindet sich in den USA und wartet auf einen Einsatz. Zehn Minuten nach dem Abflug der Boeing von Schiphol werden Sie von mir Details bekommen, und dann können Sie ihn sofort verhaften lassen.« Er winkte ab, als Haller zu sprechen begann. »Nein, darüber sind wir uns ja einig – die vollständigen Informationen erst dann, wenn ich über dem Atlantik bin. Wolkow befindet sich wegen eines Leberleidens in einer Moskauer Klinik. Die GRU-Leute kann ich nicht nennen, weil ich sie nicht kenne.«

»Bleibt also Simowitsch übrig«, betonte Haller.

Wargrave mischte sich ein. »Simowitsch ist vor achtzehn Monaten in Brüssel vom Secret Service getötet worden.«

»Das läßt keinen der von Ihnen genannten Männer übrig, Marenkow«, bemerkte Haller irritiert.

»Das stimmt nicht ganz«, entgegnete der Russe. »Es gibt noch einen vierten Mann.« Er wandte sich an Wargrave. »Sie haben einmal in Griechenland gearbeitet?«

»Wenn Sie es sagen.«

»Dann haben Sie vielleicht einmal den Namen Nicos Leonides gehört?«

»Nein.«

»Er ist Scharpinskys bevorzugter Henker – obwohl er, soviel ich weiß, bisher nur in seiner Heimat Griechenland gearbeitet hat. Ich habe keine Beschreibung von ihm, aber es wäre eine Möglichkeit.«

»Und keinerlei Beschreibung – nicht einmal ein Hinweis auf seine Gewohnheiten, Vorlieben, auf Dinge, die er nicht mag?« wollte Elsa wissen.

»Nichts.« Der Russe sah sich im Abteil um. Sein Gesichtsausdruck war düster. »Eines weiß ich allerdings genau – für Oberst Scharpinsky steht persönlich so viel auf dem Spiel, daß er sich selbst in den Zug setzen wird, wenn er erfährt, daß ich noch immer am Leben bin. Ich bin davon überzeugt, daß er dann in Zürich zusteigen wird.« Der Russe ballte die Faust. »Darauf können Sie sich verlassen.«

»Dann müssen Sie ihn uns schnell beschreiben«, sagte Elsa mit Nachdruck.

»Das wird Ihnen nicht unbedingt weiterhelfen – er ist ein Meister in der Kunst der Verkleidung, ein geborener Schauspieler. Aber er wird diesen Zug besteigen, bevor er die Schweiz verlassen hat – darauf wette ich mein Leben.« Er lächelte ohne einen Anflug von Humor. »Wenn ich es mir recht überlege, tue ich das ohnehin – ich setze mein Leben aufs Spiel ...«

Wargrave verließ das Abteil und ging durch den Zug weiter nach vorn. Der Expreß näherte sich inzwischen Göschenen. Anders als frühere Nachtzüge nach Holland würde der neue Atlantik-Expreß in nördlicher Richtung direkt nach Zürich weiterfahren und die Stadt nicht wie früher umgehen. Die nächsten Stationen würden Luzern und Basel sein. Und trotz aller Bemühungen der Schweizer Eisenbahner, die Reisenden zu beruhigen, machte sich nach dem schrecklichen Lawinenerlebnis noch immer nervöse Spannung im Zug bemerkbar.

Als er an den Abteilen vorübereilte, bemerkte Wargrave, daß manche Vorhänge zugezogen waren; dort versuchten die Leute zu schlafen, während andere hellwach waren und ängstlich hinausstarrten, obwohl sie außer den Tunnelwänden nichts sehen konnten. Als der Expreß sich dem Tunnelausgang und dem Bahnhof von Göschenen näherte, wurde er langsamer, dann glitt er am Bahnsteig entlang und hielt. Draußen tobte ein Schneesturm, und der Bahnsteig war von einem dicken weißen Teppich bedeckt. Eine einzige Reisende stieg zu.

Anna Markos hatte sich einen Platz in einem Erster-Klasse-Abteil reservieren lassen und war erleichtert, das Abteil leer zu finden. Im nächsten Abteil saß Jorge Santos und beobachtete sie, als sie vorbeiging. Er saß ebenfalls allein, hatte die Beine ausgestreckt und die Pfeife zwischen den Zähnen. Als der Expreß sich wieder in Bewegung setzte, streckte Santos sich, stand auf und trat auf den Gang. Einen Augenblick blieb er vor dem angrenzenden Abteil stehen, in dem Anna Markos den Mantel auszog und im Profil ihre großartige Figur zeigte. Als sie zur Seite blickte, sah sie, daß Santos sie beobachtete. Der Spanier zwinkerte ihr zu. Sie kehrte ihm den Rücken, und nachdem sie sich gesetzt und die Beine übereinandergeschlagen hatte und wieder auf den Gang blickte, war er verschwunden. Zwei Minuten später betrat Harry Wargrave ihr Abteil, zog die Vorhänge zum Gang zu und setzte sich ihr gegenüber.

»Ich danke dir, Anna«, sagte er einfach.

»Meine Nachricht – hat sie dich erreicht?« Wie Wargrave sprach sie fast flüsternd.

»Gerade noch rechtzeitig – Gott sei Dank. Jetzt kann ich es dir sagen – du hast den Zug vor der totalen Zerstörung gerettet. Frey hat auf dem Wasserhorn eine riesige Lawine ausgelöst...«

»Oh, mein Gott...«

»Du hast uns alle gerettet, Anna«, wiederholte Wargrave sanft. »War es sehr hart in Andermatt?« Er beugte sich vor. »Du siehst angegriffen aus. Es ist etwas passiert, nicht wahr?«

Anna zuckte die Achseln. »Ja, es ist etwas passiert...« Sie beschrieb kurz ihre Erlebnisse, und Wargraves Gesichtsausdruck wurde grimmiger, als sie fortfuhr. »Ich bin zum Teil aus Instinkt auf Robert Frey gekommen. Auch durch Glück und weil ich nachgegraben habe.« Sie nahm einen tiefen Zug aus ihrer Zigarette. »Er war für mein Gefühl ein bißchen zu sehr der beliebte Supermann. Aber das bewies noch gar nichts. Ich habe dann nachgeprüft, wer sich an dem Tag, an dem Springers Agent im Eistunnel tot aufgefunden worden war, in der Nähe des Rhône-Gletschers aufgehalten hatte. An jenem Morgen war Robert Frey ganz in der Nähe, in Gletsch, gelandet. Noch immer kein schlüssiger Beweis...«

Sie beschrieb, was sich seitdem ereignet hatte. »...selbst das versteckte Sendegerät in seinem Bauernhaus war noch kein sicherer Beweis. Natürlich lagen keine Codebücher herum. Also habe ich mich, wie ich es dir erzählt habe, als lebenden Köder angeboten... als er mich in diese Todesfalle in der Seitenstraße lockte, wußte ich Bescheid...«

»Und dann noch dieser Mann in der Schollenen-Bahn, der versucht hat, dich umzubringen«, erinnerte Wargrave sie. Er preßte ihr rechtes Bein überm Knie, und zwar so fest, daß es weh tat. »Um Himmels willen, du hattest den Auftrag, behutsam vorzugehen und nicht mit aller Gewalt...«

»Aber du gibst doch zu, daß ich den Expreß gerettet habe, Harry. Auch in Athen sind wir Risiken eingegangen, wie du dich erinnern wirst...« Sein harter Griff am Bein beruhigte sie. Es hatte einmal eine Zeit gegeben, in der sie angedeutet hatte, daß sie beide ein Liebespaar werden sollten, aber Wargrave hatte ihr – wenn auch zögernd – zu verstehen gegeben, daß es für Geheimagenten reiner Wahnsinn sei, ihren Gefühlen freien Lauf zu lassen. Sie hatte verstanden, daß er recht hatte, aber selbst jetzt noch spürte sie bei der Berührung seiner Hand dieses Gefühl von damals. »Jetzt bin ich hier – was soll ich tun?« fragte sie, als er die Hand zurückzog.

»Gib dich nicht zu erkennen. Ich werde niemandem sagen, daß du im Zug bist – es kann sein, daß ich noch jemanden brauche, von dem niemand etwas weiß.« Er beugte sich vor und nahm ihr behutsam den Schal ab. Er zuckte zusammen, als er ihre Verletzungen sah, die sich inzwischen in häßliche blaue Striemen verwandelt hatten.

»Das muß sich unbedingt ein Arzt ansehen...«

»Später. Es tut ein bißchen weh, aber ich werde es überleben. Gibt es sonst noch etwas, was ich wissen sollte?«

»Ja. Oberst Igor Scharpinsky hält sich irgendwo in Zürich auf...«

»Dieser Verbrecher! Weiß Gott, wir haben uns in Athen die größte Mühe gegeben, ihm auf die Spur zu kommen. Es kommt mir vor, als wären es hundert Jahre her...«

Wargrave erklärte, wie General Traber erfahren hatte, daß Krokodil – Scharpinskys Codename – in Zürich eingetroffen sei und daß General Marenkow überzeugt sei, daß der KGB-Oberst in Zürich in den Zug steigen werde. »Aber immerhin haben wir eine Beschreibung von ihm«, fuhr er fort, »und Elsa Lang zeichnet jetzt eine Porträtskizze, die uns vielleicht weiterhilft.«

»Er ist sehr schlau und total skrupellos«, sagte Anna warnend.

»Selbst wenn wir das einkalkulieren, kann es doch sein, daß Traber ihn schon aufgespürt hat...«

Die gigantische Wasserhorn-Lawine, die den Atlantik-Expreß unter sich hätte begraben können, hat ihn nur knapp verfehlt... der Zug setzt jetzt seine Fahrt nach Zürich fort...

In Zimmer 207 im Hotel Schweizerhof war es 20 Uhr 40, als Heinz Golchack das kleine Transistorradio abstellte, aus dem er soeben die Nachrichten gehört hatte. Da er sich bewußt war, daß sowohl Rudi Bühler, sein stupsnasiger Stellvertreter und Sabotageexperte des GRU, als auch Heinrich Baum, der Schweizer Funker, ihn beobachteten, setzte Golchack ein völlig ausdrucksloses Gesicht auf und putzte seine randlose Brille.

»Was zum Teufel machen wir jetzt?« fragte Bühler aggressiv, als er das Schweigen nicht länger ertragen konnte.

»Zunächst einmal vernichten wir diese Karte da...«

Er wartete, während Baum im Badezimmer die Karte verbrannte, und wartete dann weiter, als Baum eilig zurückkam, um einen

Funkspruch entgegenzunehmen, der soeben über Professor Mohners Sender auf dem Zürichberg aus Moskau einging. Er las den Funkspruch schweigend und ging dann ins Badezimmer, um ihn selbst zu verbrennen.

»Funken Sie die kurze Nachricht nach Basel«, wies er Baum an, »und dann die lange an die Geiger-Gruppe in Amsterdam ...« Der Baseler Funkspruch ging an Juri Gusew, den Killer des GRU, der jetzt dort eingetroffen war, nachdem er sich auf Golchacks vorhergehenden Funkspruch hin von Mülhausen im Elsaß in Marsch gesetzt hatte.

Heinrich Baum, der Schweizer Zahnarzt aus Basel, machte ein zweifelndes Gesicht. »Dieser Amsterdamer Funkspruch ist sehr lang«, fühlte er vor. »Können wir ihn nicht kürzer machen?«

Golchack starrte ihn mit seinen blassen Augen an, aber der Schweizer starrte trotzig zurück. Sie waren jetzt seit fünf Stunden ohne Nahrung in dem Zimmer eingeschlossen und hatten nur etwas Kaffee aus der Thermoskanne trinken können, die Bühler mitgebracht hatte. Golchack, der Abstinenzler war – ›Alkohol verdunkelt das Gehirn und trübt das Urteilsvermögen‹ –, aß selbst sehr wenig und vermochte keinen Grund zu sehen, warum seine Untergebenen sich nicht seinen Gewohnheiten anpassen sollten. Im Raum herrschte aber ein Gefühl von klaustrophober Spannung, und Baum hätte eine Menge dafür gegeben, wenn er selbst in dem Schneesturm, der die Stadt einhüllte, einen kurzen Spaziergang auf der Bahnhofstraße hätte machen können.

»Wenn es möglich gewesen wäre, ihn kürzer zu machen, hätte ich das schon selbst getan«, entgegnete Golchack kalt. »Ziehen Sie meine Anweisungen in Zweifel?« fragte er sanft.

»Selbstverständlich nicht ...«

»Warum sitzen Sie dann noch nicht am Sendegerät?« fragte Golchack in dem beherrschten Tonfall, den Baum so entnervend fand. Der Schweizer setzte sich vor sein Sendegerät und begann, den kürzeren Funkspruch nach Basel zu übermitteln.

Der Funker in dem Peilwagen, der in der Seitenstraße unter dem im ersten Stock gelegenen Restaurant des Hotels Schweizerhof parkte, griff nach dem Funktelefon, das ihn direkt mit General Traber verband. Traber selbst nahm den Hörer ab.

»Wir haben Funkkontakt, General.« Er gab sich Mühe, sich seine Aufregung nicht anmerken zu lassen. In einem Ernstfall schätzte Traber es nicht, wenn man sich Emotionen anmerken ließ. »Das Hotel Schweizerhof. Ja, absolut sicher.«

»Bleiben Sie dran. Ich komme selbst rüber ...«

Die Polizeistreife, die die Anmeldeformulare der Hotels überprüfte, war soeben im Schweizerhof angekommen, als die untersetzte Gestalt General Trabers, der ein Zigarillo paffte und die Hände tief in den Manteltaschen vergraben hielt, die Empfangshalle betrat. Ihm folgten sechs seiner Männer, sämtlich in Zivil und sämtlich bewaffnet.

»Was gefunden?« fragte Traber und warf einen Blick ins Register.

»Heinz Golchack ist gar nicht nach Deutschland weitergereist«, sagte einer der Polizisten schnell. »Er ist hier gemeldet – Zimmer 201.«

»Aha.« Traber paffte weiter. »Sonst noch jemand seit etwa mittags angekommen?«

»Heinrich Baum, ein Zahnarzt aus Basel – Zimmer 207. Und ein gewisser Rudi Bühler – auch aus Wien. Seine Ankunft könnte ebenfalls mit dem Flug 433 in Zusammenhang stehen – Zimmer 316.«

»Golchacks Zimmer zuerst«, befahl Traber. Er sah sich den Mann am Empfang an. »Hauptschlüssel, bitte. Und sollte irgendein Hotelgast versuchen zu telefonieren – egal, aus welchem Zimmer – dann ist Ihre Telefonzentrale vorübergehend außer Betrieb.« Er wandte sich an den Hotelportier, der jedes Wort in sich einsog. »Bringen Sie uns erst zu Zimmer 201 . . .«

Die beiden Polizeibeamten blieben unten in der Empfangshalle, als Traber mit zweien seiner Männer im Fahrstuhl nach oben fuhr, während die anderen vier die Treppe benutzten. Vor Zimmer 201 blieb Traber stehen und wartete, während ein Agent leise den Schlüssel ins Schloß steckte, ihn umdrehte und mit erhobener Pistole die Tür aufriß und ins Zimmer stürmte. Sein Kollege folgte ihm. Als sie das Zimmer leer fanden, gingen sie den Korridor entlang zu Zimmer 207, das auf den Namen Heinrich Baum registriert war. Sie gingen wie eben vor, aber das Ergebnis sah anders aus.

Heinrich Baum hatte soeben seinen überlangen Funkspruch nach Amsterdam beendet und war gerade dabei, sein Sendegerät zu schließen, als die Tür aufgerissen wurde. Er griff nach seiner Pistole, die neben dem Sendegerät lag, und drehte sich noch um, als Trabers Mann ihn erschoß. Er fiel zu Boden und zog im Fallen den Zettel mit dem verschlüsselten Amsterdamer Funkspruch mit. Den Baseler Funkspruch hatte er bereits vernichtet. Traber bückte sich und hob das Papier auf.

»Ein Jammer, daß wir ihn nicht mehr vernehmen können«, bemerkte er. »Und der Himmel weiß, wie lange unsere Kryptographen brauchen, das Zeug zu entschlüsseln – falls ihnen das überhaupt gelingt. Es ist vermutlich ein sowjetischer Einmalcode. Es sei denn, das Codebuch befindet sich hier im Raum...«

»Tut mir sehr leid, General«, entschuldigte sich der Mann, der Baum erschossen hatte, »aber er hat nach seiner Waffe gegriffen...«

»Sie haben richtig gehandelt. Und ich kann nicht sagen, daß es mir leid tut, daß ein dreckiger Schweizer Verräter dieses Ende gefunden hat.«

Eine kurze Durchsuchung des Zimmers förderte kein Codebuch zutage, aber im Badezimmer schnupperte Traber vernehmlich. »Hier riecht's verbrannt. Die vorhergehenden Funksprüche verbrannt und dann ins Klo gespült, natürlich.« Sie entdeckten, daß Zimmer 316 – das Zimmer Rudi Bühlers – gleichfalls leer war, und anschließend fuhr Traber mit dem Fahrstuhl in die Empfangshalle hinunter. Er wandte sich in entschiedenem Ton an den Mann am Empfang.

»Golchack und Bühler sind verschwunden. Falls sie durch den Haupteingang hinausgegangen sind, müssen Sie sie doch gesehen haben? Meine Männer durchsuchen das Hotel, aber ich bin nicht sehr optimistisch.«

Der Mann setzte ein zweifelndes Gesicht auf. »Es kann sein, daß sie gegangen sind, als ein Kollege mich für ein paar Minuten vertrat, als ich auf der Toilette war. Das war vor weniger als einer Viertelstunde...«

Heinz Golchack hatte das Hotel tatsächlich vor weniger als fünfzehn Minuten verlassen. Er hatte dem Stellvertreter am Empfang gesagt, er habe Migräne, und die kalte Nachtluft werde vielleicht guttun. Während dieser kurzen Plauderei war Rudi Bühler unbemerkt hinausgeschlüpft. Nach dem Verlassen des Hotels war Golchack die wenigen Meter zu der Rolltreppe gelaufen, die zu der unterirdischen Ladenstraße führt.

Zu dieser Stunde war die unterirdische Passage menschenleer. Er hatte rasch seine Brille abgenommen und sie in die Tasche gesteckt. Aus einer anderen Tasche hatte er eine Mütze des Typs geholt, den Chauffeure tragen, und sie tief in die Stirn gezogen. Er hatte die Ladenpassage durchquert und war auf eine andere Rolltreppe gestiegen, die ihn auf die andere Seite des Bahnhofplatzes gebracht hatte, und hatte ein Taxi herbeigewinkt.

»Zum Pelikan-Platz bitte«, hatte er dem Fahrer in makellosem Deutsch gesagt.

Nach dem Aussteigen am Pelikan-Platz hatte er gewartet, bis das

Taxi verschwunden war, und war erst dann über die Straße gegangen, um anschließend in raschem Tempo durch eine Reihe von Seitenstraßen zu gehen.

Obwohl schweres Schneetreiben herrschte, fühlte Golchack sich sehr wohl. Er liebte das alte Zürich mit seinen Türmen, alten Gebäuden und gewundenen Straßen – ebenso wie er aus den gleichen Gründen Wien liebte. Er hätte sogar den Rest seines Lebens glücklich in der schweizerischen Stadt verbringen können. Außerdem waren die Züricher Mädchen großartig mit ihrem aufrechten Gang und ihren schlanken Figuren. Derlei gab es in Sowjetrußland nicht. Schließlich kam er in der Lindengasse 451 an, vor einer Villa nahe dem Ende einer Sackgasse.

Er zog einen Schlüssel aus der Tasche, öffnete die Tür und trat ein. Am oberen Ende einer Treppe in der durch zwei Stockwerke gehenden Halle kam ihm eine hochgewachsene, dunkelhaarige Frau Mitte Dreißig entgegen. Sie hielt eine Automatic in der Hand, die sie wieder in ihre Handtasche gleiten ließ, als sie den Besucher erkannte.

»Laß den hier verschwinden«, befahl er.

Er hatte ihr den auf Heinz Golchack ausgestellten Paß ausgehändigt. Sie führte ihn in einen großen Raum mit schweren Vorhängen voll dunkler Möbel und Antiquitäten. Er nahm seine schneebedeckte Mütze und den Mantel ab, die beide erkennen ließen, daß er draußen herumgelaufen war, und übergab der Frau auch diese Dinge. Dann setzte er sich und zog seine durchnäßten Schuhe aus. »Und laß auch diese Sachen verschwinden. Wann wird der Expreß ankommen?«

»Als ich das letztemal die Auskunft anrief – vor zehn Minuten – sagten sie, 22 Uhr 33. Voraussichtliche Weiterfahrt 23 Uhr.«

»Dann müssen wir uns beeilen – es gibt noch eine Menge zu tun. Ich werde mit dem Atlantik-Expreß mitfahren...«

»Der Sicherheitskordon am Hauptbahnhof wird sehr massiv sein, Herr Vogler.«

Herr Vogler... Bei der Reise von Wien nach Zürich hatte Oberst Igor Scharpinsky die Identität einer realen Person angenommen – die des armen Antiquars Heinz Golchack, dessen verbrannte Überreste jetzt in einer schneebedeckten Grube irgendwo in einem abgelegenen Teil des Wienerwalds lagen. Jetzt nahm Scharpinsky vorübergehend die Identität Eduard Voglers an, eines Schweizer Antiquitätenhändlers, der *nicht* existierte – aber dessen angebliche Existenz von Ilse Murset, einer erfahrenen Antiquitätenhändlerin, mit großer Sorgfalt aufgebaut worden war.

In der stillen Lindengasse kümmerte sich niemand um seine

Nachbarn, aber dennoch wußte man dort, daß Eduard Vogler einen großen Teil seiner Zeit mit Auslandsreisen verbrachte, daß er etwas exzentrisch war, eine Nachteule, ein Mann, der meist spät in seine Villa zurückkehrte und bis in den frühen Morgen arbeitete. Nur sehr selten hatte man einen Mann, dessen Gestalt der Scharpinskys einigermaßen ähnlich sah, zu später Stunde in die Villa eilen sehen.

Ilse brachte die nassen Kleidungsstücke weg und kam mit einem Hausmantel und Slipper wieder, die Scharpinsky anzog. Dann setzte er sich auf einen Stuhl hinter einem Schreibtisch, auf dem ganze Bündel von Rechnungen lagen. Es war höchst unwahrscheinlich, daß die Polizei sich für diese Adresse interessieren würde, aber wenn sie doch hier erschien, würde sie Eduard Vogler bei seinen Geschäften finden. »Sind alle da?« fragte Scharpinsky. »Gut. Bring sie herunter, dann können wir uns überlegen, wie wir den Sicherheitskordon General Trabers durchbrechen...«

Es war kein Zufall gewesen, daß Scharpinsky das Hotel Schweizerhof kurz vor dem Eintreffen der Schweizer Abwehrbeamten verlassen hatte. Bei seinen seltenen Einsätzen im Ausland blieb er nie länger als fünf Stunden an einem Ort. Während er darauf wartete, daß Ilse seine Untergebenen herunterbrachte, dachte er düster an den Funkspruch, den ihm Baum ausgehändigt hatte, bevor er selbst das Hotel verlassen hatte.

Allen wichtigen Agenten wird jetzt dringend nahegelegt, Westeuropa zu verlassen...

Dieser Funkspruch war für Scharpinsky ein schrecklicher Schlag, denn er ließ erkennen, daß Moskau die Möglichkeit erwog, er könne mit seiner Mission scheitern, General Marenkow zu töten. Und die Tatsache, daß der Funkspruch keine Unterschrift trug, sagte ihm, daß Leonid Sedow ihn persönlich diktiert hatte. Sie hatten in Moskau im Rundfunk gehört, daß die Lawine den Atlantik-Expreß nicht zerstört hatte.

Um 20 Uhr 40 hatte Scharpinsky in Zürich die Nachricht gehört, daß der Atlantik-Expreß unbeschädigt geblieben war. Zu dieser Zeit war es in Moskau 22 Uhr 40. Der Erste Sekretär der KPdSU, Leonid Sedow, saß zu dieser Zeit mit den beiden anderen Politbüromitgliedern zusammen, die die Marenkow-Krise meistern sollten – Marschall Pratschko und Anatolij Sarubin. Der normalerweise so aggressive und selbstbewußte Pratschko war seltsam schweigsam, als sie dasaßen und die Nachricht verdauten. Es war Sarubin, der kleine, dunkelhaarige Handelsminister mit den verfeinerten Manieren, der die Schuld behutsam auf Pratschko lenkte.

»Ihr Schützling scheint sich in dieser wichtigen Angelegenheit nicht durch Brillanz hervorzutun«, meinte er liebenswürdig. »Bisher hat er nichts weiter vollbracht, als unseren gesamten Untergrundapparat in der Schweiz auffliegen zu lassen ...«

»Er mußte schließlich etwas wagen«, meinte Pratschko selbstbewußt und zupfte an den dicken Schweineborsten, die ihm aus der Nase wuchsen.

»Er hätte auch Erfolg haben müssen«, bemerkte Saburin. »Wie lange sollen wir noch zulassen, daß er so weitermacht – etwa bis sie Marenkow ausfliegen und er unsere sämtlichen Agenten preisgibt – Männer, die wir in jahrelanger, mühsamer Arbeit ausgebildet und eingeschleust haben? Ich denke dabei besonders an die Bundesrepublik Deutschland«, fügte er hinzu.

»Scharpinsky wird schon etwas einfallen«, polterte Pratschko.

»Aber wenn nicht?« warf Leonid Sedow ein und rieb sich das Kinn. Die vor kurzem durchgeführte Operation hatte ein ständiges Kitzeln zurückgelassen, das ihn in Augenblicken der Anspannung irritierte. Seine Stimme war fest und entschieden, als er Marschall Pratschko direkt ansah. »Ist es jetzt nicht an der Zeit, eine Evakuierung all unserer wichtigen Agenten aus der Bundesrepublik, Frankreich und Belgien anzuordnen – bevor es zu spät ist? Sie können später immer noch zurückkehren.«

»Meine Informationen gehen dahin«, erwiderte Pratschko, der Zeit gewinnen wollte, »daß die deutschen Grenzkontrollstellen im Osten in Alarmbereitschaft versetzt und personell verstärkt worden sind. Und bei diesem Wetter wird es unseren Leuten noch schwerer fallen, über die Grenze in die DDR zu entkommen ...«

»Dann müssen sie versuchen, den Frachter *Maxim Gorkij* zu erreichen, der im Augenblick, von der Ostsee kommend, nach Süden fährt und bald die holländische Küste erreichen wird ...«

»Wenn *Sie* das empfehlen«, stimmte Pratschko listig zu.

»Nein!» Sedows Stimme klang scharf. »Sie sind der Verteidigungsminister, und wir erwarten Ihre Vorschläge ...«

Pratschko saß in der Falle, und das wußte er auch. In der Schweiz hatte es das erste Debakel gegeben, das man ihm in die Schuhe schieben konnte, und jetzt stand er vor zwei unmöglichen Alternativen. Wenn er nein sagte und Marenkow heil in Amerika ankam, wäre der sowjetische Untergrundapparat in Westeuropa zertrümmert. Wenn er ja sagte, würden die Agenten zwar entkommen, aber es würde viel Zeit erfordern, sie wieder nach Westeuropa einzuschleusen. Er entschied sich für die im Augenblick weniger gefährlich erscheinende Alternative.

»Ich empfehle die Evakuierung ...«

Sarubin, das stellte er jetzt fest, hatte in weniger als einer Minute offiziell protokolliert, daß dies die Entscheidung des Verteidigungsministers sei. Pratschko gefiel das gar nicht, aber er konnte nichts dagegen tun. Er machte eine letzte Bemerkung.

»In diesem Moment entwickelt Oberst Scharpinsky vermutlich Pläne, die zur Vernichtung des Verräters Sergej Marenkow führen werden...«

22. *Zürich, Hauptbahnhof*

Es war 21 Uhr 10 – weniger als zwei Stunden vor der planmäßigen Abfahrt des Atlantik-Expreß aus Zürich –, als Scharpinsky im Wohnzimmer der Villa in der Lindengasse saß und drei Fotos betrachtete, die vor ihm auf dem Tisch lagen. Er hatte vier Männern, die die Villa inzwischen verlassen hatten, genaue Anweisungen gegeben. Jetzt war er mit Ilse Murset allein und spürte, wie seine innere Anspannung ständig stärker wurde. Das Warten war immer der schlimmste Teil eines neuen Unternehmens, aber immerhin hatte er alles vorbereitet. Und Rudi Bühler mußte inzwischen in Basel sein, um dort in den Atlantik-Expreß zuzusteigen.

Als Bühler das Hotel Schweizerhof wenige Sekunden vor Scharpinsky verlassen hatte, war er zum Hauptbahnhof hinübergegangen und in einen Zug nach Basel gestiegen. Der Mann am Hotelempfang hatte den Männern Trabers inzwischen sicher seine Beschreibung gegeben – falls diese ihre vorübergehende Operationsbasis ausgehoben hatten –, und es war nur zu ratsam, daß er sofort die Stadt verließ.

Als Oberst Scharpinsky die drei Fotografien betrachtete, berührte Ilses schlanke weiße Hand seinen Nacken.

»Was können dir diese Fotos denn sagen?«

»Studiere den Feind«, erwiderte Scharpinsky. »Wenn ich diese Bilder betrachte, glaube ich, daß es möglich ist, vorherzusehen, wie diese Männer unter Druck reagieren werden...«

Das erste Foto, das am unschärften war, zeigte Oberst Springer, der seine Hutkrempe heruntergezogen hatte. Das Bild war von einem Fenster in der Bahnhofstraße aus mit einem Teleobjektiv aufgenommen worden. Das zweite – sehr viel klarere – Bild zeigte General Max Scholten, dessen rosiges Gesicht leicht zu identifizieren war. Der holländische Abwehrchef war vor dem Hotel Astoria gegenüber dem Haager Bahnhof aufgenommen worden. Auf dem dritten, vor mehreren Jahren in Athen geschossenen Bild war

Harry Wargrave zu sehen. Scharpinsky tippte mit dem Finger auf dieses dritte Bild. »Dieser Mann ist der gefährlichste der drei...«

»Du bist angespannt...« Ilses Finger fuhr fort, den Nacken des Russen zu streicheln. »Wollen wir nach oben gehen?« Ihre hochgewachsene, schlanke Figur straffte sich, als sie den Reißverschluß auf der Vorderseite ihres Kleides aufmachte. Der Russe zögerte und sah auf seine Uhr.

»Wir haben keine Zeit, nach oben zu gehen.«

Zwei der Männer, die die Villa sofort nach Empfang der Anweisungen Scharpinskys verlassen hatten, gingen zu einem Citroën, der weiter unten auf der Straße abgestellt war. Der hochgewachsene und massive Klaus Jaeger, ein DDR-Bürger, setzte sich ans Steuer, während sein kleinerer und schlankerer Begleiter Hans-Otto Nacken, ebenfalls ein DDR-Bürger, sich neben ihn setzte. Beide hatten gefälschte westdeutsche Papiere bei sich. Nach nur wenigen Minuten näherten sie sich dem Hauptbahnhof.

Jaeger hielt nicht direkt vor dem Hauptbahnhof, sondern fuhr den Citroën um das Bahnhofsgebäude herum, wo er ihn im Schatten parkte. Beide Männer stiegen aus und betraten den Bahnhof durch den Seiteneingang. Sie schlenderten an der Gepäckaufbewahrung vorüber. Um nicht aufzufallen, trug Jaeger eine Reisetasche. Sie gingen mehrere Minuten umher und beobachteten die Gepäckträger, die auf die Ankunft der Nachtzüge warteten.

»Der da drüben«, sagte Jaeger, blieb stehen und zündete sich eine Zigarette an. »Der hat in etwa den richtigen Körperbau und die richtige Größe.«

Nacken ließ Jaeger stehen und schlenderte zu dem relativ kleinen und gutgebauten Gepäckträger hinüber, der in seiner Erscheinung eine gewisse Ähnlichkeit mit Scharpinsky besaß. »Ich sehe an der Anzeigentafel, daß der Atlantik-Expreß erst um elf abfährt. Ich habe mich in der Zeit vertan und habe also eine lange Wartezeit vor mir. Die Zeiten auf der Tafel stimmen doch, oder?«

»Ja, mein Herr. Und es ist ein Wunder, daß der Zug aufholt. Haben Sie die Nachricht gehört?«

»Welche Nachricht?«

»Südlich des Gotthards hat es eine Lawine gegeben – die schlimmste dieses Jahrhunderts, sagt man. Sie hätte den Expreß um ein Haar unter sich begraben.«

»Mein Gott! Nein, davon habe ich nichts gehört. Nun, zwischen hier und Basel kann es Gott sei Dank keine Lawine geben.« Er bot dem Gepäckträger eine Zigarette an. »Muß 'ne ziemlich langweilige Arbeit für Sie sein – hier die ganze Nacht herumzuhängen. Wie lange haben Sie noch Dienst?« fragte er beiläufig.

Der Gepäckträger nahm einen tiefen Zug aus seiner Zigarette. »Morgen früh um acht ist meine Schicht zu Ende. Man gewöhnt sich daran ...«

Nacken plauderte noch einige Minuten weiter und ging dann weg. Er steckte die linke Hand in die Manteltasche. Das war das Signal, auf das Jaeger, der aus der Ferne zusah, gewartet hatte. Er ging zu dem Gepäckträger hinüber. »Könnten Sie das restliche Gepäck aus meinem Wagen holen? Er steht an der Stirnseite des Bahnhofs.« Er stellte die Reisetasche, die er bei sich hatte, auf den Karren des Gepäckträgers und folgte dem Mann nach draußen. Sie gingen an der Gepäckaufbewahrung und einem schlechtbeleuchteten Seitengewölbe vorbei. Niemand sonst war zu sehen.

Als sie den Citroën erreicht hatten, öffnete Jaeger die hintere Tür. Er sah sich um, um sicherzugehen, daß sich niemand in der Nähe befand. »Der Koffer da auf dem Rücksitz«, sagte er. »Seien Sie vorsichtig, er ist schwer ...« Als der Gepäckträger sich hineinbeugte, zog Jaeger einen kleinen lederbezogenen Totschläger aus Stahl aus der Tasche, beugte sich über den Gepäckträger und schlug ihm mit beträchtlicher Kraft auf den Kopf. Der Mann brach tot zusammen.

Nacken löste sich aus dem Schatten des Bahnhofs und half Jaeger, den Leichnam im Wagen zu verstauen. »Der Gepäckkarren ...«, erinnerte Jaeger seinen Begleiter, als er ein Reiseplaid über den leblosen Körper breitete. Nacken rollte den Gepäckkarren in den Schatten des Bahnhofsgebäudes zurück. Sie würden das Ding später noch brauchen. Dann setzten sich die beiden Männer auf die Vordersitze, schlossen leise die Türen, und Jaeger fuhr los, zunächst über die Limmatbrücke.

Er fuhr zu einem stillen Teil des Sees jenseits der Quaibrücke und hielt am Ufer unter einer Baumgruppe an. Dann stellte er den Motor ab und schaltete die Scheinwerfer aus. Es bedurfte der Anstrengungen beider Männer, um den toten Mann zu entkleiden, ihm seine Uniform, Mütze und Stiefel abzunehmen. Jaeger nahm seine Brieftasche an sich und prüfte im Schein einer Taschenlampe, ob der Eisenbahnerausweis des Toten dabei war. »Das wär's«, sagte Jaeger. »So, und jetzt müssen wir den Kerl verschwinden lassen ...«

Sie umwickelten den Leichnam mit schweren Ketten – dem

Inhalt des schweren Koffers, auf den Jaeger den Gepäckträger aufmerksam gemacht hatte – und trugen ihn gemeinsam zum See hinunter. An diesem Ende des Sees war das Eis nur dünn. Die Wassertiefe betrug rund zwanzig Meter. Einer hielt die Füße der Leiche, der andere die Schultern, dann ließen sie sie schaukeln, um Schwung zu bekommen, und warfen sie dann in den See. Der beschwerte Leichnam durchbrach das klirrende Eis und versank.

Jaeger setzte sich wieder ans Steuer des Wagens und fuhr zur Quaibrücke zurück, überquerte sie und fuhr dann weiter zur Lindengasse. Sie hatten jetzt bei sich, was sie hatten holen sollen, eine Gepäckträgeruniform, und außerdem würde die Frau des Toten ihren Mann erst am nächsten Morgen als vermißt melden – wenn er überhaupt verheiratet gewesen ist, dachte Jaeger gefühllos –, also erst lange nach Abfahrt des Atlantik-Expreß. Immerhin wäre sein Dienst, wie er Nacken erzählt hatte, erst morgens um acht zu Ende gewesen.

Das zweite Zwei-Mann-Team, das von der Lindengasse aus losgeschickt worden war, hatte eine leichtere Aufgabe als Jaeger und Nacken. Sie setzten sich in einen anderen Wagen und fuhren zur Westseite der Stadt, bis sie in einem Industrievorort eine große Garage erreichten. Einer der Männer stieg aus, öffnete die Doppeltür und schloß sie wieder, nachdem der Wagen in die Garage gefahren worden war. Er hielt neben einem riesigen Lastwagen, der auf der Seite die Aufschrift *Möbelhaus Salzburg* trug.

Der Fahrer stieg aus, machte in der Garage Licht und nahm eine Schachtel aus dem Wagen. Als er sie aufmachte, enthielt sie nichts Schrecklicheres als Leberwurstbrote und eine Thermosflasche mit Kaffee. »Keinen Alkohol«, hatte Scharpinsky ihnen eingeschärft. »Wenn ich herausbekomme, daß Sie mir nicht gehorcht haben, werde ich dafür sorgen, daß man Sie abruft und sofort nach Hause beordert...« Der zweite Mann ging zu einem Wandtelefon und wählte eine Nummer. Ilse Murset nahm am anderen Ende ab.

»Hier André«, meldete sich der Mann. »Die Sendung ist jetzt lieferfertig...«

»Verstanden!« Ilse legte auf.

Der Mann, der Ilse angerufen hatte, kletterte in der Garage in die Fahrerkabine des Möbelwagens, zog die Persenning beiseite und prüfte die Ladung. Auch der Lastwagen enthielt nichts Schlimmeres als eine Ladung Möbel, war aber sehr schwer beladen, und die Ladeklappe ragte gefährlich nach hinten. Außerdem war da noch eine seltsame Seilrolle, die die Ladeklappe mit der Fahrerkabine verband.

»Alfred, hier ist deiner...«

Der Mann in der Fahrerkabine warf einen Overall herunter, kletterte dann selbst wieder hinab und ging dann zum hinteren Ende der Garage, wo mehr Platz war. In wenigen Minuten hatten beide sich umgezogen und sahen jetzt aus wie Möbelfahrer. Sie setzten sich auf eine Bank, aßen ihre belegten Brote und tranken ihren Kaffee. Der Fahrer sah in regelmäßigen Abständen auf seine Uhr.

Sobald sie die Kleidung des Gepäckträgers in der Lindengasse Nr. 451 abgeliefert hatten, fuhren Jaeger und Nacken wieder im Citroën davon und überquerten von neuem die Quaibrücke. Diesmal fuhren sie aber nicht in südlicher Richtung am Seeufer entlang, sondern bogen nach Norden ab und folgten der Limmat. Sie fuhren auf der Hauptstraße bergauf in Richtung Zürichberg. Sie durchfuhren gerade eine teure Wohngegend mit hübschen Villen und gepflegten Gärten, als Jaeger das Lenkrad herumriß und in eine Auffahrt einbog.

Hinter ihnen schloß ein Mann, der in der bitteren Kälte auf sie gewartet hatte, das schmiedeeiserne Tor. Jaeger hielt vor einer zweistöckigen Villa, von deren Balkon Eiszapfen herabhingen. Er stellte den Motor ab und stieg aus. »Checken Sie den Wagen«, befahl er Nacken. »Und vor allem die Maschine...«

Eine Frau von etwa fünfzig mit einem strengen Gesicht hatte den Wagen ankommen hören und öffnete die Vordertür. Sie ließ Jaeger eintreten und schloß die Tür wieder. Sie hatte das Haar hinten zu einem Knoten gebunden und trug ein langes dunkles Kleid, das ihr das Aussehen einer Haushälterin verlieh. »Ihre Kleidungsstücke liegen alle im großen Schlafzimmer bereit«, erklärte sie.

»Lassen Sie das hier verschwinden...« Jaeger reichte ihr seinen Ausweis. »Und wo ist der Reisepaß?« Sie sprachen in fließendem Russisch miteinander. Die Frau zog einen Reisepaß aus der Tasche und gab ihn ihm. Er prüfte ihn rasch. Der sowjetische Diplomatenpaß war auf den Namen Boris Wolkow ausgestellt; Rang: Hauptmann. Jaeger ging nach oben, um sich umzuziehen.

Der Tagesanzug, der auf dem Bett lag, hatte einen russischen Schnitt und war aus russischem Tuch. Jaeger zog sich auch russische Unterwäsche, Schuhe, ein Hemd und eine Krawatte an. Auch der Hut war aus Rußland. Als er wieder hinunterging, sah er, daß sich auch Nacken umgezogen hatte, der jetzt eine russische Chauffeuruniform trug. »Den Wagen«, sagte Jaeger, »ich möchte ihn mir selbst noch einmal ansehen...« Er folgte Nacken und betrat die Garage direkt durch eine Tür an der Rückfront der Villa.

In der Garage stand ein glitzernder Mercedes, der vor kurzem blitzblank poliert worden war. Der Glanz wird bei dem Wetter nicht lange halten, dachte Jaeger. Der Wagen trug die Kennzeichen eines Diplomatenfahrzeugs, nämlich die Schilder der sowjetischen Botschaft in Bern. Er ließ Nacken einsteigen und den Anlasser betätigen, um den Motor zu testen. Der Wagen sprang sofort an. Jaeger ging zufrieden und beruhigt ins Haus zurück und wählte die Telefonnummer der Lindengasse 451. Wieder nahm Ilse Murset den Hörer ab.

»Hier Bernard«, meldete sich Jaeger. »Die Sammlung ist jetzt versandfertig...«

»Verstanden!« Ilse legte auf.

»Sämtliche Arrangements sind getroffen«, sagte sie Scharpinsky und zog den Reißverschluß ihres Kleides hoch. »Jeder ist auf seinem Posten, und ich bin bereit, dich zum Hauptbahnhof zu fahren.«

Oberst Igor Scharpinsky, der noch im Hemd dasaß, nickte. »Jetzt dauert's nicht mehr lange, General Traber«, sagte er. »Jetzt dauert's nicht mehr lange...«

Der Atlantik-Expreß holte die verlorene Zeit bei seiner Nonstop-abfahrt vom Gotthard durch einen wüsten Schneesturm rasch auf.

Im Führerstand der Bo-Bo-Lokomotive half Enrico jetzt ein ausgeruhter Lokführer. Springer hatte darauf bestanden, daß er Enrico von Airolo an begleitete. Dieses Arrangement hatte dem stämmigen Mann aus Basel gar nicht behagt.

»Es braucht schon mehr als einen Schlag auf den Kopf, um mich außer Gefecht zu setzen«, brummte er, als er die Instrumente prüfte und die Signale beobachtete. »Und wir werden planmäßig in Zürich eintreffen. Verflucht noch eins – mein Ruf steht auf dem Spiel...«

In dem Abteil im letzten Schlafwagen, in dem Marenkow bewacht wurde, herrschte eine gespannte Atmosphäre, die immer unangenehmer wurde, je mehr der Zug sich Zürich näherte. Julian Haller war irritiert, daß der Russe jetzt schon zum drittenmal die gleiche Bemerkung machte, war aber schon zu erschöpft, um sich darüber aufzuregen.

»Ich bin überzeugt, daß Scharpinsky in Zürich zusteigt...«

»Daß er den Versuch machen wird«, korrigierte ihn Elsa. Sie hielt die Porträtskizze Igor Scharpinskys hoch, die sie nach Marenkows Beschreibung auf ihren Block gezeichnet hatte. »So, jetzt wissen wir zum erstenmal, wie er aussieht.«

Der untersetzte, breitschultrige Russe winkte ungeduldig ab. »Das wird nichts nützen – ich kann immer wieder nur sagen, daß er ein genialer Verkleidungskünstler ist...«

»Seien Sie doch nicht immer so verdammt pessimistisch«, fauchte Elsa zurück. »Ich sage Ihnen doch, daß ich ein volles Jahr als Maskenbildnerin beim Film gearbeitet habe. Ich weiß, wie man das Aussehen eines Schauspielers verändert. Wenn überhaupt jemand in der Lage ist, ihn zu identifizieren, wenn er einsteigt, dann ich ...«

Das bejahten sowohl Wargrave wie Springer, der gleichfalls im Abteil saß. Der Plan bestand also darin, daß Elsa sich nach der Ankunft in Zürich an die Sperre stellen und jeden ansehen sollte, der in den Zug einstieg. Der Schweizer Oberst hatte ohnehin Grund, zufrieden zu sein. Marenkow hatte aus dem Kopf bereits eine Liste mit Namen und Adressen sämtlicher KGB-Agenten in der Schweiz geliefert – allerdings keine der GRU-Agenten, über die er kaum etwas wußte.

»In welchen Gebieten außerhalb der Sowjetunion hat Scharpinsky gearbeitet, als er unter Tarnnamen an den verschiedenen sowjetischen Botschaften diente?« wollte Wargrave wissen.

Marenkow zählte die Posten an den Fingern ab. »Paris – sechs Monate. London weitere sechs Monate. Washington zwei Jahre. Athen ein Jahr. Schließlich ein weiteres Jahr in Den Haag.«

»Er spricht also wahrscheinlich fließend Griechisch, Französisch, Englisch und Amerikanisch?«

»Ich habe bisher immer den Eindruck gehabt, daß die beiden letzten ein und dieselbe Sprache sind«, warf Haller maliziös ein.

»Wir haben alle unsere Illusionen«, erwiderte Wargrave grinsend. »Hab' ich recht, General?«

»Absolut«, erwiderte Marenkow. »Scharpinsky hat eine beachtliche Sprachbegabung. Das war einer der Gründe für seine zahlreichen Versetzungen und für seinen raschen Aufstieg zu meinem Stellvertreter. Anders als die meisten Russen ist er ein geborener Kosmopolit. Außerdem spricht er noch fließend Deutsch«, fügte er hinzu. »Er hat einige Zeit in Ost-Berlin gearbeitet und von dort zu Terroristengruppen Kontakt gehalten.«

Haller streckte sich und gähnte. »Nun, wir werden einfach abwarten müssen, was passiert, wenn wir in Zürich angekommen sind ...« Er blickte auf seine Uhr. »... und das wird nicht mehr lange dauern.«

»Scharpinsky wird in diesen Zug steigen«, wiederholte Marenkow bockig. »Ich kenne ihn.«

»Wenn die Zeit da ist, wollen wir hoffen, daß auch ich ihn dann gut genug kenne«, sagte Elsa mit Nachdruck, als sie ihre Skizze studierte.

Der mit einer Eiskruste überzogene Atlantik-Expreß glitt in das riesige Gewölbe des Züricher Hauptbahnhofs hinein, wurde auf Gleis vier geleitet und hielt an. Der Sicherheitskordon, mit dem Traber den Hauptbahnhof umgeben hatte, war einer der engsten, die er je organisiert hatte. In seinem unauffälligen schweren Mantel und einem weichen Hut stand er in der Nähe der Sperre und paffte seine kurze Zigarre, als die Reisenden aus dem Zug zu strömen begannen. Die meisten waren hohlwangig vor Mangel an Schlaf und überstandener Angst. Es waren aber nicht die aussteigenden Reisenden, die Traber ruhig studierte; ihn interessierten die sich drängenden Fahrgäste, die in den Expreß einsteigen wollten.

Dreißig Abwehrbeamte, bewaffnet und in Zivil, waren über das Bahnhofsgebäude verteilt. In der Bahnhofshalle patrouillierten zudem ungewöhnlich viele uniformierte Polizisten. Draußen im Schnee stand an strategischen Punkten ein Dutzend Streifenwagen mit Verstärkungen. Sie standen sämtlich mit dem Assistenten Trabers in Funkverbindung, Major Kurt Dobler, der mit einem kompakten Walkie-talkie in der Hand dicht bei seinem Chef stand. Oberst Springer ging durch die Sperre, zeigte seinen Dienstausweis in der Handfläche und begrüße Traber.

»Wie steht's im Expreß?« murmelte Traber.

»Gespannte Atmosphäre. Aber alles unter Kontrolle. Unser VIP ist überzeugt, daß Scharpinsky versuchen wird, in den Expreß einzusteigen...«

»Scheint unwahrscheinlich, jetzt, wo Sie eine Beschreibung haben...« Springer hatte seinen Chef vom Zug aus informiert, daß Marenkow ihnen vom Aussehen des KGB-Obersten erzählt hatte. »Andererseits«, fuhr Traber fort, »haben wir noch immer nicht die Schweizer Schaltzentrale der Sowjets lokalisiert...«

An der Sperre waren außergewöhnliche Sicherheitsvorkehrungen getroffen worden. Neben den Schalterbeamten warteten Sicherheitsbeamte, um die Reisepässe zu kontrollieren, und hinter denen stand eine Gruppe uniformierter Polizisten. Wenige Meter weiter rechts war eine weitere Sperre geöffnet – sie war für Gepäckträger reserviert, die Gepäck zum Zug bringen sollten. Jeder Gepäckträger wurde angehalten, während ein Hundeführer einen abgerichteten Schäferhund die Gepäckstücke nach Sprengstoff beschnuppern ließ.

»Wer ist dieses attraktive Mädchen im Pelzmantel, das da auf der anderen Seite der Sperre wartet?« wollte Traber wissen.

»Eine von uns. Elsa Lang. Es kann sein, daß sie Scharpinsky erkennt, falls er versucht, in den Expreß einzusteigen...«

Auf der anderen Seite der Sperre stand Elsa mit hochgeschlagener Kapuze, um sich vor der Kälte zu schützen. Sie rauchte eine Zigarette, wobei sie die wartenden Reisenden offen musterte, als wartete sie auf einen Freund, mit dem sie sich verabredet hatte. Von ihrer Arbeit als Maskenbildnerin her wußte sie, wie leicht man das Erscheinungsbild eines Menschen ändern kann. Folglich konzentrierte sie sich auf Größe und Körperbau und hielt nach einem kleinen, gutgebauten Mann Ausschau. Vergiß alles andere, mahnte sie sich selbst – Schnurrbärte, Bärte, Kleidung, Alter –, richte deine Aufmerksamkeit auf das, was nicht leicht geändert werden kann. Ein in ihrer Nähe stehender Mann in Zivil kam näher und sprach hinter vorgehaltener Hand, während er sich eine Zigarette anzündete.

»Abwehr. Oberst Springer hat mir von Ihnen erzählt. Wenn Sie ihn sehen, sagen Sie es mir – selbst wenn Sie nur glauben, daß er es sein könnte. Sehen Sie ihn dann nicht wieder an ...«

»Ich beherrsche meinen Job ...«

»Das habe ich schon gemerkt. Und entfernen Sie sich deutlich von mir, sobald Sie auf ihn gezeigt haben. Es könnte zu einer Schießerei kommen ...«

»Vielen Dank für die Warnung«, erwiderte Elsa etwas liebenswürdiger hinter ihrem Taschentuch. Ihre Augen waren noch immer auf die Menge gerichtet, die hinter der Sperre zusammengedrängt stand.

Jorge Santos, der sich aus dem Fenster seines Erster-Klasse-Abteils lehnte, rauchte noch immer seine Pfeife. Nur jemand, der ihn sehr gut kannte, hätte etwas leicht Auffallendes an ihm bemerkt, als er am offenen Fenster dastand und die letzten Reisenden aussteigen und durch die Sperre gehen sah. Normalerweise hielt er seine Pfeife beim Rauchen fest in den rechten Mundwinkel geklemmt; jetzt ragte die Pfeife aus dem linken Mundwinkel. Wenige Schritte von ihm entfernt öffnete Wargrave eine Tür und sprang auf den Bahnsteig hinunter. Wargrave nahm eine Position ein, von der aus er Elsa Lang Feuerschutz geben konnte. In der Manteltasche hielt er die Smith & Wesson umklammert.

Auf beiden Seiten der Sperre meinten die Abwehr- und Sicherheitsbeamten, auf eine unmittelbar bevorstehende Gefahr zu warten, als die Reisenden langsam durch die Sperre zu gehen begannen, während ihre Reisepässe und Fahrkarten kontrolliert wurden. Jetzt gingen auch schon die ersten Gepäckträger durch die Sperre; sie blieben stehen und warteten, während der Schäferhund das Gepäck beschnupperte. In diesem Augenblick fuhr ein großer Möbelwagen mit der Aufschrift *Möbelhaus Salzburg* am Ostufer der

Limmat entlang. Der Fahrer sah auf seine Uhr und bog mit dem schweren Fahrzeug auf die Brücke ein, die direkt zum Hauptbahnhof führt.

»Bis jetzt Fehlanzeige«, murmelte Trabert. Major Dobler, sein Stellvertreter, erhielt gerade eine Meldung durchs Walkie-talkie. »Mein Gott!« murrte er. »Sind Sie sicher? Lassen Sie es in Bern nachprüfen. Höchste Dringlichkeitsstufe...«

»Was ist passiert?« fragte Traber ruhig, als Springer näher kam.

»Draußen ist soeben ein Mercedes mit sowjetischem Diplomatenkennzeichen vorgefahren. Ein Fahrgast – da kommt er...«

Ein hochgewachsener, schwer gebauter Mann mit geradem Rücken und entschieden militärischer Haltung betrat jetzt das Bahnhofsgebäude. Er trug einen Pelzmantel und Hut. Hinter ihm nahm einer von Trabers Männern seinen Hut ab, ein Signal für seinen Chef. Der Neuankömmling reihte sich in die Schlange ein.

»Was zum Teufel geht hier vor?« zischte Springer.

»Mir gefällt das gar nicht«, erwiderte Traber energisch. »Halten Sie die Augen offen...«

Als der Fahrgast aus der sowjetischen Diplomatenlimousine die Sicherheitsbeamten erreichte, kam die Schlange der Wartenden ins Stocken, und es schien einige Verwirrung zu geben. Ein anderer Abwehrbeamter entfernte sich behutsam von der Sperre und eilte zu Traber hinüber. »Was sollen wir tun? Er hat einen Diplomatenpaß bei sich. Militärattaché an der sowjetischen Botschaft in Bern. Ein Hauptmann Boris Wolkow...«

»Wer?« explodierte Springer. »Boris Wolkow ist ein bestens ausgebildeter Killer! Zum Teufel mit seinem Diplomatenpaß. Halten Sie ihn an der Sperre auf...« Er verstummte, als draußen vor dem Bahnhofsgebäude ein fürchterliches Krachen zu hören war. Dort war der große Möbelwagen aus Salzburg auf den Bürgersteig gefahren. In der Fahrerkabine hatte der Fahrer das mit der Ladeklappe verbundene Seil gelöst, so daß ein Sturzregen von Möbeln sich auf die Reisenden ergoß, die nach einem Taxi anstanden. Die dann folgende Szene war schrecklich. Männer und Frauen, die unter Möbelstücken begraben lagen, begannen zu schreien. Unter einem Kleiderschrank ragte eine Frauenhand hervor, die sich zunächst noch schwach bewegte und dann reglos hing. Im Bahnhofsgebäude wandten alle die Augen in die Richtung, aus der der Lärm gekommen war, alle bis auf die Männer Oberst Springers, die die Sperre auch weiterhin im Auge behielten, an der Klaus Jaeger in der Gestalt eines sowjetischen Hauptmanns aufs heftigste protestierte.

Durch die zweite Sperre betrat ein kleiner, gutgebauter Gepäckträger, dessen Karren soeben von dem Schäferhund beschnuppert worden war, den Bahnsteig. Der Mann hatte seine Mütze in die Stirn geschoben und schob seinen Gepäckkarren weiter auf den Bahnsteig. Als er an Jorge Santos vorüberkam, dem er nur einen kurzen Seitenblick zuwarf, ging er weiter den Bahnsteig hinunter. Auf dem Karren lag ein einziger blauer Koffer. Santos lehnte sich noch immer aus dem Fenster.

»Können Sie denn einen Diplomatenpaß nicht erkennen, wenn Sie einen vor sich haben?« rief Jaeger auf deutsch. »Meine Botschaft wird von diesem Vorfall erfahren, das schwöre ich Ihnen . . .«

Er protestierte immer noch, als der Abwehrbeamte mit dem Paß verschwand. Als er vor Springer stand, reichte er diesem den Paß. »Sieht echt aus«, bemerkte der Beamte.

»Und wenn er vergoldet wäre, ich pfeife drauf«, sagte Springer wütend. »Der Mann steigt nicht in den Zug. Los, gehen Sie hin und sagen Sie ihm, der Paß sähe nicht echt aus, wir müßten in Bern nachfragen.« Er sah Traber an. »Und es wird ungeheuer lange dauern, bis wir mit Bern Verbindung haben . . .«

»Hier scheint eine Menge auf einmal zu passieren«, bemerkte Traber und blickte zur Hauptseite des Bahnhofsgebäudes, wohin Major Dobler gerannt war, um sich den Unfall des Möbelwagens anzusehen. »Fast so, als hätte jemand geplant, unsere Aufmerksamkeit abzulenken.«

»Um Wolkow Zeit zum Einsteigen zu geben, natürlich«, bellte Springer. Dann runzelte er die Stirn. »Nein, das kann nicht stimmen. Wenn dieser Mann selbst Boris Wolkow wäre, könnte er niemals mit seinem richtigen Namen auftreten. Da ist etwas, was ich nicht verstehe – was mir nicht gefällt . . .«

Der Hauptbahnhof war in Aufruhr. Der Möbelwagen war inzwischen zwischen Streifenwagen eingekeilt. Unter einigen Möbelstücken schrien noch immer Menschen. Ein Krankenwagen hielt mit heulender Sirene neben dem Möbelwagen an. Der Fahrer und sein Begleiter, die dieses brutale Ablenkungsmanöver inszeniert hatten, waren zuversichtlich gewesen, in dem allgemeinen Durcheinander zu entkommen. Mit einer Rolltreppe tauchten sie ins Untergeschoß mit der Ladenzeile hinab. Dort trennten sie sich und gingen auf verschiedene Rolltreppenausgänge zu. Beide Männer erschienen mit Pistolen in den Händen auf der anderen Seite des Bahnhofsplatzes.

Sie fanden sich einem Gemenge aus Passanten und Polizisten gegenüber. Um noch mehr Verwirrung zu stiften, schossen sie wild um sich, und verschiedene Fußgänger, die Deckung suchten, stießen mit Polizeibeamten zusammen. Zwei Beamte ignorierten aber den Tumult, hoben ihre eigenen Pistolen, zielten mit beiden Händen. Jeder der beiden Polizisten feuerte zweimal. Der Lastwagenfahrer lief noch, bis er tot zusammenbrach. Sein Komplize starb fünf Sekunden später.

Im Bahnhofsgebäude stürmte Klaus Jaeger, der noch immer seine Rolle eines sowjetischen Hauptmanns spielte, zu Springer und entriß dem Schweizer den Diplomatenpaß. »Sie werden von Moskau noch mehr über diesen Vorfall zu hören bekommen«, rief er aus. »Er könnte durchaus eine diplomatische Verstimmung mit Ihrer Regierung auslösen ...« Springer ließ ihn mit dem Paß gehen, als Jaeger mit raschen Schritten zu seiner wartenden Limousine zurückging, in der Nacken in seiner Chauffeuruniform sitzen geblieben war. Als Major Kurt Dobler zurückkam, um von dem schrecklichen Desaster mit dem Möbelwagen zu berichten, ergriff Springer das Walkie-talkie und begann schnell zu sprechen. Jetzt war seine Stimme sehr sachlich.

»Ich wünsche, daß alle nicht gekennzeichneten PKWs und Lieferwagen – wohlgemerkt alle nicht gekennzeichneten – der sowjetischen Limousine folgen. Sie sollen sich ablösen. Sie sollen ihr folgen, sie aber nicht abfangen. Und sämtliche verfügbaren Funkpeilwagen tun das gleiche. So, los jetzt!«

Er gab Dobler das Walkie-talkie zurück und sah Traber an. »Darf ich jetzt wieder an Sie übergeben? Ich steige jetzt lieber wieder in den Zug ein ...«

Selbst als Nacken – mit Jaeger auf dem Rücksitz – den Mercedes vom Hauptbahnhof wegfuhr, funktionierte das große Netz, das Springer ausgeworfen hatte, hervorragend. Ein Wäschereiwagen, der den Weg zum Zürichberg gewählt hatte, fuhr sogar vor der sowjetischen Limousine her, als deren Scheinwerfer im Rückspiegel auftauchten. Der Beifahrer meldete über Funk die Position, und von da an folgten ihnen Funkpeilwagen auf der Straße zum Zürichberg.

Bei der Ankunft vor der Villa auf dem Hügel bog Jaegers Wagen in das schmiedeeiserne Tor ein, das auch diesmal wieder prompt hinter ihnen geschlossen wurde. Jaeger war überzeugt, daß niemand ihn verfolgt hatte, denn hinter ihnen hatte er keine Wagen gesehen. In der Villa begann Nacken, der auch als Funker arbeitete, den bereits vorbereiteten verschlüsselten Funkspruch an Professor Mohner zu senden, der auf dem Zürichberg in seinem Wohnwagen saß. Der Funkspruch informierte Moskau, daß Oberst Igor Scharpinsky den Atlantik-Expreß bestiegen hatte.

Keine zehn Minuten später kreuzten sich die Peilstrahlen zweier Funkmeßwagen, die in der Nähe des Zoos oben auf dem Zürichberg standen. Damit war ein Sender im Heubeeri-Weg im Wald des Berggipfels lokalisiert. Professor Mohner, der hochgeehrte Meteorologe, hatte soeben seinen überlangen Funkspruch beendet, als an die Tür seines Wohnwagens geklopft wurde. Als er aufmachte, sah er sich Abwehrbeamten mit Pistolen in den Händen gegenüber.

»Ich habe mich schon gefragt, wie lange es dauern wird, bis Sie kommen«, sagte er.

Pünktlich um 23 Uhr rollte der Atlantik-Expreß im Züricher Hauptbahnhof an. Vor ihm lag die Fahrt nach Basel und dann in die Bundesrepublik Deutschland. In verschiedenen Abteilen machten es sich die zahlreichen neu Zugestiegenen gemütlich und hörten sich von Reisenden, die schon in Mailand eingestiegen waren, die Geschichte von der großen Lawine an. Als der Bahnsteig an ihm vorüberglitt, fiel Jorge Santos, der noch immer aus dem Fenster lehnte, ein Gepäckkarren auf, der verlassen auf dem Bahnsteig stand. Sein Mund preßte sich zusammen, als er das Fenster auf dem Gang hochzog und zu seinem Abteil zurückging. Wie in vielen anderen Abteilen waren auch in seinem die Vorhänge auf der Gangseite zugezogen. Erst als Santos die Tür aufmachte, sah er den Mann, der in dem sonst leeren Abteil auf seinem Fensterplatz saß. Santos trat ein und schloß die Tür. Seine Pfeife hing noch immer im linken Mundwinkel.

»Hallo, Nicos«, sagte Wargrave. »Ich habe mir gedacht, jetzt ist der Moment gekommen, gemeinsam vorzugehen.«

»Da gebe ich dir recht«, erwiderte Nicos Leonides. »Oberst Igor Scharpinsky ist soeben zugestiegen...«

23. *Basel, Den Haag*

Drei Jahre zuvor in Athen war es Harry Wargraves Einfall gewesen, daß Nicos Leonides, insgeheim ein überzeugter Antikommunist, versuchen sollte, sich in den sowjetischen Untergrundapparat auf dem Balkan einzuschleusen, indem er sich den Sowjets als privater Killer anbot. »Mir ist aus zuverlässiger Quelle zu Ohren gekommen, daß Oberst Scharpinsky hier in Athen an der sowjetischen Botschaft arbeitet«, hatte er erklärt. »Versuche, an ihn heranzukommen...«

»Das wird Zeit und Einfallsreichtum erfordern«, hatte Leonides gemahnt.

»Dann werden wir ihm Leichen liefern«, hatte Wargrave vorgeschlagen. »Leichen prominenter antikommunistischer Griechen, die er liebend gern tot sähe ...«

Wargrave, der damals für den britischen Secret Service arbeitete, hatte neben seiner normalen Arbeit in der für ihn typischen Weise auf eigene Faust operiert. In einem bestimmten Zeitraum hatten Wargrave und Leonides – nachdem der Grieche Scharpinsky am Telefon überredet hatte, er solle ihm erlauben, sich zu bewähren – drei wichtige Hinrichtungen, drei ›Leichen‹ geliefert.

Das erste ›Opfer‹ war der ältere antikommunistische Herausgeber einer führenden Athener Tageszeitung gewesen. Er war nur einer von Leonides' zahlreichen Freunden – und auf dem Balkan stehen sich Freunde weit näher als im Westen. Als ihm klar wurde, daß er bei den Sowjets ohnehin auf der Abschußliste stand, hatte sich der Zeitungsmann willig bereit erklärt, mitzumachen. Seinen ausgebrannten Wagen hatte man nach einer stürmischen Nacht am Fuß eines steilen Felsens gefunden, und es war angenommen worden, sein Leichnam sei in die offene See hinausgespült worden. Statt dessen war der ›tote‹ Verleger, ein Witwer, heimlich mit einem Motorboot auf eine der entlegeneren griechischen Inseln gebracht worden, wo er sich noch immer seines ungewöhnlichen Ruhestands erfreute.

In angemessener Folge hatten sich zwei weitere ›Opfer‹ zur Zusammenarbeit bereit erklärt, beides Freunde Leonides' aus dem griechischen antikommunistischen Untergrund. Auch sie waren Witwer, so daß es keine familiären Komplikationen geben konnte. Einer, ein alternder Politiker, war in einem Flugzeug ›ums Leben gekommen‹, das nach einer Bombenexplosion ins Meer gestürzt war – aber erst nachdem der Politiker, der die Maschine geflogen hatte, sich zuvor mit dem Fallschirm über Land in Sicherheit gebracht hatte. Der dritte Mann, ein ranghoher älterer Abwehrmann, der kurz vor der Pensionierung stand, war ›verstorben‹, als sein Wagen beim Drehen des Zündschlüssels explodierte. Die Überreste des Leichnams, die man weit verstreut fand, waren die eines Toten, den Leonides aus einem Leichenschauhaus gestohlen hatte.

Alle drei griechischen ›Opfer‹ lebten jetzt auf der entlegenen Insel in der Ägäis – und lebten vom ›Erlös‹ eines großen Bankraubs, den Leonides selbst begangen hatte, allerdings ohne einem Menschen auch nur ein Haar zu krümmen. Damit hatte sich Nicos Leonides in den Augen Scharpinskys als einzigartig effektiver Killer qualifiziert, der ›Unfälle‹ zu inszenieren wußte, die niemals auf sowjetische Hintermänner zurückgeführt werden konnten.

Es war Harry Wargrave gewesen, der Leonides vor dem Abflug

aus Montreal telegrafiert hatte, er solle nach Mailand fliegen und die Wiener Nummer anrufen, die man ihm für den Fall genannt hatte, daß er sich mit Oberst Scharpinsky in Verbindung setzen wolle. Der KGB-Oberst hatte den Köder geschluckt und Leonides befohlen, mit dem Atlantik-Expreß mitzufahren und Marenkow zu töten, sobald sich eine Gelegenheit bot.

»Ich nehme an, daß er noch immer auf mich zählt«, sagte Leonides mit einem ironischen Lächeln, als er sich Wargrave gegenüber hinsetzte.

»Woher weißt du, daß er gerade eingestiegen ist?« fragte Wargrave scharf.

»Weil ich angewiesen worden bin, im Züricher Hauptbahnhof vom Fenster aus zu signalisieren, ob Marenkow noch am Leben sei – und zwar dadurch, daß ich meine Pfeife in den linken Mundwinkel stecke...«

»Und wer ist nun Scharpinsky?«

»Ich habe keine Ahnung...« Leonides breitete resigniert die Hände aus. »Ich habe sorgfältig beobachtet, und keiner der Reisenden, die in den Zug einstiegen, hat mich beachtet. Das war mein Fehler...«

»Welcher Fehler?«

»Ich glaube, daß er als Gepäckträger verkleidet durch die Sperre gekommen ist.«

Leonides beschrieb den verlassenen Gepäckkarren, den er beim Anrollen des Expreß auf dem Bahnsteig gesehen hatte. »Ein Gepäckträger nimmt seinen Karren immer mit«, betonte der Grieche. »Inzwischen wird er sich in einen der zahlreichen Reisenden verwandelt haben, die in Zürich zugestiegen sind. Was soll ich als nächstes tun?« fragte er plötzlich. »Und was ist mit Anna im Abteil nebenan?«

Anna Markos, Leonides' Schwägerin, hatte in Athen ebenfalls zu Wargraves geheimer Agentenzelle gehört. Ihre Schwester, einst Leonides' Frau, war bei einem in der Innenstadt Athens von Kommunisten verübten Bombenanschlag ums Leben gekommen. Für mich arbeitet sehr viel Haß, dachte Wargrave, als er den Blick des hünenhaften Griechen erwiderte.

»Ihr bleibt beide getarnt«, entschied er. »Übrigens, ich gehe doch wohl mit Recht davon aus, daß du diese beiden Saboteure erschossen hast, als der Expreß auf freier Strecke hielt?«

»Mein bisheriger sehr magerer Beitrag zu unseren vereinten Bemühungen«, erwiderte Leonides.

»Ja, ihr behaltet beide eure Tarnung bei«, wiederholte Wargrave. »Ich habe so eine Vorahnung, daß ich vor Ende dieses Unternehmens ein paar recht ungewöhnliche, um nicht zu sagen total ungesetzliche Methoden anwenden muß. Nehmen wir also einen Moment an, wir befänden uns noch in Athen.«

»Ich habe vor, Scharpinsky zu töten, wenn wir ihn erst einmal entdeckt haben«, sagte Leonides leise. »Ich will nicht, daß dieser Mann gegen einen unserer Leute ausgetauscht wird, die in Rußland im Gefängnis sitzen. Ich will ihn töten. Habe ich mich klar genug ausgedrückt?«

Wargrave stand auf. Sein Gesicht war blaß. »Und bis wir in Schiphol ankommen und Marenkow an Bord dieser bereitstehenden Boeing haben, die ihn in die Staaten fliegen soll, leite ich das gesamte Unternehmen und gebe jeden einzelnen Befehl. Habe auch ich mich klar genug ausgedrückt, Nicos?«

»Zu meinem Bedauern muß ich sagen – ja...«

In dem Single-Schlafwagenabteil, das für einen gewissen Waldo Hackmann reserviert worden war, einen amerikanischen Staatsbürger – die Reservierung war von Lugano an bestätigt –, hatte sich Oberst Igor Scharpinsky seiner Gepäckträgeruniform entledigt. Aus dem blauen Koffer, den er mit in den Zug genommen hatte, hatte er neue Kleidungsstücke genommen und sich umgezogen. Die Gepäckträgeruniform hatte er in einen mit Ziegelsteinen beschwerten Kunststoffsack gesteckt. Er zog das Fenster herunter, wartete, ohne auf den Schwall eisiger Luft zu achten, der ins Abteil strömte, bis der Expreß eine Brücke über einen Fluß überquerte, und schleuderte dann den Kunststoffsack hinaus. Er fiel lange durch die Luft, bis er auf dem dünnen Eis aufschlug, es durchbrach und versank. Scharpinsky schloß das Fenster und zog das Rollo herunter. Dann drehte er die Heizung auf, um das Abteil warm zu bekommen.

Er trug jetzt ein kariertes Sportjackett und Hosen amerikanischen Schnitts. Seine Wangen hatte er mit Wattebäuschen ausgestopft.

Vor dem Verlassen der Villa in der Lindengasse 451 hatte ihm Ilse Murset noch den Schädel kahl rasiert. Er setzte seine Hornbrille auf und betrachtete sich prüfend im Spiegel. Unter seinem karierten Sportjackett – das Etikett auf der Innenseite zeigte den Namen eines Herrenausstatters in der Fifth Avenue in New York – trug er einen sehr dicken Pullover, der ihm ein beleibtes Aussehen verlieh. Er zündete sich eine dicke Zigarre an, zog seinen amerikanischen Reisepaß hervor und prüfte ihn. Jetzt war er Waldo Hackmann, ein Kunsthändler aus Boston, der sich auf alte Meister spezialisiert hatte.

Sein Koffer, den er auf dem Bett hatte liegen lassen, trug verschiedene Aufkleber, die ihn als weitgereisten Mann erscheinen ließen. Hotel Georges V., Paris; Dorchester, London; Ritz-Carlton in Boston und Mark Hopkins in San Francisco. Er hatte soeben den prüfenden Blick in den Spiegel beendet, als jemand an die Abteiltür klopfte. Hackmann machte auf und sah den Schlafwagenschaffner vor sich.

»Dieses Abteil ist von Lugano an für einen Mr. Waldo Hackmann reserviert worden«, erklärte der Schaffner.

»Ich bin Hackmann«, erwiderte Scharpinsky mit perfektem amerikanischem Akzent. »Ich bin gestern mit einem anderen Zug nach Zürich gefahren – ich habe meine Pläne ändern müssen ...«

Er zeigte seinen Reisepaß und seine Fahrkarte, als hinter dem Schaffner ein Schweizer Paßkontrollbeamter erschien, an dem Schaffner vorbeilangte und begann, das Dokument zu kontrollieren. Scharpinsky bemerkte, daß der Beamte nicht nur den Paß prüfte, sondern sich auch den Namen und die Paßnummer notierte. Er blickte auf und sah den Reisenden an. »Und Ihre Heimatanschrift, Sir?« Scharpinsky nannte ihm eine Adresse in Beacon Hill, Boston. Als sich die Tür schloß und er wieder allein war, nahm Scharpinsky einen tiefen Zug aus seiner Zigarre. Wie er vorhergesehen hatte, wurden jetzt sämtliche Reisenden genau unter die Lupe genommen. Und schon sehr bald würden sie in den Vereinigten Staaten nachfragen ...

Nach der Rückkehr aus Nicos Leonides' Abteil zum Schlafwagen am Ende des Zuges war es Wargrave plötzlich eingefallen, daß sämtliche Reisenden, die in Zürich zugestiegen waren, einer gründlichen Kontrolle unterzogen werden sollten. Waldo Hackmanns Papiere waren unter den ersten, die unter die Lupe genommen wurden.

Aus dem Funkabteil, in dem Peter Necker seinen Dienst versah, ging sofort ein Funkspruch mit einer genauen Personenbeschreibung Hackmanns an das Hauptquartier der Interpol in Paris, in dem auf Wunsch General Trabers einige Beamte Nachtdienst machten. Von Paris aus wurden die Informationen unverzüglich ans FBI-Hauptquartier in Washington weitergeleitet; in der amerikanischen Hauptstadt war es 17 Uhr 15 Ortszeit. Von Washington aus erfolgte dann sofort ein Anruf bei der FBI-Außenstelle in Boston.

Die Agenten Crammer und Hinds fuhren sogleich zu der Adresse in Beacon Hill, die Hackmann angegeben hatte, obwohl ein Blick ins Telefonbuch bereits bestätigt hatte, daß unter dieser Anschrift ein Waldo Hackmann wohnte. Das Haus in der ruhigen

Straße mit ihren alten und pittoresken Gebäuden schien zwar leer zu sein, aber Crammer und Hinds hatten strikte Anweisungen. Sie öffneten die Vordertür mit Nachschlüsseln und durchsuchten das Innere des Hauses. Es war Crammer, der in einem Papierkorb die zerknüllte Kopie von Hackmanns Terminplan für die Europareise fand.

Samstag, 8. Januar: Zürich; Sonntag, 9. Januar: Amsterdam; Montag, 10. Januar: Paris; Dienstag, 11. Januar: Brüssel...

Die an Washington gerichtete Bitte um Überprüfung der Angaben und Daten Waldmanns hatten den Vermerk ›dringend‹ getragen, so daß Crammer sofort in Washington anrief. Von dort ging die Antwort zunächst nach Paris und dann an Necker im Atlantik-Expreß. Und niemandem kam der Verdacht, daß der echte Waldo Hackmann – ein kommunistischer ›Schläfer‹, der Anweisungen befolgt hatte, die Scharpinsky ihm in Wien vor seinem Abflug nach Zürich gegeben hatte – im Augenblick ein angenehmes Wochenende im New Yorker St. Regis-Hotel verbrachte, wo er unter falschem Namen abgestiegen war. Der Atlantik-Expreß näherte sich Basel, als Springer Waldo Hackmann von der Liste der Verdächtigen strich.

Mehr als fünfhundert Kilometer weiter nördlich von Basel änderte der sowjetische 17000-Tonnen-Frachter *Maxim Gorkij*, der neue Stolz des Sowjetadmirals Gorschkow in seiner Flotte von Spionageschiffen, den Kurs. Das Schiff war mit hochentwickelten elektronischen Geräten ausgerüstet und befand sich auf der Fahrt von der Ostsee nach dem afrikanischen Staat Angola. Der Kapitän des Schiffs, Josef Morow, hatte von seinem Heimathafen Leningrad einen dringenden verschlüsselten Funkspruch empfangen, in dem ihm befohlen wurde, vor der Rheinmündung in der Nähe Rotterdams vor Anker zu gehen. Das Schiff durchpflügte schwere See, als der Kapitän diese neue Anweisung mit Kommissar Walentin Rykin erörterte, der ebenfalls einen Funkspruch erhalten hatte.

»Ich würde gern wissen, wie lange wir noch warten sollen«, sagte Morow barsch. »Ich bin für die Sicherheit dieses Schiffes verantwortlich, und das Barometer fällt sehr schnell...«

Rykin, ein kleinwüchsiger, breitschultriger Mann mit einem dichten schwarzen Haarschopf, dessen Rang höher war als selbst der des Kapitäns, zuckte nur die Achseln. »Zwölf Stunden, vielleicht. Dann kehren wir um und fahren mit voller Kraft nach Leningrad zurück...«

»Mit voller Kraft! Bei diesem Wetter...«

»Das ist Ihr Problem. Sie müssen darauf vorbereitet sein, eine große Zahl wichtiger Agenten an Bord zu nehmen, die in Abständen mit Motorbooten zum Schiff kommen – möglicherweise werden sie sogar von holländischen Torpedobooten verfolgt werden.«

»Wir werden uns in holländischen Gewässern befinden. Wenn die Leute der niederländischen Küstenwache an Bord kommen wollen ...«

»Sie werden davon abgehalten werden«, bellte Rykin. »Ich habe schon Befehl gegeben, Maschinengewehre zu montieren ...«

»Sie müssen verrückt sein«, protestierte Morow. »Sie können doch nicht auf holländische Schiffe das Feuer eröffnen – das wird eine internationale Krise geben ...«

»Es wird nur geschehen, falls es notwendig werden sollte ...« Eine riesige Welle traf die Kommandobrücke, und Kommissar Rykin wurde gegen die Holzvertäfelung geschleudert, als der Bug des Schiffs in die schäumenden grünen Fluten eintauchte. Rykin gewann das Gleichgewicht wieder und zwang sich, nicht mehr den schmerzenden verletzten Ellbogen zu reiben; ein Sowjetkommissar war gegen Schmerz unempfindlich. »Nur im Notfall«, wiederholte er. »Außerdem ist Holland nichts weiter als ein Spielzeugstaat«, schnaubte er verächtlich. »Wie viele Panzerdivisionen können die schon auf die Beine stellen?«

Es war Mitternacht, als der Atlantik-Expreß sich Basel näherte. In Den Haag war es ebenfalls Mitternacht, als General Max Scholten im Hauptquartier der niederländischen Abwehr am Fenster seines Büros im zweiten Stock stand. Das Gebäude stand am Hofvijver-See mitten in der Stadt. Der stürmische Wind der Stärke acht, der von der Nordsee her hereinwehte, peitschte die Oberfläche des Sees auf und brachte das sonst so ruhige Gewässer in Wallung. Ähnlich sah es im Kopf des holländischen Abwehrchefs aus. Sein Assistent, Major Sailer, legte den Hörer auf und meldete die Neuigkeit.

»Der Atlantik-Expreß wird in fünf Minuten in Basel einlaufen – und bislang hat General Marenkow überlebt ...«

»Was die Berichte erklärt, die ich aus Deutschland und Frankreich erhalte, daß nämlich die sowjetischen Spitzenagenten zu laufen anfangen – und offensichtlich in unsere Richtung. Die Deutschen haben ihre Grenze zur DDR abgeriegelt ...«

»Und Sie erwähnten, Sie hätten zuverlässig erfahren, daß die Geiger-Gruppe nach Holland kommt«, erinnerte Sailer seinen Chef. »Nicht, daß ich da einen Zusammenhang sehe ...«

»Na, ich weiß nicht ...« In der Ferne konnte der rundgesichtige holländische Abwehrchef die verschwommenen Umrisse des Parlamentsgebäudes sehen. Sailer stellte sich neben ihm ans Fenster. »Meinen Sie nicht, daß wir vielleicht den Minister informieren sollten...«

»Um diese Uhrzeit?« fragte Scholten mit gespieltem Entsetzen. »Und außerdem ist Wochenende – fast Sonntagmorgen. Nein, diese Sache werde ich allein in die Hand nehmen...« Er verstummte, als Sailer den Hörer des Telefons abnahm, das für Gespräche der höchsten Dringlichkeitsstufe reserviert war. Sailer hörte zu, bedankte sich und legte auf.

»Die Hochsee-Radar-Leute von der Marine haben soeben den sowjetischen Superfrachter *Maxim Gorkij* auf die Schirme bekommen. Sie sagen, er habe den Kurs geändert und laufe direkt auf die Rheinmündung zu...«

Scholten warf einen Blick auf eine Wandkarte Westeuropas. »Jetzt würde ich aber wirklich gern wissen, was das zu sagen hat – ich spüre, daß sich hier ein Mosaik ergibt, das den Atlantik-Expreß mit dem Frachter in Zusammenhang bringen könnte. Ich möchte mit Harry Wargrave im Expreß telefonieren...«

»Aber der Expreß kommt nicht einen Moment auch nur in die Nähe der Maasmündung...« Sailer meinte die Rheinmündung. »Er fährt direkt über das Rheinland nach Amsterdam...«

»Versetzen Sie sämtliche Torpedoboot-Patrouillen in Alarmbereitschaft«, befahl Scholten.

Als der Atlantik-Expreß durch die Baseler Außenbezirke auf den Bahnhof zurollte, sprach Wargrave in Neckers Funkabteil über Funktelefon mit General Max Scholten. Es war keine lange Unterhaltung, da beide Männer über die Gabe verfügten, sich knapp und präzise auszudrücken. Als er auf Wiederhören sagte, dankte Wargrave im stillen Gott, daß am Ende des Fluchtwegs – im holländischen Sektor – einer der überzeugtesten und rücksichtslosesten Abwehrchefs Europas zuständig war. Dem rosigen Max Scholten sah man seinen harten Antikommunismus nicht ohne weiteres an.

Seitdem der Zug Zürich verlassen hatte, hatte Necker zahlreiche Funksprüche senden müssen. Einer war an Hauptmann Franz Wander vom deutschen BND gegangen, der in Basel auf dem Badischen Bahnhof wartete – dem Bahnhof jenseits des Baseler Bundesbahnhofs, an dem die deutschen Grenz- und Zollbeamten sämtliche nach Deutschland gehenden Züge besteigen. Selbst wenn der Funkspruch von den Sowjets aufgefangen worden wäre, hätte er für sie keinen Sinn ergeben. Er lautete: *Inge befindet sich im*

Atlantik-Expreß. Bitte besteigen Sie den Zug und nehmen Verhaftung vor, sobald deutsches Territorium erreicht ist. Im Klartext bedeutete der Funkspruch, daß Marenkow alias Inge noch am Leben sei und daß um umfassende Sicherheitsvorkehrungen gebeten werde, sobald von den Schweizer Behörden übernommen werde.

Zwei Minuten später rollte der Expreß unter dem Dach des Baseler Bundesbahnhofs in die Gleishalle und hielt. In seinem Abteil hatte Waldo Hackmann das Rollo hochgezogen und das Licht ausgemacht und saß jetzt im Dunkeln auf seinem Platz. Nur die glühende Spitze seiner Zigarre war zu sehen. Der Zufall wollte es, daß er von seinem Fenster aus auf den mit einem Drahtzaun abgesperrten ›Käfig‹ blicken konnte, in dem Reisende warten mußten, die nach der Schweizer Zollkontrolle in die Züge einsteigen wollten.

Hackmann nahm seine Zigarre fester zwischen die Zähne, als er die Menschen im ›Käfig‹ studierte. Unter ihnen erkannte er deutlich Jurij Gusew, den ›Star‹ unter den Killern des GRU, ein Stück weiter entfernt Rudi Bühler, seinen Stellvertreter, der schon vorher mit der Bahn von Zürich nach Basel gefahren war. Bühler, ein massiger Mann mittlerer Größe mit einem ledern wirkenden Teint, hatte seine äußere Erscheinung verändert. Er trug jetzt französische Kleidung und hatte einen langen Regenmantel an, der ihn etwas größer erscheinen ließ. In der Tasche trug er einen Reisepaß, der ihn als Pierre Masson, Werbegraphiker, auswies.

Jurij Gusew war klein, hatte einen breiten Brustkorb und große Füße, die in handgearbeiteten Schuhen steckten. Er trug nur eine Aktentasche – die bereits durchsucht worden war – und stand mit hochgezogenen Schultern neben dem geschlossenen Ausgangstor, als Oberst Springer den ›Käfig‹ betrat. Hinterher konnte Springer sich nie Klarheit darüber verschaffen, was es gewesen war, das seine Aufmerksamkeit auf Jurij Gusew gelenkt hatte. Sein Instinkt? Vielleicht eine Aura der Anspannung, die den in der Nähe des Ausgangs stehenden Mann umgab, der ungeduldig darauf zu warten schien, den engen Drahtkäfig verlassen zu können?

»Wer ist das?« fragte er einen der Abwehrleute.

»Ein Holländer namens Stoel...«

Springer blieb, wo er war, und starrte immer noch Gusew an, der zwei Meter entfernt stand. Während eines langen Urlaubs in den Niederlanden hatte Springer, ein sehr sprachbegabter Mann, sich einige Kenntnisse der Landessprache angeeignet. Er rief auf holländisch aus: »Warum reisen Sie nach Holland? Welchen Beruf haben Sie? Wie lange haben Sie sich in der Schweiz aufgehalten?«

Gusew erstarrte. Er verstand nicht, antwortete dann auf

Deutsch. »Sprechen Sie mit mir? Wie lange will man uns hier noch wie Tiere in den Käfig sperren?«

»Wenn der Holländer ist, bin ich es auch«, murmelte Springer.

»Man hat seine Aktentasche untersucht und außerdem eine Leibesvisitation vorgenommen. Keine Waffen«, erwiderte der Abwehrbeamte.

Springer musterte den Mann von oben bis unten, bis sein Blick an den übergroßen Schuhen mit den schweren Absätzen hängenblieb. »Ziehen Sie die Schuhe aus«, befahl er auf deutsch.

Gusew bückte sich sehr langsam. Seine rechte Hand begann, den rechten Schuh auszuziehen, dann riß er mit einer blitzschnellen Bewegung den Absatz herum und zog die kleine Bayard-9-Millimeter-Automatic aus dem präparierten Absatz und wirbelte mit einer Drehung herum, der man mit den Augen kaum folgen konnte. Zwei Schüsse ertönten, und Gusew taumelte auf das Drahtgitter zu, an dem sich seine Hände festkrallten. Springer sah ihn an. Den Browning, mit der er die beiden Schüsse abgegeben hatte, hielt er noch in der Hand. Und in seinem abgedunkelten Abteil betrachtete Hackmann den makabren Anblick seines Killers Gusew, der ihn direkt anzustarren schien. Die Hände Gusews klammerten sich noch immer am Drahtgitter fest, als er langsam auf den Betonfußboden sank und zusammenbrach.

Der ›Käfig‹ wurde sofort geöffnet, um die übrigen Reisenden auf den Bahnsteig zu lassen. Rudi Bühler stieg ein, ohne behelligt zu werden. In seinem Abteil saß Scharpinsky in der Gestalt Waldo Hackmanns und dachte voller Bestürzung nach. Er hatte so sehr darauf gebaut, daß Gusew einen Weg finden würde, um sich Zugang zu dem letzten Schlafwagen zu verschaffen und Marenkow zu töten. Jetzt blieb ihm nur noch Rudi Bühler, und der war alles andere als ein ausgebildeter Killer. Und Nicos Leonides, den er vorhin zum erstenmal gesehen hatte – denn er hatte gewußt, in welchem Fenster des Wagens er zu suchen habe, als er mit seinem Gepäckkarren an dem Expreß entlanggegangen war –, besaß nicht mehr das Vertrauen des KGB-Obersten. Wäre Leonides zuverlässig, hätte er seinen Auftrag schon längst erledigt.

Als der Expreß aus dem Baseler Bundesbahnhof hinausrollte und auf den Badischen Bahnhof zufuhr, traf Scharpinsky eine Entscheidung. Jetzt gab es nur noch eine mögliche Lösung: Die Geiger-Gruppe mußte den gesamten Atlantik-Expreß zerstören und mit ihm Marenkow.

»Mein Gott, sieh dir das an – Crufts Hundeschau!«

Elsa stand neben Matt Leroy und starrte verblüfft die Szene auf dem schneebedeckten Bahnsteig an, als der Zug in Basel, Badischer Bahnhof, hielt. Auf dem Bahnsteig standen vierzig Schäferhunde, jeder mit einem Hundeführer. Die Tiere zerrten an den Leinen, als könnten sie es nicht erwarten, in den Zug zu kommen.

»Ich kapiere das nicht«, erwiderte Matt Leroy, als die Türen der drei Schlafwagen aufgingen und die Tiere in den Zug sprangen. Hauptmann Franz Wander vom Bundesnachrichtendienst, ein breitschultriger Mann mit einem lächelnden Gesicht, dessen Englisch einen leichten Cambridge-Akzent hatte, erklärte Julian Haller und Wargrave seine Taktik. Im Nachbarabteil bewachte Elsa Marenkow.

»Es ist gerade Mitternacht vorbei. Bei der Fahrt durch die Bundesrepublik wird es meist überwiegend dunkel sein – und das bedeutet, daß die Leute kaum einen Grund haben werden, durch den Zug zu laufen. Durchschnittlich drei Hunde könnten pro Wagen eingesetzt werden, um im Gang aufzupassen. Das wird die Reisenden in den Abteilen halten. Ich wünsche eine totale Kontrolle aller Fahrgäste, bis Sie die holländische Grenze erreicht haben.«

»Sie könnten ein paar Beschwerden kriegen«, bemerkte Haller mit einem trockenen Lächeln.

»Mit Beschwerden werde ich schon fertig.« Trotz seiner massigen Figur wirkte Wander recht elegant in seinem grauen Tagesanzug. Er grinste breit. »Wir werden den Leuten erzählen, es habe eine Bombendrohung gegeben – und daß die Hunde hier sind, um den eventuell versteckten Sprengstoff aufzuspüren.« Er sah Wargrave an. »Irgendwelche Einwände, Harry?«

»Keine.« Wargrave breitete die Hände aus. »Das nenne ich brillant. Wir könnten nachts vielleicht sogar mal wieder schlafen ...«

»Einige Leute in den normalen Waggons werden vielleicht den Waschraum aufsuchen wollen«, bemerkte Haller.

»Wir werden ihnen ein prachtvolles Geleit geben, hin und zurück – mit je einem Hund ...«

In der Öffentlichkeit ist noch immer nicht allgemein bekannt, daß die meisten Terrororganisationen, die im Westen arbeiten, vom KGB oder vom GRU finanziert – und oft genug auch bewaffnet werden; mögen die Verbindungen auch noch so indirekt sein. Die Kontakte laufen häufig über Ost-Berlin.

Für die Sowjetunion zahlt sich diese Politik in hohen Dividenden aus. Indem so im Westen ständig die Unruhe geschürt wird, kann die sowjetische Propaganda die Lebensbedingungen im Westen mit den ›friedlichen Zuständen‹ in der Sowjetunion vergleichen, einem ›Frieden‹, der durch den engmaschigen polizeistaatlichen Apparat des KGB gewährleistet wird. Die terroristische Geiger-Gruppe, die in der Bundesrepublik Deutschland zahlreiche Anschläge verübt hatte, war ein hervorragendes Beispiel für diese Politik.

Sie wurde von Rolf Geiger angeführt, einem Armenier, dessen wirklicher Name Dikran Kikojan war. Die Gruppe hatte kurz vor dem Grenzübertritt nach Holland gestanden, um dort Anschläge zu verüben, als Geiger – der sein neues Hauptquartier in Amsterdam bereits eingerichtet hatte – Scharpinskys frühe Warnmeldung aus dem Hotel Schweizerhof in Zürich erhielt. *Bereiten Sie einen Plan zur Zerstörung des Atlantik-Expreß vor. Warten Sie auf weitere Nachricht.*

In Amsterdam war es Mitternacht – der Atlantik-Expreß rollte gerade auf den Baseler Bundesbahnhof zu, und wenige Kilometer weiter südlich von Amsterdam, in Den Haag, hatte General Max Scholten soeben von der Kursänderung der *Maxim Gorkij* erfahren. Rolf Geiger stand im dritten Stock eines alten Hauses am Fenster und ging die Pläne durch, die er entwickelt hatte. Vom Fenster aus blickte er auf einen Kanal; gegenüber, auf der anderen Seite, standen fünfstöckige Lagerhäuser mit großen Flaschenzügen über Doppeltüren. Die Flaschenzüge hatten einmal dazu gedient, Waren in die Lagerhäuser zu befördern. In diesem Augenblick tuckerte ein Patrouillenboot der Polizei unter einer gewölbten Brücke hindurch und passierte dann das Fenster, an dem Geiger stand. Hinter ihm telefonierte sein Assistent Joop Kist, ein kleiner, schmalgesichtiger Mann von dreißig, mit dem Amsterdamer Bahnhof. Kist bedankte sich und legte auf.

»Sie erwarten den Atlantik-Expreß für zehn Uhr morgen früh ...«

»Gut. Schick Erika zu mir und bleib mit dem Funker unten, bis ich dich rufe.«

Geiger war ein kleiner, lebhafter Mann Anfang der Fünfzig. Sein Gesicht war hager; er hatte eine lange Nase und einen Schnurrbart, dessen Farbe der seines sorgfältig gepflegten Kopfhaars entsprach. Geiger entsprach kaum dem Bild, das sich der Mann auf der Straße von einem Terroristenchef macht. In London wäre er als Dandy durchgegangen, und mit seinen höflichen Manieren und seiner Fähigkeit, Mädchen zum Lachen zu bringen, hatte er auch einigen

Erfolg bei Frauen. Joop Kist, seine jüngste Neuerwerbung, hatte er absichtlich weggeschickt, weil er seine Pläne mit Erika Kern besprach. Kist war vor allem wegen seiner holländischen Muttersprache unentbehrlich.

Geiger wandte sich vom Fenster ab, als die junge Frau eintrat. Erika Kern, eine attraktive dunkelhaarige Frau mit einer vollen Figur, war zweiunddreißig Jahre alt und gebürtige Ostdeutsche. Sie war außer Geiger das einzige Gruppenmitglied, das davon wußte, daß die Bande vom sowjetischen GRU kontrolliert wurde. Die anderen – ›Bauern‹, wie Geiger sie mitunter abschätzig nannte – lebten in der Vorstellung, sie kämpften für die Befreiung unterdrückter Völker in aller Welt – was die Bewohner der Sowjetunion nicht einschloß.

»Alles vorbereitet für den Fall, daß wir in Aktion treten müssen?« fragte Geiger.

»Ja«, erwiderte Erika energisch. »Erstens wird der Expreß nach Belgien umgeleitet werden müssen, damit gesichert ist, daß er über die Maasbrücke fährt. Das ist erledigt.«

»Geh noch mal alles durch ...«

»In Willich sind vier Männer mit Sprengstoff zurückgeblieben, um den Bahndamm nördlich von Düsseldorf in die Luft zu sprengen – das bedeutet, daß sie den Expreß ab Köln über Brüssel umleiten müssen. Dann wird er über die Maasbrücke nach Amsterdam weiterfahren.«

»Und die Hauptgruppe?« wollte Geiger wissen.

»Befindet sich schon in Dordrecht – nahe an der Maas und mit genügend Sprengstoff ausgerüstet, um drei Brücken kilometerhoch in die Luft zu jagen. Der ganze Expreß wird im Fluß versinken. Was ist mit Uniformen?«

»Die üblichen.« Geiger lächelte und strich sich über den Schnurrbart. »Wenn man uns sieht, wollen wir wenigstens unser Erkennungszeichen zurücklassen.«

Die Wahl der ›Uniform‹ war ein Teil der Vorliebe Geigers für die Verbreitung von Angst und Schrecken gewesen, als er noch in der Bundesrepublik operierte – damals hatte die Gruppe Banken und öffentliche Gebäude in die Luft gesprengt und Geiseln genommen. Jedes Mitglied der Gruppe trug im Einsatz eine schwarze wollene Skimaske, eine schwarze Windjacke und schwarze Skihosen. Diese Aufmachung machte einen tief erschreckenden und düsteren Eindruck. Geiger blickte auf die Uhr.

»Jetzt können wir nichts weiter tun, als auf den nächsten Funkspruch zu warten ...«

»Du vertraust diesem Joop Kist?« fragte Erika zweifelnd.

»Der ist auch so ein Bauer, ein Idealist – jedenfalls habe ich dafür gesorgt, daß er sehr wenig über unsere Pläne weiß...«

»Er macht mir trotzdem Kummer. Wenn es einen Notfall gibt und ich recht behalte?«

»Dann erschieß ihn«, sagte ihr Geiger fröhlich.

Der Atlantik-Expreß raste schon durch die von Schneestürmen heimgesuchte Bundesrepublik, als Elsa Lang vom Anfang des Zuges zum letzten Schlafwagen zurückging. Sie war jetzt fast am Ende ihrer Kraft. Es war ihre eigene Idee gewesen, sämtliche Reisenden des Zuges anzusehen, um herauszufinden, ob der KGB-Oberst sich im Zug befand. Die Skizze Igor Scharpinskys hatte sie sich längst eingeprägt. Als sie den nächsten Schlafwagen erreichte, drehte sich Waldo Hackmann – nachdem er dem Schaffner am Ende des Waggons ein großzügiges Trinkgeld gegeben hatte – um und ging mit einem Glas Kognak zu seinem Abteil zurück.

Einen Moment lang trafen sich ihre Blicke, dann ging Hackmann vor ihr her und verschwand in sein Abteil. Als sie an der Tür vorüberkam, merkte sich Elsa automatisch die Nummer. Abteil 19. An diesem Reisenden war ihr nichts bekannt vorgekommen. Als sie an einem von Hauptmann Wanders Hundeführern vorbeikam, streichelte sie das Tier, kehrte zu einem der leeren Abteile im letzten Schlafwagen zurück und sagte Matt Leroy gute Nacht, der gerade Wache hielt. »Angenehme Träume«, wünschte ihr der schnauzbärtige Amerikaner.

»Ich werde schlafen wie ein Stein...«

Sie ließ sich angezogen auf das untere Bett fallen und schlief augenblicklich ein. Sie hatte aber keine angenehmen Träume; statt dessen wälzte sie sich ständig unter Alpträumen unruhig hin und her. Sie befand sich im Baseler Hauptbahnhof, um wieder einmal eine dieser elenden Kassetten zu übernehmen... sie landete mit Wargrave auf dem Flugplatz vor Bukarest und sah, wie General Marenkow und nicht Anatolij Sarubin auf die Maschine zuging... hörte das plötzliche Maschinengewehrfeuer auf dem Mailänder Flughafen, als aus dem falschen Krankenwagen auf die Rückseite des Lastwagens gefeuert wurde, in dessen Fahrerkabine sie mit Wargrave und Marenkow saß... wieder Maschinengewehrfeuer, als sie bei Vira auf dem Fußboden lag, während aus dem vorbeifahrenden Jeep ein Kugelhagel den Schlafwagen durchsiebte... sah die heranstürmende Lawine näher kommen, die alles unter sich begrub – da wachte sie auf. Sie seufzte erleichtert auf und lauschte dem gleichmäßigen Geräusch der Räder des Expreß, der sie nach Schiphol bringen sollte, in Sicherheit...

Um 2 Uhr 30 näherte sich der Expreß Karlsruhe, wo er einen kurzen Aufenthalt haben würde. In Abteil 19 schlürfte Scharpinsky den letzten Rest Kognak aus. Dann sprach er mit Rudi Bühler, der vor zehn Minuten, als der deutsche Hundeführer vorübergehend aus dem Gang verschwunden war, ins Abteil gekommen war.

»Sie müssen zusehen, daß Sie diesen Funkspruch auf den Weg bringen«, sagte Scharpinsky seinem Stellvertreter. »Sie müssen in Karlsruhe aussteigen – dort wird ein Wagen auf Sie warten –, zum Haus fahren und sich dort persönlich vergewissern, daß der Funkspruch sofort nach Amsterdam übermittelt wird. Irgendwelche Fragen?« Er sagte dies in einem Ton, als könnte es keine geben.

»Das ist ein sehr langer Funkspruch«, bemerkte Bühler, als er die verschlüsselte Nachricht betrachtete, die der Russe ihm ausgehändigt hatte. »Wenn die Deutschen Funkpeilwagen einsetzen ...«

»In diesem Stadium des Unternehmens sind wir alle entbehrlich«, sagte ihm Scharpinsky brutal. »Auch ich«, fügte er unverblümt hinzu.

»Sie haben also vor, im Expreß zu bleiben?«

»Bis zum allerletzten Moment – für den Fall, daß ich die Aufgabe selbst erledigen kann. Obwohl ich da meine Zweifel habe – bei all diesen verdammten Hunden, die der BND hier im Zug eingesetzt hat.«

Bühler warf seinem Chef einen Blick zu, der mit gewohnter Selbstbeherrschung gesprochen hatte. Bühler hatte Igor Scharpinsky noch nie gemocht, aber jetzt, kurz vor dem Abschied, empfand er doch so etwas wie widerwillige Bewunderung für den KGB-Oberst. Der Kerl hat Schneid, dachte er. Mit dem zusammengerollten Funkspruch in der zum Teil ausgehöhlten Zigarre, die er gerade rauchte, verließ Bühler das Abteil. Der Expreß befand sich kurz vor Karlsruhe und wurde schon langsamer. Der deutsche Hundeführer, der wieder im Gang stand, sah nichts Merkwürdiges an einem Reisenden, der aussteigen wollte.

Zu dieser frühen Morgenstunde verließ nur eine Handvoll Reisende den Zug. Rudi Bühler verließ den Bahnhof, ging ein paar hundert Meter zu Fuß und setzte sich dann auf den Rücksitz eines BMW, der sofort losfuhr. Bühler drückte seine Zigarre mit dem Funkspruch aus. Eine Minute später folgte ein als Kühlwagen getarnter Funkpeilwagen dem BMW – ein wenig verspätet, weil der Fahrer Mühe gehabt hatte, den Motor in Gang zu bekommen. Hauptmann Wander hatte den Karlsruher Hauptbahnhof mit verschiedenen BND-Fahrzeugen umstellen lassen. Jeder einzelne Reisende, der den Zug verlassen hatte, wurde beschattet.

Als sie vor einem Mietshaus ankamen, eilte Bühler hinein und ging die Treppen zum fünften Stock hinauf, wo sein Funker mit dem Sendegerät wartete. Wie er zu Scharpinsky gesagt hatte, war der Funkspruch überlang. Kurz vor dem Ende des Funkspruchs hatten zwei Funkpeilwagen den Sender lokalisiert. Bühler hatte die verschlüsselte Nachricht an Amsterdam gerade vernichtet, als deutsche Polizei in die Wohnung stürmte. Der Sabotagechef des GRU befand sich gerade in einem der Schlafzimmer, als er die Wohnungstür zersplittern hörte. Er reagierte sofort und sehr schnell. Er riß das Schlafzimmerfenster auf, schwang sich hinaus, trat auf einen Mauervorsprung, drehte sich um und schoß mit seiner Walther fünfmal auf die Polizisten, die ins Zimmer kamen. Dann tastete er sich eilig das Gesims entlang. Er hatte aber eines übersehen: Der Stein war mit Eis überzogen. Bühler rutschte aus, schlitterte und versuchte sich festzuhalten, als er übers Geländer fiel. Er ließ einen langgezogenen Schrei hören, der erst verstummte, als er fünf Stockwerke tiefer aufs Pflaster fiel.

In dem alten Amsterdamer Haus am Kanal las Rolf Geiger um drei Uhr morgens den entschlüsselten Funkspruch aus Karlsruhe. Er blickte auf und sah Erika Kern an, die ihn mit erwartungsvollem Gesicht anblickte. Er nickte.

»Haben wir grünes Licht?« fragte Erika.

»Das haben wir«, bestätigte Geiger freundlich. Er schnippte sich ein Staubkorn vom Jackenärmel. »Funke die Nachricht nach Willich. Sag ihnen, sie sollen sich beeilen – sehr beeilen . . .«

Willich ist ein kleines Dorf, das etwa auf halbem Weg zwischen Düsseldorf und der niederländischen Grenze liegt. Zehn Minuten später fuhren vier Männer von einem der neuen Reihenhäuser zur Autobahn nach Düsseldorf, von der sie nach kurzer Zeit auf eine Seitenstraße abfuhren, die sie zu einer Scheune führte. In der Scheune zogen sie sich um und verkleideten sich als Krankenwagenfahrer. Dann bestiegen sie den in der Scheune versteckten Krankenwagen, ein Fahrzeug, das sie vor einem Monat für ein Unternehmen gestohlen hatten, zu dem es nie gekommen war. Mit heulender Sirene verließen sie die Scheune und fuhren mit hoher Geschwindigkeit durch den Schneesturm zu einer Stelle nördlich von Düsseldorf, an der die Bahnlinie Basel–Amsterdam auf einem langen Erddamm verläuft.

Die Männer brauchten fünf Minuten, um die schweren Sprengladungen anzubringen, die sie im Krankenwagen mitgebracht hatten. Sie brachten die Sprengsätze an verschiedenen sorgfältig ausgewählten Stellen an und legten dann die Kabel für den Zeitzünder. Dann verließen sie den Bahndamm, fuhren ein kurzes

Stück in Richtung Holland, hielten an und warteten. Die Detonation war gewaltig. Es gab ein grelles Aufblitzen, dann flogen in einer Schneewolke Teile der Gleisanlagen in die Luft. Und mit einem gewaltigen Erdrutsch senkten sich einhundert Meter Damm auf die nahe gelegene Straße.

Darauf fuhr der Krankenwagen wieder an und raste auf die holländische Grenze zu. Die Sirene heulte ununterbrochen. Nach wenigen Minuten kam ihnen ein Streifenwagen entgegen. Der Fahrer des Polizeifahrzeugs dachte kurz über den Krankenwagen nach und bemerkte zu seinem Kollegen: »Irgendein armer Teufel, dem es dreckig geht...«

Um 4 Uhr 20 hatte der Atlantik-Expreß Mainz verlassen und befand sich auf dem Weg nach Köln. Hauptmann Franz Wander weckte jeden im letzten Schlafwagen und bat alle in Marenkows Abteil. Julian Haller, der vor Mangel an Schlaf bleischwere Lider hatte, war noch immer wach, aber Wargrave und Elsa hatten eine Weile ruhen können, bis der deutsche Abwehrmann sie holte.

»Ich finde, Sie sollten wissen«, informierte Wander sie knapp, »daß der Expreß ab Köln umgeleitet werden muß, um dann über Aachen und Brüssel nach Amsterdam zu fahren...«

»Warum?« fuhr Wargrave dazwischen.

»Ein Stück Bahndamm nördlich von Düsseldorf ist in die Luft gesprengt worden, so daß der Zug nicht die direkte Route nach Amsterdam nehmen kann. Wir erwarten noch mehr solcher Späße von der Geiger-Gruppe«, fügte er in seinem hervorragenden Englisch hinzu.

»Da liegt was im Busch«, bemerkte Wargrave, »das rieche ich förmlich...«

»Ich sehe keinen Zusammenhang mit der Tatsache, daß General Marenkow sich im Zug befindet«, erwiderte Wander. »Wäre der ganze Zug zerstört worden, wenn wir zur fraglichen Zeit über diesen Streckenabschnitt gefahren wären? Ich glaube kaum – einige Waggons wären vermutlich schwer mitgenommen worden, aber die meisten hätten es unbeschädigt überstanden.«

»Genau«, erwiderte der Engländer. »Sie hätten nicht absolut sicher sein können, Marenkow erwischt zu haben.« Er stand auf. »Ich glaube, ich führe per Funktelefon mal ein langes Gespräch mit General Scholten...«

Wargrave ging zum Funkabteil und fragte Peter Necker, ob er das Funktelefon mal allein bedienen könne. Nachdem Necker hinausgegangen war, sprach Wargrave nicht weniger als zwanzig Minuten mit Scholten, dann ging er weiter nach vorn, um Nicos Leonides zu sprechen. Er schloß die Tür und sprach schnell auf den

Griechen ein. »...also halte dich für mich bereit...«, waren Wargraves letzte Worte, als er hinausging und ins Nebenabteil trat, um mit Anna Markos das gleiche zu besprechen. Als er sie verließ, hatte er einen grimmig entschlossenen Gesichtsausdruck. Er würde sich am Ende auf seine griechische Zelle verlassen müssen, um die Sache zu erledigen.

Zehn Minuten vor dem langen Telefonat Harry Wargraves mit General Max Scholten erreichte den holländischen Abwehrchef ein Ortsgespräch. Sein Stellvertreter, Major Sailer, nahm den Hörer ab und wandte sich dann an Scholten.

»Da ist ein gewisser Panhuys am Apparat...«

»Ich nehme das Gespräch an«, sagte Scholten schnell. Er hörte nur kurze Zeit zu, sagte ab und zu ja oder nein, legte dann auf und ging zur Wandkarte hinüber. »Diese Explosion auf der Strecke nördlich von Düsseldorf bedeutet, daß der Atlantik-Expreß über Aachen und Brüssel geleitet wird«, bemerkte er.

»Das wissen wir schon«, erwiderte Sailer. »Wir haben die Nachricht vor fünfzehn Minuten erhalten.«

Scholten zog einen Bleistift aus der Tasche und kreiste auf der Karte schwungvoll ein bestimmtes Gebiet ein. Der Kreis, den er gezeichnet hatte, schloß in etwa das Rheindelta ein. »Irgendwo in diesem Kreis wird sich der Höhepunkt ereignen«, sagte er voraus. »Versetzen Sie das Venlo-Team in Alarmbereitschaft«, fügte er beiläufig hinzu.

Die Anweisung ließ Sailer aufhorchen. Das Venlo-Team war eine Gruppe handverlesener holländischer Scharfschützen, die von Scholten höchstpersönlich wegen ihrer ganz besonderen Schießkünste ausgewählt worden waren, eine streng geheime Einheit zur Terroristenbekämpfung, die dem holländischen Abwehrchef direkt unterstand.

»Wo bringen wir sie unter?« fragte Sailer.

»In der geheimen Basis in Dordrecht...«

Ohne es zu wissen, entsandte Scholten seine Männer in dieselbe Stadt, in der sich die Geiger-Gruppe versammelte, aber das war kein purer Zufall. Scholten machte sich daran, seine Gründe zu erläutern.

»Wir wissen, daß der Atlantik-Expreß via Brüssel und Roozendal nach Amsterdam umgeleitet wird, Sailer. Wie würden Sie einen ganzen Eisenbahnzug zerstören – um sicher zu sein, daß Sie den einen Reisenden erwischen, dem Sie nach dem Leben trachten?«

»Ich würde den Bahndamm in die Luft jagen – so wie sie es nördlich von Düsseldorf getan haben...«

»Aber damit wäre nur ein Teil des Zuges zerstört. Marenkow könnte durchaus überleben. Überlegen Sie weiter.«

»Mir sind die Ideen ausgegangen«, bekannte Sailer.

»Ich würde eine ganze Brücke in die Luft sprengen, während der Expreß sich auf ihr befindet – sagen wir die lange Maasbrücke. Dann würde der gesamte Expreß in den Fluß stürzen ...«

»Oh, mein Gott ...« Sailer verstummte, als das Telefon läutete. Er nahm den Anruf entgegen und reichte seinem Chef den Hörer. »Harry Wargrave möchte mit Ihnen sprechen; der Anruf kommt direkt aus dem Atlantik-Expreß ...«

»Lassen Sie mich allein, während ich mit ihm spreche.« Scholten sprach zwanzig Minuten lang mit dem Engländer über die funktelefonische Verbindung, legte dann auf und rief Sailer über die Gegensprechanlage zurück. Sein Stellvertreter erschien einigermaßen aufgeregt wieder auf der Bildfläche.

»Es laufen Berichte ein, daß etliche schnelle Motorboote mit hoher Geschwindigkeit auf die *Maxim Gorkij* zufahren. Die meisten haben es schon geschafft, aber zwei sind in der schweren See gekentert, bevor sie das Schiff erreichten. Es hat keine Überlebenden gegeben.«

»Und alle waren Sowjetagenten, die sich absetzen wollten. Ich mag es, wenn Ungeziefer sich selbst vernichtet«, bemerkte Scholten. »Und jetzt muß ich Sie bitten, einer Verschwörung zwischen Ihnen und mir zuzustimmen ...« Scholten behielt seinen Stellvertreter sorgfältig im Auge. »Sind Sie dazu bereit?«

»Ich habe mich schon immer für einen Verschwörer gehalten«, erwiderte Sailer mit einem trockenen Lächeln.

»Dann gehen Sie los und stehlen Sie aus zwei verschiedenen Sportgeschäften vier komplette ›Kostüme‹, wie sie von der Geiger-Gruppe getragen werden – schwarze Skimasken, schwarze Windjacken und schwarze Skihosen. Sie können Nachschlüssel benutzen, damit es nicht nach einem Einbruch aussieht, und lassen Sie sich um Himmels willen nicht von der Polizei erwischen. Zwei verschiedene Geschäfte, vergessen Sie das nicht – es kann sein, daß der Verlust erst nach Monaten bemerkt wird.«

»Irgendwelche speziellen Größen?«

»Ja, darauf wollte ich gerade kommen. Zwei Ausstattungen für hochgewachsene Männer, zwei für mittelgroße. Wir wollen versuchen, den Sowjets einen sehr schweren Schlag zu versetzen, Sailer. Oh, da sind noch zwei Dinge. Schnappen Sie sich De Vos, den Kommandeur der Torpedoboote – sagen Sie ihm, er soll sich nicht zuviel Mühe geben, eins der Motorboote abzufangen. Bei diesem Wetter ohnehin eine riskante Arbeit«, fügte er beiläufig hinzu.

»Danach möchte ich gern selbst ein Wörtchen mit meinem Freund De Vos reden...«

Rund eine halbe Stunde zuvor, kurz nachdem Scholten den Anruf des Mannes angenommen hatte, der sich Panhuys nannte, war Erika Kern in Amsterdam mit der Luger in der Hand ins Erdgeschoß hinuntergeschlichen. Sie öffnete die Hintertür, die zu einem mit Kopfsteinpflaster belegten Durchgang führte, und sah sich Joop Kist gegenüber, der gleichfalls eine Luger in der Hand hielt.

»Was zum Teufel haben Sie hier draußen zu suchen?« fuhr sie ihn auf deutsch an.

»Ich habe irgendeinen Herumtreiber gehört – es hat einen Einbruchsversuch gegeben...« Kist zeigte ihr, daß sich Spuren einer Brechstange an der Tür befanden. »Ich glaube, die Brüder haben es erst nebenan versucht und dann hier. Ich muß sie verscheucht haben...«

Die noch immer mißtrauische Erika ging zum Fenster des Nachbarhauses hinüber, dessen Scheibe zerbrochen war, und sah hinein. Sie konnte nichts sehen. Joop Kist dankte Gott, daß sie keine Taschenlampe mitgenommen hatte – sonst hätte sie womöglich das Telefon entdeckt, mit dem er General Scholten angerufen hatte, vielleicht sogar das Brecheisen, das er auf dem Fußboden hatte liegen lassen und mit dem er den Einbruchsversuch in Geigers Haus vorgetäuscht hatte.

»Gehen wir wieder nach oben«, sagte Erika böse. »Und verriegeln Sie ja diese Tür gut...«

Als Kist wieder allein war, atmete er erleichtert auf und verriegelte die Tür. Es war für Scholten ein Glücksfall gewesen, daß es ihm gelungen war, einen Agenten in die Geiger-Gruppe einzuschleusen. Bedauerlicherweise hatte Kist ihm am Telefon nicht viel sagen können – nur daß Geiger eine unmittelbar bevorstehende Aktion plane und daß er Erika Kern befohlen habe, den Wagen für eine Fahrt in Richtung belgische Grenze jederzeit verfügbar zu halten. Mit anderen Worten, was Scholten sofort erkannt hatte, für eine Fahrt in Richtung Dordrecht und Maasbrücke.

Auf dem Flughafen Schiphol, dem einzigen in Westeuropa, von dem aus noch Flüge von und nach den Vereinigten Staaten möglich waren, bewachten holländische Soldaten die Boeing 707, die in einem abgelegenen Hangar stand. Jeeps mit aufmontierten Maschinengewehren kurvten Tag und Nacht um den Hangar herum; in der Halle selbst befanden sich weitere Soldaten, die sich dauernd die Füße vertraten, um sich warm zu halten, während sie die Maschine bewachten. Sie war bereits vollgetankt, und die Crew schlief in einem nahe gelegenen Gebäude.

Die *Maxim Gorkij*, die in der Rheinmündung beigedreht hatte, mußte jetzt schwere Sturzseen hinnehmen. Trotz seiner Größe machten dem 17000-Tonner die Brecher schwer zu schaffen, und der Kapitän des Schiffs, Josef Morow, wurde zunehmend zorniger, als er in der privaten Atmosphäre seiner Kabine mit Kommissar Rykin die Lage erörterte.

»Indem Sie mich zwingen, hierzubleiben, gefährden Sie das Schiff und die gesamte Mannschaft«, brüllte er.

»Meine Befehle bleiben unverändert«, entgegnete Rykin kalt.

»Sie reden wie ein dressierter Papagei!« Morow übersah Rykins kalten Gesichtsausdruck und tobte weiter. »Ich habe schon einen Mann der Besatzung bei dem Versuch verloren, einen dieser Irren aufzunehmen, die mit Barkassen und Motorbooten zu uns kommen...«

»Diese Irren sind einige der wichtigsten Bürger der Sowjetunion. Wir haben schon mehr als einhundert Männer gerettet – Spitzenagenten, deren Ausbildung Jahre gekostet hat, die Elite unseres Untergrundapparats...«

»Und wie lange dauert es wohl, ein Besatzungsmitglied meines Schiffs auszubilden?« fragte Morow wütend. »Wir drehen in einer der schlimmsten Seen bei, die ich je erlebt habe.«

»Ich habe gedacht, Sie seien ein fähiger Kapitän«, schnaubte Rykin. »Sie werden doch wohl mit so einem Sturm fertig werden...«

»Das fällt nicht in Ihren Verantwortungsbereich«, konterte Morow wütend. »Sie sitzen nur auf Ihrem dicken Hintern herum und verlangen dann den ganzen Ruhm für sich, falls wir jemals nach Leningrad zurückkehren sollten. Nicht daß ich auch nur einen Pfifferling für diesen Ruhm gäbe«, fuhr er fort. »Und seien Sie bloß nicht so gleichmütig – es ist schon vorgekommen, daß Schiffe kentern.«

»Sie übertreiben«, erwiderte Rykin, aber jetzt lag ein Anflug von Nervosität in seiner Stimme.

»Sehen Sie mal aus dem Bullauge«, befahl ihm Morow.

Rykin hielt sich an den Möbeln fest, um nicht das Gleichgewicht zu verlieren, ging zum Bullauge und zog den Vorhang beiseite. In diesem Augenblick schoß ein gigantischer, schaumgekrönter grüner Brecher auf das Bullauge zu. Rykin zuckte zusammen, als dieses Ungeheuer das Schiff traf, das Bullauge verdunkelte und ihn quer durch die Kabine schleuderte. Er lag noch immer auf dem

Fußboden, als Morow plötzlich über ihm stand und etwas sagte, was ihn bis ins Mark erschreckte.

»Sie scheinen auch vergessen zu haben, daß wir ursprünglich nach Angola fahren sollten – und was dieses Schiff geladen hat.«

Es war der Hinweis auf die Ladung, die Rykin solche Angst machte. Die *Maxim Gorkij*, ursprünglich nach dem kommunistischen Staat Angola in Afrika unterwegs, transportierte in ihren Laderäumen Waffen und Munition für Guerilla-Streitkräfte im südlichen Afrika einschließlich zweitausend Tonnen Gelatinedynamit und Amytol. Als Rykin sich wieder aufrappelte, wußte er, daß er auf einer schwimmenden Sprengladung stand.

25. *Maxim Gorkij*

Um 6 Uhr 15 verließ der Atlantik-Expreß Köln und fuhr dann in westlicher Richtung nach Aachen; die Umleitung würde dann über Brüssel nach Amsterdam führen. Im letzten Schlafwagen saß Elsa Lang mit Marenkow und Julian Haller zusammen, wobei sie mit verschiedenen Variationen der Skizze experimentierte, die sie von Scharpinsky angefertigt hatte. Sie arbeitete nach dem nach Marenkows Beschreibung hergestellten Original und strichelte jetzt immer neue Bilder des KGB-Obersten hin – Scharpinsky mit Bart, mit Schnurrbart, glatt rasiert und mit randloser Brille.

»Was soll diese Kritzelei?« fragte Haller gereizt. Er hatte sich nachts geweigert zu schlafen und befand sich jetzt am Rande der totalen Erschöpfung.

»Der General sagt, Scharpinsky sei ein Verkleidungskünstler«, erwiderte Elsa ungerührt und strichelte weiter. »Wir sind alle ziemlich sicher, daß Scharpinsky in Zürich zugestiegen ist. Es kann doch sein, daß eine dieser Skizzen irgendeinem Mann, der in diesem Zug sitzt, ähnelt...«

»Du machst dir vielleicht Hoffnungen«, sagte Haller.

»Ich bin nur hartnäckig, Schildkröte«, entgegnete sie und benutzte dabei Hallers Spitznamen. »Du steckst den Kopf heraus – und jetzt tue ich es, denn früher oder später werde ich ihn entdecken...«

Sie machte noch immer neue Skizzen, als sie in der Grenzstadt Aachen ankamen, in der Hauptmann Wander den belgischen Abwehrleuten übergab. »Sichere Reise nach Schiphol«, wünschte der Deutsche, als er Harry Wargrave die Hand schüttelte. »Ich bin sicher, daß Sie es jetzt schaffen werden...«

»Vielen Dank, daß Sie uns heil durch Deutschland gebracht

haben«, erwiderte Wargrave. »Das haben wir wahrscheinlich Ihren vierbeinigen Freunden zu verdanken...« Er zeigte auf die Schäferhunde, die jetzt mit ihren Hundeführern den Zug verließen. »Das war eine verdammt schlaue Idee.«

Zwischen Aachen und Brüssel Nord hatte der Speisewagen zum Frühstück geöffnet. Als einer der ersten erschien Waldo Hackmann im Speisewagen. Er trug noch immer seinen karierten Sportanzug und seine Hornbrille. Er wählte einen Eckplatz am hinteren Ende des Wagens, so daß er alle Speisegäste übersehen und auch den Eingang zur Küche im Auge behalten konnte. In seinem amerikanischen Akzent bestellte er sich ein üppiges Frühstück mit Schinken und Eiern, zündete sich eine Zigarre an und begann in einem Exemplar der *Time* zu lesen.

Im Schlafwagen am Ende des Zuges hatte Wargrave Elsa soeben vorgeschlagen, sie sollten im Speisewagen frühstücken. Julian Haller sagte, er wolle nur Kaffee, und bat sie, das Frühstück für Marenkow, Matt Leroy und Peter Necker bringen zu lassen. In der Küche werde ein belgischer Abwehrmann die Zubereitung der Speisen überwachen, damit kein Gift hineinpraktiziert werden könne.

Als sie den Speisewagen betreten hatten, wählten Wargrave und Elsa den Eckplatz an der Küche. Wenige Tische weiter saß Nicos Leonides Anna Markos gegenüber. Er tat so, als wäre sie Luft, als würden sie sich nicht kennen. »Mein Gott, was für ein herrliches Gefühl der Freiheit, mal wieder an einem Frühstückstisch zu sitzen«, murmelte Elsa und brach ein Brötchen. »Mit alltäglichen Mitreisenden zusammenzusitzen und die Landschaft vorübergleiten zu sehen.«

»So fabelhaft finde ich die Landschaft nun auch wieder nicht«, bemerkte Wargrave.

Sie fuhren gerade durch die Ausläufer der Ardennen. Es schneite noch immer heftig, und die Bäume waren dick mit Schnee bedeckt. Beim Frühstück nahm Elsa die anderen Reisenden im Speisewagen unter die Lupe; ob einer von ihnen Scharpinsky war? Am anderen Ende des Speisewagens hatte Waldo Hackmann Wargrave beobachtet, und es bereitete dem Russen ungeheure Befriedigung, den Engländer dort sitzen zu sehen. Er sah auf seine Uhr. 8 Uhr 15. In zwei Stunden würde der Engländer auf dem Grund der Maas liegen; später würde seine Leiche von der Rheinströmung ins Meer gespült werden. Bei diesem Gedanken schlürfte er seine nächste Tasse Kaffee mit doppeltem Behagen.

Er saß noch immer an seinem Tisch, als Wargrave und Elsa auf dem Weg zu ihrem Schlafwagen an ihm vorbeigingen. Es amüsierte Scharpinsky, daß der Engländer Waldo Hackmann, dem amerikanischen Kunsthändler aus Boston, Massachusetts, keines zweiten Blickes würdigte.

Um 7 Uhr 45 – als Wargrave und Elsa noch im Speisewagen frühstückten – verließ Rolf Geiger sein Amsterdamer Hauptquartier, um nach Süden, zur Maas, zu fahren. Er saß allein auf dem Rücksitz seines Mercedes 450 SEL. Er trug einen eleganten Mantel mit Pelzkragen und las die jüngste Ausgabe von *Le Monde*. Neben ihm lag ein Aktenkoffer. Am Steuer saß Erika Kern in einem schicken Chauffeusenkostüm und fuhr energisch und schwungvoll durch den frühmorgendlichen Verkehr. Auf dem Beifahrersitz hockte stumm und düster Joop Kist.

Rolf Geiger zog eine eindrucksvolle Schau ab; er hatte in der Vergangenheit schon mehrmals festgestellt, daß die Insassen von Streifenwagen ihn keines zweiten Blickes mehr würdigten, wenn die attraktive Erika Kern am Steuer saß und ihre Aufmerksamkeit ablenkte. Nach einer Viertelstunde hatten sie Amsterdam hinter sich gelassen und fuhren mit hoher Geschwindigkeit nach Süden. Erika trat jetzt kräftig aufs Gaspedal. Sie passierten ein Hinweisschild, und Geiger warf einen Blick darauf. *Flughafen Schiphol.*

Weniger als eine Stunde später befanden sie sich schon südlich von Dordrecht und in der Nähe der großen Maasbrücke. Wie in fast ganz Holland lag auch hier kaum Schnee – nur ein paar schmale Reste zwischen den Birken, die sie auf einem einsamen Streckenabschnitt passierten. In diesem Augenblick machte Joop Kist zum erstenmal den Mund auf.

»Halten Sie an. Ich muß mal pinkeln...«

»Um Himmels willen«, fauchte Erika. »Wir sind fast da.«

»Ich muß aber mal«, beharrte Kist. »Und zwar jetzt!«

Auf dem Rücksitz seufzte Geiger auf. »Halt an und laß ihn austreten«, sagte er. »Und beeilen Sie sich«, sagte er zu Kist.

Der Holländer stieg aus und eilte hinter eine Baumgruppe. Er öffnete seine Gürtelschnalle, zog die kleine elektronische Sendekapsel, die dahinter versteckt gewesen war, und legte sie neben einen Feldstein. Auf den Feldstein kritzelte er einen etwas mißratenen Pfeil, der nach Süden zeigte. Als er zum Wagen zurückging, nestelte er an seinem Reißverschluß herum. Kist hatte nicht die Absicht, eine Leibesvisitation durch die mißtrauische Erika zu riskieren, wenn sie erst einmal am Ziel waren – und er hatte keinerlei Chance, die Kapsel am Mercedes anzubringen. Mit einem ungeduldigen Schnauben fuhr Erika wieder los.

Hinter ihnen hatte das von Scholten in Dordrecht stationierte Venlo-Team das Piepsen der kleinen Sendekapsel aufgefangen, nachdem der Mercedes die Stadt erreicht hatte. Ein neutraler Lastwagen, in dem sechs der holländischen Scharfschützen saßen, hielt sich mindestens zwei Kilometer hinter Geigers Wagen und folgte dem Piepsen in südlicher Richtung.

Kurz nachdem sie angehalten hatten, um Kist zum Austreten aussteigen zu lassen, fuhr Erika plötzlich von der Hauptstraße ab und bog auf einen Feldweg ein, der durch ein kleines Wäldchen zu einer von der Straße nicht sichtbaren Scheune führte. Hinter der Scheune stand ein großer Tankwagen, mit dem die übrigen Angehörigen der Geiger-Gruppe ihren Bestimmungsort erreicht hatten. Er war mit einem besonderen Belüftungssystem ausgerüstet und besaß eine in der Rückwand ausgeschnittene Eingangstür. Die Terroristen waren in einem leeren Benzintank vor der Scheune angekommen.

Geiger stieg sofort aus dem Wagen und betrat die Scheune. Es war eine seltsame Szene. Weder die Umgebung – die Scheune mit ihrem strohbedeckten Fußboden und ihrem Gestank nach Tierlosung – noch die sechs Männer in schwarzen Skimasken, Windjakken und Skihosen paßten zu dem eleganten Armenier.

»Alles fertig zur Sprengung der Maasbrücke?« fragte er.

Der Anführer des eigentlichen Sabotagetrupps, Jacek Wojna, ein hünenhafter, mehr als einen Meter fünfundachtzig großer und unheimlich wirkender Pole, antwortete. »Die Bomben sind fertig. Ich habe ursprünglich Zeitzünder benutzen wollen, aber die könnten versagen – ich werde die Ladungen jetzt aus der Ferne elektrisch zünden.«

»Und die Wachen auf der Brücke?« erkundigte sich Geiger in scharfem Ton.

»Nur zwei.« Wojna umfaßte die Automatik, die er in der Hand hielt. »Die sind ein Kinderspiel. Und das Fluchtboot liegt bereit...«

»Sie müssen warten, bis der Expreß sich genau auf der Mitte der Brücke befindet«, beharrte Geiger.

»Auch das versteht sich von selbst«, erwiderte Wojna gleichgültig. »Wir werden bald mit dem Tankwagen losfahren...«

Er erstarrte. Eine plötzliche Spannung erfüllte die Scheune. Die Männer in Skimasken umklammerten ihre automatischen Waffen und sahen Wojna an, als erwarteten sie von ihm Hilfe und Rat. Aus der Ferne ertönte der Motorenlärm eines Hubschraubers, der immer näher kam. Geiger wandte sich an Erika. »Wir müssen sofort losfahren – und unseren Freund aus dem Atlantik-Expreß abholen...«

In General Scholtens Kommandozentrale strömten auch weiterhin Meldungen zusammen – Berichte von Wagen, die illegal nach Holland kamen, was bei der unübersichtlich verlaufenden Grenze sehr leicht war; Meldungen vom Kommandeur der Torpedoboote aus der Rheinmündung, daß weitere schnelle Motorboote zur *Maxim Gorkij* unterwegs seien. Es war aber besonders ein Bericht, der die Aufmerksamkeit des Abwehrchefs erregte.

»Diese Meldung von dem Hubschrauberpiloten, Sailer. Er erwähnt, er habe südlich von Dordrecht draußen auf dem Land einen Tankwagen und einen Mercedes gesichtet...«

»Wahrscheinlich macht der Fahrer nur eine kleine Pause.«

»Die Fahrer, meinen Sie wohl – da sind zwei Fahrzeuge. Eine kleine Pause einlegen, sagten Sie? Bei diesem Wetter? An so einem gottverlassenen Ort?«

»Scheint tatsächlich ein bißchen eigenartig...«

»Und es ist in der Nähe der Maas«, fuhr Scholten fort und betrachtete die Wandkarte. »Mehr noch – der Platz befindet sich nahe der Stelle, an der sie Joop Kists Sendekapsel gefunden haben.« Er stand auf. »Wie dem auch sei – wir müssen jetzt zu unserem Rendezvous aufbrechen. Ich glaube, wir haben sie endlich gefunden. Gott sei Dank. Fahren Sie wie der Teufel, wenn wir erst mal im Wagen sitzen...«

»Jetzt erinnere ich mich, wo ich Scharpinsky gesehen habe...«

Der Atlantik-Expreß befand sich jetzt schon ein gutes Stück nördlich von Brüssel, hatte Roozendal passiert und näherte sich der großen Maasbrücke, als Elsa diese Worte sprach. Sie war inzwischen zu ihrer ursprünglichen Skizze zurückgekehrt, der sie eine Hornbrille aufgemalt hatte. Haller setzte ein zweifelndes Gesicht auf, aber Wargrave reagierte augenblicklich.

»Wo? Wann?«

»Beim Frühstück am Ende des Speisewagens. Aber auch schon früher – heute nacht. Er sitzt in Abteil 19. Im übernächsten Wagen...«

»Dann gehen wir sofort hin«, sagte Wargrave erregt.

»Nehmen Sie zwei belgische Abwehrleute mit«, mahnte Haller.

Draußen auf dem Gang schüttelte Wargrave den Kopf. »Keine belgischen Abwehrleute. Zeig mir nur das Abteil – dann holen wir erst einmal zwei andere Leute...« Elsa folgte Wargrave, nachdem Leroy sie in den nächsten Waggon gelassen hatte. Sie hielt sich dicht hinter Wargrave und ergriff ihre Smith & Wesson in der Handtasche. Als sie an Abteil 19 vorüberkam, zeigte sie stumm auf die Tür, und Wargrave nickte, ohne seine Schritte zu verlangsamen. Er sah einmal kurz auf seine Uhr, dann blickte er auf die vorübergleitende holländische Landschaft hinaus. Sie waren noch zwanzig Kilometer von der Maasbrücke entfernt.

Als sie Anna Markos' Abteil erreichten, gab er ihr ein Zeichen, ihm zu folgen, und betrat dann das nächste Abteil, in dem Nicos Leonides saß und seine Pfeife rauchte. Wargrave stellte Elsa kurz vor. »...und dies sind Anna Markos und Nicos Leonides – sie arbeiten mit mir zusammen.«

»Freut mich, Sie kennenzulernen.« Leonides stand auf und verneigte sich. Anna Markos und Elsa starrten sich an – zwei Frauen, die sich gegenseitig musterten und vorsichtig abschätzten. Dann streckte Elsa die Hand aus und war über den festen Händedruck der Griechin verblüfft. Wargrave sprach ungeduldig weiter.

»Elsa hat Scharpinsky erkannt und weiß, wo er sitzt – wir werden ihn jetzt schnappen. Und wir haben noch reichlich Zeit, die Sache zu erledigen...«

Wargrave sprach noch, als der Expreß erbebte, heftig schwankte, viel zu schnell abbremste und mit kreischenden Bremsklötzen anhielt. Das überstürzte Bremsen des Zuges wirbelte sie durcheinander. Wargrave rappelte sich auf, und Leonides half sowohl Elsa wie Anna auf die Beine. Im gesamten Expreß kam es zum Durcheinander, als Koffer aus den Gepäcknetzen flogen und Reisende von ihren Sitzen gerissen wurden.

»Es war vereinbart, daß ein Signal den Zug stoppt«, erregte sich Wargrave.

»Das war kein Signal«, sagte Elsa warnend. »Jemand hat die Notbremse gezogen – Scharpinsky...«

»Er steigt aus«, vermutete Leonides. »Ich habe vor ein paar Sekunden auf der Landstraße einen parkenden Wagen gesehen, der kurz mit den Scheinwerfern blinkte – auf der Ostseite...«

Wargrave lief voran und rannte den Gang hinunter. Er riß die Waggontür auf der Ostseite auf und sprang auf den Gleiskörper hinunter. In der Ferne sah er die Umrisse eines Mannes, der zwischen den entlaubten Bäumen hindurch auf die nahe gelegene Straße zulief. »Da drüben ist er...« Sie liefen durch ein Wäldchen auf die Straße zu, die sie nicht sehen konnten. Als Wargrave zwischen den Bäumen ins Freie lief, raste ein Mercedes in nördlicher Richtung davon. Wargrave war erstaunt, eine Frau am Steuer zu sehen, eine Frau in Chauffeusenuniform. Auf dem Rücksitz zwei Männer.

»Himmel!« explodierte Leonides hinter ihm. »Zwei Sekunden früher, und ich hätte ihn töten können.«

Wargrave stand auf der Straße, als ein BMW, der ebenfalls nach Norden fuhr, mit etwas mäßigerer Geschwindigkeit auf sie zukam. Wargrave ruderte mit den Armen und brachte den Fahrer dazu, anzuhalten. Als das Fahrzeug stand, riß er auf der Fahrerseite die Tür auf. Der Fahrer saß allein im Wagen. Es war ein nüchtern aussehender Mann in einem grauen Tagesanzug. Wargrave hielt ihm eine Karte unter die Nase. Da er bemerkt hatte, daß der Wagen ein französisches Kennzeichen trug, sprach Wargrave den Fahrer auf französisch an.

»Abwehr ... wir müssen Ihren Wagen leihen. In dem Wagen, der eben hier vorbeigekommen ist, sitzen Terroristen ...«

»Und ich soll hier warten – mitten in der Wildnis?«

»Steigen Sie aus, um Gottes willen! Hinter dem Wäldchen da steht ein Zug. Gehen Sie zum Schlafwagen am Ende des Zuges und fragen Sie nach einem Mann namens Haller. Sagen Sie ihm, wir verfolgten den Mann, den wir gesucht hätten ...«

Wargrave schlüpfte hinters Lenkrad. Leonides setzte sich neben ihn. Wargrave war erleichtert zu sehen, daß der völlig verwirrte Eigentümer des Wagens durch das Wäldchen auf den Zug zustolperte, als er selbst anfuhr. Wargrave trat das Gaspedal durch. Die Straße vor ihnen war leer. Die Fahrerin des Mercedes hatte ihren Vorsprung gut genutzt. Vom Rücksicht stellte Elsa eine Frage.

»Du sagtest gerade etwas von einem Signal, als der Expreß anhielt ...«

»Alles mit General Scholten von der holländischen Abwehr besprochen – um den Zug anzuhalten, bevor er die Maasbrücke erreicht.«

»Die Maasbrücke?«

Leonides zeigte mit einer Handbewegung auf den Schienenstrang zu ihrer Linken, der jetzt näher an der Straße verlief. »Ist das dein Signal?« Er zeigte auf ein Warnsignal, das auf Rot stand. Plötzlich nahm Wargrave den Fuß vom Gaspedal. Vor ihnen parkten zwei Fahrzeuge am Straßenrand, ein Citroën und ein militärisch aussehender Lastwagen mit einer Persenning über der Ladefläche. Neben dem Citroën stand die kleine, rundliche Gestalt General Max Scholtens, der einen schweren Ledermantel trug.

»Hier ist kein Mercedes vorbeigekommen«, sagte Scholten, nachdem Wargrave ihm erzählt hatte, was passiert war. »Er muß auf einen Feldweg abgebogen sein, der zur Maas hinunterführt – wahrscheinlich zu einer Anlegebrücke, an der ein Boot wartet, um Scharpinsky aufzunehmen und ihn zur *Gorkij* zu bringen. Es ist alles für Sie bereit...« Er sah Elsa und Anna Markos an, die beide noch auf dem Rücksitz des BMW saßen. »Sind das wirklich die beiden anderen?« fragte er zweifelnd.

»Sie sind genausoviel wert wie Männer«, entgegnete Wargrave scharf. »Eine von ihnen hat vor zwölf Stunden einen kommunistischen Agenten erstochen.«

»Ich bitte um Vergebung«, erwiderte Scholten. »Ich weiß schließlich, wie loyal Frauen sein können. So, jetzt sollten wir uns lieber auf den Weg machen...«

Wargrave setzte sich wieder ans Steuer des BMW und fuhr hinter dem Citroën des Holländers her. Dahinter folgte der LKW mit der Persenning. Wargrave war durchaus imstande, schnell zu fahren, aber Scholten legte ein beängstigendes Tempo vor. Leonides, der im BMW auf dem Beifahrersitz saß, schloß die Augen, als Scholten wie ein Wahnsinniger die Kurven beinahe auf zwei Rädern nahm und fast mit mehr Glück als Geschicklichkeit auf der Straße blieb. Dann bog er nach rechts auf einen Feldweg ab, der sich zwischen Bäumen hindurchschlängelte, und hielt vor einer Scheune. Alle stiegen aus. Sechs Männer mit Gewehren kamen ihnen entgegen.

»Das ist das Venlo-Team«, sagte Scholten zu Wargrave. »Sie haben die Geiger-Gruppe vernichtet.« Er wandte sich an einen der Männer. »Jan, haben Sie es geschafft, Joop Kist zu retten?«

»Es tut mir sehr leid, nein...« Jan zeigte auf eine Gestalt, die auf dem Boden lag. »Es war dieser große Dreckskerl, der ihn im letzten Augenblick getötet hat. Er muß geahnt haben, daß er einer von uns war...«

»Und was ist mit dem Kerl passiert?«

»Er liegt da drüben...« Jan zeigte auf eine zusammengekrümmte Gestalt, die in der Ecke der Scheune lag. »Ich habe ihm mein halbes Magazin verpaßt...«

»Gut.« Scholten ging zu Joop Kists Leiche hinüber und breitete ihm behutsam ein Taschentuch übers Gesicht. Der Abwehrchef konnte einen Anflug von Bewegung nicht verbergen, als er auf den toten Kist hinabsah. »Er war einer von diesen altmodischen Burschen, ein Patriot. Nun, Joop, wir werden die Schuld hundertfach zurückzahlen...« Seine Stimme wurde härter, als er sich in der Scheune umsah, in der die Leichen von sechs Männern mit schwarzen Skimasken und Skihosen lagen. Sie waren von Kugeln aus den automatischen Gewehren des Venlo-Teams durchsiebt. »Sie wissen, was Sie zu tun haben – wir brauchen vier Leichen in dem Lastwagen, den ich fahren werde, Jan. Und unsere Freunde...« Er zeigte mit einer Handbewegung auf Wargrave. »...werden den Citroën nehmen, der, wie ich zu meinem Bedauern gestehen muß, heute morgen in Den Haag aus einer Garage gestohlen worden ist.«

»Dann bleiben noch zwei Leichen übrig einschließlich des Hünen«, hob Jan hervor.

»Werfen Sie sie in die Maas«, sagte Scholten brutal.

Er wandte sich an Wargrave, als dieser näher kam und mit leiser Stimme sprach. »Können Sie darauf vertrauen, daß diese Männer den Mund halten? Und wie sieht es mit Ihrem Minister aus? Ich will nicht, daß Ihr Kopf rollt, Max.«

»Das Venlo-Team ist mir ergeben«, erwiderte Scholten. »Verstehen Sie, offiziell haben sie heute ihr Quartier in Dordrecht nie verlassen. Was den Minister betrifft, so wird er meine Geschichte schlucken, weil sie ihm in den Kram paßt. Wie jeder Minister in der Welt ist er vor allem auf seine Karriere bedacht. Außerdem habe ich einer Nachrichtenagentur den vertraulichen Tip gegeben, daß die Geiger-Gruppe nach Holland eingesickert ist und hier etwas Großes plant. So, Harry, jetzt müssen wir los...«

An Bord des sowjetischen Frachters *Maxim Gorkij* war der Funker soeben aufgeregt in Kommissar Rykins Kabine gelaufen. »Dieser Funkspruch, den ich nach Moskau senden sollte – ich kann ihn nicht funken...«

»Warum denn nicht, zum Teufel?« fragte Rykin barsch. »Es ist unerläßlich, daß wir über die gegenwärtige Lage berichten.«

»Wir werden massiv gestört, Genosse. Ich kann überhaupt keinen Funkspruch durchgeben...«

Auf Befehl Scholtens hatten Störsender entlang der niederländischen Küste jetzt begonnen, die Sendeanlagen der Sowjets massiv zu stören. Die *Maxim Gorkij* hatte keinerlei Kontakt zur Außenwelt mehr.

Die vier Gestalten in schwarzen Skimasken, Windjacken und schwarzen Skihosen bewegten sich vorsichtig auf die Anlegebrükke weiter unten. Dort lag das niederländische Torpedoboot im Schutz einer kleinen Landzunge, die in die Maas hinausragte, vor Anker. Das Torpedoboot war von Kommandeur De Vos auf Vorschlag General Scholtens in Reserve gehalten worden; der Marinemann kannte zwar die genauen Gründe nicht, war aber ein enger persönlicher Freund des holländischen Abwehrchefs und hatte zugestimmt, ohne Fragen zu stellen. Die beiden Holländer, die das Boot bewachten, saßen in der Kabine und spielten Karten.

Eine hochgewachsene Gestalt glitt allein durchs Schilf und

schlüpfte mit der oft geübten Behendigkeit eines erfahrenen Kommandosoldaten an Bord. Als der Mann die Kabinentür erreichte, drückte er den Türgriff behutsam herunter und stürmte dann hinein. Der erste Holländer wandte dem Eindringling den Rücken zu, der ihm nicht zu hart mit einem Totschläger auf den Kopf schlug – aber doch hart genug, ihn außer Gefecht zu setzen. Der Holländer gegenüber war schon halb aus dem Stuhl, als auch er von dem Totschläger getroffen wurde und ohnmächtig zu Boden sank.

»Fesseln«, befahl Wargrave aus seiner Skimaske, als die drei übrigen Gestalten ihm in die Kabine folgten, »und lassen Sie sie in dem Schuppen am Bootssteg liegen...«

Elsa Lang und Anna Markos widmeten sich den Gefangenen, während Wargrave Leonides zur Kommandobrücke führte. »Hier gibt's keine Probleme«, sagte er dem Griechen. »Ich hab' mal eins von diesen Dingern gefahren, als ich noch beim Geheimdienst der Navy war. Britische und französische Torpedoboote kenne ich auch. Ich hoffe nur, daß du im kritischen Moment das Ruder übernehmen kannst – ich werde anderweitig beschäftigt sein...«

»Ich bin Grieche«, erinnerte ihn Leonides, »und habe mein halbes Leben auf der Ägäis zugebracht, mit motorgetriebenen Kajiks und anderen Booten. Du brauchst mir nur alles zu zeigen...«

Fünf Minuten später bewegte sich das Torpedoboot mit Leonides am Ruder auf die Fahrrinne der Maas zu. Er schaltete auf volle Kraft, um ein Gefühl für das Boot zu bekommen, und nickte dann Wargrave zu, der ihn beobachtete. Der Grieche ging mit dem Boot um, als hätte er es schon jahrelang gefahren – zudem wurde er immer selbstbewußter, als er die Kraft der Motoren spürte und sah, wie der Bug den hohen Seegang durchschnitt. Wargrave ging an Deck und entdeckte Anna, die die Persenning von dem drehbaren Maschinengewehr abnahm.

»Zeig mir, wie es funktioniert...«

»Das Ding ist in unserem Plan nicht vorgesehen...«

»Zeig mir, wie es funktioniert«, befahl sie.

Wargrave zuckte die Achseln und erklärte rasch den Mechanismus. Es war immerhin möglich, daß sie das Maschinengewehr brauchen würden, wenn er nicht verfügbar war, um es zu bedienen. In der Kabine hatte Elsa Lang ein Nachtglas vom Kartentisch genommen und suchte das gegenüberliegende Ufer der Maas ab. Mit hochgezogenen Schultern und den Ellbogen auf die Handleiste gepreßt, fuhr sie fort, angestrengt auf das Ufer zu blicken. Als Wargrave die Kabine betrat, lag Erregung in ihrer Stimme.

»Auf der anderen Seite legt gerade ein großes Motorboot ab. Ich bin verdammt sicher, daß ich Scharpinsky habe an Bord gehen sehen – zusammen mit einem kleineren Mann. Ich habe sie voll ins Blickfeld bekommen, als sie noch an Deck standen ...«

»Bist du sicher?« fragte Wargrave.

»Sag das noch einmal, dann kriegst du von mir eins verpaßt ...«

»Dann müssen sie auf besseres Wetter gewartet haben.«

Das Wetter wurde tatsächlich besser; der stürmische Wind hatte nachgelassen. Auch der schwere Seegang auf der geschützten Maas war geringer geworden, als Wargrave beobachtete, wie das große Motorboot schneller wurde und auf die offene See zusteuerte – in Richtung *Maxim Gorkij*. »Wollen wir versuchen, ihm den Weg abzuschneiden?« schlug Elsa vor.

»Zu spät, aber er könnte uns genau dorthin führen, wohin wir wollen.«

Wargrave ging zurück auf die Brücke, wo Leonides am Ruder stand und sich zunehmend wohler fühlte. Er wurde mit dem Boot vertrauter, ließ die Maschinen noch stärker arbeiten und genoß das sonore Brummen. Sie befanden sich jetzt schon fast in der Mitte des Flusses zwischen den beiden Ufern. Vor ihnen lag die offene See. »Halte dich hinter dem Motorboot ...«, befahl Wargrave. »Es bringt uns direkt zur *Gorkij* ...«

In der Fahrerkabine des Lastwagens mit der Persenningabdekkung saß General Scholten selbst am Steuer. Major Sailer saß neben ihm auf dem Beifahrersitz. Scholten lenkte das schwere Fahrzeug auf der gewundenen, einsamen Landstraße auf eine Stelle an der Maasmündung zu. Auf der Ladefläche lag ihre schreckliche Fracht – die vier Leichen der ehemaligen Geiger-Terroristen, die noch immer ihre scheußliche ›Uniform‹ trugen. Zwischen Scholten und Sailer lag eine große Signallampe auf der Sitzbank.

Als sie weiterfuhren, war es eher Nacht als Tag; über ihnen hingen in geringer Höhe schwere, dunkle, schnell dahinfliegende Wolken. Scholten fuhr nur mit Standlicht. Er wollte vermeiden, mit weithin sichtbaren Scheinwerfern auf sich aufmerksam zu machen.

»Glauben Sie, wir kommen damit durch?« fragte Sailer.

»Wir haben eine gute Chance. Eins habe ich Ihnen noch gar nicht gesagt – inzwischen wird meine Frau der Nachrichtenagentur einen weiteren anonymen Tip gegeben haben, daß nämlich das Gerücht gehe, die Geiger-Gruppe habe sich eines unserer Torpedoboote bemächtigt. Das Ende der ganzen Geschichte könnte verdammt ironisch werden.«

»Ironisch?« fragte Sailer.

»Das GRU kontrolliert die Geiger-Gruppe – obwohl wir das nie haben beweisen können. Auf Moskau wartet eine sehr böse Überraschung.«

Das Motorboot mit Oberst Igor Scharpinsky und Rolf Geiger an Bord hielt auf die *Maxim Gorkij* zu und durchpflügte die See mit hoher Geschwindigkeit. Der Sturm flaute ab. Das Boot fuhr auf den Ärmelkanal zu; die Schrauben wirbelten schäumendes Kielwasser auf, als das Boot durch die Wellen raste. Das Schiff vor ihnen mit den Zwillingsschornsteinen, dessen Masten vor elektronischer Ausrüstung starrten, stieß Rauchwolken aus, als es zu seiner schnellen Fahrt zum Kattegatt, zur Ostsee und nach Leningrad ansetzte. Es wartete nur noch auf das Eintreffen des schweren Motorboots, dann würde Kapitän Morow den Befehl geben: »Volle Kraft voraus ...«

Hinter dem Motorboot durchpflügte Wargraves Torpedoboot mit Höchstgeschwindigkeit die See. Leonides stand am Ruder, während Anna Markos, den Skianzug vom sprühenden Gischt durchnäßt, mit gespreizten Beinen am Maschinengewehr hockte, um das Gleichgewicht zu halten. Elsa, die ihr Nachtglas auf das sowjetische Schiff gerichtet hielt, entdeckte als erste das auf dem Deck der *Gorkij* montierte Maschinengewehr, dem auf Befehl Rykins die Persenning abgenommen worden war. An einer anderen Stelle des Decks, an der Ladung festgezurrt war, hatte sich eine weitere Persenning gelöst, die im Wind flatterte.

»Sie haben ein Geschütz an Deck«, sagte sie warnend zu Wargrave, der neben ihr stand. »Und ich glaube, ich kann sogar einen Panzer sehen ...«

»Wahrscheinlich ein Panzerspähwagen ...«

»Leckereien für die hungernden Afrikaner«, bemerkte Elsa säuerlich.

Wargrave verließ sie, um Leonides Anweisung zu geben, er solle das Torpedoboot in die erforderliche Position bringen. Sein Blick fiel auf die beiden Torpedorohre. Torpedos waren die Hauptbewaffnung des Boots, und er versuchte, sich an die präzisen Instruktionen zu erinnern, die ihm ein holländischer Torpedoboot-Kapitän einmal während eines Probelaufs gegeben hatte. Er würde nur eine Chance haben, alles richtig zu machen. Er betrachtete die beiden Knöpfe, einen für jeden Torpedo. Er war keineswegs sicher, daß er es schaffen würde, selbst bei dieser ruhigeren See.

Durch ihr Nachtglas konnte Elsa jetzt die Leiter sehen, die vom Deck des Frachters zu einer Plattform über der Wasserlinie führte, die oft von den Wellen überspült wurde, als das Schiff rollte und stampfte. Am oberen Ende der Leiter warteten Männer in Ölzeug, um Scharpinsky, Rolf Geiger und Erika Kern an Bord zu helfen, sobald das Motorboot längsseits beigedreht hatte. Wargrave schätzte die Entfernung ab, gab einen Befehl, und Leonides riß das Ruder herum. In diesem Augenblick eröffnete Rykins Maschinengewehr das Feuer.

Die Entfernung war noch zu groß, und der Kugelhagel ließ nur kleine Spritzer auf der Wasseroberfläche tanzen – aber das Torpedoboot kam jetzt mit jeder Sekunde näher auf Schußweite heran. Anna hockte hinter ihrem Maschinengewehr und wartete noch ab. Ihr Gesicht war zu einer harten Maske erstarrt und zeigte keinerlei Spur von Furcht. Elsa war starr vor Angst – um Anna –, und Wargrave blickte jetzt konzentriert durch die Zielvorrichtung. Seine rechte Hand hielt sich in der Nähe der Auslöseknöpfe.

Scharpinskys Motorboot hatte jetzt die Fahrt verlangsamt und befand sich in der Nähe der Plattform. Durch ihr Nachtglas konnte Elsa ihn deutlich erkennen, wie er sich bereit machte, auf die schwankende Plattform zu springen. Dann eröffnete Rykins Maschinengewehr von neuem das Feuer, diesmal aus weit kürzerer Entfernung. Ein Kugelhagel schlug auf dem Deck des Torpedoboots ein. Zwei der Geschosse trafen Anna Markos in der Schulter, und sie sackte über ihrem Maschinengewehr zusammen. Elsa rannte aufs Deck hinaus und hangelte sich an der Reling weiter, bis sie bei Anna war.

»Halt mich fest und zieh mich hoch!« Die Griechin spie die Worte förmlich aus. »Ich erwische diese Schweine noch...«

Elsa packte sie unter den Achselhöhlen und hielt selbst das Gleichgewicht, indem sie sich an der verwundeten Frau festklammerte. Anna ließ den Lauf des Maschinengewehrs langsam kreisen und feuerte eine Garbe nach der anderen ab. Plötzlich erstarb das Feuer von Rykins Geschütz, als der sowjetische Schütze zusammenbrach. Der leichtfüßigere und kleinere Geiger war jetzt auf die Plattform gesprungen und kletterte in Windeseile die Leiter hinauf, als Anna ihr Maschinengewehr drehte und ununterbrochen weiterfeuerte. Geiger wurde von einer Garbe erfaßt, als er gerade das obere Ende der Leiter erreicht hatte. Er schien rückwärts vom Schiff zu springen und fiel ins Meer. Unter ihm standen Scharpinsky und Erika Kern bis zu den Schenkeln im Wasser auf der Plattform und sahen wie erstarrt zu.

Wargrave, der unbeirrt durch die Zielvorrichtung blickte, war sich dessen, was um ihn herum vorging, kaum bewußt. Er merkte kaum, daß Elsa Anna vom Maschinengewehr weg auf die Kabinentür zuschleppte. Sein Gesicht war vor Konzentration angespannt, und seine Wangenknochen traten scharf hervor, als er erst auf den einen Knopf und dann auf den anderen drückte.

»Nummer eins abgefeuert. Nummer zwei ...«

Er sah kurz die beiden Torpedos aufblitzen, als sie ins Wasser fielen. Sie waren mit einem akustischen Zielsuchgerät ausgerüstet, das die glänzenden ›Zigarren‹ auf das nächstliegende Maschinengeräusch zusteuern würde – auf das der *Maxim Gorkij*, die Kurs auf Leningrad genommen hatte. Dann waren die beiden Torpedos verschwunden. Leonides riß von neuem das Ruder herum und steuerte das Torpedoboot in einem weiten Halbkreis, bevor er wieder auf Geradeausfahrt ging und auf die aufblitzende Signallampe zuhielt, mit der Scholten ihm an Land den Kurs wies.

Ein Torpedo traf die *Gorkij* am Heck und riß ein gewaltiges Loch in die Ruderanlage. Der zweite Torpedo schlug ein, als Scharpinsky gerade das obere Ende der Leiter erreichte – dieser Torpedo traf aber mittschiffs und drang in den Hauptladeraum ein, in dem zweitausend Tonnen hochexplosiven Sprengstoffs verstaut waren. Ein donnerndes Brüllen ertönte. Die Mitte des Frachters wurde buchstäblich in den Himmel gehoben. Die Zwillingsschornsteine lösten sich in eine Wolke von Einzelteilen auf. Ein riesiger Rauchpilz stieg zum Himmel auf und verschmolz mit den tief hängenden Wolken, bis Rauch und Wolken nicht mehr zu unterscheiden waren. Der Bug des Frachters trieb noch kurz verloren in der See, kippte dann um und ging wie die zertrümmerte Schwanzflosse eines mißgebildeten Hais unter. Das Echo der Explosion dröhnte Leonides noch in den Ohren, als er schon die Maschinen drosselte und das Torpedoboot in der Nähe der Stelle, an der die Signallampe noch immer aufblitzte, auf Grund setzte. Es gab keine Überlebenden von der *Maxim Gorkij*.

General Scholten und Major Sailer brauchten mit Hilfe der anderen nur wenige Minuten, um die vier Leichen der Geiger-Terroristen an Bord des auf Grund gesetzten Torpedoboots zu bringen. Sie ließen sie in der Kabine liegen. Aus der Ferne ertönte das Geräusch eines anderen näher kommenden Torpedoboots. »Begeben Sie sich sofort auf die Ladefläche des Lastwagens und verhalten Sie sich still«, befahl er Wargrave und dessen drei Begleitern. »Und dies wird der verwundeten Frau helfen – wir werden sie in ein Krankenhaus bringen, sobald wir können ...« Er reichte Wargrave, der sofort auf die Ladefläche sprang, einen Erste-Hilfe-Verbandskasten. Elsa und Leonides kümmerten sich dort schon um Anna Markos.

Das näher kommende Torpedoboot kam um eine Landzunge herum, als Scholten und Sailer das auf Grund gesetzte Torpedoboot unter Feuer nahmen. Sie deckten das Boot mit einem Kugelhagel aus ihren automatischen Gewehren ein. Sämtliche Scheiben an Bord wurden zertrümmert. Sie hatten gerade ihre Magazine leergeschossen, als das ankommende Torpedoboot kurz vor dem Strand beidrehte. Kommandeur De Vos, Scholtens guter Freund, watete in Gummistiefeln an Land.

»Sie haben einen Fehler gemacht«, klärte Scholten den hochgewachsenen Offizier mit dem zynischen Gesicht auf. »Sie sind zu dicht unter Land gefahren und dann auf Grund gelaufen... Ich glaube, du wirst sie alle tot finden.«

»Da bin ich völlig sicher«, erwiderte De Vos mit ausdruckslosem Gesicht. Er warf dem Lastwagen einen Blick zu und sah dann wieder weg. »Und ich habe alles mit angesehen, und falls...«, er lächelte trocken, »... es eine Untersuchung geben sollte, werde ich dein bester Zeuge sein. Meinen Glückwunsch, General – die Geiger-Gruppe hat soeben ihren letzten Einsatz hinter sich gebracht...«

26. Nachspiel

Eine Stunde später hob eine Boeing 707 von der Startbahn des Flughafens Schiphol ab und nahm Kurs auf Washington. An Bord befanden sich General Sergej Marenkow, Julian Haller und Matt Leroy. Marenkow leistete sich einen kleinen Scherz mit Julian Haller, den der vor Schlafmangel zum Umfallen erschöpfte Amerikaner nicht recht zu schätzen wußte. Der Russe beharrte darauf, er wolle sich erst auf dem Höhenmesser vergewissern, daß sie sich tatsächlich in dreißigtausend Fuß Höhe befänden, bevor er sich einverstanden erkläre, mit seinen Aussagen zu beginnen – und aus seinem fabelhaften Gedächtnis eine Liste sämtlicher KGB-Agenten in der westlichen Hemisphäre herunterzusagen.

Eine Woche später statteten Harry Wargrave, Elsa Lang und Nicos Leonides Anna Markos in ihrem Amsterdamer Krankenhaus einen Besuch ab. Sie fanden sie im Bett sitzend und sehr unhöflich mit ihrem Arzt umgehend. »Er behält mich nur hier, damit er meine Figur anstarren kann«, beklagte sie sich.

»Eine sehr schöne Figur«, bestätigte der Arzt. »Sie ist so schön, daß ich zu meinem Bedauern sagen muß, ich könnte mich versucht fühlen, Sie schon in vierzehn Tagen als völlig gesund zu entlassen...«

Annas dunkle Augen blitzten. »Bis dahin wird er weiter mit dem Stethoskop herumfummeln und so tun, als wäre er Arzt...«

Draußen auf dem Flur verabschiedeten sich Wargrave und Elsa von Nicos Leonides. Nachdem er gegangen war, nahm Wargrave Elsa beim Arm und ging mit ihr zu seinem Wagen. »Dies ist mein letzter Job dieser Art gewesen«, sagte er ihr. »Ich bin ohnehin von Julian Haller dazu gepreßt worden. Warum fahren wir jetzt also nicht nach Kanada zurück, vielleicht nach British Columbia – ich sehne mich schon lange danach, mir mal den Puget Sound ein bißchen näher anzusehen.«

»Wir?« fragte Elsa. »Ist das ein Vorschlag oder ein Antrag?«

»Beides.«

»Dann werde ich das erste genießen und auf dem zweiten bestehen.«

Im zehnten Stock des Baton Rouge Building in Montreal hatte sich Julian Haller eingefunden, um sich von William Riverton zu verabschieden, dem kanadischen Industriellen, der den Sparta-Leuten auf Bitten Präsident Joseph Moynihans Geld und Quartier gewährt hatte. Zum erstenmal seit Beginn des Unternehmens vor mehr als einem Jahr stand Riverton in der Bürosuite, die von den Sparta-Leuten benutzt worden war.

Sie war jetzt leer und kahl. Sämtliche Möbel und Einrichtungsgegenstände sowie die Sendeanlagen waren entfernt worden, und die Stimmen der beiden Männer hallten von den Wänden wider, als sie sprachen. »Wie ich erfahren habe«, bemerkte Riverton und sah starr geradeaus, »ist Marschall Pratschko zusammen mit seinen Gesinnungsgenossen aus dem Politbüro entfernt worden – das bedeutet, daß wenigstens vorübergehend die Gemäßigten im Kreml die Oberhand gewonnen haben. Ich habe es heute morgen in der Zeitung gelesen.«

»So etwas wie ein Sieg für uns, nehme ich an«, erwiderte Haller.

»Sie werden mir alle sehr fehlen«, fuhr Riverton fort, »aber das läßt sich nicht ändern. Und wie in der Vergangenheit wird der Westen auch in Zukunft nur von einer Handvoll Männern gerettet werden.« Sein Tonfall veränderte sich, als er die Hand ausstreckte. Obwohl er kein junger Mann mehr war, klang seine Stimme fest und entschlossen.

»Am Ende werden wir die Sowjets schlagen...«

Target 5

Für Jane

Das arktische Schachbrett, Februar 1972

Lageplan in Dawes' Büro (Washington) und Oberst Papanins Büro (Leningrad)

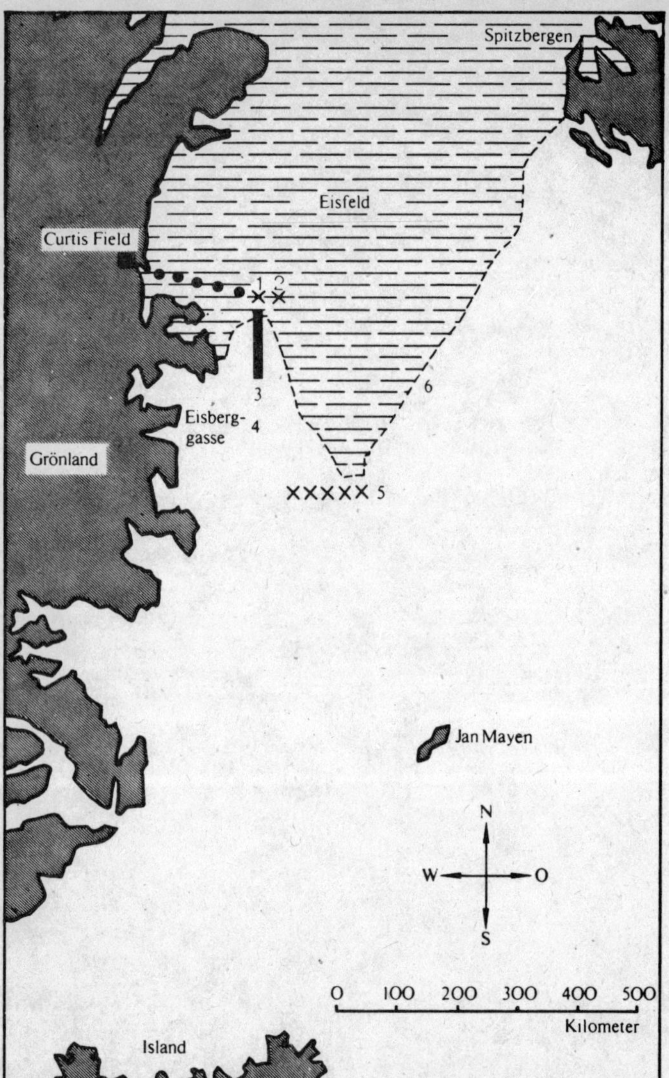

1 Target 5: Amerikanische Forschungsstation
2 Nordpol 17: Sowjetische Forschungsstation
3 Amerikanischer Eisbrecher *Elroy*
4 Sowjetisches Forschungsschiff *Revolution*
5 Sowjetischer Trawler
6 Sowjetischer Hubschrauber *Gorki*
• • • Beaumonts Fluchtweg Nr. 1
▬ Beaumonts Fluchtweg Nr. 2

Inhalt

*»Ein havariertes sowjetisches Unterseeboot,
das in einem schweren nordatlantischen Sturm
bei Windstärke 11 ... in fünfzehn Meter hohen Wellen
trieb ..., wurde von einem Aufklärungsflugzeug
des amerikanischen Stützpunktes Keflavik
gesichtet ...«*

Die Lokomotive

Freitag, 18. Februar 1972: Mitternacht

Selbst im Jahr 1972, das kaum als ein Jahr des Friedens in die Geschichte eingehen wird, war es nicht alltäglich, daß ein Expreßzug mitten in der Nacht – und dazu noch auf freier Strecke – angehalten und ein Passagier von Bewaffneten herausgezerrt wurde. Jedenfalls nicht bei einem amerikanischen Expreß.

Daß ihm solches widerfahren könnte, daran dachte Keith Beaumont, als er sich im Bett eines Schlafwagens des Florida-Expresses entspannte, nicht einmal im Traum. Erstens brauste der Zug mit zweiunddreißig Waggons und einer Geschwindigkeit von hundertfünfzig Kilometer durch die Carolinas, während ein winterlicher Sturm gegen die verhängten Fenster schlug; und zum zweiten war der nächste planmäßige Aufenthalt mehr als zwei Stunden entfernt.

Im Schlafwagen war es feucht, heiß und stickig, da die Fenster wegen des Sturmes fest verriegelt waren und die Zentralheizung voll aufgedreht war. So heiß, daß der große Engländer Schwierigkeiten hatte einzuschlafen. Er stützte sich auf den Ellbogen und schaute auf seine Uhr. Fast Mitternacht. Hinter dem geschlossenen Vorhang, der ihn vom Korridor trennte, legte er sich auf sein Kissen zurück, die Hände hinter seinem starken Nacken verschränkt, und träumte mit offenen Augen.

Morgen würde er in Miami sein, Tausende von Kilometern von Grönland entfernt – weit entfernt davon, verängstigte Hunde durch heulende Schneestürme zu führen, bockende Schlitten über bröckelndes Eis zu schleppen, und weit entfernt vor allem von der endlosen Dunkelheit und Kälte, die den Verstand lähmten. Es war wunderbar, einmal wieder im Trockenen zu sein; Beaumont drückte seine Füße fest gegen das Bettende und aalte sich in der Wärme.

Dreißig Kilometer vor dem Expreß, der durch die stürmische Nacht donnerte, standen drei bewaffnete Männer – nicht so trocken – im strömenden Regen zusammengekauert unter dem Schutzdach eines Bedarfsbahnhofes irgendwo auf freier Strecke und warteten auf den anrollenden Zug. Planmäßig sollte er, wie gesagt, erst in etwa zwei Stunden halten, aber schon stellten sich ihm die Signale in den Weg, und der Führer der riesigen Diesellok, die den sehr langen Zug schleppte, zog bereits die Bremsen an. Gefahr lag in der Luft.

»Ich hoffe, daß er überhaupt im Zug ist«, murmelte einer der Männer in den Regenmänteln, während er eine durchweichte Zigarette zwischen den Zähnen zusammenpreßte.

»Das ist er bestimmt«, versicherte der vierzigjährige Anführer der Gruppe seinen zwei Begleitern. »Und wir werden ihn herausholen.«

»Es könnte heikel werden...«

»Das hier garantiert, daß es nicht heikel wird.« Der Ältere nahm einen 45er Colt aus seiner Tasche, prüfte die Trommel und steckte ihn wieder ein. »Und denk daran, Jo, es muß echt aussehen, ganz echt.«

Weniger als dreißig Kilometer weiter zurück starrte der Führer des Florida-Expreß besorgt in die Nacht. Das soeben passierte Signal hatte, der Fahrtbestimmung gänzlich zuwider, eine Verminderung der Geschwindigkeit befohlen. Was zum Teufel ging hier vor? Er setzte die Geschwindigkeit weiter herab und zog langsam die Hauptbremsen an. Regen hämmerte gegen das Stahldach des Führerstandes. Gischtfahnen stoben vom Dach und verschwanden in der Nacht. Der Zug brauste am nächsten Signal vorbei. Rot für Gefahr, also bremsen. Verflucht, was war hier los? Er legte die Bremsen stärker an. Sie waren in der Nähe von Cedar Falls, einer nicht eingeplanten Station.

Zwei Minuten später kam der Zug zum Stehen. Ein Donnerschlag rollte, und der Regen peitschte gegen die Waggons. Beaumont schlief in seinem Abteil gerade ein, als der Zug hielt, seine Hände lagen auf dem Laken zusammengefaltet. Er hatte die Augen geschlossen, als plötzlich die Vorhänge aufgerissen wurden und ein Mann mit durchnäßter Hutkrempe auf ihn hinabschaute, während er ihn mit einem Foto in seiner linken Hand verglich. »Er ist es, Jo«, sagte eine leise Stimme. Beaumont öffnete die Augen und starrte in die Mündung eines 45er Revolvers.

»Tu das Ding weg«, murmelte er. »Es könnte losgehen – Ihre Hand ist klebrig.«

Beaumont registrierte mehrere flüchtige Eindrücke: den durchnäßten Regenmantel des Mannes, der den Revolver hielt; den Dampf, der von den Ärmeln aufstieg; den verängstigten Ausdruck im Gesicht des Passagiers im gegenüberliegenden Abteil und den zweiten Mann im Regenmantel, der im Hintergrund stand, eine Hand in der Tasche. Der ältere Amerikaner, der offensichtlich unter der Hitze litt, denn Schweißperlen standen ihm auf der Stirn, antwortete mit gedämpfter Stimme.

»Ziehen Sie sich an – Sie steigen aus...«

»Und wer zum Teufel sind Sie?« wollte Beaumont wissen.

Er war erschöpft von seiner langen Reise von Grönland nach Washington. Daher schätzte er seine Chance vorsichtig ab. Ein kurzer kräftiger Schlag, um dem Bewaffneten den Colt aus der Hand zu schlagen, ein Knie in die Lende... Nein, es war zu gefährlich, wo sich andere Passagiere im Schlafwagen befanden.

»Dixon, vom FBI«, fuhr ihn der Mann mit der schweißnassen Stirn an. »Und beeilen Sie sich – der Zug kann nicht die halbe Nacht hier warten.«

»Das braucht er auch nicht – von mir aus kann er sich wieder in Bewegung setzen. Mit mir an Bord. Und Sie haben einen schweren Fehler gemacht – ich bin Engländer...«, Beaumont langte nach seiner Jacke, die an einem Haken hing.

»Paß auf...«, warnte Dixon.

Der Engländer fixierte ihn über seine breiten Schultern zurück mit einem Blick. Dixon war nicht ganz wohl dabei.

»Herrgott noch mal, ich wollte Ihnen meinen Paß zeigen«, knurrte Beaumont. Vorsichtig, mit gespreizten Fingern, zog er ihn aus dem Jackett und überreichte ihn Dixon. Der Amerikaner schlug den Paß gekonnt mit einer Hand auf, prüfte ihn einen Augenblick und zeigte ihn dann dem Mann hinter sich. »Ganz klar gefälscht, Jo.«

Beaumont erwiderte nichts. Er warf die Bettdecke zurück und erschien, abgesehen von Krawatte, Jackett und Schuhen, völlig angezogen. Während der Engländer aus dem Bett stieg und sich aufrichtete, wich Dixon zurück und starrte ihn an. Keith Beaumont, zweiunddreißig Jahre alt, war ein Meter fünfundachtzig groß, breitschultrig und über hundertachtzig Pfund schwer. Allerdings war Dixon, der den Engländer beim Anziehen beobachtete, nicht sonderlich beeindruckt: Bullen waren schwerfällig. Nach einer Minute schaute er auf die Uhr. »Beeilen Sie sich«, wiederholte er. Er hatte recht; die Reflexe dieses Mannes waren nicht gerade schnell.

»Zieh Leine.«

Der Passagier gegenüber erholte sich allmählich von seinem Schock. »Ich heiße Andrew Phillipson, aus Minneapolis«, informierte er Dixon in geschäftigem Ton. »Dieser Mann sagte, er sei aus Grönland – Grönland, wo all das Eis ist. Mir kam das schon komisch vor...«

»Er wird gleich aussteigen«, unterbrach Dixon. »Dann können

Sie weiterschlafen.« Er sah Beaumont an, der inzwischen fertig war. »Ist das Ihr Koffer? Gut. Und nun legen Sie beide Hände auf das Bett – nebeneinander.« Es war ein schwaches metallisches Klirren zu hören, als Dixons Begleiter seine Hand aus der Tasche nahm. Beaumont schüttelte seinen massigen Kopf, der mit dichtem dunklem Haar bedeckt war, und lächelte grimmig. »Damit Ihr Freund mir die Handschellen anlegen kann? Da spiele ich nicht mit, Dixon. Entscheiden Sie sich: Entweder ich gehe so mit, oder Sie erschießen mich.«

Sie gingen den Korridor entlang. Beaumonts Hände waren noch frei. Der Mann, der Jo genannt wurde und den Koffer des Engländers trug, ging voraus, während Dixon die Nachhut bildete. Vorhänge, die die kleinen Abteile abschirmten, wurden zur Seite geschoben, und die Passagiere starrten auf die kleine Prozession. Nackte Füße tappten hinter Dixon den Korridor hinunter. Es war Phillipson, der sich beeilte, sie einzuholen. »Wer ist dieser Mann?« rief er aufgeregt. »Er hat sich mit mir unterhalten. Vielleicht kann ich helfen ...«

»Entflohener aus Folsom«, erwiderte Dixon knapp.

Beaumont stolperte, als er mit hängenden Schultern die steilen Stufen am Waggonende hinunterstieg. Groß, schläfrig und ungeschickt, stellte Dixon fest. Beaumont blieb auf den Schienen stehen, um seinen Mantel zuzuknöpfen und den Hut über die Ohren zu ziehen. Cedar Falls bestand aus einem kleinen einstöckigen Gebäude am Rande eines Waldes. Ein Seiteneingang führte auf eine Straße. Beaumont registrierte es, als ein Blitz einen kurzen, spärlichen Eindruck von dem Wind vermittelte, der die Bäume gegen Süden beugte. Dann fegte eine Regenwand die Schienen entlang. Er war naß bis auf die Haut. Einige Meter entfernt sah einer der Eisenbahner mit einer Mischung aus Nervosität und Neugier zu. Ein zweiter Eisenbahnbeamter stand unter dem Vordach der Station. Dixon kam hinter Beaumont die Stufen herunter und stieß ihn mit dem Colt.

»Los – durch den Ausgang.«

Sie gingen weiter. Der andere Amerikaner ging ein Stück voraus und trug Beaumonts Koffer. Plötzlich blitzte es erneut, diesmal aber keineswegs vom Gewitter. Der Beamte unter dem Vordach hatte Beaumont mit einer Polaroid-Kamera fotografiert. »Jo«, rief Dixon, »hol das Foto.«

Während Beaumont zum Ausgang stapfte, bewegte sich Jo in Richtung des Bahnhofs. Ein weiterer Blitz beleuchtete den Wagen hinter dem Ausgang, auf den sie zusteuerten. Ein großer roter, teuer aussehender Wagen. Der Regen prasselte auf das Dach.

Beaumont ließ seine Schultern noch mehr hängen und achtete darauf, sein Tempo nicht zu ändern und keine Reaktion zu zeigen. Aber er war sich jetzt sicher: Diese Männer waren keine FBI-Agenten.

Sie traten durch den Ausgang hinaus in die Dunkelheit und entfernten sich von den verschwimmenden Lichtern des Zuges. Sie stapften durch schlammige Pfützen. Am Steuer des Wagens saß ein dritter Mann, der ihnen sein Gesicht zuwandte und sie beobachtete. Dixon öffnete die Hintertür für den Engländer, der in seinen Manteltaschen fummelte, die Dixon, bevor Beaumont den Mantel anziehen durfte, durchsucht hatte. Er nahm ein Päckchen Zigaretten heraus und nickte in Richtung des Wageninneren.

»Schon gut, Dixon«, sagte er freundlich. »Ich hab' schon begriffen. Ich komme mit.« Er hielt das brennende Streichholz in der hohlen Hand und stand hinter der halbgeöffneten Tür. Der Amerikaner zögerte. Der plötzliche Stimmungswechsel irritierte ihn. Eine Sekunde später revidierte er seine Meinung über Beaumonts Größe und Schwerfälligkeit – eine Sekunde zu spät. Der Engländer rammte seinen großen Körper mit Wucht brutal gegen die Wagentür. Dixons Hand und Arm waren eingequetscht.

Es war ein akzeptables Risiko; Beaumont hatte es überlegt. Schlimmstenfalls würde der Schuß harmlos im Wageninneren losgehen; im besten Fall würde der Colt durch die Lücke zwischen der fast geschlossenen Tür und dem Türrahmen in den Schlamm fallen. Beaumont bückte sich so schnell, daß Dixon die Bewegung nur undeutlich wahrnahm, kam mit dem Colt wieder hoch und warf den Verletzten mit dem Gesicht nach unten auf den Rücksitz. Die Mündung des Colts zeigte auf den Mann auf dem Vordersitz, der überhaupt keine Zeit gehabt hatte, etwas zu unternehmen. »Langsam, Jungchen«, warnte Beaumont. »Diese Dinger sind bekannt dafür, daß sie manchmal Peng machen.«

Im Spiegel sah er, wie Jo mit dem Koffer durch den Ausgang kam. Er behielt den Mann hinter dem Steuer im Auge und brüllte einen Befehl, den Jo kaum überhören konnte. »Bleiben Sie stehen – falls Sie wollen, daß Ihre Kumpane am Leben bleiben.«

»Zum Teufel noch mal, wir sind vom FBI«, sagte der Mann hinter dem Steuer mit gequälter Stimme.

»Das stimmt, Beaumont ...«, Dixon ächzte gequält, während er über den Rücksitz ausgebreitet liegenblieb und sein rechtes Handgelenk hielt.

»Beweisen Sie es!« fuhr Beaumont ihn an. »Und halten Sie den Koffer schön fest – mit beiden Händen«, rief er Jo zu, während er den dritten Amerikaner durch den Rückspiegel im Auge behielt.

Dixon benutzte seine linke Hand, um mit gespreizten Fingern einen Ausweis hervorzuziehen.

»Machen Sie Licht, damit ich dieses Ding sehen kann«, schnauzte Beaumont. Er beobachtete den Mann hinter dem Steuer, der einen Schalter drückte, und blickte flüchtig auf die Karte. »Ganz klar gefälscht«, bemerkte er zynisch.

»Dafür könnten Sie hinter Gitter kommen«, ließ ihn der Dreißigjährige hinter dem Steuer wissen.

»Unter welcher Anklage?« fragte Beaumont.

»Widerstand gegen die Staatsgewalt...«

»Staatsgefasel!« Beaumont schaute den Mann auf dem Rücksitz düster an. »Sie steigen in einen Zug und halten mir, während ich schlafe, einen Revolver unter die Nase. Es fällt Ihnen noch nicht einmal ein, mir Ihre Erkennungsmarke zu zeigen...«

»Es mußte so sein, Beaumont«, beteuerte Dixon müde. »Es mußte gut aussehen...«

»Ich bin noch nicht fertig. Ich gebe mich noch lange nicht zufrieden! Seit wann flitzt der FBI in Lincoln Continentals herum – oder seid ihr alle plötzlich Millionäre geworden?«

»Sagt Ihnen der Name General Lemuel Quincey Dawes etwas?« fragte Dixon. »Und darf ich Ihnen noch etwas zeigen?«

»Ich glaube, ich habe den Namen mal in der Zeitung gelesen«, meine Beaumont knapp. Er hielt den Colt noch immer auf den Mann hinter dem Steuer gerichtet und ließ Jo weiterhin mit beiden Händen den Koffer umklammern.

»Sie dürfen mir etwas zeigen – wenn Sie vorsichtig sind.«

Das Etwas war ein gefaltetes Stück Papier, das, entfaltet und von Dixon ins Licht gehalten, sich als ein kurzer Brief in einer auffallenden Handschrift erwies, die Beaumont erkannte. ›Keith – wir sitzen in einer Klemme, ein sehr dringender Fall. Ich brauche Sie sofort wieder in Washington. Tun Sie mir einen persönlichen Gefallen. Ihr Lemuel.‹

»Scheißkerl«, kommentierte Beaumont schlicht. »Ich komme nicht – höchstens aus dem Regen in den Wagen hinein.« Er stieg ins Auto und lehnte sich vorsichtig gegen das weiche Leder. Dixon machte Platz und setzte sich aufrecht. Er hielt immer noch seine rechte Hand. »Kaputt?« fragte der Engländer.

Er betrachtete den Amerikaner hinter dem Steuer, der ihnen noch zugewandt war und Beaumont anstarrte wie ein Schlächter, der sich soeben daranmachte, sein Opfer zu zerlegen.

»Sie werden sich den Hals verrenken«, bemerkte Beaumont.

»Ihren möchte ich am liebsten umdrehen«, erwiderte der Mann hinter dem Steuer gelassen.

»Schon gut, Fred«, sagte Dixon irritiert. »Aber wissen Sie, Beaumont, das war ganz schön riskant von Ihnen...«

»Riskant?« explodierte der Engländer. »Sie wecken mich, indem Sie mir einen Revolver zwischen die Zähne stecken, und wenn meine Reflexe nicht besonders gut funktionieren...«

»Dann möchte ich nicht dabei sein, wenn sie funktionieren«, ergänzte Dixon gequält, während er sein Handgelenk rieb. »Und das mit dem Lincoln Continental sehe ich ein – mein Wagen hatte eine Panne auf dem Weg vom Flughafen hierher, und das war der erstbeste Wagen, den wir schnappen konnten.« Auf dem Vordersitz zündete Fred, der Beaumont nun den Rücken zugedreht hatte, den Motor.

»Den kann er wieder abstellen«, befahl Beaumont barsch. »Wir bleiben noch hier.«

»Mach aus, Fred.« Dixon schien zerknirscht. »Wir fahren nicht. Noch nicht«, fügte er hinzu. »Sehen Sie, Mr. Beaumont«, sagte er sehr höflich, »es war eine schlimme Nacht für uns – noch bevor wir Sie trafen. Wir mußten von Washington durch ein Gewitter hierherfliegen – es gab heute abend keine Linienflüge.«

»Weiß ich«, sagte Beaumont forsch und zündete sich eine neue Zigarette an. »Ich wollte nach Miami fliegen, als man mir sagte, daß ein allgemeines Startverbot erteilt worden war. Deswegen mußte ich ja mit dem Zug fahren.«

»Es war die reinste Hölle, einen Flughafen zu erreichen, der dem Zug vorauslag«, fuhr Dixon fort. »Dann mußten wir einen Wagen finden, der uns rechtzeitig hierherbrachte, um den Expreß anzuhalten. Da können Sie sehen, wie dringend man Sie in Washington zurückhaben will. Und noch etwas – bis heute abend hat der Florida-Expreß seit fünf Jahren keinen außerplanmäßigen Aufenthalt gehabt...«

»Wir machen alle irgendwann einen außerplanmäßigen Aufenthalt«, erwiderte Beaumont. »So wie ich jetzt. Was sollte das übrigens bedeuten – ein Entflohener aus Folsom?«

»Das war Deckung«, seufzte Dixon. »Die Sicherheitsvorkehrungen bei dieser Sache sind schärfer als beim Besuch eines Staatsoberhauptes. Die anderen Reisenden werden glauben, daß wir einen Kriminellen aus dem Zug geholt haben – falls jemand wie dieser geschwätzige Phillipson es sich in den Kopf setzt, die Presse zu informieren. Übrigens halte ich den Zug noch immer an«, fügte Dixon hinzu.

»Das ist Ihre Sache. Die Sicherheitsvorkehrungen bei welcher Sache? Dawes verrät mir so gut wie gar nichts in seinem Brief.«

»Darüber weiß ich nichts...«

»Gute Nacht!« Beaumont öffnete die Tür, knallte sie aber wieder zu, als Dixon fortfuhr: »Wir wissen, daß Sie ohne Unterbrechung zwei Jahre in der Arktis verbracht haben und in Urlaub fahren wollten; aber ich habe Anweisung, Ihnen als letztes Lockmittel zu erzählen, daß Sam Grayson und Horst Langer ihre Hilfe zugesagt haben. Ich nehme an, Sie kennen diese Männer?«

Beaumont setzte sich in seinem Sitz aufrecht und starrte in den Regen, der gegen die Windschutzscheibe schlug. Dixon beobachtete ihn neugierig, bemerkte die kurze Nase, den festen Mund, die Linie des Kiefers, die Energie und Entschlußkraft ausdrückten. Es waren die Augen, fand er, die ihn am meisten störten, diese großen braunen Augen, die ihn anstarrten, ohne zu blinzeln, und die ihn zu durchdringen schienen.

Der Engländer nahm seinen tropfenden Hut ab, wandte sich Dixon zu und lächelte ihn ernst an. »Sie hatten einen turbulenten Flug hierher?« erkundigte er sich.

»Wir waren alle luftkrank.«

»Schade. Ich fürchte, Sie werden wieder luftkrank werden. Ich habe mit Grayson und Langer eine Menge durchgemacht, also werde ich nach Washington zurückkehren müssen. Lassen Sie den Zug abfahren, und bringen Sie mich dann schnell zum Flughafen. Es sieht tatsächlich aus, als hätte Dawes einige Schwierigkeiten.«

In einem plötzlichen Einfall reichte er Dixon den Colt.

Am Samstag, dem 19. Februar, brannten um drei Uhr früh in der obersten Etage des Gebäudes der National Security Agency in Washington noch immer die Lichter. Die NSA, die der Öffentlichkeit weit weniger bekannt ist als der CIA, ist einer der erfolgreichsten Nachrichtendienste der Welt, nicht zuletzt auch deshalb, weil sie weniger im Rampenlicht steht als ihr berüchtigteres Gegenstück. Auf jeden Fall gibt sie einen größeren Etat wirkungsvoller aus.

General Dawes war ein kleiner, stark gebauter Dreiundfünfzigjähriger, der das Aussehen eines Managertyps hatte. Er trug tristgraue Straßenanzüge, hatte eine Vorliebe für tropische Pflanzen und haßte kaltes Wetter. Wahrscheinlich wurden ihm deshalb Angelegenheiten in der Arktis übertragen. Am 19. Februar um drei Uhr früh schritt er in seinem kurzärmeligen Hemd in seinem Büro auf und ab, leicht schwitzend bei der Zimmertemperatur von 28 Grad, die durch ein ausgeklügeltes Kontrollsystem konstant gehalten wurde.

Achtundzwanzig Grad waren notwendig, um die tropischen

Pflanzen, die sein Büro schmückten, am Leben zu erhalten. Seine weniger ehrerbietigen Mitarbeiter pflegten das Zimmer die Dschungel-Box zu nennen.

»Beaumont ist soeben angekommen. Sie sind gerade auf dem Weg vom Flughafen hierher, Herr General...«

Dawes' Assistent Jerry Adams hielt seine schlanke Hand über die Sprechmuschel des Telefons, als er fortfuhr. »Die Maschine hätte sich bei der Landung fast überschlagen. Aber er ist okay. Irgendwelche besondere Anordnungen? Wir haben Funkverbindung mit dem Wagen, der ihn herbringt...«

»Bringen Sie ihn einfach her – möglichst schnell!«

»Er könnte zuerst ins Hotel sich frisch machen«, drängte Adams. »Das würde uns ein bißchen Zeit geben, die Sache durchzukauen...«

»Wir haben ihn aus diesem Expreß herausgezerrt«, knurrte Dawes. »Ich kenne ihn – er geht schon jetzt die Wände hoch. Es wird nicht leicht sein, ihn zu überreden, und das wird noch viel schwieriger, wenn wir ihn einfach abstellen oder ihm Zeit zum Überlegen geben. Ich muß ihn in diese Sache regelrecht reinstoßen. Also bringen Sie ihn her!«

Adams, ein schmaler, fünfunddreißigjähriger Intellektuellentyp, zog in wortloser Mißbilligung seine dunklen Augenbrauen hoch und gab die Anweisung weiter. Dann legte er den Hörer auf und rückte seine randlose Brille zurecht. »Ich sehe immer noch nicht ein, warum wir diesen Engländer brauchen. So wie ich die Sache sehe, ist es eine einfache Operation, die unsere eigenen Jungs erledigen können. Sobald wir wissen, daß Gorow in Richtung Target 5 aufgebrochen ist, schicken wir ein Flugzeug, es nimmt ihn an Bord und fliegt ihn raus...«

»Einfach?« Dawes mit seinem federnden Gang vollendete eine weitere Runde durch sein Zimmer und setzte sich hinter seinen großen, leeren Schreibtisch. »Einfach?« wiederholte er leise. »Genauso einfach wie vom PanAm-Gebäude zu fallen – so kann man sich natürlich auch das Genick brechen.«

»Mit einem bißchen Glück könnte es glatt ablaufen...«

»Einem bißchen Glück?« Dawes' ruhiger Ton trügte. »In dem Punkt könnten Sie recht haben, Adams«, fuhr er milde lächelnd fort. »Ein wichtiger Russe läuft zu uns über, vielleicht der wichtigste Russe überhaupt, der jemals die Sowjetunion verlassen hat. Stimmt's?«

»Das ist wahr«, gab Adams einfältig zu.

»Er wird um sein Leben laufen müssen«, fuhr Dawes im selben gleichmäßigen Ton fort. »Er startet von der sowjetischen Eisinsel

Nordpol 17* und wird versuchen, sich zu unserem nächsten Forschungsstützpunkt Target 5 durchzuschlagen, der sich in diesem Augenblick zufällig vierzig Kilometer westlich der sowjetischen Insel befindet. So, wie es jetzt steht, befinden sich nur drei Professoren auf Target 5, die auf ihre Evakuierung warten, bevor die Insel auseinanderbricht. Können Sie mir folgen?« erkundigte er sich.

»Vollkommen, Sir...«

»Keiner der drei Professoren auf Target 5 ahnt, was kommen wird – daß Gorow bald auf dem Weg über das Packeis zu ihnen kommen wird.« Dawes redete jetzt schneller, wobei er Adams' Blick mit seinen kalten blauen Augen festhielt. »Wir können es ihnen nicht sagen, weil sie nicht unter Geheimhaltungsstufe eins fallen...«

»Vielleicht sollten wir ihnen trotzdem einen Funkspruch durchgeben«, schlug Adams vor, »ihnen einen Tip geben.«

»Von wegen Tip! Wir wissen erst seit kurzem, daß Gorow kommen will. Ein ganzes Flugzeug voller Männer darf ich nicht zu früh rüberschicken, weil es die Russen aufmerksam machen würde. Sie könnten ihren Stützpunkt abriegeln. Dann wäre auch Gorow eingeschlossen. Der Witz an der Sache ist, daß zu diesem Zeitpunkt die Lage auf Target 5 völlig normal und totenstill erscheinen muß.«

»Ich sehe immer noch nicht, was Beaumont damit zu tun hat.«

Dawes betrachtete Adams eingehend, bevor er antwortete. Mit seinen fünfunddreißig Jahren hatte Jerry Adams mehr akademische Qualifikationen für diese Position, als Dawes sich hatte merken können. Er sprach fließend sechs Sprachen, einschließlich Russisch und Serbokroatisch. Er war Experte in Kryptographie, Funkspezialist, und mit fünf anderen teilte er den Ruf, die besten Verhöre in den Vereinigten Staaten zu führen. Es gab nur eine Qualifikation für die Arktis, die ihm fehlte: Das einzige Eis, das er je in seinem Leben gesehen hatte, war das Eis im Cocktailglas.

»Nebel«, sagte Dawes.

»Nebel?«

»Nehmen wir an, Target 5** ist von Nebel eingeschlossen«, begann Dawes ernst. »Wie kommen wir hin, um Gorow rauszuho-

* Alle größeren schwimmenden Stützpunkte der UdSSR in der Arktis tragen die Bezeichnung »Nordpol« mit einer Kennziffer. Ein so bezeichneter Stützpunkt kann Hunderte von Kilometern vom Pol selbst entfernt driften.

** Sehr große Eisinseln, die in der Arktis driften, nennen die Amerikaner »Targets« (deutsch: Zielscheiben). T1 = Target 1, die erste Eisinsel, die bekannt wurde, wurde zum erstenmal am 14. August 1946 von dem Funker eines Superfortress-Bombers vor der kanadischen Arktisküste gesichtet.

len? Wir können nicht einfliegen, wir können kein Schiff durch massives Packeis schicken, also werden wir zu Fuß gehen müssen, mit einem Schlitten über das Eis. Deswegen könnten wir Beaumont brauchen.«

»Er ist so etwas wie eine letzte Rettung?«

»Ja.« Dawes schaute zu der geschlossenen Tür seines Büros, als könnte Beaumont jeden Augenblick im Türrahmen erscheinen. »Der Haken ist nur, daß er nicht weiß, daß er nur eine Art letzte Rettung ist, und ich habe nicht vor, es ihm unter die Nase zu binden. Um Ihr besorgtes Gehirn zu beruhigen, Adams, werde ich Ihnen seine Qualifikationen aufzählen.«

»Haben wir sonst niemanden, der einen Schlitten über das Packeis führen könnte?« fragte Adams ungläubig. »Das ist doch wirklich eine einfache Aufgabe.«

»Manchmal frage ich mich, warum ich Sie angestellt habe«, seufzte Dawes mit einem echten Ton der Verwunderung in der Stimme. »Schlittenführen ist das rauheste und härteste Geschäft, das der liebe Gott geschaffen hat.« Er stand auf und ging rasch zu einer riesigen Wandkarte. »Kommen Sie her, und ich werde Ihnen etwas beibringen, was man auf Harvard versäumt hat, Ihnen zu erzählen.«

Er starrte auf die Karte der arktischen Zone. Ganz oben war die Küste Rußlands mit Murmansk und Leningrad auf der rechten Seite zu erkennen. Der Mittelpunkt der Karte war der Nordpol, unterhalb Spitzbergen, Grönland und die Küste von Kanada und Alaska. Die Markierungsnadel, die die gegenwärtige Position von Target 5 angab, steckte sehr tief, genau über der Eisberg-Gasse, einem gefährlichen Trichter von treibendem Eis zwischen Grönland und Spitzbergen.

»Target 5 driftet zur Zeit hundertfünfundachtzig Kilometer von der Küste Grönlands entfernt«, sagte Dawes ruhig. »Vierzig Kilometer weiter östlich ist der sowjetische Stützpunkt Nordpol 17, von wo Gorow sich absetzen will. Jeden Tag driften die beiden Eisplatten, die diese Stützpunkte tragen, mit dem Packeis näher zur Eisberg-Gasse hin. Beaumont nennt es den gefährlichsten Ort der Erde, und ich bin derselben Meinung.«

»Seine Qualifikationen?« drängte Adams.

»Ungewöhnlich. Seine Mutter war Kanadierin, sein Vater Engländer; er fiel im Krieg. Inzwischen ist auch die Mutter gestorben. Beaumont wurde 1943 als Kind nach Kanada gebracht und kam nach Coppermine am Rande der Arktis. Er wuchs im Eis auf, in der Nähe der Gegend, wo die Eisinseln entstehen, wenn sie vom kanadischen Schelfeis abbrechen. 1952 wurde er zur Ausbildung nach England zurückgeschickt, wo er anfing, sich für die Fliegerei zu interessieren. 1965 heiratete er – er war damals fünfundzwanzig Jahre –, und drei Wochen nach der Hochzeit wurde seine Frau von einem Betrunkenen, der Fahrerflucht beging, getötet.«

»Ein Alptraum«, murmelte Adams.

»Für den Fahrer, ja. Er wurde gefunden und angeklagt. Beaumont war im Gerichtssaal, als der Fahrer in London verurteilt wurde. Bevor man ihn aus dem Zeugenstand zurückführen konnte, hatte Beaumont sich auf ihn gestürzt und hätte ihn fast umgebracht. Er wurde mit Bewährung entlassen und kam direkt zurück nach Kanada.«

»Das muß vor sieben Jahren gewesen sein«, schätzte Adams.

»Schön zu sehen, daß Sie rechnen können«, bemerkte Dawes. »Seitdem verbrachte er die meiste Zeit in der Arktis, arbeitete teilweise für die Leute des arktischen Forschungslabors in Point Barrow, teilweise für uns. Er ist der Mann, der uns all die Informationen über den sowjetischen U-Boot-Jäger, diesen Hubschrauber, besorgt hat, als er zum erstenmal in der Arktis auftauchte.« Dawes erinnerte sich ungern an diesen Hubschrauber. »Er gehört zur Geheimstufe eins und spricht fließend Russisch. Falls das nicht reicht, ist da noch dieser Spitzbergen-Trip.«

»Was war das, Sir?«

»Unsere Sicherheitsvorkehrungen müssen besser sein, als ich dachte«, bemerkte Dawes mit einem kalten Lächeln. »Aber Sie waren ja damals in Saigon. Letztes Jahr machten sich drei Männer auf den Weg über das Packeis, um etwas zu beweisen, was wir für unmöglich hielten: Sie legten den ganzen Weg von Grönland bis Spitzbergen per Schlitten zurück. Es kam nicht in die Presse, weil dieser Trip von militärischer Bedeutung war. Die drei Männer waren Sam Grayson und Horst Langer, die jetzt in Thule warten, und Beaumont – ihr Anführer.«

»Das klingt alles äußerst vielversprechend«, gab Adams zu. »Aber wir brauchen ihn nur für den Fall, daß Target 5 eingenebelt ist?«

»Richtig! Die Schwierigkeit ist, daß Beaumont nur dann direkt nach Grönland zurückgehen wird, wenn ich ihm sage, daß er Michael Gorow herausholen soll...«

»Aber das wissen Sie ja nicht«, warf Adams ein. »Der neueste meteorologische Bericht meldet klares Wetter über dem ganzen Gebiet...«

»Dann werde ich ihm eben *meinen* neuesten Wetterbericht

zeigen.« Dawes ging zu seinem Schreibtisch und zog ein maschinengeschriebenes Blatt hervor, das er Adams reichte. »Er hat gerade zwei schlimme Jahre in der Arktis verbracht. Deshalb werden wir mit Engelszungen reden müssen, um ihn zur Rückkehr zu bewegen. Diese kleine Fälschung muß dazu beitragen.«

Adams starrte auf das Blatt Papier. Es war ein offizieller meteorologischer Bericht mit Datum und Uhrzeit von vor acht Stunden. – Wetterbedingungen Umgebung Target 5 verschlechtern sich rapide. Dichter Nebel. Sicht null. Temperatur minus neunundvierzig Grad. Bedingungen verschlechtern sich voraussichtlich. – Adams blickte von dem Bericht auf. »Was passiert, wenn er dahinterkommt, daß Sie ihn angeschmiert haben?«

»Er wird in die Luft gehen; aber bis dahin ist er hoffentlich in Thule auf Grönland.« Dawes nahm eine kurze, dicke Zigarre aus einer Kiste und steckte sie in den Mund, ohne sie anzuzünden. Seit dreißig Tagen versuchte er, sich das Rauchen abzugewöhnen, und bis jetzt hatte er es vierzehn Tage lang ausgehalten. »Sie haben von der undichten Stelle in unserem Sicherheitssystem in Thule gehört?« fragte er beiläufig.

»Nein.« Adams richtete sich in seinem Stuhl auf. »Welche undichte Stelle?«

»Callard vom FBI hat mir vor zwei Stunden eine Warnung zukommen lassen.« Dawes blies das Streichholz aus, das er geistesabwesend angezündet hatte. Er blickte ernst drein. »Es hat den Anschein, daß ein Top-Sowjetagent seit mehr als zwei Jahren fortlaufend Informationen gesendet hat. Man kennt seinen Decknamen – Krokodil –, und man hofft, sehr bald seine Identität zu lüften.«

»Das könnte die Operation gefährden«, sagte Adams.

»Ich glaube nicht. Ich werde Beaumont empfehlen, nur mit Tillotson, dem Sicherheitschef dort, zu verhandeln.« Dawes blickte auf seine Uhr. »Beaumont dürfte bald hier sein. Halten Sie sich fest, Adams.«

Der Mond stand hoch, die Nacht war sternklar, und über dem Packeis funkelte der Himmel im Licht der Konstellationen um den Großen Bären. Die bittere Kälte der langen Nacht lag wie ein Belagerungsring um Target 5.

Hundertfünfundachtig Kilometer östlich der Küste Grönlands und nur vierzig Kilometer westlich der sowjetischen Eisinsel Nordpol 17 wurde Target 5 von dem Packeis bedrängt, das an ihm rieb und sich gegen seine klippenähnlichen Ränder preßte. Es waren Milliarden Tonnen Eis, die ständig in Bewegung waren und quietschten und knirschten, in dem Bestreben, die Insel, die in ihm gefangen war, durch seinen Druck zu zermalmen.

Seit dreißig Jahren, seitdem im Jahre 1942 Target 5 vom kanadischen Schelfeis losgebrochen war und seinen spektakulären Umlauf rund um den Nordpol angetreten hatte, versuchte das Packeis die Insel zu zermalmen. Aber bisher hatte es den sieben Meter hohen Eisklippen, die sich über ihm erhoben, nichts anhaben können, da es aus Salzwassereis bestand – einem Eis, das sich aus der See geformt hatte. Die massive Insel, anderthalb Kilometer im Durchmesser, war zäher.

Target 5 bestand aus Frischwassereis, das härter ist als sein Gegner, der sich aus Salzwasser zusammensetzte. Sie hatte einen langen Stammbaum. Über Hunderte von Jahren hatte sich das Schelfeis entlang der kanadischen Küste aufgebaut aus dem langsam abfließenden Gletscherwasser, das sich zur gefrorenen See hinbewegte. Das Schelfeis hatte sich Lage um Lage aufeinandergeschichtet und eine Stärke von siebzig Metern erreicht. Target 5 war ein Fragment dieses Schelfs, ein anderthalb Kilometer weites Fragment, das sich losgelöst hatte und seit dreißig Jahren mit dem Packeis driftete.

Die Eisinsel hatte gerade ihren vierten, zehn Jahre dauernden Umlauf um den Pol mit Kurs auf die kanadische Arktisküste begonnen, als die Grönland-Strömung sie erfaßte. Die riesige Eisscheibe wurde südlicher als je zuvor getrieben. Bald war sie in der Nähe des Trichters zwischen Grönland und Spitzbergen, bis sie den Punkt ohne Wiederkehr erreicht hatte, und trieb nun statt westlich weiter südlich in Richtung Eisberg-Gasse.

Weit entfernt in Washington wartete Dawes noch auf Beaumont, als Dr. Matthew Conway, der fünfzigjährige Stationsleiter von Target 5, aus der Hauptbaracke des Quartiers trat, um mit dem Sextanten die Position zu bestimmen. Conway, den normalerweise nichts aus der Ruhe bringen konnte, war etwas nervös, als er mit dem Instrument hantierte. Und die Tatsache, daß fast sofort ein zweiter Mann bei ihm war, als er nun nach draußen trat, irritierte ihn eher noch mehr. Jeff Rickard, der zweiunddreißigjährige Funker, schloß schnell die Tür hinter sich, um die Kälte nicht in die Baracke zu lassen. »Irgendwas los, Matt?« erkundigte er sich.

»Eine ganze Menge«, antwortete Conway mit erzwungener Heiterkeit. »Der Omaha-Expreß ist gerade vorbeigefahren.«

»Mensch, wenn's nur so wäre! Irgendwelche Zeichen von den Russen, meinte ich.«

»Ich weiß, was du meintest.«

Sie standen zwischen zwölf Baracken, die den Forschungsstützpunkt in der Mitte der Insel bildeten. Auf beiden Seiten einer schmalen Straße aus festgefahrenem Schnee standen sich je sechs Baracken gegenüber. Aus einer Baracke am Ende der Straße ragte ein Funkmast in die Mondnacht. Überall um sie herum, an keiner Stelle weiter als achthundert Meter entfernt, quietschte und knirschte der Feind – das Packeis – wie ein gequältes Ungeheuer. Es erinnerte sie daran, daß das Packeis lebte, sich bewegte und gegen die Klippen scheuerte, die es noch zurückhielten. Plötzlich hörten sie ein neues Geräusch, einen scharfen Knall, wie von einem Gewehrschuß.

»Was zum Teufel war das?« flüsterte Rickard.

»Ein Stück Eis, das abbricht«, antwortete Conway müde. »Geh bitte nach drinnen zu Sondeborg, Jeff. Ich möchte mit meiner Arbeit fertig werden.«

»Er hat wieder eine seiner Launen. Ich glaube, es wird schlimmer mit ihm, Matt.«

Conway hatte sein Gesicht von Rickard abgewandt. Er preßte die Lippen zusammen und versuchte, sich auf seine Positionsbestimmung zu konzentrieren. Sondeborg, mit sechsundzwanzig Jahren der Jüngste von ihnen, war kurz vor einem Nervenzusammenbruch, oder wie auch immer man es nennen wollte. Schuld war natürlich die Isolation. Außerdem stand das Ende ihres Aufenthalts auf der Insel bevor. In zwölf Tagen sollte das Flugzeug kommen, um sie von dieser dem Untergang geweihten Insel zu evakuieren, und jetzt erschienen ihnen die Stunden – selbst die Minuten – wie Jahre.

Der Forschungsstützpunkt war rundherum von einem glatten, schneebedeckten Plateau umgeben, das sich bis zu den Eisklippen hin erstreckte, ausgenommen eine kleine Stelle im Süden, wo sich ein Hügel erhob, dessen Gipfel fünfzehn Meter über dem Plateau lag. Hier, mehr als hundertsechzig Kilometer von der nächsten Küste entfernt, war ein Hügel, aufgeschüttet aus riesigen, schneebedeckten Felsbrocken. Einige hatten die Größe kleiner Bungalows. Vor Jahrtausenden waren sie in einen Gletscher geraten und auf dem kanadischen Schelfeis abgelagert worden. Als die gewaltige Eisplatte abgebrochen war, hatte sie den Hügel mit sich getragen.

Die Tür hinter Conway wurde wieder geöffnet, und er spürte, daß er nahe daran war, seine Selbstbeherrschung zu verlieren. Sondeborg gesellte sich zu ihnen. Ihre Lage war äußerst vertrackt. Niemand war in dieser schrecklichen Einsamkeit gern sich selbst überlassen, nicht einmal in der Wärme einer Baracke. Trotzdem rieben sie sich gegenseitig auf, wenn sie zusammen waren, so wie das Eis, das gegen die nahen Klippen scheuerte. »Mach die Tür zu, Harvey«, sagte Conway, der sein Auge gegen das Instrument preßte. Die Tür schlug hinter ihm zu.

»Die Russen sind fort!« Sondeborg war nervös, fast hysterisch. »Sie haben mehr Verstand als wir. Sie haben ihren verfluchten Stützpunkt geräumt, als noch Zeit dazu war. Warum zum Teufel funken wir nicht nach unserem Flugzeug. Alles ist gepackt...«

»Jetzt reicht's!« Conway senkte den Sextanten und fuhr herum. »Es ist noch längst nicht alles gepackt – und du hast noch Experimente abzuschließen.«

»Scheiß auf die Experimente!« zischte Sondeborg. »Dieser Ort ist mir unheimlich...«

»Du bist seit elf Monaten auf Target 5«, unterbrach Conway, »und es ist noch immer derselbe Ort.«

»Es ist nicht derselbe Ort«, schnauzte Sondeborg zurück. »Wir befinden uns am Rand der Eisberg-Gasse...«

»Geh nach drinnen und mach uns Kaffee«, fuhr Conway ihn an. »Wir können alle etwas Heißes zu trinken gebrauchen.« Die Tür knallte wieder, als Sondeborg zurück in die Baracke stürmte. »Du gehst besser mit ihm rein, Jeff«, empfahl Conway ihm. »Du weißt ja, was er anstellt, wenn er allein ist. Dann kannst du noch mal versuchen, nach Thule durchzukommen. Ich will, daß man unsere neue Position kennt.«

»Ich werd's versuchen«, sagte Rickard skeptisch. »Es bilden sich starke atmosphärische Störungen. Ich glaube, wir sind abgeschnitten. Es könnte an einem bevorstehenden Wetterumschwung liegen.«

Conway runzelte die Stirn, als er seine Positionsbestimmung abgeschlossen hatte. Der Hinweis auf schlechte Funkverbindung beziehungsweise gar keine Funkverbindung machte ihm mehr Sorge, als er zeigen wollte. Bevor er wieder hineinging, blieb er kurz stehen und überflog die vertraute Wildnis aus gefrorener See und endlosem Eis. Aus irgendeinem Grund hatte Conway Angst.

In Dawes' Büro herrschte eine subtropische Hitze und eine Spannung, die die drei Männer ins Schwitzen brachte. Beaumont hatte diese Spannung ausgelöst. Er saß da in kurzärmeligem Hemd, die Hände über seine starken Knie verschränkt, und starrte Dawes an. »Also gut, ich bin jetzt im Bilde, nun, was macht diesen Russen, Michael Gorow, so verdammt wichtig?«

»Alles, was Sie wissen müssen, ist, daß er sehr wichtig ist«, warf Adams dazwischen. »Die Einzelheiten sind top secret.«

Beaumont wandte kurz seinen Kopf und warf dem Assistenten

einen mißbilligenden, düsteren Blick zu. Dann wandte er sich wieder an Dawes, der eilig antwortete. »Michael Gorow ist der Meeresforscher Nummer eins der Sowjetunion. Er hat persönlich die Verlegung ihres gesamten Sosus- und Caesar-Systems* entlang dem arktischen Meeresboden überwacht. Und er bringt die Katharina-Karten mit – den vollständigen Plan dieses Systems, das ihre U-Boote unter dem arktischen Eis herleitet und sie bis an unsere Küsten führt. Sagt Ihnen das genug?«

»Es bedeutet, daß Gorow – wichtig ist.«

»Wenn wir diese Karten in unseren Händen haben, könnten wir uns daranmachen, ihr ganzes Offensivsystem auseinanderzureißen. Es könnte sie zehn Jahre zurückwerfen«, fuhr Dawes temperamentvoll fort. »Und es bedeutet noch mehr als das: Wenn der Präsident im Mai mit den Katharinen-Karten in seiner Tasche nach Moskau geht, könnte er aus einer sehr starken Position heraus verhandeln. So wichtig ist das, Keith. Und deswegen brauche ich Sie in Grönland.«

»Immer mit der Ruhe. Noch habe ich nicht die Absicht, überhaupt irgendwohin zu fahren.« Beaumont erhob sich und ging quer durch den Raum, um sich die Wandkarte anzusehen. Für einen Mann von seiner Größe ging er sehr gemessen. »Dieses Schiff, die *Elroy* ...« Er zeigte auf eine Markierungsnadel unten auf der Karte. »Ist das der Eisbrecher, das Schwesterschiff der *Exodus*?«

»Ja. Nach einem Jahr in der Arktis ist sie auf dem Weg zurück nach Milwaukee.«

»Und wenn ich verlangen würde, daß Sie sie umkehren lassen und sie schnurstracks zu dem Eisfeld zurückschickten ...?«

Adams' Stimme überschlug sich vor Entrüstung. »Sie scheinen vergessen zu haben, daß *wir* diese Operation planen, Beaumont.« Der Engländer wandte sich ihm langsam zu und fixierte ihn. Adams wurde unbehaglich zumute, und Beaumont ließ sich Zeit mit der Antwort: »Vielleicht hätten Sie Lust, mit mir zu kommen – über das ungemütliche Eis?« Er wandte sich wieder Dawes zu. »Ein ganz schöner Schlamassel – und diese undichte Stelle in unserem Sicherheitssystem da oben in Thule gefällt mir überhaupt nicht. Dorthin muß ich zuerst, um Grayson und Langer abzuholen und mir die Ausrüstung zu besorgen, bevor wir nach Curtis Field weiterfliegen.« Mit einem Finger stieß er auf die Landebahn, die Target 5 am nächsten lag. »Deshalb ist diese undichte Stelle gefährlich.«

* Sosus und Caesar: amerikanische Bezeichnung für das Unterwasserortungssystem von Kabeln und Sonar-Bojen, das Unterseeboote in großer Tiefe unter dem Polareis auf vorbestimmtem Kurs entlangleitet.

»Callard vom FBI meint, sie könnten ›Krokodil‹ innerhalb weniger Stunden ausfindig machen. Irgendwelche notwendigen Instruktionen können wir vorab direkt an Tillotson funken. Er ist der Sicherheitschef dort oben.«

»Mir gefällt die Geschichte immer noch nicht. Zeigen Sie mir doch noch mal den Wetterbericht.« Dawes reichte ihm mit unbewegter Miene den gefälschten Wetterbericht; Adams konzentrierte sich auf seine Fingernägel. Beaumont las den Bericht und schüttelte den Kopf. »Das bedeutet, daß wir drei von Curtis Field aus bis an den Rand der Nebelbank fliegen müssen. Von da aus geht's weiter mit dem Schlitten nach Target 5 – für den Fall, daß wir es jemals finden. Wir holen Gorow ab – vorausgesetzt, daß er überhaupt die vierzig Kilometer über das unsichere Eis schafft –, dann müssen wir mit den Schlitten den ganzen Weg zurück, hundertfünfundachtzig Kilometer auf brüchigem Eis, wahrscheinlich mit den Sicherheits-Iwans auf den Fersen...«

»Wir könnten Sie vom Eis aufnehmen, sobald Sie aus dem Nebel sind, und Sie zurückfliegen«, schlug Adams vor.

»Könnten Sie«, stimmte Beaumont zu, »falls Sie uns finden, was ich bezweifle. Haben Sie überhaupt eine Ahnung, wie das ist, wenn man versucht, vier Männer und zwei Schlittengespanne um diese Jahreszeit aus der Luft ausfindig zu machen? Offensichtlich doch nicht...«

»Es werden aber Leute aus der Luft gerettet«, beharrte Adams.

»Das stimmt«, brummte Beaumont, »werden sie. Aber etwas wissen Sie offensichtlich nicht, daß dies nämlich meist per Zufall geschieht – ein Flugzeug, das überhaupt nicht nach ihnen sucht, findet sie zufällig. Und da ist noch etwas, das mir nicht gefällt«, fuhr er fort, »wir wissen immer noch nicht, wann er kommt.« Er ließ den Wetterbericht in Dawes' Richtung flattern. »Senden Sie eine dringende Nachricht an die *Elroy* – sie soll sofort umkehren und direkten Kurs Nord zum Eisfeld steuern. Das könnte ein Treffpunkt sein...« Beaumont nahm einen Bleistift und zeichnete ein dickes Kreuz auf die Wandkarte ein.

»Das ist ja mitten im Eis«, protestierte Adams.

»Dann soll sie sich eben ihren Weg durchs Eis rammen. In zwei Stunden will ich in einem Flugzeug nach Grönland sitzen«, sagte er zu Dawes, »in einer schnellen Maschine, die mich nonstop hinbringen kann.«

»Eine Boeing steht in diesem Augenblick für Sie bereit«, sagte Dawes.

Beaumont zog die Augenbrauen hoch. »Sie waren sich Ihrer Sache ziemlich sicher, nicht wahr? Amerikanische Organisation –

manchmal jagt sie mir Furcht ein. Zu klären wäre also nur noch diese heikle Angelegenheit, wann wir wissen werden, ob Michael Gorow kommt.«

Adams redete jetzt schnell und sachlich. »Wir erwarten die Rückkehr eines Mannes von Leningrad nach Helsinki. Er nimmt Verbindung mit einem Verwandten Michael Gorows auf, und er wird uns den Zeitpunkt angeben, wann Michael Gorow Nordpol 17 verläßt. Wir wissen mit Sicherheit, daß dies in den nächsten Tagen sein wird. Den genauen Tag werden wir dann wissen, wenn unser Mann herauskommt.«

»Angenommen, er kommt nicht lebend aus Leningrad raus?« warf Beaumont ein.

»Es müßte ihm eigentlich gelingen«, sagte Adams zuversichtlich. »Er war bisher noch nie hinter dem Eisernen Vorhang, und deshalb wurde er ausgewählt. Aber er ist ein sehr erfahrener Mann. Sobald er Helsinki erreicht, geht er direkt in unsere Botschaft, die uns umgehend informieren wird.«

»Die ganze Sache hängt von einem einzigen Mann in Rußland ab«, sagte Beaumont grimmig.

»Ein erstklassiger Mann«, versicherte Adams. »Wir werden es spätestens um ein Uhr Sonntag früh unserer Zeit wissen. Sobald wir es wissen, werden wir es Ihnen nach Curtis Field weitergeben.« Adams in seinem Optimismus schien in anderen Sphären zu schweben. »Sie brauchen sich keine Sorgen zu machen. Sie werden sehen – es wird alles klappen wie am Schnürchen.«

»Wird es nicht«, knurrte Beaumont. »Ich kann Ihnen nur das eine mit Sicherheit voraussagen: Es wird nicht klappen wie am Schnürchen.«

Freitag, 18. Februar

Am Freitag, dem 18. Februar, genau fünf Minuten nach fünfzehn Uhr, wurde auf dem Newski-Prospekt in Leningrad ein Mann getötet.

Nachmittags um drei Uhr Leningrader Zeit ist es in Washington erst sieben Uhr morgens. Beaumont hatte noch nicht einmal den Florida-Expreß bestiegen, aus dem er siebzehn Stunden später ohne viel Federlesens herausgeholt werden sollte. Es war also fast drei Uhr nachmittags, als Harvey Winthrop, ein amerikanischer Tourist, vorsichtig die fünf vereisten Stufen hinunterstieg, die vom Hotel Europa aufs Straßenniveau hinabführten.

Winthrop, ein großer, ernst aussehender Mann von achtunddreißig Jahren, war laut Paß Schriftsteller: ans Schreiben dürfte er aber wohl kaum gedacht haben, als er auf seine Uhr schaute und das Hotel Europa um 2.55 Uhr verließ. Auf der Straße wandte er sich nach links und stapfte durch den Schnee in Richtung Newski-Prospekt.

Der Himmel war wolkenverhangen und verhieß mehr Schnee. Es waren wenige Leute unterwegs, denn auf diesem nördlichen Breitengrad würde es innerhalb von dreißig Minuten dunkel sein. Die Straßenlaternen brannten sogar schon. Ihr Licht spiegelte sich gespenstisch im Schnee, als Winthrop den Newski-Prospekt erreichte und vorsichtig in beide Richtungen der breiten Allee spähte. Er erweckte den Eindruck, als sei er unschlüssig, ob er die Straße überqueren sollte; aber in Wirklichkeit beobachtete er drei parkende Wagen auf der anderen Seite der Allee.

Die Reisebegleiterin von Intourist, Madame Vollin, die ihn bei jedem Besuch der Eremitage begleitet hatte, seit er vor fünf Tagen aus Helsinki angekommen war, konnte er nirgends entdecken, weder in einem der geparkten Wagen noch vor den schwacherleuchteten Schaufenstern hinter den Fahrzeugen. Sie hatte also seiner Versicherung geglaubt, daß er heute nicht mehr zur Eremitage zurückgehen würde, da er zu müde sei, sich weitere Rubens anzuschauen. Er zögerte und wartete einen herannahenden Trolley-Bus ab. So hatte er wieder einen Vorwand, die Lage noch einmal gründlich zu sondieren.

Auf der gegenüberliegenden Seite der fast menschenleeren Allee eilte ein Jugendlicher in einer schwarzen Lederjacke um die Ecke, steckte seinen Schlüssel in eine Wagentür, öffnete sie und wartete auf ein junges Mädchen, das nach ihm um die Ecke bog.

Das rothaarige Mädchen trug einen enganliegenden Minimantel. Als es den jungen Mann eingeholt hatte, fing es an, auf ihn einzuboxen. Winthrop lächelte trocken, während der Trolley-Bus vorbeirollte, blaue Funken von der eisbehangenen Oberleitung sprühend: Auch die Russen hatten ihre Probleme mit Jugendlichen, besonders wenn es sich um Sprößlinge der oberen Parteifunktionäre handelte. Dann endlich überquerte er die Straße.

Es war kein Zufall, daß man Winthrop durchaus für einen Russen halten konnte. Er trug einen Pelzmantel, Pelzmütze und kniehohe Stiefel, die er drei Tage nach seiner Ankunft im Kaufhaus GUM erstanden hatte. »Ich hatte keine Ahnung, daß es so kalt sein würde«, hatte er Madame Vollin gegenüber erklärt. Als er die andere Straßenseite erreichte und an dem noch immer streitenden jungen Paar vorbeiging, schaute er auf die Uhr.

Zwei Uhr achtundfünfzig. Noch zwei Minuten bis zu dem

Treffpunkt, den er bereits sehen konnte: den kleinen baumbestandenen Park weiter unten auf dem Newski-Prospekt. Er stapfte die Allee entlang, seine behandschuhten Hände tief in die Manteltaschen vergraben und einen Kunstkatalog unter den Arm geklemmt. Er ging dieselbe Strecke zur Eremitage im Winterpalais, die er fünf Tage lang zusammen mit Madame Vollin gegangen war. Er näherte sich dem kleinen Park und konnte schon die Lenin-Statue neben dem Weg sehen und weiter entfernt eine kurze, gedrungene Gestalt, die vom Newski-Prospekt abgebogen und schon innerhalb des Parkes angelangt war.

Ob das der Seemann war? Winthrop betrat den Park.

Winthrop war Peter Gorow, dem Bruder des Meeresforschers Michael Gorow, noch nie begegnet. Er strengte seine Augen an, um die drei Erkennungszeichen zu überprüfen, bevor der Mann ihn erreichte. Den Seesack trug er unter dem Arm anstatt über der Schulter, wie es die sowjetischen Seeleute normalerweise taten. Stimmte. Ein roter Schal war um den Hals geschlungen. Stimmte. Aber es gab ein weiteres Merkmal, und das Licht wurde immer diffuser. Winthrop behielt seinen langsamen, lässigen Schritt bei. Das dritte Detail war ein Knopf, ein einzelner weißer Knopf oben am Mantel, während die anderen Knöpfe dunkel sein sollten. Verdammt, dies Kennzeichen konnte er überhaupt nicht ausmachen. Ein Milizsoldat – ein Polizist – kam von der gegenüberliegenden Seite her in den Park und folgte den Fußstapfen des Seemanns.

Winthrop blieb das Herz stehen, aber er behielt das Tempo bei. Er war eingetroffen – der unvorhergesehene Faktor, der alles ruinieren und den Kontakt unmöglich machen konnte. Ein weiterer beängstigender Zustand spannte Winthrops Nerven – folgte der Polizist Gorow? Das war unwahrscheinlich, es wäre zu auffällig gewesen. Reiß dich zusammen, Mann! Helsinki, Finnland – Sicherheit – liegt nur hundertfünfzig Kilometer entfernt. Aber dieser Gedanke beruhigte Harvey Winthrop keineswegs, als er dem Seemann immer näher kam: Er könnte genausogut in Kiew sein, im Herzen der Ukraine, von wo Gorow gerade – nach dem Treffen mit seinem Bruder Michael – gekommen war.

Es wurde zusehends dunkler. Der Matrose kam näher, der Polizist im dunkelblauen Mantel in gleichbleibendem Abstand von fünfzig Metern hinter ihm. War auch das ein Zufall – daß der Polizist genau dasselbe Tempo beibehielt wie Peter Gorow? Falls es Gorow war – Winthrop konnte immer noch nicht den Knopf entdecken. Er sah zwar das rote Band an der Mütze des Polizisten, aber nicht Gorows verdammten Knopf. Der Seemann, der jünger als dreißig zu sein schien, blickte geradeaus. Winthrop bildete sich ein, zu sehen, wie sich seine Kiefermuskeln verkrampften. Der arme Teufel schien in einer Zerreißprobe zu stecken. Für eine derartige Spannung war er nicht geschult. Dann bemerkte Winthrop plötzlich den helleren Knopf oben am Mantel.

Vor der Lenin-Statue rutschte Winthrop auf dem Eis aus – in einem Augenblick, als der Seemann nur noch ein paar Meter von ihm entfernt und der Polizist immer noch fünfzig Meter hinter ihm war. Als der Amerikaner ausglitt, war der farbige Katalog auf den Boden gefallen. Die Abbildung eines Rubens-Gemäldes hob sich vom Schnee ab wie ein Blutfleck. Der Katalog war sein Erkennungszeichen. Wie selbstverständlich blieb der Seemann stehen, während Winthrop versuchte, wieder auf die Beine zu kommen, und sagte eilig und leise etwas auf russisch.

»Er kommt am 20. Februar – zu dem amerikanischen Stützpunkt Target Nummer 5 – 20. Februar ...« Er wiederholte das Datum noch leiser, und Winthrop spürte, daß zwei Dinge den Seemann furchtbar ängstigten – daß der Amerikaner das lebenswichtige Datum nicht gehört haben könnte, wohl aber der Polizist.

Winthrop war wieder auf den Beinen und klopfte den Schnee von seinem Mantel. Der Matrose zuckte mit den Schultern, als wäre es alltäglich, daß Leute bei diesem Wetter ausgleiten, und setzte seinen Weg durch den Park in Richtung Newski-Prospekt und zu den Docks fort. Winthrop hob den Katalog auf und versuchte zu gehen, hinkte aber stark. Er lehnte sich an das Gitter, das die Statue umgab. Der Polizist erreichte Winthrop und fragte: »Können Sie gehen? Haben Sie weit zu gehen?«

»Schon gut. Ich glaube, ich habe mein Fußgelenk verstaucht, aber es geht schon.« Winthrop hatte vorsichtshalber auf englisch geantwortet – niemand außer Gorow, der schon außerhalb des Parks war, wußte, daß er Russisch sprach. Der Polizist starrte ihn verständnislos an, während Winthrop qualvoll lächelte.

Er hatte sich tatsächlich das Fußgelenk verstaucht.

»Ich wohne im Europa-Hotel«, fuhr er fort, bemüht, den Mann loszuwerden. Er winkte ab. »Es ist nicht weit.« Er lächelte wieder und ging dann denselben Weg, den er gekommen war, wieder zurück.

Winthrop humpelte von Schmerzen gequält durch den Park, jetzt wirklich besorgt, daß er fallen könnte. Er mußte es einfach bis zum Hotel schaffen. Trotz der Schmerzen arbeitete es fieberhaft im Gehirn des Amerikaners. Vielleicht konnte der verstauchte Knöchel ihm als Vorwand dienen, aus Rußland herauszukommen.

Winthrop sollte am übernächsten Tag, einem Sonntag, mit

einem frühen Flug nach Helsinki zurückkehren. Aber das war der Tag, an dem Michael Gorow schon nach Target 5 aufbrechen würde. Den sowjetischen Behörden war sein Abreisetermin bekannt, und sie wußten, daß er sich in Leningrad aufhielt, um in seiner Eigenschaft als Kunstkritiker die großartige Sammlung von Rubens-Gemälden in der Eremitage zu besichtigen. Eine vorzeitige Abreise könnte sie argwöhnisch machen. Der tatsächlich verstauchte Knöchel war Grund genug, schon den Samstagflug der Finnair nach Helsinki zu nehmen. Dann konnte die Nachricht an Dawes in Washington weitergegeben werden, einen Tag bevor Gorow von Nordpol 17 flüchten würde.

Als Winthrop auf den Newski-Prospekt humpelte, begann es zu schneien. Automatisch überblickte er die Situation auf der Straße und bemerkte, daß der junge Mann in der Lederjacke sich immer noch mit seinem Mädchen zankte. Sie müssen verliebt sein, sagte er ironisch zu sich selbst. Es war kein Verkehr. Er hatte sich nicht nach dem Polizisten umgesehen, als er auf die Straße trat.

Wahrscheinlich war der frische Schneefall der Grund für das, was jetzt passierte. Dem jungen Mann in der Lederjacke war es wohl zu kalt geworden, und das Schneetreiben hatte dem Streit ein Ende gemacht. Er setzte sich hinter das Steuer seines Wagens, das rothaarige Mädchen kletterte neben ihn auf den Beifahrersitz. Der junge Mann drehte den Zündschlüssel, ließ den Motor aufheulen und jagte los wie eine Rakete. Dann erst fiel ihm ein, das Licht einzuschalten.

Trotzdem hätte Winthrop noch beiseite springen können, hätte er das Humpeln nur vorgetäuscht; aber der Wagen heulte ihm schon entgegen, als die Scheinwerfer aufleuchteten und ihn blendeten. Im Strahl der Scheinwerfer schoß Winthrops humpelnde Gestalt dem Wagen entgegen, bis sie die Windschutzscheibe völlig ausfüllte, dann wurde er von der Kühlerhaube hochgeworfen und einige Meter weitergeschleudert. Mit der Wucht eines Sturzes aus großer Höhe schlug er krachend auf dem Bordstein auf. Er war tot, bevor das Auto um die nächste Ecke brauste. Eine Frau auf dem Bürgersteig schrie auf.

Hundert Meter weiter auf dem Newski-Prospekt war Gorow stehengeblieben, um die Allee zu überqueren. Er sah Winthrop über die Straße humpeln, sah, wie der Wagen ihn traf und wie sein Körper durch die Luft wirbelte, bevor er aufschlug; und er wußte, daß der Amerikaner tot war. Er überquerte die Allee und setzte seinen Weg zu den Docks fort, wo der Trawler *Girolog* in drei Stunden auslaufen sollte.

Gorow ging wie in Trance, konnte kaum fassen, was gerade

geschehen war. Es war die totale Katastrophe: Die Nachricht würde Washington nie erreichen, und nun gab es keine Möglichkeit, seinen Bruder zu warnen. Michael würde den Weg über das Eis antreten, und die Amerikaner würden nicht einmal wissen, daß er kam. Niedergeschmettert ging Gorow durch den Schnee weiter; seine Füße nahmen wie im Traum die vertraute Strecke. Mein Gott, was konnte er tun?

Samstag, 19. Februar

Im Leningrader Hauptquartier des Staatssicherheitsdienstes war es gerade Samstagmorgen acht Uhr.

»Dieser Amerikaner, der Winthrop, der gestern auf dem Newski umgekommen ist – ich habe so ein komisches Gefühl, daß etwas dahintersteckt...«

Die Lokomotive – das war der Spitzname des Oberst Igor Papanin in Leningrad – war der Chef der Sicherheitsbehörde für besondere Aufgaben für den arktischen Militärbereich. Die Definition von Lokomotive laut Lexikon – sich von der Stelle bewegende Kraftmaschine – traf als Beschreibung Oberst Papanins den Nagel auf den Kopf. Viele stellen sich bei dem Wort eine riesige Maschine vor, die mit großer Geschwindigkeit Hunderte von Leuten mit sich reißt – auch das traf auf den Sibirier zu.

»Ich will einen ausführlichen Bericht, Kramer! Schaffen Sie mir dieses verfluchte Kindermädchen vom Intourist her, Vollin, oder wie sie heißt! Und den Polizisten, der es beobachtet hat. Treiben Sie irgendwelche weiteren Zeugen auf, und führen Sie sie mir bis zwölf Uhr vor. Ich werde sie selbst vernehmen.«

Strenggenommen hätte das Hauptquartier der Sicherheitsbehörde für die Arktis in der Hafenstadt Murmansk sein müssen, aber als Leonid Breschnew, der Erste Sekretär der KPdSU, Papanin auf diesen Posten berief, hatte er das Hauptquartier nach Leningrad verlegen lassen. Auch dies war ein Zeichen von Macht.

Wie Hamburg in Deutschland und Quebec in Kanada, nahm Leningrad in Rußland die Stelle eines Außenseiters ein. Es war die Stadt Leningrad, in der der Kommunismus geboren wurde, als der Kreuzer *Aurora* mit Kanonendonner die Revolution verkündete. Da Stalin die Selbständigkeit der Stadt fürchtete, hatte er den Unterdrücker nach Leningrad geschickt, auf den er sich am meisten verlassen konnte: Kirow – und Kirow starb durch die Kugel eines Attentäters. Also schickte Breschnew Papanin nach Leningrad.

»Und nehmen Sie Verbindung mit dem Flughafen auf, wo

Winthrop angekommen ist. Man wird die Ankunft dieses Mannes registriert haben. Ich will wissen, ob er allein gekommen ist. Bis zwölf Uhr!«

Die ›blutrünstigen‹ Bürger Leningrads versuchten nicht, Papanin wie Kirow zu erschießen. Sie gaben ihm nur den Spitznamen ›die Lokomotive‹. Wenn er, eine bekannte Figur, über den Newski-Prospekt schritt, erkannte jeder Russe ihn sofort, auch im dichtesten Gedränge. Papanin überragte die Menschen wie ein Turm. Er war ein Meter neunzig groß, breitschultrig und schwer gebaut; sein grober sibirischer Schädel war fast kahlgeschoren, und sein Mund war breit wie ein Karpfenmaul. Wenn er gelegentlich wie ein Feldwebel dröhnte, so konnte man – behaupteten die Leute – ihn bis Murmansk hören.

»Gehen Sie zum Polizeirevier und bringen Sie mir Winthrops Sachen, Kramer. Gehen Sie selbst! Ein amerikanischer Tourist im Februar in Leningrad? Ich sag' Ihnen, Kramer, da ist was faul...«

Walther Kramer, ein fünfundvierzig Jahre alter, kurzer, stämmiger Balte aus Litauen, der sich mit der Geschmeidigkeit und Geräuschlosigkeit einer Katze bewegte, glaubte ihm kein Wort. Als Papanins Assistent konnte er sich im Gespräch mit seinem Chef ein Minimum an Freiheit herausnehmen. Vorsichtig meldete er seine Zweifel an.

»Gibt es wirklich einen Grund zu der Annahme, daß der Amerikaner mehr ist als das, was in seinem Paß steht...?«

»Sind Sie noch nicht fort?«

Nachdem der Balte das Zimmer verlassen hatte, stand Papanin auf und ging zum Fenster hinüber. Dann zog er sein Reise-Schachspiel aus der Westentasche und betrachtete es. Während er sich über das winzige Schachbrett beugte, hob sich sein glattes, knochiges Gesicht von dem bereiften Fenster ab. Um acht Uhr morgens war es draußen noch dunkel. Eiliges Tappen auf dem Kopfsteinpflaster drang zu ihm hinauf; Menschen auf dem Weg zur Arbeit. In der Ecke hinter ihm stand ein uralter, grüner Kachelofen, den er eben erst angemacht hatte. Die Wärme hatte sich noch nicht im ganzen Raum verbreitet. Im Zimmer nebenan rasselte pausenlos der Fernschreiber modernster amerikanischer Bauart, aber Papanin wärmte sich an einem Ofen, der so alt war wie die Revolution selbst.

Es war die Judenfrage, die Papanins Argwohn gegenüber Winthrop geweckt hatte. Die Judenfrage war ein weiterer Grund, weshalb Leonid Breschnew froh war, daß er Papanin nach Leningrad geschickt hatte. Neben all seinen anderen Aufgaben hatte Papanin außerdem herauszufinden, wie Geld ins Land geschmuggelt wurde, um Juden zur Emigration nach Israel zu verhelfen.

Er betrachtete das Schachbrett und begleitete seine Gedanken mit einem Brummen. Winthrop hätte ein Kurier sein können, ein Verbindungsmann zum jüdischen Untergrund. Er würde Winthrop – obwohl er bereits tot war – auf Herz und Nieren prüfen. Wortwörtlich auf Herz und Nieren. Deshalb hatte der Sibirier eine Obduktion der Leiche angeordnet. Er runzelte die Stirn, entschied sich für einen Zug und zog einen Bauern vor.

Er war sicher, daß er recht hatte: Irgend etwas an diesem Mr. Harvey J. Winthrop war in der Tat sehr ungewöhnlich. Um acht Uhr am Samstagmorgen hatte Papanin noch keine Ahnung, daß er das Geheimnis um Winthrop lüften mußte, bevor Michael Gorow am Sonntag um Mitternacht von Nordpol 17 flüchten würde.

In Washington war es erst Freitag, Mitternacht. Beaumont lag noch im Schlafwagen des Florida-Expreß. Auf dem sowjetischen Stützpunkt Nordpol 17 war es erst vier Uhr morgens, und Michael Gorow war erst kürzlich aus Murmansk eingetroffen.

Michael Gorow, vierzig Jahre alt, Mitglied der sowjetischen Akademie der Wissenschaften und der hervorragendste Meeresforscher der Sowjetunion, war fast krank vor dem Streß, vom Warten, vom Zählen der Stunden bis Sonntag.

Um vier Uhr morgens stand er im Mondlicht am Rande der frisch geräumten Landebahn, die die Eisinsel Nordpol 17 in zwei Hälften teilte. Absichtlich schaute er nach Osten statt nach Westen, wo vierzig Kilometer entfernt der amerikanische Stützpunkt Target 5 lag. Jenseits der Insel glitzerte im Mondlicht das aufgewühlte Packeis wie ein wüster, endloser Berg aus zerschmettertem Milchglas. Hinter ihm lagen die Hütten, die den Stützpunkt bildeten. Die flachen Dächer waren hoch mit Schnee bedeckt. Aus dieser Richtung hörte er jetzt Schritte. Es war Nikolai Marow, der Sicherheitsbeamte. Marow trat nah heran und betrachtete den gebeugten Rücken des Meeresforschers. »Fühlen Sie sich nicht wohl, Akademiker Gorow?« erkundigte er sich.

»Selten so wohl gefühlt.«

»Sie sind so früh auf«, beharrte der Sicherheitsbeamte.

»Ich bin immer früh auf – das sollten Sie inzwischen wissen.«

Gorow ließ absichtlich seine Gereiztheit durchblicken, und seine Taktik hatte den gewünschten Erfolg. Marow murmelte etwas und trottete zu den Baracken zurück. Gorow ballte die Fäuste in seinen Manteltaschen: Marow würde wahrscheinlich ein Problem für ihn bedeuten, denn immer, wenn er sich aufs Packeis wagte, schloß Marow sich ihm an. Da war noch ein Grund, weshalb Gorow sich erlaubte, seine Gereiztheit zu zeigen: Er war soweit, daß er den Anblick eines Sicherheitsbeamten nicht mehr ertragen konnte. Oberst Papanins Sicherheitsdienst war verantwortlich für den Tod von Rachel Lewitzer vor sechs Monaten.

Bei der Erinnerung an sie füllten sich Gorows Augen mit Tränen. Sie waren inoffiziell verlobt. Da sie Jüdin war und er ein bedeutender Akademiker, hatten sie ihre Verbindung geheimgehalten. Dann, im August 1971, hatte ihn die Nachricht erreicht, daß Rachel in Leningrad gestorben war.

Der Sicherheitsdienst wollte sie in ihrer Wohnung verhaften: stand im Zusammenhang mit der jüdischen Untergrundorganisation – Gorow hatte nie Einzelheiten erfahren –, aber Rachel hatte versucht zu fliehen. Dabei hatte ein Sicherheitsbeamter ihr ein Bein gestellt, und sie war eine Treppe mit dreißig Steinstufen hinuntergestürzt. Sie war sofort tot. Genickbruch.

Gorow sah auf seine Uhr. Vier Uhr zehn ihrer Zeit. Noch zwanzig Stunden, bis er sich in einem verzweifelten Versuch, Target 5 zu erreichen, über das Packeis absetzen würde. Der Zeitplan war lebenswichtig. Die Amerikaner hatten ihn wissen lassen, daß er den Zeitpunkt seiner Flucht selbst bestimmen und unbedingt daran festhalten mußte.

Gorows Plan war, Nordpol 17 genau um Mitternacht zu verlassen. Er fragte sich, wie er, unter dem Vorwand, mit seinen Tiefenmessungs-Experimenten beschäftigt zu sein, die nächsten zwanzig Stunden überstehen würde. Aber es gab wenigstens einen Trost: Sein Bruder Peter würde zu diesem Zeitpunkt die Nachricht schon weitergegeben haben. Die Amerikaner wußten schon, wann er kommen würde.

›Die Lokomotive‹ lief bereits auf Volldampf. Schon um elf Uhr am Samstagmorgen waren im Hauptquartier des Sicherheitsdienstes alle Zeugen verhört worden – von Papanin höchstpersönlich. Er hatte die Intourist-Reiseleiterin, Madame Vollin, gesprochen – »... ein widerliches Weib. Außerdem hatte sie einen ekelhaften Mundgeruch. Ich weiß nicht, wie Winthrop das ausgehalten hat ...«

Sehr viel länger hatte er sich mit dem Polizisten beschäftigt, der den Unfall beobachtet hatte. Er hatte das Personal des Hotels Europa befragt und den Beamten am Flughafen, der Winthrops Ankunft aus Helsinki vor fünf Tagen registriert hatte. Nichts hatte er erfahren, was auch nur im geringsten verdächtig schien.

»Ich habe das Gefühl, wir jagen Gespenstern nach«, bemerkte Kramer, als der Flughafenbeamte verhört war. »Es gibt kein einziges Indiz, das diesen Winthrop mit den Juden in Verbindung brächte.«

»Irgend jemand steckt ihnen Geld zu – das wissen wir. Und irgend etwas an Winthrop ist immer noch faul.« Mit einem Satz sprang der Sibirier hinter seinem Schreibtisch auf und begann im Zimmer hin und her zu marschieren. »Fünf Tage lang ist er schön brav – besucht die Eremitage und guckt sich die Rubens an, immer mit seinem Kindermädchen, diesem Weib Vollin. Und was passiert gestern?« Papanin bückte sich, hob das Stocheisen auf und fing an, das Innere des Ofens zu attackieren, indem er die glühenden Kohlen auf dieselbe Art aufrüttelte, wie er Menschen aufzurütteln pflegte.

»Er stirbt bei einem Verkehrsunfall...«

»Vorher! Er gibt seine Gewohnheiten auf, Kramer – er erzählt der Reiseleiterin, er sei müde und gehe nicht mehr aus.« Er bohrte das Stocheisen tief in den Ofen. »Sobald sie ihm den Rücken zudreht, schlüpft er auf eigene Faust wieder hinaus – obwohl es fast schon dunkel ist. Warum, Kramer, warum wohl?«

»Er fühlt sich besser. Er geht zurück zur Eremitage.«

»Obwohl das Museum schon um vier schließt? Er wäre gerade noch rechtzeitig zur Schließung des Musems gekommen! Warum ist er auf eigene Faust ausgegangen?«

»Um jemanden zu treffen...«, Kramer antwortete ganz beiläufig, nur um etwas zu sagen. Der Sibirier griff das Stocheisen fester. Er zog die Waffe aus dem Ofen, richtete sich langsam auf und starrte seinen Assistenten an. »Ich glaube es eigentlich nicht«, sagte Kramer hastig.

»Um jemanden zu treffen?« wiederholte Papanin. »Wissen Sie, Sie könnten recht haben! Aber wen? Er hat niemanden getroffen, bevor er Gelegenheit dazu hatte, wurde er getötet.«

Papanin fuchtelte mit dem Stocheisen in Kramers Richtung. »Benutzen wir doch einmal unseren Kopf – ich meine *meinen* Kopf. Der Amerikaner geht aus, spaziert zu dem Park...«

»Verstaucht sich einen Knöchel...«

»Scheint sich seinen Knöchel zu verstauchen, Kramer.« Mit geschlossenen Augen versuchte Papanin sich die Szene vorzustellen, die der Polizist ihm geschildert hatte. »Vor dem Seemann rutscht er aus, dann kehrt er um. Ich möchte wissen, wer dieser Seemann war, Kramer.«

»Das kann einer von Hunderten gewesen sein.«

»Nein – das können wir abgrenzen. Der Matrose trug seinen Seesack und schlug die Richtung zu den Docks ein...« Papanin legte das Stocheisen zurück auf den Ofen und zog eine Akte aus einer Schublade. Jeden Tag erhielt er eine Aufzeichnung der Vorgänge in der Stadt, die auch den Polizeibericht enthielt, aber er suchte nach dem Hafenbericht. »Das einzige Schiff, das gestern ablegte, war die *Girolog,* ein Trawler, und der Eisbrecher, der sie herausgeleitet hat. Er muß an Bord der *Girolog* gegangen sein.«

»Mit einer dreißigköpfigen Crew...«

»Das stimmt. Deshalb will ich jetzt, daß Sie sofort zum Hafen fahren und mir die komplette Liste der Mannschaft besorgen, die gestern nacht mit der *Girolog* ausgelaufen ist. Bis zwölf Uhr.«

»Dazu reicht die Zeit nicht«, protestierte Kramer.

»Das ist Ihr Problem!« Papanin setzte sich hinter seinen Schreibtisch und wartete, bis Kramer an der Tür stand. »Übrigens, wie ich sehe, haben Sie einen Versetzungsbefehl für Michael Gorow zurück nach Nordpol 17 unterschrieben, als ich diese Woche in Moskau war.«

»Ja, das ist richtig.« Kramer zögerte an der Tür, wegen des plötzlichen Themawechsels ein bißchen unsicher. »Er wollte einige abschließende Tiefenmessungen durchführen, bevor wir den Stützpunkt evakuieren. Er tat so, als wüßten Sie Bescheid.«

»In Ordnung, Kramer. Es fiel mir gerade ein, daß er nicht vorgehabt hatte, dorthin zurückzugehen. Und besorgen Sie mir die Liste von der *Girolog* bis heute mittag!«

Allein in seinem Zimmer, legte Papanin einen Stiefel auf die Tischplatte und betrachtete verstimmt den grünen Kachelofen, der nun große Hitzewellen ausstrahlte.

Bis Michael Gorow nach Target 5 aufbrach, blieben Papanin genau siebzehn Stunden, um herauszufinden, warum Winthrop nach Leningrad gekommen war.

Der Flug von Washington nach Thule auf Grönland in einer Flughöhe von dreizehntausend Metern dauerte sechs Stunden. Es war Samstagabend elf Uhr, als Beaumont aufwachte und die riesige Landebahn sah, die der Boeing 707 entgegenflog. Es kam ihm nicht wie Samstag vor – nach all den Ereignissen war Beaumont so durcheinander, daß er nachdenken mußte, um den Wochentag rekonstruieren zu können. Und es sah auch nicht aus wie elf Uhr morgens, als die Boeing aus einer mondhellen Nacht in die Wildnis aus Schnee und Eis herabfiel.

»Es kommt mir vor, als hätten wir Washington erst vor fünf Minuten verlassen«, rief er zu Callard hinüber, dem Mann vom FBI, der auf der anderen Seite des Ganges saß.

Der Mann im gepflegten blauen Anzug, frisch rasiert, schaute zu dem großen Engländer hinüber, unsicher, ob er antworten sollte.

»Kommt mir eher wie fünf Jahre vor«, sagte er schließlich. Er wandte sich ab und schaute aus dem Fenster auf seiner Seite.

Beaumont lächelte in sich hinein. Callard war um fünf Uhr morgens in Washington kurz vor dem Start nach Grönland an Bord der Maschine gesprungen; er machte den Eindruck, als hätte er das Flugzeug Kilometer um Kilometer selbst geflogen, während Beaumont geschlafen hatte. Er schaute aus dem Fenster auf die wüste, schneebedeckte Ebene der grönländischen Eisdecke. In der Ferne ragte der dreihundertdreißig Meter hohe Radarmast jäh in den mondhellen Himmel, mit dem rot blitzenden Warnlicht auf der Spitze. Dieser höchste Mast der Welt hatte eine Reichweite von fünftausendsechshundert Kilometern über das Dach der Welt. Er war das Kernstück des Frühwarnsystems.

»Wir sehen uns in Vandenbergs Büro«, rief Callard plötzlich herüber. »Irgendwann heute abend vielleicht.«

Beaumont nickte; er maß dieser Aufforderung eine große Bedeutung bei. Die Boeing setzte ihren Anflug zur Landung fort. Er war sicher, daß Callard die Nuß geknackt hatte, daß er jetzt wußte, wer hinter dem Decknamen ›Krokodil‹ steckte, und auf dem Weg war, den Sowjetagenten zu verhaften. Sie gingen jetzt auf eine Höhe hinab, die unterhalb der Spitze des Radarmastes lag. Das trostlose Panorama kam näher. Beaumont hatte nun Schrägsicht auf die Flachdächer beiderseits der schneebedeckten Hauptstraße, die sich durch die Mitte der Siedlung zog. Dann setzten sie zur Landung an.

Als Beaumont, in seinen Pelz-Parka gepackt, mit dem man ihn in Washington versorgt hatte, aus dem Flugzeug stieg, wartete Tillotson bereits auf ihn. Es war minus vierzig Grad Celsius, und die unbewegte Luft traf ihn wie ein Fausthieb. Sie verschlug ihm den Atem, als er am Fuße der Treppe stehenblieb. Tillotson, ein großer, hart aussehender Mann mit einem Gesicht wie aus Stein gehauen, schüttelte seine behandschuhte Hand. »Ich habe alles vorbereitet für Ihr Unternehmen...«

Er hielt inne und beobachtete Callard, der hinter Beaumont die Treppe heruntergekommen war und eilig an den zwei Männern vorbei zu Oberst Vandenberg, dem Lagerkommandanten, hinüberging. »Wer ist das?« fragte er.

»Keine Ahnung«, sagte Beaumont, ohne zu zögern. »Er war nicht gerade gesprächig; und ich habe fast die ganze Zeit über geschlafen. Vielleicht hat man sich hier über die Würstchen beschwert.«

Tillotson sah zurück zum Flugzeug, wo gerade der Pilot die Stufen herunterkam. »Entschuldigen Sie«, sagte er, als er dem

Piloten in den Weg trat. »Dieser zweite Passagier – wer ist das? Mit diesem Flug war nur Beaumont angekündigt.«

Der Pilot nahm seinen Flughelm unter den Arm und zog sich die Kapuze seines Parkas über den Kopf. »Hier oben scheint es aber auch immer kälter zu werden. Der Mann sprang in Washington in letzter Minute an Bord. Er fuhr mit einem Regierungsfahrzeug vor...«

»Ich werde mich später um ihn kümmern.« Tillotson führte Beaumont zu einem überdachten Jeep und begann zu reden, als er den Motor anließ. »Ja, wie gesagt, es steht alles für Ihr Unternehmen bereit. Zwei Sikorsky-Hubschrauber sind nach Curtis Field an die Ostküste Grönlands geschickt worden. Grayson und Langer warten im Hauptquartier auf Sie – Grayson war hier, aber Langer mußten wir erst auf der Ellesmere-Insel aufgabeln.« Er fuhr den Jeep langsam in einer Spur in Richtung Lager und hielt großen Abstand zu dem Wagen mit Oberst Vandenberg und Callard. »Zwei norwegische Schlitten sind auf dem Weg nach Curtis...«

»Die sind unbrauchbar«, unterbrach Beaumont. »Ich habe ausdrücklich Eskimoschlitten verlangt. Sie sind schwerer und gehen in dem zerklüfteten Eis nicht in die Brüche. Das würde mit ihren ganz sicher passieren.«

Tillotson blickte ihn überrascht an. »Wir selbst benutzen nur den Norwegerschlitten. Wir haben keinen einzigen Eskimoschlitten...«

»Ich glaube doch. Als ich das letzte Mal hier war, hatten Sie zwei davon hinten in dem großen Hubschrauberhangar verstaut.«

»Wollen Sie jetzt nachsehen? Ich könnte hier abbiegen und gleich rüberfahren.«

»Jetzt?«

»Warum nicht jetzt? Ich schätze, daß Sie es ziemlich eilig haben.«

An einer Abzweigung der gewalzten Schneepiste änderte Tillotson die Richtung. Er entfernte sich von dem Barackenlager und fuhr auf einen großen, weiter abgelegenen Hangar zu. Etwa einen halben Kilometer vor ihnen glitzerte der dick vereiste Drahtzaun um das Militärgelände im Mondlicht. Hinter dem Drahtzaun stand ein unbenutzter orangefarbener Schneepflug in der Nähe des Hangars. Tillotson zog ein zusammengefaltetes Blatt Papier aus der Tasche und reichte es Beaumont. »Der Wetterbericht für das ganze Gebiet – ich weiß nicht, für welche Gegend Sie sich interessieren. Zerklüftetes Eis, sagten Sie?«

»Genau, zerklüftetes Eis.«

Beaumont hatte sich an die bitterkalte arktische Luft noch nicht gewöhnt, die durch den Jeep strömte, sein Gesicht erstarren ließ und ihm den Atem verschlug. Der Wagen mit Vandenberg und Callard verschwand auf der Hauptspur, seine roten Rücklichter wurden kleiner. Ein anderer Jeep raste in die entgegengesetzte Richtung zu der Boeing 707.

»Irgendwo Nebel gemeldet?« fragte Beaumont beiläufig, während er den Wetterbericht las.

»Nein, nirgendwo Nebel, Gott sei Dank. Nach dem letzten Bericht – und den haben Sie gerade in der Hand – haben wir vollkommen klares Wetter von hier bis Norwegen.«

»Sie meinen, Sie hatten Nebel, und er hat sich erst kürzlich aufgelöst?« drängte Beaumont. Er dachte an den Wetterbericht über die Wetterlage um Target 5, den Dawes ihm in Washington gezeigt hatte. *Dichter Nebel … Sichtweite null.*

»Wir hatten überhaupt keinen Nebel. Seit drei Wochen nicht.«

Tillotson fuhr langsamer und warf einen Blick auf Beaumont, der immer noch den Bericht las und dabei immer wütender wurde. Dawes hatte ihn mit einem gefälschten Wetterbericht reingelegt, um ihn nach Grönland zu locken. Tillotson hielt an, ließ aber den Motor laufen. »Meine Innenhandschuhe sind verrutscht«, erklärte er. »Ich will das eben in Ordnung bringen.« Er fummelte an dem Handschuh, streifte ihn ab und steckte ihn in seine Manteltasche. Als er seine Hand herauszog, hielt er eine 38er Smith & Wesson. Mit einer kurzen blitzschnellen Bewegung schmetterte er sie gegen Beaumonts Schläfe. Instinktiv warf Beaumont den Bruchteil einer Sekunde, bevor der Revolver ihn traf, den Kopf zur Seite, so daß er nicht mit voller Wucht getroffen wurde, aber er war verletzt. Er schnappte nach dem Zündschlüssel, zog ihn heraus und warf ihn aus dem Seitenfenster in den Schnee. Tillotson schlug ein zweites Mal mit dem Revolver zu. Es war, als ob ein Blitz in Beaumonts Kopf explodierte, ein blendender Blitz – dann umfing ihn dumpf gähnende Schwärze.

Samstag, 19. Februar

Beaumont lag noch benommen im Schnee und versuchte, einen klaren Kopf zu bekommen, als er Sam Graysons aufmunterndes Gesicht über sich sah. Aber es lag auch Besorgnis im Blick des Amerikaners, als er die Brandyflasche an Beaumonts Lippen führte. »Mach langsam, Keith …«

Beaumont zwang sich auf seine Ellbogen, griff die Flasche und nahm einen Schluck. In seinem Kopf hämmerte es; er sah alles verschwommen, dann spürte er, wie der hochprozentige Alkohol seine Lebensgeister weckte. Er konnte wieder klar sehen. Mit tiefen langsamen Zügen atmete er die schneidende Nachtluft ein. Sie schien noch besser zu wirken als der Brandy. »Hilf mir auf die Beine«, preßte er durch die Zähne.

»Warte lieber noch ein bißchen ...«

Beaumont fluchte, rappelte sich mühsam auf, schwankte und wäre fast wieder hingefallen, wenn nicht Grayson ihn am Arm gepackt hätte. Als er Tillotsons Jeep einige Meter entfernt stehen sah, erinnerte sich Beaumont, daß er den Zündschlüssel in den Schnee geworfen hatte. Bei einem zweiten Jeep, der in der Nähe stand, war die Windschutzscheibe zersprungen und der vordere rechte Reifen platt. »Tillotson hat auf dich geschossen?«

»Tillotson ...?«

»Ja, Tillotson«, Beaumont räusperte sich heiser und ungeduldig. »Er ist das ›Krokodil‹ – die undichte Stelle. Aber davon weißt du ja nichts. Wir müssen ihm unbedingt nach – wo ist er hin?« Beaumont schaute zum Flugplatz hinüber, konnte aber außer dem Postenstand an dem Tor im Drahtzaun, dem orangefarbenen Schneepflug weiter entfernt und dem Hangar dahinter nichts sehen.

Wohin zum Teufel war Tillotson verschwunden? »In welche Richtung ist er gegangen?« fragte Beaumont gereizt. Grayson war klein, drahtig, fünfunddreißig Jahre alt und mittelblond. Seinen Schock hatte er immer noch nicht ganz überwunden: er war in dem Glauben gewesen, Beaumont sei tot. »Es gab Gerüchte über eine undichte Stelle im Sicherheitssystem. Ich wollte dich abholen und kam zu spät zum Flugzeug. Der Pilot sagte, du wärst schon weg mit einem Jeep. Ich konnte nicht glauben, daß es Tillotson war, der schoß. Er ist zum Flugplatz rübergelaufen ...«, Grayson sprach zu sich selbst, denn Beaumont rannte schon zu dem Wachposten hinüber.

»Er kommt nicht weit«, rief Grayson, während er hinter Beaumont herlief. »Vandenberg hat, kurz bevor dein Flugzeug landete, Alarmbereitschaft angeordnet. Der Stützpunkt ist abgeriegelt ...«

»Ich glaube, Tillotson kann einen Hubschrauber fliegen«, rief Beaumont zurück. Er kam jetzt richtig in Fahrt, seine Beine trugen ihn mit einer für seine Größe erstaunlichen Geschwindigkeit über den Schnee. Allein seine Willenskraft trieb ihn an. Sein Kopf schmerzte entsetzlich, das Blut an seinem Gesicht war in der bitteren Kälte erstarrt. Ihm war speiübel. In der eisigen Luft, die er im Laufen in tiefen Zügen einatmete, erholte er sich aber schnell.

Bei dem Postenstand, der seltsamerweise verlassen war, blieb er stehen und wartete, bis Grayson ihn eingeholt hatte. »Hast du ein Schießeisen, Sam? Gut, gib's her, und bleib im Hintergrund.«

Er nahm den 45er Colt des Amerikaners und ging auf das Wachhaus zu. Irgend etwas lag im Schnee – gleich vor dem Betonblockhaus. Ein amerikanischer Soldat, der noch seinen Karabiner umklammert hielt, lag in seinem Parka auf dem Rücken und starrte in den arktischen Himmel. Beaumont kniete nieder, prüfte seinen Puls und rollte ihn aufs Gesicht. Er war tot. Der Blutfleck um das Einschußloch auf dem Rücken des Parkas war schon gefroren. Tillotson hatte einfaches Spiel gehabt, denn schließlich war er Sicherheitschef. Die Alarmbereitschaft bedeutete, daß niemand auf den Flugplatz durfte, also hatte Tillotson das Hindernis aus seinem Fluchtweg geräumt. »Er ist schon auf dem Flugplatz«, sagte er wütend zu Grayson, der hinzukam.

»Ich habe nie gehört, daß Tillotson fliegen kann«, warf Grayson ein.

»Ich glaube, er kann einen Hubschrauber fliegen – und in diesem Hangar stehen Hubschrauber.« Beaumont starrte angestrengt über das Gelände hinter der Umzäunung. Aber dort rührte sich nichts. »Ich habe ihn einmal in einer Maschine gesehen. Genau das wird er versuchen – mit einem Hubschrauber hier rauszukommen. Los!«

»Im Hangar stehen zwei Wachtposten«, erinnerte sich Grayson blitzartig. »In dem Wachhaus ist ein Telefon – wir müssen die Männer im Hangar warnen.«

Schon an der Tür des Wachhauses sah Beaumont die zwei Enden der durchschnittenen Telefonschnur. »Hat keinen Zweck, Sam, daran hat er gedacht. Aber wo steckt er, verdammt noch mal?« Beaumont rannte zu dem offenen Tor und schaute über die weiße Öde des Flugplatzes. Der Schneepflug.

Er war nur noch als Farbklecks auf dem Weiß zu erkennen. Wie ein orangefarbener Käfer kroch er auf den Hangar zu, wo die Hubschrauber untergebracht waren. Tillotson hatte das nächstbeste Transportmittel geschnappt, um schnell zum Hangar zu gelangen. Beaumont wollte rufen, um nur irgendwie die Männer zu warnen, die die Maschine bewachten. – Aber er war zu weit entfernt. Er atmete tief ein und rannte wieder los, Grayson hinter ihm her.

Der Amerikaner trug Stiefel, Beaumont aber steckte noch in Schuhen mit Gummisohlen. Da der Schnee aber verkrustet war, bewältigte er die Strecke mit erstaunlicher Geschwindigkeit. Er war einige Minuten gelaufen, als er in der Nähe des Hangars stolperte und kopfüber in den Schnee stürzte. Er raffte sich auf.

Sein Kopf schmerzte, sein Gesicht brannte, und er mußte nach dem Revolver suchen, der ihm aus der Hand geflogen war. Er fand ihn, halb im Schnee vergraben. In diesem Augenblick hörte er ein Geräusch, das ihn erstarren ließ: das rhythmische Pochen eines Hubschraubermotors. Die Waffe in der Hand, legte er die letzten zweihundert Meter zurück.

»Bleib zurück!« rief er Grayson zu.

Den Schneepflug hatte Tillotson am Eingang des Hangars abgestellt, die riesigen, automatisch betriebenen Tore standen schon offen. Mit letzter Willenskraft schleppte er sich weiter. Bis auf zehn Meter war er an das Tor herangekommen, als die Maschine erschien – eine Sikorsky H-19. Ihre Blätter rotierten schon hochtourig, als sie aus dem Dunkel auftauchte. Schnee wurde vom Boden hochgepeitscht und über das Flugfeld gewirbelt. Die Maschine rollte durch den aufgewühlten Schnee auf ihn zu. Im Mondlicht kam sie ihm ungeheuer groß vor.

Beaumont stand regungslos, dann nahm er sich zusammen und hob den Revolver, den er mit beiden Händen umspannte, um ruhig zielen zu können. Die Maschine kam immer näher; in zehn Sekunden würde sie über ihm rotieren. Er zielte auf das Cockpit, auf den verschwommenen Oberkörper hinter dem vereisten Plexiglas. Er atmete tief ein, zielte sorgfältig und drückte los. Der Hahn klickte. Er fühlte das Klicken mehr, als er es in dem Getöse des Hubschraubers, das auf sein Trommelfell hämmerte, hören konnte. Der Zündmechanismus funktionierte nicht. Der Revolver ging einfach nicht los.

»Paß auf!« schrie Grayson ihm zu; aber seine Warnung ging in dem Lärm unter.

Tillotson steuerte mit der Maschine genau auf ihn zu. Beaumont warf sich seitwärts auf den Boden. Beim Aufprall auf den Schnee rollte er sich über die Schulter ab, rollte weiter, mehrmals um die eigene Achse, während das scheußliche Dröhnen ihn fast betäubte. Der Motor hustete kurz, dann wurde das Dröhnen zu einem gleichmäßigen, zielstrebigen Pochen, und als Beaumont aufblickte, hatte die aufsteigende Maschine bereits die Höhe des Hangardaches erreicht. Er kniete sich hin und wischte den Schnee aus seinem Gesicht, den die rotierenden Blätter aufgewirbelt hatten. Grayson kam zu ihm herüber.

»Wir müssen hinter ihm her«, bestimmte Beaumont. »Er darf uns nicht entkommen – unser Leben hängt davon ab!«

Er warf nur einen kurzen Blick auf die zerquetschte Gestalt, die halb unter den grausamen Schrauben des Schneepflugs lag. Eine der Wachen. Es war ein leichtes Spiel gewesen, kaltblütig und brutal. Daß der Schneepflug auf dem Flugplatz auftauchte, war nichts Ungewöhnliches – der Soldat war ihm entgegengegangen – und Tillotson hatte ihn einfach überfahren. Im Eingang des Hangars stolperte Beaumont wieder und fiel fast über den Körper des zweiten Wachposten. Mit einem Blick erfaßte er, wie es passiert sein mußte. Tillotson hatte seinem Opfer einfach zugerufen: »Es ist etwas Entsetzliches passiert...« Bevor der junge Mann sich von dem Schock erholen konnte, war er bereits vom Messer getroffen. Im Schein seiner Taschenlampe sah Beaumont das Messer im Rücken des Toten.

Er ließ den nutzlosen Colt fallen, nahm den Karabiner des Soldaten an sich, der keine Chance gehabt hatte, ihn zu benutzen, und lief in den Hangar. Eine zweite Sikorsky stand hinten in der Halle unter einer Lampe. Die Maschine war an ein elektrisches Kabel angeschlossen, um das Einfrieren des Motors zu verhindern. Beaumont zog das Kabel heraus, kletterte auf die Maschine, öffnete die Tür und stieg in die Kanzel. Grayson folgte ihm.

»Er ist weg. Wir werden ihn niemals finden«, riet der Amerikaner ab.

»Wir werden ihn finden...« Beaumont setzte Helm und Kopfhörer auf, die immer auf dem Pilotensitz liegenblieben, streifte seine Parka ab und setzte sich an den Steuerknüppel. »Tür zu, Sam – es geht los.« Er überblickte das Armaturenbrett – Radarhöhenmesser, Kraftstoffanzeiger, Drehzahlmesser und die anderen Instrumente. Der Steuerknüppel zur Kontrolle der Flughöhe war links von ihm, der zyklische Steuerknüppel zur Flugrichtungskontrolle rechts. Ein Drehgashebel ähnlich dem Handgas bei Motorrädern war am Steuerknüppel angebracht. Beaumont startete den Motor.

Die ganze Kanzel erzitterte. Ohrenbetäubender Lärm dröhnte durch die Halle. Die Rotorblätter setzten sich schwerfällig in Bewegung, an – aus – an. Dann lief die Maschine mit voller Kraft. Im gespenstischen Licht des Armaturenbretts sah Beaumont wildentschlossen aus. Der Hubschrauber setzte sich in Bewegung, donnerte über den Betonboden und rollte aus der Halle. Der Radarmast, der in die Sterne zu greifen schien, kam in Sicht, und Beaumont drehte auf. Die siebzehn Meter langen Drehflügel durchjagten ihre Kreise, peitschten die arktische Luft, als wollten sie sich jeden Augenblick von der Maschine losreißen. Der Zeiger des Drehzahlmessers kletterte schnell. Die Maschine bebte wie ein riesiger, angeketteter Vogel, der verzweifelt versuchte, in die Freiheit zu entkommen. Dann stiegen sie auf.

Vor der Plexiglaskuppel, die sich über ihnen wölbte, sahen sie die Mauern des Hangars absteigen wie ein Lift. Das schneebedeckte Dach erschien, tauchte unter; Fahrzeugscheinwerfer schlängelten sich wie eine Kette von Glühwürmchen auf den Postenstand an der Flugplatzeinfahrt zu. »Sie haben's endlich begriffen!« Beaumont sprach die Worte in das Mikrophon, das unter seinem Kinn am Kopfhörer hing. Grayson, der neben Beaumont im Beobachtersitz saß, hörte ihn durch seine eigenen Kopfhörer. Der Hubschrauber gewann an Höhe. Die Fahrzeuge huschten unter ihnen durch den Schnee. Das gedämpfte Dröhnen des Motors wurde plötzlich von Schüssen übertönt. Beaumont fluchte. »Sie schießen auf uns!«

»Warum denn, um Himmels willen?«

»Weil Vandenberg und Callard denken, Tillotson sei in dieser Maschine...«

Um den Gewehrsalven zu entkommen, stieg Beaumont senkrecht auf. Die Nadel des Höhenmessers kletterte. In der fahl schimmernden Nacht war von dem anderen Hubschrauber keine Spur zu sehen. Wieder einmal war Tillotson spurlos verschwunden. Beaumont drehte nach Osten ab, in die Richtung, in der er ›Krokodil‹ vermutete. »Und wer ist Callard?« fragte Grayson.

»Der Mann vom FBI, der hierhergekommen ist, um Tillotson festzunehmen. Alles war zu schön geplant – die Alarmbereitschaft, die du erwähntest, die kurz bevor die Boeing landete, angeordnet wurde und den Stützpunkt abriegelte. Callard steigt aus dem Flugzeug, fährt mit Oberst Vandenberg zum Lager, und sobald Tillotson eintrifft, stellen sie ihn zur Rede.« Beaumont behielt den östlichen Kurs bei und spähte nach vorn: außer der flachen Eisdecke nichts zu sehen. »Schön zurechtgelegt – dieser Plan von Mr. Callard«, fuhr Beaumont fort. »Er hat nur vergessen, das ›Krokodil‹ einzukalkulieren.«

»Was ist denn passiert?«

»Ich nehme an, Tillotson hatte eine leise Ahnung, daß man Verdacht schöpfte – schließlich war er der Sicherheitschef. Natürlich mußte er sich über den Alarmzustand wundern. Als nächstes erfährt er vom Piloten, daß Callard in letzter Minute in Washington an Bord gegangen war, ohne daß man Tillotson ein Wort davon gesagt hatte. Folglich denkt er, ist es höchste Eisenbahn für ihn. Ich glaube nicht, daß irgend jemand vermutet hat, daß er eine Sikorsky fliegen kann...«

»Da drüben! Richtung Norden...« Grayson zeigte mit dem Finger nach links, und Beaumont schaute hinüber. Nichts als Eis, trostlos, kalt und schrecklich öde. Dann sah auch er etwas. Tillotsons Maschine war schätzungsweise fünfzehn Kilometer entfernt. Ein Schatten, ein kleiner dunkler Punkt huschte über den Schnee.

Sekunden später machte er die Maschine aus, die den Schatten warf. Er änderte die Richtung.

»Warum sollte unser Leben davon abhängen, daß wir Tillotson aufhalten?« fragte Grayson gelassen.

Beaumont brummte, während er auf denselben Kurs ging, den Tillotson flog. »Diesmal könnte es ganz schön wüst werden, Sam, du brauchst also nicht mitzukommen. Wir müssen einen sowjetischen Wissenschaftler aus Target 5 herausholen. Er kommt von Nordpol 17 über das Eis; das liegt im Moment etwa vierzig Kilometer östlich von Target 5 über das Packeis. Wir werden gebraucht, falls Target 5 von Nebel eingeschlossen werden sollte und kein Flugzeug landen kann. Das würde bedeuten, daß wir per Hubschrauber mit Schlitten bis an den Rand des Nebels geflogen werden; der restliche Weg wäre Schlittenfahrt.«

»Und mit Schlitten zurück – den ganzen Weg bis Grönland?«

»Ich glaube schon. Dawes ist anderer Meinung. Er hofft, uns wieder auflesen zu können, sobald wir aus dem Nebel raus sind. Ich bezweifle, daß sie uns finden werden. Also werden wir die ganze Strecke bis zur Küste mit den Schlitten zurücklegen müssen. Das ist jedenfalls die offizielle Version. Ich habe da eine andere Vorstellung. Und die russische Sicherheitstruppe wird uns auf den Fersen sein. Wirklich eine wüste Sache, Sam.«

»Aber nirgends ist Nebel.«

»Dann sitzen wir eben herum und lassen es uns auf Kosten der amerikanischen Armee schmecken. Der entscheidende Tag könnte Sonntag sein – morgen. Ich habe zwei Sikorskys für uns in Curtis Field an der Küste bereitstellen lassen.«

»Tillotson fliegt genau nach Norden«, unterrichtete ihn Grayson. Der Amerikaner benutzte jetzt ein Nachtfernglas, das er in der Kanzel gefunden hatte; der Schatten der Maschine des Sowjetagenten war immer noch klarer zu erkennen, als die Maschine selbst. Ohne den Schatten, dachte Grayson, hätten sie ihn schon längst verloren. Beaumont warf einen Blick auf den Kompaß. Genau Nord – wie Sam gesagt hatte.

»Ich schätze, er steuert auf den Humboldt-Gletscher zu«, erwiderte Beaumont. »Warum wohl? Wäre er direkt östlich geflogen, hätte er die Küste erreicht. Diese Maschinen stehen immer voll getankt bereit, also hätte er genug Treibstoff. Was zum Teufel hat er auf dem Humboldt-Gletscher verloren?«

»Warum ist der Mann so wichtig?« fragte Grayson zum zweitenmal.

»Weil er zuviel weiß«, sagte Beaumont knapp. »Er weiß nichts von Gorow, dem Mann, den wir herausholen sollen. Niemand hier wußte etwas davon bis zu meiner Ankunft. Aber er weiß von den Vorbereitungen für ein Unternehmen. Er weiß, daß Curtis Field damit zu tun hat. Das ist der nächste Flugplatz von Target 5 aus. Das mußte er wissen, weil wir die Maschinen dorthin schicken wollten. Ich hoffe nur, daß er keinen Sender dort oben versteckt hält, mit dem er, wenn wir ihn nicht rechtzeitig erwischen, nach Leningrad funken könnte. Wenn er das schafft, Sam, dann können wir unser Testament machen.«

Der atemberaubende Anblick des Humboldt-Gletschers entfaltete sich vor ihren Augen, als sie näher flogen. Vom Nährgebiet des Gletschers aus zog sich ein ausgedehnter, Hunderte von Metern breiter Eisstrom weit hinab zum Fjord – ein Eisstrom, der im Mondlicht glitzerte wie eine weite Fläche zertrümmerten Kristalls. Eine lange Strecke fiel er steil ab, bis er zum Eisfall wurde und über hundert Meter über einen gewaltigen Felsen hinabstürzte. Als sie näher kamen, konnten sie am Fuße des steilwandigen Fjords große Eisberge sehen, die am tiefverschneiten Ufer gestrandet waren. Tillotsons Sikorsky war schon gelandet und stand auf einer Kuppe gleich neben dem Gletscher. Tillotson selbst war zum drittenmal verschwunden.

»Ich habe das Gefühl, wir jagen einem Phantom nach«, knirschte Beaumont wütend, während er über dem abgestellten Hubschrauber kreiste. »Vielleicht sitzt er noch in der Maschine und wartet, bis wir landen, damit er auf uns schießen kann, bevor wir eine Chance haben, rauszukommen«, vermutete Grayson.

»Vielleicht...« Beaumont kreiste weiter in einer Höhe von etwa siebzig Metern. Ihm wurde fast schwindelig, als er den Steilhang des Gletschers absuchte. Dann kippte er die Maschine leicht. »Dort unten ist er! Siehst du weiter unten am Gletscher die kleinere Kuppe? Er bewegt sich gerade.«

»Kannst du auf der Kuppe landen?«

»Zu klein – wir könnten abrutschen. Wir gehen neben Tillotsons Maschine runter, dann kann er uns nicht entkommen. Du bleibst da, falls er mir entwischt – und versuchst weiter, Thule zu erreichen.«

Bereits fünfmal hatte Grayson versucht, Funkverbindung aufzunehmen, jedesmal ohne Erfolg. »Wenn man sie wirklich dringend braucht, funktionieren diese verdammten Dinger nie«, fluchte Beaumont. Er hielt den Hubschrauber nun auf der Stelle, senkte ihn dann langsam und landete fünfzig Meter von der anderen Maschine entfernt auf dem Hügel. Sie sah aus wie endgültig abgestellt, als hätte Tillotson gar nicht die Absicht, zu ihr zurückzukehren. Er stellte den Motor ab. »In einer Stunde müßte ich zurück sein, Sam«, sagte er beiläufig, während er sich in seinen Parka zwängte. Grayson nickte, wohl wissend, daß der Engländer, falls Tillotson ein Gewehr hatte, in weit weniger als einer Stunde bereits tot sein konnte. Aber während ihrer langen gefährlichen Fahrt nach Spitzbergen hatten die drei Männer – Beaumont, Grayson und Horst Langer – gelernt, kein überflüssiges Wort zu verlieren. Man kümmerte sich eben nur um seine Aufgabe. Und Beaumonts Aufgabe war jetzt, Tillotson gefangenzunehmen oder unschädlich zu machen.

Im Innern der Kanzel war es sehr warm. Beaumont nahm den Karabiner. Als er die Tür öffnete, mußte er sich zusammenreißen. Die Temperatur fiel augenblicklich von plus fünf auf minus vierzig Grad. »Dann wollen wir mal«, munterte er sich selbst auf. Er sprang aus der Maschine, der stahlharte Boden traf seine Füße wie ein Hammerschlag. Die starre Kälte erstickte ihn fast. Er zog den Parka bis unters Kinn zu und stülpte die Kapuze über. Hinter ihm knallte Grayson, ohne so etwas wie ein Wort des Lebewohls, schnell die Tür zu. Wie vorhin: kein vergeudetes Wort. Die Drehflügel über ihm hatten aufgehört zu kreisen, und ein unfaßbares Schweigen senkte sich auf ihn herab, das Schweigen der arktischen Nacht.

Während er an Tillotsons Sikorsky vorbei zum Hang des Hügels stapfte, versuchte er, flach zu atmen. Dann blieb er stehen und schaute über die ungeheure Weite des Gletscherhangs. Der zweite Hügel weiter unten am Gletscher war im Mondlicht klar zu erkennen: ein kleiner Buckel aus lauter Felsbrocken, überragt von einem groben Holzkreuz. Tillotson stand über irgendeinen Gegenstand gebeugt, den er unter dem Eskimograb versteckt gehalten haben mußte, einem auf Grönland geheiligten Ort, der laut Erlaß der dänischen Regierung unter keinen Umständen mißbraucht werden durfte. Beaumont konnte jetzt den Gegenstand erkennen: ein kastenähnliches Ding, aus dem eine Stange herausragte. Seine Gesichtszüge spannten sich. Tillotson *hatte* also ein Funkgerät.

Der Felsenrand des Gletschers war zu steil, um über ihn hinunterzukommen. So war er gezwungen, über den Gletscher selbst zu gehen. Vorsichtig ging er über das Eis – das Gewehr im Anschlag. Das Licht war zu diffus, um aus dieser Entfernung zu schießen. Der Untergrund kam ihm bedrohlich und heimtückisch vor. Es war fast, als kletterte er eine schräge Eisbahn hinunter, eine von Rinnen und Furchen gerippte Eisbahn. Seine gummibesohlten Schuhe waren nicht gerade das ideale Schuhwerk, und er fürchtete, daß er, wenn er einmal ins Rutschen käme, keinen Halt mehr finden und über den Rand des Eisfalls hinabschießen würde. Verbissen setzte er seinen Weg fort, so schnell, wie er überhaupt nur wagen konnte, da Tillotson möglicherweise schon dabei war, seine Nachrichten zu übermitteln. Der Sowjetagent war jetzt vollkommen außer Sicht. Die Kuppe verbarg ihn.

Weiter unten, wo der Gletscher stark zerklüftet war, wurde es noch viel gefährlicher. Spalten, deren Tiefe man nur erahnen konnte, dunkel klaffende Risse, verloren sich in ihren eigenen Schatten. Er kam jetzt langsamer vorwärts, da er vorsichtig von einer Eisrippe auf die andere treten mußte, die zwischen den schmalen Spalten hochragten. Dabei benutzte er den Karabiner als Stütze. Die ganze Zeit über war er darauf gefaßt, daß er ausrutschen würde. Die beißende Kälte machte die Sache auch nicht einfacher. Beaumonts Widerstandsfähigkeit gegen niedrige Temperaturen war phänomenal – wahrscheinlich weil er seine Jugend in Coppermine verbracht hatte. Aber er trug noch nicht die für arktisches Klima geeignete Kleidung. Die Kälte drang bereits durch seine Handschuhe und durch den Parka und kroch in den Beinen hoch.

Er war dem Hügel jetzt sehr nah und benutzte den Karabiner nicht mehr als Stütze, sondern hielt ihn schußbereit. Zum drittenmal innerhalb einer Minute schaute er auf. Tillotson tauchte von der anderen Seite des Hügels auf, eine große, pelzbekleidete Gestalt, die irgend etwas in der rechten Hand hielt. Tillotson stand etwa sieben Meter über dem Engländer. Seinen Arm streckte er rückwärts zum Wurf aus. Einen furchtbaren Augenblick lang, der ihm wie eine Ewigkeit erschien, dachte Beaumont, er würde eine Handgranate werfen. Er riß den Karabiner hoch, das Geschoß flog auf ihn zu, schlug vor ihm auf dem Eis auf – und prallte ab. Ein Stein. Blitzartig erfaßte Beaumont, daß Tillotson keine Waffe mehr hatte.

Er hatte entweder erstaunlich gut gezielt oder verdammtes Glück. Der Stein prallte vom Eis ab auf Beaumonts rechtes Bein zu. Er sprang zur Seite. Der Stein verfehlte ihn. Dann verlor er das Gleichgewicht, fiel hin und glitt wie ein Schlitten den Gletscher hinab – auf den Rand des Eisfalls zu.

Der Karabiner war weg. Er schlitterte seine eigene Bahn, war schneller als er und schoß über den Eisfall, währen Beaumont auf dem Bauch rutschte und verzweifelt versuchte, abzubremsen, irgendeinen Halt zu finden, eine Ritze, in die er seinen Fuß rammen könnte. Und während die schneidende Luft ihm ins Gesicht schlug und der Gletscher unter ihm vorbeiraste, dachte er schaudernd daran, daß er jeden Augenblick, anstatt weiterzuschlittern, plötzlich in die Tiefe stürzen könnte, daß er einen Halt in einer Gletscherspalte finden würde. Die Talfahrt ging weiter. Er glitt jetzt über die glattpolierte Oberfläche eines Hanges mit einer Neigung von etwa dreißig Grad. Der Parka schützte seinen Körper vor der Reibung und dem Schürfen des Eises; aber immer noch stürzte er mit zunehmender Geschwindigkeit abwärts. Mit seinen Handschuhen hämmerte er auf das Eis, die Schuhspitzen versuchte er einzurammen, aber er konnte die teuflische Fahrt nicht aufhalten.

Der Rand des Eisfalls, eine Gerade, hinter der nichts mehr war – nichts als ein Steilabhang von mehr als hundert Metern –, raste ihm entgegen, und immer noch konnte er nicht abbremsen, geschweige denn zum Stillstand kommen. Er hatte die perfekte Handlung für einen Kunstsprung über den Abgrund. Er stemmte seine Unterarme fest ein, erreichte den Rand und mußte im nächsten Augenblick hinübergleiten. Endlose, gähnende Leere und Tiefe unter ihm – und irgend etwas Kantiges. Sein linker Arm berührte den Felsen, einen großen, im Gletscher eingebetteten Brocken.

Es war reiner Reflex – sein Arm hakte ein und fand Halt an dem Felsen. Der momentane Ankerpunkt diente nur als Drehpunkt vor dem Sturz in den Abgrund. Sein flach auf dem Boden ausgestreckter Körper schwenkte nach links, glitt über den Rand. Seine linke Hand fühlte einen Vorsprung im Felsen, seine behandschuhten Finger krallten sich fest. Das Gewicht seines Körpers und der Schwung rissen ihm fast den Arm aus. Dann hing er reglos über dem Abgrund, gehalten nur von einer Hand und einem gekrümmten Arm, sein Körper schwebte im leeren Raum.

Für den Bruchteil einer Sekunde sah er unter sich das Nichts, den steilen Eisfelsen, der tief und tiefer abfiel, und am Boden das ausgedehnte Eisfeld, aus dem riesige Eisnadeln herausragten. Er zwang sich, nach oben zu schauen, konzentrierte seine letzte Energie darauf, sich festzuhalten und sich über den Rand des Eisfalles zurückzuschwingen. Mit dem rechten Arm umschlang er den Felsen, fühlte seine suchenden Finger die andere Hand berühren. Er krallte seine Hände ineinander. Erst dann schaute er an dem Felsen vorbei den Gletscher hinauf. Tillotson kam auf ihn zu.

Es war entsetzlich still – bis auf das Knirschen der Spikesstiefel, die sich in das Eis bohrten. Beaumonts Gesicht verzog sich: Tillotson trug Stiefel mit Eisspornen, die ihm einen sicheren Abstieg ermöglichten. Wo zum Teufel hatte er sie her? Er mußte sich die Stiefel im Jeep bereitgelegt haben; er mußte seine Flucht von Thule geplant haben, noch bevor die Boeing 707 gelandet war. Und in weniger als dreißig Sekunden würde der Amerikaner ihn erreicht haben. Zu spät für einen Versuch, über den Rand zurückzuklettern. Einen Augenblick lang schien Beaumonts Sehkraft zu schwinden – aus dem sich nähernden Tillotson wurden zwei Männer. Beaumont blinzelte. Die Vision löste sich auf zu einem einzelnen Mann, einem Mann mit einem Messer in der rechten Hand. Tillotson war schon ganz nah, als Beaumonts Kopf zur Seite fiel und seine rechte Hand ihren Halt verlor.

Sein rechter Arm hing erschlafft und kraftlos hinter dem Felsen. Das Zerren in seinem linken Arm war beängstigend, fast unerträglich, und seine Kleider unter dem Parka waren schweißnaß. Tillotson blieb etwa einen Meter vor dem Felsen stehen und stellte fest, daß er ihn von dort mit dem Messer nicht erreichen konnte. Nach zwei weiteren kurzen, vorsichtigen Schritten ließ er sich in Sitzstellung hinter dem Felsen nieder, hob seinen rechten Fuß und zielte mit den Eisspornen nach der Hand des Engländers. Die Spikes waren einen halben Zoll lang und eisverkrustet. Er holte aus, um mit voller Kraft die Spikes in den Handschuh zu stoßen.

In diesem Augenblick schnellte Beaumont seinen rechten Arm über den Felsen, umklammerte Tillotsons Fußgelenk und wuchtete es mit äußerster Anstrengung zur Seite. Die Spikes streiften Beaumonts linke Hand, Tillotson verlor das Gleichgewicht. Er kam ins Rutschen. Sein Körper schlitterte um die andere Seite des Felsens, wobei seine Hände fieberhaft nach einem Halt suchten. Seine Finger krallten sich in den Felsen, fanden einen Halt, und er glaubte sich gerettet. Beaumonts rechte Hand schlug noch einmal zu, diesmal mit der geballten Faust. Mit brutaler Gewalt schmetterte er sie auf das Nasenbein des Amerikaners. Tillotson brüllte auf, verlor erneut das Gleichgewicht und rutschte über den Rand des Eisfalls. Der Schrei hallte zurück den Eisfall herauf, ein langgezogener Schrei, der abrupt endete. Beaumont begann, sich zurück über den Rand zu ziehen.

Als er auf der anderen Seite des Felsens angelangt war, brach er zusammen. Er war noch bei Bewußtsein, aber kaum fähig, sich zu bewegen. Er lehnte sich gegen den Felsen und massierte müde seinen linken Arm. Mühsam kniete er sich hin und blickte über den Felsen in die Tiefe hinab. Tillotson war auf makabre Weise gestorben. Sein Körper steckte auf der Spitze einer der unzähligen Eisnadeln, in der Mitte aufgespießt.

»Du kannst uns zurückfliegen, Sam.«

Beaumont sackte im Beobachtersitz neben Grayson zusammen, der ihn fragend ansah. »Er hatte tatsächlich ein Funkgerät«, fuhr er fort. »Und zwar eins mit ziemlich großer Reichweite. Natürlich

›Radio Corporation of America‹, für den Fall, daß irgend jemand es gefunden hätte, was allerdings unwahrscheinlich gewesen wäre. Er hatte es in einem Eskimograb versteckt, und niemand würde darin herumschnüffeln. Fliegen wir los! Vandenberg kann jemanden schicken, das Funkgerät abzuholen.«

»Hat er gesendet?« fragte Grayson.

»Ich bin sicher, irgend etwas hat er gesendet. Vielleicht hat er nicht allzuviel Zeit gehabt. Die Nachricht könnte verstümmelt sein. Er muß sie verschlüsselt haben, bevor er Thule verließ.«

»Das werden wir wahrscheinlich nie erfahren.«

Beaumont sah Grayson an. »Und ob wir das erfahren werden! Spätestens dann, wenn die russische Sicherheitstruppe uns auf dem Eis einen warmen Empfang bereiten wird.«

Samstag, 19. Februar

»Ich weiß, warum Winthrop nach Leningrad gekommen ist. Ihre Gespenster sind inzwischen ganz schön lebendig geworden, Kramer!«

Samstagabend, acht Uhr – acht Stunden bevor Michael Gorow sich von Nordpol 17 abzusetzen plante, war Papanin noch in seinem Büro. Sein Zimmer war die reinste Hölle. Der grüne Kachelofen ließ den Raum und die Anwesenden schmoren. Der Sibirier liebte extreme Temperaturen. Er liebte sie seit seiner Kindheit in Omsk, wo die entsetzliche Kälte im Winter ihn geradezu in Schwung gebracht hatte, während sie jeden anderen lähmte. Andererseits hatte er sich auch immer in der Wärme der sibirischen Kachelöfen geaalt, wenn er ins Haus kam. Kramer dagegen schnappte nach Luft.

»Ich verstehe nicht, warum Sie sich plötzlich für Michael Gorow interessieren«, krächzte er mit trockener Stimme. »Was soll er mit dieser jüdischen Sache zu tun haben?«

»Sie werden das erst im nächsten Jahr kapieren, genau wie all die anderen. Und deshalb sitze ich auf diesem Stuhl, weil ich Dinge sehen kann, bevor sie überhaupt passieren.«

Papanin lehnte sich in seinem Stuhl zurück und verschränkte die Hände im Nacken. »Es war die Mannschaftsliste, die mich auf die Spur gebracht hat.«

»Sie meinen den Zweiten Steuermann, Peter Gorow?«

»Sie werden die Gespenster also doch noch schnappen.« Papanin betrachtete den Balten mit einem starren Blick. »Falls die Sie nicht zuerst erwischen. Erinnern Sie sich an den Fall Rachel

Lewitzer, diese Jüdin, die versuchte zu fliehen und dabei die Treppe hinunterfiel?«

»Sie brach sich das Genick...«

»Und Michael Gorows Herz. Wußten Sie das?«

»Ich hab' so was gehört...«

»Sie wurde vertuscht – diese Beziehung – wegen der Stellung, die Michael Gorow einnimmt. Wir haben nach einem dreckigen kleinen Boten gesucht, der große Summen aus Amerika einschmuggelt, irgend jemanden, der bei seiner Einreise am Flughafen jederzeit kontrolliert werden könnte. Ich glaube, sie sind gerissener gewesen...« Papanin legte eine Pause ein, um seinen Volltreffer wirkungsvoll zu landen: »Ich glaube, Michael Gorow, unser Meeresforscher persönlich, bringt das Geld ins Land.«

Kramer war verblüfft, entsetzt. Gebannt schaute er auf Papanin und versuchte zu erraten, was er im Sinn hatte, aber das war ein schier unlösbares Rätsel. »Das können Sie nicht im Ernst meinen«, sagte er schließlich. »Woher sollte er das Geld kriegen?«

»Das ist ja der Clou! Er hat drei Jahre in der Arktis verbracht mit der Planung und Verlegung des Katharina-Systems von Kabeln und Sonar-Bojen entlang dem Meeresboden. Er besuchte oft amerikanische Eisinseln, um zu sehen, was die so vorhatten.« Papanin schlug mit seiner riesigen Faust auf den Tisch. »Und das waren die Gelegenheiten – diese Besuche auf den amerikanischen Stützpunkten –, bei denen sie ihm das Geld zugesteckt haben. Er wurde nie durchsucht, wenn er zurückkam – daran hätte niemand im Traum gedacht.«

»Aber warum?« Kramer war verwirrt. »Warum sollte er das tun?«

»Seine verdammte jüdische Geliebte hat ihn dazu überredet. Er war drei Jahre lang mit ihr befreundet, bevor sie starb – und er tut es noch immer, ihrem Andenken zuliebe oder aus irgendeiner anderen verrückten Gefühlsduselei!«

»Das ist unglaublich...«

»Es ist logisch!« brüllte Papanin. »Er hat seinen Bruder Peter, den Zweiten Steuermann, diesen Monat in Kiew getroffen, als sie beide Urlaub hatten. Peter kommt hierher zurück, um an Bord seines Schiffes zu gehen – und auf dem Weg trifft er im Park diesen Amerikaner Winthrop. Er hat Winthrop eine mündliche Nachricht überbracht – von seinem Bruder Michael.«

»Wir müssen vorsichtig sein«, warnte Kramer. »Michael Gorow ist ein Freund von Marschall Gretschko*.«

* Sowjetischer Verteidigungsminister.

»Gretschko ist ein arrogantes Schwein. Wenn ich mit Gorow recht behalte, dann garantiere ich Ihnen, daß Gretschko ihn kaum gekannt haben wird.«

»Trotzdem ist es gefährlich...«

»Vielleicht, aber es gibt noch jemanden, an den wir uns halten können – Peter Gorow, der ist nur Matrose. Sie haben die gegenwärtige Position der *Girolog* in Erfahrung gebracht?«

»Sie ist fünf Fahrtstunden von Reval entfernt...«

»Schicken Sie sofort ein Flugzeug nach Reval, das auf Gorow warten soll. Funken Sie dem Kapitän, er soll auf direktem Wege Reval anlaufen. Fünf Stunden bis zum Hafen, je eine halbe Stunde hin und zurück bei beiden Flughäfen, eine Stunde Flugzeit hierher. Peter Gorow müßte in sieben Stunden in meinem Büro sein – Sonntagmorgen drei Uhr. Warum stehen Sie hier noch rum, Kramer?«

Papanin, wieder allein in seinem überheizten Büro, zog sein kleines Reiseschachspiel hervor und konzentrierte sich auf das Brett. Der Sibirier, ein Mann mit vielen Talenten, war sowjetischer Großmeister im Schach. Im Juli würde er zum Schachmeisterschaftsspiel Spassky gegen Fischer auf Island sein. Offiziell würde er als einer von Spasskys Beratern fungieren; inoffiziell als Hauptrepräsentant der Sowjetunion, um die Sicherheitsvorkehrungen im Auge zu behalten.

Igor Papanin, nach außen hin eine auffallende und extrovertierte Persönlichkeit, war ein eiskalter, distanzierter Denker, für den die ganze Arktis nichts als ein gigantisches Schachbrett war. Es gab sowjetische Figuren und amerikanische Figuren auf dem Brett, und wie bei jedem Zweikampf mußte der Eröffnungszug sitzen. Schon erstaunlich, daß der Sibirier – betrachtete man die Rolle, die Keith Beaumont in dem bevorstehenden Kampf der Mächte spielen würde – die englische Eröffnung studierte.

»Eine Nachricht von ›Krokodil‹ ist gerade durchgekommen.« Kramer erwähnte die Neuigkeit ganz beiläufig, als er eine halbe Stunde später in das Büro des Sibiriers zurückkam, so, als hätte sie keinerlei Bedeutung. »Sie sind gerade dabei, sie zu entschlüsseln...«

Er unterbrach seinen Bericht, da Papanin weiter in der Personalakte von Michael Gorow las.

»Noch etwas?« brummte Papanin, ohne aufzusehen.

»Wer ist ›Krokodil‹?«

»Eine Person. Seine Identität ist nur General Syrtow und mir bekannt.« Nachdem er diese Abfuhr erteilt hatte, schaute Papanin auf. »Sowie die Nachricht entziffert ist, will ich sie sehen.«

Es war einundzwanzig Uhr, als Kramer mit der Nachricht wiederkam. Die *Girolog* hatte schon ihren Kurs geändert und steuerte südlich langsam durch das Eis auf den Hafen von Reval zu. Das Flugzeug, das Kramer beordert hatte, sollte in zehn Minuten auf dem Flughafen in Reval landen.

In Washington war es acht Stunden früher als in Leningrad. Dawes und Adams warteten mit wachsender Ungeduld auf ein Zeichen von einem Toten. Auf Grönland, wo es ebenfalls acht Stunden früher war, flogen Beaumont und Grayson gerade vom Humboldt-Gletscher nach Thule zurück. Eine Nachricht – die von Winthrop – würde nie ankommen. Die andere – von Tillotson – wurde gerade Papanin überreicht.

»Sie haben Schwierigkeiten damit gehabt«, erklärte Kramer. »Sie ist ziemlich verstümmelt. Der Funker sagt, er hätte sehr sprunghaft gesendet, und er ist sicher, sie ist nicht vollständig.«

Papanin las den Funkspruch: »Wie scharfsinnig beobachtet«, kommentierte er. Er strich sich über den fast kahlgeschorenen Kopf, während er die Mitteilung ein zweites Mal las. *Amerikaner bereiten vor ... über Packeis ... Umgebung Target 5 ... Beaumont über Eis mit Ziel ... amerikanische Flugzeuge Curtis Field ... Beaumont Gruppe ...*

Wortlos stand der Sibirier auf und schritt aus seinem Zimmer in das Büro nebenan, wo der amerikanische Fernschreiber immer noch pausenlos ratterte und einen Strom von Nachrichten aus sowjetischen Stützpunkten ausspuckte, die über die ganze Arktis verstreut waren.

Vier Männer hinter Stahltischen waren damit beschäftigt, Berichte zu schreiben und zu telefonieren. Papanin zog eine kleine geschwungene Pfeife aus seiner Kitteltasche und stopfte sie mit Tabak aus einem alten Tabaksbeutel, wobei er intensiv die Wandkarte studierte.

Sie war der riesigen Wandkarte in General Dawes Büro nicht unähnlich, nur war hier die Arktis aus einem anderen Blickwinkel zu sehen: Die russische Küste lag unten, nahe dem Boden, die entfernten Küsten Grönlands, Kanadas und Alaskas waren hoch oben in Deckennähe.

»Dort liegt Curtis Field«, sagte er zu Kramer und zeigte mit dem Pfeifenstiel auf den Flugplatz an der grönländischen Küste, die Target 5 am nächsten lag. Er rief einem der Männer an den Schreibtischen zu:

»Petrow, unterrichten Sie mich über den gegenwärtigen Stand der Schiffspositionen in diesem Gebiet ...«

»Die Trawler-Flotte K 49, Oberst?«

»Das würde für den Anfang genügen.«

»Wie Sie sehen, liegt sie augenblicklich sehr weit nördlich von Island; aber sie bewegt sich jetzt südwärts, um das NATO-Manöver Seelöwe zu beobachten. Es sind zwölf Schiffe, alle mit der üblichen elektronischen Ausrüstung versehen.«

»Auch mit Funkstörgeräten?«

»Ja, Oberst. Der Hubschrauberträger *Gorki* westlich von Spitzbergen hat in derselben Mission nach Süden abgedreht...«

»Was ist mit der *Revolution*? Sie liegt der Eisberg-Gasse am nächsten.«

»Sie wird dort einige Wochen bleiben – sie überwacht amerikanische Satelliten.«

»Dieses amerikanische Schiff...«, Papanins Pfeifenstiel stieß gegen eine Markierung weiter oben.

»Der amerikanische Eisbrecher *Elroy*. Wir haben seine Position gerade verändert – vor weniger als einer Stunde. Er war auf dem Weg nach Süden und hat jetzt wieder genau Nord gedreht – ein Hubschrauber von der *Gorki* hat es beobachtet.«

»Vielen Dank.« Zu niederen Mitarbeitern war Papanin immer höflich; die höheren Beamten wie Kramer mußten sehen, wie sie mit ihm zurechtkamen. Er marschierte geradewegs zurück in sein Büro und setzte sich hinter seinen Schreibtisch. Seine sonst übliche explosive Art war verschwunden, und als er dem Balten seinen dramatischen Befehl erteilte, war seine Stimme ruhig und besonnen.

»Ordnen Sie Alarmbereitschaft für die ganze arktische Zone an, für jeden Küstenstützpunkt, jeden Flugplatz, jede Eisinsel einschließlich der Inseln vor der Küste Alaskas. Funken Sie Murmansk, daß sie einen Bison-Bomber Tag und Nacht voll aufgetankt bereithalten sollen. Geben Sie dem Leningrader Flughafen Anweisung, ein Flugzeug bereitzuhalten, das jederzeit binnen einer Stunde startklar sein kann, um mich nach Murmansk zu bringen...«

»Ich werde zuerst deswegen in Moskau nachfragen...«

»Schicken Sie Wronsky und sein Spezialkommando nach Murmansk – es muß in dreißig Minuten in der Luft sein...«

»Sicherlich müssen wir das an Moskau weitergeben.«

»Das Kommando wird Zivilkleidung tragen und voll ausgerüstet sein mit Handwaffen. Besorgen Sie mir den neuesten Wetterbericht von dem Gebiet um Target 5...«

»Ohne Rücksprache mit Moskau, Oberst? Operationen dieser Größenordnung bedürfen doch immer General Syrtows Genehmigung.«

Papanin nahm die Pfeife aus seinem breiten Mund. »Sie verstehen aber wirklich nicht, worum es geht, nicht wahr, Genosse? Den Anforderungen sind Sie wohl nicht gewachsen, wenn Sie plötzlich zwei Gespenstern auf einmal nachjagen sollen, nicht wahr?«

»Die Nachricht von ›Krokodil‹ ergibt keinen Sinn.«

»Sie würden einen Sinn darin sehen, wenn Sie ›Krokodil‹ kennen würden. Die Amerikaner planen irgendeine große Sache in der Nähe ihres schwimmenden Stützpunktes Target 5. Sie gebrauchen das Codewort Beaumont für diese Operation. Wir müssen unbedingt den Eröffnungszug machen.«

»Sie wollen immer noch Peter Gorow von Reval hergebracht haben?«

»Aber natürlich.« Papanin zündete erneut seine Pfeife an und beobachtete Kramer. »Das ist ein Problem für sich. Und jetzt«, fuhr er fort, ohne den Ton zu ändern, »machen Sie sich endlich auf die Socken.«

Curtis Field liegt auf einer hundert Meter hohen Klippe, die steil von der Ostküste Grönlands aufragt. Man kann sich darüber streiten, welche der beiden Erfahrungen mehr das Fürchten lehrt – Landung oder Abflug –, wahrscheinlich aber ist letztere die schlimmere. Die Flugzeuge starten von einer Startbahn, die am Rande einer Klippe endet. Beaumont hatte das so beschrieben: »Wenn man nichts mehr vor sich sieht, geht's entweder aufwärts oder abwärts.«

Am Samstagabend um einundzwanzig Uhr, Washingtoner Zeit, war Beaumont marschbereit, nachdem er ein Bravourstück an Organisation durchgeführt hatte, das an ein Wunder grenzte. In den verflossenen sechzehn Stunden war er von Washington nach Thule geflogen; Tillotson auf den Fersen, war er zum Humboldt-Gletscher und zurückgeflogen, danach hatte er die ganze Breite Grönlands überflogen bis nach Curtis Field. Um neun Uhr abends war alles soweit – und Curtis Field hatte einen Wirbelwind zu spüren bekommen.

»Ich brauche diese zwei Sikorskys in zwei Stunden – total überholt und voll aufgetankt...«

»Unmöglich«, hatte Fuller, der Kommandant des Flugplatzes, zurückgefaucht.

»Dann kommandieren Sie mehr Leute ab dafür! Ich muß doch wohl nicht Dawes in Washington an den Draht holen? Schließlich sind Sie es, die in der Klemme sitzen...«

Fünf Minuten nach neun waren die Hubschrauber startklar. Ein Flugzeug war aufgestiegen, um die Wetterbedingungen um Target 5 zu sondieren. Es kam zurück mit der Meldung, daß es keinerlei Anzeichen von Nebel gab. Die zwei Schlitten waren von Camp Century herübergebracht und vollgepackt worden mit Proviant, einem starken Funkgerät, Gewehren und Munition – und einem Peilgerät.

»Wozu brauchen Sie denn das?«

»Für alle Fälle.«

Die Antwort war abrupt und nicht die Spur informativ. Ruhelos war Beaumont im Hangar herumgestreunt, von dessen Eisenträgern Eiszapfen hingen, hatte in alles seine Nase gesteckt, die Armaturen einer Sikorsky überprüft, beim Verstauen der Schlitten mit angepackt und zwischendurch immer wieder den Funkraum aufgesucht, um sich nach irgendwelchen Nachrichten aus Washington zu erkundigen. Mit seiner anscheinend grenzenlosen Energie hatte er das Flugplatzpersonal angesteckt und sie von der Dringlichkeit der Sache überzeugt, so daß sie sich nahezu überschlugen. Hätte Oberst Igor Papanin dieser Vorstellung beiwohnen können, sie hätte ihn nachdenklich gestimmt.

Ohne die Hilfe Sam Graysons, dieses kleinen drahtigen, fünfunddreißig Jahre alten Amerikaners, hätte Beaumont jedoch das Unmögliche nie möglich gemacht. Es war Grayson, der nervenaufreibende Stunden damit verbracht hatte, mit Thule zu telefonieren, dem riesigen amerikanischen Luftstützpunkt oberhalb der Baffin-Bai. »Ich brauche diese Hunde hier, und zwar sofort. Kein Flugzeug verfügbar? Nur eine Hercules, die gerade nach Point Barrow startet? Dann reißen Sie sich gefälligst aus Ihrem Ohrensessel und stoppen Sie sie! Hören Sie! Wenn sie startet, schicke ich Ihnen Dawes auf den Hals, der die Maschine in der Luft umkehren läßt.«

»Die Hunde hätten vor einer Stunde hier sein sollen«, knurrte Beaumont im Hintergrund.

Grayson drehte sich zu ihm um: »Keith, willst du sie sofort oder erst wenn sie ankommen?« wollte er wissen.

Beaumont grinste breit: »Sowohl als auch, möglichst noch schneller!«

Alle Teams in der Arktis handeln nach einer von nur zwei möglichen Arbeitsweisen. Ein britisches Team hat einen Anführer, und die anderen richten sich nach seinen Anweisungen; andere Nationalitäten arbeiten auf andere Weise – Amerikaner und Norweger demokratisch; sie tauschen ihre Meinungen untereinander aus. Beaumonts Dreimannteam stellt eine Ausnahme dar. Wie er mit einem trockenen Lächeln formuliert hatte: »Sie tun, was ich sage, weil sie wissen, daß ich recht habe.« Graysons

Version hörte sich ein wenig anders an: »In einer Krise folgen wir Beaumont, streiten tun wir uns hinterher.« Horst Langers Version wich wiederum ab davon. »Wir haben drei Bosse, und es funktioniert. Wieso, weiß ich nicht.«

Sam Grayson, ein überragender Navigator, Meeresbiologe und erstklassiger Schütze, stammte aus Minneapolis. Vor seiner legendären Überquerung von Grönland nach Spitzbergen mit Beaumont und Langer hatte er für das amerikanische geologische Vermessungsamt und für das geologische Observatorium der Columbia-Universität gearbeitet. Er war ein alter arktischer Schneehase. Vor jedem Unternehmen beteuerte er seiner Frau: »Das ist vielleicht meine letzte Schlacht auf dem Eis – vielleicht werde ich es leid ...« Die letzte Schlacht war es aber immer nur, bis das nächste Unternehmen anlief.

»Die Hunde sind gerade eingetroffen«, berichtete er Beaumont, zwei Stunden nachdem er Thule angerufen hatte.

»Vielleicht sollte Horst sie sich sofort einmal ansehen.«

Beaumont wandte sich dem dritten Mann ihres Teams, Horst Langer zu, der gerade in den winzigen Raum trat, den Grayson sich als sein Hauptquartier auserkoren hatte. »Die Hunde sind da. Was ist das für eine Hiobsbotschaft in deiner Hand?«

»Eine dringende Meldung von Dawes ist gerade durchgekommen – wir sollen uns für einen sofortigen Abmarsch bereithalten.«

Das Tiefdruckgebiet von unerhörtem, nie dagewesenem Ausmaß, das sich Ende Februar 1972 über Nordgrönland zusammenzog, traf sämtliche Meteorologen völlig unerwartet. Dies war das Tief, das später im Jahr das Wetter von Nordamerika und Westeuropa beeinflußte, das den Sommer nahezu in Winter verwandelte, Eisberge weiter südlich wandern ließ als je zuvor, die in transatlantische Schiffahrtslinien einbrachen und große Linienschiffe zur Kursänderung zwangen. Dies war auch das Tief, das den Nebel brachte.

Die sowjetischen Meteorologen auf Nowaja Semlja sahen es nicht heraufziehen. Das amerikanische Wetterflugzeug, das täglich von Mildenhall in Ostengland quer über das Dach der Welt nach Alaska fliegt, hatte es nicht gesichtet. Das US-Wetteramt sah es nicht voraus. Aber während Beaumont sich ruhelos in dem eiskalten Hangar in Curtis Field herumtrieb, bildete sich eine mehrere Kilometer weite und fast tausend Meter hohe Nebelbank. Gefrierender schwarzer Nebel tauchte nördlich von Target 5 auf und begann, sich stetig nach Süden zu bewegen.

Man stirbt nur einmal. Aber manchmal hat man das Gefühl, hundert Tode zu sterben.

Für Peter Gorow war der Flug von Reval nach Leningrad ein Alptraum. Niemand wollte ihm den Grund für seine Rückbeorderung nennen oder ihm sagen, wer ihn in Leningrad sprechen wollte; aber er wurde behandelt wie ein König, als er morgens um ein Uhr von Bord der *Girolog* ging.

Eine schwarze Zil-Limousine mit Schneeketten fuhr ihn durch einen Schneesturm zum Flughafen. Als er das Flugzeug bestieg, das ihn erwartete, schüttelten die beiden Piloten ihm die Hand. Sie forderten ihn freundlich auf, im Cockpit mitzufliegen, und boten ihm einen Sitz hinter dem Kopiloten an. Der Alptraum begann in dem Moment, als sich das Flugzeug von der Startbahn abhob.

Beim Start wäre es fast abgestürzt. Noch am Boden, steuerten sie direkt auf den Kontrollturm zu, und der Kopilot brüllte: »Du schaffst es nie!« Er riß einen Arm hoch, als wollte er damit eine Kollision abwehren. Dann zog der Pilot die Maschine hoch und verpaßte den Turm um Haaresbreite – so jedenfalls kam es dem vor Angst erstarrten Gorow vor.

Aber das war nur der Anfang. Als das Flugzeug Höhe gewann und ostwärts von der vereisten Ostsee abdrehte, brachen die Piloten einen wütenden, endlosen Streit vom Zaun und beschuldigten sich gegenseitig. »Du Blödmann, Serge! Du hast nicht genug Gas gegeben ...«

»Idiot! Es war schon zuviel Fahrt! Hättest ja selbst fliegen können!«

Der Streit tobte weiter. Von der technischen Terminologie verstand Gorow keine Silbe. Plötzlich kippte das Flugzeug zur Seite und fing an, mit beängstigender Geschwindigkeit abzusakken. Unter Fluchen gewann der Pilot die Kontrolle wieder und setzte mit kreischender Stimme seinen Zank fort. Zitternd beobachtete Gorow die Szene: Es schien, als würden sie sich mehr auf ihren Streit konzentrieren als auf das Fliegen. Seine Angst stieg, als die Maschine schlagartig steil nach oben stieß. Gorow, der in seinen Sitz zurückgepreßt wurde, erlitt Todesängste. Es war sein erster Flug. Auf halber Strecke nach Leningrad begannen sie zu trinken.

Der Streit legte sich urplötzlich, und die Piloten versöhnten sich mit einer Flasche Wodka. Aber ihre Höflichkeit dem verehrten Gast gegenüber ging nicht so weit, daß sie ihm einen Schluck angeboten hätten. Statt dessen leerten sie die Flasche selbst. Mit wachsendem Schrecken beobachtete Gorow, wie die Wirkung des Wodka sich in ihren Flugkünsten bemerkbar machte. Die Maschine taumelte hin und her, wenn sie wie ein Stein in Luftlöcher sackte und dann fast senkrecht wieder aufwärts schoß. »Der Wetterbericht war schlimm«, nuschelte Serge mit schwerer Zunge. »Wenn Sie nicht so wichtig wären, hätten wir das Flugzeug gar nicht erst bestiegen.«

»Wichtig für wen?« fragte der verwirrte Matrose.

»Vielleicht für den Ersten Sekretär. Woher zum Teufel soll ich das wissen?«

Zweimal mußte er schleunigst zu der kleinen engen Toilette laufen und sich übergeben. Als er nach dem zweiten Mal an seinen Platz zurückkehrte, war sein Kopf für einige Minuten klar. Er rechnete sich in etwa aus, daß er, wohin auch immer in Leningrad man ihn bringen würde, gegen drei Uhr morgens ankommen würde. Dann würde es auf Nordpol 17 elf Uhr abends sein, vier Stunden später als in Leningrad. Er war jetzt ziemlich sicher, daß man etwas über den Amerikaner erfahren hatte, daß man ihn ausfragen würde. Er mußte bis nach Mitternacht – der Zeit auf Nordpol 17 – durchhalten, was vier Uhr morgens in Leningrad bedeuten würde. Das hieß also, daß er noch über eine Stunde durchhalten mußte.

Als sie zur Landung in Leningrad ansetzten, hatte er das Gefühl, daß sein Hals enger zugeschnürt war als sein Magen durch die Gurte, die Serge ihm anzulegen empfohlen hatte. Als sie bei Schneefall hinabglitten, fiel der erste Motor aus, Sekunden später auch der zweite. Konnten sie mit nur zwei Motoren landen? Gorow hatte keine Ahnung. Der Pilot sprach mit einem Anflug von Hysterie mit der Bodenstation: »Mayday, Mayday, Notlandung...«

Gorow schloß die Augen, fühlte, wie sich in seinem Kopf alles drehte. Er öffnete sie wieder und sah die blendenden Lichter der Landebahn auf sich zukommen. Das Flugzeug schaukelte entsetzlich. Der Kopilot fluchte und fuchtelte mit der leeren Wodkaflasche vor Serge herum: »Du fliegst zu schnell an... Du bringst uns um.« Gorow saß schweißgebadet in seinem Sitz, unfähig, seine Augen von den ihnen entgegenrasenden Lichtern abzuwenden, die, von dem schaukelnden Flugzeug aus gesehen, zu kippen schienen. Seine Kleider waren klatschnaß, und sein Mund war ausgedörrt. Die Kehle war ihm wie zugeschnürt. Sie waren betrunken, alle beide, diese Verbrecher. Er sah sich bereits auf grausamste Weise in den Flammen umkommen.

Im letzten Augenblick sprangen die zwei ausgefallenen Motoren wieder an, die Räder setzten mit einem heftigen Ruck auf der Landebahn auf, die Maschine glitt zwischen den Lichtern hindurch und legte eine perfekte Landung hin. Nachdem Gorow, ohne ein Wort mit ihnen zu reden, von Bord gegangen war, brach Serge in Gelächter aus und schwenkte die leere Flasche. »Mineralwasser kann ich nicht ausstehen! Was draufsteht, wäre mir lieber gewesen ...«

Gorow würde nie erfahren, daß es die beiden erfahrensten Piloten der Baltik-Staffel gewesen waren, die ihn nach Leningrad geflogen hatten. Sie waren wahrscheinlich die einzigen Männer, die mit einem Flugzeug auf so fürchterliche Weise umgehen und dabei so glimpflich davonkommen konnten. Papanin persönlich hatte den Flughafenkommandanten in Reval angerufen und ihm seine Instruktionen erteilt: »Ich will, daß Sie ein kleines Spielchen mit unserem Passagier treiben. Er soll sich vor lauter Angst in die Hose machen. Nach der Landung muß er Pudding sein.«

Der Mann auf dem Stuhl schwitzte. Schweißperlen auf seinem Gesicht reflektierten das Scheinwerferlicht. Es war Angst – und der grüne Kachelofen. Papanin saß hinter seinem Schreibtisch im Halbdunkel. Die anderen Männer waren Schatten hinter dem Stuhl, entnervende Unbekannte, um Gorow seine Anwesenheit zu dokumentieren. Die Uhr an Peter Gorows linkem Handgelenk zeigte drei Uhr zwanzig.

Papanin, der völlig auf der falschen Spur war und immer noch glaubte, kurz vor der Entlarvung des Geldboten zu sein, der den jüdischen Untergrund finanzierte – tatsächlich hatte Michael Gorow nicht die geringste Beziehung zu dieser zwielichtigen Organisation gehabt –, hatte noch genau vierzig Minuten, um Gorows Widerstand zu brechen. In vierzig Minuten würde es in Leningrad vier Uhr sein und erst Mitternacht auf Nordpol 17. In vierzig Minuten würde Michael Gorow auf das Packeis verschwunden sein.

»Wir wollen noch mal wiederholen«, sagte Papanin. »Nur um sicherzugehen, daß ich alles richtig verstanden habe. Fangen Sie damit an, daß Sie in den Park gingen.«

Noch mal wiederholen – in Gorows Kopf drehte sich alles. In einem alten schrottreifen Wolga war er vom Flughafen hergebracht worden. Kramer hatte ihn ohne Mantel und bei offenem Fenster fahren lassen. Dabei war Gorow stark unterkühlt worden. Es war eine Idee Papanins: Plötzlich extreme Temperaturänderungen setzen die menschliche Widerstandskraft herab. Er hatte sich das überheizte Cockpit im Flugzeug vorgestellt, dann den halberfrorenen Gorow während der Fahrt vom Flughafen, und jetzt ließ er ihn wieder schmoren. Gorows Magen war leer, seine Nerven zerrüttet; und er war kaum noch zu irgendwelchen Gedanken fähig, als Papanin wiederholte: »Erzählen Sie alles noch mal von vorn.«

Gorow wußte nicht mehr, wie oft er alles schon erzählt hatte. Er versuchte, es herunterzuleiern wie einen Katechismus, während er fühlte, wie die Hitze des Ofens auf seinem Rücken brannte. »Ich ging in den Park.«

»Warum?«

»Ich war auf dem Weg zu den Docks.«

»Sie gingen also geradewegs über den Newski-Prospekt. Das ist der direkte Weg.«

»Ich ging über den Newski-Prospekt...« Seine Stimme war monoton, wie die eines Kindes, das Auswendiggelerntes hersagt.

»Das haben Sie nicht getan! Sie gingen in den Park! Warum?« Sie kamen zu dem Punkt, wo der Fußgänger auf dem Eis ausgerutscht war, und Papanin stellte die gleiche Frage, die er seit Gorows Ankunft immer wieder gestellt hatte. »Wir wollen seinen Namen wissen«, wiederholte der Sibirier. »Darum geht es. Wir wollen seinen Namen wissen...«

»Ich weiß den Namen des Amerikaners nicht...«

Gorow brach ab. Sofort war ihm klar, daß ihm ein fataler Fehler unterlaufen war. Papanin ließ ihn seinen Schrecken eine Minute lang ausschwitzen. Sie hatten Gorow gegenüber nichts davon erwähnt, daß Winthrop Amerikaner war; und Winthrops Kleidung hatte ihn aussehen lassen wie einen Russen. Und Winthrop hatte mit dem Seemann nicht gesprochen. Gorow hatte das immer wieder betont. »Bringt ihn nach unten«, sagte Papanin. Er wartete ab, bis er mit Kramer allein war. »Finden Sie heraus, was er weiß – schnell.«

Da ihr Opfer Seemann war und da der Alptraum eines jeden Seemannes das Ertrinken ist, wandten sie die Wassermethode an.

Im Keller, der ebenso eiskalt wie Papanins Zimmer glühend heiß war, fesselten sie Gorow auf eine verstellbare Liege und banden ihm die Augen zu. Er lag flach ausgestreckt auf dem Rücken. An Hals, Handgelenken und Beinen hatte man ihn an die Liege geschnallt. Irgendwo außerhalb seines Blickfeldes schwappte Wasser in einem Behälter.

»Welche Nachricht hat Ihnen der Amerikaner übergeben?«

Ein Mann packte Gorows Unterkiefer, ein anderer zwängte ihm einen großen Gummitrichter in den Mund, der dritte fing an, Wasser in den Trichter zu gießen. Sofort hatte er das Gefühl zu ersticken; das Gefühl des Ertrinkens kam später. Auf einem Hocker neben seinem Patienten saß ein Arzt, der ein Stethoskop an Gorows nackte Brust hielt.

Für Gorow, der flach auf dem Rücken lag, blind und unfähig, sich zu bewegen, bestand die Welt aus Wasser – Wasser, das in seinen Mund floß, Wasser, das in seine Kehle strömte, Wasser, das sich in seine Lungen ergoß. Verzweifelt versuchte er, Arme und Brust zu heben, versuchte, den Atem anzuhalten; und dann spuckte er, würgte – von Schmerzen geschüttelt – erbrach sich, war dem Ersticken nah. Sein ganzer Körper schien anzuschwellen und drohte zu bersten. Seine Augen quollen hervor, seine Halsmuskeln strafften sich und erschlafften wieder. Er versuchte zu schreien. Aber der Schrei erstickte, und Gorow wußte, daß er starb, ertrank. Sie gossen weiter Wasser, bis der Arzt zu Kramer hinüberschaute. Der Balte nickte. Jemand traf auf einen Fußhebel unter der Liege, das Kopfende der Liege schnellte nach oben und brachte Gorow in Sitzstellung. Der Matrose würgte, spuckte, schnappte nach Luft. Sein Kopf baumelte nach unten, er hechelte unregelmäßig. Kramer nahm die Augenbinde ab, faßte unter Gorows Kinn und hob seinen Kopf.

»Welche Nachricht hat Ihnen der Amerikaner übergeben?«

Glasige Augen starrten auf Kramer zurück, Augen voll Haß. Zweimal versuchte er zu sprechen, sah auf sein linkes Handgelenk, und zweimal brachte er nur ein heiseres Krächzen heraus, einen kaum menschenähnlichen Laut. Sie hatten ihm die Uhr abgenommen. Das war für Gorow die größte Qual: Er hatte keine Ahnung, wieviel Zeit verstrichen war, nichts, was ihm sagen konnte, wie lange er noch durchhalten mußte. Beim drittenmal gelang es ihm, die Worte herauszubringen: »Keine Nachricht...«, wobei seine Augen Kramer haßerfüllt anfunkelten.

Der Balte wußte jetzt, daß die Widerstandskraft Gorows groß war. Es würde eine halbe Stunde dauern, vermutete er, vielleicht aber auch weniger. Wenn der Haß verschwinden würde, abgelöst von Todesqualen, dann würden sie ihrem Ziel näherkommen. Er nickte, und sie wiederholten die Behandlung. Gorow schätzte, daß gut zwanzig Minuten vergangen sein müßten. Tatsächlich waren es aber weniger als fünf Minuten, seitdem sie ihn in den Keller gebracht hatten.

Die Lokomotive kam allmählich in Fahrt. Papanin brachte seine Leute auf Trab, als wäre er erst gerade vor einer Stunde aufgestanden. In Wirklichkeit hatte er inzwischen zweiundzwanzig Stunden nicht geschlafen. Nicht die Nachricht, mit der der Balte in das Zimmer stürzte, war es, die seine fieberhafte Aktivität in Gang gebracht hatte. Wieder einmal nahm er dem dicken Balten den Wind aus den Segeln.

»Michael Gorow will zu den Amerikanern überlaufen...«

»Dazu haben Sie zwei Stunden gebraucht, Kramer.« Papanin sah auf die Wanduhr, die fünf Uhr dreißig anzeigte. »Dieser Steuermann ist ein tapferer Mann, und Sie sind zu spät mit Ihren Neuigkeiten; diese Meldung ist gerade aus Nordpol 17 eingetroffen.« Er reichte das Papier dem Balten, der durch den plötzlichen Temperaturwechsel in Schweiß ausbrach, während er las. *Michael Gorow Mitternacht mit Hundegespann von Nordpol 17 entflohen. Sicherheitsmann Marow tot im Eis aufgefunden. Suchtrupps ausgeschickt. Erbitte Anweisungen. Minsky.* –

In weniger als einer Minute hatte Papanin handschriftlich seine Antwort hingekritzelt, mit der Petrow in die Nachrichtenzentrale lief: – *Senden Sie alle verfügbaren Hubschrauber weiter westlich, als Gorow gekommen sein kann. Gründlich durchkämmen zurück bis Nordpol 17. Melden Sie unverzüglich irgendwelche Aktivitäten um Target 5. Papanin.* –

Er wies Kramer an, erstens mit Murmansk Verbindung aufzunehmen, um festzustellen, ob der Bison-Bomber zu sofortigem Start bereit sei, zweitens vom Leningrader Flughafen die Bestätigung einzuholen, daß ein Flugzeug startklar bereitstand; drittens per Funk bei der Trawler-Flotte K 49 und bei der *Revolution* Informationen über amerikanische Aktivität in diesem Gebiet anzufordern und schließlich viertens dem Hubschrauberträger *Gorki* den Auftrag zu geben, unverzüglich die gegenwärtige Position des amerikanischen Eisbrechers *Elroy* festzustellen.

Er rief General Boris Syrtow, den Chef des Sicherheitsdienstes für besondere Aufgaben in Moskau an, ohne Rücksicht darauf zu nehmen, daß er ihn um halb sechs in der Frühe vielleicht aus dem Bett holen könnte. Aber Syrtow war gerade selbst schon im Begriff, den Sibirier anzurufen; das Gespräch wurde mit einem Gefecht eröffnet.

»Papanin!« Syrtows Ton war scharf. »Ich höre gerade aus Murmansk, daß Sie Alarmbereitschaft für die Arktis angeordnet hätten. Das stimmt doch wohl nicht, oder?«

»Es stimmt, General...«

»Ohne meine Ermächtigung?«

»Es war eine dringende Vorsichtsmaßnahme...«

»Breschnew hat davon erfahren. Ich muß sofort in den Kreml.«

»Gut...«

»Was haben Sie gesagt?« brüllte Syrtow.

»Die Vorsichtsmaßnahmen waren gerechtfertigt«, raunzte Papanin zurück. Jetzt fuhr er sein Geschütz auf. »Michael Gorow ist über das Eis geflüchtet... Er bringt den Amerikanern mehr als nur sein Gehirn. Soeben habe ich in Erfahrung gebracht, daß er zwei Stunden im Geheimarchiv zugebracht hat, als ich in Moskau war. Ich fürchte, er hat die Katharina-Dokumente fotografiert. Er bringt ihnen eine Kopie unseres gesamten Unterwassersystems.«

Syrtows Zorn erlosch. Seine chronische Angst überkam ihn statt dessen. Er erkundigte sich, welche Befugnisse Papanin brauchte. Die Antwort warf ihn um.

»Persönliche Befehlsgewalt über den Träger *Gorki*, die Trawler-Flotte K 49 und das Forschungsschiff *Revolution*...«

»Sie wissen, das hat es noch nie gegeben.«

»Die Situation hat es noch nie gegeben. Der Erste Parteisekretär kann die Einwilligung geben. Deshalb bin ich froh, daß Sie zu ihm gehen.«

»Ich werde mich wieder bei Ihnen melden«, sagte Syrtow kurz. »Setzen Sie in der Zwischenzeit Ihre Vorbereitungen fort.«

»Ist bereits geschehen, einschließlich des Befehls zur Alarmbereitschaft vor neun Stunden ohne Ihre Vollmacht, der uns Zeit von unschätzbarem Wert eingebracht hat...« Mit Genugtuung hörte Papanin das Knacken, als am anderen Ende der Leitung der Hörer aufgelegt wurde. Als er aufschaute, kam gerade Kramer herein, gespannt auf Neuigkeiten. »Schnappen Sie sich Ihre Wärmflasche, Kramer; in vierundzwanzig Stunden sind wir in der Arktis.«

Genau um ein Uhr Sonntag früh knipste in Washington Lemuel Dawes das Licht über seinem Feldbett an, das er in seinem Büro aufgestellt hatte, und sah nach der Uhr. Wie gewöhnlich hatte ihn seine innere Uhr pünktlich geweckt. Er hatte Kopfschmerzen. Kein Wunder – die Hitze, der Mangel an frischer Luft und die tropischen Pflanzen, die zwei Wände fast völlig verbargen, schufen ein Klima, das man nicht anders als ekelhaft nennen konnte. Zehn Minuten später klopfte Adams an seine Tür und kam herein.

»Keine Nachricht aus Helsinki«, sagte er ernst. »Aber das Flugzeug könnte Verspätung haben – vielleicht kommt er noch durch.«

»Sie meinen, wir sollen warten?«

»Ja.«

»Das könnte ein Fehler sein.« Dawes kratzte sein zerzaustes Haar. »Aber im Augenblick können wir kaum etwas daran ändern. Gorow könnte schon auf dem Eis sein, wir könnten jetzt zwar ein Flugzeug nach Target 5 schicken, aber das wäre gewagt.

Falls Gorow noch nicht unterwegs ist, könnte jede ungewöhnliche Bewegung auf Target 5 die Russen aufmerksam machen.«

Während also Beaumont im weitentfernten Curtis Field am Rande der grönländischen Eiskappe vor lauter Ungeduld bereits die Wände hochging und während Dawes auf ein Zeichen von einem Mann wartete, der seit vierzig Stunden bereits tot war, steckte Oberst Papanin mitten in seinen intensiven Vorbereitungen, und es sah so aus, als würde er das Spiel gewinnen, bevor es überhaupt angefangen hatte.

Sonntag, zwölf Uhr mittags, schritt Leonid Breschnew, der Erste Sekretär des Zentralkomitees der Kommunistischen Partei der Union der Sozialistischen Sowjet-Republiken, in Begleitung von General Boris Syrtow forsch in das Büro von Oberst Papanin. Wie immer trug Breschnew unter seinem Pelzmantel einen eleganten dunklen Anzug. Sein dichtes Haar war tadellos gebürstet. In Detroit hätte man ihn leicht für den Generaldirektor von Ford halten können. Niemand half ihm aus dem Mantel; der Erste Sekretär haßte es, wenn man seinetwegen Umstände machte. Er kam immer sofort zur Sache.

»Papanin, Sie haben die Befehlsgewalt über sechs Schiffe der Trawler-Flotte, über den Hubschrauberträger *Gorki* und das Forschungsschiff *Revolution*. Keins von diesen Schiffen wird den Anschein erwecken, daß es sich um ein militärisches Unternehmen handelt. Es sind alles Schiffe der zivilen Schiffahrt sozusagen. Sie verstehen, was ich meine?«

»Es darf keinen internationalen Zwischenfall geben.«

»Keinen internationalen Zwischenfall«, bestätigte Breschnew. »Im Mai kommt der amerikanische Präsident nach Moskau zu einem Gipfeltreffen; und mir liegt sehr daran, daß er kommt. Seien Sie also vorsichtig.«

»Aber es könnte zu einem kleineren internationalen Unfall kommen«, sagte Papanin unverblümt. »Ich kenne diese Gegend. Es kann alles mögliche dort passieren. Es könnten Männer in offene Wasserrinnen fallen oder für immer in einem Schneesturm verschwinden...«

Breschnew hob abwehrend seine gepflegte Hand. »Keine Einzelheiten bitte. Ich gebe zu, es gibt einen himmelweiten Unterschied zwischen einem Zwischenfall und einem Unfall – das ist Ihr Spezialgebiet.« Er betonte jedes Wort mit Nachdruck, wobei er seine buschigen Augenbrauen hob. »Aber Sie müssen mir Gorow wiederbringen! Weder er noch die Katharina-Karten dürfen jemals Washington erreichen. Ich bin persönlich hierhergeflogen, um zu betonen, von welch eminenter Wichtigkeit diese Angelegenheit für uns ist.«

»Wir sind den Amerikanern bereits drei Züge voraus«, erwiderte Papanin. »Das ist die Hauptsache...«

»Wir müssen ihnen voraus bleiben.« Breschnew schaute zu Syrtow, einem kleinen Mann mit hagerem Gesicht und gereiztem Blick, der eine Ledermappe trug. »Der General hat Kode und Frequenzen für Sie, auf denen Sie sich mit diesen Schiffen verständigen müssen. Sie haben schon Befehl bekommen, in das betreffende Gebiet vorzurücken.«

»Ich würde gerne sofort losfahren.« Papanin nahm die Mappe von Syrtow entgegen. »Ich denke, wir werden gerade noch rechtzeitig kommen...«

Breschnew ergriff den Arm des Sibiriers: »Igor, Sie müssen rechtzeitig sein. Sie müssen.«

Es war drei Uhr in Murmansk, als Papanin an Bord des vollbesetzten Bison-Bombers ging. Am Sonntag, dem 20. Februar, um drei Uhr nachmittags war es in Murmansk bereits Nacht, eine klare Mondnacht. Die vier Düsen heulten mit ohrenbetäubendem Lärm auf, als der Sibirier sich in einen behelfsmäßigen Sitz in der Nähe des Cockpits niederließ und eine Karte ausbreitete, auf der er die neueste Position des amerikanischen Eisbrechers *Elroy* eintrug. Hinter ihm war das ganze kahle Deck ohne Sitze vollgepackt mit pelzbekleideten Männern, die ihre Gewehre an sich preßten. Die enorme Kraft der Triebwerke steigerte sich, Schnee stob auf von der kürzlich gepflügten Startbahn, dann gab der Kontrollturm Start frei, und die vibrierende Maschine setzte sich in Bewegung.

Vom Kontrollturm aus konnte man die rotglühenden Austrittsgase der Triebwerke sehen, als die Maschine davonrollte, die Richtung änderte und auf die Hauptstartbahn kam. Danach wurde die Maschine erst richtig lebendig, die Düsen stießen das dem Bison eigene Dröhnen aus, die Räder rasten über die Startbahn, hoben vom Boden ab. Als der Bomber steil aufstieg, prallte der Austrittsschub der Düsen auf die Startbahn wie Gewehrsalven, fegte den Schnee von dem Beton und schleuderte weiße Wolken auf. Fünf Minuten später war er nur noch ein Kondensstreifen in zehntausend Meter Höhe. Papanin war unterwegs. Ziel: Nordpol 17.

»Immer noch keine Nachricht aus Helsinki.« Adams reichte Dawes das Papier und nahm Platz. »Das ist gerade eingetroffen – langsam glaube ich, daß Winthrop etwas passiert ist...«

»Das habe ich vor Stunden vermutet.« Dawes beachtete das

Papier kaum. »Ich möchte wetten, Sie werden noch lange auf ihn warten.«

Ironischerweise war es Papanin, der Dawes alarmierte. Seit Stunden hatte er mit wachsender Besorgnis einen Strom von Informationen erhalten, die von Schiffen, Wetterflugzeugen und Satelliten kamen, die hoch über der Arktis kreisten – und alle Nachrichten deuteten darauf hin, daß etwas Ungewöhnliches im Gange war.

Als erstes hörte Dawes, daß der sowjetische Träger *Gorki* seinen Kurs geändert hatte, daß er mit voller Kraft nach Norden auf das Eisfeld zufuhr. Eine Stunde später kam die Meldung durch, daß sechs Schiffe der Trawler-Flotte K 49, Schiffe, die vollgestopft waren mit elektronischer Ausrüstung, ebenfalls nach Norden abgedreht hatten, wobei sie ihr offensichtliches Vorhaben, bei dem NATO-Manöver *Seelöwe* herumzuspionieren, aufgegeben hatten. Schließlich hatte er erfahren, daß das riesige neue sowjetische Forschungsschiff *Revolution*, das auf seiner Jungfernfahrt mit Spähauftrag war und direkt von der Nikolajew-Werft an der Schwarzmeerküste kam, ebenfalls Kurs geändert hatte. »Es fährt direkt auf den Schlund der Eisberg-Gasse zu«, hatte er Adams mitgeteilt und dann sofort ein dringendes Telefongespräch geführt.

Nur dreißig Minuten später war ein unauffällig gekleideter Mann mit Hornbrille in Dawes' Büro eingetroffen. Der Assistent des Präsidenten, sein engster Vertrauter, hatte eine Viertelstunde lang intensiv zugehört, bevor er selbst redete.

»Lemuel, die Lage ist so: Wenn der Präsident mit den Katharina-Karten in der Tasche zum Gipfeltreffen nach Moskau geht, könnte er aus einer ungeheuer starken Position heraus verhandeln – und die Russen würden vielleicht die Konzessionen machen, die wir von ihnen wünschen ...«

Dawes hatte die Vollmacht zu selbständigen Entscheidungen ohne vorherige Rücksprache mit Washington erhalten. »Vorausgesetzt, Sie beschwören keinen internationalen Zwischenfall herauf«, hatte der brillante, in Deutschland geborene persönliche Berater gewarnt. »Das könnte das Gipfeltreffen verderben ...«

Dawes dachte an diese Bedingung, als er ein Blatt Papier aus seiner Tasche nahm und es Adams reichte. »Ich habe Ihnen noch nicht den Wetterbericht gezeigt, der soeben durchgekommen ist. Dichter Nebel ist aus dem Nichts aufgetaucht und hat Target 5 völlig zugedeckt. Es sieht so aus, als würde es doch eine Operation Beaumont werden.«

Adams sagte nichts zu dem Wetterbericht, legte nur den Sicherheitsgurt an. Die Boeing, mit der sie flogen, verlor bereits an Höhe, und in der Ferne leuchtete die Doppelreihe der Landebahnlichter durch die weiße Nacht. Die erste seiner Entscheidungen hatte Dawes getroffen: Er flog an den Rand des Schachbrettes, um sich selbst ein Bild zu machen. Ziel: Curtis Field.

Die Eiswüste

Sonntag, 20. Februar

Der dürftige Landestreifen von Nordpol 17 eilte der Bison entgegen. Der Pilot richtete die Nase der Maschine in die Mitte der Lichterreihen, die jetzt zu Bändern ineinander verschwammen. Er drosselte die Maschine und murmelte ein Stoßgebet. Die Bahn war zu kurz für den Bison.

Die Eisfläche flog ihm entgegen, schoß unter ihm davon. Die Räder berührten den Boden, der Bomber schlingerte. Der Pilot knirschte mit den Zähnen und bremste. Schneewolken stoben auf, klatschten gegen die Fenster und vernebelten die Sicht. Eisklumpen bombardierten das Fahrwerk wie ein Hagel von Maschinengewehrkugeln. Die Maschine donnerte weiter, über den Landestreifen hinaus...

»Aufregend, nicht wahr, Kramer?« meinte Papanin.

Kramer in dem Sitz neben ihm war starr vor Angst und verkrampfte die Hände in den Armstützen. Der Sibirier beobachtete neugierig den Balten, der geradeaus stierte, anstatt zu antworten; und das ist ein ausgebildeter Vernehmungsbeamter – der Mann, der in den Keller steigt und aus einem armen, zusammengebrochenen Opfer Informationen herausprügelt! Schwitz du nur, mein kleiner Balte, schwitz nur!

Der Bomber kam nur fünfzehn Meter vor der Katastrophe zum Stehen. »Sie können die Augen jetzt wieder aufmachen, Kramer«, sagte Papanin väterlich.

Er schaute aus dem Fenster, verharrte einen Augenblick erstaunt und schleuderte dann den Sicherheitsgurt beiseite. Bevor die etwa fünfzig Mann der Sicherheitstruppe, die hinter ihm auf dem Deck lagen, in Bewegung kamen, war er an der Tür. Er hatte sie aufgerissen, noch ehe draußen das Bodenpersonal Zeit hatte, eine Metalleiter gegen den Rumpf zu lehnen. Er hing halb aus der Maschine und sah angestrengt in die mondhelle Nacht.

»Ist es fort? Verdammte Scheiße!«

Am Fuße der Leiter angelangt, die Hände tief in den Parka vergraben, feuerte er Dr. Alexej Minsky, dem Leiter der Basis, seinen Fluch entgegen. Minsky war, wie Kramer, klein und gedrungen. Die Schneebrille, die das Mondlicht reflektierte, machte ihn zu einer unheimlichen Erscheinung. Prompt brachte er Papanin in Rage.

»Ist *was* fort, Herr Oberst?«

»Himmelarsch! Das Flugzeug, das ich gesehen habe, als wir gelandet sind.«

»Es ist nach Westen fortgeflogen...«

»Was ist mit dem Radar? Haben Sie nicht auf den Radarschirm geguckt?«

»Nein, Oberst. Einen Augenblick, ich bin gleich zurück...«

»Vor lauter Angst hat er die Hose voll«, schimpfte Papanin in Kramers Richtung, der hinter ihm die Leiter heruntergekommen war. »Er ist gefährlicher als ein Eisbär – er ist ein Vollidiot! Ab sofort muß Minsky drinnen * bleiben.« Die Hände immer noch im Parka, sah er sich um. Nichts entging ihm. Die Trostlosigkeit der sowjetischen Basis beeindruckte ihn. Etwa fünfhundert Meter in jeder Richtung war das Eis verhältnismäßig flach; aber dahinter lag der gefrorene Strudel des Packeises, ein höllisches Chaos von aufeinandergetürmtem Eis.

»Diesen Ort hier wird's nicht mehr lange geben«, bemerkte er.

Anders als auf den amerikanischen Forschungsstützpunkten, wo die Piste immer abseits des Lagergeländes angelegt wurde, standen die schneebedeckten Fertigbaracken auf Nordpol 17 kaum dreißig Meter von der improvisierten Piste entfernt. Die kleine Siedlung wurde von einem dreißig Meter hohen Radarmast beherrscht, auf dessen Spitze die flügelförmige, nach allen Seiten drehbare Richtantenne steckte. Der Sibirier gab Kramer kurze Instruktionen und wandte sich dann Minsky zu, der über das Eis zurückgelaufen war.

»Kaum ein Nadelkopf auf dem Radarschirm«, keuchte Minsky, dessen Brillengläser beschlagen waren. »Als das amerikanische Flugzeug Sie gesehen hat, ist es direkt nach Grönland zurückgeflogen!« Aus seinem Mund klang es wie ein Triumph. Papanin streckte seine Hand aus und schob die Schneebrille über Minskys Stirn.

»In einer solchen Nacht brauchen Sie diese Dinger nicht – oder dachten Sie, Sie steckten in einem Schneesturm? Haben die Hubschrauber Gorow gefunden? Haben Sie ihn zurückgebracht? Haben Sie die Schneepanzer ausgeschickt? Haben Sie überhaupt irgend etwas Sinnvolles getan?«

* Drinnen: Jargon des sowjetischen Staatssicherheitsdienstes für: darf unter keinen Umständen die Erlaubnis bekommen, das Gebiet der Sowjetunion zu verlassen. Vermutlich sind 200 Millionen Sowjetbürger Mitglieder dieses exklusiven Klubs.

»Gorow ist noch nicht gefunden worden...«, Minskys Stimme verriet Nervosität. »Es wird noch gesucht...«

»Aussteigen!«

Papanin brüllte den Befehl zum Flugzeugausgang hinauf und ging mit großen Schritten über die Piste zum Lager. Jetzt, da keine Gefahr mehr bestand, daß ein amerikanisches Flugzeug beobachten konnte, wer oder was dem Bison entstieg, machte er sich nicht mehr die Mühe, zu den bewaffneten Männern zurückzuschauen, die einer nach dem anderen die Leiter herabkletterten. Und jetzt, da der Sibirier sich außerhalb Rußlands befand, hatte er wieder das Gefühl der Freiheit: Er hatte volle Befehlsgewalt, konnte sofortige Entscheidungen treffen, ohne daß Syrtow über seine Schulter schielte und blöde Vorschläge machte.

Das exakte Datum, an dem der Sicherheitsdienst für besondere Aufgaben gegründet wurde, ist unbekannt; aber irgendwann im Jahre 1968 kam Breschnew zu der Überzeugung, daß das KGB für Auslandsaufgaben auf verlorenem Posten stand. Die Zersetzung hatte mit dem Tode Stalins eingesetzt – die repressivste Organisation der Welt, das KGB, sah sich selbst unter Druck gesetzt. Die Folter wurde verboten und durch Einrichtungen wie das Serbsky-Institut in Moskau* ersetzt. Bald wetteiferten die hohen KGB-Funktionäre miteinander darin, sich innerhalb der Gesetze zu bewegen. Diese Sinnesänderung paßte wunderbar zu Chruschtschows neuer liberaler Politik in Rußland, jedoch nicht im Ausland. Eine terroristische Organisation ohne Terror nimmt sich etwa so aus wie ein impotenter Mann im Bordell. Also wurde eine neue Organisation geschaffen.

Der Sicherheitsdienst für besondere Aufgaben darf nur außerhalb der Sowjetunion eingesetzt werden – er hat keine Macht innerhalb ihrer Grenzen. Er darf jede Methode anwenden, seine Ziele zu erreichen, und da sein Operationsfeld sich auf fremde Territorien beschränkt, besteht keine Gefahr, daß er sich zu einem Monstrum auswachsen könnte wie einst das KGB. Breschnew gestattete eine einzige Ausnahme von dieser Regel: Wegen der Judenfrage hatte Papanin gewisse Vollmachten innerhalb der Stadtgrenzen von Leningrad. Aber in dem Augenblick, in dem er Murmansk verlassen hatte, hatte der Sibirier das Spiel völlig in der Hand.

»Was sollen diese Maschinen – warum sind sie nicht in der Luft?« schnauzte Papanin. Wild gestikulierend zeigte er in die

* Das Serbsky-Institut ist darauf spezialisiert, politische Nonkonformisten für geisteskrank zu erklären. Allein die Androhung dieses Instituts reicht aus, viele Leute bei der Parteilinie zu halten.

Richtung der sechs Hubschrauber, die jenseits der Piste abgestellt standen, um dem Bison die Bahn frei zu machen. Der kurzbeinige Minsky neben ihm trabte, um Schritt zu halten.

»Sie sind gerade von der *Gorki* hier angekommen...«

»Sie sollten in der Luft sein – und suchen! Wie lautet der letzte Wetterbericht?«

»Der Nebel über Target 5 wird voraussichtlich anhalten. Er erschwert die Suche...«

»Irrtum! Solange der Nebel anhält, können die Amerikaner Gorow nicht auf dem Luftwege in die Staaten bringen.«

Sie kamen jetzt zu einer Gruppe von Baracken. Von ihren Dächern hingen meterlange Eiszapfen, die bis zum Frühling nicht schmelzen würden. »Sie werden versuchen, ihn über das Eis herauszukriegen – zur grönländischen Küste hin«, dachte Papanin halblaut vor sich hin. »Wir werden ein Netz von Männern über das Eis westlich von Target 5 auswerfen und ein Netz von Hubschraubern über ihnen in der Luft. Wir werden ihn schnappen, ganz egal, wer ihn deckt.«

»Ist das nicht zu gefährlich?«

»Wir haben die beste Entschuldigung. Gorow ist ein Verrückter, ein Mörder – er hat Marow getötet, einen unserer Ozeanographen. Er ist schon lange in der Arktis, er ist übergeschnappt.«

»Ich verstehe nicht...«, begann Minsky. »Marow war vom Sicherheitsdienst...«

»Sie sind so unglaublich begriffsstutzig«, fauchte Papanin. »Marow ist in diesem Augenblick Ozeanograph geworden – Gorow ist ein Krimineller, der einen seiner eigenen Kollegen getötet hat, und wir müssen ihn festnehmen. Das macht aus einem politischen Fall eine Angelegenheit der Polizei.« In Papanins Stimme lagen Wildheit und Übermut. Hier, unter freiem Himmel, war er in seinem Element. Dies war derselbe Sibirier, den man vor zehn Jahren damit beauftragt hatte, die Beseitigung der russischen Raketen aus Kuba zu beschleunigen. Seine direkte Methode war charakteristisch für ihn: Er hatte gedroht, die Raketen über der Insel in die Luft zu jagen, falls die Kubaner nicht kooperierten. Nach zehn Jahren hatte er seine wilde, gewandte Art nicht verloren.

»Eine Angelegenheit der Polizei?« meinte Minsky nachdenklich, als sie bei den Baracken angekommen waren. »Macht das einen Unterschied?«

»Ja! Es bedeutet, daß es gerechtfertigt ist, auf Gorow und jeden, der bei ihm ist, zu schießen, wenn wir wollen. Schließlich ist Michael Gorow ein gemeingefährlicher Wahnsinniger.« Papanin schlug einen Eiszapfen vom Dach. »Minsky, wir sind im Begriff, auf Menschenjagd zu gehen.«

Wenige Minuten nach seinem Treffen mit Beaumont in Curtis Field war Dawes wieder in der Luft, diesmal als Passagier einer zweisitzigen Cessna, die von einer an der Klippe endenden Startbahn abhob. Der Pilot, Arnold Schumacher, der es nicht ausstehen konnte, hohe Tiere zu fliegen, steuerte die Maschine von Grönland weg auf die offene See zu. Während das Flugzeug pfeilgerade nach Osten flog, sahen sie unter sich die Eiskappe, die mit dem Packeis verschmolzen und mit dem Festland verbunden war.

»Sie sollen Target 5 nicht finden«, brummte Dawes, »tun Sie nur so, als würden Sie es suchen. Ich will mir die Wetterlage ansehen.«

»Schlimm – Herr General«, fügte er nach kurzer Pause hinzu. »Ich kann mir nicht vorstellen, wie jemand über das Eis bis zum Stützpunkt kommen soll. Wenn der Nebel sich verzieht, fliegen wir hin, wie üblich.« Er schob seinen Kaugummi in die andere, Dawes abgekehrte Backe.

»Das ist das Schlimme mit euch hier oben. Ihr verlaßt euch nur noch auf Motoren und Maschinen. Sie können sich nicht vorstellen, daß jemand sich über das Packeis durchkämpft. Wir haben keinen Mumm mehr, Schumacher – wohin PanAm nicht fliegt, da wollen auch wir nicht hin.«

»Ich bin nicht PanAm ...«

»Und nehmen Sie gefälligst den Kaugummi aus dem Mund, wenn Sie mit mir reden.«

Du kannst mich mal, Freundchen. Trotzdem zog der Pilot diesen Typ des Vorgesetzten vor. Sie versuchten wenigstens nicht, sich zu verbrüdern und einem vorzumachen, daß sie auch nur einer von ihnen wären. Dabei betrug ihr Sold das Zehnfache von ihrem eigenen. Die Cessna flog in siebenhundert Meter Höhe durch die kalte Mondnacht – eine Mücke aus Metall über der Arktis. Aus der Höhe erschienen die aufgeschobenen Eisrücken abgeflacht, und das Packeis sah aus wie eine Platte aus durchsichtigem Glas, rissigem und gesplittertem Glas. Die Wetterlage war mehr als schlimm. Eine halbe Stunde später hing Dawes halb aus seinem Sitz und sah angestrengt in das trübe Grau unter ihm, ein massives Meer wogenden Nebels, der das kompakte Eis darunter verschleierte. Ein gedrungener, kugeliger Käfer unter einem schwirrenden Luftwirbel flog ihnen entgegen. Dicht über der Nebelbank strich er dahin. »Haben Sie das gesehen?« entfuhr es Dawes.

»Hubschrauber. Russisch.« Der Pilot dachte gerade an den Klumpen Kaugummi, den er unter seinen Sitz geklebt hatte.

»U-Boot-Jäger?«

»Ja«, sagte Schumacher.

»Muß von diesem sowjetischen Träger südlich des Eises sein. Den möchte ich mir aus der Nähe ansehen. Stürzen Sie!«

Schuhmacher war verärgert wegen des Kaugummis. Alle Generäle können mich mal. Sie sollten abgeschafft werden. Die Steuern auch. Also stürzte er, fiel hinab wie eine Bombe. Aber Dawes war darauf gefaßt und saß fest in seinem Sitz. Der russische Hubschrauber war weniger als tausend Meter entfernt. Auf dem Nebelmeer schwamm er ihnen entgegen, während die Cessna fiel und fiel und der Nebel aufwärts fegte. Der Ruck, mit dem Schumacher die Maschine auffing, hätte Dawes umhauen können, aber wieder war er auf den Stoß gefaßt. Sie waren jetzt etwa hundert Meter über dem Hubschrauber. Dann verschwand er, fiel hinab in den Nebel.

»Verdammt!« Dawes war ärgerlich. »Ich frage mich, warum er sich so schnell aus dem Staube macht. Schon mal früher einen von denen hier gesehen, Schumacher?«

»Noch nie so weit westlich – jedenfalls nicht dieses Modell. Wir sind jetzt über Target 5 hinaus, irgendwo da unten in der Grütze«, fügte der Pilot hinzu. Die Grenze der Nebelbank war in Sicht, und das Packeis dahinter schimmerte wie ein Band aus Kristall zu ihnen herüber. »Sind jetzt ganz in der Nähe der russischen Basis Nordpol 17, Herr General.«

Schumachers unerwartete Zugänglichkeit verblüffte Dawes. »Ich will sehen, was sie vorhaben. Beunruhigt Sie das?«

»Sie werden uns daran hindern – schicken eine Maschine und fliegen ganz nah ran. Bin fast einmal mit einer kollidiert, ungefähr hier. Sie haben es nicht gern, wenn wir auf gute Nachbarschaft machen. Bleiben Sie dabei, Herr General? Da ist sie schon.«

Ein grün-phosphoreszierendes Blitzen auf dem Eis zeigte ihnen den Landestreifen und deutete darauf hin, daß er unmittelbar benutzt wurde. Die Gebäude konnten sie noch nicht sehen. Statt dessen aber kam in diesem Augenblick etwas anderes in Sicht. Dawes beugte sich nach vorn und kniff die Augen zusammen. »Großartig abgepaßt! Dafür haben Sie sich fast einen Orden verdient...« Ein aus der Entfernung kleiner, teuflisch aussehender Schatten glitt aus den Wolken, mit der Nase nach unten gerichtet, herab und hinterließ einen bleistiftdünnen Kondensstreifen als Spur. Ein Bison-Bomber landete auf Nordpol 17.

»Zurück, Herr General?«

»Noch nicht!«

Ein Bison-Bomber! Höchst interessant! Die Russen verwendeten den Bison nicht als Transportmittel für die Arktis. Aber in einem Notfall würden sie ihn sicher einsetzen, um schnell von Murmansk hierher zu gelangen, um einen Mann einzufliegen – oder eine Menge Männer. Der Bison fegte hinunter auf den Boden, fegte zwischen den Lichterreihen hindurch. Jetzt konnte Dawes auch die Gebäude erkennen, eine winzige Gruppe dunkler Kleckse. Der sich bewegende Fleck zwischen den Lichtern kam zum Stillstand, die grünen Lichter verschwammen und erloschen.

»Sie haben uns angepeilt«, warnte Schumacher. »Jetzt werden sie eine Maschine schicken.«

»Nicht, wenn sie die Lichter gelöscht haben. Schauen Sie nach unten.«

Aus zweihundertfünfzig Meter Höhe sahen sie ganz deutlich die winzigen Schildkröten, die über das Eis krochen. Sechs Schneekatzen kamen westlich der sowjetischen Insel direkt auf Target 5 zu. Sie schienen sich kaum zu bewegen, aber die Raupenketten hinterließen verräterische Spuren im Schnee, Furchen, die von Nordpol 17 wegführten. Diese – und der Bison-Bomber – gaben den Ausschlag für Dawes' Entscheidung.

»Zurück«, sagte er, und Schumacher reagierte augenblicklich, drehte bei vollem Tempo ab und zog in die Höhe. »Nehmen Sie Funkverbindung mit Curtis Field auf...«

»Ist stark gestört...«

»Sie müssen! Versuchen Sie es so lange, bis Sie durchkommen. Senden Sie das eine Wort, immer und immer wieder: Nitrogen. Haben Sie? Nitrogen...« Es war das Kodewort, auf das Beaumont wartete, das Signal für ihn, nach Target 5 aufzubrechen.

Sonntag, 20. Februar: sechzehn Uhr
Montag, 21. Februar: Mitternacht

Die zwei Sikorsky-Hubschrauber fielen senkrecht, wie an einem Kabel herabgelassen, etwa zweihundert Kilometer von der Küste Grönlands entfernt, auf das Eis hinab. Es war ein kritischer Moment – jede Landung auf unbekanntem Eis ist kritisch. Zum einen kann man aus der Luft nicht sehen, ob es sich um festes Eis handelt – es kann ziemlich solide aussehen, aber sobald die Kufen aufsetzen, bricht das Eis ein, und die Maschine versinkt im Ozean. Andererseits könnte die Maschine, wenn sie nicht auf ebenem Untergrund aufsetzt, in eine Schräglage kommen und umkippen.

Dann schlagen die wirbelnden Drehflügel als erstes auf das Eis. Versucht die Besatzung auszusteigen, könnte sie auf der Stelle von den Stahlflügeln zerhackt werden – es sei denn, die Treibstofftanks detonieren vorher. In diesem Falle würde die Besatzung verbrennen.

Deswegen wartete Beaumont mit einer gewissen Spannung auf den Ruck, mit dem sie auf das Packeis aufsetzen würden. Vom Beobachtersitz neben dem Piloten aus verfolgte er mit professionellem Interesse die Bewegungen der Hand an dem Steuerknüppel, der den Abstieg regulierte. Die Hand schien sehr ruhig. Er warf einen Blick auf das Gesicht des Piloten, beziehungsweise auf das, was er unter Helm, Brille und Kopfhörer von ihm sehen konnte. Das Gesicht schien ebenfalls ruhig, aber seine Lippen waren zusammengepreßt. Der Pilot Rainer biß die Zähne zusammen und wartete auf den Aufprall.

Hinter Beaumont saß Sam Grayson auf einem Notsitz. Außerdem waren neun Hunde an Bord, neun winselnde Hunde, die den plötzlichen Abstieg nicht mochten. Unter all dem Gedränge war auch ein Schlitten verstaut. Horst Langer kam mit einem zweiten Schlitten und weiteren Hunden in einer anderen Maschine herunter, die Beaumont hinter der Plexiglaskuppel sehen konnte. Er sah auf die Uhr. Rainer hatte gesagt, sie würden in dreißig Sekunden auf das Packeis auftreffen. Noch zwanzig Sekunden.

»Würden Sie unter normalen Umständen hier eine Landung riskieren?« hatte Beaumont vor ein paar Minuten gefragt.

»Nein!« Rainers Antwort war beunruhigend direkt. »Aber ich habe den Befehl, Sie auf Biegen und Brechen abzusetzen. Also müssen wir es wagen, oder etwa nicht?«

Beaumont rückte seinen Kopfhörer zurecht. Alles bebte – der Boden unter seinen Füßen, die Kuppel, die Steuerknüppel, die Rainer bediente. Beaumont legte eine Hand auf den Hund an seiner Seite und spürte die Vibration durch das Fell des armen Tieres. Gegen Transportflugzeuge hatten Hunde nicht das geringste; aber Hubschrauber haßten sie. Sie stiegen weiter ab. Rainer regulierte den Drehgashebel des Steuerknüppels. Noch zehn Sekunden. Vielleicht nur noch zehn Sekunden zu leben.

Sie waren jetzt tief genug, um das Eis hinter der Kuppel zu sehen. Es war ein verschwommener, aufgewühlter Wirrwarr, wie plötzlich gefrorene See – verschwommen, weil die Kuppel von innen beschlagen war. Das Beben der Kanzel, ein schwindelerregendes Zittern, suggerierte die ungemütliche Vorstellung, daß die ganze düstere Wildnis aus knorrigem Eis schlingere. Sobald sie die Tür öffneten, würde die Temperatur um vierzig oder fünfzig Grad fallen und ihnen den Atem verschlagen. Falls die Maschine sicher landete und nicht umkippte.

Die skiähnlichen Kufen unter der Sikorsky mußten zur Standfestigkeit beitragen. Es sei denn, eine Kufe rutschte und die andere versank. Rainer blickte zu Beaumont, der ihm zuzwinkerte. Der Pilot zwinkerte nicht zurück, und Beaumont sah die ausdruckslosen Augen hinter der Brille. Rainer hatte Angst. Dann berührten die Kufen das Eis.

Die Maschine schwankte. Beaumont fühlte, wie sie auf seiner Seite absank. Weiches Eis backbord, hartes Eis steuerbord. Rainers Hand umklammerte den Steuerknüppel. Scheiß auf diesen Ausflug – er hätte sich krank melden sollen. Die Hunde spürten eine Katastrophe und begannen erbärmlich zu winseln. Die Rotorblätter wirbelten noch und peitschten die Luft. Sie hatten das Gefühl, immer noch zu sinken. Die Spannung in der Kabine war fast mit Händen zu greifen; die drei Männer schwitzten Blut. Dann saß die Maschine fest, das Sinken hörte auf. Rainer stellte den Motor ab und hob die Brille. Schweiß rann von seinem Gesicht.

»Prima Landung«, sagte Beaumont, während er den Kopfhörer absetzte und nach der Tür griff.

»Warten Sie . . .!«

»Ich warte – bis die Blätter stehen.«

Das war nicht notwendig, wenn man beim Aussteigen den Kopf einzog. Aber Rainer wußte nicht, daß Beaumont Hubschrauber über die ganze Arktis geflogen hatte. Beaumont öffnete den Ausstieg, und die Arktis traf ihn wie ein Messer. Er sprang auf das Eis und entfernte sich ein wenig steif von der Maschine. Gleichzeitig hielt er nach Langers Sikorsky Ausschau. Beunruhigt sah er, daß sie auf ein Gelände voller Eisrücken zusteuerte. Sie würde eine Bruchlandung machen.

Grayson ließ die Hunde heraus. Vor lauter Freude über die wiedergewonnene Freiheit bellten sie und tollten um die Maschine herum. Etwas weniger als einen halben Kilometer östlich hing die Nebelbank unter dem Mondlicht – ein grauer Vorhang, wie eine schmutzige Wolke mit dem Eis verankert. Dann verschwand Langers Maschine hinter einem Eisrücken, einem drei Meter hohen Wall aus ineinandergeschobenem Eis. Die Maschine traf auf das Eis, und der undeutliche Schatten der rotierenden Scheibe stand waagerecht hinter dem Kamm. »Alles o. k.«, sagte Grayson mit heiserer Stimme hinter dem Engländer. »Einen Augenblick lang dachte ich . . .«

»Nichts ist o. k. – er kippt!«

Beaumont rannte über das Eis. Seine Stiefel knirschten auf der weichen Kruste, die unter ihm zerkrümelte. Das ganze Terrain war frisch zugefroren und daher besonders gefährlich und unsicher. Beaumont rannte, so schnell er konnte, ohne auszugleiten. Das Herz schlug ihm bis zum Hals. Die rotierende Scheibe über dem Eiskamm war nicht mehr waagerecht, sondern legte sich zur Seite. Er lief durch eine Lücke in dem Eiswall und sah, daß Langers schnelles Reaktionsvermögen bereits auf die Notsituation reagiert hatte. Die Luke stand offen, die Hunde purzelten auf das weiche Eis und rannten auf die Lücke zu. Ihre Beine waren von dem Eisbrei, in den sie gesprungen waren, dunkel verschmiert.

Die Sikorsky bot einen ungewöhnlichen Anblick. Ihre Backbordkufe war bereits nicht mehr zu sehen, die Streben sanken ein, und die Maschine krängte, während die Rotorblätter noch auf vollen Touren kreisten. Gefährlicher hätte es kaum sein können. Beaumont lief weiter; er fragte sich verwundert, was der Pilot vorhatte, warum er den Motor nicht abgestellt hatte. Langer erschien und hievte das eine Ende des Schlittens an die Luke, um ihn hinauszustoßen. »Laß doch den Schlitten!« schrie Beaumont; aber seine Warnung ging in dem fürchterlichen Dröhnen unter. Er sprang hinauf, zog sich in die Kanzel, in der Jakowski, der Pilot, hinter den Armaturen saß, langte hinüber und stellte den Motor ab.

»Ich fliege los«, rief der Pilot.

»Wenn Sie den Motor wieder anstellen, schlage ich Sie windelweich«, brüllte Beaumont ihn an. »Unser Leben hängt von diesem Schlitten ab – packen Sie lieber an. Die Maschine ist ersetzbar, wir nicht.« Er wandte sich Langer zu, um ihm zu helfen. »Vorsichtig, Horst, der Boden draußen ist der reinste Schwamm...« Er sah Grayson unter der Luke auftauchen. »Sam, paß auf, daß er nicht einsinkt...«

»Beeilt euch – ich breche ein«, rief der Amerikaner.

Sie mühten sich mit dem schwerbeladenen Schlitten ab, schoben ihn über den Rand, und Beaumont sprang hinaus, um Grayson zu helfen. Die Sikorsky schien vorübergehend gesichert, war aber stark gekippt, als sie den Schlitten vorsichtig herabließen und auf dem Eis abstellten. Augenblicklich sank er ein, aber Grayson und Langer griffen nach dem Geschirr und zogen ihn auf festeren Grund in der Nähe der Lücke. Beaumont schaute nach Jakowski, der immer noch in seinem Pilotensitz saß.

»Wenn Sie dort sitzen bleiben, gibt das einen schönen Sarg für Sie ab. Sie sinkt weiter.«

»Ich werde versuchen, sie rauszuholen.«

»Sehen Sie sich das besser erst an – oder wollen Sie, daß jemand Ihre Versicherungsprämie kassiert?«

Jakowski stieg unendlich vorsichtig auf den Boden hinunter, fühlte, wie seine Stiefel einsanken, und lief schnell auf Beaumont zu, wo das Eis fester war. Der Hubschrauber hatte sich fast wieder zur Horizontale aufgerichtet, da die Steuerbordkufe inzwischen genauso tief gesunken war wie die Backbordkufe. Er steckte knietief in dem dunklen Eismatsch. »Jetzt haben wir noch das Problem, ihn loszuwerden«, sagte Beaumont ungerührt. »Er muß entweder rauf oder runter. Wir dürfen ihn nicht als Wegweiser hier stehenlassen, damit ein russischer Hubschrauber sieht, wo wir in den Nebel eingestiegen sind. Wenn wir den Motor anlassen, wird die Vibration ihn nach unten ziehen.«

»Das ist Staatseigentum«, sagte der Pilot aufsässig. »Er gehört dem arktischen Forschungslabor in Point Barrow. Wir können eine Truppe holen, um ihn auszugraben...«

»Er geht rauf oder runter«, brach Beaumont die Diskussion ab, »also bringen Sie sich lieber in Sicherheit, bevor ich ihn starte.«

»Keith, das ist verdammt gefährlich«, protestierte Grayson, der zurückkam, um zu sehen, was los war. »Wenn er zu schnell absinkt und du noch drinnen bist...«

Beaumont kletterte schon vorsichtig in die Kanzel, wobei er prüfte, was sein Gewicht bewirkte. Da nichts passierte, setzte er sich in den Pilotensitz und schaute hinaus. Er wollte sichergehen, daß die anderen weit genug abseits standen. Jakowski war bis zu der Lücke gegangen, Grayson wartete außerhalb der Spannweite der Flügel. Normalerweise hätte Beaumont niemandem empfohlen, unter diesen Umständen den Motor zu starten, aber die Maschine mußte verschwinden – entweder in die Luft oder unter das Eis.

Möglicherweise konnte er die Maschine freibekommen, sie hochziehen und neben der anderen Sikorsky landen. Alles hing ab von der Zugkraft, mit der der Schneematsch die Kufen umklammerte. Wahrscheinlicher war, daß die Vibration die Kufen schüttelte und tiefer in den Schneematsch hineinmanövrierte. In diesem Fall mußte er fluchtartig das Weite suchen, um nicht mit der Maschine hinabgezogen zu werden. Er startete den Motor.

Einen Augenblick dachte er, er hätte es geschafft, er könnte sie herausholen. Die Maschine schwankte, und er spürte das kraftvolle Ziehen; aber dann sank sie wieder und fiel plötzlich sehr schnell nach Backbord. Er warf sich zur Tür und sprang hinaus, rutschte auf dem Eis aus und lag flach ausgestreckt unter der kippenden, sinkenden Maschine. Er war in eine Art Presse geraten – zwischen das Eis unter sich und die wirbelnden Drehflügel, die auf ihn herabsackten. Er raffte sich auf, kniete im Matsch, fühlte, wie der Eisbrei an seinen Stiefeln saugte und ihn festhielt. Das Schlagen der herabsinkenden Rotoren machte ihn taub, der Eisbrei klammerte sich um seine Stiefel. Beaumonts Hände tasteten nach festerem Grund, um sich freizuziehen.

Mit Graysons Hilfe, der seine Hände umklammerte und wildentschlossen zog, kam er frei. Er bog die Zehen nach oben, damit seine Stiefel nicht abgestreift würden. Dann trotteten sie, so schnell es ihre Hockstellung erlaubte, davon. Die rasenden Flügel waren kaum einen Meter über ihnen, und sie fühlten das Hämmern des starken Windes auf ihren Nacken. Tiefgebückt rannten sie Seite an Seite auch dann noch, als sie Meter weiter außer Reichweite des wilddreschenden Metalls waren.

An der Lücke angelangt, drehten sie sich um und hörten den Motor husten und sich verschlucken. Schließlich erstarb das Geräusch völlig. Der Rumpf saß jetzt auf dem Eis. Der Motor hatte die zähflüssige Masse eingesogen. Die Schwungkraft ließ die Rotorblätter weiterwirbeln. »Geht hinter dem Eisrücken in Dekkung«, warnte Beaumont, der den Augenblick kommen sah, in dem die Flügel losbrechen und über das Eis zischen würden. Aber die Warnung war überflüssig. Da der Rumpf jetzt langsamer einsank, liefen auch die Rotorblätter allmählich aus und bewegten sich kaum noch, als sie auf das Eis trafen. Sie schleuderten große schwarze Klumpen über das Eis, dann kamen sie zur Ruhe. Der Eisbrei öffnete sich, die Sikorsky versank mit einem ekelhaft schmatzenden Geräusch. Der Brei schloß sich wieder über ihr.

»Das war Staatseigentum«, murrte Jakowski wieder.

»Sag ihnen, sie sollen sich einen Goldbarren aus Fort Knox holen«, schlug Beaumont vor.

Die Reaktion der Mannschaft auf die Krise war verlangsamtes Tempo; aber Beaumont machte dem ein Ende und drängte jeden einzelnen, sich schneller zu bewegen, den zweiten Schlitten aus der erhaltenen Sikorsky zu holen und die Hundgespanne anzuschirren, um zu verschwinden, bevor ein russisches Flugzeug auftauchte. »Wir müssen in fünfzehn Minuten in der Nebelbank sein, wo wir unsichtbar sind...« Mit den Piloten gab es noch ein Nachspiel, bevor sie abflogen.

»Wir werden melden müssen, was mit dem Hubschrauber passiert ist«, rief Rainer aus seiner Maschine.

»In dreifacher Ausfertigung«, rief Grayson zurück. »Vergiß nicht, sie legen Wert auf dreifache Ausfertigung!«

Jakowski knallte die Tür vor seiner Nase zu, während Rainer die Maschine startete. Fünf Minuten später waren die zwei Schlittengespanne fertig, die Hunde angeschirrt und startklar. Die Sikorsky war bereits auf ihrem Flug zurück, löste sich auf im Dunkel und war verschwunden. Das Gefühl der Isolation überfiel die drei Männer in dem Augenblick, als die Maschine fort war. Das unheimliche Schweigen der arktischen Wildnis war überwältigend.

Sie waren allein auf dem Eis, hundertfünfzig Kilometer von Grönland entfernt, ein Stecknadelkopf auf dem Eismeer – drei Männer, achtzehn Hunde und zwei Schlitten. Das Eis unter ihren Füßen war vielleicht dreißig Zentimeter dick, ausgenommen die Stellen, die so dünn waren, daß das Gewicht eines einzigen Hundes es einbrechen konnte. Er würde in dem eisigen, schwarzen Wasser versinken, auf dem sie trieben. Das Eis ruhte scheinbar. Tatsächlich aber bewegte es sich fortwährend. In dem starken Grönlandstrom verfangen, driftete es mit einer Geschwindigkeit von mehr als fünfzehn Kilometern pro Tag nach Süden in Richtung Eisberg-Gasse. Unter der schlammigen Eiskruste, die den Ozean überzog, stürzte das Wasser mehr als dreitausend Meter tief hinab.

Beaumont übernahm die Führung des Leitgespanns von Grayson. »Wir müssen los«, sagte er. »Ich habe keine Ruhe, bis wir im Nebel sind.«

»Das sieht außerordentlich einladend aus«, meinte Langer mit einem trockenen Lächeln. Der achtundzwanzig Jahre alte Deutsche hatte zwei Jahre in London verbracht, und Beaumont äußerte wiederholt, daß sein Englisch korrekter sei als sein eigenes. »Es sieht in der Tat aus wie eure berühmte Londoner Waschküche.«

»Ist halb so schlimm, wenn wir drinnen sind«, antwortete Beaumont. Sie zogen los. Der Start machte immer besondere Mühe. Man mußte in der bitterkalten arktischen Nacht die Hundegespanne und die eigenen widerstrebenden Beine in Bewegung bringen. Horst hat recht, dachte er, während er mit einer Hand die Peitsche und mit der anderen die Lenkstange des Schlittens hielt. Der Nebel sah verdammt ungemütlich aus.

Die Nebelbank hing über dem Eis wie eine Drohung aus dichtem grauem Dunst, der sich hoch über dem Eis auftürmte und am Boden zu kleben schien. Es war eiskalt, aber windstill; daher bewegte sich der Nebel kaum. Er schwebte wie eine Wolke über dem Eisplateau, eine Wolke, die eine Unzahl von Gefahren in sich bergen konnte. Am meisten befürchtete Beaumont die Gefahr der Bewegung – eine Bewegung, die, während sie im Nebel waren, das Eis erneut aufreißen und dabei Wasserrinnen bilden konnte.

Möglicherweise preßte die Bewegung dann das Eis wieder zusammen und schob dabei Ketten von Eishügeln auf, die einen Mann zermalmen oder sogar ein ganzes Hundegespann in Sekundenschnelle unter sich begraben konnten. Er knallte mit der Peitsche, spornte das Gespann an, und die Hunde liefen schneller. Mit gestreckten Beinen warfen sie sich ins Geschirr und zogen den Schlitten hinter sich her.

Das tödliche Schweigen des Eises war nun gebrochen durch Lärm, von Menschen verursacht – das Knarren des Geschirrs, das Zischen der Gespanne, die über das Eis jagten, das Knirschen der nachgebenden Schneekruste, das Knallen von Peitschen und das Stampfen der Stiefel, die auf festes Eis trafen. Sie waren auf dem Weg – zur Nebelbank, unterwegs nach Target 5, das irgendwo dort in dem Nebelmantel verloren lag. Beaumont führte das Leitgespann, Langer das zweite dahinter, während Grayson, einige Schritte vor ihnen auf dem Eis, den Kompaß beobachtete.

»Er ist schon gestört«, rief er. Das war ein weiteres Problem: In diesem Teil der Welt waren Kompasse notorisch unzuverlässig.

Langer hatte keine Schwierigkeiten, Beaumonts forciertes Tempo mitzuhalten. Bismarck, sein Leithund, war ein großes zähes Tier, das die anderen Hunde auf Trab hielt – der Beaumont unter den Hunden. Horst Langer, einsachtundsiebzig groß, dunkelhaarig und glattrasiert, war Rheinländer, ein fröhlicher, unbeschwerter Mann mit Sinn für Humor, hinter dem sich eine enorme Widerstandskraft verbarg. Abgesehen davon, daß er Sprengstoffexperte war – das war die Voraussetzung für die Arbeit bei Tiefenmessungen –, konnte er auch großartig mit Hunden umgehen. Beaumont hatte gesagt: »Mit Horst würden sie dort über dünnes Eis fliegen, wo sie sonst zurückschrecken würden.« Er war in Düsseldorf geboren, noch Junggeselle – »Bei so vielen attraktiven Frauen, wie kann man sich da für eine einzige entscheiden?« – und hatte vier Jahre auf amerikanischen Stützpunkten in der Arktis gearbeitet. Wie die anderen beiden Männer hatte er die Unbedenklichkeitsbescheinigung Stufe eins aus Washington.

»Ist was los, Keith?« rief er.

Beaumont hatte sein Gespann angehalten und stand da, den Kopf zur Seite geneigt. »Dachte, ich hätte was gehört. Bleibt einen Augenblick mal ganz ruhig.«

Sie warteten. Die Hunde zerrten ungeduldig in den Geschirren. Nichts schien es zu geben außer dem tonnenschweren Schweigen der Arktis, das auf ihnen lastete. Beaumont, in Pelzparka und Pelzmütze, stand riesig und still im Mondlicht da und richtete seinen Kopf wie eine Radarantenne nach Osten. Die Nebelbank war jetzt sehr nah, nur noch ein paar hundert Meter entfernt, eine schmutzige Wolke, wie stehender Rauch. Dann hörte Beaumont es wieder, das schwache Pochen eines schweren Hubschraubers, das stärker wurde und Sekunde um Sekunde näher kam.

»Rennt los! Rein in den Nebel, bevor sie uns sehen...«

Die Dringlichkeit in seiner Stimme teilte sich den Hunden von selbst mit. Die Peitschen knallten, die Schlitten schoben sich vorwärts, und das Motorengeräusch raste ihnen entgegen. In Wirklichkeit aber flogen sie ihm entgegen und erwarteten jeden Augenblick, den Hubschrauber über dem Rand der Nebelbank auftauchen zu sehen. Bismarck holte aus sich heraus, was er konnte. Seine Beine flogen über das Eis, Beaumont auf den Fersen, während die Schlitten über Unebenheiten schlingerten und die Männer dahinter kämpfen mußten, um die Gespanne aufrecht zu halten. Ein Sturz in diesem Augenblick würde die Katastrophe bedeuten und sie auf dem offenen Gelände festhalten, bis es zu spät war. Grayson rannte neben Beaumont her, bereit, die Lenkstange zu packen. Das Rattern des Hubschraubers war sehr nah. Rat-tat-tat... Beaumont knallte mit der Peitsche, um die Hunde noch stärker anzutreiben. Dabei kämpfte er mit dem bockenden Schlitten, der außer Kontrolle zu geraten drohte. »Dünnes Eis!«

Als Grayson schrie, lenkte Beaumont den Schlitten bereits an einer Senke vorbei, durch deren trügerisch glattes Eis es dunkel heraufschien. Das Geräusch des Hubschraubers war zu einem Trommelwirbel geworden. Also flog er sehr tief, nur etwa hundert Meter hoch. Der Schlitten verfing sich an einer Eisrippe, kippte nach backbord; aber Grayson konnte ihn wieder aufsetzen, während Langer hinter ihnen einen Bogen schlug, um das Hindernis zu umfahren. Zum drittenmal knallte Beaumont mit der Peitsche über ihren Köpfen, und sie jagten vorwärts. Er glaubte, etwas über sich zu sehen, als sie in den Nebel tauchten. Dann war sein Gespann wie von einem unsichtbaren Rachen verschluckt, Langers Schlitten dicht hinter ihm, und als sich der Nebel um sie schloß, war es, als tauchten sie in eine mondlose Nacht. Er hüllte sie ein, streifte feuchtkalt ihre Gesichter und verschleierte die Hundegestalten, die nur wenige Meter von ihnen entfernt waren. Beaumont zog an der Lenkstange, brachte die Hunde zum Stehen und schaute aufwärts in den Dunst. Das Motorengeräusch war gedämpft und klang, als wäre es direkt über ihnen.

»Ich glaube, es ist ein Russe«, sagte Grayson atemlos.

»Könnte eine Routinepatrouille sein«, meinte Langer. »Nordpol 17 ist nicht weit entfernt – für einen Hubschrauber jedenfalls nicht. Sie stecken ihre Nase immer in unsere Angelegenheiten.« Das Motorengeräusch war noch immer über ihnen. Es gab ihnen das unheimliche Gefühl, daß man sie sehen könnte. Das aber war unmöglich.

»Er kreist«, zischte Beaumont.

»Es könnte trotzdem Routine sein. Oder er sucht Gorow.«

»Oder auch uns«, antwortete Beaumont, »wenn Tillotson nach Leningrad durchgedrungen ist.«

»Fünfzehn Jäger...«

Papanin stand vor dem Hauptquartier, als der letzte Hubschrauber auf der vom Mond erleuchteten Piste landete. Die Zwillingsrotoren drehten sich schwindelerregend. Das Pfeifen der Düsen erstarb. Sie standen in einer Reihe aufgestellt – gedrungene, knollige Silhouetten im Mondlicht, wie dickbäuchige Krähen. Es waren U-Boot-Jäger, soeben von dem sowjetischen Träger *Gorki* eingeflogen. Die Ortungsgeräte unter den Kuppeln glichen Eiterblasen. Je ein Düsenbehälter hing wie eine Bombe backbord und steuerbord an jeder Maschine.

»Ich will, daß sie in dreißig Minuten in der Luft sind«, sagte Papanin zu Kramer. »Und dann bleiben sie dort oben – bis sie Gorow gefunden haben. Zum Auftanken können sie herunterkommen«, fügte er hinzu.

»Wir haben nur einen Piloten pro Maschine«, gab der Balte zu bedenken.

»Sehr wirtschaftlich«, war der einzige Kommentar des Sibiriers.

Dreißig Minuten später hob die Flotte der U-Boot-Jäger von der Piste ab, und Papanin beobachtete ihren Abflug. Es war eine dieser fünfzehn Maschinen, die Beaumont kommen hörte, als er die Schlittengespanne in die Nebelbank hineintrieb. Und eine dieser Maschinen fotografierte sie mit einem Teleobjektiv, bevor sie verschwanden.

Die ersten Stunden in der Nebelbank waren eine ereignislose Hölle für die drei Männer und ihre Hundegespanne – falls ereignislos angebracht ist als Attribut für eine Zeit, in der sie ständig um ihr Leben fürchteten. Denn sie konnten nicht einmal sehen, wohin sie gingen. Unter den gegebenen Bedingungen hätte Beaumont normalerweise auf jeden Fall angehalten, Lager aufgeschlagen und darauf gewartet, daß der Nebel sich verzog. Statt dessen trieben sie sich selbst gegenseitig voran, stolperten durch die feuchte Kälte, oft nicht in der Lage, weiter zu sehen als bis zu dem Leithund vor ihrem Schlitten. Wenn nicht einmal das mehr möglich war, ging Grayson langsam voraus, um den Untergrund zu prüfen. Die Hunde folgten dicht hinter ihm.

Wenn ihre Berechnungen stimmten, wenn die Positionsbestimmung, die Grayson, kurz nachdem sie aus der Sikorsky gestiegen waren, mit seinem Sextanten durchgeführt hatte, nur annähernd richtig war, lag die Eisinsel Target 5 nur wenige Kilometer östlich von ihrem Landepunkt. Aber Navigation in einem arktischen Winter ist nicht immer eine exakte Wissenschaft. Insgeheim hegte Beaumont Zweifel.

Die Spannung wuchs, als sie in dem Augenblick, als der Nebel sich lichtete, wieder einen Hubschrauber kommen hörten. Plötzlich war es heller, der Nebel über ihnen trieb davon, der schwache Schimmer des Mondes sickerte allmählich durch die Nebelschwaden. Die Maschine kam näher. »Halt!« Beaumont brachte seinen Schlitten zum Stehen. »Versucht, die Hunde ruhig zu halten. Sam, übernimm mal für eine Minute.« Beaumont nahm sein Nachtfernglas aus dem Futteral, das er an der Lenkstange befestigt hatte, und entfernte sich ein paar Meter von den Gespannen. Über ihm riß der Nebel auf. Er konnte den Mond selbst zwar nicht sehen, aber er bemerkte seine Helligkeit, als er durch das Fernglas in die Höhe schaute. Der Hubschrauber kam dröhnend näher, fegte in sein Blickfeld – eine riesige verschwommene Form, die überraschend tief flog und schnell vorbeizog, so schnell, daß er sie nicht in seinem Fernglas festhalten konnte. Aber er war sicher, daß es ein russischer Hubschrauber war.

Dann hörte er einen zweiten herankommen. Diesmal war er auf ihn vorbereitet, zumal er auf demselben Kurs flog wie der vorherige. Durch das Fernglas erhaschte er einen kurzen Blick auf ein Düsentriebwerk, den verschwommenen Helm eines Piloten, dann war er schon wieder außer Sicht. »U-Boot-Jäger«, informierte er Grayson kurz, als er zurück zu den Schlitten ging. »Und ein bißchen weiter entfernt ist noch einer. Ich glaube, sie umfliegen den ganzen Rand der Nebelbank, um alles zu beobachten, was hineingeht.«

»Oder was herauskommt.«

»Irgendwie ist das vielversprechend«, bemerkte Beaumont, während er den Schlitten wieder übernahm. »Ich glaube, Dawes hatte recht – Gorow ist bereits aufgebrochen. Normalerweise sieht man nicht so eine Menge sowjetischer Maschinen hier.«

»Vielversprechend auch für uns – falls sie nach uns suchen.«

Sie zogen weiter, oft begleitet von dem Geräusch eines Hubschraubers irgendwo über ihnen; aber der Nebel hatte sich wieder zusammengezogen, so blieben sie vor ihnen verborgen. Ihr Fortkommen wäre bei klarem Wetter schwierig gewesen – in diesem Nebel war es gefährlich. Das Eis war stellenweise aufgebrochen, vernarbt von Senklöchern, so daß die Schlitten ständig von einer Seite zur anderen torkelten, immer kurz vor dem Umschlagen. Und bald schmerzte Beaumonts Arm von der Anstrengung, die er beim Festhalten der rüttelnden Lenkstange aufbringen mußte.

Horst Langer erlitt ähnliche Schmerzen, Sam Grayson ebenso, aber auf andere Weise. Es bedeutete eine ungeheure Anspannung, den Hunden vorauszugehen, wenn der Nebel dichter wurde. Jeder Schritt, den er tat, konnte sein letzter sein. An Stellen, an denen sich Wasserrinnen aufgetan hatten, die den schwarzen arktischen Ozean freilegten, hätten sie im eisigen Wasser landen können.

Es wäre unangenehm im Sommer, wenn die Temperatur um den Gefrierpunkt schwankte. Im Februar, bei einer Temperatur von vierzig Grad Kälte, wäre es teuflisch, trotz ihrer Kleidung. Sie trugen lange wollene Unterwäsche, zwei Paar Socken übereinander in pelzgefütterten Stiefeln, zwei Wollpullover, eine pelzgefütterte Jacke und darüber einen Wolfsfellparka, den ein Pelzhändler aus Alaska angefertigt hatte, den Beaumont von Fairbanks kannte. Trotzdem froren sie, ihre Hände und Füße waren erstarrt und ohne Gefühl, der kleine, unbedeckte Teil ihrer Gesichter unter den Pelzkapuzen schmerzte. Er war immer feucht von dem haftenden Nebel, der sich auf sie legte, während sie sich vorwärts kämpften.

Da sie von Curtis Field so hastig aufgebrochen waren, hielten sie nach fünf Stunden, um etwas zu essen und zu trinken. Sie waren dankbar, daß die Hunde nur alle achtundvierzig Stunden fraßen. In dem kriechenden Nebel saßen sie auf ihrem Schlitten und aßen ihren Pemmikan, ein nahrhaftes Dörrfleisch, das im Geschmack an altes Leder erinnert. Das zermürbende Dröhnen eines nahen Hubschraubers begleitete sie während der ganzen Mahlzeit und machte sie gereizt.

»Warum geht das verdammte Ding nicht kaputt, warum geht ihm der Treibstoff nicht aus, oder es haut ab?« schimpfte Langer.

»Weil er auf Nordpol 17 aufgetankt hat«, brauste Beaumont auf.

»Darauf wäre ich nie gekommen.«

»Warum fragst du dann so blöd?«

Das Entsetzliche passierte, während sie aßen. Beim Lärm der sowjetischen Maschine hatten sie nicht einmal etwas davon gemerkt. Am Ende ihrer Rast nahm Beaumont Graysons Kompaß und versuchte, die Nadel auszubalancieren. Der Hubschrauber hörte plötzlich auf zu kreisen und drehte nach Osten ab. Beaumont stand da mit dem Kompaß in der Hand, als er plötzlich aufsah und in die Ferne starrte. Etwas war selbst in der plötzlichen Ruhe, nachdem der Hubschrauber abgeflogen war, sehr schwach zu hören. Nur Beaumont hörte es – ein Geräusch, das er lieber nicht gehört hätte: das Schwappen von Wasser, ein sanftes Plätschern. »Ich bin gleich zurück«, sagte er beiläufig. »Bleibt genau wo ihr seid, und lauft nicht herum.«

In fünf Minuten war er zurück, und die beiden Männer ahnten offensichtlich nicht, daß etwas nicht in Ordnung war. Langer hatte seine Anweisung als Warnung aufgefaßt, nicht im Nebel herumzuspazieren; er stand bereits abmarschbereit hinter seinem Schlitten. Beaumont gab Grayson den Kompaß zurück. »Den wirst du eine Weile nicht brauchen«, sagte er ruhig. »Wir können sowieso nicht weiter. Wir treiben jetzt auf einer kleinen Scholle vom Eisfeld ab ...«

»Das ist unmöglich«, platzte Langer. »Wir hätten es abbrechen gehört, das macht einen Mordskrach.«

»Du vergißt den Spektakel dieses Hubschraubers, und diesmal hat es beim Abbrechen eben nicht soviel Krach gemacht, jedenfalls nicht genug, daß wir es durch das Hämmern des russischen Motors hindurch gehört hätten.« Beaumont zeigte in den Nebel. »Egal, in welche Richtung man geht: man kommt keine dreißig Meter, ohne ins Wasser zu fallen. Wir sind ausgesetzt auf einer Scheibe Eis und treiben in einer breiten offenen Rinne. Wir finden uns besser damit ab – wir sind nicht mehr auf dem Packeis – wir sind auf See.«

Das Schlimmste, was überhaupt passieren konnte, war geschehen. Das Eisfeld hatte eine breite Rinne gebildet, eine ausgedehnte Wasserstraße, die mehrere Kilometer breit sein konnte. Manchmal ist es der Wind, manchmal die fortwährende Strömung unter dem Eis, die das Eis bricht und auseinanderreißt. In diesem Falle waren sie vielleicht nahe dem Rand der Wasserrinne gewesen, als sie gerastet hatten, und ein Fragment, die Scholle, auf der sie nun abgeschnitten waren, hatte sich losgelöst. Früher oder später schließt sich eine solche Wasserrinne wieder, es sei denn, sie liegt in der Nähe der offenen See. In diesem Fall konnten sie auf den Ozean hinaustreiben und erfrieren.

Das Wiederzusammentreffen des Eises bereitete Beaumont Sorge. Er forderte die Männer deshalb auf, pausenlos wachsam zu bleiben. Das Aufeinandertreffen des Eises geht nicht gerade sanft vor sich. Das Eis schließt sich mit der Kraft eines Schraubstocks; es prallt aufeinander wie zwei stählerne Schiffe, die im Kollisionskurs aufeinandertreffen. Wenn zwei Eiskanten zusammenstoßen, klingt es wie tausend Böllerschüsse, ein entsetzliches Krachen, das man kilometerweit hören kann. Und wie die Stahlplatten eines

Schiffes bäumt sich das Eis auf bei der Kollision. Durch die Wölbung und Verschiebung des zermalmten Eises werden riesige Eisrücken aufgeworfen, Eisrücken, die in Bewegung sind und eine Höhe von zehn Metern erreichen können. Die gewaltigen Brocken auf dem Kamm der Eisrücken zerbersten und stürzen herab, wobei sie alles, was ihnen im Weg liegt, plattwalzen. Und wenn die Eiskanten aufeinandertreffen, würde das treibende Floß zwischen ihnen eingesperrt sein und geknackt werden wie eine Nuß. Das war der Grund, weshalb sie wachsam sein mußten.

Damit sie die Gefahr rechtzeitig kommen sahen, postierte Beaumont Grayson und Langer an gegenüberliegenden Enden der kleinen Insel. An einem der Schlitten befestigten sie ein Seil, das sie zu beiden Beobachtungsposten auslegten, so daß sie, sobald sie das Eisfeld kommen sahen, durch den Nebel schnell zurückfinden konnten. Während die zwei Männer ihre Positionen wie Beobachtungsposten an Bord eines Schiffes einnahmen, fütterte Beaumont die Hunde. In einiger Entfernung von den Tieren zerschnitt er Walroßfleisch und warf es ihnen zu. Sie verschlangen es mit dem üblichen Mangel an Tischmanieren. Eine Fütterung war zu dieser Zeit zwar noch nicht fällig, aber er wollte, daß sie ruhig blieben.

Die Scholle setzte ihr unheimliches Driften in das Nichts fort. Sie spürten keine Bewegung – die Scholle war groß und die Nacht windstill; aber die Strömung trug sie ständig weiter südlich, fort von Target 5. Langer hockte am Rand des Eises. Er strengte sich an, mit den Augen den Nebel zu durchdringen. Eine verdammt hoffnungslose Aufgabe, dachte er; er konnte kaum zwei Meter weit sehen, dann blockierte der graue Dunst seine Sicht. Aber es war nicht ganz so hoffnungslos, wie es schien. Dem Herannahen des Eisfeldes, das wie eine bewegliche Plattform aus hartem, kompaktem Eis aus dem Nebel auftauchen würde, konnte sehr wohl eine Ankündigung vorausgehen: eine kleine Welle, die vor ihm hergeschoben wurde. Das erste Warnsignal dürfte der Moment sein, in dem das Wasser so stark über das Eis schwappen würde, daß es bis hinter seine Stiefel reichte.

Vor dem Nebel sah das schwarze Wasser aus wie Öl, das hier und da mit dem schmutzigen Glanz von dünnen Eisplättchen an der Wasseroberfläche bedeckt war. Die Temperatur betrug fast minus fünfundvierzig Grad, und das Wasser war ständig kurz vor dem Gefrieren; eine neue Eisschicht schien sich zu bilden. Das aber wurde durch die Strömung verhindert.

Er konnte weder die Schlitten noch die Hunde sehen. Als er über die Schulter zurückschaute, hatte er nur lauter schmutzigen Dunst vor Augen. Ein erschreckendes Gefühl der Isolation überfiel ihn.

Er konnte den Eindruck nicht loswerden, daß er sich selbst überlassen war, daß er auf einem Fragment trieb, das von ihrer Scholle abgesplittert und kaum größer war als eine Tischplatte.

Die Furcht zitterte an seinen Nervenspitzen. Er lauschte mit äußerster Konzentration. Wenn das Eis, auf dem er hockte, von der Scholle abbrach, mußte er ein warnendes Krachen hören. Vielleicht aber war es kaum wahrnehmbar. Sie konnten nicht wissen, wie stark das Eis war, auf dem sie trieben; wenn das Eis splitterte, müßte ein scharfes Knacken zu hören sein. Mit tief ins Gesicht gezogener Kapuze saß Langer geduckt am Rand des Eises. In dieser Haltung sah er im Nebel aus wie ein zottiges Tier, und trotz der vielen Lagen von Kleidung und der zwei Paar Wollhandschuhe unter seinen dicken Handschuhen fühlte sein Körper sich an wie das Eis, auf dem er driftete. Seine Hände waren gefühllos, seine Füße schmerzten, sein Gesicht fror entsetzlich; aber die Furcht machte ihn wachsam. Dann hörte er ein Knacken.

Zitternd zwang er sich aufzustehen. Seine Beinmuskeln waren angespannt. Er war allein. Sein Eisbrett war von der Scholle abgebrochen. Wenn er nur zwei Schritte in irgendeine Richtung tat, würde er in das eiskalte Wasser stürzen, das ihn innerhalb von drei Minuten töten würde. In seiner Panik warf er sich herum. Vor seinem Gesicht hingen Nebelschleier. Er war vollkommen allein. Seine beiden Kameraden hatte er verloren. Er würde sie nie mehr wiedersehen. Eine blinde, grauenhafte Panik stieg in ihm auf. Er zitterte. Dann biß er die Zähne aufeinander. Reiß dich zusammen, um Himmels willen! Er stand ganz still, zitterte und versuchte, seine Panik zu überwinden. Da fühlte er plötzlich das Seilende, das er in seinem rechten Handschuh hielt und das er vergessen hatte. Er war noch mit der Scholle verbunden! Er hatte sich das Entsetzliche nur eingebildet! Müde sank er auf seine Fersen zurück, und seine eisverkrusteten Stiefel knarrten wieder, machten dasselbe Geräusch, das er vorhin gehört hatte. Er fühlte sich schwach vor Erleichterung und kam sich ziemlich albern vor. Die Anspannung machte sich schon bemerkbar; dabei waren sie erst weniger als eine Stunde gedriftet. Vierundzwanzig Stunden später schloß sich die Wasserrinne.

Beaumonts Uhr zeigte zweiundzwanzig Uhr dreißig. Die Scholle schaukelte und drehte sich langsam. Sie war in eine Gegenströmung geraten. Im Osten lichtete sich der Nebel. »Dort drüben wird's heller«, stellte Langer fest. Er stand auf und zeigte in die Richtung. »Gott sei Dank, es wird heller. Vielleicht können wir etwas sehen...«

»Ich sehe schon etwas«, sagte Beaumont ernst. »Es sieht aus wie Land.«

Das Wort *Land* entfuhr ihm unbewußt, obwohl die verschwommene Linie, die er sah, nichts als Eis sein konnte – falls er überhaupt etwas sah. Wenn man für lange Zeit in den Nebel starrt, täuschten die Augen Berge und Bäume und andere unmöglichen Dinge vor, obwohl man genau wußte, daß nichts als Nebel sie umgab. Er schloß seine Augen und öffnete sie wieder. Der Nebel lichtete sich rasch, Mondlicht sickerte durch und wurde von der perlenden Feuchte reflektiert. Ja, er sah die schattenhafte Linie immer noch. Aber stand dieses verfluchte Ding fest? Wurden sie durch eine Richtungsänderung der Strömung allmählich auf feststehendes Eis zugetrieben? Er betete, daß es so war.

»Ich glaube, es kommt auf uns zu«, sagte Horst knapp.

Es lag nur etwa dreihundert Meter jenseits des Wassers – eine weiße Ebene, die aussah wie der Rand eines Kontinents. Vor ihm war die See schattig gekräuselt. Sie wurde von dem ungeheuren Eisfeld zurückgeworfen, das sich westwärts bewegte, westwärts auf das Eisfragment zu, das seinen Weg kreuzte. »Horst, bleib hier, und halt es im Auge. Ich will Sam warnen.«

Beaumont ging quer über die Scholle. Er rollte dabei das Seil auf, das sie jetzt nicht mehr brauchten. Der Nebel hatte sich so weit zerstreut, daß Beaumont Grayson sehen konnte, der in die entgegengesetzte Richtung schaute. Und fast von Minute zu Minute wurde der Nebel dünner. Er konnte jetzt mehrere hundert Meter über ruhiges Wasser auf der Westseite ihres Eisfloßes sehen. Dahinter war die Nebelwand so undurchdringlich wie vorher. »Das Eisfeld liegt hinter dir, Sam, es bewegt sich schnell in östlicher Richtung.«

»Es wird Schwierigkeiten geben.«

»Und ob es die geben wird. Die Hunde sind eingespannt, es sieht aus, als würden wir schnell hinüberspringen müssen. Du bleibst besser hier, für den Fall, daß noch etwas Unvorhergesehenes passiert. Wenn ich rufe, komm blitzschnell, so schnell wie du nur irgend kannst.«

Für den Fall ... Mehr zu sagen war unnötig. Beaumont befürchtete, daß die ganze Rinne sich schließen würde wie eine Eisklaue. Es war die erneute Bewegung der Scholle, die ihm nicht behagte. Sie drehte sich langsam im Kreis, was bedeutete, daß mehr als eine Strömung im Spiel war. Er blieb noch einen Moment bei den Hunden und ging danach zurück zu Langer, der unverwandt nach Osten blickte.

»Sieh dir die Welle an«, sagte der Deutsche.

Das gekräuselte schwarze Wasser war zu einer Welle geworden, einer kleinen Welle zwar nur, aber sie war die Vorwarnung für den ungeheuren Druck vom dahinter liegenden Eisfeld, das mit der Wucht von Millionen Tonnen Packeis auf sie zusteuerte. Der Nebel war noch lichter geworden, weiter hinten auf dem Eisfeld war er jedoch nach wie vor undurchdringlich. Die Ebene bewegte sich auf sie zu wie eine flache Küste aus aufgewühltem Eis und gefrorenen Eiskämmen.

»Keith ...!«

Beaumont fuhr bei Graysons Ausruf herum. Er schreckte zusammen. Eine Welle aus der anderen Richtung war fast schon an der Scholle. Dahinter glitt die andere Seite der Klaue auf sie zu und schob die Welle vor sich her. Er rief nach Grayson, und der Amerikaner rannte ihm entgegen, während Beaumont schnell zurückblickte, um die Situation im Osten abzuschätzen. Es würde zu einer Katastrophe kommen – soviel war ihm augenblicklich klar. Die westliche Eisplatte würde sie packen, kurz bevor die aus dem Osten sie erreichte – und sie mußten die östliche Richtung nehmen. »Geh zu den Hunden, Horst!« Er hörte ein Geräusch hinter sich und schaute zurück. Die Welle brach gegen die Scholle und überflutete sie mit schwarzem Wasser. Es erreichte Grayson und umspülte seine Stiefel. Die Hunde, die ebenfalls im Wasser standen, wurden wild. Die Männer liefen zu den Tieren hinüber und ergriffen die Zügel.

»Könnte sein, daß es uns schiebt, das Eis hinter uns ...«, rief Beaumont. Während Horst sich mit seinem Gespann abmühte, kämpfte Beaumont um die Kontrolle über sein eigenes, wobei er mit einer Hand die Peitsche hielt, mit der anderen die Lenkstange. Rundherum waren sie von Wasser umspült. Sekundenlang tauchte die Scholle unter; es sah aus, als ständen sie auf der See. Die Hunde waren zu Tode erschrocken. Sie spürten, daß sie jeden Augenblick ertrinken konnten. Sie alle konnten in den nächsten Sekunden ertrinken. Es hing nur von der Widerstandskraft und Stärke des unsichtbaren Eises ab, auf dem sie standen. Wenn der wuchtige Schlag der Eisplatte, die hinter ihnen auf sie zutrieb, eine schwache Stelle traf und die Scholle auseinanderbrach, würden sie ohne festen Boden unter den Füßen auf der See treiben und sich im eisigen Wasser abstrampeln, bis die Klaue zuschlug und sie völlig zerrieb.

Die östliche Eisplatte war noch etwa hundert Meter von ihnen entfernt. Ihre Druckwelle hatte sie noch nicht erreicht, als der Aufprall mit einem atemberaubenden Schlag erfolgte, der das Eis unter ihnen erbeben ließ. Die Hunde hörten auf zu rasen und standen wie vom Donner gerührt völlig regungslos da. Die See war von ihrem Floß abgeflossen und hinterließ Pfützen in den Vertiefungen. Aber es war noch unversehrt. Jetzt fühlten sie, wie das Floß vorwärts geschoben wurde, der Kollision mit der herangleitenden Platte entgegen. Beaumont schaute zurück und sah die Eisplatte hinter ihnen, die etwa dreißig Zentimeter höher war als die Scholle. »Auf die andere Seite, schnell«, rief er.

Mit den Peitschen trieben sie die demoralisierten Hunde über die kurze Strecke bis an den Schollenrand. Unmöglich! Sie hatten nicht die geringste Chance. Beaumont wünschte in diesem Augenblick, er hätte kehrtgemacht und die Gespanne auf die andere Seite der Zange geschafft, in der sie sich jetzt befanden. Aber es war zu spät. Die Welle von der Ostseite klatschte auf das Floß und umspülte ihre Füße. Wieder versuchten die Hunde auszubrechen. Beaumont zog die Zügel fest an und hielt die Peitsche bereit für einen scharfen Knall. Sie standen immer noch mit den Füßen im Wasser, als der Spalt sich schloß. Die Schlitten standen nebeneinander. Dann knallten die Peitschen, die Männer schrien, die Hunde schossen vorwärts, Sekunden vor dem Moment des Zusammenpralls. Unter ihnen überflutete die See kniehoch das Floß, tauchte es völlig unter.

Die Hunde rannten um ihr Leben und zogen die Schlitten mit sich über den Spalt, bevor das Eis donnernd aufeinandertraf. Etwas bäumte sich unter Beaumonts rechtem Bein auf, aber die Zugkraft der Schlitten riß ihn vorwärts, das Donnern des Eises in den Ohren. Der Rand des Eisfeldes war glatt, und die Schlitten jagten davon. Durch die Reibung brach das Eis von den Kufen ab, das angefroren war, als sie im Wasser standen. Das Donnern machte sie derart taub, daß sie das gewaltige Krachen kaum hörten, mit dem die Kanten der beiden Eisplatten zerbarsten und sich zu einem sieben Meter hohen Wall aus aufgerichtetem Eis aufwarfen, von dessen Kamm große Blöcke taumelten. Grayson, der neben Beaumont trabte, rutschte aus und stürzte. Hinter ihm wälzte sich der Eisrücken vorwärts wie eine Lavamasse, die Blöcke vor sich herstoßend.

Beaumont sah ihn fallen, faßte Peitsche und Schlitten mit einer Hand und griff nach ihm. Grayson kniete, als Beaumont seinen Arm packte, ihn mit einem Ruck mitriß. Der Amerikaner umklammerte die Lenkstange mit einer Hand. Er wurde meterweit auf den Knien mitgeschleift, bevor er wieder auf den Füßen stand. Hinter ihnen, dort, wo Grayson gefallen war, schlug ein riesiger tonnenschwerer Eisblock dumpf auf. Grayson, noch mitgenommen, die Hand an der Lenkstange, stolperte vorwärts mit dem Schlitten, der knapp hinter Langers Gespann herfuhr. Im Hintergrund tobte das Packeis in chaotischer Bewegung – eine gigantische Kollision.

Spalten rissen an den schwachen Stellen auf. Ein dunkler Einschnitt lief an Beaumonts Schlitten vorbei und voraus. Er schwenkte aus, um ihm auszuweichen, und schwenkte wiederum, um einer zweiten Öffnung zu entkommen. Das Grollen und Donnern des aufbrechenden Eisfeldes wurde zu einem ohrenbetäubenden Lärm, wie ein Bombardement. Sie rannten weiter, trieben die Hunde, rannten um ihr Leben, fort von der zerbröckelnden Hölle hinter ihnen, und als sie knapp einen Kilometer hinter sich hatten und kurz vor der Nebelwand waren, ließ Beaumont halten. Sie rangen nach Luft, ebenso die Hunde. Die Kleidungsstücke unter ihren Parkas waren feucht von Schweiß. Sie schauten zurück. In der Ferne bäumte und krümmte sich das Eisfeld immer noch. Es könnte Stunden dauern, bis der Aufruhr sich legte, bis sich das Eisfeld wieder zusammengefügt hatte und sich das hörbare arktische Schweigen ausbreitete.

»Wer zum Teufel war das?«

Das flackernde Bild von drei pelzbekleideten Gestalten aus der Luft gesehen erschien im Rauch. Es verschwand, und man sah Nebel und mehr Rauch. Die Leinwand in der Hauptquartiersbaracke wurde weiß. Papanin regte sich in seinem Stuhl neben Kramer, als der Vorführer die Filmspule abnahm und jemand das Licht einschaltete. Der Rauch kam von der kleinen geschwungenen Pfeife, die er pausenlos paffte. Der Rauch in der überhitzten Baracke verschleierte das Schild »Rauchen verboten« an der Wand. Die Luft war glühend heiß.

»Wie interessant«, wagte Kramer vorzubringen.

»Der Film sagt mir absolut nichts«, antwortete der Sibirier. »Nur drei Männer und zwei Hundegespanne am Rande des Nebels. Wo ist die Beaumont-Truppe? Wir suchen nach einer großen Gruppe von Männern – nach einer Expedition. Diese dämlichen Piloten haben ihre Augen nicht an den richtigen Stellen.«

Papanin drehte sich in seinem Stuhl, die kleine Pfeife zwischen die Zähne geklemmt, und sah auf eine Karte der südlichen Arktis, die auf einem Tisch ausgebreitet war. Die neuesten Positionen aller Schiffe in diesem Gebiet waren markiert: die sechs Schiffe der Trawler-Flotte K 49, der Träger *Gorki*, das riesige Forschungsschiff *Revolution* und der amerikanische Eisbrecher *Elroy*, der sich stetig dem Eisfeld näherte.

Neben der Karte lag eine vergrößerte Luftaufnahme von Target 5. Das Foto war vor vier Wochen aufgenommen worden; eine

Routinesache, um ihre Akten über alle amerikanischen Stützpunkte in der Arktis auf dem laufenden zu halten. »Die Rampe auf Target 5«, sagte Papanin, »die Stelle, wo sie ihre Schneepanzer auf das Packeis fahren. Das Sabotagekommando müßte jetzt dort sein.«

Kramers Uhr zeigte zweiundzwanzig Uhr dreißig. In diesem Moment schloß sich vierzig Kilometer westlich die Wasserrinne um Beaumont. Aber er wußte nichts davon. »Unsere Leute sind vor einer Stunde dort angekommen«, erwiderte der Balte. »Mit Hilfe ihres Radargeräts werden sie den amerikanischen Stützpunkt sogar im Nebel gefunden haben.«

»Und die Piste – sie muß auch unbrauchbar gemacht werden.«

»Dasselbe Kommando wird beides erledigen – Rampe und Piste. Sie werden alles genauso machen, wie Sie es vorgeschlagen haben...«

»Kein internationaler Zwischenfall, Sie wissen ja«, ermahnte ihn Papanin.

»Wenn irgend etwas passiert, wird es aussehen wie ein Unfall – oder wie eine Serie von Unfällen. Innerhalb von dreißig Minuten wird Target 5 von der Außenwelt abgeschlossen sein...«

»Nicht, wenn ihr Funkstand noch funktionsfähig ist...«

»Wird es nicht sein. Dasselbe Sabotagekommando wird auch das erledigen.«

Aber Papanin, die Arme hinter der Lehne verschränkt, lümmelte sich in seinem Stuhl und hörte kaum zu. »Beaumont«, murmelte er. »Beaumont«, wiederholte er. »Der Name kommt mir irgendwie bekannt vor. Kramer, besorgen Sie mir ein Nachrichtenformular. Ich muß eine dringende Nachricht an Petrow im Leningrader Archiv schicken.«

»Ich glaube, du irrst dich ganz gefährlich.«

»Wir müssen direkt Ost«, sagte Beaumont zum drittenmal zu Grayson, »und früher oder später treffen wir auf Target 5.« Er zündete sich eine Zigarette an. Sie schmeckte nicht wegen des Nebels, der in alles eingedrungen war – auch in ihre Lungen. Der Streit war schon seit zehn Minuten im Gange – welcher war der *richtige* Weg?

»Wir sind auf der Scholle ziemlich weit südlich getrieben«, beharrte Grayson. »Da ich der Navigator bin, sollte ich ein Wort mitreden dürfen...«

»Du hast deine Meinung gesagt, und ich bin halt anderer Meinung. Alles treibt südlich – und zwar viel zu schnell für meinen Geschmack. Das Eisfeld, Target 5, der russische Stützpunkt, die

Scholle, von der wir fast nicht lebend runtergekommen wären – alles treibt mit derselben Geschwindigkeit südlich. Deshalb darfst du das Treiben auf der Scholle nicht getrennt von den anderen beurteilen.«

»Bis zu einem gewissen Punkt hast du recht...«

»Ich habe todsicher recht. Und wir sind nicht im Unterhaus, wo sie reden, um sich Taten zu ersparen. Also ziehen wir los.«

»Direkt Ost?«

»Wohin sonst!«

Sie setzten sich in Bewegung; es ging durch beklemmenden Nebel und über holpriges Eis. Wieder mußten sie die Lenkstangen der Schlitten fest im Griff haben und ständig aufpassen, daß sie nicht umkippten. Sehr bald nach ihrem Aufbruch kamen sie an einen massiven Eisrücken, den sie nicht umgehen konnten. Mit Eisäxten mußten sie einen Durchlaß in den Wall schlagen. Es war eine mörderische Arbeit, die sie Zeit und zuviel Energie kostete. Der einzige Lichtblick war, daß sie seit längerer Zeit keinen einzigen Hubschrauber mehr gehört hatten.

»Es sieht aus, als hätten die Russen aufgegeben«, bemerkte Langer hoffnungsvoll, als sie die Lücke durch den Eiswall passierten. »Oder der Treibstoff ist ihnen ausgegangen.«

»Vielleicht«, antwortete Beaumont unverbindlich. Er überlegte, ob sie ihr Nachtlager aufschlagen sollten. Es war dreiundzwanzig Uhr dreißig, und alle bewegten sich lethargisch, sogar die Hunde. Die Anspannung der letzten Stunden und die bittere Kälte zermürbten sie – die Kälte besonders. Er warf einen Blick auf den Mann, der neben ihm ging. Eine Zeitlang waren sie mit Schneebrillen vor den Augen gelaufen, aber bald hatte der Nebel sie verschmiert, so daß sie nicht mehr sehen konnten, wohin sie gingen. Deshalb hatten sie sie jetzt auf ihre Kapuzen zurückgeschoben. Graysons Brille hatte Gläser aus solidem Eis. Sein Atem war auf den Brillengläsern gefroren.

»Wir werden halten, sobald wir einen geeigneten Platz für unser Lager gefunden haben«, bemerkte Beaumont.

»Gott sei Dank!« Der Amerikaner merkte, daß er den Vorschlag ein bißchen zu begeistert aufgenommen hatte. »Ich könnte noch mal versuchen, Target 5 anzupeilen«, schlug er vor. Zu ihrer Ausrüstung, die auf den Schlitten verstaut war, gehörte ein Redifon GR 345, Sender-Empfänger und Peilgerät, ein tragbares Hochfrequenzgerät mit einer Höchstleistung von nur fünfzehn Watt. Aber mit diesem Apparat konnten sie Thule erreichen und selbstverständlich Curtis Field. Seitdem die Sikorskys sie auf dem Eis abgesetzt hatten, hatten sie dreimal angehalten und das Gerät eingeschaltet in der Hoffnung, irgendeinen Funkspruch von Target 5 zu hören. Aber sie hatten nichts gehört. Auf der Insel schien Funkstille zu herrschen.

Ein einziges Signal von dort hätte ihnen die Möglichkeit gegeben, mit dem Peilgerät den Funkstand von Target 5 zu orten und ihre eigene Position in etwa festzustellen. Beaumont war beunruhigt, daß jegliches Signal ausblieb. Das aber behielt er für sich. »Wahrscheinlich eine Menge atmosphärischer Störungen – sie wissen, daß sie nicht durchkommen, und deshalb versuchen sie es gar nicht erst«, sagte er unbekümmert zu Langer, der sich nach dem Grund für die Funkstille erkundigte.

Vor ihnen begann sich der Nebel in Bodennähe zu lichten. Darüber war er jedoch dicht wie zuvor. Sie gelangten in ein Gebiet, wo das Eis glatter war, der beste Untergrund für ein Lager, den sie auf ihrem Weg bisher gesehen hatten, und Beaumont entschied, daß sie am besten hier blieben. Die Hunde glitten nur häufiger auf dem Eis aus, ein eindeutiges Zeichen dafür, daß ihre Kräfte nachließen. Kurz vorher hatte Langer schon seine Bedenken herübergerufen.

»Bismarck wird langsamer. Die ganze Meute wird bald streiken, wenn wir versuchen, noch weiter zu kommen.«

»Ich glaube nicht, daß wir zu dieser Stunde noch ein Hotel finden«, rief Beaumont zurück. »Dann pennen wir also hier...« Er brach plötzlich ab, die Hand noch an der Lenkstange, und starrte geradeaus. In dem dünner werdenden Nebel flackerte irgend etwas rötlich, verschwand und flackerte stärker wieder auf. Er wollte es nicht glauben. Er blinzelte, überzeugt, daß er Gespenster sähe. Er schaute wieder hin. Nebel rollte heran und verschleierte die Sicht mit einem durchsichtigen Vorhang. Wieder flackerte etwas rot auf, durchdrang den Nebelschleier, stieg höher, quoll auseinander und türmte sich auf. Er nahm einen schwachen Geruch wahr, den Gestank von Rauch. Auch die Hunde witterten ihn. Sie wurden unruhig. Sie spürten das Feuer.

»Was zum Teufel ist das?« fragte Grayson heiser.

Beaumont gab keine Antwort. Er nahm den Kompaß des Amerikaners, beugte sich über ihn und konzentrierte sich auf die Leuchtskala, um die Position zu bestimmen. Als er aufblickte, war das Flackern zu einem matten, gefährlichen Glühen geworden. Ein solches Glühen über dem Eis hatte er schon einmal aus einer Entfernung von sieben Kilometern gesehen, als ein amerikanischer Forschungsstützpunkt vor Alaska brannte.

»Was ist das?« wiederholte Grayson. »Das sieht ja ungeheuer aus.«

»Schlagt euch das Hotel aus dem Kopf«, sagte Beaumont ernst. »Es geht weiter – so schnell die Hunde können. Es ist Target 5, was da in Flammen aufgeht.«

Dienstag, 22. Februar: null Uhr fünfzehn bis acht Uhr

»Irgendein Verrückter hat diese Wahnsinnstat absichtlich begangen – das ist die reinste Sabotage...«

Matthew Conway, der fünfzig Jahre alte Stationsleiter, schnaubte vor Wut. Sein Zorn loderte fast so wie die Flammen, die die Funkbaracke zu einem Leuchtfeuer in der Nacht hatten werden lassen. In dem Nebeltreiben untersuchte Beaumont die Trümmer, während Dr. Conway eine starke Lampe auf etwas richtete, das vor kurzem noch eine große Baracke gewesen war. Wo früher Wände gestanden hatten, waren nur noch verkohlte Stümpfe zu sehen. Ein großes Stück verbogenen Metalls lag halb vergraben unter einem Haufen Asche, und ein scharfer Brandgeruch lag in der windstillen Nacht. Die Baracke war bis auf das Fundament abgebrannt. Rauchschwaden wirbelten umher und mischten sich mit dem Nebel.

»Wieso Sabotage?« fragte Beaumont, während er das Gewehr an seiner Schulter zurechtrückte.

»Die Baracke brannte zwar schon, als ich gerufen wurde, aber doch nicht so«, sagte Conway wütend. »Rickard, der Funker, den Sie getroffen haben, als Sie hier ankamen, hat das Feuer zuerst gesehen. Als ich hinzukam, war die Hölle los – aber die Tür stand noch. Ich habe frische Holzsplitter um das Schloß bemerkt. Es sah aus, als wäre sie gewaltsam geöffnet worden.«

»Hätte auch vom Feuer stammen können«, sagte Beaumont beiläufig. Er bemühte sich, alle zu beruhigen. Seit sie vor zehn Minuten angekommen waren, hatte er die gespannte Atmosphäre unter den drei Männern gespürt, die auf ihre Evakuierung von dem zum Untergang bestimmten Stützpunkt warteten. Diese Spannung hatte hier bereits geherrscht, bevor die Baracke in Flammen aufging.

»Sah aber gar nicht so aus«, widersprach Conway. »Der Raumstrahler zum Beispiel – dieses verbogene Stück Metall. Ich konnte durch die offene Tür hindurch sehen, daß er umgekippt war. Er stand aufrecht, als Rickard die Baracke vorhin verließ...«

»Vielleicht hat das Feuer ihn umgeschmissen...«

»Herrgott noch mal! Glauben Sie, ich wäre nicht mehr bei Sinnen? Ich bin vielleicht seit drei Jahren auf dieser Insel, aber ich bin trotzdem noch bei Verstand! Die Raumstrahler sind schwere

Dinger – man müßte ihnen schon einen kräftigen Tritt versetzen, um sie auf die Seite zu werfen.«

»Schon gut, Matt, regen Sie sich ab.« Beaumont ging um die glimmenden Trümmer herum. Seit drei Jahren kannte er Conway flüchtig, und zweimal hatte er Target 5 besucht, als sie Hunderte von Kilometern weiter nördlich von ihrer gegenwärtigen gefährlichen Position trieb. Aber im Nebel hatte alles anders ausgesehen. Als sie das Feuer bemerkt hatten, waren sie über das Eis gejagt und hatten sich auf die Insel hinaufgearbeitet, ohne vorher nach der Rampe für die Schneepanzer zu suchen. Sie hatten die Schlitten über eine Rinne in den Klippen geschleppt, die etwa sieben Meter über das Packeis ragten, und waren auf das orangefarbene Glühen im Nebel zugelaufen.

»Dieser Metallklumpen – dort in der Ecke gerade noch zu sehen – ist unser Sender«, rief Conway. »War unser Sender«, verbesserte er sich. »Jetzt gibt es keine Möglichkeit, zum Festland durchzukommen – wir sind abgeschnitten, bis unser Flugzeug kommt.«

»Was erst in zehn Tagen sein wird«, sagte Beaumont, der jetzt neben dem Amerikaner stand. »Warum hat man es so lange aufgeschoben?«

»Das war meine verrückte Idee.« Conways Stimme klang verärgert. »Wir hatten nie die Möglichkeit, so weit südlich Tiefenmessungen und Salzgehaltbestimmungen durchzuführen. Dies schien dafür eine äußerst günstige Gelegenheit zu sein. Aber ich hatte nicht mit Nebel gerechnet. Und jetzt das hier...«

»Wer sollte es auf die Baracke abgesehen haben?« fragte Beaumont.

»Nur wir drei sind hier – also niemand. Ich weiß es nicht, wahrscheinlich macht sich der Streß auch bei mir bemerkbar.« Er wechselte das Thema. »Was ist mit diesem Russen, der hierherkommen soll?«

»Ein Mann namens Gorow, Michael Gorow.« Beaumonts Stimme klang beiläufig und vage: Conway hatte nicht die Sicherheitsstufe Nummer eins für seine Aufgabe erhalten. »Ich weiß nicht viel von ihm, aber vermutlich glaubt Washington, daß er eine Menge über die politische Lage in Rußland erzählen könnte. Er soll sich auf dem Weg von Nordpol 17 hierher befinden.«

»Und deswegen seid ihr hier?«

»Wir sollen ihn abholen und nach Curtis Field zurückbringen. So einfach ist das.«

»Einfach – über das Packeis zurück?« Conway starrte den Engländer an. »Die Reise würde ich nicht für sechzigtausend Dollar machen.« Conway grinste, während er die Eiskügelchen von seinen Augenbrauen zupfte. »Dabei könnte ich mit sechzigtausend Dollar eine Menge anfangen. Sollen wir zu den anderen zurückgehen?«

»Können wir uns vorher irgendwo ungestört unterhalten – auf dem Weg?«

»Das Laboratorium liegt gleich gegenüber.« Conway ging den Weg über den festgetretenen Schneepfad zwischen den unversehrten Baracken voraus. Beaumont war ziemlich sicher, daß sich der Nebel wieder verdichten würde. Er war auch ziemlich sicher, daß Conway vollkommen recht hatte. Die Funkbaracke war das Opfer einer Sabotage. Aber es hatte keinen Sinn, die Spannung auf der Insel zu vergrößern, und er hatte einen noch ernsteren Grund, den Mund zu halten. Falls Gorow durchkam und sie ihn rausbrachten, würden sie die drei Männer auf Target 5 zurücklassen müssen. Zu Conway hatte er Vertrauen, aber Rickard kannte er nicht, und Sondeborg brauchte er nicht näher kennenzulernen. Ein Blick auf den Spezialisten für Schwerkraft, und er wußte, daß Sondeborg kurz vor einem Nervenzusammenbruch stand. Falls die Russen auftauchten, nachdem sie mit Gorow verschwunden waren, und versuchten, Druck auszuüben, konnten die zurückgebliebenen Männer ihnen nichts sagen – wenn sie nichts wußten.

»Hier drinnen können Sie auftauen«, sagte Conway und schloß eine Baracke am Ende der Reihe auf. »Wir haben die Heizung hier angelassen.«

Die Baracke war etwa so groß wie die Hauptquartierbaracke, in die Beaumont nach seiner Ankunft gegangen war. Es war ein großer Raum von ungefähr fünf mal sieben Metern. Kisten, die für die Evakuierung vorbereitet waren, standen an den Wänden. An einem Ende des Raums stand ein riesiges Eisenstativ, das einen großen Kurbelmechanismus hielt. Conway zeigte auf das Stativ. »Da hängen wir die Unterwasserkamera dran, mit der wir den Meeresboden fotografieren. Den Bohrkern haben wir durch dasselbe Loch hinuntergelassen. Möchten Sie es sich ansehen?«

Conway bückte sich. Mit einem Hebel hob er einen Teil der Fußbodenbretter unter dem Stativ ab. Beaumont sah durch ein rechteckiges Loch, etwa anderthalb Meter breit, nach unten. Zwei Meter darunter lagen weitere Bretter. »Da könnten wir Gorow zur Not verstecken«, schlug Conway vor. »Er würde ganz schön frieren, aber eine bessere Lösung habe ich nicht zu bieten.«

Beaumont schaute über das Loch zu Conway hinüber. »Wovon reden Sie?«

»Hören Sie mal, Keith. Ich habe Ihnen doch gesagt, daß ich noch bei Verstand bin. Und noch kann ich mir einiges zusammenreimen. Sie bringen zwei Männer vom Rand des Nebels über das Packeis – und ihr alle seid per Hubschrauber dorthin geflogen worden, haben Sie gesagt. Also muß dieser Gorow, der den russischen Stützpunkt verlassen hat, um hierherzukommen, ziemlich wichtig sein. Und das bedeutet, daß die Leute vom russischen Staatssicherheitsdienst jetzt hinter ihm her sein werden. Stimmt's?«

»Das habe ich Ihnen bereits gesagt.«

»Ja, aber Sie haben mir nicht gesagt, daß aus diesem Grund meine Funkbaracke sabotiert wurde. Sie wollten uns auf diese Weise von der Außenwelt abschneiden, damit wir Curtis Field nicht verständigen können, wenn euer Russe ankommt. Das habe ich mir jedenfalls zusammengereimt auf dem Weg von diesem Trümmerhaufen hierher. Stimmt's?«

»Was ist unter den anderen Brettern?« fragte Beaumont. »Übrigens – es stimmt. Aber verraten Sie Rickard und Sondeborg nichts.«

»Ich bin verschwiegen wie ein Grab!« Conway bückte sich wieder und zog an einem Seil, das an einem Haken hing. Die unteren Bretter klappten auf wie eine Falltür an Scharnieren. Es war stockdunkel darunter. Conway knipste seine Lampe an und richtete den starken Lichtstrahl in das Loch. Aber selbst dieser Strahl ging in der endlosen Dunkelheit verloren. Ein scharfer Geruch von Salz reizte Beaumonts Nase. Zu beiden Seiten des Lichtstrahls glitzerten Eiswände.

»Dort unten ist die Arktis«, erläuterte Conway. »Siebzig Meter durch das Eis hindurch. Das ideale Versteck für eine Leiche.«

»Hoffentlich kommt es nicht dazu«, erwiderte Beaumont.

»Das sollte nur ein Witz sein. Es hilft, die Spannung ein bißchen zu lösen.« Conway ließ die Falltür über dem finsteren Loch zufallen. »Sie haben vielleicht gemerkt, daß ich ein bißchen nervös bin. Sie werden das verstehen, wenn ich Ihnen verrate, daß sich Michael Gorow in der nächsten Baracke befindet.«

Der geflohene Russe, der wichtigste Meeresforscher der Sowjetunion und Architekt des Katharina-Systems, lag bewußtlos auf dem Einzelbett, das an der Barackenwand stand. Er war bis zum Kinn in Decken eingehüllt. Nur sein gräßlich vernarbtes Gesicht mit den dicken, halbgeöffneten Lippen und die dichten, glatten dunklen Haare über der Stirn waren zu sehen. Gorow atmete schwer. Wie Leonid Breschnew hatte er buschige Augenbrauen, aber seine Wangen waren eingefallen und blaß.

»Er ist eine halbe Stunde vor euch eingetroffen«, erklärte Conway. »Ich war allein bei der brennenden Funkbaracke, als er schwankend aus dem Nebel auftauchte. Ich habe ihn vorerst hier hereingebracht, da die Baracke am nächsten lag.«

Ironie des Schicksals, dachte Beaumont. Irgend jemand hatte einen groben Fehler gemacht, als er die Baracke in Brand gesteckt hatte: Denn gerade das lodernde Leuchtfeuer hatte ihm erst den Weg zu der Eisinsel gezeigt. Und Gorow hatte zweifellos denselben flammenden Orientierungspunkt gebraucht, um sich nach Target 5 durchzufinden. Der Russe bewegte sich unruhig im Schlaf, murmelte etwas. Es klang wie der Ruf nach einem Mädchen – Rachel –, dann war er wieder ruhig.

»Steht es sehr schlecht um ihn?« fragte Beaumont. »Sie waren früher Arzt, also müssen Sie es wissen.«

»Die Erfrierungen sind nicht so schlimm, wie es aussieht. Er hat einige alte Narben und frische Wunden, die ich behandelt habe. Er redet unaufhörlich und war leicht hysterisch. Deswegen habe ich ihm ein mildes Beruhigungsmittel gegeben, damit er schlafen konnte. Er redete, als ob ich wissen müßte, daß er kommen würde, und ich habe ihn in dem Glauben gelassen. Ich dachte, es wäre nur hysterisches Gerede.«

»Wie ist er hierhergekommen?«

»Anscheinend ist er mit einem Schlitten über das Packeis gekommen...«

»Wissen Sie das denn nicht genau, Matt?« fragte Beaumont ungehalten.

»Sie brauchen nicht gleich in die Luft zu gehen...«

»Es ist wichtig! Wenn sein Schlitten dort draußen herumliegt und die Russen ihn finden, werden sie wissen, daß er hier ist.«

»Tut mir leid, jetzt verstehe ich, was Sie meinen. Er hat mir gesagt, daß er seine Hunde irgendwo hier in der Nähe verloren hätte, während er ein Nickerchen machte. Er hätte sie nicht richtig angebunden. Den Schlitten mußte er den Rest des Weges selbst ziehen, und das hat ihn fast das Leben gekostet. Dann hat er aus der Ferne die brennende Baracke gesehen. Er hat mit dem Kompaß flüchtig seine Position bestimmt, den Schlitten aufgegeben und sich bis hierher zu Fuß geschleppt.« Conway nahm die angebotene Zigarette. Der Russe regte sich wieder, als das Streichholz angezündet wurde. »Ich schätze, daß er den Schlitten etwa einen Kilometer hinter den Klippen gelassen hat. Ist das schlimm?«

»Nicht gerade günstig. Woher wissen Sie, daß er Michael Gorow ist?«

»Das hat er gesagt...«

»Ist das seine Jacke?« Beaumont nahm die Jacke vom Tisch und fing an, die Taschen zu durchsuchen. »Ich kann mich nicht entsinnen, daß Sie in dieser Baracke eine Liege hatten, als ich das letzte Mal auf der Insel war.«

»Hatte ich auch nicht.« Conway lächelte ernst. »Der offizielle Grund ist, daß ich hier eine Menge Berechnungen vornehme. Wenn ich fertig bin, kann ich einfach ins Bett fallen. Der eigentliche Grund ist, daß ich für ein paar Stunden von den anderen wegkomme.«

»Insbesondere von Sondeborg?« Beaumont untersuchte mit äußerster Sorgfalt den Inhalt der Brieftasche und legte jedes Stück einzeln auf den Tisch.

»Insbesondere von Sondeborg – er schnappt bald über. Und seine Stimmung wird sich demnächst auf Rickard übertragen. Panik ist die ansteckendste menschliche Krankheit. Ist das nötig, seine persönlichen Sachen durchzusehen?« Conway war etwas gereizt.

»Jawohl! Dieser Ausweis besagt, daß er Michael Gorow ist«, antwortete Beaumont, war aber immer noch skeptisch. »Der Haken ist nur, daß wir kein Bild von ihm haben. Hat er gesagt, daß die Sicherheitsleute hinter ihm her wären?«

»Nein, er hat ganz plötzlich aufgehört zu reden, kurz bevor ich ihn ins Bett schickte. Ich glaube, er wurde argwöhnisch, weil ich nichts von ihm wußte. Es gab noch einen Grund, weshalb ich ihn in diese Baracke gebracht habe, das heißt, ihn hier auch gelassen habe.« Beaumont sah ihn wortlos an und nahm den feuchten Parka des Russen auf. Die Hitze des Raumstrahlers hatte den Schnee auf dem Pelz schmelzen lassen. »Die anderen wissen nicht, daß er hier ist«, fuhr Conway fort. »Er hat genug gesagt, um mir klarzumachen, daß er auf der Flucht ist; und ich habe mir gedacht, daß der russische Sicherheitsdienst ihm auf den Fersen sein könnte. Ich möchte nicht noch mehr Panik heraufbeschwören. Ich habe schon genügend andere Dinge, mit denen ich jetzt fertig werden muß.« Conway unterbrach sich. »Und da ich ihn schon verstecken mußte, konnte ich mich nicht darauf verlassen, daß Sondeborg den Mund hält.«

Beaumont betrachtete den Amerikaner mit neuem Respekt. »Das war sehr schlau von Ihnen, Matt, sehr schlau. Und es könnte uns sehr helfen, falls die Russen wirklich auftauchen. Wir werden Gorow vielleicht doch noch in Ihrem scheußlichen kleinen Loch verstecken müssen...«

»Ich habe nicht einen lebendigen Menschen gemeint«, protestierte Conway. »Ich habe Ihnen gesagt, das sollte nur ein Witz sein. Mein Gott, wenn Sie ihn dort unten hineinstecken, wird er erfrieren.«

»Nicht, wenn wir ihn gut einpacken, ihn einhüllen und ihm einen kleinen Heizapparat mit hineinstellen. Es wäre nur für kurze Zeit – während die Russen die Station durchsuchen.«

»Die Station durchsuchen!« Conway war empört. »Sie dürfen hier keine Durchsuchung vornehmen – über diesem Ort weht die amerikanische Flagge ...«

Beaumont kramte aus einer der tiefen Taschen des Parkas eine Röhre hervor, die etwa dreißig Zentimeter lang und sehr schwer war. »Matt, Sie haben es noch immer nicht ganz begriffen – und das sollten Sie den beiden anderen auch nicht sagen. Wir sind auf dieser Station von der Außenwelt völlig abgeschnitten, isoliert. Wegen des Nebels kann kein Flugzeug landen, der Funkkontakt ist ausgeschaltet. Wenn zu diesem Zeitpunkt auf dieser Insel jeder einzelne sich in Luft auflösen würde, gäbe es keinen einzigen Beweis dafür, daß hier etwas passiert ist.«

Conway ließ sich langsam auf einen harten Holzstuhl fallen und blickte zu Beaumont auf. »Wer wird hier von Panik gepackt?« fragte er mit gezwungenem Lächeln. »Das glauben Sie doch nicht im Ernst – das würden Sie doch nicht wagen ...«

»Machen Sie sich eines endgültig klar«, sagte Beaumont kalt. »Das hätte mit Wagemut nicht viel zu tun, höchstens mit ein bißchen Skrupellosigkeit. Nehmen wir an, einer Ihrer Schneepanzer wird nur einige Kilometer von hier entfernt auf dem Packeis verlassen aufgefunden – ohne Treibstoff. Wenn der Nebel sich auflöst und jemand von Curtis Field hierherfliegt, findet er die Station leer, die Funkbaracke niedergebrannt, den Schneepanzer draußen auf dem Eis. Zu welcher Schlußfolgerung müßte er dann kommen? Daß ihr alle den Kopf verloren hättet, als der Nebel sich um die Insel legte. Daß ihr eure einzige Möglichkeit, euch mit dem Festland zu verständigen, verloren hättet, daß ihr versucht hättet, auf eigene Faust herauszukommen. Euch geht der Treibstoff aus, und ihr versucht, zur Insel zurückzukehren. Auf dem Weg dorthin passiert euch etwas. Eine Rinne reißt auf, ein Eisrücken bildet sich und erdrückt euch ...«

»Das ist entsetzlich«, empörte sich Conway. »Was Sie da reden, ist ein Plan zum Massenmord ...«

»Ich möchte nur, daß Sie wissen, woran wir sind, Matt«, hielt Beaumont ihm ruhig entgegen. »Ich spreche von dem russischen Staatssicherheitsdienst für besondere Aufgaben.«

»Wann ziehen wir los?«

Die Frage stellte Langer, als er die Hunde in der Baracke gegenüber dem Hauptquartierbau unterbrachte. Die Vorbereitungen zur Evakuierung der Station waren weit vorangekommen. Die

Hälfte der Baracken auf der Eisinsel stand jetzt leer. An den Wänden der Hütte, die sie für die Hunde ausgesucht hatten, waren Kisten hochgestapelt. Vollgepackt mit Geräten waren sie für das Flugzeug bestimmt, das in zehn Tagen kommen sollte.

»Sobald Gorow wieder reisefähig ist – vielleicht sogar früher, falls es notwendig wird –, was durchaus der Fall sein kann«, erwiderte Beaumont.

Langer rückte den Raumstrahler zurecht, den er in die Baracke getragen hatte, und blickte spöttisch auf. »Erwarten wir Besuch? Unliebsame Gäste?«

»Sie waren schon einmal hier – als sie die Funkbaracke ansteckten. Ich nehme an, daß sie noch ganz in der Nähe sind. Horst, wenn du hier alles fertig hast, möchte ich, daß du den Sender auspackst und klar und deutlich eine Nachricht nach Curtis Field funkst. Die Nachricht lautet: ›Target 5 Funkbaracke außer Betrieb. Sabotiert.‹ Wiederhol das Wort sabotiert mehrmals, sag das Ende deiner Durchsage an, und pack das Gerät wieder ein.«

Langer gab dem schlafenden Bismarck einen Klaps, der müde ein Auge öffnete und es gleich wieder schloß. »Meinst du, ich sollte nicht auf die Empfangsbestätigung der Mitteilung warten?«

»Die Mitteilung ist nicht für Curtis Field gedacht – sie ist für die Russen, die auf Nordpol 17 den Funkverkehr abhören.«

»Bist du zufällig in der Laune, mir dieses große Geheimnis zu erklären?« fragte Langer belustigt. »Nur damit ich weiß, was ich tue und was hier gespielt wird?«

»Später. Und wenn du damit fertig bist, möchte ich, daß du abwechselnd mit Sam Gorows Baracke bewachst. Wenn es irgendwelche Schwierigkeiten gibt und keine Zeit zu verlieren ist, gib mit deinem Gewehr einen Schuß in die Luft ab. Wenn du gerade keine Wache schiebst, versuch ein bißchen zu schlafen.«

»Dir würde ein bißchen Schlaf auch nicht schaden«, stellte Langer fest. »Den Löwenanteil hatten wir zu leisten, als wir auf der Scholle trieben. Und ich verzichte gern auf den Schlaf, wenn wir dafür schneller von hier wegkommen. Auf dieser Insel kann man ja das Gruseln lernen – hast du gemerkt, daß die drei Kerle, die auf ihre Evakuierung warten, kurz vor dem Überschnappen sind?«

»Eben deswegen müssen wir behutsam vorgehen«, warnte Beaumont. Er ging aus der Baracke in die eisige Nacht hinaus. Sein Gesicht spannte sich, als er die Tür zumachte. Er konnte die Hauptquartierbaracke gerade noch erkennen, obwohl sie nur zwei Meter entfernt auf der anderen Seite des festgefahrenen Schneepfades lag, der zwischen den zwei Reihen von Gebäuden verlief. Der Nebel hatte sich wieder verdichtet und schien schon in dem

Augenblick noch undurchsichtiger zu werden, als er stehenblieb und horchte. In der Nähe hörte er das leise Tuckern des Generators, der Target 5 mit Strom versorgte; und aus der Ferne hörte er etwas anderes – das dumpfe Knirschen und Schürfen des Packeises, das die Insel umgab.

Wenn Target 5 unter dem ungeheuren Druck auseinanderbrach, würde die Katastrophe ganz plötzlich eintreten. Aus dem Nichts würden sich Risse bilden, sich zu Spalten vergrößern, bodenlose Abgründe aufreißen, während die ganze Insel ihren dreißigjährigen Widerstand dem unaufhörlichen Druck des Packeises gegenüber aufgeben würde.

Aber nicht die Insel machte Beaumont in diesem Augenblick Sorgen – es war das, was sich in dem dichten rollenden Nebel auf ihr bewegen könnte, für ihn aber unsichtbar blieb. Er blickte in die Richtung des Hügels, den er nicht sehen konnte, jener seltsamen, dreizehn Meter hohen Erhebung mit ihren eingelagerten Felsblökken, die über vierzig Kilometer von der nächsten Küste entfernt auf See trieb. Die Kälte biß in seinen Augen; Horst hatte recht, er war verdammt müde. Er überquerte den Pfad, öffnete die Tür der Hauptquartierbaracke und rief Grayson zu sich heraus. Er wartete draußen, während der Amerikaner seinen Parka überzog.

Bezeichnenderweise stellte er keine einzige Frage, als Beaumont ihn über Gorow aufklärte. Während er das Gewehr umhängte, bevor er den Weg hinaufging, äußerte er nur: »Es gibt Ärger da drinnen. Ich würde diesen Sondeborg am liebsten in die nächstbeste Rinne befördern.«

Beaumont gab sich einen Ruck, bevor er hineinging und die Tür hinter sich schloß. Er hatte laute Stimmen von draußen gehört. Jetzt aber schrie Sondeborg geradezu. Er stritt mit Conway. »Wir können mit dem kaputten Sender gar nicht zum Festland durchkommen«, tobte Sondeborg. »Was passiert, wenn die Insel anfängt, auseinanderzubrechen, bevor unser Flugzeug ankommt? Wir sitzen in der Falle...«

Der Schwerkraftspezialist hörte auf zu schreien, als Beaumont die Tür schloß. An der gegenüberliegenden Wand standen Etagenbetten. Jeff Rickard, der Funker, saß auf einem der unteren Betten, kaute an einem Streichholz und musterte Sondeborgs hageres Gesicht. Conway lehnte mit verschränkten Armen an einem Tisch in der Mitte des Raumes. Die Ursache für die Röte in seinem sonst so blassen Gesicht war keineswegs die Hitze im Zimmer.

»Verdammt noch mal, Harv, schlaf dich mal richtig aus!« fuhr Rickard ihn an. »Wir haben Besuch, hör auf, deine Seele auszukotzen.« Der Funker, ein fröhlicher, zweiunddreißigjähriger Mann mit schwarzem lockigem Haar, faßte mit der Hand nach dem Arm des anderen. Sondeborg zog ihn schnell zurück und schleuderte Beaumont einen haßerfüllten Blick zu. »Warum sind Sie hier?« verlangte er zu wissen.

»Das habe ich Ihnen vorhin schon gesagt«, erklärte Beaumont geduldig. »Unser Hubschrauber stürzte ab auf das Eis, und wir hatten Glück, es bis hierher ...«

»Ich glaube Ihnen kein einziges Wort!«

»Das tut mir leid.« Beaumonts Stimme klang gereizt. Er stellte sein Gewehr in einer Ecke ab, zog seinen Parka aus und legte ihn auf den Tisch. »Sie haben getrunken, nicht wahr?« Diese Schlußfolgerung bedurfte keines besonderen Scharfsinns. Er konnte die Fahne des Wissenschaftlers aus zwei Meter Entfernung deutlich riechen.

»Er hat irgendwo eine Flasche versteckt«, erklärte Conway Beaumont. »Ich habe sie bis jetzt nicht entdecken können. Dies ist sein letzter Aufenthalt in der Arktis.«

»Da können Sie sicher sein!« Sondeborg grinste höhnisch. »Von dem Augenblick an, da ich das Flugzeug besteige, will ich Eis nur noch in einer Bar sehen.«

»Wo Sie zweifellos in Zukunft Ihr Lager aufschlagen werden«, bemerkte Beaumont gehässig.

Sondeborg verlor plötzlich jede Selbstkontrolle. Er bückte sich, griff nach einem kurzen Eisstichel, der unter dem Tisch gelegen hatte, und richtete sich langsam wieder auf. Mit ausdruckslosem Gesicht starrte er Beaumont an.

»Leg das wieder hin!« befahl Conway kurz.

»Dieser lange Tommy nimmt zuviel Platz weg«, sagte Sondeborg langsam und bewegte seinen rechten Fuß vorwärts.

»Bleiben Sie, wo Sie sind, Rickard«, warnte Beaumont. »Es sieht nicht so aus, als erfreute ich mich in diesen Breitengraden großer Beliebtheit«, fuhr er fort, während er seinen Parka vom Tisch nahm. »Ich will keinen Ärger machen, Conway«, setzte er noch hinzu. »Ich werde in eine der anderen Baracken ziehen ...« Er hielt den Parka, als wollte er ihn anziehen, wobei Sondeborg ihn unsicher beobachtete. Mit einer schnellen Wurfbewegung wie ein Matador, der sein rotes Tuch schwenkt, schleuderte er den Parka über Sondeborgs rechten Arm. Der fuchtelte mit dem Arm, um den Eisstichel freizubekommen, aber da traf ihn schon Beaumonts Schlag, und zwar ziemlich hart – mit einem kurzen, kräftigen Stoß, der Sondeborg gegen die Betten schleuderte. Er sackte zusammen, fiel halb in eine Schlafkoje und brach dann bewußtlos auf dem Boden zusammen.

»Sehen Sie schnell nach«, befahl Beaumont. »Wie lange braucht er, bis er wieder zu sich kommt?«

Conway beugte sich über den Mann, untersuchte ihn kurz und antwortete über die Schulter. »Er ist vollkommen außer Gefecht. Wenn man den Alkohol bedenkt, könnte er mehrere Stunden so schlummern...«

»Können wir ihn von hier wegbringen – in eine andere Baracke?«

»Die Baracke nebenan hat zwei Betten...«

»Ich möchte ihn dorthin umquartieren«, sagte Beaumont knapp. »Außerdem will ich, daß er gefesselt wird.«

»Gefesselt?« Conway klang überrascht und beunruhigt.

»Gefesselt.« Beaumont hob den Eisstichel vom Boden auf. »Ein Mann, der jemandem mit diesem Ding droht, muß eingesperrt werden. Sperrt ihn ein – und bringt ein Vorhängeschloß an der Tür an.« Conway öffnete den Mund, um etwas zu sagen, während Rickard Sondeborg auf seine Schulter hob. »Ich habe meine Gründe«, sagte Beaumont entschlossen, »also ein Vorhängeschloß.« Er ging zu dem hohen Schrank an der Wand. Mit einem Griff holte er etwas herunter. Conway starrte auf den Gegenstand, den Beaumont auf den Tisch stellte.

»Da hat er sie also versteckt.«

»Ich bin größer als Sie«, erklärte Beaumont, »und deswegen habe ich sie gesehen, als ich hereinkam. Es gibt noch zwei von der Sorte da oben.«

»Wo zum Teufel hat er sie her?« Conway nahm die Flasche in die Hand und betrachtete sie, als ob er seinen Augen nicht trauen könnte. Er hielt eine große Flasche russischen Wodka in der Hand. »Er kann sie kaum von Minsky bekommen haben, der ist harmlos. Er ist der Leiter von Nordpol 17. Aber er ist von Zeit zu Zeit hiergewesen, um zu sehen, wie es uns geht.«

»Um sich Informationen zu holen«, erwiderte Beaumont. »Die Russen führen eine detaillierte Akte über jeden amerikanischen Stützpunkt in der Arktis. Minsky hat seine Informationen von Sondeborg erhalten, als Tausch für den Alkohol, den Sie ihm vorenthalten haben. Geben Sie mir jetzt recht, daß wir ihn einschließen müssen?«

»Dieser Funkspruch macht mir Sorgen«, sagte Dawes. »Ich glaube, es zieht eine Krise herauf. Ich möchte eine Maschine nach Target 5 schicken.«

»Aber die Insel liegt noch völlig im Nebel«, wandte Adams ein. »Wie soll einer dort landen?«

»Sie haben uns gefunkt, daß die Funkbaracke abgebrannt ist. Das Wort Sabotage haben sie benutzt. Ich schicke die Transportmaschine. Wir haben sie startklar gemacht für den Fall, daß der Nebel sich lichtet. Ich schicke Ridgeway.«

»Wie soll er landen?«

»Weiß ich nicht«, gab Dawes zu. »Aber wenn irgendeiner landen kann, ist es Ridgeway. Er ist fünfmal auf Target 5 gelandet, an verschiedenen Stellen in der Arktis, und er ist der beste Zivilpilot im Umkreis von tausend Kilometern. Geben Sie den Befehl an Fuller weiter.«

»Das gefällt mir nicht«, brummte Adams, während er den Hörer nahm, um mit dem Kontrollbeamten vom Flugplatz zu sprechen.

»Ridgeway wird nicht begeistert sein«, sagte Dawes.

»Ich habe deine Nachricht gesendet«, meldete Langer Beaumont, als er wieder zur Tür hereinkam. Er sah sich in der Baracke um. »Wo sind sie?«

»Sie bringen Sondeborg ins Bett – nachdem ich ihn eingeschläfert habe.« Er erzählte Langer, was passiert war. »Ich glaube nicht, daß die anderen es gemerkt haben, aber ich habe Sondeborg zu dieser Auseinandersetzung herausgefordert. Ich will klar Schiff haben.«

»Fürchtest du, daß die Russen kommen werden?« Langer ließ seinen Parka auf den Tisch fallen. »Mensch, ist das kalt draußen – ich löse Sam besser in ein paar Minuten ab.«

»Ich fürchte nicht, daß die Russen kommen könnten – ich bin sicher, daß sie kommen werden«, antwortete Beaumont bestimmt. »Die Frage ist nur, ob sie kommen, bevor oder nachdem wir von hier abgehauen sind. Wenn sie vorher kommen, möchte ich keinen Schwächling wie Sondeborg dabei haben, dem sie Fragen stellen könnten.« Er zeigte auf die Wodkaflasche. »Schon deshalb nicht, weil er ihnen bereits Informationen gegeben hat, nur um an sein Gesöff zu kommen. Er hat ihnen Informationen über die Funkbaracke geliefert.«

»Solche Informationen brauchten sie – wo der Mast aus dem Dach ragt?«

Beaumont neigte sich über den Tisch und goß Kaffee aus der Thermosflasche, die Conway für sie bereitgestellt hatte. »Trink etwas davon, zum Aufwärmen. Ja, sie brauchten zum Beispiel die Information, daß niemand dort schlief. In manchen arktischen Stützpunkten hat der Funker ein Feldbett in der Funkbaracke, damit er an der Strippe bleiben kann. Hier ist das nicht nötig – Rickard suchte die Baracke nur dann auf, wenn er das Funkgerät benutzte.« Beaumont stieß mit dem Finger an die zwei dreißig Zentimeter langen Metallröhrchen, die auf dem Tisch lagen. »Kommen sie dir bekannt vor?«

»Fünfundzwanzigtausend Jahre Geschichte steckt in jedem von ihnen.« Langer nahm eine Röhre in die Hand und untersuchte sie oberflächlich. »Phantastisch, wie sie diese Röhren an der Spitze des Bohrers hinablassen, in einer Tiefe von über dreitausend Meter in den Meeresboden hineinbohren und mit einem Bohrkern zurückholen. Und die eingegrabene Röhre bringt Proben vom Meeresboden zurück. Jahrtausende hindurch wurden die geologischen Schichten am Boden des Ozeans von dem gewaltigen Gewicht des Wassers zusammengepreßt. Deshalb haben wir zum Schluß fünfundzwanzigtausend Jahre, die man in der Jackentasche herumtragen kann.«

»Das hat Gorow auch getan. Siehst du einen Unterschied zwischen den beiden?«

Wieder untersuchte Langer die zwei Röhren. Beide waren von ihrem langen Weg durch das Meer und von der Reibung im Meeresboden rostig und abgeschliffen, und beide waren mit einem Bohrkern gefüllt. »Das sind ganz normale Bohrkerne«, antwortete Langer. »Wie die anderen dort drüben.« Er zeigte auf eine Röhrensammlung, die Conway auf einer Kiste ausgebreitet hatte.

»Diese ist von Gorow.« Beaumont nahm die eine Röhre und benutzte die Spitze seines Taschenmessers als Hebel an ihrem äußersten Ende. Ein massives, etwa acht Zentimeter langes Stück von dem Bohrkern fiel in seine Hand, als er die Röhre umstülpte. Das Stück Bohrkern am anderen Ende der Röhre blieb stecken, als er sie schüttelte. Etwas Glänzendes, fest Zusammengerolltes fiel in seine Hand. Er blinzelte Langer zu und hielt einen Teil des 35-Millimeter-Films gegen das Licht. »Und das, wenn ich mich nicht schwer täusche, dürfte ein Mikrofilm von den Katharina-Plänen sein.«

»Was sagst du da?«

»Du hast schon richtig gehört. Ich halte eine Aufzeichnung des gesamten russischen strategischen Unterwassersystems in der Arktis in meiner Hand.« Beaumont rollte den Film wieder zusammen, steckte ihn in die Röhre zurück und stülpte das Stück Bohrkern wieder darüber. »Wenn wir also Gorow verlieren, haben wir wenigstens das noch.«

»Wenn er aufwacht, wird er es vermissen«, warnte Langer. »An seiner Stelle würde ich als erstes danach sehen, wenn ich wach werde.«

»Dann halten wir ihn eben bei Laune, indem wir die Röhre in seinen Parka stecken.« Beaumont hielt die zweite Bohrröhre hoch, sah dann auf seine Uhr. Ein Uhr, Ortszeit. »Das könntest du für mich erledigen, wenn du Sam ablöst. Und jetzt werde ich mich aufs Ohr legen, bevor ich in diesem Sessel einschlafe.«

Er hatte gerade seine Stiefel ausgezogen und war in eine der unteren Kojen gestiegen, als die Tür aufgestoßen wurde und Langer zurückkam. »Ich glaube, die Russen sind hier – Sam hat Motorengeräusch gehört ...«

Der Sibirier kam von Nordpol 17 per Hubschrauber über das Eis. Er landete am östlichen Rand der Nebelbank. Hier wechselte er in einen Schneepanzer über, dieses seltsame Raupenfahrzeug, das in der Arktis für kurze Strecken benutzt wurde. Es hat vier Raupenketten – zwei vorn, die das Führerhaus stützen, und zwei weitere, die den hinteren Teil tragen, der dem Anhänger eines Lastwagens ähnlich ist.

»Um ein Uhr könnten wir die amerikanische Station erreichen«, sagte Kramer, als er sich neben Papanin setzte, der sich entschlossen hatte, den Schneepanzer selbst zu fahren. »Ungefähr die Zeit, die wir für die Ankunft Gorows berechnet haben – unter der Voraussetzung, daß er sehr viel Glück gehabt hat.«

Trotz des Nebels hatten sie keine Schwierigkeiten, die Eisinsel ausfindig zu machen. Ein früheres Sicherheitskommando hatte auf Target 5 ein elektronisches Gerät auf dem Gipfel des Hügels hinter Conways Lager aufgestellt. Das Empfangsgerät dazu hielt Kramer fest in der Hand, und es führte sie direkt zu ihrem Ziel. Aber die Fahrt war entsetzlich kalt. Kramer zitterte, als sie ankamen. Auch die zehn bewaffneten Männer zitterten vor Kälte, obwohl sie im hinteren Teil des Panzers eng zusammenkauerten. Sie vermieden die Schneerampe, die es ihnen ermöglicht hätte, direkt auf die Insel zu fahren. Statt dessen ließen sie den Schneepanzer auf dem Packeis stehen und liefen das letzte Stück zu Fuß. Wie in einem Schachspiel, von einem Großmeister angelegt, war alles vorausgeplant. Als sie zu den Felsen kamen, benutzten sie eine Bergsteigerausrüstung, um sich über das sieben Meter hohe Hindernis zu ziehen. Als sie die Klippen erklommen hatten, benutzte Kramer sein Kästchen, um sie durch den Nebel zum Gipfel des mit Felsbrocken übersäten Hügels zu führen. Auf dem Gipfel machten sie mit Hilfe des vibrierenden Kompasses Norden aus, denn die Barackensiedlung lag auf der nördlichen Seite.

»Irgend etwas stimmt nicht«, flüsterte Papanin, als sie den Abhang hinuntergelaufen waren und nichts gefunden hatten. Etwas stimmte tatsächlich nicht; seitdem die letzte Luftaufnahme von Target 5 gemacht worden war, seitdem der Nebel über sie hereingebrochen war, hatte sich die Insel um einige Grad gedreht. Es war also großes Glück, daß der Sibirier gegen eine der leeren Baracken prallte, bevor er sie überhaupt wahrgenommen hatte. Einige Minuten später, nachdem er wie ein Blinder herumgetappt war, fand er die Hauptquartierbaracke, vor der ein Licht brannte. Er hämmerte mit seiner behandschuhten Faust an die Tür, rief etwas auf englisch, öffnete dann die Tür und ging hinein.

Der Sibirier beherrschte die englische Sprache perfekt; er hatte sie in einem Sprachlabor in Charkow in der Ukraine gelernt und seine Kenntnisse in langen Gesprächen mit Guy Burgess in Moskau vertieft – wann immer dieser englische Überläufer nüchtern genug war, um etwas in verständlicher Aussprache von sich zu geben. Papanin hatte den größten Teil des Jahres 1967 als Mitarbeiter einer der sowjetischen Konsulate im Südwesten der Vereinigten Staaten verbracht, einem jener Konsulate, für deren Unkosten es eine einzige Rechtfertigung gibt: Spionage.

Papanin, der aus dem Nebel auftauchte, wurde von dem Licht geblendet. Er hob die Hand, um besser sehen zu können, und erblickte drei Männer in der Baracke. Und genau von drei Männern hatte Minsky berichtet, daß sie auf ihre Evakuierung warteten. Ein sehr großer Mann in den Dreißigern saß auf einem Bett und putzte sein Gewehr. Die Mündung war auf die Tür gerichtet. Ein kleiner, blonder Mann, auch um die Dreißig, stand nahe der Tür und hielt ein Gewehr in der rechten Armbeuge, einen öligen Lappen in der linken Hand. Der Älteste, um die Fünfzig, stand gegen den Tisch gelehnt, die Arme verschränkt, der Gesichtsausdruck gespannt.

»Kommen Sie herein und schließen Sie die Tür«, bellte der große Mann, wobei er den Gewehrlauf höher richtete. »Nein! Nur Sie – die anderen können draußen bleiben.«

Hinter Papanin standen im Nebel mehrere pelzbekleidete Männer, alle mindestens dreißig Zentimeter kleiner als der riesige Sibirier, der jetzt in die Baracke trat und zu dem Mann auf dem Bett hinübersah. »Ich komme von Nordpol 17...«

»Ich habe gesagt: Tür schließen«, wiederholte der große Mann sehr ruhig.

»Dr. Kramer sollte auch dabeisein«, bestand Papanin steif. »Er hat Ihnen etwas Wichtiges zu sagen.«

»Na gut, Kramer kommt auch rein – die anderen bleiben draußen...«

»Es ist sehr kalt...«

»Niemand hat Sie hergebeten.«

Grimmig sah sich Papanin um. Er fühlte Wut in sich aufsteigen, während Kramer sich hinter ihm hereindrängte. Der Blonde mit dem Gewehr knallte die Tür vor den Gesichtern der Männer draußen zu und verriegelte sie mit einem kurzen, knackenden Geräusch. Papanin suchte in der Baracke flüchtig nach irgendeinem Hinweis auf Gorows Anwesenheit. Er bemerkte Bohrkerne, die auf einer Kiste lagen, einen Eisstichel daneben, wieder Kisten, eine Flasche und Tassen auf dem Tisch, gegen den der ältere Mann sich lehnte.

Papanin wäre groß genug gewesen, um die zwei Wodkaflaschen auf dem Schrank zu sehen – nur waren sie versteckt worden. Der Sibirier zog seinen feuchten Parka aus und ließ ihn über eine Stuhllehne fallen.

»Ich heiße Wassily«, erklärte er, während seine Augen weiter in der Baracke herumschweiften. »Ich bin der Verwaltungsbeamte für verschiedene sowjetische Forschungsstationen, einschließlich ihres Nachbarn, Nordpol 17. Doktor Kramer ist der diensthabende Arzt dort. Ist alles in Ordnung hier?« erkundigte er sich.

»Was sollte nicht in Ordnung sein?« fragte Beaumont.

»Ich habe etwas gerochen, als wir durch den Nebel kamen, etwas, das nach Brand ...«

»Unsere Funkbaracke ist abgebrannt«, platzte Conway heraus. »Sie wurde absichtlich in Brand gesteckt. Ist das die Ordnung, die Sie gemeint haben?«

Beaumont gratulierte Conway innerlich; der Amerikaner hatte genauso reagiert, wie er es vorgeschlagen hatte. Das ermöglichte ihm eine Eröffnung, die den Sibirier verunsichern konnte. »Das ist eine verdammt ernste Angelegenheit, Wassily – wir haben nach Grönland gefunkt, um diesen Sabotageakt durchzugeben. Irgend jemand wird eine Menge unangenehmer Fragen beantworten müssen.«

»Sie haben wegen des Feuers gefunkt?« Ein spöttischer zweifelnder Ton lag in Papanins Stimme. Diese Leute mußten Holzköpfe haben. »Können Sie mir verraten, wie man einen Sender bedient, der vom Feuer zerstört wurde?«

»Ersatzsender«, informierte Beaumont ihn lakonisch. »Wir haben immer einen Ersatz – genehmigt man Ihnen auf den russischen Basen nur einen einzigen? Wahrscheinlich müssen wir das den Extravaganzen des kapitalistischen Systems zuschreiben. Übrigens«, fuhr er fort, »Ihr Überwachungstrupp auf Nordpol 17 wird Sie sicherlich über den Funkspruch unterrichten, wenn Sie zurück sind.«

Beaumont wartete, fragte sich, ob sein Spiel aufgehen würde.

Offensichtlich wußte der Sibirier noch nichts von dem Funkspruch, aber es war lebensnotwendig: Sofern er die Tatsache begriff, daß eine Nachricht gefunkt worden war, daß Grönland über ungewöhnliche Ereignisse auf Target 5 schon informiert war, würde er zögern, extreme Maßnahmen zu ergreifen. Und allein darum ging es Beaumont – Verzögerung, Aufschub, um Zeit zu gewinnen, in der sie Gorow von der Eisinsel schaffen konnten.

»Überwachungstrupp?« fragte Papanin verständnislos.

»Spielen Sie nicht den Unschuldigen!« Beaumont stand auf; die beiden Männer schienen die Baracke auszufüllen, als sie einander gegenüberstanden. »Überwachungstrupp! Jedermann weiß, daß Sie Abhöreinheiten über die ganze Arktis gestreut haben, die unsere Funksprüche überwachen. Ein übliches Verfahren, Wassily. Warum wollen Sie ein Geheimnis daraus machen?«

Conway steckte verstohlen beide Hände in die Hosentaschen, um zu verbergen, daß er stark schwitzte. Beaumont vollführte einen Tanz auf dem Seil und konnte tief fallen. Draußen vor der Baracke stand eine Menge bewaffneter Männer, und niemand würde jemals erfahren, was im Nebel auf Target 5 wirklich passiert war. Er hatte noch seine Zweifel, ob der Engländer den Russen überlisten konnte. Er mußte vor allem unaufhörlich daran denken, daß Gorow nur wenige Meter von ihnen entfernt versteckt war.

»Ich bin nicht hierhergekommen, um darüber mit Ihnen zu reden«, sagte Papanin grob. »Ich fürchte, einer unserer Leute könnte für die Brandstiftung an Ihrer Baracke verantwortlich sein«, fuhr er in einem Ton fort, der kaum entschuldigend war.

»Dann gibt es eine gründliche Untersuchung«, sagte Beaumont offen. »Um diese Zeit wird Washington schon davon erfahren haben – Sie können sich vorstellen, wie man auf das Wort Sabotage reagieren wird!«

»Darf ich bitte ausreden ...«

»Morgen könnte es schon in den Schlagzeilen stehen – Russen überfallen amerikanischen Stützpunkt ...«

»Das ist absurd ...«

»Kaufen Sie die morgige Zeitung, dann sehen Sie's.«

Zum erstenmal seit vielen Jahren geriet Papanin aus der Fassung. Falls wirklich ein Funkspruch gesendet worden war, mußte er hier vorsichtig ans Werk gehen. »Kein internationaler Zwischenfall ...« In Gedanken hörte er die Anweisung des Genossen Breschnew, während er sich Mühe gab, die Situation wieder in den Griff zu bekommen. »Ich rede von Nikolai Marow, einem zweiten Meeresforscher«, erklärte er. »Er ist verrückt geworden und hat einen anderen Mann namens Gorow umgebracht. Er ist mit einem

Schlitten und Hundegespann in diese Richtung entkommen. Marow hat die Papiere seines Opfers an sich genommen und könnte versuchen, sich für Michael Gorow auszugeben...«

»Warum sollte er das tun?« wollte Beaumont wissen.

»Weil er seine eigenen Papiere in seiner Baracke zurückgelassen hat«, behauptete Papanin glatt. »Er mußte wissen, daß Sie von ihm einen Beweis für seine Identität verlangen würden...«

»Warum glauben Sie, daß er verrückt ist?« unterbrach ihn Beaumont.

Papanin sah ihn haßerfüllt an. Die dauernden Unterbrechungen hatten seine Geduld aufgebraucht. Er ging zu einer anderen Taktik über, redete lauter. »Herrgott noch mal! Er hat Ihre Baracke in Brand gesteckt! Er hat ein brutales Verbrechen begangen! Es war kein schöner Mord...« Er ging einen Schritt näher auf Beaumont zu und versuchte, ihn mit der Kraft seiner Persönlichkeit einzuschüchtern. »Er hat den armen Gorow mit einem Eispickel getötet und ihm dann das Gesicht verstümmelt. Begreifen Sie denn nicht? Er hat drei Jahre in der Arktis verbracht, er hat den Verstand verloren – er ist wie ein wildes Tier, das irgendwo da draußen auf dem Eis herumstreunt...«

»Dann hören Sie auf, Ihre Zeit zu vergeuden. Hauen Sie ab und suchen Sie ihn!«

Papanin beruhigte sich plötzlich und zog Kramer in das Gespräch. »Diese Sache macht uns große Sorge. Wenn Sie die ganze Geschichte gehört haben, werden Sie uns vielleicht bitten, zu bleiben. Ich glaube, am besten erklärt Dr. Kramer alles – dann werden Sie verstehen, wie ernst die Sache ist. Ich darf mich setzen?« Er zog einen Stuhl hervor und nahm Platz, bevor jemand zustimmen konnte. Er lächelte freundlich nach allen Seiten. »Fangen Sie schon an, Kramer.«

»Marow ist Psychopath...«, begann Kramer in sorgfältigem Englisch.

»Wir wollen keinen medizinischen Bericht hören«, sagte Beaumont unfreundlich. Er war fest entschlossen, den Sibirier wieder auf die Beine zu kriegen. »Wir haben genug um die Ohren, ohne daß Sie sich auch noch für die Nacht hier niederlassen.«

Papanin stand langsam auf, wobei er seine Finger ausstreckte, um etwas von der angestauten Spannung zu entladen. Er mußte nun sehr vorsichtig sein; irgendwie hatte sich das Blatt gewendet: Er hatte diese Amerikaner einschüchtern wollen, und nun war Papanin selbst stark verwirrt. »Wir sind gekommen, um Sie zu warnen«, begann er, während er seinen Parka holte, »um Sie um Ihre Mithilfe zu bitten...«

»Wir sind gewarnt, wir haben geholfen, wir haben zugehört. Vielen Dank. Und nun haben wir eine Menge zu tun«, unterbrach Beaumont ihn kurz angebunden.

»Ich wollte vorschlagen, daß wir Ihre Baracken durchsuchen – einer von Ihnen könnte uns begleiten –, falls Marow sich dort versteckt.«

»Nicht nötig – wir haben sie selbst durchsucht, als wir feststellten, daß jemand die Baracke angesteckt hatte...«

Conway griff in das Gespräch ein, zog eine großartige Schau ab. Seine Stimme bebte vor echter Wut und Empörung. »Das ist ja unverschämt! Sie kommen hierher und schlagen uns noch dreist vor, unsere Station zu durchsuchen? Dieser Grund und Boden gehört den Vereinigten Staaten, Herr Wassily.« Er hatte sich einige Schritte vom Tisch fortbewegt und stand vor Papanin. »Hoffentlich muß ich Sie nicht daran erinnern, daß die amerikanische Flagge über dieser Eisinsel weht?«

Papanin beugte sich vor. Er hatte seinen Parka schon halb angezogen, als er Conway ansah. Bevor er ging, mußte er diesen Leuten einen ordentlichen Schrecken einjagen. »Ich habe die Fahne gesehen, als wir hier ankamen – sie hängt schlaff wie ein gefrorener Fisch.« Er richtete sich auf und machte seinen Parka zu. »Es wäre im Interesse Ihrer eigenen Sicherheit, wenn niemand von Ihnen diese Eisinsel verlassen würde, bis Ihr Flugzeug kommt.«

»Sicherheit wovor?« fragte Beaumont.

»Wenn wir auf dem Packeis eine Bewegung sehen, könnten meine Männer annehmen, es wäre Marow. Dann würden sie möglicherweise schießen«, sagte Papanin ernst. »Ich habe ihnen zwar gesagt, daß sie ihn unversehrt gefangennehmen sollen – wenn möglich. Aber Gorow hatte viele Freunde, und einige von ihnen stehen draußen vor dieser Baracke – und alle sind bewaffnet.« Er zog die Pelzkapuze über seinen kahl rasierten Kopf. »Kramer, wir haben diese Leute um ihre Hilfe gebeten. Da wir nicht mehr willkommen sind, werden wir gehen.« Er blickte sich noch einmal in der Baracke um. »Eine angenehme Fahrt zurück in die Vereinigten Staaten, meine Herren. Hier sind Ihre Tage gezählt.«

Als sie weg waren, schickte Beaumont Grayson hinterher, um sicherzugehen, daß sie wirklich gegangen waren. Dann sah er zu Conway hinüber, der seine feuchten Handflächen mit einem Taschentuch trocknete. »Es wird von nun an verdammt brenzlig werden«, warnte er. »Der Mann, der sich Wassily nannte, ist Oberst Igor Papanin, Chef des Sicherheitsdienstes für besondere Aufgaben in Leningrad. Man hat mir sein Foto gezeigt, bevor ich

Washington verließ.« Beaumont sah auf seine Uhr. Ein Uhr fünfundvierzig. »Um acht Uhr heute morgen werde ich Gorow per Schlitten hier rausholen – in sechs Stunden. Das ist die beste Möglichkeit, den Russen aus dem Weg zu gehen.«

»Warum acht Uhr?«

»Weil sie bis dahin die ganze Nacht irgendwo auf dem Packeis verbracht haben werden – sie werden abwarten, was wir tun. Sie werden es nach sechs Stunden satt haben – das Horchen, das Zittern und die Anspannung, dauernd nach irgendwelcher Bewegung Ausschau zu halten. Bis acht Uhr werden sie schlechte Laune haben und hundemüde sein. Ihre Wachsamkeit wird nachlassen. Aber es würde schon helfen, wenn wir ein kleines Ablenkungsmanöver inszenierten zu dem Zeitpunkt, wo wir aufbrechen.«

»Ich werde den Schneepanzer ein bißchen herumfahren«, schlug Conway kurz entschlossen vor. »Ich kann ihn quer über die Insel fahren, die Rampe hinunter, und dann ein wenig auf dem Packeis herumwandern.«

»Genau das wollte ich auch vorschlagen – bis zu einem gewissen Punkt jedenfalls.« Beaumont stand auf. Seine Augenlider waren bleiern, seine Glieder schwerfällig. Er fing an, umherzugehen, um sich wach zu halten. »Sie haben den Weg hierher in ihren Schneepanzern gefunden – wie, weiß ich nicht –, und es könnte sein, daß sie irgendeine Art tragbares Radargerät bei sich haben. Wenn Sie den Schneepanzer herumfahren, werden sie sich darauf konzentrieren – während wir am westlichen Ufer der Insel verschwinden.«

»Sie werden gehörig reinfallen...«

»Hören Sie gut zu, Matt.« Beaumont betonte jedes Wort mit Nachdruck, um Conway das Risiko klarzumachen, auf das er sich einließ. »Wenige Kilometer von dieser Baracke entfernt steht ein Haufen bewaffneter Russen. Darum dürfen Sie keine unnötigen Risiken auf sich nehmen. Ich glaube, ich habe Papanin etwas verunsichert, als ich erzählte, daß wir gefunkt hätten...«

»Die Wahrheit wird er spätestens dann erfahren, wenn er bei seiner Abhöreinheit nachfragt.«

Einen Moment lang überlegte Beaumont, ob er Conway von seinem eigenen Sender erzählen sollte, entschied sich aber dagegen. Es bestand durchaus die Möglichkeit, daß Papanin noch mal auftauchte. Das nächste Mal könnte er seine Fragen eindringlicher stellen. »Das wird er nicht, bevor er nach Nordpol 17 zurückkehrt«, sagte er. »Können Sie Ihren Schneepanzer ohne großes Risiko um den östlichen Teil der Insel herumfahren – in diesem Nebel?«

»Ich lebe seit drei Jahren auf dieser Insel – unter allen möglichen

Wetterbedingungen«, versicherte Conway. »Ich kann die Landebahnlichter anmachen, um die Strecke besser zu überblicken, und ich habe einen schwenkbaren Scheinwerfer an dem Panzer, der die Rampe ausleuchten kann...«

»Fahren Sie nicht die Rampe hinunter!« sagte Beaumont eindringlich. »Über der Insel weht Ihre eigene Flagge – sobald Sie sich auf das Packeis wagen, befinden Sie sich im Niemandsland. Wenn Sie überhaupt helfen wollen, brauchen Sie nur etwa eine Stunde langsam auf der Insel herumzufahren. Auf der Insel!« wiederholte er.

Während der nächsten halben Stunde hatten sie sehr viel zu tun. Sie riefen Langer. Er war mit den Hunden in der Baracke geblieben, um sie während Papanins Besuch ruhig zu halten. Dann ließen sie Rickard aus der Baracke nebenan, wo er mit dem bewußtlosen Sondeborg eingeschlossen worden war – angeblich, um ein Auge auf den labilen Wissenschaftler zu werfen, aber auch, damit er nichts von Gorows Anwesenheit auf der Insel bemerken konnte. Beaumont war fest entschlossen, von den Männern, die auf Target 5 zurückblieben, einzig und allein Conway von Michael Gorow wissen zu lassen.

Conway und Rickard ließen sie in der Hauptquartierbaracke. Die anderen nahm Beaumont mit, um »Gorow aus dem Eisschrank zu befreien«, wie er es ausdrückte. Glücklicherweise schlief der russische Meeresforscher unter dem Einfluß der Beruhigungsmittel noch, als sie die Falltür in der Forschungsbaracke abnahmen und seinen gut eingewickelten Körper hochschafften. Nicht auszudenken, wie er reagiert hätte, wenn er in dem tiefen Grab allein aufgewacht wäre – bis er Beaumonts gekritzelten Zettel an der Lampe gefunden hätte, die sie mit der Heizung hinabgelassen hatten.

Gorow, in mehrere Decken eingewickelt, war erstaunlich warm, als sie ihn auf das Bett in der Laborbaracke legten. Er wurde wach, als Conway hereinschlüpfte und die Tür schloß. »Ich wollte nur sehen, ob alles in Ordnung ist«, erklärte der Amerikaner. »Mir lief es jedesmal kalt über den Rücken, wenn ich daran dachte, daß er dort unten lag.«

»Das ist ein anderes Zimmer«, sagte Gorow, während er sich langsam aufrichtete und auf die Ellbogen stützte. »Sie haben mich in eine andere Baracke gebracht. Warum?«

Erstaunlich aufmerksam, fand Beaumont; aber ein Mann, der sich von Nordpol 17 allein über das Packeis durchgeschlagen hatte, mußte ungewöhnlich zäh sein. Er bat Conway, ihn noch einmal zu untersuchen, und zündete sich eine Zigarette an, während er ungeduldig auf das Resultat wartete. Er war überzeugt, daß ihnen nur noch wenige Stunden blieben, um die Eisinsel zu verlassen. Papanin würde sich bald von dem Schock seines ersten Besuchs erholen und wiederkommen – und der zweite Besuch dürfte weit gefährlicher werden als sein erster.

»Er scheint in ausgezeichnetem Zustand zu sein«, sagte Conway, während er sich vom Lager seines Patienten erhob. »Das begreife ich nicht – nach allem, was er durchgemacht hat.«

Beaumont fing sofort mit seinem Verhör an und bombardierte den Russen mit Fragen. Gorow sprach gut Englisch. Wie Papanin hatte er sein Englisch in dem Charkower Sprachlabor gelernt, das für seine Arbeit unentbehrlich war. Früher war Französisch die internationale Sprache der Wissenschaftler gewesen, aber seit einem Vierteljahrhundert war es durch die englische Sprache verdrängt worden – und Gorow zog es vor, wissenschaftliche Arbeiten in der Originalsprache zu lesen.

Er war offensichtlich von Beaumonts verbalem Angriff verblüfft.

»Wann waren Sie zuletzt in Kiew?«

»Letzte Woche.«

»Irgendwelche Verwandte dort getroffen?«

»Meinen Bruder Peter ...«

»Er ist bei der Marine?«

»Nein, er dient nur auf einem Trawler ...«

»Wie hieß Ihre verstorbene Freundin?«

Gorows dicke Lippen zuckten. Er sah Beaumont traurig an. »Sie war meine Verlobte. Wir wollten heiraten ...«

»Ich habe nach ihrem Namen gefragt.«

»Rachel Lewitzer. Ist das notwendig?«

»Ja, Herrgott noch mal, ist das wirklich nötig?« platzte Conway heraus, der über Beaumonts Brutalität empört war.

»Ja, das ist es«, antwortete Beaumont knapp. Er beobachtete Gorow genau. »Vor einer halben Stunde stand Oberst Igor Papanin hier in diesem Raum.«

Angst blitzte in den Augen des Russen auf. Ängstlich sah er sich in der Baracke um – wie ein Gefangener. Er versuchte, etwas zu sagen, und schluckte schwer. Auf diese unmittelbare Reaktion hatte Beaumont gehofft; falls dieser Mann ein Spitzel gewesen wäre – von Papanin zum Spionieren auf die Insel geschickt –, hätte er eine solche nackte Angst nicht so spontan vortäuschen können.

Beaumont erklärte, was er getan hatte und warum er es getan hatte. Es gab in Washington kein Foto von Michael Gorow, und dies war die einzige Möglichkeit, seine Identität zu überprüfen. Wenigstens wußten sie jetzt, daß sie, wenn sie zu ihrer furchtbaren Reise über das Eis aufbrachen, den richtigen Mann mitnahmen.

Conway gab Gorow einen Schluck aus der Kognakflasche, die er in einem verschlossenen Schrank aufbewahrte, damit Sondeborg ihm nicht alles wegtrinken konnte. Auf Beaumonts Vorschlag hin bereitete er auf einem Primuskocher in der Forschungsbaracke etwas für den Russen zu essen vor. Die ganze Zeit über saß der Geflohene auf dem Bettrand, verschränkte immer wieder nervös seine starken Hände, nahm sie wieder auseinander, fuhr durch seine glatten schwarzen Haare.

Vorher, kurz nach dem Verhör, war er aufgestanden und zu dem Stuhl gegangen, über dem sein Parka hing, um sich die Beine zu vertreten. Wie in Gedanken hatte er den Parka aufgenommen, um sich kurz hinzusetzen; ebenso beiläufig hatte er seine Hand über die Tasche gleiten lassen, in der die Bohrröhre steckte, und hatte die zylindrische Form unter dem Pelz gefühlt. Langer, der in der Nähe der Tür stand, hatte vor sich hingelächelt, als Gorow, der sich sichtlich entspannte, da sein wertvoller Besitz noch in Sicherheit war, sich wieder hinsetzte.

In dieser Nacht war es Beaumont offenbar zu riskant, an Schlaf zu denken. Er hatte gerade verkündet, daß er zu der Hauptquartierbaracke zurückgehen wolle, um sich eine Weile hinzulegen, als sie alle aufhorchten. Die Herkules C-130, eine Transportmaschine, von Dawes geschickt, der durch das Wort »Sabotage« in dem Funkspruch beunruhigt war, kreiste über der Insel, bereit zu landen.

Auch Oberst Igor Papanin lauschte dem Dröhnen des amerikanischen Transportflugzeugs. Er saß neben Kramer in dem Führerhaus des Schneepanzers, der einige hundert Meter von der Schneerampe entfernt stand, die von Target 5 herunterführte, und paffte in aller Ruhe seine kleine geschwungene Pfeife. Der Rauch in dem geschlossenen Führerhaus war so dick, daß Kramer fürchtete, ersticken zu müssen. Aber er wagte nicht, ein Fenster zu öffnen, da er die arktische Luft nicht weniger fürchtete. »Sie haben die Landebahnlichter angemacht«, sagte er nervös.

Das verschwommene Leuchten eines einzigen Landelichts zitterte über den Felsen, wurde dann vom Nebel geschluckt.

»Natürlich«, sagte Papanin, »sie müssen ihrem Flugzeug zeigen, wo es landen soll.«

»Und Sie glauben immer noch, daß Gorow nicht da ist?«

»Ich habe gesagt, ich bin nicht überzeugt, daß er schon angekommen ist – das ist ganz etwas anderes, Kramer. Ich suchte nach Ängstlichkeit und Nervosität, als wir dort waren, aber alles, was ich gespürt habe, war Indignation. Dieser große Mann war äußerst aggressiv und entrüstet«, fügte er nachdenklich hinzu.

»Aber wenn er schon da ist – und das Flugzeug landet?«

»Sie machen sich zu viele Gedanken. Es wird schon alles in Ordnung gehen – warten Sie ab.«

Zweihundertfünfzig Meter über Target 5 saß Alfred Ridgeway, der Pilot der Maschine, vor den Armaturen, während er über der dicken, schmutziggrauen Nebelbank kreiste, die ein anderer Pilot, Arnold Schumacher, als Grütze bezeichnet hatte. In dem Laderaum hinter ihm waren zwei Reihen von Klappsitzen aufgestellt, auf denen zwölf Männer in arktischer Kleidung saßen, die versteckte Waffen bei sich trugen.

Die Männer gehörten der US-Küstenwache an. Sie waren speziell für dieses Unternehmen ausgewählt worden. Die Russen hatten aus Leningrad ein Sicherheitskommando für besondere Aufgaben in die Arktis geschickt, um dieser Aktion einen nichtmilitärischen Anstrich zu verleihen – was nur wenige Monate vor dem Gipfeltreffen in Moskau die Gefahr eines internationalen Zwischenfalls dämpfte. Washington traf die gleiche Vorsichtsmaßnahme aus demselben Grund: die Gefahr eines internationalen Zwischenfalls mußte vermieden werden.

In den beiden Sitzen unmittelbar neben dem Cockpit saßen ein Arzt und eine Krankenschwester. Dr. Maxwell Hergsheimer, achtundvierzig Jahre alt, grauhaarig, hatte seine medizinische Ausrüstung und Sauerstoffgeräte bei sich. Er blickte aus dem Fenster. Der Nebel trieb in großen Schwaden unter ihnen. Hinter ihm saß die Krankenschwester Anne Clyde aus Brooklyn, eine dreißigjährige Frau, die sich freiwillig angeboten hatte, mit ihm zu fliegen. Hergsheimer machte sich Sorgen um sie; nicht jede Frau hätte sich so ruhig und gefaßt auf die Reise über die Polarwüste begeben. Um den zivilen Charakter ihrer Mission zu unterstreichen, trug sie ihre Schwesterntracht. Sie beugte sich vor und blickte über seine Schulter. »Glauben Sie, daß Kapitän Ridgeway uns heil hinunterbringt?« fragte sie.

»Ich glaube schon. Er stammt aus meiner Heimat, Illinois, und ich kenne ihn seit Jahren. Er wird weiter kreisen, bis er sicher landen kann.«

In der Pilotenkanzel gab sich Ridgeway weniger optimistischen Gedanken hin. Er war in der Tat sehr besorgt. Es gab nirgendwo ein Anzeichen für eine Lücke im Nebel. Eher schien er dichter zu werden. Er trieb wie eine Wolke aus giftigem Gas unter dem blassen Mondlicht. Ridgeway sah auf den Kraftstoffmesser. Noch reichlich: am besten kreiste er so lange, bis nur noch genug Treibstoff für den Rückflug nach Curties Field übrigblieb.

»Ich frage mich allmählich, ob ich die Landebahnlichter wirklich gesehen habe«, bemerkte sein Kopilot van Beeck.

»Möchtest du nach Hause? Du hast sie gesehen, ja?«

»Ich habe sie gesehen, Kapitän.«

»O. k. Dann kreisen wir weiter.«

Beaumont schwitzte vor Angst, während er neben einem der Landebahnlichter stand, die Conway eingeschaltet hatte. Im Nebel glühte es wie ein kleines, grünliches Feuer. Er stand mit Conway am Rande der Piste, fünfhundert Meter von der Barackengruppe entfernt, wo die fünf anderen Männer ebenso besorgt warteten. Dann hörte er das schwache Dröhnen des zurückkehrenden Flugzeuges, ein Dröhnen, das immer lauter wurde.

»Gott sei Dank«, flüsterte Conway. »Ich dachte schon, er hätte es aufgegeben.«

»Gott sei Dank«, stimmte Beaumont ihm wortlos zu. Und der Nebel lichtete sich sogar ein bißchen. Das Flugzeug brauchte nur zu landen, und ihre Rettung war sicher. In Curtis Field hatte man ihn über das in Bereitschaft stehende Küstenwachkommando unterrichtet, und Beaumont war zuversichtlich, daß es an Bord sein würde. Mit einer Abteilung von einem Dutzend bewaffneter Männer auf der Insel war Papanin schachmatt gesetzt.

»Glauben Sie, daß er in diesem Zeug landen kann?« Conway sprach immer noch leise.

Im Nebel senkte man ganz von selbst die Stimme. Er zog überall um sie herum und nahm seltsame, drohende Gestalten an. Die Kälte war durchdringend. Sie traten von einem Bein auf das andere, spreizten die Zehen in den Stiefeln, taten alles, um den Kreislauf in Bewegung zu halten, während sie warteten und der Motorenlärm der unsichtbaren Maschine zu einem gedämpften Brausen wuchs. Dann war sie direkt über ihnen, der Nebel lichtete sich etwas mehr. Aber nicht genug, dachte Beaumont. »Er kann jetzt doch nicht an Landung denken«, murmelte er. »Ich möchte wissen, wie die Sichtweite dort oben ist...«

Die Sicht aus zweihundert Meter Höhe hatte sich gebessert: statt unmöglich war sie jetzt schlecht bis unzumutbar. Ridgeway flog eine steilere Kurve, um besser nach unten sehen zu können und brummte. Das Brummen war eine Angewohnheit, die ihm selbst nicht bewußt war, aber dieser Laut hatte für van Beeck große Bedeutung. Er verriet dem Kopiloten, daß sein Kapitän gerade eine schwierige Entscheidung getroffen hatte. Er wartete, während Ridgeway konzentriert in den Nebel hineinstarrte.

Der Pilot hatte die Landebahnlichter gesehen und sich gedacht, daß die verbesserte Lage nicht lange andauern würde, daß der Nebel sich bald wieder zusammenziehen würde. Es wäre ziemlich übertrieben gewesen, zu behaupten, daß die parallel verlaufenden Lichterreihen sichtbar wären – sie zeigten sich Ridgeway von der schrägliegenden Maschine aus als zwei verschwommene, blaß schimmernde Ketten, mehr nicht. Aber sie zeigten ihm, wo die Landepiste lag. Es genügte ihm, zu wissen, daß sie zwischen diesen zwei fahlen Streifen lag.

»Wir setzen zur Landung an«, entschied er. »Sag hinten Bescheid.« Der Kopilot stand auf, ging nach hinten in den Laderaum und rief den vierzehn Passagieren zu: »Schnallen Sie sich bitte an – wir landen ...«

»Sehen Sie«, sagte Dr. Hergsheimer zu Schwester Clyde, »ich hatte recht – er stammt eben aus Illinois!«

Ridgeway flog die Maschine in eine Kurve von der Insel weg und wendete in großem Bogen, um seine Flugschneise zu verlängern. Die Lichter waren jetzt wieder verschwunden, und er betete, daß er sie wiederfinden würde, wenn er aus der Kurve kam. Er flog seinen Bogen über das verlassene, unsichtbare Packeis. Dann war er wieder auf Kurs. Er kniff die Augen zusammen.

Die Lichter schienen jetzt schwächer, kaum mehr als ein verschwommenes Phosphoreszieren unter dem Nebel. Die Maschine glitt langsam hinab, dem Schimmer entgegen. Fahrwerk und Landeklappen ausfahren. Die vier Propeller peitschten durch Nebelschwaden, die Motoren liefen regelmäßig, die Eisinsel schwebte ihnen entgegen. Für Ridgeway war es eine Übung, die er schon viele Male ausgeführt hatte. Er war fünfmal in verschiedenen Gebieten der Arktis auf Target 5 gelandet – jedesmal Hunderte von Kilometern nördlich dieses Breitengrades.

Nicht hinausschießen! Die Warnung blitzte durch seinen Kopf. Die Piste war gerade lang genug zum Landen – vorausgesetzt, daß er rechtzeitig aufsetzte. Die Lichter wurden zu schimmernden Linien, die Kufen setzten auf, die Maschine torkelte, als ob sie ausbrechen wollte. Sie rasten blind über das Eis, sahen nur die Leuchten, die beiderseits an ihnen vorbeischossen. Solange ihnen kein Hindernis im Weg stand ... Die Propeller quirlten die Luft und droschen den Schnee zum Schneesturm auf, hinter dem die Lichter auf beiden Seiten verschwanden. Ridgeway leitete die letzte Landephase ein. Er schaltete die Propeller auf Rückwärtslauf und bremste die Maschine ab.

Beaumont und Conway standen am Rand der Piste, als sie hörten, daß das Motorengeräusch lauter wurde. Sie waren jetzt sicher, daß der Transporter zum Landen angesetzt hatte. »Wir müssen zurück!« rief Beaumont. Sie entfernten sich von der Piste, gingen noch einige Meter weiter, und als sie sich umdrehten, konnten sie die Lichter des Flugzeugs sehen, das ihnen im Zeitlupentempo entgegenfiel.

»Mein Gott! Er wird hinausschießen...« Conway stand ganz still, erstarrt vor Angst und Kälte.

»Er schafft's!« Beaumonts Ruf übertönte das Donnern der Motoren. Der Nebel machte es unmöglich, Entfernungen zu schätzen, aber von oben mußte die Sicht besser gewesen sein als auf dem Boden, sonst hätte der Pilot nie die Landung gewagt. Beaumont konnte die Flügel ausmachen, die die Lichter trugen, einen dunklen Schatten, der durch die Nebelstrudel stürzte und auf die Piste zudonnerte. In der arktischen Nacht war der Motorenlärm ohrenbetäubend; ein dumpfes Dröhnen, als die Maschine aufsetzte und Schneewolken aufwirbelte, während die Kufen über das Eis rasten und die Propeller die Luft peitschten. Das Flugzeug erschien ihnen riesig, als es durch den Nebel brach. Dann raste es an ihnen vorbei, und Beaumont glaubte, das Zischen der Kufen durch das Dröhnen hindurchzuhören. Ihr Lufttaxi war angekommen.

Das Flugzeug glitt weiter durch den Nebel. Sie hörten das veränderte Motorengeräusch, als der Pilot die Propeller entgegengesetzt zur Fahrtrichtung laufen ließ. In wenigen Augenblicken würde die Maschine zum Stehen kommen. Die Propeller würden sich im Leerlauf weiterdrehen, wenn der Pilot das Triebwerk abstellte. Sie konnten die Maschine noch als verschwommenes, sich entfernendes Ungetüm erkennen, als sich die Silhouette veränderte. Gerade noch in der Waagerechten, schwang sie schon im nächsten Augenblick in die Senkrechte, das Heck ragte in die Höhe, krachte dann herab und war verschwunden. Die Vibration des Aufpralls lief durch das Eis und ließ ihre Beine zittern. Die Treibstofftanks detonierten und machten Beaumont taub. Flammen schossen auf; der Blitz versengte sie sogar durch den Nebel, blendete ihn und nahm ihm für einen Augenblick jede Sicht. Dann nur noch prasselndes Feuer und schwarzer Rauch.

Als das Echo der Detonation verhallte, öffnete Papanin das Fenster und klopfte seine Pfeife aus. »Sehen Sie, Kramer, ich habe Ihnen doch gesagt: Es wird schon alles in Ordnung gehen.«

Es gab keine Überlebenden. Die Hitze war so stark, daß sie für eine kurze Zeit ein Loch in den Nebel brannte und den mondhellen Himmel freilegte, bevor der Rauch ihn wieder verschleierte.

Das Flugzeug verbrannte und verkohlte auf dem Eisteppich, und ganz plötzlich war der Spuk vorüber. Zurück blieben nur aufsteigender Rauch und ein übler Geruch aus Treibstoff, Flugzeug und – Menschen. Er ging vorsichtig um die Absturzstelle herum, als Conway, schwer atmend, ihn einholte. »Es muß doch noch irgend jemand am Leben sein ...«

»Hoffnungslos, Conway. Niemand könnte so etwas überleben – man hätte sie genausogut mit dem Kopf voran in einen Ofen stecken können.«

»Beaumont – sehen Sie sich das an ...« Die Stimme des Amerikaners zitterte. Er hielt etwas in seiner Hand, ein ölverschmiertes Knäuel. Er zog es auseinander und formte eine Karikatur der ursprünglichen Fasson.

»Beaumont, es ist eine Schwesternhaube.«

»Sie haben sie mitgebracht. Sie sollte Gorow pflegen ...«

»Warum zum Teufel mußte dieses Flugzeug abstürzen? Es war schon unten – es war schon in Sicherheit, es stand fast schon, als ...«

»Kommen Sie hierher.« Beaumont ging einige Schritte auf die Landebahn zu, bückte sich und hob einen großen Gegenstand hoch, der in der Nähe einer Gleitspur gelegen hatte, die den Schnee durchschnitt. »Deswegen, Conway. Das Flugzeug ist gegen diesen Stein gerast und hat sich überschlagen. Eine der Kufen der Maschine liegt da drüben – sie muß abgerissen sein, als sie gegen diesen Brocken prallte.«

»Ich habe die Piste mit dem Schneepflug gekehrt – erst vor zwei Tagen.« Conway war verwirrt, bestürzt. »Etwas von dieser Größe hätte ich einfach nicht übersehen können ...«

»Sie haben es auch nicht übersehen.« Beaumont ging einige Meter weiter über die Piste und hämmerte mit seinem Stiefel gegen einen zweiten schneebedeckten Felsbrocken. »Und den auch nicht ...« Er hatte gerade das dritte Hindernis entdeckt und bückte sich, um es zu untersuchen. Er bat den Amerikaner, seine Lampe darauf zu richten. Conway starrte wortlos auf den Stein hinunter, während Beaumont ihn mit Mühe umdrehte und mit seinen behandschuhten Fingern an der Unterseite kratzte.

»Sie haben einfach deshalb alle drei nicht gesehen«, erklärte Beaumont weiter, »weil sie nicht da waren, als Sie die Piste gefegt haben. An der Unterseite dieses Steins ist sehr wenig Schnee und obendrauf auch nicht viel mehr – und das bißchen stammt von dem Propellerwirbel.«

»Wollen Sie damit sagen ...«

»Genau das! Diese Felsbrocken stammen von dem Hügel hinter

dem Lager – und Felsen legen kaum einen halben Kilometer zu Fuß zurück. Sie wurden hierher geschleppt für den Fall, daß ein Flugzeug versuchen sollte zu landen. Es handelt sich wieder um Sabotage, Conway – Sabotage der brutalsten Art. Ich weiß nicht einmal, wie viele arme Teufel außer der Krankenschwester an Bord dieses Flugzeugs waren.«

»Diese Schweine!«

»Regen Sie sich nicht auf. Wir müssen zum Lager zurückkehren.«

»Ich werde dafür sorgen, daß diese Geschichte in allen amerikanischen Zeitungen erscheint...«

»Das werden Sie nicht, und Sie wissen auch, warum nicht.« Beaumont griff nach Conways Arm und brachte ihn in Bewegung. »Sie haben nicht den geringsten Beweis, Ihre Aussage glaubwürdig zu machen...«

»Die Felsbrocken, Herrgott noch mal!«

»Die Russen würden behaupten, daß die Steine die ganze Zeit dort gelegen hätten, daß der Wind den Schnee weggeblasen und sie aufgedeckt hätte – vielleicht sogar, daß es Ihre Schuld gewesen wäre, weil Sie die Piste nicht sorgfältig genug gefegt hätten. Irgend jemand hat einen ganz gemeinen und wirkungsvollen Unfall organisiert. Ich hoffe nur, daß das kein Zeichen setzt für unsere Zukunft.«

Der Schneepanzer bohrte sich seinen Weg durch den Nebel. Die beiden schweren Raupenkettenpaare machten einen fürchterlichen Lärm, während sie sich über das Eis wälzten. Scheinwerferlicht fiel durch den Nebel vor dem Führerhaus; das zweite Licht, das außerhalb des Fensters am Führerhaus montiert war, war nach unten gerichtet. Conway lehnte sich weit aus dem Führerhaus, um den Suchscheinwerfer zu kontrollieren: Er würde sich bald auf dieses Licht verlassen müssen, darauf, daß es ihn vor einem sieben Meter tiefen Sturz auf das Packeis hinunter bewahrte.

Er war in Pelzparka und Pelzkapuze eingemummt. Er schaute auf die Uhr: genau acht. Die Zeitabstimmung hatte geklappt. In wenigen Minuten mußte er eins der Landebahnlichter sehen, die er eingeschaltet hatte. Er legte den Gang ein, bediente den großen Hebel, der die Raupenketten in Bewegung brachte, und blickte auf den Meilenzähler, während er die Richtung änderte. Conway, ein sonst friedlicher Mann, hatte ein geladenes Gewehr auf dem Sitz neben sich liegen. Die Erinnerung an die Schwesternhaube war noch sehr frisch. Er kniff die Augen zusammen und runzelte die Stirn: Die Windschutzscheibe war verschmiert, und die Scheibenwischer verteilten den Schmutz über das Glas. Er hielt den Schneepanzer an, ließ den Motor laufen und kletterte hinaus, einen sauberen Lappen in der Hand. Nebel überrollte den Schneepanzer und hüllte den hinteren Teil des Fahrzeugs ein. Conway blickte nervös um sich, während er an dem Glas rieb. Überall Nebel, in dem eine ganze Armee von Russen verborgen sein konnte. Er putzte schnell die Scheibe und stieg wieder in das Führerhaus. Die geschlossene Tür beruhigte ihn. Er fühlte sich da etwas sicherer, weil er hoch und abgeschirmt saß. Er schaute auf den Meilenzähler, setzte den Hebel in Bewegung, und die schwerfällige Maschine kämpfte sich langsam vorwärts. Der gefährliche Teil fing jetzt an.

Der Amerikaner saß über die Schalter gebeugt, das Gesicht sehr nah an der Windschutzscheibe, wo die Scheibenwischer einen fächerförmigen Teil frei von Feuchtigkeit hielten. Es konnte jetzt nicht mehr weit sein zu den Felsklippen – falls er überhaupt noch wußte, wohin er fuhr –, und nun starrte er auf den Boden unter dem Suchscheinwerfer. Conway wollte Beaumonts Ablenkungsmanöver in eigener Regie abändern: Er hatte vor, den Schneepanzer zu der Rampe zu fahren, ihn auf das Packeis hinunterzulenken und ein Viertel der Insel zu umfahren. Mit Hilfe des drehbaren Scheinwerfers würde er die Klippen im Auge behalten können und jedes Risiko, die Orientierung auf dem Packeis zu verlieren, vermeiden.

Dann wollte er den Schneepanzer verlassen und über die Rampe zurück ins Lager laufen. Er wollte die Schneekatze mit dem Bug in Richtung Norden stehenlassen – mit blockiertem Steuer. Wenn die Russen auf ihn stießen, sollten sie annehmen, daß irgend jemand von der Insel geflohen sei – durch den Flugzeugabsturz in Panik geraten – und daß er, statt nach Westen, in Richtung Norden ging.

Mit einer Hand zündete er sich eine Zigarette an. Augenblicklich fühlte er sich wohler. Dann wechselte er ganz plötzlich den Kurs. Der Strahl des Suchscheinwerfers hatte in ein Vakuum getroffen. Er bewegte sich am Rande der Klippen. Sicherheitshalber fuhr er das Fahrzeug einige Meter zurück. Er hielt nach einer Lampe auf einem Holzpfosten Ausschau, die ihm zeigen würde, daß er es geschafft hatte. In wenigen Minuten würde er die Rampe hinunterfahren.

»Ost... Ost... Ost. Die Rampe.«

Kramer schaltete das Mikrophon ab, das ihn mit den Männern auf dem Packeis um die Insel verband. Sie waren mit der russischen Version des amerikanischen Walkie-talkie-Funksprechgeräts ausgestattet. Jetzt würden sie alle auf die Schneekatze an der Rampe zueilen. Der Balte saß neben Papanin in dem Schneepanzer, der im

Nebel verborgen stand. In dem hinteren Teil blickte der Radartechniker konzentriert auf den Radarschirm und verfolgte Conways Fahrzeug, das quer über die Insel fuhr und sich langsam näherte. Über ihm auf dem Dach rotierte der Radarflügel im Nebel. Es war sehr ruhig draußen auf dem Packeis. Papanin sog an seiner Pfeife und sah angestrengt in Richtung Target 5.

»Glauben Sie, daß sie Gorow bei sich haben?« fragte Kramer.

»Woher soll ich das wissen? Es gibt zwei Möglichkeiten: entweder ist er dabei, oder er ist es nicht. Wenn ja, ist das Problem gelöst. Wenn nicht, können wir das verlassene Lager besetzen und auf ihn warten. Sind Sie denn nicht in der Lage, sich irgend etwas selbständig zusammenzureimen?«

Der Sibirier schaute nach links durch das Fenster. Wenn der Nebel weggetrieben wurde, konnte er gerade noch die Umrisse eines zweiten Schneepanzers erkennen, der jetzt ebenfalls stand, mit abgeschaltetem Motor. Er transportierte weitere acht Männer, von denen vier mit Schnellfeuergewehren bewaffnet waren. Er sah auf die Uhr. Acht Uhr fünf. Um acht Uhr fünfzehn würde er eine weitere Figur vom Schachbrett gefegt haben.

Conway war oberhalb der Rampe angekommen. Er lenkte den Schneepanzer mit äußerster Vorsicht, als er merkte, daß die vorderen Raupenketten abwärts rollten. Vor drei Jahren hatten sie die Rampe aus Felsbrocken von dem Hügel zusammengetragen und in einer Kurve angelegt, die den Klippenabsturz entlanglief und nach rechts abfiel. Er mußte das Fahrzeug daher langsam nach links drehen und sich sehr nah an der Eiswand halten.

Er bremste ab, ließ den Motor weiterlaufen und sah aus dem Fenster. Der Strahl des Suchscheinwerfers traf auf keine solide Fläche, nur auf Nebel. Conway hatte das Gefühl, von einem Berg herunterzuschauen. Seine Hände in den Handschuhen waren feucht. Er zögerte und sah eine Zeitlang nach unten. Normalerweise hätte er unter solchen Bedingungen nie die Abfahrt gewagt. Er überlegte sich, ob er umkehren und zurück auf die Insel fahren sollte.

»Zum Teufel!«

Er fluchte laut vor sich hin. Seit er oft allein auf dem Packeis Experimente durchführte, hatte er sich Selbstgespräche angewöhnt. Die gefährliche Seite der Rampe verschleierte der Nebel völlig. Auf der anderen Seite zeigte der Scheinwerfer verschwommen die Klippenwand. Er mußte sich darauf konzentrieren, sich so nah wie möglich an der undeutlich sichtbaren Wand zu halten, und der Versuchung widerstehen, zu dem Steilhang zu schauen.

Er löste die Bremse und steuerte das Fahrzeug die Kurve

hinunter. Es war ein schwieriges Rangieren, da die riesigen hinteren Raupenketten den Spuren der vorderen Ketten folgen mußten. Er starrte auf die Wand, die kaum dreißig Zentimeter neben ihm gespenstisch aufragte. Während der Schneepanzer sich abwärts neigte, kippte Conway in seinem Sitz nach vorn. Die Ketten auf der rechten Seite bewegten sich weniger als einen Fußbreit von dem Klippenrand entfernt, unter dem der Nebel das Packeis verbarg. Die Raupenketten krochen die Rampe hinunter. Conways Hand umklammerte fest den Steuerknüppel, während ihm der Schweiß von der Stirn lief. Gott sei Dank, der Schneepanzer reagierte gut und fuhr glatt hinunter. Plötzlich, ohne warnendes Vorzeichen, kippte das Fahrzeug um, und Conway fühlte sich abrutschen und in die Tiefe stürzen. Die Talseite der Rampe, an der stützende Felsbrocken aus dem Eis herausgeschlagen worden waren, brach zusammen. Das enorme Gewicht des Fahrzeugs löste die totale Katastrophe aus.

Während Conway noch mit den Kontrollschaltern kämpfte, kippte der Schneepanzer erst seitwärts, dann sieben Meter steil hinab auf das harte Packeis. Conway hatte den Motor abgestellt; ein instinktiver Reflex im Moment des Sturzes. Dann kippte er kopfüber. Das Dach des Führerhauses schlug auf das Eis. Das ungeheure Gewicht der Raupenketten krachte darüber, drückte das kleine Gehäuse wie eine Ziehharmonika zusammen und zerquetschte den Mann im Innern zu einer unkenntlichen Masse aus zermalmten Knochen, Gewebe, Metall und Glas.

Einen halben Kilometer entfernt, auf der anderen Seite der Insel, führte Beaumont, von dem Unglück nichts ahnend, seine kleine Gruppe auf das Packeis hinunter, das die russischen Sicherheitsposten gerade verlassen hatten, und nahm Kurs gegen Westen.

Dienstag, 22. Februar: zehn Uhr bis Mittag

Das würde die ganze Welt – Europa, Amerika, Australien, Asien, Afrika – vielleicht eines Tages sein: eine leblose, unfruchtbare, gefrorene Wüste, wenn die Erde sich irgendwann einmal von der Sonne entfernen und ein ausgestorbener Satellit werden sollte. Es war wie eine Vision vom Aussterben der gesamten Menschheit.

Der Nebel war von glasklaren Brisen fortgeweht worden, einem frierenden Strom eiskalter Luft, der direkt vom Nordpol kam. Er hatte sich nach Süden verlagert und die mondbeschienene, gefrorene Wüste freigelegt, über die sich Beaumont mit seinen beiden Schlittengespannen bewegte. Sie hatten eine endlose Sicht nach

Westen und Norden, überall die gleiche verfluchte Eisfläche, Eis, immer wieder Eis. Sogar in den Wüsten der Welt wächst irgendwo irgend etwas; es gibt einsame Oasen, Enklaven mit grünen Bäumen und heißem blauem Wasser. Hier gab es nichts als das schreckliche Eis in grenzenloser Ausdehnung. Im Mondlicht vor ihnen ragten Eisrücken in die Höhe, ein Chaos aus starren Rippen von drei bis sieben Metern Höhe. Von Graysons vibrierendem Kompaß geleitet, fuhren sie mit dem Schlitten nach Westen in Richtung Grönland – zweihundertfünfzig Kilometer entfernt. Beaumont überlegte, ob er nicht auf seine Absicherung zurückgreifen sollte – direkt südlich statt nach Westen zu steuern, südlich zu der Eisberg-Gasse, dem gefährlichsten Ort der Erde.

Seitdem der Nebel vor über einer Stunde seinen schützenden Schleier weggezogen hatte, war noch kein Anzeichen von den Russen zu sehen gewesen. Möglicherweise kontrollierten Papanins Männer noch die Randzonen von Target 5 und warteten darauf, daß Gorow auftauchte. Beaumont warf einen Blick zurück, während er seinen Schlitten führte. Grayson kam zu ihm herüber. »Was macht unser Passagier erster Klasse, Sam?«

»Gorow geht einem auf den Wecker«, sagte Grayson unverblümt. »Er schmollt noch wegen deines Kreuzverhörs. Er sitzt auf Horsts Schlitten, als sei er der Kaiser von China. Ich würde den Scheißkerl zwingen, auf Schusters Rappen zu reisen.«

»Später. Er würde uns im Augenblick nur aufhalten...« Beaumont brach ab, schaute plötzlich zum Himmel. Ein kleiner dunkler Punkt kam von Nordosten und steuerte direkt auf sie zu. Wie ein häßlicher Vogel flog er am Nachthimmel, noch zu weit, um die verschwommenen Rotorblätter erkennen oder Motorengeräusch hören zu können.

»Hubschrauber! In Deckung!«

Beaumont knallte mit der Peitsche, als er seine Warnung ausrief. Er hetzte die Hunde in den Schutz des Eisrückens. Hinter ihm rief Langer Gorow zu, von dem verdammten Schlitten runterzusteigen und zu laufen. Der Russe purzelte von dem fahrenden Schlitten und stolperte mit verzweifelter Eile hinter ihnen her. Das Motorengeräusch der näherkommenden Maschine war jetzt hörbar, ein leises Pochen, das von Sekunde zu Sekunde lauter wurde.

Beaumonts Gespann verschwand in einer Lücke im ersten Eiswall und hielt in einer Art Hohlweg. Langer folgte ihnen durch die Lücke. Gorow versuchte, sie einzuholen, war aber noch auf offenem Gelände, als die sowjetische Maschine knatternd näherkam. Mit einem Fluch packte Grayson den Russen und stieß ihn in den Schatten des Eiswalls. Sie warteten und starrten nach oben.

Die Hunde hatten sich zusammengekauert und schauten ebenfalls in den Himmel.

Die Maschine, die sie jetzt nicht mehr sehen konnten, flog tief, nicht höher als siebzig Meter über dem Eis. Wenn sie über sie hinwegflog, würde man sie mit Sicherheit entdecken. Sie drückten sich gegen den Eisrücken, der fünf Meter über sie hochragte. Sein Kamm hing über ihnen wie eine Welle im Moment des Kippens. Sie horchten und warteten darauf, daß der Hubschrauber über ihnen auftauchen würde. Das Dröhnen wurde stärker, verursachte Vibrationen unten in der Schlucht, wo sie sich gegen das Eis preßten. Dann hatte Langer plötzlich Schwierigkeiten mit den Hunden, als zwei von ihnen aufsprangen. Offenbar haßten sie das Geräusch des Hubschraubers. Sie brachten es anscheinend mit der Maschine in Verbindung, die sie am Rand der Nebelbank abgesetzt hatte. Er schlug kräftig auf einen der Hunde ein. Das Tier fletschte die Zähne und knurrte drohend. Wenn die Hunde in der Schlucht herumjagten, würde man sie zweifellos sehen. Nichts war aus der Luft so gut erkennbar wie Bewegung.

Beaumont sah sich besorgt um. Er konnte unmöglich sein eigenes Gespann verlassen, das von dem Aufruhr allmählich angesteckt wurde. Er sah erstaunt zu, wie Gorow auf den Knien über den Boden kroch, eine Hand ausstreckte, den Nacken des rebellierenden Hundes drückte und ihm etwas auf russisch zurief. Das Tier entspannte sich und ließ sich streicheln. Der zweite Hund wehrte sich nicht länger, sondern schaute auf seinen Gefährten, als ob er ihm die besondere Behandlung nicht gönnte. Dann huschte etwas über die Schlucht – der Schatten der Maschine.

Bisher waren sie bis zum äußersten angespannt gewesen, jetzt erstarrten sie vor Angst und hielten den Atem an, ohne es zu merken. Auch die Hunde erstarrten und blieben vollkommen ruhig. Den Hubschrauber selbst sahen sie nicht – nur seinen Schatten. Er entfernte sich jetzt in Richtung Westen. »Bleibt hier, bis ich wiederkomme«, befahl Beaumont. Er stand auf und ging im Schutz des Eiswalls bis zu einem hohen Punkt auf dem Kamm. Er kletterte vorsichtig die Eiswand hoch, wobei er mit seinen Stiefeln Halt in den Spalten fand. Endlich konnte er über den Kamm schauen.

Von dort aus konnte er die Gegend weit überblicken. Weitere Eisrücken erstreckten sich vor ihm. Sie waren so niedrig, daß er über sie hinwegsehen konnte. Ungefähr zweihundert Meter weiter hörten sie ganz auf, und das Eis wurde wieder flach. Der Eisgürtel sah aus der Entfernung aus wie eine Glasplatte, das ideale Gelände für Schlitten, abgesehen von einer Kleinigkeit – die Russen waren im Weg.

Kleine Gruppen – er zählte ein Dutzend – waren in großen Abständen auf dem Eisgürtel verteilt. Es waren alles Schlittengespanne, die sich langsam von ihnen fortbewegten und in Richtung Westen auf das weitentfernte Grönland zusteuerten. Einige Kilometer weiter flogen zwei Hubschrauber Patrouille über dem Packeis. Die Maschine, die so nah an ihnen vorbeigeflogen war, landete in diesem Augenblick auf dem ebenen Eis in der Nähe eines der Schlittengespanne. Die Rotorblätter hatten kaum ihre Drehungen beendet, als schon die Tür aufging und eine Meute Hunde auf das Eis heruntersprang. Den Tieren folgten Männer; Schlitten wurden ausgeladen, und innerhalb von wenigen Minuten hatten die Männer die Hunde angeschirrt. Das Tempo der Unternehmung beeindruckte Beaumont sehr. Zehn Minuten nachdem er den ersten Blick über den Bergkamm geworfen hatte, setzte der Hubschrauber ab, kletterte auf eine Höhe von dreihundert Meter und flog in nordöstlicher Richtung davon. Beaumont rutschte in die Schlucht zurück und eilte zu den anderen. Fast augenblicklich entzündete sich ein Streit.

»Na ja«, sagte Grayson, »sie haben uns Gott sei Dank verfehlt.«

»Sie haben gar nicht so sehr gesucht – sie haben nur noch mehr Schlittengespanne ausgeladen.«

»Mehr?«

»Sam, nicht weiter als einen Kilometer westlich von hier wimmelt es nur so von russischen Suchkommandos auf dem Eis. Einige von ihnen sind noch weiter westlich – und sie haben Hubschrauber zur Unterstützung.«

»Kommen sie in diese Richtung?«

»Im Augenblick entfernen sie sich von uns . . .«

»O. k. Dann schleichen wir ihnen hinterher.«

»Unmöglich. Kannst du dich an die weite glatte Eisfläche erinnern, die wir gesehen haben, als wir über das Packeis flogen? Dort haben sie sich ausgebreitet. Wenn wir versuchen, dieses Gelände zu überqueren, werden sie uns sehen. Papanin hat uns gerade die Tür vor der Nase zugeknallt.«

Grayson war hundemüde, und das Entsetzen über den Flugzeugabsturz steckte ihm noch in den Knochen. Er sah Beaumont ins Gesicht. Allmählich verlor er die Beherrschung. »Du irrst gewaltig, Keith«, sagte er noch ruhig. »Der einzig sichere Weg hier heraus liegt im Westen. Wir müssen auf die grönländische Küste stoßen. Sobald wir da sind, ist alles in Ordnung – die Russen können nicht in Grönland einfallen.«

»Ein großartiger Plan«, sagte Beaumont ironisch, »nur der Teil mit der Grönlandküste haut nicht hin. Ich habe dir gesagt – die Russen sind im Weg ...«

»Wir können zwischen den Suchkommandos durchschlüpfen. Das Eis ist groß – zu groß, um alles im Auge zu behalten.«

»Du hast noch immer nicht kapiert. Es sind nicht nur diese Männer auf dem Eis – sie beobachten den Eisgürtel aus der Luft ...«

»Also wohin gehen wir?« brauste Grayson auf. »Nach Norden zu dem verdammten Pol? Nach Osten, zurück nach Target 5, wo Papanin auf uns wartet? Nach Süden ...«

»Nach Süden«, redete Beaumont dazwischen. »Dahin gehen wir.«

Gorow hatte gespannt zugehört. Dann mischte auch er sich ein und schürte damit die Spannung noch weiter. »Nach Süden? Das ist heller Wahnsinn ...«

»Halten Sie sich gefälligst raus«, fuhr Grayson ihn grob an. Er wandte sich wieder Beaumont zu. »Wir würden direkt auf den Rand des Eisfeldes zusteuern, direkt auf die Eisberg-Gasse. Und wenn wir dort angekommen sind, machen wir vermutlich die Schlitten seetüchtig und lassen sie den ganzen Weg bis Kap Farvel treiben?«

»Reg dich ab«, brüllte Beaumont zurück. »Wir werden an Bord des Eisbrechers *Elroy* gehen. Er fährt schon mit Volldampf die Eisberg-Gasse hinauf – ich habe das mit Dawes in Washington ausgemacht, für den Fall, daß so etwas eintraf.«

Grayson war erstaunt. »Und du glaubst wirklich, daß wir auch nur die geringste Chance haben, dieses Rendezvous mit ihm einzuhalten?«

»Wir werden zu unserem Rendezvous kommen. Er fährt den zehnten Längengrad hoch, und wir werden ihm auf demselben Grad entgegengehen. Du wirst einige Male unsere Position mit dem Sextanten bestimmen müssen.« Für Beaumont war die Entscheidung gefallen. Er fing an, sein eigenes Hundegespann wieder zusammenzustellen, aber für Grayson war die Sache noch nicht erledigt.

»Du schilderst das, als ob es sich um eine Spazierfahrt auf der Autobahn handele. Die Positionsbestimmungen werden vielleicht nicht genau sein – das weißt du so gut wie ich. Genausogut könnte eine Nadel im Heuhaufen nach einer anderen suchen ...«

»Mit Unterstützung der Technik.« Beaumont zeigte auf seinen Schlitten. »Vergiß nicht, daß wir das Elliot-Peilgerät haben. Wenn wir in Reichweite der *Elroy* kommen, werden wir ihnen mit dem Redifongerät funken. Sie werden den Hubschrauber, den sie an Bord haben, hochschicken, und er wird uns anpeilen können.«

»Das gefällt mir nicht.« Grayson schaute zu Langer, der dem Streit zugehört hatte. »Und dir?«

»Hör zu, Sam...« Beaumonts Stimme wurde hart. »Wir *werden* es so machen. Dasselbe haben wir schon einmal gemacht, als wir mit der *Edisto* bei Spitzbergen zusammentrafen.«

Grayson explodierte. »Wir steuerten damals auf Land zu! Diesmal werden wir auf den Rand des Eisfeldes zusteuern – dahinter gibt es nichts außer der Eisberg-Gasse, dem Ozean...«

»Sam«, unterbrach Langer, bevor Keith antworten konnte, »welchen Vorschlag hättest du als letzten von ihm erwartet?«

»Nach Süden zu gehen...«

»Also wird das auch das letzte sein, was Papanin von uns erwartet.«

Gorow legte dauernd seine behandschuhten Hände zusammen und nahm sie wieder auseinander. Plötzlich platzte er in das Gespräch hinein. »Ich bin nicht dafür, daß wir eine so verrückte Sache machen sollten.«

Grayson drehte sich um und sprach sehr betont zu dem Russen. »Wenn Sie nicht wären, würden wir nicht in dieser Patsche stecken. Wenn es Ihnen nicht gefällt, können Sie losmarschieren nach Leningrad – zu Fuß. Wir gehen nach Süden!«

Er formierte seine Hunde, dann brachen sie auf, Beaumont an der Spitze. Nach fünf Minuten drehten sie in einem Winkel von neunzig Grad ab und lenkten die Hunde südlich, weg von dem großen, flachen Eisgürtel, wo das Fahren soviel leichter gewesen wäre. Mehr als zwei Stunden fuhren sie über Eis, das von Schluchten und Eisrücken durchzogen war, durch die sie sich hindurchschlängeln mußten. Dann hielt Beaumont zu einer kurzen Pause an. Grayson funkte das Signal auf der vereinbarten Wellenlänge, das Signal, auf das Dawes in Curtis Field wartete.

»Oxygen... Strongbow... Oxygen... Strongbow...«

Fünf Minuten lang wiederholte er immer wieder das Signal, bevor Curtis Field bestätigte. Fünf Minuten waren zu lang, denn das könnte den sowjetischen Abhörfunkern auf Nordpol 17 genügen, um ihre Position festzustellen. Aber der Funkspruch mußte durchgegeben werden. ›Strongbow‹ informierte Dawes darüber, daß sie Michael Gorow bei sich hatten; ›Oxygen‹ sagte ihm, daß sie in südlicher Richtung fuhren. Grayson schob die Antenne des Funkgeräts zusammen und blickte in den Himmel.

»Seit zwei Stunden keine russischen Flugzeuge«, meldete er.

»Und auch keine amerikanischen. Die Piloten von Curtis sind wohl nach Hause gefahren. Hoffentlich nicht die *Elroy* ...«

»... dringend, in das Eisfeld vorstoßen. Mögliches Zusammentreffen. Kein Risiko scheuen. Wiederhole. Kein Risiko scheuen.«

Fregattenkapitän Alfred Schmidt von der US-Marine, Kommandant des 6515-Tonnen-Eisbrechers *Elroy*, gefiel die Anweisung, die er vor drei Tagen aus Washington erhalten hatte, noch immer nicht. Je mehr er darüber nachdachte, um so weniger behagte ihm der letzte Teil des Funkspruchs. »Kein Risiko scheuen ...« Ging man denn zum Teufel noch mal nicht ohnehin schon jedes Risiko ein, wenn man sich in diesen Gewässern befand? War man erst genug Risiken eingegangen, wenn das Schiff unterging, da es zu schwer mit Eis überkrustet war oder weil es gerade auf einen Eisberg aufgelaufen war? Schmidt war dreiundvierzig Jahre alt, einen Meter fünfundachtzig groß, breitschultrig und hatte dichtes dunkles Haar und dichte dunkle Augenbrauen. Sein Gesichtsausdruck war gleichbleibend düster, um nicht zu sagen grimmig. Er lächelte nur in Augenblicken höchster Gefahr. Darauf ging der Trinkspruch der Matrosen zurück, den sie in einer Bar in Milwaukee gebrauchten, dem Heimathafen der *Elroy*, wenn sie ihr letztes Bier tranken: »Auf daß der Kapitän nicht lächelt – bis wir den nächsten Hafen anlaufen.«

»Möchten Sie sich das ansehen, Kapitän?« Vance Carlson, der Steuermann, trat einen Schritt von dem Radarschirm zurück und schlug den Kragen seines Mantels hoch. Die obere Brücke der *Elroy* war zwar beheizt, aber irgend etwas schien mit dem Aggregat nicht in Ordnung zu sein. Vielleicht lag es an den arktischen Wetterbedingungen draußen, die eine Mannschaft ständig damit beschäftigten, das Eis über die Reling zu schaufeln. Das Eis schien sich ebenso schnell zu bilden, wie die Männer es in die schollenübersäte See werfen konnten.

Kapitän Schmidt sah sich den Radarschirm nicht gern an, tat es jetzt aber doch. Als er vor drei Stunden durch die Gummimanschette gesehen hatte, waren vereinzelte Echos auf dem Schirm zu erkennen gewesen, die nordöstlich bis nordwestlich lagen. Sie zeigten kleine Schiffe an. Er starrte hinein und beobachtete den Abtaststrahl, der in dem grünlichen Leuchten in der Manschette erbarmungslos kreiste. Die Punkte waren jetzt nicht mehr vereinzelt; statt dessen erschien ein dichtes, ungebrochenes Muster von Echoanzeigen, das sich über den ganzen Bildschirm erstreckte.

»Die Eisbarriere«, bemerkte Carlson unnötigerweise. »Direkt vor uns.«

Schmidt dachte wieder an den Schluß des Funkspruches, während er weiter in die Manschette schaute. Die Barriere. Der massive Wall aus Eis lag quer zu seinem Kurs. Die Motoren der *Elroy* arbeiteten schwer. Ihr verstärkter Bug schob große Eisschollen wie Spielbälle zur Seite. Sie steuerte direkt auf die gefürchtete Barriere zu, die sich von der Küste Spitzbergens bis nach Grönland erstreckte. Das Problem bestand darin, daß Schmidt eine Passage finden mußte, eine Stelle, wo das Eisfeld kaum über dem Meeresspiegel lag und wo er sich mit Hilfe des massiven Schiffsbugs einen Weg durch das Eis durchbohren konnte. Zum Glück zeigte ihnen das Radargerät alles an, was vor ihnen lag. Er betete, daß es keinen Nebel geben würde.

Zwei Stunden später trieb die drohende Gefahr von dem Eisfeld herüber. Nebelschwaden schwebten wie Dampfwolken über dem Eis und erschwerten die Sicht auf der *Elroy*. Schmidt stand neben dem Klarsichtfenster vorn an der Brücke und schaute abwechselnd auf das Deck hinunter und nach vorn. In beiden Fällen kein erfreulicher Anblick. Das Eis auf dem Vorpiek häufte sich nun schneller. Die frische Mannschaft hievte es über die vereiste Reling. Von dort polterte es auf das in der See treibende Eis hinunter – ein scheinbar hoffnungsloses Unternehmen. Die Temperatur lag bei fünfzig Grad unter Null.

»Eisbären ...«

Von der Steuerbordseite der Brücke schaute Carlson auf den Kamm des nur einige hundert Meter entfernten Eiswalls, der so hoch war wie die Brücke selbst. Unten auf dem Vordeck blickten die Männer zu dem Wall über ihnen hinauf wie auf eine hohe Hauswand. Drei gelbliche, verschwommene Figuren starrten im Mondlicht auf sie herunter, drei Eisbären am Rande des Eisfeldes. Der Geruch der Abfälle, die der Koch vor einer Weile über Bord geworfen hatte, hatte sie angelockt.

Die Motoren liefen jetzt gedrosselt mit einem regelmäßigen, kräftigen Dröhnen. Das beruhigte Schmidt. In ihrem Sprint zurück zum Norden waren sie vorher durch Motorstörungen aufgehalten worden. Was vor ihm lag, beruhigte ihn allerdings keineswegs. »Vance, ich glaube, Sie gehen besser eine Zeitlang in den Ausguck. Wir dürfen den Weg in das Eisfeld nicht verfehlen ...«

Widerstreben lag in seiner Stimme, als er den Befehl erteilte. Der Steuermann empfand zweifellos dasselbe Widerstreben, als er einige Minuten später die vereiste Leiter zu dem Beobachtungskorb hinaufkletterte, der auf dem dreißig Meter hohen Mast saß. Es war nicht gerade der gemütlichste Ort auf der *Elroy* – nicht bei einer Temperatur von fünfzig Grad Kälte und nicht bei aufziehendem Nebel. Der Ausguck auf dem Mastkorb der *Elroy* war nicht größer als zwei Telefonzellen, und Carlson spürte das ihm vertraute Gefühl der Klaustrophobie, als er sich auf den lederbezogenen Hocker setzte. Carlson war zweiunddreißig Jahre alt, genau wie Beaumont. Einen Tag bevor sein Schiff Milwaukee verließ, hatte er geheiratet. Er hatte bereits die Tage bis zur Heimkehr gezählt, als das Schiff umkehren mußte und wieder auf das Eisfeld zusteuerte. Der Steuermann – und der Kapitän ebenso – waren Beaumont deswegen nicht gerade freundlich gesinnt.

Nach einem kurzen Blick durch die Windschutzscheibe zog Carlson den Kopfhörer über, rückte das Mikrophon unter seinem Kinn zurecht und nahm Verbindung mit der Brücke auf.

»In Position, Sir. Ein großer Eisberg direkt vor uns.«

»Den haben wir gesehen... Irgendeine Durchbruchstelle in Sicht?«

»Gar keine, Sir. Alles massiv wie ein Berg.«

»Weitersuchen.«

Seltsamerweise empfand Carlson in dem Ausguck gleichzeitig so etwas wie Klaustrophobie und völlige Schutzlosigkeit, absolutes Ausgeliefertsein. Die Wände um ihn, die er mit ausgestrecktem Ellbogen berühren konnte, waren aus Panzerglas. Ihre Transparenz ließ ihn die Kälte noch stärker empfinden – falls das überhaupt noch möglich war. Auf der Brücke unten kam die Heizung nicht voll zur Wirkung; in dem Ausguck schien sie vollkommen wirkungslos zu sein; als ob sie sich auf halber Höhe des Mastes verflüchtigte.

Aus seiner Höhe von dreißig Metern über dem Deck hatte Carlson einen Rundblick von Backbord nach Steuerbord und nach unten. Das Schiff schien sich kaum vorwärts zu bewegen, der Bug schlug gegen riesige, haushohe würfelförmige Schollen, die von dem Ausguck aus wie Zuckerwürfel aussahen. Die Flotte der Würfel teilte sich und glitt an beiden Seiten des Schiffes vorbei. Hinter ihnen türmte sich das Ungeheuer auf, dessen Spitze hoch über Carlsons Kopf lag, scheinbar bewegungslos, als ob es am Meeresboden verankert wäre. Aber der Eisberg war keineswegs verankert, sondern trieb südlich auf die *Elroy* zu, die nach Norden dampfte.

Carlson schlug seine Hände mit den dicken Handschuhen zusammen und bewegte sich auf dem Stuhl hin und her, während er angestrengt nach allen Richtungen starrte. Über ihm kreiste regelmäßig die große Radarantenne und sendete warnende Echozeichen zum Radarschirm auf der Brücke. Auf der Steuerbordseite glitt der Eiswall vorbei. Die Eisbären waren schon lange verschwunden. Das rhombusförmige Deck war so sehr mit Eis überlagert, daß es vom Ausguck aus wie ein abgebrochenes Fragment des Eisfeldes aussah. Carlson drückte auf die Sendetaste. »Dichter Nebel kommt auf uns zu, Sir. Etwa fünfhundert Meter entfernt – direkt vor uns ...«

Dreißig Minuten später war Carlson völlig isoliert. Er konnte nicht das geringste sehen. Und ihm war empfindlich kalt. Die Erstarrung, die zuerst in seinen Händen und Füßen zu spüren war, breitete sich jetzt weiter aus. Um wachsam zu bleiben, stand Carlson jetzt auf. Die vier Glaswände waren von Frost überzogen, einem tödlichen weißen Rauhreif, der von Minute zu Minute dicker wurde. Die einzige verbleibende Sichtmöglichkeit war das Klarsichtfenster, durch das er den Nebel sah, kriechenden, frostbeladenen Nebel, der das Eisfeld weggewischt hatte. Nicht einmal das Deck war sichtbar. Es war, als säße er bei Nacht im Cockpit eines Flugzeugs.

»Sie kommen besser herunter, Carlson«, befahl Schmidt.

»Ich bleibe noch ein bißchen oben. Es könnte sich auflösen.«

»Fünfzehn Minuten. Dann kommen Sie herunter ...«

Carlson preßte sein Gesicht gegen das Klarsichtfenster; das Glas war eiskalt. Es war, als würde er sein Gesicht gegen das Eis selbst drücken. Er sah nichts. Eine dichte, feuchte Masse. Sonst nichts. Das Schiff bewegte sich kaum noch von der Stelle. Es war nun angewiesen auf die Hilfe des Radarflügels über Carlson, dieses Metallauge, das ein warnendes Echo signalisieren würde, wenn ein Eisberg sich ihnen in den Weg stellte. Aber der Mechanismus war unter diesen Bedingungen nicht hundertprozentig sicher. Auf der Brücke starrte Da Silva, der Zweite Steuermann und erfahrene Radarfachmann, besorgt auf den Radarschirm hinunter und wartete förmlich darauf, daß es verrückt spielte: ping-ping-ping – die Warnung, daß ein großer Gegenstand vor dem Bug läge. Die Motoren schlugen langsam und monoton, während Carlson, der einsamste Mann an Bord, wie hypnotisiert weiter auf den Nebel starrte, der Zentimeter vor seinem Gesicht trieb.

»Was zu sehen, Vance?«

»Noch nicht.«

In dem Ausguck hatte Carlson sich bemüht, durch die verschiedenen Fenster zu schauen. Plötzlich veränderte sich der Nebel. Er konnte nichts Genaues ausmachen, aber er hatte sich verändert, eine leichte Bewegung, als ob der Dunst von einer sehr schwachen Luftströmung bewegt würde. Er hörte auf, seine Hände zusammenzuschlagen und blieb ruhig stehen, sein Gesicht gegen das Fenster gepreßt. Ja, da war etwas. Irgend etwas wühlte den Nebel auf, rührte ihn um wie ein riesiger Löffel.

Das warnende Ping auf dem Radarschirm kam zu spät und zu plötzlich, und später konnte Schmidt Da Silva nur mühsam davon überzeugen, daß er nichts hätte tun können. Nichts. Es kam zu plötzlich. Auf dem Radarschirm machte der Taststrahl seinen Umlauf, als plötzlich ein verändertes Bild zu sehen war. Da Silva hob den Kopf und wollte rufen...

Carlson hatte es wahrscheinlich nie kommen sehen. Und wenn er es gesehen hätte, dann höchstens für den Bruchteil einer Sekunde. Die Eisklaue, der riesige Wall, der sich der *Elroy* in den Weg stellte, ragte fast dreißig Meter über das Deck, packte nach der *Elroy* wie der Arm eines Giganten, um sie aufzuhalten. Das Schiff dampfte langsam vorwärts. Die Klaue griff über Bug und Deck des Schiffes und schlug gegen den Mastkorb: ein einziger, ohrenbetäubender, vernichtender Schlag.

Sie hörten auf der Brücke das Krachen in dem Augenblick, als Da Silva seinen Mund aufmachte, um seine Warnung herauszuschreien. Es war ein grauenvolles Krachen. Die Mastspitze wurde dreißig Meter über dem Deck abgeschnitten. Der Ausguck, der etwas höher stand, stürzte mit dem durchtrennten Mast herunter. Carlson, im Ausguck eingesperrt, fiel mit ihm. Der Mast schlug auf die Reling an der Steuerbordseite, zerschlug ein Stück der Reling und krachte, mit Carlson im Ausguck, in die See. Der abgeschnittene Mastkorb wog fünf Tonnen und ging augenblicklich unter. Er zog Carlson und den Radarflügel hinab in die arktische See, deren Tiefe hier zwischen drei- und viertausend Meter betrug. Man konnte dem Steuermann nur noch wünschen, daß er tot war, bevor die See in die Kabine einbrach.

Die Anzahl der Toten wuchs. Vance Carlson war bis dahin das zwanzigste Opfer – Nikolai Marow, Gorows Sicherheitswache, Tillotson, die sechzehn, die an Bord des Flugzeugs auf Target 5 starben, und Matthew Conway.

Das Radar war damit auch zerstört. Die *Elroy* war blind, in Nebel versunken, von Eis umgeben, am Rande des Eisfeldes, das sie nicht sehen konnten. Es war mehr als das äußerste Risiko, weit mehr, und wenn irgendeine Situation Alfred Schmidt die Rechtfertigung gegeben hätte, umzukehren und langsam heimwärts zu fahren, war es diese.

Auf Curtis Field hatte man das Codesignal ›Oxygen–Strongbow‹ empfangen und verstanden. ›Wir haben Gorow, und wir bewegen uns nach Süden, um auf die *Elroy* zu treffen.‹

Das war nicht die einzige Information, die Dawes bekommen hatte, als er in dem kleinen, ihm zur Verfügung gestellten Büro hin und her lief. Das Büro dampfte vor Hitze, die von drei Heizgeräten unter den Fenstern kam. Die Temperatur im Raum betrug zweiundzwanzig Grad. Adams Gesicht war von der Hitze gerötet. Er saß auf einem Stuhl gegen die Wand gekippt und sah Dawes zu.

»Das Eis westlich von Target 5 wimmelt von Russen«, brummte Dawes, während er an der kalten Zigarre kaute. »Hubschrauber kreisen über dem Eis, und Schlittengespanne bewegen sich auf dem Packeis – jetzt tauchen auch noch die Schneepanzer auf.«

»Sieht verdammt brenzlig aus«, sagte Adams.

»In Washington haben Sie gesagt, es wäre einfach«, erinnerte ihn Dawes. Er blickte auf, als Fuller, der Aufsichtsbeamte des Flughafens, in das Zimmer stürmte. »Es ist höchste Zeit, daß Sie kommen. Ich möchte, daß Sie eine intensive Luftüberwachung des ganzen Gebiets zwischen der Küste und Target 5 anordnen. Ein Drittel der Maschinen soll sich auf das Eis nördlich von Target 5 konzentrieren...« Er ging zu der Karte, die er mitgebracht und an die Wand geheftet hatte. »Hier – und hier.«

»Keine in den Süden?« fragte Fuller.

»Keine! Und die Überwachung muß ohne Unterbrechung laufen. Sie fliegen ab, kommen zurück, tanken auf und starten wieder...«

»Die Piloten haben ihre Grenzen«, wandte Fuller ein.

»Dann stellen Sie fest, wo diese Grenzen liegen – und gehen Sie darüber hinaus.«

»Das verstehe ich nicht«, sagte Adams, nachdem Fuller gegangen war. »Beaumont fährt nach Süden. Warum schicken wir die Maschinen nach Westen und Norden?«

»Wenn Sie es nicht verstehen, versteht es Papanin vielleicht auch nicht. Die Chancen, Beaumont in der polaren Wüste aus der Luft zu sichten, sind gleich Null – es sei denn, wir hätten großes Glück. Ich verlasse mich nicht auf Glück. Deswegen starte ich Täuschungsmanöver.« Dawes machte eine Pause, als das Rattern der Rotorblätter eines Hubschraubers am Fenster vorbeizog. »Papanin hat eine ganze Flotte von Hubschraubern, die das Eis absuchen. In einigen Stunden wird er von meiner Luftüberwachung Wind kriegen, und was wird er glauben? Daß ich Gorow suche – daß ich weiß, wo ich suchen muß. Er wird seine Maschinen aus dem Süden abziehen, und das wird Beaumont vielleicht eine Chance geben, aus Papanins Reichweite zu entkommen.«

»Es könnte klappen, nehme ich an...«

»Es wird klappen! Ich sende diesem verdammten Sibirier ein Signal – Beaumont geht nach Norden oder Westen!«

»Norden oder Westen?«

Papanin murmelte diese Wort vor sich hin, während er in der Hauptquartierbaracke auf Nordpol 17 auf sein Reiseschach starrte. Neben dem Schachspiel lag ein Buch auf dem Tisch. Es war die Seite aufgeschlagen, die die Züge des Fischer-Spassky-Wettkampfes in Santa Monica im Jahre 1966 beschrieb. Der Sibirier war stolz darauf, daß er dreierlei gleichzeitig tun konnte: sein eigenes Spiel spielen, das Spiel eines anderen studieren und eine Entscheidung für die gegenwärtige Operation treffen.

»Alle Maschinen sind in der Luft«, berichtete Kramer hinter ihm. »Sie konzentrieren sich auf die nördlichen und westlichen Zugänge zu Target 5 – abgesehen von den sechs Hubschraubern, die Ihrem Befehl zufolge zurückbleiben sollten.«

Nachdem der amerikanische Schneepanzer über die Rampe gestürzt war, hatten sie Target 5 einen zweiten Besuch abgestattet. Sie hatten die Insel verlassen vorgefunden. Niemand war mehr da – Papanin hatte keine Ahnung, daß zwei Männer, Rickard und Sondeborg, noch in dem Lager sein mußten. Der Sibirier hinterließ ein kleines Kommando, falls Gorow auftauchen sollte, und war dann direkt zu seiner eigenen Basis zurückgefahren. Bis er von Petrow die Mitteilung aus dem Leningrader Archiv bekommen hatte, war er etwas verwirrt gewesen.

»Die Beaumont-Truppe, von der wir dauernd reden, gibt es nicht«, bemerkte er, während er mit einem Bauern herumspielte.

Wir? Der Balte sagte nicht. Wenn alles gutging, redete Papanin stets in der ersten Person Singular. Wenn aber etwas schiefzugehen drohte, sprach er in der Mehrzahl, als ob der Sibirier ihn mit in die Patsche ziehen wollte.

Papanin schob seinen Stuhl zurück, legte einen Stiefel vorsichtig auf den Tisch neben das kleine Schachbrett und begann zu erklären. Die Information war als Antwort auf seine Anfrage aus Leningrad gekommen. Der emsige Petrow hatte sich eingehend in die zahlreichen Akten vertieft und das Rätsel gelöst.

Im Jahre 1971 hatten die Amerikaner eine Dreiergruppe von Grönland nach Spitzbergen geschickt – den ganzen Weg über das Packeis. Ihre Leistung wurde nie in der Presse erwähnt, aber ein sowjetischer Agent in Spitzbergen hatte einen allgemeinen Bericht geliefert. Die Expedition hatte offensichtlich militärische Bedeutung: Falls es zu einem wirklichen Zusammenstoß kommen sollte, könnten sowjetische Truppen versuchen, das norwegische Spitzbergen zu besetzen – so, wie die Amerikaner im letzten Krieg Island besetzt hatten. Die Amerikaner hatten das vorausgesehen; wenn sie Truppen über das Packeis schicken könnten, wären sie in der Lage, Spitzbergen zuerst zu besetzen. Deswegen hatten sie ganz geheim eine kleine Gruppe geschickt, um festzustellen, ob das möglich war.

»Ich sehe den Zusammenhang nicht«, meinte Kramer.

»Nein?« Papanin grinste ungnädig, während er seine Pfeife stopfte. »Beaumont ist der Name des britischen Arktisexperten, der die Gruppe nach Spitzbergen führte. Es waren zwei Männer mit ihm – ein Amerikaner, Samuel Grayson, und ein Deutscher, Horst Langer. Ich vermute, daß dieses große Schwein, das auf Target 5 das Maul so weit aufgerissen hat, Beaumont war.«

»Sie würden doch nicht nur drei Männer schicken, um Gorow zu holen ...«

»Nein? Das wäre sehr klug, es könnte reichen. Sie wissen, daß es nicht leicht ist, aus der Luft vier Männer in der Polarwüste zu entdecken, Kramer.«

»Es gibt also keine große Expedition?« fragte Kramer zweifelnd.

»Nur Beaumont und seine Freunde. Erinnern Sie sich an die drei Männer, die wir gefilmt haben, die vor zwei Tagen im Nebel verschwanden?« Papanin legte einen neuen Ton zu. »Schicken Sie eine verschlüsselte Mitteilung an alle Flugzeuge in der Luft – sie sollen eine sehr kleine Gruppe suchen. Wahrscheinlich nur zwei Schlitten und vier Männer.«

»Und die sechs Maschinen, die noch warten?«

»Sie sollen nach Süden fliegen – direkt südlich von Target 5.«

»Aber die Amerikaner suchen im Norden und Westen ...«

»Führen Sie sofort meinen Befehl aus«, sagte Papanin ruhig. Der Sibirier, wieder allein in der Baracke, ließ sein Bein auf den Boden fallen und runzelte die Stirn, während er das Schachbrett studierte. Einige seiner etwas merkwürdigen Entscheidungen erklärte er nie; das gehörte zu seiner Strategie, die Bewunderung seiner Untergebenen für ihren großen Chef zu erhalten. Wie de Gaulle war Papanin sehr darauf bedacht, mit einem gewissen mysteriösen Habitus zu blenden – es wirkte, auch wenn sich einige seiner Entscheidungen als falsch erwiesen. Niemand wußte, was man überhaupt vorgehabt hatte.

Aber Papanin hegte einen gewissen Verdacht, der sich ständig verstärkte. Während des Fluges in dem Bison-Bomber von Murmansk hierher hatte er eine Akte über Lemuel Quincey Dawes durchgesehen, dessen Spezialität Täuschungsmanöver waren. Er konnte das Offensichtliche nicht übersehen – daß die amerikanischen Maschinen, die sich auf das Gebiet nördlich und westlich von Target 5 konzentrierten, tatsächlich die Beaumont-Gruppe suchten. Wenn die Sache schiefging, würde man ihm vorwerfen, daß er diese Gebiete nicht durchsucht hätte. Aber der südliche Bereich begann ihn zu interessieren.

Kramer kam nach einigen Minuten wieder in die Baracke zurück. »Sie werden in den nächsten fünf Minuten aufsteigen«, informierte er den Sibirier.

»Großartig. Und nun funken Sie dem Träger *Gorki*, daß ich augenblicklich die genaue Position des amerikanischen Eisbrechers *Elroy* brauche.«

Wieder war Kramer verblüfft, eilte aber sofort zur Funkbaracke. Papanin hatte seine Gründe absichtlich wieder nicht verraten. Als die Beaumont-Gruppe sich 1971 Spitzbergen näherte, war es zu einem vereinbarten Treffen mit dem Eisbrecher *Edisto* gekommen; diesmal war ein anderer Eisbrecher, die *Elroy*, im Spiel. Papanin ahnte, daß er Beaumont auf den Fersen war, als er sich zu einem Zug entschloß und einen Bauer rückte.

Dienstag, 22. Februar: Mittag bis neunzehn Uhr

Beaumont war vernünftigen Argumenten nicht zugänglich. Genauer gesagt: Er wollte auf niemanden hören, trieb die Männer und Hunde rücksichtslos voran, weigerte sich, zum Essen und Trinken anzuhalten, weigerte sich, für irgend etwas oder irgend jemanden anzuhalten, während sie auf dem zehnten Längengrad immer weiter südlich und immer näher an den Rand des Eisfeldes, zur Eisberg-Gasse hin, fuhren.

Im Mondlicht fuhren sie mit ihren Schlitten durch Schluchten, eingeengt zwischen Eisrücken, riesige Wälle aus zerklüftetem Eis, das sich jetzt überall um sie herum auftürmte. Beaumont hatte jetzt Langers Gespann übernommen, mit dem kräftigen Bismarck als Leithund. Er hielt die Lenkstange fest umklammert und ließ seine Peitsche über den Köpfen der Hunde knallen. Das war ein unmißverständliches Zeichen dafür, daß sie bis an die Grenzen ihrer Kräfte getrieben werden würden, wie Langer Grayson erklärte – bis an ihre Grenzen und weiter.

Genauso war es gewesen im letzten Stadium ihres Sprints über das Packeis nach Spitzbergen, bis zu ihrem Treffen mit dem anderen Eisbrecher, der *Edisto*. Beaumont hatte das Hundegespann mit Bismarck übernommen, und zwölf Stunden lang waren sie ununterbrochen in Bewegung – bis die *Edisto* in Sicht kam. Dann hatten sie ihr Elliott-Peilgerät eingeschaltet und gefunkt, und der Hubschrauber des Eisbrechers war ihnen entgegengeflogen. Diesmal war es Langer, der den Streit vom Zaun brach, weil er der Ansicht war, daß Beaumont sich übernommen hätte. Er übergab Grayson seinen Schlitten, rannte die Schlucht hinunter und holte Beaumont ein.

»Ich glaube nicht, daß wir so noch länger weitermachen können...«, keuchte er.

»Weiter!«

Beaumonts eisernes Gesicht war in der schmalen Öffnung der Pelzkapuze kaum zu sehen. Er ließ die Peitsche knallen, holte noch mehr Geschwindigkeit aus Bismarck heraus, und die anderen Tiere steigerten ihr Tempo mit ihm. Sie kamen zu einer Biegung in der Schlucht, aber Beaumont drosselte das Tempo nicht. Er balancierte den Schlitten auf einer Kufe um die Ecke und jagte weiter über das harte Eis.

»Das ist Wahnsinn!« fauchte Langer. »Wir brauchen eine Pause – die Hunde brauchen eine Pause. Die *Elroy* ist kilometerweit entfernt. Wir schaffen es bis heute abend nie...«

»Verdammt noch mal, wir machen weiter! Jeder Kilometer ist ein Kilometer näher zur *Elroy*. Es ist sogar noch mehr – das Scheißschiff kommt uns entgegen!«

»Gorow hält das nicht mehr lange aus.«

Beaumont blickte kurz über die Schulter. Hinter ihm fuhr Grayson das zweite Gespann, trieb die Hunde an, um mit Bismarck – und mit Beaumont – Schritt zu halten. Der Russe kam zu Fuß hinter ihnen her. Er biß die Zähne zusammen und kämpfte schwer, um mithalten zu können. Es war eine beabsichtigte brutale Taktik Beaumonts, Gorow die Nachhut bilden zu lassen; als er auf dem Schlitten gefahren war, hatte er alles aufgehalten; aber wenn er ihnen zu Fuß folgte, mußte Gorow ständig befürchten, daß sie ihn zurücklassen würden, daß er in der Polarwüste verloren sein würde. Und es war diese Angst, die ihn in Bewegung hielt, die ihn zwang, auf Kraftreserven zurückzugreifen, von denen er gar nicht wußte, daß er sie besaß. »Er wird schon mitkommen, wenn er Angst hat«, hatte Beaumont vor drei Stunden gesagt, »also sorgt dafür, daß es so bleibt.«

»Er hat gewußt, daß ihn keine Spazierfahrt erwartete, als er Nordpol 17 verließ«, sagte Beaumont bissig. »Sprich nicht mit ihm – ich will, daß er aus nackter Angst mitläuft. Und laß mich in Ruhe – ich muß auf diesen Schlitten aufpassen.«

Langer blieb zurück: Beaumont hatte eine seiner übelsten Launen; man konnte nicht mehr vernünftig mit ihm reden. Es blieb ihnen nichts anderes übrig, als weiterzumachen. Aber Beaumont hatte seinen Zorn vollkommen unter Kontrolle: Er hatte nur die einfachste Methode gewählt, Langer zum Schweigen zu bringen. Und sein entschlossener Sprint über das Eis beruhte auf eiskalter Berechnung. Seit drei Stunden hatten sie nicht das geringste von einem russischen Hubschrauber gesehen. Warum, wußte er nicht, es interessierte ihn auch nicht, aber da es am mondhellen Himmel keinen Feind gab, war er entschlossen, dies auszunutzen und so weit wie möglich nach Süden zu kommen, ohne sich vor Papanins Augen verstecken zu müssen.

Er hatte es auch nicht für klug gehalten, den anderen zu verraten, daß sie, wenn menschenmöglich, weitergehen würden, bis sie die *Elroy* sichteten. Aus irgendeinem, ihm unbekannten Grund hatte man ihnen eine günstige Gelegenheit geboten, zu entkommen, eine Gelegenheit, die vielleicht nicht wiederkommen würde.

Er selbst zweifelte, daß sie in dieser Nacht die *Elroy* noch sehen würden, aber es war keine ganz abwegige Hoffnung, und er würde sie weitertreiben, bis sie umfielen. Eine Stunde später erschien ein amerikanisches Flugzeug aus südöstlicher Richtung.

»Halt!«

Beaumont hob den Arm, um die Männer hinter ihm zu warnen. Er hatte das Gefühl, ein schweres Gewicht zu heben. Er zog am Schlitten, um die Hunde zum Stehen zu bringen, reichte Grayson die Peitsche und kletterte mit äußerster Anstrengung den Eisrükken zu seiner Linken hinauf. Seine Müdigkeit war so groß, daß es ihm wie eine Bergbesteigung vorkam. Aber das entfernte Brummen der Maschine spornte ihn zur Eile an. Es war ein anderes Geräusch, nicht das tödliche Rattern eines sowjetischen Hubschraubers. Als er nach dem Kamm faßte und sich hochzog, rutschte er aus, aber seine festgekrallten Hände bewahrten ihn vor dem Absturz. Das Nachtfernglas, das um seinen Hals hing, schlug gegen sein Kinn, aber er spürte den Schmerz kaum, als er rittlings auf dem Kamm saß und das Fernglas an seine Augen hob.

Sie waren fast aus dem Labyrinth der Eisrücken heraus: Direkt vor ihnen erstreckte sich die gefrorene See wie eine flache Ebene. Auf ihrer Oberfläche war die leichte Wellenbewegung erstarrt. Das Flugzeug flog etwa siebenhundert Meter über ihnen nach Südwesten und war gerade dabei, in einer Entfernung von etwa einem Kilometer an ihnen vorbeizufliegen. Er hantierte ungeschickt mit der Scharfeinstellung herum. Russisch oder amerikanisch? Die Silhouette war verschwommen. Er dachte, er hätte das Glas falsch eingestellt, bis er merkte, daß es an seinen müden Augen lag. Dann sahen seine Augen wieder scharf. Die Maschine hob sich durch das Glas deutlich ab. Ein weißer Stern war auf ihrem Rumpf. Amerikaner!

»Sam! Bring mir eine Rauchbombe von meinem Schlitten. Es sind Amerikaner...«

Die erschöpften Männer unten in der Schlucht waren zu neuem Leben erwacht. Grayson riß die Halterung auf, Langer schnappte eine Bombe, während Gorow auf die Hunde aufpaßte, und kletterte dann mit dem Rauchsignal halb die Eiswand hoch. Beaumont nahm es entgegen. Seine Finger waren so kalt, daß er Schwierigkeiten hatte, die Rauchbombe zu handhaben. Er versuchte, sie zu zünden, noch einmal. Nichts passierte. »Gib mir eine andere!« rief Beaumont. »Das ist ein Blindgänger...« Mit verzweifelter Geschäftigkeit bemühten sich Grayson und Langer, eine zweite Rauchbombe zu finden. Und während sie suchten, setzte das Flugzeug, dessen Backbord- und Steuerbordlichter klar zu sehen waren, langsam zum Wenden an. Es flog eine Kurve, die es auf neuen Kurs nach Süden brachte. »Um Gottes willen, beeilt euch!« brüllte Beaumont. Er sah, daß Grayson eine Bombe gefunden hatte. »Zünde sie dort unten in der Schlucht!«

Das Signal zündete. Dunkler Rauch quoll heraus und stieg in die bewegungslose Luft wie ein indianisches Rauchsignal, quoll und stieg immer höher. Aber das Flugzeug flog weg, weiter nach Süden. Von Sekunde zu Sekunde wurde es kleiner. Grayson und Langer kletterten zu Beaumont auf den Kamm.

»Es ist noch nicht weg...«

Qual lag in Graysons Stimme, niederschmetternde Qual.

»Dreh dich doch um, du blöder Hund!« sagte Beaumont leise. Sie schauten dem Flugzeug nach, bis es verschwand. Ein silberner Nadelkopf im Mondlicht, der sich plötzlich auflöste. Nur das schwindende Motorengeräusch war noch zu hören. »Es war ein Routineflug eines Wetterflugzeuges«, meinte Beaumont. »Sie haben uns gar nicht gesucht.«

»Ich würde diesen verdammten sogenannten Beobachter in der Maschine am liebsten erschießen«, stöhnte Langer in grenzenloser Wut und Enttäuschung. »Vielleicht hätten wir das Funkgerät benutzen sollen.«

»Nein!« Beaumonts Ton war scharf. »Wir benutzen es nicht, bis wir in Reichweite der *Elroy* sind. In diesem Augenblick hockt jemand von der russischen Abhöreinheit über seinem Empfänger und wartet darauf, daß wir genau das tun – damit er per Funk unsere Position bestimmen kann. Es geht weiter!«

Das Rauchsignal schwelte immer noch über ihnen, während sie

schon schweigend weiterzogen. Sogar die Hunde schienen entmutigt. Als sie aus der Eisrückenzone in die Eisebene hinausliefen, zogen sie die Schlitten scheinbar mit weniger Kraft als vorher. Später machte sich Beaumont Vorwürfe, daß er die Gefahr nicht bedacht hatte, daß er sie zu früh auf das offene Eis hinausgeführt hatte; aber die Niedergeschlagenheit und Erschöpfung hatten sein Gemüt abgestumpft. Seine Arme und Handgelenke schmerzten vor Anstrengung, brannten wie Feuer und schienen nach dem stundenlangen Ringen mit dem holpernden Schlitten halb aus den Gelenken herausgezerrt zu sein. Die betäubende Kälte schwächte seinen Griff an der Lenkstange, und er mußte sich gewaltig anstrengen, um mit dem Anschein von Energie weiterzumarschieren und die anderen so in Bewegung zu halten.

»Achtung!«

Langer war es, der die Warnung ausrief. »Stillhalten!« rief Beaumont augenblicklich, während er die Hunde abrupt zum Stillstand brachte. Die Stille der Nacht wurde von einem dröhnenden Rattern unterbrochen. Rat-tat-tat hallte es hinter ihnen über das Eis. Der Schatten hatte eine Knollennase und eine zweite, kleinere Knolle darunter; übereinanderliegende Doppelrotoren, die die Luft peitschten. Und ein doppeltes, flossenartiges Heck. Wie ein drohender Metallvogel fegte die Maschine in einer Höhe von zwanzig Metern über ihre Köpfe hinweg, und der Schatten sprang über das Eis. Ein U-Boot-Jäger mit zwei Düsen: der neueste sowjetische Hubschrauber.

»Keine Bewegung!«

Beaumont wiederholte seine Warnung, während die Maschine wieder wegflog, höher stieg und zum Wenden ansetzte. Es bestand die Möglichkeit, daß die Männer in der russischen Maschine sie nicht gesehen hatten. Mit der Geschwindigkeit von achtzig Stundenkilometern – so schätzte Beaumont die Geschwindigkeit des Hubschraubers ein – blitzte die Maschine über das Eis, die so überraschend hinter den Eisrücken aufgetaucht war. Der sowjetische Späher würde scharfe Augen haben müssen, um sie zu sichten. Sekunden später wußte Beaumont, daß Adleraugen sie von der Maschine aus gesehen hatten. Sie kam zurück. Das Rauchsignal hatte das Unglück heraufbeschworen. Das amerikanische Flugzeug hatte ihr Signal nicht bemerkt. Statt dessen aber war eine russische Maschine zu ihnen geführt worden.

»Was zum Teufel hat er vor?« fragte Langer.

»Kommt drauf an, wieviel Männer er an Bord hat«, antwortete Beaumont knapp.

Er flog jetzt langsamer – und höher – und kam in einer Höhe von mindestens siebzig Metern auf sie zu. Sie hatten also nicht nur die Hundegespanne gesehen, sondern auch die Gewehre, die die Männer über ihren Schultern trugen. Beaumont übergab Grayson sein unruhiges Gespann und ging einige Meter zur Seite, das Gewehr in der Hand. Der herannahende U-Boot-Jäger, der aus lauter Wülsten und Rotoren zu bestehen schien, hatte etwas Drohendes an sich, und als er fast senkrecht über ihnen stand, schwebte er in der Luft, und sein Dröhnen hämmerte auf das Eis herunter. Beaumont hob sein Gewehr.

Der Hubschrauber drehte ab und flog einen weiten Bogen, einen Kondensstreifen hinter sich herziehend. Sie mußten sich auf den Fersen drehen, um dem Hubschrauber folgen zu können, während er mit dröhnenden Motoren um sie herumflog. Langer brummte und hob sein Gewehr. »Sie haben uns in ihrer Gummilinse...« Beaumont hängte sich das Gewehr um seine Schulter und schnappte das Nachtfernglas.

»Gewehr runter!« Beaumont sprach schnell, während er weiter die Maschine durch sein Fernglas beobachtete und sich mit ihr drehte. Ein Fenster in der Kuppel war heruntergedreht worden. Das Mondlicht wurde von irgendeinem Gegenstand mit einer zylindrischen Mündung reflektiert. »Es ist eine Filmkamera«, meldete Beaumont. »Sie machen Aufnahmen von uns – eine hübsche friedliche Beschäftigung. Mit einer Gummilinse«, fügte er hinzu.

Während er redete, drehte der Hubschrauber ab, zeigte ihnen die Heckflossen und flog nach Nordosten davon. Das Dröhnen der Doppelrotoren wurde schnell leiser. Beaumont lief zu seinem Schlitten zurück, um Grayson abzulösen. »Ich verstehe einfach nicht, warum er nicht gelandet ist«, sagte der Amerikaner.

»Ich vermute, weil sie nicht genug Männer an Bord hatten.« Beaumont schaute angestrengt über den Gürtel flachen Eises in der Ferne, wo sich wieder Eisrücken wie Hügelketten über der Ebene erhoben.

»Aber jetzt müssen wir uns wirklich beeilen, bevor sie uns wieder auf offenem Gelände erwischen. Wenn die Russen nämlich wiederkommen, werden sie mehr als genug Männer dabei haben.«

»Halten Sie den Film an!«

Die Stimme des Sibiriers wirkte wie ein Brüllen in der Stille der verrauchten Baracke; es herrschte eine Stille, die nur durch das Surren des Filmprojektors unterbrochen wurde. Der Vorführer hielt den Film an, und die Szene auf der Leinwand erstarrte. Sie zeigte vier Männer, die zu der Kamera hochblickten. Ein Mann hielt ein Gewehr, ein anderer schaute durch ein Fernglas. Ein aufgeblähter Schatten glitt an der Leinwand vorbei, als Papanin aufstand und auf das Bild zeigte. Der Schatten seiner Fingerspitze berührte einen Mann, der die Lenkstange eines Schlittens hielt.

»Das ist er.« Papanins Stimmer schallte. »Das ist Gorow. Ich gehe da jede Wette ein.«

»Man kann sein Gesicht gar nicht sehen«, sagte Kramer in das Dunkel hinein. »Kein einziges Gesicht kann man erkennen ...«

»Scheiß auf die Gesichter! Ich habe beobachtet, wie sich dieser Mann bewegt, wie er seinen Kopf zu einer Seite neigt. Das ist Gorow, das ist unser Opfer.« Der riesige Schatten seiner Fingerspitze huschte zu der pelzbekleideten Gestalt mit dem Fernglas hinüber. »Und ich glaube, das ist Beaumont. Die anderen zwei werden Samuel Grayson und Horst Langer sein.«

»Sollen wir jetzt alle Flugzeuge aus Norden und Westen abziehen?« fragte der Balte, darauf bedacht, den nächsten Befehl vorauszusehen.

»Zuerst schalten Sie die verdammten Lichter in dieser Baracke an«, sagte Papanin leise. Er schaute sich zu einem der Männer um, die hinter ihm saßen. »Wronski, können Sie sie wiederfinden?«

Der achtundzwanzig Jahre alte Russe, der das Sicherheitskommando aus Murmansk geführt hatte, stand auf und ging zu einer Wandkart hinüber. Andrej Wronski, klein, drahtig und mit einem traurigen Gesichtsausdruck, hatte vor einem Monat seine Eltern verloren, als sie versucht hatten, in der Nähe von Stalingrad über die gefrorene Wolga zu fahren: Das Eis war eingebrochen, und der Fluß hatte sie geschluckt. »Hier, Herr Oberst«, antwortete er und zeigte auf ein Kreuz, das er eingezeichnet hatte. »Wir haben eine Positionsbestimmung vorgenommen ...«

»Sie sind also zuversichtlich?«

»Wir haben sie das erste Mal gefunden ...« Wronski hörte auf zu reden, als er den Gesichtsausdruck des Sibiriers bemerkte.

»Sie haben ihr verdammtes Rauchsignal gefunden!« brüllte Papanin. »Sie haben es aus zehn Kilometer Entfernung gesehen und den Kurs geändert – das haben Sie selbst gesagt, als ich Sie gefragt habe. Weiß der Kuckuck, warum sie die Rauchbombe gezündet haben – vielleicht ist sie von selbst losgegangen.«

»Wahrscheinlich hatten wir Glück.«

»Dann zeige ich Ihnen, wic Sic noch einmal Glück haben können!« Papanin nahm Wronski den Bleistift aus der Hand und sah auf die Karte. »Sie wollen auf den amerikanischen Eisbrecher *Elroy* treffen, der sich hier befindet. Wenn Sie eine Linie von Target 5 ziehen, werden Sie sehen, daß sie den zehnten Längengrad herunterfahren.«

»Also fliegen wir diesen Längengrad entlang...«

»Halten Sie den Mund, und hören Sie zu! Sie werden eine Zeitlang die Richtung ändern, um uns von ihrer Fährte abzubringen – sie werden entweder südsüdöstlich oder südsüdwestlich gehen.« Papanin zeichnete zwei schräge Linien von Süden herauf zu dem Punkt, wo Beaumont gesichtet worden war. »Später werden sie ihren Kurs direkt Süd wieder aufnehmen. Wenn wir Abweichungen bei der Positionsbestimmung und die Eisdrift mit einkalkulieren, werden Sie sie innerhalb dieses Dreiecks finden. Verstanden?«

»Das leuchtet mir ein, Herr Oberst...«

»Alles, was ich sage, leuchtet ein.« Er blickte über seine Schulter zu Kramer. »Diesmal muß jede Maschine eine Truppe von bewaffneten Männern mitführen.«

»Wir haben nicht genug für alle Maschinen.«

»Wer zum Teufel hat gesagt, daß wir sie alle abziehen und Dawes dadurch sofort verraten wollen, daß sein Täuschungsmanöver mißlungen ist? Ich lasse die Hälfte der Figuren im Norden und im Westen von Target 5 auf dem Brett. Die andere Hälfte kehrt hierher zurück, tankt auf und sucht mein Dreieck ab.«

Sie verließen die Baracke in großer Eile, bevor der Sibirier eine abfällige Bemerkung über ihre Schwerfälligkeit machen konnte. Papanin blieb stehen und starrte weiter auf die Wandkarte. Er sog an seiner kleinen Pfeife. »Ich glaube, Mr. Beaumont, diesmal habe ich dich«, sagte er zu sich selbst.

Dienstag, 22. Februar:
neunzehn bis zweiundzwanzig Uhr dreißig

Es war zu einem Alptraum geworden: Russische Maschinen flogen ständig in Hörweite. Manchmal war das mörderische Rat-tat-tat sehr weit weg, kaum mehr als ein Summen in der eiskalten Nacht, während sie ihre müden Glieder im Schatten der Eisrücken weiter durch Schluchten schleppten. Aber selbst wenn es nur ein Summen war, mußte man ihm intensiv lauschen, sich darauf konzentrieren, damit man rechtzeitig merkte, wann es lauter wurde und näher kam.

Manchmal war es sehr nah, ungemütlich nah, das drohende Schlagen steigerte sich zu einer lauten Kakophonie, die in den Schluchten widerhallte und über die Eiskämme quoll. Es war, mußte Beaumont zugestehen, nur eine Frage der Zeit, bis sie gesehen werden würden – es sei denn, sie hätten unglaubliches

Glück. Es war nur eine Frage der Zeit, weil er, trotz häufiger Bitten von Grayson und Langer, sie hartnäckig in Bewegung hielt – und Bewegung kann man aus der Luft gut wahrnehmen.

Die ständige Notwendigkeit zu horchen, wachsam zu bleiben, strengte sie jetzt genauso an wie das Führen der Schlitten; sie zermürbte sie mehr noch, als die eigenen Beine dazu zu bewegen, weiterzulaufen. Um zehn Uhr abends liefen die vier erschöpften Männer wie Roboter, ihre Glieder waren schwer, die Augen fielen ihnen vor Müdigkeit und Kälte fast zu, und Gorow hatte zweimal verlangt, auf einem der Schlitten fahren zu können, da er nicht weitergehen konnte. Beaumonts Reaktion darauf war knapp und deutlich: »Entweder Sie halten mit, oder Sie krepieren auf dem Eis.«

»Aber Sie sind doch meinetwegen hier!« hatte Gorow protestiert, als er neben Beaumonts Schlitten herstolperte. »Sie sind gekommen, um mich zu holen.«

»Darum geht es nicht mehr«, hatte der Engländer ihm scharf geantwortet. »Es geht um das Überleben – also halten Sie mit oder bleiben Sie stehen, mir ist es mittlerweile egal.«

Nachdem Gorow zurückgefallen war, warf Beaumont einen verstohlenen Blick über die Schulter. Der Russe stapfte neben Langers Schlitten her, während Grayson etwas weiter zurück abermals ihre Position zu bestimmen versuchte. Beaumont hatte nicht die Absicht, den Russen stehenzulassen; sollte er zusammenbrechen, würden sie ihn auf dem Schlitten transportieren müssen. Aber offenbar reichte die Aussicht auf einen einsamen Tod auf dem Eis aus, um Gorow auf den Beinen zu halten.

Ihre Nerven und ihre Stimmung litten am meisten unter der Anstrengung. Allmählich wurde es heikel, miteinander zu reden, denn ganz gleich, was gesagt wurde, es war immer falsch. Es war kurz nach zweiundzwanzig Uhr, als Grayson entschied, daß es ihm endgültig reiche, daß das Glück sie verlassen hätte, daß sie diesmal anhalten müßten, bevor Beaumonts Tollheit sie alle vernichtete. Er war gerade damit fertig, den Sextanten auf Langers fahrendem Schlitten zu verstauen. Er lief vor, um Beaumont einzuholen.

»Wieder ein Flugzeug im Anflug – aus dem Osten. Ich werde auf den Eisrücken klettern, um nachzusehen...«

»Heb deine Energie für Wichtigeres auf«, brauste Beaumont auf. »Wir haben noch einen weiten Weg...«

»Es fliegt auf uns zu! Es wird schon lauter. Sollen wir warten, bis das verdammte Biest über uns ist?«

»Jawohl!«

»Aber warum, um Himmels willen?«

Beaumont packte die Lenkstange fester und unterdrückte kaum seine Wut, als er erwiderte: »Weil wir ihr Spiel nicht spielen – Papanins Spiel. Hast du noch nicht kapiert, was hier passiert? Sie fliegen aufs Geratewohl, kreuz und quer über das Eis.«

»Eine davon wird uns entdecken ...«

»Wenn sie Glück haben, schon. Aber sie müßten schon verdammt großes Glück haben, um uns hier unten in einer dieser Schluchten zu finden. Dazu müßten sie direkt über uns fliegen. Wenn es dazu kommt, drücken wir uns gegen den Wall, ohne die geringste Bewegung – das habe ich euch schon hundertmal gesagt.«

»Dazu könnte es schon zu spät sein.«

Beaumont atmete tief, sah Grayson voll ins Gesicht und packte mit beiden Händen fest den Schlitten, der seitlich umzukippen drohte. Er redete bewußt kalt und monoton. »Bevor wir anhalten, müssen wir weiter südlich kommen, als Papanin es für möglich hält. Diese Flugzeuge suchen uns zwar, aber sie versuchen auch, uns zu zermürben. Sie wollen uns zwingen, jedesmal, wenn wir eins in der Nähe hören, anzuhalten, damit wir keine Chance haben, die *Elroy* zu erreichen ...«

Beaumont reckte sich, als das Rattern, das er während dieses Wortwechsels schon gehört hatte, zu einem lauten Dröhnen wurde. »Deckung!«

Sie hielten die Hunde an und hockten sich neben sie, um die Tiere zu beruhigen. Als Sekunden später der Lärm des Hubschraubers über ihnen war, warfen sie sich flach auf das Eis. Der höllische Lärm der Motoren machte sie taub. Er flog von Ost nach West, blitzte in einer Höhe von etwa siebzig Metern über der Schlucht auf und verschwand. Sie rührten sich nicht, da sie nicht wußten, ob sie gesehen worden waren. Wenn ja, würde der Hubschrauber wiederkommen. Durch das Liegen auf dem Eis setzte die Erschöpfung bei jedem erst recht ein. Eingemummt in viele Lagen von Kleidung, lagen sie reglos da und hatten keine Lust, wieder aufzustehen. Sie beruhigten nur ihre zitternden Tiere. Sie froren erbärmlich. Ihr Widerstand war auf einem Tiefpunkt angelangt. Da die Maschine nicht zurückkehrte, kamen sie langsam wieder auf die Beine, und Grayson versuchte es noch einmal mit kläglicher Stimme.

»Keith, wir sollten eine Pause machen ... Etwas essen ...«

Beaumont schüttelte langsam den Kopf und horchte, ob er die Maschine hören konnte. Mühsam, unter äußerster Kraftanstrengung kletterte er den nächsten Eiswall hinauf und rutschte mehrmals zurück, bevor er den Kamm erreichte. Es war Zeit, wieder einmal das vor ihnen liegende Gelände zu sondieren. Als er oben angelangt war, schlug er fast hintenüber, gewann aber das Gleichgewicht zurück. Er putze die Linse seines Nachtfernglases, stützte sich auf die Ellbogen und hob das Glas an seine müden Augen. Er konnte sehr weit sehen, weit in die Ferne. Er überflog den dunstigen Horizont und senkte dann das Glas ein wenig. Regungslos starrte er lange durch das Glas. Endlich setzte er es ab und sah in die Schlucht herunter. »Ich glaube, ihr kommt am besten herauf«, sagte er ruhig.

»Nun?« erkundigte sich Papanin.

»Noch nichts.« Wronski schloß die Barackentür. »Ich bin eben zurückgekommen – es sieht hoffnungslos aus.«

»Hoffnungslos haben Sie gesagt?« Papanin erhob sich langsam von seinem Stuhl, und Kramer, der ihn gut kannte, trat unwillkürlich einen Schritt von dem Sibirier zurück. »Sie sind ein Schlappschwanz, Wronski. Sie sind nicht geeignet, ein Kommando zu führen. In diesem Spiel gewinnt derjenige, der am längsten durchhält. Ich werde Ihren Rang überdenken müssen, wenn diese Aktion vorbei ist. Sie wollten essen gehen? Schreiben Sie diese Mahlzeit in den Wind, Wronski – Sie gehen an Bord des nächsten Hubschraubers, der startet.«

Er wartete, bis der Mann gegangen war. »Wenn sie die *Elroy* erreichen, wird es schwierig werden, Kramer«, äußerte er dann.

Der Balte war verdutzt. Es war das erste Mal, daß Papanin auch nur in Erwägung zog, daß Beaumont das Schiff überhaupt erreichen könnte. »Schwierig?« fragte er. »Unmöglich sogar in diesem Moment, wo Gorow an Bord eines amerikanischen Schiffes geht...«

»Nicht unmöglich, aber wohl schwierig.« Die Stimme des Sibiriers war verdächtig gelassen. »Die ganze Sache würde allmählich eine andere Größenordnung annehmen. Unsere Leute zu Hause würden anfangen, sich Sorgen zu machen, weil der Besuch des amerikanischen Präsidenten im Mai in Moskau bevorsteht.«

»Wir könnten noch Glück haben...«

»Ich schaffe mir mein eigenes Glück!« Papanins Faust donnerte auf den Tisch, der jetzt leer war: Das Reiseschachspiel steckte in seiner Tasche. »Wir ändern unsere Taktik«, knurrte er. »Von nun an suchen wir das Gebiet nördlich der *Elroy* ab – wir werden sie schnappen, wenn sie über das Eis kommen. Wenn eine Maschine unsere Beute findet, soll sie so nah wie möglich landen – ganz egal, wie schlecht das Eis unter ihnen ist.«

»Und wenn die Männer bei Gorow Widerstand leisten?«

»Für die sorgt der zweite Befehl, den Sie sofort durchgeben

werden. Geben Sie ihn persönlich an jeden Zugführer der bewaffneten Gruppen weiter – der Pilot darf ihn nicht mitkriegen. Wir wollen die Männer, die bei Gorow sind, nicht haben – sie sind uns nur peinlich. Sie müssen verschwinden. Vergraben Sie ihre Leichen unter dem Eis – oder, wenn eine offene Rinne in der Nähe ist, lassen Sie sie hineinfallen. Die Hunde müssen ebenfalls getötet werden – vergiftetes Fleisch wäre am besten. Auch die Schlitten müssen weg. Spätestens bis Mitternacht, Kramer! Noch besser früher...«

Es muß eine Fata Morgana sein, dachte Beaumont, als er es das erste Mal im Fernglas gesehen hatte. Das Bild verschwamm, verschwand wieder völlig und erschien wieder, als er die Linsen auf ihre ursprüngliche Einstellung zurückdrehte. Er rief die Männer unten in der Schlucht zu sich. Langer erreichte ihn zuerst. Er hatte aus Beaumonts Stimme etwas herausgehört und war, so schnell er konnte, die Eiswand hinaufgeklettert. Er ließ sich neben den Engländer auf den Kamm fallen. Als er die Kapuze zurückschob, um das Glas an seine Augen zu setzen, sah man seinen Bart, der nun viele Stunden alt war, immer noch verreift vom Nebel.

»Da drüben. Das Ding, das hochragt.«

Beaumont deutete mit dem Finger hinüber, und Langer, dessen Hände vor Aufregung zitterten, versuchte, das Glas einzustellen. Der trostlose Wirrwarr der Eisrücken setzte sich fünf Kilometer weit fort wie eine stürmische See mit riesigen Wellen, die auf sie zurollten, aber mitten in ihrem Wüten erstarrt waren. Dahinter lag ebenes Eis, sehr glattes Eis, das wie eine schimmernde Platte im Mondlicht glänzte. In ihrer Mitte erschien die Fata Morgana, irgend etwas, das, fotografiert, völlig unwirklich aussehen würde. »Mein Gott!« Langer flüsterte ergriffen und schwieg dann.

Die Fata Morgana war ein Schiff mit hohem Mast und hoher Brücke, ein Schiff aus Eis und Schnee, fast wie ein mißlungener glasierter Baumkuchen. Durch das Nachtfernglas konnte Langer erkennen, daß der Bug in ihre Richtung zeigte, daß das Schiff völlig mit Eis überzogen und verkrustet war. Es glitzerte wie ein Schiff aus Glas. Eiszapfen hingen von der Saling und von der gezackten Spitze des Mastes herab. Von der Reling tropfte ein Vorhang aus Eis, wie eine Bettdecke, die man lässig zum Lüften über das Vorderdeck geworfen hatte. Der Bug lag sehr hoch, als ob er auf eine hohe Welle stieg; aber das Schiff lag vollkommen bewegungslos da, eingeschlossen im Packeis. Der einzige Hinweis darauf, daß das Schiff nicht verlassen war, waren die Lichter an den Enden der Saling. Keine Fata Morgana. Es war der amerikanische Eisbrecher

Elroy, fünfzehn Kilometer von der offenen See entfernt, von Packeis umgeben.

»Mein Gott!« wiederholte Langer.

»Das hast du schon einmal gesagt«, erinnerte ihn Beaumont. »Bei dir rieselt wohl der Kalk – du wiederholst dich.«

»Ich komme mir auch alt vor.« Langer verbesserte sich. »Ich kam mir alt vor. He, Sam, es ist die *Elroy*.«

Grayson hatte Gorow bei den Hunden gelassen und war ebenfalls den Kamm hinaufgekrochen. »Mach keine Witze«, krächzte er. Langer reichte ihm das Fernglas. »Überzeug dich selbst.« Der Amerikaner öffnete seine Kapuze, und sein ebenso hageres, stoppeliges Gesicht kam zum Vorschein. Er stellte das Glas scharf ein.

»Wie zum Teufel ist er so weit in das Eis vorgedrungen?« wunderte sich Langer.

»Mut«, antwortete Beaumont. »Ich habe Schmidt, den Kapitän, nie kennengelernt, aber er hat sich durch dieses Zeug Zentimeter für Zentimeter durchgeboxt, um uns näher zu kommen. Aber komischerweise kann ich sein Radar nicht sehen.«

»Ich kenne ihn«, sagte Grayson leise. »Er ist ein erstklassiger Kerl – und deswegen ist er hier. Wie nah schätzt du ihn?«

»Vielleicht zwölf Kilometer, über den Daumen gepeilt«, meinte Beaumont. »Hat irgend jemand etwas dagegen einzuwenden, wenn wir weiterziehen?«

Sie fuhren drei Kilometer mit einer Geschwindigkeit weiter, die sie seit Stunden nicht erreicht hatten, fädelten sich durch das Labyrinth der Schluchten, bis sie etwas mehr als zwei Kilometer von dem offenen Eis entfernt waren. Und da keine russischen Hubschrauber am Himmel waren, beschloß Beaumont, jetzt ein Signal zu senden und das Elliott-Peilgerät einzuschalten, was dem Hubschrauber der *Elroy* den Weg zu ihnen zeigen würde.

Es war entsetzlich kalt, kälter als jemals vorher – so kam es ihnen jedenfalls vor –, aber es konnte auch an ihrer grenzenlosen Erschöpfung liegen. Die Luft war noch klar, abgesehen von einem Wasserdampfstreifen, der über ihren Gespannen mitzog, während sie vorwärts fuhren, ein Kondensstreifen, der sich in der bitterkalten Luft aus dem Atem der Tiere und Männer bildete. Heftige Schneestürme waren, entgegen der allgemein herrschenden Vorstellung von der Arktis, sehr selten in diesen Breitengraden; es war schlicht und einfach einer der kältesten Plätze auf der Erde.

Sie hielten in einer Schlucht an. Grayson hatte darauf hingewiesen, daß kein Hubschrauber auf diesem Matsch landen könnte, aber Beaumont hatte Langer angewiesen, den Sender auszupakken. »Sie können uns hochkurbeln, Sam, einen nach dem anderen«, erklärte er. »Dann werde ich die Hunde auf das offene Eis hinausführen.« Langer war gerade dabei, die Segeltuchklappen um den Sender zu öffnen, als Gorow die Schlucht herunterkam, so schnell, daß Beaumont überrascht aufsah. Der Russe atmete schwer, als er anhielt und fast hysterisch redete. »Jetzt, wo wir in Sicherheit sind, bestehe ich darauf, daß Sie mir mein Eigentum sofort wiedergeben!«

»Was meinen Sie damit?« Beaumont schaute nach unten während er sprach und bohrte den Absatz seines Stiefels vorsichtig in das Eis. Es fühlte sich nicht sehr hart an. Deshalb vermutete er, daß die Eisrücken auf beiden Seiten der Schlucht sich erst vor kurzem gebildet hatten, nachdem sich eine Rinne geschlossen hatte.

»Meinen Bohrkern! Sie haben meinen Bohrkern gestohlen! Einer von Ihnen hat ihn gestohlen!« Gorow steigerte sich in Rage, während er das schwere Röhrchen aus seinem Parka zog und damit vor Beaumonts Gesicht herumfuchtelte.

»Sie haben ihn doch in der Hand«, sagte Beaumont. Er runzelte die Stirn, als der Absatz seines Stiefels plötzlich einige Zentimeter einsank. Als er ihn herauszog, gab es ein schmatzendes Geräusch. Weiches Eis. Gorow war zu sehr mit sich selbst beschäftigt, um zu merken, daß etwas nicht stimmte.

»Das ist nicht derselbe Bohrkern...«

»Meinen Sie, daß der andere die Katharina-Karten enthielt?« Beaumont blickte Gorow direkt ins Gesicht. »Wie Sie sagten: wir sind fast in Sicherheit. Kein günstiger Augenblick, ein Geplänkel anzufangen, nicht wahr?«

»Geplänkel?«

»Gehen Sie zurück, und helfen Sie Horst mit dem Gerät.«

Langer hatte das tragbare Sende- und Empfangsgerät auf seine Schulter gehievt. Er stand ein gutes Stück weiter unten in der Schlucht. Er schleppte das Gerät herum, bis er einen ebenen Platz in der Eiswand fand, der zum Aufstellen geeignet war. In seinem geschwächten Zustand war es ihm fast zu schwer. Vorsichtig setzte er das Gerät ab und baute es auf, während Gorow weitertobte.

»Ich muß den Bohrkern haben! Es ist dieser Bohrkern, der mich für Washington so wertvoll macht...«

Gorow fuchtelte immer noch mit dem Röhrchen herum wie mit einer gefährlichen Waffe, bis Grayson es ihm abnahm.

»Wertvoll? Bis wir das Schiff erreichen, ist keiner von uns auch nur einen Heller wert. Wir haben vielleicht seit über einer Stunde keinen ihrer Hubschrauber gehört, aber noch sind wir nicht an Bord des Schiffes. Und jetzt gehen Sie zu Horst, und helfen Sie ihm ein wenig mit dem Sender, wenn er fertig ist.«

»Der Untergrund hier ist glitschig, Sam«, murmelte Beaumont, während Gorow die Schlucht hinauflief. »Wir werden aufpassen müssen.«

»Klar«, antwortete Grayson, während er Bismarck streichelte, um ihn ruhig zu halten, »wo wir uns der See nähern...«

Sie hörten den Russen schreien, schauten die Schlucht entlang und sahen ihn hinfallen. Er stürzte in voller Länge hin, versuchte aufzustehen, fiel aber wieder hin. »Mist!« platzte es aus Beaumont heraus. »Er hat sich bestimmt den Knöchel verstaucht.« Langer war fertig zum Funken gewesen, hatte die Antenne herausgezogen und wollte das Gerät gerade zu einer ebenen Stelle tragen, als er den Schrei hörte. Fluchend ließ er das Gerät stehen und ging die Schlucht hinauf, um dem Russen zu helfen.

Gorow hatte sich einen Fußknöchel verstaucht. Er versuchte ein zweites Mal aufzustehen, brach aber zusammen, als Langer ihn erreichte. Der Deutsche nahm ihn bei den Armen und lehnte ihn in Sitzstellung mit dem Rücken gegen die Eiswand. Erst dann bemerkte er den Stiefel an Gorows rechtem Bein, mit dem er gestolpert war. Schwarzer Schlamm klebte daran, der schon gefror. »Keith! Hier ist das Eis weich – und Gorow kann nicht laufen...« Langer und Grayson verschränkten ihre Arme und trugen Gorow zurück zu den Schlitten. Er vermied es strikt, in Beaumonts Richtung zu blicken.

»Beeilt euch mit dem Signal«, sagte Beaumont.

Langer und Grayson gingen langsam die Schlucht zurück und achteten sorgsam darauf, wo sie ihre Stiefel aufsetzten. Als Langer an der Lücke im Eisrücken angelangt war, starrte er wie gebannt auf einen Punkt und fragte sich, ob er endgültig verrückt geworden sei. Dann stieß er einen solchen Schrei aus, daß Grayson augenblicklich zu ihm rannte. Das Sendegerät war eingesunken. Der größte Teil des Senders war schon verschwunden, nur die versikkernde Antenne ragte noch über die Oberfläche hinaus. Schaum aus blubberndem Matsch schloß sich über dem Kasten.

Langer ließ sich auf die Knie fallen und scharrte verzweifelt in der eisigen Masse, aber das Gerät war schon so weit abgesunken, daß seine Finger es nicht mehr greifen konnten. Verzweifelt packte er die Antenne. Ein Stück knickte ab. Er hielt es noch in der Hand, als der Rest unterging, in der Tiefe verschwand. Sie hatten ihr einziges Mittel, sich mit der *Elroy* zu verständigen, verloren.

»Sie haben die Sache mit dem Kaviar erledigt?«

Der Sibirier hatte vorübergehend ein neues Quartier bezogen, ein bewegliches Quartier dreihundert Meter über dem Packeis.

Der U-Boot-Jäger flog in Richtung Süden. Er redete mit Wronski, der sich in einer anderen Maschine befand, die ihre Position viel weiter südlich hatte. Er gebrauchte das Codewort »Kaviar« für die *Elroy*, da er per Funkfernsprecher über eine Direktverbindung sprach.

»Der Kaviar ist auf Eis gelegt«, erwiderte Wronski.

Papanin brummte, als er den Funkfernsprecher abschaltete und auf das Eisfeld unter sich hinabschaute. Er näherte sich einer Art Höhepunkt des Spieles, und er wollte dabei sein, um die Züge selbst zu bestimmen. »Bis Mitternacht werden wir sie haben«, sagte er.

»Noch hat sie niemand gesichtet«, gab Kramer, der ewige Pessimist, zu bedenken. Papanin zog eine furchterregende Grimasse, um ihn zum Schweigen zu bringen. In der Hörmuschel an seinem Ohr knackte es. Er hörte mit unbewegter Miene zu, bestätigte die neue Mitteilung und schleuderte dem Piloten einen bösen Blick entgegen.

»Machen Sie, daß wir wegkommen«, befahl er eisig, »oder wollen Sie hier auf dem Eis Anker werfen?« Er wandte sich Kramer zu, der auf einem Klappsitz hinten in der Kanzel saß. »Bis Mitternacht, habe ich gesagt. Man hat unsere Beute gefunden.«

»Keith, dieser Bastard setzt zur Landung an!«

»Damit habe ich gerechnet.« Beaumont, der oben auf dem Eiswall saß, beobachtete den absteigenden U-Boot-Jäger. Die Rotorblätter drehten jetzt noch langsamer, als er senkrecht auf das ebene Eis herunterkam – etwa fünfhundert Meter von der Stelle entfernt, wo er im Augenblick hockte.

Man hatte sie gesehen. Der Hubschrauber, der jetzt landete, war zweimal über sie hinweggeflogen, und nun landete er zwischen ihnen und dem eingefrorenen Schiff. Er ließ das Fernglas sinken. Papanin dachte immer an alles: Ein zweiter Hubschrauber schwebte über der eisverkrusteten Silhouette des Schiffes, über der Abflugrampe, so daß Schmidt seine eigene Maschine nicht starten konnte.

»Fast hätten wir es geschafft«, klagte Grayson in grenzenloser Enttäuschung, als er sich neben Beaumont hockte. »Nur noch zwei Stunden, und wir wären da gewesen ...«

»Könnten genausogut zweihundert Stunden werden«, sagte Langer von der anderen Seite Beaumonts herüber. Er glitt schnell in die Schlucht zurück, als die Hunde plötzlich aufsprangen. Das dröhnende Pochen der absteigenden Maschine hallte an den Eisrücken wider, die in einem dichten Netz in allen Richtungen das Eis überzogen. Der Hubschrauber setzte auf, während die

Rotoren noch wirbelten. Eine Tür wurde aufgemacht, und Männer sprangen auf das Eis, Männer mit Gewehren, die in Pelzparkas und Pelzkapuzen gekleidet waren. Sie formierten sich zu einem Halbkreis, um so auf die Eiswälle vorzurücken. Wieder war Beaumont von der Geschwindigkeit der Operation beeindruckt.

»Ich wußte nicht, daß diese Maschine so viele Männer tragen konnte«, sagte Grayson grimmig.

»Du weißt, was du zu tun hast«, erinnerte ihn Beaumont. »Behalte Gorow gut im Auge – ich will nicht, daß er im falschen Moment in Panik gerät.«

»Das ist der glatte Selbstmord...«

»Wir werden sterben, wenn wir einfach auf sie warten. Sie wollen nur Gorow, und wir sind überflüssige Zeugen.«

Beaumont rutschte die Eiswand hinunter. Das Gewehr im Anschlag, lief er durch die Schlucht. Die anderen schauten ihm zu, bis Grayson ihnen schroff einen Befehl erteilte. Obwohl ihn die Eiswände zu beiden Seiten überragten, lief Beaumont gebückt und achtete nicht darauf, daß das Eis vor ihm weich sein könnte. Er hoffte, daß der Boden fest bleiben würde. Durch die kritische Situation war seine Erschöpfung vorübergehend wie weggeblasen; er hatte einen klaren Kopf und vollkommene Kontrolle über seine Glieder. Es war kaum verwunderlich, daß Grayson das, was er vorhatte, selbstmörderisch nannte – denn Beaumont rannte direkt auf die Russen zu.

Sein Plan war aber nicht so leichtsinnig, wie es zunächst den Anschein hatte. Er hatte gewartet, bis er genau sehen konnte, was aus der Maschine kam. Die Männer rückten auf die Eisrückenzone vor, Beaumont versuchte jetzt, auf die ungefähre Mitte des Halbkreises zu laufen, den er aber nicht sehen konnte. Sie würden in die Schluchten vorrücken und versuchen, ihre Formation beizubehalten – damit sie im entscheidenden Augenblick den Halbkreis schließen und ihre Opfer umzingeln konnten. Beaumont rechnete mit dem Überraschungseffekt: am allerwenigsten würde der Zugführer erwarten, daß einer der gejagten Männer ihm in die Arme lief.

Er rannte leichtfüßig, verursachte so wenig Lärm wie möglich, während er der Schlucht mit ihren zahlreichen Biegungen folgte. Von seinem Ausguck oben auf dem Kamm hatte Beaumont sich den Verlauf dieser Schlucht gemerkt. Soweit er hatte sehen können, führte sie an einem ganz bestimmten Punkt auf das offene Eis hinaus. Der Eiskorridor lag teilweise im Schatten. Manchmal, wenn er um eine Ecke biegen mußte, lief er im Mondlicht. Als er in die Nähe der heranrückenden Russen kam, verlangsamte er sein

Tempo. Während er noch rannte, hörte er das schwach surrende Schlagen des Hubschraubers, das durch die Eiswände gedämpft wurde. Der Pilot ging kein Risiko ein; offenbar ließ er den Motor laufen, aus Furcht, daß er in dieser Temperatur nicht wieder anspringen würde.

Beaumont bewegte sich jetzt nur noch sehr vorsichtig vorwärts. Im Schatten der rechten Wand kroch er gebückt weiter und merkte sich Nischen, in denen er sich verbergen konnte, sobald sie näher kamen – falls er sie rechtzeitig hörte. Beaumont versuchte nicht, sich vorzumachen, daß er es mit Amateuren zu tun hatte: Die sowjetischen Einheiten des Staatssicherheitsdienstes für besondere Aufgaben, die in der Arktis operierten, bestanden aus gut ausgebildeten Männern; sie waren daran gewöhnt, bei eisigen Temperaturen zu arbeiten. Aber sie waren nicht gewohnt, sich zu Fuß über das Packeis zu bewegen. Er hielt sein Gewehr in beiden Händen, als der pelzbekleidete Russe sehr leise um eine Ecke kam.

Beide Männer waren erschrocken; aber der Russe hatte nicht damit gerechnet, jemanden so nah beim Hubschrauber zu treffen. Er trug ein Schnellfeuergewehr über der Schulter, und er machte einen Fehler: Er versuchte, es herunterzuziehen. Beaumont reagierte automatisch und schwang das Gewehr in seinen Händen herum, so daß der schwere metallbeschlagene Kolben vor dem Gesicht des Russen schwebte. Er stieß ihn in Kopfhöhe nach vorn. Im letzten Augenblick riß der Russe seinen Kopf zur Seite, und der Kolben streifte nur sein Kinn; aber das genügte, um ihn aus dem Gleichgewicht zu bringen. Seine Stiefel schlitterten über das Eis, er fiel rückwärts. Beaumont sprang auf ihn zu.

Der Russe schlug mit dem Hinterkopf auf das Eis. Der Schlag wurde durch die Pelzkapuze gemildert. Während er noch ausgestreckt auf dem Eis lag und seine eigene Waffe außer Reichweite war, packte er den rechten Stiefel des Engländers. Seine Hand war groß genug, um sein Fußgelenk zu umklammern. Er versuchte, Beaumont umzuwerfen. Aber Beaumont achtete nicht auf diese Gefahr, sondern konzentrierte sich auf das, was er tun mußte. Er holte weit aus und traf mit dem Gewehrkolben die Stirn des Russen. Die Wucht des Schlages war so stark, daß der Kolben zurückprallte. Die Hand, die Beaumonts Fußgelenk umklammert hielt, entspannte sich, der Kopf fiel zur Seite, und der Mann lag regungslos. Beaumont bückte sich und drehte ihn auf den Bauch. Die getroffenen Stellen – Kinn und Stirn – berührten jetzt das Eis. Wenn jemand ihn fand – falls man ihn überhaupt jemals fand –, würde es aussehen wie ein Unfall, wie wenn der Russe gestolpert und mit dem Gesicht nach unten auf den stahlharten Boden aufgeschlagen wäre.

Jetzt ging er ein noch größeres Risiko ein: Er begann wieder zu rennen. Er hatte ungefähr zwanzig Männer gezählt, die aus der Maschine ausgestiegen waren und sich über ein Labyrinth von Schluchten ausgebreitet haben mußten. Wahrscheinlich war vereinbart worden, daß, wenn einer von ihnen auf die Flüchtigen stieß, er einen Schuß abgeben sollte, um die anderen herbeizurufen. Er rannte immer noch, als er plötzlich um eine Ecke bog und ihm helles Licht entgegenströmte. Er hatte den Ausgang erreicht – das offene Eis lag vor ihm.

Das Donnern der Rotorblätter der wartenden Maschine hallte in der Schlucht wider und hämmerte in seinen Ohren; er sah die Maschine, kaum dreihundert Meter entfernt. Das Doppelheck zeigte in seine Richtung, das Cockpit in die andere. Er stand an der Stelle, die er sich von dem Kamm des Eisrückens eingeprägt hatte – in der Hoffnung, daß der Pilot die Maschine nicht umdrehen würde. Sie hatten keine Wache am Rand des Eises postiert. Das überraschte Beaumont nicht; wenn man zwanzig Männer zur Verfügung hatte und loszog, eine Gruppe von vier Männern zu fangen, würde man kaum erwarten, daß einer der vier wahnsinnig genug wäre, auf die Maschine loszugehen. Beaumont ging direkt auf die Maschine zu.

Er schob sein Gewehr auf die Schulter und lief dann mit gemäßigtem Schritt zum Heck der Maschine. Es schien der reinste Wahnsinn zu sein, langsam zu gehen; aber Beaumont kalkulierte den psychologischen Effekt auf den Piloten ein, falls er sich im Cockpit umschauen sollte. Reflexe wurden schnell ausgelöst. Der Anblick eines bewaffneten Mannes, der über das Eis auf die Maschine zurannte, würde eine einzige Reaktion in dem Piloten hervorrufen. Er würde den Steuerknüppel betätigen, und schon höbe sich die Maschine senkrecht vom Eis. Eine Sache von fünf Sekunden. Beaumont ging langsam weiter und kam dem U-Boot-Jäger immer näher.

Er war jetzt ziemlich zuversichtlich, daß er es schaffen würde. Wenn auch seine Pelzkapuze und sein Pelzparka kaum zu den Anzügen der Russen paßten, waren sie sich doch ähnlich genug, zumindest im Mondlicht und durch die eisüberzogene Kuppel des Hubschraubers gesehen. Als er sich der Maschine näherte, nahm das ohrenbetäubende Dröhnen zu. Jede Faser seines Nervensystems forderte ihn auf zu rennen, die letzten zwanzig Meter im Laufschritt zurückzulegen, bevor der Pilot seinen Kopf wandte. Beaumont aber ging im selben gleichmäßigen Tempo weiter und kam direkt auf das altmodisch wirkende Heck zu, ein Heck, wie es früher Doppeldecker gehabt hatten. Er nahm das Gewehr von der Schulter, ging am Heck vorbei und kletterte auf die Maschine. Mit seiner behandschuhten Faust hämmerte er gegen die beschlagene Kuppel.

Das Vibrieren rüttelte ihn; aber nichts regte sich. Er schlug ein zweites Mal mit seiner Faust, und ein Schiebefenster ging auf. Als warme Luft in sein Gesicht wehte, steckte auch schon sein Gewehr im Fenster. Die Mündung zeigte auf die behelmte Gestalt, die auf ihren Sitz hinter den Armaturen zurückgesprungen war. »Aussteigen! Raus! Schnell raus!« schrie Beaumont auf russisch und nickte mit dem Kopf, um dem Piloten klarzumachen, was er wollte. Der Pilot konnte wahrscheinlich bei dem Lärm der auf vollen Touren laufenden Rotoren kein Wort verstehen. Beaumont lehnte sich durchs Fenster und stieß die Gewehrmündung hart in die Rippen des Piloten. Der Russe trug eine Schutzbrille über den Augen; aber Beaumont hatte den Eindruck, daß er jung war, vielleicht Ende Zwanzig. Jung genug, um den Helden zu spielen. Die rechte Hand des Piloten bewegte sich auf einen Schalthebel zu.

Der Schalthebel, vermutete Beaumont sofort, würde den Hubschrauber aufsteigen lassen. Ruckartig würde die Maschine hochfliegen, und er würde in der Luft hängen, vielleicht gerüttelt werden, bis er herunterfiel und auf das Eis schlug. »Laß die Hände davon ...!« Um seine Worte zu bekräftigen, rammte Beaumont den Gewehrlauf noch stärker in die Rippen des Piloten. Der Russe starrte zur Seite, und Beaumont konnte seine Gedanken lesen. Er hatte Mut: Er dachte an die Waffe, fragte sich, ob er die Kugel überleben könnte. Das Kaliber mußte ihm Angst gemacht haben, denn seine Hand rückte von dem Schalthebel weg.

»Aufstehen! Auf! Auf!« Beaumont nickte wieder mit dem Kopf. Der Pilot nahm den Kopfhörer ab und rutschte vorsichtig aus seinem Sitz.

Irgend etwas in der Körperhaltung des Piloten warnte Beaumont. Der Russe zögerte, als er halb aus dem Sitz war und duckte sich wie eine Katze. Die Linsen seiner Schutzbrille reflektierten das Licht des Armaturenbretts, so daß seine Augen unsichtbar waren. »Los«, schnauzte Beaumont ihn an, »schneller!« Der Russe kam näher. Beaumont zog das Gewehr zurück und preßte es unter seinen Arm, den Finger noch am Abzug. Mit der anderen Hand drückte er auf die Türklinke, um sie aufzuschieben. Der Pilot spreizte die Hände zum Zeichen der Kapitulation.

Aber er war noch nicht am Ende mit seinem heroischen Bewußtsein. Er kam langsam durch die Tür und sehr nah an Beaumont heran. Er drehte sich um, als ob er Beaumonts Aufforderung, auf das Eis zu springen, gehorchen wollte. Während er noch unter den wirbelnden Rotorblättern hockte, langte er nach dem Gewehr, eine Reaktion, die der Engländer vorausgeahnt hatte. Beaumont schwang den Kolben herunter und traf den Russen am Schienbein. Der Pilot griff nach dem Türrahmen, um sich im Gleichgewicht zu halten. Er hielt sich fest und richtete sich auf einem Bein auf. Er geriet in Reichweite der Stahlblätter des unteren Rotors. Sie enthaupteten ihn.

Beaumont hockte noch immer auf derselben Stelle und hielt sich am Fensterrahmen fest; er war starr vor Entsetzen. Der Magen drehte sich ihm um. Die Leiche lag unter ihm auf dem Eis – dunkle Flecken auf dem Eis um den zusammengekauerten Haufen. Der Kopf war von den peitschenden Rotoren Gott weiß wohin geschleudert worden. Es war unfaßbar – ein Hubschrauberpilot von seinen eigenen Rotorblättern enthauptet. Aber die meisten Unfälle ereignen sich zu Hause, und für den Piloten war die Maschine ein Zuhause gewesen. Zitternd – nicht nur von der vibrierenden Maschine – stieg Beaumont in die Kanzel und schloß die Tür vor dem, was da unten lag. Dann ließ er sich langsam in den Pilotensitz nieder und konzentrierte sich auf die Kontrollen.

Sie waren den Kontrollhebeln der Sikorsky nicht unähnlich. Vor einem Jahr hatte Beaumont die sowjetische Basis Nordpol 15 besucht, die jetzt den Pol irgendwo vor der sibirischen Küste umkreiste. Ein mit Wodka vollgepumpter Pilot hatte ihm seinen U-Boot-Jäger gezeigt, bevor der Sicherheitsbeamte hinzugekommen war und die beiden aus der Maschine gezerrt hatte. Beaumont hatte einen Bericht über die Maschine nach Washington und London geschickt, und nun versuchte er verzweifelt, sich an Details zu erinnern.

Der Höhenmesser hatte natürlich Angaben in Metern. Die meisten Meßuhren und Hebel verstand er, nur mit einer Meßuhr und zwei Schaltern wußte er nichts anzufangen. Vorsichtig berührte er den Hebel, nach dem der Pilot gegriffen hatte. Nichts geschah. Er drückte etwas stärker, und die Maschine hob sich vom Eis ab. Er zog den Hebel wieder zurück und fühlte den Ruck, als die Kufen wieder aufsetzten. Der Ersatzhelm, den er von einem Haken genommen und über seinen Kopf gestülpt hatte, sobald er sich gesetzt hatte, saß zu locker. Er schnallte ihn etwas fester und zog die Ohrenklappen strammer, um den höllischen Lärm zu dämpfen. Das Armaturenbrett vibrierte stark. Aber Beaumont vermutete, daß er teilweise seine eigene Erschöpfung spürte. Er hantierte mit einigen anderen Kontrollschaltern und prägte sich das System in aller Ruhe ein, obwohl er wußte, daß die Russen auf dem Eis die Schlitten jeden Moment erreichen konnten. Trotzdem mußte er den Mechanismus der Maschine kapieren. Er gab Gas; die zwei Düsen heulten auf. Er atmete tief ein und betätigte den Aufstieghebel.

Dienstag, 22. Februar:
dreiundzwanzig Uhr dreißig bis Mitternacht

Die Maschine stieg schneller auf, als er erwartet hatte, und schoß mit einem trommelnden Lärm höher. Als der Höhenmesser dreißig Meter anzeigte, ließ er die Maschine erst schweben, flog dann vorwärts. Er änderte die Richtung und flog einen Kreis. Hinter einer klaren Stelle in der Plexiglaskuppel erschien die *Elroy* wie ein liegengebliebenes Spielzeug und verschwand wieder. Der kleine Hebel, über den er sich den Kopf zerbrochen hatte, brachte den Hubschrauber in die Schräglage. Er reagierte jetzt zögernd auf seine Hand. Beaumont hatte das Gefühl, daß sich hinter den Armaturen eine geballte Kraft versteckte. Kräfte, die nur darauf warteten, losgelassen zu werden. Beim Flug vibrierte die Kanzel stärker als bei der Sikorsky, sie zitterte wie eine alte Waschmaschine.

Im Mondlicht sahen die Eiswälle von hier oben unheimlich aus. Sie waren abgeflacht wie Rippen aus Eis und erinnerten an Gräber von prähistorischen Kreaturen, deren Jahrtausende alte Knochen geblichen waren. Er sah zwei Männer in einem Eiskorridor, achtete aber nicht auf sie, sondern suchte den Treffpunkt, ein seltsam geformtes Gelände, das sie überquert hatten, kurz bevor sie die russische Maschine hatten kommen hören. Er hatte die Männer dorthin zurückgeschickt, um auf ihn zu warten, weil es die einzige Stelle innerhalb der Eisrückenzone war, wo ein Hubschrauber landen konnte – ein kleines Amphitheater aus Eis, ein von Eisrücken umgebener Kessel. Er flog über mehrere Russen hinweg, die anhielten und nach oben schauten, flog noch weiter, bis er merkte, daß er über das Amphitheater hinausgeschossen war. Er drehte zurück.

Beaumont war jetzt ernstlich besorgt. Wenn er das Amphitheater nicht vor den Russen fand, würden sie vor ihm die Schlitten erreichen, wenn sie nicht schon da waren. Er sah, wie sich die pelzbekleideten Gestalten in den Schluchten bewegten. Einige rannten, aber alle hielten an, um nach ihm zu blicken. Sie fragten sich wohl, warum zum Teufel ihre Maschine vom Eis abgehoben hatte. Die Bedingungen in der großen Kanzel hätten besser sein können: Die himmlische Wärme wurde ihm verleidet durch einen Geruch, der ihm auf den Magen schlug – ein Benzingestank, der Übelkeit erregte. Entweder stimmte etwas mit der Maschine nicht, oder die russische Motorentechnologie hinkte weit hinter der britischen und amerikanischen Entwicklung hinterher. Dann sah er einen weißen Kreis zwischen den Schatten.

Er stieg langsam ab. Drei Männer, zwei Schlitten und Hunde standen in der Mitte des Kessels; einer der Männer winkte verzweifelt. In diesem Augenblick kamen fünf Russen über einen nahen Hügelkamm und blickten in das Kesselloch hinunter, ihre Gewehre in der Hand. Beaumonts Gesicht unter dem Helm verdüsterte sich; er war zu spät gekommen.

Er preßte sich hart gegen die Sitzlehne, brachte die Maschine in Schräglage. Sie verlor an Höhe. Nachdem er die Umdrehungen gesteigert hatte, flog er direkt auf die Russen zu. Durch die Plexiglasscheibe konnte er sie auf dem Kamm stehen sehen, reglos vor Verwunderung. Der Helm und die Schutzbrille, die er aufgesetzt hatte, dienten zur Täuschung, steigerten die Spannung – denn von dem Eisrücken aus sahen die Männer ihre eigene, von ihrem Kameraden gesteuerte Maschine, die aber auf sie herabkam.

Der Lärm in der Kanzel war ohrenbetäubend. Der Rumpf vibrierte, als ob sich bald jede einzelne Niete losrütteln würde. Beaumont erhöhte die Drehzahl noch mehr, und die fünf Männer vor der Kuppel rasten ihm entgegen. Er bewegte den Steuerknüppel, und die Maschine donnerte mit peitschenden Rotorblättern über den Kamm hinweg, wobei die Kufen knapp über den Kamm schossen. Die Männer waren verschwunden, stürzten die Rückseite des Eiswalls hinunter und versuchten verzweifelt zu entkommen. Beaumont stieg wieder auf, wendete und sah die Russen, die wieder auf den Beinen waren, in einem breiten Eiskorridor. Er schoß hinab, steuerte die Maschine schnurgerade auf den Korridor zu. Und wieder flüchteten die Männer, die ihn kommen sahen. Beaumont setzte seinen Sturzflug fort, bis die Maschine gefährlich tief flog, fing die Maschine knapp über dem Kamm ab und blieb auf Kurs entlang dem Korridor.

Die Kufen verfehlten die Köpfe der Männer um wenige Meter. Unten in der Schlucht mußte es ihnen wie Zentimeter vorgekommen sein, als sie sich auf den Boden warfen und der Widerhall der Motoren in ihren Ohren dröhnte. Als Beaumont zurückblickte, hatten sie ihr Wettrennen wieder aufgenommen. Sie liefen, völlig demoralisiert, von dem Amphitheater weg. Seine Terroraktion fing an zu funktionieren. Sie mußte dieser Sicherheitseinheit Angst und

Schrecken einjagen. Denn sie waren ja gezwungen anzunehmen, daß ihr eigener Pilot am Schalthebel saß, ein Pilot, der den Verstand verloren hatte. Ironischerweise würde keiner von ihnen auch nur einen einzigen Schuß auf ihn abgeben – die Maschine, die er steuerte, war ihr einziges Transportmittel aus der furchtbaren Polarwüste heraus. Er machte noch drei weitere Runden um das Amphitheater, bevor er aufsetzte.

Seine Augen tränten von den Benzinabgasen, die unter die schlecht sitzende Schutzbrille gedrungen waren, während er in den Kessel abstieg. In seinem Bestreben, schnell zu landen, setzte er hart auf das Eis auf: Es war nur eine Frage der Zeit, bis die Russen sich wieder von ihrem Schock erholten, und dann würden sie alle am Hubschrauber wieder zusammenschwärmen. Er ließ die Rotoren laufen, schnallte sich los und ging zur Tür. Er achtete sehr sorgfältig auf die wirbelnden Rotorblätter über seinem Kopf, als er auf das Eis sprang.

»Paßt auf die verdammten Rotoren auf«, waren seine ersten Worte. »Die Hunde zuerst an Bord – wenn es brenzlig wird, lassen wir die Schlitten hier.«

Die Hunde waren schon ausgespannt. Nun beförderten die Männer sie in die Maschine, indem sie die sich sträubenden Tiere einzeln aufhoben und unsanft an Bord schoben. Beaumont wartete in geringer Entfernung von der Maschine und überließ es Grayson und Langer, die Hunde und Gorow hineinzuhieven. Er selbst hielt mit schußbereitem Gewehr rundherum den Eiswall im Auge, der einen Kreis um sie bildete. Die Schlitten kamen zuletzt an Bord, und als Beaumont ihnen folgte, blieb keine einzige Spur auf dem Eis zurück, die auf die Existenz einer Beaumont-Gruppe hingewiesen hätte.

Beaumont stieg direkt auf dreihundert Meter hoch, um sie außer Reichweite von Gewehrschüssen zu bringen, bevor er Kurs auf die *Elroy* nahm. Während sie höher stiegen, stand Langer an der durchsichtigen Kuppel, von winselnden Hunden eingezwängt, und zeigte nach unten. Eine Gruppe von sechs Russen rückte auf das Amphitheater zu.

Aus ihrer Höhe von über dreihundert Metern sah die *Elroy* wie ein Geisterschiff aus, eins dieser legendären Schiffe, die ohne Crew in den Weltmeeren treiben, ein Geisterschiff aus massivem Eis. Als sie näher kamen, bemerkte Beaumont eine Rinne hinter dem Schiffsheck, einen dunklen Schlitz aus Seewasser, wo der Eisbrecher sich seinen Weg durch das Packeis gebahnt hatte. Aber hinter dieser Rinne lag wieder kompaktes Eis.

Während das Schiff sich eine Bahn nach Norden gebrochen hatte, war das Eisfeld hinter ihm wieder zusammengefroren und hatte das Schiff eingeschlossen.

»Der andere U-Boot-Jäger hängt noch über dem Schiff«, sagte Langer plötzlich.

»Weiß ich«, antwortete Beaumont. »Wir werden ihn verlegen müssen.«

Er bewegte den Steuerknüppel, und sie verloren an Höhe. Sie waren jetzt nah genug beim Schiff, um die Männer sehen zu können, die an die Reling liefen und nach oben starrten. Da flog eine zweite russische Maschine auf sie zu. Einige Matrosen trugen Gewehre. Auf der Achterseite der oberen Brücke, nahe beim Heck, konnten sie jetzt weit unten einen anderen Hubschrauber erkennen, eine Sikorsky, die auf der Abflugrampe stand, während die sowjetische Maschine über ihm in der Luft schwebte. Solange diese Maschine ihre gegenwärtige Position beibehielt, war es dem amerikanischen Hubschrauber unmöglich gemacht, von der Abflugrampe abzuheben. Er wäre direkt in die andere Maschine aufgestiegen. »Wahrscheinlich hält der andere Pilot uns für seinen Kumpel«, bemerkte Grayson. Zerstreut streichelte er einen der Hunde.

»Der wird sein blaues Wunder erleben«, meinte Beaumont knapp. »Sie könnten versuchen, uns abstürzen zu lassen...« Gorow, der auf seinem Klappsitz im Hinterteil der Kanzel bis jetzt geschwiegen hatte, war inzwischen alarmiert genug, etwas zu sagen. Er stand auf, damit er besser sehen konnte. Um seinen verletzten Knöchel zu entlasten, hielt er sich an einer Strebe fest.

»Hinsetzen, Gorow!« schrie Beaumont. »Haben Sie nicht gehört, was Grayson gesagt hat? Der Pilot wird glauben, daß wir Russen sind; das kann uns helfen.«

»Zwei Paar Rotorblätter, die so nah nebeneinander kreisen, Keith?« warnte Grayson. »Wir könnten beide auf dem Meeresboden enden...«

»Ich will die Maschine aus dem Weg haben«, beharrte Beaumont. »Sie muß aus dem Weg sein, bevor wir landen...« Er war jetzt fast über dem Schiff und flog langsam in einer Höhe von etwa hundertfünfzig Metern, während einhundert Meter weiter unten der andere U-Boot-Jäger wie eine ständige Drohung über der Sikorsky schwebte. An der eisbedeckten Reling des Schiffes hatten sich jetzt Matrosen aufgestellt, die alle zu dem Neuankömmling hinaufstarrten und verwundert darauf warteten, was jetzt passieren würde. Langer, der direkt vor der Kuppel stand, beobachtete die Maschine unter ihnen, sah das schwindelerregende Wirbeln ihrer Rotorblätter in der Nacht und den Dunstschleier, der wie eine Wendeltreppe zu ihnen hochstieg.

»Keith!« brüllte er gegen den dröhnenden Lärm an. »Kannst du uns langsam runterbringen neben diesen Bastard?«

»Ja. Warum?«

Langer nahm eine zusammengefaltete Werkzeugtasche von einem Haken neben der Kuppel, öffnete sie und entnahm ihr einen großen Schraubenschlüssel aus Stahl. »Ich könnte seine Kuppel durch das geöffnete Fenster treffen. Dann würde er...«

»Versteh schon. Wir werden's probieren«, rief Beaumont zurück. »Du weißt aber, daß ich nicht zu nah an seine Rotoren kommen kann?«

»Ich bin soweit.« Langer schob die Hunde zur Seite, umfaßte den Schraubenschlüssel fester und öffnete das Fenster. Ein Stoß eisiger Luft strömte in die beheizte Kanzel hinein, während die Maschine langsam abstieg. Langers dunkles Haar flatterte vor seinem Gesicht, als er seine Kapuze zurückschob und sich aus dem Fenster lehnte, um besser zu sehen. In der Kanzel wagte niemand, etwas zu sagen; Gorow kauerte nervös auf seinem Klappsitz, und Beaumont wußte nur zu gut, daß er eine ihm fremde Maschine steuerte und daß er zu einem gefährlichen Unternehmen ansetzte, das leicht mit einer Katastrophe enden konnte.

Beaumont ließ den Hubschrauber weiter absteigen. Aus dem Fenster sah Langer das Deck der *Elroy* immer näher kommen, sah eine Reihe von Köpfen, die zu ihm hochschauten, und aus einem Fenster auf der Brücke lugte jemand mit Schirmmütze. Vor allem aber beobachtete Langer die schwindelerregende Ellipse der mörderischen Rotorblätter unter sich, die die Luft peitschten und ständig näher kamen. Soweit er es beurteilen konnte, führte Beaumont den Abstieg mit selbstmörderischer Präzision aus – Präzision, weil seine eigenen rasenden Blätter diejenigen unter ihm ganz knapp passieren mußten, wenn er noch nahe genug an die andere Maschine herankommen wollte, selbstmörderisch, weil der Sicherheitsfaktor minimal war.

Langers Gesicht war nach der nur sehr kurzen Zeit in der Wärme von der bitterkalten Nachtluft erstarrt und ohne Gefühl; seine Augenlider waren schwer wie Blei, wollten dauernd zufallen, aber er zwang sich, sie offenzuhalten und sich weiter aus dem Fenster zu hängen. Dann sah er die verschwommenen Umrisse eines Helms unter der Kuppel der anderen Maschine; während er hinunterschaute, neigte sich der Helm, und hinter einer klaren Stelle der eisverkrusteten Kuppel war das blasse Gesicht des Piloten zu sehen. Er beobachtete, wie Beaumont direkt über ihm herunterkam. Er hatte keine Anweisung bekommen, seinen Posten zu verlassen, und jetzt war es zu spät.

Auf einmal hatte sich das Blatt gewendet. Der Russe hatte erfolgreich den amerikanischen Hubschrauber aus dem Verkehr gezogen. Jetzt aber war er eingezwängt. Er konnte weder aufsetzen noch aufsteigen, war zwischen zwei Maschinen wie zwischen zwei Sandwichhälften gepreßt. Als sie aber in dreihundert Meter Höhe waren, hätte der Russe noch entkommen können. Selbst dazu war es jetzt zu spät. Beaumont hatte gehofft, daß der Pilot die Nerven verlieren würde, daß sein langsamer Abstieg ihn in die Flucht schlagen würde. Aber er hatte in der Notlage die Nerven nicht verloren, sie waren vielmehr erstarrt. Da er unsicher war, was er unternehmen sollte, tat er nichts. Beaumont stieg weiter ab, die Lücke zwischen den Maschinen schloß sich, und die Kufen seiner Maschine schwebten dicht über der durchsichtigen Kuppel der russischen.

Sie waren jetzt so nah, daß die Luftturbulenz eine starke Sogwirkung ausübte. Langer befürchtete, aus dem Fenster gerissen zu werden und in die Hackmaschinerie der wirbelnden Rotoren zu stürzen. Er zog seinen Kopf zurück und knallte das Fenster zu. Die Turbulenz verursachte jetzt eine andere gefährliche Reaktion – die Maschine schaukelte stark. Es war nicht ausgeschlossen, daß ein Luftstrudel entstand, der die zwei Hubschrauber gegeneinander saugen würde, bis die Spitzen ihrer Rotorblätter in einem kurzen, vernichtenden Wirbel aufeinandertrafen. Die Maschinen flogen jetzt nebeneinander, und Langer öffnete das Fenster wieder.

In der sowjetischen Maschine saß ein Beobachter neben dem Piloten. Beaumont konnte sehen, wie er an seinem Kopfhörer hantierte und pausenlos redete, während er immer wieder zu ihnen herüberblickte. Dann beging Gorow eine Dummheit. Unruhig geworden vor Angst, stand er auf und schaute zu dem anderen Hubschrauber hinüber.

»Hinsetzen!« brüllte Beaumont. Er glaubte zwar nicht, daß die sowjetischen Piloten wahnsinnig genug wären, zu einer selbstmörderischen Taktik zu greifen, aber er hatte keine Ahnung, welche Instruktionen in bezug auf Gorow sie erhalten hatten. Beaumont ließ seine Maschine weiter schweben, aber er war bereit, augenblicklich geradeaus zu fliegen. Seine Aufmerksamkeit konzentrierte sich hauptsächlich auf die starke Silhouette des Mastes, von dem er sie um jeden Preis fernhalten mußte. »O. k., Horst«, rief er. »Los!«

Unter ihnen war das Deck der *Elroy* plötzlich leergefegt. Entweder hatte der Schiffskapitän einen Befehl erteilt, oder die amerikanischen Matrosen waren aus einem gesunden Selbsterhaltungstrieb heraus verschwunden und in Deckung gegangen. Beaumont beobachtete Horst und hielt seine Hand auf dem Hebel, der sie in einem schnellen Spurt vorwärts bringen würde, weg von der anderen Maschine, von dem Schiff und von dem Mast. Der Lärm in der Kanzel war jetzt unerträglich, da die Motoren der anderen Maschine das ohrenbetäubende Dröhnen verdoppelten. Der sowjetische Hubschrauber wackelte auch stark, bebte, als ob er bersten wollte.

Langer kniff die Augen zusammen, um schärfer sehen zu können. Er registrierte, daß die geschwungene Kuppel der feindlichen Maschine nur wenige Meter entfernt war. Sekundenlang schwankten sie ganz nah nebeneinander. Langer lehnte sich weit aus dem Fenster heraus. Seine Ohren schmerzten von dem Lärm, und er war gelähmt vor Kälte. Er hob den rechten Arm, hielt kurz ein und warf in hohem Bogen den Schraubenschlüssel. Dann knallte er das Fenster wieder zu.

Das Geschoß schlug auf die kugelsichere, stark vibrierende Kuppel und prallte im rechten Winkel in das Dunkel der Nacht ab. Langer starrte durch die Glaskuppel der eigenen Maschine. Es hatte funktioniert. Da die Scheibe bruchsicher war, zerbrach sie nicht, sondern bestand plötzlich aus tausend winzigen Kristallen. Die gewölbte Fläche war nicht mehr durchsichtig, sondern milchig. Der Pilot in der Maschine war blind, konnte nicht das geringste mehr sehen. Beaumont schoß von dem Russen weg, flog in Schräglage an dem Schiffsmast vorbei, der wie eine riesige Fahnenstange aufragte, und weiter über das Eis hinaus.

Jeder Hubschrauber hat am Heck kleinere Rotorblätter. Ohne Heckrotoren, die im rechten Winkel zu dem Anstellwinkel der Hauptdrehflügel angebracht werden, könnte kein Hubschrauber fliegen. Die enorme Leistung des obenliegenden Rotors verursacht eine natürliche Drehbewegung, die den Rumpf mit zunehmender Geschwindigkeit um die eigene Achse drehen würde, wenn der Heckrotor nicht eine Gegenwirkung ausübte. Der sowjetische Pilot und sein Beobachter sollten dies einige tödliche Sekunden lang erfahren.

Wie Beaumont vermutet hatte, tat der sowjetische Pilot genau das Falsche. Es war verständlich – aber tödlich. Bis jetzt hatte der Pilot hinter den Kontrollhebeln klare Sicht gehabt. Dann traf Horsts Schraubenschlüssel, und der Pilot war umgeben von undurchsichtigen, zersplitterten Fenstern, durch die er überhaupt nichts mehr sehen konnte. Die Außenwelt war für ihn milchig geworden. Seine Sicht war auf die Kanzel beschränkt; Panik überfiel ihn.

Er mußte von dem Mast wegkommen, fort vom Schiff und auf das offene Eis hinaus, wo Beaumont hingeflogen war. Er bewegte einen Hebel, schätzte die Wirkung falsch ein und flog eine leichte Kurve, wobei er den Hubschrauber kippte, um den hohen Mast zu umfliegen. Sein Manöver hatte nicht ganz den gewünschten Erfolg; seine Hauptrotoren kamen knapp an dem Mast vorbei, aber er hatte nicht an das Heck gedacht und die Maschine zu plötzlich gewendet. Der Heckrotor berührte den Mast, und sein ganzer Mechanismus fiel aus. Die Ausgleichsleistung, die der Drehbewegung entgegenwirkte, fehlte. Statt dessen beherrschten Grundprinzipien der Aerodynamik das Spiel.

Beaumont hatte einmal in Sydney, Australien, einen Film gesehen, der von einer in einem Hubschrauber angebrachten automatischen Kamera aufgenommen wurde. Er kam einem Gebäude im Hafen von Sydney zu nah. Der Heckrotor berührte das Gebäude und stürzte ins Wasser. Die Kamera zeichnete das Geschehen auf. Sie wurde aus dem Wrack, in dem zwei Leichen lagen, heraufgeholt. Der Film war furchtbar. Er erinnerte sich daran, während er die sowjetische Maschine beobachtete, und er sah mit beängstigender Klarheit, was im Innern der zum Untergang verurteilten Maschine vorging.

Die Kanzel begann zu rotieren, wie ein Kreisel zu tanzen, und die zwei Insassen drehten sich mit ihr... Sie rotierten immer schneller um die eigene Achse, während die Maschine noch in der Luft hing, wirbelten mit zunehmender Geschwindigkeit pausenlos im Kreis herum. In wenigen Sekunden hatten beide Männer die Orientierung verloren, waren machtlos den Drehungen ausgeliefert. In ihren Sitzen angeschnallt, erlebten sie das volle Ausmaß des Schreckens. Sie wirbelten wie ein wildgewordenes Karussell, jedoch mit einer Geschwindigkeit, die kein Karussell jemals erreichen konnte.

Sie wären wahnsinnig geworden, wenn es länger angehalten hätte. Aber es war ein grauenvolles, bizarres Schauspiel von nur wenigen Sekunden. Die Maschine kam aus dem Gleichgewicht, kippte zur Seite und krachte auf das Eis. Die wirbelnden Rotoren schleuderten den Rumpf noch im Kreis, als die Maschine aufprallte. Der Rumpf zerbrach in zwei Teile und flog über das Eis – dreihundert Meter von der *Elroy* entfernt. Die Drehflügel zersplitterten. Die Treibstofftanks detonierten und erzeugten eine Flammenwand, die das Eis auf der Backbordreling schmelzen ließ.

Schwarzer Rauch stieg auf und wurde von einer Brise aus dem Norden langsam weggeweht.

Noch ein anderer Zuschauer hatte den Untergang des sowjetischen Hubschraubers beobachtet. Einen Kilometer entfernt, in einer Höhe von tausend Metern, ließ Oberst Igor Papanin sein Nachtfernglas sinken und saß schweigend da, während der Pilot neben ihm auf neue Anweisungen wartete.

»Was ist passiert?« fragte Kramer von dem Sitz hinter ihnen. »Woher kamen diese Flammen?«

»Halten Sie den Mund! Ich muß überlegen.«

Papanin befand sich in einem Schockzustand. Erst vor einer Stunde war er zu der Stelle geflogen, an der die *Elroy* vom Eis eingeschlossen war, um zu sehen, was los war. Auf dem Weg dorthin hatte er per Funk von einem der Hubschrauber erfahren, daß man die Beaumont-Gruppe gefunden und die Männer auf dem Eis abgesetzt hatte, um sie von dem amerikanischen Schiff abzuschneiden. Die Nachricht hatte geklungen, als sei ihm der Sieg schon sicher gewesen.

Er war gerade rechtzeitig gekommen, um den sowjetischen Hubschrauber noch über der *Elroy* schweben zu sehen. Er hatte per Funkfernsprecher persönlich den Befehl gegeben, die Position beizubehalten. Dann war die zweite Maschine aufgetaucht. Für Minuten hatte Papanin keine Ahnung, was vor sich ging, bis der Hubschrauber über dem Schiff seine Meldung durchgab. Zum erstenmal hatte der Sibirier zugehört, ohne zu unterbrechen, ohne ein einziges Wort zu sagen. Er schwieg auch, als die Mitteilungen immer aufregender wurden und ihren Höhepunkt in einer Nachricht erreichten, die ihn schaudern ließ, als er den eindringlichen Worten lauschte, die durch den Kopfhörer kamen.

»Maschine kommt auf uns herab ... Mehrere Männer drinnen ... Ein Fenster geht auf ... Gorow! Gorow! In der Maschine! ... Viele Hunde ... Drei andere Männer ...«

Dann hörte die Mitteilung auf. Den Grund dafür konnte Papanin selbst sehen, als er das Nachtfernglas an seine Augen hob und es mühsam auf das Ziel richtete. Er hatte es gerade rechtzeitig eingestellt, um den entsetzlichen Anblick eines seiner Hubschrauber zu sehen, der völlig unkontrolliert durch die Luft wirbelte, bevor er aufschlug.

Kramer saß hinter ihm und konnte daher sehen, wie seine hängenden Schultern sich strafften. Papanin drehte sich um; sein Gesichtsausdruck erschreckte den Balten. »Nehmen Sie Funkverbindung mit der *Revolution* auf! Sagen Sie, daß ich auf dem Weg zu ihr bin. Sie sollen den Störsender sofort auf volle Touren schalten!

Alle Schiffe! Wir richten uns auf der *Revolution* ein und warten, daß die *Elroy* zu uns kommt.«

»Hydrogen–Strongbow... Hydrogen–Strongbow...«

Sobald er an Bord gegangen war, hatte Beaumont den Kapitän der *Elroy* gebeten, dieses Funksignal nach Curtis Field zu senden. Es erreichte Dawes, als es fast Mitternacht war. »Hydrogen–Strongbow...« Diese zwei Worte sagten Dawes alles – oder fast alles. »Wir haben Gorow, wir sind an Bord der *Elroy*.« Dawes verlangte sofort eine Telefonverbindung über den heißen Draht nach Washington.

Der heiße Draht verlief auf dem Weg nach Island und Europa über Curtis Field; in die andere Richtung verlief er, bevor er die Verbindung zu dem weitentfernten Washington herstellte, über Dye Two, eine entlegene Station des Frühwarnsystems auf der arktischen Eisdecke. Als die Verbindung hergestellt war, sprach Dawes mit einem Mann im Verteidigungsministerium. Adams hörte die eine Hälfte des Gesprächs mit. »Sicher haben wir Gorow an Bord eines amerikanischen Schiffes«, sagte Dawes gegen Ende seines Gesprächs, »aber zum drittenmal, mir wäre wesentlich wohler, wenn wir ein Begleitschiff schicken könnten, um die *Elroy* nach Hause zu bringen...«

»Nein, ich will nicht behaupten, daß sie an Bord eines amerikanischen Schiffes gehen würden...«, brummte er etwas später.

Zwei Minuten danach knallte er den Hörer auf und zündete sich zerstreut seine Zigarre an; das erste Mal seit siebzehn Tagen, daß er eine richtig ansteckte. »Sie wollen ihr kein Begleitschiff geben«, sagte er. »Sie sagen, die Sache sei erledigt.« Er fing an, in dem überhitzten Büro auf und ab zu gehen und auf die Wandkarte zu starren, die die Position aller Schiffe in dem Gebiet südlich Target 5 zeigte. »Sie denken in diesem Augenblick nur daran, daß der Präsident gerade jetzt in Peking mit den Chinesen anstößt.«

»Sie haben Ihre Zigarre angezündet«, machte Adams ihn aufmerksam. »Gibt es einen Grund zum Feiern?«

»Noch nicht.«

Als Adams schon zu Bett gegangen war, durchschritt Dawes immer noch langsam das Zimmer und blickte auf die Wandkarte. Er wußte, daß seine Unruhe ihn nicht schlafen lassen würde, wenn er jetzt ins Bett ginge. Mit seiner Vorahnung bewies Dawes mehr Einblick als der Mann in Washington, der gemeint hatte, die Sache sei erledigt. Tatsächlich fing es erst an.

Das Schlachtfeld

Mittwoch, 23. Februar: ein Uhr bis fünf Uhr

»Bring diese Maschine runter! Irgendwann müssen Sie doch auf diesem Scheißschiff landen!«

Papanin brüllte seinen Befehl, um sich dem Piloten über das Dröhnen der Rotoren hinweg verständlich zu machen, während der Hubschrauber unentschlossen über dem 16000-Tonnen-Forschungsschiff *Revolution* schwebte. Die Maschine kippte, von einer Windbö gestoßen, seitwärts. Papanin stand aufrecht und griff schnell nach seinem Sitz, um sich festzuhalten. Dämlicher Anfänger! Die sogenannten Piloten, die die Fliegerschule heutzutage absolvierten, waren eine Schande. Hinter dem Piloten klammerte sich Kramer aufgeregt an seinen Klappsitz: Er haßte das Fliegen, und dieser Flug war besonders turbulent gewesen. Der Pilot bekam die Maschine wieder unter Kontrolle und sprach mit dem Sibirier, ohne ihn anzuschauen.

»Es wäre besser, wenn Sie sich hinsetzen würden, Herr Oberst!«

»Es wäre besser, wenn wir schon an Bord des Schiffes wären. Bring sie runter, habe ich gesagt!«

»Die Landebedingungen sind sehr schlecht. Es ist zu gefährlich. Ich habe genug Treibstoff, um oben zu bleiben...«

Papanin setzte sich in den Beobachtersitz neben den Piloten, schob sein Gesicht sehr nah an das Gesicht des Piloten heran und sprach sehr deutlich: »Ich befehle Ihnen, auf dem Schiff zu landen. Ich habe keine Zeit, hier oben in der Luft zu hängen, nur weil Sie eine See brauchen, die so glatt ist wie ein Kinderpopo! Runter jetzt!«

Er wandte sich von dem Piloten ab und schaute auf den Ozean herunter. Der Anblick flößte kaum Vertrauen ein. Das riesige Forschungsschiff, das Paradestück der sowjetischen Handelsmarine, schaukelte in der starken Dünung. Die wuchtige Radarkuppel hinter der Brücke glänzte im Mondlicht wie eine geisterhafte Moschee mitten in der See. Hundert Meter unter dem Hubschrauber ritt das Schiff auf hohen Wellen, die nach Süden rollten. Der ganze Rumpf kippte vornüber und sackte in das Wellental. Die Spitze der Radarkuppel neigte sich zur Seite, verharrte kurz in dieser Lage und richtete sich wieder auf, als der Seegang das Schiff erneut anhob. Es war nicht weit von dem Eisfeld, und Eisschollen trieben auf den Wogen, die auf den Kamm der Wellen stiegen und gegen den Bug schlugen. Der Hubschrauber begann seinen Abstieg.

Das Gesicht des Piloten spannte sich. Er lehnte sich weit nach vorn, um die Radarkuppel sehen zu können. Unter diesen gefährlichen Bedingungen war die Kuppel sein einziger Anhaltspunkt, die Landerampe zu finden, die direkt hinter der Kuppel lag. Er mußte genau im richtigen Augenblick auf der Rampe aufsetzen – wenn sie in der Waagerechten war –, da sie sonst seitwärts umkippen würden. Vom Wind hochgepeitschte Gischt spritzte über das Plexiglas und nahm ihm die Sicht. Da der Pilot den Blick des Sibiriers spürte, setzte er den Abstieg fort. Irgend etwas, das aussah wie ein riesiges Pendel, schwankte vor der Scheibe. Es war der Mastkorb mit dem Radargerät an der Spitze. Der Mast war überladen mit elektronischen Apparaturen. Die *Revolution*, offiziell als das größte Forschungsschiff der Welt vom Stapel gelaufen, war in Wirklichkeit das größte Spähschiff der Sowjetunion.

Die Maschine fiel weiter nach unten. Die Radarkuppel, die mit der Brandung hin und her schaukelte, nahm fast die ganze Sicht ein; aber der Pilot nahm sie kaum wahr: Er beobachtete den Mastkorb dahinter, der sich senkrecht aufrichtete. Wenn er einige Sekunden lang in der Senkrechten stehen blieb, würde die unsichtbare Laderampe waagerecht sein. Die Kufen unter dem Fahrgestell trafen mit einem heftigen Stoß auf die Rampe. Wartende Techniker eilten auf den Hubschrauber zu und befestigten die Ankerbolzen. Der Sibirier öffnete die Tür, während sich die Rotoren noch drehten, und schaute zu dem Piloten zurück.

»Sehen Sie! Man weiß nie, was man alles kann, bis man es einmal versucht hat.«

Er sprang auf das Deck, wobei der Pilot ihn noch wütend anfunkelte, duckte sich, um nicht an die Rotorblätter zu geraten, und spreizte seine langen Beine, um sich im Gleichgewicht zu halten. Dann ging er weiter, mit den Händen die Reling umklammernd, als eine riesige Welle über das Deck brach. Er hielt sich an der Reling fest und atmete nicht, bis das Wasser zurückfloß. Eiszapfen hingen an seinen Ärmeln, als er sich die Leiter hochzog, die zu der großen Brücke führte. Kapitän Anatoli Tuchewski, der Kommandeur des Schiffes, öffnete die Tür, um ihn hereinzulassen.

»Oberst Papanin!« Der Sibirier zog seinen durchnäßten, tropfenden Parka aus und ließ ihn auf den Boden fallen. »Sie sind Tuchewski? Schön. Frische Kleider, bitte. Irgend etwas vom größten Matrosen an Bord. Warum fahren Sie in diesem Schneckentempo?«

Tuchewski, ein hagerer, reservierter Mann mit einem bärtigen, grimmigen Gesicht, war sehr besorgt über die Vorgänge auf seinem Schiff. Er gab Befehl, frische Kleidung zu bringen, und führte Papanin in den Navigationsraum hinter der Brücke. Er schickte einen Offizier fort, der hier mit Karte und Zirkel beschäftigt war, schloß die Tür und wandte sich dem Sibirier zu.

»Ich muß heftigen Protest einlegen...«

»Bereits notiert.«

»Ich habe Ihnen noch nicht gesagt, weswegen...«

»Interessiert mich nicht!«

»Für ein Schiff dieser Größe befinden wir uns in gefährlichem Gewässer...«

»Was gibt es sonst noch Neues?« Papanin streifte die Überhandschuhe und die Fäustlinge darunter ab und legte sie auf den Tisch. Er setzte seine Brille auf und schaute auf die Karte. Er nahm einen Bleistift und markierte etwas mit einem Kreuz. »Der amerikanische Eisbrecher *Elroy* war ungefähr hier, als ich ihn zuletzt gesehen habe. Er wird jetzt dabei sein, sich einen Weg aus dem Eis heraus zu brechen. Er wird direkt Süd fahren...« Er zeichnete eine grobe Linie in die Karte hinunter. »Wir werden weiter direkt Nord fahren.« Sein Bleistift zog die Linie wieder hoch. »Bringen Sie uns auf diesen Kurs. Und sorgen Sie dafür, daß Ihr alter Pott in Fahrt kommt!«

Tuchewski nahm seine Mütze ab und ließ sie auf die Karte fallen, um den Sibirier daran zu hindern, weitere Markierungen vorzunehmen. Er verschränkte die Arme und sah Papanin direkt in die Augen. »Ich bin der Befehlshaber dieses Schiffes. Ich habe zwar den Befehl, Sie zu empfangen, Ihre Anweisungen zu befolgen – aber noch führe ich das Kommando...«

»Natürlich!« Papanin überragte den ein Meter fünfundsechzig großen Tuchewski. Er grinste auf ihn herab. »Ich lade die Gewehre, und Sie feuern sie ab!« Er setzte sich auf den Boden, zog erst einen und dann den anderen Stiefel aus und grinste immer noch den Kapitän an.

»Ich möchte eine offizielle Beschwerde über diesen Befehl, direkt Nord zu fahren, einlegen«, fuhr Tuchewski mit gereizter Stimme fort. »Die *Revolution* ist unser modernstes und neuestes Forschungsschiff. Sie hat Millionen von Rubeln gekostet. Und trotzdem erhalte ich den Befehl, dieses Schiff in Gewässer zu fahren, in denen es von Eisbergen wimmelt...«

»Die *Elroy* hat es geschafft – streckenweise sogar ohne Radar. Ich habe gesehen, daß sie ihre Ausrüstung am Mastkorb verloren hat. Sie haben noch diesen verdammten rotierenden Wirbelwind an der Spitze Ihres Mastes – machen Sie Gebrauch davon!« Papanin stand auf und fing an, auf Strümpfen in dem Navigationsraum herumzutappen und sich alles anzusehen. »Ich möchte den Offizier sprechen, der für Funkstörung verantwortlich ist«, setzte er fort. »Wir werden eine kurze Pause einlegen, um der *Gorki* zu funken – alle Hubschrauber sollen die gegenwärtige Position der *Elroy* feststellen. Der erste, der sie findet, soll sofort hierherfliegen, um Bericht zu erstatten.«

»Warum?« brauste Tuchewski auf. »Warum eine solche Wahnsinnstat? Ich werde sofort einen Protest nach Moskau funken.«

»Das werden Sie nicht tun!« Papanin blickte ihn über die Schulter an. »Die Unterbrechung der Störaktion wird nur kurz dauern – aber lange genug, um der *Gorki* meinen Befehl zu funken. Die *Elroy* fährt südlich auf Gewässer zu, die voll von Eisbergen sind. Sie wird außerdem blind fahren – ihr Radar ist verschwunden. Für die Außenwelt existiert sie so gut wie überhaupt nicht – die Funkstörung hat sie isoliert. Lassen Sie mir bitte etwas Tee bringen, Tuchewski, und ich werde Ihnen erzählen, worum es geht.« Der Sibirier machte eine Pause. »Verstehen Sie, wir werden der *Elroy* den Weg versperren.«

Um vier Uhr morgens, nach nur drei Stunden Schlaf, wurde Beaumont geweckt von dem wiederholten donnernden Aufprall des Bugs auf das Eis. Hätte es draußen ein Erdbeben gegeben, wäre die Wirkung sanft gewesen im Vergleich zu dem Beben und dem mahlenden Geräusch, mit dem das Schiff sich durch das Packeis bohrte und das ihn weckte. Von allen Männern an Bord bekam es Beaumont mit größter Wucht zu spüren; seine Kabine, das einzig verfügbare Quartier außer einer Kabine in der Mitte des Schiffes, die er Grayson und Langer überlassen hatte, befand sich im Bug.

Er blinzelte verschlafen und wunderte sich, warum die Wände der Kabine vibrierten, als ob eine ungeheure Kraft die Täfelung durchbrechen und auf ihn herabstürzen würde. Er blickte auf die Uhr. Vier Uhr. Er hatte drei Stunden geschlafen, seitdem er an Bord gekommen war. Die Vibration der Kabinenwände ließ ein wenig nach, aber das widerhallende Krachen klang noch in seinen Ohren, als die Tür aufging und Pat Da Silva, der Maat, vorsichtig hineinspähte, einen Becher heißen Kaffee in der Hand.

»Ich wußte nicht, ob Sie schon wach sind«, sagte er mit ernster Stimme. »Und Sie trinken den Kaffee lieber schnell, bevor das Rammen wieder losgeht.«

»Danke.« Beaumont nahm den Becher und nippte vorsichtig an dem Kaffee, während er Da Silva beobachtete. Der Maat war klein und untersetzt, etwa vierzig Jahre alt, mit schwarzem lockigem Haar und einem breiten Kopf. Der erste Eindruck war, daß er zäh und kompromißlos war, aber ein Anflug von Humor lag in seinen ruhigen grauen Augen, wenn man ihn länger betrachtete. Beaumont nahm einen ordentlichen Schluck von der kochendheißen Flüssigkeit. Amerikanischer Kaffee, sehr stark.

»Es geht schon wieder los«, warnte Da Silva, während er sich an dem Türrahmen festhielt. Das Schiff bewegte sich vorwärts, die Motoren dröhnten mit voller Kraft. Direkt hinter der Wand der Kabine lag der Bug und dahinter das Eis. Der verstärkte Bug durchschnitt jetzt schwarzes Wasser. Beaumont streckte seine Hand aus und wartete. Sein Kaffeebecher war schon dreiviertel leer. Er stemmte die andere Hand gegen das Fußende der Koje. Das Schiff rammte das Eis.

Die Kabine zitterte von dem gewaltigen Zusammenstoß. Da Silva verlor fast seinen Halt und wäre durch die Kabine geschleudert worden, wenn er sich nicht rechtzeitig gefangen hätte. Beaumont hatte das Gefühl, als würde der Bug aufbrechen und die Täfelung sich wölben, als würde die Kabinenwand in den nächsten Sekunden zusammenfallen und eine Lawine zerbröckelten Eises sie verschütten. Aber er wußte, daß es nicht passieren würde: Er war auf einem Eisbrecher. Das Schiff blieb stehen, die Motoren pochten weiter. Beaumont betrachtete den verspritzten Kaffee auf der gegenüberliegenden Wand. »Kommen wir vorwärts?« fragte er.

»Kaum. Das geht seit über einer Stunde so – wie Sie dabei schlafen konnten, ist mir schleierhaft –, und wir sind festgefahren. Das Problem ist, daß wir nicht nur das Radar eingebüßt haben, sondern auch der Ausguck untergegangen ist... Mit dem Steuermann«, fügte Da Silva sachlich hinzu. »Weshalb ich zum Steuermann vom Dienst befördert wurde. Aber ich hätte gern darauf verzichtet – Carlson war ein prima Kerl. Wir brauchten jemanden im Mastkorb«, erklärte er, »der uns sagen könnte, mit welchem Winkel wir das Eis rammen sollen. Der Haken ist nur, daß es keinen Mastkorb mehr gibt, auf den wir jemanden schicken könnten.«

Während das Schiff sich aus dem Eis zurückzog, zog Beaumont Stiefel und Parka an. Die Kabine vibrierte wieder; das mahlende, knirschende Geräusch von Stahl, der sich dem Schraubstock des Packeises entzog, war entsetzlich.

»Ich gehe auf die Brücke. Ich möchte sehen, was los ist«, sagte

Beaumont, während er den Parka zumachte. Er blickte dem Maat direkt ins Gesicht. »Hab' ich's mir nur eingebildet«, forschte er, »oder war die Begeisterung tatsächlich nicht so groß, als wir an Bord kamen?«

Da Silva war die Frage unangenehm. »Machen Sie sich am besten nichts draus.« Er zögerte. »Schmidt war tatsächlich nicht gerade erfreut darüber, das Schiff im Februar so weit nördlich führen zu müssen. Es heißt, er hätte einen strikten Befehl aus Washington erhalten – um jeden Preis nach Norden, und scheiß auf die Konsequenzen. Er nimmt es Ihnen irgendwie übel, daß Sie überhaupt leben, daß Sie ihn hierher verfrachtet haben.«

»Einige von der Crew auch?«

»Vielleicht ein paar Männer. Wir waren auf dem Weg nach Hause, nach Milwaukee, als der Befehl durchkam. Sie werden es schon verwinden ...«

Aber noch war es nicht soweit. Beaumont spürte die Feindseligkeit um sich herum, als er auf die Brücke ging. Er hätte blind und gefühllos sein müssen, um sie nicht zu bemerken. Matrosen, an denen er vorbeiging, ignorierten ihn völlig. Ein stämmiger Bursche, der in einem Gang nach unten auf Händen und Knien den Boden schrubbte, schob Beaumont seinen Eimer in den Weg.

»Nimm den Eimer weg, Borzoli, schnell!« schnauzte der Maat.

Der stämmige Maat schaute auf. »Ich habe dich nicht gesehen, Pat ...« Er schob den Eimer zur Seite. Es war nicht nur, daß man sie die Eisberg-Gasse hinaufgeschickt hatte, überlegte Beaumont, während er eine Treppe hinaufging; Da Silva hatte ihm nicht die ganze Wahrheit erzählt. Man gab ihm die Schuld an Carlsons Tod. Es sah aus, als könnte dieser bedauerliche Unfall die ganze Fahrt verderben; die Männer auf einem Eisbrecher waren nicht gerade die sanftesten Typen unter den Seeleuten. Kapitän Schmidts erste Bemerkung war auch nicht eben ermutigend.

»An Ihrer Stelle, Beaumont, würde ich in meinem Quartier bleiben. Sie brauchen Ruhe.«

Von der oberen Brücke hatte man eine gute Sicht auf das Eis vor dem Schiff, das durch die Wasserrinne fuhr, um noch einmal das Packeis zu rammen. Die bestehende Rinne war wenigstens so gewesen, daß Schmidt sein Schiff hatte wenden können, bevor er das Packeis attackierte, um den Weg nach Süden freizubekommen. Am Ende der Rinne war das Eis angeschlagen, aber noch intakt, und das Rammen des Bugs hatte noch keine Bresche hineinschlagen können. Beaumont ließ die Reling los, an der er sich festgehalten hatte, und sah Schmidt an. »Wir stecken in der Patsche. Um diese Jahreszeit wird sich noch mehr Eis bilden – und wenn wir nicht bald rauskommen, werden wir hier feststecken, bis der Frühling kommt...«

»Glauben Sie, das wüßte ich nicht?« Die Augen des Kapitäns unter der Schirmmütze starrten Beaumont düster an. »Gegen mein besseres Wissen sind wir Ihretwegen hierhergekommen. Auf Ihre Ratschläge kann ich also gut verzichten.«

»Sie brauchen einen Mann hoch oben«, beharrte Beaumont, »Dreißig Meter hoch, um den besten Winkel zum Rammen zu erkennen, einen, der das kleinste Anzeichen einer Spalte entdekken kann, um uns zu sagen, wo wir das nächste Mal ansetzen müssen...«

»Kommen Sie mit!«

Schmidts Gesichtsausdruck war noch düsterer, als er den Befehl gab, das Schiff anzuhalten, und dann die Brücke rasch verließ. Sie stiegen rückwärts eine glatte Leiter hinab, die erst kürzlich von Eis befreit worden war. An Deck schaufelten ganze Gruppen von Männern das Eis über die Seiten, große Eisplatten, die andere Matrosen mit Brecheisen von dem Deck abhoben. Die Sikorsky der *Elroy* setzte gerade zur Landung an, schwebte über der Landerampe hinter der Brücke und stieg ab. »Wir behalten die Russen draußen auf dem Eis im Auge«, sagte Schmidt bissig. »Wie Sie vorgeschlagen haben«, fügte er widerwillig hinzu. »Ein sowjetischer Hubschrauber hat sie vor einer halben Stunde herausgeflogen.« Sie waren am Fuß des riesigen Mastes angelangt. »Schauen Sie ihn sich gut an«, brummte Schmidt.

Die gewaltige Konstruktion ragte in das Mondlicht auf. Dreißig Meter über ihnen war die Spitze des Mastes gezackt und abgebrochen. Es sah aus, als wäre er gegen eine Hauswand gestoßen. Die Saling darunter war noch heil, und trotz der Höhe konnte Beaumont sehen, daß sie mit Eis überzogen war. Ein Matrose kippte eine gewaltige Eisscheibe um, die er mit seinem Brecheisen angehoben hatte. Sie krachte wenige Zentimeter neben Beaumonts rechtem Fuß herunter, aber nur, weil Beaumont seinen Fuß rechtzeitig weggezogen hatte. »Wenn du das noch mal machst«, brüllte Schmidt, »steck ich dich in Arrest. Geh nach Backbord!« Er wartete, bis der Matrose gegangen war, bevor er etwas sagte. »Sie haben Carlson alle gemocht«, erklärte er.

»Und sie machen mich für seinen Tod verantwortlich?«

»Das habe ich nicht gesagt. Aber sehen Sie sich das doch an, um Gottes willen. Und Sie meinen, ich soll einen Mann da hinaufschicken!«

Eine Metalleiter führte an dem eisverkrusteten Mast hoch. Die Sprossen waren mit glänzendem Eis verkrustet, die Takelage war mit Eis behangen, drei Meter lange Eiszapfen hingen von den Spitzen der Saling. Vom Deck aus gesehen, erschien der Mast Beaumont wie ein mysteriöser Hochspannungsmast aus Glas. Auf jeden Fall sah er vollkommen uneinnehmbar aus.

»Ich habe nicht gesagt, daß Sie einen Mann hochschicken sollen«, erwiderte Beaumont. »Ich komme schon selbst hoch. Ich brauche einen Lederriemen, um mich anzuschnallen, Segeltuchpolsterung um den Mast und ein Sprechfunkgerät für die Verbindung mit der Brücke...«

»Und einen Sarg für Ihre Beerdigung«, fügte eine Stimme hinter ihm hinzu.

»Das ist Quinn, der Hubschrauberpilot«, stellte Schmidt barsch vor. Beaumont schüttelte Quinn die Hand, der erste Mann, der ihm diese Höflichkeit entgegenbrachte, seitdem er an Bord gekommen war. Quinn, schlank, schlaksig und Anfang Dreißig, wiederholte seine Warnung.

»Sie hätten eigentlich schon auf dem Eis sterben sollen. Das sind Sie nicht – also bleiben Sie besser in Ihrer Kabine, bis wir Quebec anlaufen. Wir werden eines Tages ankommen.«

Schmidt starrte resigniert auf den Mast. »Das brauchten wir schon – einen Mann dort oben. Aber wozu sollten Sie da oben gut sein?«

»Diesselbe Aufgabe habe ich auf Ihrem Schwesterschiff, der *Exodus*, ausgeführt«, antwortete Beaumont gelassen. »Vor drei Jahren, nördlich der Baffin-Bucht. Sie versuchte, die Smith-Enge hinaufzufahren, und geriet in ähnliche Schwierigkeiten – massives Eis vor ihr. Ich kannte das Gebiet, und deswegen bin ich auf den Mast geklettert und habe sie hindurchgeführt.«

»Das ist MacDonalds Schiff.« Schmidt starrte zuerst Beaumont und dann den Maat an. »Eine Sprechverbindung haben wir bereits oben, und der Mast ist auch schon gepolstert – Da Silva war oben, um eine Lücke im Eisfeld zu suchen, aber ich habe ihn wieder heruntergeholt, bevor wir anfingen, auf das Packeis einzuhämmern.«

»Mac war der Kapitän, als ich auf der *Exodus* war.« Beaumont lächelte trocken. »Er hat mir danach eine Art Kinderausweis ausgestellt, der besagte, daß ich als Lotse in der Smith-Enge fungieren durfte. Und ich bin der Meinung, daß wir von hier wegkommen sollten – die Funkstörung macht mir Sorgen.«

»Das übliche Verfahren, wenn die Iwans nicht bei Laune sind. Wissen Sie, was passieren wird, wenn Sie dort oben sind und ich das Packeis ramme? Das ist Selbstmord.«

Beaumont schaute auf das Deck, wo die Matrosen immer noch Eis über Bord hievten. Die Köpfe wandten sich ab, als er ihren

Blicken begegnete. Ein Mann spuckte auf das Deck, nahm aber seine Arbeit schleunigst wieder auf, als Schmidt ihm einen strengen Blick zuwarf. »Selbstmord?« wiederholte Beaumont. »Dann werden alle Mann an Bord endlich zufrieden sein.«

Drei Stunden Schlaf hatten Beaumonts Lebensgeister wiedererweckt, aber er war noch lange nicht so energiegeladen wie sonst, als er, dick eingemummt, die vereiste Leiter hochstieg. Ein Lederriemen war um seine Brust geschlungen, ein zweiter mit Schnappverschluß, den er um den Mast legen würde, baumelte herunter. Den Kopfhörer des Funkgeräts hatte er unter seiner Pelzkapuze schon aufgesetzt. Auf dem Deck unter ihm war ein Stimmungsumschwung eingetreten. Die Matrosen waren vor zehn Minuten noch so feindselig gewesen. Jetzt unterbrachen sie ihre Arbeit und starrten mit Bewunderung auf den großen Engländer, der die mörderische Leiter hochkletterte. Beaumont hatte die Veränderung zwar gespürt, als er das zweitemal aufs Deck gekommen war, ignorierte sie aber trotzdem. Sie können mich alle mal...

Sieben Meter über dem Deck hielt er an und trat seinen Stiefel mit voller Wucht gegen das Eis, um es loszubrechen. Sein Fuß rutschte aus, seine Hand klammerte sich fester um eine Sprosse, aber das Eis war noch ganz. Die Leiter schien aus solidem Eis zu bestehen. Während er weiter aufwärts stieg, fühlte er, wie die arktische Kälte durch seine Handschuhe drang, unter die Fäustlinge und darunter einsickerte und an der rauhen Haut seiner Finger raspelte. Die schneidende Nachtluft ließ sein Gesicht erstarren und biß sich in seinen Augenlidern und an seiner Kehle fest. Seine Augen tränten, so daß er alles nur verschwommen sah. Er stieg höher, und das Empfinden der schonungslosen Kälte fing an, alles andere auszulöschen: das Dröhnen der wartenden Motoren, das Scheinwerferlicht, das Schmidt auf das Eis vor dem Bug gerichtet hatte, und das endlose Eisfeld, das sich gegen Süden erstreckte.

In dreizehn Meter Höhe verfing sich der Schnappverschluß an einer Sprosse, der an einem Riemen um seine Brust baumelte. Einen Fuß hatte er noch auf einer Sprosse, der andere war schon nach der nächsten Sprosse ausgestreckt, als sein Körper sich in der Luft ruckartig spannte. Es traf ihn unerwartet, und er verlor das Gleichgewicht. Der eine Fuß baumelte noch im leeren Raum, während der untere Stiefel, der auf der Sprosse aus Eis balancierte, sein ganzes Gewicht halten und den Ruck auffangen mußte, als er plötzlich steckengeblieben war. Dann rutschte der untere Stiefel von der Sprosse ab, und Beaumont fiel.

Er schwebte dreizehn Meter über dem vereisten Deck, nur durch einen Handgriff mit der Leiter verbunden. Er versuchte, seine

Handschuhe an dem glatten Eis festzukrallen und das Gleichgewicht wiederzufinden. Seine Stiefel pendelten in der Luft und suchten nach Sprossen, die er nicht sehen konnte. Er fühlte, wie seine Hände den Halt verloren und langsam von der vereisten Sprosse abrutschten. Dann fand ein Fuß Halt an einer Sprosse. Damit konnte er einen Teil des Gewichts auffangen. In der nächsten Sekunde hatte Beaumont auch den zweiten Fuß wieder auf der Leiter. Während er nach Luft schnappte, riskierte er einen Blick nach unten auf das Deck und sah die winzigen Gesichter, die zu ihm hochschauten. Er wartete, bis sein Puls sich normalisiert hatte und setzte seinen Aufstieg fort.

Das nächste Hindernis war die Saling. Die Stahlleiter endete direkt unterhalb, da sie, so nahm Beaumont an, durch eine Klapptür in den Ausguck geführt hatte, in dem Carlson den Tod gefunden hatte. Jetzt mußte er über sie hinwegklettern und anschließend über die Saling steigen, bevor er sich rittlings auf sie setzen und den Riemen an seiner Brust an den Mast über ihm befestigen konnte. Er war fast dreißig Meter über dem Deck. Bevor er dieses schwierige Manöver in Angriff nahm, streckte er eine Hand hoch, um die Segeltuchpolsterung, die um die Saling gewikkelt war, zu untersuchen. Er stellte fest, daß sie verrutschte und daher keinen sicheren Sitz bot.

Es dauerte zehn qualvolle Minuten, bis er sich über die Saling gezogen und auf die Segeltuchmanschette gesetzt hatte, den Mast zwischen den Oberschenkeln. Er mußte den zweiten Riemen in einer Schleife um den Mast legen. Zum Schluß verband er die Anschlußklemmen des Funkgeräts mit dem Kasten, der schon an dem Mast hing. Erst dann spürte er, daß sein Körper unter der Kleidung in Schweiß gebadet war und daß ihm Schweiß das Gesicht herunterlief. Er tastete nach einem Taschentuch in seiner Manteltasche und wischte über sein Gesicht. Eistropfen lösten sich von seiner Stirn. Bevor er Verbindung mit der Brücke aufnahm, schaute er sich um. Die Aussicht war überwältigend.

Er schob eine Seite der Kapuze zurück, um zu horchen. Er hatte es sich also nicht eingebildet: Unheimliche quiekende und quietschende Geräusche hallten über das Eis, denen ein dumpfes Donnern folgte – wie von einem vulkanischen Ausbruch. Er konnte die Quelle dieses Rumorens erkennen – weniger als einen Kilometer von der *Elroy* entfernt. Eiswände, die aus seiner Höhe und Entfernung nicht größer schienen als kleine Wellen, schichteten sich nach und nach auf und krochen über das Eisplateau, weg von der *Elroy* in südliche Richtung. Während er schaute, erschien ein Streifen dunklen Wassers, der in entgegengesetzter Richtung zur *Elroy* breiter wurde. Das Geräusch von knackendem Eis erfüllte die Nacht, Eis, das einander zerbrach. Die Wasserrinne wurde immer weiter und öffnete sich schließlich zu einem dunklen Gürtel, der der Ozean sein mußte. Die *Elroy* mußte zu dieser Rinne durchbrechen.

Der Riemen am Mast engte Beaumont ein. Trotzdem drehte er sich um und schaute über das Heck hinweg. Eine offene Rinne, weniger als einen Kilometer lang, erkannte er hinter dem Schiff, und weit hinten, am Ende dieser Rinne, lag das Wrack des sowjetischen Hubschraubers, den Beaumont zu dem Schiff geflogen hatte. Er hatte die Maschine absichtlich unter dem Bug der *Elroy* gelandet, und später hatte Schmidt den Rest erledigt. Eine kurze Strecke hatte er das Schiff rückwärts laufen lassen und dann in das Eis gerammt, gegen die Maschine, die am Rand des Eises stand. Dann hatte der Bug die Überbleibsel des Hubschraubers mitgeschleppt und sie in das Wasser fallen lassen. Aber nicht das Ende der Rinne interessierte Beaumont; mit Entsetzen nahm er etwas wahr, was weit dahinter lag.

Von einer aufkommenden Brise aus dem Norden getragen, kroch eine schwarze Wolke auf das Schiff zu. Es waren Nebelwolken, die sich von dem Nebel, der Target 5 umlagert hatte, deutlich unterschieden. Ein schwarzer Vorhang, Hunderte von Metern hoch, glitzerte unheilvoll im Mondlicht. Eine Eisnebelbank trieb auf das Schiff zu. Es war das am meisten gefürchtete Phänomen in der Arktis. Beaumont starrte auf diese Bank gefrorenen Nebels, eine seltene und äußerst heimtückische Wettererscheinung. Sie kann Erfrierungen verursachen, die eine sofortige Amputation erforderlich machen, wenn der Eisnebel sich um einen Menschen legt. Wenn er Beaumont auf dem Mastkorb erwischte, würde er innerhalb von Sekunden sterben. Schon breitete sich dieser Nebel über die Eisrückenzone aus. Rasch sprach er in das Mikrophon, das von seinem Kinn baumelte.

»Schmidt! Fahren Sie rückwärts!«

Er umklammerte den gepolsterten Mast, während das Dröhnen der Motoren stärker wurde. Das Schiff bewegte sich rückwärts und glitt durch das dunkle Wasser. Die unmittelbare Wirkung auf die Mastspitze war sanfter, als Beaumont befürchtet hatte: nicht mehr als ein leichtes Schwingen. Unten glitt das Eisfeld vorbei, und zu beiden Seiten erschien dunkles Wasser, dunkle Flecken gegen die Blässe des Packeises. Das Schiff verlangsamte sein Tempo und blieb stehen. Beaumont wußte, was auf ihn zukam, und er spürte, wie seine Bauchmuskeln sich spannten. Es bedurfte eines bewußten Appells an seine Willenskraft, um die Maschinerie in Bewegung zu setzen, den Befehl in das Mikrophon zu sprechen.

»Halbe Fahrt! Vorwärts!«

»O. k., Beaumont, es geht los. Halten Sie sich fest!«

Beaumont preßte sich gegen den Mast, den Kopf zur Seite. Damit bereitete er sich auf den Aufprall vor. Die Antriebskraft steigerte sich, zitterte den Mast hinauf, und das Schiff schob sich vorwärts. Das Eisfeld weit unter ihm glitt nun in entgegengesetzter Richtung vorbei. Beaumont beobachtete den immer schmaler werdenden Wasserfleck. Denn wenn der Fleck verschwunden war, würde der Eisbrecher auf Eis stoßen, Schiff gegen Eis, Stahl gegen die Barriere, eine bewegliche Masse gegen eine unnachgiebige Kraft. Der Fleck wurde schmaler, war nur noch ein schwarzer Strich auf dem weißen Eis und verschwand dann ganz. Das Schiff fuhr immer schneller... Grkkk!... Der verstärkte Bug schlug auf. Der Aufprall ließ das ganze Schiff beben, raste den Mast hoch. Der Mast bebte, peitschte hin und her und vibrierte bis in die Spitze. Er traf Beaumont wie einen Hammerschlag. Verzweifelt klammerte er sich an den Mast und preßte seinen Körper gegen das Segeltuch. Die Vibration wurde langsamer und hörte dann ganz auf. Der Eisbrecher stand still, war im Eis festgefahren.

Beaumont lockerte seinen Griff und schaute nach vorn. Vor dem Bug wurde ein dunkler Riß sichtbar, der jedoch kaum länger war als einen Meter. Er schaute auf das Eis zu beiden Seiten der Ritze, auf der Suche nach einer größeren Spalte; aber er fand nichts. Das Eis war noch intakt. Er hatte sich so stark darauf konzentriert, daß es ein paar Sekunden dauerte, bis er merkte, daß Schmidt mit ihm sprach. Er packte den Mast etwas fester, sah, daß die offene Rinne sich in einer Entfernung von etwa einem Kilometer verbreiterte. Erst dann hörte er Schmidts energische Stimme wieder, die ein wenig besorgt klang.

»Beaumont, hören Sie mich? Beaumont...«

»Alles o. k. Wir haben nicht allzuviel erreicht diesmal. Dasselbe noch mal, kann ich nur sagen. Versuchen Sie, das Eis an genau derselben Stelle zu treffen, wenn es geht.«

»Zurück?«

»Ja, Schmidt, den Rückwärtsgang.«

Die mächtigen Motoren heulten auf, die Schraube drosch das dunkle Wasser am Heck. Von seiner enormen Höhe aus konnte Beaumont spüren, wie der Eisbrecher kämpfte, um sich aus dem Eis loszureißen. Die *Elroy* hatte sich verfangen, als sie ihre ganze Masse gegen das Eis geworfen hatte. Das Eis hatte sich gespalten, hatte den Bug einschneiden lassen und sich dann wie eine Schere um ihn geschlossen. Das Dröhnen steigerte sich ein zweites Mal, entwickelte noch mehr Kraft, und als Beaumont schon sicher war, daß Schmidt es nicht schaffen würde, riß sich das Schiff plötzlich los. Der tosende Lärm des zerschmetternden Eises war stärker als das Dröhnen der Motoren. Die *Elroy* glitt rückwärts und hinterließ dunkle Flecken auf der Backbordseite, wo sich Farbreste auf dem angeschlagenen Eis abgescheuert hatten. Während das Schiff rückwärts fuhr, schaute Beaumont zurück. Der schwarze Vorhang des Eisnebels rückte nun schon über den Gürtel der ebenen Eisfläche vor und kam dem Schiff immer näher. Er wartete, bis das Schiff wieder zum Stillstand gekommen war.

»Halbe Kraft! Vorwärts!«

Schmidt hatte das Schiff diesmal die Wasserrinne weiter zurückgefahren, damit der Bug durch einen längeren Anlauf mit größerer Wucht auftreffen würde. Beaumont hielt sich fest. Mit halbgeschlossenen Augen starrte er nach unten und beobachtete den schmaler werdenden Wasserstreifen, ohne zu wissen, daß Grayson und Langer an Deck standen, sich an der Reling festklammerten und mit vor Entsetzen weit aufgerissenen Augen zu ihm hochschauten. Die Lücke schloß sich, und das Eis schoß ihm entgegen. Der zweite Aufprall war weit stärker. Das Beben schoß den Mast hoch, und Beaumont war ernsthaft in Schwierigkeiten. Er flatterte wie ein Blatt an dem heftig schwankenden Mast. Vor seinen halb zusammengekniffenen Augen zitterte die weite Eislandschaft, als ob sie von einem Erdbeben geschüttelt würde. Dann stand das Schiff wieder.

Dreißig Minuten lang ging es bei halber Fahrt so weiter, dreißig Wunden schlagende, vernichtende Minuten. Beaumont änderte den Angriffswinkel und benutzte die *Elroy* als seinen persönlichen Sturmbock, mit dem er auf das Eisfeld einhämmerte. Langsam wendete sich das Blatt. Das Eis zerbrach Stück um Stück und zeigte ein dunkles Zickzackmuster. Gleichzeitig geschah etwas anderes – nicht ganz so langsam. Beaumont wurde systematisch in einen Zustand versetzt, in dem er kaum noch sein Tun registrierte. Sein Gesicht schmerzte entsetzlich von der Kälte und zeigte furchtbare Quetschungen von dem häufigen Aufprall gegen das Segeltuch. Jetzt hatte der Eisnebel ihn fast erreicht. Sie mußten schnell durchbrechen, bevor er ihn tötete.

»Rückwärts, Schmidt«, ächzte Beaumont. »Diesmal bis zum Ende der Rinne.«

Sie fuhren zurück, zu weit zurück. Ein Finger des schwarzen Eisnebels kroch über die Stelle hinaus, an der der U-Boot-Jäger untergegangen war. Der Finger krümmte sich um den Mast, und

Grayson, der sofort erkannte, was los war, brüllte zu der Brücke hoch auf eine Art und Weise, der Passagiere sich selten bedienen, wenn sie den Kapitän des Schiffes anreden: »Vollidiot – machen Sie, daß wir wegkommen! Beaumont steckt im Frost!«

Beaumont spürte den tödlichen Frost, als Dunkelheit alles auslöschte. Das Eisfeld, das Wasser unter ihnen, sogar das Deck verschwand. Er hatte nach vorn geschaut und das nächste Rammmanöver abgeschätzt, als der Eisnebel sich über ihm zusammenzog. Außer Atem vor Erschöpfung, hatte er tief eingeatmet; ein Schaudern durchfuhr ihn. Er hatte das Gefühl, daß seine Lungen gefrieren und sich mit flüssigem Eis füllen würden. Er schnappte nach Luft und fühlte ein ungeheures Gewicht auf sich, das versuchte, ihn von der Saling herunterzuzerren. Das Schiff bewegte sich endlich vorwärts und entzog ihn der eisigen Gefahr. Er öffnete die Augen, die er instinktiv geschlossen hatte, und stellte mit Entsetzen fest, daß sein Parka mit Schichten von Eiskristallen überzogen war. Er war kurz davor gewesen, selbst zu Eis zu werden.

»Alles in Ordnung, Beaumont? Beaumont, Beaumont...«

Schmidt hatte die gewohnte distanzierte Kontrolle über seine Stimme verloren, die jetzt voll Not und Besorgnis war.

»Alles in Ordnung. Diesmal schaffen wir es!« Beaumont holte tief Luft. »Wir müssen die Backbordseite des Eises fünfzig Meter vor dem Riß treffen. Haben Sie verstanden?«

»Fünfzig Meter vor dem Riß?« fragte Schmidt ungläubig.

»Ja. Backbordseite! Fünfzig Meter! Ich werde sie abprallen lassen – in einen Riß auf der Steuerbordseite. Volle Kraft!«

»Volle Kraft? Das bringt Sie um...«

»Bringen Sie dieses verdammte Schiff in Bewegung, Schmidt!« Beaumont brüllte in das Mikrophon. »Wenn ich volle Kraft sage, meine ich volle Kraft!«

»O. k. Das ist Ihre Entscheidung.« Schmidt hielt gerade noch an sich – fast hätte er gesagt: »Das ist Ihre Beerdigung.«

Die *Elroy* drängte vorwärts und dröhnte stärker als zuvor. Sie schnitt durch das dunkle Wasser und schlug eine Bugwelle gegen das Eis zu beiden Seiten, während die Antriebskraft sich zu maximaler Höhe steigerte, um sich gegen die Barriere zu werfen. Beaumonts Taktik war ungewöhnlich: Er hatte Schmidt Anweisung gegeben, das gewaltige Gewicht des fahrenden Schiffs gegen eine andere Stelle im Eis zu schleudern, damit es bei Abprallen gegen einen Teil des Eises schlagen würde, den es sonst nicht erreichen konnte, einen Bereich, in dem ein breites Zickzackband sich weit in Richtung einer immer breiter werdenden Rinne erstreckte. Es war eine Methode, die er schon einmal ausprobiert hatte und die auch erfolgreich gewesen war, als er vor drei Jahren die *Exodus* in die Smith-Enge gelotst hatte. Allerdings nicht bei voller Kraft.

Diesmal blieb er mit Schmidt in Funkverbindung, um den Anlauf des Schiffes genau zu lenken, um es genau an eine bestimmte Stelle des Eises auf der Backbordseite zu bringen.

Unter ihm an Deck hatte sich inzwischen einiges geändert. Schmidt hatte angeordnet, daß alle Mann das Deck vor dem neuen Aufprall räumen müßten. Grayson war auf die Brücke gegangen, lehnte sich aus einem Fenster und starrte zu der winzigen Gestalt auf der Saling hoch, die er kaum ausmachen konnte. Volle Kraft... Wenn es möglich gewesen wäre, hätte er Schmidts Befehl widerrufen.

Beaumont auf der Mastspitze starrte nach Backbord. Seine Kleidung, von den Eiskristallen schwer wie ein Stahlpanzer, hing bleiern an seinen Gliedern. Er erteilte eine letzte Anweisung. »Wenn Sie merken, daß sie durchkommt, Schmidt, machen Sie weiter...« Das Schiff schob vorwärts, und das Dröhnen der Motoren hämmerte in Beaumonts Kopf. Er schlang seine Arme fest um den gepolsterten Mast und atmete tief ein. Das Schiff prallte auf.

Der Bug der *Elroy* rammte das Eis auf der Backbordseite und schlug in einem Winkel auf die Barriere. Das Schiff prallte von der Barriere ab, schwang in einem Winkel herum, schoß weiter vorwärts und rammte mit furchtbarer Wucht das Eis auf der Steuerbordseite. Beaumont hatte den Eisbrecher als riesigen Billardball benutzt und den Bug gegen eine Seite karambolieren lassen, damit er auf der entgegengesetzten Seite in der Nähe der gezackten Rinne aufschlagen konnte. Das Dröhnen der laufenden Motoren übertönte ein neues Geräusch, ein mahlendes Krachen, das durch das ganze Schiff lief und die Crew unter Deck erstarren ließ. Aber die Wirkung in Meereshöhe war nichts im Vergleich zu dem, was auf der Mastspitze passierte.

Der Mast vibrierte wie eine Stimmgabel, peitschte vor und zurück, als ob er sich von dem Schiff losreißen wollte. Beaumont wurde mit dem fast dreißig Meter hohen Mast hin und her geschleudert. Der Mast bog sich wie ein Spazierstock unter enormem Gewicht. Die Belastung war entsetzlich, fast unerträglich, und Beaumont verlor die Orientierung, als das Peitschen sich fortsetzte – hin und her mit einer unglaublichen Geschwindigkeit. Er fühlte, wie seine Kräfte ihn verließen, daß er nahe daran war, das Bewußtsein zu verlieren. Er hatte das Gefühl, daß sämtliche Zähne aus seinem Mund losgerüttelt würden, daß sein Kopf von seinem Rumpf geschüttelt würde, daß sämtliche Glieder von seinem Körper fortstreben würden.

Er öffnete die Augen, die Hände noch um den Mast geklammert, und alles war verschwommen. Er konnte nicht erkennen, ob das Schiff stand oder sich noch bewegte. Er blickte nach unten, sah einen riesigen Riß, fast schon eine offene Rinne, und ließ sich gegen den Mast fallen. Er spürte das kalte Mikrophon an seinem Kinn. Er sprach wie in Trance, ohne es zu merken, redete wie jemand, der Auswendiggelerntes wiederholt. »Weiter, Schmidt, weiter...« In seinem Mund schmeckte er etwas Salziges, Blut, und ein brennender Schmerz durchzog seine Schulterblätter, als ob sein Rücken gebrochen wäre. »Weiter, Schmidt...«

Schmidt machte weiter. In dem Moment, als sie das Eis zu Steuerbord trafen, in der Sekunde, als er das Eindringen spürte, hatte Schmidt das Schiff in voller Fahrt gehalten. Der verschrammte Bug hämmerte auf das Eis ein, hob sich und erzwang sich seinen Weg vorwärts. Große Eisplatten wurden zur Seite geschoben, aufgerichtet, zusammengewalzt. Der Bug biß sich tiefer und tiefer in das Eis hinein, zog unentwegt weiter und zerschmetterte die Barriere, die endlich nachgab. Der Erste Ingenieur im Motorenraum starrte auf seine Meßgeräte, unfähig, seinen Blick von den Zeigern abzuwenden, die weit über dem Gefahrenpunkt vibrierten. Wenn Schmidt nicht aufpaßte, würden die Dampfkessel bersten.

Schmidt beachtete das nicht, sondern blieb bei voller Kraft. Das Schiff reagierte gut, blieb nicht stehen, sondern bestieg mit seinem Bug das Eis, ritt auf ihm und brach es durch sein bloßes Gewicht und seine ungeheure Kraft.

Beaumont auf dem Mast, kaum noch bei Bewußtsein, begriff nur nach und nach, was unten vor sich ging. Er sah, wie das Eis immer weiter zurücklief. Dann wußte er, daß sie durchkommen würden. Er verlor das Bewußtsein, sein Griff lockerte sich, und er rutschte von der Saling herunter. Wie ein Gehängter baumelte er in dem Brustriemen. Sein Körper schaukelte wie ein Pendel hin und her.

Ausgerechnet Borzoli, der stämmige Matrose, der Beaumont noch vor kurzem den Eimer in den Weg geschoben hatte, stieg hoch, um ihn zu holen. Grayson hatte seinen Fuß schon auf der vereisten Leiter gehabt, als Borzoli ihn zur Seite schob: »Sie sind zu klein für diese Arbeit, mein Freund...« Wahrscheinlich war der Matrose der einzige Mann an Bord, der es hatte wagen können; obwohl einige Zentimeter kleiner als Beaumont, war er wie ein Bierfaß gebaut. Er kletterte den schwankenden Mast hoch, während der Eisbrecher weiter durch das Eis drang.

»Mein Gott, er muß tot sein...« Langer, der neben Grayson stand, hielt sich an der Leiter fest, um nicht zusammenzubrechen, während sie entgeistert auf den Körper starrten, der fast dreißig Meter über ihnen in der Nacht baumelte.

Beaumont schwang wie ein Gehenkter am Mast hin und her, schlug jedoch nicht gegen den Mast. »Der Riemen wird sein Gewicht nicht viel länger halten«, murmelte Grayson. Borzoli wurde jetzt kleiner. Er bewegte sich mit unglaublichem Tempo nach oben, und Grayson saß die Angst um beide Männer im Nacken – um Beaumont, von dem er jede Sekunde erwartete, daß er von der Saling reißen würde, und um Borzoli, der nur einen einzigen Fehltritt machen mußte, um zwanzig oder fünfundzwanzig Meter herunterzustürzen. Er war jetzt nahe an der Saling.

Grayson wollte seinen Augen kaum trauen, als er sah, wie die winzige Gestalt stehenblieb. Er schaute beiseite, unfähig, weiter zuzusehen. Das Schiff prallte plötzlich mit furchtbarem Ruck auf, und Grayson verlor seinen Halt. Er wurde über das vereiste Deck gegen eine Schotte geschleudert. Eine Weile blieb er außer Atem liegen und versuchte, sich wieder hochzurappeln, als Langer sich über ihn beugte, um zu sehen, ob er verletzt war. Der furchtbare Aufprall mußte natürlich beide Männer vom Schiff geschleudert haben; sie mußten jetzt irgendwo tot auf dem Packeis liegen.

»Hilf mir auf, Horst...«

Langer half ihm wieder auf die Beine. Er hielt sich an der Reling fest und wagte es nicht, nach oben zu schauen. Beide Männer blickten im selben Augenblick hoch und starrten atemlos auf die Leiter. Sie waren starr vor Schreck. Borzoli war auf dem Weg nach unten. Beaumont hing über seinem Rücken, nur durch den Lederriemen gehalten, den Borzoli vom Mast abgeschnallt hatte. Wie zum Teufel hielt der Matrose das aus, fragte sich Grayson. Er stieg eine Leiter aus purem Eis herab, eine Leiter, die von den unaufhörlichen Kollisionen des Buges gegen das Packeis zitterte, dazu mit dem Gewicht eines Mannes auf dem Buckel, das ihn bei jedem Schritt rückwärts die Leiter herunterreißen konnte.

Borzoli und Beaumont wurden größer, als der Matrose dem Deck näher kam. Jetzt, da er spürte, daß ihn seine Kräfte bald verließen, kam der Seemann so schnell herunter wie nur irgend möglich. Seine großen Stiefel hämmerten gegen die eisverkrusteten Sprossen und brachen das Eis ab, da das verdoppelte Gewicht der beiden übergroßen Männer auf die Sprossen einwirkte. Abgesplittertes Eis spritzte über Grayson und Langer. Sie duckten sich, um ihre Augen zu schützen, und als sie wieder aufschauten, war Beaumonts schwankender Körper gerade über ihnen. Sie packten ihn und nahmen dem erschöpften Borzoli das Gewicht ab. Beide Männer waren wieder an Deck, als die *Elroy* in die offene Rinne und auf den Ozean dahinter vorwärtsdrängte.

Donnerstag, 24. Februar: sechs Uhr bis Mitternacht

»Vorausgesetzt, es käme zu einer Kollision. Was würde passieren?«

Papanin stand auf der Brücke der *Revolution* neben Tuchewsky, der den Radarschirm beobachtete. Die Brücke war sehr groß. Vor dem Steuermann wölbte sich ein riesiges Panoramafenstèr aus kugelsicherem Glas. Das Schiff war mit jedem nur erdenklichen wissenschaftlichen Gerät ausgestattet, das der Navigation dienen konnte. Im Vergleich zu dem russischen Schiff war die 6500-Tonnen-*Elroy* – zur Zeit ohne Radar – ausgerüstet wie im neunzehnten Jahrhundert.

Die Vibration der Hochleistungsdieselmotoren war gering, kaum mehr als ein hartnäckiges Summen. Eine ganze Batterie von Scheinwerfern, die in verschiedenen Winkeln auf das Wasser vor der Brücke gerichtet waren, durchleuchtete den dichten Nebel. Der Steuermann stand einige Meter entfernt und konnte Papanins leise Worte nicht hören, die auch für den wachhabenden Offizier nicht wahrnehmbar waren. »Was würde passieren«, fuhr Papanin fort, der vor einer übergroßen Klarsichtscheibe stand, »wenn wir, aus dem Nebel kommend, die *Elroy* mittschiffs rammten?«

Die *Elroy* war auf offener See. Sie bot einen unheimlichen, furchterregenden Anblick – und sie sank langsam. Es war völlig dunkel, obwohl irgendwo über dem Eisnebelvorhang der Mond noch schien. Ihre Lichter – Scheinwerfer, die auf den wogenden Ozean gerichtet waren - gaben hin und wieder einen Blick auf das Entsetzliche frei.

Die Brücke, der Mast, die Reling und das Deck waren dort mit den tödlichen Kristallen überzogen, wo die Luft selbst über dem Schiff gefroren war und alles mit einem üblen schwarzen, teerigen Glanz überzogen und verschmutzt hatte, der im Strahl der Scheinwerfer glitzerte. Die Temperatur lag bei minus vierzig Grad. Die Luft war kälter als die eiskalte See. Wie flüssiges Eis hing eine schwarze unheilverkündende Wolke über dem Schiff. Auf dem Deck, das Schlagseite nach Backbord hatte, lagen fünfhundert Tonnen Eis. Es war nur eine Frage der Zeit, bis die *Elroy* kentern und untergehen mußte.

An Deck war es entsetzlich – entsetzlich und gefährlich, da Gruppen von Männern – alle, die man entbehren konnte – damit kämpften, das Eis noch rechtzeitig über Bord zu hieven, während der Eisnebel sich um sie legte und neue Eisschichten bildete, die sie überwältigten. Sie konnten nichts sehen – außer, wenn das Licht der Schottlampen, die verschmiert und halb verdeckt waren, schwach durch den verkrusteten, sirupartigen Frost auf dem Glas flimmerte. Sie konnten nicht aufrecht stehen, da das Deck von dem enormen Gewicht des Eises, das sie verzweifelt zu bewegen versuchten, ständig nach Backbord kippte. Sie konnten kaum atmen, denn wenn sie tief einatmeten, sogen sie die Luft ein, die zu flüssigem Eis kristallisiert war, Luft, die im wahrsten Sinne des Wortes schwer wie Blei war.

Die Männer waren erstarrt vor Kälte. Ihre vereiste Kleidung hing schwer auf ihren Körpern. Sie arbeiteten mit Pickeln, Äxten, Hämmern und Schaufeln, um die sie bedrohenden Tonnen von Eis zu zerschmettern, auseinanderzubrechen und über Bord zu hieven. Der Lärm der langsam laufenden Motoren wurde fast von dem Hacken, Zerschmettern und Krachen übertönt. Die unruhige See hob das Schiff auf und nieder und machte die Sisyphusarbeit der Mannschaft noch gefährlicher, da sie sie immer wieder aus dem Gleichgewicht brachte, so daß sie sich an den eisüberzogenen Rettungsleinen festhalten mußten. Das ging nun schon seit vierundzwanzig Stunden so. Hinter dem wogenden Bug zischte und rollte die See im Scheinwerferlicht. Schmidt sah von seinem Posten auf der oberen Brücke im Strahl des Scheinwerfers schwarzes Eis aus der Luft herabsteigen. »Das schafft uns, Da Silva«, seufzte er entmutigt. »Das Eis bildet sich schneller, als wir es loswerden können.«

Durch das Backbordfenster blickte Da Silva hinunter und fand kein Gegenargument für den Kapitän: Das Eis auf dem Deck war fast so hoch wie die Reling. Er preßte sein Gesicht an das kugelsichere Glas, zog es aber schnell zurück, als seine Nase die Temperatur zu spüren bekam. Ein Matrose – er glaubte Borzoli zu erkennen – hatte seine Hand schnell hochgezogen, der Handschuh, den er hätte tragen müssen, war unter einer Eisscheibe festgeklemmt. Obwohl er Fäustlinge unter den Handschuhen trug, würde die Hand innerhalb weniger Sekunden erfrieren. Borzoli steckte sofort die Hand unter die Achsel und rannte auf die nächstliegende Treppe zu. Da Silva betete, daß es keine Amputation bedeuten würde. Dann konnte er nichts mehr sehen, als die

Gischt einer Welle durch die Luft geschleudert wurde, mit einem Knacken gegen das Glas schlug und sofort festfror.

»Wie ich höre, geht es Beaumont gut«, sagte Schmidt.

»Er erholt sich«, stimmte Da Silva zu. »Er muß wie dieses Glas sein – kugelsicher und gepanzert.«

Beaumont saß allein in Langers Kabine und hörte dem dumpfen Schlagen der Eisschollen zu, die auf der anderen Seite der Kabinenwand gegen den Rumpf prallten. Die Schräglage der Kabine sagte ihm, daß etwas nicht stimmte: Sie neigte sich ständig nach Backbord. Aber er dachte an Papanin und an Schmidts Worte, die er vor drei Stunden, kurz nachdem er aufgewacht war, gehört hatte.

»Sie sind ungefähr vierzig Seemeilen südlich von uns – sechs sowjetische Trawler«, hatte Schmidt ihm erklärt und dabei auf eine Seekarte gezeigt. »Sie haben sich wie ein Netz vor unserem Kurs ausgebreitet. Quinn hat sie entdeckt. Bevor der Eisnebel uns erreichte, hat er die Maschine so weit südlich geflogen, wie der Treibstoff reichte. Und er hat ungefähr hier ein noch größeres Schiff gesehen.«

»Weniger als dreißig Seemeilen entfernt. Die *Revolution*?«

»Könnte sein. Der Nebel hat sich dort gerade in dem Moment zusammengezogen, als er sie gesichtet hatte. Er glaubt, eine große Radarkuppel gesehen zu haben – ihre Ausrüstung zur Beobachtung unserer Satelliten. Wir müssen uns vorsehen, daß es nicht zu einer Kollision kommt, wenn wir an ihnen vorbeifahren...«

Beaumont setzte sich in der Koje etwas bequemer zurecht. McNeill, der Schiffsarzt, hatte ihm mit etwas Verwunderung in der Stimme gesagt, daß er heil davongekommen war. »Ihre Kleider und das Segeltuch haben als Puffer gewirkt. Daß Sie nicht gegen den Mast geschlagen sind, als Sie dort oben baumelten, hat Ihnen das Leben gerettet – aber Sie werden hier unten bleiben, bis wir Quebec anlaufen...«

Beaumont war anderer Meinung; er wollte bald aufstehen. Er hatte Quetschungen und Prellungen am ganzen Körper, der sich doppelt so groß anfühlte wie sonst, was bei seiner Größe tatsächlich einen ganz beachtlichen Umfang ausmachen mußte. Aber sobald er sich nur aufrichtete, zuckte er zusammen. Nun ja, vielleicht in ein paar Stunden. Als er auf die gegenüberliegende Wand starrte, ohne sie wahrzunehmen, dachte er an seine kurze Begegnung mit Papanin in der Baracke auf Target 5. Er erinnerte sich an den großen kahlgeschorenen Kopf des Sibiriers, an den sehr breiten Mund und an den fast mongolischen Knochenbau. Ein skrupelloser Mann.

Und nun lagen mindestens sieben sowjetische Schiffe vor der *Elroy*, die Gorow und die Katharina-Karten beförderte. Er langte hinter sich, fummelte in der Tasche seines Parkas und entnahm ihr das Bohrkernröhrchen. Er wiegte es in seiner Hand – das gesamte sowjetische Unterwassersystem, und Papanin wußte, wo es war. »Wir müssen nur darauf achten, daß es nicht zu einer Kollision kommt...«, hatte Schmidt gesagt und dabei an einen Unfall gedacht. Beaumont dachte dabei an etwas völlig anderes, als er den Bohrkern in die Tasche des Parka zurücksteckte, die Decken bis zum Kinn hochzog, vor sich hinbrütete und die Zukunft zu lesen versuchte. Darüber schlief er plötzlich ein.

Die *Elroy* hatte ihre Geschwindigkeit gefährlich gesteigert und durchfurchte das Wasser mit halber Fahrt. Ihr Bug stürzte tief in ein Wellental. Die Welle schlug über die Backbordreling und tauchte sie unter. Als der Bug wieder auftauchte, hing der halbe Kamm der Welle festgefroren an der Reling, an der das Eis jetzt fünfzehn Zentimeter dick war.

»Wir werden es riskieren müssen«, hatte Schmidt vor zehn Minuten entschieden. »Wir müssen mit der Geschwindigkeit raufgehen und hoffen, daß wir sie dadurch aus dem Eisnebel herausbringen.«

»Sie wird kentern...« Da Silva hatte den Satz abgebrochen, als Schmidt ihn anblickte, und den Blick sofort verstanden: Sie würden sowieso untergehen, wozu also darüber reden. Und die möglichen günstigen Faktoren verschlechterten sich zusehends.

Inzwischen hatten sie Windstärke 8. Der Sturm heulte durch die eisverkrustete Takelage und schleuderte Gischt an Bord, der noch in der Luft gefror und wie Blei auf die Rücken der gebückten Männer prasselte. Sie verloren den Kampf ums Überleben an jeder Front – und das war ihnen nur allzu klar. Das Eis türmte sich noch immer schneller auf, als sie es loswerden konnten, und war jetzt auf der Backbordseite bis zur Relinghöhe eine kompakte Masse. Der zunehmende Wind verwandelte die vor kurzer Zeit noch ruhige See in einen schäumenden Hexenkessel mit 13 Meter hohen Wellen, großen grünen Brechern, die über sie hinwegrollten und halb so hoch waren wie der Rest des Mastes, der sich nach Backbord neigte.

Die riesigen Brecher überfluteten oft das Deck, wirbelten in Taillenhöhe um die Männer, die sich an die eisigen Rettungsleinen klammerten, und überschwemmten das Eis, das sie mit Mühe über Bord zu werfen versuchten. Die Wellen führten häufig schwimmende Eisspiere mit sich, die mit tödlicher Wucht gegen die Schotte krachte. Ein solcher Spier zerschellte in Stücke, bevor das

Wasser zurückfloß. Auf diese Weise hatten sie einen Mann verloren. An die Rettungsleine geklammert, wurde er gegen die Schotten gedrückt. Dabei wurde die ganze Mitte seines Körpers von dem schweren Spier eingequetscht, der wie ein Torpedo auf ihn zuschoß. Es bedrückte die Mannschaft, daß sie die Leiche nicht gerettet hatten, aber Da Silva selbst empfand das als Segen – sie hätten später feierlich eine verstümmelte Leiche beerdigen müssen. Wie Schmidt schon gesagt hatte: Sie mußten einiges riskieren. Deswegen drehten sie auf halbe Fahrt auf.

»Ich finde, wir sollten das Deck räumen lassen«, schlug Da Silva fünfzehn Minuten später vor.

»Warum?«

Schmidt ging zu ihm an das Backbordfenster und sah selbst, warum. Die Backbordreling war wieder unter Wasser, und der Anblick von der Brücke hinunter war ein ungewöhnliches, grauenvolles Spektakel. Nur die obere Hälfte der Männer, die bis zur Taille im Wasser standen, war sichtbar. Die Reling war weg, die Eisberge waren verschwunden. Es sah aus, als ob die Brücke für sich allein auf dem Wasser schwämme. Gefrorene Gischt bombardierte das Fenster. Schmidt mußte zu einer noch nicht vereisten Stelle des Fensters gehen, um nach unten schauen zu können. Dann ging er auf seinen Posten zurück, um den Bug im Auge zu behalten.

»Sie bleiben bei der Arbeit«, befahl er.

»Um Gottes willen, sie können nicht arbeiten! Wie wollen sie auch – bis zur Taille im Wasser?«

»Stecken sie jetzt bis zur Taille im Wasser?«

»Nein, nicht im Augenblick, aber sobald die nächste Welle anrollt.«

»Sie bleiben bei der Arbeit.«

Da Silva wußte, daß Schmidt recht hatte. Jedes Kilogramm Eis, das sie zwischen den Überschwemmungen über Bord hieven, ließ das Schiff ein wenig länger schwimmen, ließ sie ein wenig länger leben und sich vorwärts bewegen in Richtung auf etwas, was Sicherheit bedeuten könnte, zumindest eine Art Sicherheit. Sie mußten dem Eisnebel entkommen oder sterben.

Während sechzehn qualvollen Stunden wechselten sie die Arbeitsgruppen noch mehrmals aus. Die Männer hatten Zeit, nach unten zu gehen, um die Kleider zu trocknen und sich aufzuwärmen, bevor sie erfroren. Nach einer kurzen Pause mühten sie sich wieder nach oben, machten sich von neuem daran, eine jämmerlich kleine Menge Eis loszuwerden, stellten sich der Kälte, dem Wind, der See und der Gefahr durch die Eisspiere, die sie gegen die Schotten schmettern konnten. Nur ein Mann wie Schmidt konnte sie solchen Strapazen aussetzen; und nur für einen Mann wie Schmidt nahmen sie die Strapazen auf sich.

Grayson und Langer beteiligten sich genauso daran, während Gorow, der Mann, der der Grund für diese fatale Situation war, seekrank in seiner Koje lag.

Die Wende kam plötzlich; Da Silva bemerkte zuerst, daß sich etwas geändert hatte. Zum viertenmal unten auf Deck, hob er gerade eine Eisplatte hoch. Er blickte nach oben und starrte die andern Männer an. Sie arbeiten weiter, hackten noch auf das Eis ein; sie hatten keine Veränderung gemerkt. Er warf sein Brecheisen einen Treppengang hinunter, rannte zur Leiter und kletterte auf die Brücke. »Es wird heller!« rief er, als er zu ihnen hineinplatzte. »Wir sind durch!«

»Das stelle ich auch fest.«

Es lag weder Erleichterung noch Befriedigung in Schmidts Stimme, während er durch das hintere Fenster blickte. Eine Feststellung, mehr war es nicht. Das Schiff kippte immer noch nach Backbord, und noch lag ein Berg von Eis auf der Seite, aber die Luft war klar, und so etwas wie Mondlicht überspülte mit seinem blassen Schein das Deck. Der Vorhang aus Eisnebel war deutlich zu sehen und trieb mehrere hundert Meter hinter dem Heck von ihnen fort.

Es war elf Uhr, als Beaumont langsam und unter Schmerzen die Treppe zum Vordeck hinaufging und sich fragte, was zum Teufel los sei. Er hatte gerade einen Matrosen gesehen, der vor ihm die Treppe hinaufgelaufen und auf das Deck gestürmt war.Über sich hörte er aufgeregtes Getrampel. Niemand rannte auf einem vereisten Schiff, es sei denn, er war tatsächlich in Gefahr.

Als er auf der Brücke eintraf, hatte Schmidt trotz der Wetterbedingungen ein Fenster geöffnet und starrte durch ein Nachtfernglas. Beaumont warf einen kurzen Blick auf den Schiffsführer. Und Da Silva bedeutete ihm, daß der Augenblick für Fragen nicht gerade günstig war. Das Verhalten beider drückte mehr als normale Angst aus. Er bekam die Antwort auf seine ungestellte Frage, als er an das offene Fenster trat und die schwache Stimme einer Wache hörte.

»Eisberge backbord! Eisberge steuerbord! Eisberge voraus!«

»Nein!« brauste Tuchewsky auf. »Ich würde bitten, des Kommandos enthoben zu werden, bevor ich nur daran dächte, einen solchen Befehl auszuführen. Und ich werde das sogar sofort einleiten. Ich werde den Befehl geben, die Funkstörung zu unterbrechen – bis ich nach Moskau gefunkt und Antwort erhalten habe...«

»Das können Sie nicht!« Papanins Ton war sehr nüchtern. »Sie wissen genau, daß wir ein Kommando des Sicherheitsdienstes an Bord dieses Schiffes haben – es hat bereits die Kontrolle über die Funkstörabteilung übernommen.«

In dem großen Navigationsraum hinter der Brücke der *Revolution* war es sehr warm. Der Streit wütete seit zehn Minuten. Papanin versuchte, diesen pedantischen Kapitän zu zermürben. Schon bei der ersten Begegnung hatte er gewußt, daß diese Taktik notwendig werden würde. Tuchewsky protestierte wieder.

»Als ich das Kommando über die *Revolution* übernahm, war die eigentliche Absicht, Forschungsaufträge auszuführen, Meeresforschung...«

»Heuchler! Sie haben amerikanische Satelliten kontrolliert. Das ist natürlich auch Forschung – militärische Forschung!«

»Wir führen auch Experimente für die Meeresforschung durch«, entgegnete Tuchewsky patzig. »Wassertemperatur, Salzgehalt ...«

»Was alles mit den Operationen der U-Boote zu tun hat! Sie widern mich an, Tuchewsky! Sie wissen so gut wie ich, daß alle Daten, die Sie sammeln, an die militärischen Nachrichtendienste weitergereicht werden – die ihrerseits entscheiden, welche Fetzen sie an die Professoren weitergeben...«

»Ich tue es nicht!« rief Tuchewsky. »Ich werde den amerikanischen Eisbrecher nicht versenken. Sie sind wahnsinnig – das würde nicht ohne Folgen bleiben.«

»Auch hier sind Sie im Unrecht«, bemerkte Papanin zynisch. »Die *Elroy* fährt ohne Radar in südliche Richtung – das wissen wir von dem Hubschrauber, der sie vor zwei Stunden gesichtet hat. Sie kann auch mit niemanden Verbindung aufnehmen – die Sperrstörung hat sie total isoliert.«

»Sie hat einen Hubschrauber«, sagte Tuchewsky boshaft. »Das haben Sie wohl übersehen.«

»Nein, habe ich nicht.« Papanin ging zu dem Navigationstisch, um seine Gereiztheit zu verbergen. Tuchewsky hatte einen empfindlichen Nerv getroffen; seit Stunden überlegte der Sibirier, wie er die Sikorsky der *Elroy* unschädlich machen konnte. »Gorow und die Katharina-Karten sind an Bord dieses Schiffes«, erklärte er geduldig. »Wenn wir sie nicht zurückholen, müssen wir sie zerstören...«

»Das werden wir nicht tun...«

»Ich kann mich nicht entsinnen, Sie um etwas gebeten zu haben. Aber diese Gewässer sind von Eisbergen übersät – und Unfälle passieren jeden Tag. Und Sie sollten einmal an Ihre Familie denken«, fügte Papanin beiläufig hinzu.

»Meine Familie? Was hat denn dies mit meiner Familie zu tun?«

»Insbesondere mit Ihrer Frau«, antwortete der Sibirier ausdruckslos. »Sie ist Jüdin...«

»Das ist eine Lüge!«

Papanin seufzte. »Sie ist Halbjüdin. Ihre Mutter war Jüdin. Sie scheinen vergessen zu haben, daß eine meiner Aufgaben darin besteht, jüdische Agitation in Leningrad ganz besonders im Auge zu behalten...«

»Damit hat sie nichts zu tun...«

»Tuchewsky! Bitte bleiben Sie ruhig! Haben Sie den Funkspruch mit dem Befehl vergessen, alle meine Anweisungen zu befolgen?« Papanin setzte seine Erklärung geduldig fort. »Wenn man feststellen sollte, daß Ihre Frau etwas mit gewissen antisowjetischen Tätigkeiten zu tun hätte, könnte ich es leicht arrangieren, daß man sie nach Israel schickt. Sie würden sie nie wiedersehen, nicht wahr?«

»Das würden Sie nicht wagen.«

»Wie würde es weitergehen? Einige Jahre lang würde sie noch hoffen, hoffen, daß auch Sie kommen. Frauen liegt das Hoffen sehr. Aber nach einiger Zeit würde sie einsehen, daß alles vorbei ist, daß sie ein eigenes Leben leben muß. Wir könnten sogar eine Scheidung arrangieren, wenn sie es wünschen würde...«

»Sie Schweinehund...«

»Das muß ich sein«, stimmte Papanin ihm ruhig zu. »Das ist eine der wichtigsten Voraussetzungen für meinen Job.«

»Es muß eine andere Möglichkeit geben...«

»Wenn Ihnen eine einfällt, lassen Sie's mich wissen.«

»Ihre Sikorsky ist auf dem Rückweg«, sagte Schmidt.

Beaumont, der mit Grayson und Langer auf der Brücke der *Elroy* stand, gab keine Antwort. »Ihr Hubschrauber...« Beaumont hatte Schmidt gedrängt, Qinn wieder in die Luft zu schikken, um festzustellen, was vor ihnen lag – falls Quinn einverstanden war. Quinn hatte tatsächlich darauf gebrannt, seine Maschine zu starten, seitdem sie aus dem Eisnebel herausgekommen waren. Schmidt war im Augenblick verständlicherweise mit Problemen der Navigation beschäftigt.

Sie waren rundherum von Eisbergen umringt, die kaum sichtbar waren in dem schweren Nebel, der über der plötzlich ruhig gewordenen See trieb. Vor zwei Stunden hatte das verschrammte und zerbeulte Schiff in dreizehn Meter hohen Wellen um seine Existenz gekämpft, und jetzt fuhr es langsam vorwärts durch eine

See wie kalte Milch. Noch kippte es stark nach Backbord und trug das ungeheure Gewicht der großen Eismengen, die gegen die Backbordreling drückten. Und immer noch herrschte eine mörderische Kälte.

Ein massiver Eisberg, über dreißig Meter hoch und wie eine zerklüftete Klippe aus schwimmendem Eis, driftete in einer Entfernung von weniger als fünfhundert Metern vor der Backbordseite des Buges. Nebelschwaden kreisten um ihn nahe der Wasseroberfläche, ein zweiter weißer Gürtel hatte sich um seine Mitte gelegt, aber seine deutlich erkennbare Spitze stach in die mondhelle Nacht. Ein kleinerer Eisberg mit einem Gipfel, zinnenförmig und turmartig wie eine maurische Burg, trieb in gleicher Entfernung vor Steuerbord. Von der Brücke aus gesehen, erschienen sie wie berghohe Inseln, die auftauchten, verschwanden und dann wieder auftauchten.

Langer ging näher an Beaumont heran und flüsterte: »Du hast mich gebeten, Da Silva zu fragen, ob es Sprengstoff an Bord gibt. Er sagt ja...«

»Später«, murmelte Beaumont. Er machte sich um Quinn Sorgen und fühlte sich für diesen letzten Flug verantwortlich. Er würde erst beruhigt sein, wenn der Hubschrauber sicher auf der Landerampe aufgesetzt hatte. Auf seinen Vorschlag hin hatte man einen der starken Scheinwerfer am Bug angeschaltet und fast senkrecht in die Nacht gerichtet. Es war dieses Leuchtfeuer, das den Nebel durchdrang und das Quinn von Süden her anpeilte. Noch war seine Maschine nur als ein winzig kleiner Punkt in der Ferne zu erkennen, der das Mondlicht reflektierte. Nebelschwaden trieben dazwischen, und der Punkt verschwand. Beaumont trat unruhig von einem Bein auf das andere.

»Ich bin gespannt, ob er die Schiffe gefunden hat«, grübelte Grayson laut vor sich hin.

»Wenn sie immer noch mit Volldampf Richtung Norden fahren, wird er sie gesehen haben«, vermutete Beaumont. »Es sind sieben Schiffe, nach denen er suchen sollte – eins davon wird er gesichtet haben...«

»Mir ist es scheißegal, wo sie sind«, knurrte Schmidt, der nach Steuerbord schaute. »Wir sind auf hoher See – wir werden einfach an ihnen vorbeifahren.«

Hinter dem Rücken des Kapitäns fing Beaumont Da Silvas Blick auf, einen sehr skeptischen Blick. Der Maat teilte Schmidts über alle Zweifel erhabenes Vertrauen auf Freiheit der Meere nicht. Beaumont hatte dies bereits vorher bemerkt und sich dadurch ermutigt gefühlt, Langer zu Da Silva zu schicken. »Versuch mal rauszukriegen, ob sie irgendwelchen Sprengstoff an Bord haben«, hatte Beaumont vorgeschlagen. »Sehr wahrscheinlich haben sie irgend etwas, um sich aus dem Eis herauszusprengen. Du bist Sprengstoffexperte, deswegen wird er die Frage nicht so abwegig finden.«

Das Schiff zitterte langsam vorwärts durch die dunkle See, die im Mondlicht glänzte wie eine riesige Öllache. Der Nebel hing bis jetzt nur vereinzelt in Fetzen in der Eisbergzone zu beiden Seiten des Schiffes. Um diese Jahreszeit war der Seegang in diesen Gewässern oft so ruhig wie jetzt. Möglicherweise war es das enorme Gewicht der schwimmenden Eismassen, das der See diese Ausgeglichenheit verlieh. Sie konnten das leise Pochen von Quinns Hubschrauber hören, der ihnen entgegenflog; aber er war noch unsichtbar für sie.

Beaumont sah nach Steuerbord hinüber, wo ein Scheinwerfer über den nächstliegenden Eisberg tastete. So illuminiert, erschien er riesig und noch mehr wie eine Burg, da das Licht durch fensterartige Löcher hoch oben in den Türmen schien, die sich von einer Seite zur anderen durch das Eis hindurchgebohrt hatten. Er war in seiner Größe und aus so unmittelbarer Nähe fast erschrekkend.

»Könnte es nicht zufällig ein Hohleisberg sein, oder?« murmelte Grayson.

»Hoffentlich nicht – sie können in sich zusammenfallen, wenn man ihnen nur ein unhöfliches Wort zuruft.«

Was buchstäblich stimmte, dachte Beaumont, so unglaublich es jemand erscheinen mußte, der mit den Verhältnissen in der Arktis nicht vertraut war. Tatsächlich konnte eine unbedachte menschliche Stimme diesen Koloß, der mehrere Millionen Tonnen wog, zu Fall bringen. Die Eskimos wußten das; sie glitten in ihren Kajaks an einem Hohleisberg vorbei, ohne nur ein Flüstern zu wagen, so zerbrechlich waren diese schwimmenden Riesen kurz vor dem Einsturz. Beaumont beobachtete, wie der Scheinwerfer den schloßähnlichen Eisberg erleuchtete und über seiner Spitze schwebte. Plötzlich zerbarst die Spitze.

In diesem Augenblick war der Gipfel noch da, im nächsten verschwand er in einer Kaskade aus Eis, die nach allen Richtungen stob. Das Echo der Detonation hallte über den Ozean von Eisberg zu Eisberg. Eisfragmente schossen im Lichtstrahl herab und versanken in der von Eisschollen übersäten See. Mindestens sieben Meter von der Spitze des Eisberges waren zerfallen. Schmidt erteilte rasch Befehl, den Kurs um einige Grad nach Backbord zu ändern, fort von dem Monolithen.

»Es war zwar kein Hohleisberg, aber ein explodierender Eisberg«, sagte Grayson. »Ich hoffe, wir begegnen nicht noch mehr von der Sorte.«

Quinns Sikorsky kam in Sicht und war jetzt nahe genug, daß man die vom Mondlicht umspülten Drehflügel erkennen konnte. Er war weniger als fünfhundert Meter entfernt und stieg allmählich auf siebzig Meter herab mit dem Ziel auf die *Elroy*. Sein Kurs führte ihn über die Spitze des riesigen Eisberges. Schmidt gab Befehl, für die Landung Quinns die Motoren zu drosseln. Die Nebelschwaden um die Mitte des Eisberges waren fortgetrieben, so daß die immense Größe des riesigen Eisblocks deutlich wurde, der steil aus dem Nebel an der Wasseroberfläche in die Höhe ragte.

»Hoffentlich hat er die *Revolution* gefunden«, sagte Langer.

Der Eisberg explodierte, als Quinn ihn überflog. Er detonierte wie eine gigantische Bombe, die dem Druck im Innern nicht länger widerstehen konnte. Aber diesmal verschwand nicht nur die Spitze, sondern der ganze Eisberg. Er detonierte mit einem donnernden Getöse, das weit über den Ozean rollte und die Männer an Deck unter der Brücke taub machte. Selbst die Brücke vibrierte von der Stoßwelle. Das Zifferblatt des Kompasses an der Wand zersplitterte, und Glassplitter hagelten auf den Schiffsführer herunter. Schmidt packte das Steuerrad, um den Kurs beizubehalten.

Das Tosen prallte von Eisberg zu Eisberg und erreichte das Schiff immer wieder als ohrenbetäubendes Echo. An der Stelle, wo der Eisberg gewesen war, schossen Gischt und Dampf fast zweihundert Meter hoch in die Nacht, wie ein Geysir. Als die Dampfsäule auf die Wasseroberfläche zurückfiel, war nichts zu sehen außer brodelndem Wasser. Der Eisberg war fort und mit ihm – die Sikorsky und Quinn.

Beaumont ging zu Schmidt, der das Steuerrad dem Schiffsführer wieder überlassen hatte und jetzt am Fenster stand. Er starrte auf die schäumende See. »Er war direkt über dem Gipfel, als er explodierte ...«.

»Weiß ich«, antwortete Schmidt leise. »Mein Gott ... Quinn.« Er richtet sich auf und sprach die Worte, ohne den Mann neben ihm anzublicken. »Wenn Sie noch weitere brillante Ideen haben, Beaumont, wissen Sie ja, was Sie damit anstellen können.«

Es waren nicht so sehr die Worte als vielmehr die Ruhe, mit der er sprach, die seine Bitterkeit zum Ausdruck brachte. Beaumont entfernte sich von der Brücke und nickte Grayson und Langer zu, die ihm folgten. Er war über Quinns Tod entsetzt, aber noch entsetzter, falls das möglich war, über den Verlust des Hubschraubers. Das Radar war verloren, die Funkstörung machte es unmöglich, jegliches Signal zu senden oder zu empfangen, und jetzt war ihnen ihre allerletzte Verbindung mit der Außenwelt genommen worden. Papanin, der sie weiter südlich erwartete, machte die Isolation vollkommen. Eine Stunde später lief die *Elroy* auf einen Eisberg auf.

Freitag, 25. Februar

»Fünfzig Kilogramm Sprengstoff, Zeitzünder und einige hundert Meter Kabel...«

»Wo wird es aufbewahrt, Horst?«

»Du wirst es kaum glauben – in einer kleinen Kabine auf dem Hauptdeck.« Langer grinste Beaumont an. »Völlig gegen die Vorschriften, sagte Da Silva; aber er sagt auch, daß er, wenn er schadhaftes Zeug über Bord werfen muß, es nicht den ganzen langen Weg von der Sprengstoffkammer hinauftragen möchte.«

»Da Silva hat schon recht«, sagte Grayson. »Die Leute in Washington, die sich die Vorschriften ausdenken, brauchen nie mit dem Zeug umzugehen.«

Die drei Männer in Beaumonts Kabine aßen ihr Mittagessen, das aus Fischsuppe und Zimtkuchen bestand. Daß ihnen die Mahlzeit in die Kabine gebracht worden war, ließ erkennen, daß ihre Popularität an Bord schon wieder im Schwinden war. »Wir sind wohl in Ungnade gefallen«, meinte Grayson, während er die Kaffeetasse hinstellte. »Als ob du Quinn extra raufgeschickt hättest, damit er von dem Eisberg in die Luft gejagt würde...«

»Schmidt ist besorgter, als er zugeben möchte«, erwiderte Beaumont. »Er tut so, als würde er sich ganz auf die Navigation konzentrieren, aber meiner Meinung nach macht er sich wegen all der russischen Schiffe genauso viele Sorgen wie wir. Es ist hauptsächlich die *Revolution,* die mir Kopfzerbrechen macht – mit ihren sechzehntausend Tonnen. Die Trawler könnte die *Elroy* einfach beiseite schieben. Was ist das, Horst?« Der Deutsche zeigte ihm mit einem verschmitzten Gesichtsausdruck einen Schlüssel in seiner Hand.

»Der Schlüssel zu der Sprengstoffkabine. Da Silva und Schmidt sind nicht so ganz ein Herz und eine Seele, jedenfalls nicht, was diese Einstellung ›wir sind auf hoher See, und deswegen kann uns nichts passieren‹ betrifft. Und irgendwie sind die fünfzig Kilo Sprengstoff in ein paar Rucksäcke geraten – nur für den Fall...«

Die Kabine bebte plötzlich bei einem schweren Zusammenstoß

und erzitterte, als ob die Schotten zusammenbrechen würden. Die Kabinenwände kippten nach Backbord, zurück nach Steuerbord, dann standen sie wieder aufrecht. Ein furchtbares Malmen kam vom Schiffsrumpf, als ob der Kiel herausgerissen würde. Das malmende Geräusch schien nicht aufhören zu wollen. »Um Gottes willen...« Grayson riß die Kabinentür auf. Sie hörten Rufe, das Poltern rennender Matrosen und ein furchtbares Krachen hinter der Backbordschotte. Plötzlich stand das Schiff still, während die Motoren im Leerlauf weiterdröhnten. Das Licht flackerte und drohte ganz zu verlöschen, dann nahm es zögernd die ursprüngliche Leistung wieder auf.

»Wir sind aufgelaufen«, rief Horst.

»Oder die *Revolution* hat uns gerammt...«, meinte Grayson.

»Das hörte sich eher nach Eisberg an!« Beaumont warf sich in seinen Parka. »Los, auf die Brücke!«

Beaumont rannte den verlassenen Niedergang entlang und blieb an der untersten Stufe stehen, um seinen Parka zuzuknöpfen und seine Fäustlinge und Handschuhe überzustreifen. Vom Deck über ihnen hörte er Männerstimmen, die von Panik erfaßt waren. Er eilte die Treppe hinauf und öffnete die Tür. Sofort traf ihn der Nebel, kalter, feuchter Nebel, in dem Schatten durcheinanderrannten. Es war unmöglich zu sehen, was passiert war, was hinter der Backbordreling los war. Beaumont konnte noch nicht einmal die Backbordreling ausmachen, während er sich zur Leiter vortastete, die auf die Brücke hinaufführte. Eine große, stämmige Gestalt kam ihm entgegen und rempelte ihn an. Borzoli.

»Wir sind aufgelaufen!« keuchte er heiser.

»Sinken wir?« fragte Beaumont, während er nach dem Bohrkern in seiner Parkatasche tastete.

»Wer weiß...«

Beaumont stieg die Leiter zur Brücke hoch und hatte die oberste Sprosse fast erreicht, als er durch den wehenden Nebel vor dem Bug etwas wie einen Berg auftauchen und verschwinden sah, nur wenige Meter entfernt. Er ging zögernd auf die Brücke. Grayson und Langer kamen hinter ihm die Leiter hoch. Schmidt stand vorn auf der Brücke an einem offenen Fenster. Die eiskalte Luft verjagte die Wärme in wenigen Minuten. Der Schiffsführer umklammerte das Rad noch, obwohl das Schiff festsaß. Der Boden war nach Steuerbord geneigt, und die Motoren standen still. Schmidt warf einen Blick über die Schulter und bemerkte Beaumont.

»Kommen Sie einen Augenblick hierher, Beaumont«, rief er ihm zu. Sein Ton war wieder neutral, die wütende Stimmung verflogen. »So was Verrücktes – wir sind auf einen Eisberg aufgelaufen.«

Es dauerte eine Stunde, bis sie ihre Lage eingeschätzt hatten – eine höchst außergewöhnliche Lage. Die *Elroy* war sehr langsam durch den dichten Nebel gefahren und dabei in eine kleine Bucht innerhalb eines riesigen Eisberges geraten. In weniger als einer Minute hatte sie die Bucht durchquert. Der Bug war in einen breiten Gully aus Eis gefahren, der aus der Seite des Eisberges ausgewaschen worden war und eine große, natürliche Rampe bildete, die sich schräg nach oben aus dem Wasser heraushob. Beim ersten malmenden Knirschen hatte Schmidt reagiert, aber bis dahin waren der Bug und das ganze Vorderteil des Schiffes wie von einem Trockendock herausgehoben worden, während am Heck die Schraube noch tief im Wasser steckte.

Schmidt hatte die Maschinen gestoppt. Das 6500-Tonnen-Schiff war festgefahren. Der Bug und ein Drittel des Rumpfes lagen auf dem Eisschacht, während die restlichen zwei Drittel des Schiffes und das Heck noch im Wasser lagen. Am Ende der Rampe ragte die Wand des Eisberges steil in den Nebel hinauf – im Strahl des Scheinwerfers grünlich und massiv wie ein Felsen. Für Schmidt war die Situation unfaßbar, für Beaumont nur ein seltener Zufall: Vor einem Jahr hatte ein britischer Trawler ein ähnliches Erlebnis vor Spitzbergen durchgestanden. Er hatte seinen Bug tief in einen Hang am Rande des Eisfeldes gerammt. Der gesunde Menschenverstand des Kapitäns angesichts dieser einmaligen Situation hatte die Lage gerettet: Er hatte einfach den Rückwärtsgang eingelegt, und die Schraube hatte den Trawler in die See zurückgeschleppt.

»Mein Gott!« entfuhr es Da Silva, der im hinteren Teil der Brücke stand. »Wie zum Teufel sind wir hier reingeraten?«

Sie gingen zu dem hinteren Fenster; Schmidt blinzelte. Der Nebel hatte sich für einen Augenblick gelichtet, und hinter dem Heck konnte er eine kleine Bucht erkennen. Sie wurde von zwei Armen umringt, die nur eine schmale Einfahrt freigaben. Es war fast ein Wunder, daß die *Elroy*, die blind durch den Nebel gefahren war, beide Arme der Bucht verfehlt hatte und direkt in die Bucht hineingeraten war. Der Nebel wurde dichter und ließ die Arme aus massivem Eis verschwinden.

»Mit ein wenig Augenmaß und einer Menge Glück müßten wir es eigentlich schaffen«, sagte Schmidt nachdenklich. »Der größte Teil des Schiffes liegt noch im Wasser. Wenn ich den Rückwärtsgang einlege, müßte die Schraube uns von dem Eisberg herunterziehen können.« Er atmete hörbar aus. »Ist das nicht das Verrückteste, was Sie je gesehen haben?«

»Wissen Sie, daß wir das Eis losgeworden sind?« fragte Da Silva

Beaumont. »Es ist abgefallen, als wir aus dem Hang gefahren sind. Sie können es gerade sehen.«

Beaumont schaute aus dem Backbordfenster nach unten. Der Nebel hatte sich verzogen. Kein Wunder, daß er die Backbordreling nicht gesehen hatte, als er an Deck gekommen war – die Backbordreling war einfach nicht da gewesen. Als der Kiel sich in die Mulde hineingefressen hatte, waren die Eismassen, die sie seit so vielen erschöpfenden Stunden zu bewegen versucht hatten, abgebrochen und hatten die Reling mitgerissen. Auf dem Hang lagen neben dem Schiff enorme Mengen von Eis aufgeschüttet, aus dem hier und da noch ein Stück Reling herausragte. Pelzbekleidete Gestalten, Matrosen, die Schmidt an Strickleitern hinuntergelassen hatte, um den Eisberg zu erkunden, bewegten sich wie Geister im Nebel. Ein Kopf tauchte nahe dem Bug über dem Schiffsrand auf. Dort war die Reling noch intakt. Langer kletterte die Leiter hoch und gesellte sich zu ihnen auf der Brücke.

»Keith, es ist kein Hohleisberg, ich bin sicher...«

»Ganz sicher?«

»Todsicher. Sam und ich sind so hoch geklettert, wie es nur ging, und er ist massiv – ein Eisfelsen...«

»Das kann man jetzt erkennen«, rief Schmidt ihnen zu, der wieder am vorderen Fenster auf der Brücke stand. Der Nebel war in ständiger Bewegung, so daß die Sicht vor dem Bug für einige Minuten frei war und die Herrlichkeit des Eisbergs, auf dem sie festsaßen, sichtbar wurde. Hundert Meter vor dem Bug konnte man das steil aufragende Eis erkennen – den weißen Klippen von Dover ähnlich. Der Nebel lichtete sich weiter, und jetzt konnten sie sehen, wie auf beiden Seiten der Eisfelsen auslief, bis er in dem driftenden Weiß verschwand.

Sie waren auf eine schwimmende Insel aus purem Eis aufgelaufen, ein Ungeheuer von einem Eisberg, der gut einen Kilometer lang war, vielleicht sogar länger.

»Rufen Sie die Männer zurück«, sagte Schmidt knapp zu Da Silva. »Benutzen Sie das Megaphon. Wir verschwinden von hier.«

»Ich nehme an, wir müssen den Eisberg sofort verlassen?« fragte Beaumont gelassen.

»So schnell wir können...« Schmidt brach ab und starrte Beaumont an. »Für einen Augenblick habe ich gedacht, Sie hätten wieder eine Ihrer großartigen Ideen gehabt.«

»Es könnte für uns sicherer sein, wenn wir erst mal blieben, wo wir sind.«

»Festgefahren? Ohne weiterzukommen? Sie möchten doch irgendwann auch zu Hause ankommen, oder nicht?«

»Wir kommen schon weiter«, korrigierte ihn Beaumont. »Ich weiß, es kommt uns nicht so vor, als würden wir uns bewegen, aber wir beide wissen, daß es so ist. Dieser riesige Eisberg wird ständig von der Grönland-Strömung nach Süden getragen – so über den Daumen gepeilt, bewegt sich dieser Eisberg mit einer Geschwindigkeit von zwanzig Meilen pro Tag...«

»Nicht gerade geeignet, nautische Rekorde zu brechen, was?« bemerkte Schmidt trocken.

»Müssen wir das denn?« beharrte Beaumont. »Vor einigen Stunden hat uns Quinn berichtet, daß die sowjetischen Trawler vierzig Seemeilen südlich von uns wären und daß die *Revolution* nur dreißig Meilen entfernt wäre –, jetzt werden sie noch viel näher sein. Dieser Eisberg fungiert als riesiger Transporter für die *Elroy*. Wenn wir auf ihm bleiben, wird er uns irgendwann während der Nacht an diesen Schiffen vorbeitragen.«

»Wir wären hier vollkommen festgefahren – unfähig, zu steuern...«

»Was macht das?« unterbrach Beaumont ungeduldig. »Wenn sie uns nicht sehen? Die *Revolution* ist mit dem modernsten Radargerät ausgestattet, aber was wird ihr Radar aufzeichnen, wenn wir ganz nah bei ihr sind? Nur einen weiteren Eisberg!«

»Der Eisberg als riesiger Transporter!« Da Silva war aufgeregt. »Mir gefällt die Sache...«

»Mir nicht!« Schmidt ging zu einem Sprechrohr, um mit dem Maschinenraum zu sprechen. Nachdem er das Rohr wieder zugestöpselt hatte, blickte er zu Da Silva hinüber. »Chiefy berichtet, daß der Maschinenraum keinen wesentlichen Schaden abgekriegt hat. Das Glas über den Anzeigern ist zersplittert, ein Mann hat Dampfverbrennungen, aber er meint, daß die Motoren in Ordnung sind. Und ich glaube, Mr. Da Silva, ich habe Sie gebeten, die Männer auf dem Eis zurückzurufen. Ich werde die Motoren jetzt starten, um sie zu überprüfen...«

»Das halte ich nicht für ratsam«, sagte Beaumont unverblümt. »Die Hydrophone der *Revolution* werden die Vibrationen registrieren...«

»Und danach«, fuhr Schmidt fort, Beaumont unterbrechend, »werden wir rückwärts hinausdampfen, genauso, wie wir hereingekommen sind.« Er wandte sich Beaumont zu. »Sie gehen mir mit Ihrer Nörgelei langsam auf die Nerven. Dieses Schiff wird in zwei Stunden in See stechen!«

»Die *Elroy* ist sehr nah – wir haben das Schlagen ihrer Motoren auf unseren Hydrophonen registriert!«

Kramer war mit dieser Nachricht auf die Brücke der *Revolution* gerannt und kaum zu Atem gekommen, als er die Worte hervorkeuchte. Der Sibirier, der neben dem schweigenden Tuchewsky stand, nahm seine Pfeife aus dem Mund und ließ sie vor dem Gesicht des Balten tanzen.

»Immer mit der Ruhe, Kramer – und Sie melden sich von nun an alle fünf Minuten bei mir.«

Tuchewsky reckte seine Schultern, als Kramer die Brücke verließ, und wandte sich an Papanin. Er sprach langsam und deutlich, um seine Worte zu unterstreichen: »Nun darf ich wohl die Motoren wieder starten – ich habe Sie wiederholt gewarnt, daß es äußerst gefährlich ist, im Leerlauf in diesen Gewässern zu treiben...«

»Das werden Sie nicht tun! Sie haben das bestentwickelte Radargerät der Welt – benutzen Sie es! Wir müssen weiter driften, damit die Techniker an den Hydrophonen die besten Voraussetzungen haben – ich will, daß die genaue Position des amerikanischen Eisbrechers festgestellt wird.«

Papanin steckte die Pfeife wieder in den Mund und ging zum Brückenfenster, Tuchewsky sich selbst überlassend. Durch das Klarsichtfenster sah er auf eine Welt aus Nebel und Wasser. Irgendwo außer Sicht lagen Eisberge. Die Radartechniker waren in diesem Augenblick dabei, den Kurs der Riesen zu bestimmen, die mit der Grönland-Strömung unaufhörlich weiter südlich trieben. Die Männer starrten auf den grünlichen Schimmer in den Gummimanschetten, auf dem die Abtaststrahlen immer wieder kreisten und unaufhörlich Echos aufzeichneten, die von mehr als einem Dutzend riesiger Eisberge reflektiert wurden.

Alle Männer waren wieder an Bord, die Motoren liefen regelmäßig im Leerlauf, und die Brücke war voll bemannt. Die Beobachtungsposten waren besetzt. Die *Elroy* war startklar. Schmidt, die Hände im Rücken verschränkt, mußte zum erstenmal in die verkehrte Richtung schauen – durch das Rückfenster zum Heck. Er konzentrierte sich auf zwei bevorstehende gefährliche Manöver: das Schiff von der Rampe herunterzuholen und es rückwärts aus den Armen der Bucht zu steuern. Beaumont stand neben ihm und übersah den eisigen Ausdruck auf dem Gesicht des Kapitäns, der in die Ferne starrte hinter die Bucht.

Der Nebel war genau im falschen Augenblick zurückgekehrt und ballte sich direkt hinter den zwei weißen Halbinseln aus Eis zusammen, die die Bucht fast völlig schlossen. Beaumont stand zwischen Schmidt und Da Silva, er überragte beide. Da Silvas Gesichtsausdruck war fast so trostlos wie derjenige Schmidts. Er lehnte Schmidts Entscheidung völlig ab, konnte aber nichts sagen; noch war er nur stellvertretender Obermaat und durfte sich nicht so viel Kritik erlauben, wie Carlson an seiner Stelle vielleicht vorgebracht hätte. Die Motoren heulten auf und würden das Schiff, Heck voraus, bald in Bewegung setzen, falls die Schraube es so tief ins Wasser zu ziehen vermochte.

Grayson hätte die Szene lieber vom Beobachtungsposten am Heck aus verfolgt. Jetzt platzte er, jede Form vergessend, in die Brücke hinein. Noch respektloser als sein Verhalten war sein Befehl gegenüber einem Mann, dessen Wort auf seinem Schiff Leben oder Tod bedeuten konnte. »Sie müssen noch etwas warten! Draußen ist irgend etwas – gerade im Nebel versteckt!«

»Was?«

Dies eine Wort aus Schmidts Mund explodierte im Raum und verriet etwas von der inneren Spannung, unter der er litt. Er starrte Grayson mit einem Blick an, den die Crew kannte und fürchtete.

»Ich weiß es nicht – irgend etwas ...«

»Ich kann es jetzt auch sehen«, sagte Beaumont düster. »Sie setzen dieses Schiff besser nicht in Bewegung, Schmidt,«

»Mein Gott, es ist die *Revolution* ...«, murmelte Da Silva.

Aber die *Revolution* war es nicht, dafür war es zu groß, selbst für ein 16000-Tonnen-Schiff entschieden zu groß. Es kam durch den Nebel langsam auf den Ausgang der Bucht zu. Es ragte wie ein bewegliches, zehnstöckiges Gebäude steil in die Höhe. Seine unsichtbare Spitze steckte im Nebel und war weit höher als die Mastspitze der *Elroy*. Die Beobachtungsposten am Heck riefen jetzt, so laut sie konnten, während Schmidt das Fenster öffnete und sich in die Nacht hinauslehnte. Die eiskalte Luft von draußen fühlten sie kaum, während sie nach vorn starrten, von der drohenden Gefahr hypnotisiert. Es sah jetzt aus wie eine hochragende Landzunge aus Eis, die den Nebel zur Seite schob, während sie immer näher kam, direkt auf die Bucht zu. Sogar von dieser Seite der Bucht aus schien er direkt über ihnen zu hängen, ein Mammuteisberg, der auf den Riesen zusteuerte, auf dem sie gestrandet waren.

Schmidt reagierte sehr schnell und gab eine Warnung ab. Er schien sich kaum zu bewegen, sprach dann doch in das Bordfunksystem, das jede Ecke des Schiffes erreichen würde. »Festhalten! Festhalten! Kollisionsgefahr!«

Da Silva packte Beaumont am Arm. »Sehen Sie, dort in der Bucht!«

»Ein Ausläufer des Eisberges!«

Aus dem riesigen Eisberg ragte ein Eisspier hervor, der gut zwanzig Meter im Durchmesser sein konnte. Der Ausläufer glitt durch die Bucht, nachdem er durch den Eingang geschlüpft war. Er brachte Unruhe in das Wasser, das im bleichen, nebligen Mondlicht lag. Dem ›Bein‹ des Eisberges folgte der ›Körper‹. Die Männer auf der Brücke klammerten sich an die Reling und bereiteten sich auf die bevorstehende Kollision vor. Unter ihnen auf dem Deck hielten sich die Wachposten an der Reling fest, die noch intakt war. Beaumont sah zu, wie irgendein Brocken aus dem Nebel fiel, ein Brocken, größer als ein Wohnhaus. Er stürzte von dem Gipfel des Eisberges, noch bevor dieser auf den gegenüberliegenden Eisberg stieß.

Der riesige Eisblock schlug direkt hinter der Bucht ins Wasser und schleuderte eine riesige Wasserfontäne hoch.

»Mein Gott!« stieß Langer hervor. »Ein Hohleisberg...«

Das bedeutete, daß das gesamte Gebäude aus Millionen Tonnen Eis im Augenblick der Kollision zusammenfallen und eine Lawine über die Bucht und das Schiff einbrechen könnte, die sie verschütten würde. Sie standen da wie Wachsfiguren, während sie den Zusammenstoß erwarteten. Im letzten Augenblick gab Schmidt den Befehl, die Motoren abzuschalten. Der Koloß trieb aus dem Nebel hervor und zeigte sich ihnen in seiner ganzen Größe. Der Ausläufer erreichte den Strand der Bucht, und die Eisberge trafen aufeinander.

Ein unglaubliches Krachen und Donnern brach über sie herein, als ob sich der Weltuntergang ankündigte. Der tosende Zusammenprall ließ den getroffenen Eisberg und die *Elroy* erbeben, daß der Rumpf vibrierte, die Beplankung klapperte und Nieten auf das Eis geschleudert wurden. Da Silva wurde von der Wucht des Aufpralls auf die andere Seite der Brücke geschleudert. Ein Mann im Maschinenraum wurde von einer Laufplanke sieben Meter tief in den Tod geschleudert. Geschirr und Armbanduhren zerklirrten, das noch intakte Glas auf den Meßgeräten im Maschinenraum zersplitterte, die Kompaßnadeln kreisten wie wild. Plötzlich war es still, unheimlich still.

Niemand wagte ein Wort zu sagen, und einige Minuten lang rührte sich niemand. Sie alle starrten auf den Ausgang der Bucht, der nicht mehr existierte. Der Eisfelsen blockierte die Lücke. Es steckte in der Öffnung wie ein Korken in einer Flasche. Aus der Bucht war eine Lagune geworden, ein See ohne Zulauf. Sie waren in ihrem großen Transporter gefangen, in einem Eisberg, der in der Grönland-Strömung driftete, mit einer Geschwindigkeit von 20 Meilen am Tag. Der Hohleisberg war trotz des Zusammenstoßes noch nicht zusammengefallen. Beaumont brach als erster das Schweigen; alle Männer auf der Brücke starrten ihn an, als hätten sie nicht erwartet, jemals wieder eine menschliche Stimme zu hören.

»Jetzt werden wir uns mit dem Eisberg treiben lassen müssen, Schmidt. Keine Wahl!«

»Keine Wahl«, stimmte Schmidt ihm grimmig zu. »Und wir warten nur, bis das Ding über uns zusammenbricht.«

»Ihre Motoren haben ausgesetzt!«

Kramers Stimme klang alarmiert und verwirrt, und Papanin verließ die Brücke mit dem Balten, um nach unten zu gehen und selbst in der Hydrophon-Abteilung nachzusehen. Der Matrose, der in Unterhemd und Shorts an dem Gerät horchte, schaute auf, als Papanin hereinkam. »Kramer erzählt mir, daß Sie sie nicht mehr hören können. Stimmt etwas mit Ihrem Gerät nicht?«

»Nein. Ihre Motoren laufen nicht mehr. Wir empfangen keine Echoanzeigen.«

»Aus welcher Entfernung?«

»Eine Meile, vielleicht noch näher...«

»Vor zehn Minuten waren sie genauso weit entfernt!« Papanin warf Kramer einen wütenden Blick zu. »Jetzt hören Sie mir mal gut zu! Vor zehn Minuten waren sie schon eine Meile entfernt. Ihre Motoren liefen noch vor ein paar Sekunden. Und sie sollen immer noch eine Meile entfernt sein? Das ist nicht möglich! Wir driften – sie fahren in südlicher Richtung. Sie müssen uns näher gekommen sein!«

»Aber es stimmt«, sagte der Matrose.

»Das kann nicht stimmen – technisch unmöglich!« tobte der Sibirier.

»Mir ist das auch ein Rätsel. .«, begann der Matrose.

»Das nutzt mir viel!« Papanin verschränkte die Arme und beobachtete den Seemann. »Wenn Sie sich mit der Strömung treiben lassen, könnte es stimmen – wir würden in derselben Entfernung voneinander bleiben. Aber sie lassen sich nicht treiben! Sie haben das Geräusch ihrer verdammten Motoren aufgezeichnet!«

»Klar und deutlich – bis vor einer Minute.«

»Wie erklären Sie sich das?« Papanin zeigte auf die Hydrophon-Ausrüstung. »Es ist Ihre Aufgabe, das zu erklären.«

»Kann ich nicht...«

Der Sibirier sagte nichts. Er stand da mit verschränkten Armen und versuchte, das Gefühl der Ohnmacht zu überwinden. Als er wieder anfing zu reden, war sein Ton so gelassen, daß es dem Matrosen Angst einjagte. »Machen Sie sich deswegen keine Sorgen – bleiben Sie an Ihrem Kopfhörer.« Er wandte sich an Kramer.

»Da sie so nah sind, schicken Sie den Hubschrauber hoch. Der Pilot kehrt nicht eher zurück, bis er die *Elroy* gefunden hat.«

Die *Elroy*, die auf ihrem Riesentransporter festsaß, von zwei zusammengekoppelten Eisbergen eingezwängt, driftete weiter mit der Strömung nach Süden. Sie driftete viele Stunden lang, zeitlose Stunden, denn die Männer, die innerhalb des Eises gefangen waren, hatten keine Möglichkeit mehr, die Uhrzeit exakt festzustellen.

Zuerst schien es unglaublich, so unmöglich, daß Schmidt angeordnet hatte, jeden Zeitmesser an Bord des Schiffes zu kontrollieren. Aber als die Kontrolle durchgeführt worden war, mußten sie feststellen, daß das Unglaubliche wahr war: Jede Uhr und Armbanduhr war stehengeblieben, wahrscheinlich durch irgendeine seltsame Vibration, die im Augenblick des Zusammenstoßes der beiden Eisberge durch das Schiff gelaufen war. Man suchte verzweifelt nach einer richtiggehenden Uhr. Aber es gab keine.

Sie waren daher gezwungen, die Uhrzeit zu schätzen. Von diesem Zeitpunkt an enthielt das Logbuch des Schiffes ungewöhnliche, ungenaue Eintragungen. »Ungefähr achtzehn Uhr...« »Zirka zweiundzwanzig Uhr...« Daß sie die Uhrzeit nicht wußten, ging den Männern allmählich auf die Nerven; die Nähe des Hohleisberges ging ihnen auf die Nerven, und das Wissen darum, daß jede Sekunde Millionen Tonnen von Eis auf sie herabstürzen und das Schiff und sie alle plattdrücken könnten.

Nichts konnten sie tun, nichts gab es, was sie zu tun wagten. Jede sonst übliche Arbeit blieb liegen: Sie konnten sich noch nicht einmal damit beschäftigen, das restliche Eis an Deck über Bord zu werfen, da sie Angst hatten, ein unvorhersehbares Echo vom Hämmern eines Werkzeuges könnte gerade ausreichen, den Koloß zu Fall zu bringen. Die Stimmung verschlimmerte sich spürbar, als Beaumont und Langer von einer Erkundigungstour des bedrohlich nahen Eisbergs zurückkehrten.

»Er hat zwar das Aussehen eines Hohleisberges«, hatte Beaumont gesagt, als er Schmidt die Tour vorgeschlagen hatte. »Und das riesige Stück Eis, das von dem Gipfel herabgefallen ist, war auch ein Hinweis dafür, aber ich halte es doch für besser, wenn wir nachsehen, bevor wir alle verrückt werden...«

Es war tatsächlich ein Hohleisberg, der größte, den Beaumont je gesehen hatte. Die andere Seite des siebzig Meter hohen Felsens, die der See abgekehrt war, sah aus wie ein Schloß aus ›Tausendundeiner Nacht‹. Um dorthin zu gelangen, hatten sie den großen Ausläufer überquert, der aus der Bucht herausragte, und waren einen schmalen vorstehenden Rand am Fuße des Felsens entlanggegangen. Als sie um die Ecke bogen, erstarrten sie vor Entsetzen. Riesige Nischen und Höhlen waren aus dem von außen so massiv aussehenden Eisberg ausgehöhlt worden. Zwanzig bis dreißig Meter über ihnen ruhten große Eisdächer gefährlich auf gefrorenen Säulen. Weiter unten, wo sie stehengeblieben waren, aber noch weit über dem Meeresspiegel, war ein riesiges Loch, mindestens dreihundert Meter im Durchmesser, das von einem Meteoriteneinschlag hätte stammen können. Das Loch war ein schwarzer See, und während sie horchten, konnten sie das leise Plätschern von Wasser hören, das Schwappen der Grönland-Strömung gegen das Eis. Der wenigstens einen Kilometer lange Eisberg war hohl, ein gefährliches Trugbild – ein riesiger Fels, wie von Termiten zerfressen. Er war ungefähr so sicher wie ein Berg aus Dynamit.

»Ich begreife nicht, wieso er nicht zusammengefallen ist, als er uns traf«, flüsterte Langer.

»Sie vertragen eine Menge, bis sie ganz plötzlich runterkommen«, antwortete Beaumont. »Wir haben genug gesehen. Kehren wir zurück.«

»Um Gottes willen, Keith, guck mal da oben ...«

Der Nebel hatte sich über einer großen Eissäule gelichtet und einen gut siebzig Meter hohen Turm freigelegt. Seine Spitze war noch vernebelt. Der Turm selbst war massiv und mindestens dreißig Meter breit. Große Fenster waren hineingebohrt, so viele Löcher im Eis, daß Beaumont sich fragte, wie der Turm überhaupt noch senkrecht stehen konnte. Als der Nebel sich weiter oben lichtete, verdüsterte sich Beaumonts Gesichtsausdruck. Der Turm stützte einen großen Überhang vom hinteren Teil des Felsens, stützte wahrscheinlich den ganzen verdammten Felsen.

»Der hält nicht mehr lange«, sagte er. »Wir gehen besser zurück.«

Nur einige Männer an Bord des Schiffes waren in das Ergebnis ihrer Expedition eingeweiht worden; aber innerhalb einer Stunde hatte sich ihr niederschmetternder Bericht hinter vorgehaltener Hand ausgebreitet und die ganze *Elroy* erreicht. Ab sofort wurde die Spannung unerträglich. Wenn ein Mann mit dem Ellbogen gegen die Schotte stieß, blickte sein Kamerad ihn böse an; keiner hatte Appetit, sie konnten nicht schlafen, sie konnten nichts anderes tun als sich still und ruhig verhalten. Die Untätigkeit quälte sie. Für die Matrosen, die an die Bewegung eines Schiffes gewöhnt waren, war die Bewegungslosigkeit ein zusätzlicher Spannungsherd. Die Eisberge bewegten sich ständig, drehten sich langsam in der Strömung, aber man spürte sie nicht. Irgendwann in kurzer Zeit – Zeit, die sie nicht messen konnten – würden sie alle ein Haufen kreischender Neurotiker werden.

»Warum interessieren wir uns so sehr für Sprengstoff?« fragte Grayson, als sie in Beaumonts Kabine saßen.

»Wenn wir jemals von hier wegkommen, werden wir vielleicht irgendeine Art Waffe brauchen, um uns zu verteidigen. Ich weiß nicht, wie oder wo oder wann – aber ich teile Schmidts Optimismus nicht. Ich denke dabei an so eine Art schwimmende Mine – ich habe deswegen schon mit Da Silva gesprochen.«

»Er macht sich keine Sorgen – wegen Schmidt?« wollte Langer wissen.

»Da Silva ist in Meutererstimmung«, erzählte Beaumont. »Unter normalen Bedingungen wäre er das nicht – das liegt an der Stille und der Ruhe, die ihn schafft, die uns alle schafft«, fügte er mit einem traurigen Grinsen hinzu. »Die *Elroy* knarrt nicht einmal mehr.«

»Meinst du, daß wir irgendwann hier herauskommen?« fragte Grayson.

»Wenn überhaupt, dann nur, wenn der Hohleisberg auf der Südseite treibt und von der Strömung gezogen wird. Es gibt eine kleine Chance, daß er sich losreißen und wegtreiben könnte.«

»Und du glaubst immer noch, daß du einen Hubschrauber gehört hast, als du auf dem Eisberg warst?« fragte Grayson. »Schmidt sah nicht aus, als ob er dir glaubte.«

»Nur, weil Horst ihn nicht gehört hat. Ich habe ihn nicht nur gehört – ich glaube, ich habe ihn ganz kurz gesehen, als der Nebel sich einige Sekunden lang verzog.«

»Und das bedeutet, daß Papanin weiß, wo wir sind?«

»Ich fürchte – ja. Mit der Zeit – wann auch immer – werden wir es wissen, vielleicht, wenn der Hohleisberg sich löst.«

Der Hohleisberg brach irgendwann am Freitag, den 25. Februar, los. »Ungefähr zweiundzwanzig Uhr...«, berichtete das Logbuch. Sein Abzug war nicht spektakulär; es gab kein Entzweireißen von Eis und keine Überflutung. Es gab einfach ein lautes, erschreckendes Krachen, bei dem allen an Bord der Puls stockte. Von seinem Posten hinten auf der Brücke sah Da Silva, was geschehen war. Die große Spier, die sich in die Bucht hineingezwängt hatte, war auseinandergebrochen; der Hohleisberg, noch intakt, löste sich von dem Eingang der Bucht. Da Silva schaute ihm nach. Und wie ein halbuntergetauchtes Ungeheuer folgte der riesige, abgebrochene Spier im Sog dem Haupteisberg.

Als Schmidt, zusammen mit Beaumont, die Brücke erreichte, hatte sich der Anblick, an den sie sich gewöhnt hatten – die umschlossene Lagune mit dem hochaufragenden Felsen auf der anderen Seite – verändert. Der Ausgang stand wieder offen. Dahinter war der Koloß in dem sich zusammenballenden Nebel kaum noch sichtbar. Er verschwand ganz, während sie zuschauten. Schmidt erlaubte sich ausnahmsweise einen Ausdruck des Gefühls: Er atmete geräuschvoll aus.

»Das wär's. Wir starten, sobald ich die Schraube in Bewegung kriege – egal, was da draußen auf uns wartet.«

Die Situation in der Eisberg-Gasse – soweit sie bekannt war – hatte Leonid Breschnew in Moskau seit Tagen verfolgt, immer besorgt, daß etwas geschehen könnte, was den Besuch des amerikanischen Präsidenten im Mai in der russischen Hauptstadt verhindern würde. Plötzlich war jede Verbindung mit Oberst Papanin abgebrochen: Die Funkstörung, die die *Elroy* so wirkungsvoll isolierte, schnitt auch die *Revolution* von der Außenwelt ab.

Am Freitag, den 25. Februar 1972 – während der amerikanische Eisbrecher noch an Bord seines Riesentransporters driftete –, beriet sich Breschnew zweifellos mit Marschall Andrej Gretschko, und der sowjetische Verteidigungsminister entschloß sich zu einem Ablenkungsmanöver. Er wollte irgend etwas finden, um gewisse Journalisten, die Gerüchten über Ereignisse in der Arktis nachgingen, auf andere Gedanken zu bringen. Ganz gleich, was kam – die Krise durfte in der Weltpresse nicht erwähnt werden, und deswegen passierte etwas anderes – etwas, das nah genug bei der Eisberg-Gasse geschah, um die Gerüchte plausibel zu machen, aber weit genug entfernt, um die Aufmerksamkeit von den Ereignissen abzulenken, die sich Hunderte von Kilometern weiter nördlich abspielten.

Die Times vom Mittwoch, dem 1. März, veröffentlichte den ersten Bericht, der überschrieben war:

Washington, 29. Februar

Ein havariertes sowjetisches Unterseeboot, das vier Tage lang in einem schweren nordatlantischen Sturm bei Windstärke 8 trieb, wurde heute von einem russischen Schlepper ins Schlepptau genommen, wie ein Sprecher der amerikanischen Marine bekanntgab.

Starker Seegang... der sich inzwischen wieder gelegt hat, erschwerte es dem Schlepper, eine Schleppleine auf das Schiff zu werfen, das neunhundert Kilometer nordöstlich von Neufundland liegt.

Das U-Boot, das zu der 3700-Tonnen-H2-›Hotel‹-Klasse gehört, hat eine neunzigköpfige Crew an Bord. Es wurde zuerst von einem Aufklärungsflugzeug des amerikanischen Stützpunktes Keflavik auf Island gesichtet...

Weitere sowjetische Schiffe, der Tanker *Liepaya* und der Fischverarbeitungstrawler *Ivan Chigrin*, sind ebenfalls unmittelbar in das Gebiet vorgestoßen.

Die Ursache für die Manövrierunfähigkeit des sowjetischen Schiffes ist bisher unbekannt.‹

Obwohl die Zeitungen der Welt voll von Berichten über die Rückkehr des amerikanischen Präsidenten von seinem kürzlichen Besuch in Peking waren, erschien der Bericht über das sowjetische Unterseeboot, das knapp der Katastrophe entronnen war, in vielen Zeitungen, zusammen mit Luftaufnahmen, die angeblich das in Not befindliche Schiff zeigten, das in fünfzehn Meter hohen Wellen trieb und von stürmischem Wind hin und her gepeitscht wurde. Das Ablenkungsmanöver funktionierte – nicht eine Zeile wurde über die vermißte *Elroy* geschrieben, die längst auf ihrem Weg durch den St.-Lawrence-Strom zu ihrem Heimathafen Milwaukee hätte sein sollen.

Das amerikanische Flugzeug aus Keflavik mußte das sowjetische U-Boot ungefähr zu der Zeit gesichtet haben, als die *Elroy* den Eisberg verließ und in die vernebelte Fahrrinne steuerte.

Freitag, 25. Februar: die letzten Stunden

Die riesige Schraube am Heck der *Elroy* rotierte. Sie peitschte das Wasser, schleuderte kleine Eisschollen zur Seite und wühlte weißen Schaum auf. Schmidt gab das Kommando, und der Eisbrecher bewegte sich langsam rückwärts. Dann blieb er stecken; Schmidt steigerte die Motorleistung. Die Schraube drosch, und die Motoren dröhnten, als ob sie durch das Deck hindurchbrechen würden. Die *Elroy* war wieder in Bewegung. Sie glitt sehr langsam die Rampe hinunter, wie ein Schiff, das in falscher Richtung vom Stapel läuft. Mit ungeheurem Krachen und Splittern bohrte sich der Kiel immer tiefer in das stahlharte Eis.

Die Schraube drehte sich weiter, und ihre Zugkraft war nun stärker, nachdem ein größerer Teil des Schiffes wieder im Wasser lag. Die *Elroy* glitt in die See zurück. Als der Bug ins Wasser schlug, spritzten die Wogen haushoch auf, aber die Crew, die sich hinter Beaumont auf dem Achterdeck versammelt hatte, gab keinen Laut von sich, während das Schiff sich langsam quer über die Bucht und durch den schmalen Ausgang schob. Beaumont ging über das vibrierende Deck zum Bug.

Sie hatten den Zeitpunkt ihres Abzuges sorgsam gewählt. Der Nebel über ihnen hatte sich für einige Augenblicke gelichtet, und in den treibenden Schollen vor der Steuerbordreling spiegelte sich der Mond. Als Schmidt das Schiff langsam wenden ließ, sahen sie dichten Nebel, nur etwa einen Kilometer entfernt, vor sich. »Mir gefällt das nicht«, sagte Grayson, der nahe dem Bug neben Beaumont stand. »Ich finde, wir hätten auf dem Eisberg bleiben sollen. Da Silva auch. Und warum zum Teufel müssen wir mit Festbeleuchtung fahren wie ein Vergnügungsdampfer?«

Der Vergleich war treffend. Auf Schmidts ausdrücklichen Befehl hin brannten die Lichter der *Elroy*. Jedes nur erdenkliche Licht, das noch funktionierte, wurde angeschaltet, und Scheinwerfer strahlten nach Backbord, Steuerbord und voraus über den Bug. »Wir werden auf hoher See sein«, hatte Schmidt zum hundertstenmal wiederholt. »Wenn ich in voller Beleuchtung und mit tutendem Nebelhorn die Eisberg-Gasse herunterfahre, gibt es keinen ersichtlichen Grund für einen Zusammenstoß.«

»Glauben Sie, daß die einen Grund brauchen – wo wir Gorow und die Katharina-Dokumente an Bord haben?« war Beaumont aufgebraust. »Wo wir keinerlei Verbindung aufnehmen können, was möglicherweise hier passiert?«

Er hatte den Streit verloren – und er hatte es im voraus gewußt. Bis zu einem gewissen Punkt waren Schmidts Argumente vernünftig: Wenn sie ohne Licht und Nebelhorn versuchten, weiter nach Süden an ihnen vorbeizugleiten, würde Papanin später behaupten, daß die Schuld für den Zusammenstoß bei den Amerikanern zu suchen sei, wie hätte man sie im Nebel hören oder sehen sollen. Während sie immer weiter südlich fuhren, suchte Beaumont mit seinem Nachtfernglas das Wasser ab.

»Siehst du irgend etwas?« fragte Langer besorgt.

»Nur Ozean. Und Nebel.«

»Sehen Sie irgend etwas?«

Diesmal war es Da Silva, der die Frage stellte. Er war leise von der Brücke heruntergekommen und hatte sich links neben Beaumont gestellt.

»Mit Ihren Augen«, fügte er hinzu, »sollten Sie da oben sein, wo sie schon einmal waren.«

Beaumont blickte zu dem fast dreißig Meter hohen Mast hinauf, wo ein Matrose mit Kopfhörer unter der Pelzkappe an der Saling hing. Dieser Mann hatte die Aufgabe, Schmidt jedes Hindernis vor dem Kurs der *Elroy* zu melden. »Vielen Dank«, sagte Beaumont. »Nicht wieder. Und noch kann ich da draußen nichts erkennen – noch nicht.«

»Das Carley-Floß ist achtern steuerbord«, murmelte Da Silva. »Nicht weit von der Kabine mit dem Sprengstoff, und Langer hat den Schlüssel. Falls wir ihn brauchen, wird uns Borzoli mit der Barkasse helfen – er schiebt Wache in der Nähe des Floßes. Hätten Sie was dagegen, mir Ihre Pläne zu verraten für den Fall, daß etwas passiert?«

»Ich werde versuchen müssen, Sie zu verscheuchen«, antwortete Beaumont unbestimmt.

»O.k., Sie lassen sich nicht gern in die Karten gucken.« Da Silva hielt inne und schaute auf die Brücke zurück. »Vielleicht ist es besser so – wenn man bedenkt, daß Schmidt noch keine Ahnung hat. Ich könnte dafür als kleiner Angestellter in einem Reedereikontor enden.«

»Besser als eine Leiche auf dem Boden der Eisberg-Gasse.«

»Sie fährt raus«, sagte Papanin. »Der andere Eisberg, den wir auf der Luftaufnahme gesehen haben, muß sich losgelöst haben.«

Der Sibirier stand auf der Brücke der *Revolution* und beugte sich über die Manschette des Radarschirms, wobei er seinen Kopf fast ganz hineinsteckte. Der grünliche Schimmer des Schirms fiel auf das glatte Gesicht, den kahlrasierten Kopf und seine Hände und verwandelte ihn in ein grünes Gespenst.

»Wie lange noch?« fragte Kramer nervös.

Papanin blickte kurz vor dem Radarschirm auf und schaute zu Tuchewsky, der auf der anderen Seite der Brücke stand und – die Hände hinter sich verschränkend – Papanin den Rücken zuwandte. »Sie können jetzt Ihre Maschinen starten«, rief Papanin ihm zu. »Ab sofort können wir sie mit dem Radar verfolgen.« Er konzentrierte sich wieder auf die Manschette, während er Kramers Frage beantwortete. »Bis Mitternacht schätze ich – bis Mitternacht wird alles vorbei sein.«

Die *Elroy* dampfte auf südlichem Kurs die Eisberg-Gasse hinunter. Ihre Motoren liefen mit halber Kraft. Ihr Bug glitt durch das milchige Wasser; sie war hell erleuchtet. Es gab jetzt eine zusätzliche Möglichkeit, ihre Position genau festzustellen: Ihr kräftiges Nebelhorn dröhnte pausenlos, ein tiefes, trauriges Tuten, das über den Ozean widerhallte, und der Widerhall war von Bedeutung. Denn irgendwo in dem Nebel mußte es Wände geben, Wände aus Eis, von denen das Echo abprallte.

Vier Männer, durchgefroren und vor Kälte erstarrt, standen am

Bug und versuchten, ständig in Bewegung zu bleiben. Nur Beaumont rührte sich kaum, sondern starrte unentwegt durch sein Fernglas und suchte die See ab. Hinter ihnen knirschten Schritte.

»Kaffee für euch ...«

Da Silva und Borzoli gossen ihnen aus einer Thermosflasche dampfenden Kaffee in Pappbecher, aber als sie ihn hinunterschluckten, war der Kaffee lauwarm. Der Obermaat schickte Borzoli zurück auf seinen Posten in der Nähe des Floßes und bat den Beobachter, achtern backbord etwas zu überprüfen, bevor er sprach. »Schmidt hat das Gefühl, die richtige Entscheidung getroffen zu haben.«

»Freut mich, daß wenigstens einer glücklich ist«, meinte Beaumont.

»Bis jetzt läuft alles ganz glatt.«

Beaumont sagte nichts, trank seinen Kaffee aus und hob wieder das Fernglas an die Augen. Seine Arme waren vom Hochhalten des Glases ermüdet, seine Augen schmerzten von der Kälte und von dem fortwährenden Schauen durch die Linsen. Eine eineinhalb Kilometer lange, schmale Fahrrinne lag vor ihnen, eine ruhige, mondbeschienene See. Dahinter verlor sich alles im Nebel. Auf der Backbordseite tauchte ein riesiger Eisberg auf, ein häßliches Monstrum mit einem Plateau. Vor Steuerbord lag eine große Nebelbank, ein dichter Schleier, der fast siebzig Meter hoch über dem Ozean hing und, soweit sie sehen konnten, sich die ganze Länge der Fahrrinne entlangstreckte.

»Nichts zu sehen auf dieser Seite«, meldete Da Silva, als Beaumont sein Glas auf die Nebelbank richtete. »Nur ein Haufen Nebel.«

»Ist die Funkstörung noch so stark wie bisher?« erkundigte sich Beaumont.

»Noch stärker. So schlimm wie noch nie.«

»Das bedeutet, daß wir sehr nah an der Störungsquelle sind.«

Die *Elroy* kam dem Engpaß, der von dem großen Eisberg backbord und der Nebelbank steuerbord gebildet wurde, immer näher und änderte geringfügig den Kurs, um genau durch die Mitte zu fahren. Das Eis unter Graysons Stiefeln knirschte; er bewegte seine gefühllos gewordenen Füße. Langer versuchte sich aufzuwärmen, indem er die Arme um seinen Körper schlug. Hinter ihnen knallte eine Tür zu; Da Silva war auf die Brücke zurückgegangen; jetzt waren sie mit dem wachhabenden Matrosen allein.

Langer beobachtete Beaumont, der mit dem Ellbogen auf der Reling lehnte, durch das Glas starrte und es dabei langsam nach

Steuerbord schwenkte. Offensichtlich irritierte Beaumont die riesige, undurchdringliche Nebelbank. Sie war jetzt weniger als fünfhundert Meter entfernt und zwang die *Elroy* in den Engpaß zwischen sich und dem Eisberg.

»Was ist das in dem Nebel weiter südlich vor Steuerbord?« rief Grayson.

Beaumont hatte die große Masse schon im Visier, die wie ein schwimmender Felsen aus dem Nebel kam. Es war der Hohleisberg, der ihnen einen trügerischen Eindruck von festen Klippen bot. Sie waren jetzt in dem Engpaß mit dem Plateaueisberg backbord angelangt. Beaumont sah kurz zur Nebelbank hinüber. Ein Schauer lief ihm über den Rücken. Der Bug der *Revolution* durchbrach den Nebel und steuerte wie ein Schlachtschiff auf sie zu.

»Das amerikanische Schiff steuert direkt Süd.«

»Halten Sie sich bereit«, befahl Papanin Tuchewsky.

Die *Revolution* war vom Nebel verschluckt, der direkt vor dem Brückenfenster hing. Tuchewsky neigte sich tiefer über den Radarschirm, beobachtete das Schattenbild und entdeckte plötzlich die sich nähernde *Elroy*. Er mußte Maßarbeit leisten – er mußte ein riesiges Schiff genau im richtigen Augenblick aus dem Nebel bringen –, wenn er nicht versagen wollte.

»Kurs beibehalten«, befahl er dem Seemann.

Die *Revolution* kroch mit niedrigster Geschwindigkeit vorwärts. Das Dröhnen ihrer Motoren wurde vom Nebel gedämpft. Ihr Kurs mußte der *Elroy* den Weg abschneiden. Tuchewsky blickte unentwegt auf das Schattenbild. Sein Gesicht glänzte von Schweiß; sein Bart war feucht. Er mußte die Geschwindigkeit der *Elroy*, seine eigene Geschwindigkeit und die Entfernung, die sie trennen würde in dem Augenblick, in dem sie sich gegenseitig entdeckten, einkalkulieren. Er spürte die Anwesenheit des Sibiriers hinter sich.

»Sie müssen sie mittschiffs rammen...«

Der Abtaststrahl in der Manschette zeichnete ununterbrochen Lichtpunkte auf, die laufend die Position der *Elroy* vermittelten, die sich der Durchfahrt zwischen Nebelbank und dem Eisberg näherte. Tuchewsky hörte Papanins Stiefel ruhelos hin und her tappen. »Sind wir nicht zu langsam?«

»Wollen Sie, daß wir zu früh aus dem Nebel kommen?«

Auf der *Revolution* herrschte völlige Dunkelheit, kein einziges Licht brannte, aber Papanins Augen hatten sich an das Dunkel gewöhnt. Das Schiff kroch weiter vorwärts. Er konnte gerade noch die Fensterrahmen und etwas Fahles, Verschwommenes dahinter erkennen. Sie hätten in einem vernebelten Hafen sein können, so glatt war die See, so ruhig das Summen der langsam drehenden Schiffsmotoren.

»Momentane Geschwindigkeit beibehalten«, sagte Tuchewsky eintönig.

»Wie lange noch?« wollte der Sibirier wissen.

»So lange wie nötig.«

Papanin kochte, sagte aber nichts. Seine Nerven waren zum Zerreißen gespannt. Sie mußten das amerikanische Schiff beim ersten Anlauf zerstören. Ein vernichtender Schlag aus dem Nebel heraus, Stahl gegen Stahl, den Bug der *Revolution* in die Steuerbordseite der *Elroy* hineinbohren, die *Elroy* glatt durchtrennen. Er stellte sich vor, wie es sein würde – das russische über dem amerikanischen Schiff, es untertauchend, das zerbrochene Heck zu seiner Linken, der zerstörte Bug zu seiner Rechten. Welcher Teil, fragte er sich, würde wohl zuerst untergehen?

»Papanin, gehen Sie zum hinteren Teil der Brücke! Halten Sie sich an der Reling fest!«

Der Sibirier folgte der Aufforderung und hielt sich mit beiden Händen fest, während der Schiffsführer, einer von Papanins Mannschaft, das Steuerrad fester griff. Papanin schaute auf den Nebel vor der Brücke. Wenn es heller wurde, würden sie aus dem Nebel sein und die *Elroy* vor ihrem Bug sehen. Warum erhöhte Tuchewsky nicht die Geschwindigkeit? Der Kapitän ging vom Radarschirm weg und drückte den Stellhebel auf ›halbe Fahrt‹. Dann ging er zum Radarschirm zurück.

»Gegenwärtigen Kurs beibehalten.«

Ein schwach flackerndes Licht war durch das Brückenfenster zu sehen. Der Nebel lichtete sich, während das Motorengeräusch lauter wurde. Auf der Brücke war es sehr warm, und Papanin wischte sich mit einer kurzen Bewegung den Schweiß von der Stirn. Das Klagelied des Nebelhorns der *Elroy*, das sie schon früher gehört hatten, wurde sehr laut, es war direkt vor ihnen. Tuchewsky blickte weiter auf den Radarschirm und betete. Dann waren sie aus dem Nebel heraus.

Mondlicht überflutete die Brücke. Die Lichter der *Elroy* waren blendend hell, direkt vor ihnen. Die Bugwelle der *Revolution* breitete sich mit der gesteigerten Geschwindigkeit weiter nach Backbord und Steuerbord aus. Der Rumpf des Eisbrechers raste ihnen entgegen. Tuchewsky hielt sich am Radarschirm fest und starrte aus dem Fenster. Nie zuvor hatte er sich mit solcher Intensität auf einen Radarschirm konzentriert – und er hatte alles richtig berechnet. Oder doch nicht? Schneller, um Gottes willen! Er betete, daß der Kapitän der *Elroy* rechtzeitig reagieren würde, und er versuchte, diesen Befehl dem Gehirn des Amerikaners einzugeben. Geschwindigkeit heraufsetzen! Geht aus dem Weg! Ich gebe euch eine Chance, eine Warnung, bitte – bitte!

Die *Elroy* fuhr schon schneller. Der Befehl wurde in dem Augenblick erteilt, als die *Revolution* aus dem Nebel auftauchte. Trotz seiner Erschöpfung hatte Schmidt mit der Entschiedenheit reagiert, auf die Tuchewsky gehofft hatte. Der Russe hielt den Kurs bei, steuerte schnurgerade auf das Ziel, wie es Papanin schien, der hinter der Brücke stand und die Situation nicht exakt abschätzen konnte. Die *Revolution* raste vorwärts, der Rumpf des amerikanischen Schiffes glitt im rechten Winkel vorbei. Sein Mast überragte die Brücke des russischen Schiffes. Tuchewsky lief zur Steuerbordseite und schaute über die Reling seines eigenen Schiffes nach unten. Er sah die Schraube der *Elroy*, die das Wasser aufpeitschte. Sein eigener Bug schnitt durch das aufgewühlte Wasser.

»Sie haben sie verfehlt!« Papanin verlor endgültig die Beherrschung. »Das nächste Mal übernehme ich das Kommando!«

Blind vor Wut stampfte er auf die andere Seite der Brücke und fluchte wild auf Tuchewsky, wobei er auf ihn hinunterschaute. Der kleine Kapitän schob ihn zur Seite, Papanin verlor das Gleichgewicht und stolperte. »Sie Idiot – wir werden den Eisberg rammen!« Papanin schrak zusammen, als er aus dem vorderen Fenster blickte. Der riesige Plateaueisberg füllte das Fenster aus.

Beaumont stand am Heck der *Elroy*, als der Bug der *Revolution* ihnen entgegenschoß. Ein Zusammenstoß schien unvermeidbar. Die *Elroy* war dem russischen 16000-Tonnen-Schiff noch mittschiffs zugewandt, als die Bugwelle schon auf sie zurauschte und sein riesiger Bug sich vor die Reling der *Elroy* auftürmte. Beaumont war noch im letzten Augenblick sicher, daß der Bug die Schraube der *Elroy* zerschmettern und damit ihren Antrieb zerstören würde. Dann rauschte das russische Schiff hinter dem Heck vorbei und verfehlte sein Ziel nur um Meter. Es raste auf den riesigen Eisberg zu.

»Sie wird den Eisberg treffen«, sagte Grayson.

»Zu schön, um wahr zu sein ...«

Beaumont blieb in der Nähe des Hecks, beobachtete den verzweifelten Versuch der *Revolution*, rechtzeitig zu wenden, sah das hohe Kielwasser hinter ihr, das den extremen Kurs andeutete, zu dem sie gezwungen war, und sah schließlich, daß sie in Sicherheit war. Er erteilte Grayson, Langer und Borzoli knappe Anweisungen und ging direkt auf die Brücke der *Elroy*. Sein Gesichtsausdruck war düster, seine Stiefel stampften über das Deck. Als er die Brücke erreichte, wandte Schmidt sich von dem hinteren Fenster ab, durch das er geschaut hatte.

»Sie hatten recht, Beaumont«, sagte er kurz. »Sie haben versucht, uns zu versenken.«

»Sie werden es noch einmal versuchen. Sie können nicht schneller fahren als sie.«

»Schneller? Mit meiner Höchstgeschwindigkeit von sechzehn Knoten?«

»Also muß sie möglichst aufgehalten werden. Um der Crew willen, um unser aller willen...«

»Da Silva leistet Ihnen Hilfe mit dem Sprengstoff?« Beaumont starrte Schmidt an, der bedeutungsvoll grinsend nickte. »Glauben Sie, ich wüßte nicht, was sich an Bord meines Schiffes abspielt, Mr. Beaumont?«

»Sie muß aufgehalten werden!« wiederholte Beaumont.

»Ich werde vergessen, dies in das Logbuch einzutragen.« Der Kapitän blickte zu Beaumont auf der anderen Seite der Brücke und sagte nur: »Halten Sie sie auf.«

Das Carley-Floß, das für den Fall, daß ein Schiff aufgegeben werden muß, über Bord geworfen wird, war mit einhundert Pfund Sprengstoff geladen und zur Zündung präpariert. Die Zeitzünder waren angebracht und die Uhren so eingestellt, daß die Detonation nach zehn Minuten erfolgen konnte. Sie waren jedoch noch nicht aufgezogen. Das Floß war jetzt eine potentielle Mine.

Schmidt mußte die Geschwindigkeit erheblich reduzieren, als die Barkasse vom Achterdeck seitlich heruntergekurbelt wurde. Es war ein nervenaufreibender Entschluß gewesen, denn die *Revolution*, die zwar noch mit einigem Abstand der *Elroy* folgte, kam immer näher und drohte den Eisbrecher einzuholen. Der Blick von der Brücke nach vorn war kaum ermutigender als der nach hinten. Schwerer Nebel driftete noch steuerbord und verdeckte halb den Hohleisberg, der etwa fünfhundert Meter vor ihnen lag. Backbord war eine ganze Kette von Eisbergen aufgetaucht, die die offene Rinne einengten. In einiger Entfernung direkt voraus standen außerdem zwei sehr große Eisberge zu beiden Seiten der Fahrrinne wie zwei Wachposten vor einem Tor. Es war in der Tat eine Eisberg-Gasse, durch die Schmidt sein Schiff führen mußte.

»Wie lange wird es noch dauern, bis sie uns einholt?« fragte Beaumont Da Silva.

»Ich schätze ungefähr zehn Minuten – aber nur geschätzt.«

»Mir sieht es eher wie fünf Minuten aus«, sagte Grayson düster.

Er runzelte die Stirn und schaute nach Steuerbord. »Schmidt ändert den Kurs – er bringt uns näher an diese Kette von Eisbergen heran.«

»Ich habe ihn darum gebeten«, erklärte Beaumont kurz. »Er wird mehr Abstand zwischen der *Elroy* und dem Hohleisberg lassen.«

»Damit die *Revolution* auf der Seite vorbeischlüpfen kann? Er muß verrückt sein...«

»Dann bin ich auch verrückt. Wir steigen jetzt am besten ins Boot.«

Da Silva ging mit ihm über das Deck zu Borzoli und den anderen Matrosen. Sie warteten bei der Barkasse, die an Davitskabeln hing. »Beaumont – ich habe Sie noch immer nicht gefragt, was Sie vorhaben, ich vermute, Sie hoffen, daß dieses Ding direkt unter dem Bug der *Revolution* in die Luft geht.«

»Das geht nicht – sie hat zuviel Fahrt. Lassen Sie uns jetzt herab – und seien Sie um Himmels willen vorsichtig mit dem Floß, wenn Sie es runterschicken.«

Die ganze Aktion war höllisch und heikel. Die Barkasse, in der Beaumont, Langer und Grayson saßen, mußte mit einer Winde über die Seite des fahrenden Schiffes herabgelassen und dann festgehalten werden, bis das Floß hinzukam. Der ruhige Seegang war das einzige, was ihnen als günstiger Umstand zu Hilfe kam. Mit einem heftigen Klatsch trafen sie auf das Wasser. Sie hielten sich an den Kabeln fest und schauten nach oben. Das Floß war schon unterwegs zu ihnen.

An Deck hatte Langer kurz vorher Da Silva noch gewarnt. »Technisch gesehen kann nichts passieren, wenn das Floß gegen den Rumpf schlägt.« »Er hatte aufgehört zu sprechen und ohne ironischen Unterton hinzugefügt: »Doch der Himmel ist voll von harfenspielenden Sprengstoffexperten, die Ähnliches gesagt haben.«

Die Mine schwebte mit entsetzlicher Langsamkeit auf sie herunter. Sie hing an Seilen, die die Matrosen über ihnen Stück für Stück herabließen. Langer, der ein Windenseil fest umklammert hielt, beobachtete das herabgleitende Floß. Es brauchte nur aus dem Gleichgewicht zu geraten und in Schräglage herunterzukommen, dann konnte es, ganz gleich, wie sicher der Sprengstoff vertäut war, ihre Vernichtung bedeuten. Plötzlich glitt einem Mann das Seil aus der Hand, und die schwere Waffe über ihren Köpfen kippte zur Seite. Wütend und erschreckt zischte Langer durch die Zähne: »Sie werden Papanin seine Aufgabe schon abnehmen.«

Das gekippte Floß schwankte und stieß mit einem dumpfen Aufschlag, der sehr leicht die Ladung hätte losrütteln können, gegen den Rumpf des Schiffes. Beaumont schaute am Schiffsheck vorbei und versuchte, seine Ungeduld zu unterdrücken. Die *Revolution* hatte jetzt ihren Kurs geändert und steuerte schnell auf die offene Rinne zu, in der sie sich an die Steuerbordseite der *Elroy* heranmachen könnte. Herrgott noch mal, beeilt euch! Seinem Flehen wurde entsprochen – mit entnervender Geschwindigkeit. Das Floß fiel weiter, fast auf ihre Köpfe herunter.

Einen Meter über ihnen kam es ruckartig zum Stehen, immer noch in einem gefährlichen Winkel, wurde dann etwas sanfter herabgelassen. Langer setzte die Uhren in Betrieb – die einzigen Uhrwerke an Bord, die nicht zerstört worden waren, weil sie nicht liefen, als der Hohleisberg sie gerammt hatte. Das Floß wurde über das Heck gehievt und mit Seilen an die Barkasse gekoppelt. Beaumont ließ den Motor an, übernahm das Steuerrad und rief Da Silva etwas zu. Die Windenseile wurden ausgehängt, und mit halber Geschwindigkeit entfernte sie sich von der *Elroy*, das Floß hinter sich herziehend.

»Ich glaube, wir kommen zu spät«, rief Langer, der zu dem russischen Schiff zurückblickte.

Beaumont gab Gas, und die Barkasse raste über die ruhige See direkt auf den Hohleisberg zu. Sie fuhren im rechten Winkel zu der verschwindenden *Elroy* und der herannahenden *Revolution*. Der Nebel teilte sich jetzt und legte den hochragenden Wall aus Eis frei, auf den sie zujagten. Der Eisberg türmte sich vor ihnen auf wie der Rand irgendeines großen Kontinents. Er erschien ihnen jetzt noch größer als vorher, als sie über seine trügerische Oberfläche hinter der Felswand gestiegen waren.

Als sie sich einem Teil des Felsen näherten, den sie früher nicht hatten sehen können, entdeckte Beaumont, daß er an der Basis ausgehöhlt war, daß sich Höhlen gebildet hatten, die im Felsen verschwanden. Jetzt erst war ihm klar, wie der Ozean den See erreichte, den sie auf der andern Seite des Felsens entdeckt hatten: Es gab unterirdische Verbindungen zwischen den Grotten, die zu dem See führten. Fast ohne weitere Überlegung stand sein Entschluß fest.

»Wir gehen näher ran – am Randes des Eisschelfes lassen wir das Floß los«, rief er.

»Wir werden nie zu der *Elroy* zurückkommen.« Angst lag in Graysons Stimme. »Wir werden sie nie wieder einholen.«

»Das müssen wir riskieren. Ich werde das Floß in einen der Kanäle schieben – dann wird es vielleicht auf der andern Seite des Eisberges detonieren.«

Beaumonts Plan war einfach, aber eine gewagte Sache. Der Hohleisberg war kurz vor dem Zusammensturz. Er hätte eigentlich zusammenstürzen müssen, als er gegen die Bucht schlug, in der die *Elroy* aufgelaufen war. Erst recht hätte er zusammenfallen müssen, als er sich von dem anderen Eisberg losriß. Aber er war noch intakt, doch jede Stunde, die er weiterdriftete, brachte ihn dem endgültigen Zerfall näher. Es war möglich, daß die Detonation einer großen Menge Sprengstoff in der Nähe des Eises die Katastrophe herbeiführen würde. Unter Umständen würde es aber nicht mehr als ein Kitzel für den Eisberg bedeuten und nur ein paar Pfund Eis lossprengen.

Und trotzdem gab es aktenkundige Fälle, wonach der unbedachte Ruf eines Eskimos in seinem Kajak eines dieser Ungeheuer zersprengt und im Ozean versenkt hatte. Beaumonts Plan, seine einzige schwache Hoffnung, war, den Hohleisberg vor der *Revolution* zu Fall zu bringen und die Fahrrinne mit kleineren Eisbergen zu verstopfen. Es war tatsächlich ein kühnes Unternehmen mit geringer Aussicht auf Erfolg.

»Wir holen sie ein! Wenn es soweit ist, werde ich selbst das Steuerrad übernehmen«, brummte Papanin. Er stand an dem Klarsichtfenster und beobachtete die entfernte Silhouette der *Elroy*, die durch Nebelschwaden fuhr. »Sie werden den Maschinentelegraf übernehmen und die Geschwindigkeit kontrollieren«, befahl er Kramer.

»Wir werden nicht genug Raum haben, um irgendwelche Manöver auszuführen«, wandte Tuchewsky ein. Im Gegensatz zu dem Sibirier schaute er ständig abwechselnd von Backbord nach Steuerbord und zurück. Die enorme Größe des herannahenden Rieseneisberges vor Steuerbord imponierte ihm außerordentlich, aber er ahnte noch nichts von seiner Zerbrechlichkeit. »Eine Barkasse ist von dem amerikanischen Schiff abgefahren«, sagte er plötzlich. »Sie überquert die Fahrrinne vor uns...«

»Kümmern Sie sich nicht darum! Geschwindigkeit heraufsetzen...«

»Das ist gefährlich – wir kommen zu nah an den Eisberg...«

»Volle Fahrt!« rief Papanin Kramer zu. »Volle Fahrt...«

Über ihren Köpfen ragte der Felsen senkrecht auf, während die Barkasse sich zwischen Eisschollen in der Nähe des Eisschelfs vortastete, wo der Ozean gegen die Basis des Hohleisberges plätscherte. Mit gedrosseltem Motor schaukelte die Barkasse zwischen den Schollen – ein kleiner Punkt im Windschatten des Eisberges. Zwanzig Meter südlich vor ihnen lag die Öffnung zu einer großen Höhle, und die Strömung floß in den Eisberg hinein.

Beaumont konnte den Verlauf des mondbeschienenen Wassers erkennen und gab laut Befehl. »Floß loslassen!«

Grayson stand mit seinem Messer bereit. Er zerrte an dem Seil, das er mit einer Hand festhielt, während er es mit der anderen zu zerschneiden versuchte. Aber das Durchtrennen der zähen Fäden dauerte länger als erwartet. Hinter ihm unterdrückten Beaumont und Langer mit Mühe ihre Ungeduld. Beaumont schätzte, daß ihnen etwa fünf Minuten bis zur Detonation blieben – aber ohne laufende Uhr war es nicht sicher.

Grayson schnitt wild entschlossen an dem ausgefransten Seil – ein paar letzte Fäden ketteten sie noch an das Floß. Langer fluchte und versuchte mühsam, sein eigenes Messer aus der Scheide in seinem Parka herauszuholen. Beaumont schaute hilflos zu, denn er konnte es nicht riskieren, das Steuerrad loszulassen. Die gewölbte Öffnung kam näher. Langer fand das Messer, zog es heraus und schnitt an dem Seil, das Grayson ihm hinhielt. Die Fasern waren durchtrennt, und das Floß trieb ab. Beaumont gab Gas; das Beiboot brauste mit aufgedrehtem Motor von dem Hohleisberg fort. Die Motoren der *Revolution* übertönten ihn, als Beaumont die Fahrrinne entlangsteuerte und der *Elroy* nachjagte, die kaum noch zu sehen war.

Grayson klammerte sich achtern am Dollbord fest. Er schaute nach hinten, um das Carley-Floß zu beobachten, das in der Strömung schaukelte und an dem Grotteneingang vorbeizugleiten schien. Im letzten Moment fing sich das Floß am Eis, saß einen Moment fest und wurde dann von der Strömung hineingesogen und in den Eistunnel geschickt, der zu dem See auf der anderen Seite führte.

»Es ist drin!« rief Grayson den anderen zu.

Beaumont gab jetzt Vollgas, und die Barkasse raste die gefährliche eisübersäte Fahrrinne hinunter. Er mußte das Steuerrad herumreißen und verfehlte eine größere Eisscholle um Zentimeter. Immer mehr Eis tauchte auf, kleine Schollen, die im Mondlicht schwappten, und kleine Eisberge, die mit der Eisbergkette vor Backbord drifteten. Hohe Geschwindigkeit in solchen Gewässern war höchst gefährlich – und eine hohe Geschwindigkeit war lebensnotwendig für sie. Der Hohleisberg zeichnete sich noch zu ihrer Rechten ab, erstreckte sich weit vor ihnen nach Süden, endlos, wie Beaumont schien. Er gab Vollgas und hatte darum schwer mit dem Steuerrad zu kämpfen.

Ein einzelnes Licht leuchtete weit entfernt am Heck der *Elroy*, das einzige sichtbare Licht an Bord des Eisbrechers, seitdem Schmidt befohlen hatte, alle Lichter zu löschen bis auf den Scheinwerfer, der die Barkasse zum Schiff zurückführen sollte. Die graue Gischt ihres auslaufenden Kielwassers erschien backbord. Die bitterkalte Luft peitschte ihre Gesichter. Die Barkasse steuerte im Zickzackkurs, um weitere Eisschollen zu umfahren. Hinter ihnen kam die *Revolution* immer näher und fuhr jetzt neben dem Hohleisberg – sie alle hatten ihre Geschwindigkeit unterschätzt.

»Das Tor schließt sich«, rief Langer Beaumont ins Ohr. In der Ferne veränderte sich die Silhouette hinter der *Elroy*. Es sah aus, als würde Schmidt zu spät kommen. Die zwei riesigen Eisberge, die den Ausgang aus der Fahrrinne säumten, kamen sich immer näher und waren in einer Gegenströmung gefangen. Bis Schmidt sie erreichte, würde es keinen Ausweg mehr geben. Das Tor schloß sich, wie Langer gesagt hatte.

Beaumont mußte plötzlich einem kleinen Eisberg ausweichen, der aber doch groß genug war, das Dollbord zu zerschmettern, wenn es zum Zusammenstoß käme. Er wich in die entgegengesetzte Richtung aus, um einem zweiten Eisberg zu entkommen; er ging mit der Barkasse um wie mit einem Rennboot. Es schien nur eine Frage der Zeit, bis sie gegen eine der Schollen krachten, aber das Hecklicht der *Elroy* war jetzt schon etwas größer und näher. Als er wieder einen Blick nach Steuerbord riskierte, war er überrascht: Sie hatten den Hohleisberg passiert, hatten ihn bereits hinter sich gelassen und brausten davon.

»Mehr Fahrt!« wütete Papanin. »Wir müssen sie einholen!«

Tuchewsky sagte nichts. Er führte nicht mehr das Kommando über sein eigenes Schiff. Hinter dem Steuerbordfenster türmte sich der riesige Eisberg auf, überragte sie, und zum erstenmal bemerkte Tuchewsky die gewölbten Öffnungen an der Wasserlinie.

Hinter dem Eisfelsen hatte das Carley-Floß den Tunnel verlassen und war in den dunklen See dahinter getrieben. Es schwamm um eine Ecke und stieß gegen das Eis. Das Floß war mit Reif bedeckt, der sich im Tunnel auf ihm niedergeschlagen hatte. Es fing sich an einem Eisspier und blieb hängen. Der ausgehöhlte Eisturm ragte steil über ihm in die Luft, der Turm, der den Überhang stützte.

Beaumont war der totalen Erschöpfung nah; er verfehlte eine Eisscholle; aber die Scholle verfehlte nicht die Barkasse. Der Bug prallte gegen einen Eisspier, der unter der Wasseroberfläche schwamm, schnellte hoch, und die Barkasse flog über sie hinweg. Als sie in der Luft hingen, stockte Beaumonts Herzschlag – die Schraube konnte an dem Eis hängenbleiben, abknicken und vielleicht aus dem Boot herausgerissen werden. Die Barkasse fiel zurück ins Wasser; der Spier zerbrach unter dem Aufprall. Er ging unter, als die intakte Schraube über ihm kreiste und dann wieder durch das Wasser quirlte. Hinter dem Eisfelsen detonierte die schwimmende Mine.

Der Eisturm, der den Übergang abstützte, erzitterte. Die wabenartig durchlöcherte Säule brach langsam in sich zusammen und löste Stück für Stück, wobei riesige Mengen von Eis in den See herabfielen. Dann knickte sie in der Mitte ein und brach vollständig auseinander. Das enorme Gewicht des Eises darüber donnerte hundert Meter tief herab und zersplitterte an der Kante des Sees in tausend Stücke, die wie eine Eislawine in den See rutschten. Der Turm und der mächtige Überhang waren verschwunden – und damit der Strebepfeiler, der den Eisfelsen aufrecht gehalten hatte. Jetzt kippte auch der Eisfelsen selbst und löste eines der erschrekkendsten Naturschauspiele aus.

Der Felsen fiel nach innen – in die der *Revolution* entgegensetzte Richtung –, und dieser Anblick von der Brücke des russischen Schiffes aus überwältigte die Männer an Bord. Der ganze Felsen, der noch vor einem Augenblick steil über ihnen geragt hatte, fiel nach rückwärts. Einen Moment lang traute Papanin seinen Augen nicht, dann bemerkte er den entsetzten Gesichtsausdruck des Kapitäns. »Es ist ein Hohleisberg ...« Das Tosen des krachenden Eises hallte noch nach, als Tuchewsky sich zusammenriß und das Bordfunksystem einschaltete, das seine Worte über das ganze Schiff verbreitete. »Es gibt keinen Grund zur Panik – kein Grund zur Panik ...«

Er täuschte sich; und Beaumont, der die Eisberg-Gasse so gut kannte wie kaum ein Arktisforscher, hätte ihm sagen können, wie furchtbar im Unrecht er war. Das gewaltige Spektakel, das der Russe mit angesehen hatte, war erst der Auftakt zu einem dramatischen Geschehen.

»Das verdammte Biest ist in die falsche Richtung gefallen!« rief Grayson. »Es ist rückwärts gefallen ...«

»Haltet euch fest!« brüllt Beaumont zurück.

Das Wasser war jetzt turbulent geworden durch die Wellen, die der Eisberg verursacht hatte, als er an der Wasserlinie vibrierte. Beaumont beachtete das jedoch kaum. Sorge machte ihm vielmehr die Flutwelle. Verzweifelt versuchte er, mehr Geschwindigkeit aus dem dröhnenden Motor herauszuholen. Die Flutwelle würde der endgültigen Katastrophe folgen und von hinten auf sie zuschießen. Wenn sie das Schiff nicht rechtzeitig erreichten, würde die Welle sie überrollen.

Die *Revolution* blieb auf Kurs und fuhr noch neben dem zerbrochenen Eisberg, als das Ungetüm das Gleichgewicht verlor. Der ehemals hochaufragende Felsen am einen Ende des Eisberges war plötzlich verschwunden und über ein großes Gebiet verstreut. Die übriggebliebene riesige Plattform mit einer Länge von fast fünfhundert Metern schlug um. Der Felsen, der über der Oberfläche zu sehen gewesen war, schien immens gewesen zu sein, aber er war nichts im Vergleich zu der Masse, die unter der Wasseroberfläche verborgen lag. Dieser Unterwasser-Eisberg tauchte jetzt aus der See herauf wie ein Urheber einer Erdoberflächenverschiebung. Riesige Kaskaden von Wasser schossen auf ihm herab wie die Niagarafälle.

Die See selbst begann zu brodeln und zu schäumen, als ob sie spürte, was aus der Tiefe heraufkam. Riesige Eisklippen aus gefrierenden Kaskaden türmten sich hoch über der Brücke der *Revolution* auf, wo Papanin und Tuchewsky voller Entsetzen das Geschehen beobachteten. Die Wasserfälle überfluteten das Schiff, und Eisbrocken, größer als Wohnhäuser, zerschmetterten am Rumpf, rissen Stücke aus der Reling, die zurückblieb wie eine ausgezackte Zahnreihe. Der Eisberg wälzte sich weiter. Millionen Tonnen Eis waren in Bewegung und türmten sich hoch auf, während er seine Massen um hundertachtzig Grad kippte.

»Mein Gott! Als ob der ganze Meeresboden hochkäme!« Grayson war von dem Anblick erschüttert. Die Barkasse raste immer näher auf die *Elroy* zu, und Beaumont, der nur ein einziges Mal zurückschaute, konzentrierte sich einzig und allein darauf, zur *Elroy* zu gelangen. Die Flutwelle konnte jede Sekunde anrollen. Sie mußten das Schiff unbedingt rechtzeitig erreichen. Hinter ihnen kippte der Hohleisberg endgültig um.

Er schwankte, baute sich über der *Revolution* auf, und dann krachten Millionen Tonnen Eis herab wie ein Bergmassiv. Auf der Brücke des russischen Schiffes sah man nur einen riesigen, rotierenden Schatten. Papanin stand noch auf der Brücke, als der Schatten zuschlug. Eine massive Wand aus Eis stürzte auf die Radarkuppel, die augenblicklich zusammensackte und völlig verschwunden war. Die Brücke wurde auf die Ebene des Decks gequetscht und das Deck unter Wasser gedrückt. Der Bug ging sofort unter, während das Heck nach oben kippte, wie von einem unsichtbaren Hebel gehoben.

Das Heck stieg im steilen Winkel auf, bis es senkrecht stand. Die Schraube rotierte immer noch. Zwei Drittel des Schiffes waren verschwunden, begraben unter dem umstürzenden Eisberg. Das Heck mit der rotierenden Schraube, die jetzt ohne Antrieb langsam auslief, ragte immer noch senkrecht aus dem Wasser heraus. Grayson sah, wie das Heck nur zögernd, einem U-Boot vergleichbar, das senkrecht auf den Meeresboden untertauchen wollte, der versunkenen Hälfte des Schiffes folgte. Dann wurde es von einem Ausläufer des Eisberges getroffen, der es mit einem einzigen wuchtigen Schlag dreitausend Meter tief auf den Grund der Arktis beförderte. Die Flutwelle rollte heran.

»Springt ab!« rief Beaumont.

Die Barkasse hatte das Heck der *Elroy* passiert. Beaumont drosselte den Motor und brachte die Barkasse mittschiffs bei. Sie prallte gegen den Rumpf, als Beaumont versuchte, mit gleicher Geschwindigkeit neben dem langsam fahrenden Schiff zu bleiben. Schmidt hatte sie von weitem kommen sehen und die Geschwindigkeit lange vor der Zerstörung der *Revolution* herabgesetzt. Einige Männer beobachteten sie von der Reling aus. Sie zeigten auf die Strickleitern, die an der Seite des Schiffes herabhingen.

»Springt ab!« rief Beaumont zum zweitenmal.

Langer schnappte eine der baumelnden Leitern und begann hochzuklettern, während Grayson sich die nächste schnappte. Beaumont blieb am Steuerrad, um die Barkasse neben dem fahrenden Schiff zu halten. Hinter dem Heck der *Elroy* tobte der Ozean. Innerhalb von Sekunden war aus einer ruhigen See ein wildes Chaos geworden. Da Silva warf geschickt eine weitere Leiter über Bord. Sie schlug gegen Beaumonts Brust Er ließ das Rad los, klammerte sich an die Leiter und fühlte, wie die Barkasse sich unter ihm fortbewegte. Er stemmte seine Stiefel in die schaukelnden Sprossen. Über ihm an der Reling schrie Da Silva ihm zu, er solle sich beeilen.

Die herantosende Flutwelle, die nicht mehr weit vom Heck war, hatte schon eine Höhe von sieben Metern erreicht und wurde von Sekunde zu Sekunde größer. Sie bestand nicht nur aus Wasser. Auf ihrem Weg die Fahrrinne herunter hatte sie riesige Eisschollen zusammengetragen. Sie stürzten mit dem Wellenkamm heran wie mächtige Rammböcke aus Eis, die einen Menschen mit einem einzigen flüchtigen Schlag zermalmen konnten. Langer sprang gerade über die Reling, als Da Silva seine letzte Warnung ausrief. Grayson folgte ihm. Aber irgend etwas für den Mann zu tun, der noch an der Schiffsseite hing – dazu war es zu spät. Das wußte Da Silva.

Als Beaumont die Leiter zur Hälfte hochgeklettert war, schaute er zum Heck und sah eine schäumende grüne Wand, die ihn überragte; er sah einen kleineren Eisberg aus der Gischt auftauchen. Er würde zu Brei zermalmt und vom Rumpf weggefegt werden. Die Flutwelle riß das Heck hoch und schleuderte es mit furchtbarer Wucht in die Luft. Der Bug tauchte unter. Beaumont krallte seine Handschuhe fest um das Seil, grub seine Ellbogen in die Rippen und preßte seinen Kopf zwischen die Unterarme, als er fühlte, wie das Heck in die Luft schoß wie ein Aufzug.

Eine Flut von eiskaltem Wasser ergoß sich über ihn, ein zentnerschweres Gewicht drückte auf seine Schultern und versuchte, ihn von der Strickleiter loszureißen. Es brauste und tobte in seinen Ohren. Irgend etwas rammte mit ungeheurer Wucht gegen den Rumpf neben ihn. Er erbebte von dem Zusammenprall; gleichzeitig prasselten Eissplitter gegen sein Gesicht wie tausend Nadeln. Die Wucht der Welle fegte die Leiter zur Seite und peitschte Beaumont in Richtung des Bugs, wo die Barkasse zerschellt war.

Beaumont war halb erfroren, seine Lungen drohten zu bersten von dem langen Einhalten der Luft. Er war wie gelähmt vor Entsetzen und Grauen, nachdem die Eisscholle so dicht neben ihm zerschmettert war. Er war völlig durchnäßt. Sein Körper war von dem Schlenkern der Strickleiter, die ihn fast bis an die Reling hochschwang, wundgescheuert. Das Tosen in seinen Ohren wurde stärker. Er fühlte, wie ihm die letzten Kräfte schwanden, wie sein Griff an der Leiter immer schwächer wurde, während die See an ihm zerrte und riß. Der Bug kam wieder hoch; die Leiter schwang in die andere Richtung zurück, wobei sein Körper brutal gegen den Rumpf geschleudert wurde. Nur die nackte Angst und sein letzter Funken Selbsterhaltungstrieb hielten ihn bei Bewußtsein und sagten ihm, daß seine erstarrten Hände noch die Leiter umschlossen hielten. Die See fiel zurück, und Beaumont hatte den Eindruck, als würde er stürzen und dabei um seine eigene Achse wirbeln. *Das ist Einbildung, du bist noch auf der verdammten Leiter . . .!*

Wie aus weiter Ferne rief eine Stimme ihm immer wieder zu: »Festhalten! Wir holen Sie rauf. Festhalten!« Er schlug sehr hart gegen irgend etwas, dann fühlte er sich plötzlich von mehreren Händen ergriffen. Irgend jemand versuchte, seine Finger zu lösen, die sich noch an die Leiter klammerten. Er öffnete die Augen und sah einen gebrochenen Mast als Schattenbild gegen den mondhellen Himmel. Der Mast peitschte hin und her, und plötzlich fiel etwas herunter auf Beaumont zu und schlug kaum zwei Meter von ihm entfernt dumpf auf das Deck. Der Wachposten war aus dem Ausguck gestürzt. Beaumont glaubte, sich das alles nur einzubilden; aber es war ein toter Matrose, der zwei Meter von ihm entfernt auf dem Deck mit zertrümmertem Schädel lag.

Er war unfähig, sich zu rühren, als sein geprellter und blutbefleckter Körper aufgehoben und eine Treppe hinuntergetragen wurde. Da Silva mußte ihn bitten, seine Worte zu wiederholen, um ihn zu verstehen. »Grayson und Langer sind in Sicherheit«, versicherte ihm der Obermaat. »Alles in Ordnung. Wir sind auf dem Weg nach Hause.« Diesen Optimismus teilte Kapitän Alfred Schmidt in diesem Augenblick keineswegs. Er ordnete jedoch volle Fahrt um jeden Preis an. Der Eisbrecher steuerte mit fast tödlicher Gewißheit seinem Untergang entgegen.

Rundherum trieben Eisberge zusammen, in Gegenströmungen verfangen. Sie drohten die *Elroy* einzuschließen, deren Motoren nun schneller liefen. Vor allem waren es zwei riesige Eisberge direkt vor ihnen, die Schmidt mit wachsender Besorgnis beobachtete. Die Silhouetten der Eisberge ragten backbord und steuerbord hoch auf, Burgen aus Eis im Mondlicht, die in der gefährlichen schmalen Fahrrinne, durch die die *Elroy* fuhr, aufeinander zutrieben. Noch fünf Minuten, und sie würden wissen, ob sie es geschafft hatten. Noch fünf Minuten, und sie würden durch das Tor hindurch sein oder zwischen den sich schließenden Eisbergen zermalmt werden. »Volle Fahrt...«

Da Silva kam auf die Brücke, als der Kapitän den Befehl wiederholte, was er bisher noch nie getan hatte. Es sollte dem Ersten Maschinisten unten im Maschinenraum klarmachen, daß es sich um Leben oder Tod handelte. Schmidt wandte seinen Kopf dauernd hin und her, wie bei einem Tennisspiel: backbord, geradeaus, steuerbord. Die Aussicht blieb die gleiche – Eisberge in Bewegung; und jedesmal, wenn Schmidt hinschaute, schienen sie näher gekommen zu sein. Der Bug drängte sich vorwärts, war auf das sich verengende Tor gerichtet und schob riesige Eisschollen zur Seite.

Die Wiederholung desselben Befehls hatte die Dringlichkeit in den Maschinenraum vermittelt, und ohne daß ein weiteres Wort notwendig gewesen wäre, wußten die Männer unten, was los war. Der Erste Maschinist starrte auf die Reihe der Meßinstrumente, aber seine Gedanken waren nicht bei dem Schiff. Er stellte sich die grausamen Eisklauen vor, die ihnen entgegenkamen, und die ungeheure Wucht, wenn das Eis auf Stahl traf. Er stellte sich vor, wie der Rumpf nach innen brach, der Eisklotz sich hindurchbohrte und wie unmittelbar die Überschwemmung folgte. Die Mannschaft im Maschinenraum beobachtete ihn; er versuchte also, eine gleichgültige Miene aufzusetzen. Sie würden natürlich nie rechtzeitig herauskommen. Der Maschinenraum war der Friedhof eines Schiffes. Wie schon bei anderen Gelegenheiten, schwor er sich wieder einmal, nie wieder zur See zu fahren, wenn er diesmal heil davonkommen sollte.

Zu beiden Seiten des Buges lagen die Eisberge so nah beieinander, daß es aussah wie die Einfahrt in einen schmalen Fjord oder in den Isthmus von Korinth, wo zu beiden Seiten steile Felswände hochragen – nur, daß es sich hier um Eiswände handelte, die außerdem auch noch in Bewegung waren. Schmidt starrte geradeaus, weigerte sich, noch einmal zur Seite zu schauen. Er spürte, daß Da Silva, der Schiffsführer und der wachhabende Offizier entsetzt zu ihm herübersahen. Er zog ein Taschentuch aus seiner Tasche, betupfte seine Stirn und sagte beiläufig: »Ein bißchen warm, nicht wahr?« Er hätte eine Flasche aus dem Brückenfenster werfen und achtern vor Backbord den Eisberg treffen können. Das Vordeck lag im Dunkel, im Schatten der Eisberge. Da Silva, der seine Hände verkrampft hinter dem Rücken verschränkt hielt, hätte vor Anspannung schreien können; aber Schmidts aufrechte Gestalt, seine jüngste Bemerkung und seine Weigerung, weder nach Backbord noch nach Steuerbord zu sehen, gaben ihm Selbstbeherrschung. Genau wie der Kapitän, starrten die anderen Männer auf der Brücke mit steinernem Blick geradeaus.

»Schauen Sie durch das hintere Fenster, Mr. Da Silva«, forderte Schmidt ihn auf.

»Wir sind durch! Wir sind durch das Tor!«

»Kurs beibehalten.«

Am Himmel vor ihnen schien ein schwaches kaltes Licht – die Sonne, die in die Arktis zurückkehrte und von der auch der blasseste Schimmer seit Tagen von der schweren Wolkenbank geschluckt worden war. Da Silva sah noch einmal durch das hintere Fenster. Die Passage zwischen den Eisbergen war so schmal, daß sie nicht einmal mehr eine Barkasse hätten passieren können. Die Silhouetten verschmolzen ineinander, und ein entsetzlicher Knall hallte über den Ozean, ein furchtbares Krachen und Tosen, als die Eisberge gegeneinanderprallten. Ein donnernder Widerhall breitete sich über die ganze Arktis aus. Da Silva zuckte zusammen, als er Schmidts Stimme wahrnahm.

»Volle Fahrt voraus. Wir fahren nach Hause!«

Am Mittwoch, den 7. März, ging Beaumont in Quebec an Land. Er humpelte mit Hilfe eines Stockes die Gangway herunter. Sein Gesicht war so gründlich mit Verbänden umwickelt, daß nur seine Augen, trostlose, unnahbare Augen, zu sehen waren. Schmidt, Grayson und Langer lehnten aus einem der Brückenfenster, um ihm nachzusehen; aber er schaute sich nicht um, als er sich zum Deck schleppte. Matrosen, die ihm zuwinken wollten, säumten schweigend die Reling, aber er warf ihnen noch nicht einmal einen Blick zu.

Es war kalt an diesem Märztag, der inzwischen lange vorbei ist. Eis trieb im St.-Lorenz-Strom, Schnee glitzerte auf den Dächern des Hotels Château Frontenac. Lemuel Dawes und Adams, die auf Beaumont warteten, eilten ihm entgegen, zögerten aber, als der große, starkgebaute Engländer sie aus seiner Vermummung heraus anstarrte. Beaumont schüttelte ihnen steif und kurz die Hand. »Ich muß weg«, brummte er. »Grayson kann Ihnen die gewünschten Details geben – und ich habe einen Bericht für Sie geschrieben.«

Er holte den Bohrkern aus seinem Parka und überreichte ihn Dawes. »Was Sie suchen, befindet sich in diesem Kern – heben sie das obere Stückchen des Steins mit einem Messer heraus, dann haben Sie es.« Er sprach nicht weiter, als Dawes den Bohrkern nahm. Dann sagte er nur noch: »Ich hoffe, es hat sich gelohnt – eine Menge Männer sind dafür gestorben.«

Bevor Dawes antworten konnte, humpelte er davon, an dem Regierungsflugzeug vorbei, und stieg in ein Taxi. »Flughafen«, sagte er zum Fahrer. Er schwieg während der ganzen Fahrt und starrte aus dem Fenster, ohne wahrzunehmen, was an ihm vorüberzog. Als sie sich dem Flughafen näherten, fragte er lediglich: »Wissen Sie zufällig, wann der nächste Flug nach Miami geht?

Nachspiel. Mai bis Juli 1972

Die Eisinsel Target 5 driftete weiter südlich in die Eisberg-Gasse hinein, ihrer Zerstörung entgegen. Am 7. März, dem Tag, an dem Beaumont in Quebec an Land ging, landete ein Transporter vom Typ C-130 sicher auf der Piste und kam einige Meter vor dem ausgebrannten Wrack seines Vorgängers zum Stehen. Die Gefahr einer ähnlichen Katastrophe, wie sie der früheren Maschine widerfuhr, bestand nicht mehr, denn die Steine waren von der Piste verschwunden.

Die Männer, die aus dem Flugzeug stiegen, beeilten sich, die in Kisten verpackte Ausrüstung an Bord zu bringen. Die Nähe der Insel zur offenen See machte sie nervös. Der Nebel drohte sich wieder zusammenzuziehen. Als sie die Leiche Matthew Conways unter dem zertrümmerten Schneepanzer fanden, nahmen sie an, daß er im Nebel von der Rampe herabgestürzt war. Sie luden die Leiche schnell in die Maschine. Später wurde sie zur Beisetzung nach Cincinnati geflogen. Den Männern war nur eins unverständlich: Sie konnten keine Spur von Rickard, dem

Funker, oder von Sondeborg, dem Schwerkraftspezialisten, finden. Ihr Verschwinden war ein Rätsel geworden.

Im Mai besuchte der amerikanische Präsident Moskau. Eines der abgeschlossenen Abkommen besagte, daß es kein nahes Beschatten – das zu einem Zusammenstoß führen könnte – mehr geben dürfe zwischen amerikanischen und russischen Schiffen. Niemand außerhalb der Regierungskreise fragte sich, warum zu diesem Zeitpunkt ein solches Abkommen unterzeichnet wurde, da Beinah-Kollisionen zwischen amerikanischen und sowjetischen Schiffen, die einander nachspionierten, seit Jahren an der Tagesordnung waren, obwohl in der Presse selten davon berichtet wurde.

Ebenfalls im Mai zerbrach Target 5, die sich schon früher in vier Stücke gespalten hatte, weiter in acht einzelnen Eisplatten, die zwischen Grönland und Island trieben. Amerikanische Flugzeuge aus Keflavik beobachteten in erster Linie das Fragment, auf der die Baracken standen. Als dichter Nebel sie wieder einhüllte, verloren sie die Insel zwei Monate lang aus den Augen.

Im Juli meldete ein dänisches Linienschiff, das vor Frederikshab an der Westküste Grönlands kreuzte, daß es eine Eisscholle mit Gebäuden darauf gesichtet hatte. Polizeiboote wurden vom Hafen ausgeschickt, und die Passagiere an Bord des Schiffes konnten von der Reling aus beobachten, wie die Polizei in die noch intakten Baracken eindrang. Es war Inspektor Gustaffson, der in die Forschungsbaracke hineinging und sie eingehend untersuchte. Als er die Bretter über dem Bohrloch abhob, war ein vier Monate altes Rätsel gelöst.

Jeff Rickard und Harvey Sondeborg lagen erfroren auf den unteren Bohlen, die das Loch zudeckten, das in das arktische Wasser führte. Es wurde eine Autopsie durchgeführt, und man kam zu dem Schluß, daß Rickard wahrscheinlich von Sondeborg umgebracht worden war. Sondeborg hielt noch einen Eisstichel in der Hand, als die Leichen entdeckt wurden. Gustaffson folgerte weiter – Beweise hatte er nicht –, daß Sondeborg seinen Landsmann getötet und versucht hatte, die Leiche in dem Loch zu verstecken.

Gustaffsons Meinung nach hatte Sondeborg vorgehabt, die Leiche unter die zweite Plattform in das Eis fallen zu lassen, war aber ausgerutscht und selbst gestürzt und schließlich an den Verletzungen neben seinem Opfer gestorben. In Washington wurde Gustaffsons Bericht als unglaubwürdig zu den Akten gelegt. Mit Sicherheit wird man nie wissen, auf welche Weise die zwei Männer ums Leben kamen.

Es war Juli, als ein Londoner Schiffahrtskorrespondent sich mit einer routinemäßigen Anfrage an die sowjetische Botschaft auf Kensington Palace Garden wandte. Er suchte Material für einen geplanten Artikel über moderne Schiffe und erbat Informationen über den gegenwärtigen Aufenthaltsort der *Revolution.* Er hegte die leise Hoffnung, eines Tages vielleicht das Paradestück besichtigen zu dürfen. Der sowjetische Beamte, der ihn empfing, zog einen Vorgesetzten zu Rate und teilte dann dem Journalisten mit, daß die *Revolution* zu erheblichen Instandsetzungsarbeiten in einen Hafen am Schwarzen Meer zurückgekehrt sei. Sie sei offenbar bei Forschungsarbeiten in arktischen Gewässern mit einem Eisberg kollidiert.

Und es war ebenfalls im Juli 1972, daß in Reykjavik auf Island die Schachweltmeisterschaft zwischen Spassky und Fischer stattfand, ein Wettkampf, dem ein gewisser Igor Papanin beiwohnen sollte, offiziell als einer von Spasskys Schachberatern, inoffiziell als der Chef für Sicherheitsfragen für die Dauer des Wettkampfes. Ein anderer Mann, auf beiden Gebieten weniger qualifiziert, nahm in aller Stille seinen Platz ein.

Colin Forbes
Meister des Action-Romans

Bevor Colin Forbes sein erstes Buch schrieb, war er als Werbemanager, Drehbuchautor, Lektor und Verleger tätig. Im Juli 1965 begann er zu schreiben. Zwei Jahre lang widmete er sich in jeder freien Minute, nachts und an den Wochenenden, seinem neuen Lebensinhalt, der Schriftstellerei: Der Erfolg gab ihm recht.

Heute ist Colin Forbes freier Schriftsteller. Seine Action-Romane sind mittlerweile in über zwanzig Sprachen übersetzt. Jeder seiner Thriller verspricht spannende Lektüre. Handlungsfäden werden geschickt gesponnen, Handlungsmotive der handelnden Personen nachvollziehbar geschildert. Exakte Beschreibungen vermitteln dem Leser Authentizität des Geschehens. Colin Forbes' Action-Romane sind raffiniert ersonnen und fesselnd erzählt. Die Ideen für seine Romane sammelt er auf seinen Reisen um die Welt. Sobald er die Arbeit an einem Buch beendet hat, begibt er sich erneut auf Reisen, um Motive und Material für das nächste Buch zu entdecken.

In einundzwanzig Jahren hat Colin Forbes einundzwanzig Bücher geschrieben.

Verzeichnis lieferbarer Titel

(Stand April 1989)

Das Double (01/6719)
Endspurt (01/6644)
Fangjagd (01/7614)
Focus (01/6443)
Die Höhen von Zervos (01/6773)
Lawinenexpress (01/5631)
Nullzeit (01/5519)
Gehetzt (01/6889)
Hinterhalt (01/7788)
Tafak (01/5360)
Target V (01/5314)
Tafak/Focus/Endspurt (23/28)
Cossack (41/9)

Die Bandnummern der Heyne-Taschenbücher sind jeweils in Klammern angegeben.